Viktor
Timtschenko

FELDZUG gegen die Nation

Es wird Zeit für modernen Nationalismus

MEDIA

Mit verlogenen Sprüchen versuchen heute neue Moralisten, die Nationen abzuschaffen. Sie bekämpfen sowohl Nationalstaaten als auch deren Bürger samt ihren Traditionen, ihrer Lebensweise, ihrem Glauben, ihrer Identität. Statt der natürlichen Diversität der Völker kreieren sie einen Einheitsbrei – aus Menschen, denen ihre Wurzeln genommen wurden. Globalismus und »Multikulturalismus« schleifen nationale Merkmale und führen zu einer alles beherrschenden Kultur und zur Dominanz des Mittelmaßes.
Um die Mannigfaltigkeit der Nationen zu bewahren, sodass auch in fünfhundert Jahren deren Eigenarten vorzufinden sein werden, drängt der moderne Nationalismus auf die politische Bühne.
Der Autor nimmt den Leser mit auf die gemeinsame Suche nach Antworten auf akute liberalistische Herausforderungen.
Humanismus ist, nach Timtschenko, vor allem der Schutz der vielfarbigen Pracht aller Nationen, die ohne Liebe zur eigenen Nation nicht denkbar ist.
Das Gegenstück zu dieser Vielfalt sind die Phantasmagorien über »Eine Welt« gesichtloser Menschen.

2. Auflage: November 2019
1. Auflage: September 2019

ISBN 978-3-00-063466-6

Inhalt

Statt eines Vorwortes

Auszug aus dem *Spiegel*-Interview mit Philosoph *Rüdiger Safranski*, geführt von *Sebastian Hammelehle*

»SPIEGEL: *Entschuldigen Sie bitte, wollen Sie dem SPIEGEL ernsthaft »Hetze« vorwerfen?*
Safranski: Man merkt offenbar gar nicht mehr, dass jemanden als »Nazi« zu bezeichnen, der es nicht ist, die schlimmste denkbare Verleumdung und damit Hetze ist. Das aber geschieht in den Medien und inzwischen auch im Parlament. Ich warne vor den Gleichsetzungsdelirien: konservativ gleich rechts gleich rechtsextrem gleich Nazi. Das ist verantwortungslos. [...]
SPIEGEL: [. . .] *Trotzdem muss man einen Nazi einen Nazi nennen.*
Safranski: Das ja. Aber wie wenig Ahnung muss man vom Nationalsozialismus haben, wenn man ständig die Nazikeule schwingt. Auf diese Weise wird das ernste Gedenken an das Großverbrechen inflationiert und wertlos gemacht. [...]
SPIEGEL: *Wenn ich nun ein Problem mit den Themen der Rechten habe, wenn ich die dort kursierende Behauptung, in Europa werde die Bevölkerung heimlich ausgetauscht, für eine Verschwörungstheorie halte, dann fällt mir die Auseinandersetzung mit dieser Rechten schwer.*
Safranski: Das ist wahnhafte Verschwörungstheorie. Nur: Keine Verschwörungstheorie ist, dass die entscheidende, großpolitische Aufgabe der kommenden 10 oder 20 Jahre die islamische Masseneinwanderung sein wird. Vieles spricht dafür, dass wir mit riesigen Migrantenströmen zu rechnen haben. Und da muss man endlich realistisch werden und sich fragen: Können wir in dieser Situation die liberale Gesellschaft, die wir sind, noch aufrechterhalten? Und ich befürchte, wir werden es bei der gegenwärtigen Blauäugigkeit nicht können.
SPIEGEL: *Das ist vielleicht keine Verschwörungstheorie. Aber doch ziemlich apokalyptisch.*
Safranski: Nicht, wenn wir zur Vernunft kommen. Dann muss aber das inflationäre Geschwätz von Fremdenfeindlichkeit und Islamophobie aufhören. Damit blockieren wir nur das Denken.
Warum, zum Teufel, ist realistisch zu sein so schwer; warum ist es of-

fenbar viel leichter, sich infantil aus so etwas herauszureden, als würde man jetzt zu den Bösen zählen, wenn man die Probleme anspricht. [...]
SPIEGEL: *Aber man darf auch benennen, wenn etwas fremdenfeindlich ist.*
Safranski: Selbstverständlich, aber wenn der Leiter der Essener Tafel sagt, er wolle nicht, dass die deutsche Oma vertrieben werde, wird er als Fremdenfeind beschimpft. Was besagt dieser Ausdruck, wenn er in diesem Kontext verwendet wird? Da merkt man, das ist nur eine ideologische Sichtblende, um zu verdecken, dass das Problem der Masseneinwanderung vor allem an die Unterschicht und die dortigen Verdrängungskämpfe weitergegeben wird. Das ist der soziale Aspekt, und was den politischen betrifft, so geht es um den politischen Islam. Nicht um den einzelnen Muslim, der seinem Glauben folgt. Der politische Islam ist unserer Lebensform feindlich gesinnt. Wenn er sich hier bei uns manifestiert, müssen wir uns gegen ihn wehren. Wer ihn nicht bekämpft, wird ihn mit Recht fürchten müssen. Europa macht hier im Moment keine gute Figur. [...]
SPIEGEL: *Ein Konzept der Rechtspopulisten ist das des Ethnopluralismus. Also: jede Ethnie für sich. Das ist eine elegante Formulierung für »Ausländer raus!«*
Safranski: Nein. Sondern eine Formel für die Begrenzung des Zuzugs. Ausländer raus, das ist ja auch irreal. Aber Pluralität von Ethnien? Warum ist das ein Aufreger? Das ist sogar etwas wie ein anthropologisches Faktum.
SPIEGEL: *Warum ist das ein anthropologisches Faktum? Die Frage ist doch, geht es hier tatsächlich um Ethnien – oder eher um kulturelle Prägung?*
Safranski: Ja, es geht auch dabei um kulturelle Prägung. Aber auch das gehört zur Anthropologie, deren Grundsatz bekanntlich lautet: Wir sind Wesen, die von Natur aus auf Kultur angewiesen sind. Kulturen sind Brutsysteme, die Menschen in eine bestimmte Façon bringen; so entstehen Unterschiede, die sich mischen können, aber eben doch nur bis zu einem bestimmten Grad. Außerdem sollte es auch einen Artenschutz für die Unterschiede der menschlichen Kulturen geben, nicht nur Artenschutz bei den Schnecken. Völlig albern ist der Vorwurf des »Kulturrassismus«, wenn man solche bewahrenswerten Unterschiedlichkeiten zur Geltung bringt. Solche Denkfaulheit gedeiht im Milieu des politischen Kitsches. Kitsch ist nicht nur dieser unsägliche Satz dieser Grünen, die 2015 sagte, »wir kriegen jetzt plötzlich Menschen geschenkt«...
SPIEGEL: *...Frau Göring-Eckardt.*
Safranski: Kitsch ist auch: »Wir müssen Fluchtursachen bekämpfen.«
SPIEGEL: *Was bitte wäre die Alternative dazu, Fluchtursachen zu bekämpfen?*

Safranski: Natürlich muss man Fluchtursachen bekämpfen, bloß, das ist eine Aufgabe von zwei, drei Generationen. Man macht sich gar nicht das gigantische Problem Afrika bewusst. Aber zum Kitsch gehört auch die Vorstellung eines dauerhaften friedlichen Nebeneinanders der Kulturen. Das wird es wohl nie geben. Schon Kant hat das begriffen. [...] Er hat begriffen – und wir sollten das heute auch: Die sogenannte Weltgesellschaft funktioniert nur in einzelnen Formaten – bis auf Weiteres sind das, trotz Europa, heute Nationen, und die müssen untereinander irgendwie kooperieren. Manchmal gibt es gute Zeiten, manchmal fliegen die Fetzen.«[1]
(Zahlen hier und weiter verweisen auf Quellen am Ende des Buches).

Warum ich dieses Buch schrieb

Die Idee dieses Buches entstand 2011 aus der Erkenntnis, dass Nationalstaaten von Globalisten scharf angegriffen werden. Und die europäischen Regierungen und »Volksvertreter« sind dabei zur »fünften Kolonne« mutiert. Da der Westen in der Welt der christlichen Zivilisation Vorrangstellung hat, steht die ganze Zivilisation am Abgrund.
Der von dem bekannten amerikanischen Soziologen Samuel Huntington (1927-2008) ausgemachte Kampf der Zivilisationen (*the clash of civilizations*)[2] schien mir aber noch nicht endgültig verloren zu sein. Der »Zivilisationskörper« liegt jedoch schon keuchend im Ring, dachte ich, und der Schiedsrichter zählt langsam bis zehn: »Sechs, sieben, acht...«.
Abgesehen von den Autoren von Artikeln in dicken wissenschaftlichen Zeitschriften und noch dickeren Büchern, die nur wenige lasen, sprach niemand über das akute Problem. Die These, dass wir den »Westen« verlieren, wurde von breiten sozialen Schichten nicht wahrgenommen. Das Leben floss routinemäßig: Wir tranken unseren Morgenkaffee, gingen zur Arbeit und schliefen abends unter dem eintönigen Näseln der »Kiste« ein.
Ich wartete darauf, dass jemand eine dringend notwendige verständliche, dünne Broschüre verfassen und darin systematisch tödliche Tendenzen aufzeigen würde.
Alarm schlägt.
Aus irgendeinem Grund kam diese »Broschüre« nicht heraus. Warum habe ich später verstanden, als ich anfing, die Ursachen des »Kampfes der Zivilisationen« zu analysieren und nach Wegen zu suchen, wie man in diesem

Kampf gewinnen, sprich – überleben, kann. Die Autoren schweigen sittsam, weil der Ausweg aus der Zivilisationskrise in der Stärkung der Nationalstaaten liegt.

Im Nationalismus.

Dies zu sagen bedeutet, das härteste Tabu der modernen westlichen Welt zu brechen – in Polynesien hat man früher dafür getötet.

Das »dünne kleine Buch« – ohne langwierige Ausführungen, mit Zahlen und Fakten und nicht zuletzt den kausalen Beziehungen zwischen ihnen – ging mir nicht aus dem Kopf. Und ich setzte mich an den Computer. So erschien 2013 mein Buch »Die Zeit des Nationalismus«.[a]

Seitdem hat die Welt sich zum schlechteren verändert, die Probleme sind nur akuter geworden. Die Migrantenströme nach Europa reißen nicht ab, die Verdrängung der altehrwürdigen Völker aus ihren angestammten Territorien sind nur aktiver geworden. Der Islamismus tobt noch schrecklicher und sendet regelmäßig seine blutigen »Grüße« an christliche Gebrüder.

Die uns beherrschenden »Weisen« haben keine Antworten auf diese Herausforderungen gefunden. Die neuen »Internationalisten« wie Migranten-Kapitänin Carola Rackete gehen aus der Deckung: Der Westen soll jetzt nicht nur Kriegs- sondern auch »Klimaflüchtlinge« aufnehmen.[3] Es geht nicht mehr um Hunderttausende, wie die CSU einmal lahm forderte, sondern – bis 2050 – um 140 Millionen[4], fast die doppelte Gesamtbevölkerung Deutschlands.

Rackete ist aber nur ein einfacher Soldat, der vorgeschickt wurde. Die globalen Pläne schmieden andere. In den ersten Reihen der Angreifer gegen den Nationalstaat gehen wie gewohnt die deutschen »Grünen«. In einer Debatte im Bundestag Ende Juni 2019 fragte CSU-Landesgruppenchef Alexander Dobrindt, wie viele, 5 oder 10 Millionen, Flüchtlinge die »Grünen« noch aufnehmen wollen. Die Grüne Bundestags-Vize Claudia Roth schrie dazwischen: »Alle, Herr Dobrindt!«[5]

In einer spontanen Reaktion. Unbewusst. Sie wollte ihre Gedanken nicht öffentlich aussprechen. Freud lässt grüßen…

Die größte dänische Tageszeitung *Jyllands Posten* träumt von *shuttle service mellem Nordafrika og Europa*[6] – einem Shuttleservice zwischen Nordafrika und Europa… In Afrika aber werden – statt 1,3 heute – 2050 bereits 2,5 Milliarden Menschen leben…[7] Es gibt auch arme Landstriche in Asien und Südamerika.

---

a Auf Ukrainisch.

Ist das die Lösung – alle hierher?
Vor diesem Hintergrund regt sich verstärkt Widerstand gegen die Pläne, Europa »aus humanitären Gründen« zu zerstören.
Widerstand der Patrioten.
Widerstand der modernen Nationalisten.
Was ist das für ein Phänomen? Verharren die neuartigen nationalistischen Parteien in der Fortführung der Politik ihrer oft kompromittierten und manchmal wirklich abstoßenden Vorgänger oder ist in der Welt ein neuer Nationalismus entstanden? Hat sich Nationalismus geändert? Können die in der Zeit der Erfindung der Dampfmaschine gelegten Grundlagen in der Zeit des Internets, der Nanotechnologie und der Bevölkerungsexplosion in Afrika noch etwas taugen?
Nachdem die theoretische Basis des Nationalismus geschaffen worden war, zogen zwei Weltkriege über die Erde, die sozialistische Idee implodierte, und mit ihr das sozialistische System, die Globalisierung gewann so an Dynamik, wie sie Freud selbst in den gräulichsten Albträumen nicht sah. Warum sollte der Nationalismus heute noch so sein, wie ihn dessen »Eltern« im 19. Jh. zeugten?
Und wer gewinnt die Auseinandersetzung zwischen den zwei – globalistischen und nationalistischen – Ideologien? In welcher Welt werden wir und unsere Kinder eines Tages aufwachen?
Das neue Buch musste her.
Wir werden in dem Buch Beispiele geben und Koryphäen zitieren, aber kein einziges Beispiel und nicht ein einziges Zitat sollte die »Keule« werden, mit der wir unsere Leser »überzeugen« wollen. Ich werde nicht müde, das geniale lateinische Diktum *de omnibus dubitandum* zu wiederholen – »bezweifle alles«. Nur wenn man alles bezweifelt (auch die Ansichten und Thesen der angesehensten Menschen), sollte man nicht einmal den »Fakten« vertrauen (die auch verfälscht werden können, was millionenfach in der Geschichte der Fall war), sondern nur einem Kriterium: der Logik der vom Autor geäußerten Gedanken, die man mit dem eigenen Wissen sowie gesunden Menschenverstand »gegencheckt«.
Nur der eigene Kopf auf den Schultern, nur die Offenheit für neue Ideen und ungewöhnliche oder sogar unerwartete Ansichten lassen Sie die Grundsätze der nationalistischen Weltanschauung verstehen.
Dieses Buch ist für solch einen kritischen Leser gedacht.
Dem Rest – lesen verboten!

Nicht derjenige ist dumm, der nicht weiß,
sondern der, der nicht wissen will.
Hryhorij Skoworoda (1722-1794),
ukrainischer Philosoph

Erstes Buch

ES WIRD ZEIT FÜR NATIONALISMUS

Überlebensstrategie in einer globalisierten Welt

Ein Gespenst geht um in der Welt

Ein Gespenst geht um in der Welt - das Gespenst der nationalen Wiedergeburt. Alle Mächte der alten Welt, alle Bewegungen und Strömungen, die einander im Alltag hassen, haben sich zu einer heiligen Allianz nur mit einem Ziel verbündet, dieses »böse Gespenst« zu jagen: Präsidenten, Monarchen und der Papst höchstpersönlich, Abgeordnete und Premierminister, die abwechselnd regierenden Zwillingsparteien in europäischen und außereuropäischen »Demokratien«, Presse, Radio, Fernsehen, sogenannte »öffentliche Meinung« und die Geheimpolizei.

Wo ist derjenige, der keinen Stein in seine Richtung geworfen hat, ohne sich mit der Frage zu beschäftigen, wen er damit treffen will und weswegen?

In den exquisiten Gesellschaften tugendhafter Menschen in beiden Hemisphären ist es zum guten Ton geworden, die »Nationalisten« mit schlimmen Worten mit und ohne Grund zu beschimpfen, ohne aber darüber nachzudenken, was diese Menschen wollen, welche Werte sie hochhalten und worin ihr »Nationalismus« eigentlich besteht.

Und wenn im 19. Jh., in der Zeit der Autoren des »Manifestes der Kommunistischen Partei« Karl Marx und Friedrich Engels, das Gespenst des Kommunismus in Europa unbekannt war und eine Erklärung seiner Wesensart und seiner Ziele verlangte, scheint das nationalistische Gespenst, das wie ein starker Wind, Sturm, gar Taifun unser Leben heute aufwirbelt, im Gegenteil allen bestens vertraut zu sein.

Stimmt dieses Bild?

Der Zusammenbruch der Sowjetunion, die Bildung von 15 souveränen Nationalrepubliken auf ihrem Territorium, nationale Befreiungsbewegungen in Asien und Afrika, zweistellige Wahlergebnisse für nationalistische Parteien in den Mitgliedstaaten der Europäischen Union (die den Multikulturalismus als eine der Grundlagen ihrer Politik proklamiert) verändern die Welt.

Das alte Europa ändert sich. Die Stimmung gegen die EU nimmt zu. Zum Motto der »Euroskeptiker« wurden die Worte des französischen Präsidenten Charles de Gaulle über das »Europa der Nationen« und nicht über den Eintopf aus Heimatlosen und Entwurzelten.

»Die Parade der Souveränitäten«, die einst in der Sowjetunion begann, setzt sich im Westen Europas fort. In Spanien gehen verängstigte Herrscher mit aller Härte gegen Unabhängigkeitsbestrebungen in Katalonien vor, wo bei einem nicht genehmigten Referendum neun von zehn Bürger für die Trennung von Spanien stimmten.[8] Man überzog die »Separatisten« mit Gerichtsprozessen.

Aber nach mehr Souveränität verlangen nicht nur Katalanen, sondern auch Bürger in Galizien, Valencia, auf den Balearen, in Aragonien, Kastilien, Kantabrien, im Baskenland… Die Tatsache, dass die Verfassung des Landes keinen Rückzug aus der spanischen Gerichtsbarkeit vorsieht, hindert die Nationalisten nicht. »Die Scheidung wird oft von einer Seite eingeleitet«, sagte mit bäuerlicher Weisheit Iñigo Urkullu Rentería, damals Vorsitzender der baskisch-nationalistischen *Partido Nacionalista Vasco* und heute (2019) Ministerpräsident des Baskenlandes.

Am 28. April 2019 bekam die nationalistische VOX bei den Wahlen zum spanischen Parlament, den Cortes Generales, auf Anhieb fast 11% der Wählerstimmen und ist mit 24 Abgeordneten im Parlament vertreten.[9] Die Nationalpartei des Baskenlandes (*Eusko Alderdi Jeltzalea – Partido Nacionalista Vasco, EAJ – PNV*) holte bei gleichzeitig stattgefundenen Regionalwahlen ein Drittel der Sitze im Regionalparlament. In Katalonien sind linke Separatisten von *Esquerra Republicana de Catalunya (ERC)*, die für eine von Spanien unabhängige Region eintreten, die stärkste Kraft geworden.[10]

Interessant sind die Abläufe in Schottland. Nach drei Jahrhunderten im Imperium trachtet fast die Hälfte der Schotten, viele – rechte wie linke – Parteien nach Unabhängigkeit. Die Gegner der Sezessionsbestrebungen, ebenfalls rechte und linke Parteien, möchten ihrerseits Schluss mit der EU machen, sind also selbst Separatisten in den Augen der Brüsseler Bürokratie.

In letzter Zeit ist es ruhiger um Schottland geworden, alle warteten gebannt auf den Brexit. Aber, wie der Deutschlandfunk schreibt, ist es mit der Idee der schottischen Unabhängigkeit »noch nicht vorbei«[11].

Bemerkenswert, dass der Wunsch der Schotten und der Katalanen nicht durch den Wunsch, in die Europäische Union zu kommen (sie sind schon drin) oder die vielzitierten »europäischen Werte« zu erwerben, bestimmt wird. Diese Sehnsucht, selbstständig zu sein, liegt offensichtlich außerhalb der Pfennigfuchserei und wird am wahrscheinlichsten im Bereich des Mentalen, des Nationalen zu finden sein.

In Nordirland fliegen wieder Molotow-Coctails, sind Explosionen und Schüsse zu hören – eine neue Protestwelle erhebt sich gegen die »Besetzung des Landes« durch die Engländer. In der Provinz ist eine Neue Irische Republikanische Armee (*New IRA*) entstanden, die zu einem bewaffneten Kampf für die Unabhängigkeit, für die Vereinigung mit Irland aufruft und britische Militärs und Polizisten zu »legitimen Zielen« erklärt.

In Belgien, das aus zwei verschiedensprachigen Provinzen besteht, fahren die flämischen »humanitären« Nationalisten einen Sieg nach dem anderen ein. Im Oktober 2012 wurde der Anführer der nationalistischen »Neuen Flämischen Allianz« (*Nieuw-Vlaamse Alliantie – N-VA*), Bart de Wever, zum Regierenden Bürgermeister der größten Stadt der Provinz Antwerpen – nach 90 Jahren sozialdemokratischer Herrschaft. Diese Stelle, so hofften die Nationalisten, wird Vever die Gelegenheit geben, die Führung eines unabhängigen flämischen Staates zu übernehmen. So geschah es. »Neue Flämische Allianz«, die die Unabhängigkeit der Provinz anstrebt, hat die Wahlen von 2014 gewonnen und führt die flämische Regierung an. Dies ist das dynamische Stimmverhalten seit der Gründung der Partei (2001): 2003 – 3,06%, 2009 – 13,1%, 2010 – 17,4%. Bei den Wahlen im Mai 2014 wurde die Partei nicht nur in Flandern (32,4%), sondern auch in ganz Belgien (20,3%) die stärkste. Dieses Ergebnis wiederholten die Nationalen auch 2019. Sie stellen 25 von insgesamt 150 Abgeordneten und haben damit die meisten Sitze im Brüsseler Parlament.

In Flandern gibt es außerdem eine radikale nationalistische Partei die »Flämische Interessen« (*Vlaams Belang*). Die Zahl ihrer Abgeordneten stieg 2019 um das Sechsfache – von drei auf 18.[12]

Auch bei der Europawahl kam die Neu-Flämische Allianz mit 13,5 Prozent an die Spitze. Somit erhält sie drei Sitze im Europaparlament. *Vlaams Belang* kam auf 11,4 Prozent und erhält ebenfalls drei Mandate. »Die Volkspartei« Sozialdemokraten wurden nur drittstärkste Kraft.[13]

Daher sind auch interessante Nachrichten aus dieser Region zu erwarten.

«Separatisten in Südtirol fühlen sich im Aufwind».[14] Nach der Niederlage Österreich-Ungarns im Ersten Weltkrieg wurde das deutschsprachige Südtirol Italien zugeschlagen. Jahrzehntelang, weit nach dem Zweiten Weltkrieg, kämpften die Bürger für Identität und Eigenständigkeit. Jetzt sind sie der Meinung, die Chancen für die Abspaltung von Italien stünden gut und sind überzeugt, dass ein unabhängiges Leben viel besser würde. Tausende Menschen gehen mit Spruchbändern auf Deutsch auf die Straße: »Los von Rom!«.[15]

Laut Volksabstimmung in Neukaledonien, einer französischer Inselgruppe nicht weit von der australischen Küste, stimmten im Herbst 2018 etwa 44% der Bewohner für die Unabhängigkeit. Seit anderthalb Jahrhunderten spüren die Ureinwohner, die Kanaken, die etwa 40% der Bevölkerung ausmachen, die harte Hand der Franzosen. Viele von ihnen hoffen seit langem auf einen eigenen Staat. Aber die Mehrheit hat sich nun dafür entschieden, weiterhin zu Frankreich gehören zu wollen. »Vorerst«, meint aber die deutsche »Tagesschau«. »Das letzte Wort ist noch nicht gesprochen.«[16]

In der EU selbst gibt es eine starke Welle der Unzufriedenheit mit der reichen, »freien und demokratischen« Europäischen Union. Der Einfluss der sogenannten »eurokritischen« Parteien nimmt zu, die sich nicht gegen das vereinte Europa, sondern gegen den Brüsseler Versuch, ihnen nationale souveräne Rechte wegzunehmen, wenden.

Bei den Wahlen zum Europäischen Parlament 2014 bekam in Dänemark die rechte Dänische Volkspartei (*Dansk Folkeparti*) die meisten Stimmen – 26,6%[17] und schickte dorthin vier Abgeordnete. Die Wahlen 2019 liefen für die Partei nicht so gut – bei der Europawahl bekamen sie ca 11%[18], bei der Parlamentswahl nur 8,7%[19], gewonnen haben die Sozialdemokraten. Die Erklärung des Geschehens liefert »Handelsblatt«: »Mit ihren Forderungen haben die dänischen Sozialdemokraten einen deutlichen Rechtsruck unternommen. Ihre Forderungen ähneln zunehmend denen der rechtspopulistischen Dänischen Volkspartei, die seit mehr als 20 Jahren die äußerst restriktive Zuwanderungspolitik entscheidend geprägt hat. Obwohl nie in Regierungsbeteiligung, konnte die Dänische Volkspartei ihre Forderungen maximal durchsetzen.«[20]

Im März 2015 gelangte die »rechte« eurokritische Estnische Konservative Volkspartei (*Eesti Konservatiivne Rahvaerakond – EKRE*) zum ersten Mal in das Parlament des Landes. Bei den Parlamentswahlen 2019 belegte die Partei den dritten Platz – mit einem Anteil von 17,8 Prozent der Wählerstimmen und damit mehr als doppelt so vielen als bei der Wahl zuvor.[21] Die vor den Wahlen als »koalitionsunfähig« verschriene EKRE beteiligt sich doch in einer Dreier-Koalition mit ihren fünf Ministern an der Regierung des Landes. »Die Regierung will«, schreibt *Süddeutsche*, »zentrale Punkte der Anti-Immigrationspolitik von EKRE übernehmen und sich in Zukunft allen in Brüssel beschlossenen Quoten zur Verteilung von Flüchtlingen widersetzen.«[22]

Die Wahl zum finnischen Parlament fand am 14. April 2019 statt. Die rechte Partei »Die Finnen« (*Perussuomalaiset*) holte 17,5% (die Sieger Sozialdemokraten 17,7%) der Stimmen[23], bei der Europawahl gar nicht so schlechte 13,8%.[24]

Die rechtskonservativen Schwedendemokraten (*Sverigedemokraterna*), die

sich insbesondere gegen liberale Migrationspolitik, die Islamisierung Europas, den Globalismus und die »Überstaatlichkeit« (gemeint ist die EU) richten, traten 2010 erstmals in das Parlament ein. 2014 bekamen sie zwei Abgeordnete im Europäischen Parlament (fast 10% Stimmenanteil). 2018 gewannen sie mehr als 17% der Stimmen bei den Wahlen zum schwedischen Reichstag. Jetzt sind sie dort mit 62 Abgeordneten (von 349) vertreten.[25] Wegen des starken Abschneidens der Schwedendemokraten hatten die angestammten Parteienblöcke keine Mehrheiten mehr zusammenbekommen. Deshalb musste eine Minderheitsregierung aus Sozialdemokraten und Grünen gebildet werden. 2019 schrieben die Rechtskonservativen ihre Erfolgsgeschichte fort, haben mit 16,9% der Stimmen ihr Wahlergebnis deutlich verbessert und einen dritten Sitz im Europaparlament hinzugewonnen.[26]
Bei den Wahlen 2017 in den Nationalrat (Parlament) bekam die rechtskonservative Freiheitliche Partei Österreichs fast 26,0% der Stimmen[27] (53 Sitze im Parlament)[28]. Seitdem war sie auch an der Regierung beteiligt. Die FPÖ stellte den Vize-Kanzler und mehrere Minister.
«Im Jahr 2007 gaben noch 58 Prozent der Italiener an, der EU zu vertrauen, im Herbst 2017 waren es nur 34 Prozent», schrieb nicht ohne Bitterkeit »Die Zeit«.[29] Daher ist nicht verwunderlich, dass nach den Wahlen von 2018 die »weder linke noch rechte«[30] Fünf-Sterne-Bewegung (*MoVimento Cinque Stelle*) mit mehr als 32 Prozent Stimmenanteil die stärkste politische Kraft stellt – sowohl in der Abgeordnetenkammer als auch im Senat. Sie wurde mit der Regierungsbildung beauftragt. Als Koalitionspartner nahm sie sich einen Block der rechtskonservativen Parteien. Motor der italienischen Regierung ist der Vizepremier und Innenminister Matteo Salvini, der Anführer der rechtskonservativen Partei *Lega* (mehr als 17% Stimmen bei den Parlamentswahlen 2018)[31]. Er war derjenige, der die italienischen Häfen für afrikanische Migranten schloss und darauf hinwirkte, dass die gesamteuropäische Aktion zur »Seenotrettung« *Sophia* eingestellt wurde. Salvini war es auch, der große Anstrengungen unternommen hatte, die europäischen rechtsnationalen Parteien im Europäischen Parlament zu vereinen und daraus eine starke Kraft zu bilden.[32] Diese Anstrengungen wurden von Bürgern belohnt: Bei den Wahlen zum Europaparlament 2019 bekam *Lega* mehr als 34% der Stimmen.[33] »Salvini triumphiert in Italien«, berichtete die »Tagesschau«.[34]
Liberalistische Kräfte in der EU versuchen in letzter Zeit, das italienische Schuldenproblem aktiv auszubeuten. Dies ist nicht überraschend. Bis zum Frühjahr 2018 erreichte die italienische Staatsverschuldung eine astronomi-

sche Summe von 2300 Milliarden Euro und belief sich auf über 130% des Bruttoinlandproduktes.[35] Interessantes Paradoxon: Die europäischen Medien schwiegen eisern zu den italienischen Schulden, solange das Land von einer EU-loyalen Regierung geführt wurde, bis zu den Parlamentswahlen 2018. An die Schulden erinnerte »die vierte Gewalt« sofort nach dem Wahlsieg der rechten Kräfte. Es waren aber nicht die Rechten, die diese Schulden angehäuft haben, sondern alle bisherigen durchaus liberalistischen Machthaber.

Rechte sind auch in Polen am Werk. Nachdem die Partei *Prawo i Sprawiedliwość* (*PiS*, zu deutsch: Recht und Gerechtigkeit) bei den Parlamentswahlen 2015 mehr als 37% Unterstützung[36] errungen hat, führt sie die Regierungsgeschäfte im Land. Der Präsident Polens Andrzej Duda war vor seiner Wahl auch Mitglied von PiS und arbeitete für den starken Mann Polens Jarosław Kaczyński. Hatte PiS bei der Europawahl 2014 satte 31,78% [37] der Stimmen, so erhielt sie bei der Europawahl 2019 unglaubliche 45,38%. Damit schickt sie 27 der 52 polnischen Abgeordneten ins EU-Parlament.[38]

Die am äußersten linken Rand der deutschen Presselandschaft zu verortende »Junge Welt« schlägt Ende Februar 2019 Alarm: »Die politische Rechte gewinnt in Frankreich immer mehr an Zuspruch... Im freien Fall befindet sich die politische Linke des Landes«.[39]

Und das bestätigte auch die Europawahl im Mai: *Rassemblement National (RN;* bis Juni 2018: *Front National*) von Marine Le Pen wurde mit 23,3 Prozent stärkste Kraft. Die Partei hatte auch bessere Stimmanteile, aber das genießt sie trotzdem besonders: Präsident Macrons *La République en Marche (LREM)* kam mit 22,4% auf den zweiten Platz.[40]

Es gibt auch weniger als *Rassemblement National* beachtete rechte Bewegungen in der EU. So zum Beispiel die in der Slowakei. Nach den Nationalratswahlen 2016 bekamen rechte Slowakische Nationalpartei (*SNS*), *Kotleba – Volkspartei Unsere Slowakei (ĽSNS)* und *Wir sind eine Familie – Boris Kollár (SR)* zusammen 40 Sitze im Parlament.[41] Der deutschen CDU-nahen Konrad-Adenauer-Stiftung ist aufgefallen, »dass Marian Kotleba mit seinen ausländerfeindlichen Ansichten vor allem bei jungen und Erstwählern… (fast 23 Prozent der Erstwählerstimmen[42] – V. T.) in vier der acht Regionen erfolgreich war.«[43] Es wurde auch der »Mythos widerlegt, *ĽSNS*-Wähler seien ungebildet«. Umfragen zeigten, dass mehr als die Hälfte der *ĽSNS*-Wähler Abitur haben und weitere 20 Prozent einen Universitätsabschluss.[44]

In Deutschland ist nach der Bundestagswahl 2017 die AfD die stärkste Oppositionskraft im Parlament. Die Partei ist auch in allen Landtagen vertreten. Zogen nach der Europawahl 2014 sieben Parteimitglieder ins Europäische Parlament[45], so sind es 2019 schon 11.[46]

Dessen muss man sich bewusst werden: Diese Parteien, in deren Programmen große Differenzen mit der Brüsseler Politik geschrieben stehen, haben mindestens[a] 176 Abgeordnete[47] im Europäischen Parlament, d. h. fast ein Viertel aller gewählten Volksvertreter.

Logisch: Die EU mit ihrer liberalistischen Politik ist für viele nicht mehr so attraktiv, wie noch vor zwei-drei Jahrzehnten. Die Spannungen innerhalb des Vereins nehmen konsequent zu.

Großbritannien gelang mit dem Brexit ein Paukenschlag: Eine der größten Volkswirtschaften der Welt und eine stolze Nation wollte sich nicht mehr dem Diktat aus Brüssel beugen. Ein bekannter rechter Politiker, Nigel Farage, errang bei den Europawahlen 2014 mit seiner Partei UKIP 28% der Stimmen. Sie wurde zu stärksten Partei auf der Insel und schickte 24 Abgeordnete nach Brüssel. Mancher dachte: Das ist nicht mehr zu toppen. Nachdem klar geworden war, dass sich der Brexit verzögern würde, gründete der umtriebige Farage am 20. Januar 2019 eine neue Partei – *Brexit-Party* – und landete bei den Wahlen 2019 auf weit über 30% Zustimmung[48] und bei mindestens 28 Mandaten. »Das sind gleich viel Sitze wie die *Lega* des italienischen Vizepremiers Matteo Salvini und fünf mehr als die CDU der deutschen Kanzlerin Angela Merkel«, schreibt »Der Standard«.[49] Und *Spiegel* hat nachgerechnet: »*Brexit-Partei* holt mehr Stimmen als Tories und Labour zusammen«.[50] Peinlich, peinlich...

Das sind nicht mehr Kratzer, das sind ganz tiefe Wunden auf dem von professionellen Visagisten aufgehübschten Antlitz des Vorzeigeprojektes der Liberalisten, der EU. Ein Austritt Großbritanniens aus der EU wird nicht nur das Image der Gemeinschaft, sondern auch seinen politischen und wirtschaftlichen Einfluss untergraben. Außerdem ist »ein schlechtes Beispiel« bekanntlich ansteckend.

Bei den Parlamentswahlen in Ungarn 2018 stieg die rechte Jobbik-Partei mit 19,2% der Wählerstimmen auf den zweiten Platz – nach der regierenden *FIDESZ* (49,6%)[51], die selbst ein Knochen im Hals der Globalisten und Eurobürokraten ist. Brüssel will die souveränen Entscheidungen der ungarischen nationalen Regierung und des nationalen Parlaments nicht akzeptieren. Der Vorsitzende der Europäischen Kommission, Jean-Claude Jun-

a Status einigen Parteien, so der ungarischen FIDESZ Viktor Orbans, bleibt lange Zeit ungeklärt.

cker, findet einfach keine Ruhe, wenn er Ungarn nicht droht – bis hin zum Ausschluss aus der EU.[52] Bisher haben sie sich darauf beschränkt, die Mitgliedschaft der *FIDESZ* in der Europäischen Volkspartei zu suspendieren.[53] In den USA ging Senator John McCain sogar so weit, den ungarischen Präsidenten Viktor Orban als »neofaschistischen Diktator«[54] zu bezeichnen. Dies allein zeigt, dass einige Menschen unter dem Druck von Kämpfern für nationale Souveränität die Nerven verlieren. Das Ungarn-Bashing half nicht: Die rechtsnationale *FIDESZ* hat die Europawahl klar – mit 52% – für sich entschieden.[55]

Ein spezieller Fall in der EU ist Griechenland. Heute weiß jeder, dass sich Griechenland 2001 durch statistische Schummeleien (vor denen alle EU-Experten sowie die deutsche rot-grüne Regierung politisch korrekt die Augen schlossen[56]) die EU-Mitgliedschaft erschlichen hat. Aber Wirtschaft kann man nicht überlisten. Deshalb besaß Griechenland 2011 mehr als 350 Mrd. Euro Schulden[57], fast zwei Jahres-BIP.

Daher wurde 2012 (wie immer auf Kosten der Steuerzahler in anderen EU-Ländern) ein Schuldenschnitt gemacht. Insgesamt sank die nominale Schuld Griechenlands um 105 Milliarden Euro.[58] Aber der Entlastungseffekt dauerte nicht lange. Die Wirtschaft schrumpfte schneller als der Schuldenberg. Im Herbst 2012 lag die Schuldenquote – gemessen als Anteil am BIP – schon wieder über dem Stand vor dem Schuldenschnitt. Deshalb gewährten die Euro-Finanzminister im November 2012 »einen zweiten, verdeckten Schuldenerlass«[59]: einen kreditfinanzierten Schuldenrückkauf, eine Senkung der Zinsen und eine sehr lange Streckung ihrer Laufzeiten. Auch dieser Schuldenschnitt brachte große Verluste für die Steuerzahler Europas. Das Ifo-Institut errechnete damals, dass die öffentlichen Gläubiger faktisch auf rund 47 Milliarden Euro verzichtet haben, darunter Deutschland auf 14 Milliarden.[60]

Und heute? Heute (2018) sind die Griechen wieder bei 350 Mrd. Euro Schulden[61]. Alles zurück auf Null!

Deshalb haben sie im Juli 2019 den sozialistischen Premier Alexis Tsipras aus dem Amt gejagt.[62]

An dieser Misère sind nicht die Griechen allein schuld. Ratschläge, wie sie haushalten sollen, gaben die EU-Experten. Das Allheilmittel heißt bei ihnen – sparen.

Da Deutschland als »Motor der EU« gilt und die deutsche Bundeskanzlerin Angela Merkel heißt, ist sie für die Griechen die Personifizierung der Armut, in die das Land gebracht wurde (durch die gemeinsamen Bemühungen

seiner eigenen korrupten Beamten und durch die EU). Deshalb werden ihre Porträts mit dem Hitler-Schnurrbärtchen versehen und so die EU-Methoden deutlich mit faschistischen[a] gleichgesetzt. Derartige Aktionen erschienen von Zeit zu Zeit in Spanien[63], Italien[64], Zypern[65], Polen[66]...
Während des Merkelbesuchs in Portugal trugen die Bürger Plakate mit der Aufschrift »Hitler go home!«.[67] In vielen EU-Ländern herrscht Germanophobie. Und dies trotz der Tatsache, dass der deutsche Steuerzahler emsig den größten Beitrag für die EU-Kasse leistet, und er ist aufrichtig außerstande zu verstehen, warum sich die Nationen nicht in endloser Dankbarkeit vor ihm verbeugen. Daher wollen mehr als zwei Drittel der Deutschen den Griechen keinen Cent zusätzlich zu dem, was sie bereits transferiert haben, geben, und 52% sprechen sich dafür aus, Griechenland aus der EU zu werfen (Umfrage vom Juni 2015)[68] – und dazu ein Dutzend andere »Schmarotzer«.
«Es sei ein gravierender Konstruktionsfehler der Währungsunion, dass sie zu unterschiedliche Mitglieder zusammenspannt», schrieb die *Frankfurter Allgemeine* die Meinung des Wirtschaftsprofessors Dirk Meyer von der Bundeswehruniversität in Hamburg auf, der zu einem Austritt oder Ausschluss der Griechen geraten hatte – »dies sei besser als immer neue Finanzhilfen.»[69]
Strebten die »Väter« der EU nach einer solchen »brüderlichen Freundschaft« der europäischen Nationen?
Kurz gesagt: Seit der letzten EU-Erweiterung (Kroatien, 2013) sind nicht einmal 10 Jahre vergangen, und im vereinigten Europa sind die mürbe gewordenen Nähte dabei zu zerfallen.
Auch außerhalb Europas befinden sich nationalistische Kräfte auf dem Vormarsch. In Lateinamerika nehmen Patrioten die einst durch ausländische Geldsäcke privatisierten Industrieunternehmen und Ländereien zurück. Traditionell starke Positionen haben Nationalisten im asiatisch-pazifischen Raum. In Nordamerika ist es ebenfalls unruhig: Nationale Minderheiten – Indios, Afroamerikaner – erobern selbstbewusst eine »feindliche Verteidigungslinie» nach der anderen.
Nach einer Reihe von »farbigen Revolutionen« in Asien und Afrika, nach-

---

a In der Makroökonomie wird für ein hartes Sparen üblicherweise das englische Wort *austerity* benutzt, d. h. Askese, Sparsamkeit. Aus den Worten *austerity* und *genocide* formten die Griechen ein neues Wort *austericid* – sie bezeichnen damit die Politik der Vernichtung des Volkes durch »Wirtschaftsreformen«.

dem dort statt der »harten« Hände lokaler Diktatoren nicht die Freiheit, sondern das Chaos Einzug hielt, erstarkte die Bewegung der Kurden für die Schaffung ihres Staates. Die Ursprünge des kurdischen Problems reichen bis in die tiefen alten Zeiten zurück, das Volk lebt durch die Grenzen mehrerer Länder – des Irak, des Iran, der Türkei und Syrien – getrennt. Die kurdische Befreiungsbewegung wurde kriminalisiert, einen ihrer Anführer, Abdullah Öcalan, verurteilte die türkische Justitia 1999 zu lebenslanger Haft und erklärte die kurdische Arbeiterpartei (PKK) zur »terroristischen Organisation«. Als die Schlächter des Islamischen Staates aber zu einer Bedrohung für den Westen wurden, wandten sich die Blicke der Weltgemeinschaft auch auf die Kurden – in der Hoffnung, dass ausgerechnet sie die Islamisten zurückschlagen könnten. Jetzt liegt der IS am Boden, und die Zeit ist wahrscheinlich nicht weit, in der die Grenzen neu gezeichnet werden und ein neuer – der kurdische – Staat auf der Weltkarte erscheint.

Es gibt keinen Winkel der Erde, in dem sich verschiedene nationale Kräfte nicht gegen Unterdrückung erheben würden: in Bosnien, Georgien, Darfur, Westsahara, Palästina, Kosovo, Ceylon, Tibet, Sudan...

In vielen Ländern befinden sich offen nationalistische Parteien auf den politischen Hinterhöfen, weil die dort herrschenden Parteien selbst moderat nationalistisch orientiert sind. Wir reden von China und Japan, Indien und Pakistan, Indonesien und Thailand, Kambodscha und Südkorea, der Türkei und Serbien und über Präsident Wladimir Putin, der sich selbst als den größten Nationalisten Russlands bezeichnete.[70]

Wenn auch nicht alle US-amerikanischen Republikaner Nationalisten sind, Präsident Donald Trump ist ein »lupenreiner«. Das politische Establishment des westlichen Europa ist durch diese Tatsache verwirrt: aus dieser Ecke haben sie Nationalismus nicht erwartet.

Die Analyse all dieser Prozesse ist interessant und lehrreich.

Obwohl nationalistische Bewegungen in Dutzenden von Ländern auf der ganzen Welt zunehmend Unterstützung finden, vergeht kein Tag ohne die – durch die herrschende politische Kaste gut orchestrierte – Empörung an die Adresse dieser Kräfte – mit rituellen Beschwörungsformeln zu »Rassismus«, »Neofaschismus« und »Xenophobie« oder gar hochwissenschaftlich »Sozialdarwinismus«.

Aus den obigen Fakten ergeben sich mindestens zwei Schlussfolgerungen.

Erstens wird Nationalismus bereits auf der ganzen Welt als politische Kraft anerkannt. Zweitens, bei all der scheinbaren Offensichtlichkeit gibt es nur wenige Menschen, die vernünftig erklären können, ob Mahatma Gandhi,

Martin Luther King und Nelson Mandela Patrioten oder Nationalisten waren, worin der Unterschied zwischen einer Ethnie und einer Nation besteht oder welche Merkmale starke und schwache Nationen aufweisen.
Das Gespenst des Nationalismus war und bleibt ein Gespenst, ein Phantom, über das es sehr leicht ist, Legenden, Mythen und dreiste Lügen zu verbreiten. Deshalb, in Anlehnung an Marx/Engels, ist es an der Zeit, die Ursachen für das Entstehen des Nationalismus, seine Ansichten, seine Ziele, seine Bestrebungen darzulegen und den weit verbreiteten Märchen eine Abhandlung über dieses soziale Phänomen und seine Grundsätze entgegenzustellen. Diese Diskussion ist auch deswegen überfällig, weil der Nationalismus selbst in mehr oder weniger freien, sogenannten »demokratischen«, Gesellschaften nicht unvoreingenommen thematisiert werden darf. Man kann nicht unparteiisch über ihn streiten, man darf ihn nur verurteilen. Und dies allein lässt uns nicht nur an den Kenntnissen der Streitpersonen zweifeln, sondern auch an der Freiheit und Demokratie dieser Gesellschaften selbst. Schließlich ist es unredlich, nur das als demokratisch und pluralistisch zu betrachten, was unseren eigenen Überzeugungen entspricht.

Kollaps der Gesellschaften

Zwischenethnische Konflikte haben unterschiedliche Ursachen. Den Konflikt auf Ceylon mit dem Konflikt in Berg-Karabach zu vergleichen macht keinen Sinn – die Geschichte dieser Länder ist verschieden, die treibenden Kräfte sind anders, die Motive weichen stark voneinander ab. Aber auch hier können wir einen gemeinsamen Nenner finden, die globalen Ursachen, die zu dem Konflikt geführt haben, und die Ziele, die sie verfolgen, benennen: die Trennung einer ethnischen Einheit von einer anderen, die Bildung auf der Grundlage der Ethnie einer Nation und die Erlangung eigener Staatlichkeit. Einer der entscheidenden Gründe für die derzeitige Belebung der nationalen Kräfte ist die Globalisierung.

Die Globalisierung existiert nicht erst seit gestern; erst seit gestern gibt es ein Wort für die Beschreibung dieses Prozesses. Die Verschmelzung der Menschheit aus Tausenden zersplitterten Teilchen zu einem einzigen (globalen) Ganzen begann vor langer Zeit. Hier lohnt es, uns zumindest an die wichtigsten Phasen zu erinnern.

Weiße Expansion

Als Beginn der Globalisierung könnte das Ende des 15. Jahrhunderts in Betracht gezogen werden, als die Europäer nach der Entdeckung Amerikas ihre Expansion in der Neuen Welt ausdehnten, in der sie Gebiete eroberten, die viermal größer als ihre eigenen waren.

Der erste »Globalisierungsvorstoß« hat die Menschheit Millionen Opfer unter der indigenen amerikanischen Bevölkerung (Indianer) gekostet, wurde in der Geschichte der Menschheit zum ersten gigantischen Genozid der hochentwickelten Kulturen der Azteken, Mayas und Inkas (durch Zerstörung der Lebensräume, Krankheiten, Alkoholismus und Morde, schlimmer, zügelloses Massakrieren; betont werden muss: Die europäischen Machthaber gingen an die Ausrottung der indigenen Bevölkerung planmäßig heran,

indem sie z. B. den weißen Mördern Vergütungen für die Skalpe der Indianer bezahlten).
Die Eroberung neuer Gebiete ging Hand in Hand mit der Christianisierung der einheimischen Bevölkerung. Unendliche Weiten, das fast völlige Fehlen an Widerstand der Indianer und riesige Reserven an Gold und Silber weckten den Appetit der Eroberer: Allein die Jesuiten gründeten in Südamerika zwei theokratische Staaten – Paraguay und Ecuador.
Der Fairness wegen sei gesagt, die Indianer wären offensichtlich gänzlich von den Eindringlingen ausgerottet worden, wenn nicht die Bullen und Enzykliken der Vorsteher der katholischen Kirche[71], die Indianer zu vernunftbegabten Wesen mit einer Seele erklärt hätten. Daher wurde verboten, sie wie Vieh abzuschlachten und zu versklaven (was vor den päpstlichen Botschaften der Fall war), stattdessen mussten sie zum Christentum bekehrt werden.
Die Eroberung Nord- und Südamerikas bedeutete eine Ausweitung des Areals der weißen Rasse und der christlichen Zivilisation, was dies auch immer hieß, weit über Europa hinaus.
Fast gleichzeitig begann die Erweiterung der Europäischen Rasse gen Osten des eurasischen Kontinents: Der Moskauer Zar Iwan der Schreckliche und Jermak Timofejewitsch eroberten Sibirien. Auch dort gab es Kriege mit der lokalen Bevölkerung, die ebenfalls unter eingeschleppten unbekannten Krankheiten und Wodka litten, aber – und da sind sich praktisch alle Forscher einig – eine Politik des Völkermordes und der totalen Zerstörung haben die Russen dort nicht verfolgt.
Zwei Jahrhunderte später wurde die erste Stufe der »weißen« Globalisierung durch die Landung von Schiffen mit britischen Sträflingen in Australien, die später die Basis der australischen Nation bildeten, abgeschlossen.
Natürlich kommt die Frage auf, warum die europäische Rasse sich in die fernen Gebiete (Amerika, Australien…) ausdehnt und die näheren Bereiche des Mittleren Ostens, in Kleinasien und Nordafrika »unglobalisiert« lässt? Die Ursache ist, dass sich dort – von Marokko bis Indonesien – zu dieser Zeit die ebenso mächtige islamische Zivilisation ausbreitete. Ausgerechnet an ihr zerschlugen sich »Kreuzzüge«, sie versperrte den Europäern die Landwege in den Mittleren Osten, nach Persien und ins Innere Afrikas. Die Europäer hatten also gar keine andere Wahl, als sich ferne Länder für ihre Eroberungen zu suchen.
Hier sind die Ergebnisse dieser ersten Phase der Globalisierung, wie sie der russische Demograf Wladislaw Galezkij sieht[72]:

»Das Gebiet der europäischen Rasse wuchs bis zur Mitte des 19. Jahrhunderts von etwa 7 Millionen Quadratkilometern auf 75 Millionen Quadratkilometer, also um mehr als das Zehnfache (die gesamte Landfläche der Erde beträgt 149 Millionen Quadratkilometer);
- Das Territorium, auf dem die europäische Rasse eine absolut dominierende rassen-ethnische Gruppe wurde, betrug etwa 60 Millionen Quadratkilometer;
- bis 1850 zählte die gesamte Bevölkerung des Planeten 1 265 Millionen Menschen, dabei mehr als ein Drittel – und etwas weniger als die Hälfte der Gesamtbevölkerung – waren Vertreter der europäischen Rasse;
- Außerhalb der Globalisierungsprozesse blieben nur innere Bereiche Chinas, die Äußere Mongolei, Korea und Japan.«

Wir geben den Verlauf und die Ergebnisse der Globalisierung an, ohne etwas über ihre Ursachen zu sagen. Die an der Oberfläche, mit denen Geschichtsbücher gefüllt sind, werden wir nicht einbeziehen – sie entsprechen kaum der Realität. Bis heute gibt es keine Erklärungen für den »Globalisierungsvorstoß«. Die Länder, die beide Amerikas und Australien eroberten, wurden – entgegen einer weit verbreiteten Auffassung – nicht reich, und solche wie Portugal, das das zehnmal größere Brasilien unterwarf, und Spanien wurden bald von schweren systemischen Krisen heimgesucht, landeten in bitterer Armut und wurden zu zweitrangigen Staaten.

Die Erklärung liegt wahrscheinlich in dem geopolitischen »Gesetz der territorialen Expansion« des deutschen Geographen Friedrich Ratzel (1844 - 1904). Nach dem sei die Beschlagnahme von fremden Territorien und die Ausweitung ihres eigenen Landes der natürliche Trieb aller Nationen. Den Versuch, dieses Phänomen zu interpretieren, macht in der »Theorie der Passionarität« (auf einer irrationalen Ebene) auch der russische Historiker und Ethnologe Lew Gumiljow[73]. »Passionarität« nannte er die geistige Kraft des Menschen oder einer Nation, die Fähigkeit einer Person oder einer Nation zur Überanstrengung, Überanspannung, den Drang des Menschen oder einer Ethnie ihr Leben zum Besseren zu ändern, die Fähigkeit, sich im Interesse der höheren Ziele, Ideale zu opfern, auch wenn diese Ziele imaginär sind und die Ideale der Prüfung der Zeit nicht Stand halten.

Er argumentiert, dass jede Ethnie (oder eine solche Super-Ethnie wie die europäische oder arabische) zu einem bestimmten Zeitpunkt in ihrer Entwicklung größere oder kleinere »energetische Kraft« besitze, deren Ursprung er mit kosmischen Vorgängen verbindet.

Ihm zufolge war die weiße Rasse während der Eroberungen auf dem

Höhepunkt der Passionarität (und umgekehrt, die unterlegenen Nationen waren am Tiefpunkt), und diese Passionarität zwang die Abenteurer (»Passionaries«) in der Eroberung eine Entladung (Ausfluss) ihrer Energie zu suchen. Genau so »passionär« war damals auch die arabische (islamische) Super-Ethnie. Daher war der Grund für die erste Phase der Globalisierung kein wirtschaftlicher, sondern ein demografischer. Also, die Zahl der »passionaren« Europäer wächst rapide. In der zweiten Phase der Globalisierung kolonisiert die weiße Rasse Afrika.

Demografische Explosion auf »nicht-weißem« Gebiet

Alle Gesetze der Demografie sind noch nicht entschlüsselt worden. Man schafft es zum Beispiel nicht, zu erklären, warum es eine Bevölkerungsexplosion gibt (d. h. einen starken Geburtenanstieg) und dann ebenso plötzlich der demografische Aufstieg abbricht. Derselbe Gumiljow glaubt, dass die Bevölkerung nur dann zunehme, wenn sich die ethnische Gruppe in einem hohen Stadium der Passionarität befinde – glauben wir ihm aufs Wort. Was auch immer es war, aber die weiße Bevölkerung des Planeten wuchs von 150 Millionen Menschen zu Beginn des 18. Jahrhunderts auf eine atemberaubende Zahl von 850 Millionen im Jahr 1925. Damals war das fast die Hälfte der Weltbevölkerung.

Dank der Globalisierung verfügte die europäische Rasse über 80% des Territoriums der Erde und konnte ihren Einfluss im Vergleich zu anderen rassen-ethnischen Gruppen verstärken. Es wird angenommen, dass zu dieser Zeit die europäische Rasse und die christliche Zivilisation den Höhepunkt ihrer politischen und wirtschaftlichen Macht erreichten und ein »weißes« Monopol auf die Lösung aller politischen und wirtschaftlichen Fragen auf dem Planeten besaßen.

Nach dem Gipfel gibt es nur eine Richtung für die weitere Entwicklung – nach unten. Wir betrachten die Gründe für den Rückgang nicht (vor allem, weil viele von ihnen, die in demograpfischen Untersuchungen vorkommen, zahlreiche weitere Fragen aufwerfen); wir stellen nur fest, dass seither der Prozentsatz der weißen Bevölkerung auf dem Planeten stetig gesunken ist.

Die demografische Explosion ereignete sich auf einem anderen – »nicht-weißen« – Spielfeld.
Ihre Ergebnisse werden wir im Weiteren analysieren, aber ein Fazit ziehen wir gleich – mit den Worten des bekannten amerikanischen Politologen Zbigniew Brzezinski (1928-2017), nach dem Abzug der sowjetischen Truppen aus Afghanistan: Es ist »nicht nur ein Rückzug einer fremden Armee aus dem Gebiet eines fremden Landes, es ist nicht einmal der Zusammenbruch der kommunistischen Intervention... Dies ist in erster Linie der Rückzug des Weißen Mannes aus dem unbesiegten Süden zurück in seinen Norden. Dies ist ein solcher Exodus für den Weißen Mann aus dem Süden, nach dem er nie wieder dorthin zurückkehren wird.«[74]
Doch! Er kehrte 2001 als US- und NATO-Armada zurück, um sich schändlich und ergebnislos mehrheitlich 2014 aus Afghanistan zurückzuziehen!
Es gibt heute keine mächtigere militärische Organisation als die NATO. Ihre Niederlage im Afghanistankrieg legt nahe, dass es nicht am militärischen Talent der Afghanen und nicht an ihren Kampffähigkeiten liegt, sondern dass diese Bruchlandung mehrere andere, grundlegendere Ursachen hat.
Woher kommt der demografische Vorteil einiger gegenüber anderen? Von all dem weiten Bereich der demografischen Theorien, Postulate, Thesen und »Gesetze« bis dato bestätigt sich statistisch zweifellos nur eines: Die Geburtenrate fällt mit dem Aufsteigen auf der sozialen Leiter. Menschen, die finanziell sicher und gut ausgebildet sind, haben nicht so viele Kinder wie diejenigen, die in Armut leben. Arm bedeutet ja nicht impotent.
Das lawinenartige Bevölkerungswachstum in armen (afrikanischen) Ländern kann niemanden gleichgültig lassen. Da das Thema explosiv ist, gibt es heftige Auseinandersetzungen um Zahlen der Fruchtbarkeit, Sterblichkeit und des Bevölkerungswachstums. Außerdem ist es oft keine Frage der mehr oder weniger genauen Volkszählungen, sondern eher Schätzungen. Kommen wir daher zu einer gründlichen und unparteiischen Quelle: Unten ist die Liste der Länder mit dem größten Bevölkerungswachstum (Geburtenrate minus Sterblichkeit) gemäß den UN-Daten von 2017[75]:

1 Niger (pro 1000 Einwohner)	38,5
2 Uganda	34,5
3 Angola	34,4
4 Demokratische Republik Kongo	33,1
5 Mali	33,1
6 Gambia	32,6

7 Somalia	32,1
8 Tansania	31,9
9 Burundi	31,7
10 Tschad	31,2
11 Burkina Faso	31,2
12 Senegal	31,0
13 Timor-Leste	30,9
14 Sambia	30,5
15 Malawi	29,8
16 Palästinensische Autonomie	29,3
17 Irak	29,2
18 Mayotte (Französisches Überseedepartement)	29,2
19 Mosambik	29,2
20 Benin	28,7
21 Afghanistan	28,7
22 Kongo	28,5

Bei einem solchen Anstieg wie in Niger wird sich die Bevölkerung dieses Landes in weniger als 20 Jahren verdoppeln, in 50 wird es dort sechsmal mehr Einwohner als heute geben. Die UNO veröffentlichte Zahlen für ganz Afrika: 2050 werden auf dem Kontinent 2,5 Milliarden Menschen leben[76], zwei Mal mehr als heute. Man kann mit dem englischen Pfarrer Thomas Robert Malthus (1766-1834, »Malthusianismus«), der behauptete, die Bevölkerung wachse in geometrischer Folge: 2, 4, 8, 16, 32, 64..., und die Nahrungsmittelproduktion – nur in arithmetischer: 2, 4, 6, 8, 10, 12…, einverstanden sein, man kann mit ihm streiten und als Beispiel die nicht gerade hungrigen europäischen Länder anführen, die Schlussfolgerung lautet trotzdem: Der demografische (Bevölkerungswachstum) und soziale (Hunger und Durst aus Mangel an Nahrung und Wasser) Druck im afrikanischen Kessel wird in den kommenden Jahrzehnten unglaublich steigen.
Der Vollständigkeit halber fügen wir die Zahlen aus den sterbenden Ländern ein – sie haben ein negatives »Wachstum« oder Wachstum nahe Null. Das Ende der Liste sieht folgendermaßen aus:

181 Tschechien	0,1
182 Polen	0,1
183 Österreich	0,0
184 Russland	-0,1

185 Moldawien	-0,1
186 Estland	-0,9
187 Griechenland	-1,2
188 Weißrußland	-1,3
189 Bosnien und Herzegowina	-1,4
190 Japan	-1,5
191 Italien	-1,6
192 Serbien	-1,8
193 Portugal	-1,8
194 Deutschland	-2,4
195 Rumänien	-2,6
196 Kroatien	-2,8
197 Litauen	-3,0
198 Ungarn	-3,5
199 Ukraine	-4,1
200 Lettland	-4,2
201 Bulgarien	-5,6

Die Liste ist geografisch ziemlich charakteristisch.

Kritiker von Malthus sagen, dass der Alte sein »*An Essay on the Principle of Population*« (Deutsch: *Das Bevölkerungsgesetz)* im Jahr 1798 veröffentlichte, und er keine modernen Kontrazeptive kennen konnte. Tatsächlich ruft Malthus (angesichts der Katastrophe, die seiner Meinung nach unvermeidlich war) zu »moralischer Enthaltsamkeit« auf.

Aber inzwischen haben die modernen Industrieländer bereits etliche Millionen in die Verteilung von Kondomen in Afrika gesteckt. Ergebnis – siehe Tabelle.

Die wirklichen Bremsen hoher Fruchtbarkeit (Malthus widmet ihnen dutzende Seiten) sind Kriege, Krankheiten, Epidemien. Einige Experten haben bereits ausgerechnet, dass die afrikanische Bevölkerung ohne AIDS um 20% schneller wachsen würde.[77]

Die oben angeführte Tabelle berücksichtigt bereits die Sterblichkeit aus den aktuellen Kriegen, Krankheiten, Hunger und Durst. Wenn jemand in Zukunft andere, niedrigere und für ihn angenehmere Zahlen bekommen will, muss er erklären, welche Kriege und welche Krankheiten, ZUSÄTZLICH zu den vorhandenen, auf die Köpfe der Afrikaner in den kommenden Jahrzehnten hereinbrechen sollten.

Die Erklärung brauchen wir um so mehr, weil die europäisch-nordamerikanische Politik der Zügelung der Geburten (Kondome) in Afrika nicht nur auf Widerstand der traditionellen Familie, sondern auch auf den politischer Eliten[a] stößt: Sie sind an einer hohen Geburtenrate interessiert, die Arbeitskräfte und Kanonenfutter liefert sowie die »Autorität« des Staates auf internationaler Bühne erhöht. Schließlich hat die Größe der Bevölkerung einen erheblichen Einfluss sowohl auf die Wirtschaft als auch auf militärische Macht. Sie ist eine gewisse Garantie der politischen Souveränität.

Natürlich ist diese Formel gar nicht absolut, aber sie spiegelt die vorherrschende Denkweise in den unterentwickelten Staaten wider. Der Präsident von Botswana, Quett Ketumile Masire (1925-2017), drückte es so aus: »Jetzt sind wir 1,3 Millionen. Und keiner nimmt Notiz von uns. Wenn wir sechs Millionen werden, wird man mit uns manchmal rechnen müssen. Wenn es 12 Millionen von uns geben wird, werden uns alle beachten.«[78]

Natürlich hat die sogenannte »Familienplanung« längst begonnen und nicht nur in Afrika.

Was sind ihre Ergebnisse?

---

a Wir verwenden das Wort »Elite« nicht im Sinne von »Überlegenheit« oder »besser Sein« dieser Bürger, sondern nur als ein Zeichen – aus dem einen oder anderen Grund – ihrer aktiveren Rolle in der Gesellschaft. Es ist doch bekannt, dass die Gesellschaft, auch die sogenannte »demokratische«, nicht von allen Menschen, nicht vom »Demos«, sondern eben von der Elite, den oberen »Zehntausend«, regiert wird. Diese Elite ist eine recht geschlossene Struktur, ein Wechsel der Eliten findet nur in Zeiten sozialer Umwälzungen statt. Im »Alltag« sind die Grenzen der Elite ziemlich undurchsichtig, es gibt relativ wenige Abgänge aus der Elite, freiwillig – nur eine vernachlässigbare Menge. Ihr beizutreten ist noch schwieriger als sie zu verlassen. Diese Aussage ist universell, sie gilt für alle bestehenden Gesellschaften. Um sich von ihrer Wahrhaftigkeit zu überzeugen, lohnt es sich, die Namen von Abgeordneten, Regierungsmitgliedern und Millionären in den letzten hundert Jahren in jedem Land der Welt zu analysieren. Aber das nur am Rande... Das Wort »Elite« bedeutet, wie man weiß, »das Beste, das Auserwählte«. Dort, wo wir über die herrschende Klasse schreiben, über die wirtschaftliche und politische Elite, deren Vertreter wir weder für »beste« noch für »auserwählte« halten, werden wir das Wort »Elite« auch später im Text ohne Anführungszeichen verwenden, aber werden sie immer im Kopf behalten.

Was bringt »Familienplanung«

Das erste der Entwicklungsländer, das noch 1951 das nationale Programm der Familienplanung als offizielle Staatspolitik einführte, war Indien.[79] Diese Politik sah eine breite Palette von medizinischen, administrativen, rechtlichen und anderen Maßnahmen vor. Im ganzen Land wurden Tausende von Familienplanungszentren eingerichtet, die neue Verhütungsmethoden verbreiteten, intrauterine Kontrazeptiva einsetzten, Männer und Frauen sterilisierten. Der Slogan dieser Politik: »Warte mit dem zweiten Kind und höre auf nach dem dritten!«.

Gleichzeitig blieben Geburtenkontrollmethoden traditionell: Sterilisation und Schwangerschaftsverhütung.

Obschon die Sterilisation zunächst nicht obligatorisch war, wurde sie von den Behörden aktiv gefördert: Der Mann, der ihr zustimmte, konnte eine Geldzuwendung oder ein Transistorradio erhalten. Mitte der 1970er Jahre wurde unter der berühmten Ministerpräsidentin Indira Gandhi ein neues, viel strengeres Familienplanungsprogramm verabschiedet, bei dem die Zwangssterilisation von Männern, die bereits zwei oder mehr Kinder hatten, die Hauptrolle spielte. Frauen, die mit dem vierten Kind schwanger waren, mussten eine Abtreibung vornehmen. Geldprämien wurden nicht nur an Männer bezahlt, die freiwillig zur Sterilisation gingen, sondern auch an Denunzianten, die die Behörden über die Schwangerschaft einer Frau informierten.

In einigen Bundesstaaten wurden Gesetze erlassen, die den Entzug von Rechten auf eine begünstigte Wohnung, kostenlose medizinische Versorgung, auf Bankkredite und sogar die Entlassung von Männern vorsahen, die bereits zwei Kinder hatten und nicht sterilisiert werden wollten. Die Regierung schrieb den Bundesstaaten die Kontingente für die Sterilisation von Männern vor und verlangte deren Umsetzung.

Sie unternahm auch mehrere Anläufe, die Altersschwelle für die Ehe gesetzlich zu erhöhen. In den 1950er Jahren war dieses Alter 22 Jahre für Männer und 15 Jahre für Frauen. In den 1960er Jahren wurde es entsprechend auf 23 und 17 erhöht, und seit 1978 sind für Frauen 18 Jahre vorgeschrieben. Nachdem die Volkszählung von 1981 mehr Bevölkerungswachstum als erwartet gezeigt hatte, nahmen die Umtriebe der Familienplanungsprogramme zu. 1986 entwickelte die indische Regierung ein neues System zur Kontrolle des Bevölkerungswachstums, das die Versorgung von 60% aller Paare mit verschiedenen Verhütungsmitteln vorsah. Eine strenge Norm wurde eingeführt – zwei Kinder pro Familie. Die demografische Politik seit 2000 sollte bis zum Jahr 2010 die Geburtenrate (genauer: Fruchtbarkeit) auf dem Niveau der einfachen Reproduktion der Bevölkerung erreichen. Einfache Reproduktion bedeutet praktisch zwei Kinder pro Frau und ein Stopp des Bevölkerungswachstums.

Ergebnisse? Laut der Volkszählung von 2011 wuchs die Bevölkerung Indiens in den zehn Jahren um 181 Millionen, fast um 18%, und erreichte 1,21 Milliarden, 2018 sind es bereits 1,33 Mrd.[80]

Wir haben hier nicht zu beurteilen, ob die indische (und nicht nur indische) Politik der »Familienplanung« hochmoralisch oder kriminell ist. Die Zwangssterilisation wurde in mehreren Ländern durchgeführt. Unter anderem sind es auch die Vereinigten Staaten, die in diesem Fall die ersten waren. Dort wurden psychisch Kranke, geistig Zurückgebliebene und in einigen Bundesstaaten Taube, Blinde, Epileptiker und Menschen mit körperlichen Missbildungen sterilisiert.

Die aufgeklärten Schweden setzten das Gesetz, das eine Zwangssterilisation erlaubte, erst 1976 außer Kraft. Das Römische Statut des Internationalen Strafgerichtshofs betrachtet Zwangssterilisierung als Verbrechen gegen die Menschlichkeit; ebenso als Verbrechen gilt auch die Zwangssterilisation von Geisteskranken in Nazi-Deutschland.

Das oben erwähnte indische Beispiel soll nur eine These beweisen: Indem man enorme organisatorische und finanzielle Anstrengungen unternahm und eine Straftat beging, erreichte Indien nicht das, was es wollte. Warum sollte unser Kampf gegen die hohe Fruchtbarkeit in Afrika zu anderen Ergebnissen führen?

Das einzige Beispiel für ein erfolgreiches »Familienplanungsprogramm« gibt es in China. Die »Ein-Kind-Politik« reduzierte dort tatsächlich die Geburtenrate (2016) auf 1,62 Kinder pro Frau[81]. Dies ist niedriger als in den entwickelten Ländern, wo es durchschnittlich 1,7 Kinder pro Frau gibt.

Die Frage, warum China in der Lage war, das zu erreichen, woran Indien gescheitert ist, ist rhetorisch. China hat mal die Spatzen ausgerottet, die angeblich die Reisernte auffraßen – später mussten sie Vögel importieren. China schmolz Gusseisen in privaten häuslichen Hochöfen. China schickte Professoren zur Umerziehung in Staatsfarmen. Das ist China. In China gibt es die Kommunistische Partei, die von Mao Zedong aufgezogen und erzo-

gen wurde. Und das Wort der Partei ist ein höheres Gesetz als das Gesetz des Strafgesetzbuches. Weh dem, der es nicht befolgt! Indien hatte und hat keine solche Partei – daher der Unterschied in den Ergebnissen.
Die eisernen Gesetze der Kommunistischen Partei Chinas gelten nicht für Afrika – das ist das Problem.
Aber auch China steht nicht still. Vor Jahren hat die chinesische Regierung bereits wiederholt ihre Absicht bekundet, Menschen zu erlauben, zwei Kinder zu haben. Der Kongress der KP Chinas von 2012, der eine neue Parteiführung wählte, forderte auch eine Revision der Bevölkerungspolitik. Der Grund: die Alterung der Gesellschaft, der Mangel an Arbeitskräften in naher Zukunft. Der Anteil der Rentner wächst, die arbeitsfähige Bevölkerung ist rückläufig. Waren 2017 mehr als 240 Millionen oder 17,3% der Chinesen älter als 60 Jahre, wird sich dieser Anteil laut Schätzungen bis 2050 auf 35% verdoppeln.[82]
Zwischen 2010 und 2020 wird die Anzahl der Chinesen im Alter von 20 bis 24 Jahren um 20% fallen. Wer soll für das Lebensniveau sorgen und gleichzeitig Renten zahlen? Die Stiftung für Erforschung der Entwicklungsprobleme beim Staatsrat der Volksrepublik China veröffentlichte Anfang November 2012 einen Bericht, in dem die Behörden aufgefordert wurden, die Politik der Familienplanung zu überdenken. Er betonte, dass die Alterung der Bevölkerung und die Erschöpfung der chinesischen »demografischen Dividenden« eine ernsthafte Bedrohung für die Entwicklung des Landes darstellen werden.
Im Oktober 2015 hat China offiziell eine neue Bevölkerungspolitik ausgerufen. Auf dem Plenum des Zentralkomitees der KPCh wurde angekündigt, dass die Chinesen künftig zwei Kinder haben dürfen. Der Weg aus der hausgemachten Misere ist aber mühselig. Die seit 2016 geltende Zwei-Kind-Politik hat in China nicht für die erhoffte demografische Entspannung gesorgt. Im Gegenteil: Die Zahl der Geburten ist 2017 sogar zurückgegangen.[83]
Derzeit gibt es in China einen Ideenwettbewerb dazu, wie man die Geburtenrate wieder erhöhen kann.[84]
Auch in Indien sind die Stimmen zur Eindämmung der Fruchtbarkeit in den letzten Jahren kaum hörbar. Indien will bevölkerungsmäßig weiter kräftig wachsen. Mit dieser neuen Generation wird Indien, laut Prognosen der renommierten Analysten von *PricewaterhouseCoopers* (Februar 2017), die Wirtschaftsleistung der USA im Jahre 2040 übertreffen und zur zweiten Wirtschaft der Welt (nach China) werden.[85]
Daher wird es nicht möglich sein, die demografische Explosion durch Kon-

dome oder irgendetwas anderes zu stoppen. 2050 wird, der UN-Prognose nach, die Weltbevölkerung von heute (2017) rund 7,6 Milliarden Menschen auf 9,8 Milliarden 2050 und 11,2 Milliarden 2100 wachsen.[86] Prozentual nimmt die Bevölkerung in Afrika am stärksten zu. Sie wird sich im Jahr 2050 fast verdoppeln. Damit steigt der Anteil Afrikas an der Weltbevölkerung von heute 16,6% auf 25,9% im Jahr 2050. In Europa geht die Bevölkerung im gleichen Zeitraum zurück: Der europäische Anteil an der Weltbevölkerung wird demnach von heute 9,8% auf 7,3% schrumpfen.[87] Eine »de-Europäisierung Europas« und der anderen ehemals »weißen« Länder – der USA, Australien, Neuseeland, Kanada – wird weiter fortschreiten. Dort wird die Anzahl der Einwohner nur dank der nicht-weißen Einwanderung und der hohen Geburtenraten der nicht-weißen Bevölkerung wachsen.

Der »demografische Kessel« wird explodieren, aber sicherlich nicht in China oder Indien, die, wiederum laut Prognosen, demnächst in der Welt der Wirtschaftsführer ankommen. Er wird dort platzen, wo die »Demografie« zuerst auf die Straße geht, und dann über die Grenzen hinweg die Bereiche einnimmt, die zu der Zeit relativ frei sein werden. Es wird eine Umwandlung des demografischen Potenzials in ein geopolitisches geben.

Die Ausdehnung der nicht-weißen Bevölkerung in ehemals weiße Gebiete ist demografisch nachvollziehbar und ethisch legitim. Es ist nach 500 Jahren lediglich die Antwort auf weiße Expansion in den ersten beiden Phasen der Globalisierung – auf die blutige Eroberung Amerikas und die nicht weniger blutige Kolonialisierung Afrikas.

Warum geht die »farbige« Invasion weiter und weiter? Es gibt zwei Gründe. Der erste von ihnen: Die Bevölkerungsexplosion in den Entwicklungsländern und der so genannte »demografische Übergang« (einfacher: Abnahme der Bevölkerung, Aussterben) in den »weißen« Ländern. Der zweite Faktor ist die Dominanz der Weißen in der Weltwirtschaft und Politik, sowie historisch zustande gekommene, aber dennoch objektiv ungerechte – zugunsten der Weißen – Verteilung der wirtschaftlichen, finanziellen und natürlichen Ressourcen auf dem Planeten. Die »Farbinvasion« gleicht diese Ungerechtigkeit aus.

Ich wiederhole: Jetzt passiert mit der westlichen Welt, mit der so genannten »faustischen Zivilisation« das, was auf anderen Kontinenten, mit anderen Menschen vor einigen Jahrhunderten geschehen war. Moralisch haben andere Rassen heute das Recht, den Weißen mit ähnlich harten Methoden zu antworten, die diese einmal auf sie angewendet haben. Sie tun das noch nicht, und die weiße Rasse sollte ihnen dafür aufrichtig dankbar sein.

Im frühen 20. Jh. formulierte der bereits von uns erwähnte Professor der Universität Leipzig Friedrich Ratzel mehrere sogenannte »Expansionsgesetze«[88]. Er betrachtete den Staat als einen lebenden Organismus, der geboren wird, wächst und stirbt, und glaubte, dass die Expansion und Kontraktion (Verkleinerung) der Staaten natürliche Lebensprozesse sind. Dafür, dass er imperialistische Versuche des damaligen Deutschlands, sich fremde Territorien anzueignen, rechtfertigte, das Recht der »Kulturnationen« auf das Beherrschen der »weniger bedeutsamen politischen Einheiten« verteidigte, werden seine Gesetze in wissenschaftlichen Kreisen nicht allzu sehr geschätzt.

Aber heute lohnt es sich, Ratzel noch einmal zu lesen. In seinem Buch spricht er nicht von der Annexion schwacher LÄNDER durch starke, sondern von der Assimilation und Absorption von schwachen NATIONEN durch stärkere. Wie wir im Weiteren sehen, ist die wirtschaftliche, finanzielle, militärische und politische Macht des Staates nicht immer gleichzusetzen mit der Stärke der Nation. Die aktuelle Entwicklung der Situation erlaubt uns zu sagen, ohne das Risiko einen Fehler zu begehen, dass afrikanische, lateinamerikanische und asiatische Nationen jetzt aktiver, mobiler, potenter, wie Gumiljow sagen würde, »passionärer« sind als Europäer, breiter gefasst – als weiße Nationen, die allmählich dahinsiechen. Ratzel hatte auch Recht, indem er unterstrich, die staatliche Expansion richte sich nicht auf irgendwelche Regionen (in Afrika gibt es viele Wüsten), sondern auf die für die Entwicklung wichtigsten, insbesondere reichen Regionen, die nicht notwendigerweise gleich nebenan liegen müssten – einst sicherten sich Großbritannien, Frankreich, Spanien, Portugal, Deutschland Kolonien Tausende Meilen von ihren Hauptstädten entfernt. Deshalb gehen Afrikaner von heute nicht in ihr vergleichbar armes Nachbarland, sondern in das wohlhabende Europa.

Es scheint, Ratzel ist auch heute genau so relevant, wie vor 100 Jahren.

In der jetzigen Phase der Globalisierung gehen nicht-weiße Nationen nach Europa, weil sie nichts zu essen haben, und in der Zukunft – mit dem Wachstum der Bevölkerung – ihre Speisekarte noch dürftiger wird. Die weißen (noch weißen) Staaten verteidigen sich, tun das aber planlos, schwach, mangelhaft, zweifelnd, träge und unaufrichtig, wie sich einst Azteken, Mayas und Inkas vor den Europäern verteidigten.

Daher, wenn man die Gründe des Erstarkens der nationalen Bewegungen und Parteien bündelt, kristallisiert sich der Glaube, dass der STAAT die Nation zu schwach, zu träge und zu unaufrichtig schütze, heraus. Die nationalen Bewegungen versuchen, diese Verteidigung effektiver zu gestalten. Deshalb stellen sie die nationale Frage auf die Tagesordnung und betrachten sie als eine der Grundlagen für die Lösung von wirtschaftlichen, kulturellen und politischen Problemen des jeweiligen Landes. Ob es ihnen gelingt, ihre Ziele zu erreichen, ist eine offene Frage.

Hunger ist keine liebe Mutter

Lassen wir Thomas Malthus mit seinem Wunsch, die Schönheit der menschlichen Zukunft arithmetisch zu überprüfen, beiseite, so kann doch niemand die Tatsache in Frage stellen, dass die Bevölkerung in Afrika, Asien und Lateinamerika in einem Tempo wächst, das die Wirtschaft nicht vorlegen kann. Daher liegt die Tragödie der heutigen Zeit in der dramatischen Verarmung vieler Völker, die begleitet wird von Hunger, Krankheiten, hoher Sterblichkeit, Umweltzerstörung, von Hungerrevolten, Kriegen um Ressourcen oder einfach Kriegen und eben Migration zu jenen Regionen, in denen verzweifelte Menschen wenigstens überleben können. Hungerkatastrophen erlitten Somalia und Sudan (in den 90er Jahren), Simbabwe (2000), wieder Sudan (2003), Niger (2005), Äthiopien, Kenia, Somalia und Dschibuti (2006), wieder Somalia und Äthiopien (2011). Übrigens, sie starben, dennoch verzeichnete man aufgrund der hohen Geburtenrate den höchsten Bevölkerungszuwachs auf dem Planeten – siehe Tabelle oben.

Die internationale Gemeinschaft nimmt diese Entwicklung wahr. Die Vereinten Nationen, alle 189 Mitgliedstaaten, verabschiedeten im Jahr 2000 das sogenannte Millenniumsprogramm, das acht wichtigste Richtungen zur Bekämpfung von Hunger und hoher Sterblichkeit beinhaltete.[89] Ziel war es, die Zahl der Hungernden bis 2015 im Vergleich zu 1990 um die Hälfte zu reduzieren. Die Sondereinheit der Vereinten Nationen, der Internationale Währungsfonds, die Weltbank und andere angesehene Organisationen hatten sich der Angelegenheit angenommen. Das Budget zur Bekämpfung des Hungers wurde in diesem Zeitraum verdoppelt.

Was sind die Ergebnisse? Im Jahr 1990 gab es 822 Millionen Hungernde auf der Welt, im Jahr 2008 erreichte ihre Zahl eine Milliarde.[90] Fast 8,8 Millionen Menschen sterben jedes Jahr an Hunger, eine Person alle drei Sekunden.[91] Das bedeutet, dass bei der Erfüllung der von den Vereinten Nationen gesetzten edlen Ziele fast 200 Millionen Menschen innerhalb von 22 Jahren an Hungersnot starben und die Zahl derjenigen, die auf dieser Welt vegetieren, fast um 200 Millionen anstieg. Nachdem die Vereinten Nationen ein Programm zur Verringerung der Anzahl Hungernder um 400 Millionen beschlossen hatten, erhöhte sich diese Zahl um denselben Betrag, d. h. um

50%. In der heutigen Welt sterben mehr Menschen an Hunger als an AIDS, Malaria und Tuberkulose zusammen.[92]
Danach gab es eine »Delle«. Seit 2015 geht die Zahl der chronisch Unterernährten wieder nach oben[93] und inzwischen (2017) hat sich die Zahl der Hungernden irgendwo weit über 800 Mio. eingependelt,[94] zwei Milliarden leiden an Mangelernährung.[95]
Mit einem Wort, die Weltgemeinschaft hat noch keine Lösung für das Problem des Hungers gefunden.
Da die Ziele für 2015 – die Zahl der Hungernden auf 400 Mio. zu senken – blamabel verpasst wurden, haben sich »Hungerhilfe«-Bürokraten etwas Neues ausgedacht: *ZeroHunger*. Mit dem Programm wollen sie jetzt bis 2030 den »Hunger beenden«[96] – mindern reicht nicht mehr. Klingt wie Hohn. Die wohlgenährten Apparatschiks, die an der »Hungerhilfe« parasitieren, verschieben einfach die »Deadline« nach hinten – und schaffen damit für weitere 15 Jahre die Grundlage für ihre eigene Fettlebe. So ist die Situation in einem Teil der Welt.
In einem anderen leben reiche Länder. Sie helfen den Hungernden, wie sie nur können – das Geld geben Vereinte Nationen, Weltbank und Internationaler Währungsfonds. Darüber hinaus stellen viele Länder im Rahmen der Entwicklungshilfe-Programme Mittel zur Verfügung.
Leider ist es auch hier nicht rosig.
Die Welt, die man gemeinhin die Alte nennt, aber auch die Neue – nordamerikanische und australische – werden tatsächlich alt. Die Fruchtbarkeit sinkt, diejenigen, die den Arbeitsmarkt auffüllen, werden von Jahr zu Jahr weniger. Vollwertige Ernährung, ein gesunder Lebensstil und qualifizierte Medizin verlängern das Durchschnittsalter weit über 80 Jahre hinaus. Die Rentnerschar wächst – trotz steigenden Renteneintrittsalters in einigen Ländern – stetig an. Schon heute, ganz zu schweigen von morgen, können nicht einmal wirtschaftlich mächtige Nationen den hohen Lebensstandard für alle ihre Bürger halten. In Deutschland, das noch vor Kurzem wie eine ewige Bastion des Wohlbefindens erschien, kamen 1962 auf einen Altersrentner sechs so genannte »aktiv versicherte« Erwerbspersonen. Zehn Jahre später mussten bereits vier Beitragszahler eine Rente finanzieren. 2015 standen einem Altersrentner nur noch rund zwei Beitragszahler gegenüber.[97]
Die junge Generation muss immer mehr Alte durchbringen. Ob sie das machen will, das ist die Frage.
Bereits nach dem Zweiten Weltkrieg kollidierte Deutschland mit dem demografischen Phänomen. In der Industrie gab es niemanden zum Arbei-

ten, der Volkswirtschaft fehlten starke männliche Hände. Gefunden wurde eine einfache Lösung: Deutschland lud sogenannte Gastarbeiter ein, in der aufrichtigen Hoffnung, dass nach dem Aufschwung der Industrie und nachdem junge deutsche Frauen mehr und mehr Kinder gebären, die »Gäste« nicht mehr gebraucht würden. Sie nähmen ihre Habseligkeiten und gingen dorthin zurück, wo sie herkamen – in die Türkei, nach Jugoslawien und Griechenland.

Mitte der 1960er Jahre kam es niemandem in den Sinn, dass in den Jahrzehnten der Arbeit junge und gesunde Gastarbeiter Familien gründen werden, Kinder bekommen, diese Kinder zur Schule gehen und »Deutsche« werden. Und dass sie, mit einem sicheren und gut bezahlten Job in der Tasche, die Idee deutscher Politiker über ihre Rückkehr in ihre Heimat nicht akzeptieren. Zu Hause hatte sich in dieser Zeit nichts substantiell verändert, und diejenigen, die seit vielen Jahren in den schmucken deutschen Städten lebten, würden nicht in die gottvergessenen Dörfer zurückkehren wollen, um dort so zu leben, wie sie früher lebten – oft ohne Strom, ohne Trinkwasser aus dem Wasserhahn und ohne heißes Wasser in der Dusche...

»Warum sollten wir denn zurückgehen?«, fragten sie sich und die Politiker, und sie hörten keine überzeugende Antwort. Daher blieben fast alle in Deutschland.

Deutschland ist keine Ausnahme. Solche Umsiedler, die aus ihrem eigenen Land vor der Armut geflohen waren, sind nicht erst im 20. Jahrhundert und nicht erst in Deutschland aufgetaucht. So gingen auch früher Menschen nach Argentinien, den USA, Kanada, Australien und Neuseeland auf die Suche nach einem besseren Leben; und nur ein sehr kleiner Teil von ihnen kam zurück. Die überwältigende Mehrheit blieb für immer dort und wurde allmählich zu Argentiniern, Amerikanern und Kanadiern.

Jetzt ist die demographische Situation in ganz Europa, in vielen sogenannten Industrieländern, ähnlich wie in der Nachkriegszeit. Die Bevölkerung nimmt ab, immer weniger stellen materielle und kulturelle Güter her. Schulen werden geschlossen, Lehrer entlassen – es gibt niemanden zu unterrichten. Unternehmen leiden unter einem Mangel an Bewerbern, die einen Beruf erlernen möchten. Um den Lebensstandard, an den die Menschen gewöhnt sind, zu erhalten, sind zusätzliche Arbeitshände erforderlich. Der Rückgang der Produktion in den Industrieländern schlägt nicht nur auf die eigene Bevölkerung zurück, sondern auch auf die im fernen Afrika: Die ärmer werdenden Länder können für die noch ärmeren weniger Geld bereitstellen.

Alte Menschen sind nicht nur kaum mehr in der Lage, körperlich schwer zu arbeiten, das ist nur ein Manko. Die Alterung der Bevölkerung (und dies ist durch die Forschung bewiesen) hat eine negative technologische und kulturelle Dynamik. Alte Menschen sind konservativer, sie verweigern öfter Reformen und Innovationen.[98] Obwohl, wie zwei Autoren schreiben, »the relationship between age and creativity/innovation is not a simple«[99], also die Beziehung zwischen Alter und Kreativität/Innovation nicht einfach ist, kann man von einer alten Bevölkerung doch weniger technologische Durchbrüche, Geniestreiche, »Heureka«-Schreie und Revolutionen erwarten.

Und wenn es im Land nicht genügend Rohstoffe gibt, die man auf den Weltmärkten rentabel verhökert, über welche anderen Ressourcen als die menschlichen Gehirne verfügt es dann für eine erfolgreiche Entwicklung? Eine Nation, die der Welt keine exklusiven technologischen Ideen bieten kann, wird niemals wirtschaftlich führend sein. Mit Öl und Gas kann man lange genug gut leben – da gibt es die Erfahrung von Saudi-Arabien und der arabischen Emirate – wer aber kann diese Länder als wirtschaftlich führend bezeichnen?

Eine Alterung der Bevölkerung, ein Leben bis zu 80, 90 und 100 Jahren behindert die Entwicklung der Nation, erfordert zusätzliche Mittel nicht nur für die Rente, sondern auch für die medizinische Versorgung. Im alten Europa gibt es schon seit langem nicht genug Pflegekräfte, um sich um die gebrechlichen Alten zu kümmern. Mit der Zeit wird es noch schlimmer. Den Luxus der Pflege auf Kosten des Ruhegeldes werden sich nicht alle leisten können, und die Kinder, die ihre alten, kranken Eltern finanzieren, wird es beim durchschnittlichen Europäer einfach nicht geben.

Eine Abschwächung dieses Problems (bei niedriger Geburtenrate) könnte die Einwanderung sein: Arme Menschen aus armen Ländern können ihre Situation dadurch verbessern, dass sie in die heute reicheren Länder zum Leben und Arbeiten kommen. Und diese Länder werden ihnen dafür dankbar sein – so begrüßten Deutsche vor Jahrzehnten Züge aus der Türkei und Jugoslawien mit Blumen. Angekommen, werden sie die Reihen der Arbeiter und Angestellten füllen, ihre eigenen Werkstätten und Bäckereien eröffnen und dadurch das Bruttoinlandsprodukt und das Lebensniveau der gesamten Bevölkerung des an Personalressourcen armen Landes und ihr eigenes erhöhen. Eine solche Migration von »Pflegern« besteht seit langem – Ärzte und Krankenschwestern aus Rumänien und der Slowakei gehen nach Deutschland, medizinisches Personal aus Bulgarien und Ungarn nach

Frankreich, aus der Ukraine – nach Spanien und Portugal, aus Rumänien und Moldawien – nach Italien.

Flucht vor dem Hunger ist in der Geschichte ebenfalls kein neues Phänomen. Während der großen irischen Hungersnot (irisch: *An Gorta Mór*) Mitte des 19. Jahrhunderts, starb etwa eine Million Menschen, zwei Millionen emigrierten in die Vereinigten Staaten, Kanada und Australien. (Während des ukrainischen Holodomor in den 30er Jahren des 20. Jahrhunderts waren die Grenzen der Sowjetunion dicht – damals verlor die Ukraine etwa 6 Millionen Menschen).

Die vorsichtige Frage: Wie sollen die armen Länder leben, aus denen die letzten Ernährer nach Europa abreisen? – umgeht das alte Europa, sie wird einfach nicht gestellt. Historisch ist die Stunde nahe, wenn die nicht-hungernden, aber auch nicht besonders reichen Nationen, die Menschen an die »fetten« Länder verlieren, alles tun werden, um einen solchen Abfluss zu verhindern. Früher wurden Kriege für Sklaven geführt, dann für Gold und Öl, später für Märkte, dann für Trinkwasser. Der neue Kampf unter der Oberfläche hat bereits begonnen, er wird bald offen sein – ein Krieg um die Humanressourcen.

Bisher sind die Grenzen und Sozialsysteme vieler Länder für Migranten offen. Die Ursachen der Migration sind vielfältig: Krieg (Afghanistan, Irak, Palästina, Syrien...), der bereits erwähnte Hunger, die Wiedervereinigung von Familien und einfach Wirtschaftsmigration: nach einem russischen Sprichwort, sucht der Fisch, wo es am tiefsten, und der Mensch wo es am besten ist. Wesentlich transparentere Grenzen als früher verwandeln die Welt in ein System kommunizierender Gefäße, in denen von dort, wo die »Flüssigkeit« höher steht, sie dorthin fließt, wo weniger ist.

Oft ist diese Migration legal, zum Beispiel unter eher liberalen EU-Gesetzen und Gesetzen zur Gewährung von politischem Asyl. Manchmal ist diese Migration aber illegal, sie liegt in den Händen der organisierten Kriminalität, die vom Elend der Armen profitiert. So ein »Ticket« aus den Ländern Südostasiens nach Europa in Autokühlwagen, im Schiffsraum unter Deck, im Kofferraum eines Autos ist teuer. Um in ein europäisches Paradies zu gelangen, verkaufen die Migrantenfamilien und ihre Verwandten ihr ganzes Hab und Gut. Die Anzahl der illegalen Einwanderer wird in der Welt schon lange nicht mehr in Tausenden gerechnet: in Russland sind es zwischen 5 bis 10 Millionen[100], in den USA (2015) 11 Millionen illegale Migranten[101], darunter fast 6 Mio. nur aus Mexiko[102], Millionen von Illegalen sind in Europa[103]. Lösungen für dieses Problem gibt es auch nicht: Sowohl die USA als

auch Russland sowie viele andere Staaten wollen diese Einwanderer legalisieren, ihnen einen legalen Aufenthaltsstatus in ihrem Hoheitsgebiet geben. Alle illegalen Einwanderer aus dem Land abzuschieben oder sie wenigstens zu finden – die Länder stellen sich solche Aufgaben längst nicht mehr.
Aber das, was arithmetisch wie eine sogenannte *win-win-situation* aussieht, hält die Prüfung durch die Praxis nicht stand. In die alternden Länder kommen nicht nur junge, gesunde, sorgfältige, anstellige und fleißige Bürger, sondern auch alte, kranke und faule, die nicht versuchen die Angebote für eine ehrenvolle (aber schwere) Arbeit zu nutzen, sondern nur die Möglichkeit, eine Wohnung zu bekommen, für die der Staat zahlen wird, die Krankenversicherung, die auch das »Amt« zahlt, aber auch Sozialhilfe und Kindergeld abzugreifen. Das heißt, in der Summe bekommen einige umsonst viel mehr, als sie in ihrem Heimatland im Schweiße des Angesichts verdient haben. Nicht wenige wollen soziale Errungenschaften eines fremden Landes nur dazu nutzen, ihr Leben am besten und am leichtesten zu gestalten. Solche Pläne gehen oft auf. In die Länder mit dem höchsten Niveau an sozialer Sicherheit ist der Zustrom von Migranten am stärksten.
Die Probleme beginnen dort, wo sie auch beginnen müssen: Menschen kommen nach Europa, oft ohne zu wissen, wohin sie gekommen sind. Eine überwiegende Masse von Migranten spricht die Sprache des Landes, in dem sie angelangt sind, nicht; viele haben keine Bildung, und wenn sie eine Schule besuchten, entspricht ihr Wissen oft nicht dem europäischen Standard (und Niveau). Sie kommen ins Land mit ihren eigenen Traditionen und Gesetzen, sie haben ihre eigenen, für den europäischen Geist häufig unverständlichen Vorstellungen vom Beginn des Arbeitstages und seinem Ende, von guter Nachbarschaft in einem Hochhaus, das viele von ihnen zum ersten Mal sehen, von der Rolle des Gesetzes und der Verwaltungsorgane in der Gesellschaft. All das kann man ihnen nicht verübeln: Sie lebten oft in Gesellschaften, in denen es weder Anfang des Arbeitstages noch staatliche Gesetze gibt und vor allem nicht die, die ihre Realisierung durchsetzen.
Daher wird das Problem, das Europäer mit Hilfe von Migranten lösen wollten – die Steigerung des Lebensstandards durch ihre aktive Beteiligung an der produktiven Tätigkeit – mit der Ankunft von Migranten nur noch verschärft. Schließlich braucht man für den Unterhalt neuer Bürger auch Geld. Das Erlernen der Sprache dauert Jahre und Jahrzehnte. Für jede Berufsausbildung ist es dann oft zu spät, bei mangelnder Lern- und Arbeitslust umso mehr. Ohne Sprache und ohne Ausbildung können sie nur von Sozialhilfe leben, die einige (aber nicht wenige) aufbessern durch illegale Arbeit (oft

bei ihren tüchtigeren Landsleuten) oder des Öfteren auch durch unverhüllte Kriminalität. Handel mit geschmuggelten Zigaretten, Drogen, Schleuserkriminalität, Diebstahl, Prostitution bilden noch nicht die vollständige Liste der gewinnbringenden Beschäftigungen. Wie gesagt, all dies sind keine Existenzquellen («Quelle« ist die soziale Unterstützung des Staates), sondern nur »Zubrot«.

Da der Fluss von Migranten in die sogenannten »reichen« Länder in den letzten Jahren nicht aufhört und weil der Anteil der in die Gesellschaft integrierten Ausländer sinkt, der Anteil der Empfänger von Sozialleistungen und deren absolute Beträge wachsen, entsteht eine logische Frage: Wo ist die Grenze, bis zu der die Volkswirtschaften dieser Länder so eine Belastung aushalten können? Deshalb entstand parallel zur aktuellen Lösung der aufgezwungenen wirtschaftlichen Schwierigkeiten praktisch in allen entwickelten (europäisch-nordamerikanischen, »weißen«) Ländern ein neues soziales Problem: die Ablehnung von Fremden. So wird aus der demografischen eine soziale Krise – mit einer starken Zunahme von Konflikten. Die beängstigenden ethnischen Unruhen wie in Stockholm im Mai 2013[104] sind nur ein geringes Symptom für eine schwere chronische Erkrankung des gesamten Organismus.

Schengener Freiheit

Nationen haben sich schon immer mit unterschiedlicher Geschwindigkeit entwickelt. Das hängt sowohl von den natürlichen Bedingungen als auch vom Fleiß der Menschen ab. Daher leben manche Nationen besser, andere schlechter.

Das ist normal – selbst in demselben Dorf gibt es immer Reiche und Arme; Ideen von einer universellen materiellen Gleichheit wurden in der Praxis nicht bestätigt. Sogar in der Sowjetunion, die die Gleichheit als eines der Ziele der Gesellschaft verkündete, konnte ein Nachbar ein schmuckes Puppenhaus bewohnen und der andere lediglich eine Bruchbude. So etwas lässt sich nicht nur durch etwaige diebische Neigungen des Reichen erklären. Wahrscheinlich spielt es bei den Bessergestellten eine gewisse Rolle, dass sie einen gesunden Menschenverstand haben, eine ökonomische Ader, über Fleiß und Willenskraft verfügen, früh aufzustehen und spät ins Bett zu gehen.

Ungleichheit verursacht Kriminalität. Verständlich, wenn der Arme des

Reichen Besitztum schmälern oder ihn heimlich bestehlen will. Vielleicht will er ihn auch auf einem schmalen Weg abpassen und berauben. Oder er will gar die Macht ergreifen und die Reichen zwingen, ihr Angehäuftes ´rauszurücken. Wie Karl Marx sagte: »Die Expropriateurs werden expropriiert«.[105]

Mit den Nationen passiert etwas Ähnliches.

Ein bekanntes aktuelles Experiment ist das Schengener Abkommen in der Europäischen Union, das es Bürgern verschiedener Länder und verschiedener Nationen ermöglicht, sich frei im »Schengen-Raum« zu bewegen.

Nach der Öffnung der Grenzen (2007) wurde Deutschland, insbesondere das östliche, von einer Welle synthetischer Drogen aus Tschechien erfasst.[106] Die Zahl der gestohlenen Autos stieg stark an.[107] Die deutsche Polizei konnte dem Zustrom der osteuropäischen kriminellen Gruppierungen nicht standhalten. Das Hauptgebiet der Bandenaktivität war die Grenznähe. Einige Polen, Tschechen und Litauer stahlen Autos.[108] Im angrenzenden Sachsen verdoppelte sich innerhalb von fünf Jahren (von 2006 bis 2010) die Zahl der Autodiebstähle.[109] Zur Auto-Diebstahl-Hochburg Nummer eins wurde Frankfurt/Oder. Direkt an der polnischen Grenze gelegen, verschwanden hier 2013 statistisch betrachtet 907 von 100.000 zugelassenen Fahrzeugen. Das waren 750 Prozent über Bundesdurchschnitt. Platz zwei ging an das ebenfalls direkt an der polnischen Grenze gelegene Görlitz.[110]

»Gerade gestohlen, schon in Polen« lautete ein trauriger deutscher Witz.

Es gibt Geschichten von Rumänen, die ganze Panzerschränke mit Fahrzeugen aus den Hauswänden zogen und sie dann mit Gasbrennern malträtierten, um an ihren Inhalt zu gelangen.[111] Zahlreiche Bürger des ehemaligen Jugoslawiens waren im illegalen Glücksspielgeschäft tätig.[112] Und alle zusammen waren bekannt dafür, mit Drogen zu handeln, Prostituierte zu importieren oder einfach illegale Einwanderer in ein »respektables Europa« zu bringen.[113] Es kam zu dem Punkt, an dem deutsche Bürger Straßenpatrouillen organisierten, um ihre Güter zu schützten.[114] Diese Praxis dauerte nicht lange: Die mit Pfefferspray bewaffneten gesetzestreuen Deutschen konnten den Pistolen und Messern der Gangster nicht standhalten.

Die Einnahmen aus dem so genannten »Menschenhandel«, d. h. das Schleppen von Drittstaatsangehörigen (aus Asien, Afrika, Osteuropa) in die Europäische Union stiegen rasant. Menschenhändler kassierten jährlich, so UN-Fachleute, etwa 32 Milliarden Dollar.[115] Ein Migrant blecht für die Passage nach Deutschland, sagen Experten und Polizei unisono, bis 20 000 Dollar[116]. Um sich anschließend in Deutschland einen problemlosen Aufenthalt zu sichern, schließen einige Migranten (mit Hilfe von kriminellen Banden) Scheinehen mit deutschen Frauen. Kostenpunkt für »arme Asylsuchende«: 15.000 bis 22 000 Euro.[117]

Echte Armut sieht m. E. anders aus...

Ausgefeilt ist nicht nur die Logistik der Schmuggler, sondern auch die Tipps und Tricks, die sie ihren Kunden mit auf den Weg geben. So raten Schmuggler ihrer »lebenden Ware«, sie sollten, in der EU angekommen, ihre Pässe wegwerfen. Dann werde es einfacher sein zu begründen, warum die EU ihnen politisches Asyl gewähren solle. Afrikaner aus ruhigeren Ländern geben sich nicht selten als Flüchtende aus Konfliktgebieten aus, wo nicht nur ihre Familie in Lebensgefahr schwebe, sondern auch sie selbst der sichere Tod erwarte. Fehlende Papiere haben für Flüchtlinge einen zweiten Vorteil: Sie können praktisch nicht mehr in ihre Heimat abgeschoben werden. Die afrikanischen Länder stellen ihnen keine neuen Pässe aus, und ohne Dokumente dürfen sie nicht einreisen. Es bleibt nur eins: Sie müssen in Europa bleiben.

Die Geschichten, die illegal Eingereiste erzählen, sind nicht überprüfbar. Nicht viele Menschen in Europa können einen Afrikaner aus dem Senegal von einem Afrikaner aus Mauretanien unterscheiden, einen Afrikaner aus Nigeria, dem Sudan, Kenia und Äthiopien von Ethnien aus Ghana, Togo oder Benin. Niemand wünscht ihnen den Tod, deshalb sind die Europäer gezwungen, ihnen zu glauben und Asyl zu gewähren. Und das obwohl es mittlerweile zahlreiche Flüchtlinge gibt, die zugeben, dass sie aus wirtschaftlichen Gründen nach Europa gekommen sind. Zum einen gibt es hier die Möglichkeit, weit mehr zu verdienen als in ihren Herkunftsländern. Zum anderen: Selbst ohne Arbeit fängt das engmaschige soziale Netz vieler europäischer Länder Migranten sicher auf.

Die Humanität der Europäer wird zum fruchtbaren Boden für die Lösung ökonomischer Probleme.

Nichts spricht gegen Menschlichkeit und das Recht auf politisches Asyl. Aber Migranten, legale und illegale, die in Europa bleiben, werden objektiv zu Zentren sozialer Spannungen. Aufgrund ihres häufig schlechten Bildungsgrads senken sie objektiv das intellektuelle Niveau der Bevölkerung; durch ihre hohe Geburtenrate verdrängen sie objektiv die Titularnationen aus der Gesellschaft.

In keiner Weise ist den Migranten daran die Schuld zu geben, dass sie migrieren, oder dass sie eine schlechtere Ausbildung haben oder dass sie nicht eineinhalb Kinder pro Familie haben möchten, sondern vier oder fünf. Eine solche Denkweise ist grundsätzlich falsch. Man kann Wasser in kommunizierenden Gefäßen nicht dafür verantwortlich machen, dass es von einem Gefäß zum anderen fließt. Die Natur toleriert keine Leere. Die Natur kümmert sich um die Angleichung der Pegel. Menschen, die täglich mit einem Dollar auskommen müssen, tragen keine Schuld daran, dass sie besser leben möchten. Der tschechische Ökonom Tomáš Sedláček (1977), Autor des Bestsellers »Die Ökonomie von Gut und Böse«, schreibt, dass das ständige Streben nach Besserem ein »angeborenes natürliches Phänomen«[118] sei. Bekannt ist, dass Menschen versucht haben, sich bewusst im Konsum zu beschränken. Diogenes zum Beispiel oder Mönche während der Fastenzeit. Aber auf der Ebene der ganzen Gesellschaft kann dies nicht erreicht werden. Die sozialistische Gesellschaft, deren eine der wichtigsten ideologischen Säulen die Bekämpfung des (kapitalistischen) Konsums war, endete mit Differenzierung, Spaltung, schließlich mit dem völligen Kollaps und der Rückkehr beträchtlicher Volksmassen zu kapitalistischen Verhältnissen. Es lässt sich nicht leugnen, dass ein Hauptgrund für den Bruch der Menschen mit der sozialistischen Ideologie und ihr Übergang zur Marktwirtschaft, die materiellen Vorteile der kapitalistischen Gesellschaft waren und der Wunsch eben dieser Menschen, besser und reicher zu leben.

Jede reiche Gesellschaft wird mit ihren materiellen Reizen immer Menschen aus den ärmeren Ländern anziehen. Wenn wir verinnerlichen, dass man diesem Reiz nicht widerstehen kann, dass die Versuchung Menschen zwingen wird, tödliches Risiko, Schwierigkeiten, den Verlust von Geld in Kauf zu nehmen, können wir die Funktionsprinzipien der Gesellschaft besser verstehen. Der Hunger schaltet im Körper den Instinkt der Selbsterhaltung ein, dem mit Logik und Vernunft zu widerstehen unmöglich ist. In Deutschland ist Mundraub nicht strafbar. Ebenso kann eine hungrige Nation nicht physisch davon Abstand nehmen, eine wohlgenährte Nation zu zwingen, ihr Hab und Gut zu teilen.

Die Prozesse, die wir hierzulande wahrnehmen, müssen global betrachtet werden. Sie in einer nationalen Ecke auszusitzen wird nicht gelingen. Zumindest wissen wir, dass es den Indianern nicht gelang – damals in der ersten Phase der Globalisierung. Ihr derzeitiges Territorium ist ein Reservat. Warum glauben wir, dass eine Welle von Süden nach Norden uns etwas anderes beschert? Noch geht die Bewegung hauptsächlich gen Westeuropa. Wenn sich die Bewegung intensiviert, wird auch Osteuropa an der Reihe sein. Dieser Prozess kann nicht gestoppt werden, sondern höchstens gebremst.

Wo liegt eigentlich das Problem?
Wie wir wissen, sind Menschen der größte Reichtum eines jeden Landes. Der Hauptfaktor jeder Entwicklung ist der menschliche Faktor. Auch im 21. Jahrhundert wird die Bevölkerung der größte Reichtum des Landes sein. Ohne ein gesundes, gut ausgebildetes Volk ist jedes Land dazu verdammt, Anhängsel eines anderen Landes zu werden oder eine Lagerstätte für jegliche Abfallarten.
Warum leiden manche so sehr unter dem Zustrom von Migranten nach Europa, die immer noch irgendwie die Bevölkerungszahl und Geburtenrate auf erträglichem Niveau halten?
Es gibt nur einen Haken. Die meisten Menschen, die nach Europa kommen, stammen aus einer ganz anderen Kultur. Zwischen Europäern und, sagen wir, Afrikanern gibt es praktisch keine Schnittpunkte ihrer Kulturkreise. Es gibt Unterschiede in fast allem: in der Bildung, in der Kleidung, in der Nahrung, in Bezug auf die Arbeit, im Verständnis der Grundlagen des Zusammenlebens, meistens in der Religion, im Status von Männern und Frauen, in der Rolle der Schulen und Lehrer, dem Staat und seinen Organen.
Ja, Menschen können sich aneinander gewöhnen. Ja, einige können die Lebensweise und den Lebensstil anderer annehmen. Und ja, irgendwann in der Zukunft werden die Afrikaner in Europa, wie heute schon in den USA, Ingenieure, Wissenschaftler, Schriftsteller, Schauspieler, Lehrer oder Musiker sein. Es gibt (fast) keine Unterschiede, die nicht getilgt werden können.
Aber einige dieser Gegensätze verschwinden innerhalb einer Woche, andere brauchen ein Jahr. Nationale und ethnische Abweichungen werden jedoch erst in Jahrtausenden nicht mehr wahrnehmbar sein. Und so viel Zeit hat das heutige Europa nicht.
Das Problem liegt in der Tatsache, dass die aufgeklärte moderne europäische Gesellschaft, die die Tür für die Menschen einer anderen Kulturwelt geöffnet hat, nur in der Gegenwart lebt, im Augenblick. Und in diesem Moment fühlt sie sich im Recht, sie fühlt eine moralische Überlegenheit gegenüber denen, die die Türen ihrer Gesellschaften mit einem robusten Schloss verriegeln. Wir sind human, gütig, großherzig, sagen die Ersteren. Ihr hingegen seid unmenschliche, knauserige, elende Leute.
Der Fehler besteht in der Momentaufnahme. Nachdem wir »A« gesagt haben, müssen wir unsere Überlegungen zu einem logischen Schluss bringen. Mit dem gegenwärtigen Zustand der Transportmöglichkeiten kann eine Nation sehr schnell auf das Territorium einer anderen gelangen. Und es

ist nur eine Frage der Zeit, wann Nationen wie die Deutschen oder die Franzosen einfach von der ethnischen Landkarte der Welt verschwinden.
Die Deutschen scheinen nicht allzu besorgt zu sein, angesichts der Aussicht, dass ihre Nation – eine der kulturvollsten der Welt – verloren gehen könnte. Dass mit dem Ende der deutschen Sprache niemand mehr in der Lage sein wird, Goethe und Schiller, Lessing und Hegel, Kant, Schopenhauer, Nietzsche oder Marx im Original zu lesen, deutschsprachiges Kino oder Theater zu besuchen, Fernsehen zu schauen... Und auch Werke der außersprachlichen Kultur (bildende Kunst, Musik oder Architektur) werden an die Peripherie der Aufmerksamkeit der neuen nicht-deutschen, nicht-christlichen Gesellschaft gedrängt oder sogar zerstört werden.
Aber nicht alle wohlgenährten Nationen sind damit einverstanden, sich samt ihrer Geschichte den hungrigen und deshalb aktiven anderen Nationen zu ergeben. Sie schließen die Tore zu ihren Hoheitsgebieten. Die Vereinigten Staaten und Israel, beispielsweise, bauen mehrere Meter hohe und mehrere Kilometer lange Mauern. Australien und Kanada regeln den Zustrom von Migranten über Einreiseformulare, und die Vereinigten Arabischen Emirate haben für eingeladene Gastarbeiter aus Indien, Pakistan und Malaysia Gesetze erlassen, die sich leicht als moderne Sklaverei entlarven lassen. Fremden ist nicht erlaubt, sich dort dauerhaft niederzulassen: Jung und gesund rackert man sich ab – und den Alten sagt man »Tschüss!«.
All das heißt Migrationspolitik – ein nicht allen vertrauter Ausdruck.

Krisen an den Bruchlinien

Durch die alte mündliche Erzähltradition wie auch die schöngeistige Literatur vieler Völker, zieht sich dasselbe Motiv von zwei Nachbarn, die nicht friedlich zusammen leben können. Zwar wohnen sie seit Jahrzehnten nebeneinander, gehen zusammen zur Schule, arbeiten gemeinsam und suchen gemeinsam ihre Bräute aus – trotzdem tolerieren sie einander nicht: »Ihre Hühner haben an meinen Tomaten gepickt«, »Du hast mit deinem Unkraut meinen Garten verwüstet«, »Deine Tochter hat meine Frau schief angeschaut« lauten wechselseitige Vorwürfe.
Die Gründe mögen verschieden sein und doch trifft wohl auf jede dieser Geschichten die Volksweisheit zu: »Für eine gute Nachbarschaft braucht man einen hohen Zaun.«
Gute nachbarschaftliche Beziehungen der Völker sind Wunschdenken der Politiker, denn ausgerechnet zwischen Nachbarn gibt es die meisten Reibereien. Nachbarn wie Deutsche und Franzosen, Inder und Pakistaner, Chinesen und Japaner, Iraner und Iraker – haben einander oft bekriegt. Doch niemand hat bisher von einer Konfrontation zwischen Mexiko und den Philippinen gehört.
Sobald jedoch einer der zerstrittenen Nachbarn von einem Fremden aus einem anderen Dorf angegriffen wird, stehen die Widersacher plötzlich Seite an Seite: Gegen den Fremden kämpfen sie gemeinsam.
Das ist von grundlegender Bedeutung: Konflikte an den kleinen Grenzen treten vor Konflikten zwischen größeren Gruppen, Schlachten an tieferen Gräben in den Hintergrund.
Nette und unsympathische Menschen sind gleichmäßig auf der ganzen Welt verteilt, aber wenn Jugendcliquen kämpfen, dann »Straße gegen Straße«, »Viertel gegen Viertel«. Es gibt hier kein richtig und falsch, keinen Schuldigen. Es gibt niemanden, der besser oder schlechter gehandelt hat. Die Abgrenzung zwischen den Gruppen basiert nur auf dem Prinzip: »wir« gegen »die«.
Ganz gleich ob in New York, Paris oder Bagdad – »meine Leute« aus dem eigenen Viertel sind immer von vornherein besser als die Fremden aus der Nachbarstraße.

Reibungen und Krisen treten immer an Übergängen auf. Dort werden die Streitigkeiten geboren: zwischen Menschen, zwischen Familien (wie den Montagues und den Capulets in »Romeo und Julia« von Shakespeare), zwischen der älteren und jüngeren Generation (Generationenkonflikt?), zwischen Religionen, zwischen Völkern. Je größer die Einheiten sind und je grundlegender die Unterschiede zwischen ihnen, desto schärfer und härter wird gekämpft. Zwei Nachbarn keilen sich nur einen Nachmittag. Zwischen zwei Religionen dauern Kriege – die mal auflodern und mal versiegen – jahrhundertelang.

Daher ist jede Trennlinie zwischen zwei Subjekten eine Krisenregion. Die benachbarte, nicht meine Straße ist ein feindliches Revier.

Diese Trennlinien, Kanten, Knicke und Bruchstellen begleiten uns überall. In der Antike gab es schon Kriege zwischen den Griechen (ein Volk!) – eine Polis kämpfte gegen die andere. Auch eine längst verstaubte Grenze zwischen zwei sozialen Einheiten eines großen Ganzen kann zu einem unlösbaren Problem werden.

Das »Wir« bedeutet manchmal mehr als reine Blutsverwandtschaft. Es entwickelt sich geografisch, kulturell oder geistig. Fans eines Fußballclubs beispielsweise – sie halten zusammen. Schon die amerikanischen Irokesen spielten Ball – eine Phratrie gegen die andere, d. h. Clan gegen Clan, die Spieler durften ihr Team nie wechseln und während des Spiels wurden sie von ihrer zugehörigen Gemeinschaft angefeuert. Die saßen übrigens immer auf der gegenüberliegenden Seite des Spielfeldes, was stark an die Fanblocks in den Stadien von heute erinnert.

Auch kriminelle Gruppierungen sind oft ethnischer Natur: die chinesischen Triaden, die japanische Yakuza, die italienische Mafia, die tschetschenische Mafia, die aserbaidschanische, die jüdische... Fremde kommen dort nicht rein, sie alle teilen eine Sprache, einen Kulturkreis und ein Schicksal.

Während des Zweiten Weltkrieges deportierte Stalin die sogenannten meschetischen Türken aus ihrer Heimat in Georgien unter anderem in das Fergana-Tal in Usbekistan. 1989 entflammte dort ein ethnischer Konflikt zwischen Usbeken und Türken – mit mehr als 100 Toten, mehr als 1000 Verletzten, mit Hunderten verbrannten Häusern und dutzenden geplünderten staatlichen Einrichtungen. Zahllose Türken mussten per Flugzeug überstürzt umgesiedelt werden…

Das Gewaltpotential an den ethnischen Brüchen ist nie weg, es schläft nur – jahrzehnte-, gar jahrhundertelang.

Auch in anderen autonomen Republiken Russlands, in denen zwei ethnische Gruppen Seite an Seite leben, herrscht Unfrieden. So gibt es in Baschkortostan manchmal blutige Auseinandersetzungen zwischen Baschkiren und Tataren. In Tatarstan zwischen den Tataren und den Tschuwaschen. In Dagestan zwischen den Awaren, den Kumyken und den Lesginen. Und in Nordossetien zwischen Osseten und Inguschen.

Noch vor der Deportation der meschetischen Türken nach Usbekistan – Stalins Reaktion im Laufe des Großen Vaterländischen Krieges gegen Hitler – ließ der sowjetische Machthaber die ethnischen Deutschen aus dem europäischen Teil der UdSSR nach Sibirien bringen. Dort sperrte er sie in die so genannte »Arbeitsarmee«, kaum zu unterscheiden von den Lagern für die Kriminellen – den berüchtigten GULAG, ein.

Das gleiche Schicksal ereilte später im Verlauf des Krieges die Karatschaer, Tschetschenen, Ukrainer, Krim-Tataren, Esten, Letten, Litauer und eben die Türken-Mescheten.

Weniger gut ist die Tatsache bekannt, dass auch die USA, die zu besagter Zeit gegen Japan kämpften, mehr als 120 000 Amerikaner – ethnische Japaner – in Konzentrationslager (so genannte *War Relocation Center*) schickten[119], weil die Regierung ihre Kollaboration (auf ethnischer Basis) mit dem Feind fürchtete. Eine entsprechende Entscheidung wurde auch über Amerikaner deutscher und italienischer Herkunft getroffen.[120] Umgesetzt wurde diese Entscheidung nicht – vielleicht wegen der exorbitant hohen Zahl von Mitbürgern dieser Herkunft. Trotzdem wurden einige Deutsche und Italiener in den Lagern eingekerkert.

Die Beispiele zeigen: In verschiedenen Ländern – der UdSSR und den USA – sehen verschiedene Politiker in der ethnischen Verwandtschaft die gleichen Gefahren und reagieren darauf auf dieselbe Weise.

Sehr fest sind auch religiöse Bande zwischen Glaubensgenossen. In vielen Kirchen sind familiäre Anreden wie »Bruder«, »Schwester« oder »Vater« die Norm der Kommunikation – das verdeutlicht eine sehr intime Beziehung zueinander. Die Kehrseite dieser starken Bindung war jedoch schon allzu häufig die Intoleranz gegenüber dem Fremden, gegenüber den Ungläubigen. Wie viel Blut wurde vergossen für ein anders gedeutetes Wort in der religiösen Schrift? Allein in einer einzigen Bartholomäus-Nacht metzelten Katholiken zehntausende Protestanten nieder.

Keine Ausnahmen sind auch ethnische »Brüche«.

Lenin und andere russische Sozialdemokraten kämpften im frühen 20. Jahrhundert, noch im zaristischen Russland, aktiv gegen die sogenannten »Bundisten« – ein jüdischer Flügel der russländischen Sozialdemokratie.

Und sie kämpften auch gegen die Sozialdemokratische Arbeiterpartei der Ukraine, gegen die sozialdemokratischen »Daschnaks« in Armenien und gegen viele andere Sozialdemokraten in den nationalen Regionen Russlands. Der Hauptvorwurf an diese Parteien war, dass sie, um das Schicksal der Arbeiter in ihren Gebieten zu verbessern, es für zweckmäßig hielten, sich national zu organisieren. Lenin jedoch forderte »proletarischen Internationalismus« – Proletarier aller Länder sollten sich, laut Marx, vereinigen. Sie wollten das aber aus irgendeinem Grund partout nicht tun.

Die Klassengrenze ist auch ein Knick, eine potentielle Konfliktquelle. Aber die Geschichte hat gezeigt, dass die ethnische wie auch die nationale Kluft viel tiefer ist als die der Klassen. Daher handeln in der Regel Vertreter verschiedener Eigentumsschichten in den nationalen Befreiungsbewegungen Hand in Hand (mit eigenen Gruppeninteressen) – gegen dieselbe Klassengemeinschaft einer anderen Nation. Klassenwidersprüche, die sicherlich existieren, unterliegen gemeinsamen nationalen Interessen. Weil oft eine Nation eine andere unterdrückt.

In den USA gehen Schwarze gegen die Herrschaft der Weißen auf die Straße, in Großbritannien kämpfen die Iren für ihre Unabhängigkeit (hier kommen noch religiöse Unterschiede hinzu), die Basken und die Katalanen treten für ihre Loslösung von Spanien ein. Hier geht es nicht um die Arbeiter-(oder irgendeine andere) Klasse, sondern um eine ethnische Einheit. Fast immer vereinen sich mehrere ethnische Gruppen in einem Staat. Länder, in denen nur eine Ethnie lebt, sind im 21. Jahrhundert fast verschwunden. Diese Ethnien leben seit Jahrhunderten zusammen, aber die Grenzen zwischen ihnen bleiben. Sie bewahren ihre Traditionen und Rituale, ihre Kultur, ihre Sprache, oft ihre Religion. Seit Jahrhunderten herrschen zwischen ihnen Frieden, Toleranz und Freundschaft. Aber der Spalt zwischen ihnen bleibt und wartet nur auf einen schwierigen Moment, um in einen Streit auszuarten.

Der bereits erwähnte Samuel P. Huntington schreibt in seinem Buch »Kampf der Kulturen« über Krisen an den Grenzen der Zivilisationen, also über zivilisatorische Bruchlinien. Er unterscheidet neun solcher Zivilisationen – darunter die westliche, islamische, hinduistische, chinesische, japanische, orthodoxe – die manchmal Dutzende von Ländern vereinen, und meint, dass die Reibungen zwischen den großen Kulturräumen zwangsläufig zu blutigen globalen Konfrontationen eskalieren müssten.

Ohne Zweifel sind die Grenzen der Zivilisationen tief und gefährlich. Während wir noch auf die Krise der Zivilisationen, auf den zivilisatorischen

Konflikt warten[a], sind nationale Konflikte längst – und in letzter Zeit immer akuter – auf der Tagesordnung.
Viele politische Eliten haben entschieden, dass der Konflikt zwischen Nationen durch eine Politik des sogenannten »Multikulturalismus« verhindert werden kann. Ihrer Meinung nach ist das Leben von Vertretern vieler Nationen in einem Staat keine Quelle der Spannung, sondern im Gegenteil eine der Bereicherung. Oft wird das Argument angeführt, es sei doch nicht schlecht, wenn jederman ob in Holland oder Brasilien Peking-Ente essen könne.
Gegen die Ente hat niemand etwas. Trotzdem wirft die Politik des Multikulturalismus viele Fragen auf.

a Vorboten des islamisch-christlichen zivilisatorischen Konflikts sind bereits zu sehen.

Ist Multikulturalismus der Ausweg?

Während immer mehr Länder dabei sind, Vertreter anderer ethnischer Gruppen aufzunehmen, nachdem die Asylbewerber mehr als nur ein originelles Zwischenspiel geworden sind und viele soziale Nischen der Aufnahmegesellschaft aktiv besetzt haben sowie für ihre Rechte eintreten – ausgerechnet zu diesem Zeitpunkt setzt die herrschende politische Klasse[a] so einen Begriff wie Multikulturalismus ein. Er bedeutet nicht nur die »friedliche Koexistenz« verschiedener Kulturen in einer Gesellschaft, sondern ihre gegenseitige Durchdringung und gegenseitige Bereicherung.

Wir sollten uns auf Begriffe einigen. Das Leben verschiedener ethnischer Gruppen in der Nachbarschaft oder sogar zusammen in einer Gesellschaft entsteht nicht erst heute. Jede Ethnie hat ihre eigene Kultur – die findet sich in Sprache, Volkskunst, Schriftsystem, Musik, Religion, Bräuchen... Multikulturalismus ist dort ein normales Phänomen, bei dem zwei oder mehrere verschiedene ethnische Gruppen seit Jahrhunderten nebeneinander leben.

Von der Antike bis zum heutigen Tag belegen zahlreiche Beispiele eine friedliche oder zumindest tolerante Symbiose der Völker, die zu ihrer gegenseitigen kulturellen Bereicherung beitrug. Dies ist ein natürliches historisches Phänomen.

So entwickelte sich zum Beispiel im 7. Jh., nachdem die Araber und Berber-Muslime den größten Teil vom (christlichen) Spanien erobert hatten, dort eine einzigartige Kultur des Mittelalters. Abgesehen vielleicht von einer den Nicht-Muslimen auferlegten Kopfsteuer, wurden Christen und Juden nicht

---

a Klassen und deren Struktur in der Gesellschaft werden in diesem Buch kaum thematisiert. Einen Begriff, der selten benutzt wird, nehmen wir trotzdem in unseren Wortschatz auf: die herrschende politische Klasse. Dies ist keine bürgerliche Klasse im marxistischen Sinne. In den meisten Ländern der Welt, besonders in denjenigen mit den sogenannten »jahrhundertealten demokratischen Traditionen«, bildete sich im Laufe der Jahrhunderte eine gewisse herrschende Oberschicht aus. Sie besteht aus zwei oder drei großen Parteien, die sich immerfort im Parlament und in der Regierung abwechseln und gelegentlich untereinander Koalitionen bilden. Die herrschende Klasse umfasst die wirtschaftliche Elite des Landes, politische, juristische, humanitär-wissenschaftliche, mediale.

in ihrer Freiheit beschränkt, sich ihren Beruf frei zu wählen und ihre Religion auszuüben.

Das führte vom 10. bis zum 13. Jahrhundert (nach 300 bis 600 Jahren des Zusammenlebens) zur Blüte von Wissenschaft und Dichtkunst. Auch der Rest Europas spürte die kulturelle Glanzzeit Spaniens. Man erfreute sich an lateinischen Übersetzungen arabischer Texte, die aus Spanien zu ihnen kamen. Thomas von Aquin, ein herausragender Philosoph und Scholastiker, hat viele seiner Ideen aus den Werken von arabischen Weisen abgeleitet. Das mittelalterliche Spanien wies glanzvolle Leistungen in Astronomie, Physik, Mathematik, Geologie, Botanik und Medizin auf. So wuchs der Multikulturalismus im Rahmen eines Staates.

Doch es sind zwei ganz unterschiedliche Sachen, ob wir über »Multikulturalismus« als Folge des Zustroms von Migranten aus vielen fremden Kulturkreisen in einer historisch kurzen Zeit reden oder ob dieser über Jahrhunderte organisch herangewachsen ist.

Erstens ist es für die gegenseitige Durchdringung der Kulturen nötig, überhaupt Kultur auf beiden Seiten zu haben. Eine Kultur hat schließlich nur eine Nation, eine Ethnie. Und Kultur kann nicht ohne ihre ständige Reproduktion existieren. Für die Reproduktion braucht sie ein Sozium, die Gesellschaft. Zwei Dutzend arme Schlucker, die zufällig an einer bestimmten Küste anlanden, können bestenfalls einzelne kulturelle Elemente tragen. Deshalb kann nur eine signifikante Anzahl an Migranten aus einem Kulturkreis eine neue Kultur in eine fremde Ethnie einführen.

Zweitens: Ohne die Kenntnis der Sprache müssen sich Migranten in erster Linie mit dem Überleben befassen, nicht jedoch damit, einen kulturellen Transfer herzustellen.

Drittens verstehen wir unter der Kultur eines Volkes die ganze Vielfalt sozialer, wirtschaftlicher, ethnischer und religiöser Ausdrucksformen eines Menschen.

Wenn wir von Kultur sprechen, geht es also nicht nur um Kreativität und Kunst, sondern um die Kultur als soziales Gesicht. Sie manifestiert sich nicht nur in Goethe und Schiller, sondern in der Esskultur, der Kultur des Zusammenlebens, in der religiösen Kultur, der Kultur der gesellschaftlichen Arbeit, der Kultur einer Ehe, der Erziehung der Kinder, in der Beziehung zu Frauen, der Bildungskultur, der Rechtskultur... Kultur ist, frei nach Kant, eine Reihe von »kategorischen Imperativen«; für einen Uneingeweihten ein verschlüsseltes Zeichensystem, das in einer bestimmten Situation ein bestimmtes menschliches Verhalten festlegt.

Wie sollte also Koexistenz oder gar eine Symbiose zweier Kulturen aussehen?

Die eingebrachte Kultur müsste sich schon einstellen darauf, dass in der Kultur der Einheimischen solche Komponenten wie Werte existieren. Dabei kategorisieren wir nicht die Wichtigkeit dieser Werte und wollen kein Ranking aufstellen. »Abendländische« oder »demokratische« Werte sind nicht besser, notwendiger oder intelligenter als »orientalische«, chinesische oder japanische Werte. Die Werte einer feudalen Gesellschaft sind nicht besser oder schlechter als die gesellschaftlichen Werte des Stammes Veddas, der heute noch auf Ceylon lebt. Aber es gibt diese Werte überall, und ein Europäer, der unter Veddas leben will, muss sich an dessen Regeln halten. Er darf dort nicht seine eigenen einführen, egal für wie vertraut oder gar »fortschrittlich« er sie halten mag.

Wenn wir also über Europa reden, dann müssen Ankömmlinge – ohne die Elemente ihres kulturellen »Ichs« zu leugnen – die Grundwerte anerkennen, die eine moderne europäische Gesellschaft lebt (trotz der Unterschiede im Leben europäischer Völker, gibt es hier doch sehr viele Gemeinsamkeiten) und bereit sein, diese Werte zu respektieren. So zumindest verstehen viele das Prinzip der »friedlichen Koexistenz«, ganz zu schweigen von den möglichen gegenseitigen kulturellen Bereicherungen.

Manche Migranten allerdings, die, in Europa angekommen, zunächst zufrieden mit ihrer wirtschaftlichen oder politischen Situation sind, merken häufig bald, dass es die europäischen soziokulturellen Werte, insbesondere erworbene Freiheiten, ihnen leicht ermöglichen, weiter so zu leben, wie sie es von zuhause gewöhnt sind. Das heißt, sie nutzen die europäischen Werte nicht, um ihre eigene Kultur zu bereichern, sondern nur als Dietrich zur Durchsetzung ihrer eigenen ethnischen Kulturinteressen. Sie beginnen auf ihre besonderen Religionsrechte zu pochen, auf das Recht, nach den Sitten und Gebräuchen ihrer Völker zu leben, auf das Recht der »Gleichheit der Kulturen«.

Die durchsetzungsstarke eingewanderte Kultur siegt so über die tolerante Kultur der Gastgebernation.

Auf den ersten Blick war die Reaktion der politischen Eliten auf diese Entwicklung merkwürdig. Sie haben nicht die neuesten kulturellen Bestrebungen fremder Bürger in den Rahmen einheimischer Kultur gesetzt, sie sind denjenigen Migranten nicht entgegengetreten, die eindeutig versucht haben, die indigene Nation aus ihrem angestammten kulturellen Bereich herauszudrängen, nein.

Die herrschende politische Klasse der europäischen Länder unterstützte bedingungslos die Forderungen der Migranten, in dem sie den Multikulturalismus zu ihrem führenden ideologischen und politischen Dogma machte. Aber es kann keine »Gleichheit der Kulturen« zwischen der Gastgebernation und den Gästen geben. Es ist notwendig, zwischen der Kultur der Titularnation und der fremden Subkultur, der Kultur der Eingewanderten, zu unterscheiden. Der Teil im kulturellen Erbe der Gäste, der nicht zur Kultur der angestammten Nation passt, kann entweder zum Verschwinden dieses subkulturellen Merkmals oder zu einer längeren Konfrontation aus diesem Grund führen. Ein Vegetarier kann sich an das Leben in einem Fleisch essenden Stamm anpassen und heimlich Wurzeln und Beeren sammeln, aber der Fleischesser wird es schwer haben, unter Vegetariern zu leben.
Die politische Klasse kümmerte sich auch um Deutung und Vermengung der Begriffe. Das Wort »Kultur« mit seinen zahlreichen Bedeutungsmerkmalen enthält eine Reihe von sozialen, wirtschaftlichen und geistigen Komponenten. Im Alltag jedoch werden damit lediglich Dinge wie Musik, Literatur und Kunst bezeichnet und ihre dazugehörigen Gebäude wie Bibliotheken, Theater, Museen und Kulturpaläste.
Diesem Gedanken folgend bedeutet Multikulturalismus in der Wahrnehmung der Mehrheit der Bürger nur, dass die Vertreter einer anderen Kultur die eigene durch das Wissen über heimische Kunst, folkloristische Musik oder nationale Autoren bereichern. Dieses einseitige Verständnis von Multikulturalismus wurde an das Volk von der politischen Klasse herangetragen – und manifestiert sich in Europa.
Jeder, der sich für die Weiterentwicklung einer multikulturellen Gesellschaft, für die Verschmelzung mehrerer nationalen Kulturen zu einer einheitlichen Kultur einsetzt, gilt als Mensch mit fortschrittlichen Ansichten. Und diejenigen, die an dem Sinn des Multikulti zweifeln, gelten als ungebildet, ewig gestrig oder gar als ausländerfeindlich und rechtsradikal. Sie müssen sich als Chauvinisten und Rassisten titulieren lassen.
Kultur ist aber nicht nur Artefakte. Unter Kultur sollten alle – geistigen und materiellen – Werte verstanden werden, die von den Menschen im Laufe ihrer Entwicklung geschaffen wurden. In diesem Sinne ist *Kultur* gleichbedeutend mit dem Wort *Zivilisation*. Das heißt, nicht nur Leonardo da Vinci und der Konstrukteur der ersten sowjetischen Raumschiffe Sergei Koroljow gehören zur Kultur, sondern auch Dinge wie primitive Werkzeuge, schreckliche (vom Standpunkt eines Europäers des 21. Jahrhunderts aus gesehen) Sitten, wildeste Ideen. Ausgehend von dem Prinzip der Gleichheit der Kul-

turen (dass ein Stamm an der Mündung des Amazonas die Werke von Chopin nicht kennt, stellt ihn nicht unter die europäische Kultur), müssen wir feststellen, dass der Begriff »Multikulturalismus« auf diese Weise den Versuch, in einer Gesellschaft Inkompatibles zu verschmelzen, verhüllt.

Wenn wir Kultur nicht als die Summe der traditionellen Tänze eines Volkes verstehen, dann ist die Weltkultur nicht *Kasatschok+ Flamenco + Hopak + Mazurka + Wiener Walzer + Lesginka*. Wenn wir einen solchen Multikulturalismus wollen würden, dann müssten wir eine parlamentarische Demokratie und einen »Runden Tisch« der Schamanen zusammenfügen, Maupassant und kannibalische Traditionen, homosexuelle Paare mit Polygamie, das Handy und die Beschneidung von Mädchen, denen mit einem rostigen Messer Klitoris und kleine Schamlippen entfernt werden, damit sie keinen Geschlechtsverkehr vor der Ehe haben.Wenn jemand der Meinung ist, dass eine solche kulturelle Tradition eine Seltenheit ist, dann irrt er sich gewaltig: nach Schätzung der Weltgesundheitsorganisation, leben heute weltweit 200 Millionen Frauen mit Folgen einer solchen »Operation«.[121] Allein in Deutschland, schätzt Frauenrechtsorganisation *Terre des Femmes* ein, sind es aktuell (2017) 58 000 – die Tendenz rapide steigend, allein zwischen 2016 und 2017 um etwa 10 000 Fälle, schreibt *Spiegel*.[122] Das sind nicht imaginäre, uns eingeredete, sondern greifbare Früchte der Multikulturalismus-Politik etwa in Deutschland.

Wenn wir von Multikulturalismus sprechen, dann machen wir keine Einschränkungen wie »europäischer Multikulturalismus«, »amerikanischer Multikulturalismus« oder »Multikulturalismus kulturvoller Völker«. Wenn die Gesellschaft dem Multikulturalismus offen gegenübersteht, dann muss sie auch für die Tatsache offen sein, dass sie eines Tages mit einem aktiven Begehren von Ausländern konfrontiert wird, im Rahmen ihrer eigenen Kultur – siehe oben – leben zu wollen. Theoretiker des Multikulturalismus gehen davon aus, dass Ziel der Migranten nicht Assimilation ist (wenn sich die kleinere Gruppe von Menschen das Kulturerbe der dominierenden Ethnie aneignet), nicht einmal die Verschmelzung der Kulturen in einem gemeinsamen Ganzen, sondern eine ewige parallele Koexistenz der verschiedenen Kulturen in einer Gesellschaft. Das kann zur Folge haben, dass eine, tolerantere, Kultur allmählich von einer anderen, weniger duldsamen, verdrängt wird.

Kurzum: Kulturelle Gegensätze haben das gleiche Konfliktpotenzial wie nationale oder religiöse Differenzen.

Und was ist mit unserem mittelalterlichen Spanien?

Dort endete es, wie es enden musste. Weder Christen noch Juden erkannten die Herrschaft »der Heiden«, wie sie die Muslime nannten, an. Vom 8. Jahrhundert bis zum Ende des 15. Jahrhunderts führten Spanier, Portugiesen und Katalanen einen blutigen Feldzug gegen die schwarzen »Mohren« – die sogenannte *Reconquista* (spanisch und portugiesisch für »Rückeroberung«). Gegen die Mohren kämpften Kreuzfahrer, und der Orden der Tempelritter wurde ausschließlich für den Krieg mit den »Mauren und Sarazenen« geschaffen, wie Araber genannt wurden.

1492 verließ der letzte Herrscher des muslimischen Emirats Granada die iberische Halbinsel. Zur gleichen Zeit wurden übrigens auch Juden von dort vertrieben – das friedliche Zusammenleben von Juden und Christen ist hier ebenfalls gescheitert. Das Eigentum der Verbannten nahmen die Christen an sich. Die verbliebenen Muslime und Juden wurden gewaltsam christianisiert oder abgeschoben. Diejenigen, die das Christentum annahmen, jedoch heimlich versuchten, ihre alte Religion auszuüben, wurden von der päpstlichen Inquisition rücksichtslos verfolgt.[123]

Aufeinanderprallende Kulturen sind extrem grausam.

Trotz der Mantras der Multikulturalismus-Anhänger hat sich in den letzten Jahrzehnten in Europa und Nordamerika an den Grenzen von Rassen, Ethnien und Religionen ein enormes Konfliktpotenzial gestaut. Das liegt daran, dass die Werte, die in den meisten modernen Gesellschaften geschützt werden sollen, in Gesetzen verankert sind. Gesetze existieren, um sie einzuhalten – so lautet der Konsens der modernen Welt. Ein Staat (ein Gewaltapparat), der sich nicht um die Einhaltung der Gesetze durch alle Bürger (und Nicht-Bürger) kümmert, kann nicht als Rechtsstaat betrachtet werden. Statt Recht entsteht dort Gesetzlosigkeit, die früher oder später ins Chaos führt.

Für diese explosive Situation gibt es zwei Gründe: Zum einen gibt es beträchtliche Anpassungsschwierigkeiten zwischen der europäischen und den »fremden« islamischen, asiatischen oder afrikanischen Kulturen und subjektive mangelnde Bereitschaft der Eingewanderten, deren Weltsicht in mancher Beziehung dramatisch von der europäischen abweicht, die führende Rolle der Kultur der Titularnation ihres Einwanderungslandes zu akzeptieren. Ein zweiter Grund ist die Unfähigkeit der Staaten, ihre kulturellen Werte zu schützen und die Migranten dazu zu bringen, sie zu respektieren. Das schlägt sich in der Angst der Einheimischen vor der Bedrohung ihrer Kultur, Entfremdung und Verlust ihres Landes nieder.

Dass Multikulturalismus als Modell einer gesellschaftlichen Entwicklung ein Weg in die Sackgasse ist, ist nicht länger ernsthaft umstritten. Selbst

seine einst glühenden Anhänger haben sich von ihm (theoretisch) distanziert. Was nicht bedeutet, dass das nicht hartnäckig weiter praktiziert wird. «Die multikulturelle Gesellschaft ist grandios gescheitert«[124], sagte Bundeskanzlerin Angela Merkel. Eine solche Gesellschaft ist nur eine »Illusion von Intellektuellen«[125], pflichtete ihr der frühere Bundeskanzler Helmut Schmidt bei. Nicht weniger rigoros sprach auch der Vorsitzende der bayerischen CSU, Horst Seehofer: »Multikulti ist tot.«[126] Sein Parteifreund Erwin Huber sagte sogar: »Multikulti ist eine Brutstätte von Kriminalität«.[127]
Nicht nur manche Deutsche äußerten sich scharf gegen den Multikulturalismus. Gegner einer multikulturellen Gesellschaft war auch der amerikanische Präsident Theodore Roosevelt (1858-1919)[128]. Der frühere britische Premierminister David Cameron sprach sich für »eine gemeinsame nationale Identität« aus anstelle einer »Doktrin des staatlichen Multikulturalismus«[129]. Nicolas Sarkozy, in seiner Zeit als Präsident Frankreichs, äußerte sich über das »Versagen« des Multikulturalismus und bemerkte treffend: »Wir waren zu sehr mit der Identität derer beschäftigt, die neu gekommen sind, und zu wenig mit der Identität der Länder, die sie aufgenommen haben«.[130] Ähnliche Positionen vertreten der ehemalige australische Premierminister John Howard[131], der Premierminister von Spanien José Maria Aznar[132] und viele andere Politiker.
Übrigens ist auch das amerikanische Modell des sogenannten *melting pot* (Schmelztiegel) gescheitert. Die Gründe und Konsequenzen werden in einem separaten Kapitel zu den Vereinigten Staaten im Detail analysiert. Da die herrschende Klasse bestenfalls nur das Scheitern ihrer Politik konstatieren kann, aber keinen Ausweg aus der Krise aufzeigt, nehmen sich dieser Aufgabe nun die nationalistischen Kräfte an, die für ethnischen Pluralismus und ethnischen Separatismus als Alternative zu Multikulturalismus stehen.

Patriotismus

Nationalismus und Patriotismus sind sehr ähnliche Begriffe, manche glauben sogar, dass sie einfach Synonyme sind. Es gibt jedoch Leute, die eine dicke Trennlinie zwischen dem ersten und dem zweiten Wort ziehen.[a] Die Unterschiede zwischen den Begrifflichkeiten arbeiten wir jetzt heraus.

Die Mehrheit der Menschen ist sich darin einig, dass Patriotismus die Liebe zu seiner Heimat (*patria* – Heimat) bedeutet. Sei es ein ganzes Land, eine kleine oder große Stadt, nur ein Dorf oder lediglich die Straße, in der man wohnt.

Aber in der Geschichte gab es viele Strömungen, vertreten durch berühmte Persönlichkeiten, die glaubten, dass es Patriotismus als solchen gar nicht gibt. Als Beispiel wird Diogenes genannt, der griechische Philosoph, der im 4. Jahrhundert v. Chr. lebte und sich nicht für einen Hellenen, sondern für einen »Weltbürger« hielt. Diogenes, wie auch andere Kyniker der damaligen philosophischen Strömung, vertrat viele Ansichten, die die Gesellschaft schockierten. Die Kyniker waren wandernde Philosophen: Sie hinterließen wenig Geschriebenes, aber viele Nacherzählungen, Anekdoten und Legenden.

Die Symbole der Kyniker waren ein Stab, ein Quersack und ein Teller. Diese wandernden Philosophen kannten kein Heimatland. Heimat war für sie der Ort, an den sie gerade kamen und wo sie zu essen und zu trinken erhielten. Das war durchaus klug: Etwa in Athen zu verkünden, man sei ein Patriot Sinops (eine Stadt in der heutigen Türkei, der Geburtsort Diogenes‘), war aus alltagspraktischer Sicht ungünstig, wenn nicht sogar gefährlich: Denn ein Fremder, der die Polis, wo er ankam, nicht respektierte, konnte durchaus Prügel beziehen.

Aus dieser Sichtweise heraus folgte vermutlich Diogenes‘ (aufgezwungenes) Verlangen, jeden Winkel der Erde zu seiner Heimat zu erklären, unabhän-

---

a So einer ist der französische Präsident Emmanuel Macron, der diese zwei Worte als Gegensatzpaar ausgemacht hat (*https://www.tagesspiegel.de/politik/macron-bei-gedenkfeier-in-paris-patriotismus-ist-genau-das-gegenteil-von-nationalismus/23619140.html*).

gig von anderen zu leben, sich nur auf seine eigene Kraft zu verlassen, sich mit minimalen Ansprüchen zu begnügen, ohne zu versuchen, ein Vermögen anzuhäufen (in ein Säckel kann man nicht viel packen). Deshalb lebte Diogenes der Legende nach in einem Fass.

Diese aus vorchristlicher Zeit stammenden verständlich-alltäglichen Dinge wurden jetzt »verwissenschaftlicht« und heißen nun »Diogenes' Kosmopolitismus«, »Autarkie« und »Askese«. Heute gibt es viele Anhänger von Diogenes: Obdachlose des 21. Jahrhunderts, die derzeitigen »wandernden Philosophen«, leben unter Brücken und schlafen in einem Karton in der Nähe von im Winter wärmlichen Kanalisationsschächten; auch für sie könnte *Ubi bene, ibi patria* gelten – wo es mir gut geht, da ist mein Vaterland.

Obwohl, bleibt man konsequent bei den Definitionen, ist auch ein Kosmopolit, »der Weltenbürger«, eine Art Patriot. Er denkt nur in einer größeren Einheit als Dorf, Stadt oder Land. Er ist Patriot des Planeten Erde.

Die Geschichte kennt aber auch Menschen, die den Patriotismus für böse hielten und ihre Meinung begründeten. Ein Lehrbuchbeispiel sind die Äußerungen des genialen russischen Schriftstellers Leo Tolstoi. Er glaubte, dass der Patriotismus »grob, schädlich, schändlich und verdorben, und vor allem – unmoralisch« sei. Als größte Beleidigung des Patriotismus gilt sein 1894 verfasster Essay »Patriotismus und Christentum«[133].

Tolstoi schrieb den Essay in einer Zeit, als sich Deutschland die umstrittenen Gebiete Elsass und Lothringen aneignete, und Frankreich auf der Suche nach Verbündeten war, um »diese historische Ungerechtigkeit« zu korrigieren und oben genannte Provinzen zurückzuholen. Einer dieser Verbündeten sollte Russland werden. Frankreich versuchte mit aller Macht, den Zaren auf seine Seite zu ziehen. Und Tolstoi, an dessen inniger Liebe zu Russland nicht zu zweifeln ist, schreibt einen Text, in dem er mit seinem gesamten mächtigen schreiberischen Talent die russischen und französischen Patrioten angreift, die von einem neuen Massaker träumen, wo für die Interessen der französischen Bourgeoisie mit russischem Kanonenfutter bezahlt wird.

Um das nicht leer im Raum stehen zu lassen, führe ich ein längeres Zitat aus Tolstois Werk an: »Die Glocken werden läuten; langhaarige Männer werden sich in goldgestickte Säcke kleiden, um für ein erfolgreiches Morden zu beten, – und die furchtbare alte Geschichte wird wieder beginnen.

Exaltierte Menschen werden im Namen des Patriotismus das Volk in den Zeitungen zu Haß und Totschlag aufreizen, froh, daß sich ihr Einkommen dadurch vergrößert. Fabrikanten, Kaufleute, Armeelieferanten werden sich rühren, denn alle erwarten doppelte Einnahmen. Die Regierungsbeamten werden, die Möglichkeit, mehr als gewöhnlich zu unterschlagen, voraussehend, herumschwirren; die Militärbehörden werden sich regen, denn sie werden doppelte Gagen und Rationen beziehen und in der Erwartung leben, für das Hinmorden anderer Menschen verschiedene, alberne Verzierungen zu erhalten, die sie so hoch schätzen: Bänder, Kreuze, Orden und Sterne. Müßige Damen und Herren werden großen Lärm machen, ihren Namen im voraus in der Gesellschaft vom Roten Kreuze eintragen und sich vorbereiten, die Wunden jener zu verbinden, die ihre Gatten und Brüder verunstalten werden; und diese Leute werden sich einbilden, daß sie damit ein höchst christliches Werk thun.

Die Männer aber – von ihrer friedlichen Arbeit, von ihren Frauen, Müttern und Kindern fortgerissen, – hunderttausende von gutmütigen, einfachen Leuten mit mörderischen Waffen in den Händen – werden, die Verzweiflung in ihren Herzen durch Lieder, Schwelgerei und Alkohol erstickend, dahin gehen, wohin man sie führt.

Sie werden marschieren, hungern, frieren, Krankheiten erleiden und daran sterben oder endlich an einen Ort kommen, wo man sie zu tausenden töten wird; oder sie werden selbst ohne allen Grund tausende von Männern töten, die sie vorher nie sahen und die ihnen vorher nie etwas zu Leide thaten oder thun konnten.

Wenn dann die Zahl der Kranken, Getöteten, Verwundeten so groß sein wird, daß nicht Hände genug da sein werden, um sie aufzulesen, wenn die Luft von dem Verwesungsgeruch so infiziert sein wird, daß selbst die Vorgesetzten es unangenehm finden werden, wird eine Pause eintreten. Man wird die Verwundeten, so gut es geht, pflegen, die Getöteten mit Erde und Lehm bedecken, und dann wird die ganze Menge betrogener Menschen weiter und weiter geführt werden, bis die, welche den Plan entworfen haben, seiner müde sind, oder bis die, welche daraus Nutzen zu ziehen dachten, ihre Beute erhalten haben.

Und so wird die Menschheit wieder einmal hart, wild und tierisch gemacht werden, wird die Liebe in der Welt abnehmen und die Christianisierung der Völker, die bereits begonnen hat, wieder für hunderte von Jahren hinausgeschoben werden.

Und die, die aus all dem Nutzen zogen, werden behaupten, daß der Krieg notwendig war, weil er stattgefunden hat, und werden die Generation vorbereiten, indem sie ihr von den Kinderjahren an den Kopf verdrehen.«

Genau das nennt Leo Tolstoi »jene gewöhnliche Verbrechen«, die »immer der Ausfluss des Patriotismus sind«, des obskuren »Patriotismus«, nicht die eigene Heimat zu lieben, sondern aus Zweckdienlichkeit die Fremde zu hassen. Wie immer »zum Ruhme nationaler Waffen« – der französischen oder russischen, über die Tolstoi schreibt, oder amerikanischen oder deutschen oder türkischen...

Für Tolstoi ist diese Art des »Patriotismus« keine Liebe zum Vaterland, sondern »List und Betrug«, mit dem man vor dem Volk die blutigen Morde von Hunderttausenden und Millionen rechtfertigen will.

Einen anderen Patriotismus zeigt Tolstoi, als er die Antwort eines einfachen russischen Bauers aufschreibt, die der einem Franzosen gibt, als er für den Krieg Frankreichs und Russlands gegen Deutschland wirbt: »Komm lieber und arbeite mit uns und bring' auch den Deutschen mit. Wenn wir fertig sind, werden wir ein Fest geben, da können auch die Deutschen mithalten. Sind doch die gleichen Menschen«.[a]

«Die gleichen Menschen« ist der Schlüssel zu vielen Fragen, gezieltem Verschweigen und absichtlichen Lügen über Patriotismus.

Ein Patriot liebt seine Heimat nicht gegen jemanden! Im Patriotismus, in der Liebe zum Vaterland gibt es keine Aggression, keine Demütigung anderer Völker. Ich liebe mein Volk – liebe du deins. »Patrioten«, die ihr Volk lieben, während sie alle anderen oder einige von ihnen hassen, sind Provokateure. Indem sie jemanden hassen, geben sie den »Patrioten« anderer Länder einen Grund, im Gegenzug wiederum ihre Nation zu hassen. Diese »Patrioten« streben nicht nach Frieden und Wohlstand für ihr eigenes Volk, sondern nach der Versklavung (militärischer oder wirtschaftlicher) anderer Völker.

Die Liebe für das Vaterland ist selbstlos. Sehr oft suchen diese beschriebenen Pseudopatrioten, die andere Völker zu demütigen oder zu beleidigen trachten, Profit für sich selbst in ihrem »Patriotismus«. Sie schließen Freundschaften gegen jemand anderen, bilden aggressive Blöcke, versuchen ihre eigenen Landsleute – ein schreckliches Verbrechen gegen das eigene Volk! – in ein Blutbad zu schicken, um ihre zweifelhaften »nationalen Interessen« zu verteidigen. Über diesen von der Regierung organisierten offiziösen »Patriotismus« dieser Quasi-Patrioten, die bereit sind Mitmenschen für ihre Ziele zu opfern, schrieb im Jahre 1894 Leo Tolstoi.

Worin besteht der (unbewusste, bewusste oder sogar erwünschte) Irrtum

---

a In der Übersetzung von Adele Berger klingt der letzte Satz: »So ist´s.« Das ist nicht ganz das, was Tolstoi auf Russisch schrieb, und zwar: »Такие же люди«. Deshalb habe ich mir hier eine Korrektur erlaubt.

bei der Bewertung von Tolstois Einschätzungen? Wo passen unsere Vorstellungen über den Patriotismus nicht zu seinen Anschauungen des späten 19. Jahrhunderts, als Russland vor einem neuen Krieg stand – für fremde Interessen?
Das Problem liegt in den verschiedenen Interpretationen des Wortes Patriotismus. Hier schreibt Tolstoi über sein Verständnis:
»Dieses Gefühl ist sehr einfach zu definieren; es ist das Vorziehen des eigenen Landes oder der eigenen Nation vor allen anderen, ein Gefühl, das seinen vollsten Ausdruck in dem deutschen Liede *'Deutschland, Deutschland über Alles'* findet; man braucht nur die zwei ersten Worte mit Rußland, Frankreich, Italien oder dem Namen eines anderen Landes zu vertauschen und man hat die Formel für das erhabene Gefühl des Patriotismus gefunden.
Es ist ja ganz gut möglich, daß ein solches Gefühl sowohl für die Regierung erwünscht und nützlich, wie für die Erhaltung des Staates notwendig ist, aber man muß einsehen, daß dieses Gefühl nicht ein erhabenes, sondern ein dummes und unmoralisches ist. Dumm, denn wenn jedes Land sich allen anderen überlegen halten wollte, müßten alle Länder bis auf eines im Irrtum sein, und unmoralisch, weil es alle, die es besitzen, dahin führt, ihr eigenes Land und ihre eigene Nation auf Kosten jeder anderen zu übervorteilen – eine Neigung, die in vollkommenem Widerspruch zu dem von allen anerkannten moralischen Grundgesetze steht: 'Was du nicht willst, das man dir thu', das füg' auch keinem andern zu!'«.
In jüngster Zeit ist eine breite Kultur der Kritiker des Patriotismus als solchen in der Welt entstanden. Und der Diskurs geht schnell über das Wissenschaftliche hinaus (genauer, geht überhaupt nicht mal hinein). Er wird gleich auf der Ebene des Journalismus geführt, auf der Ebene der Emotionen, auf der Ebene des Herauszauberns der Trumpf-Asse aus dem Ärmel – mit den geachteten Meinungen von Genies oder einfach nur klugen Menschen, als wollte man sagen: »Nun, wenn derartige Leute wie X oder Y Patriotismus für eine unwürdige Sache halten, dann sollten auch wir ihn so sehen.«
Ein weiteres Schreckgespenst gegen den Patriotismus ist der Satz »Patriotismus ist die letzte Zuflucht eines Schurken« (Englisch: *Patriotism is the last refuge of a scoundrel*), der angeblich von Samuel Johnson (1709-1784) stammt (in seinen Werken gibt es ihn nicht) und der von James Boswell 1791 in seiner Johnson-Biographie[134] veröffentlicht wurde. Johnson ist in erster Linie dafür bekannt, dass er das erste Lexikon der englischen Sprache (*Dictionary of the English Language)* erarbeitete und den obigen Satz sagte.

Über das, was dieser Satz bedeuten könnte, ist eine Menge geschrieben worden, deshalb hier nur kurz dazu: Johnson war ein tief patriotischer Mann, seine Definition eines Patrioten steht in seinem Wörterbuch: Es ist »derjenige, dessen ausschlaggebende Leidenschaft die Liebe zum Vaterland ist« (*one whose ruling passion is the love of his country*)[135]. Seinen Standpunkt zum Patriotismus skizziert er in dem Werk »Patriot; ein Aufruf an die Wähler Großbritanniens«[136] (1774), in dem er die Bürger anhielt, patriotische Abgeordnete ins Parlament zu wählen.

Und was ist gemeint mit dem Patriotismus als der »Zuflucht des Schurken«? Tatsache ist, dass Johnson, der die Position der Tory-Partei verteidigte, die Whigs angriff, die Opposition, von denen einige von pseudo-patriotischen Positionen aus handelten. Daher ist die Aussage Johnsons (wenn sie echt ist) eine konkrete Kritik an der Demagogie gewisser »falscher« Patrioten in der Historie, nicht jedoch seine Auffassung von Patriotismus.

James Boswell, der diesen Satz überlieferte, sagte im selben Text: »Wir müssen davon ausgehen, dass er nicht die echte und großzügige Liebe zu unserem Land meinte, sondern sich auf einen vorgeheuchelten Patriotismus bezog, der für viele zu allen Zeiten und in allen Ländern ein Deckmantel für persönliche Interessen war«.[137]

Trotz Boswells mitgelieferter Interpretation gehörte es bald schon zum guten Ton, alle Patrioten mit Johnsons Satz vor den Kopf zu schlagen. Es ist klar, dass nicht jeder Einwohner eines Landes notwendigerweise ein Patriot sein muss. Man kann aus verschiedenen Gründen auch ein anderes Land mehr lieben. Oder man hält ein himmlisches Königreich für seine Heimat und nicht sein Vaterland. Aber das bedeutet nicht, dass das Phänomen des Patriotismus nicht existiert.

Was ist Patriotismus?

Vermutlich wird niemand bestreiten, dass Patriotismus ein moralisches Prinzip, ein soziales Gefühl ist, das sich in der Liebe zur Heimat – ob groß oder klein – manifestiert. Ein Patriot lebt nicht nur sein eigenes Leben, sondern auch das Leben des Vaterlandes, sein Handeln ist auf die Bedürfnisse der Heimat abgestimmt. Er ist bereit, Opfer für das Wohl der Heimat zu bringen, er trägt die Verantwortung für das Land, die Interessen der Heimat stellt er über seine persönlichen. Er tut alles, damit sein Land, sein Volk, seine Landsleute morgen besser als heute leben. Wenn das Vaterland leidet, leidet auch er. Er agiert nach den Worten des ehemaligen US-Präsidenten John F. Kennedy: »Fragen Sie nicht, was Ihr Land für Sie tun kann – fragen Sie, was Sie für Ihr Land tun können.«

So ein patriotisches Gefühl erscheint mir natürlich, ebenso natürlich wie die Sehnsucht nach einem Zuhause. Aber beharren wir nicht darauf, dass jeder Mensch so etwas wie ein Zuhause für sein Glück braucht – manche fühlen sich glücklich auch unterwegs.
Wir beurteilen auch nicht, ob Patriotismus eine gute oder schlechte Eigenschaft ist. Es ist für uns nur wichtig, festzuhalten, dass es im Patriotismus ein Subjekt gibt – den Patrioten selbst, und das Objekt, jenes Land, das er liebt. Es gibt im Patriotismus keinen dritten Faktor, es gibt keinen Feind, der gehasst werden muss. Ziel ist es, Wohlstand im eigenen Land zu schaffen, nicht zu versuchen, ein anderes zu zerstören.
Der russisch-orthodoxe Patriarch Alexij II. sagte: »Das Gefühl des Patriotismus darf auf keinen Fall mit einem Gefühl der Feindseligkeit gegenüber anderen Nationen verwechselt werden«.[138] Daher sind Versuche, in die Begriffsbestimmung von Patriotismus die Überlegenheit des eigenen Volkes über ein anderes einzupflegen, unredlich, das ist die Falschspielerei, die nur politische Betrüger benötigen.
Es gibt nicht wenige wissenschaftliche Definitionen von Patriotismus, aber ich persönlich finde den Essay des russischen Historikers, Schriftstellers und Dichters, des Lehrers des russischen Genies Alexander Puschkins Nikolai Karamsin (1766-1826) besonders treffend. In seinem Werk »Über die Liebe zum Vaterland und den Nationalstolz«[139] (1803) schreibt er: »Der Mensch liebt den Ort seiner Geburt und Erziehung. Diese Bindung ist allen Menschen und Völkern gemeinsam, sie ist eine Erschaffung der Natur und muss als physisch bezeichnet werden. Die Heimat ist uns lieb nicht wegen der lokalen Schönheiten, nicht wegen des klaren Himmels, wegen des angenehmen Klimas, sondern wegen der bezaubernden Erinnerungen... Ein Lappe, fast im Grab der Natur geboren (*Lappland ist ein Region in Skandinavien, zum Teil hinter dem Polarkreis gelegen* – V. T.), liebt trotz dieser Tatsache der kalten Finsternis sein Fleckchen Erde. Siedeln Sie ihn in ein glückliches Italien um: Er wird mit seinem Blick und seinem Herzen nach Norden schauen wie ein Magnet; der grelle Sonnenschein ruft nicht solche süßen Gefühle in seiner Seele hervor, wie ein düsterer Tag, wie ein pfeifender Sturm, wie der Fall des Schnees: Nur sie erinnern ihn an sein Vaterland! – Selbst die Anordnung der Nervenzellen, die sich je nach Klima in den Menschen gebildet haben, verbindet uns mit unserer Heimat. Nicht umsonst raten manchmal Ärzte ihren Patienten, sich in der Heimatluft zu kurieren; Kein Wunder, dass ein Bewohner von Helvetia (*der lateinische Name der Schweiz* – V. T.), fern von seinen schneebedeckten Bergen austrocknet

und in Melancholie verfällt. Erst zurück in den wilden Unterwalden, den rauen Glaris wird er zum Leben erweckt. Jede Pflanze hat mehr Kraft in ihrem Klima: Das Gesetz der Natur gilt auch für Menschen... Mit denen wir aufgewachsen sind und leben, an die gewöhnen wir uns...
Und diese Liebe zu den Mitbürgern oder zu Menschen, mit denen wir aufgewachsen sind, wie wir erzogen wurden und leben, ist die zweite oder moralische Liebe zum Heimatland. Sie ist genauso allgemein, wie die erste, lokale oder physische, wirkt aber mit Jahren stärker: Denn die Zeit stärkt die Gewohnheit. Wenn man zwei Landsleute sieht, die sich in einem fremden Land finden: Mit welcher Freude umarmen sie sich und eilen sich in aufrichtigen Gesprächen ihre Seele auszuschütten! Sie sehen sich zum ersten Mal, aber sie sind bereits vertraut und befreundet und stärken ihre persönlichen Bindungen mit ihrer gemeinsamen Bindung zum Vaterland! Sie glauben, wenn sie auch noch eine andere Sprache nutzen, verstehen sie sich noch besser als die anderen: Denn in der Natur der Landsleute gibt es immer gewisse Ähnlichkeiten, und die Bewohner eines Staates bilden immer eine Art elektrische Schaltung, die ihnen einen Eindruck durch die entlegensten Kreise und Bindeglieder überträgt...
Aber eine physische und moralische Bindung an das Vaterland, die Wirkung der Natur und der Eigenschaften des Menschen prägen nicht die große Tugend, mit der die Griechen und Römer berühmt waren. Patriotismus ist die Liebe für das Wohl und die Ehre des Vaterlandes und der Wunsch, denen in jeder Hinsicht beizutragen ... Wir sollen den Nutzen für das Vaterland gutheißen, weil der mit unserem eigenen untrennbar ist; ... denn sein Ruhm ist unser Ruhm; Wenn es einen Menschen beleidigt, der Sohn eines verachtenswerten Vaters genannt zu werden, ist es nicht weniger beleidigend für einen Bürger, der Sohn eines verachtenswerten Vaterlandes genannt zu werden. So erzeugt Liebe zum eigenen Wohl in uns eine Liebe zum Vaterland, und persönlicher Stolz ist der Stolz des Volkes, der als Stütze des Patriotismus dient. So betrachteten sich die Griechen und Römer als die ersten Völker und alle anderen als Barbaren; so die Briten, in der letzten Zeit mehr als jeder andere für ihren Patriotismus bekannt, mehr als jeder andere über sich selbst erträumen... Ich sage nicht, dass uns die Liebe zur Heimat blind machen müsste und zu der Ansicht verleiten, wir seien besser in allem als alle anderen; aber der Russe muss wenigstens seinen Preis kennen.«
Mehrere Postulate dieses Textes sind wichtig. Karamsin schreibt, Patriotismus sei natürlich. Wer also sein Vaterland nicht liebe, weiche stark vom natürlichen Zustand ab. Zweitens mache Patriotismus Menschen nicht blind,

und ein Patriot, der gründlich um sich schaut, sieht, dass es viele Völker auf der Erde gibt, und jedes von ihnen einzigartig ist, in mancher Hinsicht vielleicht etwas besser, in anderer Hinsicht vielleicht etwas schlechter als sein eigenes Volk. Nur ein Mensch mit kleinem Verstand kann sein Volk über ein anderes stellen. Aber »seinen Preis zu kennen« ist erforderlich.

Die eigene Heimat ist nicht immer objektiv besser. Dein Vaterland kann Kriege führen, die du verurteilst. Vielleicht wird hier dir oder deinen Lieben Unrecht getan. Ist es dann überhaupt möglich, eine »schlechte Heimat« zu lieben, kann ein Patriot sie kritisieren?

Natürlich. Patriotismus bedeutet nicht, unter beliebigen Bedingungen alles an seinem Heimatland zu loben. Der französische Staatsmann und Ökonom der Aufklärung Anne Robert Jacques Turgot (1727-1781) nannte diese Art des Patriotismus einen »lakaischen«, *du patriotisme d'antichambre*. Die Liebe zum Vaterland schließt nicht aus, sondern setzt sogar eine kritische Haltung gegenüber allem, was darin geschieht, voraus.

Der russische Dichter, Literaturkritiker und Staatsmann, Fürst Peter Wjasemskij (1792-1878) schrieb 1824: »Ich glaube, dass die Liebe zum Vaterland blind in der Aufopferung sein muss, aber nicht in arroganter Selbstzufriedenheit; diese Liebe kann auch Hass in sich schließen. Welcher Patriot, zu welchem Volk er wie auch immer gehörte, wöllte nicht mehrere Seiten der nationalen Geschichte herausreißen und, die Vorurteile und Laster seiner Mitbürger vor Augen, kochte nicht vor Entrüstung? Wahre Liebe ist eifersüchtig und anspruchsvoll.«[140]

Dieser Anspruch kommt in erster Linie aus der Verantwortung des Patrioten für sein Land, für sein Haus, für die Ordnung in ihm, für die Menschen, die darin leben. Diese These wird auch vom russischen Religionsphilosophen Wassilij Rosanow (1856-1919) vertreten: »Es ist keine große Sache, eine glückliche und großartige Heimat zu lieben. Wir sollten sie lieben, gerade wenn sie schwach ist, klein, gedemütigt, schließlich dumm, schließlich sogar lasterhaft. Gerade wenn unsere »Mutter« betrunken ist, lügt und sich in Sünden verstrickt, dürfen wir nicht von ihrer Seite weichen.«[141] Und der ukrainische Dichter Taras Schewtschenko rief mit Blick auf seine Heimat aus: »Liebt mit reinem Herz die große Ruine.«[142]

»Die Ruine« also muss geliebt werden; um einen in der Sonne funkelnden Palast zu lieben, braucht man kein reines Herz.

Das heißt, selbst wenn die Heimat furchtbar ist, lieben wir dieses furchtbare Land.

Diese Denkweise hat eine einfache und logische Erklärung. Ein Patriot will

für sein Land immer eine Veränderung zum Besseren. Er kann mit dem bestehenden Stand der Dinge nicht zufrieden sein. Daher ist jeder Patriot von Natur aus ein Revolutionär, ein Kämpfer. Dem *status quo* zuzustimmen, sein eigenes Land nur durch eine rosarote Brille zu sehen, den eigenen Sumpf zu loben – all das ist dem hohen Titel eines Patrioten nicht würdig.
Wie bereits erwähnt, steht auch der Nationalismus dem Patriotismus nahe – die Liebe nicht (nur) für das eigene Land, sondern auch für die eigene Nation, die eigenen Wurzeln.
Doch bevor wir uns dem Nationalismus zuwenden, ist es sinnvoll zu verstehen, was ist eine Rasse und was eine Nation.

Warum ist Rasse gefährlich?

In den Biologie- oder Geographiestunden lernte man früher, dass die gesamte Menschheit in Rassen unterteilt ist. Es gibt Negride, sie sind schwarz und leben in Afrika. Es gibt Europide, sie sind weiß und leben in Europa. Es gibt Mongolide – die sogenannte »gelbe Rasse« aus Asien. Alle zusammen gehören sie zur Art *homo* der Gattung *sapiens,* die wiederum biologisch gesehen einen Teil der höheren Säugetiere aus der Ordnung der Primaten bildet. Die Bücher enthielten Fotografien und Zeichnungen. Uns Kindern schien diese Einteilung logisch und rief keine Fragen hervor.

Nicht einmal im geheimsten Winkel haben wir uns damals gedacht, dass eine Rasse besser, »höher« gestellt sei als die andere, deshalb intelligenter und kultivierter, und die andere schlechter, »niedriger«. Das kulturelle Niveau von Weißen und Schwarzen ist oft verschieden, weil einige mehr, andere weniger Zugang zu kulturellen Leistungen haben, einige auf einer höheren Stufe der Zivilisation stehen und andere auf einer unteren. Aber das bedeutet auf gar keinen Fall, dass potentiell, unter gleichen soziokulturellen Bedingungen, die Negriden nicht so gebildet und schlau werden können wie die Europäer. Um uns dessen zu vergewissern, können wir Tausende von Menschen afrikanischer Herkunft in den Vereinigten Staaten betrachten, die renommierte Universitäten absolvierten und erfolgreiche Politiker, Geschäftsleute, Schauspieler geworden sind, wie auch ihr ehemaliger, schwarzhäutiger Präsident Barack Obama. Und umgekehrt – der europide Mowgli wurde unter den Tieren tierähnlich, und der wilde Tarzan war bekanntlich überhaupt der Sohn eines englischen Lords.

Das heißt, alle Menschen auf der Erde, die ganze Art *homo sapiens*, haben biologisch viel Gemeinsames. Aber gleichzeitig gibt es verschiedene morphologische Varianten dieser Art, die die Integrität der Gattung nicht zerstören, und doch unterscheidet sich eine Variante von einer anderen. Varianten der Arten sind, laut Wissenschaftlern, die evolutionäre Antwort der Spezies auf die Umweltbedingungen, in denen eine bestimmte Population existierte. Eben diese großen morphologischen Gruppen (ich wiederhole, der gemeinsamen Art *homo sapiens*), vereint durch Herkunft und Lebensareal, werden Rasse genannt. Die Existenz der Rassen, sprich, der biologische Unterschied zwischen diesen großen Gruppen, ist durch Studien des menschlichen Körpers hinreichend belegt. Es gibt morphologische Unterschiede (zum Beispiel mandelförmige Augen, die zusätzliche Augenfalte *Epicanthus*, dichte Wimpern bei Mongoliden entstanden als Schutz vor Sonne, Staub und Kälte; die Pygmäen Afrikas sind kleiner als ein durchschnittlicher Europäer), physiologische (darunter im allgemeinen Stoffwechsel, im Cholesterin- und Blutzuckerspiegel, in der Zusammensetzung von Blutserum und Blutproteinen, in der Höhe der Mineralisierung des Skeletts, in der Laktoseverträglichkeit[a] u. A.) und sie sind genetisch bedingt. Es ist erwiesen, dass die genetische Spezifität mit den Faktoren zusammenhängt, die in den frühen Stadien der Ontogenese, also der menschlichen Entwicklung, entstanden sind.

Als ein Bestandteil der Gattung *homo* unterscheidet sich die Rasse von den anderen Gattungen der Säugetiere dadurch, dass es keine wesentlichen Hindernisse für die Geburt von fruchttragenden Nachkommen innerhalb der Gattung gibt. Das heißt, Ehen innerhalb der Gattung, darunter auch zwischen den Rassen, ist ein normales biologisches Phänomen. Dabei kann Sex zwischen den Gattungen existieren (Zoophilie), aber ohne vollwertige Nachkommen.

Es schien, als könnte so ein Ansatz bei niemandem eine Widerrede hervorrufen.

Heute jedoch wird eine solche Sichtweise von vielen Seiten angegriffen. In der Mitte des 20. Jahrhunderts entstand in der amerikanischen und westeuropäischen Anthropologie das Konzept der »Unwirklichkeit der Rassen« (engl. *the unreality of races*). Einige Gelehrte betrachten die Rasse nicht als ein Faktum, sondern als ein »Konzept«. Es gibt Forderungen, die Forschung der Rassenwissenschaft zu stoppen, das Wort »Rasse« aus dem wissenschaftlichen Gebrauch zu entfernen. Das Wort »Rassist« bedeutet ihnen eine Kreuzung zwischen einem Ku-Klux-Klan-Anhänger und dem Teufel.

Diese Angriffe sind darauf zurückzuführen, dass die Rassentheorien der deutschen Nationalsozialisten zu einer weltweiten Tragödie führten. Die »ablehnende Haltung gegenüber Rassenwissenschaft, anthropologischer Forschung in Ethnogenese, selbst zum Begriff »Rasse«, die sich in letzter Zeit manifestierte, ist vor allem mit dem psychologischen Schock zu erklären, den die Menschheit in der Zeit der Wirren des Zweiten Weltkrieges

---

a Eine Laktoseintoleranz haben z. B. 94 Prozent Chinesen und nur 2 Prozent Schweden.

erfuhr«, – steht in dem Schlussdokument der internationalen Konferenz »Rasse: Mythos oder Realität«.
Aber an diesen »Wirren« sind nicht die Rassen, nicht ihre Existenz schuld, sondern die »Theorien« einiger (Pseudo?)Wissenschaftler und noch mehr die »Praxis« bekannter Politiker.
Es gibt viele Meinungen darüber, wie viele Rassen unterschieden werden können. Einige sind der Überzeugung, dass es zwischen vier und sieben große Rassen gibt, sowie Dutzende von kleinen anthropologischen Typen – Atlanto-baltische kleine Rasse, kleine Ural-Rasse, kleine Ethiopische Rasse, kleine Drawidische Rasse, kleine polynesische Rasse... Andere glauben, dass es nur zwei so genannte »Rassenstämme« gibt. Die dritten nennen die Zahl 15. Dabei unterteilen sich Rassen in Subrassen, und verschiedene Wissenschaftler ordnen dieselben Subrassen verschiedenen Rassen zu. Darüber hinaus verwenden verschiedene wissenschaftliche Schulen unterschiedliche Bezeichnungen für verschiedene Rassen.
Trotz all dieser Verwirrung, die zum Teil durch die Tabuisierung der wissenschaftlichen Rassenforschung verursacht ist, können wir für uns die erste wichtige Schlussfolgerung ziehen: Rassen existieren objektiv. Diese Rassen unterscheiden sich grundlegend voneinander. Die Worte eines berühmten schwarzen Amerikaners, eines Nobelpreisträgers, bestätigen uns darin: »In gewisser Weise bin ich eine Geisel meiner eigenen Biografie: Schließlich sehe ich das amerikanische Leben durch die Augen eines schwarzen Amerikaners gemischter Abstammung, und ich kann nicht vergessen, wie viele Generationen von Menschen, wie ich, verfolgt und gedemütigt wurden, und ich verstehe auch vollkommen, dass die Rasse und die soziale Klasse sowohl heimlich als auch offen das Leben jeder Person prägen.« Barack Obama, ehemaliger Präsident der Vereinigten Staaten.
Das heißt, der »Rassenschreck« der gegenwärtigen »liberalen« Gesellschaft ist eine etwas nicht ganz adäquate Reaktion auf die Theorien der rassischen Voll- oder Minderwertigkeit.
Die zweite Schlussfolgerung ist, dass es in der Rassenforschung (wenn man nicht versuchen würde, aus politischen Interessen zu beweisen, dass eine Rasse höher als die andere ist) keine »ursprüngliche« Sünde gibt. Forschung zu verbieten ist das Letzte und steht einer freiheitsliebenden Gesellschaft nicht zu Gesicht. Wenn jemand meint, dass irgendeiner zum »wissenschaftlichen Rassisten« geworden ist und die Erkenntnisse seiner Forschung jemanden verletzen (obwohl, wie kann die Wahrheit irgendjemanden beleidigen?), so wäre die beste Antwort darauf, nicht das Abstempeln des Rene-

gaten als »Hitlers Nacheiferer«, sondern die Bereitstellung seiner eigenen, anderen, besseren, zuverlässigeren wissenschaftlichen Ergebnisse.

In der echten Wissenschaft gibt es keinen Rassismus. Rassistischer Hass ist keine Angelegenheit der Wissenschaft, sondern des Strafgesetzbuches.

Woher kamen die Nationen?

Es gibt in der Welt nur wenige so einfache, aber (bewusst) verworrene Fragen wie die Frage der Nation. Jeder von uns gehört einer Nation an – einige betrachten sich als Isländer, andere als Bolivianer und wieder andere als Chinesen.

Früher gab es keine Nationen. Vor Tausenden von Jahren lebten auf der Erde Familien, Sippen, Clans, die sich schließlich zu Stämmen zusammenschlossen. Einige waren mit der Jagd beschäftigt, andere fischten und sammelten Beeren und Wurzeln. Später begannen manche Land zu bestellen oder Vieh zu züchten. Einige hausten in Siedlungen, andere wanderten von Ort zu Ort und suchten nach den besten Weiden für das Vieh. Sie heirateten innerhalb des Stammes, hatten also einen gemeinsamen Ursprung, jagten zusammen, führten ihr Nomadenleben zusammen, entwickelten gemeinsame, damals ungeschriebene, Gesetze des Zusammenlebens, hatten ihre Ältesten, Schamanen und Häuptlinge. Sie benutzten die gleiche Sprache, sie haben gemeinsame Traditionen und Riten, aus einem Unverständnis der elementaren Kräfte der Natur geborene gemeinsame religiöse Vorstellungen, die gemeinsame Mythologie. Die natürlichen Bedingungen, unter denen sie wuchsen, machten die Haut einiger von ihnen heller, von anderen dunkler, die Augen schmaler oder breiter.

Sie hatten Stammesnamen, um sich als soziale Einheit zu identifizierten. In Amerika zum Beispiel die Apachen, Beothuk, Cheyenne, Comanchen, Delawaren, Huronen, Irokesen, Mohikaner, Navajos und viele andere. In Europa – Kriwitschen, Drewljanen, Sewerjanen, Dregowitschen, Ulitschen, Polowzen, Tiwerzen, Wjatitschen, Chasaren, Petschenegen, Mordwinen, Warjagen; germanische Stämme – Alamannen, Angeln, Sachsen, Bataver, Franken, Wandalen, Burgunden, Westgoten, Thüringer, Kimbern, Langobarden, Teutonen, Friesen. Im Nahen Osten, am Ufer des Mittelmeers, lebten Juden, Pharisäer, Samariter und Philister. Es gab afghanische Stämme wie die Durrani, Ghilzai, Yusufzai, Ahmedzai, Hazara, Parun; afrikanische Stämme – Zulu, Xhosa, Tuareg, Makonde, Mangbetu, Massai, Nuba, Oromo – und noch Tausende andere.

All dies sind eigenständige ethnische Gemeinschaften, Ethnien, Volksgrup-

pen. Alle ihre Mitglieder sind freie Menschen, die verpflichtet sind, die Freiheit des anderen zu schützen. Sie haben gleiche persönliche Rechte, ihre Häuptlinge bekommen keine Präferenzen, sie bilden eine Bruderschaft, eine Phratrie. Sie lebten lange Zeit, ohne Grenzen zu kennen, aber wohl wissend, wo ihr Territorium endet: Wenn man in das eingesessene Land eines anderen Stammes ging, geriet man in Schwierigkeiten. Sie verteidigten ihr Revier, wie Tiere es schützen.
Zwischen den Stämmen gab es neutrale Territorien, zwischen denen mit verwandten Sprachen war ein Grenzstreifen schmaler, zwischen weniger verwandten Stämmen – breiter. Diese Streifen schützten die Stämme voreinander. Die Grenze zwischen den Slawen und Deutschen in Europa hieß zum Beispiel »Brani Bor«, »Schutzwald«, von diesen Worten stammt der deutsche Name Brandenburg.
Die Namen der Stämme sind offensichtlich zufällig entstanden. Es kam oft vor, dass der Stamm von den Nachbarn einen anderen Namen erhielt als den, den er selbst nutzte. Die Deutschen nennen sich »Deutsche«, ihr Land – »Deutschland«, die Kelten nannten sie »Germanen«, und die Slawen »nemzy«, von dem slawischen Wort »nemoj«, »stumm«, weil Ausländer Slawen nicht verstanden haben, und deswegen wahrscheinlich oft schwiegen.
Später, als klar wurde, dass es einfacher ist, sich zusammen zu verteidigen, begannen die Clans und Stämme sich zu größeren, mächtigeren ethnischen Vereinigungen zu verschmelzen.

Ethnische Nation

Die ethnische Herkunft hat immer eine wichtige Rolle gespielt: Im alten Rom durfte z. B. ein Bürger römischen Ursprungs nie ein Sklave werden – aber er hätte versklavt werden können, wenn er von einem anderen Stamm gefangen genommen worden wäre. Auch ein freier Athener konnte in Athen kein Sklave werden. Da das Geld bereits damals eine prominente Rolle in der Gesellschaft spielte, wurden in Athen spezielle Gesetze erlassen, die Schuldverpflichtungen verbaten, nach denen der Athener selbst verpfändet werden konnte. Das heißt, schon damals gab es einen Vorrang des Ethnischen gegenüber den Interessen des Eigentümers und des Eigentums!

Auf lange Sicht verschloss sich der Stamm nicht: Kriegsgefangene (die einer anderen Ethnie gehörten), die nicht getötet wurden, die gearbeitet und gedient haben, wurden später Mitglieder des Stammes. Nach und nach kristallisierte sich aus den Stämmen das Volk, die Nation heraus. Dabei ist dieser Prozess des Übergangs des Stammes in eine Nation allmählich, glatt, ohne Sprünge. Die Stammesidentität stirbt mit der Zeit (offensichtlich im Laufe von Jahrtausenden) ab, die nationale Identität wird genauso lange geboren.

Hier besteht kein Widerspruch. Eine Person muss nicht unbedingt nur *eine* Identität haben, weil die ethnische Identität als Bestandteil der nationalen Identität eintritt. Sachsen und Franken betrachten sich als Deutsche, Gascogner und Provenzalen als Franzosen etc. Lange Zeit existieren ethnische und nationale Identitäten einer Person parallel. Und das wird so weitergehen, bis der Franzose in der Provence sich Provenzale nennt. Wann wird er seine Provence »vergessen« und wird zum »nur Franzosen«? Die Dauer von Übergängen, Parallelexistenz der Identitäten kann aus der Geschichte der Ethnien bestimmt werden, die nicht mehr auf der ethnographischen Karte auftauchen. Apachen, Cherokee, Cheyenne existieren in Amerika immer noch – der Prozess des Zusammenlebens mit der amerikanischen Nation umfasst dort nur drei Jahrhunderte. Kriwitschen, Drewljanen, Sewerjanen, Polowzen gibt es in Europa nicht mehr, sie »lösten« sich in den slawischen Völkern auf. Seit ihrem Erscheinen sind anderthalb Jahrtausende vergangen.

Andererseits erschienen im 5. Jh. n. Chr. auf der Iberischen Halbinsel die Basken. 1600 Jahre sind seitdem abgelaufen. Und das Volk existiert noch, hat seine eigene Identität. Die Menschen wollen sich nicht als »durchschnittliche Spanier« bezeichnen. In solchen Zeitintervallen etwa werden »ethnische Übergänge« gemessen.

Nach welchem Prinzip haben sich die Stämme vereinigt? Warum wurden manche ein Teil einer größeren Ethnie, während andere gemieden wurden? Lew Gumiljow gibt folgende Erklärung: »Indem wir das Problem der primären Entstehung ethnischer Integrität von Individuen (Menschen) unterschiedlicher Herkunft, unterschiedlichen Kulturniveaus und unterschiedlicher Merkmale feststellen, haben wir das Recht, uns selbst zu fragen: Was hat sie zueinander hingezogen? Offensichtlich nicht das Prinzip der bewussten Berechnung und des Strebens nach Profit... Auch das Prinzip der sozialen Affinität ist nicht angemessen, da die neue Ethnie die Institutionen der Alten zerstört. Bedeutet dies, dass eine Person, um einer neuen Ethnie

beizutreten, im Moment des Werdens auf die Bindungen zur alten verzichten muss? Nein, es ist alles anders.
Die Menschen vereinen sich nach dem Prinzip der Komplementarität. Komplementarität ist eine unbewusste Sympathie für ein Volk und Antipathie für ein anderes, d. h. positive und negative Komplementarität. Wenn die anfängliche Ethnie sich herausbildet, wählen die Initiatoren dieser aufstrebenden Bewegung selbst aktive Menschen nach diesem komplementären Merkmal – sie wählen diejenigen aus, die ihnen einfach sympathisch sind. ‚Komm zu uns, du passt zu uns' – so wählten die Wikinger die jungen Männer für ihre Heerfahrten. Sie nahmen nicht diejenigen, die sie für unzuverlässig, feige, streitsüchtig oder nicht grausam genug hielten. Alles war sehr wichtig, denn es ging darum, jemanden ins Boot zu nehmen, wo jeder Mensch die maximale Last und Verantwortung für sein eigenes Leben und für das Leben seiner Kameraden tragen sollte.
Auf die gleiche Weise nahmen Romulus und Remus starke Jungs zu Hilfe, als sie eine Truppe auf sieben Hügeln organisierten, die umliegende Völker terrorisieren konnte. Diese zwei, Banditen in der Tat, wurden zu Patriziern, zu Gründern eines mächtigen sozialen Systems.
So auch die ersten Muslime: Sie verlangten von ihren Stammesgenossen die Anerkennung des Glaubens des Islam, aber gleichzeitig versuchten sie, die Menschen zu gewinnen, die zu ihnen passten...
Das Prinzip der Komplementarität wirkt auch auf der Ebene der Ethnie und zwar sehr effektiv. Hier wird er *Patriotismus* genannt und obliegt der Geschichte, weil man ein Volk nicht lieben kann, ohne seine Vorfahren zu respektieren. Die innerethnische Komplementarität ist in der Regel für die Ethnie nützlich, denn sie ist eine starke Schutzkraft.«
Natürlich ging es bei dem einfachen »komm zu uns« nicht um gänzlich fremde ethnische Gruppen. Die Wahl fiel auf transethnische Verwandtschaft, gemeinsame historische Erfahrung, sprachliche und kulturelle Affinität, die zur Grundlage nationaler Identität wurden.
Seit Jahrhunderten und Jahrtausenden gibt es eine Mischung von Stämmen, eine Mischung aus verschiedenen genetisch bedingten Erbanlagen. So entstehen, in dem Vereinen auf großen Arealen, in der Konsolidierung, in der Assimilierung kleiner ethnischer Gruppen aus Stämmen Nationalitäten und Völker – die Chinesen, Juden, Afghanen, Russen, Deutschen. Die Ungarn zum Beispiel meinen, dass sie zu einem Volk wurden, nachdem der Heilige Stephan sieben Stämme, die auf demselben Territorium lebten, in einem Staat vereinigte. Auf deutschem Territorium gab es über 300 Königreiche

und Grafschaften, in Indien mehr als ein halbes Tausend Fürstentümer. Bei diesen Völkern bildet sich ein gemeinsames Selbstbewusstsein, sie glauben, dass sie einen gemeinsamen Ursprung haben. Eine gemeinsame Sprache kristallisiert sich heraus. Dialekte, Unterschiede bleiben bestehen, doch alle Mitglieder einer Nation verstehen einander bereits.

Anders als beim Clan sind sie nicht blutsverwandt, sie sind aber durch andere Bande verbunden – durch gemeinsame Kultur, gemeinsame Religion, gemeinsamen historischen Ursprung, gemeinsames Siedlungsgebiet, gemeinsame Sprache. Sie haben auch ihre eigene ethnische Psyche – eine ethnische Gemeinschaft unterscheidet sich in ihrem Verhalten, in ihrer Denkweise von der anderen.

Zu einem Ganzen bindet die Nation auch das sogenannte »kollektive Unbewusste«, von dem der Schweizer Psychologe Carl Gustav Jung (1875-1961) schreibt. In diesem »kollektiven Unbewussten« sieht er die Grundlage des Individuums, des Volkes, der Menschheit und glaubt, dass alle Menschen ein gemeinsames geistiges Erbe besitzen. Dort ist die Vergangenheit der Menschheit, der Nation, die psychische Erfahrung vergangener Generationen »verschlüsselt«. Dies ist, wenn auch nicht ein »genetisches Gedächtnis«, dann zumindest sein Analog, ein kollektives Gedächtnis.

Diese kollektive Erinnerung ist vielschichtig: Es gibt eine Schicht, die allen Menschen gemeinsam ist. Dazu gehören Bilder wie der Raub des Feuers, der Sündenfall, der Mord an Anführer oder Vater, die Auferstehung von den Toten, die Erlösung. Aber es gibt eine Schicht des kollektiven Gedächtnisses, in der man die Unterschiede sehen kann.

Offensichtlich findet ein Teil des »kollektiven Unbewussten« seine sichtbare Reflexion in der Mentalität des Volkes. Der Unterschied in der Mentalität ist der Unterschied im Inhalt, dem Stoff des »kollektiven Unbewussten«. Einige Nationen verbinden ihre Vorstellungen von Tod und Auferstehung mit dem lebendigen und toten Wasser, andere – mit Liebe, in der dritten – mit Vampiren. Bei den hart arbeitenden und nicht durch »Gaben der Natur« verwöhnten Japanern gibt es zum Beispiel in der Folklore nicht die Bilder, die in anderen Völkern weit verbreitet sind von »Füllhorn«, »Tischlein, deck dich!«, keine Knödel, die selbst in den Mund fliegen, wie in der Erzählung von Nikolai Gogol.

Die Grenzen zwischen den Nationen sind bedeutsamer als normalerweise angenommen wird. Die deutschsprachigen Österreicher z. B. trennen sich sorgfältig von den Deutschen oder den Deutschschweizern, ganz zu schweigen von den Franzosen oder Holländern. Wir können also sagen, dass eine

bestimmte Nation bestimmte spezifische Eigenschaften aufweist, und diese Besonderheiten sind nicht auf den Unterschied in der Sprache beschränkt. Was sind das für Merkmale?
Wie die Rassen unterscheiden sich auch ethnische Gruppen sowohl genetisch als auch anthropologisch – nach Körperaufbau und in den lebenswichtigen Systemen des Körpers. Ethnische Unterschiede sind kleiner als Rassenunterschiede, aber die gibt es auch. Wie sonst kann man die Tatsache erklären, dass die Mongolen, die nur mit Fleisch aufwachsen, keine vegetarische Nahrung vertragen, und US-Indianer (Mongoloiden) keine Milch trinken – wegen der Laktoseintoleranz?
Genetische Unterschiede zwischen den Ethnien wurden schon vielfach bewiesen – das ist heute so unbestreitbar wie das Gesetz der Schwerkraft.
Die Existenz der Ethnie als biologisches und soziales Phänomen beweist auch die Ethnopsychologie – eine Disziplin, die sich mit den ethnischen Besonderheiten der Psyche des Menschen, des nationalen Charakters, der Gesetzmäßigkeiten der Bildung des nationalen Bewusstseins usw. befasst. Ethnopsychologie ist die Psychologie der Völker, die auf der Grundlage der vergleichenden Analyse der Besonderheiten der Psychophysiologie, des Gedächtnisses, der Sprache, der Emotionen, kulturologischer Forschungen, der Spezifika der Welt der Symbole, der Wertorientierung der Volkskultur, Studien des ethnischen Bewusstseins, ethnischer Besonderheiten der Sozialisation von Kindern beweist, dass sich nicht nur physiologisch und genetisch, sondern auch psychologisch eine Nation (mehr oder weniger deutlich) von der anderen abhebt.
Das heißt, wie die Rasse ist eine Ethnie, eine Volksgruppe, eine objektive Realität. Ethnische Zugehörigkeit kann weder gekauft noch verkauft werden, sie kann nicht künstlich geschaffen oder jemandem auferlegt werden. Ethnie ist eine Gemeinschaft mit realen Eigenschaften, die klar beschrieben werden können. Und anhand dieser Merkmale ist es möglich, die Zugehörigkeit einer Person zu einer bestimmten ethnischen Gruppe zu bestimmen. Jetzt leben auf der Erde etwa 2000 Ethnien – alle verschieden, alle eigenartig.
Langfristiger Aufenthalt in einem Gebiet unter bestimmten klimatischen Bedingungen macht die Vertreter einer Nation physisch einander ähnlich. Dazu kommt eine mentale Ähnlichkeit. All dies trägt aktiv zur Entwicklung der nationalen Solidarität bei. Auf der Grundlage einer solchen Verbundenheit wird ein Staat gebildet, der den Prozess der Schaffung einer Nation vervollständigt. Wirtschaftlich hat die Nation eine gemeinsame Volkswirt-

schaft, eine gemeinsame Währung, einen gemeinsamen Markt für Güter, Kapital und Arbeit, einen gemeinsamen Haushalt, gemeinsame soziale und Bildungssysteme. Politisch haben sie eine gemeinsame Regierung, eine gemeinsame Armee. So entsteht bei Spaniern Spanien, bei Mexikanern Mexiko, bei Chinesen China…

Aus dem Lateinischen stammend bedeutet *Nation* eine Gemeinschaft von Menschen eines Ursprungs, ein Stamm, ein Volk. Das gegenwärtige Konzept der Nation bildete sich zwischen dem 16. und 17. Jahrhundert heraus – zuerst in Frankreich, dann in anderen europäischen Ländern.

Zu dieser Zeit fand in Europa eine Umwandlung von kleinen Fürstentümern und Grafschaften in Nationalstaaten statt. Auf der Grundlage der Nation wird ein Staat gebildet, und der Staat wiederum konsolidiert die Nation um sich. Die Festigung der Nation wird durch die ethnische Verwandtschaft der Stämme und Volksgruppen, die sie bilden, erleichtert.

Daher wird die Nation heute als Gemeinschaft der Menschen verstanden, die auf der Grundlage des gemeinsamen Ursprungs, des gemeinsamen Territoriums, der wirtschaftlichen Bindungen, der gemeinsamen Sprache, des gemeinsamen geistigen Lebens, der Kultur, der Psychologie und des Charakters der Menschen gebildet wird.

Aus diesen Merkmalen entsteht das Bewusstsein der nationalen Gemeinschaft – ein nationales Selbstbewusstsein, das Gefühl, dass jedes »Ich« in etwas immer Wichtigeres hineinströmt – in das »Wir«.

Alle oben beschriebenen Prozesse sind nicht geographisch definiert: Auf allen Kontinenten waren sie ähnlich, manchmal fast identisch. Der Übergang des griechischen Clans zur Nation verlief nicht viel anders als derselbe Prozess in Japan.

Gleichzeitig können die obigen Eigenschaften nicht als metaphysisch, unerschütterlich angesehen werden. Unterschiedliche Volksgruppen können auf demselben Territorium leben, ohne sich zu vereinigen, ohne sich miteinander zu vermischen – seit 1500 Jahren leben Lausitzer Sorben unter den Deutschen – als Lausitzer Sorben.

Und im Gegenteil, Ethnien, die soziokulturell eine Nation bilden könnten, können historisch lange getrennt sein. Wenn sich die Lebensbedingungen dieser ethnischen Gruppen signifikant unterscheiden, tritt das Genetische in den Hintergrund und das Kulturelle, Soziale kommt hervor.

So verlief zum Beispiel die nationale Entwicklung im Jemen. Seit dem 16. Jahrhundert wurde diese Region mit ihren Dutzenden verwandten Stämmen vom Osmanischen Reich erobert, und die Nation konnte sich nicht frei entfalten. 1839 wurde der Süden des Jemen von Großbritannien besetzt, das dieses Gebiet bis 1967 unter seinem Protektorat hielt. Nach der Unabhängigkeit leben beide Teile Jemens – Nord und Süd – nach verschiedenen Gesetzen, sie bauen an verschiedenen sozialen Systemen – Kapitalismus im Norden und Sozialismus im Süden. Sodann entwickeln sich erhebliche Unterschiede in Bezug auf Religion, Frau (Islam!), Bildung, Kultur, medizinische Versorgung.

Als sich 1990, nach dem Zusammenbruch des sozialistischen Weltsystems, der Nordjemen mit dem Süden vereinte, führten ein halbes Jahrhundert Besatzung durch zwei verschiedene Mächte und zwei Jahrzehnte divergenter sozialer Entwicklung zur Entfremdung der Stämme im Norden und Süden. Diese Entfremdung ist übrigens nach zwei Jahrzehnten sowohl im vereinten Vietnam als auch im vereinten Deutschland spürbar. Anstatt sich zu einer Nation zu vereinen, wird der Jemen jetzt von Unruhen und Aufständen zerrissen – der Süden des Landes strebt erneut nach Unabhängigkeit. Die Jemeniten selbst sagen: »Früher waren wir ein Volk in zwei Ländern, jetzt sind wir zwei Völker in einem Land.«

Diese Entwicklung ist nichts Außergewöhnliches, sie widerspricht nicht der These, dass verwandte Ethnien im Prozess der Bildung einer Nation zur Vereinigung tendieren, nicht zu Loslösung. Der Grund ist die Zeit. Der Zustand, in dem sich heute jemenitische Stämme befinden, bezeugt, dass die Zeit der Geburt dieser Nation noch nicht gekommen ist – Nationen werden nicht über Nacht geboren. Der grundlegende Unterschied zwischen Jemen und Deutschland liegt darin, dass man die bestehende deutsche Nation nach dem Zweiten Weltkrieg gewaltsam teilte. Im Jemen gab es noch keine Nation, als das Land zweigeteilt wurde. Daher muss die Nation hier noch gebildet werden, daher sind die Kontroversen hier viel ausgeprägter als in Deutschland oder in Vietnam.

Und noch eine wichtige Überlegung: Da es keine ethnisch reinen Nationen gibt, aber immer noch einen gewaltigen Unterschied zwischen natürlichen Nationen (Franzosen, Portugiesen, Chinesen) und künstlich geschaffenen (US-Amerikaner, Kanadier, Neuseeländer, Australier...), wäre es, unserer Meinung nach, richtig, natürliche Nationen nicht ethnische, sondern ethnodominante zu nennen, weil in jeder dieser Nationen eine dominante Ethnie existiert und es einige oder sogar viele ethnische Minderheiten geben kann. In Spanien sind Spanier die dominierende Ethnie, in der Mongolei die Mongolen und Tadschiken in Tadschikistan. Im Folgenden meinen wir natürlich ethno-dominante, auch wenn wir von »ethnischer Nation« sprechen.

Die dominante Ethnie muss nicht unbedingt dominierend sein. Als Beispiel könnte Südafrika zur Zeit der weißen Herrschaft herhalten. Dominant war und bleibt die schwarze afrikanische Ethnie. Lange Zeit dominierten dort aber die sogenannten Afrikaans – weiße Nachkommen holländischer, deutscher und französischer Kolonisten.
Andere, kleinere Ethnien, die in der ethno-dominanten Nation existieren, können (als Antonym zur »Dominanz«) *rezessive* (zurückgestellte) Ethnien genannt werden.
Im einem Land kann es auch die Ko-Dominalität von Ethnien geben, wenn es schwierig ist, die Dominanz einer oder die Rezessivität einer anderen Volksgruppe zu bestimmen. Oft führt dieser Umstand zu einer politischen Pattsituation.
Aber es gibt Staaten, die nicht auf der Grundlage einer Nation gebildet wurden, sondern auf der Grundlage mehrerer, vieler Nationen. Davon zeugen zahlreiche Beispiele, die bekanntesten sind die Schweizer, US-Amerikaner, Australier, Kanadier.
Gibt es die amerikanische, australische oder kanadische Nation? Und wenn sie existieren, welche Rolle spielen die Ethnien in ihnen?

Politische Nation

Die Nation muss nicht ethnisch homogen sein oder sich um eine ethnische Kerngruppe bilden. Eine Nation kann auch ethnisch heterogen, gemischt, »multinational« sein, ganz gleich wie eigentümlich das klingen mag. In Amerika, sowohl im Norden als auch im Süden, gab und gibt es natürlich die indigene Bevölkerung, die teilweise von den Kolonisatoren ausgerottet wurde. Die USA bewohnen jetzt Amerikaner, die in die Neue Welt aus fast allen europäischen Ländern kamen – Schotten, Polen, Franzosen, Deutsche, Russen, Iren, Italiener... Asien ist durch die Chinesen, Japaner, Inder, Pakistani, Armenier, Juden, Malaysier, Filipinos vertreten... Ehemalige afrikanische Sklaven sind jetzt auch rechtlich ebenbürtige Bürger der Vereinigten Staaten. Siedler aus Mexiko, Argentinien, Paraguay, Nicaragua, Kuba – die sogenannten »Latinos« – eine der dynamischsten Bevölkerungsgruppen in den USA. Wenn man sie fragt, sind sie alle *US-americans*, Amerikaner, die amerikanische Nation.

So entstand schließlich im Kampf um Territorien mit der alteingesessenen Bevölkerung, um »Lebensraum«, im Kampf gegen die Natur und untereinander ein Staat und damit eine neue Nation. Vertreter verschiedener Nationen und Völker verschiedener ethnischer Herkunft versammelten sich unter der gemeinsamen amerikanischen Flagge. Sie schlossen miteinander eine ungeschriebene Vereinbarung, dass sie keine Herkunft und Ethnizität, sondern etwas Höheres und Stärkeres – ein gemeinsamer Staat – vereint. Sie haben gewisse Verpflichtungen übernommen, dafür bekamen sie bestimmte Rechte. Sie betrachten diesen Vertrag als unantastbar, sie sind Patrioten ihrer neuen Heimat. Sie sind bereit, Blut dafür zu vergießen und selbst ihr Leben zu opfern – welche weiteren Zeichen der nationalen Selbstidentifikation könnten wir noch von ihnen verlangen?

Eine vergleichbare politische Nation bilden auch die Schweizer, die aus vier ethnischen Gruppen bestehen: Deutsche, Franzosen, Italiener, Rätoromanen. So die Briten, zu denen Engländer, Schotten, Waliser, Iren gehören. So Russland mit seinen zahlreichen Völkern des Nordens, der Wolga-Region, des Fernen Ostens. Schon gar nicht zu reden von Australien, Neuseeland oder Kanada: Diese Migrantenländer sind zu Lehrbeispielen für neue politische Nationen geworden.

Aus der Sicht des täglichen Lebens gibt es keinen großen Unterschied zwischen ethnischen und politischen Nationen: Alle Bürger lieben ihr Land und sind glücklich mit seinem Wohlstand. Zwischen diesen beiden Typen von Nationen gibt es nur einen grundlegenden Unterschied: Die ethnische Nation ist homogener, die politische Nation ist durch ethnische Grenzen zerrissen. Diese Brüche können, wie bereits erwähnt, durch verschiedene alltägliche oder politische Umstände verwischt werden, aber sie existieren, sie verschwinden nicht irgendwo, eine Ethnie behält ihre Eigenart nicht Jahrhunderte, sondern Jahrtausende.

Deswegen steht vor der Elite der politischen (man sagt auch »vertraglichen«) Nation stets die akute Aufgabe, die Einheit der Nation als solche zu wahren.

Innerhalb der ethnischen Nation gibt es auch viele »Grenzen« – in Geschlecht, Alter, Eigentum, Religion usw. Aber keine von ihnen erreicht die Tiefe der ethnischen Grenzen (die Kommunisten, beginnend mit Karl Marx, behaupteten, der tiefste Spalt sei das Eigentum; wie wir wissen, hat die Geschichte diese These widerlegt). Daher ist es viel schwieriger, eine politische Nation zusammenzuhalten als eine ethnische. In seiner Antrittsrede (20. Januar 1961) sagte US-Präsident John F. Kennedy: »Seit diese *Nation* gegründet wurde, war *jede Generation* von *Amerikanern* aufgerufen, Zeugnis der *Treue* zu *ihrer Nation* abzulegen.«

Eine ethnische Nation braucht nicht »die Treue zu schwören«, weil sie keine andere, alternative Nation, keine andere Heimat hat. Die heterogene aber muss ständig ihre Loyalität bezeugen (»jede Generation«), denn diese Nation besteht aus Ankömmlingen, die – vielleicht irgendwo weit weg, aber doch existierend – eine andere, heimische Nation haben. Egal, wie attraktiv (wirtschaftlich, imagemäßig...) die Vereinigten Staaten sind, es gibt auch hier Rassengrenzen und ethnische Gegensätze, und auch hier besteht die Gefahr einer »Bruchstelle« entlang der nationalen (oder rassischen) Linien.

Die Bildung einer heterogenen politischen Nation geschieht schneller als das Wachsen einer ethnisch homogenen. Jahrtausende mussten vergehen, damit in Europa, Asien oder Afrika Nationalstaaten entstehen konnten. Indes brauchten die USA nur ein bis zwei Jahrhunderte, um die amerikanische Nation zu verkünden. Eine solche politische Nationalunion ist jedoch weniger beständig.

Belgien zum Beispiel, das bereits 1830 seine Unabhängigkeit erhielt, kann bis heute noch nicht die Differenzen zwischen den »Nordländern«, den Flamen (die Niederländisch sprechen, 60% der Bevölkerung) – und den Bewohnern des Südens, den Wallonen (die Wallonisch und Französisch sprechen, 40% der Bevölkerung) »verdauen«, obwohl die Anstrengungen, die Nation zusammenzuhalten, bedeutsam waren.

Unmittelbar nach der Unabhängigkeit richtete sich Belgien auf Frankreich aus und erklärte Französisch zur einzigen offiziellen Sprache. Sie wurde auch in Flandern durchgesetzt, wo der Unterricht in allgemeinbildenden und Hochschulen ausschließlich auf Französisch ablief. Doch nach dem Ersten Weltkrieg (1914-1918) begann im Land eine Bewegung für die Emanzipation der Niederländisch sprechenden Bevölkerung, speziell der »Kampf um die Sprache« (niederl. *taalstrijd*).

In den 60er Jahren des 20. Jahrhunderts registrierte man erste Ergebnisse dieses Kampfes; 1980 wurden beide Sprachen faktisch rechtlich angeglichen und 1993 Belgien in zwei (flämische und wallonische) Bundesregionen unterteilt. Die einzige offizielle Sprache in Flandern wurde niederländisch.

Der Kampf um die vollen Rechte der flämischen Volksgruppe betraf auch die belgische politische Landschaft: 2010 erhielt die nationalistische Partei »Neue Flämische Allianz« die Mehrheit der Sitze im Repräsentantenhaus des Parlaments, 2014 legte sie noch 3 Prozent zu – eine Warnung an alle, die andere Menschen zu versklaven trachten.

Wie wir sehen, waren die Versuche, die Flamen zu assimilieren, sie zu »wallonisieren«, erheblich, aber erfolglos. Die ersten Änderungen ließen jedoch ein halbes Jahrhundert auf sich warten. Praktische Ergebnisse erschienen 70 Jahre später, und der Sieg des einst unterjochten Volkes bei demokratischen Wahlen wurde ein Jahrhundert später gefeiert.
Langsam mahlen die Mühlen der Geschichte, aber sie mahlen, hören nicht auf!
Manchmal ist es schwierig, eine klare Grenze zwischen der ethnischen und der politischen Nation zu ziehen. So betrachten viele Autoren die Franzosen als politische Nation. Sie berufen sich auf die Tatsache, dass sie während der Herausbildung der französischen Nation (die Zeit der Französischen Revolution, das Ende des 18. Jahrhunderts) solche ethnischen Gruppen wie Bretonen, Basken, Elsässer, Katalanen, Picardier und andere einschloss – nicht nach ethnischen Prinzipien, sondern unter dem Banner der Freiheit, Gleichheit und Brüderlichkeit.
Alles stimmt.
Aber erstens, wie weit auseinander waren diese Völker, die von alters her nebeneinander auf dem Gebiet des modernen Frankreich lebten? Und zweitens, ging die Schaffung aller mehr oder minder großen (in der Größe, nicht der Bedeutung!) Nationen nicht durch das Verschmelzen verschiedener Volksgruppen, die einst Stämme und davor Clans, Familien waren, vonstatten?
Eine ethnische Identität ist kein Hindernis für eine nationale Identität, sondern ist ihre wesentliche Komponente. Nationale Identität erfordert einerseits bestimmte ethnische Wurzeln, aus denen sie sich speist, und andererseits ist sie eine Umrahmung der ethnischen Vielfalt – mit erheblicher transethnischer Kongruenz – im Nationalen. Somit können ethnische Vielfalt und nationale Einheit als zwei Seiten derselben Medaille angesehen werden.
Was für eine Rolle spielt die Tatsache, dass d'Artagnan, einer der drei Musketiere bei Dumas, ein Gascogner war? Er war schon damals sowohl ein Gascogner als auch ein Franzose, der treu und wahrhaft dem französischen König (eher der Königin) diente. Auch die heutigen Italiener können in Venezianer, Florentiner oder Neapolitaner aufgeteilt werden, die früher auch zu »Nationen« zählten. Was schert uns der Umstand, dass die Franzosen vor der Herausbildung des Literatur-Französisch verschiedene Dialekte sprachen, die bis jetzt überlebt haben?
In allen Nationen, egal wie ethnisch rein sie sind, gibt es regionale Mund-

arten, die wie klare Bäche in den mächtigen Fluss der normierten Sprache der Nation einfließen. In »Pygmalion« von Bernhard Shaw sagte der Professor für Phonetik Henry Higgins über seine Fähigkeiten, die wie ein Zirkustrick wirkten: »Einfach Phonetik. Die Wissenschaft der Aussprache. Mein Beruf und auch mein Hobby... Sie können einen Iren oder einen Schotten an seinem Akzent erkennen. Aber ich kann jeden auf sechs Meilen genau einordnen. In London selbst sogar auf zwei. Manchmal bis auf zwei Straßen genau.«

Auch in der deutschen Sprache gibt es Dialekte – Bayrisch, Badisch, Berlinerisch, Plattdeutsch, Kölsch, Pfälzisch, Sächsisch. Innerhalb des Sächsischen selbst lassen sich regionale Untergruppen identifizieren, und Kenner dieses Dialekts bestimmen zielsicher den Ort, an dem ein Mensch aufwuchs und lebt. Aber das hinderte die Vertreter der früheren kleinen Fürstentümer und Königreiche nicht daran, sich als Deutsche zu bezeichnen.

Französische Dialekte (oder regionale Sprachen, Mundarten, Regiolekte...) sind keine Ausnahme: Alle (wie auch in Deutschland, in der Ukraine, in Spanien...) haben die gleiche grammatische Grundlage, ein großes gemeinsames Vokabular und vor allem können sich die Träger von Dialekten grundsätzlich (wenn auch nicht ohne Mühe) gegenseitig verstehen.

Da die Frage der Nation unter anderem eine Frage der Selbstidentität ist, können wir sagen, dass sich zuerst der Mensch mit einem Clan, mit der Familie identifiziert, dann mit dem Stamm. Danach wurde er zum Gascogner und noch später zum Franzosen. Die Nation wurde von Menschen gebildet, die ihre Identität auf ein immer größeres und größeres Territorium ausweiteten.

Jedem Beobachter ist der Unterschied zwischen der französischen und der US-amerikanischen Nation offensichtlich: Die in der französischen Nation vereinten Völker waren einander sehr nah – im Siedlungsareal, in der Sprache, Kultur, historischen Hinterlassenschaft, Religion (Katholiken und Protestanten sind Christen, und wir reden nicht von der Gleichheit, sondern nur von der Gleichartigkeit), im Temperament, in den Traditionen und kulinarischen Vorlieben. In den Vereinigten Staaten haben die in einer Nation vereinten Ethnien nie zusammen gelebt. Sie sprachen (und sprechen) verschiedene Sprachen, bekennen sich zu verschiedenen Religionen, haben verschiedene Hautfarbe, Mentalität, Traditionen, jeder hat seine eigene Präferenz in der Nahrung, Kleidung – es gibt keinen Bereich des menschlichen Lebens, in dem es unter den Volksgruppen, die die US-amerikanische Nation bilden, keinen Unterschied gäbe.

Was hält die politische Nation zusammen?
Der allererste, wenn auch nicht immer der zuverlässigste Weg, ist, die Einheit der Nation gewaltsam zu halten. In der nationalen »Ehe aus Liebe« gibt es jedoch wie in jeder Familie mal Streit, insbesondere aus nationalen Gründen. Ein typisches Beispiel für den Einsatz von Gewalt sind die unaufhörlichen Auseinandersetzungen in Ulster. Im rechtlich zu Großbritannien gehörenden Nordirland kämpfen Iren seit etwa Tausend Jahren für ihre Abspaltung. London unterdrückt diese separatistischen Bestrebungen, bislang erfolgreich. Eine der Arten von Gewalt ist die Rechtsgewalt, die Macht des Gesetzes. Die Elite des Landes verabschiedet solche Gesetze, die es erlauben, die Nation in Einheit zu halten, und bestraft brutal jeden für den Versuch des Separatismus. Diese rechtliche Gewalt ist in letzter Zeit sehr deutlich in Katalonien zu beobachten. Friedliche Sezessionisten werden eingesperrt, der katalanische Präsident wird entmachtet und juristisch verfolgt...
Der zweite starke Hebel ist die Wirtschaft. In einem wirtschaftlich wohlhabenden Land ist es viel einfacher, ethnischen Gehorsam zu bewahren als in einem hungrigen Land. »Wer das Gute schon hat, sucht es nicht mehr«, sagt das russische Sprichwort. In einem Land, in dem die Menschen wirtschaftlich erfolgreich sind, ignorieren sie daher im Wesentlichen ihre ethnische Identität und lehnen in der Regel alle Gedanken über die Abspaltung, die Schaffung ihres Nationalstaates usw. ab. Das US-Beispiel ist typisch. In einem Land mit einem der höchsten Lebensstandards der Welt sind ethnische Abgründe immer noch einfach mit Dollar »zugeschüttet«. Nationale Kataklysmen werden sich verschärfen, wenn sie einen wirtschaftlichen Hintergrund bekommen. Jede »Brot«- oder – »Salz«-Revolte kann sich zu einer nationalen Befreiungsbewegung entwickeln.
Ein weiterer Strick, um einzelne Zweige zu einem Bündel zu binden, ist die Moral. Eliten erlegen Bürgern einer Gesellschaft eine herrschende Moral auf, die zuerst die Führerschaft dieser Eliten selbst, und zweitens die Stärke der Nation als Garantie der territorialen Integrität des Landes sichert. In einer ungebildeten und unterentwickelten Gesellschaft sind solche Fesseln die religiöse Moral. Die Eroberung Amerikas, Afrikas oder Australiens erfolgte mit einem Schwert und einem Kreuz. Die Missionare rechtfertigten die Kolonisatoren, die Kolonisatoren verteidigten die Missionare. Die Einführung (durch Gewalt, Bestechung, Gerissenheit, Verrat...) einer herrschenden Staatsreligion war und bleibt eine der Methoden der Knebelung von Völkern. Das Christentum zum Beispiel in seinen beliebigen Varianten hat immer Gehorsam gepredigt und Aufstände verurteilt.

Eine politische Nation kann auch aus ideologischen Gründen stabil bleiben. Wenn ein Durchschnittsbürger (in ihrem eigenen Interesse von der politischen Klasse erzogen) die Rolle seiner Nation als außerordentlich betrachtet, seine Regierung als fortschrittlich, wenn er stolz ist auf (wirtschaftliche, militärische, politische, technische, wissenschaftliche...) Errungenschaften der Nation, wenn das Land ein brillantes Image hat und Werte, die das Land hochhält, als allgemeingültig gelten, wenn es ein »Magnet« ist, der sowohl politische Kräfte als auch Bürger anderer Länder anzieht, wenn andere Länder unter seinem militärischen Schirm Zuflucht suchen, dann reduziert sich bei einer solchen politischen Nation das Risiko von ethnischen Unruhen gegen Null.

Keines dieser Instrumente zur Zementierung einer politischen Nation existiert separat, in der Politik ist es immer eine Mischung aus Methoden und Ansätzen – sowohl aus Stärke als auch aus Ökonomie, Moral und Ideologie. Wenn eines oder mehrere dieser Werkzeuge nicht mehr funktionieren, besteht mit der Gewissheit eines Naturgesetzes die Gefahr der Rebellion. Es ist kein Zufall, dass die größten ethnischen Aufruhre in den Vereinigten Staaten während des verlorenen Vietnam-Krieges stattfanden.

Daraus kann geschlossen werden, dass die politische Nation *a priori* schwächer ist als die ethno-dominante, da sie an den ethnischen Knotenpunkten immer ein großes Konfliktpotential besitzt.

Sprache

Im mittelalterlichen Europa gab es keine offiziellen Volkssprachen. Intellektuelle, die höchsten Schichten der Gesellschaften in den europäischen Ländern, bedienten sich der Fremdsprachen. Die Sprache aller Sprachen, hauptsächlich als geschriebene, war Latein. An den Universitäten, wenn sie auch Grammatik lehrten, war das die lateinische Grammatik. Wissenschaftler verwendeten Latein weit und breit. Latein war die Sprache der Bibel und die Sprache der Liturgie. Die Gemeinde hat Jahrhunderte lang ihren Pastor nicht verstanden. Es gab eine Vorstellung von einer Kultursprache.

In Osteuropa sprach man Deutsch, Französisch, Englisch und nicht Polnisch, Tschechisch, Russisch, Litauisch oder Estnisch. Man engagierte ausländische Gouvernanten, die den Kindern die fremde »pronounce« beibrachten. Die Volkssprache, wenn sie schriftlich existierte, war nicht durch irgendwelche Regeln geordnet, und die Aussprache war nicht in Wörterbüchern festgelegt. Daher gab es keine »richtige« oder »falsche« Sprache – wenn es keinen Bezugspunkt gibt, dann gibt es auch keine Abweichung davon.

Standardisierung der Sprache, ihr Studium verlief parallel zur Entwicklung anderer Wissenschaften, deren Anfang auf das 18. Jahrhundert fällt. Der Anstoß zur Normierung der Volkssprache war der Wunsch nach Bildung eines Nationalstaates. Eine gemeinsame Sprache benötigte man in einem vereinten Staat hauptsächlich für das Funktionieren der Wirtschaft und des Verwaltungsapparats. Die Herrscher wollten, dass ihre Gesetze richtig verstanden wurden. Ein vereinter Nationalstaat brauchte eine gemeinsame Grammatik.

Die Sprache des Volkes wurde auch von der Gesellschaft unterstützt. Mit der Stärkung der nationalen Selbstidentifizierung Ende des 18. Jahrhunderts begann sich in der Welt die Meinung zu verbreiten, dass die Menschen nicht nur zu Hause, sondern auch in der Gesellschaft in ihrer Muttersprache sprechen, in dieser Sprache lernen, lesen und schreiben sollten. Romanciers, Dramatiker, Dichter, Wissenschaftler begannen, sich für nationale Kultur zu interessierten, zeigten Neugier an Folklore, förderten die Entwicklung der Nationalsprache, popularisierten die nationale Geschichte. Nicht nur die Kultur beeinflusste die Nation, sondern auch die Nation beeinflusste die Kultur: Nationale Elemente erschienen in Volksmärchen, Architekturstil und Kleidung.

Manchmal begann eine Mundart ein immer größeres Territorium seiner Träger zu erobern, in einem anderen Fall wurden mehrere Dialekte, die einen großen transethnischen sprachlichen »gemeinsamen Nenner« hatten, in die neue Nationalsprache integriert.

Die Nation schuf eine eigene Sprache, die Sprache integrierte ethnische Gruppen in die Nation.

Es existiert sogar die Meinung, die Sprache sei das Hauptmerkmal der Nation. Auf den ersten Blick ist das genau so, denn ohne Sprache kann es keine gemeinsame Kultur geben, keine gemeinsame Wirtschaft – vom Alltag bis zur Produktion. Sich ohne Dolmetscher zu verstehen – ist das nicht das Hauptmerkmal der Zugehörigkeit zu einer Nation, fragen rhetorisch diejenigen, die der Sprache einen außergewöhnlichen Wert zuordnen. Gerade sie zitieren die Lehrbuchworte des Begründers der Sprachwissenschaft, des Deutschen Wilhelm von Humboldt (1767-1835), die Sprache sei »die See-

le der Nation«[a]. In der Tat: Der Wohnort einer Nation, ihre Religion, ihr Staatsaufbau, ihre Gesetze und Bräuche können sich ändern, nur eine gemeinsame Sprache existiert immer im Geist der Nation. Es ist die Sprache, die die Nation zum einheitlichen Ganzen verschmilzt.
Schwierig, dem etwas entgegenzusetzen.
Aber Dutzende von »atypischen« Beispielen zwingen uns darüber nachzudenken, ob wir die Situation nicht vereinfachen, ob wir nicht versuchen, das komplexe soziokulturelle und politische Problem auf ein einfaches Schwarz-Weiß-Schema zu reduzieren.
Wenn die Sprache das bestimmende Nation bildende Element ist, was dann, wenn eine Nation mehrere Sprachen spricht? Wir haben bereits das Beispiel der Schweiz angeführt, wo es vier Amtssprachen gibt. In den Vereinigten Staaten gibt es viele stabile Gruppen von Menschen, die eine andere Sprache als das offizielle Englisch sprechen, die sich jedoch als Amerikaner betrachten. Was tun mit den Österreichern, die Deutsch sprechen, aber (nach einem kurzen Aufenthalt im Hitler'schen »Reich«) sich nicht als Deutsche sehen wollen? Nicht alle Englischsprachigen sind Engländer. Auf Arabisch kommunizieren Menschen in vielen Ländern, obwohl sie sich jedem von ihnen als separate Nation zugehörig fühlen. Portugiesen und Brasilianer sprechen Portugiesisch, aber sie sind zwei verschiedene Nationen.
In Liechtenstein ist die Amtssprache Deutsch, im Alltag sprechen die Einheimischen den alemannisch-deutschen Dialekt, jedoch sollte keiner versuchen, die Einheimischen Deutsche zu nennen. China spricht vorwiegend zwei Dialekte – Mandarin und Kantonesisch, die linguistisch weiter voneinander entfernt sind als Englisch von Deutsch. In Pakistan spricht nur etwas mehr als sieben Prozent der Bevölkerung das offizielle Urdu, aber fast die Hälfte der Bevölkerung nutzt den »lokalen Dialekt«, die »Provinzsprache« Punjabi. Urdu selbst ist verwandt mit Hindi, der Staatssprache des benachbarten Indiens. Hindi wiederum wird in Nepal und Bangladesch verstanden. In Zentral- und Südamerika sprechen riesige Gebiete Spanisch, aber Kuba, Venezuela, Costa Rica und Bolivien geben niemals zu, dass sie eine Nation sind, ganz zu schweigen von irgendeiner Art Verwandtschaft mit europäischen Spaniern. Einige französische Dialekte sind näher an italienischen Dialekten als am normierten Französisch. Die galizische Sprache, die

---

a Ein ähnlicher Ausdruck findet sich auch bei dem französischen Dichter Pierre-Jean de Béranger (1780–1857): »Sprache! Sprache! Sie ist die Seele der Völker: In ihr liest man ihre Schicksale.«

im Nordwesten Spaniens gesprochen wird, und Portugiesisch gelten, obwohl sie gemeinsamen Ursprungs sind, heute als verschiedene Sprachen. Aber die Galizier sind Spanier, nicht Portugiesen. Überall auf der Welt verstreut, hatten Juden des späten 19. Jahrhunderts überhaupt keine gemeinsame Sprache, als sie sich anschickten, Israel wiederzubeleben. Im »gelobten Land« versammelt, lernte jeder eine neue Sprache. Das tote Hebräisch wurde wiederbelebt und als gesprochene und geschriebene Sprache benutzt. Von welcher Art von Kern, um den sich die Nation konsolidiert, reden wir? Was ist Sprache und was ist nur Dialekt?

In Frankreich gilt die Große Französische Revolution als die Zeit der Geburt der Nation. 1789 verabschiedeten die Revolutionäre die »Erklärung der Menschen- und Bürgerrechte« und verkündeten, dass »die Quelle der souveränen Macht die Nation ist; keine Institution, keine Person kann eine Macht haben, die nicht direkt aus der Nation kommt.« Diese Erklärung wurde in einer Sprache verfasst, die die Mehrheit der Bevölkerung des Landes nicht verstand. Wenn im Norden der Loire, mit Ausnahme der Bretagne und Flandern, die meisten sie noch lesen konnten, so wurde sie im Süden von fast niemandem verstanden. Als die Erklärung veröffentlicht wurde, betrachtete sich nur ein kleiner Teil der Einwohner des Territoriums, das wir Frankreich nennen, als Franzosen. Damals gab es weder gemeinsame Sprache noch eine Nation als solche, aber in ihrem Namen verkündete man bereits Souveränität. Wie ist das zu erklären?

Tatsache ist, dass die Prozesse der Geburt einer Nation und das Herausfiltern der Sprache aus einer Vielzahl von Dialekten, die Bestimmung eines Dialekts als Sprache, darüber hinaus der offiziellen, der Hauptsprache des Landes, kein eintägiger Prozess ist. Sowohl um die Geburt der Nation als auch um die Geburt der Staatssprache gab und gibt es immer wieder komplizierte Auseinandersetzungen, in denen Linguisten nur eine untergeordnete Rolle spielen. In der Frage des Primats von Nation oder Sprache kann nur eines sicher sein: Die Geburt einer Nation und die Geburt einer gemeinsamen Sprache für diese Nation geschieht gleichzeitig, parallel – es gibt keine Reihenfolge.

Die Wahl einer Amtssprache ist immer eine politische Entscheidung. Nach der Verkündung der oben erwähnten vielgepriesenen Deklaration in Frankreich wurde zum Beispiel den Bretonen das Recht auf eigene Sprache verweigert – sie mussten lernen im nordfranzösischen Dialekt zu sprechen, der zur Amtssprache erhoben worden war. Wie sonst könnte man eine gemeinsame Sprache schaffen? Es gibt Belege von Zeitgenossen, die behaupten, ein

»Franzose« habe damals oft einen anderen »Franzosen« nicht verstanden, der »in einer Entfernung von sieben oder acht Lieue« – modern, von fünfzig Kilometern – gelebt hätte.

Anderseits, wo ist die Grenze der Verständlichkeit der Sprache? Wie viel Verständnis ist wahres Verstehen? Wo im Bereich des Verstehens ist die Grenze zwischen Verständnis und Missverständnis? Vor allem wenn Dänen, Norweger und Schweden – verschiedene Sprachen! – einander verstehen, und einige Deutsche (Bayern, Norddeutsche...), wenn sie reinen Dialekt sprechen, kaum miteinander klarkommen.

Als die Niederländer politische Unabhängigkeit erlangten, wurde eine der Varietäten des niedergermanischen Dialekts der deutschen Sprache, die sie sprachen, zu einer eigenen Sprache. Alle anderen sprachlichen Formen blieben Dialekte.

Das Beispiel Norwegen ist erhellend. Jahrhundertelang war hier die Schriftsprache Dänisch. Während des Kampfes der Norweger für ihre Unabhängigkeit von der dänischen Herrschaft gab es auch einen Kampf um »ihre eigene« Sprache. Das unabhängige Norwegen hat als allererstes schriftlich die Abweichungen des lokalen Dialekts vom genormten Dänisch verankert. Jetzt betrachten Linguisten Dänisch und Norwegisch als verschiedene Sprachen – nicht aus philologischen, sondern aus politischen Gründen.

Sprache war schon immer ein Spielzeug der Politiker. Oft wurde für einen Dialekt, der nur danach strebte, eine Sprache zu werden, eine spezielle Rechtschreibung eingeführt oder das Vokabular durch Ausleihen aus anderen Sprachen erweitert, um ihn von der offiziellen Hauptsprache zu trennen. So sind verschiedene Schreibweisen in eng verwandten serbischen und kroatischen Sprachen sowie in Hindi (Indien) und Urdu (Pakistan) festgelegt.

Während der »Ukrainisierung« der Ukraine in den 1920er Jahren (unter der Devise »Weg von Moskau!«) wurden aus dem ukrainischen Vokabular russische Wörter gestrichen und meist durch polnische oder tschechische ersetzt. Diesen Ansatz verschrien die Bolschewiki als »nationalistisch«, und bereits die Grammatik von 1933 brachte Ukrainisch wieder in die Nähe der russischen Sprache.

Und umgekehrt: Wenn es politischer Willen ist, kann Sprache offiziell zum Dialekt erklärt werden – dies geschah oft dort, wo die herrschende Nation den »Separatisten« keine »sprachliche Trumpfkarte« geben wollte. Im 19. Jh. waren in den Schulen Großbritanniens die walisische (die Sprache der Einwohner von Wales) und die schottische Sprache verboten.

Die Unterdrückung von Minderheitensprachen geht weiter auch im 21. Jahrhundert: Türken verbieten zum Beispiel die kurdische Sprache »als nicht-existent«; die Kurden selbst werden »Bergtürken« genannt, die angeblich ihre Muttersprache – Türkisch! – vergessen hätten.

In den 20er Jahren des 20. Jahrhunderts wurden in der Sowjetunion (UdSSR) in der moldawischen Sprache, die von Experten als mit der rumänischen identisch betrachtet wird, aus politischen Gründen lateinische (rumänische) Schriftzeichen durch kyrillische (vorherrschend in der UdSSR) ersetzt. Nach der Verkündung der Unabhängigkeit Moldawiens in den 90er Jahren holte man die lateinischen Lettern zurück. Diese Sprache, die sich nun praktisch nicht mehr vom Rumänischen unterscheidet, heißt jedoch weiterhin Moldawisch. Auf dem Territorium des autonomen Transnistriens (das zu Moldawien gehört) ist die moldawische Sprache auch eine Staatssprache, aber mit kyrillischer Grafik.

Deshalb ist ein Dialekt »oft eine Sprache, die keinen politischen Erfolg erzielen konnte«, wie der amerikanische Linguist Einar Ingvald Haugen (1906–1994) meint, einer der Forscher dieser Problematik. So wurde die piemontesische Sprache zu einem »Dialekt«, nachdem der toskanische Dialekt zum offiziellen Italienisch wurde.

Einfacher: Es gibt einen Staat – es gibt eine Sprache, es gibt keinen Staat – es gibt nur einen Dialekt.

Ein weiterer Fragenkomplex tut sich auf. Seit vielen Jahrhunderten haben sich die Grenzen der Länder tausende Male verschoben. Die politische Landkarte der Welt wurde nach jedem Krieg neu zusammengezimmert. Einige Staaten, wie Polen, änderten mehrmals ihre Form, Größe und sogar ihren Standort, einige Länder verschwanden, andere erschienen. Die Bewohner der Grenzregionen gehörten oft über Nacht zu einem anderen Land (ohne ihren Wohnsitz zu verändern), lebten dort jahrhundertelang, sprachen eine andere Sprache.

Folglich liegt das Hauptproblem nicht in (oft pseudo-) wissenschaftlichen Auseinandersetzungen um die Sprache, sondern darin, welche Rolle sie in der nationalen Bewegung spielen sollte. Diese Frage wird im Kapitel über die Gegner und Verbündeten der Nationalisten in ihrem Kampf untersucht.

Befreiungsbewegung und Separatismus

Heutzutage, im 21. Jahrhundert, sollte es theoretisch keine nationalen Bewegungen mehr geben. Denn der Kampf um bestimmte Werte impliziert, dass gewisse Hindernisse vor diesem Ziel stehen. Wenn es solche Hindernisse aber gar nicht gibt, dann gibt es auch keinen Grund zu kämpfen. Warum versuchst du Äpfel von einem hohen Baum zu holen, wenn sie paradiesisch vor dir auf einem goldenen Tablett liegen?

Die Apfel-Situation birgt auch die Frage der nationalen Selbstbestimmung. Seit Ende des letzten Jahrhunderts kursiert in akademischen und politischen Kreisen die These über das Recht jeder Nation, nach ihrem Gutdünken zu leben, eben so, wie es die Menschen selbst entschieden haben. Wenn ein Volk getrennt von einem anderen leben will – dann soll es seines Wegs ziehen. Natürlich sprachen die Theoretiker nicht nur von der Trennung einer Nation von einer anderen. Selbstbestimmung sah sowohl die Schaffung eines souveränen Staates als auch eine große Palette anderer Optionen vor: kulturelle Autonomie, Selbstverwaltung, Föderation – oder, wenn das der Wille des Volkes ist, weiterhin das Leben in einem gemeinsamen Staat.

D.h. in heterogenen Nationen, die mehrere ethnische Einheiten inkludieren, ist jede Volksgruppe berechtigt selbst zu entscheiden, ob sie sich als Teil einer großen Nation sieht, oder ihren kleinen ethnischen Weg gehen will. Das Volk hat das Recht, sagten Denker vor zweihundert Jahren, freiwillig, ohne äußeren Druck, sein gemeinsames Schicksal zu wählen.

Fehlt die Notwendigkeit des Kampfes um die nationale Souveränität, ist er »überflüssig«, kann die Erklärung darin bestehen, dass das früher nur deklarierte Recht auf Selbstbestimmung nun in der modernen Welt in einer Reihe von Dokumenten als einer der wichtigsten internationalen Grundsätze festgeschrieben wurde. Sie brauchen nicht dafür zu kämpfen: Wer will, kann sie sich nehmen, diese Souveränität. Das Recht auf Selbstbestimmung ist verankert: im *Artikel 1 der Charta der Vereinten Nationen*, in dem *Internationalen Pakt über wirtschaftliche, soziale und kulturelle Rechte*, dem *Internationalen Pakt über bürgerliche Rechte*, in der *Erklärung über die Grundsätze des Völkerrechts*, in den Dokumenten der *Konferenz für Sicherheit und Zusammenarbeit in Europa (KSZE)* – in der Helsinki-Schlussakte von 1975,

im *Abschließenden Dokument des KSZE-Folgetreffens in Wien 1986*, im *Dokument des Kopenhagener Treffens der Konferenz über die menschliche Dimension der KSZE* aus dem Jahr 1990 und in zahlreichen anderen internationalen Rechtsakten.
Mit einem so starken Bündel an internationalen Vereinbarungen auf höchster Ebene, sollte heute die Erlangung nationaler Selbstbestimmung ein leichter und rascher Prozess sein, zu erwerben wie ein Straßenbahnfahrschein. Aber wie man weiß, wird die Theorie durch die Praxis verifiziert. Und wenn in der Praxis die bewaffnete Konfrontation zwischen den Nationen in Dutzenden von Ländern weitergeht, bedeutet das, dass in der der Frage zugrundeliegenden Theorie etwas falsch ist.
Hier gibt es reichlich Probleme, mehr, als es auf den ersten Blick scheinen mag. Eines von ihnen ist die Frage nach dem Wesen der Nation, des Volkes. Wir haben dieses Problem so auseinandergenommen, wie wir es verstehen, aber das bedeutet nicht, dass alle unsere Meinung teilen. Wenn nicht klar ist, was eine Nation ist, ist auch nicht deutlich, wer das Recht auf Selbstbestimmung hat.
Sind die Katalanen eine Nation, die sich – scheinbar rechtens – von Spanien trennen will? Der Großteil der Spanier allerdings will die Trennung Kataloniens vom Mutterland gar nicht. Der Volkswille, ausgedrückt durch ein Referendum, das nur in Katalonien stattfand, hat zu dem Ergebnis geführt. Das gleiche Referendum mit derselben Sezessions-Frage, würde zweifellos andere Resultate bringen, wenn es in ganz Spanien abliefe.
Gegner der leichten Sezession beziehen sich ebenfalls auf internationale Gesetze und Prinzipien, zum Beispiel auf das Prinzip der territorialen Integrität des Staates. Es beinhaltet, dass das Territorium des Staates ohne seine Zustimmung nicht geändert werden darf. Das heißt, die Katalanen dürfen sich abspalten, aber bitteschön ohne Territorium.
Das Prinzip der territorialen Integrität wird ebenso in der UN-Charta, der Erklärung zur Stärkung der internationalen Sicherheit, der Schlussakte von Helsinki, festgehalten. Die UN-Erklärung über Grundsätze des Völkerrechts besagt, dass sie nicht so ausgelegt werden darf »als ermächtigten oder ermunterten sie zu Maßnahmen, welche die territoriale Unversehrtheit oder die politische Einheit souveräner und unabhängiger Staaten... ganz oder teilweise auflösen oder beeinträchtigen würden...«.[143]
Im Jahr 2011 verabschiedete die Parlamentarische Versammlung des Europarates eine Resolution, die betont: »Das Recht ethnischer Minderheiten auf Selbstbestimmung (...) sieht nicht ein automatisches Recht auf Sezessi-

on vor, [und] muss in erster Linie durch den Schutz der Minderheitenrechte umgesetzt werden.«

Also, darf sich nun ein Volk von der Mutternation trennen oder nicht?

Dieser Rechtsstreit (man sagt »rechtliche Kollision«) ist nicht gelöst, deshalb gibt es an den Grenzen zwischen zwei Ethnien immer noch Aufstände, Rebellionen, Kriege, Blutvergießen.

Aber die Idee des Selbstbestimmungsrechts der Nationen an sich ist edel. Sie zerstörte das uralte Recht des Starken (und insbesondere einer starken Nation), es nach Belieben zu händeln. Ihr Ziel war es, den versklavten Völkern Freiheit zu geben.

Ende des 18. Jahrhunderts wurde dieser Gedanke durch revolutionäre Franzosen aktiv propagiert, mit seiner Hilfe konnten sie die Annexion von Avignon, Belgien und des Rheinlandes rechtfertigen. Nach den Ergebnissen der Volksabstimmungen traten 1860 Nizza und Savoyen Frankreich und 1862 die Ionischen Inseln Griechenland bei. Preußen hinderte das allerdings nicht, ohne lange Volksumfragen, sich in alter Weise gewaltsam 1867 das Land Schleswig und 1871 das Elsass und Lothringen einzuverleiben.

Zu Beginn des 19. Jahrhunderts erhielten auch die Vereinigten Staaten neue Ländereien durch direkte Annexionen: Spanien wurden Florida und Alabama weggenommen, Mexiko – Kalifornien, Arizona, New Mexico, Nevada, Utah und Colorado, die hauptsächlich von Mexikanern bevölkert waren. Texas wurde aus Mexiko herausgerissen und trat 1845 den Vereinigten Staaten als Folge der »freien Selbstbestimmung« der Kolonisten bei, die zuvor aus dem Norden hierher umgesiedelt waren.

Man kann in den Vereinigten Staaten auch ein Lehrbuchbeispiel für »freie Selbstbestimmung umgekehrt« konstatieren. Nach dem Sieg Abraham Lincolns bei den Präsidentschaftswahlen in der zweiten Hälfte des 19. Jahrhunderts, kündigte South Carolina seinen Austritt aus dem Bestand der USA an und führte diesbezüglich auch ein Referendum (Volkswillen!) durch, in dem die Entscheidung von der Mehrheit unterstützt wurde.

South Carolina schlossen sich später zwölf weitere Staaten an, die am 4. Februar 1861 die Gründung der »Confederate States of America«, Konföderierten Staaten von Amerika, proklamierten. Die US-Verfassung verbot eine derartige Herauslösung aus dem Staat nicht und – bekanntlich ist alles erlaubt, was gesetzlich nicht verboten ist.

Lincoln an der Spitze der Vereinigten Staaten pfiff auf die Prinzipien und seine eigene Verfassung, weil das Schicksal des Landes auf dem Spiel stand. Es begann ein blutiger vierjähriger Bürgerkrieg, der mehr als 600 000 Ame-

rikaner das Leben kostete, und der in der Niederlage der »Konföderierten« und in der Abschaffung ihres unabhängigen Staates mündete.
Während des Ersten Weltkrieges verkündeten alle, einer schneller als der andere, das Recht der Nationen auf Selbstbestimmung: Die Deutschen und die Österreicher hatten die »Desintegration« Russlands im Sinne, die Abtrennung der Ukraine, der baltischen Staaten, Polens, Finnlands, des Kaukasus und Turkestans. Und Russland als Teil der Entente (zu der auch Frankreich und Großbritannien gehörten) verlangte Freiheit für Ukrainer, Polen und Tschechen, die in Deutschland und in der österreichisch-ungarischen Monarchie »schmachteten«.
Das heißt, Selbstbestimmung war notwendig, aber immer nur für die Völker in den feindlichen Gebieten.
Die großen Verfechter des Rechts der Völker auf Selbstbestimmung, der britische Premierminister Lloyd George und der amerikanische Präsident Woodrow Wilson, steuerten unter dieser Losung auf die Zerstückelung der österreichisch-ungarischen Monarchie in kleine Staaten und deren Übergang in den Einflussbereich – wen wundert es – Englands, Frankreichs und der Vereinigten Staaten zu. Wilson entwarf sogar ein Programm, bekannt als »14-Punkte-Plan«, dessen eine Grundlage im Recht der Nationen auf Selbstbestimmung bestand. In der Praxis hatte sich die »Selbstbestimmung« nur auf die Gebiete der so genannten »Vierfachunion« (Deutschland, Österreich-Ungarn, Bulgarien, Türkei) ausgewirkt, die den Krieg verlor.
Für das Selbstbestimmungsrecht der Völker waren auch die russischen bolschewistischen Revolutionäre. Die nationalen Befreiungsbewegungen schwächten den Zarismus und spielten ihnen in die Hände.
Im Pakt über wirtschaftliche, soziale und kulturelle Rechte und dem über bürgerliche Rechte heißt es: »Alle Völker haben das Recht auf Selbstbestimmung... Alle Vertragsstaaten des Paktes ... sollen in Übereinstimmung mit der UN-Charta das Recht auf Selbstbestimmung fördern und dieses Recht respektieren.« Die harte alltägliche und politische Erkenntnis liegt aber darin, dass alle Staaten, die an diesen Pakten teilnehmen, nur dann »dieses Recht fördern« und »dieses Recht respektieren«, wenn es nationale Bewegungen auf dem Territorium des (ideologischen) Feindes betrifft. Keiner der Teilnehmerstaaten »fördert dieses Recht« und »respektiert dieses Recht«, wenn es um nationale Bewegungen auf ihrem eigenen Territorium geht.
Das heißt, »das Recht der Nationen auf Selbstbestimmung« wurde von Staaten nur dann angewendet, wenn der Wille der Nation mit den Zielen einer

bestimmten politischen Kraft übereinstimmte. Wenn dieses »Recht« für jemanden nicht einträglich war, verwandelte es sich vom »Recht« einfach in ein »Prinzip«, das ignoriert werden konnte – das Beispiel der Bürgerkriegsursachen in den Vereinigten Staaten ist nur eins von Hunderten ähnlichen. Wer in naher Vergangenheit nach Beispielen sucht, kann versuchen, sich zu erklären, warum zum Beispiel der Westen innerhalb eines Tages die Unabhängigkeit der serbischen Provinz Kosovo anerkannt hat.[a] Derselbe Westen will die Unabhängigkeit Abchasiens oder Südossetiens, die sich unter russischem Einfluss befinden, nicht anerkennen. Nicht die Schaffung von fünfzehn souveränen unabhängigen Staaten auf dem Territorium der Sowjetunion erfreute den Westen, sondern das Faktum des Zerfalls eines mächtigen Gegenspielers. Mit der gleichen Ungeduld wartet der Westen auf den Zerfall Chinas. Und westliche Politikwissenschaftler und Politiker rufen schon heute auf, diese Desintegration »nicht als eine Katastrophe zu betrachten«.
Der Kalte Krieg endete nicht nach dem Zusammenbruch der UdSSR. Mit dem Zusammenbruch des Warschauer Paktes verschwand die NATO nicht von der politischen Landkarte, sondern ist noch weiter gewachsen – auf Kosten ehemals sozialistischer Staaten. Die Militärdoktrinen der einst feindlichen Blöcke haben sich nicht radikal geändert: Was Russland (und China) nützt, kann der von den USA angeführte Westen nicht ertragen – und umgekehrt.
Um Selbstbestimmung der Nationen und Unverletzlichkeit der Grenzen souveräner Staaten werden heftige ideologische Schlachten geschlagen, weil wir über die unblutige und daher relativ billige (im Vergleich zu den Kosten der militärischen Aggression) Umgestaltung der Welt reden, bei der sich neue Möglichkeiten für eine Erweiterung des Einflusses auftun. Nationale Bewegungen werden zu Instrumenten der Geopolitik – mit der ganzen Bandbreite der krummen Methoden und Tricks, um notwendige Ergebnisse zu erzielen.
Da die Abschaffung (oder das Minimieren der Bedeutung) des Prinzips der territorialen Integrität im Falle des Ausscheidens einer Nation im Lau-

---

a Die Proklamation der Unabhängigkeit fand am 18. Februar 2008 statt. Am selben Tag wurde das Kosovo von dem mit NATO-Truppen besetzten Afghanistan anerkannt. In wenigen Stunden schlossen sich dem Frankreich, die Türkei, die Vereinigten Staaten und Großbritannien an. Am ehrlichsten war der albanische Premierminister Sali Berisha, der sagte: »Der neue Staat wird von Tirana anerkannt, nachdem Washington und die EU ihre Meinung dazu geäußert haben« (*https://www.vesti.ru/doc.html?id=164399&cid=9*).

fe seiner Selbstbestimmung Argumente erfordert, werden z. B. folgende gebraucht: Nur die Staaten können sich auf das Prinzip der territorialen Integrität berufen, die den Völkern völlige Freiheit für die nationale Selbstbestimmung geben.

Das Zitat aus der Erklärung über die Prinzipien des Völkerrechts, das wir oben angeführt haben, war bewusst verkürzt, in Gänze klingt es so: Staatliches Handeln ist »nicht so auszulegen, als ermächtigten oder ermunterten sie zu Maßnahmen, welche die territoriale Unversehrtheit oder die politische Einheit souveräner und unabhängiger Staaten, *die sich gemäß dem oben beschriebenen Grundsatz der Gleichberechtigung und Selbstbestimmung der Völker verhalten und die daher eine Regierung besitzen, welche die gesamte Bevölkerung des Gebiets ohne Unterschied der Rasse, des Glaubens oder der Hautfarbe vertritt*, ganz oder teilweise auflösen oder beeinträchtigen würden.«

Wer entscheidet, ob ein Staat das Prinzip der Selbstbestimmung der auf seinem Territorium lebenden Völker einhält? Welches Land darf ungeteilt bleiben und welches in Teile zerlegt werden? Wo ist die unabhängige Justitia, die mit den geschlossenen Augen, allen politischen, militärischen und wirtschaftlichen Faktoren zum Trotz, die Frage der Schaffung eines neuen Landes auf dem Territorium des souveränen Staates entscheiden?

Solch eine Justitia zu finden ist unmöglich, aber alle Seiten der globalen Auseinandersetzung suchen fleißig danach. Inzwischen beansprucht die so genannte »internationale öffentliche Meinung« die Rolle der Justitia, die diejenigen leicht bilden, die mehr Einfluss auf Medien, mehr Geld und weniger Gewissen haben. In dem heute in der Welt geführten Hauptkampf geht es nicht um Ressourcen, nicht um Territorien. Es ist ein Krieg um die Köpfe der Bürger (die zusammen diese »öffentliche Meinung« bilden), es läuft ein Krieg um die informative Überlegenheit, um die Vorherrschaft in der Interpretation der Ereignisse, Fakten und Dokumente. Recht hat nicht derjenige, der Recht hat, sondern derjenige, der »die internationale öffentliche Meinung« überzeugt, dass er Recht hat.

Deutungshoheit – »Überlegenheit in der Interpretation« – nennen dieses Phänomen Deutsche, vom *interpretive monopoly* – »Monopol auf Interpretation« – reden Engländer. Diejenigen, die ein solches Monopol besitzen, können ungestraft einen Krieg vom Zaun brechen, töten, plündern und zerstören – anschließend wird der »internationalen Gemeinschaft« erklärt, dass Bomben und Raketen auf die Köpfe der Bevölkerung die Reaktion auf eine Provokation, ein notwendiger Präventivschlag, die Eliminierung eines

Diktators (oft – eines ehemaligen Freundes), eine Aktion gegen den Terrorismus oder humanitäre Hilfe waren.

Gut und Böse, Schwarz und Weiß sind nicht mehr durch irgendein absolutes Maß bestimmt, sondern durch politische Konjunktur, politische Zweckmäßigkeit.

Daher sind nationale Befreiungsbewegungen, die im Fahrwasser der Interessen dieses oder jenes mächtigen Staates liegen, positive, progressive Phänomene, sie heißen Aufstände gegen die Unterdrückung.

Genau die gleichen Bewegungen, die nicht mit den Interessen des Staates übereinstimmen, der die Möglichkeit hat, sie wirksam zu interpretieren, werden als »separatistische« in Misskredit gebracht, sie sind negativ, schädlich und müssen deswegen bekämpft werden.

Nationalismus

»Linke« Ideologen und »linke« Medien haben uns gelehrt, dass Nationalismus eine schlechte Sache ist. Wenn es sich zudem um extremistischen oder radikalen Nationalismus handelt, ist es nur noch ein Schritt bis zu Faschismus, Rassismus, zu nationaler Exklusivität und nationaler Überlegenheit, zu kultureller und religiöser Intoleranz. Wenn das als gegeben gilt, bietet sich keine Möglichkeit, akademisch oder einfach nur unvoreingenommen auf das Zusammenspiel von Nation, Volk, Staat und Nationalismus zu schauen.

Nationalismus ist Liebe zur eigenen Nation. Wie der Patriotismus wohnt auch er jedem Menschen inne.

Patriotismus und Nationalismus sind natürlich nicht gleichbedeutend, es gibt einen Unterschied zwischen ihnen. Die Liebe zur Nation ist ethnisch definiert. Sie hat keine Zeitbegrenzungen. Es kommt bei ihr nicht darauf an, welches System in ihrem Land herrscht, wer an der Macht ist, ob das Volk einen guten oder einen schlechten Herrscher hat. Liebe zum Mutterland, besonders wenn diese Heimat multinational ist, ist dem Nationalismus inkongruent, d. h. diese beiden decken sich nicht. Wenn wir von einer politischen Nation sprechen, dann kann es natürlich einen schweizerischen, britischen oder amerikanischen Nationalismus geben.

Der Nationalismus, wie wir ihn verstehen, ist die Ideologie und Richtung einer Politik, deren Hauptprinzip den Wert der Nation als höchste Form der sozialen Einheit beinhaltet. Bei der Staatsbildung spielt die Nation die primäre Rolle.

Der Nationalismus als eine politische Bewegung, die das Nationale an die Spitze ihrer Interessen stellt, hat die Aufgabe, die Interessen der Nation in den Beziehungen zu einem Staat zu verteidigen, der – in der Form national – weit weg von nationalen Prinzipien sein könnte. Der Nationalismus stützt sich auf nationale Gefühle und predigt die Hingabe – bis hin zur Selbstaufopferung – eines Individuums seiner Nation, die Unterstützung und Entwicklung des nationalen Selbstbewusstseins, die Arbeit für das Wohl der Nation, den Schutz des nationalen Territoriums, ihrer Ressourcen, geistigen Werte.

Dem Nationalismus nahe steht der vor allem in der östlichen christlichen

Orthodoxie geläufige (aber auch in anderen christlichen Gegenden gängige) Begriff *Sobornost'* – in seinem nichtreligiösen, weltlichen Sinn. *Sobornost'* bedeutet Eintracht, Gleichklang der Menschen aus einem Gefühl der Brüderlichkeit und Liebe füreinander. Dies ist der innere Sinn der Gemeinschaft, in der die Persönlichkeit eines jeden Menschen, seine Freiheit, nicht unterdrückt wird: »Ich bin ein Teil der Nation, aber ich bin frei, die Nation schränkt mich nicht ein.«

Sobornost' schließt im Wesentlichen den Elitismus des Nationalismus aus. Natürlich setzt der Nationalismus wie jede politische Bewegung die Führer der Bewegung, die politische Elite der Nation in Szene. Aber diese Elite bleibt Fleisch aus dem Fleisch der Nation aufgrund der Tatsache, dass sie ein Teil der Nation ist, und sich daher identifiziert mit der Nation als einem Ganzen und mit jedem Teil davon.

Die Elite der Nation dient der Nation, nicht der Menschheit. Im Konflikt einer Nation mit anderen Nationen verteidigt die Elite der Nation nationale Interessen. Daher kann die nationale Elite in der sogenannten »internationalen Arena« nicht wahrgenommen werden. Aber das stört die nationalistische Elite nicht – sie dient, wie gesagt, der Nation, und der internationale Ruf interessiert sie nicht in erster Linie.

Wissenschaftler sprechen von einer Vielzahl unterschiedlicher »Nationalismen«. Einige unterscheiden den separatistischen Nationalismus, der seinen Staat zu einem Subjekt des Völkerrechts herausbilden will, und den reformistischen Nationalismus, der mit Hilfe von Reformen das Land »nationaler« machen will. Es gab einen irredentistischen Nationalismus – den Wunsch, alle Teile eines in verschiedenen Ländern verstreuten Volkes unter einem Dach zu versammeln; der deutsche Irredentismus ergoss sich in blutige Kriege. Einige Forscher sprechen vom »staatlichen«, »radikalen«, »reaktionären«, »zivilen«, »revolutionär-demokratischen«, »politischen«, »liberalen«, »organischen«, »romantischen«, »kulturellen« etc. Nationalismus als seinen einzelnen Formen.

Aber hier scheinen wir die Grenze des gesunden Menschenverstandes überschritten zu haben, und deshalb haben wir einen Punkt auf die Liste gesetzt. Denn wie so oft in der Wissenschaft, in Publikationen zum gleichen Thema, wenn nichts Neues zu sagen ist, beginnt das sogenannte »Gedankenspiel«. Artikel und Dissertationen werden nicht um des Wissens willen geschrieben, sondern um ihrer selbst willen, derlei ist *l'art pour l'art*, Kunst für die Kunst, Wissenschaft für die Wissenschaft. Daher werden wir uns nicht mit einem solchen Theoretisieren beschäftigen.

Der Nationalismus, von dem wir sprechen, ist Nationalismus auf der Grundlage einer Ethnie oder auf der Grundlage jener politischen Nation, die historisch aus einer beträchtlichen Anzahl von ethnischen Gruppen besteht und sich als unteilbar betrachtet, wo interethnische oder rassische Bruchstellen geglättet, unauffällig, sacht sind. In den USA ist eine solche (nicht-indigene) Kernnation natürlich die WASP (weißer angelsächsischer Protestant), zu der Engländer, Schotten, Deutsche, Skandinavier und andere gehören. In Russland haben sich Dutzende von kleinen und großen ethnischen Gruppen (Jukagirs, Itelmenen, Orotschis, Tofalars, Negidals, Nenzen...) um den Kern des russischen Volkes zusammengeschlossen. Und so weiter.

In einer monoethnischen Nation ist das einfacher, aber auch die heterogene, multiethnische (politische) Nation vereint sich organisch zu einem Ganzen durch eine gemeinsamen Sprache, eine gemeinsame Religion, gemeinsame Traditionen, durch eine gemeinsame Kultur, gemeinsame Geschichte und durch ein gemeinsames historisches Gedächtnis, durch eine emotionale Bindung zu ihrem (manchmal zweiten) Heimatland. Im Fall von monoethnischer Nation kommt zu all dem ein gemeinsamer Ursprung, eine genetische Verwandtschaft hinzu.

Nationalismus umfasst mehrere Elemente.

Erstens, meinen dessen Vertreter, die Menschheit ist durch Naturgesetze in fundamentale Einheiten aufgeteilt – autonome und selbstgenügsame Nationen, die sich durch bestimmte objektive Merkmale auszeichnen.

Zweitens hat die Nation das Recht, einen eigenen Staat zu bilden. Die Nation hat die höchste Macht über das Territorium, auf dem eine ziemlich homogene Bevölkerung lebt.

Drittens ist die Nation Quelle politischer Macht. Einzige legitime Regierungsform ist die nationale Selbstverwaltung. Jedes Mitglied der Nation hat das Recht, direkt am politischen Prozess teilzunehmen.

Viertens hält es der Nationalismus für notwendig, eine gemeinsame Sprache und Kultur für die gesamte Bevölkerung eines Landes zu haben.

Fünftens, die Mitglieder der Nation handeln nicht auf dieselbe Weise, sondern »unisono«, flechten ihre Bemühungen in die Bestrebungen anderer ein.

Lassen Sie uns näher auf diese These eingehen, weil manche dem Nationalismus vorwerfen, dass er den Menschen nivelliere, gleichschalte, ihm nicht erlaube, sich frei zu entwickeln, alle zwinge, »gleich zu denken«.

»Gleich zu denken« ist unnötig, und selbst wenn man eine Person so zu denken zwänge, würde es ihr nicht gelingen. Im deutschen Volkslied gibt es darüber weise Worte: »Die Gedanken sind frei, wer kann sie erraten, sie fliehen vorbei, wie nächtliche Schatten«. Aber es gibt doch eine gewisse »Gedankensynchronisation« zwischen den Nationalisten. Weil Nationalisten eine nationale Idee haben und darüber nachdenken, wie sie umgesetzt wird. Das heißt sie versuchen möglicherweise auf unterschiedlichen Wegen, so gut sie können, ein gemeinsames Ziel zu erreichen. Aber das Verfolgen eines Ziels durch ein Team von Gleichgesinnten ist eine absolut normale, natürliche Sache.

Wie sonst gewinnt man ein Fußballspiel, wenn die Mannschaft nicht ein Ziel, sondern zehn verschiedene hat?

Da die Interessen eines Nationalisten mit den Interessen der Nation zusammenfallen, gibt es keine Unterschiede zwischen den privaten und öffentlichen Interessen, sie harmonieren miteinander – was könnte sich eine Gesellschaft Besseres wünschen?

Wenn eine hohe nationale Idee für die Mehrheit der Menschen nützlich ist, dann ist sie definitionsgemäß auch für kleinere Ethnien nützlich, die mit diesem Volk zusammenleben und sich mit dieser Nation identifizieren. Wird die Kern-Nation reich, werden auch andere Volksgruppen nicht darben.

Sechstens: Die Menschen vereinen sich freiwillig zu einer Nation und nicht dadurch, dass ihnen eine bestimmte Kultur auferlegt wird. Sie fühlen die Bande der über den Klassen stehenden Solidarität. Soziale Gerechtigkeit im Nationalstaat wird durch das Verständnis des gemeinsamen Schicksals, der nationalen Identität und des gegenseitigen Vertrauens erreicht. Darüber hinaus ist die nationale Gesellschaft, verbunden durch das Bewusstsein der nationalen Einheit und das gemeinsame Ziel, dazu geneigt, ihren schwachen Mitgliedern zu helfen – schon aufgrund der Tatsache, dass sie der Nation angehören. Einige, meist kleine oder lange verfolgte Nationen, stellen brillante Beispiele solcher Solidarität dar.

Siebtens verkörpert die Nation den höchsten Wert. Die Hingabe des Einzelnen an den Nationalstaat überwiegt Einzel- oder Gruppeninteressen. Die Stärkung des Nationalstaates ist die wichtigste Voraussetzung für universelle Freiheit und Harmonie.

Auch im Bereich der Gruppeninteressen wird viel diskutiert. Oft wird Nationalismus dem Liberalismus entgegengesetzt und gesagt, dass letzterer »universelle Werte« wie »Menschenrechte« über die nationalen stelle, und Nationalisten das Nationale über das Universale setzten.

Der Widerspruch zwischen Mensch und Nation ist erfunden. Da jeder Vertreter einer Nation zuvörderst ein Mensch ist, bleibt unklar, warum ein Armenier oder Ire gegen die »universellen Werte« (Normen, Grundsätze, Gesetze, Gebote, Kanons…) oder »Menschenrechte« sein sollte, wenn diese »Werte« und »Rechte« nicht politisiert sind und nicht als Vogelscheuche benutzt werden, um gegen einen Feind – nicht für universelle Werte, sondern für wirtschaftliche und geopolitische Interessen – zu kämpfen. Das gleiche gilt auch für »Menschenrechte«, weil Prioritäten des Nationalismus nicht nach dem Schema »das Nationale über das Menschliche« gebaut sind, sondern als »das Menschliche über das Nationale«, was Nationalisten nicht hindert, den Satz weiter zu führen: »...und das Nationale über die spezifischen Interessen der einzelnen Gruppen innerhalb der Nation.« Denn es ist klar, dass die Interessen der Nation, der Wille der Nation höher stehen sollte als die Interessen einer politischen Partei, einer sexuellen Minderheit oder Fans eines Basketballclubs.

Aber Nationalisten verstehen »universelle Werte« im Gegensatz zu den Liberalen[a] nicht abstrakt, sondern konkret. Schließlich existieren keine »durchschnittlichen« Menschen in der Natur. Aber stellen wir uns solche vor – ohne Geschlecht, ohne Nation, ohne Alter, ohne Überzeugung, einer wie der andere. Welche universellen Werte könnten sie in ihrer Gesichtslosigkeit aufweisen? Die von nach einem Muster gegossenen Schaufensterpuppen?

Die menschlichen Werte sind offensichtlich aus der menschlichen Vielfalt,

---

a Wir schreiben »der Liberale« und »liberal«. Dabei verstehen wir, dass politischer und wirtschaftlicher Liberalismus im ursprünglichen Sinne des Wortes heute durchaus nicht liberal ist – er schützt nicht die Freiheit des Denkens (breiter – Freiheit allgemein), Toleranz, Unabhängigkeit des Menschen und seiner Rechte, sondern ganz im Gegenteil hat er sich der Diktatur der herrschenden (durch die politische Klasse) oligarchischen Eliten mit Leib und Seele verschrieben. Wir werden es in diesem Buch auf mehreren Seiten (insbesondere in dem Kapitel »Kult des Einzelnen und die liberalistische Diktatur«) und in einer Vielzahl von Kontexten nachweisen. So geschieht es bisweilen: Das Wesen hat sich grundsätzlich verändert, und ein schönes, positiv gefärbtes Wort ist geblieben (die »Liberalen« halten mit Zähnen und Klauen an ihm fest!). Und jedes Mal wird der Leser denken – ah, das sind diejenigen, die für die Freiheit sind. Nein, nicht für die Freiheit sind die gegenwärtigen »Liberalen«, sondern für die völlige Versklavung des Menschen. Deshalb werden wir oft das Wort »liberal« in Anführungszeichen setzen oder über Liberalisten und liberalistische Konzepte schreiben – nicht von dem Wort »liberal«, was frei bedeutet, sondern vom Wort »Liberalismus«, einer Ideologie, die den Menschen verachtet.

d. h. aus der Verschiedenheit, aus Diversität entstanden. Liberalisten scheinen den Menschen in den Mittelpunkt zu stellen, während sie ihn dessen berauben, was ihn tatsächlich zu einer Persönlichkeit macht – seiner Identität. Es verwundert auch die Aggressivität der Liberalisten gegenüber allem Nationalen. Warum finden »Freiheitsanbeter« in den »gemeinsamen menschlichen Werten«, die sie predigen, nicht so einen Wert wie freie Meinungsäußerung? Schließlich kann Pluralismus kaum dort entstehen, wo die Meinungsfreiheit von allen nicht anerkannt wird – wie inakzeptabel sie auch für andere sein möge. Wir erinnern an Rosa Luxemburgs Worte von der Freiheit, die immer Freiheit der Andersdenkenden ist.
Diese Aggressivität erklärt sich daher, dass unter dem Banner des Kampfes für »menschliche Werte« (die irgendwie besser als nationale sein müssen) in Wirklichkeit ein Kampf um die Entnationalisierung der Gesellschaft geführt wird. Indem die Liberalisten die Bedeutung der Nation untergraben, unterminieren sie die kulturellen und historischen Wurzeln jedes Einzelnen. Aber die Nation ist nicht nur ein kulturelles und historisches, sondern auch ein ethnisches Phänomen. Und selbst der Liberalismus kann ethnische Merkmale nicht zerstören. Daher ist es unwahrscheinlich, dass »Kämpfer gegen die Nation« einmal den Sieg erringen werden.
Es gibt auch die Frage des Zusammenlebens der dominanten (der größeren, führenden) Ethnie und der rezessiven Volksgruppe (des quantitativ kleineren Volkes) im gleichen geographischen Raum.
Gegenüber der dominanten Nation kann es nur zwei unterschiedliche Haltungen von Menschen geben, die nicht genetisch, sondern nur historisch und kulturell zu ihr gehören – diejenigen, die seit Jahrhunderten im selben Gebiet leben. Die erste: Ich gehöre ethnisch nicht zur Nation, aber das ist mein Land, ich bin hier aufgewachsen und zur Schule gegangen. Meine Vorfahren sind hier begraben. Sie opferten ihr ganzes Leben auf dem Altar dieser Nation. Ich spreche die Sprache dieser Nation. Ich respektiere die Gesetze und Traditionen dieser Nation. Vielleicht habe ich etwas andere religiöse Ansichten, aber ich verstehe, dass ich deswegen keine politischen Präferenzen für mich fordern darf. Aufgrund meiner ethnischen Herkunft halte ich mich selbst nicht für besser als andere, aber auch meine Nachbarn überheben sich nicht über mich. Hier lebe ich und meine Familie, ich arbeite für das Wohl dieser Nation, ich gebe meine ganze Kraft für das Wohlergehen und das Glück dieses Volkes. Daher bin ich ein Teil dieser (ethno-dominanten oder politischen) Nation. Ich gehöre ihr an nicht dem Blut nach, sondern im Geiste. Natürlich ist auch meine eigene Ethnie mir nicht fremd. Ich

spreche die Sprache meiner Volksgruppe, ich respektiere ihre Traditionen. Ich betrachte sie als Teil der (großen) Nation.

Die zweite Position: Ich lebe mit dieser Nation, aber sie ist mir unsympathisch. Es ist mir egal, wie es ihr heute geht und was sie in Zukunft erwartet. Mit dieser Nation identifiziere ich mich nicht, ich gehöre ethnisch zu einer anderen Nation, die mir durch Kultur, Sprache, Traditionen, Religion näher ist. Die dominante Nation gewährt mir einige Vorteile (die ich uneingeschränkt, im vollen Umfang nutze), aber das ist das einzige, was mich mit dieser Nation verbindet. Ich bewundere meine Ethnie, und wenn ich die Wahl hätte, auf welcher Seite ich stehen sollte, dann würde ich zweifellos die Seite meiner Ethnie einnehmen.

Die zweite Position ist absolut legitim. Dies ist auch eine nationalistische Position – nur ein »Kristallisationspunkt« ist darin anders. Daher gibt es in diesem Fall mehrere Fragen: Wenn du gegenüber der dominanten Nation, in der du lebst, illoyal bist, was machst du dann eigentlich in diesem Land? Ist es für dich nicht bequemer, »unter den Deinen« zu leben – natürlich wenn es auf der Welt das Land gibt, in dem deine Landsleute leben? Wenn so ein Volk kein eigenes Territorium hat, wenn es auf dem Territorium eines ihm fremden Landes lebt, ist das ein Lehrbuchstück der Geburt einer neuen Nation. Und diese Nation muss nach den Gesetzen ihrer Entwicklung und im Einklang mit dem Völkerrecht für nationale Selbstbestimmung kämpfen – bis hin zur Sezession.

Der Nationalismus beweihräuchert sich nicht selbst, der Nationalismus sucht keine Makel an anderen Nationen, er betont nur den Unterschied zwischen den Nationen, ihr Kolorit, ihre Individualität und ihre Unverwechselbarkeit. Ohne Nationalismus, ohne ethnische Merkmale einer jeden Nation würde die Welt zu einem Sammelsurium gesichtsloser und mittelmäßiger Einheiten, zum Einheitsbrei. Zugleich erlaubt es das nationale Bewusstsein in der Umgebung »fremde« Einschlüsse zu registrieren, sie zu analysieren und im Fall ihrer Nützlichkeit sie sich zu eigen zu machen – zum Wohl der Nation. Wenn dieser Prozess der Selbstidentifizierung und der Analyse nicht stattfände, dann hätten die Europäer das seinerzeit (von Chinesen erfundene) Papier und Porzellan nicht bekommen, die Spanier die von Arabern nach Europa gebrachten kulturellen Kenntnisse und Fähigkeiten nicht erworben und die Russen hätten nicht gelernt, ihre Bärte zu rasieren.

Nationalismus ist nicht einfach Liebe zur eigenen Nation. Es ist aufopferungsvolle Liebe. Die meisten Vertreter jeder ethnischen Gruppe lieben ihre Nation. Man braucht nur den Fernseher während internationaler Wettbewerbe anzuschalten, um Tausende von Fans zu sehen, die sich mit ihrer NATIONAL-Mannschaft identifizieren. Auf dem ganzen Planeten gibt es niemanden außer die Deutschen, die in großen Lettern »Deutschland verrecke!« auf Wände kritzeln oder »Heimat« als »rechten Kampfbegriff« verstehen[144]. Stolz auf die eigene Nation zu sein, ist für alle Menschen selbstverständlich. Aber all das sind Mitläufer, Beobachter. Sie sind gute Bürger, aber keine Nationalisten.

Weil Nationalisten noch einen Schritt weiter gehen: Sie sind bereit, für das Wohl der Nation etwas zu opfern – Freizeit, Geld, Gesundheit, wenn nötig – auch das Leben. Ob das gut oder schlecht ist, ist Ansichtssache (ich habe mehr als genug Diskussionsbeiträge über die Ursachen der Selbstaufopferung der sowjetischen Soldaten an der Front gehört), aber ihre Hingabefähigkeit für die Idee der Nation kann niemand leugnen.

Nationalisten stellen die Nation über alles.

Die Nation über alles!

Das kennen wir doch: deutsche Faschisten, *Deutschland, Deutschland über alles...*

Aber vielleicht sollten wir uns über die Worte »*Deutschland, du bist über allem*« nicht erregen? Vielleicht ist die Tatsache, dass sich jede Nation als »Erste unter Gleichen« betrachtet, normal? Fragen Sie einen Afghanen, Vietnamesen oder Japaner, was für ein Land am meisten nach ihrem Geschmack ist, und sie werden in überwältigender Mehrheit sagen – Afghanistan, Vietnam, Japan. Wenn die Antwort anders ausfällt, lohnt es sich, dieses Land und die Persönlichkeitsstruktur des Befragten genauer unter die Lupe zu nehmen. Die Liebe zum Mutterland ist normal. Abneigung dagegen erfordert eine tiefgehende soziologische, politikwissenschaftliche, kulturwissenschaftliche und vielleicht sogar medizinische Analyse.

Jeder Deutschsprachige versteht (wenn er zu verstehen bereit ist): Die Präposition »über« bedeutet nicht immer »oben«, »oberhalb«, »über etwas stehend«. Hier heißt »über alles« mehr »zuerst, vorrangig, an erster Stelle«. Außerdem endet der Satz nicht mit der berühmten Zitat, es geht weiter: *Deutschland, Deutschland über alles, // über alles in der Welt, // wenn es stets zu Schutz und Trutze // brüderlich zusammenhält*. Das heißt, in erster Linie ist der Autor um Deutschland, sein Schicksal besorgt und erst dann um alle anderen großen und kleinen Probleme der Welt. Und anschließend: *Einigkeit und Recht und Freiheit für das deutsche Vaterland!* – dabei steht »Einigkeit« an erster Stelle.

Die Hymne wurde nicht von den Nazis geschrieben, sondern von dem flüchtigen Hoffmann von Fallersleben im Jahr 1841 auf der damals britischen Insel Helgoland, als es noch kein Deutschland und keine deutsche Nation gab, als Hunderte von Fürstentümern und Grafschaften existierten, als deutsche Blaublütler noch einander bekriegten und die Fremdlinge sie einen nach dem anderen auslöschten. Der Traum des Dichters war nicht das Emporheben der Nation über die anderen, sondern die Überzeugung, dass Deutschland, das er von Herzen liebte, nur dann in der Lage sein würde, den Feinden eine passende Abfuhr zu erteilen, wenn brüderliche ethnische Gruppen gemeinsam aufträten.

Diese Zeilen kann man das zweite und das dritte Mal lesen – lässt man die bewussten Vorurteile außen vor, kann man hierin keine Erklärung der nationalen Exklusivität finden. Auf jeden Fall nicht mehr als in der französischen »Marseillaise«: *Amour sacré de la Patrie* (heilige Liebe zur Heimat) oder polnischen Hymne: *Co nam obca przemoc wzięła, Szablą odbierzemy* (Alles, was der Feind uns genommen hat, werden wir mit dem Säbel zurückholen) oder der italienischen: *Noi fummo da secoli / / Calpesti, derisi, / / Perché non siam popolo, / / Perché siam divisi. / / Raccolgaci un'unica / / Bandiera, una speme : / / Di fonderci insieme / / Già l'ora suonò* (Seit Jahrhunderten wurden wir versklavt und verhöhnt, weil wir kein Volk sind, weil wir uneins sind. Gemeinsame Flagge und ein gemeinsamer Traum sollen uns vereinen: die Stunde der Vereinigung hat geschlagen)... Und in der modernen Hymne der Insel Guernsey, die zu Großbritannien gehört und der Logik nach keine eigene Hymne außer der britischen »God save the Queen« haben durfte, steht: »Du bist die beste« (*of all art the best*). So betrachtet jeder Verliebte seine Angebetete als die beste der Welt, egal wie ihre Nachbarn ihr Aussehen bekritteln.

Die Worte dieser Hymnen schrieben in ihre (zukünftige prächtige) Heimat verliebte Patrioten. Manchmal waren diese Sätze exorbitant übertrieben – aber die Lagen der Völker waren durchaus nicht beneidenswert, als diese Zeilen verfasst wurden. Sie wären nie zu Symbolen der Länder geworden, wenn ihnen nicht ein hoher Traum über die zukünftige Kraft der Nation innewohnte. Und wie aus den obigen Beispielen hervorgeht, will keine Nation etwas Fremdes, weder fremde Reichtümer, noch fremde Ländereien. Sie

wollen – einige mit Blut, andere mit Säbel – ihre Eigenes zurückholen, ihr Heim behüten, *zu Schutz und Trutze.*
Ganz anders ist die Situation, wenn jemand seine Nation für besser als andere hält. Mit welchem Grund eigentlich? Schließlich sind die Griechen nicht besser als die Mongolen, und die Juden sind nicht schlauer als die Nenzen. Alle Völker entwickeln sich in spezifischen historischen und sozialen Bedingungen, von denen auch unsere Wahrnehmung vom »besser sein« oder von »größerer Intelligenz« abhängt. Aber ist der Indianer aus dem Stamm Cherokee, der unbewaffnet ein Tier erlegen, Spuren lesen und in Harmonie mit der Natur leben kann, dümmer als ein englischer Eton-Absolvent, der ohne Computer nicht mal in der Lage ist, eine Fahrkarte zu kaufen?
Auf keinen Fall. Lassen Sie den Indianer zweihundert Jahre in der englischen Gesellschaft leben, schicken Sie den Eton-Absolventen für zwei Jahrhunderte in ein Indianerreservat – und dann würde es möglich sein, das intellektuelle Potential jedes einzelnen von ihnen zu vergleichen und angelehnt an sie – jedes »Stammes«.

Xenophoben? Chauvinisten? Rassisten?

Viele sind überzeugt, dass Nationalisten ihre Nation für außergewöhnlich, für besser als andere halten; ja, dass sie andere Nationen hassen. Xenophoben, Fremdenhasser – das passt auf sie. Beispiele für so ein Verständnis gibt es unzählige. Selbst ein solch aufgeklärter Bürger – wie man denken sollte – wie der deutsche Bundespräsident Johannes Rau (1931-2006) sagte in seiner Antrittsrede, dass ein Patriot ein Mensch sei, der seine Heimat liebe, und der Nationalist derjenige, der andere Völker hasse. In Wörterbüchern und Enzyklopädien, in Nachschlagewerken und (pseudo-)wissenschaftlichen Arbeiten wird das Gleiche gesagt: Nationalisten hassen andere. Manchmal ist die Definition noch weiter gefasst: Sie hassen alle und träumen darüber hinaus von der Herrschaft über andere, und deshalb wollen sie fremde Länder unterjochen.
Pathologische Aggressoren. Solche wie Hitlers Faschisten.
Daher sind die Nationalisten sowohl Faschisten als auch Nationalsozialisten oder Nazis (Variante: Neonazis) und damit, natürlich, Rassisten, Chauvinisten und Xenophoben.

Am schwierigsten ist es bekanntlich, eine Stecknadel im Heuhaufen zu finden. Ordnen Sie aber alles in Fächern – und Sie werden fündig.
Beginnen wir mit dem Einfachen: mit dem Hass. Bisher haben wir nur über die Liebe der Nationalisten zu ihrer Nation gesprochen. Woher kommt der Hass? Ich liebe meine Mutter, meinen Vater – warum sollte ich die Mutter und den Vater von jemand anderem hassen? Liebe und Hass sind semantisch Antonyme, Worte mit entgegengesetzten Bedeutungen. Aber aus der Tatsache, dass ich jemanden nicht (wie meine Mutter) mag, folgt nicht, dass ich morgen einen Stock nehme und diesen Menschen verprügele. Es gibt einfach keine Logik, jemand versucht (über die Gründe später) alles auf einen (Drecks-)Haufen zu werfen.
Die Nationalisten sprechen auch nicht von der Überlegenheit oder Exklusivität ihrer Nation. Schließlich gibt es Nationalisten in jeder Nation. Es gibt französische Nationalisten, angolanische, chinesische... So ergibt sich, dass jede Nation über allen anderen steht. Das hieße, alle Nationen sind allen anderen überlegen? Das ist schizophren.
Für das Gefühl der nationalen Exklusivität, der Überlegenheit gegenüber anderen Nationen, gibt es ein extra Wort – Chauvinismus. In den Wörterbüchern ist definitiv vermerkt, dass der Chauvinist Verachtung für andere Nationen, nationale und rassische Exklusivität predigt, nationale Feindschaft und Hass hervorruft.
Offensichtlich gibt es solche Leute. Aber das sind keine Nationalisten – das sind Chauvinisten. Man darf das nicht verwechseln. (Obwohl manche absichtlich verwechseln und verwirren.)
Es gibt natürlich auch diesen Ansatz: Alle Nationalisten sind ein bisschen Chauvinisten. Das kann zwar nicht bewiesen werden, aber die Nationalisten müssen sich schon rechtfertigen.
Die korrekte Aussage »unter den Somaliern gibt es Piraten« bedeutet nicht »alle Somalier sind Piraten«. In jedem Volk gibt es Verbrecher, aber das bedeutet nicht, dass »im Durchschnitt« jeder Vertreter dieses Volkes ein wenig ins Gefängnis gehöre. Einem Sprichwort nach findet sich in jeder Herde ein schwarzes Schaf.
Es gibt bestimmt jemanden, der glaubt, seine Nation sei besser als andere. Vielleicht mag er andere Nationen nicht oder hasst sie sogar. Er ist ein Chauvinist, aus unserer Sicht ein schlechter Mensch.
Aber was hat Nationalismus damit zu tun? Ein Nationalist vergleicht keine Nationen. Er liebt seine. Punkt. Dem Vertreter einer anderen Nation kann er nur raten: Liebe du deine.

Das Problem der Xenophobie ist dem sehr ähnlich. Der Begriff kommt von den griechischen Wörtern »Fremder« und »Angst«[a]. Dies ist, wie man weiß, die Wahrnehmung von etwas Fremden als unverständlich, schwer nachvollziehbar und daher gefährlich und feindselig.

Sie sind zum ersten Mal in Ägypten, gehen auf die Straße. Ein junger Mann rennt auf Sie zu und zieht Sie am Ärmel. Sie reißen sich los und flüchten schleunigst. Aber es war nur ein Straßenhändler, der Ihnen seine Waren zeigen wollte. Ich verstehe nicht, deshalb bin ich ängstlich, ich nehme manches anders wahr. Vielleicht kommt von dieser Unwissenheit manchmal auch die Feindseligkeit.

Xenophobie hat keine direkte Beziehung zur Nation, dieser Begriff ist breiter. Auf den nationalen Boden übertragen und als »Hass auf eine fremde Nation« interpretiert, fällt Xenophobie eher mit Chauvinismus zusammen, nicht jedoch mit Nationalismus.

Das Wort »Rasse« haben wir bereits enttabuisiert. Rassen existieren. Manchmal mögen Menschen einer Rasse Menschen einer anderen Rasse nicht. Das ist noch kein Rassismus. Rassismus ist die Behauptung der Überlegenheit einer Rasse gegenüber einer anderen: Weiß über Schwarz, Schwarz über Mongolid, Mongolid über Weiß. Wie man will. Dieses Thema haben wir bereits oben, im Kapitel über Rassen diskutiert.

Alle möglichen »Theorien«, wie die, dass »das begleitende Element eines jeden Nationalismus Rassismus ist«, sind völliger Unsinn.

Rassismus basiert auf Überlegenheit, auf der Exklusivität der Rasse, und Nationalisten bekennen sich nicht zu solchen (chauvinistischen) Ansichten.

Das perfekte Beispiel eines Nationalisten, der sein Leben lang gegen den Rassismus und für die Gleichberechtigung der schwarzen Bevölkerung

---

a Das Wort *Xenophobie* ist vom Aufbau her verwandt mit solchen Worten wie *Arachnophobie* – Angst vor Spinnen, *Klaustrophobie* – Angst vor engen Räumen, *Chiraptophobie* – Berührungsangst, *Haematophobie* – Angst vor Blut, *Kynophobie* – Angst vor Hunden und Dutzenden ähnlichen. In (fast) allen Sprachen der Welt (auf alle Fälle auf Englisch, Spanisch, Französisch, Bulgarisch, Russisch, Polnisch, Tschechisch...) heißt *Xenophobie* Angst vor Fremden. Und nur auf Deutsch wird *Xenophobie* mit »Fremdenfeindlichkeit« übersetzt, wobei »Angst« und »Feindlichkeit« zwei verschiedene paar Schuh sind. Ich habe so ein Gefühl, irgendjemand will – sogar sprachlich! – eine normale psychische Reaktion moralisch an den Pranger stellen.
Nicht wahr, lieber »Duden«?

kämpfte, ist der amerikanische Prediger und Anführer der Bewegung der US-amerikanischen Neger[a] Martin Luther King.
War er ein Nationalist? Selbstverständlich, weil er sich im Interesse der amerikanischen politischen Nation gegen Rassismus aussprach, wohl wissend, dass Rassismus, die Überzeugung eines Teils der Weißen den Schwarzen überlegen zu sein, für die Nation verheerend sein kann.

Wer hat Angst vor rechtem Extremismus?

Nationalisten werden oft fälschlich (aber absichtlich) »rechtsradikal«, »rechtsextrem«, »ultrarechts« genannt.
Woher kommt das?
Seit der Französischen Revolution teilt die politische Palette Parteien in rechte und linke. Dies liegt daran, dass im französischen Parlament des späten 18. Jahrhunderts die Anhänger des Monarchen auf der rechten Seite, die jakobinischen Revolutionäre auf der linken Seite saßen. In den heutigen

---

a Wir verwenden das Wort »Neger« anstelle des politisch korrekten »Afroamerikaner« aus zwei Gründen. Erstens, unter Negern gibt es nicht nur Amerikaner, sondern (öfter) auch Afrikaner, daher ist die Teilung nicht immer eindeutig. Die Mehrheit der Schwarzen »Afro-Afrikaner« zu nennen ist lächerlich. Außerdem hat Afrika schon seit Jahrhunderten eine beträchtliche Anzahl von Weißen, das heißt, nicht alle Afrikaner sind schwarz.
Der zweite Grund ist, dass sich die »politische Korrektheit für Schwarze« Amerikaner und Europäer ausgedacht haben. Neger selbst nannten sich immer – auch in Amerika – Neger. Ihr Anführer Martin Luther King, von dem wir sprechen, verkündete in seiner berühmten Rede *I have a dream* (Ich habe einen Traum): »Es wäre tödlich für unsere Nation, die Dringlichkeit des Moments zu übersehen. Der heiße Sommer der berechtigten Unzufriedenheit der Neger wird nicht vorbeigehen, bis es einen belebenden Herbst der Freiheit und Gleichheit gibt. 1963 ist kein Ende, sondern ein Anfang. Diejenigen, die hoffen, dass der Neger nur Dampf ablassen muss und jetzt zufrieden sein wird, werden ein böses Erwachen haben... Es wird weder Ruhe noch Frieden in Amerika geben, bis dem Neger seine Bürgerrechte gegeben werden.«
In seiner Rede verwendete der Kämpfer für die Gleichheit der Rassen 15 Mal das Wort »Neger«, einmal »Negersklaven« und einmal »farbige Bürger«. Das Wort »Afroamerikaner« gab es in der Rede nicht.

kapitalistischen Ländern werden Parteien, die Interessen der herrschenden Klasse verteidigen, als rechts bezeichnet, sie wollen keine Umgestaltungen, sie sind konservativ. Die linke Ideologie ist die Ideologie der Opposition gegenüber der Macht, sie befürwortet die Umverteilung von Reichtum und Macht zugunsten der armen Schichten der Bevölkerung, der Arbeiter. Diese Politiker nennen sich manchmal *Labouristen* (vom englischen *labor*, Arbeit). Einige einfach strukturierte Politologen glauben, dass es auf diese unprätentiöse Weise möglich sei, die politischen Realitäten des 21. Jahrhunderts zu beschreiben. Überlassen wir das ihrem Gewissen.

Nationalistische Parteien werden traditionell als rechte Parteien bezeichnet[a]. Dagegen kann man, außer dem bereits Vorgebrachten, nichts sagen: Das ist im Grundsätzlichen falsch und in der Form primitiv.

Dem Wort »rechte« wird in der Definition der Nationalisten unweigerlich das Wort »radikale« angefügt.

Und was ist das? Was hat das für einen Sinn?

«Radikal« kommt vom lateinischen *radix*, was »Wurzel« bedeutet. Derjenige, der zu den Grundlagen, zu den Wurzeln des Bösen gelangen oder etwas grundlegend verändern will, wird als »radikal« bezeichnet – also im Allgemeinen eine sympathische, profunde Persönlichkeit. Als im 19. Jh. politische Parteien für den Acht-Stunden-Arbeitstag und die Altersrente auftraten, wurden sie »radikal« genannt – zu »grundsätzlich, bis an die Wurzeln« wollten sie die damalige Welt umkrempeln.

Jetzt ist die Einstellung zu den Radikalen, insbesondere zu den »Rechtsradikalen«, ganz anders. Dieses Wort beschwört Gedanken an Bedrohung und Gewalt herauf. Nicht weit von »Radikalismus« liegt das Wort »Extremismus«. Im alltäglichen Leben sind »Rechtsradikale« und »Rechtsextreme« Zwillingsbrüder, absolute Synonyme. In einem langen Zeitungsbericht wird man leicht das eine durch andere ersetzt finden – um sich nicht zu wiederholen. Selbst die Soziologen haben sich noch nicht darüber geeinigt, worin der Unterschied zwischen diesen Wörtern besteht.

Das Adjektiv »extrem« kommt vom lateinischen *extremus* , »von außen, äußerst«. »Rechtsextremist« bedeutet politisch also eine Person, die extrem rechten Ansichten anhängt. Da, wie wir gesagt haben, die politische Links-

a Ein US-Wissenschaftler, der Sohn des berühmten Politologen Richard Pipes, Dr. Daniel Pipes, nennt diese Parteien »zivilisatorische«, statt »rechte« oder »populistische«, weil sie die westliche Zivilisation verteidigen. Außerdem ist er der Überzeugung, dass AfD, FPÖ und FIDESZ die Zukunft Europas sind. (*http://www.pi-news.net/2019/03/daniel-pipes-afd-fpoe-und-fidesz-sind-die-zukunft-europas/)*

Rechts-Skala etwas veraltet ist (200 Jahre), und die Parteien, die einst als rechts galten, jetzt links geworden sind und umgekehrt, ist eine solche Definition nicht ganz begreiflich, aber harmlos. In diesem Wort ist nichts falsch, nur der verdächtige Beigeschmack einer Neigung zur Gewalt, zu zerbrochenen Scheiben und zu in Brand gesetzten Autos verstärkt sich. Während der »Radikale« nur mit seinen Fäusten auf der Straße herumfuchtelt, hält der »Extremist« sicherlich eine Bombe in der Tasche. So die rein alltägliche verbale Wahrnehmung.

Die Informationspraxis sieht folgendermaßen aus: Die regierenden konservativen Parteien werden einfach »rechte« genannt. Nationalisten (um sie nicht zu verwechseln, erklärt man uns) heißen »rechtsradikal« oder »rechtsextremistisch«.

Die Frage wird ernst, wenn wir uns daran erinnern, dass »Rechtsextremismus« in einigen Ländern von Strafverfolgungsbehörden geahndet wird. Der deutsche Verfassungsschutz, eine politische Polizei, bezeichnet den Extremismus als »grundsätzliche Ablehnung, Nichtanerkennung eines demokratischen Rechtsstaates«.

Damit gehen wir geradewegs aus dem erlauchten Bereich der Feinschmecker (»Beigeschmack«) und subtilen sprachlichen Empfindungen in die Sphäre des Rechts, der Polizei, der Strafverfolgung und Zuchthäuser. Zum Schutz des Verfassungssystems haben deutsche Strafverfolgungsbehörden das Recht, die Armee zur Unterstützung der Polizei einzusetzen und die Einschaltung von Polizeikräften eines anderen Staates in das Land zu fordern. Jeder, der in das Verfassungssystem eingreift, wird mit einem Hochverräter gleichgesetzt und mit einer Haftstrafe von 10 Jahren aufwärts bestraft. Darüber hinaus haben solche Personen nicht das Recht, in den öffentlichen Dienst einzutreten – beispielsweise als Lokführer oder Sportlehrer.

Aber Nationalisten zielen nicht immer darauf ab, das bestehende System zu stürzen. Sehr oft wollen sie nur, dass der Staat auf nationale Probleme aufmerksam wird und nicht radikal, sondern durch Reformen, durch Methoden der parlamentarischen Demokratie den bestehenden Stand der Dinge verändert. Daher bewaffnen sich viele nationalistische Parteien weder mit »Kalaschnikows« noch mit Dynamit, sondern beteiligen sich wie alle andere politische Kräfte am Wahlkampf, verteilen Flugblätter, kleben Plakate, propagieren ihre Ansichten und überzeugen die Wähler, für sie zu stimmen. Was sind sie für »Radikale« und »Extremisten«?

Aber für die herrschende politische Klasse, für diese »einfach rechten« und »einfach linken« Parteien, zwischen denen schon lange kein fundamentaler Unterschied zu sehen ist, ist etwas ganz anderes wichtig: Ihre Aufgabe ist, die nationalistische Bewegung in den Augen der Öffentlichkeit zu diskreditieren, zu diffamieren, zu kriminalisieren, sie nicht in die politische, sondern in eine kriminelle Sackgasse zu jagen. Sie bekämpfen diese politische Bewegung nicht mit Überzeugung und dem freien Austausch von Argumenten, sondern mit Hilfe des Strafgesetzbuches und der politischen Polizei. Bürger mit Lebenserfahrung in sozialistischen Ländern sollten mit solchen Praktiken vertraut sein. *Nil novi sub luna* – es gibt nichts Neues unter dem Mond.

Dieser traurige Fakt hat auch etwas Positives: Wen die herrschende politische Klasse nicht fürchtet, den bekämpft sie nicht.

Faschismus

Wir haben uns nun dem italienischen Faschismus genähert, dessen Version in Deutschland Nationalsozialismus genannt wird. Der Nationalsozialismus sollte eigentlich »chauvinistischer, rassistischer Sozialismus« heißen – dann gäbe es keine Probleme. Aber die Anhänger Hitlers nannten ihre Partei so, wie sie sie nannten: NSDAP – Nationalsozialistische Deutsche Arbeiterpartei. Das Wort »Arbeiterpartei« moniert heute keiner, niemand verbindet dieses Wort mit dem Hitler-Regime. »Sozialismus« ist zwar angekratzt, dennoch in einer anständigen Gesellschaft akzeptabel. Die Worte »Nationalsozialismus«, »Nazi« – vor allem in Deutschland – sind Flüchen gleich. Jemanden einen Nazi oder Neonazi (d.h. einen neuen Nazi) zu nennen, ist eine Beleidigung. Das ist recht gebräuchlich: Nationalisten werden in vielen Ländern ständig Nazis genannt, um Argumente bemüht man sich nicht allzu sehr.

Aber der Nationalismus hat mit dem Nationalsozialismus nichts am Hut. Was ist der grundlegende Unterschied zwischen Nationalismus, Faschismus und Nationalsozialismus?

Im Zentrum der faschistischen Ideologie stehen die Ideen der Rassenungleichheit (»Slawen sind die niedrigste Rasse«), die Diskriminierung anderer Nationen. In dieser Hinsicht ist der Faschismus praktisch dem Chauvinismus und Rassismus gleich.

Nationalismus, wiederholen wir, bekennt sich – im Gegensatz zum Chauvinismus – nicht zur Überlegenheit einer Nation über andere, er ist nicht rassistisch, diskriminiert nicht andere Nationen, wenn diese Nationen seine eigene nicht unterdrücken. Hingegen, wie wir gesagt haben, inkludiert eine Nation, egal ob ethno-dominante oder politische, praktisch alle, die lange auf dem gemeinsamen Territorium leben und die Ziele der Nation teilen, sie gehören zu der Nation mental und historisch. Wenn sie sich zu Wohlergehen und Glück für eine dominante Ethnie bekennen, dann sind sie selbst diese Nation.

Den Nationalisten zufolge führt die Diskriminierung einer Minderheit zur Abkapselung dieser Minderheit, zum Aufbau paralleler sozialer Strukturen und zum Widerstand dieser Minderheit gegen Diskriminierung, zum Kampf für ihre Rechte bis hin zur nationalen Absonderung und Separation. Welcher kluge Nationalist ist an dem Zerfall, an der territorialen Teilung seines Heimatlandes interessiert?

Faschisten bekennen sich zur absoluten Macht der Staatsmaschine (der »totale Staat«), zum Primat des Staates. Wie der erste Faschist der Welt Benito Mussolini in »*La dottrina del fascismo*« 1933 sagte: »Für einen Faschisten hat nichts außerhalb des Staates einen Wert.«

Der Nationalismus stellt nicht den Staat auf den ersten Platz, sondern die Nation. Der Staat wird von Nationalisten als sekundär zur Nation betrachtet. Ihrer Meinung nach sollte sich der Staat um seine Bürger kümmern. Und Bürger den Staat kontrollieren. Sie können sich nicht einmal auf einen nationalistischen Staat verlassen. Daher ist der Nationalismus gezwungen, der Nation zu erlauben, sich besser zu organisieren, um einen Staat zu kontrollieren, der als Regierungsmechanismus von der Nation entfremdet ist.

Ein charakteristisches Merkmal der Faschisten, und zwar die laute Demagogie, ist den Nationalisten auch nicht eigen. Sie verfügen – im Gegensatz zu einigen sogenannten »Liberalen« und »Demokraten« – über genügend Fakten, Argumente und Logik.

Faschismus beruht auf den Prinzipien des Ein-Parteien-Systems und der »Führerschaft«, auf Gewalt und Terror, um politische Gegner zu unterdrücken, auf der Militarisierung der Gesellschaft, auf dem Verständnis von Krieg als Mittel zur Lösung der zwischenstaatlichen Probleme.

Der Nationalismus nutzt demokratische Hebel, um seine Organisationen zu führen. Mit gewaltsamen Methoden kämpfen einige nationalistische Organisationen für die Rechte, die eine Nation gesetzlich haben sollte, aber die sie mit anderen Methoden nicht erhalten kann. Keiner der heute bekannten Nationalisten würde Kriege um »Lebensraum« führen wollen. Schließlich sind Nationalisten *per definitionem* Gegner von Imperien. Sie sehen sie als ein Reich des Bösen und das bereitet unnötige Kopfschmerzen – weil man die »unterworfenen Völker« ja irgendwie (durch Waffengewalt, Geld etc.) in Gehorsam halten muss.

Nationalisten befürworten die Kongruenz nationaler und staatlicher Grenzen: eine Nation – ein Staat.

Warum sollten die Nationalisten Eroberungskriege führen, Gebiete anderer Länder annektieren und fremde Nationen erobern? Um als Teil des Landes eine ethnisch fremde Verwaltungseinheit zu haben, die früher oder später zum Zentrum subversiver Aktivitäten und Aufstände würde?

Der amerikanische Professor Michael Walzer (geb. 1935), Autor des Buches »*Gibt es einen gerechten Krieg?*«[145], ist der Überzeugung, dass die Verbrechen im 20. Jahrhundert abwechselnd von pervertierten Patrioten und pervertierten Kosmopoliten begangenen wurden. Zu den Fakten: Die meisten Kriege der letzten drei Jahrzehnte wurden gerade nicht von Nationalisten, sondern von »Demokraten« unter den Losungen der »Freiheit« und des Schutzes »universeller Werte« entfesselt.

Das heißt, es gibt eine Reihe von logischen Ungereimtheiten. Aber mit diesem Unsinn rechnet niemand, denn für die herrschende politische Klasse ist es VON VORTEIL, die nationalistische Bewegung mit dem historisch diskreditierten und verurteilten Hitlerismus gleichzusetzen. »Nationalismus – Faschismus – Rassismus« ist ein politisches Ideologem, das die oppositionelle politische Bewegung diskreditieren sollte.

Lassen wir uns ein paar Fragen klar und offen stellen:

- Ist jeder Nationalist ein Faschist? – Nein.
- Ist jeder Nationalist ein Nazi? – Nein.
- Ist jeder Nationalist ein Fremdenfeind? – Nein.
- Ist jeder Nationalist ein Antisemit? – Nein, denn wie wäre es dann mit den jüdischen Nationalisten, denen wir noch eine beträchtliche Anzahl von Seiten in diesem Buch widmen werden?
- Muss ein Nationalist seine Nation unvermeidlich über andere stellen?
- Nein. Aber auch nicht unter andere. Gleichheit ist ein guter Ansatz.
- Sollte jeder Nationalist ein Unterstützer von Eroberungskriegen, Völkermord und ethnischen Säuberungen sein? – Wozu und warum?
- Gibt es unter den Nationalisten Chauvinisten, Rassisten, Fremdenfeinde und Antisemiten? – Offensichtlich gibt es sie. Aber es gibt sie dort nicht mehr als unter Nicht-Nationalisten. Über die Gründe – siehe oben, der Punkt über somalische Piraten. In ähnlicher Weise gibt es unter den Na-

tionalisten Liebhaber von Blumen, Jazz und Picasso. Es liegt auf der Hand, dass die Quellen von Faschismus, Nationalsozialismus, Rassismus, Chauvinismus und Xenophobie anderswo gesucht werden müssen.

»Gelebte Demokratie« – ein Zufluchtsort der Minorität

In der modernen Propaganda ist der Vorwurf der undemokratischen Natur des Nationalismus ein Allgemeinplatz. Die sich selbst »Demokraten« nennen, stellen sich *a priori* den Nationalisten entgegen. Das Wort »Demokratie« wird aufgrund diverser »ideologisch-organisatorischer« Gründe, die wir erst später unter der Lupe besehen werden, positiv, und das Wort »Nationalismus« negativ wahrgenommen. Daher wird es in der Gesellschaft als ehrenwert betrachtet, ein Demokrat zu sein und ein Nationalist sollte sich lieber schämen.

Die Falschheit einer solchen Gegensätzlichkeit zu beweisen, ist ziemlich einfach. Demokratie bedeutet die Macht des Volkes. Da die Menschen immer mehr als eine Meinung haben, ist die Entscheidung, für die eine Mehrheit steht, demokratisch. Im modernen Europa ist keine direkte, sondern indirekte, sogenannte repräsentative, parlamentarische Demokratie weit verbreitet. Die parlamentarischen Entscheidungen entsprechen nicht immer den Erwartungen der Mehrheit des Volkes, aber (zumindest formal) geben sie die Meinung der Mehrheit, die im Parlament sitzt, wider.

Wenn in einer ethno-dominanten Nation eine Ethnie die Mehrheit der Bevölkerung stellt, und in der politischen Nation die Mehrheit der ethnischen Gruppen sich mit der Nation identifiziert, folgt eindeutig, dass das Volk die Lösungen präferiert und verteidigt, die den Bestrebungen der dominanten Ethnie Genüge tun, für die auch Nationalisten auftreten.

Daher sind Nationalisten nicht daran interessiert, die politische Aktivität der Menschen einzulullen, sondern, im Gegenteil, sie versuchen, sie zu wecken. Je mehr bewusste Bürger am politischen Prozess beteiligt sein werden, desto signifikanter wird das Ergebnis für nationalistische Lösungen sein. Als Mehrheit der Gesellschaft ist die dominante Ethnie daran interessiert, dass sich jedes Mitglied der Gesellschaft mit der Titularnation identifiziert und deshalb zur Mehrheit des Volkes gehört und den Willen der Nation artikuliert. Das genau ist die wahre Demokratie – verwirklichte Freiheit nicht einer dünnen Schicht der politischen Elite, sondern der breiten Schichten der Bevölkerung. Das tiefe Wesen des Nationalismus besteht gerade darin, in einem Mitglied der Gesellschaft einen Bürger zu erwecken, ihn in den Prozess politischer Entscheidungen einzubeziehen.

Gestatten Sie die Wiederholung: Die Entscheidung der Mehrheit ist demokratisch. Die Entscheidung zugunsten der Minderheit ist undemokratisch. Demnach ist die Demokratie dem Nationalismus immanent, sie ist felsenfest, unverbrüchlich innerlich mit dem Nationalismus verbunden.

Aber was ist mit den Demokraten selbst? Menschen, die sich der Nation, d. h. der Mehrheit des Volkes widersetzen, können aus diesem Grund nicht als Demokraten betrachtet werden. Sie stülpen nur eine demokratische Maske über, tatsächlich dienen sie aber mehr oder minder marginalen Gruppen, die sich nicht mit der Nation identifizieren. Hinter ihnen steht immer nur eine Minderheit der Bürger. Aber sie streben zur Macht, sie möchten an Volkes statt schicksalhafte Entscheidungen zu ihren eigenen Gunsten treffen, um ihrer Klientel zu gefallen – diesen marginalisierten Gruppen.

Pseudodemokratische Herrschaftseliten geben keine Antwort auf essenzielle Herausforderungen unserer Zeit. In Situationen, in denen ihnen klare und konsistente Antworten fehlen, greifen sie zu politischen Technologien, zu Tricks, zu Fakes, zu der Fähigkeit, die Weichen in Sackgassen zu stellen. Sie werfen neue Themen in den öffentlichen Raum, die die Aufmerksamkeit der Bürger von den brennenden Fragen ablenken können, die wiederum von den Eliten unbeantwortet bleiben.

Das heißt, ohne Manipulationen, ohne das Wesen der Problematik zu verzerren, ohne Nutzung aller zur Verfügung stehenden Mittel, um die konkurrierende Meinung zu schmähen, können »Demokraten« keine Wahl gewinnen.

Nobelpreise für Nationalisten

Die gesamte Geschichte der Menschheit ist eine Geschichte des Kampfes der Nationen untereinander. Auf der einen Seite ist es der Wunsch einer Nation eine andere zu knebeln, sich ihrer Ländereien und Reichtümer zu bemächtigen. Auf der anderen Seite versuchen auf die eine oder andere Weise versklavte Ethnien, ihre Eroberer zu stürzen, das Joch abzuwerfen und sich vielleicht sogar die ehemaligen Unterdrücker unterzuordnen.

Beispiele muss man nicht lange suchen. Im 2. und 1. Jahrtausend vor Christi eroberten die Elamiten Sumer. Erst Assyrer, dann Perser besiegten Babylon. Die Vorfahren der Armenier (wir kennen diese Gegend als Urartu) wurden von den Griechen niedergerungen, die wiederum durch die Römer in die Knie gezwungen, dann teilten sich Rom und Iran (Persien) Armenien, und später wurde es von Arabern beherrscht. Auf dem Gebiet des heutigen Italien bekriegten Römer die Etrusker, die Sabiner, die Lateiner. Die Römer selbst wurden von Galliern angegriffen. In den sogenannten Punischen Kriegen kämpften die Römer jahrzehntelang mit den Phöniziern, mit dem mächtigen Karthago.

Ein Volk gegen ein Volk, eine Ethnie gegen eine andere Ethnie.

Später kämpften Ungarn und Polen gegen Türken, Türken gegen Perser, die Perser gegen Portugiesen, Portugiesen gegen Spanier, Russen gegen Litauer, Polen und Schweden, Briten gegen Spanier, Schotten, Holländer, Buren und Franzosen, die Franzosen gegen Russen und Preußen...

Angemerkt sei, dass Kriege in der Geschichte meist aus wirtschaftlichen oder politischen Gründen geführt wurden, viel seltener aus nationalen. Ein Staat trachtete danach, Gebiete, Mineralien, Abgaben und Sklaven eines anderen zu erhalten. Menschen töteten einander oft nicht, weil sie zu verschiedenen Ethnien gehörten, sondern aus dem Wunsch heraus, sich der Reichtümer des anderen Volkes zu bemächtigen.

Aber die Konfrontation fand hauptsächlich entlang ethnischer Grenzen statt.

Die moderne Geschichte kennt keine Beispiele, dass eine Hälfte der Ethnie versucht hätte, das Territorium und den Reichtum der anderen Hälfte desselben Volkes zu ergattern. Anglo-englische Kriege gibt es nicht.

Natürlich können wir sagen, dass 1813 in der Völkerschlacht gegen Napoleon auf der Seite des französischen Monarchen (deutsche) Sachsen und auf der Seite der Koalition aus Russen, Schweden und Österreicher (deutsche) Preußen waren. Heutzutage sehen wir leichthin Preußen und Sachsen unter einer - deutschen – Flagge »vereint«.

Doch wir erinnern uns, die deutsche Nation wurde später gebildet. Damals, am Anfang des 19. Jahrhunderts, erreichte die Fehde zwischen den beiden Ethnien Preußen und Sachsen ihren Höhepunkt. Bis heute ist im vereinigten Deutschland die Reibung zwischen ihnen spürbar. Kriege innerhalb eines Volkes gab es praktisch nur aus einem Grund, und zwar wenn es von religiösen Widersprüchen zerrissen wurde. Interkonfessionelle »Spalten« sind genau so tief wie ethnische, und religiöser Fanatismus, blinder bedingungsloser Glaube an die Richtigkeit nur der »eigenen« Religion, nur des eigenen Gottes sowie die Huldigung des Märtyrertodes durch die Kirche verliehen diesen Kriegen besondere Grausamkeit und den Konfliktparteien besondere Unnachgiebigkeit. Religiöse Unterschiede nicht einmal im Wort, sondern bei der Auslegung eines Wortes, führen zu langwierigen Konflikten. Daher verläuft heute auch die ökumenische Bewegung – die Bewegung für die Annäherung und Zusammenarbeit der zahlreichen christlichen Konfessionen – so langsam.

Ein vergleichbarer Fanatismus, aber diesmal ein politischer, führt zu Bürgerkriegen.

Der Nationalismus wird dort zur Avantgarde des Kampfes, wo eine Ethnie versucht, sich der allzu unfreundlichen Umarmung eines anderen Volkes zu entledigen. In Dutzenden von Ländern rund um den Globus schaffen Nationalisten Gruppen, Armeen, Fronten, die nationale Befreiung vom fremden Joch suchten und suchen: in Jugoslawien, Argentinien, Peru, der Ukraine, Marokko, Angola, El Salvador, Algerien, Korsika, Rumänien, Burundi, Mexiko, Zypern, Nepal, Indien, Kambodscha, Albanien, Bahrain, Kurdistan, Griechenland, Vietnam, Afghanistan, Uganda, Kolumbien, Bolivien, Burkina Faso, Guatemala, auf den Philippinen, im Jemen…

An der Spitze dieser Bewegungen standen oft prominente, herausragende Persönlichkeiten. Heute ist die herrschende politische Klasse nicht daran interessiert, sie Nationalisten zu nennen – weil Nationalismus diskreditiert und besudelt werden soll. Aber eine unvoreingenommene Sichtweise zeigt, dass es schwieriger ist, in der Geschichte unter diesen Politikern einen nicht-Nationalisten zu finden.

Wir werden jetzt nicht in die Tiefe vergangener Jahrhunderte eintauchen.

Nehmen wir nur das 20. Ein berühmter Nationalist des 20. Jahrhunderts war der bereits erwähnte Amerikaner Martin Luther King. Der auf dem Fundament des »schwarzen« Nationalismus gegründete Afrikanische Nationalkongress (ANC) in Südafrika wurde von Nelson Mandela geleitet. Dort kämpfte auch der Priester Desmond Tutu gegen die weiße Regierung. »Gott tritt in der Bibel in erster Linie als eine Verkörperung der politischen Erfahrung auf, als Mittel zur Befreiung der Sklaven vom Joch«,[146] – sagte er und meinte natürlich schwarze afrikanische Sklaven und das weiße Joch.
Der indische Dichter und Denker Rabindranath Tagore kann die Herrschaft der Engländer nicht akzeptieren. In seinem Buch »Nationalismus« schreibt er: »Ich schätze und liebe die Engländer als Menschen… Wir haben die Größe dieses Volkes gefühlt, wie wir die Sonne fühlen; aber was die Nation betrifft, so ist sie für uns ein dichter, erstickender Nebel, der die Sonne selbst verdeckt.«[147] In Israel waren es Menachem Begin, Schimon Peres und Jitzchak Rabin, in Palästina Jassir Arafat – jeder verteidigte Interessen der Nation. In Vietnam kämpfte Le Duc Tho sein ganzes Leben gegen Japaner, Franzosen und Amerikaner.
Der aufmerksame Leser hat sicherlich bemerkt, dass fast alle oben genannten Nationalisten Friedensnobelpreisträger sind, nur Tagore erhielt den Nobelpreis für sein literarisches Werk.
Außerdem gab es noch Jawaharlal Nehru in Indien, den Kongolesen Patrice Lumumba, der einmal dem König von Belgien Baudouin ins Gesicht schmetterte: *Nous ne sommes plus vos singes* – »Wir sind nicht mehr Ihre Affen!«[148], den Franzosen Charles de Gaulle, den Türken Kemal Atatürk, den Kurden Abdullah Öcalan, den Angolaner Agostinho Neto, den Präsidenten von Ägypten und einer der Ideologen des arabischen Nationalismus Gamal Abdel Nasser…
Einer der berühmtesten Nationalisten unserer Zeit war der Inder Mahatma Gandhi. In der ersten Hälfte des 20. Jahrhunderts war Indien eine Kolonie Großbritanniens. Anführer des Kampfes der Inder gegen die Briten war Gandhi. Sein Name wird in Indien wie ein Heiligtum verehrt. Als er noch in Südafrika arbeitete, trat er für die Rechte der Inder ein. 1924 wurde er Präsident des Indischen Nationalkongresses, der 1947 die Unabhängigkeit Indiens gewann.
Beispiele könnten noch unzählige angegeben werden. Alle Bewegungen, die die Eindringlinge aus ihren Ländern warfen, waren wie wir sehen NATIONAL.
Die nationalen Befreiungsbewegungen sind, wie es scheinen mag, auf Af-

rika, Asien und Lateinamerika beschränkt. Sie waren in den 60er Jahren des letzten Jahrhunderts nicht zu Ende, als Dutzende von Kolonien von Großbritannien, Frankreich, Belgien, Portugal, Spanien, Italien ihre Freiheit erkämpften (nach dem Zweiten Weltkrieg haben sich insgesamt mehr als zwei Milliarden Menschen auf dem Planeten von der nationalen Unterdrückung erlöst). Der Kampf für die nationale Selbstbestimmung, gegen die Herrschaft der »älteren Brüder«-Metropolen geht auch heute jeden Tag, jede Minute in Europa weiter.

In Großbritannien, das infolge nationaler Revolutionen die meisten seiner zahlreichen Überseegebiete verlor, nahm der ethnische Nationalismus zu. Ein bedeutender Teil der Iren, Waliser und Schotten glaubt, dass sie und die Engländer verschiedenen Nationen angehören. Die walisische und die irische Nationalbewegung haben erreicht, dass die Frage nach der Autonomie dieser Regionen Großbritanniens auf die Agenda gesetzt wurde. Die schottische Regierungschefin, Nicola Sturgeon, will (April 2019) demnächst ein Unabhängigkeitsreferendum abhalten und »eine Zukunft für Schottland als unabhängige europäische Nation« sichern.[149] In der Hauptstadt von Schottland steht auf den Plakaten: *Here is Glasgow. We are scottish, not british.* – »Das ist Glasgow. Wir sind Schotten, nicht Briten.«

Frankreich hat eine lange Geschichte des Nationalismus. Jetzt kulminiert er in Protesten gegen die Überfremdung des Landes durch schwarze Bürger – oft auch Muslime – aus den ehemaligen französischen Kolonien sowie durch Wirtschaftsflüchtlinge aus anderen Ländern der Welt.

Der deutsche Nationalismus entstand lange vor Hitlers Chauvinismus. Der deutsche Denker wie Dichter und Theologe Johann Gottfried Herder (1744–1803) und der Philosoph Johann Gottlieb Fichte (1762–1814) predigten ethnischen Nationalismus in dem Glauben, dass alle politischen Differenzen überwunden werden können, wenn sich das Volk im nationalen Geiste vereint. Im späten 19. bis ins frühe 20. Jh. wurden in Deutschland die sogenannte »alldeutsche Bewegung« und der Pangermanismus mächtig, die die Vereinigung aller ethnischen Deutschen in einem Land beschworen.

Wie bereits erwähnt, genießen nationalistische Parteien in Dutzenden von Ländern in Europa – sowohl in der EU als auch außerhalb – zunehmende Unterstützung. Dennoch haben einige Völker ihre Unabhängigkeit und Staatlichkeit noch nicht erlangt.

An der Grenze zwischen Spanien und Frankreich kämpfte seit 1959 die nationalistische ETA (baskisch *Euskadi Ta Askatasuna* – »Baskenland und Freiheit«) für die Unabhängigkeit des Baskenlandes. Ideologe des baskischen Nationalismus war Sabino Arana, der vor über hundert Jahren verkündete, dass Spanien das Baskenland zu einer Kolonie gemacht habe und der die Unabhängigkeit der Provinz forderte.[150] Während der faschistischen Diktatur Francos wurde die Autonomie der Provinz abgeschafft, die baskische Sprache verboten. 1937 zerbombte die deutsche Legion *Condor*, die auf der Seite Francos kämpfte, das Jahrhundert alte Symbol der Freiheit, das baskische Nationalheiligtum – die Stadt Guernica (das Bild Pablo Picassos ist allen bekannt).

2018 – fast 60 Jahre nach ihrer Gründung – löste sich die marxistisch-leninistisch-nationalistische Terrororganisation ETA auf. Diejenigen, die glauben, die Unabhängigkeitsbestrebungen seien zu Ende, irren sich gewaltig. Ihre Auflösung, schreibt die ETA, »löst nicht den Konflikt, den das Baskenland mit Spanien und Frankreich hat«.[151] Dieser Konflikt ist – Kampf um die Souveränität der Provinz. Nationalisten gingen von terroristischen zu legalen Methoden über. Bei den Parlamentswahlen 2016 in Spanien gewann die baskische nationalistische Partei *Partido Nacionalista Vasco* im Senat sechs und im Abgeordnetenhaus fünf Sitze. Bei den Wahlen zum baskischen Parlament 2016 erhielten nationalistische – rechte und linke – Parteien fast 60% der Stimmen.[152]

Zu den Basken haben sich jetzt die (linken) katalanischen Separatisten gesellt. Sie verfügten 2018 über eine Mehrheit im Parlament zu Barcelona. Manche Beobachter warnen sogar davor, dass sich ein Teil der jungen Katalanen radikalisiert und auf Gewalt setzt.[153] So wie früher die ETA im Baskenland.

Bei der Regionalwahl 2018 in südspanischen Andalusien erzielte die nationalistische Partei Vox knapp elf Prozent der Stimmen – und kam damit überraschend auf 12 von 109 Mandaten. Kommentatoren sprachen von einem »politischen Erdbeben von historischer Tragweite«.[154]

Es gibt aber auch andere Nationalisten in anderen Regionen, die für ihre Staatlichkeit kämpfen: Korsika, Südtirol, Flandern...

Durchaus nicht aussichtslos sieht der Kampf für eine eigene Staatlichkeit der Kurden aus. Sie haben bereits einige autonome Regionen unter ihrer Verwaltung, noch mehr beherrschen sie praktisch...

Die Führer all dieser Bewegungen haben ebenfalls gute Chancen, den Friedensnobelpreis zu bekommen – sie müssen nur zuerst ihren Kampf gewinnen.

Starke Nationen, schwache Nationen

Wissenschaftler neigen dazu, nicht über Stärke oder Schwäche von Nationen zu reden, aber den gemeinen Mann am Computer interessiert diese Frage durchaus – deshalb ist es der Mühe wert im Internet einmal nachzuschauen, was sich ein gewöhnlicher Bürger unter der Macht der Nation vorstellt.

«Eine Nation kann nur dann stark sein, wenn sie eine starke Wirtschaft hat.« Hier ist alles einfach – man muss nur das Bruttoinlandsprodukt (BIP) vergleichen. Wenn man »die Macht« präziser wünscht, sollte man das BIP durch die Menge der Bevölkerung teilen.

Weiter: »Eine starke Nation muss eine starke Wissenschaft haben.«

»Gesunde Jugend (Option: gesunde Gesellschaft) bedeutet eine starke Nation.«

»Kultur ist wichtig ...«, schreibt einer. Ein anderer fährt fort: »Ich glaube, dass die Nation stark ist, die eine Zukunft hat. Intellektuelle, kulturelle Werte und eine günstige geografische Lage werden ihr helfen...«

Es scheint aber alles genau umgekehrt zu sein: Die Stärke kommt nicht von der erwarteten Zukunft, sondern eine bessere oder schlechtere Zukunft hängt von mehr oder weniger Stärke ab, oder?

»Eine starke Familie bedeutet eine starke Nation.«

»Nüchterne Menschen machen eine starke Nation aus«, Muslime werden das nicht verstehen...

Als Präsident Russlands äußerte Dmitrij Medwedew: »Wir sind eine starke Nation, weil wir siegen können.« Ich frage mich, wie ihnen das gelingt...

Und hier die Nachbarn: »Ukrainer sind die stärkste Nation der Welt!«. Es stellt sich heraus, dass das Land bei der Strongman-Weltmeisterschaft den ersten Platz belegte.

»Helden machen die Nation stark...«

»Religion, Bereitschaft zur Selbstaufopferung für den Glauben...«

Manchmal schreibt jemand über eine »geistig starke Nation«.

Es wird auch verglichen: militärisches Potenzial, Kampferfahrung, Rüstungskosten – an erster Stelle stehen die Vereinigten Staaten, gefolgt von China, Großbritannien und Indien. An fünfter Stelle Deutschland. Es fol-

gen Nordkorea, die Türkei, Russland. Auf dem neunten Platz ist Israel. Wo sind Südkorea, Vietnam, Japan, Iran, wo sind die Franzosen, die sich *grande nation*, eine große Nation, nennen?
Entspricht diese Skala der Stärke der Nationen? Und welche Rolle spielt hier zum Beispiel der Patriotismus der Soldaten?
Es gibt Versuche im Netz, die nationalen Prioritäten sofort zu nennen: die Japaner, Juden, Tschetschenen (breiter – die Nordkaukasier), Babylonier, Wikinger, Paschtunen, Armenier…
Ein Autor schwingt sich zu einem philosophischen Schluss auf: »Jede Nation ist einzigartig, hat ihre Vor- und Nachteile. *Natürlich, wenn man alles in einem Mixer mixt, wird nichts Gutes daraus werden!*«
Wenn es um die Stärke des Staates geht, kommen die Autoren nicht umhin, über die Macht der Nation zu sprechen: »Das Land ist stärker, das auf einer Nation, einer Religion, einer Ideologie aufgebaut ist. Religion und Ideologie sind das Fundament, die Nation ist das Baumaterial. Daher ist klar, dass das eine ohne das andere nicht existieren kann.«
Alles ist richtig, alle Aussagen treffen ins Schwarze: sowohl über Gesundheit als auch über körperliche Stärke und über die Anzahl der Soldaten. Aber was ist primär: Steigt die Stärke der Nation mit der Erhöhung der Militärausgaben oder kümmert sich eine starke Nation besser um die ausreichende Verteidigung des Landes? Es ist leicht, die Stärke der Nation und den Respekt vor der Macht ihrer Waffen zu verwechseln. Exportmeister zu sein scheint nicht dasselbe wie eine starke Nation zu sein. Wirtschaftlich stark – vielleicht, aber...
Wirtschaftlich »erfolgreich« sind beispielsweise die arabischen Staaten am Persischen Golf. Öl, Petrodollars erlauben ihnen einen gewissen Wohlstand. Um des sozialen Friedens willen wurde ein Teil der Petrodollars unter den Einheimischen verteilt. In den Vereinigten Arabischen Emiraten erhielten Araber Grundstücke, Häuser, Geld geschenkt. Touristen wird dort erzählt, dass die Araber dort nicht arbeiten, sie zwingen die Migranten ökonomisch, für sich zu malochen.
Aber ist das eine starke Nation? Wird sie genug »Schießpulver« haben, um auf diesem Niveau in Jahrhunderten zu bestehen? Muss sie nicht nach der Erschöpfung der Ölreserven dorthin zurückkehren, wo sie vor ein paar Jahrzehnten noch waren: zu Kamelen, zur Perlensuche und zum Fischfang? Was passiert, wenn das Öl zur Neige geht, zeigt das Beispiel von Bahrain. Die Sunniten, die muslimische machthabende Religionsgemeinschaft, unterdrücken die Schiiten – ebenso eine muslimische Gemeinschaft. 2011

gingen die Schiiten auf die Straße und wurden von (sunnitischen) Panzern auseinandergejagt. Bis dato helfen Panzer...
Um die Stärke oder Schwäche einer Nation zu bestimmen, müssen daher wahrscheinlich irgendwelche andere Kriterien, andere Maßeinheiten vorhanden sein. Vielleicht nicht quantitative, sondern qualitative. Zum Beispiel etwas von dem oben erwähnten Patriotismus, also die geistige Kraft?
Doch warum möchten wir eigentlich wissen, welche Nation stärker, welche schwächer ist? Aus völkerrechtlicher Sicht sind alle Nationen gleich – unabhängig von ihrer Größe und Macht.
Theoretisch ist es so, praktisch nicht. In der Praxis unterwerfen sich starke Nationen das internationale Recht und legen es zu ihren Gunsten aus. Das ist das heutige »demokratische« Recht des Starken. Daher, wenn es nicht den Wunsch gibt, eine starke Nation zu werden, ist es zumindest interessant zu wissen, welche Nation eine ist.
Da alle Probleme der Nation in der Neuzeit tabuisiert sind, gibt es wenige Nachforschungen über die Stärke oder Schwäche der Nationen. Ohne Analyse ist jedoch nicht klar, erstens, worin sich eine starke Nation von einer schwachen unterscheidet, zweitens, warum das Leben der Nation von einer nationalen Sehnsucht nach Stärke bestimmt ist und mit welchen Nutzen oder Nachteilen dieses Verlangen verbunden ist, und drittens, wo ist der Weg, der eine Nation zur Stärke führt.
Lassen Sie uns versuchen, die Meinungen einiger Autoren kurz zusammenzufassen und ihnen unsere eigenen Überlegungen hinzuzufügen.
Zunächst einmal darf Stärke oder Schwäche der Nation nicht mit derart leicht vergleichbaren und oft quantifizierten (in Zahlen ausgedrückten) Indikatoren in Verbindung gebracht werden, wie wirtschaftlicher Erfolg des Landes, kulturelles Erbe, Zustand der Armee, der Medien usw. Das Land kann fett leben, und die Nation bleibt trotzdem schwach – wir haben bereits die VAE erwähnt. Ein Land kann über eine gut getrimmte und bis an die Zähne bewaffnete Armee verfügen, aber dort geschlagen werden, wo es die Abfuhr einer starken Nation einholt. D. h. man darf die Stärke der Nation und die Stärke des Staates, speziell seine militärische Stärke, nicht verwechseln.
Die Stärke oder Schwäche einer Nation ist auch nicht durch die Gesellschaftsordnung definiert: Für sie ist es gleich – Diktatur, Monarchie oder Demokratie.
Wenn wir von der Stärke oder Schwäche einer Nation sprechen, operieren wir auch nicht mit solchen Begriffen wie Gut oder Böse. Die Frage der

Stärke ist keine Frage der Moral. Die Stärke an sich kann weder moralisch noch unmoralisch sein. Eine starke Nation kann sich unwürdig und zynisch verhalten, und eine schwache Nation kann im Gegenteil ein Vorbild zur Nachahmung werden.

Da über die Moral, je nach Standpunkt, lange gestritten werden kann, beabsichtigen wir dies hier nicht. In diesem Text versuchen wir in keiner Weise, moralische Urteile über diese oder jene Handlungen der starken und schwachen Nationen abzugeben. Für uns ist nur Stärke als solche wichtig. Wohin die Nation ihre Stärke richtet, ist eine Frage der Politik.

Wir zeigen auch nur kurz die Quellen der Stärke oder Schwäche auf, weil sie – trotz der Existenz verschiedener Thesen, Theorien und Ideen – bis dato nicht geklärt sind.

Eine der interessanten Ideen ist die bereits erwähnte »Passionaritätstheorie«. Mehr als zehn Jahre zum Nachdenken über die Stärke der Nation erhielt Lew Gumiljow als politischer Sträfling in Stalins Lagern. Er schreibt: »Wenn die ethnische Gemeinschaft in die erste Schaffensperiode seiner Entstehung kommt, sammelt der führende Teil ihrer Bevölkerung, der das gesamte System auf dem Weg der ethnischen Entwicklung fördert, die materiellen und ideellen Werte.

Diese Ansammlung auf dem Gebiet der Ethik wird zum »Imperativ« und verwandelt sich im Lauf der Zeit in ein Gefühl, das »Passeismus« bezeichnet werden kann. Seine Bedeutung ist, dass jeder aktive Erbauer der ethnischen Einheit sich als Nachfolger der Linie der Vorfahren, zu der er etwas hinzufügt, fühlt: einen weiteren Sieg, ein weiteres Gebäude, ein weiteres Manuskript, ein weiteres geschmiedetes Schwert. Dieses »ein weiteres« deutet darauf hin, dass die Vergangenheit nicht vorbei ist, sie ist im Menschen selbst, und deshalb wert, ihr etwas Neues hinzuzufügen, da die Vergangenheit, die immer mehr wird, sich damit vorwärts bewegt. Jede gelebte Minute wird als ein Zuwachs der existierenden Vergangenheit wahrgenommen (*Passe existense*).

Das Ergebnis einer solcher Wahrnehmung der Zeit sind die Taten von Helden, die freiwillig ihr Leben für das Vaterland gaben: der Spartaner Basileus (König – V. T.) Leonidas an den Thermopylen, der Konsul Attilio Regulus in Karthago, Roland in Ronceval-Schlucht, das betrifft gleichermaßen den historischen bretonischen Markgrafen und literarischen Helden im 'Rolandslied'.

So auch die Recken Pereswet und Osljabja, Novizen von Sergius von Radonesh, die auf dem Kulikowo-Feld[a] gefallen sind, sowie der keraitische[b] Held Hadah-Ba'atur, der die Soldaten von Dschingis ablenkte, um »seinem natürlichen Khan« die Flucht zu ermöglichen. Europäer dieses Schlages errichteten gothische Kathedralen, ohne ihre Namen zu verewigen, Inder schnitten herrliche Plastiken in ihren Höhlentempel, Ägypter bauten Grabstätten, Polynesier entdeckten für ihre Landsleute Amerika und brachten die Kumara (Süßkartoffel) auf die Insel. Sie verfolgten keine persönlichen Interessen. Sie schienen ihr Schaffen mehr zu lieben als sich selbst. Aber das war kein Altruismus: Das Objekt ihrer Liebe war in ihnen, wenn auch nicht nur in ihnen. Sie fühlten sich nicht nur als Erben der großen Traditionen, sondern auch als Teilchen davon, und gaben im Interesse dieser Traditionen ihr geliebtes Leben – schnell wie Krieger oder langsam wie Architekten, sie handelten nach ihrer neuropsychophysischen Veranlagung, die den Vektor und die Art ihrer Aktivitäten bestimmte. Menschen dieses Schlages sind in allen Epochen anzutreffen, aber in den Anfangsphasen der Ethnogenese gibt es sie etwas mehr.«[155]

Nach Gumiljow ist Passionarität oft grausam – um die Ziele zu erreichen, die der passionare Mensch und die passionare Nation für bedeutend halten, können sie Verbrechen begehen. Das Niveau der Passionarität einer Ethnie wird durch eine mehr oder weniger große Anzahl von Menschen mit hoher Aktivität, Passionare, in ihren Reihen bestimmt. Diese Ansichten Gumiljows sind ziemlich verständlich, durch die Lebenspraxis bestätigt.

Viel widersprüchlicher ist die Herangehensweise des Ethnohistorikers an die Frage, woher die Passionarität der Nation kommt. Seiner Meinung nach, hängt sie von Mutationen ab, die Sonnenaktivität, kosmische Strahlung oder Explosionen von Supernovae verursachen. Mit der Explosion eines solchen Sterns wird Energie von 10^{30} bis 10^{31} Gigawattstunden freigegeben, das entspricht der Energie, die alle Kernkraftwerke der Welt in 10^{24} Jahren (1.000.000.000.000.000.000.000.000) produzieren können.

Es ist nicht ausgeschlossen, dass ein solcher Energiefluss bestimmte Veränderungen im irdischen Leben verursachen kann.

Diese Position erscheint uns aber doch etwas zu eng, zu determiniert, zu

---

a Eine bedeutende Schlacht 1380, in der die Armee des Moskauer Fürsten Dmitrij (Donskoj) über die Truppen Mamais, eines Emirs der Goldenen Horde, siegte.

b Die Keraiten waren ein Urvolk in der Mongolei.

abhängig von den höheren Kräften. Sie reduziert die Stärke oder Schwäche der Nation auf »Mutationen«, auf (kosmische) Biologie und lehnt die Rolle anthropogener, irdischer Faktoren ab.

Unsere Aufgabe wird dadurch erleichtert, dass die Analyse der Gründe, wie bereits erwähnt, über den Rahmen dieser Arbeit hinausgeht – wir konzentrieren uns nur auf Anzeichen der Passionarität, die wir auch weiterhin als Stärke der Nation bezeichnen werden.

Es ist offensichtlich, dass der gemeinsame Nenner aller starken Nationen nicht das BIP ist, nicht die »Goldreserven« und nicht die Ausgaben für Bewaffnung, sondern:

1. **Die Stärke des Geistes einer Nation, sein Geisteszustand. Sie kann nicht gekauft oder geliehen, aber erzogen werden.** Die Grundlage einer solchen Erziehung ist die Erziehung des Nationalismus. **Eine starke Nation ist bereit zum Opfer, eine schwache Nation nicht.** Aus dieser Stärke des Geistes wächst die psychische Unabhängigkeit, die mentale Souveränität der Nation.

2. **Sich darum zu kümmern, was andere über die Nation sagen werden, ist ein Zeichen von Schwäche. Eine starke Nation wartet nicht auf die Bewertungen anderer. Sie interessieren sie nicht.**

Während der Wirtschaftskrise in Europa, als die EU-Bürokraten in Brüssel überlegten, mit welchen Methoden die spanische Wirtschaft auskuriert werden sollte, sagte der spanische Premierminister Mariano Rajoy: »Wir müssen unserem Land seinen früheren Ruf zurückholen... Als ein Land, das Arbeitsplätze schafft, *als eine Nation, der die Welt zugehört hat und der niemand zu sagen wagte, was sie tun sollte*« (Kursiv von mir – V. T.). »Der niemand zu sagen wagte, was sie tun sollte« – das ist nicht die Arroganz des Politikers, nicht seine Abneigung, auf Rat zu hören, sondern die Forderung einer echten und nicht ephemeren SOUVERÄNITÄT.

Beachtenswert, dass Rajoy nicht die Souveränität des Staates meinte, sondern die nationale Souveränität, die Eigenverantwortlichkeit der Nation, ihre politische Freiheit, das Recht, die Natur ihrer nationalen Existenz zu bestimmen. Schließlich ist die Souveränität einer Nation das primäre Prinzip, und die staatliche Souveränität ist nur eine der Formen, um die Souveränität einer in einem bestimmten Staat lebenden Nation zu verwirklichen. Aus der Stärke der Nation wächst die Stärke des Staates und nicht umgekehrt. Obwohl die Souveränität der Nation seit der Französischen Revolution fest mit den grundlegenden demokratischen Prinzipien und Rechten verbunden ist, sind wir es gewohnt, nur an die staatliche Souveränität zu

erinnern, und nur dann, wenn es um internationale Angelegenheiten geht.
3. Eine starke Nation reagiert anders auf eine kritische Analyse als eine schwache Nation. **Eine starke Nation spricht frei über ihre Schwächen. Eine schwache Nation hat Angst vor solchen Gesprächen, nimmt sie schmerzhaft wahr und findet immer eine Entschuldigung für ihre Schwäche in den Umtrieben der Feinde.**
4. **Deshalb hat eine starke Nation keine Angst vor innerer Opposition, hat keine Angst vor akuten sozialen Diskursen.** Sie versucht, nach der kritischen Analyse, die die Opposition macht, noch stärker zu werden. Eine schwache Nation kämpft nicht gegen die Mängel, die von Oppositionsanalysten gefunden wurden, sondern gegen Menschen oder Bewegungen (Parteien), die diese Analyse angefertigt und unterstützt haben.
Es gibt Varianten des Nationalismus, die es für selbstverständlich halten, dass im Staat nur eine – nationalistische – Ideologie, nur eine Partei und Autoritarismus auf nationaler Basis existieren. Diese Ansichten erscheinen uns obsolet, sie dominierten Europa im späten 19. und frühen 20. Jahrhundert. Die Geschichte hat bewiesen, dass autokratische Regime, obwohl effizienter als demokratische, immer noch mächtigen Widerstand in der Gesellschaft hervorrufen. Je fester die Muttern angezogen sind, desto höher ist der Druck im Kessel. Kessel, die niemals explodieren, gibt es weder in der Mechanik noch im öffentlichen Leben.
Eine starke Nation hat keine Angst vor ideologischen Auseinandersetzungen mit Andersdenkenden. Um Lenin zu paraphrasieren, können wir sagen, dass die nationalistische Lehre allmächtig ist, weil sie wahr ist.
5. **Eine starke Nation ist zur Selbstentwicklung fähig, sowohl auf der Grundlage der Selbstanalyse als auch aus dem Begreifen heraus, wie sie von anderen wahrgenommen wird.** Eine starke Nation schließt einen fremden Standpunkt nicht aus, sondern versucht ihr eigenes »Ich« von diesen, ihr fremden Positionen aus zu analysieren.
6. **Eine starke Nation hat eine positive Zunahme der autochthonen Bevölkerung.** Wir haben viel über demografische Faktoren gesprochen. Gumiljow behauptet, dass die passionären (starken) Nationen eine hohe Geburtenrate haben. Was hier primär ist (eine starke Nation sorgt für eine hohe Geburtenrate?) und was sekundär (hohe Fruchtbarkeit führt zur Stärke der Nation?), ist für uns von geringem Interesse. Wir gehen davon aus, dass eine Nation mit einer negativen »Zunahme« der autochthonen Bevölkerung dem Aussterben geweiht ist, und eine solche Nation kann nicht als stark angesehen werden.

7. **Ohne eine starke Nation kann man sich die Welt nicht vorstellen, wie sich kein Theaterstück ohne Protagonist vorstellen lässt.** Sie ist das Subjekt, die »handelnde Person« der Geschichte. Eine schwache Nation ist sekundär. Sie ist Objekt der Geschichte.
8. **In der Innen- und Außenpolitik handelt eine starke Nation, eine schwache Nation reagiert nur auf fremde Herausforderungen.**
9. **Das Volk einer starken Nation ist selbstlos, es hat die Psychologie des Siegers, das Volk einer schwachen Nation ist ein Sklave mit einer Vasallenpsyche.**
10. **Das Volk einer starken Nation wählt Freiheit, Souveränität, ein schwaches Volk wählt Brot.** Von dieser Regel, wie praktisch von allen, kann es natürlich diese oder jene Ausnahmen geben (die die Regel bestätigen). Wir werden auf diese These im Gespräch über die Juden Israels näher eingehen – sie haben es geschafft, gleichzeitig Freiheit und Brot zu bekommen.
11. **Eine starke Nation baut ihr Souveränität aus eigener Kraft auf, eine schwache Nation auf der Stärke anderer.** Durch die Einsetzung einer starken fremden Armee oder guter exotischer Berater wird die Nation nicht mächtiger. Die Stärke einer Nation kann nicht geborgt, für eine Weile ausgeliehen werden. Stark sollte die Nation selbst werden – darin besteht ihre Hauptaufgabe.
12. **Eine starke Nation stellt sich schwer erreichbare Ziele, eine schwache Nation – »reale«.**

Schwer erreichbar bedeutet nicht neblig, vage, imaginär. Selbst kaum erreichbare Ziele sollten konkret sein. Ein Beispiel. Der ehemalige ukrainische Präsident Viktor Juschtschenko sagt etwa so: »Unser Sieg ist die Idee unseres Landes: ein starker Staat zu sein, eine nationale Seele zu haben, ein freies, demokratisches, reiches europäisches Land zu sein.« Und fügt hinzu: »Es gibt keine Alternative zur nationalen Idee.«

Vielleicht ist das so. Aber wo ist in den obigen Worten die nationale Idee? Schließlich weiß jeder, dass es besser ist, gesund und reich als arm und krank zu sein. Der Denkfehler des Autors ist, dass weder die Seele, noch der Wille, noch die Demokratie, noch der Reichtum eine nationale Idee sein können, weil es sich nicht um konkrete Dinge handelt, deren Erreichen (oder nicht-Erreichen) man nicht »durch Algebra« verifizieren kann. Zu Freiheit, Demokratie und Reichtum (wie viel ist das für jeden?) kann man ewig gehen. Deshalb bieten Politiker, die dem Volk nicht das Recht geben wollen, sich zu kontrollieren, den Menschen »Allgemeinplätze«. Nur ein konkretes Ziel kann zu einer nationalen Idee werden.

13. **Eine starke Nation investiert in die Zukunft** (in Bildung, bessere Demographie, Grundlagenwissenschaft mit ihren unvorhersehbaren und unerwarteten Ergebnissen usw.), eine **schwache – nur in die Gegenwart** (etwa in die angewandten Wissenschaften, von denen ein unmittelbarer wirtschaftlicher Gewinn erwartet wird).

14. **Eine starke Nation akkumuliert, eine schwache Nation verzehrt.** Da »Verzehren« bedeutet, größere Wertemengen bei weniger Arbeit, weniger Anstrengung zu konsumieren, wird die Zeit des »Verzehrs« (des von anderen Zusammengetragenen) manchmal fälschlicherweise als »blühende Zeit« betrachtet.

15. **Eine starke Nation ist aktiv, eine schwache Nation ist apathisch.**

16. **Für eine starke Nation haben ihre eigenen Interessen oberste Priorität, für die schwache spielen die Interessen der Satelliten, der Mitstreiter, der Freunde und der Nachbarn eine erhebliche Rolle.**

17. **Eine starke Nation schafft die Umwelt selbst, eine schwache Nation sucht eine solche Umgebung – für die Integration in sie.**

18. **Eine starke Nation ist patriotisch, eine schwache kosmopolitisch.**

19. **Eine starke Nation ist rational, eine schwache emotional.**

20. **Nicht der wirtschaftliche Erfolg, nicht Größe und Ausstattung der Armee, nicht eine überzeugende außenpolitische Doktrin bestimmen die Stärke einer Nation: Eine starke Nation sorgt für das erste, zweite und dritte.**

21. **Eine starke Nation bedient sich keiner fremden moralischen Vorschriften, sie bestimmt selbst eigene und lebt nach ihnen.**

22. **Eine starke Nation hat ihre eigenen (und nicht entliehenen) Werte.** Eine schwache Nation nimmt die Werte einer starken Nation an.

Die Quelle der Stärke (oder Schwäche) der Nation, ihr Träger ist die nationale Elite.

23. **Die Elite einer starken Nation hat gemeinsame Bestrebungen mit der Nation. Die Elite der schwachen trennt sich von der Nation, sie bekennt sich *de facto* nicht zu den nationalen Zielen.**

24. **Die schwache Elite ist besorgt um ihre eigene Interessen, die starke Elite um die Interessen der Nation.**

25. **Die Elite einer starken Nation ist eine staatstragende. Die Elite der schwachen Nation ist konsumorientiert.**

26. **In einer schwachen Nation hat die Elite einen Clan-, Kastencharakter. Entweder sie wuchs aus einem Clan heraus oder sie wurde zur Kaste. Eine**

Ergebenheit einem Clan oder einer Kaste gegenüber kann nicht staatstragend sein.
27. **Die Elite einer starken Nation ist mit ihrem Wirken beschäftigt, die Elite der schwachen mit ihrem Image.**
28. **Eine schwache Nation ist faul, ihre Elite hat Angst vor Verantwortung.**

Die Nation hat ihren eigenen Anführer. Er kann der Präsident, der Kanzler, der erste Sekretär, der Guru, der Häuptling oder noch anders genannt werden. Sein sozialer und politischer Status ist für die Nation nicht wichtig.
29. **Macht ist für einen Anführer einer starken Nation ein Mittel, um das nationale Ziel, für den Anführer einer schwachen Nation, um persönliche Ziele zu erreichen.**
30. **Der Anführer einer starken Nation ist aufopfernd, selbstlos, der Anführer einer schwachen sucht einen persönlichen Nutzen.**
Die letzten beiden Punkte scheinen ähnlich zu sein, aber es gibt einen Unterschied zwischen ihnen: Im ersten Fall geht es um die Rolle der Macht, im zweiten um die Psychologie des Menschen.
Und das Letzte:
31. **Ein starker Anführer einer schwachen Nation ist zum Scheitern verurteilt, weil er den Widerstand der Nation in all seinen Vorhaben spürt. Eine starke Nation kann keinen schwachen Anführer haben – sie wird sich ihn nicht erlauben.**
Diese Liste erhebt keineswegs den Anspruch, wissenschaftlich zu sein, was einen Nachweis dieser Thesen oder die Vollständigkeit der Darstellung erfordern würde. Sicher kann sie ergänzt und erweitert werden. Unsere Aufgabe sahen wir lediglich darin, die Konturen der vergleichenden Analyse zu skizzieren, die verschiedenen Faktoren zu systematisieren und die Prinzipien zu formulieren.

Eine starke Nation – die Juden

Wir widmen den Juden ein großes Kapitel, nicht weil sie sich substantiell von anderen Ethnien unterscheiden. Wir werden nicht über ihr auserwählt Sein sprechen, weil für uns die (auch göttliche) Heraushebung einer Nation aus hunderten anderen als eine besondere weder historisch noch biologisch motiviert ist. Darüber hinaus gibt es eine signifikante Anzahl von Menschen auf dem Planeten, die nicht ohne Grund an der Existenz transzendenter Kräfte zweifeln. Das heißt, es gibt genügend Gründe, das Emporheben eines bestimmten Volkes durch eine außerirdische Kraft in Frage zu stellen.

Wir widmen den Juden ein großes Kapitel weil die jüngste Geschichte des jüdischen Volkes bezeugt, dass alles, was es erreicht hat, der Stärke der Nation zu verdanken ist.

Wir haben absichtlich das Kapitel über die Stärke der Nation vorangestellt. Bei der Lektüre des Abschnitts über Juden kann jeder ein paar Seiten zurückblättern und Fakten über die Stärke der jüdischen Nation mit unseren Thesen vergleichen. Das heißt, man wird überprüfen, ob Theorie und Praxis übereinstimmen.

Sagen wir es gleich: Sie stimmen nicht überein. Genauer gesagt, sie stimmen nicht in allen Aspekten überein. In der Welt gibt es nichts Absolutes, so wie es kein 100-prozentiges Gold gibt. Und doch möchten wir auf das Phänomen der jüdischen Nation aufmerksam machen.

Nach Tausenden von Jahren des Exils und des Lebens unter anderen Völkern haben sich Juden nicht assimiliert, bewahrten ihre nationale Identität, fanden geistige Kraft und hatten den Glauben, dass der Tag kommen wird, an dem sie in das »gelobte Land« zurückkehren werden. Und das geschah: Fast zweitausend Jahre später kehrten sie in ihre Heimat zurück. Die Geschichte der Völker der Welt kennt kein anderes solches Beispiel. Und schon in ihrem Staat zeigten sie der Welt ein neues Wunder: Von einigen zehntausend Juden in Palästina in der Mitte des 20. Jahrhunderts wuchs Israel auf acht Millionen Menschen, von denen fast sechs Millionen ethnische Juden sind.

Noch eine Bemerkung, die wir voranstellen möchten. Wenn wir über die Stärke der Nation reden, verwechseln wir diesen Begriff nicht mit der Poli-

tik dieser Nation, wir heißen nicht jeden ihrer Schritte gut, zumal wir nicht bereit sind, unseren Kopf wegen dieser oder jener Handlungen einzelner Mitglieder dieser Nation zu verwetten. Wir wollen nur am Beispiel dieses Volkes die wunderbare (von dem Wort *Wunder*) Rolle der nationalen Idee zeigen, die die in der Welt verstreuten Juden auf ihrem angestammten Land, auf dem Land zusammenbrachte, das sie vor langer Zeit verlassen hatten und das auch vor langer Zeit von anderen Menschen besiedelt wurde.
Woher kommt die Stärke der Juden? Natürlich wissen wir über die Rolle der jüdischen Lobby in allen Ländern der Welt Bescheid – vor allem in den USA, aber auch in Deutschland, Frankreich, Großbritannien sowie in Ländern, die weniger Einfluss auf der heutigen Welt haben – wie zum Beispiel in Argentinien, in der Ukraine oder in Ungarn. Aber jede Lobby kommt nicht von ungefähr zu Stande, sondern entsteht aus dem einen oder anderen Interesse: Es gibt eine Automobil-, Pharma-, Öko-Lobby, Dutzende von anderen, die auf der Verteidigung ihrer wirtschaftlichen Interessen beruhen. Die nationale Lobby verteidigt in erster Linie nationale Interessen, im Falle der Juden – ihre nationalen Interessen in Israel, die staatlichen Interessen Israels, sowie die Interessen der großen Diaspora der Welt. Zu diesem Zweck wurden Hunderte verschiedener Institute, Behörden, Organisationen, Zeitungen und Fernsehanstalten gegründet.
Was ist die Grundlage für diese EXKLUSIVE Rolle der jüdischen Lobby in der Welt? Die Antwort ist einfach: die beträchtliche Selbstidentifikation der Juden, der Wunsch, über Jahrtausende ein Jude zu bleiben und unter keinen Umständen sich mit anderen Ethnien zu vermischen.

Gibt es überhaupt ein jüdisches Volk?

Zuerst müssen wir klären, wer Juden sind. Die Frage ist nicht so weit hergeholt: In der westlichen Hemisphäre wird einem fast jeder antworten, dass Juden keine Ethnie, sondern nur Bekenner einer Religion sind.
Die Frage des genetischen »Jüdischseins« ist in der Welt kontrovers geworden, nicht weil sie komplex ist, sondern weil erhebliche Anstrengungen unternommen werden, um dieses Problem zu verschleiern. Einer dieser Mystifizierungsversuche liegt darin, der Welt zu beweisen, dass es gar keine jüdische Nation als solche gibt, dass viele Konvertiten – Umsattler aus ande-

ren Religionen – unter Juden leben, die so genannten Proselyten, von denen es im 2. Jh. v. Ch. besonders viele gab.
Somit wird der potentielle Kritiker des Judentums des Hauptarguments beraubt: Wenn ein Georgier, ein Peruaner oder ein Zulu ein Jude (nach der Religionszugehörigkeit) sein kann, bedeutet dies, dass Juden (nicht einmal theoretisch) keine einzige negative Eigenschaft, die Antisemiten dieser Nation bescheinigen – der Gelddurst, die Heimtücke, die Neigung zum Verrat und so weiter – haben können. Schließlich nennen praktisch alle Verfolger der Juden (die Babylonier, Römer, Spanier...) diese Gründe seit Jahrtausenden, um die Pogrome, Vertreibungen, Deportationen und die Ansiedlungsrayons zu rechtfertigen. Wenn wir uns einig werden, dass Judentum keine Ethnie, sondern eine Religion (wie Katholizismus, Protestantismus und Buddhismus) ist, von welchen gemeinsamen (egal ob positiven oder negativen) Charaktereigenschaften für alle Gläubigen (verschiedener Nationen!) könnte dann die Rede sein? Daraus folgt eindeutig, dass der tausendjährigen Hetzjagd auf Juden nicht ethnische, sondern religiöse Intoleranz der Häscher zu Grunde liegt, und Verfolgte selbst keinen Grund gegeben haben, sie so zu behandeln.
Diejenigen, die mehr über diese propagierte These erfahren wollen, sollten das Buch von Professor für allgemeine Geschichte an der Universität Tel Aviv Shlomo Sand »Die Erfindung des jüdischen Volkes« lesen, die in Dutzenden von Ländern in riesigen Auflagen erschienen ist. Im Vorwort zur deutschen Ausgabe schreibt Shlomo Sand: »Eine Lesereise führte mich in die Städte Frankreichs... Die Fragen des französischen Publikums waren spannend und häufig nicht einfach zu beantworten. Zwei Probleme bekam ich immer wieder aus dem Publikum zu hören: ‚Kann man sagen, dass Sie die Existenz eines jüdischen Volkes bestreiten?' Und: ‚Wenn in Ihren Augen das Judentum nur eine Religion ist, wie kann es dann eine säkulare jüdische Identität geben?'
Ich versuchte, nach bestem Wissen und Gewissen zu antworten, doch es gelang mir nie, alle zufriedenzustellen. Und so möchte ich diese Gelegenheit nutzen, beide Fragen kurz zu beantworten.
Ich halte die Juden nicht für ein Volk, denn der heutige Gebrauch des Begriffes zielt auf eine Gruppe von Menschen ab, die ein bestimmtes Territorium bewohnt, auf dem sich eine bestimmte Alltagskultur entwickelt hat – von der Sprache über die Sitten bis hin zu den Lebensweisen –, die allen gemein ist. Deshalb sprechen wir heute vom französischen, italienischen oder vietnamesischen Volk, aber mit einem jüdischen oder christlichen Volk tun

wir uns schwer... Diejenigen, die fälschlich am Begriff des ‚jüdischen Volkes' festhalten – und diesem auch, bewusst oder unbewusst, ein historisches Recht auf sein ‚altes Land' zusprechen –, leugnen de jure und de facto die Existenz eines israelischen bzw. jüdisch-israelischen Volkes...
Wenn also die Juden kein Volk sind, sondern eine Religion, wie kann es dann säkulare Juden geben? Obwohl es meiner Meinung nach keine weltumspannende jüdische Populärkultur gibt, hielt ich es doch nie für notwendig, jemandem seine subjektive Identität abzusprechen, auch wenn diese über kein anthropologisches, linguistisches oder sonstiges Fundament verfügt. In der Zeit nach Hitler wäre es schlicht dumm, das Bedürfnis eines Menschen, sich selbst als Jude zu definieren, zu negieren. Gegen die innerjüdische Solidarität habe ich ebenfalls keine Einwände, auch wenn sie sich in den beiden Weltkriegen als nicht sonderlich tragfähig erwies und heute überwiegend in Form einer blinden Unterstützung des israelischen Militarismus zutage tritt. Es gibt eine Identität als Bahai oder als Homosexueller, es gibt Solidarität unter Frauen, die von ihren Männern geschlagen werden. Es existiert auch eine säkulare jüdische Identität, die aber erst von den Schrecken des 20. Jahrhunderts erzwungen wurde. Wer sich selbst als Jude definiert, hat das volle Recht dazu...
Gleichzeitig kann ich in politischer und moralischer Hinsicht eine Identität, die sich um jeden Preis von den ‚Anderen', also den Nichtjuden, abzusondern sucht, nur aus tiefstem Herzen ablehnen. Gleiches gilt für eine Identität, die deterministisch festlegt, wer Jude ist, und damit dem Einzelnen das Recht auf eine selbstgewählte Identität abspricht. Im Hinblick auf Israel stößt mich eine jüdische Solidarität besonders ab, die sich unbedingt von Minderheiten separieren möchte und sie deswegen diskriminiert oder die im Namen einer imaginierten Vergangenheit den unter der Besatzung lebenden Menschen ihr Land wegnimmt.
Der Rassismus und die jüdische Selbstisolation von heute sind nicht nur das Ergebnis von Verfolgungen und Katastrophen, sondern sie beziehen nach wie vor einen großen Teil ihrer Kraft aus langlebigen, ethnozentrischen Mythen und einer entsprechenden Geschichtsschreibung.«[156]
Versuchen wir eine Auslegung:
Shlomo Sand schreibt ein polemisches Buch hauptsächlich für israelische Juden, für die israelische politische Elite und für die eng mit ihr verflochtene wissenschaftliche Elite, die den *Mainstream* der israelischen Geschichtswissenschaft repräsentiert. Er stellt ihnen eine Reihe politischer Forderungen, mit denen wir uns solidarisieren können. Aber all das hat mit der Frage der

jüdischen Nation nichts zu tun. Das Konzept einer Nation betrifft nur seine Aussage über die Ansiedlung (mehrerer ethnischen Gruppen) in einem Gebiet und die Entwicklung einer Kultur, »die allen gemein ist«. Hier gibt es nichts Neues, wir haben bereits dieselbe These aufgestellt, als wir über die Entstehung von Nationen sprachen. Natürlich wäre es naiv zu glauben, dass jedes Volk von einem Vater und einer Mutter stammt, dass jede Nation ihre eigenen Adam und Eva hat. Die Völker entstanden als Ergebnis der jahrhundertelangen Entwicklung und des Lebens in einem Gebiet zahlreicher Clans und Stämme. Wir werden auch nicht auf die politisierte Frage eingehen, ob »fälschliches Festhalten« am Begriff des »jüdischen Volkes" jemandem das Recht auf eine »alte Heimat« einräumt.

Was bleibt von Sands Postulaten übrig? Vielleicht nur das Problem mit den Chasaren, einem uralten Volksstamm in der Wolgaregion?

Es gibt die These, dass die Anführer der Chasaren seinerzeit das Judentum angenommen haben und so zu »Juden« geworden sind. Daher hatten sie kein »gemeinsames Territorium mit anderen Juden« im Nahen Osten. Deshalb, so schlussfolgert Sand, sei das Judentum keine Ethnie, sondern eine Religion, eine Glaubensgemeinschaft.

Argument? Nicht sehr überzeugend. Deshalb soll die Frage anders gestellt werden: Warum, aus welchem Grund nahmen Chasaren das Judentum an (wenn das so ist, weil um diese Frage heftige wissenschaftliche Diskussionen geführt werden – Archäologen finden dort keine typisch jüdischen Spuren...)? Jemand musste ihnen gesagt haben, dass eine solche Religion überhaupt existiert? Wer? Studien zeigen, dass es im Chasaren-Gebieten – in Dagestan, auf der Krim – viele jüdische Siedlungen von Einwanderern aus dem Nahen Osten gab. Es waren wahrscheinlich diese ethnischen Juden, die die Annahme des Judentums durch die Chasaren einleiteten. Das heißt, die Bildung der jüdischen Ethnie, des jüdischen Volkes hatte vielleicht auch eine chasarische Komponente. Aber diese Tatsache leugnet nicht, dass das Judentum eine ethnische Grundlage hat. Schließlich zweifelt Sand nicht an der »Volkstümlichkeit« der Franzosen, Italiener oder Vietnamesen.

Aber in diesen Völkern wurzeln die Nachkommen auch nicht aus einem, sondern aus zahlreichen Clans und Stämmen.

Das Judentum der nichtreligiösen, säkularen Juden erklärt Sand mit einer seltsamen (aber in letzter Zeit gängigen) These der »Selbstbestimmung« des Menschen – man hat niemandem »seine subjektive Identität abzusprechen, auch wenn diese über kein anthropologisches, linguistisches oder sonstiges Fundament verfügt«, »in der Zeit nach Hitler wäre es schlicht dumm, das Bedürfnis eines Menschen, sich selbst als Jude zu definieren, zu negieren« (siehe oben). Sand behauptet, dass die Konversion zum Judentum als Religion heute (»nach Hitler«) stark verbreitet unter den Völkern ist, die dazu »kein anthropologisches Fundament« haben, also nach Sands Worten keine ethnische Juden sind. Im Umkehrschluss erkennt Sand die Tatsache an, dass es Menschen gibt, die »anthropologische Fundamente« haben, also ethnische Juden. Und sie mit »Frauen, die von ihren Männern geschlagen werden«, zu vergleichen ist zumindest inkorrekt.

Haben Juden gemeinsame Gene?

Man kann jedoch nicht sagen, dass das propagandistische Hauptpostulat des Judentums die Weigerung der Existenz einer genetisch verwandten jüdischen Ethnie ist. Eher im Gegenteil: Die Existenz der Juden als Nation erlaubt es, auf dem »Auserwähltsein der Juden« zu bestehen, auf der Tatsache, dass sie eine »besondere Mission« zu erfüllen haben. Ohne Existenz der Juden als Nation kann man über keinen Antisemitismus (weil ein Semit nicht zu einer Religion, sondern zu einer Ethnie gehört) oder den Holocaust reden.

Wer daher sagt: »Ich bin ein Jude«, kann meinen, er sei ein Jude durch seine Mutter (oder durch jüdisches Religionsgesetz, die Halacha) oder die Tatsache, dass er sich zum Judentum als Religion bekennt, oder dass er konvertiert, d. h. von einem anderen religiösen Glauben zum Judentum übergegangen ist, und damit zum Juden wurde. In keiner ernsthaften (besonders modernen europäisch-amerikanischen) Arbeit zu diesem Thema ist eine eindeutige Antwort auf die einfache Frage zu finden, wer Juden sind.

Dabei ist gleichzeitig offensichtlich: Wenn ein Pole vom Katholizismus zum Islam übertritt oder ein vietnamesischer Buddhist zum Christen wird, wird der Pole von der Nationalität her ein Pole bleiben, und ein Vietnamese bleibt ein Vietnamese. Ein Vietnamese, der das Judentum annimmt, wird uns eingebläut, wird gleichzeitig Jude und hat das Recht auf israelische Staatsbürgerschaft (eine andere Frage ist, ob er in der Lage sein wird, den Giur – eine Art Prüfung für Konvertiten – zu bestehen...). Diese Verschmelzung von Begriffen existiert auch auf der Sprachebene: Wenn im Russischen das Wort *еврей* (nationale Zugehörigkeit ohne jeglichen Beigeschmack der Religion) und *иудей* (Religionszugehörigkeit, nur gelegentlich ein Synonym für das Wort *еврей*, Jude) existiert, so gibt es zum Beispiel im Englischen nur das Wort *jew*, im Deutschen *Jude*, im Italienischen *ebreo*, im Spanischen *judio*, und in diesen Worten sind zwei völlig unterschiedliche Begriffe zu einem verschmolzen (warum? wer hat sie »verschmolzen«?).

Der Zweck dieses »Nebels« ist, wie bereits erwähnt, der gleiche: Unter verschiedenen Umständen, bei unterschiedlicher Akzentuierung des Problems, lenkt man die Aufmerksamkeit auf das eine oder das andere, spielt die eine oder die andere Karte aus.

Wer sind die Juden? Es scheint, dass Wissenschaftler dieses Thema heute eindeutig gelöst haben. Der Professor an der Medizinischen Hochschule in New York Gil Atzmon erforschte die Genetik von Juden.[157] Dafür wurden Juden aus verschiedenen Regionen untersucht – aus Amerika, Israel, Europa, Afrika... In die Gruppe wurden nur jene Prüflinge aufgenommen, die mindestens seit zwei Generationen in der Region leben. Zu welchen Schlussfolgerungen kam nun der Diener der Wissenschaft?

Zunächst müssen wir wohl sagen, dass das Genom eines Menschen, sein biologischer Code, aus nur 23 Chromosomenpaaren besteht, die ihrerseits 20.000 – 25.000 Gene bilden. Diesen Code haben Menschen zu lesen gelernt, und es ist zum Beispiel möglich, jemandes Vaterschaft oder andere Verwandtschaft festzustellen. Gil Atzmon beschloss, die »Verwandtschaft« aller Juden auf der ganzen Welt nachzuweisen.

Wie wir bereits sagten, gibt es heute in der Welt keine reinen Ethnien. Selbst in der Wildnis des Amazonas und Afrikas, in gottvergessenen Stämmen, die sich im Laufe der Jahrhunderte nicht nur weit weg von der Zivilisation, sondern auch weit weg von dem benachbarten Stamm entwickelt haben, gibt es einen Unterschied in den Genen der Verwandten. Eine große Anzahl von Genen ist gleich, aber es gibt Unterschiede. Auf der Ebene des Volkes ist klar: Von einer kleinen Menge Mitglieder eines Stammes, die auf einem kleinen Gebiet gelebt haben, herrührend, erbten Mitglieder eines Clan seit Tausenden Jahren von Eltern verschiedener Gattungen, verschiedener Stämme, verschiedener Völker (im Fall von Mischehen) den Satz neue Gene, die ein Mitglied desselben Volkes von seinen Stammesgenossen unterscheiden. In diesem Fall haben Menschen einer Nation immer noch eine große Anzahl identischer Gene, die eindeutig auf die Zugehörigkeit einer Person zu einer bestimmten ethnischen Gruppe hinweisen. Es ist klar, dass die Völker, die größere Umwälzungen getragen haben – Kriege und soziale Krisen, Vertreibungen, Deportationen, Epidemien, die zu Umsiedlung gezwungen waren und die seit Jahrtausenden mit anderen Stämmen und Völkern sich vermischten – bei diesen Völkern gibt es weniger ursprüngliche Gene und mehr von außen hereingetragene. Und umgekehrt: Lebten Menschen an einem Ort, entweder von der Chinesischen oder von einer anderen Mauer eingezäunt, ist die Menge der gemeinsamen Gene höher, die von anderen Rassen und Völkern erworbenen geringer.

Basierend auf diesen Voraussetzungen wäre es leicht anzunehmen, dass den jüdischen Genen eine Menge von »fremdem« Blut beigemischt wurde, weil es wohl kaum auf der Erde noch so ein Volk gibt, das so oft gezwungenermaßen eine fremde Zuflucht hatte suchen müssen. Kommt vielleicht daher auch das sprichwörtliche Bild des »ewigen Juden«, der gezwungen wird, ewig in der Welt umher zu ziehen?

Was hat Gil Atzmon in den jüdischen Genen gefunden? Das Wichtigste: Bei zwei Juden, auch denjenigen, die auf verschiedenen Kontinenten leben, ist die Anzahl der gemeinsamen Gene signifikant höher als die der Vertreter der anderen Völker, die ihr ganzes Leben lang in der Nachbarschaft im gleichen Dorf gelebt haben.

Daraus können mehrere Schlussfolgerungen gezogen werden. Erstens ist die Geschichte des Judentums als einer religiösen Gemeinschaft, in der Vertreter verschiedener ethnischer Gruppen (Konvertiten) gemischt sind, ein Mythos. Juden sind eine ethnische Nation, die zudem durch eine, nicht einmal dominierende, sondern durch eine herrschende Religion vereint ist. Zweitens zeigt der extrem hohe Anteil an gemeinsamen Genen der Juden, dass sie seit Tausenden von Jahren unter der Bedingung der religiösen und sozialen Verpflichtung der Juden nur untereinander zu heiraten (vor allem nach dem 8. Jahrhundert n. Chr.), nach heutigen Verhältnissen, die höchste »Reinheit der Nation« retten konnten. Denn bei einer großen und dauerhaften (Zwangs-)Migration kann ein so hoher Prozentsatz gemeinsamer Gene bei den Menschen, die weder familiär (in der jüngsten Vergangenheit) noch geographisch miteinander verbunden sind, sonst nicht erklärt werden.

Aber das, was durch Wissenschaft bewiesen ist, wird nicht unbedingt von der politischen Klasse akzeptiert.

Als der deutsche Autor Thilo Sarrazin (geb. 1945, Autor des Buches »Deutschland schafft sich ab«, das mehr als 1,5 Millionen Mal verkauft wurde) in einem Interview sagte: »Alle Juden teilen ein bestimmtes Gen, Basken haben bestimmte Gene, die sie von anderen unterscheiden«[158] (kein Zweifel, dass zunächst die Gene einen Filipino von einem Norweger unterscheiden und erst dann Kultur), verursachte das im Land eine riesige Welle der politisch korrekten Empörung – der Autor wurde verfolgt, vom Posten eines der Direktoren der Bundesbank entbunden und in den Ruhestand geschickt.

Zionismus – die jüdische nationale Idee

Der Leitstern auf dem harten Weg der Juden zu ihrem eigenen Staat war die Idee einer Nation, der Zionismus. Der Name der Bewegung kommt von Zion, einem Berg, eher einem Hügel, in Jerusalem. Der Wunsch, die Juden, die »Söhne Israels«, um diesen Berg zu versammeln, wurde »Zionismus« genannt. Der Zionismus, eine Art Nationalismus, vereinigte auf sich viele verschiedene jüdische Strömungen und Menschen, die einander in einer Vielzahl von Fragen nicht verstanden und nicht verstehen konnten. Das Einzige, was sie vereinte, war der Wunsch, in ihre Heimat zurückzukehren. Und dort ihr eigenes Leben zu leben, sich vor niemandem zu beugen, auf niemanden ängstlich zu schauen und nicht immer darüber nachzudenken, wie dieses oder jenes Volk den Namen Aaron und den Nachnamen Ziegel auffassen wird. Einen eigenen Staat zu haben, unter eigenen Menschen zu leben ist das heilige Recht jeder Nation.

Das Wort »Zionismus« erschien im Jahr 1890 mit leichter Hand von Nathan Birnbaum, der in Wien ein Magazin mit dem beredten Titel *Selbstemancipacion* herausgab. Birnbaum selbst trat in der Zeitschrift für die Thesen des Odessaer Arztes Leon Pinsker ein, der 1882 anonym (aber es gibt nichts Geheimes, was eines Tages nicht bekannt würde!), in deutscher Sprache in Berlin eine Broschüre von drei Dutzend Seiten veröffentlichte, die auch *Autoemanzipation!: Mahnruf an seine Stammesgenossen von einem russischen Juden* hieß. Darin schrieb er: »Wir führten den ruhmvollsten aller Partisanenkriege mit allen Völkern der Erde, welche uns einmütig vernichten wollten. Aber der Krieg, den wir führten und den wir noch, Gott weiß wie lange, führen werden, galt nicht einem Vaterlande, sondern der kümmerlichen Erhaltung von Millionen – 'hausierender Juden!'«[159]

Deshalb ist es Zeit, »für das Vaterland« zu kämpfen, war Pinsker überzeugt. Dieses Thema arbeitete 1896 der österreichische Jude Theodor Herzl in seinem Buch *Der Judenstaat: Versuch einer modernen Lösung der Judenfrage*[160] heraus. Ein Jahr später gründete er den Zionistischen Weltkongress.

Der Kongress stellte sich vier Ziele: a) Förderung der Besiedlung Palästinas durch die Juden, b) die Organisation und das Vereinen der Juden in Palästina, c) Stärkung des jüdischen Nationalgefühls und des nationalen Bewusstseins, d) vorbereitende Schritte, die notwendig sind, um die Ziele des Zionismus umzusetzen.
So formulierten die Juden eine hohe nationale Idee, für die sie sich anschickten zu kämpfen. Sie hatten sich ein Ziel gesetzt, das damals unerreichbar schien. Ein Ziel, das nur ein Verrückter ausdrücken konnte. Man erzählt, als Herzl einem seiner besten Freunde das Manuskript zum Lesen gab, weinte der. Er dachte, Herzl sei irre geworden.
Diese nationale Idee ist es, die die Juden zur Schaffung des Staates führen wird.
Herzl verstand, dass die Schaffung eines jüdischen Staates in Palästina die Frage seines Lebens war. Deshalb verfügte er (er starb 1904), ihn in Wien neben seinem Vater zu begraben – bis das jüdische Volk seine Überreste in das Land Israel überführen werde. Dies geschah am 14. August 1949, kurz nach der Staatsgründung. Jetzt ruht seine sterbliche Hülle auf dem Berg seines Namens in Jerusalem.
Auch sein Tod musste der nationalen Idee dienen.

Es gibt keinen leichten Weg

Offensichtlich dringen alle Ideen schwer in die Masse ein. Herzl, der sich als »ein Mann der Feder« betrachtete, formulierte das Ziel, wollte sich aber nicht mit dessen Umsetzung beschäftigen und versuchte, die Angelegenheit auf eine finanziell und organisatorisch mächtigere Schulter abzuwälzen. Einer der größten Magnaten der damaligen jüdischen Welt war der Multimillionär und Bankier Baron Moritz Hirsch. Herzl bat Hirsch um eine Audienz, um über das »jüdisch-politische« Thema zu sprechen.[a] Nicht sofort, aber Hirsch stimmte zu. Als es soweit war und Hirsch Herzls Hand zur Begrüßung geschüttelt hatte, entschuldigte er sich und verschwand für längere Zeit. Schließlich begann die Unterhaltung und als Herzl Hirschs Skep-

a Fakten aus dem Leben Herzls und Zitate hier und weiter aus: *Theodor Herzls Tagebücher, 1895-1904, drei Bände, Jüdischer Verlag, Berlin, 1922-1923.*

sis beobachtete, bemerkte er gereizt: »Wenn Sie keine Stunde Zeit für mich haben, dann sollten wir gar nicht anfangen.«
Herzl war ein Träumer, Hirsch war ein Banker und Millionär. Aber als Hirsch den Erfolg des Unternehmens bezweifelte, verabschiedete sich Herzl, ohne auf das formelle Ende des Gesprächs zu warten, und ging. Denn Hirsch war nur ein Banker und Millionär. Und Herzl war ein Träumer.
Auch andere reiche und einflussreiche Juden unterstützten Herzl nicht. Baron Edmond Rothschild sagte über ihn: »Das ist ein gefährlicher Hochstapler.«
Gegen die Vereinigung der Juden in einem unabhängigen Staat erhoben sich Befürworter der Assimilation. Sie sagten: Es gibt kein jüdisches Volk, es gibt nur Deutsche, Franzosen, Russen und Engländer jüdischen Glaubens. Sie verkündeten: Juden sind Teil des Volkes, in dem sie leben, und deshalb gibt es keinen Grund, warum sie an einen anderen Ort zu bringen wären. Sie nannten den Zionismus eine Utopie, eine »Zionomanie«, ein »schädliches reaktionäres Phänomen«, »einen skrupellosen Verrat, der Antisemitismus provoziert«, und spotteten in den Zeitungen: »Herzl schlägt vor – nicht mehr und nicht weniger – einen jüdischen Staat zu schaffen. Herzl ist ein Humorist... In seiner Broschüre scherzt er nur.«
Herzl hatte vorgeschlagen, in München einen Zionistischen Weltkongress einzuberufen, aber der Verband der Rabbiner Deutschlands protestierte, weil die Ziele des Kongresses den »messianischen Geboten des Judaismus« entgegen laufen würden. Der Vorstand der Jüdischen Gemeinde in München befürchtete, dass die einheimischen Deutschen den Juden einen Mangel an Patriotismus vorwerfen könnten. »Die Ideen des Kongresses zerstören unsere Liebe für das Land, in dem wir leben«, hieß es, und statt München wurde Basel gewählt.
Zunächst unterstützten Herzl nicht einmal alle »Palästinophilen«, wie die Zionisten traditionell genannt wurden. Sie befürchteten, dass eine öffentliche Diskussion über die Judenfrage die Einwanderung nach Palästina unnötig behinderte. Nahum Sokolow, der Redakteur der Zeitung »Ha-zfira«, schrieb auf ihren Seiten: »Der Wiener Feuilletonist hat ein diplomatisches Spiel begonnen.«
Der führende russische Zionist Menachem Ussishkin weigerte sich, das Buch »*Der Judenstaat*« zu vertreiben. Nur der deutsche Schriftsteller Max Nordau (1849–1923) nahm diese Idee sofort an: »Wenn Sie ein Verrückter sind«, erklärte er, »werden wir zusammen verrückt sein!«
»Nur etwas Phantastisches kann einen Menschen anziehen«, verkündete

Herzl. Die Ideen dieses »Träumers« zogen viele an und stießen viele ab, was heftige Auseinandersetzungen um ihn und seinen Plan hervorrief.
Wie wir sehen, hat die Idee der Rückkehr nach Palästina nicht sofort die Herzen der Juden der Welt erobert. Der Wunsch nach einem eigenen Staat entstand bei den Juden vor langer Zeit – und nicht aus dem Nichts. An seiner Wiege standen Massenverfolgungen und Vertreibungen von Juden aus vielen Ländern, jüdische Pogrome in Europa, der berühmte Fall des französischen Offiziers jüdischer Herkunft Dreyfus, der der Spionage angeklagt war. Lange vor Hitler zogen durch Paris Meuten mit der Forderung »Tod den Juden!«. Herzl schrieb darüber: »Und wo ist das passiert? In Frankreich! In der Französischen Republik, der modernen, kulturvollen, hundert Jahre nach der Verkündung der Menschenrechtserklärung! Das bedeutet, dass die Nation oder zumindest ein großer Teil davon keine Menschenrechte für Juden will...«
Die Schaffung eines eigenen Staates war eine lebenswichtige, dringende Angelegenheit für Juden, von ihr hing das Leben oder Sterben der Menschen ab. Je früher sie gelöst wird, desto besser. Aber Palästina? Dieser Teil des Landes gehört dem Osmanischen Reich, und es ist schwierig, fast unmöglich, es zu bekommen. Herzl selbst sagt: Vielleicht Argentinien? Man kann auch dort leben und arbeiten.
Da das Territorium nach Möglichkeit unbesetzt sein sollte, damit die Weltmächte sich nicht darüber streiten müssten, bot Britannien den Juden etwa 13.000 Quadratkilometer in Britisch-Ostafrika, in Kenia, an. Dieses Stück Land nannte man Uganda, deshalb wurde dieser Plan später nicht Kenia-Plan, sondern Uganda-Plan genannt. Es gibt Land – nehmt es, sagten die Briten.
In den jüdischen Gemeinden bildete sich sogar eine separate Bewegung – der Territorialismus, der für den jüdischen Staat steht, aber nicht irgendwann in Palästina, sondern noch heute – irgendwo. Nach Kenia fahren sofort Dutzende von jüdischen Familien und lassen sich dort nieder. Okay, nicht Kenia und nicht Argentinien. Außerdem wurden Australien, Kanada, Libyen, Oregon in den USA, Rhodesien, das Gebiet des heutigen Iraks, Angola vorgeschlagen…
Wir reden viel über Theodor Herzl – er war der Motor der zionistischen Bewegung. Aber Herzl war auch ein Mensch, und Menschen ist es eigen, Fehler zu machen. Es gab eine Zeit, als Herzl weg von der Idee der Rückkehr nach Zion kam, und die Gründung Israels in Argentinien oder in Uganda oder Gott weiß wo, verteidigte– er meinte, der Hauptgrund war die Rettung der Juden vor der Verfolgung. Seiner Meinung nach war es notwendig, ir-

gendwohin zu fliehen und zwar schleunigst, ohne auf die Zeit zu warten, in der es möglich würde, nach Palästina zurückzukehren. Es gab sogar eine Einlassung (von Max Nordau, auf dem 6. Zionistenkongress in Basel, 1903): Argentinien oder Uganda würden nur ein Unterschlupf »für eine Nacht« sein, eine Zwischenlösung auf der Suche nach der Heimat. Herzl ging einen halben Schritt von der nationalen Idee zurück. Herzl lag falsch.

Aber die Nation irrte sich nicht. Die Juden lehnten all diese Vorschläge ab. Sie hatten ein Ziel – Palästina. Eine nationale Idee – Zion, ein Berg, um den sie alle ihre Stämme sammeln wollten. Mit den Worten eines seiner Vertreter korrigierte die Nation Herzl: »Das Volk Israel will eine Heimat, und kein Nachtasyl.«[161]

Gemeinsame Arbeit macht das Leben süß

Die jüdische Bewegung im frühen 20. Jahrhundert hatte viele Gesichter. Der Zionismus war nur eine der Strömungen, wenn auch eine wichtige. Ein Teil der Juden – die sogenannten Kosmopoliten – befürworteten ihre Assimilation in den Gesellschaften, in denen sie lebten, weil einer der Gründe, ein Stück Land für einen neuen Staat zu finden, die Fremdenfeindlichkeit der vielen Gesellschaften war, die zu Verfolgung und Pogromen führte. Assimilierten sich die Juden, würden sie mit der indigenen Nation verschmelzen – dann gäbe es keine Pogrome mehr, so die Logik. Sie waren für Bildung, für »Erziehung« der Nationen: Sucht nicht nach Schuldigen, schlagt die Juden nicht, nicht sie sind das Problem... Unter den Kosmopoliten fanden sich viel berühmtere Persönlichkeiten als Theodor Herzl: der Führer der deutschen Sozialdemokraten, Ferdinand Lassalle zum Beispiel, oder der britische Premierminister, der zum Christentum konvertierte Benjamin Disraeli.

Eine andere Strömung war philanthropisch. Ihre Anhänger beschlossen, Juden zu helfen, die bereits in Palästina (oder anderen Ländern) Wurzeln geschlagen hatten, ihr Leben dort zu etablieren. Sie finanzierten landwirtschaftliche Siedlungen, gründeten Unterstände, freie Kantinen, Schulen, Berufsschulen. Nach und nach wollten sie in diesen Ländern Land kaufen und die jüdischen Besitztümer erweitern. So eine Figur war Baron Rothschild, der sich wohltätig in Palästina engagierte; Moritz Hirsch investierte Hunderte von Millionen deutsche Mark in Argentinien.

Von all diesen Projekten sah das zionistische am unerreichbarsten aus. Immerhin nach der Idee von Herzl und seinen Anhängern, hätte man zuerst das Territorium bekommen müssen, einen Staat aufbauen, den die stärksten Länder der Welt anerkennen sollen, und erst dann Juden dort ansiedeln. Philanthropen argumentieren: »Unsere Aufgabe ist den türkischen Sultan zu überzeugen, dass wir durch die Kolonisierung Palästinas einen harmlosen karitativen Zweck ohne politische Absichten verfolgen.« Das heißt, seine Wachsamkeit einschläfern, nicht reden, sondern tun. Und dann taucht ein »gewisser Träumer« auf und schreit auf der ganzen Welt nach einem unabhängigen Staat.

Aber Herzl hatte auch seine Argumente. Seine Anhänger erachteten es als unverantwortlich, Juden in ferne Länder zu locken, die – ohne internationale Garantien – auf die gleiche oder sogar noch schrecklichere Weise von der lokalen Bevölkerung verfolgt werden könnten – mit der philanthropischen Hilfe Rothschilds oder ohne sie. »Ihre Lage hängt dort nur von der Gnade der Herrscher ab, die wechseln«, warnte Herzl. »Ein Herrscher ist gut, sein Nachfolger ist grausam – wie oft haben Juden das schon erlebt.«

Vielleicht war Herzl selbst nicht ganz bewusst, wie wichtig sein Ruf »in die ganze Welt« war: Er hat LAUT eine nationale Idee ARTIKULIERT, die, um zu einer Kraft zu werden, nicht in den Hinterzimmern bleiben durfte. Schließlich kann nur die verkündete Idee die Massen ergreifen.

Trotz der unterschiedlichen Ansichten, trotz der unterschiedlichen Ansätze, trotz der enormen Ressourcen, die bereits in verschiedene politische Projekte investiert worden waren: Als die zionistische Idee doch die Köpfe beherrschte, begannen alle Juden explizit für diese Idee zu arbeiten. Wie jüdische Zeitungen schrieben: die ganze »jüdische Finanzwelt«, die ganze »jüdische diplomatische Welt« und die ganze »jüdische politische Welt«. Für sie arbeiteten Juden in Ost und West, Atheisten und Orthodoxe, Sozialisten, die in Palästina die Kibbuzim geschaffen haben, und die jüdischen Bourgeois, Schriftsteller, Politiker, Künstler, Diplomaten, Rabbiner, Beamte, Ärzte, Journalisten, Rechtsanwälte, Kaufleute, Bankiers und Industrielle. Diese Arbeit war leise, eher geheim, sie hinterließ keine Dokumente über getroffene Entscheidungen, als Unterschrift galt ein Wort, als Siegel ein Ehrenwort. In den Protokollen über die Entscheidungen stand die Notiz: »Unterliegt nicht der Offenlegung«.

Darüber sprach nur einmal beiläufig Lloyd George – bekannter Politiker seiner Zeit, der britische Premierminister, der praktisch seit der Entstehung in die zionistischen Belange eingeweiht war. Keinen Ruhm wollten Juden, noch weniger persönliche Ehre – sie wollten die Heimat. Eines war allen klar: Eine neue Heimat kauft man nicht nur mit Geld. Das Gebiet kann mit Hilfe von Armeen erobert werden, die die Zionisten nicht hatten. Die Stärke lag nicht in Milliarden, sondern im politischen Einfluss auf die Parteien, auf den Staatsapparat, auf die Medien, auf die öffentliche Meinung. Für die Gründung des Staates Israel kämpfte die GANZE Nation, alle, die sich für Juden hielten, ganz gleich, zu welchen Weltanschauungen sie sich bekannten, wo und wem sie dienten, wem sie einen Eid abgelegt hatten.

Nicht betteln – fordern!

Palästina gehörte, wie bereits erwähnt, zum Osmanischen Reich. Seinen Herrscher, Sultan Abdul Hamid II, nannte die europäische Presse, darunter auch die Wiener *Neue Freie Presse*, bei der der Journalist Herzl arbeitete, den »Blutigen« – wegen des Massakers an etwa 80.000 Armeniern 1894-1896. Dennoch will Herzl mit ihm in Kontakt treten und von ihm Palästina fordern. Er möchte nicht bitten, sondern mit dem Sultan als Gleichgestellter sprechen. Herzl ist ein Niemand, Abdul Hamid ist der Herrscher eines Reiches. Herzl weiß, was er Abdul Hamid anbieten muss: Geld.

»Woher nehmen Sie das Geld?«, fragte »Geldsack« Baron Hirsch Herzl. »Rothschild wird fünfhundert Francs unterschreiben.«

Herzl zögerte nicht mit der Antwort: »Das Geld? Ich werde eine jüdische Nationalanleihe von zehn Millionen Mark aufbringen. Was bedeuten zehn Millionen für die Juden?«

Er stand vor Hirsch nicht mit ausgestreckter Hand. Er suchte in Hirsch keinen Sponsor, sondern einen Gleichgesinnten. Herzl sehnte die Begeisterung der Juden für die jüdische Sache gierig herbei – nur mit solchen Philanthropen wollte er sprechen: »Der Sultan kann für seine Finanzen eine echte, aufrichtige Hilfe nur durch eine Vereinbarung mit den Juden bekommen, aber eben mit jenen, die eine Judenpolitik betreiben, und nicht im Auftrag irgend eines Kabinetts.«

Während des Treffens mit Abdul Hamid bot er an – ohne einen Pfennig in der Tasche zu haben – ALLE SCHULDEN des Osmanischen Reiches zu bezahlen. Und für sein Geld forderte er Palästina.

Wie ein Zionismus-Wissenschaftler schrieb: »Das große Volk kann nicht auf dem schmalen Pfad der Philanthropen und Bittsteller zu seiner eigenen Wiedergeburt gehen.«

Und noch eins: Die Juden in Palästina leben schlecht – deshalb benötigen sie die Hilfe von Philanthropen. Herzl, statt ihnen zu helfen, ist bereit, Abdul Hamid Millionen für Palästina zu geben. Für ihn steht die Frage nicht, was wichtiger ist. Die nationale Idee ist wichtiger. Die Leute müssen ihr Leid ertragen. Die Unterstützung der Armen ist keine nationale Idee. Daher ruft Herzl, der von den Pogromen in Palästina weiß, die Juden auf, sie zu erdulden und treu dem Sultan zu dienen.

Einige Autoren vergleichen die jüdische Bewegung für die Schaffung eines Staates in Palästina mit der armenischen Bewegung nur für eine Autonomie im selben Osmanischen Reich.

Die Juden wurden verfolgt, unter anderem, weil sie keine Christen sind, Armenier – weil sie Christen sind. Ende des 19. Jahrhunderts lebten im Osmanischen Reich einige Tausend Juden und mehr als 2,5 MILLIONEN Armenier. Es scheint, dass einige keine Chance auf Erfolg haben, andere – mehr als genug. Diese zwei Völker erwarteten zwei verschiedene Finales: Die Juden rissen ihren Staat an sich, die Armenier wurden hingeschlachtet, dezimiert – zunächst 80.000 unter Sultan Abdul Hamid II. und später, im Jahre 1915, nach verschiedenen Schätzungen – bis zu zwei Millionen. In der Türkei blieb so gut wie keine armenische Bevölkerung mehr übrig, sie musste in andere Länder flüchten und außerhalb ihrer historischen Heimat einen Schutzort suchen.

Bezeichnend für das Verständnis der jüdischen Identität sind die Beziehungen zwischen Israel und den Vereinigten Staaten. Bei allen Gesprächen über politische, insbesondere militärpolitische, Fragen handelt Israel souverän, mit großer nationaler Würde. Der Eindruck, dass Israel manchmal Schutz bei den USA sucht, täuscht. Bei näherer Betrachtung ist es offensichtlich, dass eher die USA versuchen, Israel die ganze Zeit zu gefallen, seine Wünsche im Voraus zu erahnen, ihm nach dem Mund zu reden; Israel sich jedoch nur um der Form und nicht um des Inhalts willen, mit seinem Verbündeten berät.

Die Frage, wer in dieser Partnerschaft die Rolle des älteren Bruder innehat, ist zumindest umstritten – und dies trotz der Tatsache, dass Israel jährlich mehrere Milliarden Dollar finanzielle Unterstützung von den Vereinigten Staaten erhält. Amerikanische Präsidenten versuchen, die Israelis nicht zu »reizen«, vor allem vor den Wahlen nicht – das fehlende Wohlwollen der jüdischen Lobby kann zu schmerzhaften Stimmenverlusten führen.

Nur auf eigene Kraft setzen

Überraschenderweise haben die Zionisten im Laufe der Geschichte fast nie auf Wohltätigkeit »von außen« gesetzt – aus irgendeinem Grund wollten sie nicht verstehen, dass jemand ihnen aus freien Stücken helfen sollte. Sie haben entweder alles selbst gemacht (Juden für die jüdische Idee), oder sie haben Geld bezahlt.

Ein ungarischer Jude, der Orientalist Hermann Vamberi, der ein Treffen zwischen Herzl und dem Sultan Abdul Hamid arrangierte, berichtet: »Meine Mission war eine der schwierigsten, die ich jemals zu erfüllen hatte. Da waren vor allem das Misstrauen des Sultans, der die Zionisten fürchtete und in ihren Absichten Angriffe auf Palästina sah, und dann seine Unentschlossenheit in allem. Es hat mich enorme Mühe gekostet, seine Vorurteile zu zerstreuen. Zusammen mit dem Sultan stellte auch sein Hof Hindernisse auf, weil diese Leute dachten, wenn Juden eine Konzession wollen, dann sollte es Gold regnen, und jeder wollte ein paar Tropfen dieses Regens abbekommen...«[162]

Letzten Endes bekamen die ihrem innigsten Wunsch getreuen Juden ihr eigenes Land und das korrupte, in Erwartung eines »goldenen Regens« stehende Osmanische Reich wird in weniger als zwei Jahrzehnten in seine Bestandteile zerfallen.

Die Stärke der einen (die nichts haben) und die Schwäche der anderen (die alles haben).

Theodor Herzl tat alles selbst: Er schrieb selbst ein Buch, schuf selbst eine Zeitung, berief selbst den Zionistenkongress ein. Er traf sich als Gleichberechtigter nicht nur mit dem türkischen Sultan, sondern auch mit dem deutschen Kaiser, dem italienischen König und dem Papst, mit allen, die Macht und Einfluss in der Welt hatten. Seine Überzeugung: »Jedes Volk sollte sich selbst helfen, und wenn es ihm nicht gelingt, kann ihm nicht geholfen werden...«

Einer der prominentesten Zionisten Vladimir Jabotinsky schrieb über Herzl – aber zugleich über alle Juden, die zusammen an einer zionistischen Deichsel liefen: »Wir saßen damals hinter dem Drecksgraben am Rande der großen Straße des Lebens, und auf der Straße zog die majestätische Prozession der Völker ihren historischen Schicksalen entgegen; wir saßen wie

Bettler abseits mit ausgestreckter Hand, bettelten um Almosen und schworen in verschiedenen Sprachen, dass wir diese Almosen durchaus verdienten; manchmal wurden sie uns gegeben, und es schien uns, dass wir sehr glücklich sind, weil der Brotgeber jetzt bei Laune ist und man sogar von ihm einen nicht ganz abgenagten Knochen schnorren kann.
Doch es schien uns nur so, im tiefsten Herzen reifte die Abscheu heran – gegen diesen Bettlerplatz hinter dem Straßengraben, gegen die ausgestreckte Hand – es zog uns wie von ungefähr auf den großen Weg, um auf ihm wie die anderen zu gehen und nicht zu betteln, sondern selber unser Glück zu schmieden. Dann kam er und ging auf die verschwommene Aufwallung unserer Seele ein, und sagte uns: »'Baut euch eure Geschichte selbst. Kommt auf die Bühne, damit euer Schicksal von nun an das Werk eurer Hände werde'.«[163]

Tränen allein helfen nicht

Das Telegramm des Zionistischen Kongresses, in dem Abdul Hamid für sein »Patronat über die Juden« gedankt wurde, löste auf der ganzen Welt scharfe negative Reaktionen aus. Die Welt kannte Abdul Hamid als Schinder des armenischen Volkes. Der Kongress erhielt zahlreiche Telegramme, in denen armenische, bulgarische, russische, polnische, jüdische Studenten ihre »Entrüstung und Verachtung für den Kongress über dessen Telegramm an den großen Scharfrichter Abdul Hamid« zum Ausdruck brachten. Der Zionist Bernard Lazare, einer von Herzls ersten Gefährten, verlässt aus Protest den Vorstand des zionistischen Kongresses…
Halten wir für einen Moment inne. Von Abdul Hamids Unterstützung der zionistischen Idee hängt ihre Umsetzung ab. Deshalb versuchen die Juden, gute Beziehungen zu Abdul Hamid zu pflegen, deshalb fährt Herzl in die Türkei und unterhält sich mit ihm. Die Tatsache, dass Abdul Hamid für den Tod von Zehntausenden von Armeniern verantwortlich ist, ist nicht die Angelegenheit der Juden. Wenn die jüdische Nation die Seite der Armenier einnimmt, schneidet sie sich den Weg zur Realisierung der eigenen Idee ab. Diese zwei Nationen haben zwei verschiedene Aufgaben, und jede Nation löst ihre Aufgabe selbst.
Aus der Sicht des Judentums ist ein Appell mit einem unterwürfigen Brief an

Abdul Hamid eine logische Fortsetzung der Verwirklichung der jüdischen nationalen Idee. Eine andere Haltung gegenüber Abdul Hamid (als einem blutigen Henker) wäre ein Verrat an der JÜDISCHEN nationalen Idee.

Die Moral ist in diesem Fall der Erreichung des Ziels untergeordnet. Die nationale Idee wird ÜBER die universelle Moral gestellt. Oder genauer, die Juden, Herzl, benutzen ihre eigene jüdische Moral, die nicht auf einer allgemeinmenschlichen Grundlage beruht, sondern allein auf dem Wunsch, das Ziel zu erreichen. Mit diesem – einem moralischen oder unmoralischen Ansatz – werden wir in diesem Kapitel mehr als einmal konfrontiert.

Daher war Herzls Reaktion auf Lazares Protest logisch: »Bernard Lazare veröffentlichte eine fürchterlich vulgäre Note gegen mich über den Austausch von Grüßen zwischen dem Zionisten-Kongress und dem Sultan. Was für ein Interesse, außer einer großen Geste (Moral ist nur eine »große Geste« – V. T.), könnte er verfolgen, wenn er Armenier verteidigt?«. Und der zukünftige erste Präsident Israels, Chaim Weizmann, berichtete 1902 in einem Brief an seine Braut: »Ich hatte ein langes Gespräch mit (Edward) Bernstein und seiner Tochter in Berlin. Ich habe ihn dafür gerüffelt, dass er sich der Sache der Armenier und nicht der jüdischen Sache annimmt.«

Als der griechisch-türkische Krieg 1897 ausbrach, nahm Herzl sofort die pro-türkische Position ein (er brauchte nichts von den Griechen), er organisierte für die Türkei Hilfsgelder, Freiwillige, Ärzte für die türkische Armee. Er überreichte dem türkischen Botschafter in Wien eine geheime Kunde, in der er seine Loyalität gegenüber dem Osmanischen Reich unter Beweis stellte...

Und dann – nach Jahren, im Mai 1901 – ein Treffen von Herzl mit Abdul Hamid. Herzl bittet (gegen Geld) um Palästina. Abdul Hamid ist empört: »Ich kann nicht einen Fußbreit des Landes verkaufen, weil es nicht mir, sondern meinem Volk gehört... Die Juden mögen ihre Milliarden für sich behalten. Wenn mein Reich in Teile zerfällt, werden sie Palästina umsonst bekommen...«

Das war offensichtlich im Zorn gesagt. Abdul Hamid konnte sich nicht einmal vorstellen, dass sein mächtiges Osmanisches Reich eines Tages auseinander fallen könnte. Daher bedeuten die Worte »wenn mein Reich in Teile zerfällt« tatsächlich – bis zum Sankt-Nimmerleinstag.

Aber Herzl nimmt diese Worte anders wahr. Er beginnt sich auf England – den Feind der Türkei – zu orientieren und aus zionistischen Mitteln die Partei der »Jungtürken« – die oppositionelle Partei zu Abdul Hamid – zu finanzieren. Die »Jungtürken« werden Abdul Hamid 1909 stürzen und 1917

wird es von dem einst mächtigen Reich nur eine Erinnerung geben. Palästina kann man wirklich »umsonst bekommen«.
Das Ziel, das Ziel und nur das Ziel steht vor Augen.

Juden und deutsche Entschädigungen

Bezeichnend ist für die israelische Politik die Frage der Reparationen aus Deutschland für die Verbrechen des Hitlerismus.
In den späten 40er Jahren trat Israel in eine Phase wirtschaftlicher Probleme. Das Land drohte zu kollabieren. Ein Ausweg aus der Krise war die Forderung nach Entschädigungen aus Deutschland. Wie der Leiter des Jüdischen Weltkongresses, Nahum Goldmann, sagte: »Die getöteten Juden haben keine Erben, deshalb soll das ganze jüdische Volk ihr Eigentum erben.«[164]
Unter diesem Motto begannen auch geheime Verhandlungen mit der Konrad-Adenauer-Regierung, über eine Summe von etwa 1,5 Milliarden Dollar; ihre Verluste hatten die Juden selbst geschätzt. Geheime Verhandlungen, weil die israelische Regierung nicht ohne Grund glaubte, dass der Fakt, von den Deutschen, die die Juden »Mördervolk« nannten, Geld zu erhalten, Empörung der Israelis auslösen könnte, die nicht bereit wären »das Blut unserer Brüder, unserer Väter und Mütter zu verkaufen.«
Aber zu Beginn der offiziellen Verhandlungen sollte das israelische Parlament – die Knesset – grünes Licht geben. So wurde das Geheimnis gelüftet. Eine Anführerin des Aufstandes im Warschauer Ghetto, Zivia Lubetkin, fragte: »Ist es möglich, dass sogar auf dem Boden Israels Uneinigkeit über den Hass gegenüber den Mördern unseres Volkes herrschen konnte?«.
Ihrer Stimme schlossen sich viele Teilnehmer des jüdischen Widerstands während des Zweiten Weltkriegs an. Haika Grosman zum Beispiel verglich die Befürworter der Verhandlungen mit Deutschland mit den Anführern der Judenräte, den jüdischen Kollaborateuren in den Ghettos. Es ist das gleiche wie »die Seele dem Teufel zu verkaufen«, sagte der Abgeordnete Moshe Aram während der Debatte in der Knesset, die Frage der Entschädigungen ist ein Schritt in Richtung »der beschämenden Mission, den Nazi-Dreck weiß zu tünchen.«
Ein Zionist, der Knesset-Abgeordnete Elimelech Rimalt warnte: »Wer glaubt, dass man das Geld nehmen kann und die Deutschen weiter hassen

und boykottieren kann, irrt sich... Die Deutschen strengen die Verhandlungen an, um ihren Schandfleck auszuwaschen, und wir sollten die letzten sein, die ihnen dabei helfen, denn wenn es in der Geschichte Sinn und Gerechtigkeit gibt, dann muss ein Fleck auf ihnen bleiben. Ein Kainsmal auf der Stirn dieser Nation.«

1951 titelten Zeitungen ihre Seiten mit »Das Volk gibt keine Zustimmung zu einem Akt der Versöhnung mit dem Mördervolk« und »Reparationen und Verhandlungen sind eine Schande für Generationen«.

Die radikale politische Bewegung *Herut* legte einen Gesetzentwurf vor, nach dem der Handel mit Deutschland mit dem Handel mit einem feindlichen Staat gleichgesetzt wurde. Im beißenden Satz des Anführers von *Herut*, des zukünftigen Premierministers von Israel, Menachem Begin, kulminierte die Diskussion: »Jeder Deutsche ist ein Nazi. Jeder Deutsche ist ein Mörder.« Er glaubte, dass dieses Thema kein Referendum brauchte: Eine Abstimmung hat es bereits »in Treblinka, in Auschwitz und in Ponary«[a] gegeben und »dort haben Juden in Todesqualen votiert: kein Kontakt, keine Verhandlungen mit Deutschen.« Ihn beleidigte, dass die israelische Regierung bereit war, »wegen ein paar Millionen schmutziger Dollars, wegen schmutziger Waren den Stolz zu unterdrücken, den wir während jahrhundertelanger Verbannung zu bewahren vermochten.«

Aber die israelische Wirtschaft war am Rande einer Katastrophe, hatte nicht genug Geld für den Empfang von Hunderttausenden Repatrianten. Der israelische Premierminister David Ben-Gurion fand eine Formel für die moralische Rechtfertigung der pragmatischen Lösung: »Ein souveräner Staat kann nicht genau so wählerisch und hilflos seine Geschäfte führen wie Bewohner eines Ghettos.« Das hieß, Bewohner des Ghettos würden vielleicht aus moralischen Erwägungen einem Deutschen keine Hand geben, der »souveräne Staat« muss das tun, ein anderes Verhalten »kann er sich nicht leisten«. Laut Ben-Gurion sind Gegenwart und Zukunft wichtiger als die »Schatten der Vergangenheit«.

Einer der Verfechter von Verhandlungen, Nahum Goldmann, schrieb: »Wer kann das moralische Recht der Juden leugnen, mit allen Mitteln zu versuchen, so viel wie möglich« aus dem Besitz der Opfer des Nazismus zu

---

a *Treblinka* und *Auschwitz* sind deutsche Konzentrationslager während des 2. Weltkrieges, wo viele Juden umgekommen sind. *Ponary* ist ein Ort in Litauen (litauisch *Paneriai*), wo in den Jahren 1941 bis 1944 über 100.000 Menschen, meist Juden, aber auch Russen, Polen und Litauer, durch deutsche SD- und SS-Truppen ermordet wurden (Massaker von Ponary).

erhalten. Er fügte hinzu: »Ich verstehe sehr gut die emotionale Abneigung von vielen Juden, direkte Gespräche mit deutschen Beamten zu führen, aber ich glaube nicht, dass der bloße moralische Abscheu ausreicht, um den Opfern, die die NS-Verfolgung überlebten, die beträchtlichen Einnahmen zu entziehen, die sie erhalten können, wenn das bei Juden geraubte Eigentum im Wert von Hunderten Millionen Dollar zurückgegeben wird. Was ist das für ein moralisches Prinzip, das den geraubten Schatz in den Händen des Verbrechers lässt?« Reparationen waren »eine konstruktive Vergeltung«, schrieb der jüdische Autor Yehiam Weiz.

Noch weiter in der Rechtfertigung der Zweckmäßigkeit der Verhandlungen ging der Abgeordnete des Parlaments Pinchas Lawon. Er meinte, dass man, ein natürliches Gefühl des Ekels überwindend, manchmal mit dem »verhassten und fiesen Volk« verhandeln müsse, weil nationale Interessen dies verlangten.

Als positives Beispiel für Pragmatismus erinnerte sich ausgerechnet Lawon an das im August 1933 unterzeichnete »Haavara«-Abkommen. Das so genannte »Übereinkommen über den Transfer«, angefertigt vom damaligen *de facto* Außenminister der israelischen Gemeinde in Palästina (*Eretz Israel*) Chaim Arlosoroff, sah die Übersiedlung von REICHEN Juden aus Deutschland nach Palästina vor. Es wurde mit der Unterstützung der damaligen jüdischen Anführer Chaim Weizmann und David Ben-Gurion abgeschlossen und vom Zionistischen Kongress genehmigt. Finanztransaktionen wurden unter anderem durch die Bank »M. M. Warburg & CO« durchgeführt (bis 1938 unter der Leitung des Juden Max Warburg) und durch eine von den Zionisten gegründete *Anglo-Palestine Bank*. Der Grund dafür war, dass jüdische Emigranten nach Palästina kein Geld mitnehmen durften und so viele von ihnen Angst hatten, Deutschland ohne einen Pfennig zu verlassen. Gemäß der »Haavara«-Vereinbarung wurde das Geld der deutschen Juden auf die Konten von Banken überwiesen. Mit diesem Geld wurden deutsche Waren gekauft, die in jüdischen Siedlungen in Palästina und in Europa verkauft wurden. Die aus dem Verkauf erzielten Mittel – abzüglich des Anteils der Projektteilnehmer – gingen an Umsiedler in Eretz Israel. Die Vereinbarung mit den Nazis, die den von amerikanischen Juden organisierten Boykott deutscher Waren (März 1933) konterkarierte, führte zu einem Aufschrei sowohl im Land Israel, wo er »Union von Stalin, Hitler und Ben-Gurion« genannt wurde, als auch in der Diaspora.

1933 wurden noch keine Juden in Deutschland getötet, niemand konnte die weitere Entwicklung der Ereignisse vorhersehen. Es ging um Geld, es war ein Geschäft. Das Abkommen galt mehrere Jahre. Verschiedenen Quellen nach, siedelten nach Palästina zwischen 50.000 und 60.000 Juden um. Aus Nazi-Deutschland war es somit möglich, nach Jakow Basins Berechnungen[165], etwa 140 Millionen Reichsmark (das waren 100 Millionen Dollar oder 1,7 Milliarden Dollar in den Preisen von 2009) nach Palästina auszuführen. Im selben Zeitraum haben sich Nazis 186 Millionen Reichsmark einverleibt. Wie Basin bemerkte: »Mit der Verarmung der deutschen Juden und der Stärkung des arabischen Widerstands gegen das Wachstum der jüdischen Bevölkerung Palästinas ist die Aktion von selbst eingeschlafen.« Das heißt, die in Deutschland bedrohten armen Juden haben Eretz Israel nicht interessiert.

Ausgerechnet an diese Geschichte erinnerte Lawon 1952 in seiner Rede vor der Knesset: »Lasst uns für einen Moment annehmen, dass wir auf dem Weg der Gegner der Vereinbarung (»Haavara« – V. T.) gegangen wären und jüdisches Eigentum, das wir gerettet haben, in den Händen von Hitlers Vernichtungsmaschinerie beließen hätten und nicht in der Lage gewesen wären, die Alija (jüdische Einwanderer nach Palästina – V. T.) aus Deutschland aufzunehmen, die zum Eckpfeiler der Stärkung der Gemeinschaft in Palästina wurde – wem würde das geholfen haben? Hätte das jüdische Volk von einer solchen Entwicklung profitiert oder, im Gegenteil, Hitler?«

Die positive – nicht emotionale, sondern rationale, pragmatische – Entscheidung über die ersten deutschen Zahlungen wurde angenommen. Es gibt kein gerechtes und ungerechtes Geld. Geld stinkt nicht. Es war deutsches Geld, das die israelische Wirtschaft rettete, deutsche Waffen (die zuerst heimlich geliefert wurden) sorgten für die militärische Macht Israels.

Auf der einen Seite, wie der jüdische Schriftsteller Yehiel Dinur sagte, »vergifteten Reparationen unsere Seelen«, auf der anderen stand ein bisschen Kleingeld.

Insgesamt hat Deutschland bis Ende 2017 als Entschädigung für NS-Unrecht rund 75,6 Milliarden Euro erbracht. Der Betrag für Wiedergutmachung und Entschädigung beläuft sich heute auf ca. 1 Mrd. Euro jährlich.[166]

Als im Juni 1933 der Initiator von »Haavara« Arlosoroff in Tel Aviv erschossen wurde (der Mord ist bis heute nicht aufgeklärt), schrieb Golda Meir, ehemals Premierministerin von Israel, in ihrem Buch »Mein Leben« über dieses Ereignis: »Als die Nachricht von seiner Ermordung kam, war ich am meisten darüber entsetzt, dass in Palästina ein Jude den anderen töten konnte.«[167]

Bezeichnende Worte – in welcher anderen Nation sind sie möglich?

Öffentliche Meinung

In den letzten Jahrzehnten ist es Mode geworden, dem einen oder anderen Volk beizubringen, wie es zu leben habe. Die Moralisten sind immer dieselben und die »Lehrlinge« ebenfalls. In Afrika und einigen asiatischen Ländern werden diese Belehrungen durch Luftbombardements sowie Raketenangriffe von unbemannten Luftfahrzeugen unterstützt.
Diese Unterweisungen bleiben auch Israel nicht erspart. Natürlich werfen Dutzende, ja Hunderte politischer Entscheidungen in vielen Ländern, unter anderem auch in Israel, Fragen auf. Aber ebenso werden auch dubiose Entscheidungen von »Oberlehrern« getroffen – es gibt kein ideales Land auf der Welt, an dem man nichts zu bemängeln hätte. Diese Kritik, die oft als »öffentliche Meinung« bezeichnet wird, führt nicht immer zu Ergebnissen, aber sie wird immer berücksichtigt: Die »öffentliche Meinung«, insbesondere die »internationale«, ist sehr schwer zu ignorieren.
Für alle – außer Israel.
Mir fiel es schwer, die Logik einiger Entscheidungen der israelischen Regierung zu verstehen, bis ich den Direktor des Zentrums für nationale Sicherheit der Universität Haifa, Dan Schueftan, traf, der drei Jahrzehnte lang der Berater der israelischen politischen Elite war. Die Haltung des Landes zur Kritik an seiner Politik drückte er so aus: Alle mögen uns nicht, daher können wir von der so genannten »internationalen öffentlichen Meinung« nichts Gutes erwarten; deshalb lassen wir diese Meinung außer Acht – weil wir so oder so nichts Schmeichelhaftes hören werden. Welche Vorwürfe das auch betraf, auf alles hatte er eine Antwort: Wir machen es so, wie wir es für richtig halten, und was andere darüber denken, interessiert uns nicht.
Israel akzeptiert keine Kritik an seine Adresse. So etwas erlauben sich in der Welt vielleicht nur die Vereinigten Staaten, und selbst sie nicht zu Hundert Prozent. Ein glänzender Beleg der Stärke der Nation.
Mit hunderten Atomsprengköpfen (Collin Powel spricht von 200[168], Jimmy Carter von 300[169], Fachleute von 400 und mehr[170]), deren Existenz Israel weder bestätigt noch dementiert, unterzeichnet es nicht den Vertrag über die Nichtverbreitung von Kernwaffen, deshalb braucht es nicht die Inspektoren der Atomenergiebehörde IAEO ins Land zu lassen. Und gleichzeitig droht es mit einem Bombenangriff auf den Iran, der noch keinen Atom-

sprengkopf besitzt, aber schon wegen der theoretischen Möglichkeit, solche Waffen zu bauen, real unter israelischen Raketen leiden kann. Genau so, nur unter Berücksichtigung seiner eigenen Interessen, betreibt Israel seine Politik gegenüber Palästinensern, baut unbekümmert eigene Siedlungen in den palästinensischen Gebieten und versucht nicht einmal, sich irgendwie vor der Welt dafür zu entschuldigen. Die kritische »internationale Öffentlichkeit« spielt praktisch keine Rolle als Korrektiv für das politische Handeln Israels. Und eine wohlwollende Öffentlichkeit rechtfertigt immer alles, was Israel tun will. Die jüdische Schriftstellerin Evelyn Hecht-Galinski formulierte diesen Sachverhalt in einem Buch mit dem Titel »Das elfte Gebot: Israel darf alles«[171].

Wir reden über diese jüdische Mentalität in Israel keineswegs, um jemanden dort dazu zu bringen, einige internationale Vereinbarungen, Abmachungen oder Vorschriften einzuhalten. Vielmehr zählen wir damit die israelische Nation heute zu den stärksten der Welt und sind fasziniert von ihrer Kraft, denn nur mächtige Nationen müssen sich nicht im Fahrwasser internationaler Vereinbarungen halten, sie handeln nur im Sinne ihrer nationalen Interessen. Zweifellos zeigt dieser Duktus – das Handeln im Einklang mit nationalen Interessen – die wahre Stärke der Nation. Natürlich gehören zu dieser Macht auch wirtschaftliche Kraft, Stand der Bewaffnung, aber, wie wir an den anderen Beispielen sehen werden, es gibt heute in der Welt eine beträchtliche Anzahl von Ländern, die Israel wirtschaftlich und militärisch deutlich überlegen sind, die wir aber auf keinen Fall zu den starken Nationen zählen können.

Durchaus vielsagend ist auch Israels nationale Politik. Während jüdische Politiker, von den Juden kontrollierte Medien aktiv Multikulturalismus als die Säule der Entwicklung der modernen Gesellschaft predigen, führt man in Palästina selbst eine Politik der kulturellen und religiösen Trennung durch und teilt das Territorium in jüdisch und palästinensisch. Hohe Mauern, Stacheldraht zerteilen das Land. Palästinenser sind in ihren Rechten eingeschränkt, sie leben in Reservaten, sie sind gezwungen, Bürger zweiter Klasse zu sein. Millionen von Palästinensern sind immer noch im Exil und bekommen von Israel keine Gelegenheit, nach Hause zurückzukehren. Für den Rest der Welt wird aber das uneingeschränkte Recht von Flüchtlingen auf Asyl aktiv gefordert, Migrationsströme nach Europa, auch aus völlig fremden Kulturkreisen, werden unterstützt und stimuliert.

So sorgen Juden mit harter Hand für den nationalen Frieden in ihrem eigenen Heim.

Makkabi

Eine Nation, die die nationale Idee umsetzt, kümmert sich nicht nur um ihre Existenz, sondern auch um eine gesunde, aktive physische und intellektuelle Entwicklung. Nur dann ist das eine starke Nation.

Unter Verfolgungen und Pogromen des späten 19. Jahrhunderts prägte einer der Gründer des Zionistischen Kongresses, der österreichische Arzt und Schriftsteller Max Nordau für Juden, die in der öffentlichen Wahrnehmung nur in dunklen Zellen Tora-Zeilen murmeln, den Begriff des »muskulösen Juden«. Am Zionistischen Kongress im Jahr 1898 und später in dem Artikel »Was bedeutet das Turnen für uns Juden?«[172] forderte er die Aufrechterhaltung der »körperlichen Vitalität« durch Leibesübungen – nicht für alle Menschen, nicht für die Völker, unter denen die Juden damals lebten, sondern nur für die Juden. Seiner Meinung nach trügen die Erfolge des jüdischen Sports zur Steigerung des nationalen Selbstwertgefühls bei.

Dieser Appell spielte eine entscheidende Rolle in der Entwicklung des jüdischen Nationalsports.

Die Juden müssen stark und gesund sein, die Juden haben in dieser Welt zu überleben, die Juden sollten die physische Stärke haben, um einen schwierigen Weg zu ihrer neuen Heimat zu überwinden – Nordau interessieren andere Ethnien, ihre geistige und körperliche Verfassung absolut nicht.

Seit damals, seit mehr als hundert Jahren, gibt es jüdische Sportvereine *Makkabi* auf der ganzen Welt.

»*Makkabi* ist eine internationale jüdische Sportorganisation«, – schreibt die jüdische elektronische Enzyklopädie, »die ihr Ziel in der Stärkung der körperlichen Gesundheit des JÜDISCHEN Volkes sieht, die sie als Schlüssel zur GEISTIGEN KRAFT DER NATION versteht, in der allseitigen Unterstützung des Staates Israel, in der Entwicklung des nationalen Bewusstseins und DES GEFÜHLS DER NATIONALEN ZUSAMMENGEHÖRIGKEIT der Juden, WO IMMER SIE AUCH LEBEN.«[173] (*Hervorhebung von mir - V. T.*)

Die Ursprünge der *Makkabi* gehen zurück zum Ende des 19. Jahrhunderts, als mit der Verbreitung der zionistischen Ideologie die jüdische Jugend Turnvereine zu schaffen begann und in der Gesundung ihres Volkes eine Voraussetzung für die Verwirklichung des zionistischen Ideals sah. Der erste jüdische Turnverein wurde 1895 in Istanbul gegründet, der zweite in

Plowdiw (Bulgarien). Im Jahr 1898 eröffnete in Berlin der jüdische Turnverein »Bar-Kochba«, ihm folgten jüdische Sportklubs in Wien, Sofia, Bukarest, Belzy (heute Bălţi in Moldawien), Krakau, Lemberg, Poznan, Leipzig und anderen Städten in Mittel- und Osteuropa. 1900 erschien bei »Bar-Kochba« die erste Ausgabe der *Jüdischen Turnzeitung*. Am 4. Zionistischen Kongress in Basel (1903) zeigten jüdische Turnvereine aus Europa ihr Können, dort wurde auch beschlossen, sie in einer Union zu bündeln. Die Zahl solcher Klubs wuchs schnell, 1911 wurden 20.000 Mitglieder vermeldet. 1915 erschien *Makkabi* in Warschau, 1916 in Petrograd, im April 1917 in Odessa. Bis zum August 1917 gab es 125 solcher Klubs, darunter in Sibirien, im Ural, im Kaukasus und sogar im mit Einwanderern aus Russland bevölkerten chinesischen Harbin. Zum Beginn des Zweiten Weltkriegs zählte *Makkabi* mehr als 200.000 Mitglieder in 38 Ländern, einschließlich Länder Europas, Nord- und Südamerikas, in Südafrika, der Türkei, Ägypten, China und Australien.

1932 fand die erste *Makkabiade* in Tel Aviv statt, an der Teams aus 21 Ländern teilnahmen. Eines der offiziell erklärten Ziele der *Makkabiade* war es, DAS GEFÜHL DER ZUGEHÖRIGKEIT ZU EINEM VOLK ZU STÄRKEN. Seit 1953 finden alle vier Jahre in Israel *Makkabiot* (Plural von *Makkabiade*) statt. Im Jahr 2017 nahmen mehr als 10.000 jüdische Sportler aus 80 Ländern daran teil. Die *Makkabiade* gilt heute, nach den Olympischen Spielen und der Universiade, als drittgrößtes, nach der Teilnehmerzahl zu urteilen, Weltsportereignis.

An der *Makkabiade* dürfen sich NUR Juden beteiligen. In den letzten Jahren wurde eine Lockerung vorgenommen: Es ist erlaubt, auch israelischen Bürgern anderer Glaubensrichtungen und ethnischer Gruppen daran teilzunehmen. Merke: aber nicht den Bürgern anderer Länder, in denen Juden leben. Es wäre interessant, einen anderen Sportverein in einem anderen Land zu finden, an dessen Türen »Nur für Chilenen«, »Nur für Japaner« oder »Nur für Schweden« geschrieben steht sowie die Reaktion der »Weltgemeinschaft« darauf zu vernehmen!

Für Juden ist das NORMAL.

Die grundsätzliche ideologische Richtlinie von *Makkabi* ist: Die Entwicklung von Körperkultur und Sport ist Teil des Prozesses der nationalen Wiederbelebung. Daher gibt es keine einzige nationale Aufgabe, zu der die *Makkabi*-Mitglieder nicht beigetragen hätten. Als die Kampagne »Jude, sprich Hebräisch!« im Land gestartet wurde, gehörten Klubmitglieder zu ihren Aktivisten. Im Jahr 1921 wurde die Siedlungsbewegung *Makkabi ha-*

tzair gegründet, die in Palästina eine Reihe von landwirtschaftlichen Genossenschaften gründete. Athleten gehörten zu den ersten Freiwilligen der Jüdischen Brigade, die im September 1944 als jüdische Militäreinheit der britischen Armee organisiert wurde – später bildeten Kämpfer der Brigade das Rückgrat der israelischen Armee. Der Sport wurde auch verwendet, um britische Gesetze im Mandatsgebiet von Palästina zu umgehen. Im Jahr 1935 wurde die 2. *Makkabiade* in Tel Aviv abgehalten. Hunderte ausländische Teilnehmer dieses Wettbewerbs blieben illegal in Palästina.
So wurde von Zionisten auch der Sport in den Dienst der nationalen Idee gestellt.

Opferbereitschaft für die Idee

Theodor Herzl stammt aus einer nicht gerade armen jüdischen Familie. Sein ganzes Leben schrieb er für die Zeitung – Feuilletons, Erzählungen. Seine Stücke wurden auf den Bühnen von Wien, Berlin, Prag und anderen Theaterhauptstädten Europas aufgeführt – er galt als einer der prominentesten österreichischen Dramatiker. Um die Idee des Zionismus zu fördern, gab er auf eigene Kosten die Wochenzeitung *Die Welt* heraus. Sein Eheleben entwickelte sich sehr schlecht: Seine Frau teilte die zionistischen Ansichten ihres Mannes nicht, und er fühlte sich stets zwischen Berufung und Familie zerrissen. Seine Bücher »Der Judenstaat« und der utopische Roman »Alt-NeuLand«[174] wurden in viele Sprachen übersetzt und Hunderttausende Exemplare verkauft. Viele Jahre lang leitete er den Zionistischen Weltkongress, durch den für verschiedene Bedürfnisse viele Millionen flossen. Er wollte Palästina »kaufen«, also ging er oft ein und aus bei Kaisern und Milliardären.
Aber kurz vor seinem Tod, am 2. Mai 1901, schrieb Herzl in sein Tagebuch: »Heute bin ich einundvierzig Jahre alt... Sechs Jahre sind es bald, daß ich diese Bewegung begann, die mich alt, müde und arm gemacht hat...« Und etwas früher, am 30. Januar: »Ich fühle meinen Herbst kommen. Ich laufe Gefahr, kein Werk der Welt und kein Vermögen meinen Kindern zu hinterlassen.«[175]
Gesundheit, das ganze Geld gingen für die Idee drauf. Für die Idee, die kein »von jemandem finanziertes Projekt« ist, mit dem man seine Schäfchen ins

Trockne bringt, ohne sich allzu sehr um Ergebnisse zu bemühen, sondern ein schweres Kreuz.
Nach seinem Tod sagte sein Mitstreiter Max Nordau: »Als er den »Judenstaat« schrieb, war er ein wohlhabender, beinahe reicher Mann. Als er neun Jahre später starb, hinterließ er fast nichts...«[176]
Und als Herzl hörte, dass er das Erbe seiner Kinder vergeude, antwortete er mit einem Lächeln: »Ich habe zu meinem Volke das Vertrauen, dass es meine Frau und Kinder nicht hungern lassen wird.«[177]

Juden und Palästinenser: Wer wird gewinnen?

Wenn wir behaupten, dass die jüdische Nation stark ist, dann ist die Frage berechtigt, warum diese starke Nation seit mehreren Jahrzehnten nicht in der Lage ist, den Widerstand der Palästinenser zu überwinden? Darüber hinaus erhält Israel finanzielle, militärische und politische Unterstützung von allen westlichen »Demokratien«, und die Palästinenser erhalten praktisch nichts. Israel ist mit Panzern und Flugzeugen bis an die Zähne bewaffnet und verfügt über eine gut ausgebildete Armee, die Palästinenser haben weder Armee, noch Staatlichkeit, im Rahmen derer eine solche Armee geschaffen werden könnte.
Die Frage der Dauer der Konfrontation und der fehlenden »Siege« entsteht vor dem Hintergrund der historischen Tatsachen, die wir beiläufig erwähnt haben: Im 16. Jh. wurden in Amerika Hunderte von Stämmen (die sogenannten Subethnien) und drei Zivilisationen vernichtet. Ferdinand Cortés zerstörte innerhalb von zwei Jahren den Staat der Azteken und verbrannte ihre Hauptstadt Tenochtitlan. Später vernichtete er auch den Staat der Maya. Unter seinem Kommando standen 5000 Soldaten, rekrutiert vor allem aus Gefängnissen und mit sehr eigenartiger Vorstellung von Militärdisziplin, geschweige denn von Taktik und Strategie des Krieges. Auf der anderen Seite hatten die Azteken mindestens 50.000 gut ausgebildete Kämpfer. Auch Francisco Pissarro besiegte die kriegerischen Inkas in Peru. Gleichzeitig eroberte eine Rotte von 800 Mann unter dem Kommando des Portugiesen Bartolomeu Dias Brasilien, dessen Territorium 100 Mal größer ist als das Territorium Portugals.
Historiker können diese Erfolge immer noch nicht überzeugend erklären.

Vielleicht hatten die Portugiesen bessere Waffen. Wladislaw Galezkij, der dieses Thema erforschte, wendet ein: »Aber es ist doch den schlecht bewaffneten arabischen Stämmen in Maghreb gelungen, die europäische Expansion in Afrika durch die Sahara zu verhindern!«[178]

Auf der Seite der Indianer waren Geländekenntnisse und zahlenmäßige Überlegenheit. Wie Cortés schreibt, wenn für jeden gefallenen Spanier fünfundzwanzig Tausend Indianer umkommen würden, würden seine Leute trotzdem vernichtet[179]. Immerhin sprechen wir von Millionen von Indianern – schätzungsweise 10 Millionen in Peru, 25 Millionen in Mexiko. Warum wurden den Spaniern und Portugiesen nicht das Rückgrat gebrochen?

Die Eroberungen der Territorien viermal größer als Europa nur durch ein »Gotteswerk«, von dem die Portugiesen reden, zu begründen, ist schwierig. Eine Erklärung (unter anderen von Gumiljow, die auch Galezkij teilt) liegt in der Tatsache, dass die portugiesische und die spanische Nationen auf dem Höhepunkt ihrer Passionarität waren und die Indianer sich im Niedergang befanden.

Im Nahen Osten ist eine starke jüdische Nation auf eine starke arabische Ethnie gestoßen, die (einigen Anzeichen nach, die Gumiljow anführt) sich nahe dem höchsten Punkt der Passionarität befindet. Die jüdische Nation ist gezwungen, in dem Umfeld dieser arabischen Ethnie zu existieren. Die Palästinenser gewinnen an Stärke, die Zeit spielt für sie, sie haben ein enormes Bevölkerungswachstum. Eine Formel der Kraftquelle ist: In den Palästinensischen Autonomiegebieten beträgt der Anteil der Kinder bis 14 Jahre 44 Prozent, der Erwachsenen von 15 bis 64 Jahre – 52 Prozent, über 65 Jahre – ein kleiner Rest. Das Durchschnittsalter der Palästinenser beträgt weniger als 20 Jahre. Wie dem auch sei, das Völkerrecht ist ebenfalls auf ihrer Seite: Wenn Juden das Recht auf nationale Selbstbestimmung und nationale Entwicklung haben, dann sollten auch Palästinenser die gleichen ungestutzten Optionen haben.

Daher ist es verfehlt, auf einen leichten Sieg wie bei Cortés zu warten. Und im Allgemeinen ist es unwahrscheinlich, dass dieser Konflikt mit Gewalt gelöst wird. Offensichtlich liegt die Lösung in flexiblen Kompromissen, zu denen die jüdische Nation – insbesondere angesichts ihres Glaubens an ihre Macht – nicht bereit ist.

Eine schwache Nation – die Deutschen

Schwache Nationen gibt es mehr als genug. Heute sind praktisch alle europäischen Nationen schwach. Wir nehmen Deutschland aus mehreren Gründen als Beispiel. Erstens ist es ein wirtschaftlich starkes Land, der Motor der Europäischen Union. Zweitens ist es ein politisches Schwergewicht, das den Status eines ständigen Mitglieds des UN-Sicherheitsrats – mit dem entsprechenden Vetorecht – anstrebt. Drittens ist es eine militärische Streitmacht, die in letzter Zeit aktiv in politische Ereignisse auf dem Planeten eingreift. Viertens (genauer gesagt »3. 1.«) ist das Land zu einem der wichtigsten Produzenten und Exporteure von Waffen geworden, gleich nach den USA und Russland, und Waffen waren schon immer ein Mittel zur Lösung von Konfrontationen. Die Schwäche der Nation eines mächtigen Staates zu beweisen, ist viel lehrreicher als über die Schwäche der Nation eines schwachen Staates zu sprechen – mit der ist auch so »alles klar«. Dies hat den zusätzlichen Effekt, dass der Unterschied zwischen Nation und Staat anschaulich erkennbar wird.

Schließlich fünftens ist dieses Land dem Autor besser bekannt als alle anderen europäischen Länder, da es in den letzten drei Jahrzehnten zu seiner Heimat geworden ist. Deshalb – Deutschland.

Offensichtlich muss eine Nation als schwach angesehen werden, die sich nicht verteidigen kann. Es geht nicht um militärische Verteidigung, sondern darum, die Nation vor den Herausforderungen der Zeit zu schützen. Eine Nation, die die Herausforderungen der Zeit nicht einmal erkennen kann, ist einfach verloren.

Deutsche sterben aus

Damit die Nation nicht ausstirbt, nicht von der Weltbühne verschwindet, muss sie zumindest ihre Bevölkerung reproduzieren. Wenn das »Wachstum« der Bevölkerung negativ ist, wenn immer weniger Kinder geboren werden, dann wird die Nation früher oder später untergehen. Damit die Bevölkerung auf dem gleichen Niveau bleibt, sollte jede Frau mindestens 2,1 Kinder zur Welt bringen. Woher kommt 0,1? Zwei Eltern, die einmal sterben werden, werden logischerweise von zwei Kindern ersetzt. Tatsache ist, dass Mädchen, statistisch gesehen, seltener als Jungen geboren werden. Zur Zeit können nur Frauen gebären. Daher sind in diesen 2,1 – ein Mädchen, Fortführerin der Gattung, und 1,1 Jungen. Daher einfache Reproduktion – 2,1 Kinder pro Frau.

Die Fruchtbarkeit in Spanien, Dänemark, Schweden beziffert sich auf etwa 1,9 Kinder pro Frau. In Deutschland gab es in den letzten zehn Jahren 1,36 Kinder oder 0,64 Mädchen pro Frau.[a] Das bedeutet: minus 36% der Bevölkerung in einer Generation. Auch in der zweiten Generation müssen diese subtrahiert werden. Die Populationskurve tendiert ständig gegen Null. Die Nation stirbt aus. Nicht heute, nicht morgen, aber eines Tages (wenn sich nichts ändert) wird ein Deutschstämmiger zur Seltenheit. Nach einigen Prognosen (z. B. von Deutschlands bekanntestem Bevölkerungswissenschaftler Prof. Herwig Birg) wird die Zahl der Deutschen »im Jahr 2100 von 82 Millionen auf 46 geschrumpft sein, 2300 liegen wir bei 3 Mio., also kurz vorm Aussterben«.[180] Der Anteil der Volksdeutschen wird auf 40 Prozent sinken, Migranten werden eine komfortable Mehrheit erhalten.[b]

Der in Deutschland bekannte Sachbuchautor Thilo Sarrazin bemerkte zu

---

a Stand: 2012.

b »Auch das Jahr 2014 weist mit 1,47 Lebendgeborenen pro Frau bzw. 1,42 bei Müttern mit deutscher *Staatsangehörigkeit* (Kursiv von mir – V. T.) nur eine geringfügig höhere Geburtenrate auf als das Jahr 2010 vor der letzten Volkszählung (1,37). Der geringe Anstieg bedeutet keine Erhöhung der Geburtenrate, die als Änderung des Fortpflanzungsverhaltens und als Trendwende interpretiert werden könnte, denn die Geburtenrate schwankt schon seit Jahrzehnten in dem Intervall zwischen 1,2 und 1,4 Lebendgeborenen pro Frau, und auch die Geburtenrate des Jahres 2014 liegt innerhalb dieses Korridors. Um von einer Trendwende sprechen zu können, müsste die Geburtenrate mehrere Jahre hintereinander zunehmen und auf beispielsweise 1,6 oder mehr ansteigen, was jedoch nicht der Fall ist. Im Jahr 2015 nahm die Geburtenrate der Frauen mit deutscher Staatsangehörigkeit geringfügig von 1,42 auf 1,43 Lebendgeborene je Frau zu, die der ausländischen Frauen stieg stärker, und zwar von 1,86 auf 1,95«. (*Herwig Birg, Die Gretchenfrage der deutschen Demographiepolitik: Erneuerung der Gesellschaft durch Geburten im Inland oder durch Zuwanderungen aus dem Ausland? ZSE – Zeitschrift für Staats- und Europawissenschaften,* 3/2016, S. 357).

den demografischen Problemen bitter: »Wir Deutschen müssen nicht vertrieben werden, wir ziehen uns still aus der Geschichte zurück nach der Gesetzmäßigkeit der Sterbetafel des Statistischen Bundesamtes.«[181]
Natürlich ist die deutsche Gesellschaft nicht homogen. Auch hier gibt es Stimmen, die zum Nachdenken anregen. Eine der Stimmen ist die des katholischen Kardinals Joachim Meisner[a]. Im Mai 2013 sagte er, dass Frauen im Land ermutigt werden sollten, »zu Hause zu bleiben und drei, vier Kinder auf die Welt zu bringen« und nicht, wie Bundeskanzlerin Angela Merkel es tut, »nur die Zuwanderung als Lösung unserer Demografieprobleme« zu betrachten.[182] Früher nannte er die Deutschen eine gefährdete Nation mit der idealen Abtreibungsgesetzgebung (»der tägliche, beschwiegene Super-GAU«)[183] und verglich die Liberalisierung des Abtreibungsparagraphen mit dem Holocaust.[184] Über den für eine Abtreibung nötigen Beratungsschein sagte er: »Er wurde mit Recht als Tötungslizenz definiert.«[185]
Ihm antwortete die Grünen-Politikerin Claudia Roth. Sie nannten den Kardinal einen Mann von vorgestern und erklärte, der Kardinal habe ein angestaubtes Familienbild. Ein gewisser »Grüner« Volker Beck diffamierte den Kardinal als »Hassprediger« und rückte ihn damit in die Nähe islamistischer Terroristen...[186]
Die »grüne« Familien-Politik wurde von den in jenen Tagen oppositionellen Sozialdemokraten und der »Linken« Partei der ehemaligen Kommunisten sowie der Mitglieder der damaligen Regierungskoalition Freien Demokraten einhellig unterstützt.
Die deutsche Gesellschaft steuert bewusst auf ihr eigenes Aussterben zu, denn sie tut viel zu wenig, um Deutschland als kinderfreundliches Land neu zu gestalten.

Das größte Pflegeheim

Die niedrige Geburtenrate geht in Deutschland Hand in Hand mit einer neuen Intensivmedizin. Die Lebenserwartung der Deutschen wächst. Zu Beginn des 20. Jahrhunderts betrug sie etwa 50 Jahre, 2016 waren es über 78 Jahre für Männer, über 83 für Frauen[187]. Das bedeutet, dass es immer mehr

a Verstorben am 5. Juli 2017.

Rentner im Land gibt. Das Durchschnittsalter der Bevölkerung beträgt heute mehr als 44 Jahre[188]. Im Jahr 2030 wird es 47 Jahre erreichen – zu Beginn des letzten Jahrhunderts, wie erwähnt, starben die Menschen ungefähr im gleichen Alter. Perspektive bis 2060: Das Durchschnittsalter beträgt fast 52 Jahre, die Lebenserwartung – zwischen 87 und über 90[189], die Anzahl der alten Menschen – 38,2%[190], das heißt, mehr als jeder dritte.

Die Ursachen für niedrige Fertilität können analysiert werden, aber das ist eine schwierige Angelegenheit. Es wird lediglich darauf hingewiesen, dass die Geburtenrate zurückgegangen ist, zum Beispiel als Kanzler Otto Bismarck vor 130 Jahren eine staatliche Rentenversicherung eingeführt hat. Soziale Logik: Kinder haben aufgehört, die einzige Unterstützung im Alter zu sein. Heute ist die Logik wahrscheinlich anders, aber die Fakten sind wie folgt: Wenn 10,6% der 1940 geborenen Frauen keine Kinder haben, dann gibt es bei den 1965 geborenen Frauen mehr als 30% ohne Kinder.[191]

Die Bürger verlagern die Verantwortung für Kinder auf den Staat. Laut dem Statistischen Amt der Europäischen Union, ist Deutschland bereits das europäische »Pflegeheim«: Unter den 28 EU-Mitgliedern befindet es sich auf dem letzten Platz bezüglich der Anzahl junger Menschen und auf dem ersten mit der Anzahl der Rentner.[192]

Aus dieser demographischen Entwicklung folgt die Verelendung. Wenn gestern ein Rentner auf zwei Arbeiter kam, dann kommt er morgen auf einen. Das heißt, wer arbeitet, sollte nicht nur seine Kinder, sondern auch einen Rentner ernähren. Wenn wir nicht in diesem Jahrzehnt verweilen und ein wenig weiter gehen, werden bald zwei Rentner auf einen Arbeiter entfallen – wird er eine solche Last noch ziehen können?

Hier sind die Berechnungen: Im Jahr 2016 zahlten 37 Millionen Aktivversicherte über 215 Milliarden Euro Renten an fast 21 Millionen Rentner (25% der Bevölkerung)[193]. Im Jahr 2060 wird die Zahl der Rentner auf 31% der Bevölkerung steigen[194], dann »würden die Ausgaben (der Rentenversicherung – V. T.) real (in Preisen von 2005) von rund 237 Mrd. Euro im Jahre 2012 auf etwa 518 Mrd. Euro im Jahre 2060 steigen«[195], schreibt Rentenexperte Prof. Martin Werding von der Ruhr-Universität Bochum. Die Belastung eines Arbeiters wird sich fast verdoppeln.

Die Alterung der Gesellschaft ist mit anderen erheblichen Kosten verbunden. Wenn wir über eine längere Lebenserwartung sprechen, dann bedeutet dies, dass ältere Menschen häufiger als Jugendliche krank werden, sie brauchen besondere Fürsorge. Im Jahr 2018 gab es in Deutschland 1,7 Millionen Menschen mit Demenz – die unheilbare Krankheit der Älteren. Da ältere

Menschen mehr und mehr werden (und Medizin wird immer besser, und die Menschen sterben nicht an »gewöhnlichen« Krankheiten), wird sich die Zahl der Kranken bis zum Jahr 2050 auf rund 3 Millionen erhöhen. Dies entspricht einem mittleren Anstieg der Zahl der Erkrankten um mehr als 100 pro Tag.[196] Die Behandlung der Demenzpatienten kostet die Krankenkassen mehr als 15 Milliarden Euro (2015) jährlich[197]. Mit der Verdopplung der Patientenzahl werden sich auch die Ausgaben verdoppeln.

Es gibt immer weniger, die in die Renten- und in die Krankenkassen einzahlen. In 20 Jahren wird das Land gezwungen sein, entweder Alte und Kranke ihrem Schicksal zu überlassen oder deutlich den Lebensstandard der gesamten Gesellschaft abzusenken. Allmählich wird es in Deutschland salonfähig, mit den Argumenten der Humanität (aber mit Blick auf die Wirtschaft) über die »medizinische Hilfe« für diejenigen, die freiwillig aus dem Leben scheiden wollen« zu sprechen. Es geht nicht um alle Selbstmörder, sondern nur um alte. Es geht auch die Floskel vom »sozialverträglichen Frühableben« um – manche leben, nach Ansicht der neuen Tugendwächter, zu lange, und je länger sie leben, desto teurer sind sie für die Kasse.

Deshalb verlangte 2003 der Bundesvorsitzende der Jungen Union, Philipp Mißfelder, die Leistungen der gesetzlichen Renten- und Krankenversicherung zurückzuschneiden: »Ich halte nichts davon, wenn 85-Jährige noch künstliche Hüftgelenke auf Kosten der Solidargemeinschaft bekommen«, sagte der christliche Demokrat. Früher seien die Leute schließlich auch auf Krücken gelaufen, erklärte er.[198]

Damit löste er eine Welle der Empörung aus. Die, wie sich herausstellen sollte, etwas heuchlerisch ausfiel, weil etliche Jahre später (2012) der Bundesgesundheitsminister Daniel Bahr (35 Jahre alt) sagte, dass »Deutschland als Weltmeister bei den Endoprothesen für Knie und Hüften« gilt, deshalb müsse die Zahl der OPs gesenkt werden. Weiter »*Bild*«-Zeitung unter der Überschrift »Wird Senioren bald nicht mehr jede Operation bezahlt?«: Nach den Worten Bahrs, »prüfe die Regierung, 'wie wir durch weitere ökonomische Anreize die immer weiter steigenden Fallzahlen in Kliniken reduzieren können'. Im Klartext: Die Kassen sollen sparen, künftig weniger Knie- und Hüft-OPs bezahlen. Vor allem Rentner sind betroffen. Bei ihnen fallen mit Abstand die meisten Operationen an. Laut Statistischem Bundesamt sind 83 Prozent der Patienten, die Knie- und Hüft-OPs bekommen, über 60 Jahre alt (wer hätte das gedacht! – V. T.). Künftig könnten die Kassen vielen Rentnern nun eine OP verweigern. Oder die Senioren müssten sie aus eigener Tasche bezahlen«.[199]

Die *Katholischen Nachrichten* ziehen die unerfreuliche Zwischenbilanz: »Inwieweit das ‚sozialverträgliche Frühableben' (Karsten Vilmar) auch in Deutschland in Mode kommen wird oder nicht, dürfte nicht zuletzt davon abhängen, wie hoch die Bereitschaft junger Menschen sein wird, die Lasten, die ihnen der demografische Wandel aufbürdet, auch zu tragen.« Ihr Fazit: »Die Chancen dafür stehen denkbar schlecht.«[200]

Zwei einflussreiche »Junge« haben wir zitiert. Die Gesellschaft löst so die Probleme der Altersvorsorge und der Senkung der Krankheitskosten.[a]

Auch in Niederlanden ist man auf dem modernen Trip: »Was ist billiger für die Gesellschaft: Schlank und gesund länger zu leben oder dick und rauchend früher zu sterben?«[201]

Dass die Raucher fette Tabaksteuer in die Haushaltskasse einzahlen, ist nur eine Seite der Medaille. Die zweite ist, und hier haben Wissenschaftler im Staatsauftrag nachgerechnet, dass die länger lebenden Sportler für die Gesellschaft viel teurer sind als (kurzlebige) fette Raucher. Die Studie kommt zum Schluss: »Vorsorgeprogramme zur Verhinderung von Fettleibigkeit und Rauchen seien daher keine Lösung, um Gesundheitskosten zu senken«. *Spiegel*, der diese Ergebnisse veröffentlichte, bemerkte kalt: »So zynisch das auch klingt.«[202]

In Deutschland wird mit den Ausgaben demnächst alles in Ordnung sein: Hier leben überdurchschnittlich viele (EU-Vergleich 2016)[203] Übergewichtige – zwei Drittel der Männer und die Hälfte der Frauen (2018).[204]

Also, christliche Moral («Töte nicht!«) und der einfältige Hippokrates («Tu keinen Schaden!«) können einpacken.

Was kann Christus schon gegen das Haushaltsdefizit tun?

Wer kommt nach Deutschland und warum?

Deutschland scheint doch einen Weg gefunden zu haben, seine demografischen Probleme zu lösen: Es hat die Tür für die Einwanderung weit geöff-

a Ein anderes Thema, aber ich kann mir das einfach nicht verkneifen: Seit 1. November 2014 ist Daniel Bahr ein Generalbevollmächtigter in der Allianz Privaten Krankenversicherung, für deren Kostenersparnis er schon als Staatsdiener so mutig kämpfte! (*https://www.allianz.com/de/presse/news/unternehmen/personalien/140929-veraenderungen-in-der-geschaeftsleitung.html*) net. Wer das Problem nicht kennt, glaubt offensichtlich, dass es schwierig ist, nach Deutschland zu kommen und sich hier niederzulassen. Die Praxis zeigt, dass dem nicht so ist. Hunderttausende und Millionen von Menschen (bereits 2012 mehr als eine Million, 2013 – 1.226.000, 2014 – 1.464.000, 2015 – 2.136.000)[205] kommen von Jahr zu Jahr und bleiben für immer. Mitte der 60er Jahre waren es Italiener, Spanier, Jugoslawen, Türken. Dann schwappte eine Welle von Migranten aus der ehemaligen UdSSR und Osteuropa. Es folgte ein Schwall aus dem Fernen Osten und Indien, Afrika und den arabischen Ländern. 2016 machten Einwohner mit Migrationshintergrund fast 23% (18.576.000) der Gesamtbevölkerung Deutschlands aus. Darunter sind nur etwa 3,9% (3.179.000) deutsche Spätaussiedler (überwiegend aus der ehemaligen UdSSR), die in ihre historische Heimat zurückkehrten.[206]

Wie Wissenschaftler beweisen, die demografischen Probleme der Mitte des letzten Jahrhunderts werden heute nur noch verschärft.

Aber mit ihrer Ankunft haben Migranten die statistische Illusion erzeugt, dass die Bevölkerung nicht abnimmt, dass es genügend Arbeitskräfte im Land gibt. Durch die Gewährung der Staatsbürgerschaft an die Gastarbeiter haben Politiker sich selbst getäuscht, weil sie bewusst die Begriffe »Staatsbürgerschaft« und »Nationalität« vermischten, um dadurch den Eindruck einer einwandfreien Demografie zu erwecken.

Der Unterschied zwischen diesen beiden Begriffen ist jedoch leicht erkennbar: Der Staatsbürgerschaft nach bin ich Bürger der Bundesrepublik Deutschland, der Nationalität nach bin ich weiterhin ein Ukrainer und kein Deutscher.

Dieser »Trick« nahm den politischen Druck von der herrschenden Kaste, die ohne Migranten über die Gesellschaftsperspektiven tiefer nachzudenken hätte und nach Hebeln zur Erhöhung der Geburtenrate des eigenen Volkes suchen müsste.

Migranten haben die wirtschaftlichen Probleme nicht gelöst. Die meisten afrikanischen und asiatischen Ausländer, die jetzt nach Deutschland kommen, sind nicht in der Lage, sich in den Arbeitsmarkt zu integrieren. Einfacher ausgedrückt: Mit ihrer schlechten Bildung, praktisch ohne Qualifikation und Sprachkenntnisse können sie keine Arbeit finden.[a] Nach An-

a Einem Bericht aus dem Jahr 2017 des Bundesinstitutes für Berufsbildung (BIBB) zufolge, haben 59 Prozent aller arbeitssuchenden Migranten aus den wichtigsten Asylländern keinen Schulabschluss. Und laut BAMF-Statistik haben 24 Prozent der Asylbewerber nur Grundschulen besucht, 8 Prozent gar keine. (Siehe: *https://www.welt.de/debatte/kommentare/article167899516/Wenn-Deutschlernen-*

gaben der Europäischen Organisation für wirtschaftliche Zusammenarbeit (OECD) kamen in den letzten Jahrzehnten – im Vergleich zu anderen EU-Ländern – die am wenigsten qualifizierten Migranten nach Deutschland.[207]
Daher fließt ein überwältigender Teil der Migranten nicht in den Arbeitsmarkt, sondern in die Kontingente der Sozialhilfeempfänger[a]. Hier sind die Zahlen: Geld vom Staat erhalten 8% der einheimischen Deutschen, 9% der Migranten aus der Europäischen Union, 10% der Migranten aus Südeuropa, 12% der ethnischen Deutschen, die nach Hause zurückgekehrt sind, 13% der Migranten aus Südostasien, 16% – aus der Türkei , 18% – aus dem ehemaligen Jugoslawien, 24% – aus afrikanischen Ländern.[208]
Aber für die Statistik (da die Geburtenrate der Migranten aus muslimischen Ländern viel höher ist als die der ethnischen Deutschen) gewährleisten sie das Geburtswachstum. Besonders die letzten Jahre erfreuen die Statistikschummler. 2009 lag die Geburtenziffer insgesamt bei 1,36 Kindern je Frau, 2016 bei 1,59. Das ist der höchste seit 1973 gemessene Wert. Geburtentrendwende, sagten Optimisten von Beruf.
Bei einigen Fachkräften hielt sich aber die Euphorie in Grenzen. Auch die Fertilitätsrate von 1,59 sichert nicht einmal die einfache Reproduktion der Bevölkerung. Deutsche sterben weiterhin aus. Es gibt auch andere Zahlen: Der Anstieg fiel in Westdeutschland (wo der Ausländeranteil viel höher ist) mit acht Prozent höher aus als in Ostdeutschland (vier Prozent). Bei Frauen mit deutscher Staatsangehörigkeit lag die Ziffer bei nüchternen 1,46, bei ausländischen Frauen bei 2,28. Das ist auch noch nicht die ganze Wahrheit.

---

als-Zeitverschwendung-erscheint.html). Außerdem lösen die mit der Flüchtlingskrise nach Deutschland gekommenen Einwanderer in einem sprach- und wissensunabhängigen (»kulturfairen«) Intelligenztest etwa genauso viele Aufgaben wie deutsche Hauptschüler. Das berichtete der Wirtschaftspsychologe Bruno Klauk von der Hochschule Harz auf der 23. Fachtagung der Gesellschaft für angewandte Wirtschaftspsychologie in Berlin. Mittels einer Studie mit über 500 freiwilligen Asylsuchenden ermittelte Klauk einen durchschnittlichen Intelligenzquotienten von 90 – der damit nur minimal über dem deutscher Hauptschüler liegt. Besonders auffällig waren die geringen Werte bei Einwanderern aus Schwarzafrika. (*https://jungefreiheit.de/politik/deutschland/2019/einwanderer-auf-niveau-von-hauptschuelern/*)

a In dem Wort »Sozialhilfe« haben wir hier und weiter mehrere Formen der staatlichen Transferleistungen an die Bedürftigen zusammengefasst: Arbeitslosengeld II/Sozialgeld (Grundsicherung für Arbeitsuchende; so genanntes Hartz IV), Grundsicherung im Alter und bei Erwerbsminderung, Regelleistungen nach dem Asylbewerberleistungsgesetz sowie Hilfe zum Lebensunterhalt.

»Frauen mit deutscher Staatsangehörigkeit« sind auch zum Teil Ausländerinnen, die mit deutschem Pass nicht gleich auch die Geburtenrate der deutschen Frauen übernehmen. In Deutschland sind etwa 8 Millionen deutsche Bürger mit Migrationshintergrund, also Ausländer mit einem deutschen Pass. Und die Geburten dieser Frauen (die auch bei 2,28 liegen dürfen) gehen natürlich in die Rubrik »Frauen mit deutscher Staatsangehörigkeit« ein und heben die Rate auf besagte 1,46. In den Jahren zwischen 2009 und 2016 wurden in Deutschland etwa 900.000 Ausländer eingebürgert[209] – daher auch der signifikante Anstieg der Geburten unter »Deutschen«.

»Frauen mit deutscher Staatsangehörigkeit bekamen somit im Schnitt drei Prozent mehr Kinder, bei Frauen anderer Nationalitäten waren es 25 Prozent«, schreibt in dem Kommentar zu diesen Statistiken *Zeit online*.[210] Würden wir von den statistischen »drei Prozent« noch die Geburten der ausländischen Frauen mit deutschem Pass abziehen, würden wir genau dort landen, wo wir bereits schon waren: im Geburtenabsturz. Die Zukunft dieses Landes ist leicht vorstellbar, wenn man weiß, dass bereits heute mehr als ein Drittel aller Kinder bis fünf Jahre Migranten sind.[211]

Der Anteil der Deutschen sinkt stetig, der Migrantenanteil steigt. Es läuft ein kontinuierlicher Prozess des ethnischen Austauschs.

Vier Ströme fließen im aktuellen Migrationsfluss nach Deutschland. Erstens sind es Deutsche, die in ihre historische Heimat zurückkehren, und Juden, die der deutsche Staat wegen der Verbrechen des Hitlerismus ohne Wenn und Aber aufnimmt. Zu diesem großen Strom kommt der kleine hinzu – die Slawen aus Russland, der Ukraine und Weißrussland. Dieser Strom kommt aus einem kulturell nahen (europäischen, christlichen oder jüdischen) Kreis, das sind Menschen, meist mit einem hohen Bildungsniveau und mit oft überdurchschnittlichem Intelligenzquotient (IQ).

Der zweite Strom sind die Verwandten der Türken und Jugoslawen, die einst als Gastarbeiter nach Deutschland eingeladen wurden. Die Gäste ließen sich mit der Rückkehr bekanntlich etwas Zeit. Und bis jetzt ziehen sie – inzwischen meist deutsche Staatsbürger – ihre türkisch-jugoslawische Verwandschaft nach.

Der dritte Strom sind Flüchtlinge aus den Ländern Asiens und Afrikas. Vor allem aus Afghanistan, dem Irak, Syrien, Pakistan – also vor allem aus den Regionen, in denen sich die NATO vor kurzem aktiv bei der »Demokratisierung« der Gesellschaften mit Bombern und Marschflugkörpern engagierte. Diejenigen, die sich um politisches Asyl bewarben, kamen jährlich – bis 2015 – Hunderttausende.

Ab 2015 geht die Rechnung in Millionen. Deutschland bleibt der wichtigste Gastgeber für Flüchtlinge in Europa.

Ein Teil von ihnen missbraucht die Gastfreundschaft. Es ist seit langem klar, dass viele Migranten nicht wegen politischer Verfolgung in ihrem Heimatland kommen, sondern wegen des umfassenden sozialen Sicherungssystems in Europa. Die Leute gehen nach Deutschland, weil sie von einem Paradiesland gehört haben, wo der Wohlstand auf sie wartet und sie Geld – ohne arbeiten zu müssen – bekommen können. Wenn es eine solche großzügige Sozialhilfe (samt offener Grenzen und einer »Seenothilfe«, die Migranten direkt vor der libyschen Küste aufnimmt und zu dem Hunderte von Meilen entfernten Europa bringt) eines Tages nicht gäbe, würde auch der Fluss von Migranten versickern – darüber reden die meisten Flüchtlinge offen, das beweist auch die Praxis der Deportationen in einige so genannte »sichere Länder«[a].

Zusätzlich kommen jedes Jahr Hunderttausende illegale Einwanderer ins Land. Wurden 2012 etwas mehr als dreitausend von ihnen von Grenzsoldaten festgehalten und deportiert, wuchs die Zahl 2013 bereits auf fast 130.000[212]. Die Zahl derer, die die Polizei nicht gesehen hat (oder nicht sehen wollte) und die sich illegal im Land aufhalten, wird auf weit über eine Million geschätzt. 2014 lagen die Schätzungen bereits bei einer halben Million Illegale[213] – allein in Deutschland. Dazu kamen 2015 bis 2017 noch einmal weit über 2,5 Millionen Einwanderer[214] illegal in die EU, und Deutschland ist bekanntlich ein von Migranten aus Asien und Afrika bevorzugtes Land.

a Deutschland ist nicht einverstanden beispielsweise Serben und Mazedoniern Asyl zu gewähren, weil es der Meinung ist, dass es in diesen Ländern keine Verfolgung der Bürger gibt. Nachdem 2012 die ersten Hunderte von Bürgern zurückgeschickt worden waren, ging die Zahl der Anträge aus diesen Ländern zur Gewährung von politischem Asyl 2013 stark zurück. Gerald Knaus, Leiter des Berliner Forschungsinstituts »Europäische Stabilitätsinitiative«, der als Ideengeber für den europäischen Flüchtlingsdeal mit der Türkei gilt, bezeugt: »Im Winter 2016, in den Wochen vor dem Abkommen, starben in der Ägäis mehr als 360 Menschen. Heuer sind es erst 16. Das sind 16 Menschen zu viel. Trotzdem sind in den letzten zwei Jahren deutlich weniger ertrunken.« (*Stefan Braun, Der Erfolg? Immerhin ertrinken weniger Menschen, Süddeutsche Zeitung, 3. April 2018, https://www.sueddeutsche.de/politik/eu-fluechtlingspolitik-der-erfolg-immerhin-ertrinken-weniger-menschen-1.3926739*). Ihm pflichtet »Zeit«-Journalistin Mariam Lau bei: »In der Ägäis, wo klar ist, dass jeder illegal eintreffende Flüchtling zurückgestellt wird in die Türkei, beziehungsweise in griechischen Hotspots bleibt, ertrinkt kaum noch jemand.« (*https://www.facebook.com/mariam.lau.399/posts/2175924579353139*).

Deshalb scheinen die Schätzungen der Europäischen Kommission von maximal 3,8 Millionen[215] Illegalen in der EU stark untertrieben.
Der vierte Strom, der während der Krise im Euroraum besonders stark war, sind die Siedler aus den EU-Mitgliedstaaten – aus Griechenland, Spanien, Portugal, der Tschechischen Republik, der Slowakei, Ungarn und Polen. Sie haben das Recht, in der gesamten Union zu leben und zu arbeiten. Aus diesem ganzen Gebiet wählen sie Deutschland – als bis jetzt das wirtschaftlich stabilste. Jeder EU-Bürger, der die deutsche Grenze überquert, hat das Recht, Sozialhilfe zu beantragen – und sie zu bekommen.
Dies ist eine gewöhnliche Wirtschaftsmigration. Und Deutschland akzeptiert sie und teilt das Wohl, das die Deutschen erarbeitet haben, auf alle auf. Es sieht, dass es auf der Welt viel Leiden und Armut gibt, und will – aus humanen Gründen – den Unglücklichen helfen. Und zahlt: Die flüchtlingsbezogenen Gesamtbelastungen des Bundes im Jahr 2019 belaufen sich voraussichtlich, laut Regierung, auf eine Größenordnung von rund 21 Mrd. Euro[216] – 5,7% des Haushaltes des Landes.[217]
Deutschland hat Verständnis für all diese Bürger, für die Gründe, die sie aus ihren Stammplätzen vertrieben haben. Es gibt dazu eigentlich nur eine Frage: Wie lange wird das so weitergehen? Wie viele Afrikaner und Asiaten – eine Million, zehn, hundert Millionen – kann Bolivar[a] der deutschen Wirtschaft noch tragen? Wo ist die »rote Linie«, vor der das Land einhalten muss?
Schließlich sinkt in Deutschland der Lebensstandard, Bildung und medizinische Versorgung verschlechtern sich. Eine bedeutende Anzahl von Neuankömmlingen verursacht soziale Spannungen und Feindseligkeiten der einheimischen Deutschen ihnen gegenüber.
Wo ist die Grenze? Politiker geben auf diese Frage keine Antwort.
Lassen Sie uns gemeinsam nach dem »Limit« suchen.
Der Strom der Bevölkerung aus armen Regionen in reiche kann nur dann von selbst aufhören, wenn der Lebensstandard in armen Regionen dem der Reichen entsprechen wird. Wenn Afrika nicht schlechter lebt als Europa, dann wird keiner mehr irgendwohin gehen wollen.
Aber wird der Lebensstandard in Afrika durch Migration auf das europäi-

---

a Das Pferd von »Shark« Dodson – einem der Helden der Kurzerzählung »Die Straßen, die wir wählen« des US-amerikanischen Schriftstellers O. Henry. Dodsons Satz »Bolivar kann nicht doppelt tragen« wurde geflügelt und bedeutet, dass nur einer weiter reiten kann und jemand seinen Platz räumen muss.

sche Niveau steigen, oder wird er in Europa auf afrikanischen Pegel fallen? Offene Grenzen machen Länder zu kommunizierenden Gefäßen. Und der Pegelausgleich wird natürlich nicht auf europäischer Ebene sein. Irgendwo in der Mitte. Wo genau?

Wir sprechen heute von der sogenannten »Goldenen Milliarde«. Vergessen wir politische Diskussionen zu diesem Thema, lassen wir nur Zahlen sprechen. Wenn wir annehmen, dass auf dem Planeten eine Milliarde Menschen gut und sechs Milliarden schlecht leben, dann mischt man ein Fass Honig und sechs Barrel Teer – wie wird die Mischung sein? Ist es noch Honig oder nur noch Teer? Was passiert, wenn Europa nach äthiopischen Standards zu leben beginnt? Werden die Kriege dann aufhören und wird die Hungersnot zurückgehen?

Die Schlussfolgerung ist einfach: Durch die freie Migration von Süden nach Norden, von Armut zu Wohlstand, kann man das planetare Böse nicht überwinden. Genauso wie die UN-Milliarden nicht genug waren, um den Hunger zu bekämpfen, gibt es nicht genug deutsche oder europäische Milliarden, um allen Armen der Welt ein menschenwürdiges Leben zu ermöglichen.

Es gibt auch einen erheblichen mentalen Unterschied zwischen Migranten nach Deutschland und Migranten in die Vereinigten Staaten, Kanada, Australien. Alle Emigranten, die in diese Länder auswandern, wollen Amerikaner, Kanadier, Australier werden, d. h. die bestehenden politischen Nationen ergänzen.

In Deutschland wollen viele eingewanderte Menschen Türken, Araber, Afghanen bleiben. Sie haben sich nicht zum Ziel gesetzt, sich in die deutsche Gesellschaft zu integrieren, ihr nützlich zu sein, zum Wohl der Bewohner des Landes beizutragen. Das Ziel ist unkompliziert: eigene Lebensbedingungen (auf fremde Kosten) zu verbessern , ein bequemes Leben für ihre Kinder und Haushaltsmitglieder zu ermöglichen.

Bei diesem Ansatz gibt es nichts Schlechtes oder Kriminelles. Dies folgt direkt aus der egoistischen menschlichen Natur, ist verständlich. An den aktuellen Problemen von Deutschland sind nicht die Ausländer schuld, die auf der Suche nach einem besseren Leben in das Land kamen (solche Einwanderer gab es immer und wird es immer geben), sondern das Land, seine Führung (breiter – die Gesellschaft, die Kontrolle über das Land in die Hände dieser Politiker gegeben hat), weil sie nicht den Willen aufbringen, die Rechte der Einheimischen genügend zu wahren.

Diese Rechte wollen die Nationalisten verteidigen. Jedenfalls sind sie gegen

unkontrollierte Migration und damit, wie es scheint, gegen Ausländer. Sind sie deshalb xenophob?
Das ist ein Denkfehler. Hier wird ein Begriff bewusst durch einen anderen ausgetauscht: Das Ziel der Nationalisten ist es, nicht gegen die »Eingereisten« zu Felde zu ziehen, sondern gegen ihre eigene politische Klasse, gegen ihre eigene Regierung, die nationale Interessen verraten haben.
Hierfür ein Beispiel. Wie wir bereits erwähnt haben, entsorgen illegale Einwanderer, die ins Land kommen, oft ihre Pässe. Dies bietet eine Reihe von Vorteilen. Erstens kann eine Person, wenn sie es braucht, sich einen neuen Namen nehmen – die Probleme des islamischen Terrorismus bestehen immer noch. Zweitens kann er sich ein beliebiges »Heimatland« wählen. Da Migranten aus einigen Ländern (in denen Kriege wüten) leichter politisches Asyl bekommen, ist es lohnend, sich als Eingeborener eines solchen Landes zu bezeichnen. Drittens können jüngere Menschen ihr Alter reduzieren und unter die deutschen liberalen Kinder- und Jugendgesetze fallen.
Für den Verlust von Dokumenten gibt es in Deutschland keine Strafen, Migranten wissen das bestens. Ohne Dokumente ist es schwierig festzustellen, ob ein Recht auf politisches Asyl besteht oder nicht. Deshalb warten Ausländer manchmal ein Jahrzehnt. Die ganze Zeit haben sie kein Recht zu arbeiten, deshalb erhalten sie Sozialhilfe. Jahrzehntelang gewöhnen sie sich an das Leben auf Staatskosten, das sie durch illegale Arbeit und Barbezahlung aufhübschen. Es sind diese Leute, die sich oft den ethnischen kriminellen Gruppierungen anschließen – dort kümmert sich niemand um den rechtlichen Status.
Wenn sie endlich eine Aufenthaltserlaubnis erhalten, haben sie bereits weder Lust, Arbeit zu suchen noch Wissen und Fähigkeiten (wenn sie sie einmal hatten), sie zu erledigen.
Wer ist daran schuld, dass das Land unzählige solche Migranten hat: die armen Menschen, die nach einem besseren Leben suchen, oder der zahnlose, träge, willenlose, untätige Staat?

Noten sind besser, Wissen ist schlechter

Deutschland wird dümmer. Wie kann man feststellen, wer dümmer geworden ist und wer klüger? Vor allem – ein ganzes Land...
Das herauszufinden ist einfacher als es scheint: Man muss die intellektu-

ellen Fähigkeiten von Menschen mit denselben Tests Jahr für Jahr vergleichen. Niemand tut das – Prüfungsfragen ändern sich mit der Zeit. Daher ist es schwierig zu vergleichen.
Es gibt nur eine Ausnahme. Der deutsche Chemiekonzern BASF gibt seit 1975 bei Auswahl der Lehrlinge für seine Berufsschule die gleichen Aufgaben[218] – vielleicht, um Geld für die Entwicklung neuer zu sparen. Die gleichen Diktate in deutscher Sprache, die gleichen Rechenaufgaben. Man kann vergleichen. Schlussfolgerungen: In der Sprachprüfung 2008 fielen 25% mehr Schüler durch als 1975 und in der Mathematikprüfung um ein Drittel mehr. Die Nation verblödet zusehends.
Was ist der Grund?
Einen Grund nennt der ehemalige Bürgermeister des Berliner Bezirks Neukölln Heinz Buschkowsky.[219] Fast die Hälfte der Bewohner in diesem Bezirk sind Ankömmlinge aus fremden Ländern. Wegen der hohen Geburtenrate unter den Migranten und dem niedrigen Anteil der indigenen Bevölkerung lernen in einigen Klassen fast ausschließlich Ausländerkinder. Seltsam, bemerkt der Politiker, dass die Nachkommen der Türken, die in den 60er Jahren des letzten Jahrhunderts nach Deutschland kamen, auch in der dritten und vierten Generation ihren Kindern die deutsche Sprache nicht beibringen. Im Schuljahr 2012 hatten in Neukölln fast 40% der Erstklässler schlechte Deutschkenntnisse, und jedes zehnte Kind kannte kein einziges deutsches Wort. Seit 50 Jahren hat es die Gesellschaft nicht geschafft, ihre Eltern zu integrieren. Woher kommt die Gewissheit, dass sie ihre Kinder integrieren kann?
Solche beängstigenden Zustände herrschen nicht nur in Neukölln, sondern z. B. auch in der Millionenmetropole Hamburg. Im Schuljahr 2018/2019 hat erstmals die Hälfte der Grundschüler dort einen Migrationshintergrund. »Vor sechs Jahren lag der Migrationsanteil in Klasse 1 noch bei 39,4 Prozent, jetzt sind es knapp 50 Prozent. Auch der Anteil der Schüler, die zu Hause nicht oder kaum Deutsch sprechen, ist mit 26,7 Prozent auf einem neuen Höchststand«, schreibt »Hamburger Morgenpost«.[220]
In einigen Schulen im Frankfurter Stadtteil Griesheim haben Klassen von 90 bis 100 Prozent Kinder mit Migrationshintergrund, erzählt Lehrerin Ingrid König der »Welt«.[221] In einer Kasseler Schule, wo nur ein Mädchen in der Klasse deutsch spricht, wird gerade dieses Kind gemobbt und tätlich angegriffen. In einer kompletten Jahrgangsstufe sprechen nur zwei Kinder deutsch. Eltern merkten: Das Deutsch ihrer Tochter habe sich mit zunehmendem Alter sogar verschlechtert – sie spricht so wie eben ihre Klassen-

kameraden.[222] Lehrer in solchen Bezirken können seit Jahren weder Mathematik noch Physik unterrichten – ihre Schüler verstehen sie einfach nicht. Von welchem binomischen Lehrsatz Newtons reden wir? In solchen Schulen können ca. 80% der Schüler keine Abschlussprüfungen ablegen. »30 Prozent der Türken haben keinen Schulabschluss, nur 14 Prozent haben Abitur, nicht einmal halb so viele wie in der deutschen Bevölkerung«, schreibt die »Süddeutsche« und fügt hinzu: »Selbst in der zweiten Generation verbessern sich die Werte nur geringfügig.«[223]

Manchmal werden Noten eines Sohnes oder einer Tochter jedoch zu einer Frage des Prestiges der Familie. Dann kommen die Migranteneltern in die Schule und fordern »auf der Stelle«, die Punktezahl in dem Klassenbuch oder im Zeugnis auf eine höhere zu ändern. Wenn dies nicht geschieht, kann der Lehrer physischen Einwirkungen gegenüberstehen oder wird zumindest zum Rassisten erklärt. In solche Schulen wollen die Ureinwohner ihre Kinder nicht geben und ziehen an den Ort, an dem die Hauptsprache Deutsch ist. Wissenschaftler kommen zu dem Schluss, dass sich in Deutschland aufgrund fehlgeleiteter Migrationspolitik und falscher Anreize für Familienplanung eine soziale Schicht benachteiligter Bürger gebildet hat, die nicht bereit sind, Bildung zu akzeptieren.

Aber auch hier hat Deutschland einen Ausweg gefunden: Um die schulische Benotung zu verbessern und die Zahl der Absolventen zu erhöhen, schrauben die Lehrkräfte ständig das Niveau der Anforderungen zurück. Das heißt, Bewertungen werden besser, aber dahinter steht kein Wissen. Da manche Zuwanderer-Absolventen mit besonders geringen Kenntnissen und ausgeprägter Abneigung gegen Arbeit gekennzeichnet sind und zudem eine eigenartige Vorstellungen von Arbeitsdisziplin haben, wollen weder der türkische Friseur noch der arabische Bäcker sie für eine Berufsausbildung übernehmen.

Unternehmen beklagen sich: Es gibt niemanden zum Arbeiten. Es mangelt im Land nicht nur an Fachkräften mit Hochschulbildung, sondern auch an Arbeitern. Nach Prognosen der Regierung wird die Zahl der Beschäftigten in der Volkswirtschaft bis 2025 um 6,5 Millionen sinken. Wenn man nicht sofort handelt, werden bis 2020 Deutschland 240.000 Ingenieure fehlen.[224]

Diese Prognosen berücksichtigen leider keine »qualitativen« Kennzahlen: Viele junge und gebildete Deutsche verlassen das Land, und an ihre Stelle kommen Ausländer, nicht nur ohne Qualifikationen, sondern oft auch ohne Schulbildung. Das heißt, wir haben eine »demografische Einheit«, aber was für eine »Einheit« ist das!

Diese Statistik widerspiegelt auch Probleme der Kreativität. Wie wir wissen, liegt die kreative Blüte des Menschen zwischen 20 bis 40 Jahren. Wenn die Gesellschaft im Durchschnitt 44 ist (»Während das Durchschnittsalter der deutschen Bevölkerung im Jahr 2015 auf 45 Jahre stieg, lag das der nicht deutschen Bevölkerung bei 37 Jahren und fünf Monaten… Der Rückgang des Durchschnittsalters betraf nach Angaben der Statistiker ausschließlich die nicht deutsche Bevölkerung. Das durchschnittliche Alter der deutschen Bevölkerung stieg hingegen 2015 um zwei Monate im Vergleich zum Vorjahr. Besonders deutlich sank das Durchschnittsalter der nicht deutschen Bevölkerung aus Afghanistan, Eritrea, Irak, Iran, Nigeria, Pakistan, Somalia und Syrien. Aus diesen Staaten kamen vorwiegend junge Männer.«[225]), dann müssen wir einfach vergessen, dass die Deutschen eine Nation von Ingenieuren, Komponisten und Programmierern sind.

Das intellektuelle Potenzial ist der einzige »nachwachsende Rohstoff« in Deutschland. Hier gibt es wenige Bodenschätze, das Land hat immer von seinen Köpfen gelebt. Und wenn es keine jungen Kreativen mehr gibt, wer soll Brücken bauen und Autos konstruieren? Das heißt, man kann immer noch etwas zusammenschrauben, aber nicht mehr entwickeln.

Dies sind die wichtigsten negativen Prozesse, die in Deutschland ablaufen. Prozesse führen zu Ergebnissen, unten werden wir sie darlegen.

Parallelgesellschaften

Es gibt ein soziologisches Phänomen, an das man anfangs kaum glauben kann. Es heißt »Dissimilation«. Der *Duden* beschreibt es als »Wiedergewinnung einer eigenen Volks- oder Gruppeneigenart«.[226] Wissenschaftler fanden heraus, dass es zwischen dem Ersten und dem Zweiten Weltkriegen unter den Staatenlosen einen Prozess der »umgekehrten Assimilation« gab, der Entfremdung von Menschen, die lange als assimiliert galten. Der Umstand, der heute bei bereits assimilierten Migranten zur »Dissimilation« führt, ist der Zustrom neuer Einwanderer aus ihrer früheren Heimat, aus ihrem früheren Kulturkreis.

Diese Beobachtung wird am Beispiel von Rotterdam bestätigt, wo die Dissimilation der alten, bereits seit langem in Niederlanden assimilierten An-

tillianer und Surinamesen[a] begann, sobald dort neue Antillianer und Surinamesen ankamen. Ein starker Anstieg der Zahl der Landsleute führte dazu, dass in der niederländischen Gemeinschaft separate Communities der Surinameser und der Antillianer gebildet wurden. Früher musste man sich aus sozialen und wirtschaftlichen Gründen in die niederländische Gesellschaft integrieren – mit der Bildung und Entwicklung einer parallelen »heimischen« Körperschaft ist das nicht mehr nötig.
Es gibt Parallelgesellschaften auch in Deutschland. Sie sind bei jedem Schritt sichtbar. Und in diese Gesellschaften kehren die Türken in der vierten Generation unter dem Einfluss neuer mächtiger Migrationsströme zur türkischen Sprache, zu türkischen Bräuchen und Traditionen zurück. Obwohl ihre Eltern als gut in die deutsche Gemeinschaft integriert galten.
Der Grund liegt auf der Hand: Die Neuankömmlinge kennen weder die Sprache noch die geschriebenen und ungeschriebenen Regeln des Landes, in das sie gekommen sind und leben deshalb weiterhin auf ihre Weise. Wenn sie in einer Parallelgesellschaft die Mehrheit bilden, ziehen sie die zuvor integrierte Minderheit hinter sich her. Wenn eine Gruppe junger Leute auf Türkisch miteinander spricht, dann wird es niemand wagen, allein zu Deutsch überzugehen.
Die Fremden-Mentalität bleibt nicht unbemerkt. Zum Beispiel glauben 90% der Deutschen, dass ihre nationalen Merkmale Pünktlichkeit, Zuverlässigkeit, Fleiß, Ordnung und Sauberkeit sind.[227] Wenn Sie, an einem Sonntag auf einer deutschen Straße hören, dass jemand mit einer Kreissäge Brennholz schneidet, dann wissen Sie: Das ist offensichtlich ein Vertreter eines anderen Kulturkreises; der überwiegende Teil der Deutschen hält die Sonntagsruhe ein. Wenn am Wochentag in der Datschengegend jemand gegen Mittag seine Hecke begradigt – ist es fast garantiert ein Fremder, er weiß nicht, dass Deutsche sich um diese Zeit ausruhen mögen. Wenn Sie sehen, dass jemand einen Sack mit Kunststoffabfällen oder einen defekten Kühlschrank im Wald entsorgt, ist es ein gewissenloser Deutscher oder eher ein Migrant, der das deutsche System der Abfallwirtschaft nicht beherzigt hat – insbesondere den kostenlosen gelben Container für Kunststoff und die Sperrmülltage.
Landsleute in einem fremden Land zieht es zueinander. Daher versuchen sie, sich in jenen Städten und in den Stadtbezirken niederzulassen, die be-

a Niederländische Antillen und Suriname sind ehemalige niederländische Kolonien.

reits von Zuwanderern aus ihrer früheren Heimat besiedelt sind. So entstehen »Chinatowns« und »Little Italys«, »Arab Streets«, *quartier asiatique*, und in New York City der jüdisch-russisch-ukrainische, genauer sowjetische Brighton Beach.

Auch in Deutschland leben in einigen Gegenden Türken, in anderen – Araber, in den dritten – Zigeuner. Manchmal sind sie alle, mit ihren ethnischen Straßenzügen, in einem Verwaltungsbezirk konzentriert. In einem solchen Ghetto ist es für sie einfacher zu leben – für die Kommunikation braucht man zum Beispiel keine Fremdsprache zu lernen. Es gibt dort ethnische Läden, die vertraute Produkte aus der ehemaligen Heimat verkaufen, Preisschilder sind in der Landessprache beschriftet und die Verkäufer sind nicht unbedingt mit den Feinheiten der deutschen Sprache vertraut. Es gibt ethnische Ärzte, ethnische Friseure, ethnische Steuerberater, ethnische Juristen, an einigen Orten – ethnische Zeitungen und ethnische Schulen, zum Beispiel muslimische »Koranschulen«, in die Kinder ab vier Jahren geschickt werden.

Öffentliche Schulen in solchen »kompakten ethnischen Wohnorten« haben fast ausschließlich »Schüler mit Migrationshintergrund«. Es gibt Klassen, in denen es nur einen Vertreter der Titularnation gibt. Das ist der Lehrer. Wenn zwei oder drei deutsche Schüler in der Klasse sind, dann lernen eher sie Türkisch als Türken Deutsch. Das sind keine Einzelfälle: 27 Berliner Grundschulen weisen einen Migrantenanteil von 90 Prozent und mehr auf. An weiteren 39 Grundschulen beträgt ihr Anteil zwischen 75 und 90 Prozent.[228] Die Integration läuft dort sehr aktiv – der deutschen Schüler in die türkische oder arabische Parallelgesellschaften. Kinder kommunizieren in der Schule und zu Hause in der Sprache der entsprechenden Ethnien. Nach Angaben des Statistischen Bundesamtes (2013) sprechen in Hamburg 23% der Grundschüler kein Deutsch zu Hause, in Nordrhein-Westfalen – 18%. In den letzten Jahren steigen diese Zahlen kontinuierlich[229] – bis über 40%.[230]

Das heißt, in diesen Familien gibt es einfach KEIN BEDÜRFNIS nach der deutschen Sprache, sie kommen in DEUTSCHLAND mit Türkisch oder Arabisch gut klar. Viele sehen Deutschlernen als Zeitverschwendung an.[231] Eine signifikante Anzahl von Ausländern identifiziert sich selbst nach dem Erwerb der deutschen Staatsbürgerschaft nicht mit der deutschen Nation.

In solchen Gegenden fühlen sich die Deutschen »sozial herausgedrängt« – ausländische Geschäfte, ausländische Cafés, ausländische Restaurants, Menschen auf der Straße sind ausländisch, Moscheen, überall hört man fremde Sprache... Traditionelle deutsche Produkte in einer solchen Gegend zu kaufen ist fast unmöglich. Ich lebte einmal einige Jahre in einem solchen Stadtteil von Köln – von dort wollten sogar meine zwei deutschen Nachbarinnen-Alkoholikerinnen wegziehen.

Nicht alle Migranten sind gleich, versteht sich. Es gibt Menschen, die Integration, vor allem ihrer Kinder, in die deutsche Gesellschaft anstreben. Sie wollen ein weltliches, säkulares Leben führen, sie werden keine Christen, aber sie versuchen, sich von der Moschee fernzuhalten. Sie verstehen, dass die Schule in einem Migrantenbezirk ihren Kindern keine anständige Bildung geben wird. Sie fühlen oft psychologischen Druck von Nachbarn, die ihnen sagen, dass sie schlechte Türken oder Araber sind, schlechte Muslime, weil sie religiöse Vorschriften nicht streng einhalten. Gerade diese integrationswilligen Migranten sind daher gezwungen, von den Ausländerwohnorten in »deutsche Bezirke« zu wechseln.

Das Vakuum, das sich in den Migrantenbezirken nach dem Wegzug der Deutschen und den zur Integration geneigten Ausländern bildet, wird von neu angekommenen Stammesgenossen ausgefüllt. In der Regel – den armen. Daher sinkt die Nachfrage nach teuren, qualitativ besseren Waren, Geschäfte mit einem bestimmten Produktniveau und entsprechenden Preisen werden nicht benötigt. So wie deutsche Handwerker hier nicht gebraucht werden: Alle Arbeiten werden von Migranten erledigt – bezahlt wird bar, ohne Quittung, oft am Finanzamt vorbei, so ist es billiger. Solche Gebiete in deutschen Städten werden zu deutschfreien »sozialen Spannungspunkten«. Dort verkaufen Geschäftemacher Schmuggelzigaretten vor den Augen der Polizei. Es gibt sogenannte *no-go*-Bezirke, in denen selbst die Polizei besser nicht erscheint. Das hat es in Deutschland noch nie gegeben.

In solchen Bezirken findet die Dissimilation besonders schnell statt.[232]

Wie in jeder Gesellschaft, die eine bestimmte Organisation erfordert, gibt es in ethnischen Gebieten Gesetze. Dies sind nicht die Gesetze der deutschen Gesetzbücher. Hier dominieren die Gesetze des Landes, aus dem die Migranten kamen. Darüber hinaus halten sich die Menschen an die Gebote und Traditionen der Gegend, in der sie früher gelebt haben. In Deutschland sind es nicht einmal die Gebräuche eines millionenstarken Istanbuls, sondern die Stammesgesetze des armen und gottvergessenen türkischen Kaffs. In muslimischen Ghettos spielen religiöse Scharia-Gesetze eine wichtige Rolle. Dort gibt es auch eigene »Richter«, die Menschen wenden sich an sie, wenn sie nicht in der Lage sind, ihre Angelegenheiten selbst gütlich zu regeln.

Theoretisch gelten auf dem Territorium dieser ethnischen Gebiete staatliche

Gesetze und Institutionen. Aber wenn eines der Mitglieder der Gemeinschaft eine Vorladung der Polizei oder des Gerichts erhält (wenn er den Umschlag nicht gleich ungeöffnet in den Müll wirft), dann ist das erste, was er tut, er fragt den Imam, ob er dorthin gehen solle und ob das nicht eine Sünde sei. Und wenn er hingeht, was soll er dort am besten sagen?
Streitigkeiten, auch blutige, zwischen Angehörigen einer Volksgruppe werden nicht nach Gesetzen des deutschen Strafgesetzbuches, sondern nach Gesetzen des Mittelalters entschieden. Wenn die Polizei eine Leiche auf der Straße entdeckt, ist es unwahrscheinlich, Zeugen für das Verbrechen zu finden. Und wenn die Polizei Zeugen und Verbrecher findet, darf sie nicht erwarten, dass sie ein wahres Zeugnis ablegen. Es ist schon vorgekommen, dass Araber im Gericht drohten, Zeugen und deren Verwandten zu töten, wenn sie gegen Angeklagte aussagen. Gerichte betrachten dies eher als leeres Geschwätz im Rahmen der »ethnischen Traditionen«. Das »Schweigegelübde« in solchen Prozessen ist keine Frage des Mutes der Zeugen, sondern ein Problem einer Gesellschaft, die sie nicht wirklich schützen kann.[233]
Deshalb sammelt die Polizei nach wilden Schießereien Dutzende Projektile in den Straßen auf, vor Gericht aber kann sich niemand an dieses Ereignis erinnern. Gerichte sprechen die Verdächtigen frei.
Aber auch die Verbüßung einer Freiheitsstrafe gilt hier nicht als etwas Verwerfliches, sondern eher als das Gegenteil: Die ganze Familie verabschiedet den Sträfling ins Gefängnis an einem festlich gedeckten Tisch. Es gibt auch keine Gefängnisangst, das Leben dort ist besser, als es bei einigen Migranten in ihrer Heimat in der Freiheit war. Ins Gefängnis zu kommen wird zur Mode. Junge Kriminelle wollen gar ins Gefängnis: »'Das Gefängnis wird dich zum Mann machen', sagt meine Mama«.
Man kann nicht sagen, dass die Migranten die deutschen Gesetze überhaupt nicht interessieren. Kenner der Materie – deutsche Beamte – behaupten, dass sie mit einem brillanten Wissen über die kleinsten Details der Gesetzgebung konfrontiert sind, wenn es um die materiellen Vorteile für Migranten geht.
Deutsche Gesetze sind für sie nur dann interessant, wenn sie Geld bringen. Dies sind die einzigen deutschen Gesetze, die Migranten ehren. Sie kennen ihre Rechte und kümmern sich absolut nicht um Pflichten.
Das sieht so aus: Ein Migrant kommt mit seinem Dolmetscher (der vom Staat bezahlt wird) zu einer staatlichen Einrichtung und fordert dort alle Zahlungen bis zum letzten Cent. Um auf Kosten des deutschen Staates zu leben, muss man die Sprache des Landes nicht sprechen und sich nicht an

seine Gesetze halten. Es ist nur notwendig jene Gesetze zu nutzen, aus denen materieller Vorteil abgeleitet werden kann.
Migranten fordern von der Regierung keine Nahrungsmittelrationen, sondern Zahlungen in Geld. Sie akzeptierten und akzeptieren kein »Secondhand« – der Staat muss ihnen Geld für neue Sachen geben. Während sie Geld vom Staat »als Arme« erhalten, liegen ihre Haupteinkommen oft außerhalb des legalen Geschäfts. Geld in dieser Parallelgesellschaft kommt aus der Schattenwirtschaft, ihrer oft gut organisierten Kriminalität – aus dem Drogenhandel, aus dem Unterhalt von Bordellen, aus Raubüberfällen auf Banken und Erpressungen. Geld wird in Restaurants, Wasserpfeifenspelunken, Bars, Dönerbuden, Casinos, Bistros, bei den Totalisatoren gewaschen.[234]
Beraubt, geschlagen werden in der Regel, wenn man Asylanten ausschließt, nicht ihre eigenen Leute. Das Ziel der Aggression sind die Deutschen. In einer Parallelgesellschaft der Migranten gelten die Einheimischen als leichte Beute, weil sie »keine Ehre« haben, zumindest diese blutige »Ehre«, nach deren Gesetzen einige ethnische Gruppen zu leben gewöhnt sind. Sie greifen diejenigen an, die Steuern an die Staatskasse zahlen, aus denen dann Sozialhilfe gewährt wird.
Objekte der Verbrechen sind alle, die ihnen den Weg kreuzen: Polizisten, Fahrer, Eisenbahner, Soldaten, Lehrer, Krankenhauspersonal. In manchen Krankenhäusern und in vielen Schulen stehen deshalb bereits Wachmänner.[235]
Die deutsche Gesellschaft ist nicht bereit, »in zwei Welten« zu leben. Sie versteht die Gesetze der Parallelgesellschaften nicht und versucht sie nach deutschen Maßstäben zu messen. Dies ist ein schwerwiegender Fehler.
Nehmen wir ein Beispiel: Empfänger von Sozialhilfe sollten sich regelmäßig beim Arbeitsamt melden. Das ist lästig. Diejenigen, die vorhaben, für lange Sommer zur Erholung nach Hause zu fliegen, legen dem Amt eine Bescheinigung von hohen ausländischen Instanzen vor, dass ihr Vater, Mutter, Tante, Onkel, Pate oder Schwager im Sterben läge. »Epidemien« in den Ländern, aus denen Migranten kamen, treten regelmäßig während der Sommerferien auf. Deutsche Beamte können natürlich die »epidemiologische Situation« im Ausland nicht überprüfen. Sie glauben an Bescheinigungen. Sie können sich nicht vorstellen, dass diese Schriebse gekauft wurden. Daher zahlt der Staat weiterhin Sozialhilfe an die Urlauber.
Mit Vater und Mutter fliegen auch Kinder in die Heimat ihrer Vorfahren. Sie hören lange vor dem Ende des Schuljahres auf in die Schule zu gehen

und kehren viel später als zu Beginn des Unterrichts zurück – in dieser Zeit sind Flugtickets billiger. Krankenbescheinigungen für Schüler werden von lokalen »ethnischen« Ärzten ausgestellt – Lehrer können sich nicht vorstellen, dass sie »aus Freundschaft« oder für (kleines) Geld geschrieben werden. Einmal musste ich über die russische organisierte Kriminalität an der Polizeihochschule in Baden-Württemberg referieren. Nach dem Vortrag fragte mich einer der Zuhörer: Wie kann es passieren, dass einige Russen einen Führerschein besitzen, aber von praktischem Fahren keine Ahnung hätten? »Wir haben genau geprüft«, sagte er mir allen Ernstes, »die Führerscheine sind keine Fälschungen, sie sind echt.« Die Erklärung, dass in Russland nur ein Dummkopf einen Führerschein, mit dem er ins Ausland gehen will, mit Radiergummi fälschen würde, hat der deutsche Polizeirat nicht verstanden. Ihm war die Denkweise hinter den Worten nicht klar: »Es ist einfacher, Polizisten zu bezahlen und einen echten Wisch zu bekommen.« Er war aufrichtig.

Zwei inkompatible Welten kollidieren auf einem Gebiet. Migranten haben es schwer mit Deutschen. Aber es ist auch nicht leicht für Deutsche, mit Migranten umzugehen.

So kann es nicht weitergehen, Widersprüche verschärfen sich. Bereits heute wird die Gesellschaft auseinandergezerrt. Der Graben zwischen ihren Teilen wird tiefer. Einer wird aus dieser Konfrontation als Gewinner hervorgehen, der andere wird verlieren.

Der Staat hat sich aufgegeben

In der Osterzeit am Karfreitag ist Tanzen in Deutschland oft eingeschränkt, ebenso wie andere lärmende Unterhaltungs- und Sportveranstaltungen. Theater berücksichtigen das religiöse Fest in ihrem Repertoire, traditionelle Frühlingskarnevals in Bremen und Hamburg werden unterbrochen. An diesem Tag wurde Christus gekreuzigt, und deshalb gilt es als unanständig, allzu laut Spaß zu haben.

Frage: Warum sollte Christus, der vor zweitausend Jahren angeblich den Märtyrertod erlitten hat, einen Moslem im heutigen Deutschland interessieren?

Antwort: Obwohl hier Vertreter anderer Religionen sowie zahlreiche Atheisten leben, ist Deutschland immer noch ein Land christlicher Tradition. Diese religiösen Gründe führten dazu, dass der Staat jeden, darunter Ungläubige und Muslime, dazu verpflichtet, diese Tradition zu respektieren. Es hat das entsprechende Gesetz verabschiedet. Und gleichzeitig denkt Deutschland als Land der christlichen Tradition (noch) nicht daran, die Traditionen jener ethnischen Gruppen, die in das Land gekommen sind, zum Gesetz zu erklären.[a]

Im Osten, in der arabischen Welt, wird dieses Prinzip konsequent durchgezogen: Bereits im Flugzeug erklärt die Stewardess, wie, wann und ob man das Recht hat, voll verschleierte Frauen vor Ort anzuschauen (von »Kontakt« ganz zu schweigen!), mit welcher Ehrfurcht es notwendig ist, die Schreie des Muezzins zu achten, welche Hose man am Strand und auf der Straße tragen darf, welche Hand man wem geben soll, was für Kopftücher Frauen tragen dürfen, wer und wer nicht Auto fahren darf und an der Bar trinken, wie man die Geschlechterdifferenzen – nicht nur auf der Toilette, sondern auch bei Tisch – beachten muss, wohin man den Kaugummi spuckt... Es ist für die Europäer etwas umständlich, aber jeder, der in die arabische Welt kommt, versucht diese Gesetze zu befolgen, nicht zuletzt, weil die Strafen für die Nichteinhaltung von Gesetzen schmerzhaft sind.

All das, ob es den Europäern gefällt oder nicht, ist normal, richtig. Jeder Staat hat Hoheit auf seinem Gebiet, seine Gesetze entsprechen den Interessen der Mehrheit der Bevölkerung. Es geht nicht um die Angemessenheit oder Unangemessenheit dieser Anforderungen, um ihren Einklang mit besseren oder schlechteren »universellen Werten«, es ist irrelevant, ob jemand das Autofahrverbot für Frauen für eine große oder kleine Herabsetzung einer (gleichberechtigten) Frau hält. Gesetze schützen die Art und Weise des Lebens, die sich über Jahrtausende gebildet haben, und alle – sowohl Einheimische als auch Gäste – sind verpflichtet, die Gesetze des Landes, in dem sie dauerhaft leben oder nur vorübergehend verweilen, zu achten. Mit einem Wort, ein zivilisierter Staat sollte das Mittelalter auf seinem Territorium nicht tolerieren, so wie der mittelalterliche Staat kein zivilisiertes Leben duldet.

---

a Dieser 2012 geschriebene Satz stimmt nicht mehr: Der Bremer Senat hat 2013 eine Änderung des Sonn- und Feiertagsgesetzes beschlossen, die eine Gleichstellung der islamischen Feiertage Opferfest, Ramadanfest und Aschura mit den christlichen Feiertagen vorsieht. Arbeitnehmer haben an den genannten islamischen Feiertagen grundsätzlich die Gelegenheit zur Teilnahme am Gottesdienst und Schüler haben unterrichtsfrei. (*http://www.migazin.de/2013/05/13/senat-beschliesst-gleichstellung-islamischer-feiertage/*)

Das alles scheint Allgemeinplatz, eine Banalität zu sein.
In Deutschland ist das Gegenteil der Fall. Hier sind eine große Anzahl Migranten dabei das Land, in das sie kamen, an ihre Gepflogenheiten anzupassen. Dies ist ein bekanntes egoistisches Phänomen: Ein Mensch versucht überall die bequemsten Bedingungen für sich selbst zu schaffen. Manchmal verletzt er in seinem Eifer die Grenzen der lokalen (in diesem Fall deutschen) Gewohnheiten, Sitten oder Gesetze. Sitten und Moral werden durch eine Gesellschaft überwacht, die ein bedeutender Teil der Neuankömmlinge in Deutschland nicht respektiert. Einhaltung der Gesetze gewährleistet der Staat – lasst uns sehen, wie er die Gesetzesbrecher dazu bringt, sie zu befolgen.
Als Grundlage für die Integration von Migranten in die deutsche Gesellschaft gilt die Schule. Sie ist es, die den Kindern von Migranten »europäische Werte« vermitteln soll, insbesondere den hohen sozialen Status der Bildung.
Bis dato geht die Integration in den Schulen in die andere Richtung. Zum Beispiel in den offiziellen Broschüren der Bildungsbehörden wird Schulen mit einer großen Zahl von Muslimen geraten, keine Klassenarbeiten im Ramadan zu schreiben, den Aufbau des menschlichen Körpers in den Biologiestunden besser anhand »stilisierter Graphiken« zu erklären und in den Diskussionen über die Gleichstellung der Ehegatten »traditionelle Einstellungen« in den muslimischen Elternhäuser zu berücksichtigen.[236]
So wird eine Biologiestunde zu einer Ideologiestunde. Versuchen Sie, dem verhüllten muslimischen Mädchen biologische Reproduktion beizubringen, wenn es nicht durch Knospung geschieht. Am Sportunterricht, besonders am Turnen und Schwimmen, nehmen muslimische Mädchen oft nicht teil – ihre Religion verbietet es. Eine »Sechs« in Biologie, eine »Sechs« im Sport darf man ihnen nicht geben – weil das »Rassismus« und »Diskriminierung« bedeute. Fitnesszentren und Schwimmbäder führen nach und nach einen »Frauentag« ein – für muslimische Frauen.
Vor nicht allzu langer Zeit kam eine Nachricht: Schulkantinen hörten auf, Würste aus Schweinefleisch zu verkaufen.[237] Schüler aus muslimischen Familien essen es aus religiösen Gründen nicht, so gilt die Kantine mit Schweinefleisch als »unrein«.
Dann sollen die Muslime es nicht kaufen…
Nein, ältere muslimische Kinder essen selbst nicht und passen auf jüngere Muslime auf, um sicherzustellen, dass sie nicht wanken. An den Türen der Kantinen stehen bereits speziell ausgesuchte stärkere Schulkinder und

sehen zu, wer was kauft und isst. Und bestrafen die jungen Liebhaber von leckerem, aber sündhaftem Schweinefleisch.

Aber andere Schüler, nicht-Muslime, dürfen es doch essen! Nein, sie dürfen auch nicht. Wer die »unreine« Bockwurst anrührt, kann später den strenggläubigen Muslim berühren und ihn »besudeln«. Was machen wir mit Lehrern? Wie kann man einem solchen Lehrer seine Arbeit zum Benoten geben? Es wurde daher beschlossen, keine Schweinswürste zu verkaufen, überhaupt kein Fleisch zu verkaufen – wer weiß, was alles in diese Bulette gemischt wurde.

Die Führung der Bildungseinrichtungen verliert diesen »Kultur-Wettbewerb«, weil sie eine Rückkehr weder zum Schweinefleisch noch zum normalen Biologieunterricht herbeiführen kann, oder wenigstens gewährleisten, dass muslimische Mädchen nach dem Sportunterricht in die Dusche gehen.

Neuerdings bekommen alle Sträflinge in deutschen Gefängnissen kein Schweinefleisch – im Land ist jeder dritte Knacki ein Ausländer[238], in Hamburg und Berlin sogar entsprechend 58% und 47%[239]. Wenn man die uns inzwischen bekannte Problematik mit Ausländern (ohne deutschen Pass) und Migranten, die deutsche Staatsbürger geworden sind und deshalb in der Statistik als Deutsche geführt werden, berücksichtigt, werden diese Zahlen noch beeindruckender. In einigen Haftanstalten sind bis zu 70% Muslime[240] (Durchschnitt im Land – ca. 20%)[241], sie klagen gegen Schweinefleisch. Logisch: Wer mehr Kriminelle in die JVA liefert, bestellt dort auch das Menü.

In Großbritannien kommt es beinahe zu Revolten, wenn Schweine-DNA im Essen gefunden wird.[242] Engländer reden von »Kontaminierung« durch Schweinefleisch. Dort ist es schon so weit, dass »muslimische Insassen… Nicht-Muslime dazu zwingen, eine »Schutzsteuer« zu zahlen, wenn sie dem Islam nicht folgen«.[243]

Aber auch in Deutschland darf die Frage gestellt werden: Wenn die Zahl der verurteilten Moslems unter 50% fällt, bekommen die Gefangenen wenigstens dann Fleischsuppe?

Ein Gast muss bekanntlich die Regeln des Wirtes akzeptieren – oder zu einem anderen Wirt weiterziehen. In Deutschland ist das umgekehrt: Die Gäste bestimmen, der Wirt gehorcht. Die Gäste verlangen, dass es parallel zum christlichen Religionsunterricht auch einen muslimischen geben muss. Aber Deutschland ist doch ein christliches Land! Egal: in Nordrhein-Westfallen sind schon so viele Muslime, dass sie selbst die Agenda bestimmen. Deshalb hatte 2012 die Landesregierung den Islam-Unterricht eingeführt

– in NRW gibt es inzwischen (2019) 415.000 muslimische Schüler[244], dort leben 8% Muslime[245].
»Fortschrittliche« Ansichten aus NRW will auch Sachsen-Anhalt umsetzen – und auch Islam-Unterricht anbieten. Aber in Sachsen-Anhalt sind zwischen 0%[246] und 0,4%[247] Muslime der Gesamtbevölkerung. Es wäre vielleicht sinnvoller ihnen die christlichen (europäischen!) Werte zu vermitteln und nicht sie über diesen Umweg in die Moscheen zu schicken und damit die so angestrebte Eingliederung in die deutsche Gesellschaft zu torpedieren? Egal – SPD und Grüne ziehen in vorauseilender Fügsamkeit das Vorhaben durch!
Wir haben darüber gesprochen, dass Migranten versuchen, sich in ethnischen Ghettos niederzulassen. Bisher war es nicht so einfach: Für die Anmeldung bei der Polizei und dann für den Erhalt der Sozialhilfe musste ein Zugereister einen Mietvertrag mit dem Vermieter abschließen. Ohne Unterschrift des Wohnungseigentümers hat die Polizei niemanden angemeldet – weder Migranten noch Deutsche. Aber Migranten wollen keine Wohnungen offiziell mieten, sie wollen in die Wohnungen ihrer Verwandten und Bekannten einziehen. So ist es billiger für sie.
Das Problem: Ohne eine separate Wohnung gibt es keine Sozialhilfe, für die diese Menschen de facto den schwierigen Weg nach Deutschland auf sich genommen haben.
Die Lösung des Problems: Der deutsche Staat hat das Gesetz zugunsten von Migranten geändert – heute registriert die Polizei Migranten ohne Mietvertrag. So wohnen oft in vielen Wohnungen Dutzende Menschen. Außerdem halten sie in den Wohnungen Haustiere und bauen dort Gemüse an. Soziale Spannungen mit den Nachbarn über den hygienischen Zustand des Eingangs und des Hauses entstehen hier nicht: Hochhäuser sind oft voll mit Migranten mit ähnlichen soziohygienischen Vorstellungen belegt.[248] Eins von ihnen ist in Berlin komplett von 700 Zigeunern aus einem Dorf in Rumänien besetzt.[249] In ganz Deutschland gibt es Dutzende solche Häuser.
Diese »Bevölkerungsdichte« hat Konsequenzen für die Versorgung (Wasser, Abwasser, Strom, Gas) und die soziale Infrastruktur (Verkehr, Ärzte, Schulen...). Daher entwickelt sich das sogenannte »Konfliktpotential« mit den Überresten der Deutschen, die aus dem einen oder anderen Grund gezwungen sind, in einem fremden Ghetto zu leben.
In einer Analyse der kommunalen Behörden steht, dass Konflikte entstehen aufgrund der »*unterschiedlichen Nutzung des öffentlichen Raums* (kursiv hier von mir – V. T.) und damit einhergehenden Lärmbelästigungen, einem

erhöhten Müllaufkommen, Sachbeschädigungen, Störungen der Nachtruhe und einem generell anderen Verständnis von nachbarschaftlichem Zusammenleben. Die direkten (deutschen – V. T.) Anwohner und Nachbarn reagieren oftmals mit Unverständnis, Resignation, Hilferufen, Wut, Empörung oder sogar Hass auf die Lage.«[250] Was die Fremden betrifft, herrschen bei den Anwohnern Argwohn, Angst, Vorurteile und Ablehnung.
Was bietet die deutsche kommunale Verwaltung, um das Problem zu lösen? Ich zitiere – »Kampf gegen Antiziganismus«! Schließlich, wenn man »Antiziganismus« bei den Deutschen ausrottet, werden die Straßen sofort sauber und sicher, und das Sozialprodukt im Land wird deutlich zunehmen.
Bei der deutschen Polizei ist »Deeskalation« zum Modewort geworden. Bekannt sind Einzelfälle[251], in denen die Polizei in ethnischen Ghettos einen Ortsansässigen festnahm – für Diebstahl, Handel mit Schmuggelzigaretten oder Drogen etc. pp. Die Polizisten kommen zum Täter, und bitten ihn mitzukommen... Der Halunke widersetzt sich und schreit etwas (was, können die Polizisten nicht verstehen…) zu seinen Freunden. Einen Augenblick später wird das Polizeiauto von Dutzend Migranten umrundet, sie schreien etwas von Rassismus, fuchteln mit den Armen, schlagen mit den Fäusten auf den Wagen und ziehen den Festgenommenen aus den Händen der Polizei, bis er außerhalb des lebendigen Rings ist und verschwindet.
In solchen Gebieten, unter anderem bei Schlägereien, kreist nicht die Polizei die Schläger ein, sondern umgekehrt. Oft sind es Hunderte »Menschen mit Migrationhintergrund«, die die Polizei massiv beleidigen und bedrohen, sie mit harten Gegenständen angreifen. Dabei werden Angreifer von dem, Zitat aus dem Polizeibericht, »wütenden, tobenden Mob« angestachelt.[252]
Mein amerikanischer Bekannter, dem ich diese Geschichten erzählte, fragte, ob die Polizei bewaffnet ist, und hat die Lösung parat: »Ein Schuss ins Knie – und dann werden die Angreifer schon sehen...«
Naivling. Wir sind in Deutschland. In unserem Fall lässt die deutsche Polizei sich davon überzeugen, dass sie xenophob und rassistisch sei, steigt ins Auto und fährt weiter »die Gegend zu patrouillieren«. Dies ist eine »Deeskalation«. Man tut alles, um die Situation nicht zu verschärfen.
Wenn jemand den Straßenverkehr blockiert[253], seinen Wagen in der Mitte der Straße anhält, um direkt aus dem Wagen mit seinen im Café sitzenden Freunden Neuigkeiten auszutauschen, wird die Polizei den Fahrer aus Angst nicht ansprechen – er kann dann nicht nur aus dem Auto, sondern auch außer sich kommen. Wenn die Jugend so laut »Party macht«, dass Nachbarn nicht schlafen können, greift die Polizei nicht ein – sonst kann es

zu einer »Eskalation der Gewalt« kommen. Und sie ist auf »Deeskalation« eingestellt.
Der Umgang der Polizei mit den ausländischen Gangstern wird an den Verbrecher-Clans deutlich. In Deutschland gibt es vermutlich Hunderte arabisch-türkisch-libanesisch-kurdische Großfamilien (aber auch »kriminelle Großfamilien anderer Herkunft«, wie die Medien schreiben; dazu zählen russische, georgische, tschetschenische, albanische, rumänische oder bulgarische »Familien«, außerdem ist in Deutschland die italienische Mafia sehr aktiv[254]), die im Land ihr Unwesen treiben.
Allein in NRW geht die Polizei von 104 Banden mit 6450 Bandenmitgliedern aus, die 14.000 Straftaten innerhalb von nur drei Jahren (2016-2018) verübten.[255] In Berlin, so Experten, gibt es bis zu 20 Verbrecher-Clans. Ihr Geld »verdienen« sie vorwiegend mit Drogenhandel, illegalen Wettspielen, Schutzgelderpressung von Prostituierten und Restaurantbesitzern; dabei machen sie nicht Halt vor brutaler Gewalt und Mord.[256]
Nur nebenbei: All das ist der Polizei bestens bekannt. Diese Banditen fühlen sich in Deutschland nicht nur sicher, sondern als »Herrscher des Lebens«, für die kein Gesetz geschrieben ist. NRW-Innenminister Herbert Reul fasst zusammen: »Das sind Mafia-Strukturen und Parallelwelten, in denen die Missachtung von Recht und Gesetz von einer Generation auf die nächste weitergegeben wird.«[257]
Die neueste von ihnen liebgewonnene dreiste Demütigung des Staates besteht darin, im Autokorso durch die Städte zu fahren – egal ob die Ampel auf Grün oder Rot stehen. Die »Süddeutsche« vom 4. Juni 2019 führt ein paar frische Fakten an: »Im März parkten Teilnehmer einer Hochzeitsgesellschaft mindestens vier Autos auf den Spuren der A 81 bei Stuttgart, um ein Filmchen des folgenden Staus aufzunehmen. Eine weitere Feiergruppe bremste auf der A3 bei Ratingen den Verkehr aus – um Fotos eines Bräutigams auf der Fahrbahn zu schießen. Und im April blockierten etwa 100 Hochzeitsgäste in Duisburg-Hochfeld eine Kreuzung, zündeten Bengalos, schwenkten türkische Fahnen und schossen mit Schreckschusspistolen in die Luft… Allein in den vergangenen zwei Monaten musste die Polizei in NRW 129 Mal (! – V. T.) ausrücken, weil Hochzeitsfeiern im Chaos endeten.«[258]
Ja, und was macht der Staat, was macht die Polizei, um Gesetzesbrecher zu bändigen und zu bestrafen? Darauf gibt es auch eine Antwort: NRW erarbeitete einen »Aktionsplan«, in dessen Rahmen er auf Flyern Clan-Mitglieder bat: »Halten Sie sich an die Verkehrsregeln«, »Provozieren Sie keine

Staus«, »Zünden Sie keine Feuerwerkskörper«, »Führen Sie keine Waffen mit«.[259] Danke, liebe Polizei, dafür, dass Gangster wenigstens ihre Waffen zu Hause lassen…

Und »zu Hause« gibt es so viele Waffen, die Zahl der bekanntgewordenen Drogengeschäfte, Tötungsdelikte mit Messern, Raub »steigen signifikant«[260] von Jahr zu Jahr, sodass die Polizei (das muss man sich auf der Zunge zergehen lassen) in den Städten »Waffenverbotszonen« eingerichtet hat[261]. Heißt das: Eine Straße weiter sind Waffen bereits erlaubt? Obwohl es in Deutschland bekanntlich generell verboten ist, Waffen wie Springmesser oder Schusswaffen herumzutragen.

Auf solche Vorkommnisse sind die Deutschen nicht vorbereitet. Das Recht der Starken triumphiert auf der Straße. In NRW, wo der Migrantenanteil über 27% liegt (2016)[262], wurden Polizisten 2016 im Dienst fast 9.000 Mal angegriffen. Tendenz: 14% öfter, als im Vorjahr. Bundesweit sind es sogar 71.000 Beamte, die 2016 Opfer einer Attacke wurden.[263]

«Wir beobachten solche Szenarien bei Gruppen mit hohem Migrationsanteil immer wieder, dass sie unser Rechtssystem nicht akzeptieren, auch wenn es um Bagatellen wie ein Knöllchen geht, dass Maßnahmen der Polizei nicht angenommen werden und dass solche Gruppen die Auseinandersetzung mit Beamten regelrecht suchen«, sagte der stellvertretende Vorsitzende der Gewerkschaft der Polizei Arnold Plickert[264] im Zusammenhang mit dem sogenannten Dürener Fall, als wegen Knöllchen einem Polizisten das Gesicht von zwei Deutsch-Türken mit einem Radmutternschlüssel zertrümmert wurde.[265]

Hier muss das Gesetz sein Machtwort sprechen und nicht eine noch größere deutsche Bande. Aber es gibt kein wirksames Gesetz, es gibt kein Urteil und es gibt keine wirklichen Strafen – man kann nicht für eine Strafe für (mehrmaligen) Raub oder (mehrmalige) schwere Körperverletzung einen Monat Besserungsarbeit bei einem Wohltätigkeitsverein (wohin Verurteilte auch nicht gehen) erhalten. Mit solchen Beispielen sind die Gerichtsarchive überfüllt.[266]

Noch ein Beispiel: Manche Asylbewerber werden abgelehnt und müssen ausreisen. Sie reisen nicht aus – das haben wir schon erwähnt. Insgesamt lebten in Deutschland 2018 knapp 700 000 solche Abgelehnte, mehr, als Stuttgart Einwohner hat. Aber manche werden auf Kosten des Staates deportieret und mit Wiedereinreisesperre belegt. Sie dürfen nicht mehr rein. Werden sie nun an der Grenze abgewiesen? Von wegen! Nach Angaben des Ausländerzentralregisters hielten sich 2018 fast 7000 Personen in

Deutschland auf, obwohl eine Wiedereinreisesperre gegen sie bestand.[267] Ein Staat, der sein Recht nicht durchsetzen kann oder will, ist kein Rechtsstaat.

Es ist klar, dass Migranten versuchen, den Staat »an sich selbst« anzupassen. Aber es ist überraschend, dass der deutsche Staat beflissen eigene Gesetze für die Neuankömmlingen ändert.

So gehört es zum Beispiel zu den Traditionen der Muslime, dass sie mehrere Frauen haben dürfen. In Deutschland ist Polygamie verboten. Aber auch deutsche Muslime wollen mehrere Frauen haben. Sie bestehen nicht auf einer offiziellen Registrierung im Standesamt. Sie wären nur mit einer Hochzeit in der Moschee zufrieden. Das deutsche Recht verbietet nicht nur die Polygamie, sondern erkennt auch die Kirchenehe nicht an. Die Türkei erkennt zum Beispiel auch nur die staatliche Eheschließung an.

Aber in Deutschland wurde 2009 die Kirchenehe anerkannt – um den Polygamisten zu gefallen. Auf dem Weg des Entgegenkommens ging das christliche Deutschland weiter als die muslimische Türkei.

Hier eine deutsche Erklärung dafür, warum das Verbot abgeschafft wurde: »Die Erfahrungen haben gezeigt, dass andere in Deutschland vertretene Religionsgemeinschaften (das heißt nicht katholische und nicht protestantische – V. T.) trotz wiederholten Hinweises durch verschiedene deutsche Stellen nicht dazu bewegt werden konnten, ihre Eheschließungspraxis nach den §§ 67 und 67a PstG« (Personenstandsgesetzes, die Trauung ist nur nach Eintragung der Ehe im Standesamt zulässig – V. T.) auszurichten«[268]. Daher sollte diese unwirksame Verordnung aufgehoben werden.

In verständlicher Übersetzung bedeutet dies, dass Protestanten und Katholiken sich an die bestehenden Gesetze halten müssen, und da Muslime auf diese Vorschriften pfeifen, ist es möglich, darauf zu verzichten. Das ist ein Novum in der deutschen Rechtspraxis: Gesetze, die manche Bürger ohnehin nicht befolgen, einfach abzuschaffen.

Bleiben wir beim Thema. In muslimischen Ländern muss der Ehegatte alle Frauen unterhalten. Es sind die Kosten, die die Männer dazu zwingen, ihre ehelichen Anregungen etwas zurückzuhalten. Die arme männliche Bevölkerung hat dort nur eine Frau – der Islam erlaubt mehr, die Tasche aber nicht.

In Deutschland ist alles anders: Hier hat das Gesetz zum Verbot der Polygamie einen interessanten Nebeneffekt. Da Muslime nur die erste Ehe zivilrechtlich registrieren und die zweite, dritte, vierte nur in Moscheen segnen lassen, werden Frauen, die ihre Kinder von einem halblegalen Mann ge-

bären, als alleinerziehende Mütter betrachtet – und bekommen besonders umfangreiche finanzielle Hilfen und Steuerentlastungen.
In Deutschland werden Harems vom Staat bezahlt.
Es gibt eine hohe ethnische Kinderkriminalität im Land.[269] Jugendliche gehen durch die Kassen des Supermarkts ohne zu bezahlen, und belegen den Kassierer unterwegs mit Drohungen. Kassierer melden keinen Diebstahl, keine zerschlagenen Schaufenstern, kaputtgetretene Regale, misshandelte Angestellte oder Kunden – weil sie es dann mit dem ganzen »erwachsenen« Clan zu tun haben werden.
Mitarbeiter der Jugendämter haben Angst, in Wohnungen von Migranten zu gehen, ganz zu schweigen davon, dass sie darauf bestehen, dass das Kind die Schule besuchen solle. Fälle, in denen sie für die Zwangsversetzung eines »ethnischen« Kindes in ein Internat geschlagen werden, sind keine Seltenheit.
Besonders gefährlich ist die Arbeit der Fahrer öffentlicher Verkehrsmittel. Der Fahrer muss am Eingang die Tickets kontrollieren und für Ordnung in Bus oder Straßenbahn sorgen. Für jede Bemerkung, nicht zu rauchen, die Sitze nicht aufzuschneiden oder die Fahrt zu bezahlen, kann er geschlagen werden[a] oder bekommt zumindest seinen Kopf mit Coca-Cola übergossen. In Berlin gibt es durchschnittlich zwei geschlagene Fahrer täglich. Insgesamt gab es 2017 in den Berliner öffentlichen Verkehrsmitteln 5.376 Straftaten, dabei ging es nicht um das Fahren ohne gültigen Fahrschein. Gezählt wurden hier nur Körperverletzung, Nötigung, Freiheitsberaubung, Bedrohung, Raub, Sexualdelikte.[270] Das sind fast 15 Verbrechen täglich; die Fahrten sind zu einer Mutprobe geworden. Nach Verbrechern wir halbherzig gesucht, die Strafen sind dieses Wortes nicht wert. All dies wird als »Offenheit für eine andere kulturelle Identität« abgetan. Für einige Jugendliche mit Migrationshintergrund ist all dies ein Charaktertest, ein Beweis für Kühnheit und Mannhaftigkeit.
Schutzgelderpressung unter Kindern blüht auf: Ältere Kinder nehmen von kleineren Gebühr für den Durchgang oder für die Nutzung des Kinderspielplatzes. Oft schlagen ethnische Jugendbanden deutsche Gleichaltrige. In diesem Fall rät die Polizei den Eltern, keine Anträge zu stellen, weil sie

a Diese Vorkommnisse schaffen es entweder nicht in die großen Medien, oder es wird in den Berichten die ethnische Zugehörigkeit der Täter verschwiegen. Dafür gibt es sie zuhauf als Meldungen der Polizeipressestellen. Siehe exemplarisch: *http://www.op-marburg.de/Landkreis/Nordkreis/Schwarzfahrer-schlaegt-auf-Schaffner-ein; https://www.presseportal.de/blaulicht/pm/11562/3994971*

die Sicherheit der Kinder in Zukunft nicht gewährleisten können. Deshalb lassen viele Familien ihre Kinder nicht mit öffentlichen Verkehrsmitteln fahren und bringen sie selbst zur Schule oder rufen ein Taxi. In vielen Schulen kann man auch geschlagen werden. Während die Gesamtzahl der Straftaten in der Schule und auf dem Schulweg ziemlich konstant bei 5500 über die Jahre bleibt (2017 – 5438 Fälle), wächst (um fast 23% zwischen den Schuljahren 2014/2015 und 2016/2017) die Anzahl der sogenannten Rohheitsdelikte, d.h. Raub, Körperverletzung und Straftaten gegen die persönliche Freiheit (2016/2017 – 1829 Fälle), rapide, also mehr als 8 Fälle pro Schultag.[271]

Eine Bande von Teenagern kann in eine Unterrichtsstunde einbrechen, Möbel zertrümmern und das ausgewählte Opfer verprügeln. Lehrer sind die ersten, die aus dem Klassenzimmer fliehen. Wenn sie das nicht schaffen, werden auch sie geschlagen. Auf die Türgriffe zu spucken und im Flur zu urinieren ist dann die Norm.

In Berlin begehen jährlich etwa 5000 Kinder unter 14 Jahren, über 10.000 Jugendliche zwischen 14 und 18 Jahren und über 10.000 Heranwachsenden zwischen 18 und 21 Jahren ein Verbrechen. Natürlich sind hier sowohl Deutsche, aber auch nicht-Deutsche zusammengefasst. Aber man hat auch die Möglichkeit, es auseinanderzuklamüsern, zumindest in Berlin.[272] An allen unter 21-jährigen Tatverdächtigen hatten Deutsche 2017 einen Anteil von 60,6% und Nichtdeutsche einen Anteil von 39,4%. Damit ist schon mal ersichtlich, dass die höhere Kriminalitätsrate der Migranten kein aufgebauschtes Geschrei der »Rassisten« ist. Aber wir gehen noch einen Schritt weiter: Bei der Wohnbevölkerung unter 21 Jahren lag die Verteilung bei 85% Deutsche und 15% Nichtdeutsche. Wie viel Tatverdächtige haben wir pro ein Prozent Bevölkerung? Deutsche Berliner: 60,6 teilen wir durch 85 und bekommen 0,71. Nicht-Deutsche Berliner: 39,4 geteilt durch 15 ist gleich 2,63. Vergleichen wir: 2,63 geteilt durch 0,71 ist gleich 3,7 Mal ist die Kriminalität unter Ausländern höher, als bei den Einheimischen. Das ist nicht alles: Es gibt unter tatverdächtigen Deutschen einen gewissen Anteil von eingebürgerten Migranten. Wenn wir diesen Anteil von den Verbrechen der Deutschen abziehen und den Migranten zufügen, wird diese Zahl noch höher.

Kein Beweis, aber ein ganz schön aussagekräftiges Indiz: Es steigt im Land die Zahl der Übergriffe mit Messer – früher, vor der Migrationswelle, keine verbreitete Tatwaffe. In Berlin 2017 sind es 2737 aufgeklärte Fälle, zu denen ein Messer als Tatmittel erfasst wurde – die höchste Fallzahl seit Beginn der entsprechenden Auswertung. Die Jungen mischen kräftig mit: 2017 begehen Kinder (unter 14) 80 Mal Straftaten gegen das Leben, Sexualdelikte und Rohheitsdelikte, 271 Verbrechen – Jugendliche zwischen 14 und 18, und 209 Mal – Heranwachsende zwischen 18 und 21. Praktisch täglich wird in Berlin auch mit Schusswaffen gedroht und scharf geschossen.[273]

Alle diese Straftaten bewertet die verständnisvolle Berliner Polizei folgendermaßen: »Im Rahmen des »Erwachsenwerdens« kommt es häufig zu episodenhafter Kriminalität.«[274]

Wenn ein Teenager, der *in flagranti* erwischt wurde, zu einer Polizeiwache gebracht wird, werden die Eltern angerufen, sie holen ihr Kind von dort ab – und das war es dann schon. Viele Drogendealer benutzen Kinder – sie können praktisch nicht bestraft werden. Eine vietnamesische Gang gab die gefälschten Dokumente einem Straßendealer, der sehr jung aussah – er wurde mehrmals mit Drogen verhaftet und jedes Mal freigelassen. Bis jemand auf die Idee kam, ihn einer Expertise zu unterziehen, um sein Alter festzustellen.

Ein pervertiertes Verständnis von »Rechtsstaatlichkeit« zeigt sich am Beispiel einer Kinderbande, die seit vielen Jahren im Zentrum Leipzigs Händler terrorisierte. Die »Terroristen« sind Zwillingsbrüder, die zu Beginn ihrer kriminellen Karriere acht Jahre alt waren.[275] Innerhalb von fünf Jahren stapelten sich im Jugendamt mehr als 300 Berichte von der Polizei über die »Aktivitäten« der jugendlichen Verbrecher, allein im Jahr 2012 – mehr als 100 Diebstähle, Vandalismus, schwere Körperverletzungen. Obwohl es in Deutschland spezielle Einrichtungen gibt, in denen jugendliche Straftäter untergebracht werden können, wollte niemand es tun.

Eine Erklärung für diese Einstellung: Alle warteten, dass die Jungen das 14. Lebensjahr erreichen würden, um sie nach dem Jugendkriminalitätsgesetz zu verurteilen. Der eigentliche Grund für Untätigkeit: Für die Unterbringung in einem geschlossenen Internat müsste die Leipziger Stadtverwaltung bis zu 360 Euro pro Tag bezahlen. Alle Gemeinden haben aber ein knappes Budget. Deshalb wurden kriminelle Kinder – aus Sparsamkeitsgründen – nicht rechtzeitig dorthin verfrachtet.

Was die Gesellschaft diese 300 aktuelle und alle nachfolgenden Verbrechen kosten (auch finanziell), aber auch Schmerzen der »Körperverletzungen«, interessiert Beamte recht wenig. Ein Gefängnisplatz für Teenager kostet den Staat – aber nicht die Gemeinde! – 44 000 Euro pro Jahr. Wenn ein Teenager doch ins Gefängnis kommt, dann erhalten seine Eltern weiterhin staatliche Sozialzahlungen – für das Kind.

In Schottland beginnt die Strafmündigkeit mit 8 Jahren, in England – mit 10. In Deutschland, wie wir sehen, erst mit 14. Bis 14 Jahren ist jeder hier – egal, was er tut – praktisch nicht bestrafbar.
Ein unter 14-jähriger Münchener-türkischer Verbrecher, der unter dem Namen Mehmet in Deutschland bekannt ist, besaß ein langes Straftatenregister – mehr als 60 Diebstähle, darunter Einbruch, Körperverletzung, Erpressung, Raub. Mit 14 Jahren hatte er einen Klassenkameraden ausgeraubt und halbtot geschlagen. Dafür wurde er 1998 zu einem Jahr Freiheitsentzug verurteilt. Aber er kam nicht ins Gefängnis, sondern wurde in seine Heimat – die Türkei – abgeschoben (die ihn auch nicht einsperrte). Bezeichnenderweise empörte sich die deutsche Öffentlichkeit in diesem Fall nicht über die Zügellosigkeit Mehmets und die Hilflosigkeit der Justiz, sondern über die Tatsache, dass zum ersten Mal ein minderjähriges Kind ohne Eltern in die Heimat seiner Vorfahren deportiert wurde.
In Deutschland gab es zu dieser Zeit eine Diskussion – auch vor dem Bundesverwaltungsgericht – über das Schicksal des »armen« Mehmet. Und man entschied: Mehmet hat das Recht, nach Deutschland zurückzukehren. Was dann 2002 auch geschah. Hier wurde er mit Drogen geschnappt, aber die Strafe wurde auf eine mündliche Rüge beschränkt. Und schon 2005 (er war inzwischen 21 Jahre alt) wurde er erneut zu 18 Monaten Haft verurteilt, weil er seine Eltern schlug, Geld von ihnen verlangte und versprach, dass er sie töten würde, wenn sie es ihm nicht gäben. Die Eltern selbst schrieben einen Antrag an die Polizei.
Jetzt wurde er nicht mehr in die Türkei deportiert, jetzt floh er selbst dorthin. Dort organisierte er eine Transportfirma sowie eine Paintball-Attraktion. Er träume, so der Anwalt, »das seine Bestrafung kassiert wird und er nach Deutschland zurückkehrt«. Bis dato[a] hat Deutschland dem nicht zugestimmt, die Chancen für Mehmet, nach München zurückzukehren, stehen aber nicht schlecht.
Es gibt in Deutschland inzwischen unzählige »Mehmets«: Laut Statistik des Bundeskriminalamtes für 2017[276], begingen ausländische »Kinder« und junge Erwachsene bis 25 in einem Jahr ca. 1500 Morde und Tötungsdelikte (ohne fahrlässige Tötung), darunter mehrere Dutzend Morde durch Kinder

---

a 2012. Inzwischen half ein Deutscher Journalist dem »Mehmet« ein Buch zu schreiben – vermutlich als Nachahmungshandbuch für neue Serientäter. Gott segne die Türkei: Schließlich wurde »Mehmet« im Oktober 2013 von einem Gericht in Antalya wegen in der Türkei begangenen schweren Raubes und Freiheitsberaubung zu einer Freiheitsstrafe von 11,5 Jahren verurteilt.

unter 18 Jahren. Die Statistik zählt ca. 3.500 Vergewaltigungen und sexuelle Nötigung auf, darunter auch Hunderte in Gruppe, und das von einer Gruppe 4 bis 5 mal. 1935 Vergewaltigungen und andere Sexualdelikte sind besonders brutal, mit vorgehaltener Waffe und mit Misshandlung der Opfer, darunter 2 von Verbrecher-Kindern bis 10 Jahren, 1 – bis 12 Jahre, insgesamt von Kindern unter 14 – 15 Fälle, bei Jugendlichen zwischen 14 und 18 – 166 Fälle. Es gibt in der Statistik auch sogenannte Rohheitsdelikte und Straftaten gegen die persönliche Freiheit. Dazu zählen Raub, räuberische Erpressung, räuberischer Angriff auf Kraftfahrer, Körperverletzung, Freiheitsberaubung, Zwangsheirat, Geiselnahme, Menschenhandel, Nötigung, Bedrohung. Die gibt es bei Ausländern in einem Jahr 186.464 an der Zahl, darunter mehr als 4000 begangen von Kindern unter 14 Jahren, zwischen 14 und 18 Jahren sind es 14.018. Allein die gefährlichen und schweren Körperverletzungen, unter anderem durch Verstümmelung von weiblichen Genitalien, liegen bei fast 55.000. Insgesamt haben junge Ausländer nur im Jahr 2017, sage und schreibe, 736.265 Straftaten begangen, darunter auch Rauschgiftdelikte, Diebstähle, Zuhälterei, Brandstiftung, Landfriedensbruch, mehr als 13.000 Fälle des Widerstands gegen Vollstreckungs- und Polizeibeamte, Schutzgelderpressung, Fälschen von Geld und Zahlungskarten, Sozialleistungsbetrug und vieles Andere mehr.
Mehr als 2000 Verbrechen pro Tag.
Die deutsche Justiz zeigt sich auch überrascht, dass die »Kinder« – sowohl Angeklagte als auch Zeugen – während der Ermittlungen und Gerichtsverfahren ebenso wie ihre »älteren Brüder« schweigen. Wenn die Zeugen im Prozesses aussagen, dann nur, um dem Angeklagten ein Alibi zu verschaffen. Fast immer verabreden sich Zeugen und Angeklagte – Vertreter einer ethnischen Gruppe – untereinander, was sie dem Ermittler und in dem Prozess sagen werden. »Das ist ein neues Phänomen«, sind sich die Experten einig.
Eine typische politische Debatte in Deutschland: Kann eine Lehrerin zu einer Unterrichtsstunde mit einem Kopftuch kommen? Deutsche Lehrerinnen machen das nicht. Aber bei Muslimen ist das üblich. Ist es ein Zeichen von Religiosität oder eine Hommage an die Tradition?
Wenn das eine Religion ist, dann kann man tatsächlich ein Kruzifix in jedes Klassenzimmer hängen. Immerhin war Deutschland immer ein christliches Land... Aber Kruzifixe sind in allen Schulen praktisch verboten, Kopftücher aber erlaubt. Wie gesagt, in Bremen sind muslimische religiöse Feiertage inzwischen staatliche Festtage.

Trennung von Kirche und Staat existiert nur in zivilisierten Ländern, in den unzivilisierten gibt es sie nicht. Deshalb verstehen Gläubige, die aus diesen Ländern kommen, aufrichtig nicht, warum der Einfluss der Kirche auf das Leben der Gesellschaft begrenzt sein sollte, denn dort, wo sie vorher lebten, waren Prediger entscheidend im sozialen Diskurs. Und der deutsche Staat zeigt »Verständnis« für diese Forderungen. Der Islam besetzt aktiv den Raum in Deutschland, wächst, wird stärker und erobert einen soziokulturellen »Gipfel« nach dem anderen. Es gibt aber nur ein Deutschland. Wenn der Islam sich im Angriff befindet, muss sich jemand zurückziehen.

Fassen wir kurz zusammen. Oben haben wir über die Schwäche des deutschen Staates geschrieben. Wir stellten aber auch die These auf, dass eine schwache Staatsmacht nicht unbedingt die Schwäche der Nation bedeutet. All dies ist wahr, bis andere Ethnien – mit der Vorschubleistung eines schwachen Staates – die Titularnation nicht aus sozialen (und dann politischen) Systemen verdrängen, bis die Nation beginnt, sich zu verteidigen, weil sie nach und nach nationale Werte »abgibt«.

Einer der verlorenen Werte ist die Rechtsstaatlichkeit: Wenn der Staat nicht erreichen kann, dass seine Gesetze umgesetzt werden, wenn die Rechtsstaatlichkeit nur auf dem Papier existiert, dann kann ein solcher Staat nicht als Rechtsstaat angesehen werden. Und die deutsche Politik beschränkt sich nur auf Aufrufe an Migranten, Gesetze zu respektieren. In Deutschland gibt es inzwischen zwei parallele Rechte: eins für gesetzestreue Bürger, ein anderes für gesetzesuntreue Bürger, für diejenigen, denen dieses Recht gleich ist. Was der Staat von deutschen Bürgern verlangt, kann er von Migranten nicht bekommen.

Wenn der Staat eigene Gesetze nicht durchsetzt, wird das Vakuum von anderen gefüllt. In Deutschland, dem europäischen Land des frühen 21. Jahrhunderts, dominieren an einigen Orten die Gesetze und Gebräuche des Mittelalters.

Für uns ist der Trend wichtig: Das 21. Jahrhundert zieht sich zurück, das Mittelalter kommt.

Die deutsche Nation hat keine Strategie für Migranten. Das Fehlen einer solchen Politik und die sozialen Folgen dieses Fehlens versucht der Staat mit Geldzuwendungen für so genannte Integrationsprojekte zu verschleiern, indem er Geld – für eine Tanzgruppe, eine Ausstellung von Kinderzeichnungen – und für einen massiven Angriff auf nationale Kräfte, die diese Probleme thematisieren, zur Verfügung stellt.

In allen Fragen der Koexistenz von Deutschen und Migranten verteidigt der (rot-grüne) Staat nicht die Interessen der indigenen Nation, sondern die der Migranten. Wer sagt: »Das ist Deutschland, und hier lebt jeder nach deutschem Recht«, – wird des Nationalismus, der Islamophobie, des Rassismus und anderer noch schlimmerer »-ismen« beschuldigt. Der politische Popanz kastrierte das deutsche Recht.

Im Land gibt es ein Tabu für die Diskussionen zum Kern des Problems. Auf »Widerspenstige« werden unschmeichelhafte Etiketten geklebt. Wer die Migrationspolitik und -praxis der Regierung kritisiert, darf sich nicht öffentlich äußern, Journalisten und Autoren wird die Möglichkeit genommen zu publizieren, im Radio und Fernsehen zu berichten. Es gibt unsichtbare, aber wohlbekannte Repressionen im Land gegen diejenigen, die solche Gedanken äußern. So schafft man, sie mundtot zu machen, die Krankheit wird aber damit nicht kuriert, sondern sie wird ins Innere getrieben, wird chronisch.

Migranten, die immer mehr an der Zahl in Deutschland sind, möchten auch ihren politischer Einfluss ausbauen – und gründen politische Parteien. So setzt sich die 2010 in Köln gegründete muslimische Partei *BIG* (*Bündnis für Innovation und Gerechtigkeit*) für die Interessen von Migranten ein. Sie nahm auch 2019 an der EU-Wahl teil und erhielt bundesweit etwa 70 000 Stimmen. Das entspricht einem Gesamtergebnis von 0,2 Prozent – den Etablierten keine Konkurrenz. Aber es gibt Wahlkreise, in denen BIG stärkste Partei wurde. Im Stimmbezirk 1001 der Stadt Duisburg erhielt die BIG 35,7% der Stimmen – weit vor der zweitplatzierten SPD mit 17%.[277] Auch im Duisburger Stimmbezirk 0602 errang sie die meisten Stimmen mit fast 31%.[278]

»Was sich in Duisburg jetzt noch im Kleinen zeigt«, erklärte der AfD-Fraktionsvorsitzende im Bundestag Alexander Gauland, »wird in nicht allzu ferner Zukunft ein immer auffälligeres Phänomen werden... Duisburg zeigt schon jetzt, wohin die Reise geht.«[279]

Warum nur Duisburg: In Frankfurt am Main, Offenbach, Heilbronn, Sindelfingen und in anderen Städten stellen schon heute Deutsche ohne Migrationshintergrund keine absolute Mehrheit mehr dar.[280]

Eine starke soziale deutsche Hängematte zieht nicht nur Millionen von Ausländern ins Land. Sie verdirbt auch die Nation selbst.

Ist es schön, ohne Arbeit zu leben?

Ja. Wer ist dagegen?

Nicht nur die geringe Geburtenrate der indigenen Bevölkerung und die gewaltigen Migrationsströme reduzieren grundlegend die nationale Potenz der Deutschen. Einer der negativen Faktoren ist das Programm der Sozialhilfe für arme Bürger – unter ihnen gibt es sowohl viele Migranten als auch Deutsche.

Das Hauptproblem der massiven sozialen Programme – sie beseitigen die Notwendigkeit der Selbstentwicklung. Um auskömmlich – verglichen mit den Milliarden anderer Menschen auf dem Planeten – zu leben, muss man im heutigen Deutschland nicht arbeiten. Auf solchen Prinzipien kann kein Staat existieren, zumindest nicht für eine lange Zeit.

In Deutschland gibt es sehr viele Menschen, die nicht arbeiten. Hier das, was ein gewisser »*pavel pavlov*« am 16. August 2011 im Internet schrieb: »Europa ist eine sozialistische Union... Ich kann bezeugen, dass ich als Arbeitsloser in Deutschland im echten Sozialismus lebe, so wie es in der UdSSR war. Ich und meine Familie haben, ohne arbeiten zu müssen, auf Kosten des Staates, eine ausgezeichnete kostenlose Drei-Zimmer-Wohnung, der Sohn studiert an der Universität auch umsonst. Der einzige Unterschied ist, dass in der UdSSR ich schon zur Arbeit gezwungen worden wäre, aber hier »integriere« ich mich seit 8 Jahren in die deutsche Gesellschaft... Man braucht Europa für seine humanen Gesetze nicht zu kritisieren. Das ist keine hohe Belastung für heutige Industrieländern, mickrige drei bis fünf Prozent der Arbeitslosen zu unterstützen, auch wenn es unter ihnen eingefleischte Faulpelze gibt... Pah, es muss ein Roboter in irgendeiner Fabrik ein paar Sekunden mehr für die Bedürftigen arbeiten, davon bricht doch die deutsche Wirtschaft nicht zusammen?!«

In Deutschland verdienen sieben Millionen Menschen kein Geld, sondern bekommen es vom Staat. In einigen Gebieten Deutschlands leben etwa 90% der Bevölkerung »von der Stütze«. Sie sind Vorbilder für ihre Kinder, die glauben, dass Arbeit nicht notwendig ist. Kinder verstehen, dass Geld nicht von den Eltern in die Familie gebracht wird, sondern vom Sozialdienst. Eine ganze Generation ist aufgewachsen, die schlecht lesen und schreiben kann, die niemals gearbeitet hat, aber von klein an Sozialhilfe bekommen hat.

Diese Leute haben weder Erfahrung noch Ziele. Sie wissen nur eines: Für ihre materielle Sicherheit müssen sie nichts tun.
In Deutschland gibt es Sozialhilfe (Hartz IV) in Höhe von 416 Euro pro Person (2018)[281]. Es scheint ein bisschen wenig zu sein. Aber man lebt oft nicht allein: Der Partner innerhalb einer Bedarfsgemeinschaft bekommt 374 Euro, Kinder bis zum 25. Lebensjahr bringen von 240 bis 332 Euro monatlich dazu. So hat man pro Familie mit zwei Kindern etwa 1400 Euro netto im Monat. Nur an reinem Geld. Hier sind keine anderen Gratis-Leistungen berücksichtigt: Krankenversicherung, Miete, Heizung, Strom, Wasser, Abwasser... Tickets für öffentliche Verkehrsmittel. Hilfe, um ein Auto zu kaufen... Diejenigen, die versuchten, einen Job zu finden, um mehr zu bekommen, haben sich oft verbrannt. Nur ein Gehalt von ca. 1.500 Euro führte die Menschen etwa zum Lebensstandard des Empfängers der Sozialhilfe, wer eine vierköpfige Familie ernähren will, braucht demnach heute (2018) einen Bruttolohn von mindestens 2540 Euro, um netto Hartz-IV-Niveau zu erreichen; für eine fünfköpfige Familie seien dazu mindestens 3300 Euro brutto[a] erforderlich.[282]
Fast ein Viertel der Arbeitnehmer in Deutschland haben niedrigere Löhne, d. h. sie leben schlechter als die Sozialhilfeempfänger. Koch, Friseur, LKW-Fahrer, Kellner, Verkäufer, Krankenschwester und Pfleger der Alten und Gebrechlichen, Bäcker, Rezeptionist im Hotel, Putzfrau (oder -mann!), Kassierer, Sicherheitswachmann – all diese Berufe werden auf dem Niveau oder sogar unter der Sozialhilfe bezahlt. Das Gehalt von 400-800 Euro netto pro Monat im »reichen« Deutschland ist nicht ungewöhnlich.
Daher hat es keinen Sinn, Sozialhilfe zu verlassen. Denn für Vergnügung und ein Auto kann man »schwarz« dazuverdienen. Ausgerechnet dort, wo das Niveau der Sozialhilfe hoch ist , ist oft auch die Schattenwirtschaft zu suchen – nur diejenigen, die keiner legalen Arbeit nachgehen, haben Zeit und Kraft, »schwarz« zu arbeiten oder zu dealen.[283] »Durch Fehlanreize können Transferzahlungen wie Sozialhilfe, Arbeitslosenhilfe oder Arbeitslosengeld die Abwanderung in die Schattenwirtschaft verstärken«, schreibt nicht ohne Grund ein Forscher.[284]

---

a Es gibt in Europa noch großzügigere Staaten. In der Schweiz hat ein Haushalt mit fünf Personen – Eltern und drei Kinder – Anspruch auf soziale Basisleistungen vom Staat im Wert von mindestens 5500 Franken (ca. 4750 Euro) monatlich. Arbeit würde sich für die Familie nur bei einem Verdienst von mehr als 6500 Franken (ab 5600 Euro) lohnen. (*https://www.nzz.ch/meinung/lieber-sozialhilfe-als-arbeit-denn-viele-leute-koennen-rechnen-ld.1349346*)

Sozialausgaben belaufen sich in Deutschland auf einen beträchtlichen Betrag – 918 Milliarden Euro 2016[285] (zum Vergleich: 2011 – 760 Mrd. Euro), fast 30% des BIP, mehr als 11 Tausend Euro für jeden Einwohner des Landes. Alle Arbeitnehmer des Landes zusammen, die schuften und Mehrwert produzieren, haben netto viel weniger in der Tasche.[a]
Warum macht der Staat das?
Was heißt – warum? Und der Kampf gegen Armut und soziale Solidarität ? Und »den Schwachen helfen«? Hohe moralische Ziele. Die breite ideologische Unterstützung dieser Geistesblitze zeigt Ergebnisse: Die Massen glauben, dass die »Politik der Sozialhilfe« durchgeführt wird, um ihren Wohlstand zu verbessern.
Aber die politische Klasse hat vermutlich eher unsentimentale, eher pragmatische Intentionen. Mit Sozialhilfe werden beispielsweise soziale Spannungen abgebaut: unzufrieden mit der Politik der Regierung – nehmt Sozialhilfe.
Natürlich genießen die politischen Parteien, die durch Sozialhilfe große Summen verteilen, in bestimmten Schichten der (armen) Bevölkerung hohe Beliebtheit, es ist einfacher für sie, Wahlen zu gewinnen. Die politische Klasse will keine Radikalisierung der Gesellschaft und will auf keinen Fall die Macht an die anderen Parteien abgeben. Deshalb kaufen sie Wähler – mit Hilfe von Geschenken, die von Steuerzahlern bezahlt werden, d. h. von (anderen) Wählern. Diese Parteien werden nicht »populistisch« genannt, das sind Parteien, die sich »um Menschen kümmern«.
Mit großer Begeisterung empfing mancher Landsmann zum Beispiel die Idee der »Grünen«, »Piraten« und »Linken«, monatlich jedem Einwohner des Landes 1000 Euro zu zahlen, ohne von ihm irgendwelche Gegenleistungen zu verlangen. Das ist kein Witz, sondern eine ernste politische Idee, »bedingungsloses Grundeinkommen« genannt. »Grüne« und »Linke« hätten sicherlich die Parlamentswahlen gewonnen, wenn es in dem Land gar keine Menschen mit gesunden Verstand gäbe.
Was psychisch mit den Menschen passiert, die seit Jahrzehnten auf Kosten der anderen leben, zeigt der Fall des sogenannten »Prozesse-Dieter«[286], einem Bewohner der Stadt Ratingen.

---

a Von 1.309 Mrd. Euro Bruttolöhne und -gehälter in Deutschland im Jahre 2016 (*https://de.statista.com/statistik/daten/studie/161157/umfrage/entwicklung-der-bruttoloehne-und-bruttogehaelter-in-deutschland/*) müssen noch Steuer und Sozialabgaben – zwischen 36% und 49,4% – (*https://de.reuters.com/article/deutschland-steuern-oecd-idDEKBN17D1Q4*) abgezogen werden.

Dieser Sportlehrer kündigte seinen Beruf im Alter von 39 Jahren (2017 war er 81) und hat seitdem Sozialhilfe erhalten. Als vernünftiger Mann mit einem IQ von 130 (Durchschnitt – 100) betreibt er semiprofessionell schriftliche und verbale Beleidigungen der Stadtväter, Mitarbeiter der Stadtverwaltung, Juristen, die er mit obszönen Worten verflucht. Seit mehr als 40 Jahren nahm er an Hunderten Gerichtsprozessen[287] teil und verlangte von den staatlichen und kommunalen sozialen Diensten Waschmaschine, Geschirr, Fahrrad, ein Sofa, Unterhose, Klobürste und so weiter.

Einige Prozesse hat er gewonnen, einige verloren. In dieser Zeit gingen, seinen eigenen Berechnungen nach, Hunderttausende von Euro für die Gerichte drauf.

Und das nicht aus seiner Tasche.

Der Staat zahlte für alles (für Bezieher von Sozialhilfe zahlt immer der Staat, weil er – auch finanziell – die Gleichberechtigung aller Bürger vor dem Gesetz gewährleisten muss). Mehr als vier Jahrzehnte zahlt der Staat Geld an die Person, die sich zum Ziel gesetzt hat, sagte Dieter selbst, die Dummheit der deutschen Rechts- und Sozialsysteme zu zeigen. Ärzte diagnostizierten manchmal Dieter Paranoia, aber das hinderte den Mann nicht, auf dessen T-Shirt »Asozial ist geil« steht, auch nach Gerichtsurteilen Beamte als »Idioten«, »Betonköpfe«, »Sesselfurzer«, »Nazi-Schweine« und und so weiter zu bezeichnen.

Aus Gesagtem gibt es mehrere Schlussfolgerungen. Erstens: Vom langen Faulenzen werden Menschen langsam irre.

Zweitens: Schuld, dass sie ohne zu arbeiten gut leben können, haben nicht sie, sondern der Staat.

Drittens: Da sie zu hundert Prozent durch den Staat geschützt sind und wissen, dass das, was sie tun, sie keinen Cent kosten wird, amüsieren sie sich damit, dass sie den Staat (oder seine Vertreter) angreifen und dem Staat zusätzliche Kosten aufbürden. Dabei betrachten sie sich als »Kämpfer gegen das Böse«.

Viertens: Ein Staat, der sich selbst, geschweige denn seine hilflosen Bürger, nicht schützen kann, kann nicht überleben. Und wir müssen schon heute eine Trauerfeier für ihn bestellen.

Oder der Staat sollte sich wandeln.

Was ist der Grund für den Niedergang der Nation?

Die Fruchtbarkeit ist ein sehr sensibler Indikator. Mit der Geburtenrate in Deutschland stand es eigentlich nie besonders schlecht. Im Jahr 1860 hatte jede Familie durchschnittlich fünf Kinder[288]. Ein starker Rückgang war erst während des Ersten und Zweiten Weltkriegs spürbar.

Aber jetzt ist die Geburtenrate niedriger als während des Krieges. Die bekannte Rechtfertigung der geringen Geburtenrate in den »Industrienationen« reicht nicht aus – in ganz Europa gibt es im Vergleich zu 1960 einen deutlichen Rückgang, aber in Deutschland ist es der weiteste. Amerikaner der USA gebären sogar mehr Kinder als vor einem halben Jahrhundert.

Das heißt, in Deutschland gibt es einen anderen, einen eigenen Faktor, der die Familie an der Reproduktion hindert.

Dieser Faktor ist ein anerzogener Hass auf die eigene Nation. Das Phänomen ist in der Welt so einmalig, dass es als psychische Abweichung betrachtet werden kann. Woher kommt es?

Die Deutschen begannen und verloren zwei Weltkriege. Nach dem ersten, nach den schrecklichen Ergebnissen der Versailler Vereinbarungen, erstarkte Deutschland erneut, denn die Nation war stark.

Das Rückgrat der Nation brach durch den Zweiten Weltkrieg. Da viele der Sieger in diesem Krieg meinten und meinen, dass Aggressivität und Militanz nicht einem bestimmten deutschen Kaiser oder einem Kanzler, sondern der ganzen Nation eigen seien, so wurde organisatorisch und ideologisch alles getan, damit sie nie wieder zu Kräften komme. Die moralische Schuld für die Verbrechen des Faschismus stülpte man der gesamten Nation über und tat alles, damit die deutsche Nation nie wieder souverän wird. Der Westen des Landes geriet in die Vasallenabhängigkeit der Vereinigten Staaten und der Osten – in die des Verbündeten der USA im II. Weltkrieg, der Sowjetunion.

Nach dem Krieg wurde sowohl im Westen als auch im Osten Deutschlands planvoll an der »Verurteilung des Nationalsozialismus« gearbeitet. Aber man verurteilte mitnichten nur den Nationalsozialismus, sondern die Nation mit. Dies führte dazu, dass es für viele Deutschen beschämend ist, sich Deutsche zu nennen. Einerseits drückte die westliche Propaganda dem Terror Stalins in der Sowjetunion das Brandmal auf, weil das Regime (nach

dem Prinzip »der Apfel fällt nicht weit vom Stamm«) ganze Sippen in Arbeitslager warf, andererseits kultivierte sie erfolgreich in Deutschland das Schuldgefühl bei Menschen, die nicht nur selber keine Kombattanten waren, sondern auch bei denjenigen, die nie in ihrem Leben einen deutschen Frontsoldaten gesehen hatten. Die Gehirnwäsche war von Erfolg gekrönt. Das Schuldgefühl ist so in Leib und Seele übergegangen, dass niemand die einfache Frage beantworten kann: Welche Generation der Deutschen könnte sich von der *Schuld* für die Millionen von Todesopfern befreit sehen?
Es erscheint nur logisch, dass auch in diesem Zusammenhang die liberalistische Gesellschaft unendlich heuchlerisch ist: Sie bekämpft selbst den Begriff »Nation«, während sie ausgerechnet auf die Nation die Schuld ablädt – nicht auf der Grundlage der strafrechtlichen Verantwortlichkeit für die Verbrechen, sondern nach dem Prinzip von »Blut und Boden«. Wobei in Betracht zu ziehen ist, dass weder Spanier und Portugiesen für die Ausrottung der Indianer noch Franzosen für die Kampagnen Napoleons, noch US-Amerikaner für Millionen Toter und Verkrüppelter in Vietnam die nationale Schuld bei sich zu Hause suchen und sie pflegen.
Die alte deutsche Nation wurde 1945 begraben. Die Schaffung des »neuen Deutschlands« stieß auf den Wunsch, die Wiedergeburt der Nation zu verhindern.
Auf der Jalta-Konferenz von 1945 haben sich die Alliierten ein Ziel gesetzt: Egal wie das Deutschland der Nachkriegszeit aussehen wird, es sollte niemals stark werden. Es war notwendig, die Konzentration von Macht zu verhindern. Eine solche Begrenzung der politischen Macht könnte durch Gewaltenteilung erreicht werden, insbesondere durch Stärkung der Befugnisse der deutschen »Bundesländer«.
Daher wurde auf Forderung der westlichen Alliierten in Westdeutschland das Grundgesetz angenommen (ohne Zustimmung des Volkes), das das Land in die »Stämme« teilte – so wurden Bayern, Westfalen, Niedersachsen wiederbelebt... 1946 haben Amerikaner nicht auf einen zentralistischen Staat, nicht auf eine gemeinsame nationale, sondern auf kleinteilige Stammes-Identität gesetzt und damit politisch Stammesgrenzen innerhalb der deutschen Nation verankert.
Heutzutage haben die Bundesländer ihre eigenen Parlamente, Gesetze, Verfassungen, Verfassungsgerichte, Regierungen, Polizei, Bildungssysteme. Die Absurdität, die Widersinnigkeit des Föderalismus ist gerade jetzt spürbar, wenn der Arbeitsmarkt auf der Suche nach Arbeitskräften absolute Mobilität von ihnen verlangt. Wenn jemand in Hamburg eine Anstellung findet,

packt er ohne lange zu zögern seine Sachen und fährt Hunderte Kilometer von München oder Stuttgart weg. Die Bildungsprogramme in den Hamburger Schulen entsprechen jedoch nicht den bayerischen, berlinischen oder hessischen. Im Fall des Umzugs sind die Kinder in der Regel gezwungen, das Schuljahr zu wiederholen, und beim Umzug zum Beispiel von Berlin nach Sachsen sogar von der siebten Klasse in die fünfte zurückzugehen. Oder: Die Landespolizei verfolgt Kriminelle nur bis zur Landesgrenze. Polizisten in verschiedenen Bundesländern verwenden inkompatible Funkverbindung. Staatliche und kommunale Angestellte, die in verschiedenen Ländern die gleiche Arbeit verrichten, haben unterschiedliche Gehälter und unterschiedliche Renten.

Obwohl die Kontraproduktivität des föderalen Systems auf der Hand liegt, traut sich niemand die »heilige Kuh« anzufassen – Landtage und Landesregierungen sind daran interessiert, ihre gut bezahlten »Arbeitsplätze« zu bewahren, und die Zentralregierung will ihren älteren amerikanischen Bruder – oder wie man scherzt, »das Washingtoner Politbüro« – nicht verärgern.

In der Tat bleibt Deutschland bis heute, ohne eigene Außen- und in vielerlei Hinsicht auch Innenpolitik, praktisch das Protektorat der Vereinigten Staaten.[a]

Nach dem Krieg wurde das Wort »Nation« in Deutschland zu einem Tabu, es kann immer noch nicht ohne Vorsicht ausgesprochen werden. Der deutsche Patriotismus lebt im Untergrund. Der Ausdruck »Ich bin stolz, Deutscher zu sein« ist ein Thema von Hetze wie Spott, gefördert von der politischen Klasse. Nur in Deutschland tragen (linke) Jugendliche T-Shirts mit einer aufgemalten Gurke und einer Witz-Inschrift »Ich bin stolz, eine Gurke zu sein«. (Der Ausdruck »Ich bin stolz, Amerikaner zu sein« riefe kein Verlachen hervor).

---

a «Wir sind doch faktisch ein Protektorat der Vereinigten Staaten«, sagte 1958, immerhin 13 Jahre nach dem Ende des 2. Weltkriegs, der zukünftige deutsche Bundeskanzler Kurt-Georg Kiesinger (*Der Spiegel, Nr. 21, 1958*). Die amerikanische Politologie-Ikone Sbigniew Brzezinski sah die Sache etwas breiter. In seinem Buch »The Grand Chessboard. American Primary and Its Geostrategic Imperatives« (*Basic Books, New York, 1997,* deutsch: *»Die einzige Weltmacht. Amerikas Strategie der Vorherrschaft«*) schrieb er: *»The brutal fact is that Western Europe, and increasingly also Central Europe, remains largely an American protectorate, with its allied states reminiscent of ancient vassals and tributaries«*, die brutale Tatsache ist, dass Westeuropa und zunehmend auch Mitteleuropa weitgehend ein amerikanisches Protektorat bleiben, dessen alliierte Staaten an Vasallen und Tributpflichtige von einst erinnern.

Solch Abwertung bis Hass auf die eigene Nation gibt es weder in Japan noch in Italien, die in der Mitte des letzten Jahrhunderts die bekannte »Berlin-Rom-Tokio-Achse« bildeten. Die Japaner und Italiener sind stolz darauf, dass sie diejenigen sind, die sie sind.

Wie bereits betont, kann all dies durch den Nachklang des nationalen Traumas der Deutschen 1945, sowie durch die jahrzehntelang allen Deutschen propagandistisch eingebläuten Schuldgefühle erklärt werden, orchestriert von ehemaligen Verbündeten in der Anti-Hitler-Koalition. Besonderes Augenmerk gilt dabei den Schülern – die junge Generation muss auf Teufel komm raus indoktriniert werden. Bei dem verordneten »Schweigegang« zu einer Holocaust-Gedenkstätte »wird erwartet, dass man auf jeden Fall Betroffenheit zeigt«, gaben 43 Prozent der Schüler in einer Berliner Schule an. 41 Prozent beklagen: »Man kann seine Meinung über die NS-Vergangenheit in Deutschland nicht ehrlich sagen.«[289] Aus diesem Schuldgefühl heraus zahlt Deutschland »für den Holocaust«, aus Schuldgefühl empfängt es jüdische Einwanderer, aus diesem Schuldgefühl liefert es nach Israel zu Spottpreisen (die es oft auch selbst bezahlt) Bewaffnung, die partiell auch für den Einsatz von Kernwaffen geeignet ist. Der kernwaffenfreie Staat Deutschland (»ein paar« hier stationierte Atombomben – mit Sprengkraft von 80mal Hiroshima[290] – gehören bekanntlich den Amerikanern) hilft der de-facto-Atommacht Israel, sich bis an die Zähne zu rüsten.

Die Aufgabe, die deutsche Nation zu brechen, wurde gestellt und erfolgreich durchgeführt. Nach Meinungsumfragen »drückt« der Schatten der NS-Vergangenheit immer noch auf die Entwicklung der Nation.[a]

Eine interessante Beschreibung der Gründe für den Rückzug der *weißen Rasse,* die in Deutschland in einer konzentrierten Form vorhanden sind, gab der französische Rechtsanwalt Gilles-William Goldnadel (geb. 1954), der Präsident und Gründer der gemeinnützigen Organisation »Anwälte ohne Grenzen«: »Der Zweite Weltkrieg und der Holocaust haben den westlichen Geist in Verwirrung gebracht, weil diese Verbrechen von Weißen im Namen der weißen Rasse begangen wurden. Letztendlich führte all dies

---

a Laut Studie des Kölner Instituts Rheingold glauben 80% der Deutschen, dass Deutschland »sehr darum bemüht ist, im Ausland brav zu wirken und nur ja keinen schlechten Eindruck zu machen«. 72% sind überzeugt, »unsere Nazi-Vergangenheit hemmt uns und hindert uns daran, in der Politik entschiedenere Maßnahmen zu ergreifen«. (Siehe: *https://www.presseportal.de/.../228469-deutschland-studie-reader-2012-09-19.pdf* sowie *https://www.welt.de/newsticker/news1/article109461134/Neue-Studie-zeigt-Doppelleben-der-Deutschen.html).*

zum Hass des westlichen Mannes auf sich selbst und öffnete den Weg für das, was ich 'eine ungesunde Liebe für Unterschiede' nenne. Mit anderen Worten, der weiße Mensch wurde von einem Extrem ins andere geworfen. Anfangs hielt er sich unbegründet für überlegen und fing dann an, sich selbst für minderwertig zu halten. '*Der andere ist sicherlich besser als ich, ich bin am schlimmsten*', sagt sich der Westler. Dies erklärt, warum Madonna aufgerufen hat, für Barack Obama zu stimmen: 'Weil er schwarz und muslimisch ist.' Aus Madonnas Sicht müssen wir für Obama nicht aus politischen Gründen stimmen, sondern einfach wegen seiner Hautfarbe oder seiner angeblichen Religion.«[291]

Wenn, laut Goldnadel, sich die ganze weiße Rasse wegen der Naziverbrechen Asche aufs Haupt streut, was bleibt dann den Deutschen? Die deutsche Nation wurde zu einer Nation des praktizierten Masochismus. Aus dem deutschen Masochismus wurde im Land ein Migrantenkult geboren. Jeder Migrant gilt als eine gute, für die Gesellschaft notwendige Person, denn er bereichert die deutsche Kultur (auch wenn er ein Serienverbrecher ohne eine Ahnung von vier arithmetischen Grundrechnungsarten ist). Ein Deutscher ist *a priori* ein schlechter Mensch (Kriege, Holocaust...), er wird Ausländern immer feindselig gegenüberstehen. Und um das Gegenteil zu beweisen, muss er ein größerer Katholik als der Papst werden.

Jetzt gibt es in Deutschland eine (»linke«) radikale Bewegung von »Antideutschen«, die offen »Deutschland entdeutschen«[292] will. Eine typische Vertreterin der Extremisten ist die Politikerin der LINKEN Sarah Rambatz. So twitterte sie einen lustigen Reim: »*Es war schon kalt in Stalingrad für Opa und sein' Kamerad, dafür wurd's in Dresden warm, als der Bomber Harris kam!*«[293]. Bomber Harris ist bekanntlich derjenige britische Befehlshaber, der am 13. Februar 1945 Phosphorbomben auf tausende Zivilisten in Dresden abwerfen ließ und mindestens 25 000 zivile Opfer[a] zu verantworten hat (aber auch außerhalb der Sachsen-Metropole wurden von der Royal Air Force unter seinem Kommando zahlreiche deutsche Städte durch Flächenbombardements schwer zerstört – Hamburg, Kassel, Frankfurt am Main, Braunschweig, Nürnberg, Magdeburg, Pforzheim, Mainz, Würzburg, Hanau, Hildesheim…). Ein anderes Mal kreierte Sarah Rambatz die Karte Europas – ohne Deutschland[294], oder gab mal Kinoempfehlungen für Gleich-

---

a Manche Quellen nennen hohe sechsstellige Opferzahlen, siehe Diskussion hier: *https://de.wikipedia.org/wiki/Luftangriffe_auf_Dresden#Forschung_zu_Opferzahlen*

gesinnte: Sie sollen sich »grundsätzlich alles« anschauen, »wo Deutsche sterben«[295]…
Diejenigen, die heute den Mund aufmachen, um zu sagen, dass ohne Nationalstolz kein erfolgreiches Land gestaltet werden kann, werden als Nazis, Neofaschisten, Antisemiten, Xenophoben, Chauvinisten diffamiert. Dies hat Früchte getragen: Nur ein Drittel der ethnischen Deutschen im Land halten sich für »typische Deutsche«. Ein weiteres Drittel – für »untypisch«, also versteht sich als Deutscher nur durch Herkunft, verfügt aber über keine »typisch deutsche« Kulturmerkmale, er scheut diese Merkmale, will nicht ihr Träger sein. Ein weiteres Drittel betrachtet sich weder als Erster noch als Zweiter, das heißt, die Deutschen verleugnen sich selbst. Ich wiederhole: Wir sprechen nicht von der »Bevölkerung« Deutschlands mit einem großen Anteil von Migranten, sondern von einer Befragung ethnischer Deutschen. Umgekehrt ist es jetzt in Deutschland so, dass man deutsche Vorfahren gar nicht braucht, um ein Deutscher zu sein. »Deutsch-Sein ist für die meisten Bundesbürger nicht mehr eine Frage der Abstammung«, schreibt »Die Zeit«. Für 79% der Befragten ist es ausreichend, wenn man einen deutschen Pass hat.[296] Jegliche soziologische Datensammlungen nach ethnischer Zugehörigkeit wurden in dem Land abgeschafft.
Wenn z. B. in Großbritannien im Mikrozensus nach der Hautfarbe beziehungsweise Ethnie gefragt wird (die Teilnehmer sollen sich in eine der Kategorien: *White, Mixed/Multiple ethnic groups, Asian/Asian British, Black/ African /Caribbean/Black British, Other ethnic group* – einordnen unabhängig davon, wie lange sie oder ihre Familien in Großbritannien leben), ist »in Deutschland so eine Einordnung undenkbar«. »Seit dem Ende des Zweiten Weltkrieges werden in der Bundesrepublik Deutschland generell keine bevölkerungsstatistischen und sozioökonomischen Daten auf ethnischer Basis erhoben, schreibt das Bundesinnenministerium. Das ist eine Lehre aus der Verfolgung von Minderheiten durch die Nationalsozialisten«.[297]
Um eine »kollektive Schuld« zu sühnen, hat die deutsche politische Klasse viel getan. Um seine chauvinistische Vergangenheit loszuwerden, um Hitlerismus wie einen Albtraum zu vergessen (und die ganze Welt vergessen zu lassen), sucht die deutsche politische Klasse Zuflucht im Multikulturalismus (nach dem Motto: »Seien Sie sicher, wir sind keine Chauvinisten«), in der Beschleunigung der Rotation des »Fleischwolfs« der Nationen der Europäischen Union (nach dem Motto: »Wir wollen niemanden beherrschen, wir geben freiwillig unser Geld, unsere Souveränität ab, wir helfen allen – nutzt das!«), in Globalismus (nach dem Motto: »Wir wollen in der

weiten Welt verloren gehen«). Die deutsche politische Klasse hat vor einer Sache am meisten Angst: dass sie des Nationalismus beschuldigt wird. Eine solche politische Klasse kann logischerweise nicht für die Stärke der Nation sorgen.

Beobachter des eigenen Todes

Die deutsche Nation hat aufgehört, aktiv zu sein, sie wurde zu einem Beobachter dessen, was (mit ihr) geschieht. Sie nimmt quantitativ ab und verschlechtert sich qualitativ. Die Elite des Landes ist nicht bereit, noch mehr – nicht gewillt, sie zu retten. Selbst wenn morgen die richtigen Entscheidungen getroffen würden, wird es nicht unter einem halben Jahrhundert dauern, bis die Nation aus der Krise kommt. Aber solche Entscheidungen werden leider weder morgen noch übermorgen gefällt.

Die Sieger im Zweiten Weltkrieg taten alles in ihrer Macht stehende, um den Geist der deutschen Nation zu brechen. Jeder Deutsche wird heute mit der »Erbsünde« geboren, die vor der Empfängnis begangen wurde. Den Deutschen pfropfte man Psychologie einer »sekundären« Nation auf, deren historische Mission darin liegt, für die Generationen zu sühnen, die vor hundert Jahren gelebt haben. Hier wurden Menschen erzogen, die sich ihrer deutschen Herkunft schämen, und ein Teil von ihnen sucht offen das Verschwinden der deutschen Nation von der Landkarte Europas.

Der deutsche Staat hat keine eigene souveräne Politik, die deutsche Nation hat keine eigenen Werte.

Manche mögen denken, dass das nicht so ist. Schließlich sind deutsche Politiker dafür bekannt, dass sie, wenn sie in dieses oder jenes Land kommen, mantraartig die Menschenrechte, die universellen Werte, die offene Gesellschaft und so weiter einfordern. An dieses Verhalten der Gäste sind die Anführer vieler Länder seit langem gewöhnt – und hören nach der ersten Hälfte der deutschen Statements nicht mehr so genau hin.

Aber stammt dieses oberlehrerhafte Auftreten nicht aus dem Bedürfnis, der Menschheit seine Werte zu vermitteln? Ist vielleicht dieses Sendungsbewusstsein ein Beweis der Stärke?

Auf keinen Fall. Erstens sind die »Werte«, über die wir reden, nicht explizit deutsche. Ein Teil wurde eher von jenseits des Ozeans hierher gebracht, und die Deutschen nahmen sie an. Zweitens sind die Predigten, die wir von deutschen Politikern im Ausland hören, ein Ritual, von dem der Prediger selbst keine Ergebnisse erwartet. Das heißt, für deutsche Politiker ist der Artikulationsprozess an sich wichtig und nicht die Anzahl derer, die sie zur »Demokratie« bekehrt haben. Drittens und das ist wahrscheinlich der Beweis für die »Politisierung« von Mantras: Deutsche Politiker predigen diese »Werte« nur dort, wo es ihnen erlaubt ist – in Russland, China, Iran, Ägypten oder Ungarn.

Aber sie bemühen sich nicht, »europäische« Werte in den Vereinigten Staaten von Amerika – weder in Bezug auf die Abschaffung der Todesstrafe, noch die grausamen Gerichtsurteile (150 Jahre Gefängnis!), noch die Unterbringungsbedingungen in den Gefängnissen (Guantanamo), noch die Gleichheit im Recht der Menschen auf Bildung oder Gesundheitsvorsorge zu vermitteln. Auch nicht bezüglich der Pressefreiheit (2013 hat die Polizei dort monatelang illegal Dutzende von Telefonen der Nachrichtenagentur mit Weltruf *Associated Press* abgehört), sie prangern nicht die Existenz der »Menschen zweiter Klasse« an, kritisieren nicht die Allmacht und Allgegenwart der Geheimdienste, schweigen von »Rechtsstaat«, wenn Menschen mit Drohnen getötet werden – nur ausgehend von einem Verdacht, ohne Beweis ihrer Schuld vor einem Gericht. Vor diesem Hintergrund sieht gar die unheimliche stalinsche »Troika«, die in wenigen Minuten das Schicksal eines Menschen entschied, »rechtsstaatlicher« aus.

Aber wir haben nicht die USA im Fokus, sondern Deutschland. Die Vasallennation ist nicht selbst aktiv. Sie erfüllt nur die Laune des Souveräns. Die deutsche Nation ist sekundär, sie ist ein Objekt und keine handelnde Person schon aus dem Grund, dass sie sich nicht um ihren eigenen Verfall kümmert, sie nimmt ihre eigene Auflösung als selbstverständlich, als Schicksal, und einige sogar wie eine Fügung Gottes an. Das Verschwinden der deutschen Sprache, der deutschen Kultur stört selbst ihre aufgeklärten Vertreter nicht. Diese Einstellung ist eine erschreckende Diagnose für eine Nation.

Trotz der Aussagen der politischen Klasse und der vorgetäuschten politischen Aktivitäten ist es unmöglich, die eigene deutsche Außenpolitik oder die eigene Sicherheitspolitik auszumachen. Das Fehlen einer souveränen Außenpolitik verbirgt Deutschland, wenn es zu ernsthaften internationalen Entscheidungen kommt, hinter dem Rücken der USA und der NATO.

Manchmal kommt es vor, dass die Nation doch profitiert. Dies geschieht dann, wenn die Interessen anderer Nationen, die den Deutschen ihren Wil-

len diktieren, mit den Interessen der deutschen Nation (zufälligerweise) übereinstimmen. So zum Beispiel bei der Vereinigung Deutschlands, als der Wunsch der Amerikaner, die Sowjetunion zu zerlegen, mit dem Wunsch der Westdeutschen, die DDR einzugliedern, zusammenfiel.
Jetzt haben Deutsche einen Teil ihrer Souveränität an die EU nach Brüssel delegiert. Da das offizielle Deutschland sich für eine enge Zusammenarbeit innerhalb der EU, für eine stärkere Integration von politischen, wirtschaftlichen und militärischen Strukturen einsetzt, will es damit seine Hoheitsrechte endgültig an die illegitime, weil demokratisch nicht gewählte, europäische Bürokratie übertragen. Diese Politik – ob gut oder schlecht – ist anti-national.
Deutschland hat keine nationale Idee, keine charismatischen Politiker, die diese Idee formulieren könnten. Alles, was Deutschland in der Lage ist zu bewerkstelligen, sind kurze Schritte, wie die eines Seiltänzers, die dem Land helfen, über den Abgrund zu balancieren und nicht hinein (wie Griechenland, Zypern und Italien...) zu fallen.
Deutschland beschäftigt sich nicht mit langfristigen Herausforderungen: dem Anstieg des Lebensniveaus, einer besseren Bildung, modernen Wissenschaft, Erhöhung der Geburtenrate etc. Forschung wird auf Utilitätsziele (Energieversorgung, Elektroauto), Familienpolitik vor allem auf die von Zeit zu Zeit ein paar Euro mehr Kindergeld reduziert.
Das Land hat exorbitante, sowohl externe als auch interne, Schulden. Sie werden von zukünftigen Generationen bezahlt werden müssen. Mit dem Geld des deutschen Steuerzahlers ist Deutschland bereit, Löcher der Misswirtschaft und Korruption in anderen EU-Mitgliedstaaten zu stopfen.
Vom Zustand der Nation zeugt auch ihre Elite. In Deutschland ist die politische und wirtschaftliche Elite korrupt[298] (wenn nicht durch »Cash in de Täsch«, dann durch hochdotierte Posten, glänzende Altersversorgung usw.). Wir reden von »politisch-wirtschaftlicher Elite«, da die Grenze zwischen Politik und Wirtschaft sehr transparent ist – Manager von privaten Unternehmen bekommen Ministersessel in der Regierung, und ehemalige Minister werden Präsidenten in öffentlichen oder privaten Unternehmen, Stiftungen, Nichtregierungsorganisationen, die so genannten NGOs. Jeder ist sich selbst der Nächste und die eigene Tasche ist wichtiger als die Interessen der Nation. Es gibt nur wenige Beispiele, dass dieser oder jener Politiker wegen einer Idee mit seiner politischen Klasse bricht.
Deutschland führt keine radikalen Reformen durch. Seine Elite hat Angst vor Verantwortung. Immerhin können Veränderungen schmerzhaft sein,

die Elite des Landes will Schmerzen vermeiden, sie aufzuschieben, wodurch die Notwendigkeit, Entscheidungen zu treffen, auf künftige Politiker verlagert wird.
Wer glaubt, Deutschland brauche keine Reformen, der irrt sich gewaltig. Ein Beispiel für ein brennendes Problem könnte das Steuersystem des Landes sein.
Deutschland hat eine der kompliziertesten Steuergesetzgebungen der Welt. Spezialisten schätzen, dass 15% der gesamten Steuerliteratur weltweit in Deutschland herausgegeben wird – der Rest in fast 200 anderen Staaten. In einer Amsterdamer Bibliothek nehmen deutsche Steuertexte 200 Meter Regale[299] ein – wer soll das lesen, verstehen und danach handeln? Eine Steuererklärung eines Ein-Mann-Unternehmens besteht aus Dutzenden eng beschriebenen Seiten von Zahlen und Berechnungen. Belege und Finanzdokumente passen nicht in einen B4-Umschlag. Die Erstellung der Erklärung dauert Wochen. Das nutzen die Steuerberatungsunternehmen aus, die sich auf die Erstellung von Erklärungen spezialisiert haben. Dienstleistungen dieser Firmen sind teuer. Der Kleinunternehmer steht oft vor dem Dilemma: selber mit dem Jahresbericht des Unternehmens kämpfen oder jemanden beauftragen – und für dessen Zusammenstellung seinen ganzen Jahresgewinn zu bezahlen. Die Steuergesetzgebung kennt niemand wirklich – weder Rechtsanwälte, die sich auf Steuern spezialisieren, noch Finanzbeamte.[300] Wenn die knifflige Frage auftaucht, graben beide Seiten lange in dicken Anleitungen und bieten zwei verschiedene Antworten an. Das Finanzministerium gibt für seine Mitarbeiter dicke Abhandlungen mit Erklärungen für die weisesten Gesetze heraus. Der Steuerzahler hat solche Bücher nicht – sie existieren nur »für den Dienstgebrauch«.
Vor einigen Jahren schlug ein bekannter Rechtsanwalt, Vorsitzender der CDU/CSU-Fraktion im Bundestag, Friedrich Merz, umfassende Änderungen der Steuergesetze vor. Das Volk hat seinen Vorschlag »eine Steuererklärung auf einem Bierdeckel« genannt. Unmittelbar nach der Veröffentlichung seiner Idee wurde Merz (unter einem passenden Vorwand) aus der Politik geworfen. Das Volumen der Steuerunterlagen nahm inzwischen zu. Die Regierung hat die so genannte »e-Erklärung« eingeführt – jeder Steuerzahler muss dem Finanzamt elektronische Version einreichen (wahrscheinlich haben es so die Inspektoren leichter). Aber neben der elektronischen Erklärung soll er Nachweise »über bedeutende Sachverhalte« – nach wie vor per Post senden.[301] Wenn er das nicht selber tut, wird es das Finanzamt von ihm später verbindlich verlangen.

Seit Jahrzehnten hat das Steuersystem nur kleine Dinge verändert – zum Schlechteren. Die politische Elite hat Angst, Verantwortung für jede »scharfe Bewegung« zu übernehmen. Im Falle einer erheblichen Vereinfachung der Steuergesetzgebung wird die Unzufriedenheit der Steuerberater auf die Parteien einschlagen (die die Grundlage ihrer Existenz verlieren), sie werden aufhören, Politiker zu sponsern.

Dieses Verhalten der Elite ist einer starken Nation unwürdig.

Die Probleme der Nation in der Gesellschaft werden totgeschwiegen, insbesondere wird die Analyse der Migrationspolitik tabuisiert. Viele Themen werden in stillen Kämmerchen besprochen, ohne sie zur öffentlichen Diskussion zu bringen. Politiker und Wissenschaftler haben oft Angst, mit Journalisten zu reden, und wenn sie offen ihre Gedanken äußern, werden Berichterstatter gebeten, den Namen des Gesprächspartners nicht zu nennen. Journalistenbeiträge werden bis zur Unkenntlichkeit »bearbeitet«, besonders lästige Kollegen gefeuert. »Meinungsfreiheit« und »Pluralismus« sind nur möglich, wenn sie mit den wichtigsten ideologischen Trends übereinstimmen. In der Gesellschaft läuft eine »Hexenjagd« – Objekte der »Jagd« sind Abweichler, Dissidenten, insbesondere diejenigen, die sich mit dem Überleben der Nation beschäftigen. Wir reden nicht von der Schwäche eines Staates, der nicht Herr über Probleme wird, sondern über die Schwäche der Nation, die solche Gebieter an die Spitze des Staates setzte.

Wenn Gäste den Wirt verjagen

Durch Migranten entstandene Probleme in den Gesellschaften gibt es nicht nur in Deutschland, sondern auch in anderen Ländern. Im Gegensatz zu Deutschland, wo das gesellschaftliche Bewusstsein für die Gefahren der »Entfremdung« eher gering ist, weil es ideologisch und juristisch unterdrückt wird, begann der Bürgermeister Ivo Opstelten 2008 in den Niederlanden, in Rotterdam, wo die Muslime bereits eine religiös-ethnische Mehrheit bilden, »Straße für Straße und Viertel für Viertel für die niederländische Bevölkerung zurückzuerobern«.[302]

Die hohe Konzentration von Zuwanderern reduziere die Aussichten für die wirtschaftliche Entwicklung in vielen Vierteln, sagte schon 2003 der Vorsitzende des Rotterdamer Stadtbezirks Charlois, Dominic Schrijer vornehm. Und »sein Stadtteil (könne) – angesichts massiver sozialer und ökonomischer Probleme – keine sozial benachteiligten Menschen mehr aufnehmen«.[303]

2003 prognostizierte das Rotterdamer Statistische Institut COS, dass ethnische Minderheiten im Jahr 2017 mehr als die Hälfte der Rotterdamer Bevölkerung ausmachen werden. Inzwischen musste die Prognose nach oben korrigiert werden: Mehr als die Hälfte machen bereits diejenigen aus, die nicht in den Niederlanden geboren wurden.[304] Rechnet man alle Menschen mit Migrationshintergrund zusammen, also auch die in den Niederlanden geborene dritte Generation (die niederländische Statistiken ausblenden), dann sind wir sehr weit drüber. Bereits 2004 sahen Rotterdamer Bezirke wie ein südländischer Basar aus: In Spangen lebten über 80% allochtoner, also fremder, Bevölkerung, in Afrikaanderwijk, Feijenoord und Hillesluis – weit über 70%, in Bospolder, Schiemond, Oude Westen, Bloemhof, Nieuwe Westen, Tarwewijk, Tussendijken – über 60%.[305]

Das hatte natürlich auch politische Konsequenzen: Seit 2008 wird Rotterdam vom muslimischen Bürgermeister mit zwei Staatsbürgerschaften Ahmed Aboutaleb regiert. Wen wundert's, dass 2010 ausgerechnet hier Westeuropas größte Moschee von Aboutaleb eröffnet wurde – zum Teil finanziert aus den Vereinigten Arabischen Emiraten.[306]

Jetzt ist Rotterdam in zwei Teile getrennt: Einer gehört der indigenen Bevöl-

kerung, der andere – Neuankömmlingen. Diese Situation passt den Niederländern nicht: Niederländische Familien, die Geld für den Umzug haben, flüchten aus der Stadt. Experten alarmieren: Die Fremdlinge »lösen sich« nicht, wie erwartet wurde, unter den Ureinwohnern des Landes auf, sondern isolieren sich in »Ghettos«.
In der Hoffnung, dass sich Ausländer auf dem Land aktiver und schneller in der europäischen Gesellschaft integrieren werden, schlug der Anführer der niederländischen Nationalisten Pim Fortuyn (1948 – 2002) vor, Immigranten in ländliche Gegenden zwangsumzusiedeln. Die Idee von Fortuyn erschien niederländischen Städtern interessant (den Bauern weniger); seine Partei wurde anschließend ins Parlament gewählt. Leider wurde Fortuyn selbst zehn Tage vor der Wahl getötet – nicht von einem Muslim, sondern von einem radikalen Umweltschützer, der sich vor Gericht selbst zum Verteidiger holländischer Muslime erklärte.
Wahrscheinlich, weil Fortuyn das erste Mal in den 30 Jahren des Bestehens des Migranten-Problems den Mut hatte, eine Lösung anzubieten, wurde der ermordete Nationalisten-Anführer 2004 bei einer Fernsehabstimmung zum herausragendsten Niederländer aller Zeiten gekürt – weit vor solchen niederländischen Berühmtheiten wie Rembrandt und Vincent van Gogh.
Apropos van Gogh. Sein entfernter Verwandter, der Filmemacher Theo van Gogh (1957-2004), drehte einen Film über den Mord an Pim Fortuyn. Und als er mit dem Fahrrad am helllichten Tag zur Film-Abnahme ins Studio radelte, wurde er vom Islamisten Mohammed Bouyeri getötet – nicht um ihn auszurauben, sondern aus politischen Gründen.
Zeugen des Verbrechens erzählten, dass der Mörder erst mehrere Male auf den Regisseur schoss, und dann, als van Gogh (noch lebend!)[307] am Boden lag, die Kehle durchgeschnitten und mit zwei Messerstichen ein fünfseitiges Bekennerschreiben an den Körper geheftet hätte. Der Mörder war kein Asylant, sondern ein 26-jähriger in den Niederlanden geborener Marokkaner, der die marokkanische und die niederländische Staatsbürgerschaft besaß, »hervorragend Niederländisch sprach und als gut integriert galt«[308], schrieb *Focus*.
Noch ein deutlicher Beweis »gelungener Integration« – man genießt die Vorteile des niederländischen Lebens, man spricht akzentfrei niederländisch (»Gut integriert!«), hasst aber weiterhin Niederländer.
Nach der Verhaftung Bouyeri verurteilte die muslimische *community* die Tat wohl nur *pro forma*: Die Familie van Goghs berichtete, dass sein Sohn mehrfach Opfer von Übergriffen muslimischer Jugendlicher wurde. Bouy-

eri selbst erklärte dem Richter während des Prozesses, als Muslim dürfe er jedem »den Kopf abhacken«, der Allah beleidige. Und: »Ich würde es wieder tun.«[309] »Der Islam wird die Welt beherrschen« – solche Plakate hängen nun in den Niederlanden.[310]

Es gibt auch andere Meinungen in dem Land: Nach dem brutalen Mord an van Gogh hat ein Künstler in Rotterdam aus Protest seine Hauswand mit dem Satz »Du sollst nicht töten« und einer Friedenstaube geziert. »Das Haus liegt gegenüber einer Moschee, der Imam legte Protest ein; die Polizei entfernte den Schriftzug umgehend«, schrieb »Die Welt«.[311]

Die Idee Pim Fortuyns, Migranten mit dem arbeitsamen ländlichen Leben vertraut zu machen, wurde zu spät geboren. Fremde sind in vielen Städten bereits die Mehrheit.

Die Fruchtbarkeit in den Niederlanden ist ähnlich wie in Deutschland, so dass die Zahl der Nicht-Niederländer wächst und die Zahl der Ureinwohner sinkt. Nach demokratischen Gesetzen, die nur die Masse berücksichtigen und den Einheimischen keine Präferenzen geben, werden politische Entscheidungen im Interesse der Migranten getroffen. Zuerst auf der Ebene der Kommunen, in den ghettoisierten Orten der »kompakten Residenz«, und dann, mit der Bildung der demografischen und der politischen Mehrheit, – auf nationaler Ebene.

Inzwischen wurde in Holland eine Migrantenpartei – DENK – gegründet, die bereits drei Abgeordnete im Landesparlament (Wahlen 2017) hat. Außerdem ist sie in 13 Gemeinden der Niederlande vertreten. Die Partei plant bereits über die niederländischen Grenzen hinaus. »2024 werden wir nach Deutschland kommen. Das ist unser Ziel«, sagt der DENK-Gründer Tunahan Kuzu. 2024 möchte die Partei hierzulande an den Europawahlen teilnehmen.[312]

Niederländische Staatsdiener sind aufrichtig bemüht, die Fakten über die ausländische Kriminalität zu verbergen, damit »Nazis« sie nicht »missbrauchen«.

Kurz vor der Europawahl 2019 hat das niederländische Ministerium für Einwanderung einen Bericht zur Flüchtlingskriminalität veröffentlicht. In der Statistik wurden vergleichsweise harmlose Delikte wie Ladendiebstahl eigens ausgewiesen; dagegen wurden von Asylbewerbern begangene schwere Verbrechen wie sexuelle Übergriffe, Mord oder Totschlag in einer Kategorie »Andere« ohne Aufschlüsselung nach einzelnen Taten zusammengefasst. Die Zeitung »De Telegraaf« hat auf den Missstand hingewiesen. Daraufhin musste der trickbegabte (Regierungschef Mark Rutte nannte ihn

»talentierter und engagierter Liberaler«) Minister seinen Hut nehmen.[313] Auch in Dänemark sind die Internet-Seiten voller Berichte über aggressive Anhänger des Islam in der Stadt Odense, dem Geburtsort des großen Märchenerzählers Hans Christian Andersen, die die Dänen aus dem Vorort Vollsmose herauspressen.

Einmal nannte Andersen die Insel Fünen, auf der Odense steht, »den Garten Dänemarks«. Aber heute passt eine solche romantische Beschreibung eindeutig nicht zu den Ereignissen in der Stadt. Die Polizei berichtete, dass Einwanderer aus muslimischen Ländern absichtlich fast ausschließlich – bis zu 90% – Vertreter der indigenen Bevölkerung angreifen. »Wenn Ihr Nachname Hansen oder Nielsen ist und Sie in Odense, vor allem im Vorort Vollsmose, leben, ist das Risiko, Opfer eines Einbruchs zu werden, wesentlich größer als wenn Sie einen eher fremd klingenden Namen hätten«, – schreibt das dänische Portal »B. T.« und sieht darin »etwas Rassistisches«.[314]

Als Folge begannen die indigenen Insulaner ihre Heimat zu verlassen. Viele junge Zuwanderer geben offen zu, dass sie Vollsmose »sich zu eigen« machen und von den Dänen befreien wollen. Deshalb sind Vandalismus und Raub nicht ein »Ausdruck junger Energie«, sondern sie dienen dazu, unerträgliche Lebensbedingungen für Einheimische zu schaffen. Es gab einen Fall, in dem das Haus einer dänischen Familie mehrmals in der Woche Vandalismus und Raubüberfällen ausgesetzt war, bis die Familie wegzog.

Die Behörden neigen dazu, dies nur als belanglose »Straßenkriminalität« zu betrachten und jegliche ethnischen oder religiösen Untertöne abzulehnen.[315]

Auch ungläubige Immigranten aus muslimischen Ländern oder Christen werden einem monströsen Druck ausgesetzt. Das Auto eines Iraners, eines gewissen Massoud Fouroozandeh, in dem ein Kreuz hing, wurde demoliert und angezündet. In dem neuen PKW wurde die Windschutzscheibe dreimal zerschlagen. Deshalb hat sich diese zwar Migranten-, aber zur Integration geneigte, Familie dafür entschieden, Vollsmose zu verlassen.[316]

Wer denkt, Vollsmose sei eine besonders schlimme Ausnahme, der irrt sich gewaltig. In Dänemark heißen solche Bezirke wie Vollsmose offiziell »Ghettos«. Eines der Kriterien, um so eine unrühmliche Bezeichnung zu bekommen, sind über 50% der dort lebenden »Einwanderer und Nachkommen aus nicht-westlichen Ländern«. (Hier spielt das Wörtchen »nicht-westlich« eine wesentliche Rolle!). In Vollsmose liegt diese Zahl (2016) bei 68%. Aber in Finlandsparken – bei 71,1%, in Tingbjerg – bei 72,5%, in Gellerupparken – bei 80,8%, in Mjølnerparken – bei 82,6%. Genau für diese Bezirke sind

auch andere Kennzahlen exorbitant: Anzahl der »der 18- bis 64-Jährigen ohne Verbindung zum Arbeitsmarkt oder zur Ausbildung«, die Zahl der Verurteilten wegen Waffenbesitzes und Drogendelikten, Anzahl der Menschen mit der geringsten Bildung und dem niedrigsten Einkommen.[317]
25 solche Ghettos gab es im Land 2016. Es ist zu bezweifeln, dass es in den letzten Jahren weniger geworden sind.
Angesichts des starken Anstiegs der ethnischen Kriminalität beschloss das dänische Parlament, den Schengen-Raum praktisch zu verlassen und Kontrollen an den Grenzen einzuführen – die sie immer wieder verlängern und verschärfen.[318] Kopenhagen befürchtet, dass eine Welle von Flüchtlingen aus Nordafrika die ohnehin schwierige Situation, die sich in Skandinavien mit Immigranten aus Asien und Afrika entwickelt hat, noch verschärfen wird. Die Entscheidung ist vielleicht auch vernünftig, angenommen wurde sie zweifelsohne zu spät: Die meisten Verbrecher kommen nicht heute hierher, sondern leben hier schon lange, sie haben das Land besetzt.
Lange war Dänemark einer der Vorzeigestaaten eines friedlichen Gemeinwesens: ein hohes Umweltbewusstsein, eines der besten Bildungssysteme, eine geringe Kriminalitätsrate. Dänemark hatte nie Kolonien in Asien oder Afrika, so dass die muslimische Gemeinschaft nicht als »Hypothek des Kolonialismus« angesehen werden kann. Als in den 1960er Jahren klar wurde, dass das Land Arbeiter braucht, unterstützten fast alle Parteien die Idee, Immigranten aus der Türkei, Pakistan und Nordafrika anzuziehen.
Die ersten zehntausend »Fremde« schien das Land verkraftet zu haben. Weiter wurde es schwieriger.
In den 1980er Jahren verschlechterte sich die Situation im Nahen Osten – und die Dänen nahmen Flüchtlinge aus dem Iran, dem Irak, dem Libanon und Palästina auf. Dann kamen die Muslime aus Somalia, Bosnien und Herzegowina und Kosovo-Albaner. Schließlich zogen mehrere tausend Tschetschenen in die Heimat des großen Märchenerzählers. Infolgedessen hat die muslimische Gemeinschaft heute 225 000 Menschen[319] (4% der Bevölkerung, ohne illegale Einwanderer). Einigen Berichten zufolge gingen schon 2002, weit vor der Grenzöffnung 2015, etwa 40% aller Sozialausgaben als Zahlung für muslimische Wahldänen[a]. Inzwischen gehen eini-

a Siehe exemplarisch: Daniel Pipes and Lars Hedegaard, Muslim Extremism: Denmark's had enough, National Post, Toronto, 27. August 2002. (Auch unter: *http://www.danielpipes.org/450/something-rotten-in-denmark*). Dieser Bericht (der sich auf Zahlen, die von der Sprecherin des dänischen Immigrations- und Integrationsministeriums, Ritt Bjerregaard, veröffentlicht wurden, bezieht) wurde von zwei ge Autoren von 60% des dänischen Sozialbudgets für diese Zwecke aus. 2016 gab es in Dänemark, laut Statistikbehörde, 452.548 Einwanderer und Nachkommen aus nicht-westlichen Ländern. Dies entspricht 7,9 Prozent der dänischen Bevölkerung. Sie machten aber 34 Prozent der Sozialhilfeempfänger aus.[320] Gleichzeitig sind viele Migranten überhaupt nicht bereit zu arbeiten. Der Kopenhagener Arbeitsamt-Mitarbeiter Eskild Dahl Pedersen teilt seine Erfahrungen mit: Für nicht-westliche Einwanderer ist Bargeldhilfe ihr gutes Recht, »Arbeit ist die Strafe«, die danach kommt. »Es sei denn, man findet einen Weg, es zu vermeiden«.[321]

Die Kriminalitätsrate unter Migranten ist um ein Vielfaches höher als die der Dänen.[322]

Lange Zeit hatten dänische Muslime keine vollwertige Moschee. Nun gab die Regierung grünes Licht für solche Bauten nicht nur in Kopenhagen, sondern auch in Odense. Eine islamische Bank ist bereits in der Hauptstadt tätig. Imame haben das Recht auf ein vereinfachtes Verfahren zur Erlangung der dänischen Staatsbürgerschaft. Jetzt gibt es in vielen Moscheen Predigten extremistischen Inhalts.[323]

Die andere Seite der Medaille ist die berüchtigte *political correctness*, in der Gesellschaft verinnerlichter (und falsch verstandener) »Anti-Rassismus«, der manchmal bei Migranten zur Enthemmung und Gesetzlosigkeit führt. Am 30. September 2005 erschienen in der Zeitung *Jyllands Posten* Karikaturen auf den Propheten Mohammed.

Die Muslime empfanden Karikaturen nicht als Meinungsfreiheit, sondern als boshafte Beleidigung.

Eifrige Islamisten begannen, dänische Botschaften zu bekriegen, dänische Fahnen zu verbrennen, dänische Waren zu boykottieren und in muslimischen Ländern eine wirtschaftliche und politische Beziehung zu Dänemark nach der anderen abzuwickeln. Ein eingewanderter Muslim versuchte den Karikaturenautor zu töten. Als Antwort darauf erschienen 2008 neue Kari-

---

dänischen sozialistischen Abgeordneten, Elisabeth Arnold und Elsebeth Gerner Nielsen, scharf kritisiert (*National Post, 6. September 2002*). Sie erklärten aber lediglich die Zahlen (»Dänemark hat ein viel breiteres Spektrum an Wohlfahrtskosten als Länder in Nordamerika. Sie umfassen nicht nur Leistungen bei Arbeitslosigkeit und soziale Sicherheit, sondern auch umfangreiche Zuwendungen für Wohnung, Transport, häusliche Pflege, Frühverrentung, geschützte Arbeitsplätze, Kindertagesstätten... Der Hauptgrund dafür [für die diffizile Lage der Migranten – V. T.] ist: Es ist schwierig, auf einem Arbeitsmarkt zu konkurrieren, der nicht daran interessiert ist, Einwanderer einzustellen«), bestritten aber den Bericht in der Sache nicht.

katuren, und im Januar 2010 versuchte erneut ein Somalier mit einer Axt, den Künstler umzubringen.
Eskalation der Gewalt, Eskalation des Missverständnisses. Die Dänen verstehen nicht, wie man Redefreiheit nicht akzeptieren kann, und Muslime verstehen nicht, wie man ein Heiligtum beleidigen kann.
Verschiedene Kulturkreise, unterschiedliche Sichtweisen.
Ein Grund für die Konfrontation zwischen den beiden Gemeinden ist die Tatsache, dass die Muslime dänische Gesetze nicht mögen – wie die Billigung der gleichgeschlechtlichen Ehe, Abtreibung, Prostitution, Drogenhandel. In Dänemark gibt es auch einheimische Dänen, die diese Gesetze nicht begrüßen. Aber sie wurden von einer legitimen Legislative angenommen – deshalb werden sie respektiert und befolgt.
Muslime haben nicht vor, sie zu respektieren und zu befolgen. Sie kamen mit ihrem eigenen »Statut« in ein fremdes »Kloster« und wollen die lokalen »Mönche« dazu zwingen, danach zu leben. Die »Mönche« protestieren. Wie Medien schrieben, »wer würde es mögen, wenn der Gast den Wirt aus dem Haus treibt«.
Wir reden hier nicht mehr von der Unvereinbarkeit der Mentalitäten und Weltanschauungen (die man sich, bevor man Ausländer ins Land einlädt, vorstellen kann), sondern von Fremdbesatzung.
Also hat das Verhältnis zwischen einheimischen Europäern und Einwanderern aus muslimischen Ländern weder in Deutschland noch im Vereinigten Königreich noch in Skandinavien funktioniert. Die Behörden in Frankreich und Belgien haben Maßnahmen ergriffen, um die Burka zu verbieten. In der Schweiz stimmte die Bevölkerung dafür, den Bau von Minaretten zu verbieten.
In Wien wurde 2017 ein sogenanntes »Burkaverbotsgesetz« angenommen. Im allgemeinen kann Österreich bald in die erste Reihe im Kampf für den Erhalt des »traditionellen Europas« treten. Die Tatsache, dass sich die Zahl der Muslime in diesem Land in den letzten 50 Jahren verdreißigfachte (bis zu 700 000 oder bis zu 7,9% der Bevölkerung)[324] und die Zahl der ausländischen Staatsangehörigen auf einen Rekord (2016) von 1.342.758 (15,3 Prozent der Gesamtbevölkerung) stieg[325], zwang die Österreicher, die Masseneinwanderung von Türken, Arabern, Albanern und bosnischen Muslimen in das Land als Bedrohung wahrzunehmen. Um so mehr, weil einige Muslime offen sagen, dass sie sich nicht an die österreichischen Gesetze halten und weiterhin nach der Scharia leben werden.
Auch bei den Franzosen wächst die Besorgnis über den Islam. Laut einer

Ipsos-Umfrage »Frankreich 2013: neue Bruchlinien« (*«France 2013: les nouvelles fractures«)*, meinen 70% der Befragten, dass »in Frankreich zu viele Ausländer« leben und 62% sagen, dass »sie sich nicht wie früher wie zu Hause fühlen.« Schließlich kommen 74% der Bürger zu dem Schluss, dass der Islam »unvereinbar mit der französischen Gesellschaft« sei.[326]

Le Monde wusste nichts Besseres, als über die Verbitterung der französischen Gesellschaft zu schreiben.[327] Das ist die Schuld derer, die das Gefühl haben, das Haus zu verlieren, und nicht derjenigen, die es ihnen nehmen. Wie immer wurden die »zu Rassismus geneigten« und »verbitterten« Franzosen an die Juden im Jahre 1933 erinnert... Aber kann denn beides verglichen werden? Sind Juden etwa nach Hitlers Machtergreifung massiv in das Gebiet von Frankreich illegal eingedrungen, um dort Terroranschläge auszuführen, oder um andere zu zwingen, die Gesetze Moses zu befolgen?

In den Jahren 1995-1996 haben islamische Terroristen Paris mit Blut übergossen. Juni 1995: Acht Menschen wurden bei der Explosion am Bahnhof *Saint-Michel* getötet und 119 verletzt. 6. Oktober 1995: 16 Menschen wurden in der U-Bahn bei einer Explosion verletzt. Am 17. Oktober gab es eine Explosion zwischen den Stationen *Musée d'Orsay* und *Saint-Michel* – 30 Verletzte. Dezember 1996: Vier Menschen starben bei der Explosion in der U-Bahn, 91 Menschen wurden verletzt. Die Algerier der »Gruppe der Islamischen Armee« (*Le Groupe Islamique Armé*, GIA) haben die Bomben gelegt.[a]

Wer nicht Opfer von Bomben werden will, wer sein Land liebt, ist Lump und Rassist, sagen die neuesten »Xenophilen«, die ihre Mitbürger hassen.

---

a Seit 2013, als Teile dieses Buches zum ersten Mal erschienen, gab es in Frankreich (Belgien, Deutschland...) eine Menge neuer Terroranschläge »mit islamistischem Hintergrund«: die satirische Zeitschrift *Charlie Hebdo*; ein jüdisches Geschäft; die Chemiefabrik in Saint-Kenten-Falave in der Nähe von Lyon; Hunderte tote und verwundete Franzosen im November 2015 (im Konzertsaal *Bataclan*, am Stadion *Stade de France*...); Dutzende von Toten und Verletzten gab es im Juli 2016, als der Wagen, hinter dessen Steuer ein Islamist saß, auf der Promenade von Nizza Passanten zerquetschte; im Dezember 2016 steuerte der Tunesier Anis Amri einen Sattelzug in den Weihnachtsmarkt am Breitscheidplatz in Berlin und tötete zwölf Menschen, verletzte etwa 70... Aber unserer Meinung nach ist all das kein Grund, das Buch in dieser Hinsicht zu »aktualisieren« – unsere Aufgabe ist es, den Trend der gesellschaftlichen Entwicklung zu zeigen, und nicht eine Aufzählung der immer neuen Beispiele zu präsentieren, weil dieses Martyrologium heute und morgen leider fortgesetzt wird.

Dabei begann alles ziemlich optimistisch. Wie in anderen europäischen Ländern auch hofften die Franzosen Mitte der 50er Jahre, dass die nach Europa gekommenen Algerier einmal in ihre afrikanische Heimat zurückkehren würden. Um dort Arbeitsplätze zu schaffen, boten die Franzosen sogar Investitionen an. Es hat nicht geholfen. Die Algerier blieben in Frankreich leben, aber nach algerischen Gesetzen.

Bis dato beschränkt sich auch Frankreich auf Appelle an Migranten, seine Gesetze zu respektieren. Und der Philosoph Abdennour Bidar (geb. 1971) ruft zu Brüderlichkeit auf und schlägt vor, »den Islam dazu zu zwingen, die republikanische Tradition zu befolgen«.[328] Es wäre schön, wenn er noch sagen würde – wie.

Die »öffentliche Meinung« wird nicht müde, verängstigte Franzosen »Nationalisten« zu nennen. Auf die Frage, woher dieses üble Vorurteil der französischen Gesellschaft gegenüber der indigenen französischen Bevölkerung käme, antwortete der Wissenschaftler des Pariser Zentrums für soziologische und politische Studien, Experte für Islam Tarik Yildiz: »In dem kollektiven Unbewussten (einfacher, im Gehirn – V. T.) einiger Menschen verfestigte sich die Meinung, dass ein Sohn von Einwanderern, der in einer armen Gegend lebt, kein Unterdrücker sein kann, aber sicher ein Opfer. Vor einiger Zeit kam es zu einer Kontroverse um die *Bewegung gegen Rassismus und für die Völkerfreundschaft*, die zum ersten Mal die Existenz von Rassismus gegen die Weißen anerkannte. (Empörte – V. T.) Intellektuelle sandten einen offenen Brief an die *Bewegung*, in dem sie die Unmöglichkeit unterstrichen, »Unterdrückte« und »Unterdrücker« auf eine Ebene zu stellen. Es ist klar, dass ein Weißer automatisch in die Kategorie der Unterdrücker fällt.«[329]

Es gab einmal bei Facebook eine Interessen-Gruppe, die einen revolutionären Namen hatte: »Schwarze, Rollstuhlfahrer und Homosexuelle können auch ätzend sein.« Aber aus irgendeinem Grund ist diese Idee der Gleichheit in einer »politisch korrekten« Gesellschaft nicht populär.

Aber nicht Paris, sondern Brüssel ist die »muslimischste« Stadt Europas. Muslime machen ein Viertel der Bevölkerung der belgischen Hauptstadt und der Hauptstadt der Europäischen Union aus, wo sich auch das NATO-Hauptquartier befindet. Experten weisen darauf hin, dass der Islam in Brüssel immer stärker spürbar wird: Es gibt hier mehr Moscheen, Minarette, in Burkas eingehüllte Frauen und muslimische Organisationen – und weiter sagen sie voraus, dass bis zum Jahr 2030 die Muslime in Brüssel eine religiöse Mehrheit sein werden. Unter den grünen Fahnen des Islam gibt es hier jetzt mehr Menschen als Katholiken, Angehörige aller politischen Parteien

und Gewerkschaften zusammen. Der fundamentalistische Islam gewinnt immer mehr an Stärke, was Muslimen die Integration in die westliche Gesellschaft erschwert.
Die Mehrheit der Muslime in Brüssel kommt aus Marokko (70%) und der Türkei (20%). Sie kamen in den 1960er Jahren zur Arbeit. 1974 wurde das Programm zur Anwerbung von ausländischen Arbeitskräften eingestellt, aber viele Migranten blieben in Belgien und brachten ihre Familien hierher. Heute wächst die muslimische Gemeinschaft des Landes aufgrund der hohen Geburtenraten weiter. Nur 18% machen in dem Land einheimische Belgier unter 18 Jahren aus, Marokkaner und Türken in diesem Alter gibt es hier fast 35%. Ihre Helden sind, schreibt *New York Times*, islamistische Massenmörder.[330]
Natürlich existiert hier auch eine politische Partei, die ISLAM heißt. Zu ihren Zielen gehören »islamische Demokratie« – bereits in zwei Jahrzehnten – und Scharia im ganzen Land.[331] Eine andere Organisation in Belgien heißt »Sharia4Belgium« – eine berüchtigte Terrorgruppe. Eine Handvoll Mitglieder wurde 2015 verurteilt, der größere Rest blieb aber in Freiheit und kämpft für ihre Sache weiter.[332]
Seit 2003 ist der beliebteste Name für Jungen in Brüssel (sowie in London, insgesamt in England und Wales[333] und einigen anderen europäischen Städten) der Name Muhammad (mit Varianten Muhamed, Muhammet, Mohamad, Mehmet etc).[334] Er ist auch in der zweitgrößten belgischen Stadt Antwerpen verbreitet, wo sich 40% der Grundschüler zum Islam bekennen. Soziologische Studien zeigen, dass Muslime, die in Belgien leben, ungeachtet des Bildungsniveaus, des Wohlstands und des sozialen Status eine Abneigung gegenüber Andersgläubigen haben, gerade weil diese Menschen einer anderen Religion oder Kultur angehören. Deshalb ist nicht verwunderlich, dass bis zu 400 belgische Muslime in Syrien gekämpft haben sollen.[335] »Und wie man damit umgehen soll, ist schleierhaft«, schreiben Journalisten verzweifelt.
In Belgien machten Moslems 2010 etwa 5% der Gesamtbevölkerung aus. Wissenschaftler erwarten, dass sich 2050 ihre Anzahl vervielfachen wird.[336] Unter Jugendlichen wird der Anteil der Muslime auf 40% steigen. Wissenschaftler kommen zu dem Schluss, dass dies zwangsläufig zu einer Verschärfung von Konflikten »aus religiös-zivilisatorischen« Gründen führen wird.[a]

a Heute wird der Brüsseler Bezirk Molenbeeck, wo die Pariser Attentäter lebten (die Terroranschläge von 2015), »das Nest des europäischen Terrorismus«

Aber Belgien befindet sich im EU-»Muslim-Ranking« noch im Mittelfeld. Nach Prognosen der renommierten Denkfabrik *Pew Research Center* von November 2017 wird sich der muslimische Anteil an der Bevölkerung Europas in den kommenden Jahren massiv erhöhen. Nach einem von drei zugrunde gelegten Szenarien könnte sich der Anteil der Muslime in Deutschland gar mehr als verdreifachen, nämlich von rund sechs Prozent (2016) auf knapp 20 Prozent (2050). Nicht viel besser ergeht es auch anderen EU-Ländern. So erwartet man 2050 in Italien 14,1% Muslime, in Finnland – 15%, in Niederlanden – 15,2%, in Dänemark – 16%, auf Malta – 16,2%, in Norwegen – 17%, in Großbritannien – 17,2%, in Frankreich – 18%, in Belgien – 18,2%, in Österreich 19,9%, auf Zypern 28,3%, in Schweden sogar 30,6%.[337]

Nicht zu vergessen, nach Europa kommen nicht nur Moslems, sondern auch Hindus und Buddhisten, aber auch Christen und Heiden aus Angola, Äthiopien, Burundi, Ghana, Kamerun, Kongo, Kenia, Uganda mit nicht unbedingt Europa-kompatiblen kulturellen Gesinnungen.

Die indigene Bevölkerung in Europa wird damit durch Ankömmlinge ersetzt, das heißt in Behörden-Englisch *replacement migration.* In einem entsprechenden Bericht *Replacement Migration: Is it a Solution to Declining and Ageing Population?* erstellt UN-Departement für Wirtschaft und Soziales (*United Nations Department of Economic and Social Affairs*) folgende Prognose: Die Zahl der Ureinwohner in fast allen europäischen Ländern wird erheblich zurückgehen. Demoskopen sagen voraus, dass Ausländer und ihre Nachkommen im Jahr 2050 in Deutschland, Italien und Holland bis 39% der Bevölkerung ausmachen werden. In großen Städten kann diese Zahl 60% erreichen.[338]

Bemerkung am Rande: Wie wir sehen, haben nicht die Rechten, sondern hat die UNO im Jahre 2000 mit vollem Sachverstand den Begriff *replacement*, also *Austausch*, *Auswechselung*, kreiert.

---

genannt. Zuvor galt es als »erfolgreiches multikulturelles Projekt«, derer es mehrere in Europa gibt. Zum »Nest« werden solche Bezirke erst nach der Beerdigung von Hunderten von Opfern.

Zum Beispiel USA

Wir gehen davon aus, dass eine (mono)ethnische Nation stärker ist als ein Zusammenschluss von mehreren Ethnien unter einem Dach. Aber zu den starken Nationen unserer Zeit gehören zweifelsohne die Amerikaner, die als politische Nation enorme Macht erlangt haben. Darin besteht kein Widerspruch. Ja, die amerikanische Nation ist nicht autochthon, sie wurde von Vertretern vieler Ethnien gebildet, doch mehrere Faktoren bestimmen ihre Stärke.

Zum einen die Tatsache, dass die Vereinigung der Deutschen, Schotten, Holländer, Iren, Spanier, Italiener, Portugiesen, Schweden, Chinesen und später der Afrikaner und der Indianer zu einer gemeinsamen amerikanischen Nation eine ziemlich lange Zeit dauerte. Wenn wir uns das Zeitintervall bewusst machen, das von der Aufnahme der Türken und Jugoslawen in Deutschland vergangen ist, dann haben wir heute in Deutschland – nach amerikanischen Verhältnissen (als dort die Bildung der Nation begann) – Mitte-Ende des 18. Jahrhunderts. Bis zum Zustand der »Einheit«, in dem die amerikanische Nation jetzt ist, müssten Deutsche und andere Europäer also mindestens noch 200 Jahre leben. Dann wird es vielleicht möglich sein, über die Entstehung einer neuen nationalen Gemeinschaft auf dem Gebiet der europäischen Länder zu sprechen. Ob die europäischen Nationen noch zwei Jahrhunderte überleben werden, ist eine andere Frage.

Das zweite wichtige Merkmal der Bildung der amerikanischen Nation ist, dass vor 200 bis 300 Jahren jeder, der von Europa nach Amerika zog, sich für immer von der Alten Welt verabschiedete und sich ganz der Neuen Welt widmete. Sie haben keine E-Mails an Verwandte, die zu Hause geblieben sind, geschrieben, haben nicht mit ihnen per Skype gesprochen, haben kein Geld dorthin überwiesen und haben keine Kinder in ihre ethnische Heimat geschickt, um sie dort zu ehelichen.

Das heißt, sie haben für immer mit der alten Heimat gebrochen und Amerika als eine neue verstanden, deren Schicksal sie bis zum Tode teilen werden. Aus dieser Gewissheit (oder Hoffnungslosigkeit) wurde das Verständnis für das alle verbindende Schicksal der auf amerikanischem Territorium Lebenden geboren.

Der dritte Faktor war der Kampf sowohl gegen die Kolonialmacht, gegen die britische Herrschaft, als auch gegen die indigene Bevölkerung. Er bündelte Migranten, gab ihnen eine gemeinsame Geschichte.

Es gibt natürlich auch andere Faktoren.

Die amerikanische Nation kann daher als eine der mächtigsten Nationen der Welt betrachtet werden, die Amerikaner werden es nicht müde zu wiederholen, dass sie *greatest nation on earth* – die größte Nation der Welt sind. Wir reden nicht über militärische Stärke und wirtschaftliches Potenzial. Aber die nationale Selbstidentifikation der Amerikaner, der amerikanische Patriotismus, den wir mindestens aus Hollywood kennen, scheint ein beredtes Zeugnis dafür zu sein, dass diese politische Nation in der Rangliste der Stärksten führend ist. Wo sonst kann man täglich von Millionen Schulkindern hören: »Ich schwöre Treue auf die Fahne der Vereinigten Staaten von Amerika und die Republik, für die sie steht, eine Nation unter Gott, unteilbar, mit Freiheit und Gerechtigkeit für jeden.«? (*Pledge of Allegiance*).

Allerdings deuteten sich ab Mitte der 70er Jahre des letzten Jahrhunderts bis zu Beginn des 21. Jahrhunderts ernsthafte Tendenzen zur Schwächung der amerikanischen Nation an. Lange hinter dem wirtschaftlichen Erfolg des Landes versteckt, begann sich dieses Schwinden zu manifestieren, weil die USA nicht gerade die besten Zeiten erleben. Angesichts der Tatsache, dass der Staat in Bezug auf Bruttoinlandsprodukt und Militärausgaben immer noch an der Spitze in der Welt steht, sollte man dennoch die Entwicklungstendenzen verfolgen – nach oben oder nach unten?

Die US-Wirtschaft erlebte ihre Blütezeit am Ende des Zweiten Weltkriegs. Aus verschiedenen Gründen, auf die hier nicht näher eingegangen wird, produzierte das Land mehr als die Hälfte des weltweiten Bruttoinlandsprodukts und hatte zwei Drittel der weltweiten Goldreserven in seinen Speichern.

Seitdem ist der Anteil der USA am globalen kaufkraftbereinigten BIP stetig gesunken (2018 waren es 15,12%, China – 18,7%), in den letzten 10 Jahren um 2,5%[339]. Das heißt, es wird nur 20 Jahre dauern und die Produktion in den Vereinigten Staaten könnte auf 10% des weltweiten BIP fallen – die Marke, auf der die Vereinigten Staaten im Jahr 1900 standen. Von den 31.447 Tonnen Weltgoldreserven besitzen die USA im Jahr 2017 nur noch 8.133 Tonnen[340] (26%). Wir überschätzen die Bedeutung des Goldes nicht, wir beobachten nur die Dynamik. Und hier ist nur ein Trend – nach unten. Es gibt andere Indikatoren, die zum Nachdenken über die Aussichten dieses Landes zwingen. In den 50er – 70er Jahren des letzten Jahrhunderts haben die Vereinigten Staaten erhebliche Investitionen in Wissenschaft und Technologie, in Bildung getätigt. Das ist jetzt vorbei. Staaten wie Kalifornien geben jetzt mehr für Gefängnisse aus als für höhere Schulen.[341]

Apropos Gefängnisse. Amerika ist in der Zahl ihrer Bürger im Knast auf dem ersten Platz in der Welt[342], aber auf dem 63. in puncto Ausgaben für Bildung (2010);[343] jeder fünfte Amerikaner kann nicht richtig lesen.[344] Manche Experten sehen die USA auf Platz 125 (von 197) bei Lese- und Schreibkompetenzen[345] und auch bei der Lebenserwartung liegen sie auf Platz 43 (2017)[346].

Man muss mit eigenen Augen die Krise der amerikanischen Infrastruktur sehen: die rostigen Balken der U-Bahnhöfe in New York, Elektrokabel, die wie Trauben von Masten in San Francisco hängen, ähneln nicht den fortgeschrittenen Volkswirtschaften, sondern der dritten Welt. Einst schicke *Highways* sind löchrig. Laut Experten benötigen fast 60.000 Brücken größere Reparaturen, Tausende sind einsturzgefährdet.[347] Nur für Sanierung und Ausbau der oberirdischen Transportwege müsste die US-Regierung jährlich rund 225 Milliarden Dollar investieren, berechnete eine Regierungskommission – und das 50 Jahre lang. Tatsächlich zahlt Washington dafür aber – trotz großmundiger Ankündigungen – nur 90 Milliarden Dollar pro Jahr. Auf den Wasserwegen ist die Hälfte aller Schleusen kaputt. Es gibt im Land 150 Dämme, die bei einer großen Flut brechen würden. Der amerikanische Verband der Bauingenieure schätzt, dass 1600 Milliarden Dollar investiert werden müssten, um die gröbsten Gefahren zu beseitigen.[348]

Die verlorenen Kriege in Vietnam, Irak und Afghanistan führten zur Schwächung des nationalen Selbstbewusstseins.

Die USA gerieten gleichzeitig in eine ganze Reihe von Krisen: die soziale, die politische und – wichtig – die Krise der Ideale. Eines dieser scheinbar unerschütterlichen Ideale: Unsere Kinder werden besser leben als wir, ist erdbodengleich zerstört. Amerika wird zum Land der »begrenzten Möglichkeiten«. Der Eid auf das Sternenbanner ist noch hörbar, die Hand während der Aufführung der Hymne bleibt noch auf der linken Seite der Brust haften, aber wenn man für die Treue zu zahlen hat, sackt die soziale Solidarität sofort rapide ab. Präsident Obamas Einführung der Krankenversicherung für die Armen, gegen die sich die Hälfte der Amerikaner aufbäumte, ist ein klares, aber nicht das einzige Beispiel.

Wir bemerken (und dies ist auch einer der Indikatoren für die Schwäche der Nation) – die USA wollen keine Diskussionen über die Ursachen dieser Krisen führen. Kritik an der Regierung, an der sozialen und politischen Entwicklung der USA gilt als Verrat an der Größe des Landes.

Vor kurzem hat Amerika seine Träume verloren – zum Beispiel, dass jeder Schuhputzer Millionär werden kann. Es hat keine so großen Projekte mehr wie die Autobahnen in den Tagen von Dwight Eisenhower. Oder die Idee der Gleichheit aller Bürger, die in den Tagen von Lyndon Johnson an Popularität gewann. Oder John Kennedys Plan, einen Menschen zum Mond zu schicken.

Hochqualifizierte Spezialisten aus China und Indien (wie neue Forschungsergebnisse belegen), in den Vereinigten Staaten gut ausgebildet, kehren in ihre Heimatländer zurück, vor allem weil die Chancen der Beschäftigung und Verbesserung des Lebens dort höher sind.[349] Der amerikanische Magnet verliert an Stärke. In der modernen Welt bezweifelt ein intelligenter Mensch nicht mehr, dass nicht nur der amerikanische Weg zu Wohlstand führt, sondern viele. Analysten glauben, dass sich die Welt auf eine »postamerikanische« Ära[350] vorbereiten sollte.

Die Ursachen der Schwächung der Nation in wirtschaftlichen Problemen zu sehen bedeutete, den Wagen vor das Pferd zu stellen. Das Gegenteil ist der Fall: Ein Rückgang der nationalen Kraft, ein Verlust an hoher Vitalität und Idealen führen zu wirtschaftlichen und sozialen Niederlagen.

Woher kommen die Probleme einer so scheinbar mächtigen Nation wie der amerikanischen?

Die Gründe liegen in der tiefen kulturellen Kluft, die seit Jahrhunderten zwischen verschiedenen Ethnien derselben Nation besteht. Die Konfrontation von Weißen und Schwarzen in Amerika begann praktisch 1619, als die ersten afrikanischen Sklaven nach Virginia gebracht wurden.

Trotz der beträchtlichen wirtschaftlichen Vorteile von »Schwarzen« verstand man schon damals, dass sie zu einem ernsthaften Problem für das Land werden könnten. Aufstände der Sklaven waren Jahrhunderte auf der Tagesordnung. Die Gefahr einer »sinnlosen und erbarmungslosen Rebellion«[351] ließ über die Einwanderungspolitik nachdenken.

Im Jahr 1716, zuerst in South Carolina und dann in anderen Staaten, wurden Sklavenhalter aufgefordert, einen weißen Diener für je 10 Schwarze ins Land zu bringen. Für den »Import« von Weißen erhielten die Besitzer eine Prämie von 25 Pfund Sterling. Später, um die Einfuhr von schwarzen Sklaven zu reduzieren, wurden Steuern eingeführt – 10 Dollar für einen Sklaven aus Afrika, und 30 Dollar für einen Diener aus British West Indies, das heißt, der englischsprachigen Karibik-Inseln. Zur gleichen Zeit wurde der Protest der schwarzen Sklaven durch harte Gesetze (die von Weißen angenommen wurden) verhindert. So erließ man 1740 in South Carolina ein Gesetz, nach dem die Tötung eines Sklaven durch einen weißen Amerikaner nur mit Geldstrafe geahndet wurde. Rebellion und die Flucht der Sklaven wurden mit dem Tod bestraft. Sklaven war es verboten, lesen und schreiben zu lernen. Dieses Gesetz blieb fast 125 Jahre unverändert – bis zur vollständigen Abschaffung der Sklaverei. Im Jahr 1774 verbaten die Staaten Connecticut und Rhode Island die Einfuhr von Sklaven. 1794 wurden Beschränkungen für den »Import« von Arbeitskräften in den gesamten Vereinigten Staaten verhängt.[352] Dies erfolgte, wie bereits erwähnt, nicht aus humanitären Gründen, nicht wegen des Ideals von Gleichheit und Brüderlichkeit, sondern um eine Erhöhung der Zahl der Sklaven zu verhindern und damit die Gefahr einer Revolte zu mindern.

Aber bereits 1798 beginnt ein Jahrzehnt, in dem die meisten Sklaven nach Amerika importiert wurden – fast 200 000. Der sofortige Gewinn, Profit trübte den Verstand ein und machten es unmöglich, über die Konsequenzen nachzudenken.

Dann schien der gesunde Menschenverstand doch zu obsiegen: 1817 wurde die *American Colonization Society* gegründet, die beschloss, ehemalige Sklaven von Amerika zurück nach Afrika zu verfrachten. Die ersten befreiten amerikanischen Sklaven gründeten 1822 in Afrika eine Kolonie namens *Liberia*[a].

Die »amerikanische Kluft« zwischen weißen Europäern und schwarzen Afrikanern brach vor 150 Jahren (1861-1865) in einem Bürgerkrieg aus. Im 20. Jahrhundert, als die USA zur führenden Kraft des Westens wurden, war die »Kluft« mehr oder weniger mit stabilen wirtschaftlichen Erfolgen verdeckt. Die Krisen der Gegenwart, die wir erwähnt haben, entblößten, was im Verborgenem schwoll, aber nicht an die Oberfläche trat.

Die ganze Zeit ist die amerikanische Gesellschaft mit Versuchen konfron-

---

a Beiläufig sollte erwähnt werden, dass das Gebiet von Liberia, wohin die »Amerikaner von gestern« gebracht wurden, keine paradiesische Ödnis war – mehr als ein Dutzend afrikanischer Stämme lebten, arbeiteten und starben dort. Bis heute gibt es in Liberia Zusammenstöße zwischen den heutigen Nachfahren – schwarzen afrikanischen – »Lokalen« und gleichartigen schwarzen afrikanischen Neuankömmlingen aus Amerika – natürliche und für uns verständliche Konflikte an den Rändern ethnischer Gruppen. Es gibt praktisch keinen kulturellen Unterschied zwischen ihnen, und trotzdem dauert die Konfrontation fast 200 Jahre. Je tiefer die Kluft zwischen den Ethnien – die historische, kulturelle, sprachliche, religiöse, rassische – ist, desto – logisch – schärfer sind die Konflikte. Wer dauerhaften Frieden sucht, wird bereits besiedelte Gebiete nicht in Beschlag nehmen.

tiert, die amerikanische Nation zu unterminieren – es ist klar, dass eine solche Zersetzung entlang der ethnischen oder rassischen Wasserscheide verlief. In Zeiten der Sklaverei kam die Frage der Beteiligung von *Negern* an der Verwaltung der Gesellschaft einfach nicht auf. Die Schwarzen durften mit der Waffe in der Hand für die Ideale der Weißen sterben, aber keine bemerkenswerte Rolle in den politischen und sozialen Entscheidungen der weißen Rasse spielen.

Unmittelbar nach der Abschaffung der Sklaverei im Jahr 1865, entstand in den USA der rassistische Ku-Klux-Klan, der sich zur Ideologie der »weißen Vorherrschaft« (*white supremacy*) bekannte. Weniger prominent sind die Tatsachen, dass nicht nur Weiße von ihrer »göttlichen Auserwähltheit« sprachen, sondern auch Schwarze. So gründete 1914 Marcus Garvey (1887-1940) den Weltverband zur Verbesserung der Lage der Neger *(Universal Negro Improvement Association, UNIA)*, deren Hauptsitz seit 1916 in New York war. In den Vereinigten Staaten wurde der Verband zu einer Massenorganisation, deren Ziel es war, einen Staat mit Neger-Selbstverwaltung in Afrika zu etablieren. Garvey befürwortete die Reinheit der schwarzen Rasse, bekämpfte die Ehen mit Weißen und unterstützte sogar den Ku-Klux-Klan, der sich auch gegen das Vermischen von Rassen wandte. Es war Garvey, der 1920 Vorsitzender des Internationalen Kongresses der Schwarzen Organisationen aus 25 Ländern der Welt wurde. Der Kongress endete mit einer Parade von 50000 Schwarzen, die durch die Straßen von Harlem marschierten. Später bekannten sich solche Organisationen wie *Nation of Islam*, *Black Power* und *Black Panther Party* auch zu *black supremacy*, also die Überlegenheit von Schwarzen (über Weiße). Berühmte Vertreter solcher Ansichten waren der Bürgeraktivist Malcolm X und der Boxer Muhammad Ali (früher Cassius Clay). Jetzt steht diese Ideologie im Dienst der *New Black Panther Party*, der *Nation of Yahweh* und einigen anderen Organisationen.

Mitte/Ende der 60er Jahren des 20. Jahrhunderts erwachte in den Vereinigten Staaten eine mächtige Bewegung der Afro-Amerikaner, die ihr Ziel in der Abtrennung der Bundesstaaten von den USA sahen, die vorwiegend von schwarzen Bürgern bevölkert waren – Louisiana, Mississippi, Alabama, Georgia und South Carolina sowie den umliegenden Regionen von Tennessee, Arkansas und Florida – und in der Schaffung der *Republik of New Africa.*[353] Die Sezessionspläne wurden 1968 auf einer Konferenz der provisorischen »schwarzen Regierung« in Detroit bekannt gegeben. Die »schwarze Regierung« wollte nicht nur aus den USA austreten, sondern auch von der (weißen) amerikanischen Regierung fordern, dass sie wegen ihrer rassistischen Einstellungen gegenüber Schwarzen Reparationen in Höhe von mehreren Milliarden Dollar zahlt. Es gab Pläne für die wirtschaftliche Entwicklung sowie die Schaffung eigener bewaffneter Formationen. Die Bewegung für die Lostrennung von den Vereinigten Staaten bestand auf ihrem Recht auf nationale Selbstbestimmung (wie im Programm erwähnt), und reihte sich damit ein in die Reihe anderer nationaler Befreiungsbewegungen auf anderen Kontinenten.

Zur gleichen Zeit versuchten indigene Amerikaner – Indianer – die Souveränität für ihre Reservationen zu erlangen. Dies bedeutete nichts anderes als die Separierung ur-amerikanischer (indianischer) Gebiete von den Vereinigten Staaten.

Die Idee der *Republik of New Africa* und die Sezessionspläne der Indianer versetzten das (weiße) amerikanische Establishment so in Angst, dass für sie keine moralischen und rechtlichen Regeln mehr existierten, um diese »schwarze« und indianische nationale Befreiungsbewegungen zu bekämpfen. Die USA könnten in ihrem eigenen Interesse jede nationalistische Bewegung in jedem Land der Welt unterstützen, nicht aber in ihrem eigenen. An die Spitze des Kampfes gegen Schwarze und Indianer wurden die Sicherheitsdienste CIA (geheime Operation CHAOS)[354] und FBI (geheimes Programm *COINTELPRO*[355] – eine Abkürzung für *COunter INTELligence PROgram*) gesetzt. Das Wesen des Letzteren bestand in dem Einschleusen von Provokateuren in diese separatistische Bewegungen, der systematischen Überwachung von Anführern, dem Abhören ihrer Telefongespräche, ihrer Diffamierung, der Verbreitung falscher Informationen (heute würde man sagen *fake news*) und einfacher, in der Verleumdung, Einschüchterung, Rechtsverfolgung mit fingierten »Beweisen«, im Unterschieben von Drogen, in illegalen Durchsuchungen und Verhaftungen, Verbreitung von Lügen, dem Provozieren von Konflikten um die Mitglieder der Bewegung auf Arbeit und in der Familie, im Aufhetzen von Mitgliedern anderer Organisationen und Bewegungen gegen sie.

FBI-Agenten brachen in Räumlichkeiten der Bewegung ein, zerbrachen alles, was ihnen in den Weg kam, griffen Mitglieder der Bewegung an, schlugen sie und mordeten Aktivisten. So wurde Malcolm X 1965 unter mysteriösen Umständen niedergestreckt, 1967 ein weiterer Anführer, Hugh Newton, verhaftet und des Mordes an einem Polizisten angeklagt. Am 4. April 1968 wurde der Kämpfer für die Rechte der Schwarzen, Friedensnobelpreisträger Martin Luther King getötet, zwei Tage danach – Aktivist Bobby Hutton. Anfang 1969 wurden drei Mitglieder der *Black Panthers* von FBI-Agenten umgebracht, zwei weitere verletzt. Ende des Jahres erschossen Polizisten den Leiter der Organisation in Chicago Fred Hampton im Schlaf und einen anderen Schwarzen, drei weitere wurden verletzt, darunter auch die schwangere Braut Hamptons. Allein 1968-1969 nahm man 740 Mitglieder der nationalistischen »schwarzen« Bewegung in den Vereinigten Staaten fest. Zahlreiche Verfahren wurden aus Mangel an Beweisen (zum Beispiel gegen Hugh Newton und Angela Davis) eingestellt, aber oft erst nach jahrelanger Haft der Unschuldigen. Bis jetzt (2018) sitzen einige Dissidenten (Leonard Peltier, Mumia Abu-Jamal) im Knast für Anklagen, die nicht eindeutig bewiesen sind. All diese kriminellen Handlungen der staatlichen Organisationen sind längst kein Geheimnis mehr – COINTELPRO und CHAOS wurden seinerzeit zum Gegenstand der Untersuchung im US-Senat in dem so genannten Ausschuss von Frank Church (*Church Committee*)[356].

Aber es sind nicht die Verbrechen des FBI und der CIA, die uns bei dieser Geschichte interessieren, sondern die Tatsache, dass eine scheinbar gesunde amerikanische Nation auf dem Höhepunkt ihrer Stärke von nationalen Problemen zerrissen wurde.

Die nationalen Kämpfe verringerten sich auch später nicht. Während der Unruhen der »Schwarzen« in Los Angeles 1992 wurden 53 Menschen getötet, von denen nur 8 weiß waren. Tausende von Demonstranten wurden verletzt, mehr als 7000 verhaftet.

Hunderttausende, Millionen dunkelhäutige Amerikaner gingen beispielsweise 2003 und 2006 auf die Straßen von Los Angeles, Dallas, Washington, Chicago und brachten das Land laut Augenzeugen an den Rand eines Bürgerkriegs. In dieser Zeit zeigte sich ein für die Konfrontation der weißen und schwarzen Rassen in Amerika charakteristisches Symptom: Afroamerikaner forderten einen Boykott amerikanischer Produkte. Die Idee ist nicht neu: Auch Mahatma Gandhi hat im Kampf um die Unabhängigkeit Indiens britische Waren boykottiert. Durchaus nicht unüblich in der Geschichte: Aktivisten in einem Land fordern die Bürger auf, keine Produkte eines anderen, feindlichen, politisch unfreundlichen Staates zu kaufen. Der Ruf der Schwarzen, keine in den USA hergestellten Produkte zu erwerben, deutet aber darauf hin, dass sie sich nicht als Teil der amerikanischen (weißen) Nation begreifen, sondern als etwas Separates, das ethnisch und politisch nicht an die amerikanische Nation gebunden ist.

Das heißt, nicht nur in einem wohlhabenden, sondern in jeder Hinsicht »mustergültigen« Land brechen an der »Naht« zwischen weißen und schwarzen Rassen im Laufe der Jahrhunderte mehr oder weniger intensive

Konflikte aus, die nur durch ein mächtiges Arsenal an Geheimdiensten unterdrückt werden können.
Und hier müssen wir Gründe nennen: Weiße Amerikaner können seit 400 Jahren nicht theoretisch, sondern praktisch Schwarze, Indianer, Einwanderer aus asiatischen Ländern und Lateinamerika nicht in die amerikanische Gesellschaft integrieren, um sie zu vollwertigen Bürgern zu machen – mit faktisch gleichen Rechten auf Bildung, Arbeit, anständige Wohnung, auf ein Stückchen des amerikanischen Traums. Bis jetzt ist die Beteiligung des »nicht-weißen« Teils der Bevölkerung am öffentlichen Leben, die Chancen, ein erfolgreicher Geschäftsmann, Kongressabgeordneter oder Senator, Arzt oder Anwalt zu werden, viel geringer als das, was Hollywood uns zu suggerieren trachtet. Die Grenzen zwischen Weiß und Schwarz, die auf dem Papier verschwunden sind, bleiben im realen Leben nicht nur erhalten, sondern sind in letzter Zeit noch ausgeprägter geworden.
Beispiele solcher schwarzen Politiker wie Condoleezza Rice oder Colin Powell betonen nur die bestehende Disparität, da sie nicht einmal annähernd dem Prozentsatz der »nicht-weißen« Bevölkerung in den Vereinigten Staaten entsprechen. Im Jahr 2017 waren 90 von 100 Senatoren weiß, vier waren Latinos (Menschen aus Mexiko, Puerto Rico, Kuba und anderen lateinamerikanischen Ländern – 18,1% der Bevölkerung), drei asiatischer Herkunft (5,83% der Bevölkerung), drei Afroamerikaner (13,36% der Bevölkerung). Vertreter der indigenen amerikanischen Bevölkerung – der Indianer – gibt es im amerikanischen Senat nicht.[357]
Wenn alle Ethnien im Senat proportional vertreten wären, dann müssten mindestens 40 »nicht-Weiße« dort sitzen.
Von welcher tatsächlichen Gleichheit von Rechten und Möglichkeiten können wir hier reden?
Daher kann die Bewegung der amerikanischen Nicht-Weißen für ihre Rechte als eine gerechte Forderung verstanden werden, ihnen einen Teil der sozialen Wohlfahrt zu geben, deren nicht nur sie selbst, sondern auch ihre Großväter und Ur-Großväter beraubt worden waren.
Eine neue Runde der Konfrontation zwischen Weißen und Schwarzen fand in Amerika auf einem sowohl für Weiße als auch für Schwarze ungewöhnlichen Spielfeld statt – in der Politik. Das war die Wahl des ersten schwarzen Präsidenten der Vereinigten Staaten, Barack Obama. Dieses Phänomen kann nicht nur durch das bessere Wahlprogramm eines demokratischen Kandidaten, einem großen Wahlfonds oder durch wirksame politische Technologien erklärt werden. Aus unserer Sicht hat die Wahl des schwarzen

Präsidenten tiefere, systemische Wurzeln. Um sie frei zu legen, müssen wir einige demografische Daten anführen und die Gruppen berücksichtigen, die 2012 für Barack Obama und den republikanischen Kandidaten Mitt Romney gestimmt haben.

	Obama	**Romney**
Weiße Wähler	39%	59%
Schwarze Wähler	93%	6%
Latinos	71%	27%
Asiaten	73%	25%
18-29 Jahre alt	60%	37%
Über 65 Jahre alt	44%	56%
Ohne Bildung	64%	35%

Aus der Tabelle ist ersichtlich, dass Romney der Kandidat der weißen Mehrheit wurde (aber verlor), für Obama stimmten »schwarze« Minderheiten (hier verstehen wir alle nicht-weißen Ethnien der USA), die ihm den Sieg brachten. Es gibt hier keinen Widerspruch: Natürlich stimmte ein gewisser Teil der (politisierten) weißen Bevölkerung (39%) für Obama, 20% weniger als für Romney. Aber 93% der Schwarzen, 71% der Hispanics und 73% der asiatischen Migranten überwogen an der Wahlurne. Während Weiße »das Programm« (oder einfach »den Demokraten«) wählten (der Unterschied in den Programmen der Kandidaten ist signifikant, aber nicht entscheidend), wählten die Schwarzen meistens »die Hautfarbe«. Das heißt, wenn Romney ein Schwarzer und Obama ein Weißer aus Irland wäre, hätten die Republikaner offensichtlich gewonnen.

Ein Blick auf die Aussichten der Vereinigten Staaten. Sie sind auch ziemlich einfach aus den letzten drei Zeilen der Tabelle abzulesen. Diejenigen, die für Romney (über 65 Jahre) gestimmt haben, werden denjenigen Platz machen, die jetzt 18-29 Jahre alt sind und die für den schwarzen Präsidenten stimmen werden. Die Tatsache, dass Wähler ohne Bildung Obama gewählt haben, bedeutet nicht, dass die von ihm vorgeschlagene Plattform primitiver ist. Das sind schlicht die gleichen Neger, Latinos und Asiaten, die historisch (lassen wir die Gründe weg) eine schlechtere Bildung haben als Weiße.

Um die mittelfristige Perspektive zu betrachten, ist erwähnenswert, dass es 2011 in den USA weniger weiße Kinder als »nicht-weiße« gab. Jetzt gibt es etwa zwei Drittel an weißer Bevölkerung und ein Drittel »nicht-weißer«. Aber zwei Drittel der weißen Frauen konnten 49,6% der Kinder zur Welt bringen, ein Drittel der »Schwarzen« – 50,4%.[358] Das heißt, die Fruchtbarkeit von schwarzen Frauen ist signifikant höher als die von Weißen[359], und deshalb wird der Anteil der schwarzen Wähler von Jahr zu Jahr steigen, und der Anteil der Weißen fallen.

»Farbige« Kinder und Jugendliche bis 18 Jahre werden bis 2019 die Mehrheit bilden, 2044, so die Schätzung des *US Census Bureaus*, werden die Weißen die Mehrheit im ganzen Land verlieren[360], und 2060 sollen nur noch 44% der US-Einwohner weiß sein[361] Nach Prognosen amerikanischer Wissenschaftler wird sich die Zahl der Latino-Wähler bis 2030 verdoppeln. Sie werden 16% der Stimmberechtigten ausmachen. Heutzutage werden 50 000 Latinos jeden Monat wahlberechtigt und treten in das politische Leben ein.[362]

Hierbei haben wir nicht einmal die 12 Millionen Menschen, die in den Vereinigten Staaten illegal leben, hinzugezählt; den meisten von ihnen (8 Millionen) wird die amerikanische Staatsbürgerschaft versprochen. Laut Statistik überqueren jedes Jahr weitere 350.000 illegale Einwanderer aus Mexiko, Guatemala, El Salvador, Honduras, Nicaragua und Ecuador die mexikanisch-amerikanische Grenze.[363] Der *Great American Wall*, den die USA an der Grenze zu Mexiko (1.125 Kilometer) bauen, wird ihnen nicht helfen.

Von hier aus ist es leicht, die »rassischen« Ergebnisse der folgenden Wahlen zu berechnen: Die Aussicht auf den weißen Herrn des Weißen Hauses nimmt ab.

»Lassen wir uns deshalb die historische Persönlichkeit – George W. Bush – in Erinnerung behalten. Es ist möglich, dass er der letzte weiße Präsident der Vereinigten Staaten war«, habe ich in dem 2013 in der Ukraine erschienenen Buch »Die Zeit des Nationalismus« geschrieben.

Dann kam Trump, der meine »Prophezeiung« mit seiner blonden Mähne zunichte machte. Ich bleibe dennoch bei meinem Standpunkt, weil die Zahlen nicht revidierbar sind. Ob das zehn Jahre dauern wird oder zwanzig, ist für die Geschichte des Landes unerheblich: Die USA werden über kurz oder lang – nach demokratischen Regeln, die demoskopisch bestimmt sind – auch politische Macht an »Nicht-Weiße« abgeben müssen. Es werden vielleicht erst einmal weiße Demokraten, die ein Sammelbecken der Nicht-Weißen Wähler sind, gewählt – nur aus dem Grund, dass es in dem Land einfach an schwarzen Politikern dieses Ranges mangelt. Dann jedoch werden Schwarze einen schwarzen »Häuptling« für sich wählen, und das wird von da an so bleiben. Politische Mühlen mahlen langsam, aber am Ende werden wir doch das, nicht nur von mir, sondern von vielen Experten vorausgesagte, »Mehl« bekommen.

Und wie kam es zu Trump? Die Erklärung lieferte Arno Widmann in der »Berliner Zeitung«: »Trumps Erfolg ist eine Antwort auf Obama. Es ist der Versuch jener Weißen, die ihre Felle wegschwimmen sehen, die Geschichte, die demografische Entwicklung anzuhalten, ja zurückzudrehen. »Make America great again« heißt nichts anderes als »Make America white again«.[364]

Trump ist eine Nachhutschlacht der Weißen, wenn nicht ihr »letztes Gefecht«.

Das, woran sich die Vereinigten Staaten als Land noch zu gewöhnen haben, gibt es schon lange auf kommunaler Ebene. In zahlreichen Städten und Bundesstaaten (New York, Connecticut, New Jersey, Maryland, Delaware, Virginia, North Carolina, Georgia, Florida, Mississippi, Illinois, Oklahoma, Louisiana, Kalifornien, Hawaii, New Mexico, Texas, Colorado, Alaska, Nevada, Arizona, Washington)[365] überstieg die Zahl der nicht-weißen Bevölkerung die Hälfte. Es gibt praktisch keine rein weißen Städte in den USA, und wenn sie existieren, sind das keine Städte, sondern kleine Städtchen. Die Zahl der Einwohner in den zehn »weißesten« Städten Amerikas liegt unter 18.000. Aber in der ehemaligen Automobilhauptstadt Detroit – 82% »Nicht-Weiße«, in New Orleans – 67%, mehr als 60% in Baltimore, Memphis, Atlanta und auch in der US-Hauptstadt Washington. Mehr als 65% der Hispanics leben in Miami. Ein Rekord in der ethnischen Ersetzung hält Benton Harbor (Michigan): 92% der Afroamerikaner leben dort.

Bei der Analyse muss man auch den ethnischen Cocktail berücksichtigen: Zum Beispiel leben in San Francisco 31% Asiaten, denen sich 12% Latinos und 7% Menschen aus Afrika zugesellen. So ist nur die Hälfte der Bevölkerung in der Stadt an der Pazifikküste weiß geblieben. In San Diego, einer der größten Städte in Kalifornien an der Grenze zu Mexiko, gibt es relativ wenig »Hispanics« – nur 28%. Aber 7% Afroamerikaner, 15% Asiaten und weitere 5% von anderen Nicht-Weißen kommen hinzu. Folglich ist die weiße Bevölkerung hier in der Minderheit von 45 Prozent. Solche Städte, die es durchaus nicht vereinzelt gibt, bekamen bereits die wissenschaftliche Bezeichnung als *majority-minority sities.*

Einige Kleinigkeiten deuten auf andere nationale »Trends«: Im New Yorker Stadtteil Queens sind bei öffentlichen Veranstaltungen in Bibliotheken immer Übersetzer aus dem Spanischen, Chinesischen, Bengalischen und Hindi zugegen. Daher ist es möglich, dass in 20-30 Jahren ein chinesischstämmiger Präsident das Weiße Haus betritt.

Statistiker und Demographen wissen seit langem, dass weiße Amerikaner

ziemlich bald die statistische Mehrheit im Land verlieren werden. Die politische Mehrheit haben sie bereits verloren.
Die These über die Vereinigten Staaten als »Schmelztiegel der Nationen« fand im Laufe der Jahrhunderte keine praktische Bestätigung, sie erwies sich als Mythos. Eine »homogene Legierung« hat man nicht hinbekommen (und sie ist auch langfristig nicht in Sicht). Statt »Legierung« gibt es in den USA bisher (über Hunderte von Jahren) einen gemischten ethnischen »Salat«, wie die in vielen Städten üblichen chinesischen, japanischen, italienischen, indischen, hispanischen und russischsprachigen Viertel belegen.
Eine solche demographische Entwicklung wird offensichtlich zur Ausweitung der realen Rechte der »farbigen« Amerikaner führen, zu dem Bestreben dieses Teils der amerikanischen Gesellschaft, die »Nischen«, die heute weiße Amerikaner belegen, zu erobern – in der Politik, Verwaltung, Polizei, Armee, Kultur, Bildung, Wirtschaft.
Diese »Kampagne« hat einen demokratischen Hintergrund: Die schwarze Bevölkerung ist nicht nur im Kongress unterrepräsentiert, sondern auch in allen oben genannten und vielen ungenannten Bereichen des öffentlichen Lebens. Eine solche »Aneignung« wird kaum auf stillschweigende Zustimmung der Weißen stoßen. Mit der Zunahme von Konflikten wird sicherlich eine Schwächung der Nation als solcher auftreten.
All das jedoch bedeutet nicht, dass die amerikanische Nation für immer eine schwache Nation bleibt, überhaupt nicht. Sie kann wieder stark werden, aber auf einem anderen – einem schwarzen – Unterbau. Es wird – und nicht nur ethnisch – eine andere Nation sein.
Das heißt, die WEISSE AMERIKANISCHE Nation verschwindet allmählich und an ihrer Stelle tritt die SCHWARZE AMERIKANISCHE Nation. Dies ist der grundlegende Unterschied zur (ähnlichen) demographischen Entwicklung, zum Beispiel in Europa, wo wir uns hauptsächlich mit Nationen befassen, die auf der Grundlage einer Ethnie entstanden sind.
Viele Europäer betrachten ganz seelenruhig den wachsenden Anteil der nicht-indigenen Bevölkerung in ihrer Heimat, führen zahlreiche historische Beispiele an, wie im Laufe der Jahrhunderte und Jahrtausende einige Nationen an Stärke gewannen und andere verschwanden. Wo sind denn heute die Babylonier, Kimmerer, Petschenegen, Germanen, Skythen, Kelten, Kiptschaken, Vandalen?, fragen sie.
Das stimmt. Es überrascht nur, dass diese »fortschrittlichen« Europäer die Werke von Cervantes, Goethe und Balzac bewundern und gleichzeitig der Tatsache gleichmütig gegenüberstehen, dass es eines Tages keine einzige

Person in der Welt geben wird, die deren Werke im Original zu lesen vermag. Es verwirrt durchaus auch etwas anderes: Diese Europäer stellen sich intellektuell auf eine Stufe mit den Kelten, Kiptschaken und Vandalen, die nicht wussten, was eine demographische Entwicklung ist, was wirtschaftliche und soziale Anreize für den Geburtenwachstum sind, die nie von Migrationspolitik gehört haben. Es sind ausgerechnet jene Menschen, die empört über den Sozialdarwinismus reden, aber in der Praxis die Entwicklung der Nationen den darwinistischen Gesetzen zum Opfer bringen, und die Möglichkeiten des modernen Staates, diese Prozesse zu steuern, vernachlässigen.

Aber die Vereinigten Staaten haben keine Ethnien, über denen das Damoklesschwert des Aussterbens hängen würde. Ethnische Engländer haben Stammesgenossen in England, Italiener in Italien, Armenier in Armenien... Die amerikanische (politische) Nation verschwindet nicht, sie ändert sich nur qualitativ. An die Stelle der weißen Eroberer dieser Gebiete (mit Schwert, Kreuz und »Feuerwasser«) kommen »nicht-weiße« Eroberer – sie erobern das Land, womit sie es können.

In Europa ist die Existenz von (ethnischen) Nationen bedroht. An die Stelle der verschwundenen Norweger oder Franzosen treten keine neuen Norweger und keine neuen Franzosen. Andere Ethnien, andere Völker werden an ihrer Stelle leben. Dieser Prozess wird leise verlaufen, ohne Explosionen und Schüsse. Die autochthone Bevölkerung wird sich einfach in der »angekommenen« auflösen, bevor sie ganz von der historischen Szene verschwindet. Diese Perspektive liegt nicht so weit weg, es geht nicht um Jahrtausende, nicht einmal um Jahrhunderte. Einige Analysten beweisen, dass in zehn Jahren große Flächen, zum Beispiel in Berlin, »frei« von der (ehemaligen) indigenen Bevölkerung werden, und hundert Jahre später das deutsche Parlament die Möglichkeit bekommt, aus humanitären Gründen über die Erhaltungsmaßnahmen der klein geratenen deutschen Volksgruppe zu reflektieren.

Von Machiavelli zu Nash

Natürlich kann jede Nation versuchen, sich selbst zu verteidigen.
Wie? Was ist bei einer solchen Selbstverteidigung erlaubt und was nicht? Auf welchen moralischen Prinzipien sollte sie basieren?
Nationen sind selbstsüchtiger als Menschen. Was hinter den Worten »Interessen der Nation«, »Nutzen der Nation« steht, ist nichts anderes als Selbstsucht. Dabei war dieser Egoismus in der Geschichte nicht auf irgendetwas beschränkt. Moralische Imperative, besonders in den Beziehungen zwischen Staaten, spielten keine Rolle.
Darüber schrieb der ehrliche mittelalterliche Autor Niccolò Machiavelli (1469-1527) ein wunderbares Buch *Il Principe* (zu deutsch »Der Fürst«[366]). Und weil er die Dinge beim Namen nannte, wurde er dafür jahrhundertelang beschimpft, geschmäht und abgekanzelt. Eine heuchlerische Historiographie ebenso wie Philister von der Wissenschaft vulgarisierten seine Ansichten, lösten sie aus dem sozialen, politischen und historischen Kontext und verwandelten seinen Namen in ein Synonym für Kabale und Verrat. Der Begriff »Machiavellismus« ist in politischen Kreisen zum Schimpfwort geworden.
Aber Machiavelli hatte keine autokratischen, sondern feste republikanische Ansichten. Er war auch kein Mann von List und Tücke. Seine wichtigste Aufgabe: sein Heimatland Italien vom fremden Joch zu befreien, kleine Fürstentümer in einem mächtigen zentralistischen Staat unter der Führung eines weisen Herrschers zu vereinen. Als Ratschläge für diesen Herrscher schrieb er sein Werk. Dort zeigte er an Dutzenden Beispielen auf, dass in der Politik solche Tugenden wie Ehrenhaftigkeit, die Fähigkeit, Wort zu halten, Ritterlichkeit zu nichts Gutem geführt haben. Ja umgekehrt – Verrat, Sorge um den eigenen Vorteil, Egoismus brachten immer hervorragende Ergebnisse. Deshalb rät er seinem Fürsten: Wenn du deinem Volk Gutes tun willst, denke nicht darüber nach, was man über dich sagt, lass dich nicht auf die schönen Worte und Versprechen anderer ein (sie werden sie nicht erfüllen!), spiele nicht den Ritter, denn du wirst um den Finger gewickelt, getäuscht.
Da Machiavelli als »Eigeninteresse« die Freiheit seines Volkes verfolgte,

gab er selbstredend Ratschläge, die er für richtig hielt. Wie bereits erwähnt, stützte er sie mit zahlreichen Beispielen. Und diese zeigten, dass der ehrliche und geradlinige Herrscher immer den Kürzeren zog, und derjenige, für den nicht Moral, sondern das Wohl der Nation entscheidend war, war der Sieger. Das heißt, oft gewann ein unehrlicher und niederträchtiger Mensch. Zumindest war es im Mittelalter so; Machiavelli schrieb sein Buch 1513. Was hat sich seitdem geändert?

Wir werden hier keine Beispiele anführen, wie zeitgenössische Politiker andere betrügen, das ist nicht unsere Aufgabe. Wir möchten gern verstehen, auf welchen Grundprinzipien die Gesellschaft, die Welt aufgebaut ist. Sind das Prinzipien von Freundlichkeit, Ehrlichkeit, Selbstaufopferung für den Nächsten, Gerechtigkeit, Aufrichtigkeit, wie: »Wenn dich einer auf die linke Wange schlägt, dann halt ihm auch die rechte hin« oder »Wenn jemand mit dir um dein Hemd prozessieren will, dann gib ihm den Mantel«? Oder sind es andere Werte, die in einer liberalen Gesellschaft nicht allzu sehr geschätzt werden, die unseren moralischen Abscheu und den Wunsch, sich die Hände zu waschen, hervorrufen, die aber effektiv und wirksam sind?

Daher finden wir sie auf, solche sozialen Bereiche oder historischen Bedingungen, in denen es absolut obligatorisch ist, nicht in Übereinstimmung mit den gepredigten moralischen Prinzipien zu handeln, sondern mit denen, die das gewünschte Ergebnis bringen.

Einer dieser Bereiche ist die Wirtschaft, und eine der historischen Bedingungen ist die gesellschaftspolitische und militärische Konfrontation der kapitalistischen und sozialistischen Weltsysteme (als die letztere noch existierte). Wenn Sie in der Wirtschaft die wirklichen Mechanismen der menschlichen Natur und folglich die ökonomischen Gesetze, die diese Natur widerspiegeln, nicht kennen, fahren Sie Ihr Geschäft gegen den Baum. Wenn Sie sich in einer nuklearen Konfrontation auf die obigen neutestamentarischen Rezepte verlassen und nicht auf das menschliche Wesen, dann kann es passieren, dass der Feind als Sieger hervorgeht.

In beiden Fällen sollten wir uns an den amerikanischen Mathematiker John Forbes Nash (1928-2015) erinnern, der der breiten Öffentlichkeit leider kaum bekannt ist.[a]

---

a Das stimmt nicht ganz: 2001 drehte der amerikanische Regisseur Ron Howard auf der Grundlage der Nashs-Biographie den Kinofilm *A Beautiful Mind* – mit Russell Crowe in der Rolle von John Nash. Trotzdem ist eher Crowe als Nash zu einer Berühmtheit aufgestiegen.

Wirtschaftsgesetze wirkten schon immer, auch als Menschen das Geld noch nicht kannten und Waren austauschten. Jeder suchte nach dem maximalen Nutzen für sich selbst und versuchte weniger für mehr, Billiges für Teureres zu tauschen. Da aber jede Partei ihren Vorteil suchte und feilschte, wurde der Austausch am Ende (ziemlich oft) gleichwertig. Streichen Sie aus der ökonomischen Theorie das Prinzip der Maximierung des Gesamtnutzens – und sie wird wie ein Kartenhaus zusammenbrechen.

All dies ist seit vielen Jahrhunderten bekannt.

Und dann kam John Nash.

Nash verteidigte seine Doktorarbeit an der *Princeton University* – der weltberühmten Wiege der Nobelpreisträger. Dort beschäftigte er sich mit der Theorie der nicht-kooperativen Spiele und leitete das sogenannte »Nash-Gleichgewichtsprinzip« ab. Die »Spieltheorie« sollte natürlich nicht als eine Methode, beim Poker zu gewinnen, verstanden werden – das ist ein komplexes mathematisches Feld. Aber wir versuchen es trotzdem – es ist wichtig für uns! – sie zu erklären.

Alle wirtschaftlichen oder politischen Subjekte sind Akteure auf einem großen wirtschaftlichen oder politischen Feld. Jeder will gewinnen.

Alle können nicht gewinnen. Einer gewinnt, der andere verliert. Da jeder sein eigenes Interesse verfolgt, gipfelt es oft im Unentschieden – sowohl der Verkäufer als auch der Käufer sind mit dem Ergebnis der Transaktion zufrieden, dies ist ein gleichwertiger Tausch (siehe oben).

Für zwei Spieler oder zwei Teams und die »Null am Schluss« (keiner hat gewonnen und keiner hat verloren) gab es Theorien vor Nash. Nash entwickelte Prinzipien für den Fall, wenn es mehrere Spieler gibt und das Ergebnis nicht Null ist. Wenn jeder seine eigene Strategie hat und jeder gewinnen will. Solche komplexen Situationen treten im wirklichen Leben häufiger auf als einfache ökonomische Schemata – zum Beispiel an der Börse.

Um zu gewinnen, wäre es schön zu wissen, welcher Strategie der Gegner folgt. Aber wer wird so etwas offenbaren, das wäre ja dumm. In Nashs Theorie bedeutet das Adjektiv »nicht-kooperativ«, dass alle Spieler ihre Pläne geheim halten, sie mit niemandem teilen, »nicht kooperieren« – jeder spielt gegen jeden. John Nash fand einen Weg, um in einem solchen Spiel ständig zu gewinnen. Als Grundlage seiner mathematischen Berechnungen stellte er die »unmoralische« These auf, dass jeder Spieler nur in seinem eigenen Interesse Entscheidungen trifft – mit der Erwartung seines maximalen Nutzens.

Und das scheinbar unlösbare Problem war gelöst!

Wir geben ein Beispiel aus dem Gefängnis. Es gibt zwei Knackis, die eines Verbrechens verdächtigt werden. Die Höchststrafe für dieses Verbrechen beträgt fünf Jahre Haft. Beiden Gefangenen wird eine Abmachung angeboten: Wenn jemand alles offen legt, mit dem Gericht kooperiert und dem Partner die Schuld gibt, dann wird er selbst freigelassen und sein »Komplize« bekommt fünf Jahre. Jeder der Gefangenen weiß, dass der andere die gleichen Bedingungen erhalten hat. Wer wird der Erste sein?
Nash erschwert die Aufgabe: Wenn beide schweigen, hat das Gericht genug indirekte Beweise für zwei Jahre Haft für jeden. Wenn beide zustimmen und den Richtern »die ganze Wahrheit« erzählen, dann gehen beide für vier Jahre in den Knast.
Beide Beschuldigten werden getrennt voneinander zum Gespräch eingeladen. Es ist klar, dass die beste Option für beide zu schweigen ist (beide bekommen zwei Jahre). Aber diese Situation ist instabil: Jeder muss mit der Tatsache rechnen, dass sein Partner »singt« (um seinen Vorteil zu bekommen!), und er muss dann für fünf Jahre hinter Gitter.
Laut Nash ist die Situation stabil, in der beide kooperieren: aus Angst vor Schweigen – und verlieren. Das Nash-Gleichgewicht gibt jedem Gefangenen ein schlechteres Ergebnis als mit seinem Schweigen, aber das bessere Ergebnis ist einfach nicht möglich.
Der jedem Menschen innewohnende Egoismus wurde mathematisch bestätigt.
Die Arbeit von Nash bemerkte 1950 niemand. Sogar die Mathematiker, die sich mit der »Spieltheorie« beschäftigten, ließen sie unbeachtet. Es gab nur eine amerikanische »Schreibstube«, die Nash eine Stelle anbot. Dieser »Laden« hieß *RAND Corporation* – der erste *think tank* der Welt, die berühmteste und mächtigste amerikanische »Denkfabrik«.
Im Laufe der Jahre haben 30 Nobelpreisträger für *RAND* gearbeitet. Sie beschäftigten sich mit »kritischen Technologien«, d. h. mit jenen, die in Zukunft die Entwicklung der Gesellschaft bestimmen werden. Sie programmierten die Zukunft. Sie haben noch in den 60er Jahren des letzten Jahrhunderts das geschaffen, was wir heute »Internet« nennen. Obwohl das Unternehmen sich nie mit Mathematik beschäftigt hat. Sie beschäftigte sich schon immer und beschäftigt sich weiterhin mit der nationalen Sicherheit der Vereinigten Staaten. Sie war mit komplexen Aufgaben betraut, die niemand (außer ihr) lösen konnte.
Zum Beispiel der Aufgabe, wie man die UdSSR besiegt. Aufträge für Analysen an die *RAND* kamen vom Pentagon. Raketen besitzen beide Super-

mächte. Bomben gibt es hier und da. Derjenige, der den Krieg beginnt, gewinnt ihn nicht. Auf beiden Seiten liegen die verkrampften Finger schon lange auf den Atomknöpfen. Wie gewinnt man den »kalten Krieg«? Es ist notwendig, die Antwort auf eine einfache Frage zu finden: Welche Entscheidungen wird die UdSSR in einer Situation mit zwei Geiseln einer nuklearen Konfrontation treffen?

Eine durchaus passende Aufgabe für Nash. Er arbeitet für *RAND* vier Jahre. Die »Spieltheorie« und das »Nash-Gleichgewicht« lieferten ein strategisches Gleichgewicht, das »Gleichgewicht der Angst« genannt wurde. Entscheidende Schlachten, schicksalhafte Entscheidungen rechnete die Mathematik durch. Und Amerika hat den (kalten) Krieg gewonnen. Nash hat den »Siegesalgorithmus« gefunden.[a]

Nach RAND nutzten die Spieler an der Börse das Nash-Prinzip – dies warf Ergebnisse in bar ab. Deshalb erhielt John Nash 1994 seinen Nobelpreis auf dem Gebiet der Wirtschaft: Das Nash-Prinzip offenbarte und definierte mathematisch die zugrundeliegenden Triebkräfte der menschlichen Natur, der menschlichen Psyche, der Gesetze rationaler Entscheidungen von Menschen. Derjenige, der diese Triebkräfte kannte, konnte praktisch in den Köpfen von Gegnern und Kontrahenten »Gedanken lesen«. Und mit dem Wissen über den Verlauf der Gedanken und Entscheidungen des Feindes ist es viel einfacher, »eigene Varianten«, eine eigene Strategie anzubieten.

Aber wir sprechen nicht über Nash persönlich. Seine Entdeckung hat nur noch einmal bestätigt: Sowohl der Mensch als auch die Gesellschaft funktionieren nach den knallharten Gesetzen des eigenen Vorteils und Egoismus'. John Nash hat eine Formel für das Funktionieren der Welt abgeleitet – auf der Grundlage des Eigennutzes.

Wer diese Wahrheit vernachlässigt, ist zum Untergang geweiht.

---

a Neben einer ganzen Reihe »seriöser« Spielmodelle, entwickelte er auch das Gesellschaftsspiel mit dem bezeichnenden Namen »F...ck you, Buddy«. Der einzige Weg dieses zu gewinnen ist, alle Mitspieler skrupellos zu betrügen.

Wofür braucht man Nationalismus?

Aus den vorausgegangenen Überlegungen wird deutlich, dass der Ausdruck *homo homini lupus est*, der Mensch ist des Menschen Wolf, etwas genauer die menschliche Natur wiedergibt als der Spruch »Der Mensch ist des Menschen Freund, Kamerad und Bruder« aus sozialistischen Zeiten. Zumindest in den zwischenstaatlichen Beziehungen ist es besser, sich auf John Nash als auf das Programm der sowjetischen Kommunisten zu verlassen.
Und wenn das so ist, dann kann die folgende Schlussfolgerung gezogen werden, dass jede Nation sowohl in der Vergangenheit nach Vorteilen für sich selbst suchte als auch in der Zukunft suchen wird.

Egoismus und Altruismus

In der Geschichte der Menschheit gab es keinen unversöhnlicheren Streit als um das, was »gut« und was »schlecht« ist. Die Debatte wurde immer von der Moral begleitet, die seit zweitausend Jahren unter starkem religiösen, insbesondere christlichen, Einfluss steht. Tue Gutes und du wirst ein guter Mensch sein, füge keinem anderen Schaden zu – solche Vorschriften dominieren in Europa und auf der ganzen Welt.
Der Kampf zwischen dem Bösen und dem Guten läuft häufig auf den Kampf zwischen Selbstsucht, dem Wunsch nach persönlichem Nutzen, und Altruismus, selbstloser Sorge um das Wohlergehen anderer, hinaus. Egoisten werden von der religiösen Moral verurteilt und die Altruisten gepriesen.
Im täglichen Leben ist man natürlich sehr bemüht, den Anforderungen der Bibel zu folgen, die besagen: Tue »nichts aus Ehrgeiz und nichts aus Prahlerei. Sondern in Demut schätze einer den anderen höher ein als sich selbst. Jeder achte nicht nur auf das eigene Wohl, sondern auch auf das der anderen« (Philipper, 2: 3-4). [367] Denn in dem Brief des Jakobus steht: »Wo ... Eifersucht und Ehrgeiz herrschen, da gibt es Unordnung und böse Taten jeder Art« (Jakobus, 3: 16).

So ist der Egoismus vom Teufel und unter der Androhung von Höllenqualen muss sich der Mensch vervollkommnen, verbessern, veredeln.
Ähnliche Wahrnehmungen gibt es auch im Buddhismus. Nur derjenige, der das Streben nach Reichtum, Macht und Vergnügen aufgegeben hat, kann auf Befreiung aus dem Kreislauf der Wiedergeburt hoffen.
Aber aus irgendeinem Grund hat sich die Welt nicht nach moralischen, sondern stets nach unmoralischen Gesetzen entwickelt.
Das Streben nach persönlichem Gewinn prägte sowohl viele Herrscher von Imperien als auch das Verhalten gewöhnlicher Personen, wo und wann immer sie lebten. Die Eroberung von Territorien, Gier nach Reichtum, Geld, Gold sowie Täuschung, Gemeinheit, Diebstahl, Mord – das sind die Phänomene, die die Menschheit in ihrer Geschichte begleitet haben. Seltener die Nächstenliebe.
Philosophen dachten über die Gründe nach. Das erste, was ihnen in den Sinn kam, war die These, dass es »das absolut Gute« nicht gibt. Der englische Mathematiker und Philosoph Thomas Hobbes (1588-1679) formulierte es so: Jeder bezeichnet »das, was ihm gefällt und Vergnügen bereitet, gut, und das, was ihm missfällt, schlecht«[368]. Deshalb lehnte er die sogenannten universellen (jetzt sagt man »allgemein menschlichen«) moralischen Werte ab.
Einige gingen noch weiter und meinten, dass Menschen sich nicht zu Egoisten entwickelten, sondern dass der Egoismus in der menschlichen Natur selbst liege. Selbst der Volksmund bildet das in den verschiedensten Varianten und Sprachen ab, wie: Fremder Schmerz geht nicht ans Herz oder: Jeder ist sich selbst der Nächste.
Aber zurück zur Wirtschaft. Der Begründer der Wirtschaftswissenschaften, Adam Smith (1723-1790), schrieb in seinem Buch »Untersuchung über Wesen und Ursachen des Reichtums der Völker« (*An Inquiry into the Nature and Causes of the Wealth of Nations,* 1776), dass das Ziel der Produktion nicht öffentlicher Wohlstand (Menschen zu ernähren oder zu kleiden…) ist, sondern eigener Profit: »Nicht vom Wohlwollen des Metzgers, Brauers und Bäckers erwarten wir das, was wir zum Essen brauchen, sondern davon, dass sie ihre eigenen Interessen wahrnehmen.«[369]
Öffentlicher Nutzen, laut Smith, ist nur ein Nebenprodukt des persönlichen Gewinns. Man bekommt nicht ein Hemd vom Schneider, weil es dem Schneider unangenehm ist, dass jemand nackt läuft, sondern weil er mit dem Verkauf des Hemdes einen Gewinn erzielen will. Aus der Tatsache, dass der Schneider ein Hemd näht, steigt der Nutzen der Gesellschaft. Die

Grundlage für die Zunahme des Gemeinwohls ist damit nicht Altruismus, sondern Egoismus.
Jahrhunderte zerrannen, soziale Formationen gingen auf und unter, die Wirtschaftswissenschaft entwickelte sich, etwas wurde verfeinert, genauer analysiert. Aber das »vulgäre«, »unmoralische« Smith-Prinzip des eigenen Vorteils als Urheber des öffentlichen Wohls blieb unverändert.
Die ganze Rationalität der Wirtschaft beruht auf dem Prinzip, dass der Unternehmer immer die Entscheidung treffen wird, die ihm den maximalen Nutzen zu den niedrigsten Kosten bringt. Der Käufer möchte immer günstigere Ware von bester Qualität kaufen. Der Verkäufer möchte schlechtere Waren teurer verkaufen.
Der Mensch war und bleibt *homo oeconomicus*, dessen gesamte Handlungen darauf abzielen, den Nutzen zu maximieren. Auf diesen Grundsätzen basieren in der Wirtschaftswissenschaft die Theorie des Konsums und das Prinzip der Nützlichkeit. Ohne diese Prinzipien ist ökonomische Theorie nur Schrott.
Von welchem Altruismus reden wir also überhaupt?
Der Mensch wird nicht selbstlos und aufopferungsbereit geboren. Er ist von Natur aus mit dem festen Willen ausgestattet, sich in der unwirtlichen Welt im Kampf ums Überleben den besten Platz zu sichern. Der Biologe Richard Dawkins (geb. 1941) glaubt sogar (in seinem Buch *The Selfish Gene*, 1976)[370], dass der Mensch eine Marionette seines »egoistischen«, aufs Überleben ausgerichteten Gens ist.
Die Weisen haben auch die Bibel genauer unter die Lupe genommen. Die Anforderung »Liebe deinen Nächsten wie dich selbst« wirkt nur auf den ersten Blick altruistisch. Aber auf den zweiten zeigt es, dass die Norm die Liebe vor allem »zu sich selbst« ist, und nur dann entsteht die Voraussetzung, die Liebe mit dem Nächsten zu teilen. In der Philosophie und Literatur erscheinen Begriffe wie »gesunder Egoismus«, »vernünftiger Egoismus«, »ethischer Egoismus«, »rationaler Egoismus«, die negativ gefärbten »einfachen Egoismus« ersetzen sollten. Das Wesen auch des »vernünftigen Egoismus« bleibt dasselbe: die Priorität der eigenen Interessen gegenüber den Interessen anderer.
Wissenschaftler finden im Egoismus »das Positive«: Der Egoismus zum Beispiel ist, wie wir sagten, die treibende Kraft des wirtschaftlichen Erfolgs. Wen sollen wir im Falle einer Katastrophe in erster Linie retten: uns selbst oder den Nachbar? Aus der Sicht des Opferaltruisten – den Nachbar. Flugbegleiter zum Beispiel bestehen jedoch darauf, dass man beim Abfall des

Luftdrucks zuerst sich selbst eine Sauerstoffmaske anlegen müsse, und erst dann dem eigenen Kind. Vernünftiger Egoismus?
Es gibt Zweifel an der »Positivität« des Altruismus: Ist Altruismus nicht nur die Kehrseite des Egoismus?
Bei Gala-Konzerten sammeln reiche Altruisten Geld für wohltätige Zwecke. Stopp, sagen Analysten. Verfolgen diese weitsichtigen »Altruisten« vielleicht ihre eigenen Ziele: berühmt zu werden, durch Spenden auf sich aufmerksam zu machen, die »Marke« der Firma ins Rampenlicht zu bringen und so mit vergleichsweise billiger und altruistisch gefärbter Werbung noch mehr zu verdienen?
Der Egoismus der Altruisten?
Nicht jedes Geschenk ist altruistisch. Ist Altruismus ein Bestechungsgeld für einen Beamten (oder eine nicht kriminelle Variante – ein teures Geschenk für einen Chef)? Solche »Altruisten« agieren altruistisch nur so lange, bis der Grenznutzen ihres »Altruismus« höher ist als die Kosten. Das heißt, manchmal (und vielleicht öfter als wir denken) ist Altruismus auf lange Sicht Egoismus.
Jahrzehnte nach Smith kam Ökonom John Stuart Mill (1806-1873) zu dem Schluss: »Menschen handeln immer, um ihr eigenes Vergnügen zu maximieren, aber zu ihrem Vergnügen kann es gehören, das Gemeinwohl zu steigern.«[371] Man kann also davon ausgehen, dass Philanthropen, Sponsoren und Wohltäter durchaus auch egoistisch sein können.
Aber Lebenserfahrungen allein reichen nicht aus. Psychologen in Bonn haben ein Experiment durchgeführt.[372] Zwei Probanden sollten unabhängig voneinander die Anzahl der Punkte auf dem Bildschirm schätzen. Für das korrekte Ergebnis wurde Geld gezahlt. Die Ergebnisse der anderen Teilnehmer des Experiments erschienen auf beiden Monitoren. Dabei kontrollierten die Geräte das »Vergnügungszentrum« des Gehirns der Probanden. Die Sensoren zeigten immer den größten Ausschlag bei der Person, die selbst die richtige Zahl nannte und dabei sah, dass der andere Proband falsch lag. Und obwohl sich die Ergebnisse anderer Probanden in keiner Weise auf die Höhe der Vergütung auswirkten, sprang das »Vergnügungszentrum« nach oben. Die Tatsache, dass jemand kein Geld bekommt, bewertete das Gehirn positiv. Solche »Sprünge« der Bioströme wurden nicht nur bei Skrupellosen und Gewissenlosen bemerkt – bei allen. Weil es möglich ist, eigene Handlungen zu steuern – aber die Bioströme des Gehirns zu steuern haben wir noch nicht gelernt.
So ist die menschliche Natur, ob wir es wollen oder nicht, ob es moralisch

oder unmoralisch ist: Wir sind nicht nur Egoisten und Neider, sondern freuen uns auch über das Versagen eines anderen.
Auch die mathematischen Modelle von John Nash beweisen eine einfache Sache: Wenn ein Verhaltensmodell auf der Prämisse basiert, dass jeder Mensch nur an sich selbst und nur an seinen eigenen Vorteil denkt, erzielen Mathematiker Ergebnisse, die den Realitäten des Lebens entsprechen. Wenn altruistische Motive in das Modell hineingelegt werden, erhalten wir Ergebnisse aus dem Leben der Engel.
Daher sind die Worte von Thomas Hobbes *homo homini lupus est* das Prinzip jeder, und nicht nur der kapitalistischen, Gesellschaft.
Die Welt ist auf Egoismus aufgebaut. Vielleicht wäre eine Welt, die auf Altruismus aufgebaut ist, besser, aber wie lange könnte sie existieren?
Sozialistisch-kommunistische Experimente scheiterten vor allem, weil die herrschenden Eliten (logisch und natürlich) begannen, mehr an sich selbst zu denken als an die gerechte Gesellschaft, die sie propagierten, und das gemeine Volk blieb »nicht ganz« im altruistischen Sinne »umerzogen«.
Offenbar müssen die Menschen einfach die Unmoral ihrer Natur akzeptieren. Besonders unter extremen Bedingungen, wenn es um ihre Existenz geht. Wenn es an Energie, Wasser oder sauberer Luft mangeln wird, sollten Sie sich nicht täuschen und auf die Nächstenliebe oder globale Solidarität ihres Nachbarn vertrauen. Die Schwachen werden leiden und die Starken versuchen, auf deren Kosten zu überleben. Natürlich wird der Starke dann der »öffentlichen Meinung« erklären, dass das Aussterben einzelner Nationen kein so großer Verlust für die Menschheit ist. Die Mechanismen der Gehirnwäsche sind bereits hervorragend ausgearbeitet.

Neue Geschwindigkeit – ohne neue Qualität

Die Welt verändert sich vor unseren Augen: Computer, Internet, Skype, E-Mail, Smartphone. Wir haben es mit dem Informationskapitalismus zu tun. Die Geschwindigkeit des Informationstransfers, sein Volumen hat millionenfach zugenommen. Informationen sind zu einem Produkt geworden, das gekauft und verkauft wird, und hier hat der Kapitalismus ein großes Potential an Fähigkeiten und Fertigkeiten angesammelt – wie man billig produziert, wie man große Mengen eines Produkts verkauft, wie man das

Interesse des Käufers weckt. Niemand will Coca-Cola trinken, trinkt sie aber, keiner will Big Mac essen, isst ihn aber. Dies ist eine Industrie.
Die egoistische menschliche Natur hat sich nicht geändert. Aber technisch sind wir in eine neue gesellschaftliche Phase eingetreten: Das auf Egoismus basierende »Nash-Gleichgewicht« haben wir in Computern zementiert.
Der Mensch wird vom *homo sapiens* zum Systemelement der Wirtschaft. Dieses Modell ist inhuman. Aber es existiert. Im Allgemeinen müssen wir Versuche aufgeben, die ganze Welt in ein humane, erhabene, ritterliche und inhumane, unehrenhafte zu teilen. Wenn wir alles, was in ihr geschieht, nur durch das Prisma der Moral wahrnehmen, werden wir zu keinen Schlüssen kommen, die die Wirklichkeit abbilden. Entweder wollen wir eine ehrliche Antwort, um sie in der Praxis anzuwenden, oder wir wollen das Ergebnis unseren moralischen Vorstellungen unterwerfen.
Unsere Bestrebungen und die Entwicklung der Gesellschaft stimmen nicht überein. Wir streben zu Frieden und Freiheit und die Gesellschaft schiebt uns Krieg und Unfreiheit zu. Man kann versuchen, Unwetter als schön zu beschreiben und Menschen aufzurufen, zum Strand zu gehen. Und man kann, wenn man weiß, dass es draußen regnet und schneit, sich angemessen kleiden.
Damit endet die Theorie und beginnt die harte Praxis. Das in Computern eingebettete »Nash-Gleichgewicht« entscheidet nun, was mit dem Geld an der Börse geschehen soll – Aktien kaufen oder verkaufen. Die Computerisierung der Börse beschleunigt den Umlauf des Geldes. Vor einigen Jahrzehnten betrug die durchschnittliche Haltedauer der Aktien etwa vier Jahre. Jetzt sind es 22 Sekunden. Da die Mehrheit der treuherzigen Bürger, die ihr schwer verdientes Geld an der Börse investieren, weiterhin jahrelang Anteile hält, bedeutet dies, dass jemand, der mit einem Computer-Superhirn und Nashs Theorie ausgestattet ist, sie in Sekunden kauft und verkauft. Den Sieg und Gewinn trägt derjenige davon, der das »Geldspiel« tiefer analysiert, schneller reagiert. Computer sind für die Tiefe, aber auch für die Geschwindigkeit verantwortlich – der Vorteil im Nanosekundenbereich (0,000000001 Sekunden) bringt Milliardenprofite.
Erlöse schlagen alle zuvor gesehenen Rekorde. Die naiven Optimisten sind jene unverbesserlichen Einzelgänger, die in Echtzeit an der Börse spielen wollen – mit Hilfe aller möglichen *Day Trader, Forex, Plus 500, Ayondo* und dergleichen. Weil das, was gestern noch ein Roulette war, ein etwas anderes Casino, heute für Laien zu einem wirtschaftlichen Selbstmord geworden ist. Der schnelle und emotionslose Computer ist auf Gewinn programmiert –

keine Spur von Altruismus. Es gibt sie zuhauf, diese Computer. Jeder spielt mit jedem. Seit langem hat es keinen Sinn mehr, als Mensch in das Spiel einzugreifen: Mit seinen Emotionen und dem langsamen Denken, seiner Vergesslichkeit, Impulsivität, mangelnden Voraussicht kann er nur alles verderben. Es konkurrieren Programme. Hard- und Software stehen im Wettbewerb.

Der Mensch mit seinen Überresten des »Menschlichen« wird von einer emotionslosen Maschine in den Hintergrund gedrängt. Die Welt ist härter geworden.

Digitalisierung der Wirtschaft, ökonomische Logik gehen ins öffentliche Leben. Heute werden mit Hilfe der Spieltheorien globale Kriege geführt.

Der *homo oeconomicus* weiß nicht, was »Wohlfahrt« bedeutet. Noch weniger ist über die öffentlichen Belange eine Maschine besorgt, die ihn ersetzt hat. Computer haben einen IQ von Null, aber sie haben eine unendliche Fähigkeit, den egoistischen Gewinn zu maximieren – sie sind so programmiert. Zuvor war Egoismus nicht komplett, nicht absolut. Menschen waren und bleiben Altruisten in Bezug auf Verwandte, Bekannte und Freunde. Jetzt haben wir es mit einem 100prozentigen maschinellen Egoismus zu tun. Maschinentechnologien kamen auch in die Politik – in Form von politischen Manipulationen. Die Demokratie ist zu einer »Marktdemokratie« geworden, sie operiert nach den Gesetzen des Marktes, nach den Gesetzen der Maximierung eigenen Nutzens. Ideologien, Parteien, Abgeordnete werden an die Wähler als Ware gebracht – nach den Gesetzen des Marktes. Und die Fähigkeit des Kapitalismus zu verkaufen, ist nicht zu toppen.

Wir suchten eine Transparenz der Politik und erhielten einen transparenten Bürger.

Automatisierung von Märkten automatisierte Menschen. Die Märkte delegitimierten die Staaten, weil die Staaten mit ihren Parlamenten und Regierungen die Finanz- und Informationsprozesse nicht mehr verstehen – Menschen halten mit den Maschinen nicht Schritt.

Meine Frau und ich hatten Kuba ins Auge gefasst, um zu sehen, wie die Menschen dort leben. Im Internet tippte ich ein paar Adressen – Reisebüros, Reisetagebücher... Von diesem Zeitpunkt an kennt die scheinbar unsystematische Werbung auf meinem Monitor kein anderes Thema: Kuba, Kuba, Kuba... Irgendwelche Menschen sind bereits in meinen Kopf eingedrungen und wissen, was mich interessiert, sie wissen meine nächsten Schritte, haben bereits herausgerechnet, was ich entscheiden würde. Der Informationskapitalismus liest meine Gedanken, kontrolliert mein Verhalten

– und verkauft. Mir SCHEINT nur, dass ich selbst entscheide – tatsächlich entscheiden in der Informationswelt andere für mich, mir unbekannte Wesen. Das Individuum verliert die Souveränität, verliert die Autonomie.
Der Computer zerlegt Dinge wie Freundschaft, Liebe, Loyalität in Komponenten, deren Grundlage der Profit ist. Die Informationsökonomie bewertet Gefühle, Vertrauen, betrachtet Kontakte als Ware. Und zieht Schlussfolgerungen. Dabei beobachtet mich niemand (im besten Fall!), niemand schaut mir bei meiner Internetsuche über die Schulter. Und das ist das Grausigste: Das Netzwerk selbst hat meine Interessen definiert und füttert mich jetzt automatisch mit »Kuba«! Genau wie »Kuba« kann man »Demokratie«, »Meinungsfreiheit« und generell »Freiheit« verkaufen. Für den Verkauf gibt es Methoden, die sich seit Jahrtausenden bewährt haben und durch Technik zur Perfektion gebracht wurden. Automatisierte und kommerzialisierte »Demokratie« ist eine Funktion des Handels geworden.
Von der Macht der Information kann man sich leicht selbst überzeugen. Bei *Facebook* kann jeder anhand der Profile seiner Freunde feststellen, wo jemand wohnt und wie alt er ist, welche Bildung, politischen Vorlieben da sind, welche Zeitschriften oder Zeitungen einer liest, was für Interessen gepflegt werden und ob man zum Beispiel Hunde oder Wellensittiche mag... Leicht vorstellbar, was man über jeden von uns erfahren könnte, wenn man systematisch, mit Hilfe eines speziellen Programms, heranginge.
Der neue Trend heißt *Big Data*, riesige Mengen an Informationen, die Computer zu einem bestimmten Zweck analysieren – um mehr zu verkaufen, um Vorteile zu generieren. 2012 wurden weltweit Informationsdaten von 2,8 Milliarden Terabyte erstellt. Diese Zahl kann man sich in der normalen Welt nicht vorstellen, es gibt einfach nichts, womit man sie vergleichen könnte. Es ist eine 28 mit zwanzig Nullen. Im Internet gibt es so viele Informationen pro Tag, dass sie nur auf 250 Millionen DVDs passen könnten, wenn jemand die irre Idee hätte, sie zu speichern. Diese Menge an Daten wird 2020 bei etwa 40 Zettabytes liegen – ich erspare mir die Mühe, die Nullen dabei zu berechnen.[373]
Und jetzt die Hauptzahl: Die Menge an Informationen verdoppelt sich alle zwei Jahre.
Das große Geschäft wird nun von denen gemacht, die *Big Data* analysieren. Aufgrund solcher Analysen ist der Verkehr auf den Straßen von Amsterdam besser organisiert, Windgeneratoren erscheinen genau dort, wo der optimale Wind weht, die Polizei in der US-Stadt Santa Cruz hat damit um 56% mehr Kriminelle in Gewahrsam genommen.[374] Aber *Big Data* erlaubt

es auch Banken und Versicherungen, unser Verhalten zu berechnen und uns solche Vertragsbedingungen aufzuerlegen, die ihnen, nicht uns, Vorteile bringen. Mit Hilfe von *Big Data* optimieren Internetverkäufer ihre Strategien, indem sie mir auf dem Monitor genau die Produkte zeigen, die ich – ihre Computer haben das berechnet! – mit großer Wahrscheinlichkeit irgendwann kaufen werde.

Die Analysen liefern überraschend genaue Ergebnisse: Sie sagen Epidemien der Grippe voraus, errechnen genauer als alle Demoskopen den Prozentsatz von Stimmen für den Sieger des Präsidentenrennens in den USA – vor den Wahlen!, sie versetzen einen arglosen Menschen in panische Angst, wenn er bedenkt, was *Google* oder *Facebook* über ihn gespeichert haben...

Der deutsche Experte Thilo Weichert verbirgt die dunklen Aussichten nicht und warnt: »*Big Data* eröffnet Möglichkeiten des informationellen Machtmissbrauchs – durch Manipulation, Diskriminierung und informationelle ökonomische Ausbeutung, verbunden mit Verletzungen der Grundrechte der Menschen«.[375]

Ich glaube, man muss nicht erklären, dass Verkäufer nicht die ersten, sondern nur die zweiten auf dem Gebiet der Datenanalyse waren.

Die ersten waren die Geheimdienste und das Militär. Wie in Santa Cruz die Polizei IM VORAUS die Ziele der Wohnungseinbrecher berechnet, berechnen die Militärs die Schwächen des Feindes ebenso IM VORAUS. Es gibt nur ein Ziel: bei günstiger Gelegenheit ausgerechnet dorthin zu schlagen.

Jeder muss sich gegen diese globale Offensive verteidigen. Derjenige, der sich wehrt, hat noch eine Chance zu überleben. Derjenige, der es nicht tut, ist bereits eine Leiche.

Wenn wir uns für ein Szenario in der modernen Welt entscheiden, müssen wir uns auf das Misslichste vorbereiten. Mathematische Modelle, auf denen die Welt aufgebaut ist, sind: Glauben Sie niemandem, streben Sie nur nach Ihrem eigenen Nutzen und gehen Sie davon aus, dass Sie sich der schlimmsten aller Varianten stellen müssen. Denken Sie an Nash: Auf der anderen Seite sitzt ein Spieler, der absolute Vorteile für sich selbst will. Nur wenn man von solchen Prinzipien ausgeht, kann man die beste Strategie für das Verhalten finden. Misstrauen, Manipulation, Bluff, Täuschung – all dies ist zur Norm des Verhaltens in der Informationsgesellschaft geworden.

Bereiten Sie sich auf den *worst case* vor. Leben Sie nach dem Murphy-Gesetz: »Was schiefgehen kann, wird schiefgehen".

Vor allem dann, wenn Sie nicht nur von Altruisten umgeben sind. Eine der stabilsten sozialen Einheiten ist die Nation. Dies ist die letzte Vertei-

digungslinie. Zollgrenzen, Staatsgrenzen sind bereits gefallen. Um überleben zu können, müssen Nationen national egoistisch handeln.
Der Entdecker der »Wolfsnatur« der menschlichen Beziehungen Hobbes war sich sicher, dass sich zwei Menschen solange anlächeln, bis sie denselben Gegenstand erlangen wollen. Dann werden sie sofort zu Feinden. Eine Person wird der anderen ein Wolf. Die altruistische Patina verschwindet schnell, sobald das Wesen der Person auf das »binäre mathematische System« umschaltet, wenn es nur noch zwei Möglichkeiten gibt: haben oder nicht haben. Jeder Mensch entscheidet, dass er »haben will«.
Im Menschen spricht dann häufiger nicht christliche Moral, sondern Instinkt.
Noch mehr Egoismus ist einer Gruppe von Menschen, der Masse, eigen. Der niederländische Primatenforscher, Professor Frans de Waal (geb. 1948) beweist, dass der Mensch ein Tier ist, das in kleinen Gruppen denkt. Solche Tiere, insbesondere unsere nahen Verwandten die Affen, behandeln mit Liebe und Zärtlichkeit nur die Mitglieder der kleinen Gruppe, zu der sie gehören. In diesen Gruppen bemerkt der Wissenschaftler durchaus Altruismus, bei großen Formationen sieht er keinen Altruismus als organisatorisches Prinzip.[376]
Im Buch »Massenpsychologie und Ich-Analyse« (1921) weist Sigmund Freud (1856-1939) darauf hin, wie sich das individuelle Bewusstsein in der Menschenmenge gibt, es wird durch das »Unbewusste der Masse« ersetzt. In der Ansammlung, so argumentiert Freud, »denken« Instinkte. »Um die Sittlichkeit der Massen richtig zu beurteilen, muß man in Betracht ziehen, daß im Beisammensein der Massenindividuen alle individuellen Hemmungen entfallen und alle grausamen, brutalen, destruktiven Instinkte, die als Überbleibsel der Urzeit im Einzelnen schlummern, zur freien Triebbefriedigung geweckt werden«,[377] schreibt der Psychoanalytiker.
Das heißt, wenn eine Person immer noch altruistisch in Bezug auf seine Verwandten sein kann, dann ist es die Masse (Ethnie, Volk, Nation) niemals. »England hat keine ewigen Freunde und ewigen Feinde, sondern nur ewige Interessen« – Worte, die dank dem britischen Premierminister Winston Churchill[a] (1874-1965) bekannt wurden. Um nationale Interessen zu wahren, bedarf es nationalen Egoismus'.
Jede Nation fühlt den Egoismus ihrer Nachbarn. Dies wird »Partikularis-

---

a Dieser Satz hat viele andere Anwärter auf Autorenschaft, was seine tiefen Wurzeln in der realen Welt bestätigt.

mus« genannt. Jede Nation, jede Religion, jeder Kulturkreis verteidigt seine eigenen – oft entgegengesetzten – Interessen. Eine der Beschreibungen eines solchen natürlichen Partikularismus, der durch die technologische Entwicklung verschärft wurde, war die von uns bereits erwähnte Arbeit Huntingtons *The Clash of Civilizations* – verschiedene Zivilisationen gehen in einem tödlichen Feldzug aufeinander los. Es gibt kein Entrinnen aus diesem Kampf. Daraus kann man sich nicht ausklinken. Hier muss man entweder ringen und (vielleicht) gewinnen oder sterben. In dieser Konfrontation der Zivilisationen ist jede Nation eine Armee, eine Division oder ein Regiment. Nur zusammen können sie überleben.

Aber, wie wir verstehen, gibt es neben den tiefen und breiten zivilisatorischen Grenzen auch engere, doch nicht weniger harte Brüche an den Grenzen der Nationen. Es gibt nicht nur einen Kampf zwischen Zivilisationen, sondern auch an den Stoßlinien einzelner Nationen innerhalb derselben Zivilisation. Einige versuchen auf Kosten anderer zu überleben. Zivilisatorischer Partikularismus bedeutet daher auch die Verfolgung separater Teile einer zivilisatorischen Einheit – Nationen – ihrer eigenen Interessen, auch auf Kosten der allgemein-zivilisatorischen Interessen.

In der Antwort auf die harte Herausforderung der Zeit liegt der eigentliche Sinn des Nationalismus – um sein Nest zu schützen, sein Zuhause, seine Angehörigen, Mitglieder seiner eigenen Art, seine ethnische Gruppe, seine Nation. Der europäische Nationalist speziell denkt heute nicht an neuen »Lebensraum«, an das Wachstum des Territoriums, sondern ist besorgt, dass sein Volk, seine Nation nicht unter fremder Herrschaft stehen, nicht vergewaltigt und versklavt wird.

Der Partikularismus stellt auch die Ethik vom Kopf auf die Füße: Es gibt keine universellen moralischen Prinzipien, wenn diese Prinzipien mich und meine Lieben nicht vor der Vernichtung schützen. Die Juden, die ein schweres Schicksal hatten, formulierten eine ziemlich einfache Regel für Israel: Sicherheit steht über dem Rechtsstaat.

Dieses Prinzip, das im Westen kaum kundgetan wird, bedeutet lediglich, dass der Instinkt der Selbsterhaltung wichtiger ist als das juristische Hirngespinst, dass man aus Sicherheitsgründen jedes internationale oder eigene nationale Gesetz brechen darf.

Der Schutz der nationalen Interessen erfordert, dass die Nation nicht blind fremde Politik (die ihr nett erscheint...) übernimmt, keinen fremden Rat fleißig befolgt und nicht der wirtschaftlichen oder politischen Erpressung erliegt. Derartiger Starrsinn und derartige Bockigkeit bringen gewisse Risi-

ken mit sich – aber das Risiko, eine falsche Politik zu betreiben, kann größer sein und in der Zukunft zur Zerstörung der Nation führen.
Nur eine starke Nation kann sich so eine Selbstständigkeit leisten. Aber schwache Nationen sind unrettbar, nur starke werden überleben.
Um nationale Interessen zu wahren, ist die Einheit der Nation notwendig. Diese Einheit ist keine einfache Funktion der ethnischen Zugehörigkeit zur Nation. Zwischen der formellen Zugehörigkeit zu einer Nation und der Liebe zur Nation, dem Nationalismus, liegt eine große Distanz. Eine passive Selbstidentifikation reicht hier nicht aus, aktive Arbeit der Seele und des Körpers ist erforderlich. »Nationalismus ist, wenn der Ruf »Unsere werden verkloppt!« ein Signal zum Hin- und nicht zum Wegrennen ist«, der Satz ist leider nicht von mir, aber er vermittelt genau das Wesen der nationalistischen Konziliarität.
Da es viel Arbeit gibt, verfällt der Nationalismus nicht in Stagnation. Wenn eine Nation stagniert, wird sie aufs Vegetieren absinken und nach jemandem suchen, der ihr sagen wird, wo sie hinlaufen und was sie tun soll. »Bruder, wer bist du eigentlich?«, fragte der ukrainische Dichter und Denker Taras Schewtschenko bitter vor anderthalb Jahrhunderten seine Landsleute und antwortete an ihrer statt: »Lass den Deutschen sagen. Wir wissen es nicht... Eines Tages werden wir unsere Sprache sprechen, wie der Deutsche es uns zeigen wird.«[378]
Nationalisten geben der Nation eine nationale Idee und suchen ihre Verwirklichung. Das Hauptpostulat in der Arbeit: Lebe für dich selbst. Jeder für die ganze Nation und die ganze Nation für jedes Mitglied. Nur wenn eine Nation reich und glücklich ist, kann sie denjenigen helfen, der weniger reich und weniger glücklich ist – zuerst in ihrem eigenen Land und dann auch draußen.

Globalismus: das Prinzip der Einmischung

Von Globalisierung ist erst seit kurzer Zeit die Rede. Nach dem Zweiten Weltkrieg war ein anderes Wort Mode – »Mondialismus« (von lat. *mundi* – »Universum«) und die entsprechende Bewegung. Der Mondialismus befürwortete die Schaffung einer politischen Organisation, die durch die Weltregierung und den Weltgerichtshof die gesamte Menschheit führen würde – natürlich wie immer zu ihrem eigenen Wohl. Ähnlich war das Konzept der »neuen Weltordnung«, die im Westen in den 70er Jahren des 20. Jahrhunderts auftrat und das Ziel verkündete, die Armut zu überwinden und die Beziehungen zwischen den armen und reichen, kapitalistischen und sozialistischen Ländern zu harmonisieren. Es ging um »integralen Humanismus«, »Weltfrieden«, »die Beseitigung der Ausbeutung und der tatsächlichen Ungleichheit der Völker«.

Trotz der schönen Worte entfachten solch edle Pläne nicht die Begeisterung der Menschheit, die jemand zu regieren plante.

Der »Mondialismus« wurde durch die Globalisierung abgelöst. Die psychologisch dubiose These über die Weltregierung wurde gestrichen. Das »Organisationsparadigma« zur Existenz einer bestimmten Gruppe von Menschen, die eine solche Regierung schaffen wollte, wurde ebenfalls geändert, weil es logisch war, nach der Beschaffenheit dieser Gruppe und ihren Zielen zu fragen.

Die Zwillinge – »Mondialismus« und »Globalismus« – werden heute einfach nicht nebeneinander gestellt. Der »Mondialismus« sei eine künstliche Bewegung einiger zwielichtiger Subjekte gewesen, die den Nationalstaat mit einer wirtschaftlichen, politischen oder militärischen Macht zerstören wollten. Die Globalisierung wird im Gegenteil als ein unvermeidlicher natürlicher Prozess dargestellt, gar als ein alternativloses physikalisches Gesetz, gegen das es keinen Sinn hat anzukämpfen, wie es keinen Sinn hat, gegen die aufgehende Sonne zu protestieren.

Aber bei näherer Betrachtung, auch mit bloßem Auge, kann man sehen, dass die Ziele der »Mondialisten-Globalisten« die gleichen geblieben sind:

Die Welt bewegt sich zur Zerstörung der Souveränität der Nationen über ihre Territorien und Ressourcen, zu einem Zustand, in dem supranationale Strukturen diese Territorien und Ressourcen praktisch besitzen – gestützt auf eigene wirtschaftliche, militärische und mediale Macht.
Eine wichtige Frage sei erlaubt: Geht die Welt von selbst hin oder wird sie dorthin geführt? Es wäre ja merkwürdig, dass niemand die in der Welt objektiv vorkommenden Integrationsprozesse kontrollieren und in eigenen Interessen lenken wollen würde.
Solche mächtigen Kräfte fanden sich, die daran interessiert sind, verschiedenartige Globalisierungsprozesse zu beschleunigen. Diese Leute werden gewöhnlich Anhänger des Globalismus, »Globalisten« genannt. Denn wenn Globalisierung ein (guter oder schlechter, natürlicher oder unnatürlicher) Prozess ist, dann ist der Globalismus eine ideologische Doktrin, die die Globalisten verwirklichen.
Wie der russische Dichter Wladimir Majakowski schrieb: »Wenn die Sterne entzündet werden, heißt das – das wäre jemandem nötig. Heißt das – jemand möchte, dass es sie gibt«[379]. Fragen wir also: Wer braucht eine umfassende Globalisierung, die der Globalismus als Feldzug für den Wohlstand, ein Leben ohne Krankheiten und ein würdevolles Alter auf den Prinzipien eines demokratischen Marktes anpreist?

Wenn alle Grenzen fallen

Stellen Sie sich vor: Morgen sind alle Grenzen auf der Erde verschwunden. Wer profitiert davon? Wer hat verloren? Seltsamerweise, bei all unserem Verlangen nach Freiheit, wird sich herausstellen, dass viele Menschen schlechter als vorher leben werden. Die Nationen werden verlieren, denn sie werden ihre Souveränität über ihr Territorium und ihre Ressourcen verlieren.[a] Einfache Menschen werden verlieren, denn das soziale Minimum, das der souveräne Staat ihnen zur Verfügung stellt, wird schwinden.

---

a Als 2015 Angela Merkel die deutschen Grenzen weit für Migranten öffnete, sagte der berühmte deutsche Philosoph Peter Sloterdijk (geb. 1947): »Die deutsche Regierung hat sich in einem Akt des Souveränitätsverzichts der Überrollung preisgegeben« (*https://www.cicero.de/innenpolitik/peter-sloterdijk-ueber-merkel-und-die-fluechtlingskrise-es-gibt-keine-moralische*).

Kleine und mittlere Unternehmer werden verlieren und dem exorbitanten Wettbewerbsdruck nicht standhalten können. Ja, und große nationale Unternehmer werden auch verlieren, weil sie im Vergleich zu globalen Monstern Grünschnäbel sind. Die Natur wird verlieren, weil ein globales Unternehmen mit Hauptsitz auf Hawaii nicht am ökologischen Zustand von Wäldern, Feldern und Flüssen zum Beispiel in Belarus interessiert ist. Eine Kultur, die vom Staat nicht mehr unterstützt wird (weil es dafür kein Geld geben wird), wird verlieren, es wird die geistige Entwicklung des einfachen Menschen verlieren.
Nur eine sozioökonomische Kategorie wird gewinnen: *global players* – transnationale Konzerne und Banken. Der Grund ist einfach: Sie brauchen die Ressourcen anderer Menschen ohne Einschränkungen (schließlich hat Gott Mineralien ohne politische Vorlieben auf Erden gestreut), ohne Kontrolle staatlicher Institutionen; sie brauchen billige Arbeitskräfte aus Drittländern (zu Hause sind Arbeitshände teuer), sie brauchen Märkte für ihre Waren (zu Hause hat schon jeder ein Auto...). Mit den Vorteilen, die der »globale gemeinsame Markt« ihnen bietet, und nach den Regeln, die (unter dem Diktat der Konzerne) internationale Kreaturen wie der Internationale Währungsfonds (IWF), die Weltbank (WB) oder die Welthandelsorganisation (WTO) festlegen, ist ihr Ziel – Denationalisierung, Entstaatlichung und Desozialisierung von Staaten. Ausgerechnet sie sind die glühendsten Verfechter des Globalismus. Der Einsatz hier ist sehr hoch, Globalisten lassen die Globalisierung nicht von allein fließen – sie organisieren und steuern sie.
Einer der Faktoren des globalistischen Drucks ist der so genannte »Freihandel«, mit dem sich die WTO befasst, eine Art Klub von Fans eines offenen globalen Warenaustauschs, bei dem Clubmitglieder Privilegien haben und Nicht-Clubmitglieder boykottiert werden.
«Freihandel« ist die Antithese zum so genannten »Protektionismus«, mit dem Länder versuchen, nationale Produzenten und im weiteren Sinne nationale Interessen zu schützen. Protektionismus ist nicht nur für schwache Länder charakteristisch. Protektionistische Maßnahmen werden beispielsweise von den USA häufig eingesetzt. Gleichzeitig sind gerade sie der Motor des »Freihandels«.
Das ist kein Widerspruch: Wenn die US-Wirtschaft anfällig für den Import von Waren ist, schützen sie den eigenen Hersteller, eigenen Markt (zum Beispiel den Stahl- und Aluminiummarkt vor der europäischen und chinesischen Konkurrenz oder den Automarkt vor Japan) und ihre nationalen

Interessen mit hohen Zöllen und anderen protektionistischen Maßnahmen. Und dort, wo die USA dominieren, lautet ihr Motto »Freihandel«, mit dem amerikanische Firmen neue Märkte für Rohstoffe und Absatz ihrer Produkte erobern. Die EU tut das gleiche, in dem sie zum Beispiel die Landwirtschaft subventioniert – mit mehr als 40 Milliarden Euro pro Jahr.[380]
Es ist daher nicht überraschend, dass EU-Landwirte leicht mit landwirtschaftlichen Erzeugern aus anderen Ländern konkurrieren können, in denen es keine Subventionen gibt.
«Freihandel« kommt nur dem Starken zugute. Was ist mit jenen Nationen, die – aus verschiedenen Gründen – nicht mit den Amerikanern, Deutschen oder Chinesen auf dem Weltmarkt konkurrieren können?
Hier beginnt das Schlagwort des »Freihandels« bei einer »unvermeidlichen«, »alternativlosen« Globalisierung seine Rolle zu spielen. Jene wirtschaftlich schwachen Länder, die ihre nationalen Produzenten vor der Expansion supranationaler Konzerne zu schützen versuchen, werden durch WTO-Sanktionen unter Druck gesetzt. Sie erhalten keine Kredite vom IWF, der Weltbank und der Internationalen Bank für Wiederaufbau und Entwicklung – der IBRD (weil die USA und die EU als die größten Geldgeber brennend an dem Freihandel interessiert sind), sie werden zu »Parias« der modernen Welt erklärt.
Eingeschüchterte, wirtschaftlich schwache Länder müssen den internationalen Wirtschaftsorganisationen folgen. Die Ausbeutung dieser Länder führt zu einer Schwächung ihrer Wirtschaft und zur Notwendigkeit neuer internationaler Kredite. Es gibt aber keine bedingungslosen Kredite. Kredite müssen nicht nur mit Geld, sondern auch mit einer Veränderung der Wirtschaftsstruktur bezahlt werden: IWF, WB, WTO, IBRD beschreiben detailliert, was das scheinbar souveräne Land mit seiner Wirtschaft und dem damit eng verbundenen sozialen Umfeld zu tun hat – welche Preise es für Nahrungsmittel und Energieträger einführen, welche Steuern es einziehen, welche Sozialprogramme es beschneiden soll...
Solche Anforderungen gelten natürlich nur für schwache Staaten. Indem sie der Reform der Wirtschaft in Dutzenden von Ländern eigene Rezepte aufbürden, die wiederholt zum Zusammenbruch der nationalen Wirtschaft geführt haben, tragen die internationalen Wirtschaftsorganisationen erstens niemals die Verantwortung für die Folgen einer solchen Behandlung – Blutspucken wegen solcher »Medizin« müssen die versklavten Völker selbst. Zweitens haben sie es nie gewagt, die wirtschaftlichen Prinzipien Schwedens oder Deutschlands zu kritisieren, um diese Länder zu ermutigen, die

Arbeit der Chinesen oder Malaien besser zu bezahlen, die Schuhe für *Adidas* herstellen, Kleidung für *H & M* nähen und Möbel für *IKEA* zimmern. Die Organisationen, die auf die Öffnung der Grenzen für amerikanische Computer bestehen, haben allerdings den vietnamesischen Bauern noch nie geholfen, Reis in New York zu verkaufen. »Freihandel« ist (nicht theoretisch, sondern praktisch) eine Einbahnstraße, ein Spiel auf ein Tor.

Zbigniew Brzezinski, der für seine geradlinige Einschätzungen bekannt ist, öffnet uns die Augen: »Als Teil des amerikanischen Systems muss außerdem das weltweite Netz von Sonderorganisationen, allen voran die internationalen Finanzinstitutionen, betrachtet werden. Offiziell vertreten der Internationale Währungsfonds (IWF) und die Weltbank globale Interessen und tragen weltweit Verantwortung. In Wirklichkeit werden sie jedoch von den USA dominiert«.[381]

Oben haben wir über die Migration von Süden nach Norden aufgrund der hohen Geburtenrate der Bevölkerung gesprochen. Das stimmt nicht ganz. Hohe Geburtenraten gab es immer in Afrika und Asien.

Zusammen mit den hohen Geburtenraten gewinnen die Prozesse der weiteren Verelendung an Dynamik. Menschen fliehen aus ihrer Heimat, nicht nur weil es viele von ihnen dort gibt, sondern auch, weil diese Masse nichts zu essen hat. Zu einer derartigen Verarmung führt die gnadenlose Ausplünderung vieler Länder durch multinationale Konzerne.

In der Geschichte gab es bereits verschiedene Phasen der »offenen« und der »geschlossenen« Märkte. Die Globalisierung des Marktes hat nicht gestern begonnen – wir haben darüber gesprochen. Handelshemmnisse wurden im Laufe der Jahrhunderte nach und nach beseitigt – dies ermöglichte es vor allem dem europäischen Kapital, ausländische Märkte zu erobern. Der abrupte Zusammenbruch des internationalen Handels und die »Entschleunigung« der Globalisierung erfolgte nach dem Beginn der sogenannten Großen Depression in den 1930er Jahren. Damals haben die führenden Länder des Westens – wie sie uns jetzt überzeugen, »um den Handel wiederzubeleben und die Krise zu überwinden« – nicht die letzten Hindernisse für den »Freihandel« beseitigt, sondern umgekehrt, sich mit hohen protektionistischen Zöllen ummauert. »Freihandel« war nur für gutes Wirtschaftswetter geeignet. Und als der Kampf ums Überleben begann, »schlossen« die nationalen Märkte der wirtschaftlich führenden Länder des Westens sofort. Die Überwindung der Krise fand nicht vereinigt und einträchtig statt, nicht auf dem gemeinsamen Weltmarkt, sondern durch jede Volkswirtschaft allein.[382]

Heute sind die USA und die EU in einer viel besseren Position: Sie fordern

Drittländer auf, ihre Märkte zu öffnen, und schützen gleichzeitig ihre eigenen Produzenten. Die »Unerlässlichkeit« dieser doppelten Standards den Völkern anderer Länder klar zu machen, ist eben die Aufgabe der internationalen Wirtschaftsorganisationen und des weltweiten Medienkonzerns.
Das Wort »Globalisierung« ist an sich neutral. Die Welt globalisiert sich halt... Amerika globalisiert sich, Europa; für die Mongolei stehen alle Wege zum Weltmarkt offen, für Simbabwe, für Costa Rica... Die Autoren der globalistischen Idee sind enorm daran interessiert, dass die Globalisierung die Chancengleichheit für alle Akteure suggeriert.
Diese Position ist unredlich.

Globalisierer: von der Antike bis heute

In der Vergangenheit gewann nur eine Seite durch die Offenheit der Märkte – die andere verlor. Zuvor war es möglich, diejenigen, die an der Öffnung der Märkte, an der Globalisierung des Handels interessiert waren, sehr leicht ausfindig zu machen. Dieser globalisierte Handel wurde in der Antike von Alexander dem Großen befürwortet. Er wollte »Globalisierung des Arbeitsmarktes« – und machte Menschen zu Sklaven. Er war auch daran interessiert, Waren- und Finanzströme aus den Provinzen zu erhalten und umgekehrt am Eindringen von Waren der Metropole in die eroberten Gebiete. Mit einem Wort, Alexander war für »Globalisierung«; die von ihm eroberten Völker von Kleinasien, Syrien, Palästina, Ägypten, die Griechen, die Perser waren eher dagegen.
Später wurden das römische Reich, das seine Vorherrschaft im Mittelmeer festigte, und das mongolische Reich von Dschingis Khan zu »Globalisierern«. Im 12.-17. Jahrhunderten war der »globale Handel« profitabel für die Europäer, die in Amerika, Afrika und Asien Glasperlen gegen Gold und Silber tauschten. Zur gleichen Zeit wurde das erste transnationale Unternehmen (TNC) gegründet – das sogenannte Ostindische, Grundlage für dessen Reichtum war der Drogenhandel.
Es handelte sich genau um die Probleme des Drogenhandels, die im 19. Jahrhundert zu den sogenannten »Opiumkriegen« Englands gegen China führten.
Anschließend führten die Europäer einen für sie sehr einträglichen – einige

sagen, unfairen – internationalen Handel mit ihren Kolonien in den Vereinigten Staaten – und vergaßen dabei nicht, den »internationalen Arbeitsmarkt« in Form von Sklavenarbeit zu nutzen.
Nach dem Zweiten Weltkrieg wurde das GATT, das Allgemeine Zoll- und Handelsabkommen von 1947, zum Motor der Globalisierung. Initiator der Unterzeichnung des Abkommens waren die Vereinigten Staaten. Gezielt sollten Zollschwellen für Waren aller Länder gesenkt werden. Zunächst waren 23 Länder in dem Abkommen, bis 1994 – 123, darunter 99 Entwicklungsländer. Aber es gibt an die zweihundert Länder in der Welt. Warum unterzeichneten sie das GATT nicht?
Ein Nichtmitglied des GATT war ein ziemlich großer Staat, die frühere Sowjetunion. Sie wollte ebenfalls die Tarif- und Zolldiskriminierung loswerden, um sich die gleichen Bedingungen für den Zugang zu den Weltmärkten mit ausländischen Konkurrenten zu garantieren. Sie wollte zu günstigen Konditionen handeln, wenn nicht mit dem Westen, dann zumindest mit Drittländern. Sie wollte die langsamen bilateralen Verhandlungen mit Mitgliedern des GATT obsolet machen.
Aber das lag nicht im Interesse der Vereinigten Staaten. Sie waren auf freien Handel aus, aber sie mochten auf diesem Markt weder die UdSSR noch andere sozialistische Länder sehen. Obwohl mindestens die notwendigen zwei Drittel der GATT-Mitglieder für die Aufnahme der UdSSR waren, blockierten die USA, Japan und die Europäische Wirtschaftsgemeinschaft ihren Beitritt. 1986 beabsichtigte die UdSSR, wenn auch nur im Beobachterstatus, an einem Treffen in Uruguay teilzunehmen, aber der Antrag wurde »aus politischen Gründen« abgelehnt. Gleichheit in Globalisierungsprozessen kam nicht in Frage.
1995 bildeten 75 Mitglieder des GATT die Welthandelsorganisation (WTO). Weltweit! Die Verhandlungen über den Beitritt Russlands in die WTO erstreckten sich über 18 Jahre und wurden erst 2012 abgeschlossen.
Die Vorteile eines Beitritts für kleinere Mitglieder sind fraglich. In den zehn Jahren der Mitgliedschaft Kirgisistans ist die industrielle Produktion fast vollständig verschwunden, die landwirtschaftliche Produktion ist um das 35- und die Viehzucht um das 30-Fache zurückgegangen. Auf der anderen Seite stiegen die Einfuhren von fertigen Waren – sie machen 98% des Markts aus.[383]
Ähnliche Ergebnisse sieht man auch in der Ukraine. Unter dem Einfluss des WTO-Beitritts wuchsen die Importe, andere Länder öffneten hier den Markt für ihre Waren. Infolgedessen verschlechterte sich die Handelsbilanz,

sogar Obst und Gemüse wurden ins Land importiert, die es immer reichlich von lokalen Produzenten gab. Die Importe von Schweinefleisch stiegen mehrmals an. Und nicht nur des polnischen Specks, «des ukrainischen Nationalprodukts«, sondern auch von »Trimming« – einem gefrorenen sehnigen, knorpeligen oder zu fetten Abfall der Fleischproduktion aus Brasilien – für Wurst und Hackfleisch. Die Anzahl der Schweine im Land ist gesunken, die Preise für Schweinefleisch sind gestiegen.[384]

Die Ukraine ist einer der größten Zuckerproduzenten der Welt. Als Mitglied der WTO war sie gezwungen, die Einfuhrzölle für Zucker zu senken und ein Zollkontingent für die Einfuhr von Zucker aus Zuckerrohr festzulegen. Dies verringerte das Interesse an der Entwicklung des eigenen Zuckergeschäfts, da der ukrainische Rübenzucker nicht mit dem billigen Zuckerrohr konkurrieren konnte. Allmählich verliert die Ukraine ausländische Märkte, die Zuckerrübenanbaufläche wird reduziert. Der Mangel an Rohstoffen führt zu Stillstandszeiten und zur Schließung der Zuckerfabriken.[385]

Die ratlose Ukraine versuchte eilig sich zu verteidigen, überprüfte die Bedingungen für den WTO-Beitritt und warnte davor (September 2012), die Einfuhrzölle für 350 Warenarten – für Autos, landwirtschaftliche Geräte, Fleisch, insbesondere Schweinefleisch, Blumen, Obst, Gemüse, Waschmaschinen, Zucker, Phosphordünger usw. – zu erhöhen.[386] Und da die Tarifverhandlungen lange dauern und das Ergebnis enttäuschend sein könnte, kämpfte die Ukraine mit anrüchigen, keineswegs ökonomischen Methoden: Im März 2013 verbot der Veterinärdienst die Einfuhr von Fleisch aus Brasilien – »aus gesundheitlichen Gründen!«.[387]

In Lettland lag der Anteil der Industrie in den 90er Jahren des letzten Jahrhunderts bei 40% des BIP, nach dem WTO-Beitritt fiel er auf 14%. Zahlreiche Unternehmen wurden geschlossen.[388]

Mit dem Beitritt zur WTO erhoffte sich Moldawien erhebliche Investitionen in seine Wirtschaft und war sehr überrascht, dass die Investitionen zurückgingen[389], das Land jedoch mit importierten Gütern überschwemmt wurde.[390]

Die russische Professorin Jelena Polishtschuk kommt zu dem Schluss: »Wenn Länder der WTO beitreten, sollten sie nach allgemein anerkannten Regeln spielen. Und in dieser Situation gewinnt der Stärkste. Sie sagen, dass die Bedingungen für alle gleich sind. Aber was können postsowjetische Länder tatsächlich entgegensetzen? Dies ist ein Kampf zwischen einem fünfjährigen Kind und einem 25 Jahre alten Mann.«[391]

Es zeigt sich, dass der »offene Handel« nicht nur in der Zeit Alexanders des Großen, sondern auch heute seine Nutznießer hat, diejenigen, die den größten Nutzen erhalten – auf Kosten derer, die ihn weniger, gar nicht oder sogar verloren haben.

Was als Ausbund der Gleichheit der Nationen und des gerechten Warenaustausches erschien, dient der Steigerung der Macht starker und reicher Staaten, deren Wohlergehen einst auf offiziellen Kolonien beruhte, und jetzt auf informellen »Kolonien«, aus denen sie durch ungleichwertigen Tausch alles quetschen. Ein nicht äquivalenter Austausch erinnert durchaus an »Glasperlen für Gold«. Die Weltzentren wirtschaftlicher Macht, die von den USA und der EU kontrolliert werden, legitimieren diese Unterdrückung. Die Ausbeutungsmethode heißt »Globalisierung«.

Um heute eine Kolonialpolitik betreiben zu können, muss man keine Kanonenboote und Truppen entsenden. Es genügt, das Land zum »Freihandel« zu bekehren, und Menschen zu zwingen, für einen ausländischen Arbeitgeber (früher Plantagenbesitzer) für Kleingeld zu schuften. National bleibt nur die interne Verwaltung und die Aufgabe, die neuesten Sklaven in Gehorsam zu halten – für Waffen und Polizeiausrüstung kann der Staat vom IWF einen Kredit erhalten. Nationale Regierungen sollten sich auch um Bildung (bis zu einem Niveau, das für eine einfache Arbeit ausreicht), medizinische Versorgung zur Erhaltung einer nachhaltigen Arbeitskraft, bescheidene soziale Sicherheit und Altersvorsorge kümmern. Für die Kolonialherren sind dies handfeste Vorteile gegenüber dem 18. Jh. Damals fielen all diese Aufgaben an die Vertreter der Metropole.

Kapital, das ins Land kommt, ist sozial unverantwortlich. Das von den Ideologen des Neoliberalismus und der Globalisierung permanent wiederholte Mantra der »sozialen Verantwortung des Kapitals«, ohne den Einfluss des nationalen Staates als Regulator, war und bleibt immer nur ein Mantra, bedeutungsloser Wunsch, der Ruf »Honig! Honig!«, von dem es im Mund nicht süßer wird.

Diese Verantwortungslosigkeit entsteht aus dem grundsätzlichen Umstand, dass in einer globalisierten Welt Länder in Konkurrenz um Arbeitsplätze treten, um Erhöhung der Beschäftigung. Da es sich um Arbeitsplätze mit geringem Qualifikationsniveau handelt, ist es unmöglich, einen Investor anzulocken beispielsweise mit einem hohen Bildungsniveau der Arbeitnehmer. Er kann nur durch Zugeständnisse in Form von niedrigen Löhnen, niedrigen Sozialabgaben des Arbeitgebers, verringerten Umweltanforderungen, niedrigen Steuern, dem Fehlen einer Gewerkschaftsbewegung, also mit der Machtlosigkeit der Arbeiter vor der Willkür des Unternehmers verführt werden. Der Haupthebel des Unternehmers im Kampf für ein höheres Ausbeutungsniveau wird zunehmend die Verkündung, die Produktion in ein anderes Land zu verlagern. Die Wirtschaftseliten erpressen sogar ihre eigenen Regierungen mit der Drohung, dass sie Kapital ins Ausland exportieren werden, wenn sie sie mit hohen Steuern und sozialen Verpflichtungen belasten.

Dies zwingt oft nicht nur Regierungen der wirtschaftlich schwachen, sondern auch mächtigen und scheinbar souveränen Länder zum Rückzug. Daher spielt die Globalisierung die gleiche Rolle wie der Arbeitsmarkt der Arbeitslosen – als eine Möglichkeit, unerwünschte Arbeitskräfte leicht zu entlassen und die Arbeitsressourcen des Unternehmens leicht aufzufüllen – mit dem einzigen Unterschied, dass der globalisierte Arbeitsmarkt unerschöpflich und viel billiger als der nationale ist.

Daher kann die Globalisierung eines der größten Übel unserer Zeit – Hunger und Armut – nicht überwinden.

Natürlich schafft die Globalisierung einen neuen Reichtum (für die Reichen), der sich – im Gegensatz zu gestern – nicht in den Händen einiger hoch entwickelter (oder mehr zu Ausbeutung der anderen neigender) Länder befindet, sondern in den Händen transnationaler Konzerne. So kontrollierten um die Jahrtausendwende zehn der weltweit führenden Unternehmen 85 Prozent des Pestizidmarktes, zehn führende Telekommunikationsunternehmen – 86 Prozent des Kommunikationsmarktes, einige Monster – 70 Prozent des Computermarktes. Bei Autos kommt auf die fünf größten Firmen fast 60 Prozent des weltweiten Umsatzes, ebenfalls fünf Firmen teilen sich über die Hälfte des Weltumsatzes bei der Elektronik.[392]

Zuvor nutzte ein souveräner Nationalstaat seine natürlichen und menschlichen Ressourcen für den Wohlstand des Landes und für den sozialen Schutz seiner Bürger. Unter dem Schlagwort der Globalisierung werden diese Ressourcen – Bodenschätze, gebildete Kader, Arbeitskräfte – den *global players* gegeben, die der lokalen Bevölkerung und der Staatskasse einen kleinen Teil ihres Profits zahlen.

Zuvor mussten Arbeitsressourcen (sie hießen Sklaven) aus dem Land verschifft werden. Jetzt bleiben diese Leibeigenen (Leibeigenschaft muss nicht unbedingt juristisch sein, jetzt ist sie noch fester – faktische, wirtschaftliche...) im Land, arbeiten für globale Monopole und sterben still zu Hause – ohne das Recht zu haben, über ihr eigenes Schicksal zu entscheiden.

Jene Länder, die es versuchen, ihre Ressourcen vor Fremdherrschaft zu schützen, werden durch internationale Wirtschaftsinstitutionen, d. h. von

der Weltwirtschaftsmacht, aus den Marktprozessen ausgeschlossen, sie werden politisch und ideologisch geknebelt.
Eine der Neuerungen der Globalisierung ist die Privatisierung von Profiten und Sozialisierung und das Abwälzen der Verluste auf fremde Schultern. Wenn die illegitimen supranationalen Strukturen beschließen, die Banken zu retten oder nicht zu retten, entscheiden sie damit, ob sie den einfachen Menschen Geld wegnehmen oder nicht. Denn alle »Rettungen« sind darauf zurückzuführen, dass Banken Geld »von den Regierungen«, also von den Steuerzahlern, erhalten. Oder direkt aus der Druckerpresse. Und dann führt die wachsende Geldmenge zu Inflation und damit zu einer Abnahme der Kaufkraft der von den Bürgern angehäuften Gelder, d. h. zur indirekten Enteignung der Bevölkerung – der Betrag auf dem Konto bleibt unverändert, aber man kann damit viel weniger kaufen.
Das Geld der Steuerzahler in mehreren EU-Ländern für die Rettung von Banken geht nicht in die Taschen einfacher Anleger, sondern an internationale Gläubiger, die ihre Zinsen kassieren.
Die Umverteilung geht einen bekannten Weg: Man nimmt von den Armen und gibt den Reichen. Profitable Banken zahlen ihren Managern Millionengehälter und Boni. Um die ausgebrannten Banken zu retten, sucht man das Geld in den Taschen der Anleger oder in der durch Steuer finanzierten Staatskasse.
Früher wurde eine solche Enteignung Raub oder Sozialismus genannt. Jetzt heißt es »Marktwirtschaft« und »Globalisierung«.
Ein Nebenprodukt der wirtschaftlichen Expansion ist die kulturelle Globalisierung, die zur Dominanz der amerikanischen Massenkultur nicht nur in Europa, sondern auch in den entlegensten Regionen der Welt führt. Der Afrikaner trinkt (ohne sauberes Trinkwasser zu haben) *Coca-Cola*, er schaut Hollywood, er hört fremde amerikanische Musik und kleidet sich in T-Shirts, die in China nach amerikanischen Mustern genäht sind. Experten sprechen von der »Westernisierung« der Kultur.
An die Stelle der Vielfalt der nationalen Kulturen tritt die globale Unifizierung, die Massenmittelmäßigkeit, die Monokultur des Globalismus. Daher besteht die Meinung, dass es eine Sünde sei, eine von außen auferlegte Kultur Kultur zu nennen.
Der Grund dafür: Internationale, supranationale Konzerne interessieren sich nicht für die Entwicklung der Kultur. Kultur, vor allem nationale, ist immer und überall ein defizitäres, subventioniertes »Geschäft«, man kann damit keine Millionen verdienen. Für einen Konzern ist sein Hauptanliegen

make money! – Geld verdienen. Es gibt nichts Schlechtes oder Verwerfliches daran: Das ist der grundlegende Zweck jedes Unternehmens. Um die nationale Kultur sollte sich die nationale Regierung kümmern. Aber sie hat kein Geld für Kultur, denn der Großteil der Ausbeute fließt nicht in die Taschen der Arbeiter und dann durch Steuern in die Staatskasse, sondern in das Hauptquartier der transnationalen Konzerne (oft in einer »Steueroase«), wo es auch besteuert wird.

Der Unternehmer (logisch) sieht in jedem Menschen nicht eine Person von Fleisch und Blut. Der Kapitalist interessiert sich nicht für deren Gedanken, Vorlieben, Neigungen und noch weniger für die Befriedigung ihrer kulturellen Bedürfnisse. Er betrachtet jede Person entweder als Arbeitskraft oder als Verbraucher. Und nur in diesem Sinne interessiert sich der Unternehmer für seine Gedanken, Vorlieben und Neigungen. Aus seinen Gedanken, Vorlieben und Neigungen schließt er, wie er daraus Geld machen kann, wie er den Verkauf seines Produkts besser organisieren kann. Eine mehrdimensionale Person wird eindimensional, diese Betrachtung ist wirtschaftsbedingt. Der Mensch soll nur ein Produkt herstellen und es kaufen. Kultur wird nur als Massenkultur benötigt: zum (kosteneffizienten) Verkauf von Produkten der (Fremd-)Kultur.

Wie wir wissen, ist die nationale Kultur eines der Kennzeichen einer Nation. Verschwindet die nationale Kultur – verschwindet mit ihr auch eines der Merkmale der Selbstidentifizierung. Keine kleine Sache.

Die gleiche Einstellung hat ein ausländischer Unternehmer auch zur Umwelt. Die räuberische Ausbeutung von Land, Luft und Wasser, die unkontrollierte Entwicklung der industriellen Produktion haben der Natur der wirtschaftlich kolonisierten Länder bereits einen gigantischen und in vieler Hinsicht irreparablen Schaden zugefügt.

Um die Umwelt im Land, um die Gesetze des Umweltschutzes sollte sich die nationale Regierung kümmern, schon allein aus dem Grund, dass die Minister und ihre Kinder in diesem Land leben und leben werden. Der Unternehmer an sich ist zunächst nicht an irgendwelchen Umweltmaßnahmen interessiert – sie reduzieren seinen Gewinn. Die nationale Regierung muss den Unternehmer zwingen, für die Natur Sorge zu tragen. Dies ist nicht möglich aufgrund der Tatsache, dass ein Unternehmer immer sorgfältig rechnet, was für ihn wirtschaftlich vorteilhafter ist: Geld in die Umwelt zu investieren oder einen Beamten zu bestechen, der die Umsetzung der Umweltgesetzgebung kontrolliert. In der Regel ist die Bestechungssumme kleiner, d. h. wirtschaftlich günstiger.

In den sogenannten »Bananenrepubliken« kann ein großer Konzern nicht nur einen Beamten, sondern auch ein Parlament kaufen, das die notwendigen Gesetze verabschieden wird – so etwas gab es sogar im riesigen Russland. Wenn die Interessen der transnationalen Konzerne den nationalen Interessen, die die Regierung befürwortet, widersprechen, dann ist der Konzern in der Lage, die Regierung auszuwechseln. Dies geschah in Chile, Grenada, Panama – die Reihe von Beispielen kann fortgesetzt werden.
Einige Experten sind der Meinung, dass der Krieg im Irak zum Beispiel durch die vorschnelle Nationalisierung von Ölquellen durch Saddam Hussein in den 70er Jahren des letzten Jahrhunderts und die Verdrängung solcher Wirtschaftsgrößen vom Markt wie *British Petroleum, Total, Shell, Exxon* und *Mobil* verursacht wurde.[393] Vor einigen Jahren wurde bekannt, dass britische Firmen noch vor dem Sturz von Hussein und bevor die Amerikaner begonnen hatten, der Weltöffentlichkeit etwas über den »möglichen Einsatz chemischer und bakteriologischer Waffen durch den irakischen Despoten« vorzulügen, heimlich über die Umverteilung der irakischen »Ölkuchen« sprachen.[394] Aber das nur nebenbei...
Nicht nur der ausländische »Investor«, sondern auch der lokale Unternehmer ist an zusätzlichen Umweltkosten nicht interessiert. Aber wenn für den Einheimischen solche Faktoren wie (lokaler) Patriotismus, der Wunsch, den Ort, wo er lebt und wo seine Nachkommen leben werden, nicht zu verschmutzen, und sein Image («kann ich den Menschen noch in die Augen schauen?«) immer noch eine Rolle spielen, so haben transnationale Konzerne grundsätzlich solche Bremsen nicht. Das schlechte Image interessiert sie nicht persönlich, sondern nur als mögliches Hindernis für aktives Marketing.
Die Globalisierung zerstört die Souveränität, beraubt die politische Idee, die wir »Demokratie« nennen, des inhaltlichen Kerns. Wir sprechen nicht über den freiwilligen oder erzwungenen Beitritt von Ländern zu bestimmten internationalen Organisationen, denen sie – freiwillig oder nicht – einen Teil ihrer Hoheitsrechte übertragen. Wir reden von der Globalität und Omnipräsenz der Finanzmärkte, die jeden Moment die Wirtschaft fast jedes Landes, selbst des am weitesten entwickelten, zum Einsturz bringen können. Mit Hilfe der Wirtschaftskrise können transnationale Konzerne und die Bankenelite die legitime politische Macht bis an die Grenzen schwächen oder gar beseitigen.
Zahlreiche internationale Organisationen haben in letzter Zeit eine merkwürdige Neigung zur Schaffung verschiedener Arten von sogenannten regi-

onalen Institutionen an den Tag gelegt. Die Europäische Union ist in diesem Bereich besonders prominent. Sie hat sogar das Programm *Europa der Regionen* angenommen und auch die von der EU gegründete V*ersammlung der Regionen Europas* und *Ausschuss der Regionen* finanziert. Unter *Regionen* verstehen sie nicht einen ethnischen Teil eines multiethnischen Staates mit föderaler Regierungsform (die Region Sachsen in Deutschland, die Region Camargue in Frankreich, die Region Tuva in Russland), sondern ziemlich willkürliche Teile von mono-ethnischen unitären Staaten.

So umfasst die *Versammlung der Regionen Europas* die *Vereinigung der europäischen Grenzregionen* (?), *Die Arbeitsgemeinschaft der Adria-Alpen, die Arbeitsgemeinschaft der Westalpen*, die *Arbeitsgemeinschaft der einfach Alpen* (wo sind die Ostalpen geblieben?..), die *Arbeitsgruppe der Donauländer,* die *Pyrenäen-Gemeinschaft,* die *Arbeitsgemeinschaft der unteren und mittleren Adria...* Es gibt auch interregionale Branchen-Organisationen, wie der *Verband der Regionen-Weinproduzenten,* sowie eine ähnliche Organisation für Gemüse- und Obstproduzenten.

Gemäß den Verträgen von Maastricht und Amsterdam sollten die Europäische Kommission und der Ministerrat der EU den *Ausschuss der Regionen* konsultieren.

Wir fragen uns: Welche gemeinsamen Probleme hat die Region *Adria-Alpen,* die von ihrer Regierung (vielleicht innerhalb der EU) nicht gelöst werden können? Und wenn es keine oder nur geringfügige Probleme in der Dimension des Weines – der ein schmackhaftes, aber nicht strategisch wichtiges Produkt ist – gibt, dann stellen wir die zweite Frage: Warum unternimmt die EU exorbitante Anstrengungen und gibt ein Haufen Geld für die Erhaltung regionaler Programme und regionaler Verbände aus?

Die Antwort hier ist eindeutig: Da das Ziel der Globalisierung die Zerstörung nationaler Strukturen ist, wird die Übertragung eines Teils der nationalen Souveränität von (legitimen) nationalen zu (illegitimen) supranationalen »regionalen« Strukturen zur nächsten Stufe einer solchen Zerstörung. Die Regionalisierung ist somit ein weiterer Schritt zur Erosion der Nationen, zum Verlust nationaler Souveränität sowie zur weiteren Machtkonzentration in der »europäischen Hauptstadt« Brüssel.

Der Globalismus hat natürlich auch eine militärische Dimension. Nach dem Zusammenbruch der UdSSR und des sozialistischen Weltsystems hörte das Wettrüsten nicht auf. Die Welt erhielt keine »Friedensdividende«, die sie erwartet hatte. Jetzt wird viel mehr für die Bewaffnung ausgegeben als 1990[395]. Die Rhetorik einer unipolaren Welt ist härter geworden, Aktionen

sind schneller und radikaler. US-Präsident Bush Jr. verlangte, was kein anderer US-Präsident zu fordern wagte: »Jede Nation, in jeder Region, muss sich nun entscheiden: Entweder sind Sie mit uns oder mit den Terroristen. Von diesem Tag an werden die Vereinigten Staaten jede Nation, die weiterhin Terroristen beherbergt oder unterstützt, als feindliches Regime betrachten.«[396]
Im Kontext globaler Informations- und Wirtschaftskontrolle ist die Antwort auf die Fragen, was Terrorismus ist und was nicht, wer ein Diktator ist und wer nicht, wo Demokratie und Menschenrechte herrschen und wo nicht und wo sie installiert werden sollten, wann und wohin die Raketenschläge erfolgen, praktisch ausschließlich an die Vereinigten Staaten übergegangen. Das zeigen die jüngsten Kriege, für deren Anfang sich niemand hinter dem Feigenblatt von UN-Beschlüssen zu verstecken versuchte (Serbien, Afghanistan), oder die UN einfach in die Irre geführt wurde, wie im Falle des Irak. Die Logik des Hauptglobalisierers ist unberechenbar. Sicher zu sein, dass die eine oder andere Nation nicht plötzlich unter die Räder kommt, ist unmöglich. Einst galt Gaddafi in Libyen als Freund des Westens, plötzlich wurde er, ohne nennenswerte Verhaltensänderungen, zum »zweiten Hitler«. Unter einem falschen Vorwand wurde der Irak zerschlagen, und der ehemalige Freund der USA, Hussein, gefunden und ohne Prozess gehängt…
Daher besteht die Aufgabe jeder souveränen Nation nicht darin, das (vorübergehende und in Zukunft unzuverlässige) Wohlwollen der Vereinigten Staaten zu suchen, sondern im Kampf gegen den Globalismus.
Globalisten propagieren eine ideale Welt – ohne Gewalt, ohne die widerstreitenden Interessen der Akteure. Auf eine einfache Frage: Wer konkret wird in der globalisierten Welt eine globalisierte Armee und globalisierte Polizei befehligen? – antworten die Ideologen des Globalismus nicht und senken verschämt die Augen.
Auch vor der informationellen Globalisierung gibt es kein Entrinnen. Information ist überall, man kann sich vor ihr weder verteidigen noch verbergen. Was früher als Fiktion erschien, ist zur Realität geworden – Videotelefonie, mobile Kommunikation, kostenlose Briefe und Anrufe auf der ganzen Welt. In der Wahrnehmung verschwindet das im Hintergrund, was im Vordergrund bleiben sollte: Die virtuelle Realität kann leicht verzerrt werden. Als Ergebnis findet sich der Mensch in einer unwirklichen, künstlichen Welt wieder. Es geht nicht um *second-life*-Spiel am Computer, sondern darum, dass die »Realitäten« am Monitor, denen der Mensch glaubt, oft nicht den Realitäten da draußen hinter dem Fenster entsprechen. Leichte Schizophre-

nie beginnt – mit all ihren Folgen. Das Wichtigste: Wenn ein Mensch den Kontakt zur Realität verliert und nicht versteht, was tatsächlich passiert, wird er politisch und sozial apathisch, versucht nicht einmal den Stand der Dinge zu analysieren, will nicht an politischen Prozessen teilnehmen. Dies ist ohne Zweifel ein Zustand, der globalen »Puppenspielern« hervorragende Möglichkeiten zur Manipulation liefert.

Im Rahmen der informationellen Globalisierung darf man die Globalisierung der Bildung nicht übersehen. Die Internet-Generation schöpft nicht nur Musik und Filme, sondern auch Wissen aus dem Netz. Die so genannte »offene Bildung« breitet sich aus – virtuelle Universitäten, Akademien oder Kurse. Derjenige, der das Internet beherrscht, stellt daher ein Monopol der Interpretation von Informationen sicher und wird bald alle Gehirne dominieren. So wird das Internet vielleicht das mächtigste (weil massentauglichste!) Werkzeug zur Manipulation der öffentlichen Meinung. Es gibt keine Kraft in der Welt, die den Inhalt des Internets kontrollieren und ein durch Erfahrung bestätigtes Wissen von psychologisch genau dosierter Propaganda separieren könnte.

Einer der Akteure in diesem Bereich ist beispielsweise die amerikanische Firma *Cisco*, die eine große Menge an Informationen steuert. Sie hat bereits mehr als 10.400 virtuelle Bildungsakademien (*Cisco Networking Academy*) in 165 Ländern der Welt mit 1,2 Millionen Neuanmeldungen jährlich (2018) geschaffen[397] und plant, die Anzahl solcher Einrichtungen auf viele Zehntausende auszudehnen. Nationale Bildung wird zum Scheitern verurteilt sein. Eine solche Internet-Herrschaft wird Gedanken (in eine bestimmte Richtung) unifizieren. Von einem Spieler im globalen Feld werden eine Firma oder mehrere, ein Land oder mehrere zu Besitzern des perfektesten Lenkungs-Mechanismus.

Globalisten »verkaufen« ihre Schöpfung als eine Bewegung aus verschiedenen Richtungen zum Zentrum. Man spricht über die »Annäherung der Länder«, »internationale Kommunikation«. Die Rezipienten sollten den Eindruck bekommen, dass jede Nation ihren Teil des Weges überwindet und irgendwo dazwischen ein freudiges Treffen stattfindet.

Dies ist natürlich eine dreiste Lüge. Marokko und Laos, Kenia und Paraguay gehen nirgends hin, sie warten an ihrer Stelle, wenn – erwünscht oder unerwünscht – eine stärkere Wirtschaft und eine stärkere Kultur zu ihnen kommen.

Es gibt keine gegenseitige Bereicherung, sondern die Verdrängung einer Kultur durch eine andere, von der nicht bekannt ist, ob sie besser ist.

In der Welt – sogar in wirtschaftlich entwickelten EU-Ländern – dominieren Filme einiger weniger ausländischer Filmgesellschaften, Produkte einiger weniger Firmen, Autos, Computer, Computerprogramme einiger weniger Hersteller. Aus hunderten Ländern sind die Früchte der Arbeit – sowohl wirtschaftlicher als auch kultureller Art – infolge der Globalisierung noch nicht zum Gemeingut der Weltgemeinschaft geworden, jeder kann dafür seine eigene Liste aufstellen. Die Volkswirtschaften und Kulturen dieser Länder werden von einer stärkeren Wirtschaft und einer aggressiveren »Kultur« wie von einer Straßenwalze plattgemacht.
Das Geberland einer solchen Wirtschaft und Kultur kann man benennen: die Vereinigten Staaten von Amerika. Zum Beispiel sind im Weltfilmverleih mehr als die Hälfte Hollywoodproduktionen. Die Verleihung der Oscars der *American Film Academy* wird von der gesamten Menschheit verfolgt. Hier arbeiten *ExxonMobil, Chevron, Apple, General Motors, JPMorgan Chase, General Electric, Walmart, McDonald's, IBM, Microsoft, Intel, AMD, Coca-Cola, Procter & Gamble, Pepsico* und von uns bereits erwähnte *Cisco*, die die Welt-Märkte dominieren. Während 1960 die 200 größten transnationalen Konzerne 17% des Weltkapitals kontrollierten, waren es 1995 bereits 30%. Ihr Umsatz ist größer als die kumulative Produktion fast aller Länder der Erde (mit Ausnahme der zehn größten), sie machen ein Viertel des Welthandels aus. Und das trotz der Tatsache, dass in der Welt Dutzende Millionen von Unternehmen arbeiten.[398]
Das Vermögen der zehn größten Unternehmen der Welt, darunter *Apple* und *Walmart*, ist zusammen größer als jenes von 180 souveränen Staaten. Von 200 stärksten Wirtschaftssubjekten der Welt mit den größten Vermögen (Staaten und Unternehmen) sind heute (2015) 153 private Unternehmen.[399]
Ich möchte vor dem Eindruck warnen, dass »die Vereinigten Staaten und mit ihnen weitere zehn Länder« von der Globalisierung profitieren. Weil es die Vereinigten Staaten als solche nicht gibt. In den USA gibt es Arme und Reiche, Herrschende und Beherrschte. Einfache Amerikaner und Europäer leiden selbst unter dem Export von Kapital in andere Länder, durch den Transfer von Produktion aus den USA oder den EU-Ländern auf andere Kontinente – sie verlieren ihre Arbeitsplätze, sie werden ärmer, die Kluft zwischen Arm und Reich nimmt zu. Konsum, Bildung, Gesundheitsversorgung unterscheiden sich zunehmend nicht nur zwischen den Ländern der sogenannten »Goldenen Milliarde« und den Ländern der »Dritten Welt«, sondern auch innerhalb der Industrieländer selbst.[400]

Ziel der Globalisierung ist es ja nicht, in einer globalen Welt Völker zu vereinen (die bleiben dort, wo sie leben, und bekommen von der Globalisierung grundsätzlich nur das Recht auf Arbeit für einen ausländischen Arbeitgeber, der nicht besser ist als ein einheimischer), sondern nur wirtschaftliche und politische Eliten. Diese globalisierten Eliten entziehen sich der nationalen Kontrolle (den Parlamenten, den Regierungen, der Justiz, der Presse, der Öffentlichkeit...) und treffen schicksalhafte Entscheidungen für die Nationen hinter dem Rücken der Völker. Die Eliten schwacher Nationen verbinden daher ihr Schicksal nicht mit dem Schicksal ihres Volkes, sondern mit dem globalen ökonomischen und politischen Kraken. Solch eine Elite verrät ihre Nation. Der Globalismus treibt die nationalen Eliten der schwachen Länder zu einem solchen Verrat.

Die Globalisierung ist finanziell selbsttragend. Die Supergewinne, die Banken und transnationale Konzerne in monopolistisch dominierte »offene Märkte« einfahren, werden genutzt, um die nationalen Regierungen und Parlamente zu korrumpieren, damit diese die Entscheidungen treffen, die Banken und TNCs am liebsten haben – Globalisierungsentscheidungen.

Die Globalisierung in wirtschaftlich starken Ländern sieht etwas anders aus. Einige Theoretiker haben sich in ein seltsames Dilemma gebracht: Wer hat mehr Macht über wen – transnationale Konzerne über die Regierung der US-«Supermacht« oder umgekehrt (die Rolle von Regierungen und TNCs anderer Länder wird in diesem Poker einfach nicht beachtet).

Die Frage ist, wie gesagt, merkwürdig gestellt. In einer kapitalistischen Gesellschaft beruft die Wirtschaftselite ihre Handlanger für die Rollen von Staatsmanagern, einschließlich der Rolle von Präsidenten. Diese Staatsmänner selbst sind Fleisch vom Fleische der Wirtschaftsmagnaten. Die wirtschaftliche Macht der Konzerne und die politische Macht eines Staates fließen frei von einem zum anderen.

Die politische Elite ist unendlich engagiert, die fundamentalen Interessen der großen kapitalistischen Unternehmen zu schützen. Daher sollten diese beiden Kräfte als zwei Seiten derselben Medaille betrachtet werden, als ein römischer Gott Janus, der zwei Gesichter besaß. Was macht es schon aus, wer mehr Tore schießt – linker Mittelfeldspieler oder rechter Flügelspieler – wenn sie in derselben Mannschaft spielen?

Die Globalisierung manifestiert sich eben in der Verschmelzung der globalen Wirtschaft mit globaler Politik und globaler Ideologie. Gleichzeitig bieten globale Ideologie und globale Politik der globalen Wirtschaft günstige Rahmenbedingungen.

Also: Die Entwicklung der Informationstechnologien, die enge Verflechtung der Volkswirtschaften führten zu der Entstehung des Globalismus als Ideologie, die die nationale Souveränität der Staaten zerstören sollte – ein Grundprinzip der seit Jahrhunderten bestehenden internationalen Rechtsordnung. Das Prinzip der Nichteinmischung in die inneren Angelegenheiten der Staaten wurde durch das »Prinzip der Einmischung« ersetzt. Es erlaubt Globalisten, eine einheitliche Welt nach ihrem eigenen Bild zu formen, die Weltkarte neu zu zeichnen, in dem sie das eine oder andere wenn auch legale, aber »unerwünschte« Regime zuerst delegitimieren und dann einfach in Schutt und Asche legen. Das Wesen der Herrschaft des Volkes wird unter dem Motto »Demokratie« entmannt.

Staaten sind gezwungen, immer mehr Befugnisse an internationale Organisationen zu delegieren. Die Entwicklung supranationaler Institutionen, die Regionalisierung von Politik zielt darauf ab, Nationen erst zu transformieren und in Zukunft zu zerstören.

Auf Kosten der Reduzierung staatlicher Eingriffe in die Wirtschaft wächst der politische Einfluss großer transnationaler Konzerne. Durch die relativ leichte Migration von Menschen und den freien Kapitalverkehr wird die Macht des Staates über seine Bürger verringert.

Der Globalismus schafft ein System der globalen Ausbeutung, gestaltet ein neues globales Sklaven-Imperium.

Diese Prozesse werden von einer Zentralisierung der Macht in den Händen einer kleinen Gruppe von Menschen begleitet – der so genannten »globalen Elite«. Diese Elite hat bereits heute ein enormes militärisches und wirtschaftliches Potential, eine hohe Organisation, dominiert in internationalen Strukturen, in den Informations- und Wirtschaftsräumen des Planeten.

Wie jede Ideologie hat auch der Globalismus ein ideologisches Ziel: die Politik der Machtübernahme durch transnationale Konzerne zu rechtfertigen und diese Usurpation als einen objektiven Prozess darzustellen.

Der amerikanische Ökonom, Nobelpreisträger Joseph E. Stiglitz (geb. 1943) meint, dass der Globalismus die Industrie zerstört, Arbeitslosigkeit, Armut, den wissenschaftlichen und technologischen Fortschritt hemmt und die ökologische Katastrophe auf dem Planeten vertieft. Er kritisiert internationale Wirtschaftsorganisationen, die die Ideologie des Globalismus im Interesse der am meisten entwickelten Länder und zum Nachteil der meisten Länder auf dem Planeten benutzen.

Stiglitz nennt die WTO ein Symbol für Ungerechtigkeit und Heuchelei der Industriestaaten.[401]

Die Globalisierung trägt zum Wachstum einer spekulativen Wirtschaft, Monopolisierung der Produktion und des Absatzes von Gütern und der Umverteilung von Wohlstand zugunsten einer kleinen Gruppe von Menschen bei, die bereits heute globale wirtschaftliche und militärische Macht haben, aber unbedingt die politische dazu bekommen wollen. Die USA spielen in der Globalisierung eine führende Rolle. Der amerikanische Geostratege Zbigniew Brzezinski sagt in seinem Buch »Die einzige Weltmacht«: »Mit dem Scheitern und dem Zusammenbruch der Sowjetunion stieg ein Land der westlichen Hemisphäre, nämlich die Vereinigten Staaten, zur einzigen und im Grund ersten wirklichen Weltmacht auf.«[402]
Er wurde durch einen anderen amerikanischen Analytiker ergänzt, den man nicht vorzustellen braucht, Henry Kissinger (geb. 1923). Im Gespräch mit Studenten des *Trinity Colleges*, Dublin,[403] erklärte er: »Was allgemein Globalisierung genannt wird, ist eigentlich nur ein anderer Name für die dominierende Rolle der Vereinigten Staaten.«[404] Und Samuel P. Huntington bekräftigt: »Der Westen nutzt in der Tat internationale Institutionen, militärische Macht und wirtschaftliche Ressourcen, um die Welt so zu führen, dass die Vorherrschaft des Westens erhalten bleibt, westliche Interessen geschützt werden und westliche politische und wirtschaftliche Werte gefördert werden«.[405]
Der amerikanische Philosoph, Professor William McBride beschreibt den Globalismus auf diese Weise: »Dieses System ist dem *Juggernaut* so ähnlich, dass die einzig denkbare Form des Widerstands gegen ihn *in Form von Terror bestehen sollte* (kursiv von mir – V. T.), da bereits kein Dialog mit ihm möglich ist.«[406]
Das Wort *Juggernaut* war mir unbekannt, ich schaute im Wörterbuch nach. *Juggernaut*, heißt es dort, ist eine Manifestation der blinden unaufhaltsamen Kraft, die alles vernichtet, was ihr im Wege steht.
So ist der Globalismus.
Zum Gegengewicht des Globalismus kann nur der Nationalismus werden, die Welt der Nationalstaaten, die »Welt der Vaterländer«, in der die Völker zusammenwirken und sich nicht gegenseitig abwürgen. Denn der Nationalismus vermittelt Verständnis dafür, dass in einer neuen politischen Weltordnung, sollte sie zustande kommen, nicht nur Nationen als solche, sondern auch viele ihrer gegenständlichen Angehörigen verschwinden werden.

Getrennt leben

»Eis und Gluten«[a]

Von Sommer bis Anfang Herbst 2012 war Europa neben der Wirtschaftskrise von zwei Problemen betroffen. Das erste: Das deutsche Verwaltungsgericht in Köln hatte entschieden, dass Muslime und Juden die Jungen nicht mehr beschneiden dürfen. Das Gericht begründete seine Entscheidung damit, dass das Kind, trotz Anästhesie, immer noch Schmerzen empfindet, und dass der Stress durch die Beschneidung zu erheblichen Gesundheitsschäden führen kann. Daher darf den Jungen die Vorhaut nicht beschnitten werden, Ärzte werden automatisch zu Kriminellen.

Seltener Fall: Juden und Muslime gingen gemeinsam gegen die Entscheidung auf die Barrikaden. Ohne Beschneidung ist ein Jude kein Jude und ein Muslim kein Muslim. Diese religiösen Traditionen existieren seit Hunderten und Tausenden von Jahren.

Die Juden erklärten, dass die Deutschen auf diese Weise Juden wieder aus dem Land »herauspressen« wollten, dies sei eine Manifestation des latenten deutschen Antisemitismus. Ein Rabbiner fragte sogar sarkastisch, warum die Deutschen, die in der jüngeren Vergangenheit Millionen Juden getötet hätten, sich nun um einzelne Tropfen jüdischen Blutes kümmerten.

Muslime verurteilten die Entscheidung, machten sich aber keine großen Sorgen. Für sie sind deutsches Recht und deutsches Gericht nicht relevant, es existiert nur die Fatwa – eine Entscheidung des Muftis auf der Grundlage des Koran. Und der Mufti begrüßt die Beschneidung.

Wir gehen weiter.

Das zweite, nicht weniger wichtige Thema: der Film über den Propheten Mohammed und Karikaturen von ihm. Die Welle der Entrüstung über die

a Zitat aus dem Versroman »Eugen Onegin« von Alexander Puschkin. In deutscher Übersetzung (von Theodor Commichau) klingt das so: *Es glückte. Zwischen Fels und Fluten, // Gesang und Prosa, Eis und Gluten // Gab's eher noch ein Bindeglied.* (russ.: »Они сошлись. Волна и камень, // Стихи и проза, лед и пламень // Не столь различны меж собой«).

ersten zwölf Karikaturen, die im Herbst 2005 in Dänemark veröffentlicht wurden, ist vorüber. Damals boykottierten die Muslime dänische Produkte, zertrümmerten mehrere dänische (und nebenher auch norwegische...) Botschaften, bei Demonstrationen gegen Karikaturen auf der ganzen Welt starben mehr als hundert Menschen...

Jetzt eine neue Runde – und sofort aus der Doppellaufflinte: In den USA kam ein Film heraus, der Mohammed beleidigte, und das französische Magazin *Charlie Hebdo* veröffentlichte neue Karikaturen.

Tatsache ist, dass es im Islam im Prinzip verboten ist, einen Propheten zu zeichnen, ganz zu schweigen von Karikaturen, die auf die eine oder andere Weise das islamische Heiligtum verhöhnen. Deshalb neue Krawalle, neue Leichen, neue Beleidigungen von Gegnern, neue Selbstmordattentate... Selbst in Deutschland, das weder mit dem Film noch den Karikaturen zu tun hatte, rief ein Abu Asad seine Glaubensgenossen auf, Attentate durchzuführen (der Schauspieler, der in der Rolle von Mohammed auftrat, sei angeblich deutscher Herkunft, was nicht stimmt). Auf dem Portal der *Global Islamic Media Front* schlug dieser Gläubige vor, den Deutschen die Köpfe abzuschneiden, diesen bestialischen Akt zu filmen und im Internet zu veröffentlichen, »sodass ganz Deutschland, ja sogar ganz Europa weiß, dass ihre verbrecherischen Spielchen (...) durchkreuzt werden«.[407] Der pakistanische Eisenbahnminister Ghulam Ahmad Bilour (er betonte, als Privatperson) forderte die Tötung des Filmproduzenten und hat eine Belohnung von 100.000 Dollar für seinen Kopf ausgelobt.[408] Seine Parteikameraden distanzierten sich von ihm in Worten, niemand im Land verlangte jedoch von ihm den Rücktritt von seinem Ministerialposten.

Mit einem Wort – Gewalteskalation.

Die Europäer und Amerikaner, die diese Karikaturen zeichneten und druckten, sowie ihre zahlreichen Unterstützer zeigten aufrichtig ein völliges Unverständnis über die Gründe für eine derart heftige Empörung: Karikaturen und Filme sind ihrer Meinung nach Kunstwerke, die das Recht auf Existenz haben, weil in den Verfassungen aller europäischen Länder (genauer, in westlichen angelsächsischen) das Recht auf Pressefreiheit verankert ist. Und aus Sicht vieler westlicher Experten gibt es einfach keinen Grund für eine solche Welle der Gewalt.

Natürlich meinte auch jeder, dass das künstlerische Niveau der Karikaturen und des Films ziemlich bescheiden wäre, aber man dürfte keine Menschen wegen Mangels an Talent töten!..

So denken und sagen Europäer.

«Du kannst töten, du musst töten«, denken und sagen Anhänger des fanatischen Islam: »Die Tradition zwingt uns dazu!«
Wer hat Recht?
In der gegenwärtigen europäischen Zivilisation wird der Streit durch das Gesetz gelöst (das gestern oft von korrupten Politikern angenommen wurde) und in der uralten Stammesgesellschaft (exemplarisch die Irokesen) regelt, wie Friedrich Engels schrieb, ein »jahrhundertelanger Gebrauch«[409] alles. Jahrhundertelanger, das heißt seit Jahrhunderten bewährt.
Welcher Ansatz ist solider? Was ist die richtige Entscheidung?
Derselbe Engels bescheinigt weiter die »sittliche Höhe der alten Gentilgesellschaft[a]«[410], genau der Gesellschaft, in der die Anhänger der Halsabschneider gerade leben. Und über die gegenwärtige Moral (meint die, die vor 130 Jahren in Europa herrschte, aber die Abweichungen sind in diesem Fall m. E. geringfügig...), bemerkt der Freund von Marx: »Es sind die niedrigsten Interessen – gemeine Habgier, brutale Genußsucht, schmutziger Geiz, eigensüchtiger Raub am Gemeinbesitz -, die die neue, zivilisierte, die Klassengesellschaft einweihen; es sind die schmählichsten Mittel – Diebstahl, Vergewaltigung, Hinterlist, Verrat, die die alte klassenlose Gentilgesellschaft unterhöhlen und zu Fall bringen. Die neue Gesellschaft selbst, während der ganzen dritthalbtausend Jahre ihres Bestehns, ist nie etwas andres gewesen als die Entwicklung der kleinen Minderzahl auf Kosten der ausgebeuteten und unterdrückten großen Mehrzahl, und sie ist dies jetzt mehr als je zuvor."[411]
«...Jetzt mehr als je zuvor.« Also, Engels sollte man lesen, bevor man auf sich selbst – durch und durch Zivilisierten – stolz ist.
In unserem Fall braucht man nicht darüber nachzudenken, wer recht hat, weil wir über etwas anderes reden: Was einige Völker in einigen Ländern, einige Religionen als kategorischen Imperativ empfinden, als eine absolute Richtlinie der Religion und der Gemeinschaft, ist in anderen Gesellschaften ein Verbrechen. Menschen – mit dem gleichen Kopf, Armen und Beinen – haben verschiedene Herkünfte, verschiedene Werdegänge und damit unterschiedliche Vorstellungen von Gut und Böse. Zwei Menschen stehen auf beiden Seiten einer Zahl auf dem Asphalt, zeigen mit den Fingern auf sie und schreien sich gegenseitig an. Einer schreit: »Sechs!«. Ein anderer: »Neun!«. Bringen Sie Solomon hierher, lassen Sie ihn ihren Zwist entscheiden.

---

a Stammesgesellschaft.

Keiner dieser unversöhnlichen Feinde ist schuld – sie müssen nur in Frieden leben, ein Minimum an Berührungspunkten haben.
Es gibt Dinge, die (mindestens) zwei Wahrheiten haben. Eine Wahrheit ist die des Europäers im 21. Jahrhundert. Eine andere die Wahrheit des Asiaten, der in einer feudalen Gesellschaft aufwuchs. Keine dieser Gesellschaften ist besser oder schlechter – sie sind nur grundverschieden.
Die Mehrheit der in Deutschland lebenden Türken gehörten nach eigenen Schätzungen zu den am wenigsten gebildeten Schichten in der Türkei.[412] Wir machen ihnen keine Vorwürfe wegen ihrer schlechten Bildung – das kann viele Gründe haben. Wir fragen: Wie erreichen wir ein gegenseitiges Verständnis?
In Mali, in der verlassenen Stadt Timbuktu, zerstörten Anhänger einer Religionsgemeinschaft die Mausoleen, die vor vielen Jahrhunderten als Schreine errichtet wurden. Einer der Zerstörer wurde im Fernsehen gezeigt: Aus seiner Sicht ziemlich logisch erklärte er den Zuschauern in Europa, dass Menschen zu den Mausoleen gehen und dort beten. Aber er, auch ein Muslim, ist der Meinung, dass man zu Allah und nicht dem Mausoleum beten solle und deshalb alle Mausoleen (als Brutstätte eines falschen Ritus) zerstört werden müssten. Im Bild waren Leute mit Hacken und Brecheisen zu sehen, auch ein Bagger wurde gemeldet – obwohl auch Dynamit wirksam wäre. Diese Mausoleen sind keine gewöhnlichen, sie gelten als kulturelles Erbe nicht nur von Timbuktu oder Mali. 16 dieser Mausoleen in Timbuktu sind von der UNESCO in die Liste des Weltkulturerbes der Menschheit aufgenommen worden.[413]
Im Jahr 2001 wurden in Afghanistan auch zwei bunte Buddhastatuen zerstört, die ebenfalls auf der UNESCO-Liste stehen.[414] Die damalige Regierung des Landes glaubte, dass die Statuen heidnische Idole seien und zerstört werden müssten. Einer der Führer des Landes, Mullah Mohammed Omar (offensichtlich seine Hände zum Gesicht gehoben und in den Himmel schauend), sagte: Es gibt nur einen Gott, und die Statuen sind für die Anbetung gesetzt, was falsch ist. Sie müssen zerstört werden, um die »im Islam verbotene Anbetung von Abbildern zu verhindern«.[415] Die Statuen wurden zuerst aus Kanonen beschossen, dann haben Pioniere in Bohrlöchern mehrere Sprengladungen gezündet, und als das nicht half, feuerten sie eine Rakete darauf ab...
Europäer und europäisierte Asiaten verurteilten diesen, aus der Sicht ihrer Zivilisationen, barbarischen Akt.
Während des »Arabischen Frühlings« sind viele islamistische Gruppen ak-

tiv geworden – seitdem ist es für Christen schwierig geworden, in diesen Ländern zu leben. Sie werden verfolgt, geschlagen und getötet; Menschen, die seit Jahrhunderten in diesen Ländern leben, tun uns sehr, sehr leid. Wir können von unserem hohen europäischen Glockenturm die Unterdrücker und Verfolger verurteilen. Ein fanatischer Muslim kann aber aus seiner Sicht, aus seiner tiefen religiösen Überzeugung heraus, einfach nicht ruhig an einem Christen vorbeigehen. Wenn er ein wahrer Muslim sein will, dann muss er etwas gegen ihn unternehmen.

Es gibt auch Beispiele »umgekehrt«. Vor ein paar Jahren warf der Westen den verhassten Diktator Saddam Hussein ab und »demokratisierte« den Irak. Danach schreiben Zeitungen nur noch über Terrorakte, über die Früchte der Demokratisierung wissen wir wenig. Aber manchmal sickern vage Andeutungen über die »Werte«, mit denen die irakische Gesellschaft beglückt wurde, durch. So berichteten die Zeitungen im Mai 2013 über 12 Leichen in Bagdad – irgendein Irrer tötete offenbar aus einem Maschinengewehr sieben Damen und fünf Klienten in einem Bordell.

Bordell? Im muslimischen Bagdad? Ja, schrieben die Zeitungen, Islam verbietet Alkohol und Prostitution, aber im Bagdader Stadtteil Sayun gibt es davon einiges... Ein paar Tage vorher wurde dort ein Alkohol-Geschäft beschossen.[a]

Nun gut, Saddam war, wie wir überzeugt werden, ein »Faschist«, aber wer riet den Amerikanern, den »Kulturtransfer« in ein muslimisches Land mit käuflichem Sex zu beginnen? Die tiefe Überzeugung der Soldateska, dass man »so etwas lieben muss« ?

Früher bedeutete das Wort »Rassismus« eine Einschränkung der Rechte der schwarzen Bevölkerung. Heute gibt es (in Frankreich zum Beispiel ...) Rassismus gegenüber Weißen. Es existieren auch ein paar Bücher zu diesem Thema. Weißer Rassismus ist natürlich nicht besser als schwarzer Rassismus – und umgekehrt. Ich will glauben, dass Rassismus irgendwann mal für immer verschwinden wird, dass die Menschen anfangen werden, sich unabhängig von der Hautfarbe zu lieben. Doch weisen die Trends eher in die entgegengesetzte Richtung, Rassismus gegen Weiße ist ein neueres Phänomen. Daher ist der einzige Weg, Konfrontation zu vermeiden, sich

---

a Solche Verbrechen in Bordellen sind keine Seltenheit: Im Juli 2014 gab es 29 Leichen (*https://www.bbc.com/russian/rolling_news/2014/07/140713_rn_baghdad_killing.shtml*), im Mai 2013 auch 12 – usw. (*http://www.dagospia.com/rubrica-3/politica/bordello-iraq-massacro-donne-bagdad-uccise-perch-prostitute-80869.htm*).

friedlich in verschiedene Richtungen zu bewegen. Je weniger Menschen, die Mitglieder einer anderen Rasse nicht mögen, sich kreuzen werden, desto harmonischer wird ihre Koexistenz. Das Einpferchen von Weißen und Schwarzen auf einem kleinen Raum, erschwert durch soziale Probleme, die in jeder Gesellschaft existieren, kann per se nicht zu Harmonie führen.
Woher kommt Rassismus der Schwarzen gegen Weiße?
Er war immer dort, wo die Weißen an der Macht waren – entweder bildeten sie die Mehrheit und regierten das Land (ein typisches Beispiel die USA), oder sie waren in der Minderheit, aber sie führten das Land trotzdem (typische Beispiele: Südrhodesien, afrikanische Kolonien).
Auch zu dieser Zeit hassten vermutlich die Schwarzen Weiße, aber sie hatten nicht die Kraft, sich ihnen entgegenzustellen. Rassismus gegen Weiße »entstand nicht«, er kam nur an die Oberfläche, manifestierte sich, wie das Motiv auf dem Fotopapier allmählich im Entwickler sichtbar wird (der Vergleich, gebe ich zu, ist etwas unglücklich geraten, jetzt wissen viele nicht mehr, was ein Fotoentwickler ist). Aus der Tatsache des Aufkommens von Rassismus gegen Weiße lässt sich schließen, dass die schwarze Rasse ihre Lebenskraft spürt, um die Weißen anzugreifen (weil Rassismus aktiv, kampfeslustig, offensiv ist).
In Frankreich, wo dieser *racisme anti-blanc* auch auftauchte, gehen die Weißen nicht mehr in die »schwarzen Bezirke«. Warum soll man sich in Gefahr begeben?
Es gibt unterschiedliche Gesetze und Traditionen in verschiedenen Ländern, in verschiedenen Kulturkreisen. In deutschen Familien z. B. werden Kinder schon lange nicht mehr geschlagen. Nicht dass ein Rowdy mal eine Kopfnuss bekäme, aber grundsätzlich kann man dafür auch in den Knast kommen: So sind die Gesetze in Deutschland. Aber von 200 Ländern der Welt gibt es nur in 20 vergleichbare Gesetze. Der Rest glaubt, dass es normal ist, ein Kind mit einem Gürtel oder einem Stock zu züchtigen. Welche Gesetze richtig sind und welche nicht, was in der Perspektive (für die Erziehung) nützlicher ist, sei dahingestellt.
Aber es kann gesagt werden, dass es für einen Deutschen genau so schwierig ist, ein Kind in Ägypten aufzuziehen, wie es für einen Araber schwierig ist, die seelische Freundlichkeit der Deutschen zu verstehen.
Norweger sind begeisterte Hockeyspieler. Die norwegische Nationalmannschaft ist eine der besten der Welt, Eishockey in Norwegen ist eine nationale Sportart. In der norwegischen Hauptstadt Oslo haben sich 27% der Migranten angesiedelt. Somalier, die dort leben, wollen aus irgendeinem Grund

kein Hockey spielen. Die Norweger denken immer noch über den Grund nach...
Multikulturelle Experimente zwingen verschiedene Menschen zum Zusammenleben. Es heißt: zur gegenseitigen Bereicherung der Kulturen. Es gibt kaum andere Ziele – wirtschaftliche, politische, alltägliche. Politiker streben Multikulturalismus um des Multikulturalismus' Willen an, und dafür siedeln sie einen Schwarzen in eine Wohngemeinschaft mit Weißen.

Apartheid oder: Wie Schwarze besser leben können

In den USA hat sich in jüngster Zeit der stille Protest des weißen Teils der Bevölkerung gegen die ethnische Symbiose verschärft: In der Umgebung großer Städte bilden sich so genannte »geschlossene Gesellschaften« (*gated communities*), in denen Weiße mit elektronischen Eintrittskarten und bewaffneten Wächtern hinter hohen Zäunen leben. Es gibt jetzt etwa 11 Millionen[416] so lebender Reiche, in aller Regel Weißer, in Amerika.
Im Kapitel über die USA haben wir uns an das Städtchen *Benton Harbor* erinnert, das in Bezug auf die Anzahl der Schwarzen zu den Champions in den USA zählt. Auf der anderen Seite des Flusses *St. Joseph River* befindet sich eine andere Stadt – *St. Joseph*, eine fast vollständig »weiße« Siedlung. Bei all der Nähe von Benton Harbor und St. Joseph – und der Existenz von breiten Brücken zwischen ihnen – eine Vermischung der Rassen findet hier nicht statt.
Die in den 60er Jahren des vorigen Jahrhunderts gefeierte »*the end of racism*« und »Verschmelzung« der Weißen und, wie es hier heißt, »Un-Weißen« (*nonwhite*), läuft nicht mehr: Es gibt in dem Land immer mehr »weiße« und »schwarze« Schulen und Universitäten. Wie *Newsweek* unter dem vielsagenden Titel »*School Segregation in America is as Bad Today as it Was in the 1960s*«[417] schreibt, bleiben auch die ehemals ausschließlich »schwarzen« Schulen, wo neuerlich auch Weißen das Studium erlaubt wurde, *de facto* »schwarz«. Die »Colours« sind auch dazu geneigt, öfters unter sich zu bleiben, ohne weiße Kommilitonen.
Unterschiedliche Rassen, Hautfarben, verschiedene Sprachen, Vorlieben,

Bildungsniveaus, soziale Herkünfte, Kulturen, ungleiches wirtschaftliches Potenzial verhindern die Schaffung einer harten amerikanischen multiethnischen *alloy*, Legierung.
In London gibt es Bezirke, die *no go area* heißen. Dies sind (schon) fast vollständig Einwanderergebiete, die es für Weiße besser zu meiden gilt, da dort ethnische Straßengangs bei Tag und Nacht regieren. Aber ethnisch verschiedene Banden. In den Gebieten von Tottenham und Brixton lebt eine karibische und schwarzafrikanische Bevölkerung, in der Gegend von Tower Hamlets – Bangladesch und Sudan, in der Gegend von Whitechapel – Menschen vom Hindukusch. Separat leben Chinesen und Pakistani. In London leben Weiße und Schwarze getrennt. So wollten sie es SELBST.
Einige Länder bemühen sich immer noch um »Vermischung«, um Ausländer in einer großen Masse von Einheimischen »aufzulösen«. Das klappt schlecht. In Deutschland führt die Herrichtung neuer Flüchtlingsunterkünfte selbst in Großstädten zu Protesten, wo alles viel anonymer ist als in den Dörfern. Die Bürger gründen Initiativen, um zu verhindern, dass die Verwaltung Ausländer in der Nähe ihrer Häuser ansiedelt, und betrachten die Unterkünfte als Brutstätten für Verbrechen und Unordnung. Wir behaupten hier nicht, dass diese Heime solche Brutstätten sind, aber Vorurteile und Ressentiments existieren aus irgendeinem Grund. Es ist besonders gefährlich, solche Herbergen in ländlichen Gebieten zu schaffen. Hier verursachen sie offene, manchmal nicht ganz friedliche Proteste. Eine freie Gesellschaft, eine Gesellschaft, der keine inakzeptablen Lösungen mit Gewalt aufgezwungen werden, lehnt offensichtlich Fremdes ab.
Wie Meinungsumfragen zeigen, ziehen es viele Ureinwohner Hollands, Dänemarks, Norwegens, Schwedens, Finnlands und anderer Länder auch vor, getrennt von Ausländern zu leben, und haben es nicht eilig, ihre Gewohnheiten zu ändern. Die Erklärung dieses »Phänomens des 21. Jahrhunderts« gab der deutsche Kulturhistoriker Johann Gottfried Herder aus dem 18. Jh. Er verstand »die wilde Vermischung der Menschengattungen und Nationen« als unnatürlich, denn er war überzeugt, dass »der Menschenzepter ist viel zu schwach und klein, daß so widersinnige Teile in ihm eingeimpft werden könnten«.[418]
Eine andere Gesetzmäßigkeit tritt ebenfalls zutage: Ausländer siedeln sich in nationalen Gruppen an, immer zu ihren eigenen Leuten. Sie ziehen sich zurück und versuchen, den Kontakt mit anderen Ethnien zu minimieren. Hier ein Beispiel: Vertreter von 190 Nationen leben in Berlin[419]. Die Polizei und die Ausländerämter stellen fest, dass sie sich nicht gegenseitig in die

Arme fallen, sondern versuchen, sich so weit wie möglich voneinander zu distanzieren.[420]

Diese Trennung voneinander kommt nicht von oben, sie wird nicht angeordnet, sondern ist der Wunsch der ethnischen Einheiten selbst, sie erleichtert den Menschen alltägliche und psychologische Probleme zu bewältigen. Ethnische Solidarität in Verbindung mit Clan-Beziehungen führt zum Wachstum der Gruppe. Die indigenen Bewohner der Stadtviertel befinden sich in der Position von »Außenseitern« und sind, wie gesagt, gezwungen, ihren Heimatort zu verlassen. Nationen »lösen« sich nicht in fremden Gesellschaften auf, sondern korpuskulieren[a], schließen sich in sich und bilden kompakte Wohngebiete. Eine solche Trennung scheint für das Zusammenleben der Ethnien natürlich zu sein.

Gleichzeitig nennt man eine solche Trennung »Apartheid« – ein schweres Verbrechen, für seine Ahndung wurde in Den Haag ein spezieller Internationaler Gerichtshof geschaffen.

Die Heimat der Apartheid ist bekanntlich die Republik Südafrika.

Diejenigen, die dort waren, zeigen Fotos, wie die weiße Bevölkerung dort lebt: eine hohe Mauer, Stacheldraht entlang der Mauer, ein Tor mit einem bewaffneten privaten Sicherheitsdienst. Wenn man hineinfährt, stellt man fest, dass man nicht in den Hof eines Wirtes, sondern in die Festung der Weißen gekommen ist. Sie heißen hier *gated* bzw. *walled communities* oder *security villages.* Diese Siedlungen haben ihre eigenen Geschäfte, eigenen Schulen, eigenen Apotheken, eigenen Ärzte... Jeder Hof ist mit einer anderen hohen Mauer mit Stacheldraht umzäunt, im Hof sind wieder Wächter und Hunde.

Die ländliche Idylle sieht ähnlich aus: Weiße Bauern haben feste Häuser, alle Fenster sind vergittert, starke Scheinwerfer am Haus montiert, im Hof gibt es bewaffnete Wachen, der Flur sieht aus wie ein Hundezwinger: Wachhunde schnüffeln an jedem Fremden und knurren unangenehm. Ein zwei Meter hoher Stahl- und Elektrozaun steht unter einer Spannung von 12 Tausend Volt. Der Besitzer ist in ständigem Kontakt mit der freiwilligen Farmer-Wehr, die die Region von Autos aus überwacht und bereit ist, beim ersten Anruf rasch zu kommen.[421]

Wir schreiben das Jahr 2017 – fast fünfundzwanzig Jahre nach der Abschaffung der schrecklichen Apartheidpolitik in der Republik, einer Politik, in der Weiße und Schwarze getrennt lebten. Jetzt wurden in Südafrika »uni-

---

a Von lat. *corpusculum* – »Körperchen«.

verselle menschliche Werte« verkündet, das uneingeschränkte Wahlrecht für alle, die Presse- und Redefreiheit, ein Mehrparteiensystem, Parlamentarismus, Multikulturalismus und Offenheit.

Seit dem Ende der Apartheid 1994 wurden in Südafrika, laut der Nichtregierungsorganisation »Genocide Watch«, 3000[a] weiße Farmer von schwarzen Bürgern getötet.[422] Jetzt gibt es in diesem Land mehr als 19 000 Morde pro Jahr.[423]

Dies ist mehr als in den an die Zähne bewaffneten USA mit einer sechs Mal größeren Bevölkerung. Zeitungen in Südafrika melden Verbrechen nur, wenn ein Freund des britischen Prinzen Charles oder ein Führer einer politischen Partei getötet oder ausgeraubt wurde – auf die anderen achtet niemand.

Die Sitten werden immer rauer. So wurde Anfang 2013 unweit von Kapstadt die 17-jährige Anene Booysen von einer Gruppe Schwarzer vergewaltigt.[424] Anschließend haben ihr die Kriminellen bei lebendigem Leibe, mehrere innere Organe herausgerissen. Der Zustand der jungen Frau war so schockierend, dass das Krankenhaus sich weigerte, der Presse irgendwelche Informationen zu geben. Die Krankenschwestern, die Anene Booysen sahen, waren in einem Zustand, in dem sie selbst medizinische Hilfe brauchten. Nachdem sie zu sich gekommen sind, wurden die Krankenschwestern zur Rehabilitation zu einem Psychologen geschickt. Die junge Frau verstarb im Krankenhaus.

Der damalige Präsident des Landes Jacob Zuma bezeichnete das Verbrechen als »schockierend, grausam und höchst unmenschlich«. Es war wahrscheinlich schwierig für Zuma, diese Worte auszusprechen: 2005 wurde er selbst der Vergewaltigung beschuldigt.[425]

Vielleicht nicht so schockierende und unmenschliche, aber es gibt in Südafrika 50.000 registrierte Vergewaltigungen pro Jahr (2017).[426]

Wohltätigkeitsorganisationen sagen, dass die tatsächlichen Zahlen mindestens zehnmal höher sind, die *University of South Africa* schätzte, es gebe gar eine Million Vergewaltigungen pro Jahr. Für eine in Südafrika geborene Frau sei die Wahrscheinlichkeit, sexuell missbraucht zu werden, höher als die, lesen und schreiben zu lernen, lautete damals die zynische Schlussfolgerung der BBC.[427] Aber auch die offiziell bestätigte Zahl erschüttert – fast sechs Vergewaltigungen pro Stunde. 20% Südafrikaner zwischen 15 und 49

---

a Diese Zahl ist offiziell nicht belegbar, da die Polizei in Südafrika keine Statistiken nach Rassenzugehörigkeit führt – eine clevere Entscheidung.

Jahren sind HIV-infiziert[428] und ca. Tausend Menschen sterben täglich daran.[429]
Jede Vergewaltigung bedeutet auch Ausbreitung der Krankheit. Es sei denn, einer Frau gelingt es nach einem Verbrechen zu überleben. Es gibt anderthalb Millionen Waisen, deren Eltern an AIDS gestorben sind.[430] Die Anzahl der Kindervergewaltigungen ist besonders hoch im Land – die Kriminellen haben Angst vor AIDS. Umfragen zeigen, dass die Hälfte der Männer Frauen mehrmals zum Sex gezwungen haben.[431] Ein Drittel der Schwangeren hat AIDS.[432]
Außerdem gibt es in dem Land eine der weltweit höchsten Raten bei versuchtem Mord, Körperverletzung, Banküberfällen, bewaffneten Angriffen auf Fahrer und Autoraub (*car-jacking*), Brandstiftungen von Häusern – samt Menschen.[433] Aber es geschehen auch zahlreiche andere Verbrechen: Festnetztelefone funktionieren in den Dörfern nicht, weil jemand ständig Kupferkabel klaut, Wasserpumpen, Traktorenbatterien, Steinsalz, das auf der Straße für Vieh ausliegt, Viehzäune und Vieh selbst stiehlt. Nach Schätzungen, werden Jahr für Jahr Tausende und Abertausende Kühe, Grundeln, Schafe und Ziegen im Land gestohlen.[434] Man redet von »landwirtschaftlicher« organisierter Kriminalität.[435]
Die Gründe für das grassierende Verbrechen, sagen Experten, liegen in der schlechten Bildung, Enttäuschung über Armut und Arbeitslosigkeit, in den patriarchalischen sozialen Strukturen. Und in der vor 25 Jahren überwundenen Apartheid.
Lesen Sie alte schlaue Bücher: Reisende beschreiben das Südafrika der Apartheidzeit als sauber, grün, gepflegt, zivilisiert, reich, einfach ein Paradies: Theater, Universitäten, Kathedralen, Parks, fröhliche, sorglose Menschen. Bauern mit Hunderten und Tausenden Hektar Land deckten mehr als nur die Bedürfnisse des Landes – landwirtschaftliche Produkte aus Südafrika gingen ins Ausland. All dies natürlich dort, wo die Weißen lebten. Weil Schwarze an anderen Orten lebten... Und nicht so. Dies wurde Apartheid genannt.
Apartheid ist eine grausame Sache. Sie verbietet Mischehen. Sie erklärt Sex zwischen Weißen und Nicht-Weißen zum Verbrechen. Das Land war in mehrere Lebenszonen unterteilt, von denen jede einer bestimmten Rasse oder ethnischen Gruppe zugeteilt war. Weiße an der Macht verabschiedeten ein spezielles Gesetz, um Slums, in denen schwarze Afrikaner lebten, niederzureißen. Apartheid verbot Weißen und Schwarzen dieselben Restaurants, Busse, Cafés, Lounges, Schwimmbäder, Kinos, Strände, Friseure

und Parkbänke zu benutzen. Sie führte getrennte Eingänge für Weiße und Schwarze in öffentliche Gebäude, Banken, Krankenhäuser und Toiletten ein. Apartheid legalisierte Diskriminierung bei der Einstellung von Schwarzen. Apartheid führte den Unterricht in Schulen und Universitäten in der »weißen Zone« nur auf Englisch und Afrikaans, der Sprache der Buren, weißen Einwanderer aus Europa, ein.

Apartheid ist eine grausame Sache, die von der Weltgemeinschaft verurteilt wurde, aber sie sollte nicht mit Rassismus verwechselt werden. Die Apartheid sagt nur, dass Rassenvermischung nicht erwünscht ist, dass der Kontakt zwischen den Rassen so gering wie möglich gehalten werden sollte, dass Rassen, selbst wenn sie auf einem Territorium leben, einander so weit wie möglich aus dem Weg gehen müssen. Aber die Apartheid behauptet nicht, dass die weiße Rasse besser ist als die schwarze oder umgekehrt. Sie ist nur davon überzeugt, dass es für beide besser ist, getrennt zu leben.

So haben die Weißen in Südafrika zu Zeiten der Apartheid ein Gesetz über die Selbstverwaltung der Schwarzen erlassen und in zehn »Bantu-Staaten«, *Bantustans*, ihre eigenen schwarzen Regierungen gebildet. Die Bewohner des Bantustans erhielten im Gegensatz zu den Bewohnern der Kolonien das Wahlrecht bei den Wahlen zu den lokalen Bantustan-Parlamenten. Bantustans waren »Länder im Land«, Weiße gaben Schwarzen die Macht und sagten: Seid unabhängig, verwaltet euch selbst so, wie ihr es wollt, nehmt euer Schicksal in eure eigenen Hände. Den vier Bantustans gewährten die Weißen volle Unabhängigkeit. Die Apartheid führte spezielle Pässe für jene ein, die in den »weißen« Zonen arbeiteten, aber die gleichen Pässe sollten auch Weiße haben, wenn sie den Bantustan besuchen wollten.

Die Probleme »weißer« Investitionen in »schwarze« Gebiete und die Schaffung von Arbeitsplätzen dort wurden gelöst. Die Regierung verpflichtete Unternehmer für die schwarzen Bewohner der »weißen« Bezirke, die in lokalen Unternehmen arbeiteten, Wohnungen zu bauen. Die weiße Regierung sorgte dafür, dass an den Grenzen der Bantustans zahlreiche Werke und Fabriken gebaut wurden, damit die schwarze Bevölkerung dorthin aktiver übersiedeln und leichter eine Arbeit finden könnte.

Weiße schlossen ihre »weißen« Missionarschulen und gaben Bildung in die Hände der Schwarzen selbst. Es wurden spezielle Universitäten für »Farbige«, Inder und Schwarze gegründet. In den Bildungseinrichtungen der Bantustans wurden Englisch und Afrikaans als Fremdsprachen unterrichtet, und Hauptunterrichtssprache war die Sprache der autochthonen ethnischen Gruppe. In die Personalausweise der Schwarzen wurden nicht nur ihre Hautfarbe, sondern auch ihre Zugehörigkeit zu dem einen oder anderen afrikanischen Stamm eingetragen. All diese Schulen, Krankenhäuser, Universitäten und lokale Behörden wurden von der weißen »rassistischen« Regierung Südafrikas finanziert.

Verglichen mit anderen afrikanischen Ländern hatten die Schwarzen in den Bantustans fast den höchsten Lebensstandard. Bei dem sehr seriösen *Human development Index* der UNO stand 1993 Apartheid-Land Südafrika auf dem Platz 85.[436] 2018 belegt es den unrühmlichen 113. Platz.[437] Die Tendenz ist unverkennbar. Heute, während der Herrschaft der demokratischen schwarzen Regierung, morden Kriminelle jährlich mehr Menschen in Südafrika als in den Jahrzehnten der Apartheid getötet wurden[438], so einige Experten.[a]

Schließlich gab es die Apartheid nicht immer. Die ersten Europäer im südlichen Afrika waren Ende des 15. Jahrhunderts die Portugiesen. Vor fast vier Jahrhunderten gründeten die Niederländer ihre Kolonie am Kap der Guten Hoffnung, dem südlichsten Punkt Afrikas.

Aus der Mischung dieser Holländer mit Deutschen und Hugenotten – Exilanten aus Frankreich – wurde eine seltsame Burennation geboren.

Damals gingen die Buren in das Innere des Landes, griffen sich große Grundstücke und engagierten sich dort in der Landwirtschaft und Viehzucht. Sie maßen ihre eigenen Latifundien so aus: Sie fanden eine Quelle, einen See oder einen Fluss und bauten dort ein Zelt auf. Nun ritten sie eine halbe Stunde lang vom Zelt in eine Richtung und rammten dort einen Pflock ein, kehrten dann zum Zelt zurück und galoppierten genauso lange in drei anderen Richtungen. Es entstand ein großes Quadrat, von dem der Bure sagte: »Dies ist jetzt mein Land.«

Natürlich lebten in diesen Gebieten, noch vor der Ankunft der Europäer, bereits afrikanische Stämme, die ebenfalls glaubten, dass dieses Land auch

---

a Die polizeiliche Statistik in Südafrika gilt als unvollständig und unzuverlässig, in einigen Jahren wurden Zahlen zu den Verbrechen gar nicht veröffentlicht (Siehe exemplarisch: *https://africacheck.org/reports/factsheet-crime-statistics-in-south-africa/*; *https://www.news24.com/SouthAfrica/News/Understanding-crime-statistics-in-SA-what-you-need-to-know-20150929*). Der südafrikanische Autor Daniel Roodt sagte z. B. 2010 in einem Interview dem russischen Magazin »Expert«: »Von 1948 bis 1994 starben 520 Schwarze bei Zusammenstößen mit der Polizei. Vergleichen Sie das mit den 174.000 Weißen und Schwarzen, die in den letzten fünfzehn Jahren gestorben sind.« (*http://expert.ru/russian_reporter/2010/42/roodt/*).

ihnen ein wenig gehört. Daher funktionierte die Beziehung von schwarz und weiß irgendwie von vornherein nicht – Schwarze verteidigten ihr Land, Weiße betrachteten es als ihre Pflicht, Schwarze »auf den richtigen Weg« zu unterweisen und predigten das Wort Gottes, worauf die Einheimischen nicht sehr feinfühlend reagierten. Kurzum, es ging nicht ohne blutige Zusammenstöße, Leichen, Skalpieren und dergleichen ab. Eine identische Geschichte fand parallel in Amerika statt – sie ist besser bekannt.
150 Jahre, ein Dutzend Generationen, die Buren in Afrika pflügten, säten, ernteten, züchteten Rinder und missionierten – zwischen den Kämpfen mit Schwarzafrikanern –, versuchten den Schwarzen europäische Tugenden beizubringen und lernten zugleich die Erfahrung, Sprache, Traditionen und Bräuche der lokalen Stämme. Es war so, als wäre das Bauernleben dediziert für Buren ausgedacht worden, weil sie alle etwas ungesellig waren, tief religiöse Protestanten, von Natur aus Individualisten und unprätentiöse Workaholics. Sie liebten ihre neue, aber für viele Generationen bereits »alte« Heimat Afrika.
Das dauerte an, bis die britische Flotte an den Küsten des südlichen Afrikas festmachte und die schwachen Küstensiedlungen der Buren eroberte.
Buren, die gefühlt seit Ewigkeit in Afrika lebten, betrachteten sich selbst als Herren dieser afrikanischen Gebiete und die Briten als Neuankömmlinge. Daher gingen auch diese Beziehungen schief und führten später, am Ende des 19. Jahrhunderts, zu blutigen Englisch-Burischen Kriegen, fesselnd beschrieben von Louis Boussenard in meiner Kinderlektüre »*Капитан-сорвиголова*« (französisch: *Le Capitaine Casse-Cou;* mich wundert es gewaltig, dass es dieses Buch anscheinend auf Deutsch gar nicht gibt!).
Irreversible Prozesse fanden auch in der indigenen afrikanischen Gesellschaft statt: Zulu-Stämme begannen, sich zu größeren ethnischen Formationen zu vereinigen, manchmal freiwillig, manchmal unter dem Druck von stärkeren. Diejenigen, die sich nicht vereinigen wollten, wurden von den Zulu abgeschlachtet, und ihre Gebiete beschlagnahmt. So wurde das Zulu-Volk geboren.
Die Zulus waren Menschen ohne höhere Bildung, aber nicht simpel. Als einmal eine Kolonne der burischen Wegbereiter auf die Zulus traf, lud sie der Zulu-Häuptling zu sich ein: um zu verhandeln, um das Land brüderlich zu teilen und einen dauerhaften nachhaltigen Frieden zu schaffen. Als das von Pieter Retief (1780-1838) geleitete Kommando – vor Freunden! – die Waffen ablegte, befahl der afrikanische Anführer seinen Kämpfern, die Buren anzugreifen und sie alle zu töten.

Retief war ein berühmter Bure. 1837 veröffentlichte er ein Manifest, das einige als eine Art Unabhängigkeitserklärung der Buren betrachteten. Zur gleichen Zeit wurde Retief zum Gouverneur einer großen Siedlung von Buren gewählt. Deshalb beschlossen die Buren, ihr Oberhaupt zu rächen: Ein halbes Jahr später wurde eine riesige Zulu-Armee am Fluss *Nkome* zerschlagen, der seitdem als *Blood River*, Blutfluss, bezeichnet wird. Danach konnten die Buren ihre Siedlungen, Städte (zwei von ihnen sind nach Peter Retief benannt) und die zwei größeren Burenrepubliken Transvaal und Oranje-Freistaat errichten.
Trotz des überragenden Buren-Sieges kann man nicht sagen, dass die Zulu-Stämme sich damit abgefunden hätten, die blutigen Auseinandersetzungen dauerten an.
Die Burenstaaten selbst erlitten ein grausames Schicksal: Die Kriege gegen die Briten gingen verloren, beide Republiken verschwanden und schlossen sich der Südafrikanischen Union, der Dominion[a] der britischen Krone, an. Fremde begannen in Südafrika zu herrschen: Schwarze Negros und weiße Buren waren gezwungen, ausländische britische Unterdrückung zu ertragen. Dies setzte sich bis 1948 fort, als die Nationale Partei der Buren im Land an die Macht kam und eine beispiellose Apartheid im Land einführte – das Leben in demselben Gebiet, aber voneinander getrennt.
Diejenigen, die zu viele Leitartikel in den Zeitungen gelesen haben und davon überzeugt sind, dass die Apartheid eine Art Rassismus ist und das sogenannte Römische Statut sie nicht umsonst als Verbrechen gegen die Menschlichkeit (engl. *crime against humanity*) brandmarkt, möchte ich zum Nachdenken bringen, indem ich nur eine Tatsache erwähne: Apartheid erfanden keine blindwütigen Faschisten, keine Xenophoben, keine Bastarde, die zum ersten Mal Schwarze gesehen hatten und verängstigt beschlossen, sich von ihnen abzutrennen, sondern Menschen mit christlicher Geduld, die seit fast 400 Jahren Seite an Seite mit Schwarzen in Afrika lebten. Offensichtlich haben sie viele Optionen für das Zusammenleben durchdebattiert und nichts Besseres gefunden. Deshalb haben sie sich nach der Machtübernahme mit langweiliger gesetzgeberischer Arbeit herumgeschlagen – denn die Apartheid war kein heimtückisches Regime der Gewalt, das Weiß und Schwarz aus rassistischen Motiven trennte, sondern eine Rechtsordnung.
Offensichtlich sahen die Buren für das Land, für sein Wohlergehen keinen anderen Ausweg. Offensichtlich glaubten sie, dass das getrennte Leben bes-

---

a Sich selbst verwaltende britische Kolonie.

ser für alle sei. Deshalb haben sie Schwarze nicht in Konzentrationslager getrieben (wie es die Briten vorher mit den Buren selbst gemacht haben)[439], sie wurden nicht abgeschlachtet, wie die Indianer Amerikas, sie haben den Schwarzen keine theoretischen »Menschenrechte« »garantiert«, um sie praktisch bei jedem Schritt und Tritt zu diskriminieren und auszubeuten, sie haben mit ihnen keinen Bürgerkrieg angefangen, den sie mit der Unterstützung des weißen Europa und des weißen Amerika gewinnen könnten, sie versuchten nicht, die Einheimischen durch Unterdrückung und Verfolgung aus dem Staatsgebiet zu verdrängen, nein. Sie haben eine spezielle wissenschaftliche Kommission gegründet, die dieses Thema untersuchte, sie haben den Schwarzen Gebiete gegeben, sie haben den Schwarzen Geld gegeben. Sie gaben ihnen alle faktischen Rechte, darunter das Wahlrecht. Sie gaben den Schwarzen Schulen, Krankenhäuser, Universitäten und sagten: Entwickelt eure Traditionen, eure Kultur, eure Sprache, eure Wissenschaft, eure Kunst der Theater und die des Kinos...

Aber entwickelt euch selbständig, ohne uns. Und hier ist Schluss, die Grenze. Hier ist unser Gebiet. Hier wollen wir uns entwickeln – ohne euch. Das Wort »Apartheid« kam später auf, die Buren selbst nannten das, was sie erfanden, »getrennte Entwicklung«.

Befürworter der Apartheid werden beschuldigt, »Schwarze der Bürgerrechte beraubt zu haben«. Aber wenn Bantustan ein selbstständiges Land ist, woher kommt dann die Forderung nach Wahlrechten für Schwarze in einem Nachbarland, dem weißen Südafrika? Lassen Sie einen Einwohner Rumäniens in der Schweiz abstimmen!

Aber, wie gesagt, die internationale Gemeinschaft hat die Apartheid nicht nur verurteilt, sondern auch in die Liste der schwersten menschlichen Verbrechen aufgenommen. Die Erklärung zum Römischen Statut lautet: Apartheid bedeutet »unmenschliche Handlungen ... die von einer rassischen Gruppe im Zusammenhang mit einem institutionalisierten Regime der systematischen Unterdrückung und Beherrschung einer oder mehrerer anderer rassischer Gruppen in der Absicht begangen werden, dieses Regime aufrechtzuerhalten«.[440]

Gänzlich anders: Wenn die Buren alles so gelassen hätten, wie es war, wenn die Buren dem Beispiel der Vereinigten Staaten gefolgt wären, die das letzte Gesetz über das Verbot von Mischehen erst 1967 aufhoben, wenn sie die Neger in ihren afrikanischen Kolonien geschröpft hätten, wie es die Briten, die Holländer, die Spanier, die Portugiesen, die Franzosen, die Deutschen jahrhundertelang taten, wenn sie für den Erhalt der Bürgerrechte so einfache Dinge wie einen »Ansiedlungsrayon«, eine bestimmte Steuerbelastung oder, wie in den USA, einen »Lesefähigkeitstest« eingeführt hätten, hätte sich alles bestens entwickelt. Weiße würden im Land herrschen, während die Schwarzen weiterhin »vollberechtigte Sklaven« geblieben wären. Übrigens, Ghettos entstehen heute nicht durch Gesetze, sondern durch Immobilienpreise. Gehen Sie in die USA, nach Los Angeles, in den noblen, sündhaft teuren, abgelegenen, ausschließlich weißen Stadtteil Beverly Hills: Schwarze leben dort gerade nicht zuhauf – und nicht etwa, weil sie dort per Gesetz nicht leben dürfen...

So einfach ist es. Apartheid war der Wunsch der Weißen, niemanden zu »dominieren«. Nicht zu dominieren, aber auch keine Verantwortung für jemanden zu tragen. Nicht versuchen, den Schwarzen europäische Werte einzupflanzen. Hartnäckige Buren taten dies fast vier Jahrhunderte lang und waren von der Vergeblichkeit der Versuche überzeugt. Sie wollten nicht dort landen, wo Südafrika heute ist, wenn Apartheid nicht funktioniert: bei 19.000 Morden pro Jahr, bei Hunderttausenden Vergewaltigungen, bei Plünderungen und Arbeitslosigkeit auf dem Niveau von 28%[441]. Ja, in den Tagen der Apartheid wurde der Eitelkeit mancher Menschen nicht Genüge getan. Auf der anderen Seite blieben die Menschen am Leben, gingen nachts frei durch die Straßen der Stadt und hatten keine Angst vor irgendeinem Unglück.

Die Buren würden vielleicht Südafrika gerne den Schwarzen überlassen, ihre Koffer packen und nach Hause fahren. Aber sie haben kein Zuhause, es gibt keine Burenrepublik auf dem Planeten, nicht einmal ein Fürstentum oder Königreich. Sie können nirgendwohin, denn Südafrika war und bleibt ihre einzige Heimat. Deshalb versuchten sie sie so zu gestalten, dass sowohl Weiße als auch Schwarze ungehindert und ungezwungen darin leben könnten.

Aber die internationale Gemeinschaft hat das nicht gebilligt.

Das indigene Volk Südafrikas – die Negros – wollte die Apartheid auch nicht. Sie sahen, dass Weiße in ihren weißen Städten und Siedlungen besser leben als Schwarze in den Bantustans. Sie wollten auch gut leben.

Wie die Weißen.

Deshalb gründeten sie ihre eigenen Parteien, ihre geheimen Terrororganisationen, brachten ihre Führer hervor. Wie wir bereits wissen, wenn die »internationale Gemeinschaft« es will, dann gelten Bombenanschläge auf öffentlichen Plätze und in Zügen, Geiselnahmen sowie »einzelne« politische Morde als nationaler Befreiungskampf, und die Terroristen bekommen als

»Kämpfer für die Unabhängigkeit« eine umfassende Hilfe der »progressiven Kräften«.
So ist es auch in Südafrika passiert. Die Weltgemeinschaft hat ein Handelsembargo über Südafrika verhängt, Karikaturen südafrikanischer »Rassisten« haben die Titelseiten der Weltzeitungen gefüllt.
Nelson Mandela wurde zum Helden, zum Banner des Kampfes gegen die Apartheid. Die Forderung der Schwarzafrikaner war einfach: Das ist unser Territorium, das ist unser Land, gebt es uns zurück!
Durchaus nachvollziehbar und sogar legitim. Die Mehrheit der Bevölkerung in Südafrika ist schwarz. Die Mehrheit hat zu herrschen – Demokratie! Die Mehrheit bekam die Macht 1994. Zusammen mit der Macht hat die schwarze Bevölkerung auch die Verantwortung für die Entwicklung des Landes übernommen, die sie zuvor nicht hatte. Seither explodieren im Land schwere Straftaten, der Anteil von AIDS-Kranken (nicht nur durch Vergewaltigung, sondern auch durch die Verbreitung von Drogen), die Arbeitslosigkeit; die durchschnittliche Lebenserwartung und das Lebensniveau sinken.
Was dachten die Buren, worauf hofften sie, als sie 1992 beim Referendum selbst für die Abschaffung der Apartheid stimmten? Vielleicht hatten sie gehofft, dass gnadenreiche Zeiten im Land ausbrechen würden? Dass Industrie und Landwirtschaft neue Höhen erreichen? Oder dass die neuen Herren des Landes nicht zu Tausenden weiße Bauern abschlachten werden?
Sie mussten es wissen. Sie lebten seit 1647 in Südafrika. Nebenan ist Südrhodesien, jetzt Simbabwe genannt.
In Simbabwe gab es auch Apartheid, aber seine leichtgewichtige Version, Apartheid-light, Segregation. Dort ging die Teilung nicht durch Rasse, sondern durch »Eigentumszensus« (siehe Beverly-Hills-Passage oben), im Parlament saßen auch Schwarze, aber die gesetzgebende Mehrheit blieb weiß. Es gab dort ebenfalls zahlreiche Institutionen »nur für Weiße«, den Weißen gehörte auch das Gros des Ackerlandes. Gegen diese Politik kämpften »Rebellen« verschiedener Couleur, zu deren Kommandeuren Robert Mugabe gehörte. Unter diesem Druck begannen Weiße auch in Südrhodesien erst Verhandlungen mit schwarzen »Freiheitskämpfern«, dann hielten sie Wahlen ab, bei denen – ein leicht vorhersehbares Ergebnis für alle, die zwei mal zwei zählen können – die schwarze Mehrheit gewann. Robert Mugabe wurde Präsident.
Danach kündigte Südrhodesien (das die »Kornkammer Afrikas« war und seit Jahrhunderten nicht nur sich selbst, sondern auch die britische Metro-

pole ernährte, und im Jahr 1980, als das Land seine Unabhängigkeit erlangte, zu einem der am weitesten entwickelten Länder des Kontinents gehörte) den Kampf gegen »Rassismus« an und die Übertragung von Landbesitz von weißen Bauern an die schwarze Bevölkerung. »Unser Land ist nur für Schwarze«, verkündete die Regierung, »es ist für immer unser, und wir werden es niemandem überlassen.«[442] »Wenn weiße Siedler einfach das Land von uns genommen haben, ohne dafür zu bezahlen, können wir es ihnen in ähnlicher Weise wegnehmen, ohne dafür zu bezahlen,« präzisierte Mugabe.[443]

Da es schwierig ist, etwas Fremdes wegzunehmen, wurden mehrere weiße Bauern umgebracht. Die Polizei untersuchte solche Fälle nicht. Der Rest der weißen Bauern gab freiwillig sein Land, seine Häuser, Traktoren, Mähdrescher und Viehbestände ab. Und ist schnell geflohen, sie haben nur das teuerste mitgenommen – einen Pass, eine Zahnbürste... Jetzt ist fast das ganze Ackerland, das früher den Weißen gehörte, unter Schwarzen verteilt. Im Jahr 1980 gab es 210 000 Weiße im Land, im Jahr 2017 blieben nur noch wenige Zehntausende übrig.[444] Von 5600 weißen Farmern waren 2009 noch 250 im Land.[445]

Der wirtschaftliche Erfolg ist wie folgt: Laut der Untersuchung der Weltbank, verbesserte die Landreform in Simbabwe die Rassensituation in der Landwirtschaft, erhöhte aber gleichzeitig die Armut stark.[446] Auf dem Land herrscht Hunger. Zwischenfazit: Der Acker allein ernährt nicht, ihm muss noch etwas anderes (was?) zugefügt werden. Die Inflation im Land erreichte zeitweise 200.000 Prozent[447]. Die Nationalbank war gezwungen, eine Banknote von 100.000.000.000 – einhundert Milliarden ihrer lokalen Dollar – auszugeben.[448] Nach einiger Zeit gab die Bank eine 100-Billionen-Banknote aus – die Anzahl der Nullen darauf passt kaum in eine Zeile. Zimbabwe hat auch in der Finanzwissenschaft und -praxis mitgewirkt: Sie waren die Ersten der Welt, die Geld mit einem Verfallsdatum[449] ausgaben – wenn eine Banknote für eine bestimmte Zeit nicht in Umlauf gebracht wurde, verlor sie ihre Kaufkraft.

Die Regierung selbst zählt natürlich in US-Dollar. Dies ist aus der Tatsache bekannt, dass der Finanzminister der afrikanischen »Kornkammer« bekanntgab, dass 217 Dollar in der Staatskasse verblieben seien[450] – und er nicht wisse, was für ein Business er damit investieren solle. In einem Land, in dem Eisen, Gold, Asbest, Kohle, Silber, Nickel, Platin und Diamanten abgebaut werden, beträgt das Bruttoinlandsprodukt 173 USD pro Person – das niedrigste weltweit. Die Arbeitslosenquote (2009) liegt bei 95%[451].

Was die Lebenserwartung anbelangt, rangiert das Land in der Welt (2017) auf Rang 203[452] – vielen ist gar nicht bewusst, dass es so viele Länder auf dem Planeten gibt.
Nicht nur Weiße flüchten aus dem Land, sondern auch Schwarze. Letztere hauptsächlich in das noch relativ »wohlhabende« Südafrika; hier kamen einheimische Politiker später an die Macht. Aber selbst sie redeten schon lange davon, dass sie in Bezug auf den Kauf oder den Nicht-Kauf von Ackerland »aus der Erfahrung von Rhodesien lernen müssen«, das die Ländereien der Weißen einfach nationalisierte. Im Februar 2018 war es soweit: Südafrikas regierende Partei ANC stimmte für die entschädigungslose Verstaatlichung von Land.[453]
Bewegt sich Südafrika auch wirtschaftlich in die gleiche Richtung?
Die ersten Erfolge sind bereits da: Die stärkste Volkswirtschaft des Kontinents, einst ein Meister im Export landwirtschaftlicher Produkte, importierte Südafrika 2012 Getreide für 1,3 Milliarden Dollar.[454]
Schauen wir uns die Republik Südafrika einmal genauer an. Nachdem die schwarze Bevölkerung die Großstädte Pretoria und Johannesburg erobert hatte, bauten Weiße für sich neue Städte auf. Einer von ihnen ist ein Vorort von Johannesburg – Sandton. Dies ist eine Stadt der Weißen, hier können sie ohne Angst vor Angriffen frei durch die Straßen gehen. Dies ist die finanzielle Hauptstadt von Südafrika, es gibt hier eine Börse und, wie man schreibt, »das eleganteste Shopping-Center der südlichen Halbkugel«[455] mit exquisiten Boutiquen, 12 Kinosälen und 22 Restaurants und Cafés, Dutzenden von Hotels, darunter *Hilton* und *Radisson Blu*, in dem man ein Zimmer für einige tausend Dollar pro Nacht nehmen könnte…
Man sieht hier keine Schwarze. Schwarze leben in Alexandra – der ärmsten Gegend in der Nähe.
Apartheid. Rassentrennung. Sie ist zurück. Nur zeigt sie sich von der anderen Seite: Nachdem die schwarze Mehrheit die Macht erhalten hatte, verdrängte sie die Weißen aus ihren angestammten Plätzen, beschlagnahmte ihre Besitztümer, konnte aber keinen Wohlstand für ihre Stammesgenossen schaffen.
Natürlich gibt es reiche Schwarze in fetten weißen Vierteln. Natürlich serviert das schwarze Mädchen den Weißen ihren morgendlichen Kaffee. Aber die Masse – 99% – lebt getrennt voneinander.[456] So ist es ihnen verständlicher. So ist es besser.
Man könnte fragen: Warum war die »weiße« Apartheid für die riesige Masse von Schwarzen schlimmer?

Auch in Südafrika gibt es neue Entwicklungen: Jetzt ist es für arme Weiße schwer, einen Job zu finden. Im öffentlichen Dienst, bei der Polizei sind nur Schwarze, arme Weiße werden aus Wohnungen geworfen, jetzt leben sie auch in Slums (das bedeutet nicht, dass alle Schwarze in Palästen residieren), es ist schwer für arme Weiße, Wohnungen zu finden, Weiße werden bei der Verteilung der Sozialhilfe diskriminiert.[457]

Merke: Wir wissen, dass die Buren sich seinerzeit in (bedingt) besetzten Gebieten niedergelassen haben. Wir verstehen und sympathisieren in mancher Hinsicht sogar mit dem Kampf der Schwarzen für ihre nationale Selbstbestimmung. Der gleiche Kampf für die Selbstbestimmung – nach fast vierhundert Jahren ihres Lebens in Afrika – wird jetzt auch von den Buren geführt. Aber für uns ist uninteressant, wer in Südafrika recht hat und wer schuld ist, wer der »Besatzer« und wer der »Kämpfer gegen die Apartheid« ist. Wir wollen nicht herausfinden, wie hoch der Anteil an Wahrheit im Satz eines Buren-Farmers gegenüber einem deutschen Journalisten ist: »Ach, wir dummen Buren. Erst machen wir das Land urbar und füttern die Schwarzen, dann bringen sie uns zum Dank um.«[458] Das ist nicht unser Thema.

Wir merken nur an, dass das Zusammenleben wie eine Familie nicht funktioniert; dass rassische Ablehnung so groß ist, dass die Grenzen zwischen den Rassen so tief sind, dass sowohl Buren als auch Schwarze zu dem Schluss kommen: Wir können nicht zusammen leben.

Hier gibt es einige Möglichkeiten. Entweder wird es eine Apartheid geben: mit von Weißen finanziertem Wohlstand der Schwarzen. Oder es wird eine rhodesische (simbabwische) Fassung sein mit fast vollständiger Verdrängung von Weißen. Oder es wird die aktuelle südafrikanische Abwandlung sein – mit mehr oder weniger »eleganten« Ghettos für Weiße. Wie lange werden diese Ghettos überstehen? Wird nicht der Moment kommen, wenn der nächste schwarze Präsident sagen wird: »Unser Land ist nur für Schwarze« – und zu den scheinbar starken Mauern der »weißen Bastionen« schwarze Soldaten auf Panzern kommen?

Deshalb werden wir die Frage etwas anders stellen: vielleicht ist das getrennte Leben – nach »weißen« Gesetzen oder nach »schwarzer« Praxis – der normale Entwicklungsweg einer multiethnischen Gesellschaft – und nicht nur in Afrika?

In Israel funktioniert das Zusammenleben zwischen Juden und Palästinensern ebenfalls nicht. Israel reagiert auf die Anschläge mit Bombenangriffen. Als Antwort starten die Palästinenser Qassam-Raketen.

Um ihre Zivilbevölkerung zu schützen, dringt die israelische Armee in die palästinensischen Gebiete ein und tötet dort Zivilisten. Amerikanische, palästinensische und israelische Präsidenten erhalten haufenweise Friedensnobelpreise. Aber es gibt keinen Frieden in der Region. Aber man muss irgendwie leben. Vor zweitausend Jahren war es das Land der Juden. Dann wurden sie von dort vertrieben und blieben zweitausend Jahre im Exil. Innerhalb von zweitausend Jahren haben sich andere Menschen hier niedergelassen. Sie wussten nicht, dass dieses Gebiet besetzt war. Es gab keine Inschrift an den Türen von Palästina, wie an einem Bierstand: »Sind weg, kommen bald zurück«.

Und zweitausend Jahre sind keine zwei Tage. Beide Nationen haben das Recht auf dieses Land.

Wie soll man darin leben? Zusammen? Separat?

Die Israeliten wissen es auch nicht. Aber jeder versteht: So kann nicht weiter gehen. 2005 war die Geduld zu Ende, und das israelische Parlament verabschiedete keinen umfassenden, sondern einen lokalen einseitigen »Abkopplungsplan«.[459] Aus dem Gebiet der palästinensischen Autonomie in Samaria und dem Gazastreifen wurden 25 jüdische Siedlungen und Militärstützpunkte auf israelisches Territorium verlegt.[460]

Evakuierung aus angestammten Gebieten – schreckliche Worte. Hunderttausende von Bürgern, fast die Hälfte des Parlaments ist dagegen.[461] Abgestimmt, die Mehrheit ist »dafür«. Deshalb besagt das Gesetz: Juden, die die Evakuierung erschweren, werden sanktioniert. Für die Einreise in das Gebiet, das von der Armee als »geschlossene Militärzone« erklärt wurde, für alle Arten von Demonstranten und anderen Evakuierungsgegnern – gibt es bis zu drei Jahren Gefängnis. Eine ähnliche Bestrafung wie für jene, die die Armee daran hindern, Habseligkeiten auf Fahrzeuge zu laden und abzutransportieren. Für die Verweigerung der Ausreise sowie für den »passiven Widerstand« (demokratischer Sitz- oder Liegestreik) gelten Bußgelder und Sanktionen bis hin zur Strafverfolgung. Strafen sind auch für diejenigen vorgesehen, die das Militär, die Polizeibeamten und die Angestellten des Justizministeriums beleidigen. Fünf Jahre Gefängnis für die Gegner mit Waffen.

Den Evakuierten stand Entschädigung zu, die Höhe des Ausgleichsfonds – bis zu drei Milliarden Schekel, also mehr als 800 Millionen US-Dollar. Der israelische Premierminister Ariel Sharon meinte, dass die Abkopplung die Sicherheit der Menschen in Israel verbessern und der Armee und den Sicherheitskräften helfen wird, ihre schwierigen Aufgaben zu erfüllen. Daher hart, konsequent, unabhängig von den Kosten. Und Dan Shueftan, den wir bereits erwähnt haben, sagte: »Wir müssen Gaza und Nablus nicht verlassen, weil das Frieden bringt, sondern weil dort ewiger Schrecken herrschen wird. Wir müssen Gaza und Nablus verlassen, weil Israel mit ihnen schwächer ist als Israel ohne sie.«[462]

Ab-kopp-lung. Tren-nung.

Ein Ausweg aus einer ausweglosen Situation: getrenntes Leben.

Es ist zum Lachen: Im April 2013 haben in Israel orthodoxe Juden zur Autonomie für sich selbst im Land aufgerufen – fanatische Juden, die fast ausschließlich weder arbeiten noch in der Armee dienen, sondern nur die Thora von morgens bis abends lesen, wollen ihre Traditionen behalten und getrennt von den übrigen Stammesangehörigen und Glaubensgenossen leben.[463]

Aber die Europäer wollen mit Asiaten und Afrikanern zusammen leben, weil sie gegen Apartheid und Rassentrennung sind, sie sind für Toleranz, sie sind für »universelle menschliche Werte«, zu denen sich die Menschen in allen Ecken des Planeten bekennen müssen. Manchmal werden diese Werte von Europäern samt Amerikanern in die fernen Ländern gleich in großen Mengen geliefert, auf Bombern. Denn diese von ihnen erfundenen Werte sind »allgemeingültig«. Andere, bessere gibt es nicht.

Die leidenschaftliche Überzeugung der Europäer, dass es nur liberale europäische universelle menschliche Werte gibt und diese Werte höher als andere sind, ist dem Euro-Chauvinismus sehr ähnlich. Vergleichbare Werte existieren aber zum Beispiel in der islamischen Welt. Die Menschen in den islamischen Ländern können die einheitlichen und kodifizierten, d. h. formal legalisierten, »Werte« der Europäer nicht akzeptieren, weil sie auf diese Weise ihre eigenen Werte, die in Traditionen, Bräuchen, Religion, religiöser Gesetzgebung verkörpert sind, verlieren.

Zweifellos können europäische Werte als Werte der westlichen Zivilisation bezeichnet werden. Aber östliche Zivilisationen haben ähnliche, aber eigene, Werte – zum Beispiel Inder oder Chinesen. Wenn die Überlegenheit einer Nation gegenüber der anderen der Chauvinismus ist, wenn die Überlegenheit einer Rasse gegenüber der anderen Rassismus ist, wie heißt dann die Überlegenheit europäisch-amerikanischer »universeller« Werte gegenüber anderen?

Das islamische Scharia-Gesetz definiert auch »Menschenrechte«; diese Rechte unterscheiden sich von denen der europäischen liberalen. Aber so, nämlich anders, versteht »universelle menschliche Werte« der Islam. Der Islam versteht auch grundlegende Begriffe wie *Eigentum*, *Freiheit*, *Individu-*

alismus, Kollektivismus anders. Wagt es jemand zu sagen, dass das Christentum besser als der Islam ist, ohne zu riskieren, mit irgendeinem »-ismus« konfrontiert zu werden?
Man braucht nicht zu versuchen, Christentum und Islam zu versöhnen. Es ist weder mit einem Lineal noch mit einem Zirkel ausmessbar, welcher von ihnen näher an der Wahrheit ist. Vielleicht gibt es zwei Wahrheiten. Finden Sie zwei gottvergessene Stämme in Europa und Afrika und fragen sie, welche Hautfarbe alle Menschen haben. Sie werden sich selbst anschauen, sich an die Hautfarbe eines benachbarten Stammes erinnern und eine ehrliche Antwort geben. Werden die Antworten beider Stämme nicht sowohl richtig als auch gleichzeitig völlig falsch sein?
Zum Beispiel ist die Quelle des Rechts in Europa der Staat, seine Verfassung; die Quelle des Rechts im Islam ist das göttliche Gesetz, die Fatwa. Sollten wir uns jetzt gegenseitig die Köpfe einschlagen, damit jeder seine eigene Erkenntnis erhärte? Der Kampf für die »richtige Wahrheit« hat bereits Millionen – wenn nicht Milliarden – von Menschen in der mehrtausendjährigen Geschichte der Menschheit unter die Erde gebracht, und es wird noch mehr geben.
Daher ist die Koexistenz von Menschen verschiedener Rassen, Nationen, historischen Traditionen und moralischen Normen, die mit Muttermilch aufgesaugt sind, so mühselig, so schwierig. Eine Gruppe wird nicht in der Lage sein, die andere davon zu überzeugen, dass sie Recht hat. Für die »Überzeugung«, für die »Umerziehung« – siehe Südafrika! – gehen oft nicht Hunderte, sondern Tausende von Jahren ins Land. Aber manchmal helfen auch sie nicht.
Hier ein Beispiel. Am 22. Mai 2013 warteten im Londoner Stadtteil Woolwich zwei Freunde auf Lee Rigby. Nicht auf ihn persönlich, sondern auf irgendeinen britischen Soldaten. Als sie den ersten Passanten in Uniform sahen, zerhackten sie ihn buchstäblich in Stücke.
Der Älteste der Mörder, der 28-jährige Michael Adebolajo, hatte ein Hackebeil bei sich. Mit dem blutigen Hackebeil und einem Messer lässt er sich von den Zeugen des Verbrechens fotografieren. Beide Mörder sind britische Staatsbürger nigerianischer Abstammung und haben seit ihrer Geburt in London gelebt.
Sie konvertierten vor kurzem zum Islam und beschlossen daher, sich an den Briten für »tägliche Morde an Muslimen« zu rächen. Von den Vorstellungen Michael Adebolajos für die Zukunft Großbritanniens ist der Presse folgendes bekannt geworden: die Einführung der Scharia im Land, ein

Alkohol- und Glücksspielverbot, die Abschaffung der Monarchie und die Umwandlung des Buckingham Palace in eine Moschee.
Gleichzeitig war es völlig uninteressant für ihn, was die Briten über seine Forderungen denken, ob sie eine Moschee in der Residenz der britischen Monarchen haben wollen.
Lee Rigby, der Trommler der Palastwache, war zweimal im gefährlichen Afghanistan und kehrte lebend in das »sichere« neblige Albion zurück, um hier zu sterben. In Afghanistan war er vorsichtig, weil es ein Land war, in dem Großbritannien Krieg führt. In London sind alle »unsrige«, es gibt keine »Frontlinie«, das ist tiefes Hinterland.
Es stellte sich heraus: Ein Fehler, für den er zahlen musste. Jetzt ist die Frontlinie überall, sogar in der einheimischen Straße.
Wir müssen anerkennen, dass nur ein Teil der Weltbevölkerung im 21. Jh. lebt. Der andere Teil – nach europäischen Maßstäben – im 19., 17. oder 15. Es ist unmöglich, diesen Menschen die eigene (europäische) Betrachtungsweise einer menschlichen Koexistenz aufzuerlegen, der historische Weg muss von ihnen selbständig durchlaufen werden.
In Amerika versuchten die Indianer zuerst in der Nähe von Weißen zu leben, jetzt leben sie in Reservaten. Apartheid. Segregation. Aber so ist es ihnen lieber. Schade nur, dass das Land, das ihnen weiße Amerikaner zugewiesen haben, Wüste ist…
Die Ureinwohner Australiens leben in Reservaten: auch weit von sonnigen Stränden, auch in den felsigen Bergen und Wüsten der Zentralmassive. Aber sie streben nicht in die weiße Städte, wollen nicht ihr Leben leben. Sie leben autark, in eigener Regie – arm, schlecht, aber so, wie sie wollen, wie sie sich daran gewöhnen mussten.
Im zwanzigsten Jahrhundert stieg die Zahl der kanadischen Ur-Einwohner um das Zehnfache[464], da sich die medizinische Hilfe in den Reservaten, in denen sie leben, verbesserte und die Sterblichkeit sank. Jetzt ist die Hälfte der Indianer unter 25 Jahre alt. Könnten sie in großen Städten so leben und überleben?
Wir überschätzen Europa nicht, seine Werte sind die Werte des 21. Jahrhunderts. Sie sind nur für unsere Zeit geeignet. Wenn die heutigen Europäer mit ihren Werten in das Europa des 15. Jahrhunderts kämen, wären sie von ihren Vorfahren kaum verstanden worden. Die Dinge, die heute die »zivilisierte Welt« in Asien oder Afrika verurteilt: die Todesstrafe, Vierteilung, Abhacken der Hände, Steinigung – all das gab es auch in Europa, wir haben es einfach vergessen, wir sind dieser Zeit entwachsen. Versuche, dem

modernen Abkömmling des Feudalismus oder einer Urgesellschaft zu erklären, dass er etwas fehlerhaft tut, sind wie das naive Verlangen, Iwan dem Schrecklichen oder dem Kreuzfahrer die Unmoral ihres Handelns darzulegen. Eine Gesellschaft aus Kreuzrittern einerseits und Computerhackern andererseits kann nicht existieren.
Menschen anderer Nationen und Rassen in der modernen weißen Gesellschaft sind Ritterkreuzfahrer, die an Hexen, Zauberer, Schamanen und die Heilkraft einer Mischung aus Mäusekot mit Hundespeichel glauben. Sie verstehen nicht unsere Werte, sie wissen auch nicht, was *Mail*, *Frauenquote* und *Diät* sind. Wir sind für sie Wunderlinge, Narren, anomale Kreaturen, zweiköpfige Schafe, Objekte der Kunstkamera.
Deshalb sollte man sich nicht wundern, dass der Deutschtürke, der seine Tochter wegen Sex vor der Ehe mit einem Deutschen getötet hat, *wirklich* nicht versteht, was die Polizei von ihm will. Solche Schlampen wurden immer in seinem anatolischen Bergdorf umgebracht – es war und bleibt eine Frage der Familienehre. Vielleicht verstehen die Deutschen nicht, was die Ehre einer Familie ist, dann ist das eine andere Sache... Sein kultureller Kreis hat wenig Überschneidung mit dem deutschen. Er kann nicht aus seiner Hülle herauskommen, und wir sitzen auch in einer. Die Tragödie des vollständigen Unverständnisses.
An den Grenzen der ethnischen Korpuskeln treten nicht nur oft, sondern immer, ausnahmslos, blutige Reibungen auf. Diese Probleme sind nicht vorübergehend, nicht flüchtig, sondern grundlegend und langfristig.
Die einzige unblutige Lösung ist die Apartheid. Apartheid, was bedeutet, dass die Europäer nicht gehen werden, um Afrika oder benachbarte Länder zu erobern. Aber sie wollen auch nicht, dass Afrika und Asien vollzählig und für immer zu ihnen kommen.
Sie wollen getrennt leben. In den Nationalstaaten.
Getrennt leben in Europa. Getrennt leben in Süd- und in Nordafrika. In Amerika, in Israel...
Überall.

Perspektiven der Imperien

Ein überzeugender Beweis dafür, dass die Völker getrennt leben sollten, ist der Zusammenbruch aller in der Geschichte der Menschheit bekannten Imperien.

In den 40er Jahren des letzten Jahrhunderts befreite sich Indien vom britischen Joch. In den 60er Jahren, nach den Befreiungskriegen in Afrika, entstanden junge afrikanische Staaten, deren Namen die Welt nie gehört hatte. Die aktuelle politische Landkarte hätte kein Geograph des 18. oder des 19. Jahrhunderts verstanden. Einst gehörten zu Spanien Guatemala, Peru, Kuba, die Philippinen, die spanische Sahara, Marokko; zu Portugal – Brasilien und Angola, Mosambik und Guinea-Bissau; einst schwedisch waren Finnland, Norwegen und Estland; die Kolonien der Niederlande waren das heutige Belgien und Südafrika, Surinam, Ceylon, Indonesien und Taiwan; französisch waren Syrien und Libanon, Haiti, Algerien, Tunesien, Marokko, Französisch-Westafrika, Mauretanien, Senegal, Mali, Guinea, Elfenbeinküste, Niger, Burkina Faso, Benin, Togo, Gabun, Republik Kongo, Zentralafrikanische Republik, Tschad, Kamerun, Djibouti, Madagaskar, Vietnam, Laos und Kambodscha.

Es gibt Unmengen von dem, was einmal der britischen Krone gehörte: Zypern, Malta, Kanada, riesige Territorien der gegenwärtigen Vereinigten Staaten – New England, New Hampshire, Massachusetts, Maine, Rhode Island, Connecticut, New York und Vermont, New Jersey, Pennsylvania, Delaware, Maryland, Virginia, sowie Afghanistan, Indien, Pakistan, Bangladesch, Bhutan und Burma, Nepal, Ceylon, Irak, Jordanien, Kuwait, Katar, Bahrain, Oman, Vereinigte Arabische Emirate, Hong Kong, Ägypten, Kenia, Uganda, Simbabwe, Sambia, Malawi, Gambia, Nigeria, nicht zu vergessen – Australien, Neuseeland, Samoa, Fidschi und Tonga... Kolonien besaßen Belgien, Deutschland, Italien, USA, Russland, Österreich-Ungarn, Japan…

Wo sind all diese Imperien jetzt?

Und – das sind nur Imperien der neueren Zeit. Aber in der ganzen Geschichte der Menschheit hat es mehr als ein Großreich gegeben – das Ägyptische, Assyrische, Persische, Römische, Byzantinische, Osmanische, sowjetische, Ashoka-Reich in Hindustan, das Mogulreich, das Reich des Dschingis Khans, das Reich der Maya, die Inkas... Keins ist übrig geblieben. Alle waren dem Untergang geweiht.

Warum?

Der Impuls für die Geburt von Imperien kommt von einer Nation, die andere Völker zum eigenen Nutzen unterwirft – oft ohne deren Einwilligung, nur mit Hilfe von Täuschung, Geld, Intrige oder roher Gewalt. Wissenschaftler sind der Meinung, dass jedes Imperium, das verschiedene Nationen mit unterschiedlichem kulturellen und wirtschaftlichen Entwicklungsstand verbindet, grundsätzlich keine nachhaltige Schöpfung sein kann. Je mehr verschiedene Völker in einem Reich lebten, desto größer waren die Unterschiede in ihrem kulturellen Niveau, in ihren religiösen Ansichten, desto intensiver, brutaler und mit mehr Blutvergießen bekriegten die Ethnien einander. Je größer das Imperium war, desto weniger stabil war es, desto schneller wurden dort die Kräfte geboren, die zu seinem Niedergang und Zusammenbruch beitrugen.

Und sobald die Kraft, die das Reich zusammenhielt, verschwand, brach es in sich zusammen und verschwand.

Früher oder später erkennen sich die Nationen, die das Imperium bilden, als eigenmächtige Kräfte und werfen die imperiale Macht ab.

Der Anstoß zur Zerstörung eines Imperiums kann von Außen oder von Innen kommen. Aber das Puzzle, das aus verschiedenen Nationen besteht, zerfällt früher oder später in seine Bestandteile. Die jüngsten Beispiele sind die Auflösung der Sowjetunion, Jugoslawiens und, merkwürdigerweise, die Zerfallsprozesse innerhalb des »vorbildlichen« Imperiums – das der Europäischen Union.

Hier möchte ich auf eine wichtige Sache aufmerksam machen: Ins Reich treten die Völker in der Regel als Ganzes ein, und ebenso als Ganzes verlassen sie das Imperium und erlangen ihre Unabhängigkeit. Dies ist ein weiterer Beweis für die Festigkeit (man kann sagen – Reißfestigkeit) einer solchen Struktur wie die der Nation.

Gleichzeitig erleben wir ein anderes Phänomen: Teile eines Volkes, die durch historische Umstände getrennt sind, neigen immer dazu, sich zu vereinigen, und früher oder später verschmelzen sie tatsächlich. So vereinten sich einmal geteilt in östliche (unter Russland) und westliche (als Teil von Polen und Österreich-Ungarn) Ukrainer, West- und Ostdeutsche, Süd- und Nordvietnamesen, fusioniert der geteilte afrikanische Stamm Tuareg, so versammeln sich Juden um Israel. Offensichtlich in historisch kurzer Zeit erleben wir die Vereinigung der südlichen und nördlichen Koreaner, Kurden, Aserbaidschaner aus Aserbaidschan und Iran und Tadschiken aus Tadschikistan und Afghanistan.

Das heißt, Imperien zerfallen früher oder später in ihre Bestandteile – Völker. Und durch historische, in der Regel militärische Umwälzungen getrennt, streben Teile desselben Volkes nach Annäherung und vereinen sich immer zu einem Ganzen. In der Emigration suchen Landsleute einander, wohnen nahe beieinander und pflegen engere Beziehungen untereinander als mit Vertretern anderer Nationen.

Geopolitisch gesehen, ist Ethnie das kleinste unteilbare Teilchen des Universums, ein ethnisches »Atom«[a].

Zwei nationale Axiome

Um die eine oder andere These zu beweisen, stützen sich Wissenschaftler immer auf Axiome. Wir formulieren solche nationalen Axiome.

Axiom 1 nennen wir das »Axiom der Abstoßung«: *Jede nationale Gemeinschaft strebt nach Selbstbestätigung und Unabhängigkeit von einer anderen nationalen Gemeinschaft. Die nationalen Befreiungsbewegungen dauern solange an, bis jede nationale Gemeinschaft unabhängig ist. Daher sind Imperien instabil. Die gegenseitige Abstoßung ethnischer Gruppen ist um so stärker, je größer die Unterschiede in ihren Sprachen, ihrer Kultur, ihrem historischen Gedächtnis und ihrer national-ethnischen Psychologie sind.*

Axiom 2 ist das »Axiom der nationalen Anziehungskraft«: *Teile einer Nation versuchen immer, sich zu vereinen, da sie eins sind. Ein nationales Territorium ist für ein Individuum attraktiver als ein national fremdes.*[b]

---

a Nachdem das Wort »Atom« in seiner ursprünglichen griechischen Bedeutung »unteilbar« geschrieben wurde, gibt der Autor zu, dass er auch kleinere Teilchen des Universums kennt – Elektronen, Protonen, Neutronen, Mesonen, Quarks... Er bittet Physiker um Nachsicht. Obwohl der Vergleich nicht so schlecht ist: Schließlich ist das Atom das kleinste Teilchen der Materie, das die Eigenschaften einer Substanz bewahrt und ihre chemischen Charakteristika bestimmt. Es gibt ein Atom des Goldes, ein Atom des Kohlenstoffs. Die kleineren Teilchen als das Atom haben diese Eigenschaften nicht mehr, sie sind gesichtslos, austauschbar. Elektronen des Goldes sind die gleichen wie Elektronen des Kohlenstoffs.

b Viele Autoren haben diese Gegebenheit bemerkt. Die Fachliteratur enthält

Die Notwendigkeit, Axiome auch in Naturwissenschaften ohne Beweis zu akzeptieren, ergibt sich daraus, dass jeder Beweis auf bestimmten Aussagen beruhen muss. Und wenn wir für jede Aussage eine Begründung verlangen, dann ist die Kette unendlich – und wir können nichts beweisen. Um dies zu verhindern, sind sich die Wissenschaftler einig, dass sie einige »offensichtliche« Dinge ohne Beweis als die ursprünglichen erkennen. Solche Grundsätze werden Axiome genannt.

Die »offensichtlichen« Dinge von heute sind morgen vielleicht nicht so offensichtlich. Das euklidische Axiom, das sich zwei parallele Linien niemals schneiden, wurde in der sogenannten nichteuklidischen Geometrie widerlegt, die diese Linien nicht auf einer Ebene, sondern auf einer Kugel sah – und dort kreuzen sich die zum Äquator senkrechten Meridiane an den Polen!

In Kenntnis der Nutzungsbeschränkungen verwenden wir jedoch diesen Begriff.

Das Wort *Axiom* ist hier auch deshalb passend, weil es neben der Bedeutung der »ohne Beweise erkannten Ausgangsposition« auch seinen alltäglichen Gebrauch gibt: »das, was selbstverständlich ist und dass es peinlich ist, es nicht zu wissen.« »Dies ist ein Axiom!« klingt genauso wie der Ausruf von Sherlock Holmes: »Elementar, mein lieber Watson!«.

Wir versuchen jedoch trotzdem, unsere Thesen logisch zu begründen. Ohne sich um die Definition einer Nation zu streiten (denn es gibt mehrere zeitgenössische »Wissenschaftler«, die darauf bestehen, dass Nationen »objektiv nicht existieren«, und die Diskussion zu diesem Thema könnte

---

die von dem russischen Ethnologen Prof. Michail Guboglo eingeführten Begriffe des »ethnischen Magnetismus«, »der interethnischen Konsolidierung« (siehe exemplarisch: *http://kominarod.narod.ru/articles/articles14.htm*), die dieser Wissenschaftler als »selbstverständlich« ohne ausführliche Erklärung einsetzt. Die Gründe für diesen »Magnetismus« sind der Wunsch, in ihrer historischen Heimat zu leben, ihre ethnokulturellen Bedürfnisse zu stillen, Kinder im Geiste ihrer Heimattraditionen zu erziehen usw. Neben der Anziehungskraft hat dieser »Magnetismus« auch einen »abstoßenden Charakter« (»ethnische Polarisierung«) für fremde Nationen, die nicht zusammen mit den Vertretern der Titularnation leben wollen, weil sie »sozialpsychologische Instabilität, Beängstigung, verminderte Anpassungsfähigkeit« (Guboglo) fühlen. Er untermauert diese Postulate auch statistisch, insbesondere mit Migrationstrends in neuen Nationalstaatsformationen (unter der Bedingung der Niederlassungsfreiheit): ethnisch verwandte wandern dort ein, ethnisch ferne wandern aus.

niemals enden...), sagen wir, worin bei der Mehrheit Konsens besteht: Die Nation vereint ein gemeinsamer Eigenname (z. B. Deutsche) oder eine gemeinsame Fremdbezeichnung (z. B. *tedesco* in Italien für Deutsche), ein gemeinsames Territorium, eine gemeinsame Wirtschaft, Sprache, Kultur, ein gemeinsames historisches Gedächtnis, nationales Bewusstsein, eine gemeinsame national-ethnische Psychologie, die offensichtlich aus dem nahen (bewusst vermeiden wir das Wort »gemeinsamen«) genetischen Ursprung entsteht. Ausgerechnet diese Faktoren fügen Menschen, Familie, Stamm zu einer Nation, einer nationalen Gemeinschaft zusammen. Die Mitglieder der Nation sehen sich als Teil von etwas Größerem, Gemeinsamem, zu dem sie zweifellos gehören und in der Zukunft gehören werden (gemeinsames Schicksal). Dies ist die Einheit und Integrität von Objektivem und Subjektivem, Materiellem und Kulturellem, Ideologischem und Psychologischem, Bewusstem und Unbewusstem.

Diese Gemeinschaft erzeugt auch die gleichen sozialen Bedürfnisse, die nur gemeinsam erfüllt werden können. Diese Bedürfnisse sind nicht individuell, sondern kollektiv für eine Gruppe von Menschen, die in einer Nation vereint sind. Das Ergebnis des Zusammentreffens der Bedürfnisse ist die Einheitlichkeit oder zumindest die Nähe der Hauptinteressen und -ziele, Handlungen in eine Richtung. Ein Mitglied einer Nation schöpft seine geistige Stärke, kulturellen Ideen und Ideale aus dem nationalen Leben, aus einer Identität, die wichtige integrative und normative, kognitive und angewandte, schützende und ideologische Funktionen für ihn erfüllt.

Die Sozialisierung des Individuums ist außerhalb des nationalen Lebens, Sprache und Kultur, Traditionen, der alltäglichen national-ethnischen Existenz, schließlich außerhalb der bewussten und unbewussten Schichten der Psyche, die auf der Grundlage einer tiefen Verbindung mit früheren Generationen entstehen, im Allgemeinen unmöglich. Ohne eine solche Umgebung ist der Mensch kein soziales Wesen mehr, das heißt, er ist kein Mensch mehr.

Die Zugehörigkeit zu einer Nation, die nationale Identität ist ein tiefes psychologisches Bedürfnis, das einer Person das Gefühl von Sicherheit, von Schutz vermittelt.

Bei einer durch die Grenze getrennten Nation bleiben alle Faktoren, die die Nation bestimmen, mit Ausnahme des gemeinsamen Territoriums und der gemeinsamen Wirtschaft, in beiden Teilen gleich.

Die Übereinstimmung von Interessen und Zielen führt notwendigerweise zu dem Wunsch, sich mit Gleichgesinnten, mit ihrem *alter ego*, ihrem *zwei-*

ten Ich zu fusionieren. So werden sowohl die Wirtschaft als auch das Territorium, das die gemeinsame Sprache, Kultur, das historische Gedächtnis, das nationale Bewusstsein und die national-ethnische Psychologie maßgeblich bestimmte, miteinander verbunden. Bei einer solchen Vereinigung von zwei Teilen einer Nation, die eins sind, ergänzen sie sich wie zwei Teile eines einst gebrochenen Bechers.

Zur gleichen Zeit hat der Teil einer Nation, der gezwungen ist, in einer fremden Umgebung zu leben (die Umgebung kann mehr oder weniger akzeptabel sein, bleibt aber immer fremd), immer ein Gefühl von fehlender psychischer Heimeligkeit, gerade weil sie in einer Umgebung mit einer Fremdsprache, einer fremden Kultur, anderen ideologischen Einstellungen und mit fremdem historischen Gedächtnis, mit fremden Interessen und Zielen existiert.

Selbst wenn die Titularnation die nationale Minderheit nicht diskriminiert, wird sie sicherlich während ihres Daseins mit einem anderen Verständnis als dem der Titularnation mit einer Vielzahl von Dingen konfrontiert, die in verschiedenen Kulturen und in verschiedenen historischen Erfahrungen ihren Ursprung haben.

Dies bedeutet nicht, dass die nationale Minderheit in einer ihr fremden Umgebung überhaupt nicht existieren kann. Solange sie sich jedoch als eine eigene Nation wahrnimmt, bis sie ihre nationale Identität verloren hat, wird sie entweder danach streben, ihre eigene Staatlichkeit zu schaffen, oder sich dem Rest IHRER Nation anzuschließen, wenn sie eine gemeinsame Grenze haben[a].

Natürlich sprechen wir von einem Gebiet, in dem eine bestimmte ethnische Einheit kompakt lebt, wenn ihre Mitglieder eine nationale Verbindung unterhalten, wenn sie tatsächlich eine nationale Gemeinschaft bilden. Wenn es keine solche Einheit gibt, dann ist es unmöglich, über eine Nation zu sprechen, geschweige denn über ihre im Völkerrecht verankerten Ansprüche. Deshalb kämpfen die nationalen Gemeinschaften für die nationale Einheit und sehen darin die Garantie ihrer Existenz.

Je länger die Minderheit in einer fremden Umgebung lebt, desto mehr wird

---

a All dies gilt, vorausgesetzt, die nationale Minderheit hat weder Sprache noch historisches Gedächtnis und nationales Selbstbewusstsein verloren. Im Falle eines solchen Verlustes verliert die Minderheit auch die Anzeichen der Nation, dann hat die Frage einer »nationalen Selbstbestimmung bis zur Abspaltung« keinen Sinn. Das heißt, mit dem Verlust der Wesensmerkmale der Nation, und vor allem der nationalen Identität, verschwindet die Nation als solche, sie stirbt.

sie an die Umgebung assimiliert, desto schwächer sind die magnetischen »polarisierenden Kräfte«. Eine Interdependenz (Wechselwirkung) ist hier indirekt. Die Abstoßungskräfte von einer Nation und die Anziehungskräfte zu anderer können nicht als gerade Linien grafisch dargestellt werden: Einige Nationen assimilieren schneller, andere länger. Von den während vieler Jahrhunderte (wenn nicht sogar Jahrtausende) an die spanischen und französischen Gesellschaften un-assimilierten Basken und Katalanen haben wir bereits gesprochen. Auf dem Gebiet des modernen Deutschlands gibt es seit anderthalb Jahrtausenden den slawischen Stamm der Sorben – ohne sich in dem deutschen Volk aufzulösen.

Assimilierungsprozesse sind manchmal sinusförmig: In Deutschland, dem Land der türkischen »Gastarbeiter« beispielsweise, assimiliert sich die dritte Generation von Türken (die in Deutschland geboren und aufgewachsen ist) weniger als die erste und zweite.[465]

Daher ist der Nationalstaat die einzige Form der politischen Ordnung, die der Natur entspricht. Wenn sich darüber hinaus eine Nation zu einer Religion bekennt, dann hat sie praktisch keine Scheidepunkte. Ein solcher Staat kann ewig existieren, wenn er nicht den Übergriffen einer anderen, stärkeren Nation zum Opfer fällt.

Jeder Staat, der mehr als eine ethnische Einheit vereint, riskiert immer, von einem nationalen Kampf zerrissen zu werden, bis jede Nation ihre Unabhängigkeit erlangt. Daher besteht die natürliche Aufgabe eines binationalen oder multinationalen Staates darin, den nationalen Frieden im Land so lange wie möglich aufrechtzuerhalten. Manche sind darin erfolgreicher (Sorben in Deutschland), andere weniger (Basken und Katalanen in Spanien, Schotten in Großbritannien, Kurden im Viereck Türkei-Syrien-Irak-Iran, Flamen in Belgien, Malaysier in Thailand usw.).

Die Methoden der »Zähmung« der Nationen werden wir im nächsten Abschnitt unter die Lupe nehmen.

Was Imperien zusammenhält

Zunächst natürlich die militärische Macht der Metropole, des Eroberer-Volkes. Alle Imperien hatten mächtige Armeen, sie unterwarfen sich Nachbarländer, sie behielten die Ordnung in den eroberten Gebieten.

Wir wissen, dass Großbritannien ein großes Reich war, und London wurde zum wichtigsten Finanz- und Handelszentrum der Welt, da es lange Zeit die Meere beherrschte.
Eines der (recht willkürlich gewählten) Beispiele – das Assyrische Reich, das im 2. Jahrtausend v. Chr. mit dem Zentrum im Gebiet des heutigen Iraks existierte. Es reichte von Ägypten und dem Mittelmeerraum bis nach Transkaukasien, dem Persischen Golf und den Wüsten der Arabischen Halbinsel. Die Geschichte Assyriens ist die einer Reihe endloser Kriege. Der Krieg ist zu einem Mittel der Entwicklung dieses Staates geworden. Die Assyrer waren unbarmherzige Krieger, es gab damals keine stärkere Armee, und für lange Zeit konnte ihnen niemand Paroli bieten. Fast jedes Jahr gingen assyrische Armeen auf unglaublich brutale Feldzüge. Sie eroberten und zerstörten Städte. Sie streuten Salz auf die Äcker und machten sie unfruchtbar. Assyrer vernichteten oft die gesamte männliche Bevölkerung des eroberten Landes, verkauften Frauen und Kinder in die Sklaverei, nahmen gefangen und verlegten ganze Stämme in ein anderes erobertes und verwüstetes Land, in dem diese Sklaven auf dem Land arbeiten und Tribut zahlen mussten. Einer der assyrischen Könige, Ašur-nâsir-abal's, schrieb über sich selbst: »Die Stadt eroberte ich, warf 800 ihrer Kämpfer mit den Waffen nieder, ihre Köpfe schnitt ich ab;... die übrigen verbrannte ich im Feuer... Einen Pfeiler von Lebenden und von den Köpfen errichtete ich bei dem Stadtthore, 700 Männer spiesste ich bei ihrem Stadtthore auf Pfähle, verheerte, zerstörte die Stadt, machte sie zu Schutt und Brachfeld. Ihre Knaben und Mädchen verbrannte ich zu Asche.«[466]
Fast alle »Imperialisten«, die ihre Staaten auf Blut errichteten, träumten von der Weltherrschaft: Perser, Chinesen, Mongolen, Ägypter, Alexander der Große, Spanier... Der Titel der assyrischen Könige lautete: »Der große König, der mächtige König, der König des Universums, der König von Assyrien, der Herrscher von Babylon, der König von Sumer und Akkad, der König von Karduniash... Der König der Könige... Ich bin wichtig und allmächtig, ich bin ein Held, ich bin mutig, ich bin schrecklich, ich bin zu verehren, es gibt keinen mir Gleichen unter allen Königen.«[467]
Offensichtlich verursacht imperiales Denken stärkere Verwirrung im Kopf als Traubenwein.
Apropos: Egal wie mächtig die Herrscher auch waren, sie wussten nicht, dass die Welt viel größer ist, als es ihnen schien.
Es sollte hinzugefügt werden, dass Kriege nicht immer geführt wurden, um Gebiete zu erobern, Sklaven zu nehmen und Tribut zu erheben. Kriege wur-

den auch vor 5000 Jahren »um des Friedens willen« geführt: Wenn man »alle Länder« besiegen würde, träumten die Eroberer, gäbe es keine Feinde mehr, dann würde man vor niemandem Angst haben müssen, mit niemandem kämpfen.

Der zweite wichtige Faktor für die Erschaffung und Existenz von Imperien ist das Geld, die wirtschaftliche Macht der Metropole. Die Briten, Spanier, Niederländer, Franzosen hielten die Kolonien in Gehorsam, denn sie hatten eine entwickelte und moderne Wirtschaft und trieben mächtig Handel. Natürlich wollten die Eroberer fruchtbares Land bekommen, sich ein reiches Volk unterwerfen. Sie wollten Profite von der Kolonie haben. Auf der ersten Stufe, unmittelbar nach der Eroberung, geschieht dies. Die Unterdrücker knacken so eine Art Jackpot.

Mit der Zeit sinkt jedoch im kolonisierten Land die Arbeitsproduktivität, niemand will für die Eroberer malochen. Bekanntlich ist die Sklavenarbeit ineffizient. Auch Herrscher konnten nicht jedermann das letzte Fell abziehen, jemand musste auf den Plantagen arbeiten und »Absatzmarkt« für die Waren aus der Metropole sein. Daher beginnt ein Finanz- und Warentransfer in umgekehrter Richtung – aus der Metropole zur Kolonie. Die Metropole versucht, die Wirtschaft der Kolonie zu verbessern, indem sie dort effektive Manager einsetzt.

Die Metropole muss für die Sicherheit der Handelsrouten sorgen.

Im Arabischen Kalifat – eines der größten und mächtigsten arabischen Imperien – musste das Zentrum in den Provinzen Städte bauen. Das Ägyptische Reich errichtete in Kolonien Deiche, trocknete Sümpfe aus, auf denen sich fruchtbares Ackerland bildete.

Aber der Punkt lag eindeutig nicht in der Fruchtbarkeit der Erde. Ohne Arbeit bringt die Erde nur Unkraut. Die Kolonien und mit ihnen die Metropolen verfielen. Es gab nicht genug Geld, um die Provinzen »aus dem Zentrum« zu unterstützen. Wegen des Mangels an Transfer begannen in den Kolonien Aufstände. Die Nation entkam aus dem Reich in die Freiheit entweder selbst oder sie suchte Hilfe bei ihren Nachbarn, stachelte sie an, gegen die lästige Metropole in den Krieg zu ziehen, schloss mit ihnen Geheimverträge.

Oft stimmten die Nachbarn der »Nachbarschaftshilfe« zu. Das Ergebnis für die freiheitsliebende Nation war in solchen Fällen meist ziemlich bedauerlich – statt des einen Unterdrückers erhielt die Nation einen anderen.

Geld spielte auch eine andere wichtige Rolle – es wurde benötigt, um die lokale Elite zu korrumpieren. Um die Kolonialbevölkerung in Gehorsam

zu halten, bot die Metropole ihren Handlangern die Möglichkeit, die lokale Bevölkerung nicht nur zugunsten der Metropole auszubeuten, sondern auch zu ihrem eigenen Nutzen. Diese Regel der Bestechung lokaler Fürsten gibt es nicht erst seit gestern. Sie ist zeitlos, das war schon immer so.
Im Ägyptischen Reich bereits im 3. Jahrtausend v. Chr., das heißt, vor 5000 Jahren, wurde die Macht der Pharaonen ständig schwächer, und die Herrscher der Provinzen, die *Nomarchen*, immer reicher, bis 2250 v. Chr. Ägypten in seine »Komponenten« – *Nome* (Gaus) – zerfiel, weil die Loyalität von »Managern« nur bis zu einem gewissen Grad gekauft werden kann. Wenn sie wirklich reich und stark werden, stellen sie die Frage nach dem Sinn, in der Metropole zu bleiben und ihren Tribut zu zahlen. Im Arabischen Kalifat untergaben sich die Emire in Arabien, im Irak, in Transkaukasien und in Westafrika dem Kalifen nur formal und kontrollierten autonom die lokalen Finanzen, die Armee und den Beamtenapparat.
Welches Imperium auch immer wir nehmen – das Römische, das Mongolische, das Persische, das Byzantinische, das indische Reich von Ashoka – überall in den Provinzen sorgte die Zentralregierung dafür, eine Schicht reiche zivile Machthaber und Militärführer zu schaffen, die nach Absicht des Zentralherrn alles Erdenkliche dafür tun müssen, um die Völker gefügig zu halten. In der Regel endete alles damit, dass die lokalen Machthaber, nachdem sie reich und mächtig geworden, Volksbewegungen anführten und unabhängige Staaten auf dem Gelände der ehemaligen kaiserlichen Provinzen gründeten.
Eine andere Fangschlinge, mit der man oft in imperialen Netzen auf Beutezug ging, war die ideologische Indoktrination. Die Metropole kam nicht nur mit der Armee in die Kolonie, sondern auch mit den Missionaren, die die einheimische Bevölkerung davon überzeugten, dass die Metropole nicht nur Gewalt und Ausbeutung bringt, sondern auch neue, irgendwelche sehr wichtige moralische Werte.
Eine solche Doktrin war die christliche Religion in der Versklavung Amerikas und Afrikas. Missionare wurden dort Prediger, Hirten genannt. Eine Doktrin war auch die kommunistische Idee bei der Unterwerfung der Völker der Sowjetunion. Missionare hießen dort politische Kommissare. Solche Missionare waren die ersten *public relation* Abteilungen der Eroberer. Die Erkenntnis, dass die Armee und die Prediger an einem Strang zogen, ergab sich eindeutig aus der Tatsache, dass die Armee die Prediger mit Waffen und die Prediger die Armee mit einem Wort verteidigten.
Der monopolistische Besitz von Informationssystemen verschafft heute

dem neuesten Imperium – den USA – einen entscheidenden Vorteil bei der Eroberung der Welt.[a] Die dominierende informative Präsenz und die »Deutungshoheit« tragen nicht weniger zum Erhalt der globalen Macht bei, als ihre globale militärische Präsenz.

Ein wichtiger Faktor für die Versklavung von Nationen ist oft die – reale oder imaginäre – Attraktivität der Metropole, um die sich die Missionare kümmern. Ich würde diese Anziehung als *idealen Magnetismus* bezeichnen. In freien, unabhängigen Ländern streben die Bewohner manchmal danach, sich in ein Imperium zu begeben, weil sie die Reize der Metropole für sich gewinnen wollen, die wirtschaftlichen oder kulturellen Vorteile der Metropole genießen, die Folgen eines solchen Schrittes nicht aber wirklich einschätzen können. In solchen Metropolen herrscht ein hohes Selbstwertgefühl der Bürger und Stolz auf ihr wohlhabendes Land.

So stützte sich die kaiserliche Macht Roms insbesondere auf den psychologischen Umstand, dass viele Völker danach strebten, »Römer zu werden«. Die Worte *sivis romanus sum* (»Ich bin römischer Bürger«) waren eine Quelle des Stolzes. Der hohe Status eines römischen Bürgers, der auch Personen nicht-römischen Ursprungs zuerkannt wurde, war Ausdruck einer kulturellen Überlegenheit, die das Reich als solches rechtfertigte, die römische Herrschaft legitimierte und diejenigen, die sich Rom unterworfen hatten, dazu veranlasste, bereitwillig in die imperiale Struktur einzutreten.

So stärkte die von Sklaven anerkannte kulturelle und damit mentale Überlegenheit der Römer die kaiserliche Macht.

Zu Beginn des 18. Jahrhunderts war das chinesische Reich von Vasallen und abhängigen Staaten wie Korea, Indochina, Thailand, Burma und Nepal umgeben. Der Einfluss Chinas breitete sich vom Fernen Osten bis zum Baikalsee und auf das Gebiet des modernen Kasachstans sowie im Süden – nach Laos und Vietnam aus. 1820 produzierte China fast ein Drittel des Bruttoinlandsprodukts der Welt und belegte hinsichtlich dieses Indikators weltweit den ersten Platz. Auch hier wurde die Einheit des Reiches durch ein starkes, tief verwurzeltes Gefühl kultureller Überlegenheit legitimiert und unterstützt.

Diese kulturelle Überlegenheit wurde durch den Konfuzianismus verstärkt, der die Vorteile von Hierarchie und Disziplin predigte. China wurde als

a Es gibt auf der Welt Hunderttausende von Zeitungen, Zeitschriften und Funk- und Fernsehsender, die erdrückende Mehrheit von ihnen steht aber unter dem direkten oder indirekten Einfluss der USA und der »atlantischen Eliten«.

Zentrum des Universums angesehen, außerhalb dessen nur Barbaren lebten. Chinese zu sein, bedeutete kultiviert zu sein, und aus diesem Grund musste der Rest der Welt China mit gebührendem Respekt behandeln.
Ein Beispiel für eine solche psychologische Überlegenheit ist der bekannte Brief eines chinesischen Kaisers an König George III. von Großbritannien, dessen Abgesandte versuchten, China zum Handel zu bewegen, indem sie dem Kaiser einige britische Waren als Geschenk (oder als Bestechung) anboten: »Wir, durch die Gnade des Himmels Kaiser, belehren den König von England, unsere Anklage zur Kenntnis zu nehmen: Das Himmlische Reich, das alles beherrscht, was zwischen vier Meeren liegt ... schätzt keine seltenen und kostbaren Dinge ... auch haben wir nicht den geringsten Bedarf an Manufakturen Eures Landes. ... Daher haben wir Euren Tributgesandten befohlen, sicher nach Hause zurückzukehren. Ihr, o König, sollt einfach im Einklang mit unseren Wünschen handeln, indem Ihr Eure Loyalität stärkt und ewigen Gehorsam schwört.«[468]
Kulturell überlegen betrachtete sich (war?) auch Großbritannien. Wie Brzezinski bemerkt: »Wie bei seinen römischen und chinesischen Vorläufern oder seinen französischen oder spanischen Kontrahenten beruhte ein Gutteil seines Standvermögens auf dem Bewusstsein kultureller Überlegenheit. Es entsprang nicht allein der subjektiven Wahrnehmung einer arroganten Führungselite, sondern einer Einsicht, die viele nicht-britische Untertanen teilten… Da diese kulturelle Überlegenheit erfolgreich zur Geltung gebracht und stillschweigend anerkannt wurde, bedurfte es keiner großen Militärmacht, um die Autorität der englischen Krone aufrechtzuerhalten. Noch 1914 überwachten nur ein paar tausend britische Soldaten und Verwaltungsbeamte etwa elf Millionen Quadratmeilen (mehr als 28 Millionen Quadratkilometer, das sind fast drei Europas – V. T.) und hielten fast 400 Millionen nichtbritische Untertanen im Zaum.«[469]
Die vorherrschende Kultur zementierte Imperien.
Einen solchen »idealen Magnetismus«, eine aus verschiedenen Gründen – wirtschaftlichen, kulturellen und technologischen – anziehende Kraft strahlen heute zweifellos die Vereinigten Staaten und die Europäische Union aus. Natürlich haben nicht alle Imperien ihre Macht auf kultureller Überlegenheit aufgebaut. Die Perser zum Beispiel, obwohl sie nicht einmal ihre eigene Schriftsprache besaßen, eroberten Völker, die viel kultivierter waren als sie. Später erblühte auf Kosten der Kolonien eine herausragende persische Kultur. Die Mongolen eroberten unter der Führung von Dschingis Khan das viel weiter entwickelte China und Persien, mehrere russische Fürstentümer,

Polen und Ungarn. Da sie nicht über kulturelle Überlegenheit verfügten, waren die Eroberer gezwungen, die versklavten Völker auf andere Weise bei Gehorsam zu halten, zum Beispiel durch Gewalt und unerhörte Grausamkeit.

Wie Imperien zerfallen

Manchmal zerfallen Imperien unter dem Druck stärkerer Nachbarn. Aber oft sind die Ursachen der Implosion hausgemacht. Die Verwaltung großer Gebiete vom Zentrum aus ist langsam, ineffizient und entspricht oft nicht den Bedingungen in den Provinzen. Das heißt, der erste Grund ist das Management.

Der zweite Grund ist wirtschaftlicher Natur. Wie bereits erwähnt, ist der Nutzen von Sklavenarbeit gering. Und es ist teuer, die Menschen gefügig zu halten.

Der dritte Grund ist imperiale Arroganz und Korruption: Nicht nur die Metropolen, sondern auch ihre Würdenträger und Bürokraten vor Ort werden reich durch Sklavenarbeit. Bestechung, Hedonismus, Leben zum Vergnügen, Apathie, innere Müdigkeit, Zerfall gedeihen. Niemand möchte sich vom süßen Leben lösen, um ein Pferd zu besteigen und widerspenstige ethnische Gruppen zu unterdrücken.

Keiner will etwas opfern: weder materiell noch sozial noch geistig. Daher der kulturelle, schöpferische Verfall der Nation. Bei der herrschenden Nation hört die Entwicklung auf und verschwindet vor allem der Wille, das Leben des Imperiums aufrechtzuerhalten.

Diese Anzeichen sind charakteristisch für Rom und Großbritannien, China und die UdSSR. Diese Ursachen beflügeln den Wunsch der versklavten Völker, die Schwäche der Metropole auszunutzen, um sich von der imperialen Abhängigkeit zu befreien.

Natürlich ist es den Herrschern der Imperien wichtig, ihre »Supermacht« zu bewahren. Militärmacht, Geld oder Ideologie sollten zahlreiche Nationen zusammen in einer gemeinsamen Wohnung halten.

Die Mongolen hatten, wie gesagt, keine eigene dominierende Kultur. Um die Macht zu behalten, schickten sie deshalb Statthalter, die nicht versuchten, den unterdrückten Völkern ihre (nicht existente) Kultur aufzuzwingen, son-

dern die sich selbst der Kultur der eroberten Ethnien anschlossen, die sich an die herrschenden Bedingungen angepasst und sich assimiliert haben. In China wurden sie zu Anhängern des Konfuzianismus, in islamischen Ländern zu Muslimen; adlige Fürsten der Goldenen Horde, die in den Dienst eines starken Moskauer Fürsten zogen, bekannten sich zur Orthodoxie.
Praktisch ohne Verwaltungsstrukturen wurde es immer schwieriger, ein riesiges Imperium vom Zentrum aus zu regieren. Am Rande des Reiches konsolidierten und erhoben sich die nationalen Befreiungsbewegungen. Um das Management näher an die Verwaltungsgebiete zu bringen, wurde das Reich in mehrere Autonomien aufgeteilt. Dies verstärkte nur die Assimilation der Mongolen und beschleunigte den Zusammenbruch des Großmongolischen Reiches von Dschingis Khan – die Krim, der Steppenbereich der Wolga-Region trennten sich ab... Nach zwei Jahrhunderten verschwand das weltweit größte Landimperium für immer.
Eine andere Politik verfolgte der persische König Darius I. Er teilte den Staat in 20 Satrapien auf, an die Spitze setzte der König einen Herrscher – Satrap. Die Satrapen berichteten dem König über ihre Angelegenheiten und mussten sich um den Wohlstand der ihnen anvertrauten Provinzen kümmern, um noch mehr Steuern erheben zu können. Jeder Satrap hatte seinen eigenen Hofstab, nicht weniger prunkvoll als der des Königs, mit den gleichen Beamten und Rängen.
Um den König vor Verrat zu schützen, kümmerte sich der Oberste Wächter, ein »königliches Auge«, sowie die geheimen Spionageboten um jeden Satrapen. Neben dem Satrap wurde auch ein Militärkommandeur in die Provinz entsandt, der sie vor Feinden schützen, gegen Räuber kämpfen und die Straßen bewachen musste. Der Satrap sollte den Befehlshaber beschnüffeln, und der Militärkommandeur den Satrap ausspionieren. Sobald Darius ein solches »zuverlässiges« Imperium aufgebaut hatte, wollte er die Welt regieren.
Aber weder die Satrapen noch die »königlichen Augen« haben geholfen. Bereits unter seinem Sohn Xerxes trennten sich Babylonien, Ägypten, Midien, Kleinasien, Syrien als Folge der Befreiungskriege vom Reich.
Früher oder später gingen alle Imperien von der historischen Arena. Weder die Große chinesische Mauer noch der Schutzgraben und der hohe Damm um das Große Römische Reich schützten sie vor dem Zusammenbruch...
Imperien spielten jedoch in der Geschichte der Menschheit eine bedeutende Rolle. Durch die Ausbeutung der Kolonien blühten dort Wissenschaft und Kultur. Die Hauptursachen für den Niedergang von Imperien waren

die enormen Militärausgaben, die notwendig waren, um die Provinzen folgsam zu halten, Selbstbereicherung der Eliten, die ausufernde Korruption lokaler Machthaber, käufliche Bürokratie, hohe Steuern, immer schlechtere Lebensbedingungen der Menschen und daher Versuche der Völker, aus dem Imperium zu fliehen, keine Steuern mehr zahlen und das Leben selbst zu gestalten. Von großer Bedeutung waren ebenfalls, dass die Elite und die Menschen in der Metropole ihrer Ideale des dem Land Dienens und des Patriotismus verlustig gingen sowie ihrer Bereitschaft, eigenes Wohlbefinden zugunsten der zweifelhaften »Interessen des Reiches« zu opfern.

Die USA als Imperium unterscheiden sich von anderen, die wir bisher kennen. Die Macht der Metropole erstreckt sich nicht nur auf das Territorium der Vereinigten Staaten selbst, sondern auch auf riesige Weltenräume. Die Vereinigten Staaten haben den größten Einfluss auf internationale Wirtschaftsorganisationen und in der NATO – die mächtigste militärische Organisation der Welt. Sie kontrollieren alle Weltmeere. Sie schufen ein riesiges System von Militärstützpunkten an Land. Es gibt Dutzende Länder, denen die USA ihren politischen und militärischen Willen auf allen Kontinenten diktieren, insbesondere in Eurasien und Lateinamerika. Die Vasallenländer »passen« sich an die USA an, bemühen sich sogar auf Kosten ihrer Souveränität in dem Fahrwasser eines großen amerikanischen Schiffes zu segeln. Wie Professor John Ikenberry (geb. 1954) von der *Princeton University* (USA) schrieb: »Die Europäer (man könnte auch hinzufügen: die Japaner) konnten ihre gesellschaftlichen Strukturen und Volkswirtschaften wieder aufbauen und so integrieren, daß sie mit der amerikanischen Vorherrschaft im Einklang standen, ihnen aber auch genug Spielraum ließen, um mit ihren eigenen autonomen und halbautonomen politischen Systemen zu experimentieren...«[470]

Im Gegensatz zu den früheren traditionellen Imperien werden die Vereinigten Staaten nicht als Imperium, sondern als »Supermacht« bezeichnet. Wie lange wird diese Supermacht durchhalten? Zahlreiche Geopolitiker prophezeien ihr ein langes Leben. Wenn man eine mächtige Faust direkt vor seiner Nase sieht, ist es schwierig, zu anderen Schlussfolgerungen zu kommen.

Es scheint uns jedoch, dass die imperialen Entwicklungs- und Niederganggesetze sowohl für das chinesische Qing-Imperium, für das britische Empire als auch für die US-Supermacht gleichermaßen gelten. Die Welt entgleitet allmählich der Macht des Dollars. Wenn die US-Währung zumindest teilweise aus den strategischen Währungsreserven einiger führender Länder genommen wird, erwartet die USA ein Zusammenbruch. Der Rückgang des

Lebensstandards der Bevölkerung führt bereits heute zu sozialer Unzufriedenheit, »historischer Angst« und Pessimismus.

Mit der offensichtlichen Dominanz in der Welt der amerikanischen Massenkultur werden die Wörter *Hollywood* und *Big Mac* immer öfter ohne Begeisterung und sogar mit unverhüllter Ironie ausgesprochen. Das indische *Bollywood* hat die Einfachheit der Hollywood-Klischees durchschaut und verstärkt die Produktion von (ähnlichen) Filmen. Die Offenheit der Welt, die Gelegenheit, die Vereinigten Staaten zu besuchen, zeigte vielen, dass erstens manches in Amerika kein Hexenwerk ist, und zweitens die Vereinigten Staaten viele interne Probleme haben, mit denen sie nicht fertig werden.

In der amerikanischen Gesellschaft gibt es keine Eintracht hinsichtlich der Notwendigkeit, ihre Monopolstellung in der Welt zu behalten. Ein Teil der politischen Elite glaubt, dass die globale Macht mit anderen Nationen geteilt werden sollte. Die materiellen und menschlichen Opfer, die zur Erhaltung der amerikanischen Hegemonie in der Welt notwendig sind, widersprechen den demokratischen Prinzipien der Vereinigten Staaten selbst. Das heißt, eine demokratische Gesellschaft wird wahrscheinlich keine teuren imperialen Bestrebungen unterstützen.

Die Massenkultur, die die USA der Welt aufgezwungen haben, blieb auch für die USA nicht ohne Konsequenzen: Die Gesellschaft lebt zu ihrem Vergnügen, die Menschen pflegen »das Leben für sich und nicht für andere«, der amerikanische Lehrbuch-Patriotismus schwindet.

Die schwerwiegenden nationalen Probleme der Vereinigten Staaten haben wir bereits in einem separaten Kapitel erörtert. Jeder, der langfristig viel auf die Vereinigten Staaten setzen will, könnte sein Geld nicht mehr zurückbekommen. Natürlich wird das Alter der meisten Imperien nicht in Jahren, sondern in Jahrhunderten gemessen. Aber viele glaubten nicht an den Einsturz von Imperien, auch als sie längst ihre letzten Atemzüge taten.

Wird die EU bis 2024 bestehen?

Erweiterung bedeutet Komplikation
und Komplikation bedeutet Verfall.
Parkinsonsche Gesetz

Der Optimist glaubt, dass wir in der besten der Welten leben.
Der Pessimist befürchtet, dass das stimmt.
Hauptparadox

Die EU hat das stabile Image einer erfolgreichen, zukunftsorientierten Gemeinschaft, Mitglied in ihr zu werden ist eine schwierige, aber gute Sache. Dutzende von Glücklichen haben sich dort einen Platz gesichert, eine große Gruppe von Ländern – die Türkei, Serbien, die Ukraine, Georgien... – versuchen bisher erfolglos, einer solchen Ehre teilhaftig zu werden.

Der »ideale Magnetismus« der EU ist beeindruckend: Millionen von Menschen wollen dort leben. 1969, zu einem Zeitpunkt, als die Sowjets in den Weltraum flogen, das sowjetische Ballett einen Erfolg nach dem anderen feierte und sowjetische Hockeyspieler die besten der Welt waren, erschien im Westen der Essay des russischen Historikers und Dissidenten Andrei Amalrik »Wird die Sowjetunion bis 1984 bestehen?«[a].

Das Jahr wurde offenbar nach dem Namen der Dystopie des englischen Schriftstellers George Orwell (1903-1950) »1984« (erschienen 1947) gewählt, in dem er die Welt des (englischen) Sozialismus vier Jahrzehnte später beschreibt – eine brillante und vor allem sehr präzise Arbeit. Amalrik gelangt zu dem Schluss, dass das Image der UdSSR viel besser ist als der tatsächliche Stand der Dinge.

Wie geht es der EU? Wie ist ihr Wohlbefinden und wie sieht ihr Kardiogramm aus?

Versuchen wir, auch eine Vorhersage über die Existenz eines europäischen Imperiums zu treffen.

Wird die EU bis 2024 bestehen?

---

a Амальрик, А., Просуществует ли Советский Союз до 1984 года?

Warum und nach welchen Prinzipien wurde die EU geschaffen?

Ein vereintes Europa wurde aus mehreren Gründen etabliert:
- Länder, die sich umeinander scharen, werden stärker sein – nach dem Prinzip: Einigkeit macht stark;
- dauerhaften Frieden auf dem Kontinent gewährleisten;
- die Union sollte wirtschaftlich effizienter werden als die Nationalstaaten;
- bestimmte Werte, »europäische«, sollte sie in sich tragen und nach Außen vermitteln.

Hinterfragen wir einige Dinge.

Grundsätzlich ist nicht klar, warum ein großer polyethnischer Staat (EU) besser ist als die Summe kleiner Nationalstaaten. Ich zum Beispiel kann offensichtliche Mängel benennen.

Erstens erledigt sich in einem Imperium der gesunde Geist des Wettbewerbs zwischen den Provinzen, worauf die Marktwirtschaft (die einen gesunden Zustand des Landes sicherstellt und kein Ausruhen auf Lorbeeren zulässt) fußt. Ohne Konkurrenz und mit einem Monopol – wir lesen Karl Marx – hat die Wirtschaft die Tendenz zur Stagnation und Fäulnis. Eine Wirtschaft ohne Wettbewerb ist Sozialismus. Für diejenigen, die es nicht wissen: Dies ist ein soziales System, das aufgrund der geringen Arbeitsproduktivität ins Grass gebissen hat.

Zweitens ist es schwieriger, vom Zentrum aus etwas zu steuern als vor Ort. Das Zentrum hat per se ein schlechtes (ungenaues) Wissen über die Situation. 2012 hat die EU 150 Schafe in einem Betrieb in Griechenland subventioniert. Die Prüfung ergab, dass der Landwirt keine Schafe hat, ja nie eins besaß. Es gibt Tausende solcher »potjomkinscher Schafherden« in der EU – die lokalen Behörden würden einem solchen Bauern niemals Geld geben. Ja, der Bauer selbst hätte es nie beantragt, wohl wissend, dass man nachsehen und es dafür (hoffentlich, nur rechtlich) Prügel setzt. Und Brüssel ist weit weg.

Drittens fällt eine Vielzahl sehr verschiedenartiger Länder unter die Entscheidungen der EU: Was für eine Region geeignet ist, ist es für eine andere möglicherweise nicht. Spanien leidet im August unter Hitze, jeder Madrider fährt ans Meer. Es ist jedoch unmöglich, im August Ferien zu arrangieren, denn dann ist es in Finnland angenehm warm wie selten. Tatsächlich haben die EU-Länder einen unterschiedlichen wirtschaftlichen Entwicklungsstand, unterschiedliche Bildungssysteme, unterschiedliche Sozialgesetze, unterschiedliche Rentenzeiten und Menschen mit unterschiedlichen Mentalitäten.

Allgemeingültige Gesetze für sie zu erlassen, gleicht einem Prokrustesbett. Wie aus den griechischen Mythen bekannt, legte der Räuber Prokrustes seine Opfer auf dieses Bett: Denjenigen, für die das Bett zu kurz war, hackte er die Beine ab und diejenige, für die das Bett zu lang war, streckte er auf die Länge des Bettes.

EU-Verordnungen sind grundsätzlich schlecht, nicht weil sie bewusst schlecht oder dumm sind (obwohl es auch solche gibt), sondern weil sie versuchen, verschiedene soziale und wirtschaftliche Organismen in ein Schema zu zwingen. Und dann tritt das auf, was der weise Kosma Prutkow[a] sagte: »Was für den Russen gut ist, ist für den Deutschen der Tod.« Ein aktuelles Beispiel mit der Zeitumstellung: Die EU, die sie vor Jahrzehnten für alle Mitglieder verbindlich eingeführt hat, will diese jetzt abschaffen – besser später, als nie. Aber auf welche Zeit sollen sich die EU-Länder einigen – auf Sommerzeit oder auf Winterzeit?

»Die Bundesregierung favorisiert die dauerhafte Sommerzeit«, schreibt »Leipziger Volkszeitung«. »Klingt gut. Aber die würde in Portugal und Spanien im Winter die Sonne mitunter erst gegen 10 Uhr aufgehen lassen. In einer dauerhaften Winterzeit wäre hingegen im östlichen Polen im Sommer die Nacht bereits um 3 Uhr beendet«.[471] Was für ein Pech!

Viertens wird ein zusätzliches bürokratisches Glied (Brüssel) geschaffen, das nicht nur Geld frisst, sondern auch Entscheidungen verlangsamt und den Papierkrieg anfeuert.

Fünftens gibt es Dissens zwischen nationalen und europäischen Gesetzen, zwischen Entscheidungen nationaler und europäischer Parlamente. In Griechenland, Süditalien oder Spanien streckt sich die Übergabe des Hauses vom Bauunternehmen an den Eigentümer monatelang. Zu diesem Zeitpunkt ist das Bauunternehmen für die Qualität des Gebäudes verantwortlich – es muss darauf achten, dass niemand die Fenster dort zerschlägt und das Parkett nicht zerkratzt. Für diese Zeit stellt sie eine teure Sicher-

---

a Kosma Prutkow (russ.: Козьма Прутков) ist ein fiktiver russischer Schriftsteller. Die ihm zugeschriebenen Werke wurden von Alexei Tolstoi, sowie seinen beiden Vettern Alexei und Wladimir Zhemtschuzhnikow verfasst.

heitsfirma ein. Auf ihr Geld muss die Baufirma auch lange warten – die Schulden können vom Kunden in einem oder erst in zwei Jahren bezahlt werden. Während dieser ganzen Zeit müssen Bauunternehmen das fertige und im Grunde fremde Haus aus eigenen Mitteln finanzieren. Manchmal halten Firmen einer solchen Belastung nicht stand und gehen pleite. Die Auftraggeber in diesen Ländern zu zwingen, früher für erledigte Arbeit zu bezahlen, ist unmöglich.

»Unordnung«, sagten EU-Bürokraten, kratzten sich lange die Köpfe und verabschiedeten die »Schuldenrichtlinie«. Darin vermerkten sie, dass die Übergabe des Objekts innerhalb von 30 Tagen und die Zahlung innerhalb von 60 Tagen zu erfolgen habe. Das heißt, drei Monate nach Abschluss des Bauvorhabens sollte das Unternehmen für das, was gemacht wurde, Geld bekommen. Für griechische, italienische und spanische Unternehmen – ein großer Schritt nach vorn!

Aber nicht für deutsche. Hier ist es üblich, dass die Deutschen die gebauten Einrichtungen ein oder zwei Tage nach ihrer Fertigstellung, maximal innerhalb von zwei Wochen, übergeben. Zahlung von Rechnungen nach deutschem Recht – maximal 30 Tage. Gemäß der EU-Richtlinie wird die Frist für den Erhalt des Geldes nun verdoppelt, und die Baufirmen erhalten schlechtere Bedingungen als zuvor. Die Deutschen fanden einen Ausweg – sie beschlossen, die EU-Richtlinie nicht einzuhalten. Aber der Sinn der Brüsseler Gesetzgebung kann doch nicht darin liegen?

Sechstens: Entscheidungen brauchen lange, da es in Europa unter den 28 EU-Mitgliedern Konsens geben muss. Bei 28 Mitgliedern ein Übereinkommen zu finden, ist schwieriger als bei zwei.

Warum werden wir überzeugt, dass das vereinte Europa das *non plus ultra* der menschlichen Zivilisation ist? Ich kann die nicht allzu wissenschaftliche These dagegen halten, je kleiner der Staat ist, desto effizienter ist er. Hier einige Beispiele: Schweiz, Österreich, Luxemburg, Monaco, Liechtenstein – versuchen Sie es zu widerlegen! Ich gebe zu: Die These ist etwas dusselig – aber warum ist die These über die Vorteile eines »großen Landes« besser?

Europa hat seit Jahrhunderten den Ton in der Welt angegeben. Es gab damals kein Europäisches Imperium, aber – nicht als Nachahmungsbeispiel, nur als Indikator der Stärke – das Britische, Spanische, Portugiesische, Österreichisch-Ungarische Imperium... Diese riesigen Landstriche wurden nicht von Europa erobert und regiert, sondern durch Anstrengungen eines Nationalstaates.

Siebtens: Der Nationalstaat muss den (illegitimen) gesamteuropäischen

Körperschaften beim Beitritt einen Teil seiner Souveränität abgeben und wird abhängig von Brüssel. Daher ist das Streben in die EU ein obskurer Wunsch, die nationale Souveränität, die Unabhängigkeit zu verlieren. So schüttelten die Sowjetrepubliken und die sozialistischen Länder (die der EU beitraten) die sowjetische Abhängigkeit ab, gerieten aber schleunigst in eine andere – die europäische. Sie haben sich der Diktatur des »älteren Bruders« nicht entledigt, sondern tauschten sie gegen das Diktat des, wie sie hofften, »besseren Zaren«.

Einige gelangten zu europäischen Werten nicht durch den Haupteingang, sondern durch die Hintertür – wie zum Spott an diesen Werten selbst. Schließlich wurde die EU-Erweiterung und Euro-Zone oft aus »politischer Notwendigkeit«[472], auf Lügen aufgebaut. Um die sogenannten »Euro-Aufnahmekriterien« zu erfüllen, fingierte beispielsweise Griechenland einfach die erforderlichen Zahlen in den Papieren. Und unter dem politischen Druck der »Väter der Nation« gaben die EU-Experten, die sich der wirklichen Lage bewusst waren, vor, nichts bemerkt zu haben.[473]

Man will uns vorgaukeln, dass Europa nur dank der Vereinigung der Länder in der EU im Frieden lebt und nur sie Stabilität und Eintracht auf dem Kontinent garantieren kann. Dies ist eine krasse Lüge.

Ohne die EU gab es seit 1945 Frieden auf dem Kontinent. Das Unterpfand des Friedens während der Konfrontation zweier militärisch-politischer Blöcke – der NATO und des Warschauer Pakts – war die atomare Parität der USA und der UdSSR. Dies sagen alle seriöse Forscher. Den ersten unerklärten und nicht durch UN genehmigten Krieg in Europa begann 1999 die NATO (deren Mitglieder mit den EU-Ländern fast identisch sind) mit den Bombardements Jugoslawiens, das nach dem Zusammenbruch der UdSSR aus dem Einflussbereich Russlands in den Einflussbereich des Westens gelangen sollte.

Darüber hinaus verfolgt die EU keine souveräne Außen- und Sicherheitspolitik (obwohl es zu diesen Fragen dort einen Hohen Kommissar gibt), die Sicherheit wird von den nationalen Streitkräften garantiert, die auf deutschen, französischen und britischen Truppen gründen. In der EU gibt es einfach keine Hebel, um den (hypothetischen) Konflikt zwischen Frankreich und Deutschland, Serbien und dem Kosovo oder zwischen Griechenland und der Türkei wegen des »unvollendet geteilten« Zyperns zu beenden. Daher muss Europa im Falle einer militärischen Konfrontation auf dem Kontinent wie immer die USA um Hilfe bitten. Und Konflikte können in einem vereinten Europa durchaus ausbrechen: In Griechenland, Spanien und Italien werden Sprüche voll mit unverhohlenem Hass auf Deutsche laut. Was begonnen wurde, um den Frieden und die Freundschaft aufrechtzuerhalten, führte im Ergebnis der durchaus nicht schlimmsten Wirtschaftskrise zum Krieg gegenseitiger Anklagen, zum Krieg aus Beleidigungen, zum Krieg, in dem die unappetitlichsten Einlassungen verwendet wurden.[474]

Man sagt uns, dass demokratische Werte der EU attraktiv sind. Diese Werte sind kein Geheimnis. Sie liegen in Europa nicht im Tresor. Wenn jemand die Rede- und Versammlungsfreiheit, das allgemeine Wahlrecht, die Gleichstellung von Frauen und Männern, die Gleichstellung von Hetero- und Homoehen mag, dann nehmt diese Werte und führt sie in eurem eigenen Land ein. Was hindert euch daran?

Oh, sie führen sich nicht so einfach ein: Die Oligarchen, die Medienressourcen aufgekauft haben, beeinträchtigen die Meinungsfreiheit, die Polizei hindert Versammlungsrecht, indem sie zu Schlagstöcken greift, das Wahlrecht wird durch Betrug und Fälschung kastriert?

Was ist los? Hofft jemand, dass nach einem Beitritt in die Europäische Union jedes Mal die EU persönlich in das Land kommt, um mit den Oligarchen, der Polizei und unehrlichen Wahlkommissionen zu kämpfen? Vielleicht ist die Gesellschaft, die die Werte will, sie aber nicht alleine hinbekommen kann (und daher auf einen Onkel aus der EU hofft), einfach impotent oder ist diesen Werten noch nicht gewachsen und muss eine gewisse Phase des Reifens durchlaufen?

Es gibt Fragen zur Demokratie an sich. »Die Macht des Volkes«, wie das Wort aus dem Griechischen übersetzt bedeutet, ist einfach eine Täuschung. Sogenannte »demokratische Länder«, die sämtlich Mitglieder der EU sind, werden nicht vom Volk regiert (es darf gelegentlich an den Wahlen teilnehmen, das ist wahr...), sondern durch ein perfektes System der politischen Schwindelei (es gibt eine umfangreiche Literatur zu diesem Thema) der politischen Klasse, der *crème de la crème* der Gesellschaft, seiner Elite. »Demokratie«, so der bereits von uns zitierte Wasilij Rosanow, »ist die Art und Weise, mit deren Hilfe eine gut organisierte Minderheit eine unorganisierte Mehrheit regiert.«[475] So auch in jeder Diktatur: Eine organisierte Minderheit und eine unorganisierte Mehrheit. Was ist der grundlegende Unterschied?

In der EU wählt diese organisierte Minderheit sich selbst in die Gremien, stellt die Regierung aus sich selbst zusammen, bestimmt sich selbst ihre Gehälter, stellt sich selbst Aufgaben, legt darüber sich selbst Rechenschaft ab und entscheidet selbst, ob sie sie gut erfüllt hat.

Die Mehrheit der afrikanischen und asiatischen Länder sind heute »Demokratien«. Ich fragte im Emirat Ras al-Khaimah, wie die Demokratie in den Vereinigten Arabischen Emiraten funktioniert. Man antwortete mir: Wir haben ein Parlament. Es entscheidet nichts. Aber wir haben den Hohen Rat der Union und dazu gehören Scheichs – die Führer aller sieben Emirate. Zuvor war der Vorsitzende des Hohen Rates Zayed Al Nahyan, der Scheich des größten und reichsten Emirats Abu Dhabi. Als er starb, haben wir Wahlen abgehalten, und der neue Vorsitzende des Hohen Rates wurde Scheich Khalifa Al-Nahyan, der Sohn des verstorbenen Scheichs des größten und reichsten Emirats Abu Dhabi. Seit die Emirate existieren, ist immer der Vorsitzende des Hohen Rates der Scheich aus Abu Dhabi. Und wir haben auch einen Präsidenten, das ist der Scheich aus Abu Dhabi. Wir haben das Oberste Bundesgericht, und es gibt unabhängige Richter darin. Aber wenn seine Entscheidung dem Scheich aus Abu Dhabi nicht gefällt..., dann siehe oben. Weil Abu Dhabi das meiste Öl hat. Und der Scheich bezahlt alles. Im nahegelegenen Dubai wurde der höchste Turm der Welt errichtet – er bietet ein wunderschönes Panorama – und er wurde demokratisch »Turm von Khalifa (al-Nahyan)« genannt. Der Nahyan-Clan (organisierte Minderheit) regiert Abu Dhabi seit 250 Jahren.

Gliedern Sie Emirate in die EU ein – wird dort sofort ein Schlosser aus Bangladesch zum Hauptscheich? Also, diejenigen, die die EU anstreben, müssen selbst aufhören, »Emirate« zu sein. Wenn das Karma der »Emirate« erfolgreich abgeschüttelt wird, werden die Menschen sicherlich feststellen, dass es zur Umsetzung der angenehmen Werte überhaupt nicht notwendig ist, irgendwohin beizutreten.

Ein anderer europäischer »Wert« ist die soziale Marktwirtschaft. Zuvor gab es nur einen Markt – der eine verkaufte, der andere kaufte. Sie fanden einen Preis, mit dem beide zufrieden waren. Der soziale Markt unterscheidet sich vom Markt dadurch, dass der soziale Markt diejenigen schützt, die nicht auf dem normalen Markt arbeiten und kein Geld verdienen. Natürlich gibt es Situationen im Leben, in denen ein Mensch Unterstützung braucht. Aber der Staat des sozialen Marktes hat sich in eine Nanny verwandelt, in eine riesige Brieftasche, aus der auch diejenigen bezahlt werden, die eigentlich gar nicht arbeiten wollen.

Der Staat selbst verdient kein Geld. Um Geld für die Sozialausgaben zu haben, muss es denjenigen, die arbeiten, (durch Steuern und Abgaben) weggenommen werden. Die Umverteilung von reichen zu armen, von starken zu schwachen ist der humane Sinngehalt des sozialen Marktes. Dieses edle System hat jedoch einen unangenehmen Beigeschmack.

Denn je höher die Steuern sind, desto weniger motiviert ist der aktive Teil der Bevölkerung – niemand möchte mehr und intensiver arbeiten und weniger bekommen. Unternehmer versuchen deshalb, (gefühlt) zu hohe Steuern zu hinterziehen – lesen Sie die entsprechende Literatur: Je höher die Steuern, desto größer die Schattenwirtschaft. Durch das Auftreiben hoher Steuern wird die politische Klasse, die diesen Wohlstand verwaltet, immer mächtiger.

Mit diesem Geld bläst sie ihren bürokratischen Apparat auf und findet immer mehr Kategorien von Bürgern, die Sozialhilfe benötigen. Je mehr Bürokraten es gibt, die von der herrschenden Klasse abhängig sind, je mehr Bürger auf Sozialhilfe angewiesen sind, desto mehr unterwürfige Menschen gibt es in der Gesellschaft, desto mehr Menschen stimmen für diejenigen, die das Geld verteilen.

Ein bekannter Trick politischer Betrüger besteht darin, die Gehälter von Beamten und die Renten vor den Wahlen anzuheben.

Daher wird die soziale Marktwirtschaft zu einer Maschine, um das notwendige Ergebnis der Abstimmung zu erzielen – und untergräbt die letzten Säulen der Herrschaft des Volkes. Auf diese zweifelhafte Weise legitimierte Eliten fürchten den Willen der Menschen. Aus diesem Grund finden in der EU praktisch keine Volksabstimmungen zu wichtigen Themen statt: Ihre Anführer wissen, dass sie nicht nach dem Willen der Völker handeln, sondern dagegen. Aber wen schert das?

Geschenkte und verschenkte Gelder verringern nicht nur die Motivation derer, die schuften. Sie verderben die ganze Gesellschaft. Die Krise in Europa, die als Euro-Krise bezeichnet wird, war in der Tat eine Krise der Verrottung, der Zersetzung der europäischen Länder mit nicht verdientem, unredlichem Geld.[476]

War es dafür notwendig, Europa zu vereinigen?

In der Tat lag der Charme der Union für viele Länder immer nur in der Möglichkeit, riesige Beträge aus dem EU-Haushalt für ihre Wirtschaft zu bekommen. Nicht mal für die Wirtschaft – die Volkswirtschaft interessiert viele Politiker gar nicht – sondern nur für die eigene Tasche. Wenn die Wirtschaft im Land schlecht arbeitet, dann gibt es nichts, was eine korrupte Elite stehlen könnte. Eine andere Sache sind Milliarden von Euro, die ohne irgendwelche Mühe ins Land kommen. Die sind leicht in die Taschen zu schieben. Daher treten die Eliten der Empfängerländer im Brustton der Überzeugung für die EU an. Früher musste sich der Satrap um die wirtschaftliche Entwicklung der Region und die Wirksamkeit der Steuererhebung kümmern, um sich zu bereichern. Heute fließt das Geld aus Brüssel von allein.

Die Armen sind für die EU, weil sie »europäische Werte« wollen. Aber auch Geld. Um besser zu leben.

Neben den genannten »Werten« bietet die EU den Völkern keine andere Ideologie an. Die Union hat keinen ideellen Pfeiler, an dem sich dieses Konglomerat halten könnte.

Trotz dieser Fehler von Geburt des »Babys« an, gibt es momentan auf der Welt keine attraktivere Struktur als die Europäische Union. Sie ist der absolute Hit, alle wollen geschlossenen Auges dorthin.

Versuchen wir zumindest anzudeuten, wie die EU wirtschaftlich aufgebaut ist.

Ihr Hauptprinzip ist die Solidarität. Der Reiche hilft dem Armen, der Starke hilft dem Schwachen.

Zu diesem Zweck wurde in der EU ein gemeinsamer Haushalt geschaffen. Alle Länder zahlen ein und alle Länder erhalten Subventionen. Theoretisch stimmt das, aber es gibt Geberländer, die netto zahlen, und es gibt Empfängerländer, die netto erhalten. An erster Stelle unter den Netto-Zahlern steht Deutschland.

Dann Frankreich, Niederlande, Belgien, Italien, Vereinigtes Königreich. Alle Netto-Zahler sind Mitglieder der EU und der Vorgängerorganisation seit 1957, das Vereinigte Königreich seit 1973.

Der Löwenanteil des Budgets verschwindet im 60.000köpfigen[477] Brüsseler Monstrum selbst, was den Steuerzahler jährlich 9,4 Mrd. EUR (2017) kostet. Dies ist viel mehr, zum Beispiel als der jährliche Haushalt Estlands mit seinen anderthalb Millionen Einwohnern. Allein bei der EU-Kommission verdienen rund 800 Beschäftigte mehr als Kanzlerin Angela Merkels Amtsgehalt von rund 19 000 Euro im Monat. Außerdem gibt es für EU-Bürokraten Steuervorteile und üppige (bis zu 16% des Gehalts) Zulagen.[478]

Immerhin sind noch über 100 Milliarden übrig. Sie werden an alle Länder für verschiedene Programme verteilt – dem einen mehr, dem anderen weniger. Mehr bekommen als bezahlen Bulgarien, Ungarn, Malta, die Tschechische Republik, die Slowakei, Ungarn, Polen, Slowenien, die baltischen Länder sowie Griechenland, Spanien, Portugal. Fast alle sind der EU 2004 und später beigetreten.

Die Frage ist einfach: Hätten all diese Länder der Gemeinschaft beitreten wollen, wenn sie gewusst hätten, dass sie danach Netto-Geld zahlen müssten? Das heißt, dass das im Schweiße ihres Angesichts verdiente Geld an andere Länder, die, bleiben wir ehrlich, nicht effizient wirtschaften können oder wollen, weitergegeben würde?

Polen hat beispielsweise für den Zeitraum 2007-2013 mehr als 100 Milliarden Euro aus dem EU-Haushalt erhalten. Auch für dieses Geld wurde in einer Kleinstadt im Nordosten des Landes eine balneologische Kurklinik errichtet; später stellte sich heraus, dass es dort keine heißen Mineralquellen gibt und keine gab. Es wurde auch eine Hochgeschwindigkeits-Eisenbahnlinie von Warschau nach Lodz gebaut, die jedoch so viele Haltestellen vorsah, dass der Zug die geforderte Geschwindigkeit nicht erreichen konnte – und daher nicht schneller als andere Züge fährt. In Zielona Góra baute man für EU-Geld einen Flughafen, von dem täglich nur ein Flugzeug abhebt.[479]

Offensichtlich sollte es in der Wirtschaft ein Gesetz des »Marasmus von Gratis-Geld« geben, denn geschenktes, nicht verdientes Geld führt stets zu einem schnellen Schwachsinn und wird für sinnfreie Dinge ausgegeben. Oder unter dem Deckmantel von Investitionen in aberwitzige Projekte gestohlen. Wenn diese Milliarden von Polen erarbeitet worden wären, hätten sie dreimal nachgedacht, bevor sie sie in Humbug investiert hätten.

Für den neuen Haushaltszeitraum von 2014 bis 2020 wird Polen noch mehr aus dem EU-Haushalt erhalten – 105,8 Milliarden Euro. Den Soziologen zufolge ist die Zustimmung für die EU gegenüber dem Beitrittsjahr 2004 dennoch zurückgegangen. 2017 wünschte sich fast jeder dritte Pole einen »Polexit«.[480]

Und nun nehmen Sie den Polen diese Milliarden weg, sagen Sie ihnen, sie sollten aus dem eigenen Haushalt netto an die EU zahlen – für die Aufrechterhaltung der dort wachsenden bürokratischen Maschine – und Sie werden sehen, dass die Reste der polnischen Bewunderung für die EU wie Schnee im Frühjahr schmelzen werden. Sobald das Geld der Geber aufgebraucht ist (und das wird passieren), wird die EU wie ein Kartenhaus zusammenbrechen. Dann wird man keinen, auch nicht mit Gewalt, dort halten können.

Das neueste europäische Reich war von Anfang an auf Geld aufgebaut. Wie sich heute herausstellt, hatte niemand einen klaren Plan dafür, wie die EU idealerweise auszusehen hatte. Oder sie besaßen völlig verschiedene Vorstellungen. Das einzige, was die Nationen in der EU vereinte, waren Geld und Ressourcen, hauptsächlich deutsches Geld und deutsche Ressourcen. Die Aussicht auf eine erfolgreiche Union war umso realistischer, da derjenige, der ganz Europa auf seine Kosten übernehmen sollte, diese Bürde nicht ablehnte, sondern im Gegenteil diese »ehrenvolle Mission« mit aller Kraft auf seine Schultern hieven wollte.

Jacques Chirac, der ehemalige französische Präsident, schreibt in seinen Memoiren[481] über den Beitritt Griechenlands zur EU 1981 und von Spanien und Portugal 1986. Seine Skepsis gegenüber diesem Beitritt teilte er mit der britischen Premierministerin Margaret Thatcher.
Thatcher sei überzeugt gewesen, dass der Süden (Griechenland, Spanien, Portugal) »den Ländern des Nordens so viel Geld abknöpfen (will) wie möglich«. Deutsche Politiker schienen eine solche Gefahr nicht zu sehen. »Es scheint, dass die Deutschen nicht zählen können«, war sie empört. »Jedes Mal reden sie über Haushaltsdisziplin, aber wenn es um die Landwirtschaft geht (Subventionen für die Landwirtschaft machen den Löwenanteil aller EU-Subventionen aus – V. T.), tun sie alles in ihrer Macht Stehende, um die Sympathien solcher Länder wie Griechenland, Spanien und Portugal zu wecken, und dann wären sie bereit, dafür immer mehr zu zahlen.«
Chirac selbst, obwohl er die Ansichten von Thatcher teilte, konnte nichts unternehmen: Die Empfängerländer hatten in der EU bereits eine blockierende Stimmenminderheit. Laut Chirac, wurde Thatcher vor allem von diesem Umstand erbost: »Eine blockierende Minderheit – keine blockierende Minderheit: Neun Länder nehmen Geld, aber nur drei zahlen dafür.« Und sie zog die Schlussfolgerung: »Lass die Deutschen zahlen, aber ich werde es nicht.«
Diese deutsche Politik war offensichtlich der Grund, warum das intelligente Großbritannien den Euro nicht eingeführt hat.
Das heißt, wie alle Imperien ist die EU auf finanziellen Interessen aufgebaut. Wenn jedoch die früheren Imperien die Provinzen zu Gunsten des Zentrums ausplünderten, kauft die heutige europäische Metropole die Liebe anderer Mitglieder der Gemeinschaft mit Geld.
Eine solche Umverteilung der Gelder gab es in der Geschichte nur einmal – in der Sowjetunion. Russland war die politische und wirtschaftliche Hochburg der Rubelzone und versuchte mit allen Mitteln, die Sowjetrepubliken, die sozialistischen Länder Osteuropas, die Länder Asiens, Afrikas und Lateinamerikas, »die den sozialistischen Weg der sozialen Entwicklung« gewählt hatten, in seiner Umlaufbahn zu halten. Sobald die Ressourcen ausgetrocknet waren und die UdSSR aus der mehr oder weniger stabilen Situation Anfang der 70er Jahre in die bettelarme Phase der späten 80er Jahre eingetreten war, brach sie zusammen.
Die verborgenen »Souveränitäten« der Unionsrepubliken traten in den Vordergrund.
Ich war zu einer Zeit in Griechenland, Spanien und Portugal, als die EU

mit der Regelmäßigkeit eines Expresszuges dorthin Milliarden überwies. Damals lebten in diesen Ländern fröhliche und sorglose Menschen. Es gab dort ausgezeichnete Straßen und breite Tunnel. Sie hatten höhere Gehälter als Deutsche, sie hatten höhere Renten als Deutsche, sie hatten höhere Preise als Deutsche – für Nahrungsmittel, für Immobilien, für alles.
Jetzt fehlt es ihnen oft an Strom, Unterbrechungen der Trinkwasserversorgung sind häufig, die Armen leiden an Unterernährung. Die fremden, nicht durch die Gesellschaft selbst verdienten Milliarden, haben diesen Ländern kein leichtes Glück gebracht. Das Sozialprodukt fällt, anstatt zu wachsen. Neue Infusionen helfen nicht: Wenn eine Wirtschaft mit Minus arbeitet, ist es keine Frage, ob das geschenkte Geld zur Neige geht. Die Frage ist nur wann.
Und was wird Europa tun, wenn auch Deutschland das Geld ausgeht? Denn egal wie wirtschaftlich mächtig es auch sein mag, es wird ganz Europa nicht lange ernähren können. Dies ist eine Sackgasse, von der es nicht einmal einen theoretischen Ausweg gibt.
Nun gut, man schuf die EU, ihre Beamten gehen jeden Tag zur Arbeit. Was machen die 60 000 hochbezahlten Diener der Völker Europas den ganzen Tag? Sie können doch nicht nur Däumchen drehen.
In der EU herrscht eine starre Hierarchie. Wie in jeder hierarchischen Amtsstube gilt dort das sogenannte »Peter-Prinzip«[a]: Jeder steigt die Karriereleiter bis zur Stufe seiner Unfähigkeit empor. Wenn man kompetent ist, geht man die Treppe hinauf. Und eines Tages hat man eine Stufe erklommen, auf der man nichts mehr versteht. Stopp, weiter geht es nicht mehr, man verharrt dort, auf der Stufe der Inkompetenz. Bei einer ausreichend langen Arbeit und einer kleinen Rotation werden alle Stufen von inkompetenten Personen besetzt.
Inkompetente Menschen müssen unermüdlich Aktivitäten imitieren. Ihre Entscheidungen und Regelungen sollten aktiv diskutiert werden – dies weist auf ihre Notwendigkeit hin.
In der Europäischen Union gab es bis 2009 eine Verordnung mit der Nummer 1677/88[482], und es wurde darin beschrieben, dass eine Gurke der Extra-Klasse eine Krümmung von höchstens zehn Millimetern pro zehn Zentimeter Länge haben darf. Dieses Dokument wurde im Volksmund »Gesetz über die Krümmung der Gurke« genannt. Es existierte in der EU – ebenso wie

a Eine These von Laurence J. Peter (1919-1990), einem kanadisch-US-amerikanischen Lehrer, Schulpsychologen und Autor.

beim Vorgänger, der Europäischen Gemeinschaft – mehr als 20 Jahre, bis es – wegen des Spottes von Menschen, die nicht ohne Grund glaubten, die Bürokraten in der EU hätten nichts zu tun – zurückgenommen wurde.[483]
Aber die Bürokratie verträgt kein Vakuum: Die EU verabschiedete eine neue Verordnung – jetzt bezüglich der Länge, der Dicke der Banane und der Anzahl der Bananen in einer Traube. Sie schreibt auch vor, dass der Schnitt am Spargel und der des Pilzstiels nur im rechten Winkel erfolgen soll; der Stiel der Zucchini dürfe nicht länger als drei Zentimeter sein.[484]
Über das, was auf den ersten Blick zum Lachen reizt, weinen die Bauern. Weil die europäischen Gesetze auf Hunderten von Seiten nicht nur Gurken und Bananen, sondern auch alle anderen Produkte beschreiben, die auf den Tisch des Verbrauchers gelangen dürfen. Daher fällt bereits während der ersten Sortierung der Ernte eine große Menge an Obst und Gemüse durchs Raster, und Produzenten sind gezwungen »krumme« Ware zu verarbeiten – Kartoffeln zu Chips, Gurken zu Salaten – oder gleich den Schweinen in den Trog zu werfen.
Das deutsche Landwirtschaftsministerium ist gegen solche Verschwendung, aber es kann nichts unternommen werden. »Es ist einfach schrecklich, dass die Bauern die wertvollen Produkte begraben, weil sie keinem Muster entsprechen«, sagte die empörte deutsche Landwirtschaftsministerin Ilse Aigner.
Die Natur schenkt uns nicht wenig krumme Gurken, kleine Äpfel und Birnen, »zweibeinige« Möhren oder »zu« große Kürbisse. Nach Angaben der Vereinten Nationen gehen jedes Jahr in Europa etwa 140 Millionen Tonnen Lebensmittel auf dem Weg zum Käufer verloren. Wenn Sie diese Masse in herkömmliche Eisenbahnkühlwagons lüden, wäre ein solcher Obst- und Gemüsezug fast 60.000 Kilometer lang – eineinhalb Mal um die Erde entlang des Äquators. Insgesamt geht jedes Jahr rund ein Drittel – etwa 1,3 Milliarden Tonnen – der weltweit für den menschlichen Verzehr produzierten Lebensmittel verloren, besagt eine von der *Food and Agriculture Organisation* der UNO in Auftrag gegebenen Studie.[485]
Wie bereits erwähnt, hat die EU 2009 einige zu anrüchige Normierungen aufgehoben. Einige dachten, dass neue Zeiten angebrochen seien. Eine von der EU selbst durchgeführte Studie zeigte aber, dass die Änderungen »von geringfügig bis fast nicht wahrnehmbar« stattfanden. Der Berg der Abfälle hatte sich nicht verringert.[486]
High-Tech kam ins Gemüselager: Eine Kartoffelsortiermaschine für eine Million Euro fotografiert jede Kartoffel 27-mal, scannt sie nach dunklen

und grünen Flecken. Und beschließt, eine Kartoffel in die erste oder zweite Klasse zu werfen. Experten sagen, dass sie den Unterschied mit bloßem Auge nicht feststellen können.[487]

Gegner dieser Einstellung zu Produkten nennen es »Heuchelei«. Zum einen ruft die Gesellschaft mit Tränen in den Augen auf, den Hunger in Afrika und den Klimawandel zu bekämpfen sowie mahnt den sparsamen Umgang mit Wasser an. Und auf der anderen Seite hält sie Lebensmittel für Müll, für deren Herstellung, so schwedische Wissenschaftler, schätzungsweise 25% des Trinkwasserverbrauchs der Welt benötigt werden[488] und die Emissionen von drei Gigatonnen Kohlendioxid in die Atmosphäre zur Folge haben – jährlich.[489]

Dafür bringt die EU die Landwirte auf brillante Weise mit Subventionen zum Schweigen: Die EU bezahlt für »Nichtanbau«, für die Verringerung der Viehbestände und dafür, dass Acker unbestellt bleibt. In den südlichen Ländern ist fruchtbares Land mit Sonnenkollektoren bedeckt, weil die Subventionen für grüne Energie jetzt attraktiver als die Agrarsubventionen sind. Werden die Subventionsprioritäten geändert – werden wir die Sonnenbatterien zerlegen und quadratische Gurken wachsen lassen.

Inkompetente Beamte können per Definition keine Gesetze erlassen, die mit den Realitäten des Lebens übereinstimmen. Vor allem, wenn sich kräftige Finanzmogule für eigene Interessen in der EU einsetzen. Zum Beispiel ist der Saatgutmarkt in der EU zwischen einigen wenigen Konzernen aufgeteilt, die eine Art Kartell gebildet haben. Nach Schätzungen des Antimonopolkomitees stellte sich heraus, dass kleine Landwirte und Käufer das Kartell allein für Kartoffeln von 100 Millionen bis zu einer Milliarde Euro überbezahlt haben.[490] Damit nicht genug. Im Jahr 2013 hat die Europäische Kommission unter dem Druck von Monopolisten ein Papier vorbereitet, das den Ankauf von Saatgut außerhalb des Kartells unter Androhung drakonischer Geldbußen praktisch untersagt.

Europa altert. Prognosen zufolge wird das Durchschnittsalter in Europa im Jahr 2050 – sogar bei Anrechnung der großen Migrantenfamilien – 47,3 Jahre betragen[491]. Europa fehlt bereits Geld für Ruheständler. In den USA zahlen Arbeiter in die Rentenversicherung 15,3% ihres Einkommens[492], in Deutschland 18,6%[493]. Pensionskassen arbeiten in Europa wie Feuerwehrmannschaften: Die Zeit zwischen der Geldeinnahme in die Rentenkasse und der Rentenauszahlung an die Rentner beträgt in Deutschland sechs Wochen (Umlageverfahren). Wenn der Anteil der Rentner noch mehr steigt, müsste man das ganze Geld an die Pensionäre (die es verdient haben) auszahlen. Oder das Rentenalter auf 80 Jahre anheben – damit auch weniger das Rentenalter erreichen.

Die europäischen Sozialsysteme arbeiten an der Grenze des Möglichen, weil Millionen von Menschen keine Arbeit finden und andere Millionen längst verlernt haben, wie man danach sucht. Es ist ein offenes Geheimnis, dass Menschen aus Entwicklungsländern vielfach wegen der Sozialhilfe nach Europa kommen. Oben haben wir bereits das rumänische Dorf erwähnt, das vollständig nach Berlin gezogen ist. Sie leben dort in einem Hochhaus, wie sie in Rumänien lebten – auf den Balkonen werden Schweine und Geflügel gehalten. Sie werden eines nicht verstehen: Wie dieses fremde Land ihnen monatlich Geld FÜR NICHTS bezahlt.

Eine rumänische Bürgerin bekannte einem Journalisten: Sie habe Angst, eines Morgens aufzuwachen, sich die Augen zu reiben und herauszufinden, dass dies alles ein Traum sei.

»Der Schlaf der Vernunft«, schrieb einmal der geniale spanische Maler Francisco de Goya (1746–1828), »gebiert Ungeheuer.«

Europa ist korrupt. Korruption weist hier nicht die primitiven Merkmale afrikanischer oder osteuropäischer Bestechung auf, aber dies führt nicht zu weniger Korruption, und die Korruptionsschemen sind nicht anders.

Während Jelzins Russland fleißig das Wort »*откат*«[a] lernte, war es in Europa seit langem unter dem noblen englischen Namen »*kick back*« bekannt.

Einwohner der EU kennen die Liste der Länder, die nicht wirtschaften können, bereits in- und auswendig. Dies sind Griechenland, Italien, Spanien, Portugal, Zypern... Die Liste kann jedoch fortgesetzt werden – bis zu Rang 28. Dort können durchaus mehr oder weniger erfolgreiche Firmen wirken, das Land mag Export- und Importweltmeister sein. Die Ergebnisse der staatlichen Verwaltung jedoch, sind überall beklagenswert. Dies zeigt sich an einem Indikator: an der Höhe der Staatsverschuldung. Schulden bedeuten, dass ein Land mehr Geld ausgibt, als es erhält. Diese Tendenz zu brechen ist schwierig. Die Schulden aller EU-Länder – langfristig gesehen – nehmen zu. Die mächtigste Volkswirtschaft der Eurozone, die deutsche, hatte 1970 (umgerechnet) 64 Milliarden Euro Schulden.[494] Im Jahr 2018

---

a *Откат* – ein Teil des Geldes, das für die Ausführung eines Staatsauftrages bereitgestellt wird, die der Auftragnehmer an den Beamten zurückgibt, der ihm diesen Auftrag zugeschanzt hat. Theoretisch vergibt der Staat oder die Kommune Aufträge, aber in der Praxis ist es immer ein Beamter. Er bekommt auch das Geld. Der russische Premierminister Michail Kasjanow hatte genau aus diesem Grund den Spitznamen »Mischa zwei Prozent«.

gab es viel mehr als 2 Billionen[495] davon, d. h. 2 Tausend Milliarden. Der deutsche Essayist Cordt Shnibben kam zu dem Schluss, dass Demokratien grundsätzlich nicht wissen, wie mit Geld umzugehen ist: »Je pluralistischer sie (Regierungen) sind, desto schneller steigt die Verschuldung und desto schwerer fällt die Entschuldung. Je mehr Demokratie, desto lockerer sitzt das Geld.«[496]

Aber jede Menge Geld läuft irgendwann mal aus. Irgendwann ist auch die Geschichte dieses kostenlosen Futtertrogs vorbei.

Stimmt, so ist das. Aber das Geld in der EU kann jedoch NIEMALS enden. Denn in der deutschen Stadt Frankfurt am Main, bei der Europäischen Zentralbank, steht eine Maschine (na ja, vielleicht steht sie nicht dort, sicher – nicht dort...), die beliebige Menge an Geld drucken kann – nur Papier darf nicht fehlen.

Nein, so darf das nicht sein, hört man bereits Einwände, das verstößt gegen die Gesetze der Wirtschaft. Die Geldmenge muss der Warenmenge entsprechen; die nicht durch Waren gedeckte Geldmenge wird den Markt unter Druck setzen und die Preise erhöhen, die Inflation beginnt!

Nun, die Inflation beginnt, wird uns der europäische Amtsschimmel sagen, es tut uns bitter leid. Und wischt sich eine verstohlene männliche Träne weg. Der Unterschied zwischen dem EU-»Staat« und dem einfachen Bürger der EU besteht darin, dass der »Staat« so viel Geld drucken kann, wie er möchte, und die einzelne Person wird nur die »Summe in Worten« haben, die sie bei der Bank deponiert hat. Durch den Rückgang der Kaufkraft dieses Betrags wird die Inflation die Ersparnisse der Bürger »auffressen«. Ihnen wird ihr Letztes aus der Tasche gezogen, wie von Räubern auf der Landstraße. Eines Tages werden die Bürger feststellen (sie können es nicht übersehen!), dass sie nackt sind. Der Staat wird immer noch Geld für sich selbst drucken, die Bürger werden von oben bis unten alles verlieren. Das Ergebnis wird die Aufregung der verarmten Massen sein, die nichts zu verlieren haben als ihre Ketten. Und dann kann die Geschichte der EU überhaupt nicht gütig zu Ende gehen.

Die Lösung der Probleme der Staatsverschuldung durch Inflation und Verarmung der Bürger ist eine geläufige Lehrübung aus Wirtschaftsbüchern.

Die Euro-Krise ist eine Krise für die Bereicherung Auserwählter. Geld ist, wie man weiß, materiell, es verschwindet nirgends spurlos, es fließt nur aus einer Tasche in die andere. Die Krise der Banken in der EU wurde als Systemkrise bezeichnet, und Banken für »systemrelevante Unternehmen« erklärt. Sie sollten nicht in Konkurs gehen dürfen, beschlossen auf Anraten

der Bankiers die Politiker. Die EU hat Banken aus der Krise geholfen. Mit dem Geld der Steuerzahler. Verluste wurden, wie man schön sagt, sozialisiert. Aber wohin ging vorher das Geld der Banken, in wessen Taschen flossen die Milliarden, die die Banken zuvor vermisst hatten? Niemand hat vor, diese Frage zu beantworten.
Daher war die Euro-Krise ein skrupelloser Deal sondergleichen, mit dem Hunderte Milliarden in private Taschen gepumpt wurden. Optimisten sagen, dass jede Krise eine Chance ist. In dem Sinne – für eine Erneuerung, eine Systemverbesserung. Man kann es aber auch anders verstehen: Jede Krise ist eine Chance, sich eine goldene Nase zu verdienen. Ein russischer Geschäftsmann Platon Lebedew, Geschäftspartner Michail Chodorkowskijs, sagte zu einer Zeit, als er noch Milliardär war: Manchmal wird eine Krise arrangiert, um sich zu bereichern.
Aber an der permanenten Krise wird die EU nicht sterben. Die EU wird an der Einführung einer gemeinsamen Währung – dem Euro – zugrunde gehen.

Totgeborene Währung – der Euro

Die Finanzen der EU-Länder sind, wie wir täglich in den Zeitungen lesen, in einem katastrophalen Zustand. Verursacht wurde er, weil die in der Finanzpolitik der Gemeinschaft festgelegten Kriterien längst von der wirtschaftlichen Entwicklung und Politik über Bord geworfen worden waren. Auch schlimme Geburtsfehler der europäischen Währung spielten eine Rolle.
Eine der Grundlagen der allgemeinen Wirtschaftspolitik, auf die sich die EU-Staats- und Regierungschefs feierlich geeinigt hatten, war die Einhaltung eines Haushaltsdefizits von drei Prozent durch die Mitgliedstaaten. Weniger ist besser, aber bitte nicht mehr. Denn ein großes jährliches Defizit führt automatisch zu Anleihen, und Kredite führen, wie man weiß, zu Schulden.
Seit 2001 haben die EU-Länder jedoch begonnen, diese Grenze zu überschreiten. Im Jahr 2012 betrug das Haushaltsdefizit in Spanien -10,6 Prozent, in Griechenland -9,0 Prozent, in Irland -8,2 Prozent, in Portugal und Zypern je -6,4 Prozent). Siebzehn Mitgliedstaaten wiesen ein Defizit von mehr als drei Prozent des BIP auf.[497]

Um die EU-Mitglieder zur Einhaltung der Finanzdisziplin zu drängen, wurden in den EU-Abkommen materielle Strafen festgelegt. Diese Sanktionen werden aber kaum angewandt. Der Weg zur Staatsverschuldung steht allen Ländern offen.

Der zweite Grundsatz bestand darin, die Gesamtschuldenlast des Landes auf 60 Prozent des BIP zu begrenzen.

60% sind viel, 1980 hatte Deutschland 30%. Aber die EU suchte einen Konsens und fand ihn – 60%. Denn bereits 1999 waren mehrere Länder ernsthafte Schuldner. Italien hatte eine Verschuldung von 109,7% des BIP[498], Griechenland von 98,9%[499]. Wie wir wissen, bedeutet eine Verschuldung von 100% des BIP, dass ein Land, um sie abzubezahlen, alle von ihm in einem Jahr produzierten Waren und Dienstleistungen abgeben muss. Nichts essen, nichts trinken. Ein Jahr lang liegt man da und siecht dahin.

Absurd.

Dies ist jedoch nur das Darlehen selbst. Es gibt noch Zinsen, die ebenfalls bezahlt werden müssen. Wenn man die hinzufügte, dauerte das Siechtum noch länger. Vor der Schaffung einer Währungsunion schien jeder diese traurige Aussicht zu verstehen – und schwor, keine großen Schulden zu machen.

Mitte 2018 wies das mächtige Deutschland ca. 2 Billionen Euro Schulden auf, ca. 61% des BIP, die Eurozone im Durchschnitt - 86%, Spanien – 98%, Frankreich – 99%, Zypern – 104%, Belgien – 106%, Portugal – 125%, Italien – 133%, Griechenland - fast 180% des BIP. Fast 20 Jahre nach der Einführung des Euro erfüllt mehr als die Hälfte der Euro-Länder die sogenannten Maastricht-Kriterien nicht.[500]

Vor der Einführung des Euro wurde natürlich die Europäische Zentralbank (EZB) geschaffen. Und diese Bank war strengstens angehalten, von der Politik unabhängig zu sein, eine gemeinsame Währungs- und Preisstabilität aufrechtzuerhalten und keine Löcher zu stopfen. Schließlich ist es einfach, mithilfe einer Emissionsbank Löcher zu stopfen: Die Bank kann einem Staat einen günstigen Kredit geben, sie kann Anleihen des einen oder anderen Staates kaufen (und gibt ihm wiederum dadurch Geld), zusätzlich den Euro drucken…

2010 begann die EZB griechische, portugiesische und irische Anleihen zu kaufen, 2011- italienische und spanische – und finanzierte damit indirekt Länder, die ihre Schulden nicht bewältigen konnten.[501] In zwei Jahren hat die EZB bis zu 220 Milliarden Euro[502] in die unrentablen Volkswirtschaften dieser Länder »eingespritzt«. Damit verlor sie ihre politische Unschuld.

Die größte Errungenschaft bei der Gründung der EU war jedoch das sogenannte *no-bail-out-Prinzip*, d. h. niemand ist für das finanzielle Ungeschick eines anderen verantwortlich. Dieses Prinzip bedeutet, dass alle Länder ihren eigenen Haushalt auf eigene Kosten verwalten. Jedes Land ist für die Folgen seines eigenen Managements verantwortlich. Dies bezeugt auch die Tatsache, dass es bei der EU nicht um einen »Superstaat« geht, sondern um eine Föderation souveräner Staaten, die nach Einführung des Euro nur die Währungssouveränität an die EU und ihre Zentralbank übertrugen. Bei Naturkatastrophen hilft die Gemeinde ihren Mitgliedern. Die Gemeinschaft ist jedoch nicht verantwortlich für schlechtes Wirtschaften, schlechte Rahmenbedingungen für Unternehmer, für Korruption, für »löchrige« Steuerehebung usw. Dieses Prinzip hatte zutiefst philosophisch-praktische Bedeutung: Es drehte den Ländern den Sauerstoff ab, die die Absicht hegten, auf großem Fuß zu leben, um dann Hilfe von der EU zu fordern – und sie zu bekommen.

Nein, sagte die Community, jeder für sich.

Was für eine Überraschung für Ökonomen und normale Menschen war es, als die Staats- und Regierungschefs der EU nach dem Beginn der sogenannten »Euro-Krise« begannen, Geldpyramiden, eine höher als die andere, aufzubauen – um Ertrinkende zu retten. Zur Verdeutlichung: Um die Haushalte (oder besser die Banken) zu retten, wurden nicht die mickrigen Milliardenbeträge verwendet, die sich im EU-Haushalt befanden, sondern riesige zusätzliche Beträge, die die Netto-Geber in ihren Staatshaushalten finden mussten. Es begann eine nicht geplante, nicht vorgesehene, ja einfach durch mehrere EU-Abkommen verbotene Überweisung des Geldes einiger Länder in die Taschen der anderen. Die Programme hießen »Rettungsschirme« EFSF und ESM. Eins hatte das Volumen von 440 Milliarden Euro[503], das andere – über 700 Milliarden Euro[504]. Da es, wie wir später sehen werden, keinen Ausweg aus der »Euro-Krise« gibt, müssten die Summen bei der nächsten »Schlechtwetterperiode« nur steigen.

Bislang haben diese »Regenschirme« niemanden gerettet – die Wirtschaft vieler EU-Länder ist im freien Fall[a]. Warum?

---

a Als die Geldschirme 2010 aufgespannt wurden lag Zyperns Staatsverschuldung bei 56% des BIP, 2017 – bereits bei 98%, in Spanien: 60% und 98%, in Portugal: 96% und 126%, in in Italien: 115% und 132%, Griechenland: 146% und 179%. Die Wirtschaft begann also nicht, besser zu funktioniert, nur die Risse in Haushalten wurden mit EU-Geld verschmiert. (*https://www.google.com/search?q=staatsver schuldung+portugal+bip&ie=utf-8&oe=utf-8&client=firefox-b; https://www.google.*

Das Hauptproblem ist nicht das oben beschriebene. Die oben beschriebenen Ergebnisse sind nur Folgen des Hauptfehlers der EU.
Der Hauptfehler ist die Einführung des Euro.
Aber diese Währung, die wir alle sogar mehr als den Dollar lieben, kann doch nicht schlecht sein, werden Skeptiker unter den Lesern sagen.
Doch, sie kann. Warum?
Seit Tausenden von Jahren lebten die Länder getrennt, und jedes Land hatte sein eigenes Geld. Seit Tausenden von Jahren lebten Länder mal besser, mal schlechter. Manchmal haben Länder – wegen Kriegen, Epidemien, Dürren, Überschwemmungen – Schulden angehäuft, die das Land nicht bezahlen konnte. An Schulden gibt es inländische, in Landeswährung, und Außenschulden – in der sogenannten »harten Währung«. Die Inlandsschulden sind weniger schrecklich – das Land hatte eine eigene Emissionsbank, und sie vermochte, sich so viel Geld zu drucken, dass es die Inlandsschulden abbezahlen konnte (auf Kosten der Inflation und der Verarmung des gemeinen Volkes, aber wer hat da schon darauf geachtet...). Daher könnte das Land im Prinzip niemals wegen inländischer Schulden in Konkurs gehen.
Dollar oder Pfund, die wichtigsten Reservewährungen der Welt, können nicht von Drittstaaten gedruckt werden. Man muss sie verdienen. Externe Schulden werden gebildet, weil die Unternehmen des Landes nicht auf dem Weltmarkt konkurrieren können. Sie produzieren Waren, die auf dem Weltmarkt nicht gefragt sind, denn für den Preis, für den sie ihre Waren verkaufen wollen, gibt es bessere und günstigere Angebote. Das heißt, das Land importierte ausländische Waren, bezahlte sie in harter Währung, das Geld floss ab, es gab aber keinen Geldzufluss. Daher nahm es Darlehen in Fremdwährung und musste sie verzinst zurückzahlen. Kredite müssen ständig bedient werden. Es gibt aber im Moment im Land kein (fremdes) Geld. In solchen Fällen erklärte dieses Land seine Zahlungsunfähigkeit (aus irgendeinem Grund nennen die Russen das auf Englisch »default«).
Länder existierten seit Jahrtausenden in einem solchen Modus. Wie kamen sie aus ihrer Insolvenz heraus, wie erhielten sie Valuta? Hier gibt es zwei Methoden. Die erste besteht darin, Waren für den ausländischen Markt besser und billiger zu produzieren. Einfach den Preis senken darf man nicht – dann

---

com/search?client=firefox-b&ei=8rfpW_qOFJOE8gL-4bmwAQ&q=staatsverschuldung+griechenland+bip&oq=staatsverschuldung+griechenland+bip&gs_l=psy-ab.12..0.128512.134438.0.137223.20.20.0.0.0.0.146.2136.4j15.19.0....0...1.1.64.psy-ab..2.18.2031...0i7i30k1j0i13i30k1j0i8i7i30k1.0.mgrLNkteszU)

werden die Produkte unrentabel, die Herstellung verlustbringend. Um diese Methode nutzen zu können, müssen neue Produkte und Technologien entwickelt, neue, produktivere und modernere Anlagen gebaut, Produktionskosten gesenkt, Mitarbeiter neu geschult, ein Werbe- und Marketingsystem aufgebaut werden. Kurz gesagt, das sind Jahre und Jahrzehnte.

Verbindlichkeiten sind jedoch heute zu zahlen.

Dann gibt es noch die zweite Methode, die von allen insolventen Ländern verwendet wird: Sie kündigen eine Absenkung des nationalen Wechselkurses an, eine Abwertung eigener Währung.

Was bringt das? Sehr viel: Die zweifache Abwertung der Landeswährung gegenüber stabilen Währungen senkt den Preis der Waren dieses Landes auf dem Auslandsmarkt um die Hälfte. Wenn also eine Ware auf dem heimischen Markt zwei Tugriks kostete, kostet sie weiterhin hier zwei, die Löhne der Arbeiter bleiben bestehen und nur im Außenhandel wird diese Ware (real) für einen Tugrik verkauft.

(Billige) Güter erfreuen sich somit einer zunehmenden Nachfrage im Ausland und erobern die Märkte; der Zustrom von harter Währung ins Land verstärkt sich und es zahlt allmählich seine Schulden ab. Der Unternehmer, der seine Waren für den halben Währungspreis im Ausland verkauft hat, wechselt seinen ausländischen Erlös in die nationale Währung 1 zu 2 und hat nichts eingebüßt – er kann die Löhne wie vorher bezahlen und fährt vielleicht sogar Gewinn ein.

Die importierten Waren werden auf dem Innenmarkt doppelt so teuer. Positiv: In einem Krisenland steigt die Nachfrage nach Gütern lokaler Produzenten, die, um einen größeren Gewinn zu erzielen, die Produktion erweitern. Für eine erweiterte Produktion müssen sie in neue Kapazitäten und Maschinen investieren, Mitarbeiter einstellen und ihnen ein Gehalt zahlen. Die Zunahme der Geldmenge auf dem Markt erhöht die Nachfrage nach Gütern, was wiederum die landesweite Produktion stimuliert. So kamen verschiedene Länder hunderte Male aus Krisen. Da dieses Instrument wirksam ist und seine Wirkung seit Jahrhunderten bewiesen ist, senken manche clevere Länder, um die Exporte zu stärken und der lokalen Wirtschaft zu helfen, vorsätzlich den Wechselkurs. Der US-Präsident Donald Trump war lange Zeit wütend auf China, weil er glaubte, dass China ausgerechnet solche Spiele mit den USA spielt, und forderte, den Wechselkurs des Renminbi zum Dollar zu erhöhen.[505]

Als der Euro in Griechenland eingeführt worden war, begann die Krise. Welche Werkzeuge hat die griechische Regierung? Griechenland könnte seine Drachme abwerten, aber Griechenland kann den Euro nicht alleine abwerten! Die Hälfte der Länder der Eurozone wird den Euro nicht abwerten wollen. Warum sollten sie das tun? Der Euro als Währungseinheit, die 19 verschiedene Volkswirtschaften der Eurozone bedient, hat aufgehört, ein Instrument der Wirtschaftspolitik zu sein, hat eine seiner grundlegenden Funktionen verloren.

Es gibt Dinge, die prosaischer, aber nicht minder wichtig sind. Mit Hilfe von Bankzinssätzen regulieren die zentralen (Emissions-) Banken der souveränen Staaten die Wirtschaftsprozesse. Dies geschieht folgendermaßen: Wenn sich die Wirtschaft in einer schwierigen Lage befindet, sich langsam oder gar nicht entwickelt, wird Geld in eine solche Wirtschaft gepumpt. Geld brauchen Unternehmer für Investitionen. Investitionen fördern die Produktion, die Schaffung von Arbeitsplätzen und den Abbau der Arbeitslosigkeit. Um dies zu erreichen, senkt die Emissionsbank des Landes den Leitzins und damit den Zinssatz für Kredite. Aus fünf Prozent jährlich werden zwei. Für einen Firmeninhaber, der einen Kredit aufnimmt, sinkt die Kreditlast erheblich, er kann mehr Geld nehmen, weniger zurückzahlen, seine Schulden schneller begleichen.

Aber auf einmal schnellt die Wirtschaft in die Höhe, das Tempo der Entwicklung ist rasant, eine große Menge Geld am Markt führt zu höheren Preisen und Inflation. Die Wirtschaft ist überhitzt. Hierbei verfügt die Bank auch über ein Instrument: Die Zinssätze steigen, die Kredite werden teurer, die Einlagen werden attraktiver, die Unternehmer nehmen nicht so gern Kredite, sondern legen das Geld für schwierige Zeiten zu guten Zinsen an, die Inflation verlangsamt sich, der Markt beruhigt sich... Das ist ein theoretisch fundierter und durch jahrhundertelange Praxis erprobter Algorithmus.

Der Euro ist jetzt in 19 Ländern eingeführt. In Griechenland, in Italien, Spanien, Portugal geht die Produktion zurück und sie benötigen niedrige Zinssätze. In anderen Ländern läuft es dagegen gut – sie brauchen höhere Zinsen, sonst wird die Wirtschaft aus dem Ruder laufen. Wie ist zu verfahren? Leider gibt es keine Lösung. Wie findet man ein gemeinsames Instrument für Schweden, in dem die Einkommensteuer über 57% liegt[506], und für Bulgarien, wo die Höchststeuer 10% beträgt[507]? Deutschland exportiert viele Waren (an dritter Stelle der Welt), es ist an einem niedrigen Wechselkurs des Euro zum Dollar interessiert, Malta hat fast keinen Export (an 126. Stelle der Welt), es ist an einem hohen Euro-Preis für den Import von Waren und Dienstleistungen interessiert.

Das, was für den einen gut ist, ist für den anderen ganz schlecht. Welchen Zinssatz sollte die Europäische Zentralbank anstreben? Daher kann die EZB-Politik nur »durchschnittlich« sein, wie das »Durchschnittsfieber« aller Patienten im Krankenhaus, einschließlich der Temperatur der Toten.
Nicht nur für Griechenland und Zypern, für alle EU-Länder gibt es keine Instrumente mehr, um Krisen zu überwinden.
Ein Pseudo-Werkzeug, das Euro-Schwärmer anbieten, heißt »sparen«. Mit dem Sparen, Senkung der Gehälter, Renten und Sozialleistungen gibt man weniger aus – das stimmt. Gleichzeitig sinkt die Nachfrage, weil die Menschen kein Geld haben. Es beginnt eine Überproduktion, die Lagerhallen drohen zu platzen. Ein Unternehmer, der keinen Absatz hat, kürzt die Fertigung. Nachdem er die Herstellung reduziert hat, muss er die Hälfte der Arbeiter auf die Straße setzen, die damit noch weniger Geld haben. Die Nachfrage sinkt noch weiter, die Produktion schrumpft, weitere Arbeiter müssen gehen...
Eine spiralförmiger Niedergang mit Übergang zum Sturzflug.
Daraus gibt es nicht einmal einen theoretischen Ausweg. Rettungsschirme bringen nur Verzögerung, sie sind ein Versuch, Zeit zu gewinnen, in der Hoffnung, dass ein Wunder geschehen wird. Aber Wunder gibt es nicht. Nicht nur Griechenland und Zypern sind in einen Strudel geraten, alle Mitglieder der Eurozone sind dabei.
Es gibt natürlich noch einen weiteren Ausweg: Es ist die Umwandlung der EU in einen zentralistischen einheitlichen Staat – mit einer gemeinsamen Währung für alle, aber auch mit gemeinsamen Gesetzen für alle. Dann muss man jedoch nicht nur die nationale Unabhängigkeit vergessen, die den Völkern beim EU-Beitritt versprochen wurde, sondern auch die Nation als solche. In diesem Fall bewegt sich die EU stetig auf »die eurasisch-negroide Zukunftsrasse, äußerlich der altägyptischen ähnlich«[508] zu.[a]
Was bleibt übrig von der Einführung des Euro? Nur Einsparungen beim Umtausch nationaler Währungen an der Grenze? Gesparte Zeit beim Umtausch? Mehrere Tausende arbeitslose Angestellte von Wechselstuben? In diesem Fall ist sich ein erheblicher Teil seriöser Ökonomen einig, dass die Einführung des Euro in die Volkswirtschaften der Euroländer keine positiven Impulse erbrachte.[509] Deshalb wollen einige EU-Staaten den ach so beliebten Euro gar nicht einführen.[510]

---

a Wir werden das Thema im speziellen Kapitel fortsetzen – über die »Nationale Idee-2«.

Das Bewusstwerden der Eurofalle dringt allmählich in die Köpfe der Europäer. Es entstehen Bewegungen und Parteien, die auf ihre Banner schreiben: »Weg vom Euro!«. Viele Deutsche bedauern den Verlust der zuverlässigen D-Mark offen. Indem sie die Deutsche Mark zurückfordern, fordern sie europäische Bürokraten auf, einen Teil der nationalen Souveränität an das Land zurückzugeben.

Aber bis dato halten sowohl deutsche als auch andere nationale Eliten am Euro fest, nennen ihn »alternativlos« und schüchtern Menschen mit allen möglichen Unglücksfällen ein, wenn sich plötzlich jemand aus der Eurozone wagt.

Aber vielleicht ist dies nur für die Massen, für Einfaltspinsel? Viele seriöse Zeitungen und Zeitschriften in Deutschland berichteten (Bezug nehmend auf Pippa Malmgren, ehemalige Wirtschaftsberaterin des US-Präsidenten George W. Bush und Gründerin der Investmentberatung *Principalis Asset Management*, aber auch auf Frank Fischer, renommierter Fondsmanager des Frankfurter Aktienfonds für Stiftungen), Deutschland habe bereits in Großbritannien neue Banknoten der Deutschen Mark gedruckt.[511] Auf Vorrat, nur für den Fall, dass…

Ein Fake?

Vorwärts, in die EUdSSR

Die Europäische Union ist also ein Imperium wie die anderen. Und es wird sicherlich zusammenbrechen. Ob es 2024 sein wird, ist nicht klar, aber ist das Jahr so wichtig? Amalrik hatte sich mit dem Zusammenbruch der UdSSR auch um sieben Jahre vertan.

Gleichzeitig stellen viele Menschen, die wissen, warum die UdSSR zusammengebrochen ist, fest, dass sich die Europäische Union nach den Schablonen des ehemaligen sozialistischen Staates entwickelt und unweigerlich zur Europäischen UdSSR wird. Es gibt viel mehr Parallelen der EU zum Sowjetreich, als es auf den ersten Blick erscheinen mag.

Als Anleger zypriotischer Banken 2013 willkürlich zu »Steuerhinterziehern« erklärt wurden, als Tausenden von ihnen gangstermäßig einfach das legale Geld weggenommen wurde[512] (*Spiegel* nannte das »Der größte Bankraub aller Zeiten«[513]), wäre es seltsam, sich nicht zu erinnern an die genau so willkürlichen bolschewistischen Expropriationen und stalinistischen Deportationen von Tschetschenen oder Deutschen nur aus dem Grund, dass sie Tschetschenen und Deutsche sind.

Die Vorgänge sind hier vielleicht unvergleichbar, die Methoden schon. Die EU benutzte hier nicht demokratische oder rechtliche, sondern radikal-kommunistische. Experten sind überzeugt: Solche »Beraubungen« von Bürgern – aus juristischer Sicht! – sind in jedem EU-Land möglich.[514] Was ist das dann für ein Recht? Ein bolschewistisches? Erfunden, um jemandem »legal« sein Hab und Gut wegnehmen zu können?

Daher sind gemeinsame Merkmale der EU und UdSSR nicht frei erfunden. Sie stammen aus dem Wesen dieser beiden Imperien.

Erstens ist dies ein offensichtlicher Wunsch (nicht in Worten, sondern in Taten), die Nationen zu zerstören und eine »neue historische Gemeinschaft von Menschen« – »Europäern« zu schaffen. Die UdSSR nannte diese neue Nation »das Sowjetvolk«.

Zweitens ist es ein Versuch, sich in einer Gesamtheit völlig unterschiedlicher Volkswirtschaften, Politik und Kultur zu vereinen und gemeinsame Gesetze und Vorschriften für alle zu erarbeiten. Dies ist ein grundlegender Fehler: Entweder sind die Gesetze für alle gleich und dann werden die natürlichen Bedingungen des Landes, die Kultur und die Mentalität der Menschen nicht berücksichtigt, oder die Gesetze sind für die verschiedenen Länder unterschiedlich. Dann ist unklar, warum wir eine »zentristische« EU brauchen.

Drittens übernimmt das Zentrum, welches es auch immer in der EU sein mag, die wirtschaftliche Verantwortung für die Provinzen und unterwirft damit, wie vorher die UdSSR, die Ökonomie der politischen Zweckmäßigkeit und vergisst, in seine eigene Stabilität zu investieren.

Die UdSSR wurde durch die Öleinnahmen Russlands, die EU wird vorwiegend durch die Exporterlöse Deutschlands finanziert. In der UdSSR wurde der Zusammenbruch durch die hohen Ölpreise verzögert, während der Absturz der EU z. Z. durch eine starke Konjunktur in China, in anderen sogenannten »BRIC-Ländern« (Brasilien, Russland, Indien, China), die die deutschen Exporte stimuliert, retardiert wird.

Viertens versucht die EU, wie früher die UdSSR, die örtliche Elite zu korrumpieren, was den Provinzfürsten eine *carte blanche* für ihre eigene Bereicherung gibt.

Fünftens handelt es sich um einen riesigen bürokratischen Apparat, der versucht, alles zu regulieren, selbst die kleinsten Fragen des »Superstaates«.

Sechstens konnten und können beide Systeme ihren Mitbürgern den Sinn

ihrer Existenz nicht plausibel erklären und sind daher auf eine massive ideologische Indoktrinierung der Bevölkerung angewiesen.
Siebtens ist es die Illegitimität des Verwaltungsapparates. Europäische Strukturen werden auch von der politischen Klasse ernannt, wie dies einst von der sowjetischen Kommunistischen Partei getan wurde.
Achtens liegt die Seelenverwandtschaft in der kommunistischen Ideologie beider Imperien, die auf dem Prinzip basiert: von den Reichen nehmen und unter den Armen verteilen. Die Schwachen bitten nicht mehr, sie fordern, dass jemand sie füttert.
Neuntens entwickelt sich die EU in Richtung eines totalitären Staates und vernachlässigt die Meinungen der Menschen. Dies zeigt sich in Versuchen, alle wichtigen Entscheidungen ohne die Beteiligung der Völker zu treffen, die ihre Meinung durch Referenden äußern könnten. Bürokraten in der EU haben wie in der Sowjetunion Angst vor freimütig geäußerten Auffassungen von fast einer halben Milliarde Menschen, die in der EU vereint sind.
Zehntens wird in der EU wie in der Sowjetunion ostentative Pseudo-Demokratie praktiziert: Das Parlament wird gewählt (wenn auch mit einer verzerrten Vertretung der Völker darin), aber es spielt keine praktische Rolle, es ist nur ein »demokratisches Feigenblatt« für Entscheidungen hinter den Kulissen der unrechtmäßigen Europäischen Kommission und anderer europäischer Strukturen. In der Europäischen Kommission, die in der EU die Hauptrolle spielt, werden der Vorsitzende und die Kommissare nicht gewählt, sondern hinter den Kulissen ernannt – so wurden Regierungsorgane auch in der UdSSR geschaffen.
Wie in der UdSSR gibt es in der EU keine ernsthafte Opposition, die ihre Meinung frei äußern könnte. In der EU sind Debatten über die Zweckmäßigkeit der Existenz der EU und des Euro praktisch verboten, ihre Existenz wird für »alternativlos« erklärt – wie einst der Weg aller Länder des Planeten zum Sozialismus »alternativlos« war. Korrupte EU-Propagandamedien bespucken oppositionelle – vor allem nationalistische – Bewegungen, und einzelne Oppositionsmitglieder werden mit sowjetischen Methoden kriminalisiert. Darüber spricht, unter anderem, der in Großbritannien lebende ehemalige russische Dissident Wladimir Bukowski.[515]
Daher fragt die *Wirtschaftswoche* direkt: »Zerfällt die Euro-Zone wie die UdSSR?«[516] In *Le Monde* beantwortete der berühmte französische Politologe François Heisbourg (geb. 1949) die Frage: »Wird die EU wie die UdSSR enden?« mit einem klaren »Ja« und rät zum Aufbau »einer neuen Union auf den Ruinen des Euro«.[517]

Schon heute, so schreiben mehrere Autoren, ähnelt das vereinte Europa der verstorbenen Sowjetunion mit dem gesamten Repertoire gegenseitiger Beschuldigungen, Vorwürfe gegen Parasitismus, mit Drohungen »aufhören zu ernähren« und Versprechen »die Scheidung zu beantragen«. Die interne politische Spaltung in der EU ist eines der Hauptprobleme in der Eurozone, sagt auch George Friedman, Leiter des US-amerikanischen Informationsdienstes für Geopolitik, Sicherheitsfragen und Konflikte *STRATFOR*.[518]
Ein solcher Ton in der Europäischen Union ist schon lange nicht mehr ungewöhnlich: Viele Politiker aus der »ersten Reihe« sprechen offen über die Unzuverlässigkeit der europäischen »Freundschaftsbindungen«.
Lange Zeit bemühte sich der britische Premierminister David Cameron, die Allmacht der Europäischen Kommission einzuschränken und drohte mit seinem Austritt aus der EU. Die Drohung wurde im Juni 2016 wahr, als die Briten für den »Brexit« aus der EU stimmten. Laut dem Präsidenten des Europäischen Rates Herman Van Rompuy, kann die Entscheidung Großbritanniens zum vollständigen Zerfall der EU führen.[519]
Im Dezember 2012 beschrieb George Soros, der sich mit den Prozessen in der UdSSR und in der EU bestens auskennt, die Entwicklung der Europäischen Union gemäß dem Szenario der UdSSR. »Der Aufbau des Euro als Währung hat einige gravierende Schwachstellen aufgezeigt. Anstatt das zu korrigieren, setzen sie es durch, und dies wird zu einer Form der Unterdrückung«, sagte der amerikanische Milliardär und nannte die Ursachen: »Die finanzielle Lösung besteht darin, dass die Gläubiger die Bedingungen diktieren, und das wird politisch nicht von Dauer sein. Solange es aber anhält, nimmt Europa sowohl politisch als auch wirtschaftlich ab.« Nach Ansicht dieses berühmten Amerikaners führen Versuche, die einheitliche Euro-Währung zu erhalten, zu einer Vertiefung der politischen und sozialen Probleme des Bündnisses, die es letztendlich zerstören kann: »Das ist eine politische Krise. Ich halte es für eine schwere Krise…« Auf die Frage »Sind Sie für Europa optimistisch?« antwortet er mit einem eindeutigen »Nein«.
Ihn beruhigt auch nicht, dass die EU (EWG, EG) bereits seit Jahrzehnten besteht und angeblich ihre Lebenstüchtigkeit bewiesen hat: »Es gibt hier Parallelen zur Sowjetunion, denn das war auch (! – V. T.) ein ziemlich inakzeptables System, das sich aber 70 Jahre lang durchgesetzt hat.«[520] Im Februar 2019 wiederholte Soros seine Einschätzung: Die derzeitige EU-Führung würde ihn an das kommunistische Politbüro erinnern, als die Sowjetunion zusammenbrach.[521] »Die Deutschen (als treibende Kraft der EU – V. T.) glauben an Einsparungen, der Rest der Welt glaubt an geldpolitische Locke-

rungen«, befand der Börsenspekulant ein anderes Mal, es sei »einfach die falsche Politik.«[522]

Falsche oder richtige – die EU hat keinen anderen Ausweg aus der Schuldenkrise und kann keinen haben. Wenn Deutschland zusammen mit anderen Nettozahlern weiterhin die »armen Euro-Verwandten« ernähren wird, wird alles mit einem »sowjetischen« wirtschaftlichen Niedergang der EU enden – zusammen mit den Gebern.

Wenn die wirtschaftlich effizienten Länder den insolventen Staaten den Zugang zu ihren Milliarden versperren, werden diese »armen« Staaten sofort die EU verlassen. Dies wird die nicht tragfähige Struktur ruinieren, rettet aber die Volkswirtschaften erfolgreicher Länder.

In beiden Fällen sind die Chancen für eine »Erholung« der EU nahe Null. Die Schlussfolgerungen sind schlicht: Selbst ein attraktives Imperium bleibt ein Imperium und ist dem Tode geweiht. Teil eines Imperiums werden zu wollen bedeutet, freiwillig Sklave werden zu wollen. Ein Nationalist, der die Gunst des Imperiums und die hohe Ehre des Beitritts in das Imperium sucht, verrät nationalistische Grundsätze.

Europa und »nationale Idee-2«

Im vorherigen Abschnitt steht der Satz: »Niemand hatte einen klaren Plan für das, was die EU idealerweise sein sollte.« Ich komme auf diese Behauptung zurück. Stimmt das – »niemand«?
Einer von denen, die wussten, wofür man das vereinte Europa braucht, war ein Mann namens Richard Nikolaus Coudenhove-Kalergi (1894-1972). Fast keiner kennt diesen Namen – das ist sehr schade. Dieser Fürst ist ein österreichischer Philosoph, Schriftsteller, Politiker und Gründer der Paneuropäischen Union. Er wurde in Japan in der Familie des österreichischen Diplomaten Heinrich Coudenhove-Kalergi und der Japanerin Mitsuko Aoyama geboren. Auf väterlicher Seite stammte er aus dem Geschlecht Coudenhove, das den Adelstitel für die Teilnahme an dem Kreuzzug von 1099 erhielt. Als Richard ein Jahr alt war, zogen seine Eltern von Japan nach Österreich-Ungarn und siedelten sich im Familienschloss an der Grenze zu Deutschland an. Der Vater verließ den Dienst und widmete sich der Verwaltung tschechischer Güter und der wissenschaftlichen und philosophischen Arbeit. Sein berühmtestes Buch ist *Das Wesen des Antisemitismus.*[523] Daher ist nicht verwunderlich, dass er mit dem uns bereits bekannten österreichischen Untertanen Theodor Herzl befreundet war.
Sohn Richard erhielt seine Ausbildung von Privatlehrern, und dank seines Vaters, der 16 Sprachen beherrschte, erlernte er Russisch und Ungarisch. Später schrieb er sich an der Kaiserlich-Königlichen Theresianischen Akademie in Wien ein und studierte anschließend Philosophie und Geschichte an der Universität Wien. 1915 heiratete er die 13 Jahre ältere österreichische Schauspielerin Ida Roland, geb. Klausner. 1917 promovierte er zum Doktor der Philosophie.
Richard Nikolaus Coudenhove-Kalergi traf sich mit dem tschechoslowakischen Präsidenten Tomáš Masaryk (1850-1937), einem großen Befürworter des Zionismus, und bot ihm an, der »George Washington der Vereinigten Staaten von Europa« zu werden.
1922 wurde Richard Mitglied der Freimaurerloge *Humanitas* in Wien. Von dort aus knüpfte er Kontakte zu Freimaurern in Mitteleuropa, England und den USA.

Über die Optimierung der Welt

Scheinbar wissen wir genau, wer die Freimaurer sind, kennen ihre Rituale und Symbole, wissen, woher ihr Name stammt und was eine *Loge* ist, aber tatsächlich wissen wir gar nichts über sie. Was ist zum Beispiel der Zweck der Freimaurerlogen? Wenn wir nun in der Welt von zweieinhalb bis sechs Millionen Freimaurer haben, heißt das, dass sie etwas tun. Was? Es gibt Schachklubs – man spielt dort Schach, es gibt Vereine von Tulpenliebhabern, es gibt Klubs für Fallschirmspringer. Was machen die Freimaurer? Was ist der Zweck ihrer Existenz?

»Sind das nicht wohltätige, humanitäre, aber zugleich harmlose Honoratiorenvereine«, fragt Lorenz Jäger in der FAZ, »die vielleicht den Historiker des neunzehnten Jahrhunderts interessieren können, wenn er einige ideengeschichtliche Weitschweifigkeit nicht scheut?«[524]

Ja, das sind sie. »Die Freimaurerei ist ein soziales Phänomen mit universalistischer und humanistischer Ausrichtung, das auf den Idealen der Brüderlichkeit und Solidarität beruht.«[525] »Freimaurerei hat den Menschen in Bezug auf sich selbst, seine Umwelt und den Kosmos zum Kerninhalt.«[526] »Die Freimaurerei ist eine weltumspannende humanitäre Initiationsgemeinschaft und ein ethischer Männerbund mit weltweit etwa 6 Millionen und in Deutschland etwa 14.000 Mitgliedern. In Deutschland sind die Logen als eingetragener Verein organisiert und streng demokratisch aufgebaut.«[527] Ein Journalist für öffentlich-rechtliche WDR und gleichzeitig Pressesprecher der »Vereinigten Großlogen der Freimaurer von Deutschland«, dem Dachverband der deutschen Freimaurerei, schreibt über seine Brüder: »Unsterblichkeit ist das Ziel, Selbstveredelung nur der Weg und Humanität eine logische Konsequenz.«[528]

Aber das ist nur eine – die freimaurerische – Seite der Ansichten.

Es gibt auch andere. Es wimmelt im Internet von zahlreiche Seiten, die im Allgemeinen »Wahre Ziele der Freimaurer« heißen, mit Textstellen aus alten Zeitungen, Zeitschriften und Freimaurer-Beschlüssen. Wenigstens eine[529] mit Original-Tönen der Freimaurer vor einhundert Jahren möchten wir hier auch anführen:

»Wir sind auch Verfechter der Interessen der Menschheit, die Verbrüderung der Völker Europas schwebt auch uns als Ideal vor, und wir wären die

ersten, die der Beseitigung der Grenzen der Vereinigten Staaten Europas zustimmen, zu einer allgemeinen Republik.« (*Revue maçonnique, 1908, S. 137*).
»Seit 40 Jahren ist es der Traum meines Lebens gewesen, durch gemeinsame brüderliche Arbeit nicht nur die Freimaurerei, sondern die Demokratien im allgemeinen zu vereinigen, um sich gegenseitig zu verstehen und eines Tages die Weltrepublik ins Leben zu rufen.« (*Wiener Freimaurerzeitung IV, 6/7, S. 8*).
»Wir proklamieren die Weltrepublik, die Niederlegung der Grenzen, die Existenz eines einzigen Gesetzes: Menschenrechte, welches unsere glorreichen Vorfahren von der Großen (Französischen – V. T.) Revolution verkündeten.« (*Lozano, spanischer Freimaurer auf dem Weltkongreß in Rom 1914.*)
So heißt denn folgerichtig der Trinkspruch des Präsidenten des Grand Orient: »Auf das Wohl der französischen Republik, der Tochter der französischen Freimaurerei, auf das Wohl der Weltrepublik von morgen, der Tochter des Weltfreimaurertums.« (*Convent des Großen Orients, 1923, S. 403).*
»Die Freimaurerei wird diese größte Revolution, die Weltrevolution zustande bringen.« *(Bulletin der Großen Loge von Frankreich, 1922).*«
Die Zitate sind seriös mit Quellen angegeben, aber sind diese Sprüche echt? Wie verifiziert man sie heutzutage? Wo findet man momentan den spanischen Freimaurer Lozano aus dem Jahr 1914? Deshalb lassen wir alles, was oben geschrieben ist, nur als das stehen, was über solche Publikationen oft gesagt wird: Verschwörungstheorien[530].
Aber wenn man selbst in alten Zeitungen und Zeitschriften stöbert, findet man dort auch authentische Aussagen, die nicht im Ethischen wie Brüderlichkeit und Humanität, sondern mehr im Politischen liegen. Unten sind einige angeführt.
Aber bevor wir das Dickicht der Informationen und Zitate durchwaten, sollten wir unbedingt in eine lebenskluge Arbeitsweise Einblick nehmen. Ein gewisser Dr. Paul Köthner, selbst Freimaurer und investigativer Forscher, erklärt uns aus dem Jahre 1919, warum die Fakten über die »inoffiziellen« Ziele der Freimaurerei doch ziemlich rar gesät sind, und beschreibt die methodologische Herangehensweise für die Recherche über das Freimaurertum. Lesen wir das langsam und sorgfältig: »Unter Eid vor Zeugen wird keiner der geheimen freimaurerischen Machthaber etwas aussagen, was uns als handgreiflicher Beweis für das Treiben der geheimen Weltmacht dienen könnte. Der eigentliche Grund dafür ist nicht der, daß er in jedem geordneten Staatswesen dadurch sein Leben verwirkte, sondern weil ihm kein Rich-

ter beweisen kann, daß gerade er ein Schuldiger ist, denn er steht immer gedeckt durch seine Brüder, die ebenso wie er den Eid der Verschwiegenheit zu halten wissen. Im Notfall wird ein wenig unterrichteter Fanatiker vorgeschoben, der sein Leben einsetzt für die Idee. Diese direkte Beweisform kommt also hier nicht in Betracht. Wir können nur einen Indizienbeweis führen. Wir müssen Äußerungen, unbeabsichtigte Enthüllungen über politische Pläne, später eintreffende Voraussagen von politischen Aktionen u. dgl. sammeln, wie sie in der Presse hundertfach zu finden sind. Wir müssen sie sammeln aus den freimaurerischen Zeitschriften und Kongreßberichten und aus den führenden Presseorganen aller Länder. Und wenn wir dann sehen werden, daß all das, was in den verschiedensten Ländern propagiert wird, sich niemals gegenseitig widerspricht, oft mit denselben Wendungen und Worten wiederholt wird, und daß ein neuer Gedanke und Plan stets zu gleicher Zeit in allen Ländern auftaucht und überall sofort in Angriff genommen wird, so wird uns das Beweis genug dafür sein, daß in allen Ländern dieses einheitliche Wirken von einer geheimen Oberleitung angeregt wird, welche eine fast unbeschränkte Macht über die Völker ausübt. Da dies nur durch tiefgehende Verständigung unter den geheimen Führern in den verschiedenen Ländern möglich ist, so müssen diese alle miteinander durch eine hohe, den nationalen Interessen übergeordnete Idee verbunden sein. Stellt man schließlich noch fest, daß alle diese geheimen Führer Freimaurer sind, so ist es für jeden klar, der nicht blind sein will, daß die alle verbindende, alle verpflichtende übergeordnete politische Idee in den freimaurerischen Großorienten geboren, gelehrt und gefördert wird, zumal man weiß (soweit man es noch nicht weiß, wird es bewiesen werden), daß alle nichtdeutschen Großoriente politische Ziele haben.«[531]

Die Bemerkung »Nichtdeutsche« ist dem gerade beendeten 1. Weltkrieg geschuldet, aber ansonsten ist das eine vernünftige Anleitung für eine mühselige investigative Arbeit über die kryptischen Zustände.

Also, die Maurer müssen berufsmäßig etwas bauen, so auch Freimaurer. Für den Bau muss man einen Plan, ein Projekt haben. Die Freimaurer haben so einen. In einem alten Buch aus dem Jahre 1874 für die Ausbildung der Freimaurer teilt der Autor Oswald Marbach[a] den Lehrlingen mit, dass nur der,

---

a Sein Autor ist »Bruder Oswald Marbach, Alt- und Ehrenmeister, sowie z. Z. Meister vom Stuhle der Loge Balduin zur Linde in Leipzig und Ehrenmitglied der St. Johannis-Freimaurer-Logen: Apollo in Leipzig, Minerva z. d. drei Palmen ebend., z. d. drei Felsen in Schmiedeberg, z. d. drei Schwertern und Asträa z. gr. Raute in Dresden, z. goldnen Apfel ebend., z. d. drei Degen in Halle, Archimedes

der genau weiß, wohin man geht, auch sein Ziel erreichen wird: »Aus der Vollkommenheit des Verstandes erspriesset die Stärke, denn wer da vollständig weiß, was er will, der kann auch, was er will«.[532]
Was wollen die Freimaurer?
Sie streben die Vollkommenheit der Menschen an (»Freiheit, Gleichheit, Brüderlichkeit...«), sagen heutige Freimaurer. Ein Zeitgenosse, Dr. Klaus Kott, Großmeister der Vereinigten Großlogen von Deutschland, formuliert das 2009 in einem Interview mit der interessanten Überschrift »Wir streben nicht nach der Weltherrschaft« etwas blumig, aber durchaus verständlich: »Wir Freimaurer arbeiten am Tempel der Humanität. Das lässt sich am besten mit den Beispielen des rauen und des kubischen Steines erklären: Ein Tempel ist aus Steinen erbaut, aber ein Wackerstein, so wie sie ihn in der Natur finden, fügt sich nicht ein, sie werden beim Schichten der Steine Probleme bekommen, wenn diese nicht kubisch sind.«[533]
Ich verstehe das so, dass ein Mensch von Geburt an etwas eckig ist – jeder hat seine Macken. Die Freimaurer nehmen diesen »rauen Stein« und behauen ihn so lange, bis daraus ein kubischer wird. Aus VERSCHIEDENEN Wackersteinen möchten sie GLEICHE Kuben herstellen.
Na gut. Freie Bürger, die den Freimaurer-Logen beitreten, müssen selbst wissen, was sie werden wollen. Ich persönlich bleibe lieber ein unbehauener, rauer, unmodellierter Brocken mit allen Unebenheiten. Aber, wie gesagt, sich »formen zu lassen« oder nicht ist eine sehr private Sache.
Wie ich verstehe, bleibt dieser aus »kubischen Freimaurern« errichtete »Tempel der Humanität« auch dort, wo er hingehört – in den Freimaurerlogen.
Wir lesen aber weiter im alten Marbach. Er schreibt, dass man für den Bau Werkzeuge braucht: Maßstab, Winkelmaß, Zirkel, Wasserwaage, Senkblei, Kelle: »Alle diese Werkzeuge deuten auf den grossen Bau … und darauf, dass dieser Bau nicht nur ein phantastisches Dasein für die Einzelnen, die

---

z. ew. Bunde in Gera, z. goldnen Kreuz in Merseburg, Ernst z. Compass in Gotha. Acacia in Meissen, Archimedes z. sächs. Bunde in Schneeberg, z. d. drei Bergen in Freiberg, Friedrich August z. d. drei Zirkeln in Zittau, Ferdinande Caroline in Hamburg, Carl z. Eintracht in Mannheim, Harmonie in Chemnitz, Pyramide in Plauen, Ernst für W. F. u. R. (die Abkürzung steht für »Wahrheit, Freundschaft und Recht« – V. T.) in Coburg, z. Verschwisterung der Menschheit in Glauchau, Pforte zum Tempel des Lichts in Hildesheim, Albert z. Eintracht in Grimma, Friedrich August z. tr. Bunde in Wurzen, z. d. drei Sternen in Rostock, Ferdinand z. Glückseligkeit in Magdeburg und Archimedes z. d. drei Reissbretern in Altenburg.«

sich mit ihm beschäftigen, sondern volle Wirklichkeit für die Erde, für die Welt, für die Menschheit habe.«[534]

Halt, da habe ich etwas nicht mitbekommen. Also planen sie nicht die Läuterung der Freimaurer selbst, sondern die Veränderung der ganzen Welt – zum Besseren versteht sich.

Und wie wird die Welt danach aussehen, wenn die Ziele der Freimaurer erreicht sind? Für uns, die für die Frage des Weiterbestehen der Nationalstaaten sensibilisiert sind, ist das von Interesse. Freimaurerei, schreibt weiter Bruder Oswald Marbach, »wird ihr Ende erlangt haben, wenn es dahin gekommen sein wird, dass es keine Parteien irgend welcher Art unter den Menschen mehr geben wird, wenn Ein Hirt sein wird und Eine Herde; dann wird der Bund der Freimaurer aufgehen in die Menschheit. Der Bund der Freimaurer hat eine gewaltige Kraft, die zunimmt von Jahr zu Jahr, bis sie zur Allmacht geworden, denn in ihrer Vollendung ist die Freimaurerei das Leben der Menschheit nach dem Willen Gottes.«[535]

Also, der Wille Gottes ist, dass wir alle auf der Welt so leben werden, wie die Freimaurer sich ihren »Tempel der Humanität« vorgestellt haben. Da das mich persönlich betrifft, würde ich gern wissen, wie die Pläne des »Tempels« genauer ausschauen. Damit ich nicht – unbewusst und heimlich von Freimaurern gesteuert – etwas baue, was mir zuwider ist…[a]

Aber lassen wir erst weitere Logenbrüder reden. Noch ein Zeuge der politischen Bestrebungen der Freimaurerei ist Bruder Ernst Freymann. Unter diesem Pseudonym veröffentlichte 1919[536] Freimaurer Dr. Paul Köthner eine Reihe von Publikationen, in denen er unter anderem aus dem Redebeitrag eines französischen Freimaurers Gustave Francolin (1835-1899) auf dem Pariser *Congrès maçonnique International du Centenaire* von 1889[537] zitiert: »Der Tag wird kommen, an welchem bei allen Völkern, die weder

---

a Manches, da bin ich ehrlich, gefällt mir bei den Freimaurer nicht: sie sagen »Freiheit«, und erlauben nicht, dass man Meinungsfreiheit auch außerhalb der Loge genießt; sie sagen »Gleichheit«, und haben selber in ihrem Verein bis zu 33 Grade – mehr als in jeder Armee – geschaffen, wo die höheren Chargen den unteren kein Wort aus ihren Erkenntnissen mitteilen dürfen; sie sagen »Brüderlichkeit«, und lassen in ihren Männerlogen keine Frauen zu. Der *Spiegel* schreibt: »Nicht einmal auf die Rassengesetzgebung versuchten die Logen in den USA Einfluß zu nehmen. Sie erkennen – entgegen den Grundlehren der Freimaurerei – Logen, die von Negern gegründet werden, nicht an. Mit Ausnahme zweier Logen. Die etwa eine Million anderer Neger-Freimaurer gelten als »illegal«.« (Siehe dazu: *Die Hand zum Bunde, DER SPIEGEL, 25/1950, http://www.spiegel.de/spiegel/print/d-44448361.html*)

ein 18. Jahrhundert noch ein [17]89 hatten, die Monarchien und Religionen zusammenstürzen; dieser Tag ist nicht mehr fern. Das ist der Tag, den wir erwarten... Dann werden alle Großlogen und alle Großoriente der ganzen Welt sich in einer allgemeinen Verbrüderung zusammenfinden. Die Spaltungen und die Landesgrenzen, durch welche die Freimaurerei getrennt ist, werden dann verschwunden sein, das ist das glanzvolle Zukunftsideal, das uns vorschwebt. Unsere Sache ist es, den Tag der allgemeinen Verbrüderung zu beschleunigen.«[538]

Heute sind Freimaurer auf Dr. Köthner nicht gut zu sprechen, und sein Werk wird im besten Fall als »Tendenzschrift«, die unter »wütender Kriegspsychose« entstand, gesehen[539], darüber möchten wir nicht diskutieren. Aber er veröffentlichte seine durchaus fundierten Notizen in dem »Mecklenburgischen Logenblatt« bzw. in der Beilage zum »Blatt«, d. h. in einem freimaurerischen Organ, und die Freimaurer von 1919 waren auch nicht blauäugiger als heute, und würden »antimaurersche« Texte gar nicht veröffentlichen. Warum taten sie das?

Die Lösung steckt im Datum: 1919 ist der erste Weltkrieg zu Ende, aber alle sind noch im Sog der brutalen Kampfhandlungen mit Millionen Toten. Die Differenzen zwischen einer deutschen und französisch-englischen Sicht auf die Ursachen und Ereignisse sind grundsätzlich.

Nicht nur Armeen standen einander gegenüber, auch die Freimaurer auf beiden Seiten der Front waren einander spinnefeind, freimaurerische Brüderlichkeit hin oder her. Die freimaurerischen Zeitungen der Franzosen und Engländer verbreiteten, heute würde man sagen einen ideologischen Mem, dass die *Entente* (Frankreich, Großbritannien, die USA und Italien; Russland ist 1917 nach der Oktoberrevolution ausgeschieden) für »Freiheit, Recht und Menschlichkeit gegen Barbarei und Tyrannei (gemeint sind die Mittelmächte – Deutsches Reich, Österreich-Ungarn, das Osmanische Reich und Bulgarien – V. T.) kämpfte«[540]. Deshalb ist dem Köthner in dem DEUTSCHEN Freimaurerblatt erlaubt, die Freimaurer aus *Entente*-Ländern anzugreifen. Und deshalb bekommen wir heute den so seltenen kritischen Blick auf die Weltmaurerei aus der Feder eines Freimaurers.

Freymann / Köthner erzählt auch etwas über die Methoden der freimaurerischer Arbeit – mit den Worten der damals führenden Logenbrüder: »'Das Freimaurertum bezweckt die öffentliche Meinung zu bilden und zu leiten. Es will auf die Regierung des Landes jener Einfluss haben, welchen guten und mächtigen Institutionen gebührt. Deshalb arbeitet es darauf hin, in die öffentliche Verwaltung, in die legislative Körperschaften und in die höchsten Stellen der Macht seine eigenen Leiter zu bringen', sagte der italienische Großmeister Lelli«.[541]

Wir treffen auch auf große zusammenhängende Passagen über die Euphorie, die unter Logenbrüdern herrschte, wenn von einer Weltrepublik die Rede war. So eine Beschreibung liefert ein gewisser Dr. Friedrich Wichtl in dem Buch »Weltfreimaurerei, Weltrevolution, Weltrepublik«[542]: »Der Gedanke der Weltrepublik (Republique Universelle) dagegen gelangt mit voller Klarheit auf dem zweiten allstaatlichen Freimaurerkongress in Paris (1900) zum Ausdruck, und zwar als Grundgedanke des ganzen Kongresses, denn fast jeder Redner beruft sich auf ihn und nimmt dazu Stellung.[a] Vor allem Br. Quartier la Tente selbst, der den Antrag stellt, eine freimaurerische Weltgeschäftsstelle zu schaffen, die »darauf hinarbeiten soll, den Zusammenschluss aller freimaurerischen Kräfte der ganzen Welt für den Triumph der ihnen teueren Ideen und für die Errichtung der Weltrepublik zu bewerkstelligen«. Er erinnert an den bekannten Ausspruch des großen Archimedes: »Gebt mir einen Stützpunkt und ich werde die Welt aus ihren Angeln heben« und fährt sodann fort: In der Vereinigung der freimaurerischen Kräfte der ganzen Welt werden wir den Stützpunkt haben, mittels dessen wir die Welt aus den Angeln heben werden... Wahrlich ein bedeutungsvolles Wort...

Br. Dequaire-Grobel begrüßt diesen Antrag freudigst und meint, wenn dem Kongresse diese Tat gelungen ist, werden alle Freimaurer dann »zur Eroberung aller öffentlichen und politischen Gewalten in Europa und der ganzen Welt ausziehen...« Zum Schluss bringt er unter stürmischem Beifall Hochrufe auf die »von der Weltfreimaurerei zu errichtende Weltrepublik« aus.

Der Präsident des vorbereitenden Ausschusses Br. Bourceret spricht die zuversichtliche Hoffnung aus, der Ruf: Es lebe die Weltrepublik! werde bald kein platonischer (!) mehr sein...«

Jurist und Abgeordneter der österreichischen Nationalversammlung Dr. Friedrich Wichtl[543] bekommt heute von den Freimaurern viel mehr Knüppel, als sein Kollege Köthner. Die Freimaurer nennen das Werk »Schmähschrift«, »antisemitische und antifreimaurerische Propaganda«, wobei Fakten m. E. hilfreicher wären. *Internationales Freimaurer-Lexikon* von Eugen

---

a Congres maçonniques international de 1900 (amtlicher Bericht des Groß-Orients von Frankreich 1900, S. 38, 39). *Anmerkung von Dr. Wichtl.*

Lennhoff und Oskar Posner schreibt über ihn: »Das Endziel der freimaurerischen Arbeit sah Wichtl in der Schaffung einer Weltrepublik. So absurd alle diese Behauptungen auch waren, so sehr sie der geschichtlichen Wahrheit ins Gesicht schlugen, sie haben heute noch viele gläubige Nachbeter.«[544]
Nachbeten ist beileibe erbärmlich. Aber uns interessiert nicht die WERTUNG über den Autor, sondern die Authentizität der Beschreibung. Gab es so ein Weltrepublik-Hype auf dem Kongress oder nicht?
Im Unterschied zu Wichtl lobt das Freimaurerlexikon den Italiener Giuseppe Mazzini.[545] Der ist ein »Kämpfer für die Freiheit und Einheit Italiens«, »wurde Carbonaro«[a], »1832 gründete Mazzini das *Junge Italien*«. Carbonari waren recht brutale Krieger, was ist mit den *Jung-Italienern*? »Mazzini wollte zunächst Italien befreien, aber sein Programm sollte sich nicht nur auf Italien, sondern auf ganz Europa und in weiterer Folge auf die ganze Welt erstrecken«, weiß Dr. Köthner zu berichten. »Die von ihm ins Leben gerufene geheime Verbindung »Jung-Italien« fand später in der umfassenderen Organisation »Jung-Europa« ihre Ergänzung. Mittels dieser revolutionären Vereinigung sollte die europäische Demokratie in einen föderativen Verband unter einheitlicher Leitung eines Zentralkomitees gebracht werden.«[546] Der deutsche Autor Hermann Gruber ergänzt mit einem Zitat von Mazzini: »Die Vereinigung der Völker in der Weltrepublik ist die große heilige Kirche der Zukunft, der Dolmetsch der Erkenntnis des höchsten menschlichen Endzieles.«[547]
Und so nähern wir uns dem Gedanken, dass die Freimaurerlogen als Geheimgesellschaften im 17. Jahrhundert mit dem Ziel entstanden, die politische und soziale Entwicklung von Ländern zu beeinflussen. Dieses Ziel steht auch vor den Freimaurern unserer Zeit – sie verstehen die Freimaurerei als ein Gesellschaftsmodell. Auf der Internetseite – wir sind im 21. Jahrhundert! – der Wiener Großloge *Humanitas*, deren Mitglied vor Hundert Jahren Coudenhove-Kalergi war, steht: »Die Freimaurerei will ihre Mitglieder unterrichten, wie eine ideale Gesellschaft aussehen könnte.«[548] Das heißt, sie interessieren sich für soziale Modelle, wie man die Welt anders macht, wie man sie verändert. »Die Freimaurerei will den einzelnen Mitgliedern die Augen öffnen für die Welt, wie sie tatsächlich ist und wie sie sein könnte.«[549]

---

a Die *Carbonari* (ital. *Köhler*) waren ein Geheimbund im 19. Jh, der die Vereinigung der damaligen Fürstentümer und Regionen der Apenninen-Halbinsel in einem unabhängigen Nationalstaat Italien anstrebte. Wie die Freimaurer von den Maurern, so nahmen die *Carbonari* ihre Gebräuche von den Köhlern.

Ja, »wie sie tatsächlich ist«. Das kann nur bedeuten, dass so, wie wir die Welt sehen, nicht das ist, wie sie faktisch ist. Wie ist sie: besser oder schlechter, als es uns scheint? Offensichtlich schlimmer. Warum sonst muss man uns erzählen, wie sie – unter bestimmten wundervollen Umständen – sein könnte?

Einige Jahre vor Coudenhove-Kalergis Logen-Beitritt diskutierte die Freimaurerei auch über Modelle des sozialen Universums: Die Oktoberrevolution hatte gerade in Russland stattgefunden, die Bolschewiki die Macht übernommen und trotzten der Welt der Ausbeutung und des Kapitals. Das ist für die Freimaurer von Interesse: Vielleicht zeigt dieser revolutionäre Durchbruch den Weg in die bessere Zukunft, nach der sie ständig strebten? Überhaupt sind Freimaurer den Revolutionen gewogen. Unter ihnen sind solche Namen wie der italienische Guerillero Giuseppe Garibaldi (1807-1882), der Nationalheld des südamerikanischen Unabhängigkeitskampfes gegen Spanien und Begründer der »panamerikanischen Union« Simón Bolívar (1783-1830), der Anführer der türkischen Befreiungskämpfer Mustafa Kemal Atatürk (1881-1938), revolutionäre Jungtürken…[550]

Einige Kapitel – amerikanischer, französischer, russischer – ragen aus dieser Aufzählung hervor.

Die Revolution in Amerika begann im Dezember 1773 mit der *Boston Tea Party,* als Aktivisten der Bostoner Freimaurerloge sich als Mohawk-Indianer verkleideten, britische Schiffe im Hafen stürmten und die gesamten Teeladungen ins Wasser warfen, berichtet der deutsche Journalist und selbst Freimaurer Tom Goeller[a]. Unter den Häuptlingen der Revolution waren die Freimaurer Samuel Adams, John Hancock und der Großmeister der »Großloge von Massachusetts« Paul Revere. Viele amerikanische Logen, noch bevor die Vereinigten Staaten von Amerika gegründet wurden, sind zu Keimzellen eines neuen Staatengebildes geworden und viele Freimaurer beteiligten sich an der Revolution auf verantwortungsvollen Posten.[551] So entwarf Freimaurer Benjamin Franklin (1706-1790) die Unabhängigkeitserklärung der USA, und Freimaurer und erster Präsident der Vereinigten Staaten von Amerika George Washington (1732-1799) legte seinen Amtseid auf einer Freimaurer-Bibel ab. Als 1793 der Grundstein zum Capitol nach freimaurerischem Ritus gelegt wurde, tat das Washington mit einer freimaurerischen

a Dessen Buch »Freimaurer. Aufklärung eines Mythos« nennt die recht in Sachen Freimaurer engagierte »Freimaurer-Wiki« »umfassend, informativ, aktuell«.

Kelle. Ihm, dem Freimaurer Nr. 1 in den USA, wurde 1923 ein gewaltiges freimaurerisches Nationaldenkmal errichtet, das *Washington National Masonic Memorial* – mit der gleichen Kelle!

Der große deutsche Humanist (Freimaurer und Zeitzeuge) Gotthold Ephraim Lessing (1729-1781) bemerkte in »Ernst und Falk – Gespräche für Freimaurer« (1778), dass der damalige amerikanische Kongress »eine Loge ist« und in Amerika »endlich die Freimaurer ihr Reich mit gewaffneter Hand gründen«[552]

Außer George Washington waren noch etliche Präsidenten der USA Freimaurer: James Monroe, Andrew Jackson, James K. Polk, James Buchanan, Andrew Johnson, James A. Garfield, William McKinley, Theodore Roosevelt, William H. Taft, Warren G. Harding, Franklin D. Roosevelt, Harry S. Truman, Gerald Ford.

Der Eindollarschein ist bekanntlich mit mehreren freimaurerischen Zeichen versehen, darunter auch mit ihrem Spruch *Novus ordo seclorum* – »Neue Ordnung der Zeitalter«.

Die entscheidenden Wegbereiter auch der französischen Revolution waren Freimaurer und Religionskritiker Voltaire (1694-1778) sowie Freimaurer und Absolutismuskritiker Montesquieu (1689-1755). Freimaurer waren auch die Köpfe der Revolution, das Sprachrohr der Sansculotten Jean Paul Marat; Schulkamerad von Robespierre, Camille Desmoulins (1760-1794), der die Pariser zum Sturm auf die Bastille aufrief; Präsident des Jakobiner-Clubs Mirabeau (1749-1791), Georges Danton (1759-1794), der Justizminister der Republik, Gründer des Revolutionstribunals und Mitinitiator der Terrorherrschaft der Kommunarden; sowie Bindeglied zwischen amerikanischen und französischen Freimaurer-Weltumgestalter General Lafayette (1757-1834). Sogar der Erfinder der Guillotine, des per se Wahrzeichens des in den Schulbüchern als »Große Französische Revolution« angepriesenen Sturzes der Monarchie, ist Logenmitglied Joseph-Ignace Guillotin.

Ein österreichischer Regierungsbeamter verfasste 1790 ein Schreiben an seinen Kaiser, in dem er behauptete, dass »das Rad der gegenwärtigen Irrungen und Revolutionen Europas« von der »Bruderschaft der Freymaurer getrieben« werde.[553]

In seinem 1929 erschienenen Buch »Hinter den Kulissen der Revolution« zitiert der Franzose Léon de Poncins Mitglieder der französischen Abgeordnetenkammer bei ihrer Sitzung am 1. Juli 1904:

Marquis de Rosanbo: »Das Freimaurertum hat im geheimen, aber beharrlich, an der Vorbereitung der Revolution gearbeitet.«

[François-Henri] Jumel: »In der Tat, dessen rühmen wir uns.«
Alexandre Zévaès [Pseudonym Alexandre Boursons]: »Das ist das höchste Lob, das Sie uns zollen können.«
Rosanbo: »Wir sind also vollständig einig darüber, dass das Maurertum allein der Urheber der Revolution gewesen ist, und der mir jetzt gespendete, sonst selten zuteil werdende Beifall der Linken beweist ihre Übereinstimmung mit mir darin, dass das Freimaurertum die Revolution gemacht hat.«[554]

Selbst das *Freimaurer Politiker Lexikon* schreibt politisch korrekt, kann aber das Offensichtliche nicht unterdrücken: »Gewiss war die Französische Revolution nicht das Werk einer Verschwörung von Freimaurern, aber im Laufe des 19. Jahrhunderts identifizierten sich französische und auch italienische Freimaurer mehr und mehr mit den Prinzipien dieser Revolution. Als entschiedene Republikaner und Antiklerikale fühlten sich französische Freimaurer nicht nur beleidigt, sondern gar geschmeichelt, wenn Reaktionäre sie für den Sturz des ‚Ancient Regime' verantwortlich machten.«[555]

Im 19. Jahrhundert war in Paris allen klar, wer hinter der Revolution, hinter dem Slogan »Freiheit, Gleichheit, Brüderlichkeit« steht. »Frankfurter Allgemeine« gibt unumwunden zu: »Im neunzehnten Jahrhundert ging in Frankreich das Wort um, die Freimaurerei sei nichts anderes als die Republik, in den Geheimniszustand versetzt, und die Republik nur die öffentlich gemachte Loge.«[556]

Sie machen bei Umstürzen und Revolutionen nicht nur mit – sie initiieren sie.

Man staunt: Die »Beweislage« ist eigentlich erdrückend. Trotzdem spielen moderne Freimaurer die Beteiligung der internationalen Freimaurerei an Umstürzen, Revolutionen und anderen gravierenden sozial-politischen »Umgestaltungen« herunter. »Wir beten nicht den Teufel an, wir kontrollieren nicht die Politik, wir haben nichts mit den Illuminaten zu tun«, schwört ein deutscher Freimaurer von 2016. »Ein politisches Engagement gibt es bei uns nicht! Die Freimaurerei ist vielmehr das älteste Persönlichkeitstraining der Welt. Wir arbeiten an uns selber.«[557]

So auch im Interview mit dem bereits erwähnten Chef der deutschen Freimaurer Dr. Kott:

»*The European*: Aber die Werte Freiheit, Gleichheit, Brüderlichkeit sind schon seit 1717 drei der fünf Grundsäulen der Freimaurer – geht also die französische Revolution doch auf das Konto der stillen Bruderschaft?
Kott: Da muss ich Sie korrigieren, es heisst nicht Freiheit, Gleichheit, Brü-

derlichkeit, sondern im französischen Original *liberté en egalité et fraternité*, also Freiheit durch Gleichheit und Brüderlichkeit. Das Eine ist das Ziel, die anderen beiden der Weg dahin. So hat es Montesquieu, der tatsächlich Freimaurer war, gemeint. In der französischen Revolution waren das die Schlagworte, die die Menschen mitgerissen haben, weil sie dem Bedürfnis der Zeit entsprachen. Aber die Freimaurerei als Organisation hat nicht zur Revolution beigetragen. Ebenso wenig wie zur amerikanischen Unabhängigkeit, obwohl auch dort viele der Protagonisten Freimaurer waren. Auch Garibaldi, Bolivár und Atatürk waren Freimaurer, aber die Freimaurerei als Organisation hält sich grundsätzlich aus Politik heraus.«[558]

Und die schweizerische Loge »Zur Brudertreue« assistiert: Revolutionäre »handelten in eigener Verantwortung; es ist weder anzunehmen noch zu beweisen, dass sie, ehe sie zur Tat schritten, ihre Loge konsultierten«.[559]

Eine verquere Logik: Es werden auf einer Seite zehn oder zwanzig freimaurerische »Generäle«[a], die Revolutionen anführten, mit der ähnlichen Anzahl der einfachen »Freimaurer-Soldaten« verglichen, die nicht daran teilgenommen hatten und sich loyal zu Königen verhielten...

Sogar der freimaurerische Autor Tom Goeller hat die offensichtliche Diskrepanz bemerkt: »Daß die amerikanische Revolution dennoch zu Recht als eine von Freimaurern direkt beeinflusste Bewegung bezeichnet werden kann, liegt eher an der herausragenden Qualität der (wenigen) Einzelnen als an ihrer vermeintlich großen Zahl... Sie nahmen Schlüsselpositionen ein und ihr Geist hat andere, die nicht Freimaurer waren oder wurden, mit-

---

a George Washington war z. B. in der freimaurerischen Hierarchie Meister vom Stuhl (oder *Stuhlmeister*, das Wort stammt vom engl. *Chairman)*, also der Vorsitzende der Freimaurerloge. Seine Weggefährten hatten auch hohe Freimaurergrade inne: Robert R. Livingston war Großmeister der Großloge von New York, General Jacob Morton war Großsekretär und Stuhlmeister der St.-John's-Loge, General Morgan Lewis – New Yorker Großmeister, Benjamin Franklin – Provinzial-Großmeister. Zu den Freimaurern gehörten James Otis (der als erster vor Gericht die Menschenrechte verkündete), Samuel Adams (der Mitunterzeichner der Unabhängigkeitserklärung), Alexander Hamilton (der den Grundriss der Vereinigten Staaten entwarf), Patrick Henry (der »Redner der Revolution«), Richter John Marshall, James Monroe (der spätere Präsident der USA), die Generäle Nathanael Greene, Robert E. Lee, Francis Marion, John Sullivan, Lord Stirling, Israel Putnam, Friedrich Wilhelm von Steuben, Johann de Kalb, Lafayette, Richard Montgomery, Thomas Jonathan Jackson, Christopher Gist, Henry Knox, David Wooster, Ethan Allen... (*Quelle: Freimaurer-Wiki*). Diese Liste lässt sich unendlich fortführen...

gerissen... Die erste moderne Demokratie, von Freimaurern erdacht und erkämpft – die Vereinigten Staaten von Amerika – war Wirklichkeit geworden.«[560]

Auch in Russland waren Freimaurer immer an der Spitze der Aufstände. Bereits im Dezember 1825 bekämpften junge Offiziere die Monarchie und proklamierten eine Republik (Dekabristenaufstand). Sie wurden von zwei Geheimgesellschaften – Nordbund und Südbund – angeführt. Im Süden war Freimaurer Pawel Pestel der Kopf der Vereinigung, im Norden gehörte Freimaurer Kondratij Rylejew zur Führungsgruppe. Nach dem Scheitern des Aufstandes wurden beide als Anstifter (mit drei anderen Mitstreitern) gehängt und das Freimaurertum (warum wohl?) in Russland (zum wiederholten Male, diesmal schärfstens) verboten.[561]

Die russische Revolution von 1917 wurde ebenfalls auf den Schultern der Freimaurer getragen – nicht die »Oktoberrevolution«, sondern die im Februar, als Zar Nikolaus II. vom Thron gestürzt wurde. »Das Jahr 1917 erwies sich als Höhepunkt der Tätigkeit für russische Freimaurer«, schreibt Kennerin der Materie Nina Berberowa, »zur ersten provisorischen Regierung (nach dem Zarensturz – V. T.) gehörten zehn »Brüder« (darunter auch Alexander Kerenski[562]– V. T.) und nur ein »Profan«.[563]

Über die Zugehörigkeit des Finanziers der Bolschewiken Israel Gelfand alias Alexander Parwus sowie der Haupt-Oktoberrevolutionäre Lew Bronstein alias Leo Trotzki und Wladimir Lenin zu Logen gibt es widersprüchliche Angaben. Nicht zu übersehen ist aber die Einschätzung eines zeitgenössischen Bruders: »Der russische Anarchist und Revolutionär Lenin« ist »der konsequenteste Vertreter der politischen Ideale der Freimaurerei im neuen Russland«.[564]

Dutzende Autoren, vor allem aus der damaligen Zeit (jetzt viel weniger!), belegen die signifikante Rolle der Freimaurer an grundlegenden Umwälzungen in der Menschheitsgeschichte: amerikanische Revolution, französische Revolution, italienische *Risorgimento*[565], Anfang des ersten Weltkrieges[566], russische Revolution, Schaffung des Völkerbundes[a], einem Vorläufer der »Weltrepublik«...

Warum streiten Freimaurer so vehement ihr politisches Engagement ab? Gäben sie es zu, hätte das bestimmt die Frage zur Folge: Welche konkreten

---

a An der Wiege des Völkerbundes standen der Außenminister Deutschlands, Freimaurer Gustav Stresemann und der Außenminister Frankreichs, Freimaurer Aristide Briand.

politischen Ziele verfolgen Freimaurer? Dann reichen *Freiheit, Gleichheit* und *Brüderlichkeit* nicht aus.

Sehr oft tappen wir mit unseren Recherchen im Logenmilieu nach den Zielen der Freimaurerei im Dunkeln. Der Grund: Die Verschwiegenheit darüber ist in dem Kreis, der für Freiheit kämpft, absolut, strenger als die mafiöse Omertà. Dass die Freimaurer ein Schweigegelübde abgeben, ist kein Geheimnis, darüber schreiben alle. Darunter auch der uns bekannte Oswald Marbach[567]. Es besteht nicht nur Schweigepflicht gegenüber der Außenwelt, sondern auch innerhalb des Vereins gilt Auskunftsverbot zwischen den Freimaurergraden: das, was ein »Gefreiter« erfährt, darf ein einfacher »Soldat« nicht wissen, geschweige denn die Geheimnisse eines »Stabsfeldwebels«.[568]

Nicht das Faktum als solches interessiert uns. Wir möchten die Philosophie dahinter verstehen.

Die das Schweigen brechen, sind schlimm dran. Ein gewisser Karl Christian Friedrich Krause (1781-1832), deutscher Philosoph, Schüler Fichtes und Schellings[569], Privatdozent in Jena in Philosophie, Mathematik und Naturrecht, schrieb ein Werk mit einem unendlichen Titel, der verkürzt »Die drei ältesten Kunsturkunden der Freimaurerbruderschaft« heißt. Darin beschreibt er unter anderem auch Regeln, die in den Logen gelten.

Die Bruderschaft empörte sich über solche Geschwätzigkeit und wollte die Herausgabe des Buches verhindern. Wenn es ihm, Krause, ums Geld ginge, würden die Gebrüder das Manuskript »von dem Verfasser (für) eine von ihm selbst zu bestimmende Summe«[570] abkaufen…

Krause veröffentlichte trotzdem.[a]

Dann begann sein Martyrium, »da die Freimaurer in den Universitäten Einfluß und in den Berufungskommissionen Stimmrecht hatten.«[571] Als erstes wurde er »als Meineidiger und Pflichtvergessener des Freimaurerordens für unwürdig erklärt und aus der Zahl der Brüder ausgestrichen«[572]. Er ging von Dresden nach Berlin, habilitierte sich an der Universität und wollte sogar Fichtes Nachfolger im Lehramt werden.

Klappte nicht. Er ging zurück nach Dresden. »Krauses fernerer Lebenslauf ist eine Kette von Verfolgungen und Mißerfolgen, die materielle Not seine ständige Begleiterin«[573], schreiben die Quellen. Alles, was er weiterhin unternahm, ging schief.

Verzweifelt zog er mit Frau und seinen 12 Kindern (insgesamt hatte er 14

---

a 1810 bis 1813 in Dresden.

Kinder) nach Göttingen. Dort wurde ihm – statt Anerkennung und Professur für seine durchaus erfolgreiche Lehrtätigkeit – eine polizeiliche Untersuchung angehängt in einer Sache, mit der er gar nichts zu tun hatte. »Schließlich wurde Krause eine Freistellung von der Strafverfolgung zugesichert, wenn er Göttingen verließe.«[574] Er wanderte nach München aus. Auch hier stieß er auf Hass. Sein Lehrer Schelling, zu dem Zeitpunkt Präsident der Münchner Akademie der Wissenschaften, verhinderte seine Aufnahme in den Verband der Universität, Polizei verfolgte ihn erneut...
Krause starb 1832 als kranker, gebrochener Mann.
Aber vor der Veröffentlichung des Buches war er erfolgreicher Hochschullehrer mit großen Avancen!
Freimaurer, die ihren Mund aufmachen, leben gefährlich: »Ein ehemaliger Freimaurer, William Morgan in Batavia im Staate New York, hatte gedroht, die Geheimnisse seiner Loge zu veröffentlichen. Einige Tage später wurde er wegen eines unbewiesenen Betruges verhaftet, und wieder einige Tage später entführten ihn maskierte Männer aus dem kleinen Stadtgefängnis (!- V. T.) des Ortes. Später fischte man seine verweste Leiche aus dem Ontario-See«, erzählt *Spiegel* eine bekannte Geschichte nach.[575]
Die Freimaurer lassen sich eben nur ungern in die Karten schauen. Früher nicht und heute noch weniger. Sie bestreiten vehement, dass sie sich an der Neugestaltung der Welt abrackern. Dieser Streit – einige Autoren beweisen mit Zitaten solche Absichten, die Freimaurer suchen sie zu widerlegen und diffamieren konsequent die Gegner – zieht sich wie ein roter Faden durch die Geschichte der Freimaurerei.
Einer, der bekennt: Ja, wir möchten die Welt zum Wohle der gesamten Menschheit verändern, ist der bereits erwähnte weltberühmte Schriftsteller und Freimaurer Lessing. Er war der Meinung, wenn jemand etwas Gutes tut, muss das auch publik gemacht werden dürfen. Deshalb schrieb er seine »Gespräche für Freimaurer«, wo sich der Bürger Ernst mit dem Freimaurer Falk über Gott und die Welt unterhalten. Gerade sind sie dabei, über die Taten der Freimaurer zu reden – und Ernst staunt nicht schlecht, als er hört, dass einige Aktionen der Freimaurer wohlüberlegt dem gemeinen Volke auffallen und viele im Verborgenen bleiben sollen.
Aber halten wir uns an den Text:
»**Falk**. ...Vielleicht, daß alle die guten Thaten, die du mir da genannt hast, um mich eines scholastischen Ausdruckes, der Kürze wegen zu bedienen,

nur ihre Thaten *ad extra*[a] sind.
Ernst. Wie meinst du das?
Falk. Nur ihre Thaten, die dem Volke in die Augen fallen, – nur Thaten, die sie bloß deswegen tun, damit sie dem Volk in die Augen fallen sollen.
Ernst. Um Achtung und Duldung zu genießen?
Falk. Könnte wohl sein.
Ernst. Aber ihre wahre Thaten denn? – Du schweigst?
Falk. Wenn ich dir nicht schon geantwortet hätte? – Ihre wahre Thaten sind ihr Geheimnis.
Ernst. Ha! Ha! Also auch nicht erklärbar durch Worte?
Falk. Nicht wohl! – Nur so viel kann und darf ich dir sagen: die wahren Thaten der Freimaurer sind so groß, so weit aussehend, daß ganze Jahrhunderte vergehen können, ehe man sagen kann: das haben sie gethan! Gleichwohl haben sie alles Gute gethan, was noch in der Welt ist, – merke wohl: in der Welt! – Und fahren fort, an alle dem Guten zu arbeiten, was noch in der Welt werden wird, – merke wohl, in der Welt.«[576]
Für uns des Merkens wert an dieser Passage a) Es gibt etwas, was an der Tätigkeit der Logen besonders betont wird (Wohltätigkeit?), und es gibt etwas, was »ihr Geheimnis ist«, und zwar, »die wahren Thaten«. b) Man arbeitet an etwas, was nur in Jahrhunderten sichtbar wird, d. h. ihre alltägliche Handlungen sind kleine und unauffällige Schritte, die Zeitgenossen schwer einzuordnen vermochten, und erst in Jahrhunderten wird man sehen, was daraus entstanden ist – Tempel der Humanität oder Gefängnis der Völker. c) Dieses »etwas Großes« (und natürlich »Gutes«!) betrifft nicht die Freimaurerei selbst, sondern »merke wohl, die Welt«.
Ich bin voll bei Lessing: Wenn das etwas Gutes ist, warum soll es geheim gehalten werden! Her damit!
Lessing assistieren auch einige andere weniger berühmte Autoren. Besagte in Paris lebende russische Emigrantin mit dem tiefen Einblick in das Milieu der russischen *franc-maçons* Nina Berberowa fasste in ihrem sehr kenntnisreichen Buch über die russischen Freimaurer-Ableger um die Zeit der Russischen Revolutionen von 1917 die Ziele der Logenbrüder zusammen: »Die Aufgabe der Freimaurerei besteht darin, das äußere und innere politische Leben der Welt zu beeinflussen.«[577]
Ein besonderes Thema der Freimaurerei sind die *Vereinigten Staaten von Europa*, bei manchen Autoren *Paneuropa* genannt. Diese Idee stammt in

a Ad extra (*lat*) – nach außen; außer der Reihe; nebenbei.

der neueren Zeit vom Freimaurer Victor Hugo. Seine Rede auf dem Pazifistenkongress im Jahre 1849 in Paris steht jetzt millionenfach an allen europäischen Enden und Ecken: »Der Tag wird kommen, an dem die beiden großen Ländergruppen, die Vereinigten Staaten von Amerika und die Vereinigten Staaten von Europa sich von Angesicht zu Angesicht die Hände über die Meere reichen werden.«

Aber es ist belegt, dass auch die amerikanischen Freimaurer George Washington (»Wir haben ein Korn der Freiheit und Einheit gesät, das nach und nach auf der ganzen Welt keimen wird. Eines Tages werden, nach dem Muster der Vereinigten Staaten, die Vereinigten Staaten von Europa gegründet werden. Sie werden Gesetzgeber aller Nationalitäten sein«) und Benjamin Franklin diesen Geistesblitz bereits 1776 und 1778 hatten.[578]

Anschließend warfen sich ins Zeug für die *United States of Europe – USE* – die uns bereits bekannten Freimaurer Giuseppe Mazzini und Giuseppe Garibaldi. Dann, in den 20er Jahren des 20. Jahrhunderts kommt Freimaurer Coudenhove-Kalergi mit seinem »Paneuropa«, aber auch Baron Louis Rothschild und der schon erwähnte Bankier Max Warburg agieren bei dem Spiel mit.[579] Der Neffe Max' Warburgs, James Paul Warburg, wurde 1950 durch eine für uns relevante Aussage bekannt: »Die große Frage unserer Zeit ist nicht, ob *Eine Welt* erreicht werden kann oder nicht, sondern ob *Eine Welt* mit friedlichen Mitteln erreicht werden kann oder nicht. Wir werden eine Weltregierung haben, ob wir es mögen oder nicht. Die Frage ist nur, ob die Weltregierung durch Zustimmung oder Unterwerfung erreicht wird.«[a]

---

a Weil die »Eine-Welt«- und Weltregierung-Bestrebungen höchst umstritten sind, werden auch diese Worte angefochten. Da ja das Zitat belegbar ist, wird hier behauptet, sie würde »aus dem Kontext gerissen und verfälscht« (*http://www.maschiach.de/content/view/839/39/*). Um den Kontext herzustellen, führen wir einen größeren Abschnitt (im englischen Original) aus der Rede von J. P. Warburg an. Meiner Ansicht nach, gibt es sicherlich auch hier, wie überall, gewisse Übersetzungsprobleme: »by consent or by conquest« kann als »Zustimmung oder Unterwerfung«, aber auch als »Zustimmung oder Eroberung (Zerstörung, Vernichtung, Niederlage)« oder auch noch anders (anzutreffende Variante: »freiwillig oder mit Gewalt«), noch feiner übersetzt werden. Darin können Linguisten weiter wetteifern. Unten ist die Original-Rede. »I am James P. Warburg, of Greenwich, Conn., and am appearing as an individual… The past 15 years of my life have been devoted almost exclusively to studying the problem of world peace and, especially, the relation of the United States to these problems. These studies led me, 10 years ago, to the conclusion that **the great question of our time is not whether or not one world can be achieved,**

Nach dem Zweiten Weltkrieg stimmte Konrad Adenauer seine Zeitgenossen auf USE ein.[580] Und dann hielt im September 1946 der britische Premierminister und Freimaurer Winston Churchill an der Universität von Zürich eine viel beachtete Rede, in der er ein Heilmittel anbot, die Menschen »frei und glücklich« zu machen, »wie es die Schweiz heute ist«. »Welches ist dieses vorzügliche Heilmittel?«, fragte er verschmitzt die Studenten und antwortete selbst: »Wir müssen eine Art Vereinigte Staaten von Europa errichten. Nur auf diese Weise werden Hunderte von Millionen sich abmühender Menschen in die Lage versetzt, jene einfachen Freuden und Hoffnungen wiederzuerhalten, die das Leben lebenswert machen.«[581]

Alles etwas unlogisch: Wenn die Schweiz als Nationalstaat »frei und glücklich« geworden ist (und bis heute der EU nicht angehört), warum muss man USE für andere schaffen? Vielleicht sollten sie es als Nationalstaat – eben wie die Schweiz – versuchen, ihre Freiheit und Glückseligkeit zu erreichen? Und dann dieses Versprechen, den Menschen »EINFACHE Freuden und Hoffnungen« zu geben – ist das nicht billig?

Aber gut, die Europäer gingen weiter – bis sie zuerst die Europäische Wirtschaftsgemeinschaft (EWG), Europäische Gemeinschaft (EG) und schließlich Europäische Union (EU) bekamen.

Es gibt auch Versuche, die Angelegenheit etwas differenzierter zu betrachten. Wie soll diese USE aussehen? Was bleibt in dem zentralistischen Einheitsstaate von den nationalen Mitgliedern übrig?

In den 1960er Jahren formulierte der französische Präsident Charles de

---

but whether or not one world can be achieved by peaceful means. We shall have world government, whether or not we like it. The question is only whether world government will be achieved by consent or by conquest. Today we are faced with a divided world–its two halves glowering at each other across the iron curtain. The world's two superpowers–Russia and the United States–are entangled in the vicious circle of an arms race, which more and more preempts energies and resources sorely needed to lay the foundations of enduring peace. We are now on the road to eventual war–a war in which the conqueror will emerge well nigh indistinguishable from the vanquished.« (REVISION OF THE UNITED NATIONS CHARTER, Hearings before a Subcommittee of the Committee on Foreign Relations, United States Senate, 81st Congress, 2d Session, on Resolutions relative to the United Nations charter, Atlantic Union, World Federation, etc. Feb. 2, 3, 6, 8, 9, 13, 15, 17, and 20, 1950, Printed for the use of the Committee on Foreign Relations, U.S. GOVERNMENT PRINTING OFFICE, WASHINGTON, 1950: 64429, PP. 494-508. Im Netz: *https://en.wikisource.org/wiki/James_Warburg_before_the_Subcommittee_on_Revision_of_the_United_Nations_Charter)*

Gaulle seine Vorstellungen von Kooperation der europäischen Länder: *l'Europe des patries*, »Europa der Vaterländer«, bei der die nationale Souveränität weitgehend unberührt bleibt und bei der auf eine supranationale Vereinigung und auf eine Vergemeinschaftung von staatlichen Aufgaben verzichtet wird.

Die britische Premierministerin Margaret Thatcher lehnte 1988 die Vereinigten Staaten von Europa ausdrücklich ab: »Lassen Sie mich im Namen Großbritanniens unverblümt sagen: Wir haben uns nicht die Aufgabe gestellt, die Grenzen des Staates zu Hause abzuschaffen, nur um einen europäischen Superstaat zu sehen, der sich bereit macht, eine neue Dominanz von Brüssel auszuüben.«[582] Der deutsche Kanzler Helmut Kohl äußerte seine Bedenken: Europäische Gemeinschaft darf nicht »als eine Art ‚Vereinigte Staaten von Europa'« missverstanden werden[583] – und stellte damit die wichtige Frage nach dem Ausmaß der Verzahnung der Mitgliedsstaaten.

Diese Warnschüsse der politischen Prominenz wurden überhört, und Europa steuert sowohl auf einen Superstaat mit »Dominanz von Brüssel« als auch auf die Verlagerung von Aufgaben eines Staates auf die Schultern der anderen zu.

Andere Promis kommen zum Wort. 2011 bekannte sich CDU-Politikerin Ursula von der Leyen: »Mein Ziel sind die Vereinigten Staaten von Europa«.[584] Ein Jahr später pflichtete ihr die Bundeskanzlerin Angela Merkel bei: »Ich bin dafür, dass die Kommission eines Tages so etwas wie eine europäische Regierung ist.«[585] In dem Chor der Befürworter der »EU-Regierung« war auch die Stimme des französischen Staatspräsident François Hollande deutlich zu hören.[586] Österreichs Präsident Alexander van der Bellen wollte »Vereinigte Staaten von Europa« und keine »Kleinstaaterei«[587], 2018 war Franzose Emmanuel Macron für einen gemeinsamen europäischen Haushalt Feuer und Flamme.[588]

Krieg der Worte. Wenig inhaltliche Diskussion. Die Hauptfragen lauten aber: Wie werden die Völker eines Superstaates KONKRET miteinander auskommen? Was wird mit gemeinsamer Wirtschaft, Politik, Kultur, Polizei, gemeinsamen Finanzen, Armeen, Grenzen? Wer wird uns KONKRET befehligen und regieren? Was ist nicht das aktuelle, sondern entlegenste, strategische Ziel des Ganzen? Was ist die europäische VISION?

Ja, wir haben so einen Visionär gefunden – er heißt eben Richard Coudenhove-Kalergi.

Wie man »Herrenrasse« und »Sklavenrasse« züchten will

Eines der Bücher, die Coudenhove-Kalergi prägten[589], war das Buch des Freimaurers und Nobelpreisträgers Alfred Hermann Fried *Pan-Amerika*[590] – über das Funktionieren eines multinationalen Staates. Coudenhove-Kalergi interessierte aber Europa, deshalb gründete er 1922 mit Unterstützung seiner Freimaurer-Freunde die *Pan-Europäische Union*. Es war die erste offizielle Organisation, die Europa vereinen wollte. 60 000 deutsche Goldmark für organisatorische Arbeit gab Bankier Max Warburg[591] ohne zu zögern, der einst Trotzki und Parvus finanzierte, und diese wiederum die russische bolschewistische Revolution von 1917. In Amerika fand ein Treffen zwischen Coudenhove-Kalergi und den Finanziers Paul Warburg[a] und Bernard Baruch statt[592] – es ist unwahrscheinlich, dass sie nur über das Wetter gesprochen haben. Viel Geld wurde gebraucht – 6.000 Delegierte kamen bereits zum ersten Kongress der Paneuropäer.

Coudenhove-Kalergis Pläne sahen in Europa gemeinsame Flagge und Hymne, eine gemeinsame Währung, die Europäische Zentralbank, die europäische Staatsbürgerschaft, gemeinsame Streitkräfte, eine gemeinsame Verfassung, eine gemeinsame Außen- und Sicherheitspolitik vor. Der Gründer Europas nannte die Prinzipien eines vereinten Europas: Freiheit, Frieden, Wohlstand und Kultur – man konnte es nicht besser formulieren.

Coudenhove-Kalergi trug die Idee, auf deren Banner die freimaurerischen Schlagworte Freiheit, Gleichheit, Brüderlichkeit, Toleranz und Humanismus standen, durch den Weltkrieg, durch die Emigration in die USA. Damit schuf Coudenhove-Kalergi die Grundlage für die gesamteuropäische Idee, für europäisches Selbstbewusstsein und europäische Identität.

Glühende Unterstützung fand »Pan-Europa« nach dem 2. Weltkrieg. Um europäische Parlamentarier zu vereinen, gründete Coudenhove-Kalergi 1947 die Europäische Parlamentarier-Union (*l'Union parlementaire européenne*) und 1948 das Amerikanische Komitee für ein vereintes Europa *(Ame-*

---

a Paul Moritz Warburg (1868-1932), Banker, gilt als Hauptinitiator der 1913 gegründeten US-Emissionsbank FED, Bruder von Max Warburg.

rican Committee for a United Europe). 1950 wurde er der erste Preisträger des Internationalen Karlspreises »in Anerkennung seiner Lebensarbeit für die Gestaltwerdung der Vereinigten Staaten von Europa«[593].
Bei der Gründung des Europarates und der Europäischen Gemeinschaft, dem Vorläufer der Europäischen Union, bietet Coudenhove-Kalergi eine Flagge an, einen Kreis aus zwölf goldenen Sternen auf blauem Hintergrund sowie eine Hymne – Schillers *Ode an die Freude* in der Vertonung von Beethoven.
Auch in der Wirtschaft, der Politik und im Sozialen entwickelt sich die Europäische Union nach den Skizzen des großen Propheten – die zwischenstaatlichen Grenzen innerhalb des Schengen-Raums und die Zollgrenzen innerhalb der gesamten EU sind verschwunden, viele europäische Länder verwenden eine gemeinsame Währung, im Reisepass steht oben »Europäische Union« und darunter der Name des Landes; es wurde ehrenvoll, *Europäer* zu sein. Eine gemeinsame Außen- und Sicherheitspolitik, mit der ein einheitliches Verteidigungssystem gebildet werden soll, wurde zur Grundlage der Europäischen Union.
Daher ist Kudenhove-Kalergi für herausragende Leistungen um Europa als »geistiger Vater« der Europäischen Union verdient anerkannt: Eine Gedenkmedaille und eine Briefmarke mit seinem Konterfei wurden in Europa herausgegeben, die *Europa-Gesellschaft Coudenhove-Kalergi* verleiht den *Coudenhove-Kalergi Europapreis* an prominenteste Europäer, die sich um die Einigung Europas verdient gemacht haben. Unter den glücklichen Preisträgern sind ein König, mehrere Staatspräsidenten, Präsident der Paneuropa-Union Otto von Habsburg, EU-Kommissionspräsident Jean-Claude Juncker, Ratspräsident der EU Herman Van Rompuy und die deutsche Kanzlerin Angela Merkel.
Coudenhove-Kalergi ist demgemäß zweifellos der wichtigste, angesehenste und ehrenwerteste Europäer.
Nun gut, wird jemand sagen, Territorium, Währung, Wirtschaft, Außen- und Innenpolitik, Staatsbürgerschaft – gemeinsam. Was weiter? Was war der Plan des »geistigen Vaters« für die Zukunft? Wie hat er zum Beispiel die schwierige nationale Frage gelöst – wie sollten Dutzende europäische Nationen in einem »Schmelztiegel« gemischt werden und was dann?
Coudenhove-Kalergi schrieb mehrere Bücher – die meisten waren auf die eine oder andere Weise dem vereinten Europa gewidmet – *Pan-Europa* (1923), *Europa erwacht!* (1923), *Kampf um Paneuropa* in drei Bänden (1925-1928), während der Emigration in den USA erschien die Arbeit *Ein*

Kreuzzug für Paneuropa: Autobiographie eines Mannes und einer Bewegung (1943), *Die Europäische Nation* (1953), *Ein Leben für Europa* (1966), *Weltmacht Europa* (1971).

Nur ein Buch, das 1925 im Kleinstauflage veröffentlicht wurde, hebt sich durch seinen »philosophischen« Titel von dieser Reihe ab – »Praktischer Idealismus«, ein Buch, in dem sich der Autor nicht auf Äußerlichkeiten (Grenzen, Zoll, Währung, Pass...), sondern auf grundlegende, philosophische Quellen der Europäischen Union konzentriert[a]. Dies ist ein Programmbuch, das einen Einblick in die Welt der Ideen gibt, für die sowohl die »europäische Nation« als auch die »Weltmacht Europa« geschaffen werden sollten. Sehr präziser Titel übrigens: Wie man ideale Vorstellungen praktisch umsetzt.

Wozu braucht man eigentlich eine Fusion von Ländern mit unterschiedlichem Entwicklungsstand, eine gemeinsame Flagge, gemeinsame Hymne und eine gemeinsame Währung? Was ist schlecht daran, dass jedes Land selbst haushaltet?

Mit solchen Bagatellen gab sich der Autor nicht ab, die Probleme, über die der »geistige Vater« schrieb, sind viel bedeutsamer. Zunächst stellte er kritisch fest, dass der uns bis heute beherrschende »Blutadel«, also Adel durch Abstammung, eigentlich »Inzucht-Produkt« ist, weil »*die Vorfahren untereinander blutsverwandt und daher meist physisch, psychisch, geistig einander ähnlich*« waren. Das wäre im Grunde nicht so schlimm. Aber diese Adeligen vererbten leider, so Kalergi, »*ihre gemeinsamen Züge, Willenstendenzen, Leidenschaften, Vorurteile, Hemmungen in gesteigertem Grade auf ihre Kinder und Nachkommen.*«

Was sind das für Züge, die Fürsten und Grafen verstärkt weiter geben? »*Die Wesenszüge, die sich aus dieser Inzucht ergeben, sind: Treue, Pietät, Familiensinn, Kastengeist, Beständigkeit, Starrsinn, Energie, Beschränktheit; Macht der Vorurteile, Mangel an Objektivität, Enge des Horizontes.*«

Ganz schön schrecklich. So kann man nicht weiter leben. Was ist der Ausweg für die vom traditionellen, treuen, beschränkten Blutadel regierten Gesellschaft? Die Lösung hielt Coudenhove-Kalergi parat: »*Hirnadel*«, den er auch »*Zukunftsadel*« nennt.

Was für hervorragende Züge dieser neue Adel hat und woher die Erlöser kommen, werden wir bald erfahren.

---

a Im Folgenden alle Zitate aus: *R. N. Coudenhove-Kalergi, Praktischer Idealismus. Adel-Technik-Pazifismus. Paneuropa-Verlag, Wien-Leipzig, 1925.*

Des Weiteren flocht er ein, dass Europa eine gemeinsame Kultur und gemeinsame christlich-hellenische Wurzeln habe und daher eine gute Grundlage für die Schaffung einer »europäischen Nation« bilde. Er sah diese Nation nicht innerhalb der Grenzen, in denen die EU jetzt existiert, sondern viel weiter, einschließlich ganz Russland, bis zum Pazifik, bis nach China und Japan.

Ursprüngliche europäische Nationen (die er ab und zu »Rassen« nennt) sollten verschwinden[a]: »*Die heutigen Rassen und Kasten werden der zunehmenden Überwindung von Raum, Zeit und Vorurteil zum Opfer fallen*«, schrieb er und malte die Perspektive aus: In Europa werde es eine »*eurasisch-negroide Zukunftsrasse, äußerlich der altägyptischen ähnlich*« geben, deren Basis das russische Volk »*als slawisch-tatarisch-finnischer Mischling*« bilden werde. Da alle zu Europäern werden würden, verschwänden die Staatsgrenzen und mit ihnen auch die Ursachen blutiger Kriege: »*Eine Lösung des europäischen Grenzproblems*« ist »*nur durch dessen Ausschaltung möglich*«, und »*das revolutionäre Element...*« solle sich »*der allmählichen Beseitigung der Grenzen in strategischer, wirtschaftlicher und nationaler Hinsicht*« widmen.

Etwas mehr als ein halbes Jahrhundert ist vergangen – eine historisch läppische Zeitspanne – und die Ideen des Sehers sind in der EU zur Praxis geworden. Brillanter Erfolg!

Das Fundament des großen Ganzen, vor allem das geistige, ist jedoch noch nicht gegossen. Hier ist es: »*Das Christentum, ethisch von jüdischen Essenern (Johannes), geistig von jüdischen Alexandrinern (Philo) vorbereitet, war regeneriertes Judentum. Soweit Europa christlich ist, ist es (im ethisch-geistigen Sinne) jüdisch; soweit Europa moralisch ist, ist es jüdisch. Fast die ganze europäische Ethik wurzelt im Judentum. Alle Vorkämpfer einer religiösen oder irreligiösen christlichen Moral, von Augustinus bis Rousseau, Kant und Tolstoi, waren Wahljuden im geistigen Sinne; Nietzsche ist der einzige nicht-jüdische, der einzige heidnische Ethiker Europas.*

Die prominentesten und überzeugtesten Vertreter christlicher Ideen, die in ihrer modernen Wiedergeburt Pazifismus und Sozialismus heißen, sind Juden.«

Und weiter: »*Im Osten ist das chinesische Volk das ethische par Excellence... – im Westen das jüdische. Gott war Staatsoberhaupt der alten Juden.*«

1925, acht Jahre nach der Oktoberrevolution, war Coudenhove-Kalergi im-

---

a Über die »Wiedergeburt Europas als Nation« schrieb er auch 1953 in seinem Buch »Die Europäische Nation«, und 1972 (im Buch »Weltmacht Europa«) bezeichnete er Europa als »eine einzige Großnation«.

mer noch euphorisiert von der bolschewistischen Idee. Er schrieb: »*Christentum* (das, wie wir wissen, »regeneriertes Judentum« ist – V. T.) *und Sozialismus sind beides Versuche, ein Gottesreich zu errichten. Vor zwei Jahrtausenden waren die Urchristen, nicht die Pharisäer und Sadduzäer Erben und Erneuerer mosaischer*[a] *Tradition; heute sind es weder die Zionisten noch die Christen, sondern die jüdischen Führer des Sozialismus: denn auch sie wollen, mit höchster Selbstverleugnung die Erbsünde des Kapitalismus tilgen, die Menschen aus Unrecht, Gewalt und Knechtschaft erlösen und die entsühnte Welt in ein irdisches Paradies wandeln.*
Diesen jüdischen Propheten der Gegenwart (den Führern des Sozialismus – V. T.), *die eine neue Weltepoche vorbereiten, ist in allem das Ethische primär: in Politik, Religion, Philosophie und Kunst.*«
Natürlich konnte (oder wollte) der junge Coudenhove-Kalergi (er ist erst knapp 30 Jahre alt) nicht wissen, was für »ethisches« Massenmorden diese »Propheten der Gegenwart« in einem erneuerten Russland bereits angestellt hatten, aber man kann nicht übersehen, dass er unter den Führern der russischen Revolution, unter denjenigen, die bald ein »Paradies auf ganz Erden« organisieren könnten, eindringlich die Juden hervorhob: »*Charakterstärke verbunden mit Geistesschärfe prädestiniert den Juden in seinen hervorragendsten Exemplaren zum Führer urbaner Menschheit*«. Daher sah der »geistige Vater« der EU in den Juden den »*Hirnadel*« und die »*geistige Führerrasse Europas*«.
Tatsache ist, dass er alle Menschen unterteilte in »*Quantitätsrasse*« (Masse, Plebs) und »*Qualitätsrasse*«, der er den Adel und die Juden zuschrieb, die den Kern der zukünftigen europäischen Aristokratie bilden würden. So war für ihn die russische revolutionäre Symbiose des Adligen Lenin und des Juden Trotzki beispielhaft. Bei dem Vergleich dieser beiden zog jedoch Coudenhove-Kalergi zweifellos Trotzki vor: »*Heute steht dieses kleine Volk mit Einstein an der Spitze moderner Wissenschaft; mit Mahler an der Spitze moderner Musik; mit Bergson an der Spitze moderner Philosophie; mit Trotzki an der Spitze moderner Politik.*«
Coudenhove-Kalergi erklärte, woher eine solche Stärke des jüdischen Geistes komme: »*Die prominente Stellung, die das Judentum heutzutage innehat, verdankt es allein seiner geistigen Überlegenheit, die es befähigt, über eine ungeheuere Übermacht bevorzugter, gehässiger, neidischer Rivalen im geistigen Wettkampf zu siegen. Der moderne Antisemitismus ist eine der vielen*

---

a Adjektiv von *Moses*.

Reaktionserscheinungen des Mittelmäßigen gegen das Hervorragende; ist eine neuzeitliche Form des Ostrakismus[a], *angewandt gegen ein ganzes Volk. Als Volk erlebt das Judentum den ewigen Kampf der Quantität gegen die Qualität, minderwertiger Gruppen gegen höherwertige Individuen, minderwertiger Majoritäten gegen höherwertige Minoritäten.*
Die Hauptwurzeln des Antisemitismus sind Beschränktheit und Neid.«
Es ist bezeichnend, wie sich Coudenhove-Kalergi in seinem Buch für den Sozialisten Ferdinand Lassalle[b] begeisterte: »*Der erste typische Repräsentant dieses werdenden Zukunftsadels war der revolutionäre Edeljude Lassalle, der in hohem Maße Schönheit des Körpers mit Edelmut des Charakters und Schärfe des Geistes vereinte: Aristokrat im höchsten und wahrsten Sinne des Wortes, war er ein geborener Führer und Wegweiser seiner Zeit.*« Dies ist derselbe Lassalle, den der Nobelpreisträger Friedrich von Hayek bereits in unserer Zeit »den bedeutendsten Vorläufer des Nationalsozialismus«[594] nannte. Und Historiker Hugo Ball schreibt: »*Zu spät verrieten seine (*Lassalles – V. T.) *Tagebücher das Geheimnis seiner Pläne, in denen das Proletariat nur die Rolle eines von ihm benutzten Instrumentes spielte, die Rolle einer Waffe, mit der er die persönliche Kraftprobe zu liefern gedachte*«[595].[c]

---

a Das »Scherbengericht« war in der griechischen Antike ein Verfahren, unliebsame oder zu mächtige Bürger aus dem politischen Leben zu entfernen. Griechen verwendeten *Ostrakons,* Bruchstücke von Tongefäßen, als »Stimmzettel«.

b Ferdinand Lassalle (1825-1864), einer der Wortführer der deutschen Arbeiterbewegung, zählt zu den Gründervätern der Sozialdemokratischen Partei Deutschlands (SPD).

c Sehr präzise schätzte diesen Führer der Arbeiterbewegung, den Vater der Sozialdemokratie, den »Staatssozialisten« Lassalle und den erklärten Zweck »der Macht des Proletariats« der erste Reichskanzlers Otto von Bismarck (1815-1898) ein: »Er war ... ein Mann, der ehrgeizig im großen Stil war, durchaus nicht Republikaner... Seine Idee, der er zustrebte, war das deutsche Kaisertum... Ob das deutsche Kaisertum gerade mit der Dynastie Hohenzollern oder mit der Dynastie Lassalle abschließen sollte, das war ihm vielleicht zweifelhaft, aber monarchisch war seine Gesinnung durch und durch«. *(Ausgewählte Reden des Fürsten von Bismarck. Dritte Band, Reden aus den Jahren 1878-1881. Salzwasser, Paderborn, 2015*).
Als er über seinen Machthunger spricht – egal auf wessen Seite – gibt Lassalle zu: »*Trotzdem ich jetzt revolutionär-demokratisch-republikanische Gesinnungen habe wie Einer, so fühle ich doch, daß ich an der Stelle des Grafen Lavagna (in Schillers »Fiesko«) ebenso gehandelt und mich nicht damit begnügt hätte, Genuas erster Bürger zu sein, sondern nach dem Diadem* (also, nach der Krone – V. T.) *meine Hand ausgestreckt hätte... Wäre ich als Prinz oder Fürst geboren, ich würde mit Leib und Leben*

Natürlich widmete der Verfasser auch der Frage mit welchen Mitteln das künftige Europa regiert wird, etliche Seiten. In »Praktischer Idealismus« identifizierte Kalergi drei Epochen der geistigen Befreiung der Menschheit. Die erste beginnt mit Gutenbergs Erfindung des Buchdruckes, »*Druckerschwärze*«, als »*Schriftsteller zum geistigen Führer der Massen*« wurden. Die zweite geht einher mit der Französischen Revolution, dann ersetzt der »Adel des Geistes« den »Blutadel«. Die dritte manifestiert sich im Sozialismus, in dem »*der Einfluß des Blutadels sinkt, der Einfluß des Geistesadels wächst*«. Diese Entwicklung, stellte Coudenhove-Kalergi fest, »*wird erst dann ein Ende finden, bis eine geistige Aristokratie die Machtmittel der Gesellschaft: Pulver, Gold, Druckerschwärze* (Armee, Banken, Medien – V. T.) *an sich reißt und zum Segen der Allgemeinheit verwendet.*«

»*Zum Segen der Allgemeinheit*« – das klingt edel. Aber zuerst muss die »*geistige Aristokratie*« die Macht an sich reißen. Obwohl – und Coudenhove-Kalergi klärte darüber auf – »*eine entscheidende Etappe zu diesem Ziel* (Machtübernahme – V. T.) *bildet der russische Bolschewismus, wo eine kleine Schar kommunistischer Geistesaristokraten das Land regiert und bewußt mit dem plutokratischen Demokratismus* (o, mit Demokratie hatte er anscheinend nicht viel am Hut! – V. T.) *bricht, der heute die übrige Welt beherrscht.*«

Sehr beachtenswert ist Coudenhove-Kalergis Beschreibung des gnadenlosen Kampfes des Kapitalismus mit dem Kommunismus. Der in die sozialistische Idee Verliebte deutete diesen als »*ein Bruderkrieg des siegreichen Hirnadels* (zuvor schreibt er »*jüdischer Hirnadel*« – V. T.), *ein Kampf zwischen individualistischem und sozialistischem, egoistischem und altruistischem, heidnischem und christlichem Geist.*«

Wer steht auf beiden Seiten der Barrikaden? »*Der Generalstab beider Parteien rekrutiert sich aus der geistigen Führerrasse Europas: dem Judentum. Kapitalismus und Kommunismus sind beide rationalistisch, beide mechanistisch, beide abstrakt, beide urban. Der Schwertadel* (alte Ritter und ihre »Inzucht-Nachkommen« – V. T.) *hat endgültig ausgespielt. Die Wirkung des*

Aristokrat sein« (und nicht ein Kämpfer für das bessere Leben der Arbeiter – V. T.). Am Ende seiner Karriere wird er schreiben: »Ich wünsche nichts sehnlicher, als die ganze Politik loszuwerden. Ich bin der Politik müde und satt. Zwar ich würde so leidenschaftlich wie je für dieselbe entflammen, wenn ernste Ereignisse da wären oder *wenn ich die Macht hätte* oder ein Mittel sähe, sie zu *erobern* – ein solches Mittel, das sich *für mich schickt* (!); denn ohne höchste Macht läßt sich nichts machen.« (Beide Lassalle-Zitate aus: *Ferd. Lassalles Reden und Schriften, hrsg. von Eduard Bernstein, Berlin, 1892, Bd. 1*).

Geistes, die Macht des Geistes, der Glaube an den Geist, die Hoffnung auf den Geist wächst: und mit ihnen ein neuer Adel.« Wer dieser Adel ist, wiederholt er beständig. Der Abschnitt »*Judentum und Zukunftsadel*« beginnt mit den Worten: »*Hauptträger des korrupten wie des integren Hirnadels: des Kapitalismus, Journalismus und Literatentums, sind J u d e n . Die Überlegenheit ihres Geistes prädestiniert sie zu einem H a u p t f a k t o r z u k ü n f t i g e n A d e l s .«*

»*Der Zukunftsadel*« ist noch nicht reif, er ist noch im Kommen. Aber es gibt bereits vorgefertigte Muster für ihn. Dies ist das »*geistige Herrenvolk der Juden*« – es wird der Kern des »*Zukunftsadels*« sein, nicht zu vergessen, für das »*vereinte Europa*«.

Ehrlich gesagt kannte ich den Ausdruck »*Herrenvolk der Juden*« nicht. Das Wort *Herrenvolk* liegt bei mir in einer anderen Schublade. Vom *Herrenvolk* sprach Joseph Goebbels.[a] Wie er und Konsorten geherrscht haben – in Weißrussland, in der Ukraine, in Russland – weiß ich auch, hab viel darüber gelesen, aber auch viele Augenzeugen-Geschichten gehört. Im Januar 1936 stellte Goebbels in seiner Rede vor dem Berliner Gautag die Aufgaben: »*Jedermann bei uns ist davon überzeugt: Wir müssen an der Beherrschung der Welt teilnehmen. Wir müssen deshalb ein Herrenvolk werden, und deshalb müssen wir unser Volk zum Herrenvolk erziehen. Das muß schon beim kleinsten Pimpf anfangen, der schon in dieser Herrenmoral erzogen werden muß.«*[596]

1925 hatte Coudenhove-Kalergi einen anderen Plan: »*Nicht nur das Judentum wird sich in der Richtung des westlichen Adelsideals wandeln – auch das westliche Adelsideal wird eine Wandlung erfahren, die dem Judentum auf halbem Wege entgegenkommt. In einem friedlicheren Europa der Zukunft wird der Adel seinen kriegerischen Charakter abstreifen und mit einem geistig-priesterlichen vertauschen. Ein pazifiziertes und sozialisiertes Abendland wird keine Gebieter und Herrscher mehr brauchen – nur Führer, Erzieher, Vorbilder.«*

Schon alles war also gesagt worden. Man kann nur mit anderen Worten umreißen, was aus dem fernen 1925 verlautete: Europa muss sich vereinen, ethnische Gruppen müssen ihre Identität verlieren, Nationen müssen verschwinden, dann kann niemand sagen: »Du bist ein Portugiese und Du bist kein Portugiese« – es werde dort »Quantitätsmenschen« geben, diejenige

---

a Bei Goebbels ist das Wort bereits in seinem Roman »Michael« (1929) anzutreffen. (*https://publikationen.bibliothek.kit.edu/1000003414/1293)*

slawisch-tatarisch-finnische Hybriden (wie man weiß, ein Mensch ohne Wurzeln ist leichter zu steuern), und sie werden von »Qualitätsmenschen« regiert, deren Basis die *jüdische Herrenrasse* sein wird, die *geistige Kaste der Führer*. Die niedere Rasse wird nicht wie zuvor *mit einem Schwert* unterdrückt, sondern mit einem Wort, mit Indoktrination, mit Beschwatzen, mit Nebelkerzen, mit Manipulation, mit massiver Propaganda, mit politischen Technologien, also – mit *Druckerschwärze*. Die auf körperlicher Gewalt basierte politische Macht traditioneller Eliten wird durch »sanfte« *geistige* Macht ersetzt.

Wir erinnerten uns an Tomáš Masaryk, mit dem sich Coudenhove-Kalergi noch bevor er das Buch schrieb traf. Masaryk war ein Befürworter der geistigen Wiedergeburt des jüdischen Volkes und insbesondere ein Verehrer des zionistischen Schriftstellers Achad Ha'am, über den Masaryk sogar einen Essay schrieb.

Der in der Kiewer Provinz des Russischen Reiches geborene Schriftsteller und Philosoph Achad Ha'am (geb. Ascher Ginsberg) ist im Zionismus ein Rivale von Theodor Herzl. Und hat seine eigenen Vorstellungen von dem, was Juden waren, sind und werden. Er ist Politiker und Philosoph. Als Politiker wird er zum ersten Vorsitzenden des der in Russland 1889 gegründeten jüdischen Ordens »freimaurerischen Typs« *Bnei Mosche* (Söhne Moses').[597] Als Philosoph entwickelte er grundlegende Ideen für die Zukunft des jüdischen Volkes. Einer seiner Gedanken, angelehnt an Friedrich Nietzsches *Übermensch,* ist *Übervolk*. Darüber schrieb er in einem Aufsatz »Umwertung aller Werte« – auch Anleihe aus Nietzsches Schlagworten. In dem Artikel erklärte er, dass die Juden alle anderen Völker durch eine inhärente »ethische Genialität« überträfen und dass »...selbst in der entlegensten Zeit sich die Menschen selbst erkannten und ihre Überlegenheit gegenüber ihren Nachbarn schätzten. Dieses Bewusstsein in moralischer Hinsicht auserwählt zu sein pflegte das Volk in ihren Herzen in allen Epochen seines Daseins...«[598]

Er kommentierte den Gedanken der »absoluten Gerechtigkeit« und kam zu dem Schluss, dass die Mission des jüdischen Volkes darin besteht, »Übervolk«, »das Volk der Propheten« zu werden, »das die höchste Art von Moral von Generation zu Generation verkörpert und das beständiger Träger der schwierigsten moralischen Pflichten ist, ohne darüber nachzudenken, ob es den Menschen Schaden oder Nutzen bringt«, da »absolute Gerechtigkeit als autarkes Ziel und als höchstes Maß an Perfektion des Menschentyps nicht durch das Wohl für die Mehrheit bestimmt ist... Wir können die absolute Gerechtigkeit als geistiges Merkmal des Übermenschen betrachten, die keine Einschränkungen für das Wohl der Mehrheit duldet. Diese höchste Gerechtigkeit bricht aus und findet unabhängig von ihren praktischen Konsequenzen ihren Weg, egal ob sie in Bezug auf die Außenwelt gut oder schlecht ist.«[599]

Ausgerechnet dieser Achad Ha'am wird von einigen Autoren als Verfasser der umstrittenen »Protokolle der Weisen von Zion« angesehen[a], die mit der Ehrlichkeit eines Machiavelli die Pläne für die weltweite jüdische Herrschaft darlegen. Viele andere Forscher glauben, dass die Protokolle eine Fälschung der russischen *Ochranka* sind – des Geheimdienstes des russischen Zaren. Ich habe keine eigene Einstellung zu diesem Thema. Ich habe diese »Protokolle« nur gelesen, kann aber nicht sagen, ob es sich um eine Übersetzung aus dem Hebräischen handelt oder nicht. Es geht auch nicht um Autorenschaft – es ist ziemlich egal, wer sie verfasste.

Aber die Parallele der »Protokolle« zum »Praktischen Idealismus« sind beeindruckend. Und das Buch von Coudenhove-Kalergi ist keine Fälschung, es existiert, steht in den Regalen der angesehensten Bibliotheken, niemand hat jemals an seiner Echtheit gezweifelt.

Der Unterschied besteht nur im Präsentationsstil und Bezugsmaßstab: Die »Protokolle« enthalten Pläne der jüdischen Elite für die Weltherrschaft, bei Coudenhove-Kalergi nur in Europa. Auch hier geht es um den Abbau nationalstaatlicher Einheiten, der möglich ist, sofern ein gemeinsamer finanzieller und wirtschaftlicher Raum mit einem starren Kontrollzentrum ge-

---

a 1923 entschied ein Gericht, dass der Schriftsteller und Journalist Ernst Graf zu Reventlow seine Behauptung, Ginsberg sei der Verfasser der *Protokolle* gewesen, zurücknehmen muss. (*Reichswart* vom 26. 5. 1923 und 16. 6. 1923, »Um die Geheimnisse der Weisen«. Im Netz: *http://zefys.staatsbibliothek-berlin.de/index.php?id=dfg-viewer&set%5Bimage%5D=4&set%5Bzoom%5D=default&set%5Bdebug%5D=0&set%5Bdouble%5D=0&set%5Bmets%5D=http%3A%2F%2Fcontent.staatsbibliothek-berlin.de%2Fzefys%2FSNP25546545-19230526-0-0-0-0.xml* und *http://zefys.staatsbibliothek-berlin.de/index.php?id=dfg-viewer&set%5Bimage%5D=3&set%5Bzoom%5D=default&set%5Bdebug%5D=0&set%5Bdouble%5D=0&set%5Bmets%5D=http%3A%2F%2Fcontent.staatsbibliothek-berlin.de%2Fzefys%2FSNP25546545-19230616-0-0-0-0.xml*).

»Die Einzelheiten der Entstehung der anonymen Druckschrift liegen noch immer im Dunkeln. Der Urheber ist letztlich nicht bekannt«, schrieb 2017 »Die Zeit« (*https://www.zeit.de/zeit-geschichte/2017/03/protokolle-weisen-zion-antisemitismus-faelschung*).

schaffen wird, das den Europäern eine gemeinsame imperiale Zukunftsvision auferlegt, und sie dazu gebracht hat, die Idee einer gesamteuropäischen Regierung zu akzeptieren...

Manchmal werfen Kleinigkeiten ein helles Licht auf komplexe Prozesse. Zum Beispiel die von Coudenhove-Kalergi vorgeschlagene und von den »Europäern« (zuerst vom Europarat und dann von der Europäischen Union) angenommene Flagge – blau mit zwölf goldenen Sternen. Blau und Gold sind die bekannten Farben der Freimaurerei.

Warum gibt es zwölf Sterne? Mir wird geantwortet: nach der Anzahl der Länder – den ersten Mitgliedern des Europarates.

Das stimmt nicht. Am Anfang, 1949, gab es zunächst zehn Gründer im Europarat. Im Jahr 1953, als die offizielle Flagge eingeweiht wurde, gab es bereits 15 Mitglieder des Europarates. Und es gibt weder 10 noch 15, sondern 12 Sterne. Nach Anzahl der zwölf Stämme, die das Volk Israel bilden?

Insgesamt wurden 200 Angebote für den Flaggenwettbewerb eingereicht – eine große Auswahl! Warum nahm man die blau-goldene Version mit 12 Sternen an?

Hier ist die Kurzfassung des Verlaufs der Flaggendebatte, wie ihn Experten beschreiben. Zunächst wurde eine Flagge mit 15 Sternen gebilligt – nach der Anzahl der Mitglieder. Deutschland lehnte dies ab – es wollte das Saarland nicht als eigenständiges Land anerkennen. 14 Sterne auf der Flagge wollten weder das Saarland selbst noch das ihm gewogene Frankreich. 13 ist bekanntlich eine Unglückszahl. Aus nebulösen Gründen wurde der Vorschlag für 10 Sterne – nach Anzahl der Gründungsländer – abgelehnt. Die Zahl 11 (9, 8, 7, 6 sowie 16, 17, 18...) wurde einfach nicht in Erwägung gezogen. Daher stimmten alle für die Zahl 12 (die von Anfang an von Coudenhove-Kalergi vorgeschlagen wurde!) als für eine »rein symbolische Zahl«. Welche Art von Symbol war gemeint? Sind es nicht am Ende, egal wie man es dreht und wendet, doch 12 israelitische Stämme?

Was ist hier das Problem?

Wir haben ja schon über die jüdische Nationalidee »Nummer eins« gesprochen – den Zionismus, die Schaffung eines eigenen Nationalstaats in Palästina. Man kann über das gewählte Territorium streiten, aber niemand bezweifelt, dass die Juden das Recht auf ihren eigenen Staat hatten, und sie nutzten es. Mit gebührendem Respekt haben wir den Nationalismus der jüdischen Nation analysiert und sind zu dem Schluss gekommen, dass die Juden eine der mächtigsten, wenn nicht die mächtigste Nation unserer Zeit sind.

Was sind unsere Diskrepanzen zur Position des »Vaters der Europäischen Union«, der mit dem Verstand, der Intelligenz, der Korruption, der Skrupellosigkeit, der Selbstsucht und gleichzeitig dem Altruismus des Judentums sympathisiert?
Die Unterschiede sind grundlegend: Die Zionisten sprechen von einer nationalen Idee, die auf die Entwicklung ihrer Nation abzielt. Und Coudenhove-Kalergi spricht im Duktus eines jüdischen Chauvinismus über die Vorrangstellung der jüdischen Nation als der »besten«, als Elite der Menschheit. Coudenhove-Kalergi spricht nicht nur vom Schicksal der jüdischen Nation, sondern von der Aufopferung – zugunsten der gesamteuropäischen Idee, der »jüdischen nationalen Idee Nummer zwei« – aller anderen Nationen Europas. Das heißt, wenn für die Umsetzung der ersten nationalen Idee die Juden nur gegen die britischen Besatzer kämpfen mussten, so steht für die »Idee 2« das Schicksal von Dutzenden europäischen Nationen auf dem Spiel. Und das Recht einer jeden von ihnen ist, für ihre Existenz zu kämpfen, gegen jegliche (jüdische oder nicht-jüdische) Vorstellung einer imperialistischen Herrschaft über sie.
Auf der Grundlage der in dem Buch von Coudenhove-Kalergi verbreiteten Ideen und der EU-Praxis, die sich sorgfältig an alle seine Pläne hält, ist es eventuell notwendig, einen neuen Blick auf die Rolle der EU und die darin ablaufenden Prozesse zu erarbeiten.
Zunächst ist das Ziel der ethnischen separatistischen Bewegungen in Belgien, Schottland, Spanien und Italien zu werten, die – wenn sie sich von der Mutternation trennen würden – gar nicht vorhätten, ihren Austritt auch aus der EU zu erklären. Nachdem sie die gewünschte Unabhängigkeit erlangten, würden sie diese Unabhängigkeit mit beiden Händen sofort an Brüssel weiterreichen. Dann wäre das kein Kampf für die nationale Selbstbestimmung, zumindest kein ernsthafter Kampf.
Nur ein Fake, eine Möhre für Vieh, das auf die Straße gehen und etwas fordern sollte, und die wirklichen, weitreichenden Ziele der Anführer sind völlig andere?
Dann passten diese Bewegungen gut in den Körper des Projekts von Coudenhove-Kalergi, dem Projekt der Entethnisierung – da je schwächer die Titularnation ist, je kleiner die ethnischen Einheiten in der EU sind, desto leichter würde es sein, sie in einem *slawisch-tatarisch-finnischen* Brei zu zermalmen. Eine »Balkanisierung« Europas – wenn kleine ethnische Einheiten nationale Regierungen umgehen und direkt mit EU-Strukturen anbandeln – kann eine Strategie europäischer oder außereuropäischer Eliten sein, die

versuchen, die Nationalstaaten zu beseitigen und ihre Funktionen auf ethnisch gemischte regionale oder supranationale Strukturen zu übertragen. Das heißt, die oben erwähnten Bewegungen sind vielleicht gar nicht für die Unabhängigkeit, sondern dienen nur der politischen Destabilisierung, der Steigerung der Angst vor der Zukunft, was die EU-Länder »alternativlos« zwingen wird, sich für eine engere europäische Kooperation einzusetzen – mit der Schwächung und Zerstörung der Nationen in der Perspektive.
Zweitens, eine Reihe wirtschaftlicher Krisen sind in einem anderen Licht zu sehen. Schließlich ist seit langem zu hören, dass es neben der Wirtschaftsunion notwendig sei, zu einer politischen Union zu wachsen, »mehr Europa wagen«. Viele Länder sind nicht bereit, den Brüsseler Bürokraten noch mehr ihrer Souveränität zu schenken. Nicht bereit – wenn alles gut läuft. Aber wenn man das Land in eine wirtschaftliche Krise treibt, wenn man es an den Rand eines Bürgerkriegs drängt, wenn man hungernde Menschen auf die Straße bringt, wenn man die Hälfte der Bevölkerung arbeitslos macht, vor allem impulsive junge Menschen, werden dann gegebenenfalls Parlamente gefälliger sein, wird es vielleicht einfacher, über engere europäische Zusammenarbeit zu entscheiden? Die Politik, die derzeit von der Europäischen Kommission und der Europäischen Zentralbank in dieser Hinsicht verfolgt wird, geht auch in die Richtung: Auf keinen Fall die Länder »in die Freiheit entlassen« (was gegen den Plan wäre...), sondern sie verstärkt an Brüssel binden. Der Aufkauf der Schulden der Länder durch die EZB knebelt sie stark an die EU und macht sie gefügig.
Drittens wird in der Welt künstlich eine schwierige militärische Situation geschaffen, die Zahl der Konfliktfelder erreicht eine kritische Grenze. In einem zukünftigen Krieg, behauptet die Propaganda, könnten nur Supermächte überleben. Europa muss (alternativlos!) sich im Sicherheits- und Militärbereich vereinen.
Viertens: Die Ängste vor dem »Klimawandel« senken einerseits den Wohlstand der Europäer ab (Dutzende Milliarden Dollar ihrer Steuern werden für den Nachweis der »durch den Menschen verursachten Erderwärmung« und die Verringerung der Treibhausgasemissionen um jeden Preis ausgegeben), zwingen sie »für die Rettung des Planeten vor Überhitzung« – edles Ziel! – den Gürtel enger zu schnallen, ohne sich zu erzürnen. Andererseits fördern diese Befürchtungen die Globalisierungsprozesse, die sich vor allem auf Europa negativ auswirken.
Fünftens können die demografische Krise, die Verringerung der Zahl der indigenen Europäer, das Aussterben der weißen Bevölkerung und die geöff-

neten Tore für Migranten aus Afrika und Asien nicht das Fehlen einer europäischen Migrationspolitik bedeuten, sondern umgekehrt eher Teil der gut durchdachten Politik der Schaffung der *»eurasisch-negroiden Zukunftsrasse, äußerlich der altägyptischen ähnlich«* sein.[a]

Sechstens sollte eventuell die Schaffung eines Netzes »grüner« Parteien auf dem Kontinent, die aktive Befürworter der uneingeschränkten Einwanderung von Bürgern aus fremden außereuropäischen Kulturkreisen nach Europa sind, aus einem anderen Blickwinkel betrachtet werden. Die Zeitung *Die Welt* fasste die Ansichten des berühmten deutschen »grünen« Anführers Joschka Fischer (geb. 1948) aus seinem Buch *»Risiko Deutschland«* so zusammen: *»Deutschland muß von außen eingehegt, und innen durch Zustrom* (von Migranten – V. T.) *heterogenisiert, quasi »verdünnt« werden.«*[600]

»Die Ikone« der Grünen Claudia Roth lief bei einer Demo hinter einem Transparent mit der Parole: *»Nie wieder Deutschland!«*.[b] Der Bundestagsabgeordneten der Grünen, Sieglinde Frieß, gefällt ein anderer Spruch, den sie gern im Bundestag vorbringt: *»Das Beste wäre für Europa, wenn Frankreich bis an die Elbe reicht und Polen direkt an Frankreich grenzt.«*[601] Die Hamburger Grünen-Bürgerschaftsabgeordnete Stefanie von Berg legt nach: *»Ich bin der Auffassung, dass wir in 20, 30 Jahren gar keine ethnischen Mehrheiten mehr haben in unserer Stadt.* (Da bin ich mit Frau von Berg einer Meinung

---

a Als ich zum ersten Mal »Praktischer Idealismus« las, konnte ich eins nicht verstehen: woher kommt »negroide« Komponente nach Europa – noch vor ein paar Jahrzehnten gab es in Europa so gut wie keine Schwarzafrikaner, geschweige denn 1925, als Coudenhove-Kalergi sein Buch schrieb. Nachdem Frau Merkel 2015 die Grenzen geöffnet hat, wird es mir allmählich klarer.

b Der sogenannte »Tagesthemen-Faktenfinder« versuchte 2018 Frau Roth zu verteidigen. Hier ist ein Zitat aus dem Journalisten-Plädoyer: »November 2015: In Hannover hatte ein Bündnis zu einer Demonstration gegen den dort geplanten AfD-Bundesparteitag aufgerufen. Doch während die Teilnehmerzahl aus dem bürgerlichen Spektrum hinter den Erwartungen blieb, beteiligten sich zahlreiche Autonome (die vermutlich zu dem »Anmelder-Bündnis« gehörten – V. T.) und setzten sich an die Spitze des Zuges (gab es dort gar niemand aus dem »bürgerlichen Spektrum«? – V. T.). Die Autonomen skandierten (!- V. T.) laut Medienberichten »Deutschland verrecke!« oder »Nie wieder Deutschland«. Zudem tönte demnach aus einem Lautsprecher (! – V. T.) »Deutschland, Du mieses Stück Scheiße«. Roth erklärte, sie habe die Parole(n) nicht gehört.« (*https://faktenfinder.tagesschau.de/inland/kampagnen-roth-101.html*) Für die GEZ-finanzierten »Anwälte« von Frau Roth reicht das voll aus. Übrigens: Vielleicht hört Frau Roth auch als Bundestagsvizepräsidentin nur einen Bruchteil der Abgeordneten-Reden?

– bei so einer Migrationspolitik! – V. T.) *Und ich sage Ihnen ganz deutlich, gerade hier in Richtung rechts: Das ist gut so*«[602].[a]
Die Rhetorik anderer europäischen »Grünen« unterscheidet sich nicht wesentlich von der oben angegebenen.
Siebtens, anders kann man auch den sogenannten »Arabischen Frühling« beurteilen – eine Reihe gleichzeitiger und fast gleichartiger »Revolutionen« in Nordafrika – sowie die Kriege im Irak und Afghanistan, der »Aufstand« in Syrien. Neben dem sogenannten *regime change,* also dem für den Westen erwünschten Machtwechsel, starten von dort aus massive Flüchtlingsströme – und nicht in die USA, die Kriege auslösen und »Rebellen« unterstützen, sondern nach Europa.
Die globale Rolle von Flüchtlingen ist uns inzwischen geläufig: die »Verdünnung« der autochthonen Bevölkerung vorwiegend europäischer Länder.

---

a Ein engagierter Bürger verkürzt die Worte von Frau von Berg auf den Kern: *Es ist gut so, daß wir Deutsche bald in der Minderheit sind,* schreibt darunter den Namen der Autorin der Aussage und stellt sie ins Netz. Mainstream (*Die Zeit*) dementiert voll im Recht: »Diesen Satz hat Stefanie von Berg ***so*** nicht gesagt«. (*https://www.zeit.de/2016/30/stefanie-von-berg-beleidigung-prozess*).

Vom Ideologem zur Provokation

Nationalismus ist von Mythen umwoben. Wir betrachten sie hier genauer. Jeder Mythos entsteht aus Unwissenheit. Wenn die alten Griechen über die Naturgesetze zumindest das gewusst hätten, was der heutige Achtklässler weiß, dann gäbe es nicht so viele Legenden. Selbst große Denker können Fehler machen, Positionen propagieren und Theorien aufstellen, die keiner wissenschaftlichen Prüfung standhalten. Aristoteles, dessen Ahnungslosigkeit schwer zu vermuten ist, glaubte zum Beispiel, dass schwere Gegenstände schneller fallen als leichte, dass Männer mehr Zähne haben als Frauen, dass ein Rebhuhn-Weibchen durch die Stimme eines Rebhuhn-Männchen zum Tragen kommt, dass eine Fliege vier Beine hat...

Die Mythen über Nationalismus sind anderer Natur. Sie entstehen nicht aus Unwissenheit, sondern aus bewusster Verzerrung von Fakten, Theorien und Worten. Sie werden als absichtliche Lüge mit dem Zweck geboren, die Träger der nationalen Idee zu diffamieren, sie zu demütigen, auszulachen, zu beleidigen. Im politischen Kampf, wie ihn einige Politiker verstehen, ein absolut statthaftes Mittel.

Wir möchten nicht darüber streiten. Wir versuchen ruhig, die Spreu vom Weizen zu trennen.

Nationale Freiheitsbewegungen waren lange Zeit für viele wie ein Knochen im Hals. Dies kann sowohl über Afrika, Asien und Amerika als auch über Europa gesagt werden. Nationale Bewegungen waren das Gegenteil von imperialistischem Despotismus, sie führten die Menschen in den Kampf um nationale Unabhängigkeit – und siegten. Nationalbewegungen waren auch eine Art Antithese zu kommunistischen Strömungen, die im Wesentlichen internationalistisch, multikulturell sind. Heute stehen die nationalen Bewegungen an vorderster Front der Kämpfer gegen den Globalismus, gegen die Bestrebungen der Weltmonopole und ihrer politischen Gefolgsleute, aus den Nationen ein gut durch den Fleischwolf gedrehtes nationalloses Gemisch zu schaffen.

Die herrschende Klasse versteht dies sehr gut und hat daher ein ausgeklügeltes Kampfsystem gegen Freiheitsbewegungen, Nationalismus und Nationalisten entwickelt.

Die häufigste Methode ist hierbei »pseudo-ideologischer« Art. Ein Argument gegen ein anderes. Wer die besseren Argumente hat, gewinnt. Äußerlich stimmt das. Nationalisten dürfen ihre eigenen Medien haben und ihre Gedanken darin veröffentlichen. Das Problem liegt im Detail – in den Auflagen von Zeitungen und Zeitschriften und im Umfang der Sendezeiten der Rundfunk- und Fernsehanstalten. Einige, von der herrschenden Elite gekaufte Medien, reißen sich für die Werte dieser Elite ein Bein aus. Andere, weniger vermögende nationalistische Medien, liefern auch ihre Argumente. Wenn aber die Auflagen der Presseerzeugnisse im Verhältnis 100 zu 1 stehen und die Zeitanteile für die Argumente der beiden Parteien bei Radio und Fernsehen 1000 zu 1 betragen, können wir die Ergebnisse genau vorhersagen. Deshalb – »pseudo«.
So läuft eine Manipulation des Bewusstseins, eine Indoktrination. Wenn ein Gedanke ständig wiederholt wird und niemand ihn zu widerlegen scheint, dann glaubt man schließlich an ihn, auch wenn er nicht überzeugt. Wenn alle die gleiche Meinung haben, hat eine Person oft Angst, das Gegenteil zu behaupten. Die Masse der Menschen beeinflusst die Einheit. Wenn die Massen lachen und sich freuen, fällt es einem schwer, zu schluchzen und traurig zu sein. Von jeher gab es bei Theateraufführungen professionelle Claqueure. Sie zwangen mit ihrer bezahlten Begeisterung das Theaterpublikum, mit ihnen gemeinsam zu applaudieren, »Bravo!« zu rufen, oder Unzufriedenheit zu zeigen. Kulturhistoriker sagen, dass bereits im 3. Jahrhundert v. Ch. Dramatiker für den Erfolg ihrer Aufführung oder für das Scheitern eines anderen Autors Claqueure engagierten. Nun spielt das aufgezeichnete Lachen *aus dem Off* oder ein ausgewähltes und entsprechend instruiertes Publikum im Studio deren Rolle.
Auch im politischen Leben funktioniert das. Für einige Leute rufen bestellte Beifallklatscher-Journalisten »Bravo!«, andere werden stummgebuht. Das Hüten von nationalen Interessen empfinden solche »Meister der Feder« als Schutz veralteter Ideale (»ewig gestriger«), die ein aufgeklärter Mensch nicht verteidigt: starke internationale Positionen werden zu beschämenden Ambitionen, Schutz der staatlichen Integrität als Aggressivität erklärt. Die Ausweitung der Einflusssphären anderer Länder (die der herrschenden Klasse sympathisch sind) wird jedoch als Anknüpfung der »zurückgebliebenen« Völker und Gegenden an die besten Errungenschaften der Weltzivilisation in den Himmel gehoben.
Einige meinen, wir leben in einer Informationswelt. Das ist nicht ganz exakt: Wir leben in einer Welt ideologischer Manipulationen, deren bestimmen-

de Merkmale das Verschweigen, das Weglassen und die nicht weit davon entfernte Desinformation sind. Wenn die Information für die herrschende Klasse unvorteilhaft ist, schafft sie es entweder gar nicht in den Ticker der Nachrichtenagentur, oder sie wird nicht von anderen Medien verbreitet, oder sie erscheint »unten links« auf Seite 27 einer hundertseitigen Zeitung – und verschwindet anschließend spurlos. Sie wird nicht kommentiert, nicht erwähnt, sie stirbt einfach an ihrem Geburtstag. Viele Themen in der »freien Welt« sind tabu, die Diskussion darüber ist verboten oder wird so schwierig wie möglich gemacht. Der erste Manipulationsschritt ist daher die Auswahl von Informationen zur Veröffentlichung. Allerdings werden blanke Lügen ebenfalls nicht gescheut. Wenn einige Kriege auch in der jüngeren Geschichte mit Lügen begannen, was können wir dann zu Fakeinformationen über Ereignisse sagen, die kleiner als der Beginn eines Krieges sind.

Es gibt eine Mode für Kleidung. Es gibt eine Mode für Ideologie. Wie jede andere Mode erscheint diese Mode nicht aus dem Nichts. An der ideologischen Mode arbeiten nicht weniger talentierte Designer als an der Kreation einer neuen Kleidungs- oder Schuhkollektion.

Es sind nicht etwa nur Medien, die das Massenbewusstsein manipulieren, wie es auf den ersten Blick erscheinen mag. Ein riesiger wissenschaftlicher Apparat von Forschungseinrichtungen und soziologischen Instituten, politischen Beratern, PR-Spezialisten, Spin-Doktoren arbeitet daran... Gedanken von Professoren, Doktoren der Wissenschaft, Bühnenstars und Sportplatzhirschen müssen nicht unbedingt gekauft werden – man kauft heutzutage gleich ganze Institute, Dienste und Mannschaften. Da sollte jemand nur versuchen, den Willen des Inhabers, Sponsors oder Inserenten nicht zu erfüllen!

Das Informieren der Menschen wird durch Formieren der Menschen ersetzt. Die Desinformationsmethoden – Übertreibung, Unterdrückung der Informationen, Verzerrung, Fälschung – haben sich seit Goebbels nicht einen Jota verändert.

Diesem Druck standzuhalten ist praktisch unmöglich. Man kann nur versuchen, ihm zu widerstehen. Aber das ist schwer. Und es gibt keine Instanz, die Hilfe bietet. In einem Buch ist es unmöglich, alle Methoden der Manipulation des Massenbewusstseins, alle niederträchtigen Tricks der schwarzen Rhetorik, der dreckigen Propaganda zu beschreiben. Früher oder später müssen Menschen ihr eigenes Gehirn einschalten.

Was nützlich ist.

Der gesamte supermächtige ideologische Apparat (teilweise von den Aufgaben des Kalten Krieges entbunden) wird heute von der herrschenden Klasse praktisch gegen seinen einzigen Feind, die nationalistischen Bewegungen, eingesetzt. Eine der Hauptmethoden dieses unehrlichen verdeckten Kampfes ist, den Nationalismus mit Hilfe politischer und sozialer Ideologeme zu diskreditieren.

Eine Ideologie kann tiefgreifend, ausgewogen und wissenschaftlich fundiert sein. Aber »grau, teurer Freund, ist alle Theorie«. Ideologie muss zu den Köpfen der Menschen transportiert werden. Während dieses Transports rücken Theorie, Wissen, Fakten und deren Analyse beiseite – sie sind zu komplex. Dem Volk muss man drei einfache Slogans geben, von denen jeder aus drei einfachen Worten besteht, meinen die Manipulatoren aller Zeiten. Dann werden die Leute diese Sprüche akzeptieren und sie in die Tat umsetzen. Konstruktionen wie »aus Sicht einer banalen Erudition kann jedes Individuum die Kriterien des utopischen Subjektivismus nicht ignorieren«, sind für die Mobilisierung der Massen nutzlos.

Daher ist jede ideologische Arbeit, insbesondere von Menschen, die in ihrer Ideologie etwas zu verbergen haben, auf Ideologemen aufgebaut.

Ein Ideologem ist ein vager, unbestimmter politischer Begriff, ein Gedankengebilde eines ideologischen Systems. Der Kern des Ideologems ist seine emotionale Färbung, Konnotation. *Krieg* ist negativ, *Frieden* positiv. Daher wird der *Kriegsminister* jetzt *Verteidigungsminister* genannt, auch wenn er aggressive Kriege führt.

Da Ideologeme Ideologien dienen, können dieselben Wörter in verschiedenen Ideologiesystemen unterschiedlich gefärbt sein. Das Wort »Marxismus« in der kommunistischen Gesellschaft ist positiv konnotiert, in der kapitalistischen negativ. Das Wort *Partisan* wird in Russland und in Deutschland unterschiedlich wahrgenommen. Beispiele für negative Ideologeme sind die Wörter *Spion, Nazismus, Faschismus, Totalitarismus, Nationalist, Neonazi, Neofaschist, braune Pest, radikal*. Positive gefärbte Worte sind *Kundschafter, Demokratie, liberale Wirtschaft, Freiheit, Toleranz, Antifaschist*. Wenn man diese oder jene militarisierte Bewegung unterstützt, sind die Kämpfer dieser Bewegung *Freiheitskämpfer, Rebellen*. Wenn man diese Bewegung nicht mag, werden dieselben Leute als *Terroristen, Separatisten, Banditen* und *Kopfabschneider* bezeichnet.

Ideologem ist ein Zeichen, ein Fähnchen. Bei *Grün* klatscht man in die Hände, bei *Rot* muss man griesgrämig pfeifen. Es gibt nur wenige Ideologeme, und sie sind leicht zu merken. Manipulatoren des Massenbewusstseins behandeln Menschen wie einen Pawlow'schen Hund[a], der die menschliche Sprache nicht versteht, aber reflexartig auf eine Glocke reagiert. Gleichzeitig entsteht beim Rezipienten, in dem ideologisch gut gespülten Gehirn der Masse, der Eindruck, dass er das Gesagte verstanden hat und sogar über eine eigene Meinung zum Thema verfügt.

Mit Ideologemen ist es leicht, das Massenbewusstsein, die öffentliche Meinung zu manipulieren, zum Beispiel, wenn man Nationalismus mit Faschismus gleichsetzt. Absicht ist hier, dass allein der bloße Versuch zu beweisen, dass die nationalen Bewegungen von heute nichts mit den Verbrechen vor über siebzig Jahren zu tun haben, den Schergen der herrschenden Eliten einen Anlass gibt, die Propaganda aufzublähen. Die Ergebnisse der Anwendung der Ideologeme sind brillant: Eine Person, die die Medien als *Neofaschisten* bezeichnen, wird in der Gesellschaft als ein besessener Irrer wahrgenommen.

Ein Ideologem kann man nicht für politische Bildung verwenden, weil es kein Wissen trägt. Ideologeme werden nur zu Propaganda und Agitation, Gehirnwäsche und zum politischen Kesseltreiben verwendet.

Wer eine überzeugende ideologische Doktrin hat, muss sich natürlich nicht in die Niederungen der Ideologeme begeben. Sie werden meist von denjenigen genutzt, die kein positives Programm und keine einleuchtenden Argumente besitzen. Daher besteht ihre Aufgabe darin, den Feind zu finden und die Masse auf ihn zu hetzen. Und während diese Masse »den Feind« quält, erledigen sie selbst ihre krummen Geschäfte. Ein solcher Feind für die herrschende Klasse ist seit langem der Nationalismus.

Der Nationalismus, der die Interessen der gesamten Nation wahrt, ist per se dazu verdammt, die Mehrheit in einem ethnodominaten Land zu führen. Der Nationalismus wird von den Kräften angegriffen, die eine solche Mehrheit aufgrund ihrer ideologischen und politischen Grundlagen nicht gewinnen können. Daher gibt es für diese Kräfte nur eine Hintertür: Täuschung, Ideologeme, Pawlow'scher Hund, Anschwärzung, Herabwürdigung. Die Hauptaufgabe dabei: Das Volk darf nicht nachdenken, keine Fragen stellen, nicht überlegen. Ideologeme sind nicht für denkende Menschen gedacht, sondern für den Mob, die Masse, die Herde – mit der Psychologie und dem

---

a Der Hund aus dem Experiment des russischen Biologen (späteren Nobelpreisträgers) Iwan Pawlow. Immer wenn der Hund Essen erhielt, kam es bei ihm zum Speichelfluss. Bei Glöckchenton – nicht. Dann gab es für ihn eine Zeit lang Essen immer gleichzeitig mit dem Läuten der Glocke. Bald lief dem Hund der Speichel allein beim Erklingen der Glocke, auch ohne Essen.

Verhalten der Herde. Wenn der Mob den Manipulatoren eine politische Mehrheit gibt, dann kommen Aristokraten, diktatorische Clans oder Ochlokraten[a] an die Macht.

Die politischen Klassen der sogenannten demokratischen Länder haben anscheinend die Mehrheit der Menschen nicht hinter sich. Daher haben ihre Machthaber Angst vor Referenden, der direkten Demokratie, die mit all ihrer Unvollkommenheit noch immer den Willen des Volkes angemessener abbildet, als die Demokratie mittelbare, repräsentative. Daher verleumdet diese Klasse ihre politischen Gegner und insbesondere die Nationalisten.

Die Medien im Dienste der politischen Klasse wiederholen Ideologeme entweder gegen Geld, das die politische Klasse ihnen zahlt, oder aus ihren sogenannten »eigenen Überzeugungen«, d. h. einer Gehirnwäsche, die sie durchliefen – vom Kindergarten über die Schule und die Universität bis zum Redaktionsstuhl. Wenn Ideologeme jahrzehntelang wiederholt werden, werden solche Überzeugungen – in kommunistischen Idealen, in faschistischen Idealen, in demokratischen Idealen – tatsächlich zum Standpunkt vieler Journalisten und sie verfechten diese Ideale aufrichtig.

Solche Journalisten verwenden häufig sprachliche Suggestion. Wenn der Text von »Neonazis und anderen Rassisten« spricht, erhält der Leser eine weitere Portion manipulativer Lügen.

Es ist schwierig, gegen Ideologeme anzukämpfen, weil sie nicht für die Analyse von Gegenargumenten, für eine Diskussion gedacht sind. Wer Ideologeme zu »seinem ideologischen Reichtum« gemacht hat, wird zu einem Fanatiker, der unfähig ist, logische Beweise wahrzunehmen. Ein Gespräch mit ihm ist möglich, oft ist es aber nicht vielversprechend.

Gegen »allzu« nationale Ansichten und Gefühle stehen Soziologen in der vordersten Reihe. In Deutschland führte eine bekannte Universität 2014 unter deutschen Bürgern eine soziologische Analyse zum »Rechtsextremismus« durch.[603] Eine der Fragen wurde wie folgt formuliert: Sollten die Bürger »endlich wieder Mut zu einem starkem Nationalgefühl haben«? 30% der Befragten antworteten mit »Ja«. Daraus schlussfolgerten Soziologen, dass diese Bürger »chauvinistische«, also ganz extreme Überzeugungen haben. Das heißt, jedes Gefühl der Nationalität, stark oder schwach, wird mit dem unausrottbaren Verlangen gleichgesetzt, aus Übermaß an Gefühlen jemandem Gewalt anzutun. Ist das Wissenschaft?

Natürlich nicht. Das sind Wasserträger der Politik. In den Schlussfolgerun-

---

a *Ochlokratie*, zu deutsch *Pöbelherrschaft*.

gen wird beispielsweise nicht deutlich, warum »nationale Gefühle« verdächtig sein sollen und ab welchem Niveau diese Gefühle für die Gesellschaft gefährlich werden. Genügt es, während eines internationalen Fußballspiels die Nationalflagge zu schwenken? Oder muss man noch einen Autokorso bilden und dabei freudig hupen? Ab wann ist jemand radikal?

Eine anderes Beispiel aus der Befragung: »Wenn Arbeitsplätze knapp werden, sollte man die Ausländer wieder in ihre Heimat zurückschicken?«. Die Frage ist absichtlich diffus. Wer sind »die Ausländer«? Ist es ein Ausländer, der vor drei Jahrzehnten auf Einladung der Regierung eintraf und seitdem hart für seine Familie und die Gesellschaft arbeitet? Oder ist es eine Person, die für einen bestimmten Arbeitsplatz vor sechs Monaten eine »Green Card« erhalten hat? Und wenn die Firma pleite ist, dann ist es eventuell logisch, dass der Staat sich zunächst um die Arbeitsplätze für seine Bürger kümmert. Wer aber diese Frage in dieser »wissenschaftlichen Forschung« mit »Ja« beantwortet, gehört automatisch zu denjenigen, die »fremdenfeindliche Ansichten« hegen.

Ähnlich gelagert ist auch eine solche Behauptung der Umfrage (mit »Ja« oder »Nein« zu beantworten): »Die Bundesrepublik ist durch die vielen Ausländer in einem gefährlichen Maß überfremdet.« »Ja« kann der Vater eines deutschen Kindes aus einer Berliner Schule antworten, in der 90% der Schüler Ausländer sind, und der Lehrer statt Rechnen die Regeln des Sozialverhaltens lehrt.

Hat er auch eine »Tendenz« zum Rechtsradikalismus? Und wenn er nicht zu dieser in der Gesellschaft minder geachteten Gruppe gehören will, wäre es dann besser, er würde lügen, seine Überzeugungen leugnen, sich wider seine Alltagserfahrung entscheiden? Hinzu kommt, dass die Fragen auch fachlich (nicht nur politisch) eher hilflos sind: Es ist für den Befragten zu einfach herauszufinden, welche »politisch korrekte« Antwort die fantasielosen Pseudo-Soziologen von ihm erwarten.

Der Subtext dieser Forschung verlangt, dass Menschen zwischen einem »guten« und einem »schlechten« Migranten nicht unterscheiden, denn diejenigen, die dies tun, sind verborgene Chauvinisten und Rassisten. Aufgabe solcher Arbeiten ist es, jede Andeutung des Nationalen mit einem heißen Eisen auszumerzen und gleichzeitig mit platten Fragen und entsprechenden Zahlen eine anti-nationale Hysterie aufzublasen.

Der Öffentlichkeit einzubläuen, sie sei von einem scheinbar hohen Maß an Fremdenfeindlichkeit durchsetzt, rührt von der Notwendigkeit her, dass Politiker die Aufmerksamkeit von ihren eigenen Fehlern ablenken wollen, von dem Scheitern der Politik des Multikulturalismus. Wenn früher die Gesellschaft die Ursachen aller Probleme bei Juden und Zigeunern suchte, führt jetzt die Suche in eine andere Richtung (die Methode aber bleibt die alte!) – das Volk hat falsche, nationalistische Ansichten.

Für »Wissenschaftler«, die besonders eifrig politische Aufträge erfüllen, ergibt sich daraus auch ein materieller Vorteil: Je schrecklicher sie das Biest ausmalen, desto mehr Mittel stellt der Staat für die »Bekämpfung des Rechtsextremismus« zur Verfügung und desto größer ist die Chance, dass man einen weiteren Auftrag für so eine »Studie« erhält.

Eine andere Methode »des Kampfes gegen Rechts« besteht darin, ein Gegengewicht für die nationale Bewegung aus den linken und linksextremen Organisationen zu schaffen. Nicht nur die *Antifa*[a] und *Autonome*[b], sondern auch politisch gemäßigte Linke werden auf jede auch noch so minimal national gefärbte Bewegung gehetzt – und dafür reichlich mit Steuergeldern entlohnt.[604]

Die nationalen Bewegungen verteidigen sich und schlagen die Linken zurück. In vielen europäischen Ländern werden Auseinandersetzungen zwischen »rechts« und »links« oft zu blutigen Schlachten – beide Lager können keine Diskussion mehr ohne Kopfsteinpflaster in der Hand führen.

Diese Kräfte, die ziemlich viele ideologische Überschneidungen in Bezug auf das »System« haben, lassen damit die herrschende Elite in Ruhe. Dieser »lachende Dritte« heißt dann respektabel »bürgerliche Mitte« und bekommt Stimmen vom »Volk«.

Das heißt, je härter der Schlagabtausch der sozialistischen und nationalistischen Kräfte ist, desto leichter ist es dem bis ans Knochenmark dem Globalismus ergebenen Zentrum, das Land zu dominieren. Rechts gegen Links und umgekehrt aufzustacheln ist eine der Hauptaufgaben der politischen Klasse. Darin liegt der Schlüssel fürs Dauerregieren.

Eine weitere Möglichkeit, Menschen von der nationalen Bewegung abzulen-

---

a *Antifa* ist eine Abkürzung für *Antifaschisten*. Der antifaschistische Widerstand gegen die Nationalsozialisten war eine der Grundlagen des Sieges über den Hitlerismus, die Mitglieder dieser Bewegung waren mutige Menschen, die gegen das misanthropische Regime kämpften. Die derzeitige *Antifa* ist aber eine Waffe in der Hand der herrschenden Klasse gegen die Nationalisten. Antifa-Mitglieder verstehen ihre Rolle in den politischen Spielen nicht.

b Mitglieder linksradikaler Gruppen, oft Anarchisten. Sie sprechen sich gegen das Sozialsystem und für die soziale Revolution aus, sind aber wie auch die *Antifa* objektiv die Spitze der herrschenden Eliten im Kampf gegen den Nationalismus.

ken, besteht darin, sie zu kriminalisieren. Die herrschende politische Klasse erklärt, die Kampagne gegen Nationalisten sei nicht durch ihre Überzeugungen begründet (so etwas darf es in einer demokratischen Gesellschaft gar nicht geben!), sondern durch die Gewalt der »Rechten«, der »rechten« Kriminalität.

Die Gefahrensublimation ist eine bewährte politische Waffe. Finde den Feind – und unter der Flagge, ihn zu bekämpfen, darfst du Menschen ins Gefängnis werfen, sie foltern, töten, Kriege führen usw. Beispiele finden sich in Tageszeitungen. Daher stilisiert man nationalistische Bewegungen zum Feindbild.

Natürlich dient auch die Statistik der Kriminalisierung von Nationalisten. Spricht man im Aufmacher und in den Schlagzeilen auf den ersten Seiten von den »Verbrechen« einer sozial-politischen Gruppe und über die Verbrechen der anderen sozial-politischen Gruppe in der Fußnote auf Seite 20., dann ist es verständlich, dass der Eindruck eines »nationalistischen Terrors«, darunter gegen Ausländer, entsteht.

In Deutschland gibt es solche Statistiken.[605] Sie besagen, dass 2017 über 20.500 Straftaten auf das Konto der Rechten, das heißt Menschen mit nationalistischen Überzeugungen, gehen. Bei den Linken sind es nur ca. 9.800. Gerade solche Zahlen greifen Medien auf.[a] Aber es gibt auch einen genaueren Blick. Bei Rechten sind darunter ca. 12.000 sogenannte »Propagandadelikte« und mehr als 3 000 Fälle der »Volksverhetzung« – auch sehr schlimm, aber nicht unbedingt mordsgefährlich. Mit der »Propaganda« ist das so eine Sache: Die Ukrainer haben unlängst im Zuge der Dekommunisierung des Landes manche Symbole (»Fahnen, Symbole, Bilder oder andere Attribute, die eine Sichel und einen Hammer, eine Sichel, einen Hammer und einen fünfzackigen Stern, einen Pflug, einen Vorschlaghammer und einen fünfzackigen Stern kombinieren«)[606] unter Strafe gestellt – und die »linken« Straftaten schnellten in die Höhe.

Aber von diesen Tausenden sind nur 1130 Verbrechen Gewaltdelikte –

---

a »Täglich fünf rechtsextreme Straftaten in Sachsen« (*https://www.mdr.de/sachsen/rechtsextreme-straftaten-in-sachsen-100.html*); »Viel mehr rechte als linke Straftaten« (*https://www.tagesspiegel.de/politik/viel-mehr-rechte-als-linke-straftaten-kriminalitaet-von-extremisten-auf-dem-hoechsten-stand-seit-15-jahren/19709672.html*); »Mehr als 50 rechte Sprengstoffanschläge« (*https://www.tagesschau.de/inland/sprengstoff-extremismus-deutschland-103.html*); »Schon fast 13.000 rechte Straftaten in diesem Jahr« (*https://mobit.org/schon-fast-13-000-rechte-straftaten-in-diesem-jahr/*) u. a. v. m.

vor allem gegen »Linke« während Demonstrationen. Aber »Linke« haben reichlich mehr (1967) Gewaltverbrechen begangen, darunter 169 Brandstiftungen (Rechte – 47), 10 Sprengstoffdelikte (Rechte – 7), 831 Landfriedensbruchsdelikte (Rechte – 12), 71 gefährliche Eingriffe in den Schiffs-, Luft-, Bahn- und Straßenverkehr (z. B., wenn die Kabelschächte entlang der Bahngleise ausgebrannt und damit Hunderte von Passagieren in akute Gefahr gebracht werden, die Worte »multikulturelle Linke« – trotz in diesem Fall eindeutigen Bekennerbriefs – findet man in solchen Meldungen nicht[607]; Rechte – 15), 18 Raubüberfälle (Rechte – 5), 202 Widerstandsdelikte (Rechte 53).

Haben wir jemals von Medien Daten in dieser Konstellation zu lesen bekommen?

Um »Ausländerfeinde« der Schummelei mit der Kriminalitätsrate der Ausländer (und breiter, den Menschen mit Migrationshintergrund) zu überführen, wurde die Statistik-gestützte Kampagne unter dem Motto »Ausländer sind nicht krimineller als Deutsche« entfacht. Politiker, Journalisten und »Experten« wiederholten mantraartig ein Postulat: Morde (Vergewaltigungen, Raubüberfälle, Drogendelikte... etc. pp.) gibt es auch unter Deutschen. Ja, die gibt es.

Bloß wie viele?

Hier sind die Zahlen[608]: 2016 wurden in Deutschland 506 311 Deutsche und 231 562 Ausländer verurteilt. Nicht sehr plausibel: es gibt in Deutschland (bis dato) auch mehr Deutsche, die, logisch, auch mehr Straftaten begehen. Anschaulicher ist die Zahl der Verurteilten je 100.000 Einwohner. Wenn man die Gruppe der Straftäter im Verhältnis zu der Gesamtzahl setzt, hat man dann einen lehrreichen Einblick in die vorhandene kriminelle Energie der Gruppe. So wurde eine extra-Spalte für Deutsche angeführt: 788 Verbrecher gibt es pro 100.000 strafmündige Deutsche (ab 14 Jahren). Für die Ausländer kann ich so eine Zahl nicht finden – anscheinend halten Statistiker diese Kennziffer für irrelevant. Aber mich reizt ausgerechnet diese. Ich bin fleißig und scheue keine Mühe: 2016 lebten in Deutschland 82,522 Mio. Menschen, darunter 10,5 Mio. Ausländer, unter ihnen wiederum etwa 1,1 Mio. Kinder unter 14.[609] Also 9,4 Mio. strafmündige Ausländer ab 14. Jetzt schnell 231562 durch 94 (so viele Hunderttausende gibt es in 9,4 Millionen) teilen und bekommen, sage und schreibe, 2463 verurteilte ausländische Verbrecher je 100.000 Ausländer. Das ist (2463 : 788) mehr als 3,1 Mal mehr, als bei den Deutschen! Und Politiker und Presse parlieren darüber, dass die Ausländer nicht krimineller als Deutsche sind.

Statistiker haben diese Zahl nicht veröffentlicht (oder gut versteckt) – weil sie exorbitant ist!

Es gibt auch einfachere Methoden, sich der Wahrheit zu nähren: 2017 gab es in Deutschland 32,5% verurteilte Nichtdeutsche[610] – bei einem Anteil von 11% an der Gesamtbevölkerung[611] des Landes.

Das gängige Argument der Gutgläubigen, das seien alles »Passdelikte«, zieht hier nicht: Bei illegalen Handlungen nach dem Aufenthaltsgesetz liegen Ausländer selbstverständlich bei 97,8% aller Straftaten. Aber die meinen wir gar nicht. Wir reden über etwas anderes, substantielleres, über das, was den Menschen auf der Straße Angst einjagt:[a]

- bei sexuellem Übergriff / sexueller Nötigung / Vergewaltigung liegen Ausländer bei 44,3% aller im Land begangenen Straftaten,
- bei Mord und Totschlag bei 45,9%,
- bei Körperverletzung (auch schwere und gefährliche) bei 32,5%,
- Diebstahl und Unterschlagung bei 44,7%,
- Raub und Erpressung (auch räuberischer Angriff auf Kraftfahrer) 34,8%,
- Straftaten nach dem Betäubungsmittelgesetz – 25,9%.[612]

Und all das kommt, ich wiederhole, von den 11% der Bevölkerung.

Nur diese paar Zahlen beweisen eindeutig, dass die Presse uns oft dreist in die Irre führt. Und man muss die Fangfragen der Medien: »Sind Ausländer krimineller als Deutsche?«[613, 614], »Die Wahrheit über 'kriminelle Ausländer'«[615], »Sind Ausländer krimineller?«[616], »Kriminelle Ausländer?«[617], »Mehr Ausländer, mehr Straftaten?«[618], die uns das Gegenteil suggerieren, (un)ruhig mit deutlichem »Ja!« beantworten.

Aber wie wir wissen, ein Migrant, der einen deutschen Pass erhalten hat, ist nicht mehr formell ein Ausländer, sondern – auch statistisch – »ein Deutscher«, deutscher Staatsbürger. Die politisch korrekte deutsche Polizei führt keine Statistiken über Verbrechen, die von »Menschen mit Migrationshintergrund« begangen werden.[b] Aber unter den Bürgern mit Migrationshin-

---

a 2017 gab es bei nichtdeutschen Tatverdächtigen insgesamt 599.357 (30,4%) Straftaten (ohne ausländerrechtliche Verstöße) – *Polizeiliche Kriminalstatistik, Bundesrepublik Deutschland, Jahrbuch 2017, Band 3, Tatverdächtige, 65. Ausgabe, V 2.0, S. 126.*

b Z. B. in der Polizeilichen Kriminalstatistik (PKS) des Bundeskriminalamtes (BKA) für 2017. (*https://www.bka.de/DE/AktuelleInformationen/StatistikenLagebilder/PolizeilicheKriminalstatistik/PKS2017/pks2017_node.html*). Hier ist dafür eine Erklärung vom Fachmann, André Schulz, Chef des Bundes Deutscher Kriminalbeamter (BDK): »Kriminologisch spielt die Herkunft, Ethnie, Religion tergrund (2017 über 19,3 Millionen)[619] sind »formale« Ausländer praktisch nur die Hälfte, die andere Hälfte ist in Statistiken unter »Deutschen« verborgen. Wenn wir aber davon ausgehen, dass »Ausländer mit einem deutschen Pass« ebenso wie die übrigen Landsleute »kriminell aktiv« sind[a], kann man die oben erwähnten Prozente der von Nichtdeutschen begangenen Verbrechen zweifellos verdoppeln. Und wenn das so ist, dann begehen 23% der Bevölkerung mindestens 50% bis 90% der schweren Straftaten.

Leider findet man solche Vergleiche nicht in den deutschen Mainstream-Medien. Ihre Spalten sind mit den »Verbrechen der Neonazis« voll, die, wie gesagt, mehr als 20.000 sind. Über rund 600.000 ausländische Tatverdächtige herrscht ideologisches Schweigen.

In dem *Bundeslagebild 2018* »Kriminalität im Kontext von Zuwanderung«[620] gibt es mehrere Zahlen, nur auf eine möchte ich aufmerksam machen: In dem Bereich der Straftaten gegen das Leben, die sexuelle Selbstbestimmung, die persönliche Freiheit und Rohheitsdelikte wie Körperverletzung und Raub, bei denen mindestens eine Personen mit Aufenthaltsstatus, Asylbewerber, Schutzberechtigter, unerlaubt aufhältig und geduldet tatverdächtig war, gab es ca. 102.000 Opfer – das ist zahlenmäßig eine Stadt wie Siegen oder Cottbus. Keines dieser Opfer gäbe es, wenn Angela Merkel die Grenzen nicht eigenmächtig geöffnet hätte.

Ihr Kniefall vor den Opfern wäre m. E. angebracht...

Zu den bewährten Methoden, um die nationalistische Bewegung zu verun-

---

keine Rolle. Tatsache ist aber, dass gerade bei Diebstahl und Einbruchsdelikten überdurchschnittlich viele Ausländer unter den Tatverdächtigen sind. Diese Täter reisen oftmals gezielt nach Deutschland ein, um hier Straftaten zu begehen.« (*https://www.bild.de/politik/inland/polizei/kriminalitaetsstatistik-weniger-straftaten-sinkender-auslaenderanteil-55638388.bild.html*)

a Nach Angaben des BKA gibt es in Deutschland heute etwa 200.000 Mitglieder der großen arabischen und türkischen Clans, die als organisierte kriminelle Gruppierungen agieren. »Die Zeit« merkt süffisant an: »Das ist mehr, als die Bundeswehr an Soldaten hat« (*https://www.zeit.de/2018/33/clans-deutschland-kriminalitaet-mitglieder*). »Mehr als die Hälfte der Verdächtigen aus diesen Clans haben inzwischen einen deutschen Pass«, schreibt »Berliner Zeitung« (*https://www.berliner-zeitung.de/berlin/polizei/20-grossfamilien-in-berlin-clans-haben-die-strassen-aufgeteilt-30986292*; siehe exemplarisch auch: *https://www.freiewelt.net/nachricht/arabische-clans-verfuegen-in-deutschland-schon-ueber-200000-mitglieder-10075258/* und *https://www.zeit.de/gesellschaft/zeitgeschehen/2018-07/berlin-grossfamilie-clan-immobilien-diebstahl-toetungsdelikte-drogenhandel*).

glimpfen, gehört der unabdingbare Hinweis auf die politischen Überzeugungen des Verbrechers, wenn diese Überzeugungen nationalistisch sind. Über keinen einzigen Mörder, keinen Dealer, der auf der Straße mit Drogen erwischt wurde, sagen die Zeitungen, zu welcher politischen Partei er gehört oder mit welcher Partei er sympathisiert. Über die »Rechte« – immer. Dies vermittelt in der Gesellschaft den Eindruck der hohen kriminellen Aktivitäten von Nationalisten.

Dem Kreuzzug gegen die Nationalisten dient auch das Einschleusen von Provokateuren der Geheimdienste in ihre Reihen. Dieses Thema war lange Zeit eine absolute Verschlusssache – von welchen Provokateuren und welchen von den Geheimdiensten gekauften »Nationalisten« könnte man in der Dunkelheit der Staatsgeheimnisse reden?

Doch im Jahr 2001 beschlossen die deutsche Regierung und das deutsche Parlament, wie man hier schrieb, die »neonazistische« Nationaldemokratische Partei Deutschlands (NPD) zu verbieten. Diese Partei agiert nicht im Untergrund, sie ist absolut legal. Sie nimmt an Wahlen teil und hatte damals sogar ihre Stellvertreter in mehreren Landtagen und im Europaparlament. Da jedoch die Nationalisten die gefährlichste Opposition für die politische Klasse sind, wurde beschlossen, die Partei offiziell von der politischen Szene zu entfernen.

Was bleibt noch zu tun, wenn nicht einmal die Regierung samt dem Parlament das Andersdenken verbieten können?

Eine Partei zu verbieten ist nicht einfach: Man muss beweisen, dass sie gegen die verfassungsmäßige Ordnung im Land verstößt. Polizei und Geheimdienste nahmen die schwierige Aufgabe auf, Beweise für das Verbot zu sammeln. Die Arbeit dauerte mehrere Jahre. Und das Material wurde dem Verfassungsgericht übergeben.

Während des Prozesses wurden viele Fakten über Verbrechen, die von »Neonazis« begangen worden waren, veröffentlicht, die Worte, die sie von den Rednerpulten fallen ließen, wurden zitiert. Es schien, als würde die NPD diesen kriminellen Sumpf nicht trockenen Fußes verlassen.

Das Gericht begnügte sich jedoch nicht mit Zitaten und der Aufzählung von Verbrechen, sondern fragte auch, WER konkret diese Worte gesagt und WER jene Verbrechen begangen hätte. Und es stellte sich heraus, dass fast alle »Zitate« sowie ein Großteil aller Verbrechen von bezahlten Agenten der Geheimdienste und der Polizei gesagt und begangen wurden, von Agenten, die in die Partei platziert wurden, um Nationalisten auszuspähen.

Es wurde festgestellt, dass diese Agenten keine gewöhnlichen Mitglieder der

Partei waren, sondern ihre Anführer, Leiter, eben diejenigen, die die Partei »auf die Barrikaden« führten. Es stellte sich heraus, dass die leidenschaftlichsten »Nazis« in den Reihen der Partei bezahlte V-Männer waren. Fachleute zählten, dass »jeder 7. Funktionsträger in der NPD-Leitungsebene Informant eines Verfassungsschutzamtes« war.[621]

Das Verfassungsgericht lehnte das Verbot der Partei aus diesem Grund ab und sagte, dass wenn die Staatsoberhäupter die Partei verbieten wollten, sie ALLE Geheimagenten aus der Partei abziehen müssten.

Und weil seit 2012 der deutsche Bundesrat, das Oberhaus des Parlaments, einen neuen Versuch unternimmt, ein Verbot (jetzt ohne die Regierung und den Bundestag) durchzusetzen, wurde die (offensichtlich minimale) Zahl der hochrangigen Agenten in den Reihen der Partei bekannt. Ihre Aufgabe war zu provozieren, um in der Bevölkerung Empörung hervorzurufen und die Strafverfolgung der Nationalisten zu ermöglichen.

Mehr als 130 von der Sorte wirkten in der Partei.[622] Eine Geheim-Hundertschaft in führenden Positionen, die Geld von den Geheimdiensten erhielten, nicht nur um Informationen zu sammeln, sondern auch die nationalistische Bewegung zu diskreditieren, zu kriminalisieren.

In vielen Ländern ist es üblich, bezahlte Agenten in verschiedene verdächtige Bewegungen zu schicken. Natürlich gibt es die gleichen Provokateure auch in den Reihen der linken Truppen. So gehörten bezahlte Geheimdienstler zu den Gründern der *RAF* – der *Roten Armee Fraktion*, einer linken terroristischen Organisation, die in den 70er und 80er Jahren des letzten Jahrhunderts in Deutschland wütete. Sie versorgten die Terroristen mit Waffen und Explosivstoff und planten z.B., das Gebäude der jüdischen Religionsgemeinschaft in Westberlin zum Jahrestag der nationalsozialistischen jüdischen Pogrome zu sprengen...

»Die Bombe legten deutsche Antifaschisten, die, unterstützt von einem V-Mann, das Pogrom nachinszenieren wollten«[623], schreibt die jüdische deutschsprachige Website *haGalil*.

Das heißt, der demokratische deutsche Staat legte 1969 durch seinen Geheimdienst Terroristen eine Bombe in die Hände, um einen Sprengstoffanschlag zu verüben und Juden zu töten.

Welche Reaktion konnte dieser Staat erwartet haben? Gegen Links oder gegen Rechts?

Es ist unmöglich, alle Methoden aufzuzählen, mit denen versucht wird, Nationalismus und Nationalisten in »außerideologischen« Kämpfen auszuradieren. Die politische Klasse jedes Landes wählt ihre eigenen Wege, um

»das Problem zu lösen«: von Auftragsmorden an Bewegungsführern bis zum Berufsverbot, von Entlassung aus dem Dienst bis zur Zerschlagung des Geschäfts, Zermürbung durch Prozesse, moralische Vernichtung durch »schwarze *public relation*« in gekauften Medien usw.

Die Verfolgung derjenigen, die an der Rationalität multikultureller oder imperialistischer Entwicklung zweifeln, erlangt in vielen Ländern systemisch-mafiöse Züge.

Aggression. Fromm

Ich habe das Wappen der UdSSR immer gemocht. Es hatte keine Kriegsfalken, Kondore oder Löwen, dafür aber die mit goldenen Ähren umrahmte Welt. Bis ich mich eines Tages fragte: Warum ist eigentlich der ganze Erdball auf dem Wappen nur eines, zugegebenermaßen großen, aber eben doch nur eines Landes? Und warum sprach Wladimir Lenin, der Anführer und Lehrer der Bolschewiki, so oft von Weltrevolution?

Ein wichtiges theoretisches und praktisches Problem war für die Bolschewiki die Frage, ob es möglich ist, den Sozialismus in einem einzigen Land aufzubauen. Müssen die Arbeiter vielleicht alle gemeinsam, gleichzeitig auf der ganzen Welt eine Revolution entfachen? Und was bedeutet Export der Revolution und wer braucht ihn? Warum forderte der Kommunist Karl Marx die Vereinigung der Proletarier aller Länder, und warum setzte die sowjetische Hauptzeitung *Prawda* das als Losung über den Titel der Zeitung – war das die Hauptforderung der Partei der sowjetischen Kommunisten?

Später fand ich die Antwort auf alle diese Fragen: Internationalismus (oder Globalismus im modernen Sprachgebrauch) ist aggressiv. Er strebt nach Dominanz überall auf der ganzen Welt. Sein Ziel ist es, den Planeten zu erobern.

Nationalismus dagegen ist defensiv. Er kümmert sich nur um seine Nation, sein Land. Er kümmert sich nicht um andere. Er baut sein Glück auf seinem Territorium auf. Er greift nicht in andere Territorien ein, schon allein deshalb, weil andere Nationen auf anderen Territorien leben und, erstens, ihre eigenen Nationalisten haben (sollen), die sich dort ein friedliches Leben arrangieren, und zweitens, indem sie andere Landflächen besetzten, bekämen die Nationalisten unnötige Kopfschmerzen – was tut man mit Vertretern einer anderen ethnischen Gruppe, die dann Mitbürger geworden sind?

Expansion, die Besetzung fremder Territorien, ist charakteristisch für Imperien und diejenigen, die sie werden wollen. Nationalisten sind per Definition gegen Imperien: Sie wollen nicht in Imperien leben, sie wollen ihr Land nicht in ein Imperium verwandeln. Ihr Ziel ist ein (starker) Nationalstaat.

Eine der Lehren des Nationalismus lautet: Die politischen Grenzen jeder territorial-administrativen Einheit müssen mit den kulturell-ethnischen

Grenzen zusammenfallen. Eine Nation – ein Land, keine Eroberungen und nationale Unterdrückung.
Man kann aber auch nicht sagen, dass Nationalismus friedlich und pazifistisch ist: Woher kommen die bewaffneten Konflikte, die seit Tausenden von Jahren auf dem Planeten lodern und die wir in diesem Buch mehr als einmal erwähnt haben?
Wenn die Praxis die Theorie widerlegt, muss in der Theorie nach Fehlern gesucht werden.
Aber in der Theorie gibt es keine Mängel – dort ist alles richtig. Einer Erklärung wegen wenden wir uns an Erich Fromm (1900-1980), einen deutschen Philosophen, einen Fachmann auf dem Gebiet der Liebe, des Glücks und seltsamerweise der Aggression.
Der Bezug auf deutsche Geopolitiker, Philosophen, Soziologen usw. ist immer eine gefährliche Angelegenheit. Einerseits sind die deutschen Geisteswissenschaften (die Naturwissenschaften interessieren uns hier nicht) eine der Säulen der Weltwissenschaft. Die Namen weltbekannter deutscher Denker anzuführen ist sogar irgendwie peinlich – sie sind Sterne erster Größenordnung. Aber die deutsche Geschichte ist, gelinde gesagt, »komplex und voller Widersprüche«; bei den Namen Nietzsche, Schopenhauer, Fichte, Heidegger, Jung, Spengler schrillen die Glocken. Waren diese Philosophen die Vorläufer und Befürworter des Nationalsozialismus, oder hat der Nationalsozialismus seine Ansichten an ihre angepasst und sie instrumentalisiert? Ihre reale oder imaginäre Nähe zum Hitler-Regime, die viele für wahr halten, macht die Zweckmäßigkeit jeglicher Hinweise auf sie zunichte.
Erich Fromm ist in dieser Hinsicht wie Caesars Frau über jeden Verdacht erhaben. Er wurde 1900 in Frankfurt am Main in einer Familie orthodoxer Juden geboren, aus der viele Rabbiner hervorgingen. Aber nicht alle Angehörigen liefen »entlang der religiösen Linie«. Der Philosoph selbst erzählte von seinem Großvater, einem Ladenbesitzer in Bayern: »Sein ganzes Leben lang saß mein Großvater den ganzen Tag im Laden und studierte den Talmud. Wenn ein Käufer kam, schaute er wütend auf und fragte: »Was, gibt‘s keinen anderen Laden?«[624]
Die Weltkriege zwangen Erich Fromm, sich die Frage zu stellen: »Wie ist es möglich, dass für Ziele, die offenbar teilweise ganz irrational sind, oder für politische Vorstellungen, für die kein Mensch, würde er sie klar erkennen, sein Leben geben würde, dass da Millionen von Menschen weitere Millionen töten... Wie ist Krieg möglich *politisch* und wie ist Krieg möglich *psychologisch*? Was motiviert die Menschen?«.[625]

1933 emigrierte er in die USA, dann nach Mexiko, später in die Schweiz, kritisierte den Kapitalismus und wurde einer der führenden Friedenskämpfer. Folglich keine Zusammenarbeit mit den Nationalsozialisten; in seinen Werken gibt es keine einzige Andeutung auf beklagenswerte sozial-darwinistische Ansichten...

Also: Welche Kräfte treiben einen aggressiven Menschen an? Genauer gesagt: Warum greifen Nationalisten so oft nach Waffen? Ist Gewalt dem Nationalismus immanent, liegt er in seiner »Natur«?

In Fromms Arbeit »Anatomie der menschlichen Destruktivität«[626] (1973) unterscheidet Fromm zwei Arten von Aggressionen. Die erste ist Menschen und Tieren gemein – es ist ein durch die Evolution (Fromm sagt »phylogenetisch«) gegebener Impuls zu Angriff oder Flucht, wenn Lebensgefahr besteht. Diese defensive, »gutartige« Aggression dient dem Überleben des Individuums oder der Art, sie hat biologische Auslöser und verschwindet, sobald die Gefahr vorüber ist.

Eine andere Art ist die »bösartige« Aggression – Destruktivität, die nur dem Menschen innewohnt und bei anderen Säugetieren praktisch nicht vorkommt. Fromm versteht die Haltung der gutartig-defensiven Aggression gegenüber der bösartig-destruktiven wie die eines Instinktes zum Charakter. Das heißt, er unterscheidet zwischen einer natürlichen Veranlagung, die in physiologischen Bedürfnissen verwurzelt ist, und spezifischen menschlichen Leidenschaften, deren Ursprung im menschlichen Charakter liegt.

Das Gehirn eines Tieres ist darauf programmiert, alle aggressiven und defensiven Impulse zu mobilisieren, wenn seine lebenswichtigen Interessen bedroht sind, beispielsweise wenn ein Tier nur eingeschränkt Zugang zu Nahrung, Sex hat oder wenn es eine Gefahr für den Nachwuchs gibt. Unmissverständlich besteht das Ziel der defensiven Aggression darin, Leben zu retten, nicht in dessen Zerstörung. Ein Mensch ist auch phylogenetisch programmiert: Er reagiert auf eine Bedrohung seiner vitalen Interessen entweder mit Angriff oder Flucht.

Defensive Aggression offenbart sich beim Menschen, wenn sein Leben, seine Gesundheit, Freiheit oder sein Eigentum bedroht sind. Eine aggressive Reaktion könnte durch moralische und religiöse Geisteshaltung, Erziehung usw. bewältigt werden. Wahrscheinlich können die meisten aggressiven Impulse eines Menschen, sagte Fromm, mit dem Schutzinstinkt erklärt werden.

»Man könnte sagen«, schreibt er, »dass die neuronale Ausstattung für die defensive Aggression bei Tieren und Menschen gleich ist... Aber wenn auch

die neurophysiologische Basis der defensiven Aggression nicht identisch ist mit der des Tiers, so ist sie doch ähnlich genug...«
Da wir Menschen für rational denkende Wesen halten, erwarten wir, dass Fromm zu dem Schluss kommt, dass ein wildes Tier aggressiver ist als der Mensch.
Ein Fehler.
Weiter schreibt Fromm: »...So ist sie doch ähnlich genug, dass man die Behauptung aufstellen kann, dass *diese gleiche neurophysiologische Ausrüstung beim Menschen zu einer defensiven Aggression führt, die vielmals größer ist als die beim Tier.*«
Was ist der Grund dafür, dass eine Person aggressiver ist als ein Wolf, ein Tiger oder ein Schakal? Fromm nennt gleich drei:
»1. Das Tier fasst nur eine 'klare und gegenwärtige Gefahr' als Bedrohung auf... Aber der mit der Fähigkeit der Voraussicht und Phantasie begabte Mensch reagiert nicht nur auf gegenwärtige Gefahren und Bedrohungen, sondern auch auf Gefahren und Bedrohungen, von denen er sich vorstellen kann, dass sie in Zukunft auf ihn zukommen können. Er kann zum Beispiel zu dem Schluss kommen, dass ein benachbarter, in der Kriegführung wohl bewanderter Stamm seinen eigenen Stamm irgendwann angreifen wird, weil dieser der reichere ist. Oder er kann die Überlegung anstellen, dass ein Nachbar, dem er etwas angetan hat, sich dafür rächen wird, wenn der Zeitpunkt günstig ist… Wenn ein einzelner oder eine Gruppe sich bedroht fühlt, wird der Mechanismus der defensiven Aggression auch dann mobilisiert, wenn keine unmittelbare Gefahr droht...
2. Der Mensch besitzt nicht nur die Fähigkeit, wirkliche Gefahren in der Zukunft vorauszusehen, er ist auch imstande, sich von seinen Führern dazu überreden und manipulieren zu lassen, Gefahren zu sehen, die in Wirklichkeit nicht vorhanden sind. So sind die meisten modernen Kriege durch eine systematische Propaganda dieser Art vorbereitet worden. Die Bevölkerung wurde von ihren Führern davon überzeugt, dass ihr Gefahr drohe, angegriffen und vernichtet zu werden, und so erzeugte man Hassreaktionen gegen die Nationen, von denen diese Bedrohung angeblich ausging. Oft existierte eine Bedrohung in Wirklichkeit gar nicht... Die Erregung einer defensiven Aggression durch 'Gehirnwäsche' ist nur beim Menschen möglich...
3. Eine dritte spezifisch menschliche Existenzbedingung trägt zu einer weiteren Verstärkung der defensiven Aggressivität im Vergleich zur tierischen bei. Der Mensch verteidigt sich genau wie das Tier gegen eine Bedrohung seiner vitalen Interessen. Aber der Bereich der vitalen Interessen des Men-

schen ist weit größer als der des Tieres. Der Mensch muss nicht nur physisch, sondern auch psychisch überleben. Er muss ein gewisses psychisches Gleichgewicht aufrechterhalten, wenn er sich seine Funktionsfähigkeit erhalten will... Vor allem hat der Mensch ein vitales Interesse daran, sich seinen Orientierungsrahmen zu erhalten… Der Mensch braucht nicht nur einen Orientierungsrahmen, er braucht auch Objekte, denen seine Hingabe gilt und die für sein emotionales Gleichgewicht von vitaler Bedeutung sind. Worum es sich auch immer handelt – um Werte, Ideale, Ahnen, Vater, Mutter, den Boden, das Vaterland, die Klasse, die Religion und Hunderte von anderen Phänomenen – sie werden als 'heilig' empfunden… Das Individuum – oder die Gruppe – reagiert auf einen Angriff auf das, was 'heilig' ist, mit der gleichen Wut und Aggressivität, als wenn es sich um einen Angriff auf das Leben handelte.«

»Angst ist genau wie der Schmerz«, schließt Fromm ab, »ein höchst unangenehmes Gefühl, und der Mensch wird fast alles versuchen, um sich davon zu befreien... Eine der wirksamsten Möglichkeiten, sich von seiner Angst zu befreien, ist, aggressiv zu werden. Wenn jemand aus dem passiven Zustand der Angst herausfinden und zu einem Angriff übergehen kann, verschwindet das quälende Gefühl, das in der Angst liegt.«

Aggression ist also keiner bestimmten Gruppe von Menschen immanent, sondern der Menschheit an sich. Es ist daher offensichtlich, dass das Problem der Gewalt, darunter der nationalen Bewegungen, nicht in der Sphäre der nationalistischen Ideologie liegt, sondern in der Sphäre der Physiologie. Um ein reales Bild davon zu erhalten, welche Bevölkerungsgruppen anfälliger für Gewalt sind, ist es notwendig, auf die Kriegsstatistik eine jahrtausendlange unverfälschte Schablone der Ursachen dieser Kriege anzulegen – eine unmögliche Aufgabe.

Fromm sieht jedoch den Unterschied zwischen denen, bei denen Aggression das Ergebnis von »Gehirnwäsche« ist – egal, ob es sich um eine »Weltrevolution« oder um »Drang nach Osten« handelt – und denjenigen, die zum SCHUTZ ihres Lebens oder ihrer Werte (Kinder, Familie, Nation, Heimat) aggressiv werden.

Ist diese »defensive Aggression« nicht eine hehre Sache?

Daher sollte Aggression nicht nur als negatives destruktives Phänomen wahrgenommen werden. Wissenschaftler meinen, dass die Menschheit ohne einen gewissen Anteil an Aggressivität nicht auskommt. Charakterschwäche, Nachlässigkeit, Duldung können nicht weniger schaden als der Wunsch nach Konfrontation. Wenn es notwendig ist, ihre Angehörigen vor dem Angriff von Hooligans zu schützen, wenn es notwendig ist, die Heimat mit Waffen zu verteidigen, ist ein hohes Maß an Aggressivität erforderlich. Die Energie der Aggression speist Mut und Tapferkeit, Kühnheit und Hingabe, die Fähigkeit, Risiken einzugehen, und den unter extremen Bedingungen erforderlichen Einfallsreichtum. Sie entfacht eine hohe Wettbewerbsfähigkeit und künstlerische Passionarität und zielt auf Selbsterhaltung und Schutz der Unterdrückten ab.

Was auch immer sie ist, auch die defensive Aggression bleibt eine Aggression, und ihr Ergebnis kann und wird oft zu schrecklichen Dingen führen: Blutvergießen, Schmerz, Zerstörung, Tod.

Kann man den Pegel der Verteidigungsaggressivität irgendwie absenken? Wie beruhigt man Menschen, wie lässt man sie die Waffen niederlegen und bringt sie vom Töten ab? Fromm hat eine Antwort auch auf diese Frage: »Da die defensive Aggression eine phylogenetisch programmierte Reaktion auf die Bedrohung vitaler Interessen ist, ist es nicht möglich, ihre biologische Basis zu ändern... Die Hauptbedingung für eine Reduktion der defensiven Aggression ist aber eine Verminderung der realen Faktoren, die sie mobilisieren... Das hängt davon ab, dass die materiellen Grundlagen so sind, dass sie allen Menschen ein menschenwürdiges Dasein gewährleisten und die Beherrschung einer Gruppe durch eine andere unmöglich oder nicht attraktiv machen.«

Eine Nation ist also, wenn sie sich in ihrer Existenz bedroht fühlt, »phylogenetisch« auf Abwehr, auf Aggression »programmiert«. Sie kann nur vermieden werden, wenn das Streben nach Herrschaft über diese Nation »unmöglich« oder zumindest »nicht attraktiv« wird. Mit einem Wort, lässt man die Nation sich frei entwickeln, erniedrigt man sie nicht, diskriminiert sie nicht, und wenn sie es will, gibt man der Nation die Freiheit – dann wird die nationale Gewalt abebben, dann werden die Kriege aufhören, dann werden bewaffnete nationale Bewegungen schwinden.

Und dann kann es passieren, dass »die bei Buddha, bei den Propheten, bei Jesus und den humanistischen Utopisten der Renaissance noch utopischen Visionen als vernünftige und realistische Lösungen erkannt werden, die dem grundlegenden biologischen Programm des Menschen dienen: der Erhaltung und dem Wachstum sowohl des Individuums als auch der menschlichen Spezies«, schreibt Erich Fromm.

Auf wessen Mühle gießt der Radikalismus Wasser

Die Hauptart des radikalen Nagelschneidens ist das Abhacken der Hände, das Hauptwerkzeug des radikalen Haarschnitts ist die Guillotine. So kann man den Hauptsinn einer Übertreibung formulieren. Alle Extreme sind schädlich. Linke, rechte – egal.

Nationalismus ist im Kern nicht radikal. Dies ist das gleiche System sozialer Ansichten wie Konservatismus, Sozialdemokratie, Liberalismus usw.

Aber junge Menschen sind anfällig für Radikalismus, für Gewalt, sie wollen um jeden Preis ein Ergebnis erzielen – und zwar heute, jetzt. Es gibt Radikale unter den Anhängern von Kommunismus und Anarchismus, unter Fußballfans. Ein radikaler »grüner« Naturschützer kann ein größerer Gegner des sozial-politischen Status quo sein als ein gemäßigter Nationalist.

Es gibt nicht wenige radikale Gruppen auch unter Nationalisten.

Über Letztere möchten wir reden.

Grundsätzlich erfordern nationale Bewegungen, anders als zum Beispiel Kommunisten oder »Demokraten«, keine Gewalt. Da die nationale Bewegung in jedem Land die Interessen der überwältigenden Mehrheit der autochthonen Bevölkerung zum Ausdruck bringt, ist es nicht erforderlich, dass sie sich gegen sich selbst, gegen die Träger ihrer eigenen Ideologie richtet. Deshalb brauchen Nationalisten ihre Überzeugungen nicht mit Fäusten zu verteidigen. Gewalt gegen Menschen – körperlich, ideologisch, geistig – brauchen nur diejenigen, die der Mehrheit die Interessen der Minderheit auferlegen wollen.

Aber es gibt Fälle von »rechtem« Radikalismus, sie dürfen nicht verschwiegen werden. Man muss wissen, woher sie kommen.

Die Hauptmasse passiert aus Dummheit. Mitglieder nationalistischer Organisationen haben einen Testosteronpegel, der für den Wunsch zu zerschlagen, zu verbrennen, zu brechen oder zu hauen verantwortlich ist, nicht unter dem anderer Jugendlicher. Deshalb kämpfen »Rechte« gegen »Linke«, »Grüne« gegen »Blaue« und alle zusammen gegen die Staatsübermacht.

Die politische Klasse, die mit aller Kraft danach strebt, ihre Macht zu erhalten, freut sich über solche Schlägereien. Diese sind Balsam für ihre gequälte Seele. Sie ist sogar bereit, eine oder mehrere Prügeleien zu provozieren (und dann Geld für die Reparatur des Kaputten auszugeben), nur um die anti-

nationale Psychose in einer für dieses Thema sensibilisierten Gesellschaft aufblähen zu können. Welche beredteren Fotos könnte es sonst noch in der »Mainstream«-Presse geben, um die Gefahr der nationalistischen Bewegung aufzuzeigen! Hier sind sie, zukünftige Hitler, und nur wir, die, die heute an der Macht sind, können mit diesem Unheil fertig werden.
Für die politische Klasse ist es einfacher, einer Gesellschaft das Bild eines nationalistischen Gangsters aufzuzwingen, wenn diese Gesellschaft bereits vorher durch verprügelte Migranten und geschändete Denkmäler darauf eingestimmt worden ist.
Manche Menschen verstehen Gewalt als »politische Botschaft«. Solche »radikalen« Botschaften erreichen die Menschen oft nicht, beschädigen aber die nationalistische Bewegung schwerst. Weil exorbitante Zornesausbrüche beim Durchschnittsbürger Grausen hervorrufen, hier vor Nationalismus. Er verbindet in der Folge Nationalismus mit Gewalt, fürchtet den Nationalismus. Der Radikalismus macht aus der nationalen Bewegung ein Schreckgespenst. Der Radikalismus gibt der herrschenden Klasse Anlass, sowohl internationalistische »linke« und »liberale« Kräfte als auch den staatlichen Unterdrückungsapparat gegen die Nationalisten aufzustacheln.
Fast vor einem Jahrhundert, noch in der Ära des Stummfilms, drehte der ukrainische Regisseur Alexander Dowzhenko eine Szene mit einem verzweifelten einarmigen Soldaten, der aus lauter Ohnmacht ein Pferd schlägt. Und plötzlich sagt das Pferd zu ihm (in Untertiteln): »Du schlägst den Falschen, Iwan.« Radikale Nationalisten »schlagen die Falschen«, sie schlagen auf eigene Mitstreiter und auf eigene Ideen ein.
Das Ziel des Nationalismus ist, wie jeder politischen Bewegung, nicht der Kampf, sondern ein Sieg. Nur wenn ein nationalistisches Parlament an die Macht kommt und eine demokratische Mehrheit auf seiner Seite hat, kann es eine nationale Politik verfolgen, die den Erwartungen der Nation entspricht, und kann sich voll und ganz der nationalen Idee widmen. Alles, was den Weg zur Macht blockiert, ist schädlich. So schädlich ist Radikalismus. Er schiebt den Tag des Sieges in die Ferne.
Wann ist die Gewalt der Nationalisten auf der politischen Bühne gerechtfertigt?
Nur dann, wenn »Demokraten«, die die Nation hassen und die Macht über die Nation mit Manipulation und Täuschung in ihren Händen halten, das legale Feld selbst verlassen, um ihre politischen Rivalen zu vernichten.
Der Umfeld-Unterschied zwischen den beiden antagonistischen politischen Gruppen ist z. Z. erheblich: »Demokraten«, die über Gesetzgebungs- und

Exekutivbefugnisse auf ihrer Seite verfügen, einen enormen Einfluss auf die Justizgewalt haben, die die seit langem angefütterte Presse auf ihrer Seite wissen, brauchen beim Gesetzesübertritt keine schmerzlichen Konsequenzen zu befürchten. Jeder Schritt, den sie unternehmen, wird zuerst von den eigenen Journalisten schöngeschrieben und, wenn nötig, von Lakaien-Juristen gerechtfertigt.

Nationalisten hingegen sollten verstehen, dass die »Gewehre« des Strafapparats der Macht seit langem auf sie gerichtet sind, die Patrone bereits in das Patronenlager eingeführt worden ist und bei jedem Schritt, mit dem sie auf die Gesetzeskante treten, der Befehl zum Schießen gegeben werden kann.

Terrorismus und weiße Handschuhe

Obwohl wir oben über die grundsätzliche Friedfertigkeit des Nationalismus gesprochen haben, gibt es unter den Nationalisten nicht wenige Terroristen. Diese Tatsache kann man nicht einfach ausblenden. Woher kommt der nationalistische Terrorismus? Und Terrorismus im Allgemeinen? Was ist »Terrorismus«?

Das Wort *Terror* stammt vom Lateinischen *Angst, Schrecken* und bedeutet *Gewalt* oder *gewalttätige Handlungen* (Geiselnahmen, Anschläge, Morde usw.) – und wichtig ist hier – nicht zur persönlichen Bereicherung oder aus Rache, sondern aus politischen Erwägungen, gegen das politische System, um dieses System zu ändern. Der Terror will einige in Angst versetzen und, auf die Unterstützung der Gesellschaft zählend, die Sympathie anderer gewinnen. Terrorismus ist keine militärische Strategie, die dazu dient, militärische Ziele zu zerstören oder Territorien zu besetzen, wie es Partisanen, Guerillas tun.

Hierbei handelt es sich ausschließlich um kommunikatives Verhalten, das darauf abzielt, die politische Idee einer Änderung des bestehenden *Status quo* zu verbreiten. Terroristen wollen Denkprozesse ändern. Terrorismus ist eine blutige politische Botschaft. Eine asymmetrische Antwort derjeniger, die nicht mit der herrschenden Macht auf einem freien Feld kämpfen können. Ein Terrorist ist einer, der unschuldige (und manchmal auch schuldige...) Menschen tötet, weil er den Kanonen, Panzer, Flugzeugen, Maschinengewehren und unbemannten Mörder-Drohnen der Machthaber nichts entgegensetzen kann. Terroristen töten unerwartet, heimlich, töten systematisch und chaotisch, töten ohne Rücksicht auf Gesetze und Moral und sorgen sich jedes Mal nur um die Symbolik eines solchen Mordes.

Eine grausame und blutige Angelegenheit, der Terrorismus.

Wie wir verstehen, wird Terrorismus manchmal als »legitim« angesehen und als »Kampf um Freiheit« oder »gegen Diktatur« bezeichnet.

Als die Taliban in Afghanistan (mit der Hilfe und dem Geld der Vereinigten Staaten) gegen die Sowjetarmee kämpften, war dies ein Befreiungskampf gegen die Eindringlinge. Wenn dieselben Taliban mit denselben Methoden gegen die NATO kämpfen, sind dies bereits »heimtückische Terrorakte«.

Die von der Sowjetunion in Nicaragua unterstützten Sandinisten waren laut der vorherrschenden Presse eine terroristische Bewegung (früher gab es derartigen Worte nicht, aber die Bedeutung bleibt die gleiche). Die aktuellen Kopf-Ab-Truppen, die in Syrien gegen die legitime Regierung von Assad kämpfen, sind Rebellen und die »Befreiungsarmee«. Aber auf keinen Fall Terroristen, egal wie viele Autos mit Sprengstoff sie in die Luft jagen und wie viele Zivilisten dabei sterben.

Wie in jeder Frage der ideologischen Konfrontation misst die »Weltgemeinschaft« in der Frage des nationalistischen Terrorismus auch mit zweierlei Maß. Nationalisten werden entweder mit Terroristen gleichgesetzt, die ihre »irrationalen« Ziele verfolgen, oder sie werden als Helden dargestellt, die den Kampf gegen Unterdrücker führen. Und in den Köpfen der Bevölkerung bleibt die Bedeutung hängen, die die ideologisch stärkere Kraft im Besitz der Deutungshoheit, dem Wort beimisst.

Das Volk, das gegen die fremde Unterjochung gerungen und die Unabhängigkeit erlangt hat, ehrt oft »seine« Terroristen, diejenigen, die für die Freiheit gekämpft haben – die Menschen sind nicht an den Methoden dieses Kampfes interessiert, denn es ist klar, dass man der Knechtschaft nicht mit weißen Handschuhen entkommen kann.

Deshalb gibt es unter hochgeehrten Menschen auch so einige Terroristen. Der Afrikanische Nationalkongress (ANC) – jetzt die Regierungspartei der Republik Südafrika – wurde lange Zeit, auch nachdem er an die Macht gekommen war, als terroristische Organisation betrachtet. Condoleezza Rice, Staatssekretärin in der Administration von Bill Clinton, erinnerte daran, dass sie, als der südafrikanische Präsident Nelson Mandela den Vereinigten Staaten einen offiziellen Besuch abstatten wollte, für ihn eine Sondergenehmigung des amerikanischen Geheimdienstes erteilen musste. Für die galt er weiterhin als Terrorist. Die Vereinigten Staaten haben Mandela (aber auch andere ANC – Mitglieder) erst 2008 offiziell von der Liste der Terroristen gestrichen – 14 Jahre, nachdem er den Friedensnobelpreis bekommen hatte.[627]

Zu einem der terroristischen »Brennpunkte« des Planeten zwischen dem Ersten Weltkrieg und der Ausrufung des Staates Israel im Jahr 1947 gehörte Palästina. Angesichts des Ziels, einen jüdischen Staat zu errichten, mussten die Zionisten sowohl gegen die Briten kämpfen, die das Völkerbund-Mandat für dieses Territorium besaßen und sich gegen die Einwanderung von Juden stellten, als auch gegen die palästinensischen Araber, die seit Jahrhunderten auf diesem Territorium lebten.[a] Deshalb war der Terrorismus für Juden zu einer wichtigen Praxis blutiger Konfrontation geworden. Sie gründeten mehrere terroristische Organisationen, zwei von denen – *Irgun* (*Irgun zwai Leumi*, abgekürzt *Etzel*) und *Lechi* – sind zusammen mit ihren Anführern Jitzchak Shamir und Menachem Begin fest mit der Geschichte des Terrorismus verschmolzen.

Zu den bekanntesten terroristischen Organisationen gehört auch die sogenannte »Gruppe« des ehemaligen sowjetischen Komsomolzen Abraham Stern (eines glühenden Verehrers von Benito Mussolini)[628], die von den Briten als *Stern-Gang*[b] bezeichnet wurde. Sie raubten Banken aus, sie schonten keine Zivilisten, sie führten Sprengstoffanschläge durch, schossen, metzelten, zerstörten. Sie griffen Polizeistationen, Finanzämter, einen britischen Radiosender, eine Ölpipeline und ein Gefängnis an. Sie nahmen Geiseln, hängten sie und minierten ihre Körper. Eine der beliebtesten Taktiken von *Irgun* war die Provokation: 1945 führte die Organisation in Kairo mehrere Angriffe auf Amerikaner durch, um die Beziehungen zwischen Ägypten und den USA zu ruinieren. Außerdem sind sie für ihre enge Zusammenarbeit mit den italienischen Faschisten und Nazi-Deutschland bekannt.

Nicht alle Angriffe zionistischer Organisationen müssen hier aufgelistet werden. Sie sind in der Literatur ausführlich beschrieben und auch Nichtspezialisten bekannt. Auf das Konto der jüdischen Terroristen geht zum Beispiel 1946 der Anschlag auf das britische Hauptquartier im Hotel *King David* in Jerusalem[629], bei dem 91 Menschen starben und 250 verletzt wurden. Unter den Getöteten waren 41 Araber, 28 Briten, 17 Juden und 5 Menschen anderer Nationalitäten. Für den Kopf eines der Organisatoren der Explosion – Menachem Begin – setzten die Briten einen Preis von 10.000 Pfund Sterling aus, eine riesige Summe für diese Zeit. Auf ihrem Gewissen liegt auch das Massaker im palästinensischen Dorf Deir Yassin (1948).

...Ausgerechnet im Jahr 1948 ging Begin nicht als Terrorist, sondern als Anführer der politischen Partei *Cherut* (*Freiheit)* zu einem offiziellen Besuch in die USA. In den USA gibt es eine mächtige jüdische Lobby, Begin hoffte auf moralische und materielle Unterstützung. Allerdings sind nicht alle US-

a Es wird geschätzt, dass die Bevölkerung Palästinas im Jahr 1800 bei etwa 300 000 lag, von denen nur 5 000 Juden waren; zu Beginn des 20. Jahrhunderts zählte die Bevölkerung hier etwa 450 000 Araber und 50 Tausend Juden, hauptsächlich Einwanderer aus Europa.

b Die eng mit *Lechi* verbunden war.

Juden von dem Besuch Begins begeistert. Eine Reihe berühmter amerikanischer Juden schrieb einen offenen Protestbrief und druckte ihn im Dezember 1948 in der *New York Times*. Unter den 28 Unterzeichnern sind der Nobelpreisträger Albert Einstein und die berühmte Schriftstellerin Hannah Arendt. Hier aus dem Wortlaut[630]:
»Zu den beunruhigsten politischen Phänomenen unserer Zeit im neu geschaffenen Staat Israel gehört der Aufstieg der *Freiheitspartei* (*tnuat ha-Herut*), einer politischen Partei, die in ihrer Organisation, ihren Methoden, ihrer Politik, Philosophie und ihrem gesellschaftlichen Ausrichtung den Nazis und Faschisten ähnelt. Sie wurde aus der Mitgliedschaft und den Anhängern des ehemaligen *Irgun Zwai Leumi*, einer terroristischen, rechtsgerichteten und chauvinistischen Organisation in Palästina, gebildet...
Die öffentlichen Bekenntnisse von Begins Partei weisen nicht auf ihren wirklichen Charakter hin. Heute spricht sie von Freiheit, Demokratie und Antiimperialismus, während sie bis vor Kurzem die Lehre des faschistischen Staates öffentlich predigte. Es sind die Handlungen, mit der sie ihren wirklichen Charakter, den einer terroristischen Partei zeigt; aus ihren bisherigen Handlungen können wir beurteilen, was in Zukunft zu erwarten sein wird.
Ein schockierendes Beispiel für ihr Verhalten gab sie im arabischen Dorf Deir Yassin ab. Dieses Dorf, abseits der Hauptstraßen und umgeben von jüdischen Ländereien, hatte im Krieg nicht teilgenommen und sogar arabische Banden bekämpft, die das Dorf als Ausgangspunkt nutzen wollten. Am 9. April (*The New York Times*) griffen terroristische Banden dieses friedliche Dorf an, das kein militärisches Ziel in den Kämpfen war, töteten die meisten Einwohner – 240 Männer, Frauen und Kinder – und ließen einige wenige von ihnen am Leben, um mit ihnen als Gefangene eine Parade durch die Straßen von Jerusalem zu veranstalten. Die Meisten der jüdischen Gemeinden waren entsetzt über die Tat, und die jüdische Agentur schickte ein Telegramm zur Entschuldigung an König Abdullah von Trans-Jordanien. Aber die Terroristen, die sich ihrer Handlung nicht schämten, waren stolz auf dieses Massaker, veröffentlichten es medienwirksam und luden alle ausländischen Korrespondenten, die im Lande auftauchten, ein, die gehäuften Leichen und die allgemeine Verwüstung in Deir Yassin zu sehen. Der Deir Yassin Vorfall veranschaulicht den Charakter und die Handlungen der *Freiheitspartei*.
Innerhalb der jüdischen Gemeinde haben sie eine Mischung von Ultranationalismus, religiöser Mystik und rassistischer Überlegenheit gepredigt. Wie andere faschistische Parteien sind sie auch benutzt worden, um

Streiks zu brechen, und haben sich selbst für die Zerstörung der freien Gewerkschaften starkgemacht. An deren Stelle haben sie Gewerkschaften nach dem italienischen faschistischen Modell vorgeschlagen. In den letzten Jahren der sporadischen anti-britischen Gewalt etablierten die *Irgun*- und *Stern*-Gruppen in der palästinensischen jüdischen Gemeinde eine Schreckensherrschaft. Lehrer wurden geschlagen, wenn sie sich gegen sie äußerten, Erwachsene wurden erschossen, weil sie nicht ihre Kinder mitmachen ließen. Durch Gangster-Methoden, Schläge, das Zerschlagen von Fenstern und weit verbreitete Raubüberfälle schüchterten die Terroristen die Bevölkerung ein und erzwangen Schutzgeld-Zahlungen.

Die Menschen der *Freiheitspartei* hatten keinen Teil an den konstruktiven Errungenschaften in Palästina. Sie haben kein Land zurückgewonnen, keine Siedlungen gebaut und die jüdischen Verteidigungshandlungen beeinträchtigt. Ihre viel publizierten Einwanderungsanstrengungen waren minimal und sie dienten vor allem dazu, faschistische Landsleute ins Land zu bringen.

Die Diskrepanzen zwischen den kühnen Behauptungen, die jetzt von Begin und seiner Partei gemacht wurden, und der von ihnen hinterlassene Eindruck ihrer vergangenen Taten in Palästina sind nicht der einer gewöhnlichen politischen Partei. Dies ist der unverkennbare Stempel einer faschistischen Partei, für die Terrorismus (gegen Juden, Araber und Briten) und Falschdarstellung die Mittel sind, und ein »Führer-Staat« das Ziel ist.

Im Lichte der vorstehenden Erwägungen ist es zwingend erforderlich, dass die Wahrheit über Herrn Begin und seine Bewegung in diesem Land (in den USA – V. T.) bekannt gemacht wird... Die Unterzeichner wählen daher dieses Mittel und wenden sich an die Öffentlichkeit, um … alle Betroffenen zu drängen, diese neuste Manifestation des Faschismus nicht zu unterstützen.«

»Die neueste Manifestation des Faschismus« in Person von Menachem Begin wurde 1977 zum Ministerpräsident Israels und erhielt 1978 von der internationalen Gemeinschaft den Friedensnobelpreis. Zu Begins Ehre muss man sagen, dass er sich selbst als Terrorist bezeichnet und offensichtlich nichts Schlechtes daran gesehen hat.

Zum israelischen Premierminister und Friedensnobelpreisträger wurde ein weiterer israelischer Terrorist, Jitzchak Rabin, der später selbst von einem Juden getötet wurde. Israelischer Premierminister wurde ein weiterer Terrorist mit dem Spitznamen *Killer,* Jitzchak Shamir, der Initiator der Attentate auf den britischen Kommissar in Palästina Harold McMichael, auf

den britischen Nahostminister Lord Moyne sowie den Sondergesandten der Vereinten Nationen, Präsidenten des schwedischen Roten Kreuzes, Graf Folke Bernadotte. Sogar als Premierminister von Israel stand Shamir weiterhin auf der britischen Terroristen-Liste.
Auch der Terrorist Ariel Sharon wurde Premierminister des Landes.
Der Terrorist Abraham Stern wurde weder Premierminister Israels noch Nobelpreisträger, weil ihn die Briten 1942 töteten, aber in vielen Städten des Landes wurden Straßen und sogar eine Siedlung nach ihm benannt. Dieser Name wird in Israel immer noch mit Ehrfurcht ausgesprochen.
Es gab viele kleine, weniger bekannte Terroristen unter den Juden. Zum Beispiel der 20-jährige Moyne-Mörder Eliyahu Hakim wurde festgenommen und zum Tode durch den Strang verurteilt. Im Gerichtssaal sprach er: »Wir beschuldigen Lord Moyne und die Regierung, die er vertritt, der Ermordung von Hunderten und Tausenden unserer Brüder; wir beschuldigen ihn, unser Land erobert und unsere Besitztümer geplündert zu haben ... Wir mussten Gerechtigkeit üben und kämpfen.«[631] Sein Komplize, Eliyahu Beit-Zuri, wurde vor Gericht sogar blumig: »Millionen versanken im Meer von Blut und Tränen, aber der britische Schiffskapitän hob sie nicht aufs Schiff. Und wenn sich einige Überlebende am Bug des Schiffes festhielten, stieß er, der britische Kapitän, sie zurück ins Meer. Und wir in unserem Heimatland hatten keine andere Wahl, als uns zu ergeben oder zu kämpfen. Wir haben uns entschieden zu kämpfen.«[632]
Beide wurden in Kairo gehängt, aber 1975 übertrug das dankbare israelische Volk die Asche der Terroristen, die hier als Helden gelten, nach Jerusalem und setzte sie an einem der ehrenvollsten Orte des Landes bei – auf dem Herzl-Berg. Nach ihnen wurden in Israel zahlreiche Straßen benannt. 1980 setzte die israelische Regierung einen Ehrenpreis für Mitglieder von *Lechi* aus – einer weltweit anerkannten Terrororganisation – als Teilnehmer am Kampf um die Staatsgründung.
Also: Die Weltgemeinschaft hat die jüdischen Terroristen Stern, Begin, Shamir, Rabin, Sharon, den afrikanischen Terroristen Mandela, zusammen mit seinem ANC und Hunderte weiterer Terroristen auf der ganzen Welt schließlich ins Herz geschlossen und ihre terroristischen Aktivitäten vergessen.
Ein Terrorist, der in den Augen der Weltgemeinschaft nicht zu so einem ehrwürdigen Bürger wurde, ist beispielsweise der ukrainische Nationalist Stepan Bandera. Nachdem der ukrainische Präsident ihm den Titel eines Helden verliehen hatte, widersetzten sich vor allem jüdische Organisati-

onen und Zentren dieser Entscheidung in einhelliger Empörung. Dies ist nicht überraschend, denn Stern, Begin und Shamir sind, wie wir verstanden haben, keine *Terroristen*, sondern *Friedenskämpfer*, Helden der Nation. Und Bandera ist ein Gangster und Mörder.

Was hat Bandera getan, was andere nicht getan haben?

Nach der Niederlage der Westukrainischen Volksrepublik 1919 und der Besetzung ukrainischer Gebiete durch Polen gliederte der Völkerbund das ukrainische Ostgalizien Polen ein unter der Bedingung, dass es die ukrainische Frage löst und den Ukrainern Autonomie verleiht. Für den Anfang benannte Polen Galizien in Ost-Kleinpolen um, stoppte die Finanzierung ukrainischer Schulen, unterdrückte die ukrainische Intelligenz und verbreitete den Katholizismus in orthodoxen ukrainischen Bezirken.

Die ukrainische Jugend rebellierte gegen diese nationale und religiöse Drangsalierung, sie hatte aber eine dürftige Wahl der Kampfmethoden: Sie zündete polnische Landgüter und Getreide auf den Feldern an und zerstörte die Telegrafenlinien. Ihr Ziel: Erneut die »ukrainische Frage« in der Welt auf die politische Agenda zu setzen, die Instabilität Polens und eine echte Chance für den Aufbau einer unabhängigen Ukraine zu zeigen.

Am 1. September 1930 beschloss der polnische Staat, angeführt von Józef Piłsudski, die ukrainischen Gebiete zu »befrieden«, zu »pazifizieren«. Die Strafmaßnahmen dauerten zweieinhalb Monate und betrafen 450 Siedlungen in 16 Distrikten von Galizien. 16 Hundertschaften der Polizei, ein Lanzer-Regiment, das Regiment der berittenen Schützen umzingelten die Dörfer und führten bei den Bewohnern Durchsuchungen und Verhöre durch. Lokale Aktivisten, Lehrer und Priester der ukrainischen griechisch-katholischen Kirche litten besonders unter Strafmaßnahmen. Während der Aktion wurden in jedem Dorf Menschen exekutiert. Die nach vorbereiteten Listen festgenommenen Personen versammelte man an öffentlichen Orten und peitschte sie dort aus. Sie wurden gezwungen, die Ukraine zu beschimpfen, Lobpreisungen zu Ehren von Józef Piłsudski zu skandieren und die polnische Hymne zu singen. Nach ukrainischen Angaben wurden etwa anderthalbtausend Personen unter diesen Umständen zusammengeschlagen, darunter 93 Schüler. 1739 Personen, hauptsächlich Studenten und Schüler, wurden festgenommen, mehr als 40 Frauen vergewaltigt, 13 Menschen getötet. Darüber hinaus mussten die Gemeinden jedes Ortes, an dem die »Befriedung« stattfand, »Wiedergutmachung« an die polnische Polizei und Armee mit Nahrungsmitteln, Vieh und Futtermitteln bezahlen. Im Allgemeinen bestand das Ziel der Strafaktion nicht darin, die Täter der Brand-

stiftungen zu identifizieren, sondern die Zivilbevölkerung einzuschüchtern, was eine Strafe für die Illoyalität der gesamten Region sein sollte.
Einer der Organisatoren der »Befriedung« war Bronisław Pieracki, der 1931 Innenminister Polens wurde. Auf seine Initiative hin fanden Pogrome in den ukrainischen Gebieten Lemkenland, Volhynien und Polessien statt. Es war dieser Pieracki, der von einem Mitglied der Organisation Ukrainischer Nationalisten (OUN) 1934 erschossen wurde, wir präzisieren, erschossen nicht von Bandera, aber auf seinen Befehl hin. Es sollte darauf hingewiesen werden, dass das Ziel der OUN, wie aller anderen Organisationen dieser Art in der Welt, nicht darin bestand, Staatsdiener zu töten um zu töten, sondern als Strategie, die Fundamente des Staates, den sie hassten, zu erschüttern und ihren eigenen Staat, in diesem Fall die unabhängige Ukraine, zu gründen.
Als Symbol der Gewalt gegen die Ukrainer wurde Pieracky von den OUN-Mitgliedern als legitimes Opfer angesehen.
Die Polen verhafteten viele Anführer der OUN (dem Mörder des Ministers gelang es, dem Tatort zu entfliehen, er lebte noch lange und starb erst in den 60er Jahren des letzten Jahrhunderts) und strengten gegen sie einen Prozess in Warschau an. In der Verhandlung erklärte Bandera, dass er als ukrainischer Staatsbürger (!) nicht unter polnische Gerichtsbarkeit fiele. Andere Angeklagte und Zeugen begrüßten das Gericht mit den Worten »Ruhm der Ukraine!« und lehnten es ab, auf Polnisch auszusagen. Der Richter verurteilte sie zu horrenden Geldstrafen, aber als sie den Saal verließen und sich verabschiedeten, riefen sie: »Ruhm der Ukraine!«, »Es lebe die ukrainische nationale Revolution!«, »Es lebe die Ukraine!« – all dies steht in den Akten der Gerichtssitzungen.[633]
Das Gericht verurteilte Bandera zum Tode, aber aufgrund einer Amnestie wurde das Urteil durch lebenslange Haft ersetzt. Bandera verbrachte mehr als fünf Jahre im Gefängnis, bis man ihn 1939 – eher zufällig – freiließ.
Bandera suchte Verbündete. Einen solchen Verbündeten, zumindest im Hass auf die Bolschewiki, die seiner Meinung nach die Ostukraine besetzten, sah er im nationalsozialistischen Deutschland. Deutschland brachte auf seinen Bajonetten bereits 1918 schon ein wenig Unabhängigkeit für die Ukrainer. Damals wurde in Kyjiw die Ukrainische Volksrepublik ausgerufen. Warum sollte man nicht noch einmal versuchen, in einem deutschen Tross nach Lemberg und Kyjiw zu kommen, wenn Hitler die von ihm und Bandera gehassten Bolschewiki wieder aus der Ukraine vertreiben würde?
Bandera wartete auf den Krieg. Die Deutschen hatten die Macht, nicht nur

Bandera hoffte auf sie, sondern alle, die die Ukraine frei von Bolschewismus sehen wollten. So eine Gelegenheit gäbe es nicht noch einmal.
Sollte Bandera mit den Nazis einen Deal machen? Sollte er ihr Komplize werden?
Wir stellen die Frage etwas anders: Welche Chancen hatte Bandera, ohne deutsche Hilfe die Ukraine vom Bolschewismus zu befreien?
Hat sich Bandera an die Deutschen verkauft? Natürlich, hat er. In gleicher Weise hat sich der Anführer des Weltproletariats, Lenin, 1917 an die Deutschen verkauft, als er Geld von Deutschen, die gerade mit Russland (Erster Weltkrieg) kämpften, für die russische Revolution nahm. So haben sich die nationalen Bewegungen in Angola, Mosambik, Somalia, Ägypten, Äthiopien, Afghanistan, Sudan, China, Vietnam, Korea an die Sowjetunion verkauft – sie wurden »sozialistisch«, damit ihnen die UdSSR Geld und Waffen gab, damit sie in sowjetischen Spezialmilitärzentren ausgebildet werden konnten... So haben sich andere »Bewegungen« an die Amerikaner verkauft – für amerikanisches Geld, für amerikanische Waffen, für amerikanische Ausbilder und für die amerikanische politische Unterstützung. Daher ist das Verhalten von Bandera – wir gehen fest von seinem tiefen Groll auf die Sowjetunion, die in der Ostukraine herrschte, und auf Polen, das in der Westukraine herrschte, und seinem Wunsch, die Ukraine frei zu sehen, aus – vernünftig, er hatte keine anderen Verbündete. Wie können ihm die Vereinigten Staaten, das Vereinigte Königreich oder Frankreich bei der Umsetzung seines Plans helfen? Mit wem sollte er nach einer gemeinsamen Sprache suchen? Mit Stalin?
Im Sommer 1940 verhandelte Stepan Bandera mit der Abwehr der deutschen Armee. Sie sind sich einig, dass wenn sich die Ukrainer eine freie Ukraine wünschen, dann sollte man nicht darauf warten, dass sie ihnen bereits befreit geschenkt würde. Man musste die Waffen in die Hand nehmen und gegen die Sowjetunion kämpfen. Bandera verstand diesen Ansatz und stimmte zu. Aus den ukrainischen Nationalisten bildeten die Deutschen im März-April 1941 die Sabotagebataillone *Roland* und *Nachtigall*, die im sowjetischen Hinterland militärische Operationen durchführen sollten. Beide Einheiten waren der Sabotageabteilung der Abwehr unterstellt. *Nachtigall* erhielt den Namen Stepan Banderas – des Chefs ukrainischer Nationalisten.
Der Krieg, auf den Bandera sehnlich gewartet hatte, begann. Am 23. Juni 1941 überschritt *Nachtigall* die sowjetische Grenze, und am Morgen des 30. Juni drangen 330 seiner Kämpfer in Lemberg ein. Am selben Tag nutzte Banderas Stellvertreter Jaroslaw Stezko die Tatsache, dass die deutsche

Verwaltung in Lemberg noch nicht existierte, und erklärte die ukrainische Unabhängigkeit. Ohne Abstimmung mit den Deutschen. Aber mit Einverständnis von Bandera. Der Primas der ukrainischen griechisch-katholischen Kirche, Andrei Scheptyzkyj, segnete die Soldaten von *Nachtigall* für den weiteren Kampf gegen die Bolschewiki.
Gerade in Lemberg geschieht etwas, was die Juden Bandera nicht vergeben können. Am 30. Juni begann, wie es vielen Historikern scheint, ein geschickt von den Deutschen angezetteltes Pogrom – ein antisowjetisches und antipolnisches. Aber weitgehend – antijüdisches. Wodurch es verursacht wurde, was seine treibenden Kräfte waren, wer wen trat, welche Rolle dabei Ukrainer, Polen und Deutsche spielten, wer in den Wohnungen herumgegangen ist und wer Menschen erschossen hat – davon gibt es viele sich widersprechende Versionen. Bandera selbst war nicht in Lemberg, aber in Lemberg war die ukrainische nationalistische *Nachtigall*, in Lemberg herrschte die ukrainische nationalistische Polizei. Deshalb war er, Bandera, an allem, was passiert ist, schuld – so die weit verbreitete Meinung. Seit dieser Zeit ist Bandera für die Juden ein Antisemit und wird niemals von diesem Kainsmal reingewaschen. Bis in die Ewigkeit.
Aber für Bandera war der 30. Juni 1941 ein glücklicher Tag – nicht aufgrund seiner »antisemitischen Überzeugungen«. Die unabhängige Ukraine wurde ausgerufen! Es war vollbracht!
Vollbracht? Nein, die Deutschen hatten andere Pläne. Sie wollten keine unabhängige Ukraine.
Deshalb verhafteten sie bereits am 6. Juli Bandera und die gesamte OUN-Spitze, einige wurden erschossen, andere in Konzentrationslagern in eine »ehrenhafte Isolation« gesteckt. Bandera kam nach Sachsenhausen, wo er bis Dezember 1944 saß. Zwei seiner Brüder schickten die Nazis ins Vernichtungslager Auschwitz, wo beide umkamen. Die drei in der Ostukraine lebenden Schwestern wurden von Sowjets in die sibirischen Lager des Gulag gesteckt. Seinen Vater, Andrij Bandera, erschossen Kommunisten.
Was sollten die Deutschen mit den bewaffneten und ausgebildeten *Nachtigall* und *Roland* tun, die für eine unabhängige Ukraine kämpfen wollten, nicht aber für Hitlers geisterhafte Ziele, und die Freilassung von Bandera forderten?
Die Deutschen zogen beide Bataillone von der Front nach Deutschland zurück und lösten sie auf. 1942 weigerten sich die Kämpfer der Bataillone, denen bewusst war, dass die Deutschen keine unabhängige Ukraine schaffen würden, auf Hitler zu schwören und gehen in die Wälder. Sie bildeten den

Kern der ukrainischen Aufständischen Armee (UPA), die an drei Fronten kämpfen wird – gegen die Deutschen, gegen Moskau und gegen die Polen. Das Ziel: eine freie Ukraine.

Einer der Anführer der UPA, Roman Schuchewytsch, antwortete einmal seiner Frau, die ihn anflehte, die Idee einer unabhängigen Ukraine aufzugeben und zum »normalen Leben« zurückzukehren: »Ich liebe diese Idee mehr als dich und meinen Sohn«[634]. Nun, Terroristen sind überall einer Idee verfallene Menschen...

Wie bereits erwähnt, ließen die Deutschen Stepan Bandera im Dezember 1944 aus dem Konzentrationslager frei – die Sowjetarmee stand bereits vor Deutschlands Grenzen, die Deutschen mussten etwas unternehmen, jetzt suchten sie verzweifelt nach Verbündeten. Einer von ihnen war der russische General Wlassow, der sich den Deutschen angeschlossen hatte. Bandera wurde angetragen, mit seiner OUN und UPA mit Wlassow zusammen gegen die UdSSR zu kämpfen.

Zusammen mit Wlassow? Mit Russen? »Nie-mals!«, entgegnete Bandera. Er hatte sein ganzes Leben für die Ukraine gekämpft – selbstständig, mit Hitler, ohne Hitler. Auf seinem Weg – viel Blut.

Es wäre jedoch naiv zu glauben, dass die Schaffung eines Nationalstaates ohne Gewalt, ohne Unterdrückung der Rivalen abliefe. Gar so, wie der britische Nationalismusforscher Prof. Michael Billig ironisch schreibt, dass »aus einer kleinen Knospe die üppige Blume einer Nation erblüht, als würde sie 'natürlich' reifen.«[635].

Für eine solche »Reifung der Nation« war es oft notwendig, durch Terror »die Temperatur zu erhöhen«. Dies ist sowohl von Afrika und Amerika als auch von Israel, Irland, Spanien, der Ukraine bekannt...

Nun ist es für uns jedoch wichtig, nicht die Zweckmäßigkeit oder Notwendigkeit des Terrorismus bei der Bildung einer Nation und eines Staates herauszufinden, sondern nur auf unterschiedliche Einschätzungen eines sehr ähnlichen Lebens und einer sehr ähnlichen Tätigkeit von Terroristen verschiedener Nationen in Abhängigkeit von der politischen Konjunktur aufmerksam zu machen. Wir rechtfertigen den Terrorismus keinesfalls als solchen, aber seine Wahrnehmung durch das Massenbewusstsein ist zu gegensätzlich. Einige Terroristen sind nachahmenswerte Helden. Andere sind Verbrecher.

Zum Beispiel verurteilte das Europäische Parlament die Ehrung des »Nationalisten und Terroristen« Stepan Bandera durch den ukrainischen Präsidenten scharf.[636] Es wies darauf hin, dass die Vergabe des hohen Titels an

Bandera nicht mit den europäischen Werten vereinbar sei, und fügte hinzu, dass die Ukraine die Rolle von Bandera in ihrer Geschichte überdenken sollte, wenn sie von einer Mitgliedschaft in der Europäischen Union träume. Und weil die Ukraine den EU-Beitritt in die Verfassung festgeschrieben hat, war eine solche Entschließung eher eine Erpressung...

Lassen wir den Initiator der Resolution des Europäischen Parlaments, den Abgeordneten Paweł Zalewski, aus einem Interview für eine ukrainische Zeitung zu Wort kommen: »Ich wollte keine historische Diskussion über das oben Genannte beginnen – dies müssen die Historiker tun. Ich wollte nur und nicht nur ich, sondern das gesamte Europäische Parlament, das mehrheitlich für diese Entschließung gestimmt hat, zeigen, dass Werte wichtig sind. Wenn wir über die Bedingungen für die Integration in die Europäische Union sprechen, sollten wir dies berücksichtigen. Schließlich bedeutet die EU nicht nur europäische Normen, europäisches Recht oder Business, sondern auch Werte. Das war in der Tat unser Signal.«[637]

Paweł Zalewski ist ein polnischer Abgeordneter. Das ist wichtig für uns, um zu sagen, dass der »Signalgeber« offensichtlich ein kurzes Gedächtnis hat. Er vergaß die Gebrüder Piłsudski, insbesondere Józef Piłsudski, dessen gewaltige Monumente auf üppigen Podesten ganz Polen dicht bedecken.

Den Terroristen Józef Piłsudski.

1887 war er zusammen mit seinem Bruder Bronisław, einem Mitglied der terroristischen Fraktion der Partei *Narodnaja Wolja*, in den Mordanschlag auf den russischen Zaren Alexander III. verwickelt. Bronisław wurde (zusammen mit dem älteren Bruder von Wladimir Uljanow-Lenin Alexander) dafür zum Tode verurteilt, später aber begnadigt und zu 15 Jahren Zwangsarbeit auf die Insel Sachalin im Fernen Osten Russlands verbannt. Im modernen Polen ist der ältere Bruder-Terrorist Bronisław Piłsudski auf einer Briefmarke und auf speziellen Münzen verewigt.

Der jüngere Józef erhielt für die Teilnahme an dem Attentat fünf Jahre sibirisches Zuchtlager. Nach seiner Rückkehr aus der Verbannung terrorisierte und raubte er weiter. Der Chef der Warschauer Sicherheitsabteilung (die Geheimpolizei des zaristischen Russlands), P. Sawarsin, bezeichnete Józef Piłsudski als »einen außergewöhnlichen Spezialisten für die Organisation von Raub von Zügen, Banken, Postämtern sowie Terrorakten« und fügte hinzu, »die von ihm organisierte Kampfschule in Krakau habe massenweise Mörder und Räuber produziert.«[638]

Auch Polen ehrt also seine Terroristen. Warum betrachtet es sich als den »europäischen Werten« verpflichtet und beeilt sich nicht, die Europäische

Union durch die Hintertür zu verlassen? Warum stellt der Abgeordnete Zalewski nicht die Abstimmung zu den Piłsudski-Terroristen, ihre »Werte« auf die Tagesordnung – seine eigenen, polnischen Historiker werden ihm Fakten liefern. Anscheinend kann der Abgeordnete Zalewski diese Diskrepanz damit erklären, dass Piłsudski gegen den RUSSISCHEN Zaren für die Freiheit POLENS gekämpft hat, und Bandera gegen die POLNISCHE Regierung für die Freiheit der UKRAINE. Und das ist anscheinend aus polnischer Sicht ein Riesenunterschied.
Wie wir sehen, auch in der Frage des Terrorismus, in der Rechtmäßigkeit oder Illegalität des bewaffneten Kampfes gegen Unterdrücker ist die moderne politische Klasse heuchlerisch: Sie geht von politischen Prioritäten aus, ihre Einschätzungen sind politisiert, ihre Ansätze sind politisiert, ihre Kommentare sind politisiert.
Kurze Zusammenfassung: Wie die historische Praxis zeigt, geht der Kampf um nationale Unabhängigkeit oft nicht ohne Terror, ohne Opfer und ohne Blut. Die ausgeraubten Banken und Postzüge gaben Geld für Untergrundarbeit, für Propaganda, für die Zeitungen – und für Waffen. Die getöteten Zaren, Könige und Minister machten auf das Elend der Völker aufmerksam und trugen den Kampf um ihre Befreiung auf die Titelseiten von Zeitungen und an die Oberfläche des öffentlichen Bewusstseins. Freiheitskämpfer waren jahrhundertelang bereit, ein Bündnis selbst mit dem Teufel einzugehen – und gingen es auch ein, – damit dieser Teufel die Landsleute zu befreien helfen könnte. Weiße Handschuhe überließen sie den zukünftigen Generationen.
Zum Nationalismus, zu den nationalistischen Organisationen und zur Gewalt durch Nationalisten kann jeder sich so verhalten, wie er es für richtig hält. So wie komplexe soziale Prozesse nicht einheitlich eingeschätzt werden, so gibt es auch keine eindeutige Wertung des nationalistischen Terrorismus. Aber wir müssen aufhören, den Nationalismus in besseren und schlechteren, den Terrorismus in besseren und schlechteren, die Opfer des bewaffneten Kampfes in bessere und schlechtere einzuteilen.
Jeder nationalistische Terrorismus beginnt und endet dort, wo eine Nation, die Staatlichkeit anstrebt, entweder keine legitimen Mittel zur Erlangung der Unabhängigkeit sieht oder solche Methoden objektiv nicht existieren.

Gene Sharp versus Mahatma Gandhi

In Ländern, in denen sich die Macht in den Händen von Besatzern befindet (oder auch der nationalen oligarchischen Elite, die sich ihrer nationalen Berufung nicht bewusst ist), stellt sich die Frage nach der Machteroberung. Nationale Bewegungen müssen um die Macht kämpfen, wenn sie eine starke Nation schaffen wollen.

Ist dieser Kampf immer mit der Anwendung von Gewalt verbunden?

Viele Theoretiker von der Antike bis zur Moderne bejahen diesen Gedanken, wenn sie mit sich selbst ehrlich sind. Kann man doch ohne Gewalt und ohne Blut auskommen? Wenn Gewaltlosigkeit zur Ideologie, zum Aktionsprogramm wird?

Es scheint möglich zu sein.

Ein berühmter Vertreter der Ideologie und Praxis der Gewaltlosigkeit, ihr Begründer war der Kämpfer für die nationale Befreiung Indiens von der britischen Versklavung Mahatma Gandhi. Als er geschlagen wurde, sagte er: Schlag weiter. Als er eingesperrt wurde, war er froh, dass die Menschen jetzt sicher verstehen würden, auf wessen Seite die Wahrheit ist. Die von Gandhi entwickelte Taktik des gewaltlosen Kampfes *Satyagraha* (aus dem Sanskrit – *an der Wahrheit festhalten*) versuchte die Vernunft und das Gewissen des Feindes anzusprechen.

Aber hat der Feind immer Vernunft und, noch mehr, ein Gewissen?

Über Gandhi wurde viel geschrieben. Alle Autoren sind sich einig, dass er ein außergewöhnlicher Mann war, vielleicht seltsam. Als junger Mann wurde er zum Vegetarier und blieb es sein ganzes Leben lang. Er predigte in allem Abstinenz, insbesondere im Sex, also trank er keine Milch, die leibliche Lust hervorrufen soll. In seiner Autobiographie präsentiert er zweifellos eine ehrliche Liste seiner »Sünden« in seinem ganzen Leben: einige gerauchte Zigaretten, einige gegessene Fleischstücke, wenige Pennys, die er als Kind von einer Magd gestohlen hatte, zwei Besuche im Bordell (»dort nichts gemacht«), im britischen Portsmouth hätte er beinahe einen »Sündenfall« mit der Vermieterin erlebt, einmal in seinem ganzen Leben explodierte er vor Wut...[639]

Bei jemandem anderen passt eine solche Liste in einen Monat.

Auf dieser Seltsamkeit beruht seine spirituelle Stärke, als er, mit einem Stück

Sackleinen umwickelt, allein durch seine Existenz das mächtige Britische Empire bedrohte. Er lebte asketisch, und diese Askese führte ihn offensichtlich zur Idee vom Widerstand ohne Gewalt.

Zu seiner Zeit befanden sich die indische Wirtschaft, die Truppen, die Waffen, die Flotte in den Händen von Großbritannien... Indien war eines der ärmsten Länder der Welt mit Hunderten von Millionen gedemütigten, durch Kasten getrennten Sklaven. Gandhi predigte, dass die Inder die britischen Unterdrücker gar nicht hassen sollten, sie sollten dem Feind keinerlei moralischen oder materiellen Schaden zufügen. Bei Demonstrationen und Streiks ließen sich die Inder schlagen, gingen aber nicht auseinander. Sie legten sich vor dem fahrenden Zug auf die Gleise und hofften, dass er hält...

Es gibt die Beschreibung einer Demonstration zur Verteidigung des festgenommenen Gandhi. Zweieinhalbtausend Teilnehmer wurden von der Polizei angegriffen, die auch begann, Protestler mit bleiverstärkten Stöcken zu schlagen. Kein einziger Mensch aus der ersten Reihe, und es waren dort auch Frauen und alte Männer, versuchte sich zu schützen, nicht einmal seinen Kopf mit den Händen zu bedecken. Sie fielen unter den Schlägen und blieben im Staub und Blut unter den Füßen der Polizei liegen. Und die Polizisten schlugen weiter auf die bereits Liegenden ein. Die Bewusstlosen wurden in die Wassergräben geworfen. Als die erste Reihe durch war, bewegte sich die zweite Reihe der Demonstranten mit hochgehobenen Köpfen auf die Polizei zu. Sie gingen still und zielstrebig, ohne sich Mut zuzuschreien, wohl wissend, dass sie schreckliche Schläge, Verletzungen oder den Tod nicht vermeiden konnten. Die Polizei stürzte auf sie zu und begann mechanisch auch die zweite Reihe zu prügeln. Es gab keinen Kampf, die Demonstranten gingen einfach vorwärts, bis die Schläge sie niedermähten. Viele Stunden lang trugen anschließend Sanitäter die blutigen Leichen und Körper in Agonie zur Seite.

Nun, so kann man sterben. Aber ohne Gewalt, ohne Blutvergießen zu siegen? Unmöglich! Könnte es wirklich eine solche Politik geben, einen solchen Kampf, der nicht aufs engste mit Gewalt verbunden ist? Und nicht ein Tag, nicht zwei Tage, sondern Jahrzehnte?

Im April 1919 kamen Tausende Menschen dem Aufruf von Gandhi zu einer friedlichen Protestkundgebung in der Stadt Amritsar nach. Truppen wurden gegen sie geworfen, die Demonstranten kaltblütig erschossen – etwa 400 Menschen wurden getötet, mehr als 1000 verwundet. Natürlich hat das Amritsar-Massaker das Land aufgewühlt, aber bezahlte man nicht einen zu hohen Preis für ein solches Erwachen?

Auch Gleichgesinnte Gandhis haben ständig das Prinzip der Gewaltlosigkeit kritisiert. Was ist zum Beispiel bei einer äußeren Aggression zu tun? Indien hatte sich nach seiner Unabhängigkeit immer für eine allumfassende Abrüstung ausgesprochen und erklärte, dass es selbst bereit wäre, der ganzen Welt in diesem Sinne ein Beispiel zu geben. Die Geschichte endete mit der Tatsache, dass die Atommacht Indien heute eines der am stärksten bewaffneten Länder ist, die indische Halbinsel wegen der nuklearen Konfrontation zwischen Indien und Pakistan eine der explosivsten Regionen der Welt.

Vielleicht ist Gewaltlosigkeit eine gute Sache und berechtigt, wenn eine Person über ihr eigenes Schicksal entscheidet. Wenn jemand Millionen zu Gewaltlosigkeit aufruft (wie im Fall von Gandhis Appell, sich den japanischen Eindringlingen nicht zu widersetzen), besteht die Gefahr, dass ein (möglicher) Sieg teuer bezahlt wird. Ist diese Fragestellung mit dem echten Nationalismus vereinbar, der sich um jedes Mitglied seiner Nation kümmern sollte? Oder ist sie im heutigen Indien mit ihren mehr als einer Milliarde Menschen nicht relevant?

Die Briten verließen 1947 das Land. Die Inder haben gewonnen, ohne die Waffen zu ergreifen. Niemand bestreitet, dass Gandhi unser Verständnis von der Welt und den Kampf darin erweitert hat.

Aber musste ein Sieg mit SOLCHEN Opfern erstritten werden? Warum sollten die Unterdrückten, nicht die Unterdrücker sterben?

Was Gandhi angeht: Waren vielleicht Prinzipien der Gewaltlosigkeit nur seine eigenen Prinzipien, die er den anderen mit GEWALT auferlegt hat?

Als Gandhis Frau krank wurde und dem Sterben nah, verlangte der Arzt eine Fleischdiät für sie. Der Vegetarier Gandhi zeigte sich unnachgiebig und hätte eher seine Frau verloren, als sich mit dem Arzt einverstanden zu erklären. Von seiner Frau verlangte er das Versprechen, dass auch sie auf seiner vegetarischen Position bliebe. Er tat es sehr geschickt: Mit hartem moralischen Druck erlaubte er seiner Frau »selbst«, zwischen SEINEN Prinzipien und IHREM Leben – auf Kosten der Aufgabe SEINER Prinzipien – zu entscheiden. Er erklärte seine Prinzipien so: Nicht alles kann um des Lebens Willen getan werden, es muss eine Grenze geben... Gott sei Dank erholte sich die Frau, ohne ihr Gelübde zu brechen. Der Schriftsteller George Orwell schrieb genau über diese Konstellation: »Diese Haltung ist vielleicht eine edle, aber in dem Sinn, den die meisten Menschen – glaube ich – dem Wort geben würden, ist es unmenschlich.«[640]

Gewaltlosigkeit war für gewöhnliche Menschen schwer. Am 4. Februar 1922 beschoss die Polizei im Dorf Chauri-Chaura die Teilnehmer einer friedlichen Kundgebung. Die empörte Menge sperrte die Häscher im Haus ein und verbrannte sie. Gestorben waren 21 Staatsdiener. Gandhi betrachtete diesen Vorfall als Hinweis darauf, dass die Massen noch nicht für gewaltfreie Aktionen reif waren.

Schließlich ist das eine spontane natürliche Reaktion jedes Menschen – Gegenwehr. Die Prinzipien von Gandhi waren nötig, um die Inder einer Schafherde gleich unter Polizeibeschuss zu bringen. Übrigens »fand« Gandhi auch eine Lösung für ein so dringliches Problem wie das jüdische im Dritten Reich. Er äußerte einmal die Ansicht, dass alle Juden in Deutschland, um die Empörung der Weltgemeinschaft zu wecken, aus Protest gegen das Regime Selbstmord begehen müssten.[641]

Um es milde auszudrücken, ein sehr ausgefallener Ansatz...

Gandhi hatte einen modernen Anhänger, den in engen Kreisen weit bekannten Amerikaner Gene Sharp (1928-2018). Er versuchte auch zu beweisen, dass die nationale Bewegung gewaltfrei handeln kann. Dieser berühmte revolutionäre Praktiker und »Prediger der Gewaltlosigkeit« sammelte fast 200 Methoden im Arsenal der gewaltlosen Aktionen. Alle sind theoretisch von ihm begründet und »im Kampf« verifiziert.

Jemand könnte Sharpe als einen »Exporteur von Revolutionen« betrachten, wie Che Guevara. Hier sind wir jedoch nicht an den Zielen gewaltfreier Handlungen interessiert, sondern nur an Ergebnissen. Und niemand kann die Tatsache bestreiten, dass der Sieg der Revolutionen in Serbien, der Ukraine, Georgien und Ägypten das Werk von Gene Sharp ist, da er die Aktivisten beraten hat und durch ihn das Geld an *Tulpen-*, *Orangen-*, *Nelken-*, *Samt-* und andere Revolutionen ging. »Symbolische Begräbnisse« in Georgien, Aserbaidschan und Kanada, Nacktheit als Protest der *Femen*-Gruppe und Zeltlager in der Ukraine, Gebete und angezündete Kerzen in der DDR[a], Boykott deutscher Waren in den USA in den 30er Jahren des letzten Jahrhunderts, italienische »Arbeit nach Vorschrift«, der chilenische Streik der Lastwagenfahrer, der Boykott der Wahlen in Weißrussland und Jordanien, der Studentenaufruhr auf dem Platz des Himmlischen Friedens in Peking und die Selbstverbrennung der Mönche in Tibet, die Kamelritte zum Tah-

---

a »Mitte der Achtziger übergab (westdeutsche Politikerin, Gründungsmitglied der Partei *Die Grünen* Petra – V. T.) Kelly seine (Sharps – V. T.) Schriften dem DDR-Bürgerrechtler Gerd Poppe, was dieser heute als eine wichtige Inspiration für den Herbst 1989 wertet«, schreibt *Die Zeit*. *(https://www.zeit.de/2011/10/Gene-Sharp)*

rir-Platz in Kairo – all dies sind die Kampftaktiken, die in Gene Sharps Buch »Von der Diktatur zur Demokratie« seit langem beschrieben sind.[642] Diese Methoden haben eine Technik ihrer Anwendung, diese Methoden können erlernt werden. Ein solcher Transfer von Wissen und Handhabe wird insbesondere von ehemaligen Mitgliedern der serbischen Bewegung *Otpor* organisiert, die sogar ein »Coaching-Paket« anbieten.

Diejenigen, die Sharp und seine gewaltfreie Vorgehensweise näher kennen, behaupten jedoch, dass diese Methoden, wie die »vegetarischen« Methoden von Gandhi, nur äußerlich dem christlichen Erbarmen ähneln. In der Tat sind es oft Provokationen, die fein auf der »Herden-Psychologie« aufgebaut sind und auf die Tatsache abzielen, dass unbemerkte »samtene« Gewalt der einen Seite schwere und brutale Gewalt auf der anderen Seite hervorruft.

Ein Beispiel für eine solche »Gewaltlosigkeit« war Vilnius im Januar 1991. Heute belegen dies zahlreiche Fakten und Veröffentlichungen: Die Nationalisten provozierten die Opfer mit Schüssen selbst, um ihr Ziel zu erreichen und Litauens Unabhängigkeit von der Sowjetunion zu erklären. Audrius Butkevičius (geb. 1960), einer der Anführer der litauischen Nationalisten, gab später gegenüber Journalisten zu: Ja, Opfer waren geplant, ja, es wurden spezielle Provokateure mit Waffen und scharfer Munition hingebracht, nein, er hat keine Gewissensbisse, er kann sich nicht vor den Verwandten der Toten rechtfertigen, aber – er kann es »vor der Geschichte«. Er fügte hinzu: »Ich habe lange mit Gene Sharp zusammengearbeitet, der im Zivilschutz tätig war. Oder im psychologischen Krieg. Es war ein psychologischer Krieg.«[643]

Dies ist genau der »Machiavelli der Gewaltlosigkeit«[644] Sharp, ein Gefolgsmann Gandhis. Seine Kampfmethoden mögen effektiv sein, sind bestimmt effektiv, aber sie als »gewaltfrei« zu bezeichnen, ist zumindest nicht korrekt. Die Menschen wollen besser aussehen als sie wirklich sind. Ein natürliches Verlangen.

Gegner und Verbündete

In den meisten Ländern greift heute kein einziger Nationalist zu einer Waffe; aktuell besteht die Herausforderung darin, demokratische Legitimität zu erlangen. Eine solche Legitimität entsteht nur aus der Zahl der Wähler, die von der Richtigkeit der befürworteten Ideale überzeugt werden können und die im Rahmen der bereits bestehenden repräsentativen Demokratie ihre Stimmen für die nationalen Ideen abgeben werden. Daher ist es die Aufgabe der nationalistischen Partei, Anhänger zu gewinnen. Also nicht penibel danach zu fahnden, was die Partei von dieser oder jener sozialen Gruppe trennt, nicht nach Wasserscheiden zu graben und Konflikte (die immer schwelen, aber noch nicht explodiert sind) zu provozieren, sondern nach Mitstreitern, Gleichgesinnten, Komplizen, Verbündeten Ausschau zu halten.

Das Hauptprinzip: Alle, die keine Feinde sind, sind Freunde. Man braucht nach Feinden nicht zu suchen – sie finden sich von selbst.

Wer ist ein Verbündeter?

Weiße und Schwarze

Es wird angenommen, dass die Nationalisten ihre Arbeit auf einer ethnischen Basis aufbauen. In Irland heißt es für irische Nationalisten ist jeder Ire von vornherein besser als jeder Engländer – ein solcher Grundsatz wird verkündet. Daraus wird der Schluss gezogen, dass die Iren in Irland der irischen nationalen Idee immer treu bleiben und die Engländer aus all ihren Kräften dagegen kämpfen werden.

Soziale Verstrickungen sind aber keine Arithmetikaufgaben. Nicht alles kann hier »ohne Rest« in Faktoren zerlegt werden, und nicht alles kann man immer mit einem Plus- oder Minuszeichen versehen. Um es zu wiederholen: Es gibt heute praktisch keine ethnisch reinen Nationen. Forscher sprechen über 15 mehr oder weniger reine Ethnien auf der ganzen Welt. Der

Rest sind Kreuzungen. Daher ist die Vermessung von Köpfen, Nasen und die Berechnung des Prozentsatzes lockigen Haares nicht nur undankbar, unnötig, sondern auch schädlich. Heute kann keine Nation, welche auch immer, sich »ethnisch reinigen«, den Buchweizen vom Reis trennen.

Und warum sollte man es auch?

Schließlich haben Migrationsbewegungen nicht erst gestern begonnen. Die Europäer wanderten vor Hunderten von Jahren nach Asien und Amerika aus, ganz zu schweigen davon, dass auf dem riesigen eurasischen Kontinent Millionen von Menschen aus verschiedenen Gründen ihre Heimat verlassen hatten, um auf einem neuen Feld Wurzeln zu schlagen. Diese Menschen, die genetisch einer anderen Ethnie oder sogar einer anderen Rasse angehörten, übernahmen die Sprache, die Bräuche, die Traditionen und das historische Erbe der dominanten Nation, assimilierten sich mit ihr – und sind mit ihrer Assimilation glücklich.

Es gibt viele Beispiele in der Geschichte, wie Ausländer eben nicht ihrer Ethnie treu dienten und Patrioten nicht des Landes wurden, in dem sie geboren worden waren. Das sind Menschen, die das Schicksal einst an ein fremdes Ufer geschlagen hatte. Viele dieser Migranten, die ethnisch das geblieben sind, was sie von Geburt an waren, wurden jedoch zu führenden Persönlichkeiten, zum Stolz einer anderen Nation, die ihnen eine (zweite) nationale Authentizität verlieh.

So wurde der herausragende russische Feldherr, der russische Kriegsminister, Fürst Michail Barclay de Tolly, als Michael Andreas geboren. Er stammte aus einer deutschen Familie, die ein Zweig des schottischen Geschlechts mit normannischen Wurzeln war. In Russland wurde Barclay de Tolly 1812 zum Helden des Krieges gegen Napoleon. Der britische Schauspieler und Regisseur Peter Ustinov wurde in London als Sohn einer Einwandererfamilie aus Russland geboren, machte aber nicht den russischen, sondern amerikanischen Film berühmt. Sein Vater war russisch-jüdisch-deutsch-äthiopischer Abstammung und seine Mutter, Nadezhda Benoit, hatte russische, französische, spanische und italienische Vorfahren. Der deutsche Politiker Philip Rösler stammt aus Vietnam. Der Argentinier Che Guevara war kubanischer Minister und wird für viele für immer »der Kubaner« bleiben.

Und in gleicher Weise gibt es in jeder Nation viele »ethnisch eigene« Verräter, Abtrünnige.

Daher garantiert die ethnische Zugehörigkeit zur Nation nicht alle menschlichen Tugenden. Der ethnische Uigure in China kann ein leidenschaftlicher Gegner der uigurischen Befreiungsbewegung sein, und ein einheimischer Chinese ein eifriger Unterstützer der uigurischen Unabhängigkeit. Nicht Blut und Boden sind entscheidend für einen Nationalisten, sondern Überzeugung, Hingabe.

Abneigung gegen Fremde ist zudem ineffektiv. Sie behindert die Assimilation, die Auflösung des Kleineren im Größeren. Wenn die ethnische Mehrheit nicht eine ethnische Minderheit als Teil der Nation betrachtet, dann hat diese Minderheit Schwierigkeiten mit der Selbstidentifizierung im Rahmen der Nation. Die in den nationalen Hinterhof gedrückten Minderheitenmitglieder verkriechen sich in ihren »Schalen«, Korpuskeln, sie kommunizieren nur untereinander, sie reaktivieren ihre Sprache. Sie werden ihre Bräuche und Traditionen, ihre Religion aufrechterhalten. Sie werden eine Parallelgesellschaft schaffen, die eines Tages die Forderung nach Selbstständigkeit, nach Unabhängigkeit vorbringen wird. Wenn dieser kleineren ethnischen Gruppe eine solche Unabhängigkeit nicht eingeräumt wird, kann es geschehen, dass diese Ethnie zu Waffen greift, um ihr Recht auf nationale Selbstbestimmung geltend zu machen.

Kann eine solche Entwicklung im Interesse der dominanten Nation sein?

Wenn die Mehrheit sich um die Minderheit kümmert, wenn sie sie nicht diskriminiert, wenn sie gleiche Rechte und Möglichkeiten gewährt (aber ihr nicht servil wie ein Hund in die Augen schaut), dann trägt dies allein zur Integration der Angehörigen der nationalen Minderheit in die Gesellschaft bei, sodann auch zur Assimilation.

Ein Schwarzer, der in einem »weißen« Land lebt und sich mit dieser politischen oder ethnodominanten Nation identifiziert, der sich bemüht, dieser Nation mit Wort und Tat etwas Gutes zu tun, sie nicht als wirtschaftlich vorteilhafte Übergangsunterkunft betrachtet, ein solcher Schwarzer ist für die nationale Bewegung wertvoller als ein Dutzend ethnisch naher Bürger, die das Land nicht mögen, ihm allerlei Misserfolge und Missgeschicke wünschen und die mit einem Auge danach schielen, wohin man sich demnächst verdrücken könnte.

Der Prozess der Integration und Assimilation – wir haben darüber gesprochen – ist langwierig. Es geht nicht um Jahre, sondern um Jahrhunderte. Es täte einer nationalistischen Bewegung gut, wenn Vertreter ethnischer Minderheiten auf diesem Weg Gleichgesinnte und keine Feinde wären.

Natürlich wird ein Teil der Bürger, der die dominante Nation nicht mag, es aber nicht zeigen will, eines sagen und etwas völlig anderes tun. Keine Gesellschaft ist dagegen gefeit. Pluralismus impliziert, dass nicht alle an denselben Ansichten festhalten. Die Aufgabe der nationalen Bewegung ist es,

mit weit geöffneten Augen durchs Leben zu gehen. Die biblischen Worte »An ihren Früchten werdet ihr sie erkennen« sind genau auf diesen Fall gemünzt. »Jeder gute Baum bringt gute Früchte hervor, ein schlechter Baum aber schlechte. Ein guter Baum kann keine schlechten Früchte hervorbringen und ein schlechter Baum keine guten.« Es gibt auch eine biblische Anweisung für »schlechte Bäume«: »Jeder Baum, der keine guten Früchte hervorbringt, wird umgehauen und ins Feuer geworfen.« (Mt 7, 17-19).
Die Bibel ist, wie wir sehen, ein blutrünstiges Buch. Vor 2000 Jahren waren die Sitten auch etwas grausamer als gegenwärtig. Daher müssen natürlich diese Worte mit einem Korrektiv auf zweitausend Jahre zivilisatorische Erfolge verstanden werden.

Neues Babylon

Es gibt Länder, in denen eine beträchtliche Anzahl von Menschen eine andere Sprache spricht. Das Beispiel Pakistans, wo nur sieben Prozent der Bevölkerung die Staatssprache beherrschen und der Rest »inoffiziell« spricht, haben wir noch nicht vergessen. Sprachliche Konflikte sind in der modernen Welt alltäglich. Solche Konflikte sind nicht nur mit dem Kampf um die Sprache verbunden, sondern werden durch Sprache – und oft mit Gewalt – geführt. Schließlich beweisen Ethnien mit dem Vorhandensein einer eigenen Sprache vor allem sich selbst und dann den ideologischen Gegnern die Existenz einer Nation. Der Kampf um die Sprache ist ein Kampf um die Hegemonie in der Gesellschaft. Die Frage der Sprache ist auch eine Frage der Loyalität gegenüber der Nation.
Kann aber eine Person, die die Sprache »A« spricht, die Nation, die die Sprache »B« spricht, respektieren oder gar lieben?
Warum eigentlich nicht? Beispiele politischer Nationen, vor allem der Vereinigten Staaten, zeigen, dass dies durchaus möglich ist. Schließlich darf eine Nation nicht auf die Sprache reduziert werden. Lassen Sie uns einige Beispiele anführen.
In den frühen achtziger Jahren des vorigen Jahrhunderts erklärte die separatistische *Lega Autonomista Lombarda* in Italien den lombardischen Dialekt zur eigenständigen Sprache. Die Aktivisten übermalten die »falschen« Buchstaben auf den Straßenschildern. Als Reaktion darauf verspotteten

Gegner schon die Vorstellung, der lombardische Dialekt könnte eine echte Sprache sein. Es war sinnlos, in linguistischen Lehrbüchern nach einer Antwort auf diese Frage zu suchen, weil in einigen das Lombardische als eigenständige Sprache anerkannt wurde, in anderen jedoch nicht. Wenn das Programm von *Lega Autonomista* erfüllt worden wäre und die Lombardei sich von Italien getrennt und sich in eigenen Staatsgrenzen etabliert hätte, dann wäre nicht daran zu zweifeln, dass das Lombardische für eine eigentümliche, von der italienischen strikt zu unterscheidenden Sprache gehalten würde. Und nach einigen Jahren hätten sich auch die Verfasser der linguistischen Lehrbücher in dieser Frage geeinigt.

Das Programm wurde jedoch nicht realisiert – die *Lombardische Lega* bekam von den Bürgern der Provinz keine Unterstützung. Die Sprachfrage hatte viele potentielle Unterstützer abgestoßen, die sich als Lombarden fühlten, die Sprache jedoch nicht sprachen. Denn es gibt in der lombardischen Sprache zwei Hauptdialekte: den ostlombardischen und den westlombardischen, und jeder der Einwohner der Provinz glaubte, dass er richtig spräche, und die anderen in seinen Augen der Sprache nicht mächtig wären. Das Sprachproblem spaltete die Bewegung und warf sie politisch zurück.

Nach einer politischen Niederlage wurde die *Lega Autonomista Lombarda* in *Lega Nord* umbenannt – und das Sprachproblem von der Tagesordnung gestrichen. Heute beinhaltet das Programm der Partei Staatspolitik, Wirtschaftspolitik, Finanz- und Steuerpolitik, Innen- und Außenpolitik, Migrantenpolitik, EU-Politik, Verteidigungspolitik, Agrarpolitik, Umweltpolitik – und keine Sprachpolitik. Nachdem sich *Lega Nord* von dieser Bürde befreit hatte, war sie bereits mehrmals an der italienischen Regierung beteiligt.

In den 30er bis 40er Jahren des letzten Jahrhunderts wuchs sich das Sprachproblem in Italien auch für die nationalistische Bewegung Sardiniens aus. Aber wie anderswo hatte die Insel keine »Hauptsprache«, es gab eine Reihe verschiedener Dialekte, von denen einer die »Staatssprache« Sardiniens werden sollte. Aber welcher? Schließlich wird jeder Dialekt, egal was man nimmt, nur die Sprachpräferenzen eines Teils der Mitglieder der Bewegung widerspiegeln. Werden sich die Sprecher anderer Dialekte nicht als »zweitklassig« fühlen, werden sie nicht zu »armen Verwandten«, werden sie nicht – beleidigt – aus der nationalen Bewegung aussteigen? Alle diese Fragen machten den Anführern Sorgen. Und um die Sprecher aller sardischer Dialekte nicht vor den Kopf zu stoßen, wurde beschlossen, der Sprachfrage keine große Bedeutung beizumessen, sie zu verdrängen.

In der Ukraine ist der Nationalismus historisch in seinen westlichen Regionen verwurzelt, die fast ausschließlich Ukrainisch sprechen. Ukrainer im Osten des Landes sprechen meistens Russisch. Aber auch im russischsprachigen Raum liebt die überwältigende Mehrheit die ukrainische Nation und will in der souveränen Ukraine leben. Wenn man sie sofort ablehnte und mit Argwohn behandelte, würde die Basis der nationalistischen Partei mindestens um die Hälfte schwächer. Dies kann sich nur eine Partei und nur eine Bewegung antun, die keinen Sieg erzielen will. Wenn der Sinn der Bewegung die Bewegung an sich ist und nicht das Ziel, dann könnte man starre »Eintrittsregeln« festlegen. Wenn das Ziel im Sieg besteht, ist die Aufgabe, Verbündete zu suchen.

Auch die Zionisten standen vor dem Sprachproblem.

Wer kann sagen, welche Sprache »die jüdische« war? Die Menschen sind über Kontinente verstreut, sprechen hunderte von Sprachen – welche soll man nehmen? Die meisten Juden leben in Europa, und wenn sie zusammenkommen, sprechen sie Jiddisch. Aber für viele ist Jiddisch eine Fremdsprache. Daher wurde eine Entscheidung getroffen, die durch Demokratie, Weisheit und Weitsicht beeindruckt – Hebräisch, die alte Sprache der Juden, die seit fast zweitausend Jahren niemand mehr spricht, wird zur Amtssprache. Jeder muss sie lernen. Keine Muttersprachler. Volle Sprachgleichheit. Seit Beginn des 20. Jahrhunderts wird von Zionisten in allen Ländern der Welt, von jedem, der seine Zukunft in Palästina sieht, fleißig Hebräisch gepaukt.

Und wer kein Hebräisch lernt – liebt der sein (zukünftiges) Land nicht?

Nein, das wäre zu einfach...

Theodor Herzl rief die Juden auf, für die nationale Idee zu arbeiten, unabhängig davon, wo sie auch lebten: Einer mit seinem Einfluss, der mit dem Wort, ein anderer mit Mark, Dollar oder Pfund – alle sollten der gemeinsamen Sache dienen.

Aber was ist mit der Sprache? Die Zionisten, die den Sinn ihres Lebens in der Schaffung eines jüdischen Staates in Palästina sehen, entscheiden, dass die Juden der Diaspora, um so nützlich wie möglich zu sein, jede Sprache sprechen, jede »offizielle« Nationalität haben, jede Religion ausüben, jeder Partei angehören dürfen – und dies alles nur unter einer Bedingung: den Idealen des Zionismus treu zu bleiben.

Das heißt, der Mensch muss die Zugehörigkeit zur Nation fühlen, Teil der Nation sein und sich zum Wohl der Nation aufgeben – der Rest (sogar die Sprache!) – ist sekundär, eine Ableitung vom Kern.

Aber ohne gemeinsame Sprache brach doch der Turm von Babel zusammen? Der Nationalstaat sollte andere Sprachen bekämpfen, sie mit einem heißen Eisen ausmerzen?
Um sich gegenseitig zu verstehen, ist eine gemeinsame Sprache, eine Sprache der zwischennationalen Kommunikation, *linguae francae* natürlich unabdingbar. Aber wer hat gesagt, wie viele Sprachen in einer Gesellschaft parallel zur Hauptsprache existieren dürfen? Besteht Gefahr, wenn jemand in der Sprache seiner Ethnie mit seinen Stammesgenossen spricht? Worin liegt sie?
Es ist notwendig, FÜR die nationale Sprache zu kämpfen, und nicht GEGEN die Sprachen anderer ethnischer Gruppen. Die Nationalsprache muss gefördert werden, sie muss unterstützt werden, sie muss das Image einer großen und schönen Sprache bekommen. Die Kenntnis der Staatssprache für Staatsdiener ist ein Allgemeinplatz, der keiner Diskussion bedarf. Aber man darf andere Sprachen nicht verbieten, verfolgen. Die Sprache einer Ethnie zu untersagen bedeutet, sie zu diskriminieren. Und Diskriminierung ist immer gefährlich – nicht wegen einer »Verurteilung der Weltgemeinschaft«, sondern der unvorhersehbaren Folgen einer ethnischen Explosion einer diskriminierten Minderheit.
Darüber hinaus ist Sprache nur ein Aspekt der politischen Programme der Nationalisten.
Derjenige, der die nationale Idee auf das Problem der Nationalsprache reduziert, hackt an den Wurzeln der nationalen Bewegung. Ist ein nationalistischer Politiker nicht durch das Sprachproblem verblendet, wird er von vielen Gleichgesinnten unterstützt, auch wenn sie ihre Gedanken vielleicht in einer anderen Sprache denken. Das soziale und politische Engagement eines »fremdsprachigen«, aber national bewussten Menschen wird ihn ohnehin früher oder später dazu bewegen, die Vorrangstellung der dominanten Landessprache zu erkennen – und anfangen, sie zu sprechen.

Zu welchem Gott soll man beten

Viele nationalistische Bewegungen spalten sich aufgrund der unterschiedlichen religiösen Bekenntnisse ihrer Mitglieder. Wie wir wissen, sind die zwischenreligiösen Abgründe tief, der Glaube ist irrational. Wenn zwei

Menschen unterschiedlichen Glaubens darüber streiten, wessen Gott der »richtigere« ist, werden sie NIEMALS übereinkommen, weil es in einem religiösen Streit keine Argumente gibt, die auf Wissen fußen. Man kann nicht vernünftig darüber diskutieren, wer den besten Traum hatte. Daher basieren ökumenische Bewegungen, zumindest Annäherungsbewegungen der christlichen Religionen, nicht auf theologischer Polemik, sondern auf der Toleranz der Gläubigen. »Mein Gott ist besser, das steht außer Zweifel«, sagen sie, »aber ich kann verstehen, dass du zu einem anderen Gott betest, den du für den besten hältst.« Ökumene besteht nicht darin, die »Wahrheit« zu finden (die nicht gefunden werden kann), sondern den Kampf mit anderen zu beenden.

Ein besseres Beispiel als die Ukraine können wir hier kaum finden. Die Ukraine ist ein multikonfessionelles Land. Die größte Konfrontation der letzten Zeit besteht jedoch zwischen zwei orthodoxen Konfessionen, deren Unterschied nur darin besteht, dass eine von ihnen dem Moskauer Patriarchen formal untergeordnet ist und die andere seit 2018 dem in Konstantinopel (Istanbul). Das Moskauer Patriarchat will die Kyjiwer abtrünnige Kirche, die während des Befreiungskampfes der Ukrainer gegen, wie man gern sagt, »das russische Joch«, entstand, nicht anerkennen. Ihrerseits betrachten die zahlreichen ukrainischen Nationalisten das Moskauer Patriarchat und seine Gläubigen in der Ukraine als »Sklaven« Moskaus und die Gläubigen der neuen Kyjiwer Kirche als Kämpfer für eine unabhängige Ukraine auf einem religiösen Schlachtfeld. Dieser Kampf wird nicht nur vom Altar aus geführt – während jahrzehntelanger Konfrontation wurden viele Nasen von Gläubigen gebrochen sowie Köpfe und Fenster in Kirchen zerschlagen.

Wie gesagt, es gibt keine kanonischen Unterschiede zwischen diesen beiden religiösen Bewegungen, ihre »Götter« sind identisch, ihre Riten unterscheiden sich nicht voneinander. Die Ursache für Zwietracht ist politischer Natur. Aus diesen politischen Gründen setzen die Nationalisten auf das Kyjiwer Patriarchat und führen einen erbitterten Kampf gegen die Gläubigen des Moskauer Patriarchats.

Hierzu ergeben sich mehrere Überlegungen. Erstens gehen wir davon aus, dass es die Aufgabe jeder nationalistischen Bewegung ist, die Mehrheit der Wähler zu gewinnen. Selbst wenn es einen bewaffneten Kampf für die nationale Befreiung gegen die Unterdrücker gibt, im Falle eines Sieges kann und darf die nationalistische Macht nicht auf »Kalaschnikows« aufgebaut werden.

Das heißt, der Zeitpunkt der Wahl wird kommen. Und die Machtfrage wird die Mehrheit entscheiden. Ein Nationalist, der versucht, eine religiöse Karte zu spielen und ein »Bild eines religiösen Feindes« zu schaffen, wird zweifellos eine Radikalisierung der Bewegung erreichen, eine fanatischere Hingabe der Mitglieder der Bewegung, aber er wird niemals eine demokratische Mehrheit gewinnen. Um die Mehrheit zu erhalten, ist es notwendig, entweder Andersgläubige physisch zu massakrieren oder die Gläubigen einer Konfession (gewaltsam) in eine andere zu konvertieren. Was in der Geschichte häufig vorkam, sei es bei der Islamisierung Spaniens oder der Christianisierung Amerikas, jedoch immer auf verzweifelten religiösen Widerstand stieß. Dem Einsatz für die »richtige nationalistische« Religion droht ein endloser Krieg, endloses Blutvergießen.

Und vor allem, angesichts des Ziels der nationalistischen Bewegung, eine Niederlage. Dies ist umso einfältiger (in der Ukraine), weil unter den Gemeindemitgliedern und Priestern des Moskauer Patriarchats der gleiche Prozentsatz von Menschen zu finden ist, die mit Moskau und Russland sympathisieren (oder auch nicht) wie in der gesamten ukrainischen Gesellschaft. Gläubige des Moskauer Patriarchats sind nicht die »fünfte Kolonne« in der Ukraine, keine »Agenten Moskaus« und in der überwältigenden Mehrheit ebenso Patrioten der Ukraine wie die Gläubigen des Kyjiwer Patriarchats. Ihren Patriotismus abzulehnen, ihre Liebe zu ihrer Heimat zu verschmähen bedeutet nicht nur, ihre patriotischen Gefühle zu beleidigen, sondern auch den Zweig, auf dem die nationalistische Bewegung »sitzt«, geistesabwesend abzusägen.

Eine vernünftige Lösung für das Problem ist, Gläubige aller Glaubensrichtungen sowie Atheisten in den Freundeskreis der nationalistischen Bewegung einzubeziehen. Weil religiöse Fragen im nationalistischen Diskurs sekundär sind. So sekundär zum Beispiel wie die Religionszugehörigkeit der Soldaten der Sowjetarmee (darunter Christen und Atheisten...) war, die im Zweiten Weltkrieg gegen andere Christen und Atheisten kämpften.

Die einzige Voraussetzung für einen Nationalisten sollte sein Nationalismus sein.

Die zweite Frage, eine statistische. In vielen Ländern gibt es eine dominante Religion – Islam, Buddhismus, Judentum, Christentum. In Russland zum Beispiel setzt die überwiegende Mehrheit der russischen Nationalisten auf die Orthodoxie als »ihre« Religion. Dies ergab sich aus den russischen Traditionen, als die Orthodoxie die Staatsreligion und eine Stütze des Zarismus und des Imperiums war. Die Worte »Für Glaube, Zar und Vaterland« meinten natürlich den orthodoxen Glauben. Die Orthodoxie ist heute (zusammen mit dem weit verbreiteten Atheismus) die vorherrschende moralische Überzeugung in Russland, obwohl Protestantismus, Judentum, Islam und Buddhismus ebenso wie die Orthodoxie »zu Russland gehören«. Aber die russischen Nationalisten setzen auf Orthodoxie, auch deswegen, weil der Prozentsatz der Orthodoxen in Russland signifikant ist. Sie gibt ihnen die Möglichkeit, eine demokratische Mehrheit zu erhalten.

Aber auch dort ist es, aus nationalistischer Sicht, nicht lebensklug, ganz auf die Orthodoxie zu setzen. Schließlich ist jede Weltreligion – Christentum, Islam, Buddhismus usw. – im Wesentlichen kosmopolitische Religion. Sie vereinen verschiedene ethnische Gruppen, ohne ihnen irgendwelche Präferenzen zu geben. Nationen haben ihre Interessen immer ohne Rücksicht auf die Religion vertreten. Daher ist die Wahl einer Religion durch Nationalisten als »wahrhaft nationale« ein verlustbringendes Unterfangen.

In der Ukraine ist dieses Verhältnis anders: Das Kyjiwer Patriarchat besitzt z. Z.[a] nur einen Bruchteil aller orthodoxen Kirchengemeinden. Wenn Nationalisten nur darauf setzten, wenn sie erklärten, nur diese Kirche wäre »nationalistischen Idealen verpflichtet« (was an sich eine falsche Behauptung ist), unterschrieben sie ihr politisches Todesurteil.

Die dritte Frage lautet daher: Wer entscheidet, wer bestimmt, welche Kirche den Nationalisten »nahe sein« sollte und welche für sie »weit weg« ist? Was sind die Parameter dafür? Ist es nicht möglich, ein überzeugter Nationalist zu sein und in der Kirche zu beten, in die man sein ganzes Leben gegangen ist? Darüber hinaus haben Gläubige in den Hauptstädten, in den Städten mit Millionen Einwohnern die Wahl. In ländlichen Gegenden, wo sich nur in der Kreisstadt eine Kirche befindet und auch sie nicht jeden Sonntag erreichbar ist, haben die Menschen PRAKTISCH keine Wahl. Sie als politische Kraft aus (falschen) politischen Präferenzen abzulehnen, ist zumindest kurzsichtig.

Wir erwähnten beiläufig den Juden Arminius Vambery, einen Orientalisten aus Ungarn. Er reiste viel um die Welt und lebte jahrelang im Osten. Dort konvertierte er zum Islam. Nur dadurch konnte er zum Berater des türkischen Außenministers aufsteigen. Im Islam gibt es zwei untereinander verfeindete Strömungen – Schiiten und Sunniten. Um sich mit niemandem

---

a Statistiken dazu sind leider sehr politisiert und daher kaum glaubwürdig. Es gibt große statistische Differenzen auch zwischen dem Anteil der Gemeinden, die verschiedenen Konfessionen zugerechnet werden, und der Anzahl der Gläubigen. Es sind auch rasante Bewegungen auf diesem Feld zu beobachten.

zu streiten, wird erzählt, galt Vambery in Persien als schiitischer Perser und in der Türkei als sunnitischer Türke. Dort war er mit dem Herrscher des Osmanischen Reiches, Sultan Abdul-Hamid, befreundet. Da er mehrere orientalische Sprachen sprach, ging er als Derwisch verkleidet, ein wandernder muslimischer »Mönch«, nach Turkestan, Chiva, Buchara, Herat und Samarkand. Als Vambery nach Europa zurückkehrte, nahm er den Protestantismus an und wurde Professor an der Universität Budapest.
Ausgerechnet dieser Vambery bleibt die ganze Zeit Zionist und organisiert ein wichtiges »Palästinophilen« Treffen für Theodor Herzl mit dem türkischen Sultan! Wäre Vambery zu einem Freund des Sultans geworden, wenn er in Konstantinopel nicht in der Moschee, sondern in der Synagoge gebetet hätte?
Daher kann und soll der Nationalismus, wie die Nation, Menschen unterschiedlicher Glaubensrichtungen in seinen Reihen vereinen. So wie sich Menschen nicht auf der Grundlage von Religion zu einer Nation vereinigen, sollten Fragen der Religion bei der Suche nach Freunden der nationalistischen Bewegung zweitrangig bleiben.

Minderheitenpolitik

Die Herrschaft der nationalistischen Mehrheit hat nichts mit der Unterdrückung von Minderheiten zu tun. Hier müssen zwei verschiedene Begriffe unterschieden werden. Es gibt eine situative Minderheit, z. B. bei der Besprechnung eines bestimmten Problems. Diejenigen, die sich in der Frage des Straßenbaus in der Minderheit befinden, können in der Frage des Vogelschutzes in der Mehrheit sein. Und es gibt konstante, dauerhafte Minderheiten. Wenn wir von einer nationalen oder sexuellen Minderheit sprechen, kann ein Angehöriger dieser Minderheit weder seine ethnische Herkunft noch seine sexuelle Orientierung ändern. Daher sollte die situative Minderheit nach den Grundsätzen der Demokratie den Entscheidungen der (genau so situativen) Mehrheit folgen. Aber diese oder jene konstante Minderheit hat das Recht, ihre Interessen durch Entscheidung der Mehrheit schützen zu lassen. Das heißt, der Schutz der Minderheitenrechte sollte eine der Aufgaben der Mehrheit sein.
Praktisch alle Länder haben eine oder mehrere ethnische Minderheiten.

Wie zwischen allen Struktureinheiten, gibt es an den Rändern der Minderheit und der Mehrheit der Bevölkerung, an den Schnittstellen zweier stabiler Minderheiten Reibungen, Spannungen, Konflikte. Eine Ethnie, die sich nicht als Teil der Titularnation betrachtet, kann auf ihr Recht auf Selbstbestimmung pochen, was wiederum zu langwierigen blutigen Feindschaften führen kann. Jedes Land, jede Nation ist daran interessiert, solche Konflikte zu vermeiden.

Daher ist die Achtung harmonischer Beziehungen zwischen Minderheiten sowie zwischen Minderheiten und der Mehrheit der Bevölkerung, die Achtung der Identität solcher Gruppen nicht nur für den sozialen Frieden von Bedeutung, sondern auch für die territoriale Integrität des Landes und für seine innere Sicherheit. Verhält sich die dominante Nation den Minderheiten gegenüber tolerant, respektiert ihre Rechte, so löst sie Spannungen in der Gesellschaft und zwischen ihren einzelnen Mitgliedern.

Ein solcher Ansatz wird in einem Dutzend verschiedener Abkommen, Chartas, Konventionen und Erklärungen, einschließlich der UN-Dokumente, festgehalten.

Diese Dokumente basieren auf den Grundsätzen der Nichtdiskriminierung und der Gleichheit der Bürger. Da der moderne Nationalismus im Gegensatz zum Chauvinismus von der Tatsache ausgeht, dass es keine bessere und schlechtere Nationen gibt, passen diese Anforderungen leicht in die Vorstellungen jedes Nationalisten.

Darüber hinaus haben konstante Minderheiten, nach Festlegungen internationaler Dokumente, besondere Rechte. Diese Rechte sind kein Freibrief für alle Lebenssituationen. Sie zielen nur darauf ab, dass Minderheiten ihre Identität, ihre Eigenart und ihre Traditionen bewahren können. Sie haben das Recht, ihre Sprache zu verwenden, ihre ethnischen Dienste und Gesellschaften zu bilden und am politischen und wirtschaftlichen Leben des Staates teilzunehmen. Der Zweck: Angehörige der Minderheiten haben gleiche Rechte auf alle Errungenschaften der Gesellschaft wie die Mehrheit der Bevölkerung. Was gibt es hier, womit die Nationalisten nicht einverstanden sein könnten? Wichtig ist, dass durch die Gewährung von Sonderrechten für Minderheiten wir andere Bevölkerungsgruppen, insbesondere die dominante Nation, in keiner Weise einschränken dürfen. Die Entwicklung und das Erlernen der Muttersprache, der Erhalt der Traditionen sollte nicht bedeuten, dass die Sprache der Mehrheit (häufig ist es die Staatssprache) nicht gelernt wird, dass die Traditionen einer Ethnie die Traditionen der Nation in den Schatten stellen und ersetzen.

Beispiel: Ein Afrikaner kommt in Helsinki, Finnland, zu einem Sozialdienst, um Hilfe zu bekommen. Er kann aber den Mitarbeiter nicht verstehen, weil er nicht finnisch spricht. Wo ist der Ausweg? Die Lösung kann darin bestehen, die Sprache des Landes, in das der Afrikaner gekommen ist und mit dem er sein Leben verbinden möchte, zu lernen. In den Niederlanden, in Deutschland, in Schweden, die Liste kann beliebig lang fortgesetzt werden, gibt es eine andere Lösung: Der Mitarbeiter bestellt auf Kosten des Staates und des Steuerzahlers einen Dolmetscher, durch den der Migrant die Schwierigkeit löst und das Geld bekommt.
Noch ein Beispiel. In Dänemark herrscht eine »fortschrittliche Moral«, d. h. die europäische Moral des 21. Jahrhunderts – mit Erlaubnis für gleichgeschlechtliche Ehen, Abtreibungen und weiche Drogen. In dem Kopenhagener Bezirk Christiania sind die Sitten besonders freizügig. Viele Muslime mögen das nicht. Viele Dänen, muss man sagen, auch nicht. Dies berechtigt jedoch nicht dazu, dass Muslime, die ein besonderes, von der UNO garantiertes Recht haben, sich zu ihrer Religion zu bekennen, die Vorschriften dieser Religion in dem Kopenhagener Bezirk Christiania durchsetzen. Dort, und so entschied – schlau oder dumm – die dänische Mehrheit, sind gleichgeschlechtliche Ehen, Abtreibungen und weiche Drogen erlaubt.
Eine ganz andere Sache ist es, wenn zwei schwule Dänen zum Beispiel nach Saudi-Arabien kommen und dort ein Joint rauchen wollten...
Beispiel drei, ein englisches: Eine Gruppe muslimischer Fundamentalisten erklärte den östlichen Londoner Vorort Waltham Forest zu einem islamischen Emirat und einer Scharia-Zone.[645] Um die Zone herum wurden Plakate angebracht: »Sie betreten eine Zone, die nach Gesetzen der Scharia lebt – bitte befolgen Sie die islamischen Gesetze«.
In Deutschland haben alle Kinder nicht nur das Recht, sondern auch die Verpflichtung, Bildung zu bekommen. Das Recht, Identität zu erhalten, bedeutet überhaupt nicht, dass diese »Besonderheiten« ÜBER DAS RECHT des Staates gesetzt, das sie der Mehrheit der Bevölkerung des Landes aufgebürdet werden. Das schert die „Gäste“ nicht besonders. Obwohl das Schuljahr hier oft bis Mitte Juli dauert, gehen, wie bereits gesagt, schon Mitte Mai viele Migrantenkinder nicht mehr zur Schule, weil sie in die Heimat ihrer Eltern fliegen.[646] In einigen Städten hat die Polizei Schulkinder an Flughäfen abgefangen – und sie zwangsweise in die Schule geschickt.
Das heißt, gleiche Rechte für Minderheiten und ihre Angehörigen können garantiert werden, vorausgesetzt, dass erstens der Wunsch besteht, diese Rechte zusätzlich zu den Pflichten auszuüben, die die Gesellschaft jedem

Mitglied auferlegt, und zweitens, wenn die Traditionen und Gebräuche der Minderheit nicht im Widerspruch zu den Gesetzen des Landes sowie zu den Traditionen und Gebräuchen der dominanten Nation stehen. Die Freiheit einiger sollte die Freiheit anderer nicht einschränken.
Der gesunde Menschenverstand bringt auf den Gedanken, dass ethnische Traditionen, die den Gesetzen oder den Traditionen der Mehrheit widersprechen, von dieser Mehrheit nicht unterstützt und gefördert werden können. Wenn die muslimische Gemeinschaft in einer christlichen Umgebung ihre Riten durchführen will, darf sie sie nicht auf die Straße bringen, wodurch die Freiheit anderer nicht-muslimischer Bürger eingeschränkt wird. Daher erscheint das Verbot des Baus von Minaretten, von denen die Muezzins fünfmal am Tag durch den Lautsprecher »Allahu akbar!« rufen, in der (bis dato vorwiegend) christlichen Schweiz (hier wurde ein Referendum zu diesem Thema abgehalten) logisch und überzeugend.

Nationale Bewegungen der Ethnien

Es scheint, dass es für die Nationalisten einer Titularnation keine größeren Feinde gibt als die ethnischen Bewegungen innerhalb des Landes. Für die spanischen Nationalisten sind dies die Nationalisten von Katalonien, für die Briten – die Nationalisten von Schottland und Irland, für die Russen – die Nationalisten von Udmurtien. Schließlich streben sie alle nach der Unabhängigkeit ihrer Ethnien und damit nach der Trennung von der dominanten Nation, nach staatlicher Unabhängigkeit. Sie sind Separatisten.
Wie die Praxis aber zeigt, sind die Widersprüche hier nicht so groß. Tatsache ist, dass ein Nationalist einer Nation verstehen muss und versteht, dass nicht nur er und sein Volk, sondern auch andere Nationen das Recht auf ihre nationale Selbstbestimmung haben. Wenn ein Nationalist sich dem ethnischen Nationalismus (einer anderen Nation) widersetzt, was für ein Nationalist ist er dann?
Eine Ethnie, die für ihre Selbstbestimmung auftritt, tut dies sehr oft , weil sie keine Möglichkeit ihrer wirtschaftlichen und kulturellen Entwicklung im Rahmen eines ethnodominanten Nationalstaates sieht. Nicht unbedingt tritt sie dafür ein, das Land zu verlassen und einen unabhängigen Staat zu bilden, sondern für bessere Lebensbedingungen in diesem Land, gegen Dis-

kriminierung und für gleiche Rechte an der kulturellen und wirtschaftlichen Entwicklung.
Daher ist es nicht die Aufgabe eines Nationalisten der dominanten Nation, mit den sogenannten »Separatistenbewegungen« innerhalb des Landes zu rangeln, sondern zu verstehen, wie, warum, wodurch eine Minderheit diskriminiert wird, wie diese Minderheit ihr Leben in dem Land sieht und welche Veränderungen herbeigeführt werden sollten, damit sich ein zahlenmäßig kleineres Volk in dem Land wohlfühlen kann.
Niemand wird den ethnischen Nationalisten, seine Wünsche und Hoffnungen besser verstehen als ein anderer Nationalist.
Häufig finden Nationalisten der dominanten und die Nationalisten der rezessiven Nationen eine gemeinsame Sprache im Kampf gegen gemeinsame Herausforderungen. Dies erklärt sich aus der Tatsache, dass Nationalisten verschiedener Länder viele Segmente haben, in denen ihre wirtschaftlichen, politischen und sozialen Ansichten übereinstimmen. Dies ist zum Beispiel das Problem der Erosion sowohl dominanter als auch rezessiver Nationen durch unkontrollierte Migration aus anderen Ländern oder aus anderen Regionen eines (großen) Landes (z. B. ist das Aufbäumen im russischen Kalmykyen und Baschkirien gegen – beiläufig sei erwähnt, muslimische Glaubensgenossen – Migranten aus dem russischen Nordkaukasus bekannt). In solchen Fällen schädigen neue Migranten nicht nur die Titularnation, sondern auch die kleineren ethnischen Gruppen des Landes.
Die Nationalisten der beiden scheinbar feindseligen nationalistischen Gruppierungen können gemeinsam gegen die Globalisierung, gegen das Diktat internationaler Wirtschaftsinstitutionen, gegen die Dominanz der Monopole, für die Unterstützung der nationalen Produzenten auftreten. Dies könnte die Bewegung für die nationale Kultur (oder Kulturen) gegen ihre Amerikanisierung sein, für einen gesunden Lebensstil, gegen Drogenkonsum, Alkoholismus, für bestimmte moralische Prinzipien, zu denen sich beide Nationen bekennen.
Ein weiteres Feld gemeinsamer Aktivitäten ist, sich gegen die Kriminalisierung der Nationalisten und ihre Verfolgung durch die herrschende Klasse zur Wehr zu setzen.
Die Gefahr von Konflikten besteht vielmehr darin, dass die nationale Minderheit, eine rezessive Nation, oft radikaler ist als die dominante (vielleicht gibt es hier eine gewisse Regelmäßigkeit: Je kleiner eine Ethnie ist, die für ihre Unabhängigkeit kämpft, desto aggressiver ist sie...). Daher entstehen Konflikte manchmal nicht, weil die große Nation die kleinere diskriminiert,

sondern umgekehrt, weil Vertreter der rezessiven Nation in ihren kompakten Wohngebieten Vertreter der Titularnation brüskieren. Der Kern des Problems ist jedoch dasselbe: Eine Diskriminierung ist nur eine mehr oder weniger angemessene Antwort auf eine andere Diskriminierung. Und Herabwürdigung führt bekanntlich immer zur Radikalisierung.
Da sich eine rezessive Ethnie innerhalb einer dominanten befindet, ist sie nicht an der Verschärfung der Beziehungen interessiert – es sei denn, sie tritt in einen offenen Kampf um ihre nationale Abgrenzung, wie 1988-1992 das Hochschaukeln des armenischen Nationalismus in Berg-Karabach und Armenien und des aserbaidschanischen Nationalismus in Aserbaidschan.
In der Regel besteht die Lösung jedoch nicht darin, die Konfrontation zuzuspitzen, sondern die »zwischennationalistischen« Beziehungen zu harmonisieren. Natürlich sollte der Wunsch nach Harmonie auf beiden Seiten vorhanden sein.
Komplikationen entstehen, wenn eine bestimmte Minderheit die nationale Idee der dominanten Nation nicht erkennt, sie nicht unterstützt, Forderungen aufstellt und Ziele setzt, die dieser nationalen Idee nicht entsprechen. Dann stellt sich die Frage, ob diese Minderheit *de facto* Teil einer (politischen) Nation ist oder ob sie sich bewusst von dieser (politischen) Nation trennt, sich nicht als ein Baustein der Nation betrachtet. In einer pluralistischen Gesellschaft ist dies nicht nur theoretisch möglich, sondern tritt auch oft auf. Wie kann der Nationalismus auf solche Herausforderungen antworten?
Auf keinen Fall mit Gewalt. Der demokratische Charakter des Nationalismus erfordert eine überzeugende »pädagogische« Arbeit mit einer solchen Minderheit. Nationalisten müssen die Gründe dafür verstehen, inwieweit diese oder jene Minderheit die nationale Idee nicht unterstützt, deren Zweck es ist, die Gesellschaft um die Nation zu konsolidieren und folglich ihr Kultur- und Lebensniveau zu erhöhen. Und wenn sie es verstanden haben, sollen sie versuchen, die Minderheit auf den Weg der Unterstützung der nationalen Idee zu lenken.
Wenn sich die Position der rezessiven Ethnie nicht ändert, strebt diese Minderheit bewusst hinaus aus der Nation, grenzt sich selbst aus.

Zwei Worte zu Homosexuellen

Ich persönlich wurde offensichtlich falsch erzogen: Ich halte die Familie für normal, die eine Mutter und einen Vater hat, die aufgrund ihrer Natur Kinder zeugen – besser mehr als weniger. Wahrscheinlich schon in meiner Kindheit wurden solche Ansichten in mir geformt und verfestigten sich. In der Kindheit konnte ich keine anderen Ansichten haben. Dort, wo ich aufgewachsen bin, gab es keine homosexuellen Ehen. Weder ich noch meine Klassenkameraden wussten, dass diese grundsätzlich existieren könnten. Das Wort *Päderast* war für mich ein Fluch, ein Schimpfwort wie *Scheißkerl*, *Esel* und allgemein *schlechter Mensch*. Darüber hinaus sah das Strafgesetzbuch des Landes, in dem ich lebte (davon erfuhr ich etwas später), bis zu fünf Jahre Haft für homosexuelle Beziehungen und bis zu acht Jahre bei Gewalt oder Sex mit Minderjährigen vor.

Ich gebe zu, selbst heute verursacht mir der Gedanke an gleichgeschlechtliche Beziehungen ein mentales Unbehagen. Der Schock der homosexuellen Sauna in Köln, in die ich einst versehentlich gegangen bin, sitzt für den Rest meines Lebens im Unterbewusstsein fest.

Aber die Ansichten ändern sich im Laufe der Jahre. Mit den Jahren wird der Mensch toleranter gegenüber Andersdenkenden, Andersaussehenden, Anderssexuellen. Ein Gespräch, ein gelesenes Buch, ein Homosexueller im Freundeskreis – und der Kopf ist bereits eingeschaltet, die Denkprozesse treten in den Vordergrund, die alten Irrtümer und Vorurteile werden verdrängt. Es stellte sich heraus, dass Homosexualität keine Abweichung, keine Zügellosigkeit, keine Verletzung moralischer Vorschriften, sondern ein physiologisches Bedürfnis einer bestimmten Anzahl von Menschen ist.

Es gibt Menschen, die mit der rechten Hand essen und schreiben, und es gibt die, die das mit ihrer Linken tun. Und der Linkshänder ist vor allem nicht schuld, Linkshänder zu sein, und einen Paragraphen im Strafgesetzbuch für Linkshänder zu kreieren, wäre etwas wild. Zweitens ist eine Verletzung der Normen der sozialistischen oder religiösen Moral kein Grund, eine Person wegen freiwilligen gleichgeschlechtlichen Sex‘ ins Gefängnis zu stecken.

Damit ist das Persönliche abgehandelt.

Jetzt kommt das Soziale: Wenn eine Nation überleben will, ein Subjekt der

Weltgeschichte bleiben will, muss sie Kinder gebären. Und Kinder werden nun von einem Mann und einer Frau in die Welt gesetzt. Daher sollte die nationalistische Partei die (heterosexuellen) Familien in Ehren halten, die Kinder würdigen, die soziale Anerkennung der Mutter gewährleisten, die traditionelle Familie finanziell unterstützen, die Rahmenbedingungen für die Erhöhung der Geburtenrate schaffen. Denn es ist unwahrscheinlich, dass homosexuelle Paare in absehbarer Zeit zu einem »nationalen demografischen Motor« werden.

Dies bedeutet jedoch nicht, dass Nationalisten die physiologischen Bedürfnisse von Minderheiten nicht tolerieren sollten. Sexuelle Minderheiten sollten genauso behandelt werden wie Vegetarier: Die Mehrheit isst Fleisch, aber auch eine Gemüsebulette hat nichts Beschämendes an sich.

Die Suche nach Gleichgesinnten, Freunden und Mitstreitern sollte wie die Liebe auf Gegenseitigkeit beruhen. Homosexuelle Paare sollten in ihrer Haltung zum Nationalismus selbst entscheiden, was für sie wichtiger ist – nationalistische Ideale oder »Familienglück«. Es ist nämlich klar, dass der nationalistische Staat, der sich seiner Verantwortung für die Zukunft bewusst ist – auch bei voller gesetzlicher Freiheit für »nicht-traditionelle« sexuelle Orientierungen – die traditionelle Familie sowohl wirtschaftlich als auch moralisch unterstützen wird. Die Bürger, die einer solchen nationalen Politik nicht zustimmen können, werden sich in einer ethischen Opposition wiederfinden. Daran ist nichts Absonderliches – die Demokratie bedarf der Opposition genauso wie ein Segelboot des Windes.

Feinde – innere und äußere

Seltsamerweise schließen wir aus allem oben Gesagten, dass die Nationalisten praktisch keine Feinde haben und keine Feinde haben sollten. Diese These folgt aus der Hauptüberlegung, dass innerhalb des Landes Nationalisten sich für die Politik im Interesse der gesamten Nation (was aus der nationalistischen Idee folgt), für harmonische Beziehungen zu Minderheiten (hauptsächlich in ihrem eigenen Interesse) einsetzen, daher kann kein Mitglied der Nation grundsätzlich ein Feind der nationalistischen Bewegung sein.

Die Feinde der Nationalisten sowie jeder souveränen Nation können nur

äußere Feinde sein (die sich oft als »Freunde« geben...), die tatsächlich die Unabhängigkeit des Landes, die Fülle seiner Macht auf seinem Territorium, seine Souveränität angreifen.
Die Feindseligkeit eines ethnischen Subjekts gegenüber einem anderen ist normal, wie wir bereits mehr als einmal erwähnt haben. Sie rührt natürlich vom »rationalen Egoismus« der Nation her. Wenn ein Nachbarland, das sich um seinen eigenen Nutzen kümmert, die Möglichkeit hat, sein Leben auf Ihre Kosten zu verbessern, wird es dies sicherlich tun. Wenn es auf der Ebene eines Individuums noch einige moralische Bremsen gibt, dann ist es auf der Ebene des Massenbewusstseins, auf der Ebene der Nation, auf der Ebene der Staaten naiv zu hoffen, dass der Nachbar etwas für Sie zum Vorteil, aber zu seinem eigenen Nachteil tut (auch wenn wir an das Gegenteil glauben möchten). Daher muss jede Nation ihre Interessen schützen.
Einige Nationen haben eine große Anzahl von Landsleuten im Ausland – die sogenannte Diaspora. Einige Diaspora sind sehr einflussreich – zum Beispiel die jüdische und armenische in den Vereinigten Staaten, die ukrainische in Kanada usw. Wenn die Nation so viel Glück hat, wäre es eine große Verschwendung, die Möglichkeiten nicht zu nutzen, die die den Nationalisten gegenüber wohlgesonnene Diaspora in der Regel hat (sie lebt in einer fremden Umgebung, schätzt daher die nationale Gemeinschaft), um das nationale Ziel zu erreichen.
Das Theoretisieren, die Worte »Nation« und »nationale Interessen« blenden den Alltag aus. »Wünscht jemand uns etwas Böses anzutun?«, fragen wir staunend. »Um Gottes Willen, lieber Nachbar, aus welchem Grund denn?« – antwortert man uns. Wer internationale Beziehungen durch eine rosarote Brille betrachtet, kann verlieren, ohne es selbst zu merken.
In allen Ländern der Erde, sowohl in der Nähe als auch in der Ferne, gibt und muss es staatliche Institutionen geben, deren Aktivitäten auf die Förderung und Verteidigung ihrer eigenen nationalen Interessen abzielen. Diese Interessen sollten alle Nationen und Staaten schützen und sie tun es in der Regel mit allen ihnen zur Verfügung stehenden Mitteln. Es ist nicht ratsam zu hoffen, dass ein Fremder ALTRUISTISCH Ihre Interessen schützen wird. Wenn dies heute jemand tut und es Ihnen so scheint, als würde er es aus tiefer Sympathie für Sie betreiben, dann versuchen Sie, kurz Ihre Augen zu schließen und in die Zukunft zu blicken: Vielleicht werden Sie dort die Interessen Ihres derzeitigen Wohltäters sehen... Sprüche über den »Gratiskäse, den es nur in der Mausefalle gibt« existieren in der Folklore Dutzender Nationen.

Die Feinde der Nationalisten sind auch Vertreter ihrer eigenen Nation (unabhängig von ihrer ethnischen Zugehörigkeit), die solchen »freundlichen Feinden« nach dem Munde reden und objektiv auf den Verlust der nationalen Souveränität abzielen.
Daher tritt der Nationalist, der sich für die »einzige richtige« Sprache, die »einzige richtige« Religion, die »einzige richtige« Ehe einsetzt, objektiv gegen das nationalistische Ziel auf.
Alle oben genannten Themen können diskutiert werden, sollten aber für einen Nationalisten nicht bestimmend sein. Weil diese Themen für Nationalismus sekundär sind. Derjenige, der sie in den Vordergrund rückt, ist entweder ein dümmlicher Mensch oder nationale Ziele widern ihn an. Wenn diese Person sich noch dazu mit nationalistischen Sprüchen bedeckt, dann ist ihr wirklicher Platz unter »Freund-Feinden«.

Der Nation dienen

Nationalismus ist eine Verschmelzung von Idealismus, Pragmatismus (nationalem Egoismus) und Kraft. Idealismus bei der Formulierung einer nationalen Idee, die nicht von Begriffen wie »Erreichbarkeit« oder »Nichterreichbarkeit« eines Ziels geleitet werden sollte. Pragmatismus, Egoismus – zur Wahrung nationaler Interessen. Und die Kraft, um das erste und das zweite nicht zu verlieren.

Ein gemeinsamer Nenner aller Überlegungen zum Sinn der nationalen Politik war die These, Vorteile für die Nation zu generieren.

...Im *Metropolitan Museum* von New York stehe ich vor dem riesigen Bild von Jeanne d'Arc und denke an *die Jungfrau von Orléans.*

Sie wusste schon immer, dass es ihr Schicksal ist, Frankreich zu retten. Das 15. Jahrhundert, der Krieg, die Briten erobern Frankreich, und der französische Adel verkauft das Land. Eine Vision erschien Jeanne: Die Heiligen drängen sie, die französische Armee anzuführen. Soll sie, eine Frau, der die Kirche nicht einmal Männerkleidung zu tragen erlaubt, in den Kampf ziehen? Aber sie glaubt an ihre Mission und erzählt dem örtlichen Herrscher davon. Er lacht sie aus, will sie den Soldaten zu deren Vergnügen überlassen, ändert aber sein Vorhaben und schickt sie – die Irre? – zurück, in ihr Heimatdorf.

Ein Jahr später wagt Jeanne erneut ihr Glück – der Krieg mit den Briten ist lang, später heißt er ein *Hundertjähriger*, es gibt genug Zeit für Versuche. Das Treffen findet am 12. Februar 1429 statt. Wir kennen das Datum so genau, denn an diesem Tag findet die bedeutende Schlacht der dreitausend Mann starken Armada der Franzosen mit einer viel kleineren Truppe von Engländern statt. Die Briten werden obsiegen, sagte Jeanne dem Hauptmann der Stadt Vaucouleurs, Robert de Baudricourt. Was für eine Überraschung für den Hauptmann, als er einige Tage später schreckliche Nachrichten erhält: Die Briten haben die Schlacht gewonnen. Und der Staatsmann ergibt sich der Beharrlichkeit und Überzeugung des Mädchens! Oder glaubt, dass sie vom Herrn gesandt ist? Er gibt ihr Ausrüstung, Herrenkleidung und Soldaten.

Jeanne schreibt einen Brief an den damaligen Gebieter der Franzosen, den

Dauphin Karl, und geht zu ihm. Der Ruhm der schrägen »Jungfrau« eilt ihr voraus. »Die Retterin Frankreichs, Jungfrau Jeanne kommt!« – geben einfache Leute von Mund zu Mund weiter.
Der Dauphin fühlt sich unheimlich. Soll er Jeanne glauben? Oder nicht? In dem Brief versichert Jeanne, dass sie ihn (obwohl niemals gesehen) ERKENNEN wird. Karl setzt einen anderen Menschen auf den Thron. Und stellt sich daneben, unter sein Gefolge.
Jeanne erkennt ihn. Sie sagt, sie sei von Gott gesandt, um die Belagerung von Orléans aufzuheben, Karl nach Reims zu bringen und ihn dort zum französischen König zu krönen.
Und sie verlangt nach Truppen dafür.
Orléans ist eine Schlüsselstadt für Frankreich. Die Zeitgenossen glauben, wenn Orléans falle, sei die Unabhängigkeit Frankreichs als Staat vorbei. Aber die Belagerung aufzuheben – und die Generäle sind davon überzeugt – ist unmöglich.
Karl ist verblüfft. Er traut weder seinen Ohren noch Augen. Er prüft Jeanne immer wieder. Zuerst auf Keuschheit – wenn sie eine »Jungfrau« ist, dann soll sie es beweisen! Matronen führen den Befehl sorgfältig aus. Dann verhören die Theologen Jeanne. Karl schickt seine Spione in Jeannes Heimat – wer ist sie, woher kommt sie?
Alles bestätigt sich: die Keuschheit, die religiösen Konnotationen, die Herkunft.
Man muss ihr Truppen geben. Führende französische Feldherren stehen unter der Befehlsgewalt eines Dorfmädchens, einer Halbwüchsigen.
Die Nachricht, dass die Armee vom »Boten des Herrn« geführt wird, bewirkt einen enormen Elan. Durch jahrzehntelangen Krieg und ständige Niederlagen demoralisierte Truppen stürzen sich in die Schlacht. Daher ist es nicht überraschend, dass die jahrelange Belagerung von Orléans innerhalb von vier Tagen unter dem Kommando von Jeanne aufgehoben wird. Nach der Befreiung von Orléans gibt es Siege bei Jargeau, Maine-sur-Loire, Beaugency. Bereits im Juni werden die Briten unter dem Patay endgültig zerschlagen. Wie Jeanne versprach, wird Karl am 17. Juli 1429 in Reims zum König von Frankreich gekrönt.
Ein Jahr später wird Jeanne infolge eines Verrats von den Burgundern gefangen genommen, die sie für 10 000 Gold-Livres an die Briten verkaufen. Die Briten wollen nicht beschuldigt werden, an der Siegerin Rache genommen zu haben, und sind auf ihre Weise mit ihr fertig geworden. Sie haben Jeanne in die Hände des »unabhängigen« – aber wegen des Geldes den Briten

wohlwollenden – Inquisitionsgerichts gegeben. Vor Gericht steht nicht die Befreierin von Orléans, sondern eine Ketzerin, eine Zauberin, eine Hexe.
Das Mädchen hält sich vor dem Gericht erstaunlich mutig, bekennt sich nicht zum Umgang mit dem Teufel. Die Inquisitoren haben Angst vor ihrem Tod und noch mehr vor der Verwandlung der Dörflerin in eine Legende. In eine Märtyrerin. In eine Heilige.
Die Richter schummeln, narren, betrügen. Sie geben ihr ein Schriftstück zur Unterschrift (sie, Analphabetin, malt ein Kreuz), angeblich über ihren Verzicht auf »Irrtümer«, versprechen Freiheit... Aber sie täuschen sie erneut – und führen sie auf den Scheiterhaufen.
Sie wird lebendig verbrannt in Nordfrankreich, in Rouen, dort, wo jetzt eine überwältigende Kathedrale steht, die in drei Dutzend Gemälden des Impressionisten Claude Monet betörend dargestellt ist.
Die Briten haben sich nie von der Niederlage in Orléans erholt. Der Hundertjährige Krieg neigt seinem Ende zu...
Und Jeanne wird freigesprochen – von anderen Richtern und anderen Gerichten. Ihre Brüder Jean und Pierre erhalten von dem durch Jeanne gekrönten König Karl VII. edle Titel und Ländereien. 1909 spricht sie Papst Pius X. selig, und 1920 wird sie von Benedikt XV. heiliggesprochen.
Was hat sie motiviert? Wenn man für eine einzige materialistische Sekunde aus dem 21. Jahrhundert auf den Lebensweg dieser Heldin schaut, fliegt die ganze Geschichte in die Hölle. Wenn es keine Visionen gab, wenn alle ihre Prophezeiungen nur eine außergewöhnliche Kombination von Umständen waren, wenn ein einfaches Bauernmädchen die Führung der französischen Armee übernahm – ohne militärisches Wissen, ohne Militär-, aber auch ohne Lebenserfahrung – wie führte sie die Armee zum Sieg? Wie viel Mut musste man bei jedem, selbst dem unbedeutendsten, Schritt haben?
Der Sieg wurde aus dem Glauben der Soldaten an die Heldin geboren. Und die Heldin entstand aus dem heiligen Ziel heraus, das Mutterland zu befreien, und aus dem Glauben an ihre Mission. Jeanne wollte ihrem Volk dienen. Sie wollte ihm nützlich sein. Bis zum Ende. Deshalb ging sie ruhig auf den Scheiterhaufen – das Ziel war ein solches Opfer wert.
Nutzen für die Nation gibt es, wie alles andere, nicht ohne ein Ziel. Nur wenn das Ziel definiert ist, kann man über die Nützlichkeit bestimmter Aktionen, um es zu erreichen, sprechen.
Nutzen ist ein Wort mit einem utilitaristischen Beigeschmack. Es ist kleinkarierter und konkreter als Begriffe wie *das Gute*, *die Wahrheit*, *die Vollkommenheit*, die unerreichbar erscheinen (und sind). Es ist möglich, nach dem

Ideal zu streben, aber das Verständnis, dass das Ideal nicht erreichbar ist, nimmt uns oft das Verlangen dazu. Nur ein Mensch, der mit beiden Füßen auf der Erde steht, der den Realitätssinn nicht verloren und die Umstände berücksichtigt hat, hat den Nutzen im Blick. Das Feuer von Prometheus ist für Menschen viel nützlicher als die Betrachtung des schönen Gesichts von Narziss.

Es sind die Kleinteiligkeit und Konkretheit des Nutzens, die es jedem Mitglied der Nation ermöglichen darüber nachzudenken, was für einen Nutzen er der Nation bringen könnte. Und dies tut.

Es mag den Anschein erwecken, dass der Nutzen ein Produkt des Kapitalismus ist. Er ist in der Tat der Eckpfeiler des Unternehmertums.

Der Nutzen ist jedoch auch ein Maß für den Wert einer Person für die Gesellschaft, ihrer Fähigkeiten, ihres Talents, ihrer moralischen Stärke und ihres Willens, das Ziel zu erreichen. Daher ist die Bestrebung, der Nation zu nützen, die Bestrebung, sich selbst zu realisieren, sein Potenzial restlos auszuschöpfen. Der Nutzen ist immer so unterschiedlich, wie die Menschen unterschiedlich sind. Das einzige, was gemeinsam sein sollte, ist der Wunsch nach der vollständigen Hingabe, um der Nation den maximalen Nutzen zu bringen. Dieses Gefühl ist natürlich, denn wenn die Nation davon profitiert, profitiert auch der Mensch selbst und seine Angehörigen mit.

Der Wunsch, für die Nation nützlich zu sein, ist gleichzeitig der Wunsch nach individuellem Erfolg, nach eigenem Glück. Die Person, die der Nation den größtmöglichen Nutzen gebracht hat, ist ein erfolgreicher, glücklicher Mensch.

Wir steigen in denselben Fluss
und doch nicht in denselben,
wir sind es
und wir sind es nicht.
Heraklit von Ephesos (544 – 483 v. Chr.),
griechischer Philosoph

Zweites Buch

VON DER WURZEL BIS ZUR KRONE

Strategie des Sieges
in einer globalisierten Welt

Handlanger für Hitler und Co.

Wer erfand den Faschismus?

Den Faschismus erfand Duce Benito Mussolini, der im Jahre 1922 in Italien an die Macht kam. Das Wort *fascismo* kommt vom Lateinischen *fascio* – »ein Rutenbündel, die Vereinigung, die Gemeinschaft«.
Den Nationalsozialismus in Deutschland ersann der »Führer« Adolf Hitler, der dessen Grundlagen in den Jahren 1925/26 in seinem Buch »Mein Kampf« dargelegt hatte. Dieses nicht ganz billige Buch (jeder Band kostete erst 12, dann 14 Reichsmark; das entspricht heute der Kaufkraft von etwa 50 bis 60 Euro) war bereits in der Weimarer Republik ein Bestseller: Vor 1933, dem Jahr, in dem Hitler an die Macht kam, wurden Hunderttausende Exemplare verkauft und bis 1945 – mehr als 12 Millionen. Durch dieses Buch wurden die nationalsozialistischen Ideen des vom »Satan Besessenen« zum Allgemeinbesitz des deutschen Volkes und der Welt.
So oder etwa so stellen wir uns die Geburt dieser ideologischen Doktrinen vor.
Tatsächlich jedoch war alles ganz anders.
Zuerst zu den Termini. Heute gibt es nicht wenig politische Kräfte, die unter dem Wort »Faschismus« zahlreiche europäische Bewegungen im ersten Drittel des 20. Jahrhunderts zusammenfassen. Es ist schwer etwas dagegen zu sagen, weil diese Bewegungen tatsächlich viel Gemeinsames besaßen, unter anderem auch Faschistisches. Wenn man auf Feinheiten locker verzichtet, alles in einen Topf wirft, insbesondere wenn die Verwendung des Popanz‘ »Faschismus« für politische Zwecke benutzt wird, dann existierten tatsächlich in vielen Ländern in den 20er – 30er Jahren Kräfte, die sich zu gleichen Mustern bekannten, in Kontakt miteinander standen, einander bewunderten.
Wenn wir diese gewiss nationalistischen Bewegungen (in Form des Nationalismus, wie wir ihn oben beschrieben haben) etwas genauer anschauten, könnten wir bestimmte Unterschiede zwischen dem italienischen und spanischen Faschismus und dem deutschen Nationalsozialismus, zwischen

dem »Neuen Staat« in Portugal, der kroatischen »Ustascha«, dem französischen und ukrainischen »integralen Nationalismus«, rumänischen, bulgarischen oder ungarischen Nationalismen ausmachen.

Allerdings sind diese Unterschiede ganz bewusst nicht Gegenstand unserer Betrachtung. Ebenso wie die Dynamik in der Entwicklung dieser Bewegungen – die Ansichten vom Anfang des 20. Jahrhunderts unterscheiden sich von denen, die die 30er und 40er Jahre prägten. Wir konzentrieren uns nicht auf Besonderheiten, obwohl uns bewusst ist, dass das den Diskurs stark vereinfacht.

Wir verwenden das Wort »Faschismus« in diesem Kapitel nicht für eine Art der italienischen chauvinistischen Lehren, sondern als Sammelbegriff für sie alle.

Merkwürdigerweise gibt es bis heute noch keine besiegelte Definition des Faschismus. Er ist antikapitalistisch und gleichzeitig wohlwollend zu Oligarchie, kapitalistischen Verhältnissen, Marktwirtschaft. Er wird »links« und »rechts«, und »zentristisch« genannt. Einige halten ihn für einen engen Verwandten der kommunistischen Ideologie, andere für eine ausgesprochen antikommunistische Bewegung.

Wir streben keine neue Definition an, möchten nur die unstrittigen Merkmale des Faschismus festhalten.

1. **Er ist nationalistisch, er ist rassistisch, chauvinistisch, antisemitisch, sexistisch** (weil er Frauen – was ihren Geist angeht – ein paar Stufen niedriger als Männer stellt).
2. **Er ist autoritär, autokratisch, dem »Führer« ergeben**.
3. **Er ist militaristisch, weil er versucht, neue Territorien zu erobern, er ist expansionistisch.**
4. **Er ist inhuman**. Während er den Klassenkampf leugnet, erklärt er den Kampf ums Dasein, ums Überleben zu seinem Grundstein und zieht den Starken vor, ohne sich mit dem Gedanken an die Niederlage und den Tod der Schwachen zu belasten.
5. **Er ist idealistisch, metaphysisch, mystisch, spirituell.** »Geist«, »Freiheit« und »Glaube« sind wichtige Begriffe für ihn.

Woher kam der Faschismus?

Dieses süße Wort »Freiheit«!

Das 18. und 19. Jh. gingen in die Weltgeschichte als eine Zeit der unangefochtenen Vorherrschaft des Geistes, der entfesselten Kreativität ein. Es gibt noch kaum unabänderliche Dogmen. Es gibt keinen Druck dieser oder jener Ideologie auf die Wissenschaft. Naturwissenschaftler, Philosophen, Soziologen suchen, irren sich, lernen aus eigenen und fremden Fehlern und suchen weiter. Eben diese freie Auffassung der Realität wurde zur Quelle grandioser Entdeckungen in allen Wissenschaftsbereichen jener Zeit.
So entdeckte man bereits im 18. Jh. positive und negative Elektrizität, elektrische Leitfähigkeit, das Gesetz der Erhaltung der Masse und den Ultraschall, stellte Impfstoffe her, wies die Existenz einer Atmosphäre auf der Venus nach und sagte »schwarze Löcher« im Universum voraus. Mathematik, Physik, Chemie, Astronomie, Biologie, Wirtschaft, Philosophie sind durch Namen wie Edmund Halley, Leonhard Euler, Pierre-Simon Laplace, Michail Lomonossow, Carl Linné, Cavendish, Gauss, Jacob Bernoulli, Antoine Lavoisier, Adam Smith, Charles Coulomb, LaGrange, Immanuel Kant vertreten.
Fehler werden nicht als etwas Beschämendes angesehen, denn sie helfen, das Alte abzulehnen, um das Neue zu erschließen. So begründeten Anfang des 18. Jahrhunderts Johann Becher und Georg Stahl die Theorie des Phlogistons. Phlogiston war, ihrer Meinung nach, eine »flammbare Komponente« aller Substanzen. Wenn nicht Phlogiston, was brennt denn dann im Baum oder im Öl? 80 Jahre darauf wies Lavoisier nach, es gibt kein Phlogiston. Verlorene acht Jahrzehnte? Auf keinen Fall! Auf der Suche nach Phlogiston wurden Wasserstoff und Sauerstoff entdeckt. Also: Hoch lebe das Phlogiston!
Noch reicher ist das 19. Jh. Damals wurden Elektrolyse, Infrarot- und UV-Strahlen entdeckt, Georg Ohm formulierte sein Grundgesetz des elektrischen Stroms, Nikolai Lobatschevskij schuf eine nichteuklidische Geometrie, Robert Brown spürte seine »brownsche Bewegung« auf, es wurde zum ersten Mal organischer Stoff synthetisiert, die elektromagnetische Induktion entdeckt (Michael Faraday) – die Mutter aller Elektromotoren, die Theorie der Zelle entwickelt, das Energieerhaltungsgesetz, der Doppler-Effekt, der Planet Neptun, die Wertigkeit der chemischen Elemente, Fluoreszenz-Spek-

tralanalyse, Kathode und Röntgenstrahlen wurden entdeckt, man schuf die Grundlagen der Vektoranalyse. Gregor Mendel enträtselte biologische Gesetze der Vererbung und Dmitrij Mendelejew entwickelte das Periodensystem der chemischen Elemente. Robert Koch fand den Bazillus der Tuberkulose; man gewann experimentell das erste Plasma, und Heinrich Hertz wies die Existenz elektromagnetischer Wellen nach. 1898 entdeckten die Eheleute Curie Radium und ein Jahr später fand man heraus, dass Radioaktivität in Alpha-, Beta- und Gammastrahlen zerfällt.
Und all dies ist nur die Spitze des menschlichen Geistes!
Aber wie viele Fehler und Sackgassen gab es? Wie viele Pseudo-Entdeckungen?

Es gab auch viele »Pseudowissenschaften«

Im 18. und 19. Jh. entstanden eine Menge von »Wissenschaften«, die später als »Pseudowissenschaften« »entlarvt«[a] wurden.
Eine davon ist die so genannte »Physiognomie«. Ihr Gründer, der Schweizer Johann Caspar Lavater (1741-1801), verkündete, dass das Gesicht eines Menschen »der Spiegel seiner Seele« sei, und es ermögliche, in ihm das innere Wesen, die Natur und den menschlichen Gesundheitszustand zu sehen. Er untersuchte den Schädel und das Gesicht der Menschen, er sammelte Materialien und veröffentlichte sie in einem Buch mit vielen Gravuren berühmter Persönlichkeiten. Er war davon überzeugt, dass der große Abstand zwischen den Augen und den Augenbrauen von einem großen Geist zeuge, Geizhalse und Gourmets eine vorstehende Unterlippe hätten, dünne Augenlider ein Zeichen von Mut seien und abgerundete von Sinnlichkeit zeugten, Heuchler immer halb gesenkte Augenlider hätten und für Kämpfer spitze Lippenkonturen charakteristisch seien; ein Indiz für Intelligenz wäre der Winkel zwischen der Nase und der Oberlippe, die Stirn in Form einer

a Ich nehme nicht nur das Wort »Wissenschaft« in Anführungszeichen, sondern auch das Wort »entlarvt«, weil wir im 21. Jh. auch noch nicht den lieben Gott am Bart gepackt und nicht die letzte Wahrheit gefunden haben (wenn auch manchmal selbstvergessen daran glauben). Daher ist es möglich, dass das, was heute »entlarvt« wurde, auf der Grundlage neuer wissenschaftlicher Erkenntnisse morgen wahr sein wird.

umgekehrten Pyramide zeige kleinliche und listige, betrügerische, dumme, egoistische, für sexuelle Ausschweifung anfällige Naturen und eine Adlernase sei ein unverkennbares Zeichen einer poetischen Veranlagung.
Lavater wurde zu einem gelehrten »Superstar«; seine Auftritte in Europa ein einziger Triumph.
Als Kind vergaß ich alles über dem Buch eines Anhängers von Lavater, des Gefängnisarztes, Psychiaters und Gründers der Biokriminalistik, Professor an der Universität Turin Cesare Lombroso (1835-1909), das mir unerklärlicher Weise in die Hände geriet. In dem Buch typisierte der Autor Kriminelle nach den Erkenntnissen der Physiognomie. Wie sich später herausstellte, lag Lombroso völlig daneben, aber, seltsam genug, alle Kriminologen der Welt verwenden diese Typologie bis heute.
Damals entstanden in der Physiognomie auch eigene Unterbereiche – ethnologische, astrologische, geometrische, mimische.
Der Physiognomie entspross die Phrenologie, die eine Verbindung zwischen der menschlichen Psyche und der Struktur der Oberfläche des Schädels beweist: Die geistigen Eigenschaften lokalisieren sich in bestimmten Bereichen des Gehirns, behaupteten Phrenologen, eine aktive Entwicklung dieser Bereiche bilde eine Ausbuchtung auf dem Schädel und die Unterentwicklung von ihnen ergebe eine Mulde.
1900 legte der Neurologe und Psychiater, Doktor der Philosophie und Doktor der Medizin Paul Julius Möbius (1853-1907, der Enkel des Gründers eines großen Zweiges der Mathematik – die Topologie – August Ferdinand Möbius) die phrenologischen Ansichten in seinen Arbeiten »Über die Anlage zur Mathematik«[647] und »Über den physiologischen Schwachsinn des Weibes«[648] (1903) dar. Letzteres wurde von Zeitgenossen in zahlreichen Zeitungen und Zeitschriften lebhaft diskutiert, vor allem in den Frauenzeitschriften durch die Vertreterinnen der damals gerade im Entstehen begriffenen Frauenemanzipation. Briefe an den Herausgeber sind in einem respektvollen Ton gehalten, und es kam niemandem in den Sinn, den Autor als Rassisten oder Sexisten zu schmähen. In Europa herrschte damals Freiheit des Denkens, Freiheit der wissenschaftlichen Forschung. Die Zeit wird allem seinen Platz zuweisen, aber bislang sammelten Wissenschaftler die empirischen Fakten und brachten ihre – klugen oder weniger klugen – Ideen und Schlussfolgerungen zum Ausdruck.
Nun könnte jeder (mit Recht) sagen, dass Physiognomie der Chiromantie samt Chirognomie, d. h. der »Wissenschaften« über die Schicksalsvoraussage durch das Lesen der Linien der Hand und Bestimmung der mensch-

lichen Natur durch die Form von Händen und Fingern, sehr ähnelt. Oder Metoskopie und Podoskopie, wonach die Form von Falten im Gesicht oder die Form der Beine über die Vergangenheit des Menschen erzählen und über die Zukunft Auskunft geben.
Anekdotische Vorläufer der spiritistischen Sitzungen und Kaffeesatzleserei? Gehen Sie heute ins Internet, geben Sie dort »Schicksal und Gesicht« oder »Physiognomie« ein und Sie werden zuhauf moderne Bücher in verschiedenen Sprachen über das Thema finden. Versuchen Sie es, die Autoren zu überzeugen, dass sie sich mit einer »Pseudowissenschaft« beschäftigen...
Obwohl wir viel klüger zu sein glauben als unsere Vorfahren vor anderthalb Jahrhunderten.

Darwinismus wird sozial[a]

Ausgerechnet in dieser Zeit, im späten 19. und Anfang des 20. Jahrhunderts, verbreiteten sich nationalistische Ideen aktiv in der Welt. In Europa und Asien waren das Panslawismus, Panturkismus, Pangermanismus, Panhellenismus, in Amerika – Panamerikanismus. Wissenschaftliche und politische Eliten sahen im Nationalismus eine Ideologie, die eine horrende Menge Probleme erklärt und löst.
Der Nationalismus erschien keineswegs aus dem Nichts. Nach der Französischen Revolution, nach dem Sieg der Bourgeoisie wurde klar, dass der Staat nicht nach den alten Klan-Gesellschaftsmodellen gebaut werden kann. Und bereits im 17. Jh. sprach der französische Theologe Jacques-Bénigne Bossuet über den irrationalen *l'esprit des nations*, »Nationalgeist«. Ihm folgten Mitte des 18. Jahrhunderts die Aufklärer Voltaire[649] und Montesquieu[650]. Angeregt von Letzterem schrieb der deutsche Staatswissenschaftler Friedrich Carl von Moser (1723-1798) das Büchlein »Von dem deutschen Nationalgeist«[651] (1765), das hitzige Diskussionen hervorrief.
Der deutsche Kulturhistoriker Johann Gottfried Herder schlug vor, sich auf das Volk, die Ethnie, auf eine Nation zu stützen, auf die Menschen gemeinsamen Ursprungs, auf gemeinsame Kultur und Sprache. Er brachte den

---

a In diesem Kapitel stütze ich mich auf die Arbeiten des russischen Soziologen Alexander Hofman.

Begriff »Nationalismus« in wissenschaftlichen Umlauf. »Der natürlichste Staat«, notierte er, »ist also auch ein Volk, mit einem Nationalcharakter...«[652] Nach Herder, ist die Nation der einzige Ort, wo die Menschen glücklich sein können: »Jede Nation hat ihren Mittelpunkt der Glückseligkeit in sich, wie jede Kugel ihren Schwerpunkt!«[653].

Der Nation bescheinigte er eine metaphysische, übernatürliche Herkunft: »Wunderbare, seltsame Sache überhaupt ist's um das, was genetischer Geist und Charakter eines Volkes heißt. Er ist unerklärlich und unauslöschlich, so alt wie die Nation, so alt wie das Land, das sie bewohnte.«[654]

Schon damals brach er eine Lanze für eine Scheidelinie zwischen ethnischen Gruppen und ahnte Böses vom »Multikulturalismus«: »Nichts scheint also dem Zwecke der Regierungen so offenbar entgegen, als die unnatürliche Vergrößerung der Staaten, die wilde Vermischung der Menschengattungen und Nationen unter einem Zepter«.[655]

Die nationalistischen Ideen beherrschten auch die damalige literarische Szene. Die weltberühmten Germanisten und Märchensammler Jacob (1785–1863) und Wilhelm Grimm (1786–1859) waren von der Idee einer gesamtdeutschen Kulturidentität beseelt, die die Grundlage für einen deutschen Staat bilden könnte, und dafür setzten sie sich mit allen Mitteln ein.

Populär wird in Italien, aber auch in Deutschland, die Idee der Irredenta, einer politischen Bewegung, die den Anschluss abgetrennter Gebiete an das Mutterland anstrebte. Die Dichter fordern das Sammeln der deutschen Gebiete ohne jegliche Rücksicht auf die damals bestehenden Grenzen. Der bedeutende Romantiker, Professor der Universitäten von Greifswald und Bonn, Ernst Moritz Arndt (1769-1860), schreibt 1813 unverhohlen:

Was ist des Deutschen Vaterland?
Ist's Preußenland, ist's Schwabenland?
Ist's, wo am Rhein die Rebe blüht?
Ist's, wo am Belt die Möve zieht?
O nein! nein! nein!
Sein Vaterland muß größer sein.

Was ist des Deutschen Vaterland?
So nenne mir das große Land!
Ist's Land der Schweizer? ist's Tirol?
Das Land und Volk gefiel mir wohl;
Doch nein! nein! nein!
Sein Vaterland muß größer sein.

Was ist des Deutschen Vaterland?
So nenne mir das große Land!
Gewiß es ist das Österreich,
An Ehren und an Siegen reich?
O nein! nein! nein!
Sein Vaterland muß größer sein.

Was ist des Deutschen Vaterland?
So nenne mir das große Land!
So weit die deutsche Zunge klingt
Und Gott im Himmel Lieder singt,
Das soll es sein!
Das, wackrer Deutscher, nenne dein!..
Das ist des Deutschen Vaterland,

Wo Zorn vertilgt den welschen Tand,
Wo jeder Franzmann heißet Feind,
Wo jeder Deutsche heißet Freund –
Das soll es sein!
Das ganze Deutschland soll es sein!..! [656]

»*Jeder Franzmann heißet*« für Deutsche »*Feind*«, weil deutsche Gebiete gerade unter dem französischen Joch litten, hier herrschte – vom Ende des 18. Jahrhunderts bis zur Völkerschlacht bei Leipzig (1813) und Waterloo (1815) – die »Franzosenzeit«.
Die Französische Besetzung deutscher Gebiete feuerte auch andere Lyriker an, sich zu nationalistischen und chauvinistischen Zeilen aufzuschwingen. Eines der härtesten antifranzösischen Werke war die 1809 entstandene Ode *Germania an ihre Kinder* von Heinrich von Kleist:

Alle Plätze, Trift' und Stätten,
Färbt mit ihren Knochen weiß;
Welchen Rab und Fuchs verschmähten,
Gebet ihn den Fischen preis;
Dämmt den Rhein mit ihren Leichen;
Laßt, gestäuft von ihrem Bein,
Schäumend um die Pfalz ihn weichen,
Und ihn dann die Grenze sein! [657]

Auch dem Rektor der Berliner Universität Johann Gottlieb Fichte schien Nationalismus und Liebe zur eigenen Nation zu wenig zu sein. Einer der prominentesten Vertreter des deutschen Idealismus, der mit Friedrich Wilhelm Joseph Schelling (1775-1854) und Georg Wilhelm Friedrich Hegel (1770-1831) in einer Reihe steht, verteidigte offene chauvinistische Ansichten. In »Reden an die Deutsche Nation« (1807) preist er die deutsche Nation (mit ihrem ausschlaggebenden Urwesen – »ein Urvolk, das Volk schlechtweg, Deutsche«, – und ihrer »lebendigen« Sprache[658]) über alle anderen Nationen als Geburtsort der Kultur. Und über die Nachbarn, die Franzosen (die er – unter den Bedingungen der französischen Besatzung – vorsichtshalber »neue Römer« nennt), sagt, ihre Philosophie stürbe, sie hätten keine Poesie, und gewöhnliche Menschen seien einfach bildungsunfähig: Diese Unfähigkeit zum Schöpferischen führte er auf die Sprache zurück, denn »im Volke einer toten Sprache [kann] gar keine wahrhaft erschaffende Genialität zum Ausbruche kommen, weil es ihnen am ursprünglichen Bezeichnungsvermögen fehlt«[659]. Allein dem deutschen Volk komme die Vorreiterrolle des Menschentums zu, was die Deutschen zum »auserwählten Volk« mache, war Fichte überzeugt.

All das beschert dem Philosophen später, im 21. Jh., das Etikett eines »Sprachrassisten« (Matthias Rittner).

In den »Reden« zeichnete er die Natur des deutschen Wesens auf und bescheinigte ihm auch einen metaphysischen nationalen Geist. Er versuchte nationale Gefühle zu wecken, um einen deutschen Nationalstaat zu schaffen, der sich von der französischen Herrschaft befreien sollte. Jedes Volk habe getrennt von den anderen zu leben, beteuerte er, ein Vermengen der Nationen und ihrer Sprachen könne, seiner Ansicht nach, nur Verwirrung und Schaden verursachen.

Der Entfaltung des Nationalismus, Chauvinismus, Faschismus, Nationalsozialismus, Rassismus war seltsamerweise die prominente Evolutionslehre des englischen Biologen Charles Robert Darwin (1809-1882) dienlich. Diese Koryphäe reiste lange Zeit, besuchte Südamerika, die Galapagos-Inseln und Australien und veröffentlichte im Jahr 1859 ein Buch mit dem Titel »Über die Entstehung der Arten durch natürliche Zuchtwahl oder die Erhaltung der begünstigten Rassen im Kampfe ums Dasein«[660]. Darwin stellte darin die (später bestätigte) Theorie auf, dass sich Gruppen von Organismen durch natürliche Selektion entwickeln – schwache Kreaturen sterben, die Starken überleben und produzieren Nachkommen. Dieses Grundprinzip sowie einige andere wird üblicherweise Darwinismus genannt.

Ein Prinzip ist der Kampf ums Dasein. Darwin schrieb über zwei Arten eines solchen Kampfes (wenn wir den Kampf gegen widrige Umweltbedingungen vernachlässigen) – innerartliche und zwischenartliche.
Der zwischenartliche Kampf ist ein Kampf um Nahrung, um Wasser, um Weide, um das ersprießlichere Gebiet und ist reich an potentiellen Opfern. Dies ist der Kampf eines Adlers und einer Zieselmaus, einer Mücke und eines Menschen, eines Kaninchens und einer Karotte, einer Akazie und des auf ihr parasitierenden Hexenzwirns, des Kartoffelkäfers und einer Kartoffel.
Der Gewinner erweitert sein Gebiet, der Verlierer zieht sich zurück.
Ein noch bitterer Kampf tobt, nach Darwin, innerhalb einer Art, denn er findet in der gleichen ökologischen Nische statt. Der Kampf wird zwischen starken und schwachen Mitgliedern derselben Art ausgetragen: um Lebensmittel, um das Revier, um das Weibchen.
Wie erwähnt wurde Darwins Theorie durch andere Studien bestätigt und bildet derzeit eine der Grundlagen der gesamten Biologie.
Soziologen suchten damals seine Studien auf das gleiche unerschütterliche Fundament zu stellen wie die Naturwissenschaften, exemplarisch die Biologie. Soziologen übertrugen Darwins Gesetze auch auf die Gesellschaft; sie begannen, sie als einen lebenden Organismus zu verstehen. Und wenn ja, dann sollte alles nach den Gesetzen der Natur geschehen.
Die Übertragung des Darwinismus auf die Gesellschaft erhielt in der zweiten Hälfte des 19. Jahrhunderts die Bezeichnung »Sozialdarwinismus«. Er betrachtete das öffentliche Leben als ständigen Kampf zwischen Einzelpersonen, Gruppen, Gemeinschaften, sozialen Bewegungen und so weiter.
Über die Gleichartigkeit von biologischen und gesellschaftlichen Gesetzen sprach bereits im 17. Jh. Thomas Hobbes, derjenige Hobbes, der als erster *Homo homini lupus est* in Bezug auf die zwischenstaatlichen Verhältnisse formulierte.
Auch Thomas Robert Malthus war sich der biologischen Entwicklung der Gesellschaft gewiss. Er vertrat die Überzeugung, dass bei einem Wachstum der Bevölkerung in geometrischer und bei einer Fruchtbarkeit des Bodens in nur arithmetischer Progression sicher eine Hungersnot auf der Erde nahe, die die armen Menschen austilge, und nur den Reichen die Möglichkeit gewähre, zu überleben. In seinem »Bevölkerungsgesetz«[661] (1798) ergründete er die These vom »Kampf ums Dasein« und »Überleben des Stärkeren« als die wichtigsten Faktoren des gesellschaftlichen Lebens.
Hundert Jahre vor Darwin übertrug Herder Gesetze der biologischen Ent-

wicklung auf die Entwicklung der Nation, mit der Bemerkung, dass jedes Volk »seine Periode des Wachsthums, der Blüte und der Abnahme« habe. Ja, Darwin selbst postulierte in seiner Arbeit »Die Abstammung des Menschen und die geschlechtliche Zuchtwahl«[662], dass in naher Zukunft die zivilisierten Rassen vollständig alle barbarischen Völker in der Welt verdrängen.
Das Erscheinen dieses Darwin'schen Buches gab dem Sozialdarwinismus einen neuen Impuls. Seine Auffassungen fanden eine exorbitante Verbreitung, es erschienen unzählige Studien, die begründeten, dass in der Gesellschaft, genau so wie in der Natur, der Stärkere überlebt und siegt, während die Schwachen einfach zum Scheitern verurteilt sind.
Der uns durch den Begriff »Sadismus« bekannte Marquis de Sade (*Donatien Alphonse François de Sade, 1740-1814*) war nicht nur ein Verfechter der sexuellen Befriedigung auf bizarre Weise, sondern auch ein Philosoph. Er war der Überzeugung, dass die menschliche Freiheit weder durch Moral noch Religion, noch Recht beschränkt werden dürfe. Er teilte die Menschen nicht in die damals üblichen sozialen Schichten ein – Adel, Klerus, Handwerker usw., sondern nur in Herrscher und Sklaven. Ähnlich Malthus schrieb er über die bevorstehende Überbevölkerung des Planeten, den Mangel an Ressourcen für das Überleben der Menschheit und seine Auffassung vom Töten als Segen für die Gesellschaft.[663]
Noch ein Theoretiker – der englisch-deutsche Schriftsteller, Soziologe und Philosoph, Houston Chamberlain (1855-1927) – veröffentlichte 1899 in München sein bekanntes Werk »Die Grundlagen des neunzehnten Jahrhunderts«[664]. Europäische Zivilisation ist, seiner Lehre nach, der Höhepunkt der Entwicklung der menschlichen Kultur durch die Nachkommen der »arischen Rasse«, der indigenen Bevölkerung Nordeuropas. Er erklärte, dass die europäische Kultur das Ergebnis der Verschmelzung von fünf Komponenten war: Kunst, Literatur und Philosophie des antiken Griechenland; das Rechtssystem und die Staatsform des alten Rom; das Christentum in seiner protestantischen Version; der kreative teutonische Geist und der zerstörerische Einfluss von Juden und Judentum im Allgemeinen. Als Rückgrat des Widerstandes gegen die kleine, aber einflussreiche jüdische Nation hat die Geschichte, so Chamberlain, Arier gewählt. Ausgerechnet Arier belebten und brachten die Errungenschaften in der Wissenschaft, der Industrie, der politischen Ökonomie und der Kunst voran. In dem Buch spricht Chamberlain auch über die Wiedererstehung der neuen germanischen Welt und den Kampf um die »Weltherrschaft«.
Initiator und Anreger der Studien über den Sozialdarwinismus in England

war der Ideologe des Liberalismus, der Philosoph und Soziologe Herbert Spencer (1820-1903). Dieser Gelehrte trat, wo auch immer, für die Prinzipien des Individualismus und des *laissez-faire*, also der Nichteinmischung, auf: »Jeder Mensch«, schrieb er, »hat die Freiheit, alles zu tun, was er will, vorausgesetzt, er verletzt nicht die gleiche Freiheit eines anderen Menschen«[a]. Ausgerechnet Spencer formulierte die grundlegenden Menschenrechte: Sicherheit, Bewegungsfreiheit, Gewissensfreiheit, Redefreiheit, Meinungsfreiheit.

Derselbe Spencer hielt damals natürliche Selektion für den bestimmenden Faktor der sozialen Evolution. Die oft Darwin zugeschriebene Wendung *survival of the fittest*, »das Überleben des Stärkeren«, sind seine Worte. Daher folgte seine Ablehnung der sozialistischen Ideen, nach denen der Staat seine schwächeren Mitglieder unterstütze. Die Überlebensunfähigkeit der sozialistischen oder kommunistischen Ideen liege, laut Spencer, auch darin, dass den Menschen Machthunger, Ehrgeiz, Ungerechtigkeit und Unehrlichkeit eigen sind – eine durchaus realistische und, aus der Sicht der Moderne, nicht eben politisch korrekte Sicht der Dinge.

Auf der Grundlage des von ihm postulierten »Nichteinmischungsprinzips«, meinte er, dass die Regierung nicht versuchen sollte, die natürlichen sozialen Prozesse zu beeinflussen. Nur unter solchen Bedingungen würden »angepasste« Menschen überleben und »nicht angepasste« sterben; nur die Starken könnten sich der Lage angleichen und höhere Stufen der historischen Entwicklung erreichen.

Die treibenden Kräfte der sozialen Evolution und des Fortschritts waren für ihn »die natürliche Selektion«, »der Kampf ums Dasein« und »das Überleben des Stärkeren«.

Spencer nahm an, dass es drei Typen von Gesellschaften gibt. Eine davon – eine ineffiziente militärische Art – erinnert uns lebhaft an den Sozialismus und Kommunismus. Die zweite – eine effiziente industrielle Art – basiert auf dem Konkurrenzkampf, der ein Segen für die Gesellschaft ist, weil er zu größerem Volumen öffentlichen Reichtums führt und dabei der Fleißigere, Fähigere, Intelligentere, Anständigere gewinnt. Eine dritte Art, die Spencer für die schlimmste, schlimmer als Sozialismus und Kommunismus, hält, ist das Überleben und der Aufstieg der Schwachen, also der

---

a »*Every man has freedom to do all that he wills, provided he infringes not the equal freedom of any other man*« In: Herbert Spencer, The Right to Ignore the State, Chapter XIX of the first edition of Social Statics, 1851.

Menschen mit niedrigeren intellektuellen und moralischen Qualitäten, was, seiner Meinung nach, zur vollständigen Zersetzung der Gesellschaft führen wird. Von ihm stammen auch die Worte, die heute wie Thesen aus »Mein Kampf« klingen: »Das universelle Gesetz der Natur ist:...eine Kreatur, die nicht energisch genug ist, um um ihre Existenz zu kämpfen, muss sterben.«[a] Deshalb war Spencer ein Gegner der Aufklärung für die Armen und hielt die Demokratisierung der Bildung für schädlich. Er wetterte gegen die »obligatorische Wohltätigkeit«, also die staatliche Umverteilung von Sozialleistungen, und war ein konsequenter Kritiker des Sozialismus, der, seiner Meinung nach, »eine Förderung der Schlechteren auf Kosten der Besseren« predigte.

In England suchte außer Spencer auch der berühmte Verfassungstheoretiker Walter Bagehot (1826-1877), der in dem Buch *Die Englische Verfassung*[665], 1867, grundlegende Unterschiede zwischen präsidialen und parlamentarischen Regierungssystemen analysierte), der Soziologe und Journalist (er war unter anderem Herausgeber und Chefredakteur des berühmten und bis heute erscheinenden britischen Wochenblattes *The Economist*) Darwins Ideen auf die soziale Theorie anzuwenden. Seine Arbeit »Physik und Politik« trägt den Untertitel »Gedanken über die Anwendung der Grundsätze der »natürlichen Auslese« und der »Vererbung« auf das Studium der politischen Gesellschaft«[666]. Eine besonders wichtige Rolle spielt die natürliche Auslese, betonte er, in der Frühzeit der menschlichen Geschichte. »Man kann das Prinzip der natürlichen Auslese in anderen Bereichen leugnen, aber es dominiert definitiv in der frühen Geschichte der Menschheit: Die Stärksten töten die Schwächsten, wie sie nur konnten«, schrieb Bagehot. Für die wichtigsten sozialen Gesetze hielt der Soziologe den Wunsch einiger Nationen, andere zu beherrschen (nach Darwin, zwischenartlicher Kampf) und innerhalb einer Nation den Wunsch einiger sozialer Gruppen, andere zu dominieren (innerartlicher Kampf).[667]

Ähnliche Ideen – und die gleiche scharfe Ablehnung des Sozialismus – formulierte auch ein Zeitgenosse Spencers, der deutsche Ökonom und Soziologe Albert Schäffle (1821-1903). In seiner vierbändigen Schrift »Bau und Leben des Sozialen Körpers«[668] (1875-1878) sowie in dem Buch »Aussichtslosigkeit der Sozialdemokratie«[669] (1885) verglich er die Gesellschaft mit dem menschlichen Leib und schlussfolgerte, dass eine »normale« Gesell-

---

a »*Universal law of Nature ... – the law that a creature not energetic enough to maintain itself must die*«, – Illustrations of Universal Progress, 1865.

schaft nie auf der Basis eines »angeblichen Grundsatzes der Gleichheit« aufgebaut werden könnte.
Die Ideen des Kampfes um die Existenz und das Überleben des Stärkeren sprengten den Rahmen der Wissenschaft und wurden immer bekannter im Massenbewusstsein, dem Journalismus, der Wirtschaft, der praktischen Politik, der schöngeistigen Literatur.
Besonders entzückt von diesen Thesen war das Land des harten Kapitalismus, die Vereinigten Staaten. Hier stehen sie im Einklang mit solchen amerikanischen Werten wie individuelle Freiheit und Erfolg. Die Gesellschaft war sich der Rolle der Konkurrenz als freiem Wetteifer, der für die Entwicklung von Talenten, der Arbeitsproduktivität, moralischen Tugenden, der sozialen Institutionen notwendig ist, bewusst.
Spencer beherrschte in den USA mehr und mehr intellektuelle Köpfe. Die weltberühmten amerikanischen Autoren Jack London und Theodore Dreiser waren von seinen Ideen fasziniert. Die wirtschaftliche Elite, Business-Mogule lernten vergnügt aus der Evolutionstheorie, dass sie nicht nur erfolgreich, energisch und talentiert, sondern eine evidente Verkörperung der natürlichen Auslese und des Sieges im Kampf um die Existenz sind. Die Geschichte unserer Zeit zeige, sagten sie, dass Gesellschaften, die das Prinzip des Wettstreites unterdrücken, sich zwangsläufig wirtschaftlich und moralisch zersetzten.
Generell prägten die Schlüsselbegriffe in Darwins Theorie – »die natürliche Auslese«, »der Kampf ums Dasein«, »das Überleben des Stärkeren« – in der zweiten Hälfte des 19. Jahrhunderts alle Sozialwissenschaften. Deshalb war Sozialdarwinismus nicht so sehr eine spezielle wissenschaftliche Theorie, sondern mehr ein bestimmtes System von Auffassungen, das mehrere Bereiche der Geisteswissenschaften und der Gesellschaft im Allgemeinen gründlich durchdrang.

Der Wille als Grundstein des Seins

Der deutsche Philosoph Arthur Schopenhauer (1788-1860) entwickelte vom Standpunkt der Irrationalität und des allgemeinen Hasses auf die Menschheit (Misanthropie, die Welt, in der wir leben, »ist die schlechteste aller möglichen«) das Thema der Freiheit. 1819 veröffentlichte er sein

Hauptwerk »Die Welt als Wille und Vorstellung«[670], in dem er in einer metaphysischen Analyse zum Schluss kommt, der Wille sei das Wesen des Daseins.
Diese Arbeit machte nicht nur auf die Philosophen Friedrich Nietzsche und Carl Jung, den Psychoanalytiker Sigmund Freud, sondern auch auf die Gesellschaft in Gänze einen tiefen Eindruck. Nach Schopenhauer, stehe der Wille über dem Körperlichen und dem Geistigen, der Weltwille sei ihre Wurzel, der Kern, der das Wesen jedes Menschen ausmache. Der Geist, der Intellekt, die Ratio spiele gegenüber dem Willen eine untergeordnete Rolle. Er postulierte, der Wille ist alogisch, er kann nicht durch Begriffe wie Raum, Zeit oder Kausalität erklärt werden, er unterliegt nicht den rationalen Gesetzen. Den Willen zu verstehen liegt außerhalb des menschlichen Geistes. Es ist unmöglich, an ihn den Begriff des Materiellen oder Geistigen anzulegen. Der Wille ist ein blinder spontaner Impuls, Bewegung und zugleich das Streben nach dem Leben, nach dem Sein. Das Auseinanderfallen des Weltwillens in die kleinen »Willen« der Individuen führt zu einem erbitterten Kampf aller gegen alle um den Besitz der Materie und ist eine Quelle des Leidens.
Die Lehre vom »Primat des Willens« – die zentrale Idee der Schopenhauerschen Philosophie – wurde später von der nationalistischen Ideologie entlehnt.
Schopenhauer inspirierte auch den jungen Friedrich Nietzsche (1844-1900). Im Gegensatz zu den weit verbreiteten Vorstellungen, die in ihm nahezu einen Lehrmeister und Anreger der verbrecherischen Politik Hitlers sehen, sei darauf hingewiesen, dass sein Einfluss auf die Dogmen des Faschismus nicht größer als der der anderen genannten Wissenschaftler war. Er übte scharfe Kritik an der christlichen Moral (nach Nietzsche, »Sklavenmoral«[671]), an Religion, Philosophie, Wissenschaft und Kunst; ist es aber nicht die Aufgabe jedes Denkers, eine kritische Haltung gegenüber dem sozialen und politischen Umfeld zu haben? Sein Konzept des »Übermenschen«[672] ist von Anfang an ein philosophisches und kein rassistisches oder misanthropisches.
Auch Nietzsche hat zur Entwicklung vieler Theorien beigetragen, und der Nationalsozialismus hat seine Ansichten (wie auch die von Luther, Goethe, Kant, Schopenhauer) geschickt in seine ideologischen Konzepte hineingedeutet. Das war umso leichter, da Nietzsche fast immer mehrdeutig bleibt, und jeder nach seinem Gusto seine Maximen verstehen kann. Aber der »Wille zur Macht«, »Opfer zum Wohle der Gesellschaft«, ein Heldentod als

höchster Ausdruck des Idealismus, der Gegensatz des Arischen und Jüdischen, der ständige Kampf der ungleichen Rassen und der bereits erwähnte »Übermensch« – all das ist in seinen Werken reichlich vorhanden.

Nationalistische Ansichten verbreiteten sich in Deutschland nach dem Ersten Weltkrieg besonders aktiv. Gebrochen durch eine militärische Niederlage und gedemütigt durch den Versailler Vertrag, sahen viele ehemalige deutsche Soldaten im Nationalismus den Weg, Deutschlands verlorene Würde wiederzugewinnen.

Einer von ihnen war der Schriftsteller und Philosoph Ernst Jünger (1895-1998), der im Ersten Weltkrieg als Freiwilliger an die Front ging, dreimal verwundet wurde und für Tapferkeit und Mut nicht nur zwei mal das Eiserne Kreuz, ein Ritterkreuz mit Schwertern, sondern auch den hohen preußischen Militärorden *Pour le merite* erhielt. Zurück im zivilen Leben beschrieb Jünger seine Wahrnehmung des Krieges. Im Gegensatz zu Erich Maria Remarque waren das nicht Erinnerungen einer kriegsmüden Generation, sondern die Erfahrung des Krieges, des Alltags und der Werte, mit denen die Veteranen vier Jahre gelebt hatten. Zum Thema seines ersten Buches »In Stahlgewittern«[673] (1920) wurden nicht nur die Kriegsbruderschaft, Soldatenpflicht, Ehre, Patriotismus, Hingabe, Romantik des Heroischen, sondern auch die enorme Beanspruchung der geistigen und körperlichen Kräfte für ein großes Ziel. Unter dem Ziel verstand er nicht die imperialistische Neuaufteilung der bereits verteilten Welt, sondern die Verteidigung seines Vaterlandes. Dieses Buch war jahrzehntelang in den Bestsellerlisten, wich nach verkauften Auflagen in der Weimarer Republik nur den »Buddenbrooks« Thomas Manns.

Jüngers Überzeugung nach, ist der Krieg der natürlichste Ausdruck des menschlichen Lebens. Ohne Krieg beginne Zersetzung und Degeneration. Er trage zur Erneuerung und der dynamischen Entwicklung der Nation bei. Jünger, der mit eigenen Augen die Schrecken des Krieges gesehen, den Schmerz selbst hautnah gefühlt hatte, glühte vor Begeisterung über den Krieg; er schien ihm ein ästhetisches Vergnügen zu verschaffen. Künftige Kriege, die noch fürchterlichere Katastrophen zur Folge haben könnten (und haben werden!), erschreckten ihn nicht. Er ist von der Größe des bevorstehenden Krieges inspiriert, wie ein Maler von der Pracht einer Berglandschaft beflügelt wird. Die Lektüre Jüngers ermunterte die romantische junge deutsche Generation, wieder zu kämpfen.

Neben der schöngeistigen Literatur notierte Ernst Jünger auch seine politischen Prioritäten: Er entwickelte die Theorie des »neuen Nationalismus«, dessen Zweck es sein sollte, die nationale Größe Deutschlands wieder aufleben zu lassen – auf der Grundlage eines autoritären Staates und der geistigen Erhebung der Nation. Der neue Nationalismus, nach Jünger, war eine Konsequenz aus den Lehren des Ersten Weltkrieges.

Jünger meinte, dass ein Krieg nur durch eine *totale Mobilmachung* zu gewinnen sei, also die Anspannung nicht eines Teils, sondern aller Kräfte der Nation für den Sieg: »In dieser absoluten Erfassung der potentiellen Energie, die die kriegführenden Industriestaaten in vulkanische Schmiedewerkstätten verwandelt, deutet sich der Anbruch des Arbeitszeitalters vielleicht am sinnfälligsten an – sie macht den Weltkrieg zu einer historischen Erscheinung, die an Bedeutung der Französischen Revolution überlegen ist. Um Energien von solchem Ausmaß zu entfalten, genügt es nicht mehr, den Schwertarm zu rüsten – es ist eine Rüstung bis ins innerste Mark, bis in den feinsten Lebensnerv erforderlich.

Sie zu verwirklichen, ist die Aufgabe der *totalen Mobilmachung*, eines Aktes, durch den das weit verzweigte und vielfach geäderte Stromnetz des modernen Lebens durch einen einzigen Griff am Schaltbrett dem großen Strom der kriegerischen Energie zugeleitet wird.«[674]

Somit kommt Jünger zu dem Schluss, dass in den künftigen Kriegen die totale Mobilmachung nur in einer totalen Gesellschaft möglich ist, die nicht durch Klassen und Parteien geteilt ist – eine uns heute vertraute Rhetorik.

Die Zusammenarbeit mit den deutschen Nazis, nachdem sie an die Macht kamen, ablehnend (und Angebote waren hartnäckig!), befürwortete Jünger einen nationalen Sozialismus, den er als eine Interessengemeinschaft der ganzen Nation verstand. Der Nationalismus ist für ihn der Wunsch, für die Nation als das höchste Wesen zu leben, deren Existenz wichtiger ist als das Leben eines Menschen. Humanismus ist für ihn ein Fremdwort. Er lehnt Liberalismus, Marxismus und Demokratie entschieden ab. In der ersten Ausgabe seines Buches (1925) »Das Wäldchen 125« schreibt er: »Ich hasse die Demokratie wie die Pest.«[675]

Sein Bruder und Mitstreiter Friedrich Georg Jünger (1898-1977) geht noch weiter: »Jeder Nationalismus hat etwas Berauschendes, einen wilden blutsmäßigen Stolz, ein heroisches, mächtiges Lebensgefühl. Er besitzt keine kritischen analysierenden Neigungen, die das Leben schwächen. Er will keine Toleranz, denn das Leben kennt sie nicht. Er ist fanatisch, denn alles Blutmäßige ist fanatisch und ungerecht. Er legt keinen Wert darauf, sich wissenschaftlich zu begründen… denn die Wissenschaften schwächen das ursprüngliche Leben…« Und fügt hinzu: »Wer nicht mehr herrschen

will, wird beherrscht. Ein Zustand der Unbeteiligung ist nicht gegeben«[676]. Die Rasse, das Blutmäßige, ist, auch für Ernst Jünger, kein biologischer, sondern ein metaphysischer Gegenstand.
Wie viele seiner Vorgänger und Zeitgenossen sieht Ernst Jünger das Unheil für die Deutschen im Judentum, aber er zeigt Verständnis für den Zionismus und unterstützt Zionisten.
Einige Ernst-Jünger-Forscher nannten den Schriftsteller und Philosophen den »intellektuellen Totengräber der Weimarer Republik« sowie einen »Pionier« und geistigen Vorläufer des Dritten Reiches.[677]

Die alte Polemik über Demokratie und Autoritarismus

Ein Aspekt der damaligen Debatten war das Problem der staatlichen Ordnung, des politischen Systems. Was ist besser – Autoritarismus, Totalitarismus, eine konstitutionelle Monarchie, Demokratie oder Liberalismus? Nach unserem heutigen Verständnis eine seltsame Diskussion. Inzwischen meint selbst ein Achtklässler zu wissen, dass die parlamentarische Demokratie die Krone der politischen Ordnung und der Autoritarismus *per se* schlecht ist.
Aber Ende des 19. Jahrhunderts war sich noch niemand sicher, welches politische System besser ist. Europa suchte seinen Weg: Es gab nichts, was von vornherein gut oder von vornherein schlecht war. Verschiedenartige Vorstellungen rangen um ein effizientes Modell, das seinen Bürgern ein Höchstmaß an Glück bringen sollte. Niemandem kam in den Sinn, »Volksherrschaft« europäischen Schlages nach Afghanistan oder an afrikanische Stämme mittels schwer bewaffneter »Apostel der Demokratie« zu »liefern«, und sie gar zu zwingen, das System zu akzeptieren und umzusetzen. Darin bestand gerade der Unterschied zwischen dem 19. Jh. und der Gegenwart, dass die Welt damals dachte, dass sie noch keine endgültigen Antworten auf alle sozialen Fragen gefunden hätte, und stritt, irrte deshalb weiter, suchte wieder und wieder die schwer fassbaren Wahrheiten.
»Demokratie«, »Republik« waren damals noch ziemlich nebulöse Begriffe. Monarchie kannten alle gut, kannten ihre eigenen wie fremden Könige und

Zaren. Demokratie war sympathisch wegen der Gleichheit, Gerechtigkeit, unendlichen Möglichkeiten der »kollektiven Intelligenz«.
Man glaubte, dass die perfekteste Demokratie in Athen bestanden hatte, deshalb las man Denker des alten Griechenland – was hatten sie über die »Herrschaft des Volkes« Jahrhunderte vor Christi geschrieben?
Zum Beispiel Demokrit (ca. 460 bis 370 v. Chr.), ein Philosoph und Naturwissenschaftler (er führte u. A. den Begriff *átomos*, das Atom, ein – vor 2500 Jahren!), glaubte, »die Armut in einer Demokratie ist dem gerühmten Glücke bei dem Despoten gerade so sehr vorzuziehen wie die Freiheit der Knechtschaft«[678].
Freiheit ist besser als Sklaverei, das ist verständlich. Aber warum gibt es unter den Despoten dennoch Wohlergehen und Wohlstand und in einer Demokratie – Armut? Ein Alleinherrscher, seiner Meinung nach, sei aber dem demokratischen Organ überlegen: »Ein Regent ohne besondere Geistesgaben, der zum Thron erzogen wurde, ist besser als ein Volkssenat.«
Über welche Art von Demokratie spricht er? Von der Fähigkeit des »Volkes« den Staat zu lenken hielt Demokrit eher wenig: »Je unwürdiger die schlechten Bürger, die Ehrenämter antreten, dazu sind, um so nachlässiger werden sie und um so mehr zeigen sie sich von Torheit und Frechheit geschwollen.« Aber »die schlechten Bürger« erlangen die Macht in Athen überhaupt nicht. Lange Zeit wurden dort nur die »besten«, d. h. Aristokraten in die hohen Positionen gewählt. Demokrit missfiel auch die Rechenschaftspflicht der gewählten Beamten: »Der Herrscher ist niemandem Rechenschaft schuldig, außer sich selbst.« Wir merken uns diesen Satz.
Und hier ein Zeitgenosse der athenischen Demokratie, Protagoras (ca. 480 – ca. 410 v. Chr.). Er meinte, dass in einem Disput über Feinheiten des Bauwesens Laien besser schweigen sollten. Aber bei den Entscheidungen über das Gemeinwohl, das heißt über die Angelegenheiten des Staates, will jeder mitreden.[a] Denn es handle sich ja um eine Demokratie. Später sprach Le-

---

a »Wenn wir zur Volksversammlung zusammentreten und der Staat dann im Bauwesen etwas auszuführen hat, die Bauverständigen als Ratgeber hierbei hinzuziehen, und wenn im Schiffbauwesen, die Schiffbaumeister… Wenn es sich dagegen darum handelt, über die Staatsverwaltung Beschlüsse zu fassen, dann tritt auf und erteilt ihnen darüber seinen Rat in gleicher Weise der Zimmermann wie der Schmied, Schuster, Kaufmann und Schiffsreeder, Reich und Arm, Vornehme und Geringe, und niemand macht ihm dann dies zum Vorwurfe, wie im vorigen Falle, daß er, ohne dies irgendwoher gelernt oder irgend einen Lehrmeister hierin gehabt zu haben, dennoch hierüber Rat zu erteilen sich unterfängt«. (*Platon, Protagoras,*

nin von der Köchin, die in der sozialistischen Demokratie den Staat lenken können solle. Was die sozialistischen (und nicht nur sie) Köchinnen manchmal für einen Papp »kochten«, hätte sich Protagoras allerdings nicht ausmalen können.
Die genialen antiken Philosophen Platon und Aristoteles ließen keinen Stein auf dem anderen von der Demokratie. Platon (ca. 428 - ca. 348 v. Chr.) war der Auffassung, dass nicht die Köchin, sondern nur speziell ausgewählte und geschulte Philosophen (meinte zu der Zeit einfach nur gut ausgebildete Menschen) den Staat regieren können, weil sich jeder um seine eigenen Angelegenheiten kümmern sollte.
Also Schuster, bleib bei deinen Leisten. Die Menschen, die Menge, nannte er das »große Tier«; und Demokratie würde seiner Meinung nach dann herrschen, wenn »die Armen siegen und ihre Gegner töten oder verbannen, alle übrigen aber nach gleichem Recht an Verfassung und Ämtern teilnehmen lassen und die Ämter möglichst nach dem Lose vergeben.«[679]
Das heißt, zuerst schlachten wir die Feinde ab, und für den Rest gibt es Demokratie. Auch eine Option.
Als einer der ersten merkte Platon, dass in einer Demokratie derjenige die Macht erlangen könne, der dem Publikum nach dem Munde redete. Er sah in dieser Staatsform die erste Stufe der Tyrannei – einer Tyrannei des Plebejers. »Frevelmut heißt« dann in der Demokratie »vornehme Erziehung, Zügellosigkeit – ein freies Leben, Liederlichkeit – noble Manier, Schamlosigkeit – männliche Bravour«[680].
Noch kritischer artikulierte sich Aristoteles (384-322 v. Chr.), der, wird man meinen, in der Blütezeit dieses politischen Systems lebte, das heißt, es aus erster Hand kannte. Für drei ideale Formen des Staates hielt er Politie, Aristokratie und Monarchie, die Demokratie aber verbannte er zu den schlimmsten Formen – zusammen mit Oligarchie und Tyrannei. Wenn die Oligarchie, betonte Aristoteles, durch edle Herkunft ihrer Anführer, ihren Reichtum und gute Bildung hervorsteche, seien der Demokratie Wurzellosigkeit, Armut und Unhöflichkeit eigen. Und diese armen Menschen regierten nicht für das Gemeinwohl, sondern für ihr eigenes. Wie auch Platon, warnte er davor, dass in einem demokratischen Land Demagogen walten, die dem Volk, wie einem Tyrannen, schmeicheln.[681]
Außerdem – und das sollten die Sucher der politischen Wahrheiten auch im Auge behalten – wurde das demokratische Athen in seiner Blütezeit vom

---

Deutsch/Griechisch, Reclam Universal-Bibliothek 1708, Philipp Reclam Jun., 1986).

Feind erobert und erst in die (autokratische!) Makedonische Monarchie und dann in das Imperium von Alexander dem Großen eingegliedert.
Was ist dies politische System wert, dachten sie, dass es sich nicht wehren konnte?
Diesen historischen Exkurs in die graue Vorzeit haben wir nur mit einem Ziel unternommen, zu zeigen, dass es an der Bruchstelle zwischen dem 19. und 20. Jh. keine fest stehenden Wahrheiten gab. Das Metall, aus dem die perfekte Regierungsform gegossen werden sollte, war noch am Brodeln, es hat noch nicht seine endgültige Form bekommen...
In den Vorstellungen über das künftige perfekte politische System verliert die Demokratie deutlich.
Am Gewinnen sind Autoritarismus, Monarchie, die Lenkung des Staates aus einem Zentrum, und dieses Zentrum sollte hochprofessionell sein, sich nicht auf die Emotion eines demokratischen Pöbels, sondern auf den Willen weniger oder sogar einer Person stützen, die auch die Verantwortung für ihre Entscheidungen übernimmt. Erinnern wir uns an Demokrit: Der oberste Kontrolleur jeder Entscheidung ist nicht die Straße, sondern der Mensch selbst, sein Gewissen.
So sind wir unmerklich von der alten Kritik an der Demokratie zum Führerprinzip übergegangen, das zum kennzeichnenden Zug des in der europäischen Gesellschaft entstehenden Faschismus und Nationalsozialismus wird.
Dabei blieben wissenschaftliche Kämpfe um die Frage des politischen Systems (Demokratie oder Autoritarismus?) auch im 19. Jh. erbarmungslos.
Kritiker der liberalistischen repräsentativen Demokratie meinen, dass sie viel zu oft den Willen des »Souveräns«, der das Volk ist, verzerrt, viel zu selten fragt sie ihn, wie und was es tun würde, viel zu stark zweifeln die »Volksvertreter« an den geistigen Fähigkeiten des Volkes, um ihm zu erlauben, lebenswichtige Probleme selbst direkt zu lösen.
Zugleich sei die wirkliche Macht nicht in den Händen des Volkes, sondern in den Händen einer kleinen Gruppe von Bürgern konzentriert, die sich, nicht ausgeschlossen, durch Demagogie, durch direkte oder indirekte Bestechung an die Spitze setzten, um Finanzströme zu kontrollieren.
Was ist der Unterschied zwischen solch einer »Demokratie« und der oligarchischen Macht des politischen Clans, der Plutokratie?
So eine »demokratische Macht«, sagen die Befürworter der autoritären Führung, drücke unseren gesamten ideologischen Überbau nieder, schaffe durch die ideologische Kontrolle, die Manipulation des Massenbewusst-

seins bei den Menschen die Illusion von Gerechtigkeit und wähle sich selbst fortwährend in die »Organe der Volksherrschaft«.

Es gibt auch Zweifel an der Wirksamkeit der demokratischen Institutionen: Sie seien oft korrupt, unflexibel, umständlich, ihre Bürokratie wachse wie ein Krebsgeschwulst. Autokratische Regimes, Monarchien und Diktaturen seien viel effizienter, vor allem in Zeiten von Konflikten, Krisen, Kriegen, wenn man schnelle Mobilisierung der Ressourcen und dringend Lösungen benötige, sowie jemand die persönliche Verantwortung für deren Annahme und Umsetzung zu tragen habe. In der Geschichte ist die Blütezeit der verschiedenen Länder oft direkt den Namen der jeweiligen Herrscher zugeordnet – solche Argumente werden angeführt.

Zu den bekannten Kritikern des Liberalismus und der Demokratie zählen zum Beispiel die Deutschen Paul de Lagarde (1827-1891)[682], Julius Langbehn (1851-1907) und Arthur Moeller van den Bruck (1876-1925). Sie sahen die Lösung des Problems in der starken Persönlichkeit eines nationalen Führers und in der neuen nationalen Religion der Deutschen. Ihre Bücher wurden in Tausenden von Exemplaren veröffentlicht und hatten Dutzende von Auflagen. Zum Beispiel erschien das Buch Langbehns »Rembrandt als Erzieher«, in dem der Autor den Künstler als Verkörperung des »Deutschtums« zeigt, zwischen 1890 und 1892 in 39 Auflagen.

Die Autoren machten keinen Hehl aus ihrem Hass auf die Bourgeoisie, auf den seelenlosen »extremen« »Manchester'schen« Wirtschaftsliberalismus, auf Materialismus, Kosmopolitismus, Gleichförmigkeit, auf die parlamentarische Demokratie und die Spielchen der Parteien, um die Menschen zu betrügen. In all dem sahen sie das größte Übel und machten den Liberalismus für die Degeneration der Gesellschaft verantwortlich. Ein Ende all dessen sollte – als ethischer Kristallisationspunkt der Nation – die allen Deutschen gemeinsame Religion setzen, getragen, so Langbehn, von Mystik und Rasse.[683]

In dem damals berühmten Werk van den Brucks »Das dritte Reich« (1923, er war es, der den Begriff wiederbelebte) überprüfte er die Ideen von Revolution, Sozialismus, Liberalismus, Demokratie, Konservatismus kritisch und kreierte den Entwurf eines vollkommenen alldeutschen nationalistischen Staates – eines harmonischen Raumes des Geistes und der Schönheit. Er verteidigte die Notwendigkeit einer aggressiven Außenpolitik dieses Dritten Reiches, um »Lebensraum« für die Deutschen zu beschaffen und die Völker Mitteleuropas um das Reich zu vereinen.[684]

Im Deutschland vom Ende des 19. bis zu den ersten Jahrzehnten des 20.

Jahrhunderts, besonders während der »Erniedrigung von Versailles« nach der Niederlage im Ersten Weltkrieg, beherrschte derjenige, der Verachtung für die Demokratie zeigte und den Kult des mächtigen Genies predigte, die Köpfe der jungen Menschen, die ihr Land aus dem »Tal der Tränen«, aus dem Sumpf der Niedergeschlagenheit zu führen trachteten.
Ein entschiedener Gegner der Demokratie und des Liberalismus, der den Titel auch mit Stolz trug, war der deutsche Philosophie- und Kulturhistoriker Oswald Spengler (1880-1936). Er sehnte den Tod der Weimarer Republik herbei und wartete auf das Kommen des Diktators, der in der Ära der »Vernichtungskriege« Deutschland – und ferner die »weiße Welt« – retten könnte. In seinem Buch »Der Untergang des Abendlandes« (1918) kündigte er den Niedergang der okzidentalen (faustischen) Kultur und den Aufstieg der Kulturen in anderen Teilen der Welt an.[685]
Rassistische und nationalsozialistische Ansichten ablehnend (aber euphorisiert vom italienischen Faschismus und Benito Mussolini), schreibt Spengler über die Zerstörung der traditionellen Familie, die sinkende Geburtenrate, durch die sich Europa oder vielmehr die ganze weiße Zivilisation der Zukunft beraube. Noch mehr macht ihm der Niedergang zum Beispiel der Franzosen durch den Zustrom – wir schreiben erst das Jahr 1918! – von Millionen Afrikanern ins Land Angst.
Etwas später sagte er – aufgrund der hohen Fruchtbarkeit der Völker des Südens des Planeten – eine »Farbenrevolution« voraus: ein Angriff auf die Weißen der gesamten Masse der farbigen Weltbevölkerung, die sich nach und nach als eine Gemeinschaft verstehe. »Die Farbigen sind nicht Pazifisten«, schreibt er in »Jahren der Entscheidung« (1933). »Sie hängen nicht an einem Leben, dessen Länge sein einziger Wert ist. Sie nehmen das Schwert auf, wenn wir es niederlegen. Sie haben den Weißen einst gefürchtet, sie verachten ihn nun… Einst packte sie Entsetzen vor unserer Macht – wie die Germanen vor den ersten römischen Legionen. Heute, wo sie selbst eine Macht sind, reckt sich ihre geheimnisvolle Seele auf, die wir nie verstehen werden, und sieht auf den Weißen herab wie auf etwas Gestriges.«[686]

Als »Rassismus« noch kein Schimpfwort war

In der zweiten Hälfte des 19. Jahrhunderts entsteht in der Wissenschaft eine sogenannte rassenanthropologische Schule. Sie glaubt an Rasse als einen entscheidenden Faktor im historischen Prozess. Befürworter verkünden die Existenz biologischer und kultureller Mannigfaltigkeit von Rassen, leiten ihre Hierarchie ab, definieren »höhere« und »untere«, halten die Rassenvermischung für die Ursache der Zersetzung der Gesellschaft.

Selbst einer der bedeutenden, wenn nicht der bedeutendste Philosoph der Aufklärung, der große Denker Immanuel Kant (1724-1804), vertrat diese Ansichten. In seiner »Physischen Geographie« schrieb er die Rassenunterschiede nieder: »In den heißen Ländern reift der Mensch in allen Stücken früher, erreicht aber nicht die Vollkommenheit der temperirten Zonen. Die Menschheit ist in ihrer größten Vollkommenheit in der Race der Weißen. Die gelben Indianer haben schon ein geringeres Talent. Die Neger sind weit tiefer, und am tiefsten steht ein Theil der amerikanischen Völkerschaften. Die Mohren und andere Völker zwischen den Wendekreisen können gemeiniglich erstaunend laufen. Sie sowohl als andere Wilde haben auch mehr Stärke als andere civilisirte Völker.«[687] Und in einer anderen Arbeit fügt hinzu: »Die *Negers* von Afrika haben von der Natur kein Gefühl, welches über das Läppische stiege.«[688]

In die rassistischen Fußstapfen Kants trat auch ein anderer deutscher Philosoph, der wichtigste Vertreter des deutschen Idealismus, Georg Wilhelm Friedrich Hegel. Für ihn gibt es ebenfalls zivilisierte und weniger zivilisierte Völker. »Bei den Negern ist nämlich das Charakteristische gerade, daß ihr Bewußtsein noch nicht zur Anschauung irgendeiner festen Objektivität gekommen ist, wie zum Beispiel Gott, Gesetz, bei welcher der Mensch mit seinem Willen wäre und darin die Anschauung seines Wesens hätte«, schrieb 1837 der große Dialektiker Hegel. »Der Neger stellt, wie schon gesagt worden ist, den natürlichen Menschen in seiner ganzen Wildheit und Unbändigkeit dar: von aller Ehrfurcht und Sittlichkeit, von dem, was Gefühl heißt, muß man abstrahieren, wenn man ihn richtig auffassen will; es ist nichts an das Menschliche Anklingende in diesem Charakter zu finden.«[689]

Auf diesen rassistischen Zug sprang auch der Geschichtsprofessor in Jena

aus dem Jahre 1789, ein gewisser Friedrich Schiller (der mit der Ode »An die Freude« und *Seid umschlungen, Millionen! / Diesen Kuß der ganzen Welt!..*), der in seiner Antrittsvorlesung vom »eben so lehrreichen als unterhaltenden Schauspiel« der »Entdeckungen, welche unsere europäischen Seefahrer in fernen Meeren und auf entlegenen Küsten gemacht haben«, sprach: »Sie zeigen uns (bunte – V. T.) Völkerschaften, die auf den mannigfaltigsten Stufen der Bildung um uns herum gelagert sind, wie Kinder verschiedenen Alters um einen (europäischen – V. T.) Erwachsenen herum stehen...«[690]
Ohne die Wissenschaftlichkeit solcher Auffassungen aus heutiger Sicht einschätzen zu wollen, stellen wir lediglich fest, dass solche Ansätze im 19. Jh. für Wissenschaft gehalten wurden und die Schlüsse als bewiesen galten.
Der französische Soziologe und Schriftsteller (wir kennen seine historischen Romane über Alexander den Großen, den florentinischen Diktator Savonarola und Politiker der Renaissance Cesare Borgia) Graf Arthur de Gobineau (1816-1882) veröffentlichte von 1852 bis 1854 den vierbändigen »Versuch über die Ungleichheit der Menschenrassen« (*Essai sur l'inégalité des races humaines*)[691]. Der Autor sah die Haupttriebkraft der Entwicklung der Gesellschaft in den Rasseneigenschaften der Völker; er meinte, soziale Institutionen, Kultur stammen aus rassischen, biologischen Besonderheiten. Die Zivilisation entwickele sich nur dann, wenn an der Spitze die weiße Rasse stehe. Nur ihr seien Intelligenz, Stärke, Schönheit, geistiger Reichtum, Vitalität, Fähigkeit zur internen und externen Organisation, Sinn für Humor, Tapferkeit, Mut eigen. Die höchste Stufe in der weißen Rasse selbst nähmen, nach Gobineau, Arier ein (ausgerechnet er überträgt den in der Linguistik angewandten Begriff »Arier« in die Rassentheorie). Er verkündete nicht nur die Existenz der nordischen arischen Rasse, sondern warb auch für ihre Erhaltung und Verbesserung durch Selektion, d. h. eine Auswahl der besten Individuen.
Vertreter zum Beispiel der »gelben« Rasse seien, seiner Meinung nach, kleinwüchsig, unbedarft, ohne Phantasie, eine Rasse der »natürlichen Kaufleute«. Daher betrachtete Gobineau die Rassenvermischung als schädlich, was damals allen sehr einleuchtend erschien, da die Wissenschaft Vererbung mit Blut verknüpfte und bei langfristigen Vermengungen wertvolle Persönlichkeitseigenschaften verloren gehen könnten.
Diese Thesen von Gobineau unterstützten aktiv die Briten, wie ein reicher Unternehmer namens Cecil Rhodes (1853-1902), einer der Gründer der Diamantenfirma *De Beers* (der Rhodes, nach dem die britische Kolonie in Afrika Rhodesien genannt wurde) und der von uns bereits erwähnte

Schriftsteller Houston Chamberlain, dessen eintausend Seiten starkes Buch »Die Grundlagen des neunzehnten Jahrhunderts«[692] vom deutschen Kaiser Willhelm II. sowie von den Mitarbeitern Hitlers Goebbels, Himmler und Rosenberg mit Begeisterung gelesen wurde. In Deutschland gründete Karl Ludwig Schemann (1852-1938) die »Gobineau-Gesellschaft«, auf dessen Ansichten fußten die Programme des Alldeutschen Verbandes und der Deutschvölkischen Partei.

Nach Gobineau und Chamberlain stellte der deutsche Ethnologe Ludwig Woltmann (1871-1907) in seinem Werk »Politische Anthropologie. Eine Untersuchung über den Einfluß der Descendenztheorie auf die Lehre von der politischen Entwicklung der Völker«[693] (1903) und in der von ihm gegründeten Zeitschrift *Politisch-Anthropologische Revue* fest, dass die Entwicklung der Gesellschaft – zusammen mit ihrer sozialen Schichtung und der Bildung von Parteien – auf Rassenunterschiede zurückzuführen sei. Nur der Arier, schrieb er, sei der eigentliche Träger der Kultur. »Reinblütige Deutsche« stünden an den Ursprüngen der bedeutsamsten wissenschaftlichen und kulturellen Errungenschaften der Menschheit. Diese Führungsrolle werde durch Rassenvermischung bedroht, denn »niedere Rassen« – Mongolen, Indianer und Neger – könnten keinen »erbbiologischen Beitrag zur Verbesserung der weißen Rasse leisten.« Daher sei es notwendig, ihr genetisches Material mit Hilfe der Rassenhygiene zu schützen. Woltmann beschwor, Epidemien und Kindersterblichkeit nicht zu bekämpfen, da deren Bekämpfung die natürliche Auslese der Starken zugunsten der Schwachen verhindere. Zudem rechtfertigte er die Unterwerfung und Kolonisierung andersrassiger Völker, da diese nicht »kulturfähig« seien und nicht zivilisiert werden könnten.[694] Woltmann behauptete ferner, dass die genetische Vermischung verschiedener Rassen den kulturellen Fortschritt schädige und deshalb politisch bekämpft werden müsse.

Auch der französische Soziologe Marquis Georges Vacher de Lapouge (1854-1936) betrachtete den Rassenfaktor als entscheidende Antriebskraft der Geschichte.[695] Er unterschied zwischen den »höheren« Rassen (Dolichocephalen, Langschädeln – arische oder nordische Rasse) und »niederen« (Brachyzephalen, Kurzschädel). Die »arische« sei die höchste Rasse, ein elitäres Wesen der Gesellschaft. Die Entwicklung der Zivilisation jeder Nation, so Lapouge, beginne, wenn sich Arier an ihre Spitze setzten. Mit dem Verschwinden der arischen Elemente sei die Zivilisation im Niedergang begriffen. In seinem Artikel »Über die Ungleichheit zwischen den Menschen« notierte er: »Die Entwicklung des Menschen wird durch diese

Ungleichheit gewährleistet. Kein vernünftiger Mensch würde es wagen zu behaupten, eine Million Neger ist der gleichen Menge der Engländer äquivalent.«[696]

Solche Betrachtungen waren spannend für die junge Generation der Franzosen. An seine Bekanntschaft mit de Lapouge an der Uni in Montpellier erinnerte sich der berühmte französische Dichter Paul Valéry: »Lapouge hatte den Ruf eines 'Originals', aber einige fanden seine Ideen gefährlich. Mit Schwierigkeiten hat er eine Erlaubnis bekommen, freie Vorlesungen in den Räumlichkeiten der Fakultät zu halten, manchmal wurde ihm sogar die Beleuchtung in der Aula, wo er seine Zuhörer versammelte, verweigert... Mich überraschte so eine schlechte Haltung zu der Person, die Ideen darlegte, egal, was über sie geredet wurde, die ganz neu waren und den Geist förderten.« Verschmitzt fügte er hinzu: »Ich wusste damals noch nicht, dass die Förderung des Geistes nicht die Aufgabe einer Universität ist.«[697]

Der österreichische General und Soziologe Gustav Ratzenhofer (1842-1904) war ebenso davon überzeugt, dass die Gesetze der Natur und Gesellschaft gleich sind. Die treibende Kraft hinter den gesellschaftlichen Prozessen nannte er »Urkraft«[698]. Es sei die »Urkraft«, die als das Verinnerlichen der angeborenen biologischen Bedürfnisse zum entscheidenden Faktor im Existenzkampf werde. Es ist überflüssig zu sagen, dass auch Ratzenhofer Ansichten über Rassendifferenzierung, die natürliche Feindschaft der Rassen und Herrschaft einiger Ethnien über andere teilte.

Chauvinismus und Rassismus, der unerschütterliche Glaube an die Überlegenheit einer Nation oder Rasse über andere, stießen kaum auf Missbilligungen. So war damals das Niveau des Wissens, so war der Stand der Forschung.

In den Vereinigten Staaten kam 1915 der Film des Klassikers der Kinematografie David Griffith (1875-1948) »Die Geburt einer Nation« (*The Birth of a Nation*) über den rassistischen Ku-Klux-Klan in die Kinos, in dem Neger durch geschminkte weiße Schauspieler dargestellt wurden. Trotz des offensichtlichen Rassismus' des Films erhielt er die Unterstützung des offiziellen Washington: US-Präsident Thomas Woodrow Wilson (1856-1924) ordnete während einer Regierungssitzung eine Vorführung des Spielfilms an, zu der er außerdem andere hohe Beamten und das diplomatische Corps einlud. In den 20er Jahren des letzten Jahrhunderts zählte der Ku-Klux-Klan bis zu fünf Millionen Mitglieder. Rassismus überflutete buchstäblich die Vereinigten Staaten.

1916 schrieb der amerikanische Naturwissenschaftler Madison Grant

(1865-1937) das Buch »Der Untergang der großen Rasse«[699], in dem er sich zum Grundsatz der Verbesserung der Erbanlagen eines Menschen durch Züchtung bekannte, sich für die Auswahl der besten für die Fortpflanzung einsetzte und für die Verbesserung der Genetik der Nation auftrat. Auch er wandte sich gegen Rassenvermischung, weil *»the children of mixed marriages between contrasted races belong to the lower type«*, »Kinder aus gemischten Ehen zwischen verschiedenen Rassen zum niedrigeren Rassentyp gehören«. Er legte nach: Die Charakteristika der höheren Rassen seien »sehr instabil« und verschwänden bei der Vermischung mit den »primitiven« Eigenschaften der niederen Rassen: »Ob wir es gern zugeben oder nicht, das Ergebnis der Mischung aus zwei Rassen, auf lange Sicht, gibt uns eine Rasse, die auf den ... unteren Typ herunterkommt. Die Mischung zwischen einem weißen Menschen und einem Inder ist ein Inder; die Mischung zwischen einem weißen Menschen und einem Neger ist ein Neger; die Mischung zwischen einem weißen Menschen und einem Hindu ist ein Hindu; und die Mischung zwischen einem Angehörigen der drei europäischen Rassen und einem Juden ist ein Jude.«

Für ihn existierten weder Integration noch Assimilation: Neger, die Englisch sprechen, sich vornehm kleiden, in die Schule und in die Kirche gehen, verwandeln sich nicht in einen weißen Mann und »niemals wurde ein freigelassener Syrer oder ein Ägypter zum Römer, nur weil er eine Toga trug und seinem Lieblingsgladiator im Amphitheater applaudierte.«

Um den Untergang Amerikas zu verhindern, empfahl er eine durchdachte Einwanderungspolitik, die Ablehnung »rassisch minderwertiger« Einwanderer. Seit 1890 haben tatsächlich Dutzende von Staaten in den USA Gesetze über die Rassentrennung auf der Schiene, in den Schulen, Hotels, Geschäften, Restaurants, Krankenhäusern, Toiletten eingeführt; das letzte dieser Gesetze wurde erst vor einem halben Jahrhundert aufgehoben. »Immigration Restriction Act« von 1924 verbot Kranken mit genetischen Pathologien sowie Migranten aus Asien und Afrika die Einreise in die USA; es wurde eine Quote für Einwanderer aus vielen europäischen Ländern eingeführt. In den späten 20er Jahren des 20. Jahrhunderts haben die Vereinigten Staaten die Sterilisation von »rassisch Minderwertigen« gesetzlich verankert.

Der amerikanische Historiker Timothy W. Ryback nannte in seiner Monographie »Hitlers Bücher – seine Bibliothek, sein Denken«[700] das Buch von Madison Grant »eine amerikanische Bibel«, die die amerikanische Einwanderungspolitik und eugenischen Gesetze in einzelnen Bundesstaaten erheblich beeinflusst habe. Auch der Einfluss Grants auf Hitler sei enorm gewe-

sen. »Nur wenige noch existierende Bücher aus Hitlers Bibliothek übten einen so deutlichen und messbaren Einfluss auf Hitlers Denken und letztlich auch auf sein Handeln aus wie die 1925 erschienene deutsche Übersetzung von Madison Grants 'Der Untergang der großen Rasse'«.[701]
Ausgerechnet auf die amerikanische Erfahrung in der Rassenfrage bezog sich Hitler in »Mein Kampf«[702]: »Indem die amerikanische Union gesundheitlich schlechten Elementen die Einwanderung grundsätzlich verweigert, von der Einbürgerung aber bestimmte Rassen einfach ausschließt, bekennt sie sich in leisen Anfängen bereits zu einer Auffassung, die dem völkischen Staatsbegriff zu eigen ist.«[703] Die Herausgeber der kommentierten Ausgabe von »Mein Kampf« verweisen auf diverse derzeitige amerikanische »rassenhygienische« Entscheidungen und protokollieren: »Die amerikanische Einbürgerungspolitik besaß für Hitler lange Zeit Vorbildcharakter und floß entsprechend in zahlreiche seine Reden ein«[704].

Woher kommt die These vom »Lebensraum«?

Einer, der die Betrachtung von Staaten als lebende Organismen befürwortete, war der deutsche Geograph, Ethnologe, Soziologe, einer der Begründer der Anthropogeographie und Geopolitik Friedrich Ratzel. Auf der Grundlage seiner Reisen und Forschungen identifizierte er Rassen und ethnische Gruppen und kam zu dem Schluss, dass sie grundsätzlich nicht in Frieden leben können, weil »die Unvermeidlichkeit des Kampfes zwischen Menschen eine große, sich aufdrängende Tatsache sein muß«.[705]
Die berühmteste These des Wissenschaftlers war seine Aussage, dass die Umwelt (Ratzel spricht von »Boden«) die Richtung der menschlichen Entwicklung bestimme – deshalb seien »Ackerbauern« und »Nomaden«, »Tiefländer« und »Gebirgsbewohner« so unterschiedlich. In dem Buch »Politische Geographie«[706] aus dem Jahr 1897 und in der Arbeit mit dem Titel »Der Lebensraum«[707] vier Jahre später vertrat er die Meinung, dass der Staat ständig wachsen müsse, wenn wir ihn als lebenden Organismus verstehen: »Es entspricht der Natur dieses Körpers (des Staates – V. T.), der organisch ist, daß er die unorganischen Schranken der politischen Grenzlinien durchbricht, wo seine Lebensfähigkeit es verlangt.«[708]
Seine Argumente sind ziemlich schlicht: In ferner Vergangenheit wuchsen

Gruppen von Menschen – ob Familie oder Stamm -, die ein Stück Land beackerten, ständig an. Dementsprechend sollte das von dieser Gruppe bewirtschaftete Land auch größer werden, um mehr Menschen ernähren zu können. Diese Gruppe wächst einmal zu einem Volk heran, und dieses Volk vermehrt sich und benötigt ein immer größeres »Stück Land«. Daher kommt der Begriff »Lebensraum«, d. h. der Raum, den eine bestimmte Nation zum Leben braucht: »Das Volk wächst, indem es seine Zahl vermehrt, das Land, indem es seinen Boden vergrößert, und da das wachsende Volk für seine Zunahme neuen Boden nötig hat, so wächst das Volk über das Land hin«.[709]

Das Verständnis des Krieges als Form äußeren Ausdrucks des natürlichen Wachstumsbedürfnisses eines Staates wird zu einem der wichtigsten Prinzipien der klassischen Geopolitik. Ratzel betrachtete den Krieg als eine positive Angelegenheit – nur so könnten wir zwischen schwachen und starken Nationen unterscheiden: »Auf niederen Kulturstufen gibt es keinen anderen Prüfstein des Wertes der Völker als den *Krieg*; auf den höchsten Stufen, die die Menschheit von heute erreicht hat, bleibt der Krieg immer noch eine der wichtigsten Prüfungen... Der Krieg ist ein Moment der Steigerung im Leben der Völker.«[710]

Außerdem war Ratzel der Meinung, wenn ein Staat das Konzept der Expansion des Raums (d. h. Aggression und Eroberung) aufgibt, dann ist ein solcher Staat zum Verfall verurteilt. Er lehnte »künstliche« Maßnahmen ab, um die Geburtenrate der Bevölkerung zu senken (um Überbevölkerung zu verhindern), weil auf diese Weise die Menschen einfach ihre »Wachstumskraft« opfern.

Er behauptete die Abhängigkeit der Entwicklung des Volkes von den natürlichen Bedingungen und kam zu dem Schluss, dass ein Volk, das lange Zeit ohne Angriffe anderer Ethnien lebt, weil es von hohen Bergen und unüberwindbaren Meeren, d. h. natürlichen Grenzen, umgeben ist, seine Verbindung zum Wohnort stärkt, die Menschen die gleichen Eigenschaften reproduzieren - es entsteht eine untrennbare Einheit zwischen den Menschen und ihrer Heimat. Solche Nationen werden »sich ihrer selbst bewußt«[711] und mächtig. Wenn die Verbindung zwischen der natürlichen Umgebung und den Menschen von Zeit zu Zeit unterbrochen werde, würden die Menschen schwach und der Staat wird amorph. Er glaubte, dass ein »geschlossener« Staat ein Staat der herrschenden Nation sei, die in einer Weltkonfrontation eine schwache, »offene« Nation besiege.

Daraus zog er – in der damals vorherrschenden Tradition der Postulierung

der Ungleichheit der Rassen und Völker – die Schlussfolgerung von einer Existenz von »führenden Völkern« und »beherrschten Völkern«.
Auf der Grundlage seiner Beobachtungen formulierte Ratzel sieben »Gesetze des räumlichen Wachstums der Völker und der Staaten«[712] in der Annahme, dass die gesamte Geschichte ihre Gültigkeit unwiderlegbar beweist. Diese Gesetze befassen sich mit der Entwicklung der Kultur, des Handels, der nationalen Produktion, der Entstehung und Entwicklung neuer Ideen, den Problemen der Grenzen und des von ihnen bestimmten staatlichen Wachstums: »So liegt vor allem im Wesen der Völker ein immer reges Streben auf Ausbreitung«.[713] Aus alledem ergibt sich, dass schwache Staaten durch starke (»zivilisatorische Ungleichheit«) absorbiert werden, Filetstücke der Nachbarländer – Regionen mit Bodenschätzen, Flussgebiete, Binnenmeere – werden besetzt. Und je mehr solche Eroberungen es gibt, desto dynamischer wächst der angreifende Staat, desto stärker wird er.
Gleichzeitig war Ratzel von rechtlichen Bedenken weit entfernt. Ein starker Staat hatte seiner Meinung nach das Recht, gegen geltende Gesetze zu verstoßen und die Grenzen zu missachten: Er erwartete von einem »lebendigen Staat«, dass er sich »nie vollständig in die toten Grenzen eines abgemessenen Flächenraums bannen« lässt, weil »das Vorrücken oder Zurückgehen der eigentlichen Grenze zu diesen Lebenszeichen« gehört.[714] Nur »das *alternde Volk* richtet sich immer fester in seinen Grenzen ein«.[715]
Ratzel war nicht allein mit seinen Ansichten in Deutschland. Zu dieser Zeit gab es hier eine ganze Reihe von expansionistischen, pangermanischen, militaristischen und nationalistischen Vereinen; der bekannteste von ihnen war der sogenannte »Alldeutsche Verband«. Als der Verband 1891 gegründet wurde, erklärte er: »Der alte Drang nach dem Osten soll wiederbelebt werden!«[716] Daher gelangte der Satz unter die Parolen Goebbels.
Der erste Vorsitzende des nationalistischen Verbandes war der Abgeordnete des Deutschen Reichstags Ernst Hasse (1846-1908). Im Jahr 1895 veröffentlichte er anonym eine Utopie mit dem Titel »Großdeutschland und Mitteleuropa um das Jahr 1950«. Darin beschreibt er seine Vision, unter anderem von dem mit Deutschland vereinigten Marionettenstaat Polen und dem »Königreich der Ukrainer«, die nach seiner Auffassung zu »Ghetto-Staaten« werden sollten, indem sie die aus dem Deutschen Reich vertriebenen Slawen und Juden aufnähmen, das heißt mit seinen Worten die »nicht assimilierten Fremdkörper ‹...› namentlich wenn diese eindringenden Fremdkörper minderwertig sind oder minderwertig empfunden werden.«[717]
Zur Mitte des 20. Jahrhunderts sah Hasse, wie der deutsche Staat »alle Deut-

schen Mitteleuropas« mit einer Expansion nach Westen (Luxemburg, Antwerpen, Niederlande, Belgien), nach Süden (die Schweiz und Österreich), aber besonders nach Osten (Baltikum, Rumänien) und Südosten bis zum Schwarzen Meer vereinte. Denn »nach Südosten und Osten sind der Entwicklung des Deutschtums natürliche Grenzen nicht gesteckt... Auch in Zukunft wird es nicht anders sein, als dass die Volkskraft der Deutschen dorthin vorwärts drängt.«[718] Gleichzeitig sollten die Balkanländer, seiner Auffassung nach, germanisiert werden. Eine der Ideen Hasses war die Schaffung eines »deutschen Weltreichs«.

Dem Pangermanismus schlossen sich neben den »Alldeutschen« auch die »Völkische Bewegung«, andere politische Parteien, zahlreiche Vereine, Zirkel sowie die Presse und einzelne Intellektuelle an. Als edles Ziel proklamierten sie die Vereinigung aller deutschen Länder in einem Staat. Die Frage war nur, was die »deutschen Länder« sind. Pangermanisten haben eine ziemlich einfache Antwort auf sie gefunden: »*soweit die deutsche Zunge klingt*«. Die deutsche Sprache klang im letzten Viertel des 19. Jahrhunderts – zu Beginn des 20. Jahrhunderts – während der Blütezeit des Pangermanismus nicht nur im benachbarten Österreich-Ungarn, sondern auch weit in den Tiefen des russischen Reiches, insbesondere in den ukrainischen Gebieten – dort gab es mehr als 2000 vorwiegend deutsche Ortschaften.[719]

Die »Alldeutschen« betrachteten das Volk als natürliches ewiges Wesen und waren der Überzeugung, dass das Individuum ohne Bindung an sein Volk nicht überleben könne. Sie plädierten für die Reinheit der Ethnie und lehnten das »Vermischen« verschiedener Völker kategorisch ab. Jede Nation müsste ihren eigenen, ethnisch homogenen Staat schaffen. Aufgrund dieser Ansichten entwickelte sich in der Gesellschaft nicht nur ein aggressiver Antisemitismus (Geschichtsprofessor, Reichstagsabgeordneter Heinrich von Treitschke, 1834-1896, sagte direkt: »Die Juden sind unser Unglück!«[720]), sondern auch aktiver Antislawismus und Antiromanismus. Die Minderwertigkeit der Slawen – ohne Unterschied zwischen Völkern und ethnischen Gruppen – war in Deutschland zu Trivialität, Allgemeinplatz, zur Binsenweisheit geworden.

Diese Ideen werden nicht zu einer politischen Doktrin, erobern aber durch Presse und Bücher die Köpfe der deutschen politischen oberen Schicht.

Bereits im Jahr 1875 sah Paul de Lagarde den deutschen Staat »im Westen von Luxemburg bis Belfort (eine Stadt in Ostfrankreich – V. T.), im Osten von Memel bis zum alten Gotenlande am Schwarzen Meer«, im Süden mit Zugang zur Adria und künftig potentiell Kleinasien«. Und »den Magyaren, Tschechen, Ruthenen, Hannaken und Slowaken« wollte er zeigen, »wer der bessere Mann, und wer, als der bessere Mann, berechtigt ist, zu herrschen«.[721]

Viele seiner Gleichgesinnten plädierten für die Freiheit der »isolierten Stämme« und die Besetzung der Gebiete, in denen deutschsprachige Bürger lebten. Zu diesem Zweck war es notwendig, den nationalen Separatismus zu fördern, um den Zusammenbruch multinationaler Staaten, insbesondere des zaristischen Russlands, zu beschleunigen. Ausgerechnet in den Tiefen der »Völkischen Bewegung« wurde die Idee des »Rechts der Nationen auf Selbstbestimmung« gepflegt – für die deutschen Nationalisten des 19. Jahrhunderts bedeutete dies den Beitritt deutschsprachiger Gebietseinheiten, wo auch immer sie sich befanden, zum »Reich«.

Der Theologe Friedrich Naumann (1860-1919), dessen Namen heute die Stiftung der Freien Demokratischen Partei Deutschlands (FDP) trägt, schrieb in seinem »*National-Sozialen Katechismus*« unter § 1: »Was ist das Nationale? Es ist der Trieb des deutschen Volkes, seinen Einfluß auf der Erdkugel auszudehnen«.[722]

Der Wirtschaftsnobelpreisträger Friedrich A. von Hayek (1899-1992) nannte Naumann »den Wegbereiter des Nationalsozialismus«, weil Hitler seiner Meinung nach »große Passagen seines außenpolitischen Programms bei diesem abgeschrieben« hat.[723]

Ausgerechnet die pangermanischen Pläne beschrieb 1906 der Österreicher Josef Ludwig Reimer (1879-1955) in seinem Buch »Grundzuege deutscher Wiedergeburt«: »Das Gebiet Groß-Deutschlands müßte demnach also umfassen: das heutige Reich, die anderen deutschen Gebiete Europas, Skandinavien und die Niederlande als gleichberechtigte Reichsteile,.. ferner die Gebiete der West- und Südwestromanen und der österreichischen West- und Südslawen als abhängige Kolonialländer, ferner Südamerika bis zum Amazonas«.[724]

Ohne Übertreibung, es herrschten Ideen der »Völkischen Bewegung« in Deutschland. Aber hatten diese Einfluss auf die Verabschiedung politischer Entscheidungen, auf die Formulierung politischer Doktrinen, auf die Begründung der deutschen Strategie gegenüber den Nachbarstaaten?

Tomáš Masaryk, ein tschechischer Soziologe und Philosoph, einer der Anführer der tschechoslowakischen Unabhängigkeitsbewegung und nach der Erlangung der Unabhängigkeit der erste Präsident der Republik (1918–1935), war aufmerksamer Beobachter der deutsch-slawischen Beziehungen. Über den Pangermanismus sagte er: »Lagarde ist sein führender philosophischer und theologischer Wortführer, Treitschke sein Historiker, Kaiser Wilhelm sein Politiker.«[725]

Ende des 19. Jahrhunderts gelangten parallel zu Ratzel viele andere Diener der Wissenschaft, die politische und soziale Prozesse auf der Grundlage von Darwins Lehren analysierten, zu Schlussfolgerungen über die expansionistische Natur der Völker. Einer von ihnen, der Sohn eines Krakauer Rabbiners, der polnisch-österreichische Soziologe Ludwig Gumplowicz (1838-1909), veröffentlichte sein »Gesetz der wachsenden Agglomeration«, das de facto Ratzels Schlussfolgerungen vorwegnahm: »Es ist immer derselbe so einfache und naturnotwendige Prozeß – dessen Formel beim Dichter lautet: 'Der Große frißt den Kleinen und der Größte frißt den Großen'. In politischer Hinsicht ist »dieses 'Fressen' aber... mitnichten ein freier Willensakt – überhaupt nie ein individueller Willensakt. Es ist ein naturnotwendiges Aufsaugen der schwächeren socialen Gruppen durch kräftigere sociale Organisationen – ein Prozess, der sich immer und überall beim Kontakte solcher Gruppen und Organisationen einstellen muß, mit derselben Naturgesetzlichkeit und Notwendigkeit, mit der ein ins Wasser gelegter Schwamm sich vollsaugt, oder ein ins Feuer geworfenes Holzscheit verbrennt.«[726]

In alten Zeiten fand dieser Kampf zwischen Horden statt, d. h. Gruppen, die nach anthropologischen und ethnischen Merkmalen verschieden waren (manchmal nennt Gumplowicz sie »Rassen«). Zuerst wurden die besiegten Horden umgebracht, später begannen die Sieger, sie zu versklaven. Als Ergebnis entstand ein Staat, der das Instrument dieser Versklavung war, »eine stärkere Rasse versucht, die Schwächeren zu unterwerfen.«

In seiner Arbeit »Der Rassenkampf« (1883) führte Gumplowicz das Konzept des *Ethnozentrismus* ein: »Darnach glaubt jedes Volk immer den höchsten Standpunct sowohl unter den gleichzeitigen Völkern und Nationen, als auch mit Rücksicht auf alle Völker der historischen Vergangenheit einzunehmen. Wenn man nun in dem Wahne befangen ist, dass man selbst das höchste und vollendetste Werk der Schöpfung ist und dass alle Völker und Generationen der Vergangenheit nur stümperhafte Versuche des Schöpfers waren, bis ihm das Meisterwerk dieses Volkes und dieser Generation gelungen ist, dann muss freilich alle Vergangenheit nur als Vorbereitung der Gegenwart, und alle übrigen Völker nur als Vorstufen zum Höhepunct des einen Volkes erscheinen, auf das es die Vorsehung direct abgesehen hat.«[727] Er selbst glaubte, dass sich das Wesen des Menschen seit Jahrtausenden nicht geändert hätte: Hinter den sozialen und kulturellen Lasurschichten würden sich die niederen Motive und die Impulse eines aggressiven Wilden verbergen.

Diese theoretischen Postulate lagen nicht jahrzehntelang verstaubt in den Regalen der Bibliotheken, sondern wurden, vor allem in Deutschland, zum Leitfaden für das Handeln.

1871 schlossen sich die süddeutschen Staaten – Baden, Hessen, Württemberg und Bayern – der sogenannten Norddeutschen Union an, die sich zuvor um Preußen gebildet hatte, und riefen das Deutsche Reich aus. Zum ersten Mal wurde auf deutschem Boden aus zahlreichen »Großherzogtümern« und »Königreichen« ein Nationalstaat geschaffen. Da dies während des siegreichen Krieges gegen Frankreich geschah, und die Deutschen nichts Besseres fanden, als ihr Reich im Herzen Frankreichs, im Spiegelsaal des Versailles-Palastes, auszurufen, überraschte es nicht, dass die feindselige Haltung der gedemütigten Franzosen (die die Deutschen schon früher nicht ins Herz geschlossen hatten) nun fast ein Jahrhundert lang sichergestellt war.

Die Beziehungen der Deutschen zu Großbritannien gestalteten sich kaum besser. Nach der Reichsgründung begann Deutschland unter der Führung von Bundeskanzler Bismarck an wirtschaftlicher Stärke zu gewinnen und sich auf der internationalen Bühne zu behaupten: Es sucht nach neuen Kolonien. Aber die Welt ist längst aufgeteilt, und eine der größten Kolonialmächte ist Großbritannien.

Die nach außen hin freundlichen Beziehungen zu Russland ließen ebenfalls zu wünschen übrig. Hauptquelle der Auseinandersetzung – die Balkan-Territorien. Auf Kosten des damals schwachen Osmanischen Reiches wollten Nachbarn einen guten Schnitt machen: Bulgaren, Griechen, Serben und Montenegriner – die Rede war natürlich wie immer nur von der »Rückholung der ursprünglichen nationalen Territorien«. Auf ihren Einfluss hofften hier auch Engländer und Deutsche, Österreicher, Franzosen und Russen. Letztere waren besonders daran interessiert, eine Durchfahrt aus dem Schwarzen Meer durch den Bosporus und die Dardanellen ins Mittelmeer zu bekommen.

Die Deutschen drängten aktiv nach Vorderasien.[728] Zweck: »Wirtschaftliche Einheit von der Nordsee bis an die Grenzen Ägyptens« (so der *Deutsch-Nationale Handlungsgehilfenverband*) oder, wahlweise, »bis an den Persischen Golf« (Carl Anton Schäfer, 1890-1974) – natürlich unter deutscher Ägide. Sie träumen von »Deutschlands Fahne auf dem (noch Osmanischen – V. T.) Bosporus« und planten die Bahnlinie Berlin-Bagdad (ein Stück von eineinhalb Tausend Kilometer von der türkischen Stadt Konia nach Bagdad wurde von den Deutschen kurz vor dem Ersten Weltkrieg gebaut). Vom

Buch Albert Ritters (1872-1931) »Berlin – Bagdad« gab es bis 1914 sieben Auflagen. Der preußische General Liman von Sanders (1855-1929) wurde 1913 osmanischer Marschall und Kommandeur des türkischen Korps direkt an den Dardanellen. Kaiser Wilhelm II. philosophierte: »Entweder flattert die deutsche Fahne bald auf den Festungen des Bosporus oder mich trifft dasselbe Schicksal des großen Verbannten auf der Insel St. Helena.«[729] Der Name des Exilanten ist bekannt – Napoleon Bonaparte.

Vor dem Hintergrund einerseits der Euphorie der Bildung des Nationalstaates, von dem die Deutschen seit Jahrhunderten geträumt hatten, und andererseits angesichts der erwähnten geopolitischen Auseinandersetzungen, gewann die nationalistische Bewegung in Deutschland an Kraft. Eine der Grundlagen der Bewegung wurde vom Chef des deutschen Generalstabs Helmuth von Moltke (1848-1916) formuliert: dies sei eine Schlacht zwischen Germanentum und Slawentum.[730]

In den intellektuellen Kreisen Deutschlands wurden Ideen geboren, deren Bedeutung sich nicht nur auf die Stärkung des neugeborenen Staates bezog, sondern auch auf die Ausdehnung seiner Grenzen – entweder auf Kosten von Gebieten, in denen die Deutschen historisch »kompakt lebten« (Irredentismus), oder einfach nur dort, wo eine Schwäche zu spüren war und man sich ein Stück des Territoriums unter den Nagel zu reißen gedachte. Vorzugsrichtung – nach Osten.

Aber Deutschland ist keine Ausnahme. Auch England, Holland und Spanien fieberten nach solcher »Erweiterung« ihres Besitzes – auf Kosten der Überseekolonien. Amerikaner »expandierten«, indem sie Indianer niedermetzelten. Russland, das zu dieser Zeit ganz Sibirien und den Fernen Osten erobert hatte, wollte unbedingt den Zugang zum Mittelmeer erringen. Im Weg standen das Osmanische Reich, Deutschland und Österreich-Ungarn, die ihrerseits ihren Einfluss in der Ukraine, den baltischen Staaten und dem Kaukasus auszubauen suchten. All dies führte später zum Ersten Weltkrieg, in dem die Thesen über den »Lebensraum« eine ausschlaggebende Rolle spielten. Es gab keine Gegend mehr, wohin man sich problemlos ausbreiten konnte, überall gab es Nachbarn. Überall lebten Menschen. Aber jeder hielt sich für »stärker« und hoffte auf den Sieg und die Versklavung der »Schwachen«.

Ein Großteil der geopolitischen Forschung von Ratzel und seinen Gefolgsmännern wurde später zur Grundlage der nationalsozialistischen Ideologie.

Verbesserung der menschlichen Erbanlagen – Eugenik

Anfang des 20. Jahrhunderts wurde die »Eugenik« – das Konzept der Verbesserung der menschlichen Gattung – populär.[a] Es geht zum einen um die Kultivierung der guten Vererbung (»positive« Eugenik) und um die Verhinderung einer schlechten Vererbung, insbesondere von Erbkrankheiten («negative« Eugenik) – zum anderen. Der Begriff »Eugenik« wurde bereits 1883 von dem englischen Forscher, Geographen, Anthropologen, Psychologen und Statistiker Francis Galton (1822-1911) in wissenschaftlichen Umlauf gebracht. Es war Galton, der einen großen Beitrag zur Daktyloskopie geleistet hat, indem er mathematisch bewies, dass Menschen niemals zwei identische Fingerabdrücke haben können.

Der Nachkomme einer Intellektuellenfamilie (er ist ein Cousin von Charles Darwin) analysierte die Übertragung menschlicher Merkmale bei eineiigen Zwillingen mit statistischen Methoden und kam zu dem Schluss, dass viele Charakteristika der Eltern an die Kinder weitergegeben werden. Er schrieb das Buch »Erbliches Genie« (*Hereditary genius. An Inquiry into its Laws and Consequences,* 1869)[731], indem er die Grundlagen der Eugenik umreißt, die einen idealen Menschen schaffen sollten. Laut Galton wäre es ratsam, die zufällige Vererbung der positiven Eigenschaften gezielt zu unterstützen und die Vererbung der negativen bewusst zu vermeiden, um die Rasse generell zu verbessern.

Das heißt, wenn es möglich ist, als Ergebnis der Zucht bessere Getreidesorten oder eine produktivere Rasse an Kühen hervorzubringen, warum sollte man dann nicht auch versuchen, den besseren, reinrassigeren Menschen auf die gleiche Weise »zu züchten«? Nach dieser einfachen Logik wirkte in den USA der öffentliche Ausschuss für Eugenik (*Committee on Eugenics*) unter der Obhut der *American Farmers Society.*

Gleichzeitig sollte die Eugenik dazu beitragen, Erbkrankheiten zu besiegen.

---

a Aber auch später wandten sich renommierte Wissenschaftler der Eugenik zu – so z. B. der amerikanische Zoologe und Nobelpreisträger Herman J. Muller in der Zeitschrift »Science« (*https://science.sciencemag.org/content/134/3480/643*).

All dies würde der Gesellschaft zugute kommen, die gesünder, schöner und vollkommener würde.
Ohne staatliche Eingriffe, ohne seine regulatorische Wirkung ist dies schwer zu erreichen. Daher versuchte die *British Eugenics Society* Politiker zu überzeugen, beispielsweise die Heirat und die Geburt von Kindern für schwer Erbkranke zu verbieten. Hierfür können gegebenenfalls medizinische Methoden wie Sterilisation oder Kastration angewendet werden – wenn nötig, auch zwangsweise.
Die Eugenik begann, mehr und mehr Einfluss zu nehmen auf Wissenschaftler und Politiker auf der ganzen Welt. In Kanada und Australien änderte sich die Einstellung gegenüber Migranten und ethnischen Minderheiten, in Deutschland sprach man von »Rassenhygiene« und in Japan von »Blutreinheit«. Dabei stützten sich alle auf die damals dominierenden Ideen, dass sich Menschen mit »schlechtem Erbgut« schneller vermehren als Menschen mit »gutem Erbgut«, und dies könnte in Zukunft zur Degeneration nicht nur einer Nation, sondern der gesamten Menschheit führen.
Zur gleichen Zeit tauchten historische Reminiszenzen über die Auswahl der Besten selbst in der Antike auf, als Sparta schwache und kranke Babys tötete. Der deutsche Zoologe Ernst Haeckel (1834-1919) argumentierte, dass neben »natürlicher Auslese« auch »künstliche Auslese« erfolgen müsse: »Ein ausgezeichnetes Beispiel von künstlicher Züchtung der Menschen in großem Maßstabe liefern die alten Spartaner… Alle schwächlichen, kränklichen oder mit irgendeinem körperlichen Gebrechen behafteten Kinder wurden getödtet. Nur die vollkommen gesunden und kräftigen Kinder durften am Leben bleiben und sie allein gelangten später zur Fortpflanzung… Gewiß verdankt das Volk von Sparta dieser künstlichen Auslese oder Züchtung zum großen Theil den seltenen Grad von männlicher Kraft und rauher Heldentugend, durch die es in der alten Geschichte hervorragt.«[732]
In der Renaissance, hieß es, schrieben Thomas Morus, Francis Bacon und Tommaso Campanella in ihren sozialen Utopien[733] über die Zweckmäßigkeit der eugenischen Selektion.
Befürworter der Eugenik lehnten die soziale Unterstützung der schwächeren Mitglieder der Gesellschaft ab, da dies zu einer Verschlechterung der allgemeinen Gesundheit der Nation führen musste. Ein derartiger Ansatz brachte die Armen nicht auf die Barrikaden: Es gab insbesondere in der Arbeiterbewegung Englands starke »eugenische« Tendenzen.
Ein Unterstützer der Eugenik in Amerika war der weltbekannte Erfinder des Telefons Alexander Bell. Da seine Frau und seine Schwiegermutter von

Kindesbeinen an taub waren, führte er ernsthafte statistische Studien über Gehörlosigkeit durch und kam zu dem Schluss, dass man sie loswerden kann, indem man Tauben die Ehe verbietet und sie sterilisiert. Viele US-Bundesstaaten haben tatsächlich Gesetze über die Zwangssterilisation von Tauben verabschiedet. Die in diesem Sinne besonders rigorosen Gesetze Kaliforniens wurden von mehreren europäischen Ländern kopiert.

Die Eugenik war nicht zwangsläufig »untrennbar« mit Rassismus verbunden. Der berühmte deutsche Arzt Alfred Ploetz (1860-1940), der sich für »Rassenhygiene« einsetzte (ab 1904 gab er die Fachzeitschrift »Archiv für Rassen- und Gesellschafts-Biologie« heraus), hielt keine der Rassen für besser oder schlechter. Er behauptete, dass es in jeder Rasse zwei »Rassen« gibt – eine »Vitalrasse« (von der lateinischen *vita*, Leben, d. h. der gesunde Teil der Rasse) und eine »Systemrasse« (der schwache, krankhafte Teil davon). Seiner Meinung nach sollte jede Nation den Teil unterstützen, der ein besseres Erbgut hat und stärkere und intelligentere Nachkommen hervorbringt. Daher schlug er vor, dass der Staat aufgrund der moralischen und intellektuellen Eigenschaften von Individuen die Erlaubnis zur Heirat erteilen oder sie umgekehrt verbieten sollte. Der Staat sollte auch eine »Quote« für die Anzahl der Kinder in einer Familie festlegen. Kranke und schwache Babys hätten, seiner Meinung nach, »wie ein Unkraut gejätet« werden müssen.

Anhänger der Eugenik gaben der Verbesserung der sozialen Situation in der Welt und dem Fortschritt der Medizin die Schuld an so manchem Unheil. Eben diese Faktoren waren es, die in der Gesellschaft solche Menschen beließen, die nach dem Gesetz der natürlichen Auslese (und ohne allmächtige Medizin) sterben würden. Die künstliche Selektion sollte ihrer Meinung nach eine solche Verzerrung korrigieren.

Für das Bevölkerungswachstum und für die Verbesserung ihrer Qualität wurde unter anderem vorgeschlagen, staatliche Gesundheitszertifikate als Voraussetzung für die Ehe auszustellen und Erbgut-Karteien anzulegen, um eine Grundlage für die Lösung von Problemen bei der Fortpflanzung und in Extremfällen – für ein Eheverbot, eine Zwangseinweisung in spezielle geschlossene Häuser (zuvor ging man mit an offener Tuberkulose Erkrankten so um) oder Sterilisation zu haben.

Befürworter der Eugenik betrachteten auch rechtliche und moralische Aspekte staatlicher Eingriffe in den Prozess der Volksbildung. Der österreichische Psychologe Adolf Jost (1874-1908) veröffentlichte 1895 eine Schrift mit dem Titel »Das Recht auf den Tod«[734], in dem er die Legitimation dieser Menschen auf ein bewusstes Ausscheiden aus dem Leben verteidigte. 1920 verfeinerten der deutsche Psychiater Alfred Hoche (1865–1943) und der Anwalt Karl Binding (1841–1920) diese These in der gemeinsamen Arbeit »*Die Freigabe der Vernichtung lebensunwerten Lebens*»[735], wo sie sich an den von Francis Bacon im 16. Jahrhundert eingeführten Begriff der »Euthanasie« (wörtlich: »guter, leichter Tod«) als Gelegenheit, Menschen vor Leiden zu retten und nicht zuletzt die öffentlichen Ausgaben für Patienten zu senken, erinnerten.

Die Euthanasie sollte nur auf Antrag des Patienten oder, wenn er diesen Wunsch nicht formulieren kann, auf Beschluss einer Kommission von zwei Ärzten und einem Rechtsanwalt durchgeführt werden. Die Autoren schreiben: »Wir werden vielleicht eines Tages zu der Auffassung heranreifen, daß die Beseitigung der geistig völlig Toten kein Verbrechen, keine unmoralische Handlung, keine gefühlsmäßige Rohheit, sondern einen erlaubten nützlichen Akt darstellt.«[736]

Seit dem Ende des 19. Jahrhunderts tauchten in der Welt zahlreiche Romane auf, die die Vorzüge des »perfekten Menschen« der Zukunft schilderten. Später werden diese Ansichten die Grundlage der Politik der deutschen Nationalsozialisten bilden, aber auch außerhalb Deutschlands wurden sie von vielen bekannten Persönlichkeiten geteilt und unterstützt: In Großbritannien sind es der Schriftsteller Bernard Shaw, einer der Gründer der UNESCO und ihr erster Generaldirektor Julian Huxley (der Bruder von Aldous Huxley, Autor des bekannten Buches »Schöne neue Welt«) und Premierminister Winston Churchill. Der Gründer der bekannten Richtung in der Wirtschaftstheorie, John Maynard Keynes (*Keynesianismus*), behauptete sogar, dass die Eugenik der wichtigste und ehrlichste Zweig der Soziologie wäre.[737]

Unterstützer der Eugenik waren der Friedensnobelpreisträger, US-Präsident Theodore Roosevelt (1858-1919) und die *American National Academy of Sciences*. So wurde im Bundesstaat Connecticut bereits 1896 die Ehe für »Epileptiker und Idioten« gesetzlich verboten. Dieses Verbot wurde später durch Zwangssterilisation erweitert, der – oft ohne Aufklärung über die Folgen – Zehntausende von Menschen ausgesetzt waren. 1903 berechnete der Eugenik-Ausschuss, dass in den Vereinigten Staaten die »Fortpflanzung« für mindestens 10 Millionen Bürger verboten sein sollte. 1907 wurde im nordamerikanischen Bundesstaat Indiana die Sterilisation aus eugenischen Gründen gesetzlich erlaubt, und später wurden in 32 weiteren Bundesstaaten ähnliche Gesetze erlassen. In Kanada führte man die Sterilisation 1928 in der Provinz Alberta ein; abgeschafft wurde sie erst 1972.

Von Nordamerika schwappte die eugenische Begeisterung nach Europa

über. In der Schweiz, im Kanton Vaadt, wurde 1929 das erste europäische Gesetz zur »eugenischen« Zwangssterilisation (darunter auch durch hohe Dosen Röntgenstrahlung) erlassen, das erst 1985 aufgehoben wurde.
Ähnliche Gesetze wurden in Lettland, Norwegen, Finnland, Island und dem»demokratischen« Dänemark verabschiedet. In Schweden waren Anhänger der Eugenik besonders aktiv. Bereits 1909 wurde hier die Gesellschaft für Rassenhygiene gegründet, 1921 das staatliche Institut für Rassenbiologie an der Universität von Uppsala. Die schwedische lutherische Staatskirche unterstützte die Sterilisation der »Minderwertigen«. Das Programm der Zwangssterilisation wurde hier bis 1976 betrieben, man sterilisierte mehr als 62.000 Menschen, davon 15.000, nach Einschätzung der Schweden, gegen ihren Willen.
Hitlers Deutschland hat in dieser Hierarchie eine traurige Bilanz – mindestens 300.000 sterilisierte Bürger. Die Nationalsozialisten konnten leicht auf theoretische Entwicklungen und praktische Erfahrungen verweisen, die zu dieser Zeit in der ganzen Welt gesammelt wurden.
Heute wird die Eugenik als Pseudowissenschaft verurteilt.
Aber auch nach der eugenischen »Erfahrung« Deutschlands tritt die Eugenik in unserer Zeit »durch die Hintertür« in die Gesellschaft ein. Eine solche Hintertür wird als PID bezeichnet: Präimplantationsdiagnostik. Dank ihr werden im Embryo, der durch künstliche Befruchtung gewonnen wird, Chromosomenanomalien und Genmutationen gesucht, bevor er der Frau implantiert wird. Das genetische Material der Zelle wird auf Erkrankungen wie Down-Syndrom, Huntington-Krankheit, Mukoviszidose, Hämophilie und Sichelzellenanämie untersucht. Mit der PID kann man auch den Embryo des gewünschten Geschlechts auswählen.
Eine solche Diagnose ist in Sardinien (Italien) und in Zypern lebensnotwendig geworden, wo sich die sogenannte Beta-Thalassämie, eine genetisch bedingte Blutkrankheit, ausbreitet. Wenn beide Eltern ein beschädigtes Gen haben, beträgt das Risiko, ein krankes Kind zu bekommen, 25%. Es ist unmöglich, die Krankheit zu heilen. Weltweit gibt es 250 Mio. Beta-Thalassämie-Kranke.[738] Während des gesamten Lebens ist es notwendig, das Blut des Patienten wöchentlich zu transfundieren und Medikamente zu verabreichen. Aufgrund der wachsenden Zahl von Patienten konnte Zypern die Kosten für Medikamente einfach nicht decken. Seit Mitte der 70er Jahre wurde auf beiden Inseln ein freiwilliges Eugenik-Programm eingeführt. Jetzt erhalten Eltern mit einem betroffenen Gen eine vorgeburtliche oder präimplantäre Diagnostik: Entweder bricht die Mutter die Schwangerschaft

ab oder hat einen gesunden Embryo zum Austragen – die kranken Embryonen werden »aussortiert«. Seitdem ist die Zahl der Patienten in Sardinien stark zurückgegangen und in Zypern hat sie sich stabilisiert.
Da der erkrankte Embryo jedoch einfach entsorgt wird, anstatt einer Frau zum Austragen eingepflanzt zu werden, nennen viele Wissenschaftler und Politiker diese Art der Embryo-Vorsortierung ein Beispiel der modernen liberalen »negativen Eugenik«, die jedoch in den Traditionen des Dritten Reiches verhaftet bleibt.[739]
Es gibt in letzter Zeit auch Beispiele für »positive« Eugenik: In den Spermabanken für künstliche Befruchtung können die Frauen laut Katalogen einen Spender nach Blutgruppe, Rh-Faktor, Alter, Farbe von Haut, Haar und Augen, nach Bildungsniveau, körperlicher Entwicklung wählen...[740] Experten berichten, die große Mehrheit der Frauen sucht junge, großgewachsene, schlanke, athletische, blonde, blauäugige Doktoren der Wissenschaft (an der unteren Grenze – Studenten).
Auf Wunsch der Frau kann der Spender auch auf mögliche genetische Erkrankungen getestet werden.[741] Wenn die Frau nicht knauserig ist, kann sie einen Spender mit »erweitertem Profil« bestellen, der viele persönliche Informationen, darunter Babyfotos und eine Tonaufnahme der Stimme des Spenders, enthält.[742] Auf Anfrage gibt es auch Spenderfotos.[743] Einige Firmen suchen sogar nach einem Spender, der dem von der zukünftigen Mutter gesendeten Foto (eines Schauspielers?) ähnelt.[744]
Das heißt, es wird nach intellektueller und physischer Perfektion getrachtet.
Ältere Männer mit einem Hang zum Alkohol und ohne ständigen Wohnsitz sind in den Sperma-Banken nicht gefragt.

Antisemitismus und Antisemiten

Eine jahrhundertealte Geschichte weist auch der Antisemitismus auf, der auf zum Teil religiösen Motiven fußt. Seit Urzeiten kämpfen verschiedene Prediger um die Gläubigen, versuchen sie in ihre Kirche zu locken und glauben ernsthaft daran, dass der »fremde« Glaube »vom Teufel« sei. Die Geschichte erzählt: Bereits Jahrhunderte vor Christus gab es Verbote jüdischer Feiertage und Rituale, insbesondere der den Juden »heiligen« Be-

schneidung. Daher war die Einstellung zu einer solch mächtigen religiösen Bewegung, wie sie das Judentum war und bleibt, immer auch durch Wettbewerbserwägungen bestimmt, insbesondere zum Beispiel während des Massenübergangs der Bürger des Römischen Reiches zum Judentum (nicht ohne die aktiven Bemühungen der Juden selbst) zu Beginn unserer Zeit. Es wurden wiederholt Gesetze erlassen, die es Juden verbaten, in Jerusalem zu leben oder sogar dort zu erscheinen. Ihre Schreine, ihre Tempel wurden entweiht, ausgeraubt und zerstört, die Gläubigen an den Pranger gestellt.
Eine bedeutende Rolle in der negativen Haltung gegenüber Juden spielte die religiös oder sozial bedingte »Verschlossenheit« der jüdischen Gemeinden für fremde Augen; manche meinen, der fanatischere Glaube, die strengere Einhaltung ihrer jüdischen – für Fremde unverständliche, und deswegen obskure und verdächtige – Rituale. Die Dogmen der einen waren mit den Dogmen der anderen nicht vereinbar. Dies machte das Judentum in vielen Ländern zu einer unzugänglichen Kaste, die gezwungen war, in einer feindlichen Umgebung zu leben. Eine solche Einstellung gegenüber der Welt hatte maßgeblichen Einfluss auf die Erziehung eines jüdischen Kindes.
Mit der Verbreitung des Christentums tauchten in der Gesellschaft neue Erklärungen für die »Niederträchtigkeit« der Juden auf: Die Juden erkannten Jesus nicht als den Messias und töteten ihn deshalb. Und obwohl nach der Bibel auf Forderung der jüdischen Menge der Befehl zur Hinrichtung von Jesus vom Römer Pontius Pilatus gegeben wurde, schien diese These jedoch überzeugend zu sein und wurde daher von allen Teilen der christlichen Gesellschaft angenommen. Bis heute kursieren Behauptungen über die Verwendung christlichen Blutes zur Herstellung von Matze, des jüdischen Fladenbrotes…
Zur Stärkung des Antisemitismus haben die Juden auch selbst Hand angelegt. Es war nicht leicht für die Andersgläubigen aller Zeiten das jüdische Postulat zu verschmerzen, Juden seien das von Gott auserwählte Volk, sprich, besser als andere. Dem zuzustimmen bedeutete für jeden Nicht-Juden: Weil er schlechter ist, wurde er von Gott nicht erwählt. Dies führte natürlich zu gewissen Ressentiments.
Auch der Alltag der »Söhne Israels« war anders geprägt. Da es Juden in vielen Ländern verboten war, Land zu besitzen und sich in der Landwirtschaft oder im Handwerk zu betätigen (was im Mittelalter die Hauptquelle des Wohlstands war), hatten sie keine andere Wahl als sich in der Gesellschaft als Händler zu etablieren, was wiederum zu Ächtung und den Vorwürfen führte, sie entzögen sich der harten körperlichen Arbeit. Aufgrund der Tat-

sache, dass die christliche Religion den Gläubigen damals verbot, Geld verzinst zu verleihen (so wie es der Islam immer noch tut), taten es die Juden und wurden zu Fachleuten im Bankgeschäft. In vielen Ländern war der öffentliche Dienst und die Hochschulbildung für Juden versperrt.

In manchen Gegenden wurde absichtlich die »jüdische Karte« ausgespielt. Zum Beispiel gewährten polnische Gebieter, die lange Zeit in der Ukraine herrschten, den Juden das Recht, von den Ukrainern (zu Gunsten der Polen) Steuern zu erheben, was Hass nicht gegen Polen, die Geld erhielten, sondern gegen die jüdischen Vollzieher hervorrief. Historiker beschreiben ein dubioses Prozedere, Steuern zu erheben: Die Polen übergaben den Juden die Schlüssel der orthodoxen Kirchen, die diese wiederum den Priestern nur dann überließen, wenn der ukrainische Bauer, der heiraten, sein Kind taufen oder jemanden begraben musste, alle seine Steuerschulden bezahlt hatte. Es ist klar, dass dies das gegenseitige Verständnis zwischen den Ethnien nicht verbesserte.

In der Nähe von Juden mochte keiner leben. Beziehungen zu ihnen waren oft von offenem Hass geprägt. Es gibt viele Erklärungen für diesen alltäglichen Antisemitismus – religiöse, nationale, wirtschaftliche, mentale – aber das ist nicht das Thema unseres Gesprächs. Es ist für uns wichtig festzuhalten, dass der Antisemitismus nicht in den fiebrigen Köpfen der Extremisten geboren wurde, sondern auf eine tausendjährige Geschichte zurückblickt. Bereits mehrere Jahrhunderte v. Chr. behaupteten antike Autoren die »Unreinheit und Gottlosigkeit« der Juden.[745] Im 6. Jh. v. Chr. wurde der (erste) Tempel von Jerusalem zum ersten (jedoch nicht zum letzten) Mal zerstört. Die erste Erwähnung der Vertreibung der Juden bezieht sich auf das Jahr 139 v. Chr. – damals wurden sie aus Rom verjagt. Danach wurden Juden aus Frankreich, Oberbayern, England, Ungarn, Belgien, der Slowakei, Österreich, den Niederlanden, Polen, Spanien, Italien, aus Litauen, Portugal, Tschechien, Russland sowie aus einzelnen Städten und Provinzen vertrieben... Im 13. Jh. mussten die Juden zum ersten Mal spezielle Zeichen an ihrer Kleidung und besondere Hüte tragen.

Die Menschen gaben den Juden an all ihren Problemen die Schuld – und organisierten Pogrome. Die erste Erwähnung eines jüdischen Pogroms in Alexandria, der alten ägyptischen Hauptstadt, wo sich eine der größten Bibliotheken der Antike befand, stammt aus dem Jahr 38 n. Chr. Seitdem zieht sich die dunkle Spur zahlreicher Pogrome mit Tausenden von Opfern durch Spanien, Frankreich, Deutschland, Polen, Russland, Rumänien, den Iran, Irak, die Schweiz... Es gab Pogrome während der Kreuzzüge, es gab sie während der Pest und es gab sie wegen kleinerer lokaler Gründe, zum Beispiel »wegen des Tötens christlicher Kinder.«

Antisemitische Ideen existieren seit Tausenden von Jahren und sind in der ganzen Welt verbreitet. Einer der bekannten Antisemiten, der englische Schriftsteller Herbert Wells (1866-1946, Autor von Science-Fiktion-Romanen wie *Die Zeitmaschine*, *Der Krieg der Welten* etc.) sagte sogar einmal: »Es wäre sinnvoll, ernsthaft zu analysieren und zu verstehen, wie kommt es, dass es in jedem Land, in dem Juden leben, Antisemitismus gibt.«[746] Und behauptete unverblümt: »Diese Rasse hat eben etwas an sich, womit sie sich allgemein unbeliebt macht.«[747]

Seit dem 16. Jh. sind verstärkt antisemitische Ansichten beispielsweise von Martin Luther (1483-1546), einem der Begründer des Protestantismus, bekannt. Er mochte die Arroganz der Juden nicht, die Tatsache, dass sie sich selbst – aufgrund ihres Ursprungs, der Beschneidung, der Thora – als »Gottes auserwähltes Volk« betrachten, obwohl sie dieselben Sünder wie andere Menschen auch unter Gottes Obhut sind. Er glaubte im Einklang mit den Stereotypen, die bereits damals weit verbreitet waren, dass Juden blutrünstig, rachsüchtig und gierig, ja die Verkörperung des Teufels wären. Ihre Rabbiner – und das ist vielleicht der wichtigste Grund für Luthers Zorn – verleiteten die christliche Jugend dazu, den »wahren Glauben« anzuzweifeln, den Luther natürlich für das Christentum beanspruchte. Den Juden wird vorgeworfen, Brunnen vergiftet und »Kinder gestohlen und zerpfriemt« zu haben, aber wenn dies nicht der Fall sei, schreibt Luther, wären sie zumindest dazu in der Lage. Und wenn sie etwas Gutes tun, dann nicht aus ihrem Herzen, sondern aus eigenem Interesse, weil sie gezwungen sind, unter Christen zu leben. Sie halten sich nicht an die Zehn Gebote, regieren über Christen, nutzen sie aus, lachen sie aus, obwohl sie unter Deutschen besser leben als im Königreich Israel: »Jawohl, sie halten uns Christen in unserm eigenen Lande gefangen, sie lassen uns arbeiten im Nasenschweiß, Geld und Gut gewinnen, während sie derweil hinter dem Ofen sitzen, faulenzen und Birnen braten, saufen, leben sanft und wohl von unserm erarbeiteten Gut, haben uns und unsere Güter gefangen durch ihren verfluchten Wucher, spotten dazu und speien uns an, daß wir arbeiten und sie faule Junker sein lassen,.. sind also unsre Herren, wir ihre Knechte… Sie rühmen es getrost und stärken ihren Glauben und giftigen Groll wider uns, sprechen untereinander: Halte fest, siehe, wie Gott mit uns ist und sein Volk auch in der Verbannung nicht verläßt. Wir arbeiten nicht, haben gute faule Tage, die verfluchten Gojim[a] müssen für uns arbeiten, wir aber kriegen ihr Geld, damit sind wir ihre Herren, sie aber unsere Knechte.«

Dann fragt er: »Was wollen wir Christen nun mit diesem verworfenen, verdammten Volk der Juden tun?« – und schlägt selbst sieben Schritte der »scharfen Barmherzigkeit« vor: Synagogen und Schulen »mit Feuer anzustecken«, Häuser von Juden zu zerstören und sie selbst »wie die Zigeuner« in Ställen eingepfercht leben zu lassen, ihre Gebetsbücher und den Talmud wegnehmen, weil in denen nur »Abgötterei, Lügen, Fluch und Lästerung« gelehrt wird, »bei Leib und Leben« den Rabbinern die Predigt verbieten, »den Juden das Geleit und Straße ganz und gar aufheben«, und »ihnen den Wucher verbieten und ihnen alle Barschaft und Kleinod an Silber und Gold nehmen und zur Verwahrung beiseitelegen«, jungen und starken Juden und Jüdinnen »Flegel, Axt, Karst, Spaten, Rocken, Spindel« für körperliche Arbeit geben und sie »ihr Brot im Schweiß der Nase« verdienen lassen.[748]

Der Schweizer Theologe und Kirchenreformer Johannes Calvin (1509-1564, »Calvinismus«) bescheinigte den Juden »stumpfsinnige Dummheit« und unterstützte seinen Vorgänger Luther: »Da sie (die Juden – V. T.) sich an ihren Lastern erfreuen, verdient ihre verdorbene und unbeugsame Sturheit, dass keiner von ihnen bemitleidet wird, während sie qualvoll endlos und maßlos unterdrückt werden.«[749]

Einer der Erforscher des Judentums in Deutschland war Johann Andreas Eisenmenger (1654-1744), Professor für Hebräisch an der Universität Heidelberg. Da er Hebräisch, Aramäisch und Arabisch sprach, studierte Eisenmenger über 19 Jahre lang mehr als 200 damals bekannte Primärquellen über das Judentum und verfasste ein Werk von mehr als 2.000 Seiten »*Entdecktes Judenthum oder Gründlicher und Wahrhaffter Bericht, welchergestalt die verstockten Juden die Hochheilige Drey-Einigkeit, Gott Vater, Sohn und Heil. Geist, erschrecklicher Weise lästern und verunehren…*«[750]. Im Jahre 1700 wurde die Veröffentlichung des Buches vom Kaiser des Heiligen Römischen Reiches der deutschen Nation Leopold I. für vierzig Jahre verboten.

Heute wird über dieses Buch, dessen letzte vollständige Ausgabe aus dem Jahr 1893 (in Dresden) stammt, geschrieben[751], dass es mittelalterliche Klischees über Juden beinhaltet, dass Eisenmenger die Zitate nicht verfälschte[752], sie aber so tendenziös interpretierte, dass die Lektüre einen Eindruck erweckt, der nicht den tatsächlichen Absichten der Juden entspricht; an-

---

a Gojim (*plural*) – ein jiddisches Wort, das einen Nichtjuden bezeichnet. *Singular* – Goj.

geblich sammelte Eisenmenger aus 200 Quellen über Juden alle negativen Dinge und reproduzierte die dogmatischen und moralischen Lehren des talmudischen Judentums sowie dessen Spott und Hohn über das Christentum unkritisch. Der Konstanzer Professor Alexander Patschovsky hat das so zusammengefasst: »Denn Eisenmenger hatte anscheinend akribisch belegt, in welchen Quellen er sein Bild des Judentums 'entdeckt' haben wollte, und diese Quellen gibt es, und die Zitate daraus hielten als solche zumeist der Nachprüfung stand; jedenfalls hegt auch die jüngere wissenschaftliche Literatur keinen Zweifel an der – wenn auch zeitgebundenen – gelehrten Seriosität dieses Judenhassers.«[753]

Sicher ist das richtig, aber diese Sicht auf die Eisenmenger-Forschung entstand ja nicht im 18. Jahrhundert. Damals wurden sowohl seine Arbeit als auch all diese »mittelalterlichen Stereotype über Juden« als die ultimative Wahrheit wahrgenommen. Die Arbeit von Eisenmenger wurde nach ihrer Veröffentlichung ein nicht weg zu denkender Teil der antijüdischen öffentlichen Debatten – bis in das 21. Jahrhundert hinein.

Die antisemitischen Gedanken von Eisenmenger führte der bereits erwähnte Johann Gottlieb Fichte fort, und zwar so, dass ein Zeitgenosse ihn »Eisenmenger den Zweiten«[754] nannte. Fichte schreibt, dass die Juden einen »Staat im Staate« geschaffen hätten, dass sie hervorstechen wollten, körperlich schwach seien und einen selbstsüchtigen Handelsgeist besäßen, sie dächten nur an sich und ihre Angehörigen: »Fast durch alle Länder von Europa verbreitet sich ein mächtiger, feindselig gesinnter Staat, der mit allen übrigen im beständigen Kriege steht, und der in manchen fürchterlich schwer auf die Bürger drückt; es ist das Judenthum.« Dieser Staat sei laut Fichte »auf den Hass des ganzen menschlichen Geschlechtes aufgebaut«.[755]

Im Deutschland Mitte/Ende des 19. Jahrhunderts wirkte der Komponist Richard Wagner (1813-1883), eine der herausragendsten Persönlichkeiten. Durchaus bekannt ist sein aktiver Antisemitismus, den auch seine zweite Frau Cosima, Tochter von Franz Liszt, unterstützte. Die Tochter Wagners, Eva, heiratete den Engländer, Houston Stewart Chamberlain, der zu einem der Ideologen des Antisemitismus wurde.

Damals gehörte es in manchen Kreisen »zum guten Ton« Antisemit zu sein. Einer der Wagner-Forscher, Josef Rattner (geb. 1928), glaubte sogar, dass der Antisemitismus und Nationalismus der Familie Wagner damals für sie als eine Art »Passierschein« in die deutsche *high society* galt.[756] Das ließe Schlüsse zu, welche Ansichten zur jüdischen Frage in der *high society* kursierten!

Wagner publizierte unter dem Pseudonym K. Freigedank (1850) sogar die theoretische Arbeit »Das Judenthum in der Musik«, in der er seine antisemitischen Ansichten verteidigte. 1869 erschien ein stark erweiterter Text als eigenständige Broschüre unter seinem Namen.[757] In einem Brief an König Ludwig II. bekannte Wagner, »dass ich die jüdische Race für den geborenen Feind der reinen Menschheit und alles Edlen in ihr halte: dass namentlich wir Deutschen an ihnen zu Grunde gehen werden, ist gewiss, und vielleicht bin ich der letzte Deutsche, der sich gegen den bereits alles beherrschenden Judaismus als künstlerischer Mensch aufrecht zu erhalten wusste«.[758]

Lange vor Hitler äußerten sich Giordano Bruno und Voltaire, sagen wir mal recht animos über Juden (aus dem Artikel »Juden« in seinem *Dictionnaire philosophique*: »Sie werden in ihnen schließlich nur ein unwissendes und barbarisches Volk treffen, das schon seit langer Zeit die schmutzigste Habsucht mit dem abscheulichsten Aberglauben und dem unüberwindlichsten Hass gegenüber allen Völkern verbindet, die sie dulden und an denen sie sich bereichern«[a], – und fügte hinzu: Juden sind die »verabscheuungswürdigsten« – *la plus méprisable* – Menschen auf der Welt)[759], weiter die Philosophen Hegel und Kant, Freidenker Rousseau und Diderot, Sozialist Proudhon und Anarchist Bakunin, Staatsmänner wie Peter I., George Washington und Benjamin Franklin, Bismarck und Churchill, Schriftsteller Goethe und Shakespeare, in Russland – Tschechow, Gogol, Chemiker Mendelejew.

Fjodor Dostojewski (1821-1881) schrieb:

»Europa steht kurz vor einer schrecklichen Katastrophe... All diese Bismarcks, Beaconsfields, Gambettas und andere, alle sind nur Schatten für mich... Ihr Herr, der Herrscher von allem ausnahmslos und von ganz Europa ist der Jude und seine Bank. Das Judentum und die Banken beherrschen jetzt alles und jeden, sowohl Europa als auch den Sozialismus, denn mit seiner Hilfe wird das Judentum das Christentum mitsamt seinen Wurzeln ausreißen und die christliche Kultur zerstören. Und selbst wenn nichts als Anarchie unser Schicksal sein wird, wird auch sie von einem Juden kontrolliert... Wenn also der ganze Reichtum Europas verwüstet sein wird, wird es noch eine jüdische Bank geben.«[760]

Der erste Kommunist und selbst Jude Karl Marx schrieb in seiner Arbeit »Zur Judenfrage« (1844): »Welches ist der weltliche Grund des Judentums?

---

a Im Original: »Enfin vous ne trouvez en eux qu'un peuple ignorant et barbare, qui joint depuis longtemps la plus sordide avarice à la plus détestable superstition et à la plus invincible haine pour tous les peuples qui les tolèrent et qui les enrichissent.«

Das *praktische* Bedürfnis, der *Eigennutz*. Welches ist der weltliche Kultus des Juden? Der *Schacher*. Welches ist sein weltlicher Gott? Das *Geld*.«[761]
Der Antisemitismus des 19. Jahrhunderts verbarg sich nicht, er war eine sozial anerkannte und respektierte Weltsicht: Antisemiten veröffentlichten ihre Bücher, gaben Zeitschriften heraus, bildeten antisemitische Parteien und hielten internationale antisemitische Kongresse ab.
Von 1920 bis 1922 wurden in den Vereinigten Staaten vier Bände des äußerst antisemitischen Buches »Der Internationale Jude« *(The International Jew)*[762] veröffentlicht. Die Bände tragen folgende Namen: »Internationales Judentum: das größte Problem der Welt«, »Jüdische Aktivitäten in den USA«, »Jüdischer Einfluss auf das amerikanische Leben« und »Aspekte der jüdischen Macht in den USA«. Herausgeber ist der Automobilkönig Henry Ford.
Die Ansicht, dass Juden die größte Gefahr für Amerika darstellen, wird von dem bereits erwähnten Forscher mit rassistischen Ansichten, Madison Grant, begleitet. Aber damals waren es nicht nur die Ansichten des Rassisten Grant. 1918 veröffentlichte das US-Außenministerium den Bericht »Bolschewismus und Judentum«[763], in dem die Wörter »Bolschewik« und »Jude« als Synonyme verwendet wurden. Sowohl das erste als auch das zweite sind für die Autoren Träger eines unbestreitbaren Negativs. Dort erscheint zum ersten Mal eine Liste von 33 Namen der Anführer Sowjetrußlands, bei denen nur eine Person (Lenin) kein Jude ist. Die Kombination von Kommunismus und Judentum – so lautet das Leitmotiv des Dokuments – lässt nichts Gutes erwarten.
Die deutschen Nationalsozialisten hatten also ihre Einstellung nicht grundlegend neu frei erfunden: Sie bauten die bereits vorhandenen, jahrhundertealten Ansichten des Antisemitismus aus.

Wie erschafft man eine Ideologie

Gleichzeitig mit der nationalistischen breiten sich Ende des 19. Jahrhunderts auch andere Ideologien – kommunistische, liberale, konservative – aus. Sie sind auf der Suche nach sich selbst, sie entwickeln sich. Sie wetteifern miteinander. Unvorstellbar, dass der Kommunismus, der für Gleichheit und Brüderlichkeit auftritt, in der Sowjetunion zum Gulag und zu Millionen Opfern führen wird. Brillante Werke wie von George Orwell »1984« oder Jevgenij Samjatin »Wir« sind noch nicht geschrieben. Der Planet wurde weder vom Ersten noch vom Zweiten Weltkrieg heimgesucht, die man unter der Devise mehr »Lebensraum« und »territoriale Expansion« begann. Die Welt kannte noch keine Konzentrationslager und undenkbar waren Millionen ausgerottete Menschen »minderwertiger Rassen«.

Fachgrößen sind noch nicht gekauft, noch nicht instrumentalisiert durch politische Parteien, Professoren erhalten noch keine Zuschüsse, um das zu beweisen, was die Vergabestellen brauchen – sie suchen die wissenschaftliche Wahrheit. Sie irren sich, landen in der Sackgasse, hämmern aber weiter beständig am »Granit der Wissenschaft«. Niemand weiß, was die Wahrheit ist. Irrtümer, Fehlgriffe gibt es in diesen Studien und Schlussfolgerungen – von dem Wissensgipfel unserer Zeit gesehen – wie Sand am Meer. Aber sie wissen noch nicht, dass das Fehler sind, deshalb verteidigen sie ihren Standpunkt, ihre Gesinnung, diskutieren, schlagen virtuell einander die hohen Stirnen ein.

Seit Jahrtausenden glauben Naturforscher an die Existenz des Atoms – eines unteilbaren Teilchens der Materie. Dann kam Ernest Rutherford und bewies, dass ein Atom einen positiv geladenen Kern hat und negativ geladene Elektronen um ihn herum fliegen. Wie – fliegen? Warum fliegen? Wenn sie fliegen, müssen sie Energie freisetzen und eines Tages auf den Kern fallen – nach den Gesetzen der klassischen Elektrodynamik! Aber die Elektronen fallen nicht auf den Kern.

Bis Niels Bohr postulierte, dass die klassische Mechanik für ein Atom nicht gilt, ihren Platz in der Atomphysik sollte eine andere Lehre einnehmen, die Quantenmechanik.

Währenddessen bildete sich die Ideologie des Nationalismus heraus. Die Nationalisten strebten nicht nach der Erfindung einer extravaganten Theorie. Für ihre Weltanschauung bedienten sie sich dessen, was in dieser Zeitspanne die moderne Wissenschaft lieferte. Der Nationalismus saugte die Lehre von der Ungleichheit der Menschen und damit von der Ungleichheit der Rassen auf. Die gegen diese »akademische Gewissheit« auftraten, konnte man unter den Wissenschaftlern kaum mit der Lupe finden. Die weiße Rasse wollte sich nicht für schlechter als andere halten, die Frage der Gleichheit der Rassen kam überhaupt nicht auf. Irgendjemand musste nach oben und irgendjemand nach unten gehören. Anthropologen, Geographen, Ethnographen, Ärzte waren davon überzeugt, dass es Nationen gibt, und dass diese Nationen sich in ihren Fähigkeiten unterscheiden: Es gibt bessere und es gibt schlechtere, es gibt klügere, es gibt dümmere. Daher entscheidet jede Nation für sich, sie sei besser als andere. Einige beteuern, die »arische Rasse« stehe über allen und sie selbst sind natürlich die »Arier«.

Die Ideologie des Nationalismus stützte sich auf die Gesetze des sozialen Kampfes und darauf, dass in diesem Kampf immer der Stärkste gewinnt. In den sozialen Paradigmen stimmten sie mit den Ansichten der Geopolitik überein und hielten das Gesetz der territorialen Expansion und das Gesetz des Untergangs der schwachen Rassen genau so für Naturgesetze, wie das Gesetz der Gravitation. Wir stellen fest: Damals war das nicht der von der Gesellschaft gebrandmarkte Rassismus (anders formuliert, das Wort »Rassismus« war noch kein Fluch), damals war das der aktuelle Stand der Wissenschaft – widersprüchliches, nicht endgültiges Wissen bergend.

Aber gibt es grundsätzlich in der Wissenschaft die letzte Wahrheit, die unumstößliche, felsenfeste Tatsache? Das Gravitationsgesetz, das wir oben erwähnten, wurde 1687 von Newton formuliert. Jahrhundertelang zweifelte niemand an seiner Richtigkeit. Er beschrieb die Gesetze der Bewegung der Planeten um die Sonne. Und sie schienen für alle unabänderlich zu sein. Bis die allgemeine Relativitätstheorie kam, die die Wirkung des Newton'schen Gesetzes auf einen bestimmten Bereich beschränkte.

Der stärkste Reiz jeder Wissenschaft liegt ja aber gerade darin, dass sie nicht stehen bleibt, dass neues Wissen das alte negiert, es präzisiert, manchmal auf den Kopf stellt – bis das neue Wissen seinen Vorgänger abschafft. »Negation der Negation« ist das Gesetz der Dialektik.

Deshalb formierte sich auf solchen, damals modernsten wissenschaftlichen, Grundlagen – aus heutiger Sicht – ein rassistischer, chauvinistischer, militaristischer, aggressiver Nationalismus, der seinen Ausbruch in der Expansion suchte.

Das meint, jahrhundertelang, bis Anfang des 20. Jahrhunderts, lieferte die Forschung eine Menge Stoff für die Entstehung und den Ausbau der Ideologien des Nationalismus, Chauvinismus und Rassismus. Vorläufer von nationalistischen und chauvinistischen Bewegungen (Faschismus, Nationalsozialismus, integraler Nationalismus) waren führende Biologen, Philosophen, Anthropologen, Geographen, Soziologen, Politiker jener Zeit. In ihren Werken verteidigten sie chauvinistische und rassistische Ansätze, leiteten Gesetze der menschlichen Existenz auf der Grundlage der in der Biologie bestehenden Prinzipien ab.

Die Schöpfer der faschistischen Ideologie legten ihren Schriften die Thesen zugrunde, die lange vor ihnen in Hunderten wissenschaftlichen, publizisti-

schen oder schöngeistigen Werken zum Ausdruck gebracht wurden. Daraus können wir schließen, dass die überwiegende Masse der Postulate in »Mein Kampf« (außer vielleicht Überlegungen zu Grundlagen der Propaganda, meint der Autor von Hitlers Biographie Volker Ullrich)[764] – nichts anderes sind als eine mehr oder weniger zweckmäßige Kompilation der Werke von Luther, Malthus, Darwin, Spengler, Nietzsche, Schopenhauer, Jünger, Fichte, Spencer, Gumplowicz, Ratzel, die in den ehrwürdigsten Regalen der Bibliotheken der Welt stehen und einen Querschnitt des gesellschaftlichen Diskurses der ersten beiden Jahrzehnte des 20. Jahrhunderts darstellen.
Ausgerechnet so ein Nationalismus, mit massiven Überlagerungen des Idealismus, Chauvinismus, Rassismus, Antisemitismus, verblieb uns als Erbe aus dem späten 19. – Anfang des 20. Jahrhunderts.
Aber die Welt hat sich verändert. Zusammen mit der Welt hat sich auch die Weltanschauung gewandelt. Derzeit suchen Nationalisten zu aktuellen Herausforderungen nur vereinzelt nach Antworten in der Vergangenheit. Der heutige Nationalismus ist gerade deshalb so attraktiv für viele Menschen, weil er versucht, nicht nur ins Morgen, sondern auch ins Übermorgen zu schauen.

Defensiver Nationalismus

Jede politische Doktrin wird unter bestimmten historischen und sozio-politischen Bedingungen geboren. Die Änderung dieser Bedingungen führt zur Entstehung neuer Lehren oder zur Überarbeitung oder auch Modernisierung alter. In 100 bis 150 Jahren, seit dem Ende des 19. Jahrhunderts bis zum heutigen Tag, gab es viele grundlegende sozialpolitische Veränderungen. Wir werden in diesem Abschnitt über einige von ihnen sowie über ihren Einfluss auf die nationalistische Doktrin sprechen.

Expansion oder Korpuskulierung? Ratzel

Nahezu alle Vertreter der nationalistischen und chauvinistischen Bewegungen der ersten Hälfte des 20. Jahrhunderts teilten die Ansichten Friedrich Ratzels. Hitlers Pläne zur Eroberung von »Lebensraum« stützten sich direkt auf die »Gesetze des Wachstums der Staaten«.

Aus heutiger Sicht können die Ansichten von Ratzel als expansiv, aggressiv, völkerrechtswidrig, aber durchaus als logisch bewertet werden. Zur Jahrhundertwende 19./20. Jahrhundert trug das Wachstum des wirtschaftlichen Wohlstands – neben anderen Faktoren – zu einem Bevölkerungswachstum in den europäischen Ländern bei. Die Nationen waren auf dem Vormarsch und erlebten ihre Blütezeit. Der Bevölkerungszuwachs bedrohte, laut Malthus mit seinen Postulaten über die aufkommenden Nahrungsmittelschwierigkeiten, die Existenz der Nation. Die Völker mussten sich um ihr Überleben kümmern. Das heißt, sie hatten ein biosoziales Bedürfnis (oder zumindest befürchteten sie, dass ein solches Bedürfnis entstehen könnte), um den Lebensraum eines bestimmten Volkes zu vergrößern.

Die damals vorherrschenden Vorstellungen von der Ungleichheit der Rassen und Nationen, darüber, dass schwache Ethnien so oder so vom Aussterben bedroht sind, veranlassten dazu, die Territorien dieser schwachen Ethnien rechtzeitig, vor anderen, zu erobern und dadurch das Überleben des eigenen Volkes sicherzustellen. Daher war der Chauvinismus (und als sein integraler Bestandteil der Nationalismus) praktisch bis zur Mitte des 20. Jahrhunderts ideologisch und emotional eng mit der Kolonisierung von fernen und nahen Gebieten, Eroberungen oder zumindest Plänen zu Eroberungen benachbarter Staaten verbunden. Der Erste und der Zweite Weltkrieg hatten als ihre ideologische Grundlage einen chauvinistischen Betrachtungswinkel auf die Zukunft, deren »wissenschaftliche Grundlagen« oben beschrieben wurden.

Funktionieren die Gesetze von Ratzel heute? Haben sie einen universellen oder eher angewandten Charakter? Sind die imperialistischen Expansionen der Vereinigten Staaten, der Europäischen Union und Russlands eine Bestätigung der jahrhundertealten Gedanken?

Selbst wenn wir der These zustimmen, dass Nationen nach gewissen Gesetzen geboren werden, gedeihen, alt werden und sterben, existieren sie nicht in einem Vakuum, sondern in einem Sozium. Und es wäre ein unverzeihlicher Fehler, trotz der sich ändernden Bedingungen, unter denen die Nation existiert, auf das ewige Funktionieren dieser oder jener Sozialgesetze zu hoffen.

Geopolitik ist eine Wissenschaft, aber weiß Gott keine Mathematik.

Eine der größten globalen Veränderungen, die in letzter Zeit in Europa stattgefunden haben, ist der kontinuierliche Rückgang der Bevölkerung der europäischen Länder. Von dem Wachstum der Bevölkerung und dem Gebot, sie zu ernähren (auf Kosten neuer Territorien, auf Kosten des neuen »Lebensraums«), haben wir uns in eine Phase bewegt, in der die Geburtenrate in riesigen Sätzen sinkt, die ländliche Bevölkerung in die Städte zieht und in vielen sogar »dicht besiedelten« Ländern Dörfer leer stehen. Auf den Feldern, die Nahrung geben sollten, wuchert Unkraut. Das heißt, die europäischen Nationen (die weiße Rasse insgesamt) haben bereits eine Phase des Wachstums und der Blüte durchlaufen und befinden sich jetzt im Niedergang. Mit oder ohne Malthus, die moderne Bevölkerungsentwicklung streicht ersatzlos die Notwendigkeit von der europäischen Agenda, fremde Gebiete aus wirtschaftlichen Gründen, unter dem Damoklesschwert der Angst um das Überleben der Nation, zu erobern. Das ist das einzig mögliche Fazit in der gegenwärtigen demographischen Situation.

Ratzel selbst war durchaus nicht der »blutrünstige Expansionist«, zu dem ihn später die Nazis gemacht haben. Der Wissenschaftler beschreibt das Wachstum des Staates und ermittelt zwei Möglichkeiten für eine solche Expansion: Die erste ist die Nutzbarmachung von unbesetztem Land inner-

halb des Landes, die er als »innere Kolonisation« bezeichnet; und erst die zweite geht über die gesetzlichen Grenzen des Landes hinaus.
Das heißt, Expansion ist für ihn nur eine Chance für eine Nation zu überleben, wenn alle inneren Reserven (hauptsächlich Landreserven) erschöpft sind.
Mit dem Aussterben der Bevölkerung nehmen die inländischen Landressourcen (pro Kopf) nicht ab, sondern zu. Im Gegenteil: Die Nation verfügt nicht über die MENSCHLICHEN Ressourcen, um all diese Gebiete zu bewirtschaften. Ausgerechnet mit mangelnden Arbeitskräften erklären die Machthaber in den europäischen Ländern die Öffnung der Grenzen für die zügellose Einwanderung.
Also, die demografische Krise (wenn nicht der demografische Kollaps) der weißen Rasse ändert die Gesetze der Entwicklung von Nationen und Staaten fundamental. Von einer Politik der »territorialen Expansion«, einer aggressiven und räuberischen Politik, müssen diese Nationen zur Politik der effektiven Nutzung der inneren Territorien in starker Verbindung mit der Defensivpolitik (vom englischen *defense* – Verteidigung, Abwehr) übergehen.
Wenn also früher eine Nation (real oder abstrakt) vom Aussterben durch Überbevölkerung bedroht war (zumindest war dies der wissenschaftliche und politische Konsens), verursachen aktuell menschenleere Gebiete und ein hohes Maß an sozialer Sicherheit den Zug von Millionen Menschen von Süden nach Norden. Als gegenwärtige Bedrohung für die europäischen Nationen erscheint dann eine biologische Verdrängung aus ihrem ursprünglichen Gebiet und ihre Auflösung in der wachsenden Masse ethnisch, kulturell, religiös und mental fremder Elemente. Das heißt, um einen militärischen Vergleich zu nutzen, besteht die Aufgabe jetzt nicht darin, die Armee mit Waffen auszustatten, um andere anzugreifen, sondern sich mit Gesetzen und politischem Willen zu »bewaffnen«, um die Erosion einheimischer europäischer Nationen durch Migrationsströme zu verhindern.
Die europäischen Nationen, die heute überleben wollen, müssen ihr Schwert gegen einen Schild tauschen. Anstatt sich auszudehnen, sollte man über die Korpuskulierung, Verkapselung einer Nation grübeln, über die Stärkung ihres Organismus', der ständig bereit ist, sich gegen äußere Übergriffe zu verteidigen – sowohl in Form einer direkten Aggression als auch in Form einer Infiltration fremder Elemente[a] oder eines kulturellen Imperialismus.

---

a Der Krieg wird nicht zwangsläufig mit Panzern und Raketen geführt. Schon Ratzel schrieb darüber: »Der *Krieg* ist, *geographisch* aufgefaßt, eine hef-

Das heißt, der expansionistische Nationalismus des späten 19. Jahrhunderts bis zum frühen 20. Jahrhundert sollte und wird durch einen modernen, friedliebenden, »defensiven« Nationalismus des 21. Jahrhunderts ersetzt.
Alles, was oben über die Defensivität des modernen Nationalismus gesagt wurde, betrifft gewiss den Nationalismus der »aussterbenden«, fast ausschließlich weißen Nationen. Ratzels Gesetze zu »Expansion« und »Lebensraum« für Nationen aus Ländern, in denen die Bevölkerung in einem rasenden Tempo wächst (fast ausschließlich Schwarze – die Liste befindet sich am selben Ort), bleiben in Kraft. Dieser schwarze Nationalismus ist und bleibt mittelfristig (bis die Geburtenrate dort reduziert wird) aggressiv und offensiv. Seine »hybride Aggression« ist eine der größten Herausforderungen des 21. Jahrhunderts.
Aber was ist, nicht mit der oben erwähnten Theorie, sondern mit der Praxis der Ausdehnung der Einflussbereiche der Vereinigten Staaten, der EU und Russlands? Wenn die Praxis nicht der Theorie entspricht, muss die Theorie auf den Prüfstand.
Hier gibt es keinen Widerspruch. Denn außer den sozio-biologischen Interessen, die wir angesprochen haben (die Notwendigkeit, die Nation zu ernähren), gibt es auch eine Vielzahl ideologischer, politischer, wirtschaftlicher, militärstrategischer, geopolitischer, religiöser und anderer Interessen. Diese Interessen (und nicht der im Subkortex der Nation verankerte imperative Selbsterhaltungstrieb) erklären die neuen Eroberungen dieser Imperien.

Kolonisation Europas und mangelnder politischer Wille

In der Zeit ihrer nationalen Blüte eroberte und kolonisierten die Weißen Amerika, Australien, Afrika und einen Großteil Asiens. In der nationalen Rezession verloren sie diese Kolonien. Mit dem Aufstieg der afrikanischen und asiatischen Nationen («demografische Explosion«) beginnen sie nun, Europa zu besiedeln.
Das sind die historischen Rahmenbedingungen, die wir heute haben. Eine

---

tige, stoßweise und gewaltsame Bewegung großer Menschenmassen von einem Lande in ein anderes.« (*Friedrich Ratzel, Erdenmacht und Völkerschicksal...*).

Kleinigkeit: Im Jahr 2013 prophezeiten die Wissenschaftler bis 2050 höchstens 10 Milliarden Menschen auf der Erde, und danach hätte nach ihren Prognosen das Bevölkerungswachstum aufhören müssen. Die Gründe des Wachstumsstopps: Mangel an Ressourcen und Verhungern der Schwachen – man muss die Dinge beim Namen nennen.
Im Juli 2014 kam eine Berichtigung: Die Wissenschaftler haben sich verkalkuliert und einen methodischen Fehler begangen. Sie berücksichtigten nicht, dass Familienplanungsaktivitäten nicht die erwarteten Ergebnisse in Afrika erzielen würden (was ich in meinem Buch ein Jahr zuvor vermutet hatte). Gleichzeitig werden die Menschen dort länger leben (wegen der besseren medizinischen Versorgung) als geplant.
Die Autoren der neuen Berechnungen[765] sind keine Amateure, sondern Experten der Vereinten Nationen und der *University of Seattle* (Washington, USA). Sie behaupten, dass die Bevölkerung bis 2100 ca. 12,3 Milliarden Menschen erreichen könnte. Auf welchem Niveau die Ernährung dieser Menschen erfolgt, darüber schweigt die wissenschaftliche Forschung bescheiden. Das Hauptwachstum der Bevölkerung liegt in den Ländern südlich der Sahara, in der ärmsten Ecke der Erde. Mit einer Wahrscheinlichkeit von 80% behauptet die Studie, dass in dieser afrikanischen Region nicht 1 Milliarde Menschen, wie heute, leben wird, sondern 4 Milliarden, in Afrika gesamt 5,1 Milliarden. In Asien werden 5 Milliarden Menschen leben, und in Nord- und Südamerika sowie in Europa ZUSAMMEN – nach einem Verlust von 14% der Bevölkerung – etwa eine Milliarde.
Dieses schreckliche Szenario muss nicht unbedingt eintreten, sagen Wissenschaftler, wenn man beispielsweise in Afrika jahrzehntelang in Verhütungsmittel investiert und die Vorzüge der Ein-Kind-Politik erklärt. Kommentatoren meinen jedoch: »Unter Wissenschaftlern herrscht Pessimismus.« Das bedeutet: Ob man Geld gibt oder nicht – Afrika (und Indien...) wird gebären.
Am Ende des 20., zu Beginn des 21. Jahrhunderts hatte bereits aus einem (bis dato) mäßig bevölkerten Afrika eine massive wirtschaftliche Migration in den Norden begonnen. Wohlgemerkt: nicht zu ihren ethnisch und religiös verwandten Brüdern im reichen Saudi-Arabien, Katar oder den Vereinigten Arabischen Emiraten (durch die einige Migranten nach Europa gelangen!), sondern in christliche und kulturell fremde Länder. Nach Angaben der Organisation für wirtschaftliche Zusammenarbeit und Entwicklung (OECD) sind 2013 vier Millionen Bürger in die Industrieländer ausgewandert – diese Zahl wächst von Jahr zu Jahr. Um sich ein Bild von

der Größenordnung zu machen: Dies ist mehr als im selben Jahr Kinder in Frankreich, Großbritannien, Deutschland, Italien, Spanien, Polen, Rumänien, Schweden und der Tschechischen Republik zusammen geboren wurden. Die Ausdehnung der Weißen wurde durch die Ausdehnung der Areale der schwarzen Population ersetzt. Diese schleichende Expansion findet ohne blutige Schlachten statt – Migranten besetzen allmählich ganze Regionen – mit guter Wirtschaft und Infrastruktur. Ein Nebenprodukt dieser Migration ist die Islamisierung der ehemals christlichen Regionen.

Dieses Problem wird im Westen breit diskutiert: Wie kann man Flüchtlingen und Wirtschaftsmigranten helfen, wie rettet man sie, wenn sie mit ruinösen Schiffen das Mittelmeer überqueren, fragt sich die weiße Gemeinschaft. Westliche Politiker bezeichnen die gegenwärtige Situation als »Notfall«: Als träfe bald ein »Krankenwagen« ein, eine Spritze würde gegeben – und alles löste sich auf.

Aber wie auch in der Diskussion vieler anderer Probleme schließen Politiker und »freie« Medien einige grundlegende Fragen aus dem Diskurs aus: Wo liegt die Einwanderungsgrenze, über die hinaus die europäischen Wirtschafts- und Sozialsysteme nicht bestehen bleiben und kollabieren? Wie viele Migranten dürfen pro Jahr eintreffen, damit man für sie genug Kraft und Geld hat? Wenn es bei einer afrikanischen Bevölkerung von heute nur einer Milliarde Menschen allein im Mittelmeerraum 500.000 Einwanderer nach Europa schaffen[a], wie viele wird es dann geben, wenn es zwei Milliarden (dies ist die Perspektive von zwei oder drei Jahrzehnten) oder fünf (bis zum Ende des Jahrhunderts) sind?

Der politische Mainstream betrachtet bewusst immer nur die augenblickliche Situation. Stereotype Berichterstattung: Gestern versank eine löchrige Wanne mit Libyern vor der italienischen Küste, 80 Menschen starben, wir konnten sie nicht retten. Diejenigen, die die Küste erreichten, sind unglückliche Menschen, hier ist ein Foto einer Mutter mit zwei erschöpften Kindern. Derjenige, der ihnen nicht helfen will, ist ein seelenloser Typ und ein Fremdenhasser… Alle Gedanken über die nahe und mittelfristige Perspektive (die zu offensichtlichen Rückschlüssen führen würden) werden als rassistisch gebrandmarkt.

Aber wenn man den einen oder anderen Experten einen Rassisten nennt, wird das Problem dadurch gelöst?

---

a Schätzung für 2015, vor der Öffnung der deutschen Grenzen durch Angela Merkel.

Dieses Verhalten europäischer Führungspersonen ist unter bestimmten Umständen verständlich. Wie sollten sie sich auch geben, wenn es in Europa keine Migrationspolitik gibt, die dieses Wortes wert wäre?
Die Politiker dürften sich nicht damit beschäftigen, Feuerwehr zu spielen (dafür gibt es Feuerwehrleute), sondern mit der Entwicklung solcher Rahmenbedingungen, damit es nicht brennt, damit die Flamme gar nicht erst auflodert. Die Aufgabe der Politik ist die historische Perspektive.
Ich möchte mir selbst widersprechen: Das Fehlen einer Migrationspolitik in der EU ist nicht die ganze Wahrheit. Diese Politik gibt es. Dies ist jedoch keine Politik des Schutzes der »europäischen Werte«, auf die die EU so stolz ist, sondern eine bewusste Politik der Zerstörung Europas. Der in Europa vorherrschende Liberalismus tut alles Mögliche, um die Zahl der Migranten zu erhöhen, insbesondere aus Afrika und Asien. Der Eindruck der Osteuropäer von der Geschlossenheit des Schengen-Raumes täuscht. Die Schengen-Staaten haben Tür und Tor für Migranten weit geöffnet: In der EU gibt es bereits eine ganze Industrie, die mit ihnen Geld verdient: mit Wohnungen (die der Staat bezahlt), mit Lebensmitteln (die der Staat bezahlt), mit Sprachkursen (die der Staat bezahlt) usw.
Die europäischen Politiker haben kaum Anstrengungen unternommen, um den Ansporn der Migranten zu reduzieren, ihre Heimat zu verlassen und in die reichen Länder zu eilen. Dies könnte beispielsweise dadurch geschehen, dass die Höhe der Unterstützung und die Bedingungen für ihre Aufnahme geändert werden. Die Bewegung geht eher in eine andere Richtung: In Deutschland wurde z. B. die Sozialhilfe für Migranten aus Gründen der Gleichheit, der Gerechtigkeit und der »Antidiskriminierung« auf das Niveau der Zahlungen an ihre eigenen Arbeitslosen angehoben. Dies führte zu einer Zunahme des Stroms von Wirtschaftsmigranten aus den sogenannten »sicheren Ländern«.
Die Kosovo-Albaner wissen zum Beispiel, dass sie garantiert in ihre Heimat abgeschoben werden (es sei denn, sie nennen sich Zigeuner, für die die Einwanderungsbedingungen günstig sind). Trotzdem kaufen sie Bustickets und fahren nach Deutschland. Der Grund: Für die langen Monate, die von der Beantragung eines Asyls (ab dem Tag wird Geld bezahlt) bis zur Ablehnung dieses Antrags und der physischen Abschiebung (auf Kosten Deutschlands), erhalten sie viel mehr, als sie in dieser Zeit zu Hause verdienen könnten.[766] Daher fährt niemand allein, sondern nimmt auch Kinder und Verwandte mit. Einige Zeit nach der Deportation wiederholen sie diese Tour.[767]

Laut Sicherheitskreisen in Baden-Württemberg reisen zwischen einem Drittel und der Hälfte der Abgeschobenen wieder ein.[768]
Diagnose: Mangel an politischem Willen zum Schutz ihres eigenen Volkes oder bewusste Zerstörung der Nation. Wo ein solcher politischer Wille vorhanden ist, ergeben sich auch andere Migrationsergebnisse.
Muslime, die nach dem Gesetz der Scharia leben wollen, sind, wie laut *Voice of Amerika* der australische Finanzminister Peter Costello (geb. 1957) sagte, im Land nicht willkommen.[769] Bildungsminister Brendan Nelson (geb. 1958) fügte hinzu: »Wenn die Menschen australische Werte nicht unterstützen, akzeptieren und übernehmen wollen, dann sollten sie Australien verlassen.«[770] Hinter diesen Aussagen steht »der gemeine australische Bürger«: »Die europäische – und vor allem die deutsche – Antwort auf die Flüchtlingskrise ist vielen Australiern unbegreiflich«, so Politikwissenschaftler Zareh Ghazarian von der Monash University in Melbourne.[771]
Ruhig und konsequent setzte sich Theresa May, 2015 noch britische Innenministerin, mit der Problematik auseinander.[772] Sie warnte: »Es gibt Millionen von Menschen in ärmeren Ländern, die gerne in Großbritannien leben würden, und es gibt eine Begrenzung der Einwanderungszahlen, die jedes Land aufnehmen kann und sollte... Wenn die Einwanderung zu hoch und das Tempo der Veränderung zu schnell ist, ist es unmöglich, einen inneren Zusammenhalt in der Gesellschaft zu wahren.« Sie sah immense Belastungen für die einheimische Wirtschaft: »Nicht alle Konsequenzen können bewältigt werden, und für viele von ihnen (britische Bürger – V. T.) ist dies mit einem hohen Preis verbunden. Wir müssen jedes Jahr (für Migranten – V. T.) 210.000 neue Häuser bauen, um der steigenden Nachfrage gerecht zu werden. Bis 2024 müssen (für Migrantenkinder – V. T.) 900.000 neue Schulplätze gefunden werden. Und es gibt Tausende von Menschen, die aus dem Arbeitsmarkt (durch Migranten – V. T.) vertrieben worden sind und immer noch keine Arbeit finden können.« Sie schlug Lösungen vor: »Die beste Möglichkeit, den meisten Menschen zu helfen, besteht nicht darin, relativ wenige Flüchtlinge in dieses Land zu bringen, sondern durch die Zusammenarbeit mit den vielen, die in der Region bleiben.«
Brexit war die Folge.
Dies alles ist noch kein Programm. Dies ist jedoch bereits der politische Wille, das Problem zu lösen.
In der EU ist die Situation gänzlich anders. Beispiel: die Politik gegenüber den Menschenschmugglern. Wie bekannt, können um die 90 Prozent der Migranten nicht ohne fremde Hilfe Europa erreichen.[773] Verbrecherische

Schmuggler übernehmen diesen Job. Der Transfer vom afrikanischen Punkt »A« zum Punkt »B« in der EU kostet bis 10.000 Dollar.[774] Ostasiaten – weiter Weg! – zahlen bis zu 20.000 Dollar, »bevor ihre Reise überhaupt begonnen hat«.[775]

Ob es angebracht ist, Menschen in Afrika und Asien mit einer solchen Summe als arm und unglücklich zu betrachten, ist eine Frage moralischer Bewertungen, die uns nichts angeht. »Drei bis sechs Milliarden Euro, schätzt Europol, hätten die Schleuser im vergangenen Jahr eingenommen«, schrieb *Süddeutsche Zeitung* 2016, »und wenn die Krise anhalte, werde es bald doppelt oder dreimal so viel sein.«[776]

Ohne Menschenschmuggel wird die Migration austrocknen. Aber die EU, die Schmuggler »Sklavenhändler des 21. Jahrhunderts« nennt (mit dem Unterschied, dass derzeitige »Sklaven« für ihren Verkauf in die europäische »Knechtschaft« selber zahlen), tut substantiell nichts gegen dieses Geschäft. Im Gegenteil: Durch die Aufnahme von Flüchtlingen, durch die Auszahlung von nach afrikanischen Maßstäben einfach sagenhaften Summen (die Migranten dann an ihre Verwandten in Afrika überweisen, damit auch sie ihre Koffer packen)[a], finanziert die Europäische Union in der Tat sowohl Einwanderung als auch kriminelle Banden.

Jetzt ist es soweit, dass man von Afrika nach Europa »auf Pump« gehen kann – das Geld kann an Banditen aus der in Europa erhaltenen Sozialhilfe bezahlt werden.

Genug Beispiele. Die Botschaft ist klar: Statt des einstmals expansiven Nationalismus der weißen Nationen (Europa, Nordamerika, Australien) steht strategisch defensiver Nationalismus auf der Tagesordnung. Jetzt sollten europäische Nationalisten sich nicht darüber den Kopf zerbrechen, wie man neue Gebiete besiedelt und neue Nationen beherrscht, sondern wie man ihr eigenes Volk und ihr Territorium vor einer Invasion schützt. Dies bedeutet aber nicht, dass die Nationalisten blind ihre Verteidigungsstellungen halten sollen. Um ihre Nation zu retten, können sie nicht in tiefen Gräben sitzen bleiben.

Aber was ist mit den Milliarden Afrikanern, über die wir am Anfang dieses Abschnitts gesprochen haben? Sie werden sich nicht im Nirgendwo auflö-

---

a Allein im Jahr 2016 flossen mehr als 20 Milliarden Dollar (17,7 Milliarden Euro) aus Deutschland zurück in die Herkunftsländer – 6 Milliarden mehr als 2007. (*https://www.welt.de/politik/deutschland/article178507882/Geldtransfers-Migranten-ueberweisen-Milliarden-nach-Hause.html*)

sen, sie werden nach neuen Wegen und neuen Möglichkeiten suchen, um ihr Leben zu verbessern. Wo ist die Lösung?
Es gibt keine allgemeingültigen Rezepte gegen diese Kopfschmerzen. Sie müssen immer noch mit vereinten Kräften gesucht werden. Der Sinn unseres Gesprächs ist anders: Wir empfehlen, nach diesen Rezepten zu suchen, und nicht sofort hilflos die Hände zu heben.

Frieden oder Krieg?

Das Recht, im Frieden zu leben, ist eines der unveräußerlichen Menschenrechte. Bestehende Konflikte sollten durch Verhandlungen friedlich gelöst werden. Da ein solches Recht jedoch häufig auf den Wunsch von Imperien stößt, neue Märkte und neue Einflusssphären für sich zu erobern, bleibt es am Rande des Kampfes für Menschenrechte. Stattdessen führt die Welt die sogenannten »humanitären Kriege«, bei denen allein der Ausdruck Zweifel an der Normalität der Person aufkommen lässt, die diese Wortkombination erfunden hat.
Kriege werden geführt, weil die, die sie beginnen, sich sowohl wirtschaftlich als auch militärisch viel stärker sehen. Noch nie hat ein Schwächling jemanden angegriffen, der als viel stärker galt. Ich verwende das Verb »gelten«, weil Stärke oder Schwäche im militärischen Sinne nicht sofort, sondern nur während des Krieges sichtbar werden. Die Deutschen führten 1941 einen Krieg gegen die Sowjetunion, weil sie sich sicher waren, dass sie die Rote Armee in wenigen Monaten in einem Blitzkrieg zermalmen würden. Die Franzosen und Amerikaner begannen den Krieg gegen Vietnam nur, weil sie sich für stärker hielten als die Vietnamesen. Die Briten, die Sowjetunion und die NATO haben in Afghanistan deshalb interveniert, weil sie sich stärker sahen als Menschen, die keine vernünftige Wirtschaft, keine Waffen, keine Armee besaßen. Aber sie haben sich alle verrechnet und verloren…
Ich möchte jedoch nicht nur auf die Ergebnisse, sondern auch auf den Beginn von Kriegen aufmerksam machen: Die sogenannten »demokratischen Staaten« (ich meine natürlich nicht Hitler-Deutschland und die Breschnew'sche UdSSR) wollten das RECHT DES STÄRKEREN ausnutzen, um dieses oder jenes Ziel zu erreichen.
Das Recht der Stärkeren wird nicht an die große Glocke gehängt, es wird

auch als »Aufstoßen des Sozialdarwinismus« bezeichnet, aber in der Praxis sehen wir Tag für Tag mehr und mehr Beispiele für eine solche Kräftepolitik.

Der moderne Nationalismus ist in seiner Natur friedliebend. Er strebt nicht nach territorialen Errungenschaften, weil die eroberten Völker per Definition sich (praktisch) nicht mit der indigenen Nation assimilieren und zu einer Quelle ständiger Spannungen im Land werden können (was Nationalisten nicht wollen). Die Stärke der Nation ist für moderne Nationalisten erforderlich, um ihr Land, ihre Nation und das, was sich frühere Generationen von Stammesgenossen erarbeitet haben, zu verteidigen. Nationalisten wollen nichts Fremdes, sie schützen ihr Eigenes. Daher will der Nationalismus seine reale oder imaginäre wirtschaftliche oder militärische Überlegenheit nicht nutzen, um vergängliche Vorteile zu erzielen, da diese Vorteile des Augenblicks immer, mit absoluter Sicherheit, mittel- und langfristig zu einem Herd der Auseinandersetzung, Spaltung und schließlich des Verfalls werden. Nationalisten sind gegen den Imperialismus, welche Kleidung auch immer er trägt.

Etwas abseits steht das Problem des Irredentismus, d. h. des Wunschs eines Nationalstaats, die ethnisch verwandten Gebiete über seine Grenzen hinaus zu annektieren. Frische Beispiele einer solchen Politik sind die Eingliederung der Krim an Russland, Ostdeutschland an Westdeutschland, Südvietnam an Nordvietnam. Obwohl in der Geschichte die irredentistische Bewegung viel weiter verbreitet und viel mächtiger war.

Der Begriff selbst wurde in Italien aus den Worten *terre irredente* geboren, d. h. »unbefreites Land«. So bezeichneten die Italiener im späten 19. – frühen 20. Jh. die teilweise von den Italienern bewohnten Grenzregionen, die Italien während ihrer Vereinigung nicht beigetreten sind. Nationalistische Bewegungen für den Beitritt solcher Ländereien wurden als *irredentistische* bezeichnet. Ein berühmter Anführer einer solchen Bewegung auf einer der Etappen war Giuseppe Garibaldi.

Eine ähnliche Bewegung in Spanien war lange zuvor die sogenannte *Reconquista* (spanisch *Wiedereroberung*) – der Kampf der christlichen Europäer auf der Pyrenäen-Halbinsel zwischen dem 8. und 15. Jh. gegen die muslimischen Araber, die einst diese Territorien besetzten. Da sich die Nationen damals noch nicht gebildet hatten, ist es schwierig, die damaligen Kriege »irredentistisch« zu nennen.

Irredentismus als Ideologie gewinnt die Köpfe der Bürger gerade deshalb, weil sie verstehen, dass es logisch wäre, wenn ein Volk, eine Nation, nicht

über verschiedene Länder verstreut wäre, sondern in einem Mutterstaat »zusammen« lebte, weil es einerseits gemeinsam bessere Entwicklungschancen hätte und zum anderen Ethnien, die außerhalb des »Mutterlandes« leben, in der Regel von der dominierenden Nation des Nachbarstaates in die Zange genommen werden (sogenannte nationale und oft auch religiöse Unterdrückung), »zu Hause« aber nicht.
Diese Ideologie ist Teil der sogenannten »Pan-Bewegungen« geworden – Pangermanismus, Panturkismus, Panslawismus, Panamerikanismus, Panhelenismus... Bulgaren träumten von Groß-Bulgarien, Rumänen – von Groß-Rumänien. In der Literatur sind Ideen von Groß-Ungarn, Groß-Serbien, Groß-Albanien, Groß-Israel, Groß-Finnland und dergleichen leicht zu finden. Hitlers Annexion von Österreich (Anschluss) und der deutschsprachigen Bezirke der Tschechoslowakei (und dann des ganzen Landes) wurden ebenfalls mit irredentistischen Überlegungen (»Heim ins Reich«) erklärt.
Ausgerechnet Irredentismus ist die Ideologie, die in den Anrainerstaaten Russlands jetzt Angst weckt: Wenn Russland offiziell die Devise vom »Sammeln der russischen Gebiete« proklamieren und beginnen würde, sie in die Praxis umzusetzen, könnten »Orte der kompakten Residenz der Russen« auf großen Territorien der Ukraine und Weißrusslands, Kasachstans, der baltischen Ländern leicht gefunden werden…
Viele irredentistische Ideen entstehen auch in ukrainischen Köpfen. Es gibt nicht nur zahlreiche Veröffentlichungen über die ukrainische Herkunft der Bewohner vieler russischer Regionen, sondern auch politische Karten mit neuen ukrainischen Grenzen, die bereits weit über die heutigen Grenzen hinaus reichen.
Andererseits kann das bereits erwähnte Groß-Rumänien die Rückkehr zu den Grenzen von 1940 fordern und sich um Nord-Bukowina und Süd-Bessarabien reißen. Dann würde die Ukraine Czernowitz abgeben müssen und die rumänische Grenze am Dnjestr entlang einige Kilometer vor Odessa verlaufen. Solche Karten existieren, und die Partei »Großes Rumänien« (*Partidul România Mare*) hat ihre Vertreter nicht nur im rumänischen, sondern auch im europäischen Parlament. Ungelöste Probleme existieren ebenso zwischen Rumänien und Ungarn – mehr als eineinhalb Millionen Ungarn leben in Rumänien.
Groß-Ungarn umfasst wiederum eine Reihe von Gebieten, die mittlerweile zu anderen Ländern gehören, einschließlich der Ukraine. Im Jahr 2011, als Ungarn die EU-Ratspräsidentschaft übernahm, legten seine Vertreter im

Brüsseler Ratsgebäude einen »Teppich Ungarns« in den Grenzen von 1848 aus, der Regionen in Rumänien, der Slowakei und der Ukraine als ungarische zeigte.[777]

Es ist bekannt, dass Rumänien wie Ungarn Pässe an Ukrainer aushändigen. Um einen zu erhalten, ist oft nicht einmal die Beherrschung der rumänischen oder ungarischen Sprache erforderlich. Dabei sind Rumänien und Ungarn Mitglieder der EU und der NATO, an die sich die Ukraine immer enger bindet.

Obwohl Irredentismus häufig mit der Entstehung einer nationalen Befreiungsbewegung und damit einhergehender bewaffneten Konfrontation, mit Gewalt, verbunden ist, ist die Vereinigung eines Teils mit dem Kern einer Nation absolut legitim und steht im Einklang mit dem im internationalen Recht verankerten Anspruch der Nationen auf Selbstbestimmung.

Welche Schlussfolgerungen können daraus gezogen werden?

Erstens, die irredentistische Bewegung ist nur von zwei Seiten möglich: Die Titularnation eines Landes und die nationale Minderheit eines anderen Landes sollten sich um die Vereinigung bemühen. Es ist offensichtlich, dass das Land, in dem sich die nationale Minderheit befindet, oft nicht an deren Ausscheiden und anschließend an dem Verlust eines Teils des Territoriums interessiert ist (die neuesten Beispiele sind Spanien, das Vereinigte Königreich, die Ukraine, die Türkei, Syrien...). Das Land wird seine Unversehrtheit schützen, zumal das Prinzip der territorialen Integrität auch einer der Eckpfeiler des Völkerrechts ist. Diese Kollision, das Recht der Nationen auf Selbstbestimmung steht dem Prinzip der territorialen Integrität entgegen, wurde im Abschnitt *»Befreiungsbewegung und Separatismus«* ausführlich erörtert.

Aus diesem Widerspruch folgt, dass das Problem nicht im theoretischen Rechtsbereich (wo es keine Lösung gibt), sondern im Bereich der praktischen Politik gelöst wird. Ausgehend von der These, dass eine Minderheit sich immer wünscht, sich ihrer mütterlichen Nation anzuschließen (siehe Kapitel *»Zwei nationale Axiome«*), wird die Frage lauten, ob die nationale Mehrheit des Mutterlandes genug Macht hat, diese nationale Minderheit in einem anderen Land zu übernehmen.

Die oben genannten Beispiele der möglichen territorialen Ansprüchen Rumäniens oder Ungarns gegen die Ukraine und Moldawien bestehen seit den 40er Jahren des letzten Jahrhunderts. Keines dieser Länder hegte jedoch jahrzehntelang irgendwelche irredentistischen Pläne, weil man bestens wusste, dass all diese Pläne auf starken Widerstand der Sowjetunion stoßen würden (außerdem waren sie wirtschaftlich und politisch von der UdSSR abhängig). Es gab auch keine Pläne, die Kurden in einem separaten Staat zu vereinen, solange Syrien und der Irak mächtig waren. Deutschland hat die Frage der Vereinigung praktisch nicht aufgeworfen, als die DDR zum mächtigen sozialistischen Block gehörte.

Diese Ideen wurden jedoch sofort auf die Tagesordnung gesetzt, als die Niederlage der Sowjetunion im Kalten Krieg offensichtlich und der Zusammenbruch des Sowjetimperiums selbst nicht mehr weit war. Auch die kurdische Irredenta verstärkte sich nach dem zweiten Irakkrieg, dem Mord von Saddam Hussein und dem Beginn des Krieges in Syrien, der Bildung des »Islamischen Staates« in der Region.

Die Irredenta wartet auf die Schwächung des Landes, in dessen Hoheitsgebiet sich diese oder jene nationale Minderheit befindet, und erhebt nur dann den Kopf, wenn sich Chancen für einen Erfolg ergeben.

Auf der Grundlage einer einfachen Alltagslogik kann man ableiten, dass Ländereien jederzeit »sammelbar« sind. Erfolg jedoch ist nur dann zu erzielen, wenn der potenzielle Gegner schwach ist.

Die zweite Schlussfolgerung folgt aus der ersten. Ein Land, in dessen Territorium sich die nationale Minderheit abspalten und unter die Schirmherrschaft der mütterlichen Nation treten will, muss seine Kräfte sehr sorgfältig einsetzen: Der historische Trend steht immer auf der Seite derer, die sich vereinigen wollen. Versuche, die territoriale Integrität zu verteidigen, können zu großen Menschen- und Wirtschaftsopfern führen, die die vom Land verlorenen Gebiete nicht wert sind. Es sei darauf hingewiesen, dass das Land nur das Territorium verliert – die Menschen auf diesem Territorium identifizieren sich schon lange mit einer anderen Nation. Eine solche »fremde« Irredenta kann jedes Land, das sein Territorium verliert, als die Korpuskulierung seiner Nation, als Stärkung seines Kerns betrachten. Auf lange Sicht werden die Schafe zu den Schafen und die Pferde zu den Pferden kommen. Das Halten von Pferden in einer Schafherde – zumindest aus der Sicht der Nationalitätenpolitik – kann das Land teurer zu stehen kommen.

Natürlich verbessert ein langes Leben außerhalb der Kern-Nation nicht das nationale Selbstbewusstsein der Minderheit. Aufgrund des Fehlens eines gemeinsamen Territoriums gehen im Laufe der Zeit auch die Gemeinsamkeiten des historischen Schicksals, der Kultur verloren, sprachliche Unterschiede treten auf. Bindungen zur Nation im Mutterland sind geschwächt. Nach einer historisch langen Zeit assimiliert sich die Minderheit mit der Titularnation des Landes, in dem sie sich befindet.

Wenn die Titularnation keine territorialen Verluste hinnehmen will, muss sie eine »anti-irredentistische« Strategie entwickeln, um die Minderheit zu halten. Sie besteht neben Assimilierungsprogrammen aus praktisch zwei Komponenten. Die erste ist die Bestrebung, eine Wohlstands-Gesellschaft zu schaffen, das heißt, man muss reicher werden als die »gefährlichen« Nachbarn. Bei allem Bemühen der Nation sich zu vereinen, gibt es in diesem Prozess keine größere Bremse als den Schwund von Wohlstand. Wenn der Austritt aus einem Land und der Beitritt zu einem anderen Land für die Menschen mit großen sozialen und materiellen Verlusten verbunden ist, werden sie viele gewichtige Argumente finden, dies nicht zu tun. Praktisch konkurrieren die beiden Länder um eine umstrittene ethnische Minderheit an der Grenze. Und in der Regel gewinnt derjenige, der besser, reicher lebt. Die zweite Komponente der Strategie des Zurückhaltens ist militärische Gewalt. Wir haben das Beispiel der UdSSR angeführt. Ein Land, das keinen Fußbreit seines Territoriums aufgeben will, stellt sicher, dass es nicht nur die nationale Befreiungsbewegung im Land, sondern auch das Nachbarland, das sich für »seine Bürger« einsetzen wird, zurückschlagen kann. Wenn ein Land keinen bedeutenden wirtschaftlichen (Wohlfahrts-) oder bedeutenden militärischen Vorsprung vor dem »Nebenbuhler« hat, werden seine Versuche, den »Fremdkörper« zu behalten, früher oder später zu einer strategischen Niederlage führen – nicht nur Imperien, zu denen Dutzende von Nationen gehören, brechen zusammen, sondern auch die Formationen, die eine oder zwei »fremde« Ethnien beherbergen. Diese Teile werden früher oder später wegbrechen, der Versuch, sie mit viel Blut »anzukleben«, ist ein Verbrechen gegen die Nation. Denn man sollte immer bedenken: Das stabilste Atom des sozialen Universums ist eine Nation mit einer Religion auf einem Gebiet.

Nation und Territorium

Das Territorium ist wichtig für die Bildung einer Nation. Die Menschen müssen irgendwo leben, irgendwo nach Nahrung suchen. Das Territorium bestimmt die Lebensart der Ethnie. Am Meer sind die Menschen mit Fischerei und Schifffahrt beschäftigt, in den Bergen und Tälern – mit Jagd und Viehzucht, in der Steppe – mit Ackerbau. Durch natürliche Grenzen

geschützt, half das Lebensgebiet der Ethnie, sich gegen Feinde zu wehren, trug zum Überleben und zu einer langen ethnischen Reinheit bei. Wo es keine solchen Grenzen gab, griffen sich die Stämme häufiger gegenseitig an und versuchten, das eine oder andere Territorium zu erobern – manchmal nicht aus aggressiven Gründen, sondern weil jeder Stamm dieses oder jenes Stück Land als sein eigenes betrachtete.
Das Tausende von Jahren währende Leben in derselben natürlichen Umgebung hat die allgemeinen genetischen und morphologischen Merkmale der Menschen geprägt. Dies trug zur Bildung einer ethnischen Gemeinschaft und dann der Nation bei. Wir sind uns ähnlich, wir sind in Bezug auf Denkweise, Charakter und Wahrnehmung der Welt gleichartig, sagen Angehörige eines Volkes, also müssen wir zusammenhalten. Darauf basiert das gemeinsame historische Gedächtnis, die gemeinsame Mentalität, das gemeinsame Schicksal.
Der Wert des Territoriums ist für die Nation also kaum zu überschätzen. Infolgedessen hat das Prinzip der territorialen Integrität im gegenwärtigen Völkerrecht ein enormes Gewicht. Eigenes Territorium, eigenes Terrain zu schützen gilt als erste und wichtigste Bürgerpflicht. Darin liegt sogar etwas Instinktives, Tierisches, das heißt etwas, was tief und fest in die menschliche Psyche eingebettet ist.
Einige glauben, dass ein bestimmtes Territorium, das die Nation exklusiv besitzt, für sie absolut notwendig ist. Das ist ein offensichtlicher Fehler. Der Staat braucht das Staatsgebiet, das Staatsvolk und die Staatsgewalt, der deutsche Jurist Georg Jellinek (1851-1911) spricht über diese drei Elemente.[778] Aber Nation und Staat sind alles andere als identisch. Zum Beispiel sind die Juden, die zuerst in Ägypten lebten und nach dem »Auszug aus Ägypten« in Kanaan angesiedelt waren, nicht in Vergessenheit geraten. Sie betrachteten sich lange Zeit als »Nation ohne Territorium«, aber als Nation!
Wir sind uns einig, dass das Territorium für ein Volk, für eine Nation in der Entstehungsphase wichtig ist: Ein Volk kann nicht aus einer bestimmten Anzahl netter Menschen gebildet werden, die auf verschiedenen Kontinenten leben.
Und nachdem sich die Nation gebildet hat? Welche Rolle spielt das Territorium für eine reife Nation? Werden die nationalen Merkmale nicht verschwinden, wenn das Territorium verloren geht?
Im 1. Jh. nach Christus lebte am Asowschen Meer und im Nordkaukasus der Stamm der Alanen, stattliche und geschickte Krieger, die den Transkaukasus, die Krim und Kleinasien überfielen. Zur Zeit der Völkerwanderung

(6./7. Jh.) verließen sie fast alle ihre Heimat und zogen durch ganz Westeuropa nach Nordafrika. Die Überreste der Alanen wurden im 13. Jh. durch die tatarisch-mongolische Invasion aus ihrem flachen Territorium vertrieben, Alanya selbst hörte auf zu existieren. Seit Jahrhunderten (14./18.) mussten kleine Alanengruppen in den Bergen des zentralen Kaukasus isoliert leben. In dieser Zeit gingen nicht nur Kultur und eine gemeinsame Sprache verloren (die Menschen kehrten zu den Sprachen ihrer Stämme zurück), sondern auch der Eigenname *Alanen*.

Gegenwärtig wurde im Nordkaukasus das Wort *Alan* nicht nur wiederbelebt, sondern es gibt einen »Krieg der Historiker« darüber, wer die Nachkommen der Alanen sind – Osseten, Inguschen, Balkarer, Karatschais oder jemand anderer? Alanische Wurzeln zu haben wurde zum Stolz der Völker. Das heißt, der Verlust des Territoriums führte (mindestens drei oder vier Jahrhunderte) nicht zum endgültigen Verlust der nationalen Identität.

Wir haben uns an die große Völkerwanderung erinnert. Niemand kennt die Gründe dafür. Einige sprechen vom Angriff der Hunnen, andere von der Verschlechterung des Klimas. In Europa war es in der Mitte des 6. Jahrhunderts tatsächlich etwas kälter, Wissenschaftler schreiben von etwa eineinhalb Grad im Vergleich zu heute. Wie unsere Vorfahren ohne Thermometer einen solchen »Kälteeinbruch« bemerkten, ist mir nicht klar. Oder im Gegenteil, ein angenehmes europäisches Klima und eine hohe Geburtenrate waren die Gründe für die Umsiedlung. Der »menschliche Überschuss« ging dorthin, wo es einfacher war zu überleben. Obwohl diese These auch zweifelhaft ist: Während der Umsiedlung fanden viele große und kleine Kriege um neue Gebiete statt, sodass das Verlangen nach einem Ortswechsel gigantisch gewesen sein sollte.

Aber lassen wir die Suche nach Gründen. Wichtig ist: Während der großen Völkerwanderung besetzten die Franken das Territorium des heutigen Hollands, das vorher mit Friesen und Bataven besiedelt war. Die Franken vom Rhein werden von den Vandalen, Alemannen und eben Alanen verdrängt. Vandalen sowie der alte germanische Stamm der Svear und Alanen dringen in Spanien ein. Die Westgoten erobern Rom und plündern es aus, dann vertreiben sie Alanen, Vandalen und Svear aus Spanien. Großbritannien wird von den Angles, Saxons und Jutes erobert. Durch das Gebiet des modernen Rumäniens ziehen Hunnen, Gepiden, Awaren, Slawen, Bulgaren, Ungarn, Pechenegen und Kumanen. Ostgoten besetzen das moderne Ungarn, dafür werfen Vandalen Ostgoten aus Malta und erobern Sardinien. Die Bayern dringen aus dem Gebiet der modernen Tschechischen Republik in das Ge-

biet des modernen Bayern und an ihrer Stelle ziehen ungefähr im 5./6. Jh. Tschechen ein. Die Langobarden erobern die Ebene zwischen Theiß und der Donau und zerstören dort den Staat des ostgermanischen Stammes der Heruler. Die Bretonen, die von den Angelsachsen aus England vertrieben wurden, ziehen auf den Kontinent, in die heutige Bretagne (Frankreich). Die Schotten dringen von Irland nach Schottland ein und schaffen dort ihr Königreich. Inzwischen siedeln die Slawen im Nordosten des heutigen Deutschlands. In der Mitte des 6. Jahrhunderts erobern die Ostgoten fast ganz Italien, und die nomadischen Awaren-Stämme bilden im heutigen Ungarn und Österreich einen Staat. Westgoten unterwerfen ganz Spanien.
Außerdem gab es Völkerwanderungen von Arabern, Normannen, Mongolen, Türken... In der Geschichte gab es viele Ethnien, die sich jahrhundertelang friedlich, oder nicht ganz, in der Welt bewegten und nicht als Volk verschwanden. Einige Ethnologen sind der Meinung, dass es auf der Welt keine einzige Nation gibt, die ständig auf demselben Territorium gelebt hätte.
Wenn wir also von einer Nation reden, fußt sie nicht auf den besseren oder schlechteren, kleineren oder größeren Territorien, sondern immer nur auf den Menschen, die Mitglieder der Ethnie sind.
Die Frage ist alles andere als theoretisch und wird insbesondere durch den Krieg in der Ukraine und den Verlust der Krim hervorgerufen. Wir werfen es nicht als praktisches politisches Problem auf, sondern als ein Beispiel, an dem nationale Prioritäten verfolgt werden können.
Bekannt ist, dass vorwiegend Russen oder russifizierte Ukrainer auf der Krim leben, ebenso wie Krimtataren, Griechen, Deutsche und andere. Gefälscht oder nicht, das Referendum über die Unabhängigkeit der Krim und anschließend über den Beitritt zu Russland, dem praktisch alle zustimmen, entspricht der Einstellung der überwiegenden Mehrheit der Bewohner der Halbinsel. Für sie ist die Ukraine kein Heimatland. Warum sie ihnen innerhalb von sechs Jahrzehnten (1954-2014) nicht ans Herz wuchs, können wir ihre Herrscher fragen, oder wir können uns auf die historisch kurze Zeit der Zugehörigkeit der Krim zur Ukraine beziehen. Entsprechend des von uns aufgestellten *nationalen Axioms* sollte die überwiegende Mehrheit der Bevölkerung der Halbinsel die Wiedervereinigung mit Russland anstreben. Die Ukrainer geben aber die Idee nicht auf, die Krim in die Ukraine zurückzuholen. Die »Machtoption« ist nicht ausgeschlossen, heißt es, wenn sich die Ukraine für einen Kampf mit Russland entscheidet und Hunderte, Tausende oder sogar Zehntausende Ukrainer auf dem Altar der Krim opfert.
Nehmen wir an, die Ukraine gewinnt den Krieg – mit Unterstützung des

Westens und mit Zehntausenden gefallenen Landsleuten, bekommt sie also das Territorium, das von Menschen bevölkert ist, die sich in der Masse nicht als Ukrainer betrachten.

Ist das ein Sieg?

Aus der Sicht der Nationaltheorie ist das ein verhängnisvoller Versuch: Die Russen werden sich auch innerhalb der Ukraine in 20, in 100 oder in 500 Jahren nach ihrem Muttervolk sehnen (siehe Kapitel »*Zwei nationale Axiome*« und unsere Bemerkungen zu den separatistischen Stimmungen der Schotten, Basken, Katalanen, Kurden, Nordiren usw.). Sie werden die ganze Zeit gegen die Ukraine »spielen«, gegen ihre Souveränität – immer ihre eigenen nationalen Interessen im Kopf. Und die Ukraine wird mit großem Aufwand und großem Geld – wie ein kleines Imperium – die ganze Zeit bestrebt sein müssen, die ihr ethnisch fremde Provinz in ihrem Einflussbereich zu behalten.

Wofür? Wegen des Meeres, Krimsekts und der Palmen?

Zur gleichen Zeit ist jeder Mensch, der im Krieg gefallen ist, eine unheilbare Wunde für die Familie, dies ist ein weggegangenes nationales Genie, dies ist in der historischen Perspektive ein Verlust von Dutzenden ungeborenen Mitgliedern der Nation.

Wenn eine Nation ihren Lebensraum nicht vergrößern muss (und das muss die Ukraine nicht, sie stirbt auch ohne Krieg aus), dann kann der Anschluss eines objektiv unnötigen Territoriums die menschlichen Verluste nicht ausgleichen.

Die Entwicklung einer Nation sollte deswegen nicht durch die Integration fremder Elemente erfolgen, sondern durch Korpuskulierung, Selbstfokussierung, Reinigung von Fremdem, Unechtem. Eine kleinere, aber einmütige Gemeinschaft ist immer stärker als eine bunte große Truppe, die in verschiedene Richtungen zieht.

Man sagt nicht von Ungefähr: Klein aber fein.

Jeder stirbt allein

Eine der Erklärungen für den »Nutzen der Globalisierung«: Da die globale Welt vor globalen Herausforderungen steht, kann die Antwort auf globale Herausforderungen nur global sein. Das heißt, man muss sich gemeinsam gegen diese Herausforderungen wehren. In der Regel führt man ein Beispiel für den Klimawandel auf der Erde an, die Erwärmung, gegen die die Weltgemeinschaft gemeinsam zu kämpfen hat, in dem sie die Emission bestimmter Gase (hauptsächlich Kohlendioxid), die die Ozonschicht zerstören und zum sogenannten »Treibhauseffekt« führen, reduziert.

Neben der trügerischen Logik (»globale Herausforderungen – globale Reaktion«) gibt es in diesen Aussagen kein Gran gesunden Menschenverstand. Es gibt Wissenschaftler, die davon überzeugt sind, dass die Rolle des Menschen im Klimawandel eine unbedeutende ist, dass es in der millionenjährigen Geschichte des Planeten Zeiten der Erwärmung und Abkühlung gab, als noch keine Chemieanlagen existierten und nur Tiere auf der Erde lebten. Wir machen einen weiten Bogen um diese endlos politisierte (und korrumpierte) Diskussion über den vom Menschen verursachten Klimawandel (»anthropogene Faktoren«!), möchten nur ein kleines Beispiel für diesen Standpunkt geben. Vor nicht allzu langer Zeit besuchte ich die Wüste Sahara, eine der trockensten und heißesten Gegenden der Welt. Dort habe ich mir eine kleine Schatulle aus Stein gekauft, der in der Sahara, an der Grenze zwischen Marokko und Algerien, abgebaut wird. Ehrlich gesagt, mag ich in den Bücherregalen keinen Schnickschnack, der nur Staub sammelt. Aber diese Schatulle hab ich gern vor Augen – als überzeugende Widerlegung klimapolitischer Spekulationen: Im Deckel des Kästchens befindet sich versteinerter Ammonit, eine Schnecke, ein versteinerter Mollusk, der vor 200 Millionen Jahren im Meer lebte.

An der Stelle der heutigen Sahara stand einst ein Meer! Welche »anthropogenen« Faktoren haben es vor Millionen von Jahren zu der größten Wüste der Welt gemacht?

Aber wir gehen nicht auf diesen Streit ein. Uns interessiert nur die Tatsache: Das Klima verändert sich, die Durchschnittstemperatur steigt. Vielleicht haben unsere Generation und die zehn oder hundert Generationen nach uns so ein klimatisches Schicksal.

Gleich zu Anfang sagen wir, dass die Erderwärmung auch eine positive Seite hat: Die Grenze der Landwirtschaft bewegt sich nach Norden in der nördlichen und nach Süden in der südlichen Hemisphäre. Dies bedeutet, dass es (wenn es sich weiterhin erwärmt, was nicht sicher ist...) in wenigen Jahrzehnten dort, wo früher Tundra war, möglich sein wird, Mais anzubauen. Länder mit großen Gebieten in der Permafrostzone sind bekannt. Hinter dem 60. Grad nördlicher Breite, ungefähr der Breite von St. Petersburg, Südkap von Grönland und Anchorage in Alaska, liegen: ganz Alaska, fast

die Hälfte Kanadas, ganz Grönland, Island, Finnland, fast ganz Norwegen und Schweden, mehr als die Hälfte Russlands.
Solche Länder gibt es in der südlichen Hemisphäre nicht. Die südlichsten, d. h. kältesten, Punkte liegen dort etwa beim 55. Grad der Südbreite (Kap Horn in Südamerika), also auf der Ebene (für Menschen in der nördlichen Hemisphäre ist es so verständlicher) von Glasgow, Vilnius und Moskau, und auf dem 47. südlichen Breitengrad (die Südinsel Neuseelands), d. h. auf der Ebene der Loire in Frankreich und von Wien. Es ist bekannt, dass es in der südlichen Hemisphäre grundsätzlich etwa eineinhalb Grad kälter ist als in der nördlichen, aber dies spielt keine entscheidende Rolle. Der Rest der südlichen Hemisphäre ist wärmer.
Damit sind die positiven Aspekte der globalen Erwärmung praktisch ausgeschöpft. Es beginnen die negativen.
In Afrika, wo Getreidekulturen aufgrund der hohen Temperaturen auch so keine großzügig Ernte bescheren, werden Dürren zu einem ständigen Phänomen. Es vertrocknet nicht nur das vom Menschen Gesäte, sondern es verdorren auch Wildpflanzen, die seit Jahrtausenden für Wild und Haustiere als Futter dienen. Einige Tierarten sterben aus und zerreißen damit die natürliche Nahrungskette. Die Anzahl der Wirbelstürme, Staubstürme nimmt zu. Flüsse und Seen versiegen, es gibt weniger Wasser nicht nur zur Bewässerung, sondern auch zum Trinken.
An anderen Orten leiden die Menschen jedoch unter Regengüssen und Überschwemmungen.
Durch den Temperaturanstieg schmelzen Eismassen in Arktis und Antarktis sowie Gletscher in den Bergen. Daher steigt der Wasserpegel im Weltozean. Das Tiefland wird überflutet. Und wenn große Städte immer noch durch (teure) Dämme geschützt werden können, ist es unwahrscheinlich, dass man Staudämme auch auf dem Land bauen kann. Bis zum Ende dieses Jahrhunderts kann der Wasserstand im Ozean um 60 Zentimeter ansteigen. Einige Wissenschaftler, wie etwa Hans Schellnhuber, Direktor des Potsdamer Instituts für Klimafolgenforschung, gehen davon aus, dass das Wasser in dieser Zeit um zwei Meter ansteigen könnte, »auf sehr lange Sicht mindestens zehn Meter«.[779]
Zum Beispiel: Selbst bei 60 cm würde die Hälfte der Niederlande überflutet, zwei Drittel der Städte mit mehr als 5 Millionen Einwohnern in Regionen, die möglicherweise teilweise überflutet werden. Unter ihnen sind New York, London, Shanghai, Tokio, Jakarta. Insgesamt leben über 600 Millionen Menschen in Gebieten, die vom Hochwasser der Ozeane betroffen

sein könnten. Gleichzeitig gehen bedeutende landwirtschaftliche Flächen verloren.
Salzhaltiges Meerwasser wird in den Boden eindringen und das Trinkwasser kontaminieren – dies wird nicht nur in den überfluteten Gebieten, sondern auch in einem Teil der nicht unter Wasser liegenden Gebiete der Fall sein. Die Entsalzung ist heute technisch möglich, erfordert jedoch erhebliche Energiekosten. Und dies unter Bedingungen, in denen auch Energieprobleme (die besprechen wir anschließend) in den Vordergrund treten.
Eine weitere globale Herausforderung: Die Ressourcen des Planeten sind nicht unbegrenzt. Weil nicht nur insgesamt die Bevölkerung auf dem Planeten wächst, sondern auch die Zahl derer, die nicht mehr hungern und ihre Lebensbedingungen verbessern. Ganze Nationen erhalten Zugang zu Autos, Waschmaschinen, Kühlschränken und Ferien in der Ferne. Ungerechtigkeiten in der Verteilung des Reichtums verschwinden an einigen Stellen. In Brasilien, Russland, Indien, China, in den sogenannten BRIC-Ländern, in denen fast drei Milliarden Menschen leben, d. h. fast die Hälfte der Weltbevölkerung, beginnen die Menschen so zu leben, wie es Europa seit Jahrhunderten tut – vor allem essen sie mehr Fleisch. Kein Mensch sollte in Armut leben und jeder muss das Recht haben, in einer neuen Welt zu leben – mit medizinischer Versorgung, Bildung und moderner Kommunikation. All dies erfordert Ressourcen.
Man kann diese Entwicklung erfreulich finden, man kann darüber traurig sein (nach dem Prinzip: Hauptsache ich habe was, die anderen sind mir egal...), aber man darf ihre Ergebnisse nicht vernachlässigen.
Nehmen wir zum Beispiel den Fleischkonsum. Laut der Ernährungs- und Landwirtschaftsorganisation der Vereinten Nationen (FAO) produzierte die Welt im Jahr 2012 mehr als 300 Millionen Tonnen Fleisch, das sind 42,5 kg pro Person. Wenn jedoch Menschen in Industrieländern im Durchschnitt 79 Kilogramm pro Jahr vertilgen, zeigt dies eindeutig, dass es in anderen Ländern viel weniger (oder überhaupt nicht) gegessen wird. Der Wunsch von Milliarden Menschen, ihren Fleischkonsum zu steigern, ist mehr als verständlich. In der Mitte des 19. Jahrhunderts aßen die Deutschen pro Person nur etwa 15 Kilogramm Fleisch, jetzt mehr als 60 Kilogramm.
Aber eine Steigerung des Verbrauchs kann nicht allein durch die Verringerung des Konsums in reichen Ländern erreicht werden. Die Welt muss die Produktion steigern.
China, bekannt als größter Reisverbraucher, hat sich in den letzten Jahren zu einem führenden Schweinefleischproduzenten entwickelt und erzeugt

mehr als 43 große Produktionsländer zusammen. China verbraucht heute mehr als ein Viertel des weltweit hergestellten Fleisches. 1978 aßen Chinesen 8 Millionen Tonnen Fleisch, ein Drittel des Konsums der Vereinigten Staaten. 1992 hat China die USA diesbezüglich eingeholt. China konsumiert inzwischen jährlich mehr als 70 Millionen Tonnen Fleisch – mindestens doppelt so viel wie die Vereinigten Staaten.

Diese Zahlen sind natürlich der riesigen Bevölkerung Chinas geschuldet. Der durchschnittliche Chinese isst nur 38 Kilogramm Fleisch pro Jahr. Dies ist immer noch nur die Hälfte eines US-Bürgers (75 Kilogramm). Wenn sich diese Zahlen angleichen, wird China 75% der Weltproduktion von Rindfleisch und 80% der Weltproduktion von Broilern verbrauchen.

China ist nicht das einzige Land, das beim Konsum von Fleischeiweiß aufsteigt. Milliarden von Menschen erhöhen die Fleischmenge auf ihrem noch durchaus armen Tisch. Dem gestern noch Hungrigen darf man heute nicht verbieten, sich satt zu essen.

Für die Fleischproduktion wird Futter benötigt. Die Produktion von einem Kilogramm Fleisch erfordert mehrere Kilogramm Getreide. Für Futtermittel braucht man landwirtschaftliche Flächen. Heute wird ein Drittel des Bodens weltweit für Tierfutter genutzt. Der Acker braucht Trinkwasser – nicht bis zum Trinkzustand gereinigt, sondern einfach Süßwasser. Das reicht schon heute nicht mehr aus auf dem Planeten. Israel und Jordanien streiten sich darum. Kein Wunder: 1,1 Milliarden Menschen auf der Welt haben keinen Zugang zu sauberem Trinkwasser. Und dies trotz der Tatsache, dass nach Schätzungen der UNESCO der Wasserverbrauch weltweit pro Kopf 1400 Kubikmeter pro Jahr beträgt, d. h. fast 4000 Liter pro Tag – all dies natürlich nur dort, wo es dieses Wasser gibt.

Wer meint, dass wir den größten Teil des Wassers für eine Morgendusche aufwenden, irrt gewaltig – der Hauptverbrauch fällt für die Herstellung von Lebensmitteln an. Besonders hoch ist der Verbrauch bei der Fleischproduktion. Einige (für Übertreibungen anfällige) Umweltschützer behaupten, dass der gesamte Produktionszyklus für ein Kilogramm Schweinefleisch 10.000 Liter und für ein Kilogramm Rindfleisch 15.000 Liter sogenannten »virtuellen Wassers« benötige – also auch Regenwasser, das auf die Wiesen fällt, wo das Vieh weidet. Wenn diese Kubikmeter auch nicht ganz »real« sind, ist jede Steigerung der Fleischproduktion doch untrennbar mit einer großen Nutzung von Süßwasser verbunden, was in Zukunft zu einer noch schärferen Verknappung führen wird.

Für Ackerland werden Wälder gerodet und abgefackelt. Daher sinkt die

Sauerstoffproduktion und der Kohlendioxidverbrauch von Pflanzen, einige Pflanzenarten verschwinden. Verschwinden Pflanzen – sterben bestimmte Tierarten aus. Die Raubtiere finden keine Nahrung – das uralte natürliche Gleichgewicht wird gestört. Das Wachstum der Kuhherden weltweit lässt die Emissionen in die Atmosphäre nicht nur von Kohlendioxid ansteigen, sondern auch von Methan – das den Treibhauseffekt viel aktiver als CO_2 forciert. Wie schon gesagt, es wird nicht möglich sein, Menschen zu zwingen sich mit Klimaproblemen zu befassen, wenn sie nichts zu essen haben. Die Menschen wollen erst einmal ihren Hunger stillen und dann gesättigt an saubere Luft und sauberes Wasser denken.[a]

Es gibt auch eine Umverteilung der Anbaufläche. Da Fleisch anstelle von Brot auf dem Tisch erscheint, sind in Argentinien und Brasilien weite Gebiete mit Sojabohnen bestellt – eines der bekanntesten Futtermittel. Die größten Importeure von Sojabohnen von dort sind China und die Europäische Union. Je intensiver die landwirtschaftliche Produktion auf der Erde, desto mehr Mineraldünger, Herbizide und Insektizide gelangen auf die Felder, von dort sicher ins Grundwasser und natürlich daraufhin in den menschlichen Organismus. Bei der Massenzucht von Tieren (nur sie kann die wachsende Nachfrage nach Fleisch befriedigen) werden fässerweise Antibiotika verwendet – was zur Entstehung von multiresistenten Mikroorganismen führt, die, nachdem sich Tier oder Mensch infiziert haben, nicht mehr mit Antibiotika abgetötet werden können.

Diese Zahlen, glauben viele Experten, können einfach nicht auf einen gemeinsamen Nenner gebracht werden: Bevölkerungswachstum, wachsender Bedarf an Nahrungsmitteln, Ackerland, Wasser und Energie für 10-12 Milliarden Menschen.

Laut Schätzungen des *Global Footprint Network,* wird der Mensch 2050, wenn der Verbrauch pro Person nicht sinkt, drei Planeten brauchen, um sich selbst zu ernähren.[780] »Wir müssen in den kommenden 40 Jahren die gleiche Menge von Lebensmitteln herstellen wie in den letzten 8.000 Jahren«[781], erklärt Jason Clay von der Umweltorganisation *World Wildlife Fund.*

Es gibt einen Ausweg, der oft angeboten wird: Der industrielle »Norden« sollte eine »Politik der Selbstbeschränkung« verfolgen, das heißt, sollte einfach anfangen weniger zu essen... Aber das funktioniert wahrscheinlich nicht wirklich, weil es unmöglich ist, die Menschen davon zu überzeugen, bewusst weniger zu konsumieren, wie es unmöglich ist, einen Menschen

a Siehe auch *Maslow'sche Bedürfnishierarchie.*

für eine kommunistische Zukunft zu erziehen, der nur nach seinen Bedürfnissen lebt und sich nicht den Mund mit Gratiswaren vollstopft – 70 Jahre Sozialismus in der UdSSR haben uns davon endgültig überzeugt.

Abgesehen davon, dass auch die »satten Gesellschaften« genau genommen noch nicht vollständig »satt« sind: Der Verbrauch von Energieressourcen in diesen Ländern steigt von Jahr zu Jahr. Gleichzeitig sinkt die Mineralstoffmenge – Kohle und Öl können nicht zweimal verwendet werden.

Andere Experten meinen, dass heutzutage weltweit genügend Getreide produziert wird, aber ein wesentlicher Teil davon auf die Herstellung von Bioethanol entfällt – einen Energieträger, den man auch nicht aus Jux und Tollerei angefangen hat, aus Getreide zu gewinnen. Sondern weil mehr Energie benötigt wird, um die Nahrungsmittelproduktion zu steigern.

Da die fossilen Energieressourcen zur Neige gehen, ist es vorteilhaft, Biodiesel aus Getreide herzustellen. 2011 ging weltweit die Ernte von 3% der Gesamtanbaufläche für Biosprit drauf. Aber auch »fortschrittliche« Trends sind spürbar: In Deutschland sind unter solchen Kulturen etwa 18% der gesamten Anbaufläche (2012). Das heißt, der Hund beißt sich in den Schwanz: Für die Produktion einer größeren Menge an Nahrung (Getreide) wird mehr Energie benötigt, für deren Produktion man wiederum mehr Getreide braucht. Wenn zudem ein Teil der Ernte überhaupt nicht auf den Tisch kommt (siehe Kapitel *Warum und nach welchen Grundsätzen wurde die EU geschaffen?*), ist klar, dass die Lebensmittelpreise davon nicht sinken, sondern steigen, was nicht zur Lösung von Ernährungsproblemen beiträgt.

Daher ist der Kampf um Bodenschätze, vor allem um Kohlenwasserstoffe, sogar in der Arktis nicht so fern (in anderen Regionen sind sie bereits in vollem Gange!) – das »arktische« Dänemark, Russland, Norwegen, Kanada und die USA bereiten sich darauf vor. Nicht etwa mit der Gründung internationaler Unternehmen für deren gemeinsame Nutzung, sondern mit dem Aufbau militärischer Präsenz und der Entwicklung einer militärischen Infrastruktur in der Region, die es ermöglichen werden, vor allem einen Stärkevorteil zu erlangen.

Dänemark hat zum Beispiel im Dezember 2014 seine Forderungen an einen Sektor in der Arktis angemeldet, der 21 mal größer ist als das Territorium des Landes. So will das Land, nach den Worten lokaler Politiker, die äußeren Grenzen seines Kontinentalschelfs festlegen. Es ist bemerkenswert, dass Russland und Kanada, die ebenfalls nichts dagegen haben, sich ihr arktisches Stück zu schnappen, nur bis zum Nordpol gehen, während die Dänen auch beträchtliche Gebiete um ihn herum einkassieren wollen. Skandinavi-

er beanspruchen z. B. den gesamten Lomonossow-Rücken, der, nach ihren Vorstellungen, geologisch eine Fortsetzung von Grönland ist, das zu Dänemark gehört. Russland und Kanada sind damit nicht einverstanden, da der Bergrücken entsprechend als »Fortsetzung des eurasischen Kontinents« (Russland) und als »kanadisches Territorium« betrachtet wird.
Die dänisch-russische Konfrontation bewegt sich vorerst auf der Linie der Diplomatie – durch Anträge bei internationalen Organisationen und Noten. Um sich nicht gegenseitig zu provozieren, haben beide Länder ihre endgültigen Vorstellungen über die Abgrenzung des Wassergebiets nicht in die Karten aufgenommen. Aber all das ist nur vorläufig. Widersprüche werden sich mit der Verschärfung der Energieprobleme sicherlich verstärken. Sobald das Thema »Förderung« technisch und technologisch auf der Tagesordnung steht, ist es möglich, dass Länder Truppen in die Region verlegen, um »ihre«, wie sie meinen, wirtschaftlichen Interessen zu schützen. Nicht zu reden von den Interessen Norwegens, der Vereinigten Staaten und Kanadas, die wahrscheinlich auch nicht in aller Ruhe beobachten werden, wie Leckerbissen an ihre Nachbarn gehen.
Woher kommt dieses Interesse an Polarregionen? Man braucht nicht lange zu rätseln: Laut dem US-amerikanischen geologischen Dienst, können sich in der Arktis etwa 15% der unentdeckten Ölreserven der Welt und etwa 30% des Erdgases befinden.
Eine Umverteilung der Arktis kann das Machtgleichgewicht in der Region verschieben. Vor allem, weil sich kürzlich den fünf traditionellen arktischen Ländern noch 12 Staaten zugesellten, die Ansprüche auf die Gewässer rund um den Nordpol anmahnen: Belgien, Großbritannien, Deutschland, Irland, Island, Lettland, Litauen, die Niederlande, Polen, Finnland, Schweden, Estland. Auf dem Weg dorthin ist auch das nicht ganz »arktische« China[782].
Daher kann die friedliche Erschließung der Arktis (relativ) bald enden. Die praktische Seite des Falls endet heute mit kleinen Konflikten um Fischerkutter und Fanggebiete. Man kann sich vorstellen, was passiert, wenn es ernstere Probleme geben wird als den Fisch...
Somit kann zumindest eine Schlussfolgerung gezogen werden. All dies ist in den aktuellen Diskussionen nicht neu. All dies wird, wie bereits erwähnt, als globale Herausforderung bezeichnet, und für diese brauchen wir – das ist die politisch korrekte These – globale Antworten. Diese These entspricht jedoch weder der historischen Praxis noch der Ethnopsychologie. Man versucht uns zu überzeugen, dass sich auf dem Planeten einige (zutiefst moralische und gerechte) Kräfte bei einem Mangel an Nahrung, Wasser, Ener-

gieträgern (oder Luft!) all die verbleibenden mickrigen Reste fair aufteilen werden. Diejenigen, die über mehr Ressourcen verfügen, nehmen sie ihren Bürgern weg und geben sie aus altruistischen Überlegungen an diejenigen weiter, die weniger solche Ressourcen besitzen.

Wir erfahren nur eines nicht: Wann beginnen solche zutiefst humane Zeiten? Denn bis dato gibt es in der Welt einen offenen Kampf um Öl- und Gasfelder. Niemand sucht hier nach globalen Lösungen, niemand gibt sein Eigenes auf, niemand möchte seine Reserven mit armen Nachbarn teilen. Die farbigen Revolutionen und Kriege in Nordafrika wurden unter anderem wegen der Umverteilung der Weltenergieressourcen – in diesem Fall zugunsten der USA – verursacht.[783] Milliarden Dollar werden in diesen Kampf investiert – und wir sind immer noch weit vom Höhepunkt unseres Bedarfs (oder Appetits) entfernt, und (vergleichsweise) weit davon entfernt, unsere Energievorräte vollständig zu erschöpfen. Warum leisten reiche Länder nicht schon heute eine gerechte Verteilung der Ressourcen auf dem Planeten, warum streichen sie diese Ressourcen nicht gleichmäßig über den Planeten wie Butter aufs Brot?

Von welchen »globalen Antworten auf globale Herausforderungen« kann man noch reden?

Die Beiträge, die die Industrieländer an alle Arten von »Fonds zur Bekämpfung des Hungers« leisten, wären nicht erforderlich, wenn das Wohl der Reichen nicht nur unter den Bürgern ihres eigenen Landes, sondern der gesamten Weltbevölkerung aufgeteilt würde.

Dies wird aber niemals passieren, schon weil es gegen die menschliche Natur ist. Das Sprichwort über den »fremden Schmerz«, der »nicht ans Herz geht«, beweist, dass der Mensch als solcher (und das Volk als solches) nicht bereit ist, seine Angehörigen in extremen Notsituationen dem Schicksal zu überlassen, indem er einem unbekannten Fremdling den letzten Brotkanten gibt. Wir haben bereits über die egoistische Natur des Menschen geschrieben.

In dieser Kontroverse wird sehr oft ein trickreicher Austausch von Thesen vorgenommen. Wenn man beispielsweise die »globalen Probleme« der Überbevölkerung des Planeten und des Ressourcenmangels näher betrachtet, wird man sehen, dass diese Probleme nicht global, sondern sehr regional sind: Dies sind nicht die Probleme des aussterbenden Westens (oder vielmehr des Nordens), sondern die demographische Explosion im Süden. Berechnungen des globalen Bevölkerungswachstums werden uns der Lösung des Problems nicht näher bringen. Denn in einer Region muss man

darauf achten, die Geburtenrate zu senken, und in der anderen – sie zu stimulieren. Die Durchschnittstemperatur im Krankenhaus verrät uns nichts über die richtige Medizin. Daher muss die Nation selbst nach Antworten auf ihre Probleme suchen: sich für den Schutz seines Territoriums, seiner Bodenschätze, seines Wassers, seines Ackers, seines ethnischen Potenzials, seiner Humanressourcen usw. einsetzen.
Globale Probleme können nicht global gelöst werden. Allein die Versuche, sie global zu lösen, sind bösartig, falsch. Jedes Land wird auf diese Herausforderungen aufgrund seiner Erfahrungen, kulturellen Vorstellungen und Interessen reagieren.
Auch jetzt, wenn für die Propaganda des »anthropogenen Klimawandels«, für mehrtägige internationale Klimakonferenzen mit Tausenden von Teilnehmern Milliarden von Dollar ausgegeben werden, wollen viele Länder von der Reduzierung »schädlicher« Emissionen nicht mal hören. Derzeit zwingt praktisch nur Europa (eher erfolglos) seine Wirtschaft dazu, die Erderwärmung zu stoppen, indem es seine Wirtschaft schikaniert, um ständig steigende Emissionen in China, Indien, Saudi-Arabien, Iran, Indonesien, Singapur oder Ägypten auszugleichen.
Die Tatsache, dass sich die Beziehungen in einer übervölkerten Welt mit Ressourcenmangel nicht »brüderlich« entwickeln werden, beweist auch die Uneinigkeit über (relativ) unbedeutende finanzielle Probleme in der EU – einem Bündnis kulturell verwandter Völker auf derselben zivilisatorischen Ebene, das nicht nur durch deklarierte »unerschütterliche Freundschaft«, sondern auch durch rechtliche Vereinbarungen verbunden ist. Soll man Griechenland etwas Geld geben (das es offensichtlich nicht zurückzahlen wird) oder nicht? Sollen deutsche oder niederländische Steuerzahler ewig Korruption in Bulgarien oder Rumänien finanzieren? Diese Probleme führen bereits heute Zehntausende Menschen auf die Straße. Was passiert, wenn es zu einer ernsthaften Umverteilung lebenswichtiger Ressourcen kommt?
Daher wird kein Vertrag das Land schützen, denn Zerwürfnis kann nicht zwischen den Blöcken ausbrechen (Ost gegen West, Nord gegen Süd, Muslime gegen Christen...), sondern innerhalb scheinbar homogener Blöcke. Wir können uns hier an Darwin erinnern, der bewiesen hat, dass der intraspezifische Kampf (innerhalb einer biologischen Art) härter als der interspezifische (zwischen den Arten) ist.
Als Island ein solches »brüderliches Bündnis« sah, zog es bekanntlich seinen 2009 eingereichten Antrag auf Mitgliedschaft in der EU im März 2015 zurück.[784] Den Interessen des Landes sei außerhalb der EU besser gedient,

erklärte das Außenministerium. Das Land ist beispielsweise nicht mit den EU-Fischereivorschriften einverstanden und möchte nicht unter die Last der Brüsseler Paragraphen fallen…

Noch weniger wird es möglich sein, einen Konsens in der Welt herzustellen zwischen völlig verschiedenen Nationen, unter Bedingungen, bei denen es um das nackte Überleben einer Nation geht. Denn um die Ressourcen wird gekämpft. Der Kampf der Völker um deren Umverteilung wird erbittert und blutig sein.

Jeder wird alleine sterben.

Das heißt, die Antwort auf Herausforderungen kann nur national sein. »Globale Lösung« ist nur ein nettes, naives Märchen (natürlich, wenn man nicht daran denkt, dass dieses Märchen bewusst von denjenigen erzählt wird, die ihre Nachbarn damit einlullen möchten, um sich selbst alles rücksichtslos einzuverleiben, was nicht hinter Schloss und Riegel ist).

Die Lösung der Aufgaben, die jede einzelne Nation erwarten, liegt nicht im Bestreben, sich zu »globalisieren«, sondern in der Festigung der Souveränität, der Unabhängigkeit des Landes sowie in der Stärkung der wirtschaftlichen und militärischen Macht. Die Sache des Überlebens der Nation darf nicht dem fremden Onkel anvertraut werden, jede Nation muss lernen, sich zu verteidigen.

Auch der Weltklimarat prophezeit realistisch nicht »den globalistischen Frieden«, sondern aufgrund des Klimawandels zwischenethnische Konflikte »mit einer durchschnittlichen statistischen Wahrscheinlichkeit«.[785]

»Klimabedingte Naturkatastrophen haben ein destabilisierendes Potential, das sich in ethnisch zersplitterten Gesellschaften auf besonders tragische Art und Weise entfaltet«, pflichtet ihm Carl-Friedrich Schleussner vom Potsdamer Institut für Klimafolgenforschung bei.[786] »Die meisten dieser Konflikte werden innergesellschaftlicher Natur sein, bürgerkriegsartig, Clan gegen Clan, Stamm gegen Stamm, Sekte gegen Sekte«, schreibt der amerikanische Professor Michael T. Klare in den *Blättern für deutsche und internationale Politik*. »Auf einem von Klimakatastrophen heimgesuchten Planeten sind auch zwischenstaatliche Kämpfe um schrumpfende Lebensgrundlagen nicht auszuschließen«[787].

»Zwischenstaatliche Kämpfe um Lebensgrundlagen«? Wohin hat sich die Nächstenliebe bloß verirrt?

Sinkende Rolle der Familie

Wir sagten oben, dass die Defensivität des modernen Nationalismus der weißen Nationen aus der Tatsache resultiert, dass in den meisten Ländern Europas und Nordamerikas die Geburtenrate sinkt und die von Ratzel unter anderen demographischen Bedingungen postulierte »Eroberung des Lebensraums« für sie heute irrelevant ist. Momentan reden wir eher über die Bewahrung unseres eigenen Terrains, über die Notwendigkeit, unsere Territorien vor der Expansion genetisch, kulturell und geistig fremder Ethnien zu schützen. Diese Aufgabe ist komplex und angesichts des Bevölkerungsrückgangs auf der einen Seite und der demografischen Explosion auf der anderen nahezu unlösbar. Wir waren uns jedoch einig, dass der defensive moderne Nationalismus zumindest die vollständige Infiltration der Nation mit fremdländischen Elementen und die Auflösung der autochthonen Ethnie in der allochthonen (fremden) aufschiebt. Wir wissen nicht, wie viel Zeit einer Nation noch geblieben ist, aber wir sind überzeugt, dass es nicht im Interesse der Nation liegt, sich den »Eroberern« ohne Widerstand zu ergeben.

Eines der Felder der heftigen Kämpfe moderner Nationalisten gegen den allerorts dominierenden Liberalismus, der die im Laufe von Jahrtausenden geschaffenen abendländische Werte-Bastionen aufgibt, wurde die Familie.

Die Tatsache, dass die Familie in der westlichen Welt ihre Rolle verliert, ist mit bloßem Auge sichtbar. So beweist zum Beispiel der Rückgang der Geburtenrate dies unwiderlegbar. An die Stelle eines solchen Wertes, wie es Kinder schon immer in der Familie waren, rückten neue – Konsum, Freizeitkult, Individualismus. »Warum muss ich mich mit Kindern belasten?«, sagen oft junge Leute. »Das ist mein Leben, ich möchte es unbeschwert genießen und alles, was ich verdiene, für mich selbst ausgeben, für mein Vergnügen.«

Solche Ansichten sind schwer zu entkräften.

Keine Frage: Kindererziehung ist ein teures Vergnügen. Wie hoch auch immer die finanzielle Beihilfe des Staates (wo es sie gibt) ist, sie wird den Teil der erheblichen Familienausgaben für Kinder niemals decken. Dazu kommt noch körperlicher und seelischer Stress: Wie man weiß: »Kleine Kinder lassen uns nicht schlafen, große lassen uns nicht atmen.«

Versuche, die jungen Leute in die Enge zu treiben, indem man sie daran erinnert, dass wenn ihre Eltern genau so gedacht hätten, sie selbst nicht geboren worden wären, bringen keinen Erfolg. »Das ist das Problem unserer Eltern«, antworten sie uns, »es war deren freier Wille. Wir als freie Menschen entscheiden anders – wir leben für uns selbst.«
Was sagt man darauf?! Die Nation wird aussterben? »Was schert uns das, die Skythen sind auch verschwunden...«
Dieser Standpunkt bekam vor einem halben Jahrhundert seine »liberale« Ideologie: *childfree*: Ein Leben ohne Kinder – nicht, weil man es nicht kann, sondern, weil man es nicht will.
Die französische Schriftstellerin Corinne Maier schrieb zu diesem Thema ein Buch mit dem Titel »No Kid: 40 Gründe, keine Kinder zu haben«[788] (Originaltitel: *No Kid: Quarante raisons de ne pas avoir d'enfant,* 2007). Sie führt all diese 40 Gründe an und verteidigt sie. Hier einige davon:
- die mögliche Abnahme der sexuellen Aktivität der Ehepartner wirkt sich negativ auf die »Lebensfreude« aus;
- Gefahr der Zerrüttung der Partnerschaft;
- die Überzeugung, dass man durch eigene Arbeit einen größeren Beitrag zur Entwicklung der Menschheit leistet als durch die Geburt eines Kindes;
- Angst oder Abneigung vor bzw. gegen Schwangerschaft – »neun Monate Leiden« – und Geburt;
- die Überzeugung, dass es nicht notwendig ist, ein eigenes Kind zu bekommen, wenn es genug Kinder zur Adoption gibt;
- in Zeiten von Ressourcenmangel und Umweltproblemen wirkt sich eine neue Person, die diese Ressourcen verbraucht, negativ auf die Umwelt aus;
- die Geburt des Kindes ist eine Art Narzissmus, das heißt, unbegrenzte Liebe zu sich selbst, schwere persönliche Dysfunktion, die sich in Eitelkeit, Selbstgefälligkeit und Selbstsucht manifestiert;
- Angst, schlechte Eltern zu werden;
- Unwillen, einem neuen Menschen ein Leben zu geben, der in einer harten, unwirtlichen Welt mit Hunger und Krieg leben muss;
- einfach kein Kinderwille, Abneigung gegen Kinder;
- Kinder verhindern eine Karriere und eine unbekümmerte Lebenszufriedenheit...

Maier schreibt über die unerträglichen Schmerzen bei der Geburt, über die Unmöglichkeit, Arbeit und Erziehung der Kinder zu kombinieren (oder beides schlecht machen), darüber, dass ein Kind zu einem dummen, fettleibigen, hässlichen Junkie heranwachsen kann – was soll das für eine Freude bedeuten! Die Hauptthese des Buches: Die Ablehnung von Mutterschaft und Vaterschaft ist normal.

Alles beschränkt sich natürlich nicht auf ein Buch. Es gibt eine entsprechende Bewegung auf der Welt, die sich für Abtreibungen und die Senkung der Altersgrenze für die Sterilisation einsetzt. Gleichzeitig wird manches Problem verwischt: Eine fast im Kindesalter durchgeführte Sterilisation lässt sich nicht wie im Film »zurückdrehen«, wenn mit zunehmendem Alter Verständnis für die verlorenen Freuden an dem entstehenden Leben und an der Erziehung von Kindern aufkeimt. Es gibt Hotels, Restaurants und Kinos, Flüge und Eisenbahnwaggons, wo Kinder unerwünscht sind. In sozialen Netzwerken bilden sich einschlägige Gruppen und Foren, in denen manchmal unsympathische Fotos von unansehnlichen Kindern unter dem Motto »Wir sind gegen Missgeburten« veröffentlicht werden. Verfechter von *childfree* »talken« in Radio und Fernsehen, schreiben Artikel und veranstalten wissenschaftliche Symposien.

Dies führt zu Ergebnissen: Wenn früher Kinderlosigkeit »aus philosophischen Motiven« eine Laune oder »Dummheit« einiger weniger Freaks war, hat sie nun alle Sprossen der sozialen Leiter genommen.

Es gibt dazu natürlich auch den entsprechenden wissenschaftlichen »-ismus«: Anti-Natalismus (vom lat. *natalis* – Geburt). Antinatalisten sind einerseits davon überzeugt, dass jedes Neugeborene von vornherein zu Leid verurteilt ist (und das wünschen sie niemandem), andererseits wollen sie das Problem der Überbevölkerung und des Verbrauchs von Energieressourcen mit ihrem Konzept lösen.

Der rumänisch-französische Philosoph Emil Cioran (1911-1995), ein fanatischer Apologet des Antinatalismus, glaubte, dass das Gebot »seid fruchtbar und mehret euch« (1. Mose, 1: 28)[789] nicht von Gott, sondern von dem sogenannten »bösen Demiurgen«, dem fiesen Schöpfer der Welt, kommt und daher aufgegeben werden muss. Er glaubt, dass die Erde an Überfluss vom »Fleisch« »krank« ist. In den USA gibt es die Religionsgemeinschaft *Church of Euthanasia*, die statt der zehn Gebote nur eines verinnerlicht: »Du darfst dich nicht vermehren.«

2019 brachte Verena Brunschweiger, eine deutsche Feministin, hauptberufliche Gymnasiallehrerin und »überzeugte Nicht-Mutter«, das Buch *Kinderfrei statt kinderlos*[790] heraus, das sie als »Manifest« versteht. In dem steht, dass »Frauen, die sich gegen Nachwuchs entscheiden, die mutigen Vorreiterinnen einer Bewegung, die an Zuspruch gewinnen muss«, sind. »Sie setzt sich kritisch mit dem pronatalistischen Dogma auseinander«, schreibt der

Verlag, »das Politik, Kultur und Alltag durchdringt und sich in die Tiefenschichten unseres Denkens, Fühlens und Wünschens eingeschrieben hat«. Eine tollkühne »Rebellin« eben, die gegen Dogmatiker ankämpft und keine Angst hat, in einer menschenfreien Welt aufzuwachen...

Wenn Sie die ideologischen Prozesse in der modernen Welt genau beobachten, können Sie leicht feststellen, dass viele Berichte, Artikel, wissenschaftliche oder pseudowissenschaftliche Entdeckungen die These von der Notwendigkeit der Senkung der Geburtenrate aufrechterhalten. Und liberalistische Regierungen die organisatorischen Maßnahmen ergreifen, um diese ideologischen Vorgaben umzusetzen.

Eine der Methoden zur Senkung der Geburtenrate ist die sogenannte aufgeschobene Mutterschaft. Wenn eine Frau ihr erstes Kind nicht im Alter von 20, sondern von 40 Jahren zur Welt bringt, dann bleibt für das zweite keine Zeit. Auf Aufschieben der Schwangerschaft basiert auch das derzeit gepriesene Einfrieren von männlichen Spermien und weiblichen Eizellen in speziellen Depots (»Machen Sie Ihre Karriere, erholen Sie sich, fahren Sie ins ferne Ausland – es gibt so viele schöne Orte auf der Welt, und Kinder werden Sie später bekommen, wenn Sie materiell abgesichert sind und genug Spaß im Leben gehabt haben; alles, was Sie für ein Kind brauchen, liegt hier, geht nicht verloren, hetzen Sie sich nicht ab«).

Das gleiche Ziel verfolgen die Publikationen, dass die Kinder von Frauen um die 40 (dies scheint von britischen Wissenschaftlern bewiesen) klüger und gesünder sind als von 20-Jährigen geborenen Altersgenossen. Und die Amerikaner haben angeblich den »Nachweis erbracht«, dass die Reagenzglaskinder einen deutlich höheren IQ haben.

Aufgeschobene Mutterschaft wird zur Mode. Dabei drängen PR-Fachleute nicht, ein Dutzend Jahre zu warten, nein, sie rufen dazu auf, eine Schwangerschaft nur auf »morgen« zu verlegen. Den klugen Rat »alles rechtzeitig zu tun« lehnen sie bedingungslos ab, wie sie auch die mit der späten Schwangerschaft verbundenen Risiken zurückweisen und auslachen.

Der Drosselung der Geburtenrate dienen auch die Förderung der gleichgeschlechtlichen Ehe, die Empfängnisverhütung und die Absenkung des Alters, in dem die Sexualerziehung beginnt (in der EU beginnt die Sexualerziehung – dazu werden spezielle »Standards« entwickelt – ab dem Zeitpunkt der Geburt), die Minimierung des Alters für den Anfang des Geschlechtsverkehrs – daher oftmals frühe, sozial ungerechtfertigte Schwangerschaft und die Notwendigkeit einer Abtreibung.

Das Wort *Geschlecht* wird durch das Wort *Gender* ersetzt. Dies bedeutet nicht biologisches, sondern soziales »Geschlecht«, das sich vom biologischen unterscheiden kann. Das heißt, Sie haben männliche Geschlechtsmerkmale, aber sozial sind Sie weiblich oder Sie können es werden, wenn Sie möchten. Wenn es nur zwei biologische Geschlechter gibt, kann es ein paar mehr *Gender* geben: Mann, Frau, Bi, Trans, Queer...[a] Das sogenannte *gender mainstreaming* – die führende liberalistische Ideologie in der Sexualerziehung – verbietet kategorisch die Differenzierung zwischen Männern und Frauen.

Und die theoretische und praktische Basis der Homosexualität besteht nicht nur darin, die Bedeutung des Unterschieds zwischen Mann und Frau zu schmälern, sondern auch in der grundsätzlichen Verneinung anthropologischer Unterschiede zwischen den Geschlechtern. Die Gleichheit aller Formen der Sexualität wird gefördert, »der traditionelle, mächtige Heterozentrismus«[791] muss überwunden werden, »Heterosexualität ist ein Fantasiebild«[792] – d. h. die soziale Rolle der Familie, die ohne Übertreibung die Grundlage der Gesellschaft ist, muss der Rolle homosexueller und transgender Paare gleichgesetzt werden, die letztendlich auch ein (fremdes, von jemandem geborenes) Kind adoptieren können.

Der Punkt ist nicht, dass sie dies nicht tun könnten oder dass das von ihnen aufgezogene Kind schlechter geriete. Es geht um »Gleichheit«, um die gleiche soziale Bedeutung solcher »Ehen«. Dieser »Gleichheit« folgen auf Schritt und Tritt die Konsequenzen: Die Gender-Propagandisten fordern bereits, dass die materielle Unterstützung von Mutter und Kind als Verstoß gegen die Gleichheit abgeschafft wird. Im Westen werden Familien mit Vater, Mutter und ihren Kindern seit langem moralisch unter Druck gesetzt: Sie veranstalten keine – von öffentlichen Haushalten mitfinanzierten – *Christopher-Street-Days* und Paraden, die Presse lässt sie links liegen, die *crème de la crème* der Gesellschaft rühmt sich ihrer Heterosexualität nicht vor den Kameras. Zahlreiche Demonstrationen von mehreren Hunderttausenden Parisern[793] zur Verteidigung der Familie unter dem Motto »Wir wurden alle von einem Mann und einer Frau geboren« (auf den T-Shirts der Demonstranten waren Piktogramme von Vater, Mutter und Kindern) wurden als homophob diffamiert und von der französischen Presse »mit zusammengebissenen Zähnen« begleitet.

Weder die wirtschaftspolitischen noch die außenpolitischen Probleme

---

a »Ein paar mehr«, dachte ich früher. Bis ich erfahren habe, dass Facebook seinen Nutzern 60 (!) verschiedene »Gender« zur Auswahl bietet.

konnten in Frankreich eine solche Masse von Menschen auf die Straße bringen; sie kamen, um das zu schützen, was einem irgendwie nicht in den Sinn kommt, es überhaupt verteidigen zu müssen – die traditionelle Familie. Es gibt zwei Gründe für diesen Massencharakter: Der erste ist das Verständnis, dass die Menschen für die Zukunft der französischen Nation eintreten, und der zweite ist der heftige Widerstand, den die Demonstranten sowohl von der lesbisch-homo-bi-transsexuellen (LGBT) Gemeinschaft als auch von politkorrekten Liberalisten des französischen Establishements erfahren haben. Um die Zahl der Demonstranten in der Presse zu dämpfen (offensichtlich gab es so einen politischen Wunsch), musste die Polizei sogar die Demonstrationsaufnahmen fälschen, so der Vorwurf der Organisatoren. Die Behörden konnten diesen Vorwurf nicht glaubwürdig entkräften.[794]

Bei LGBT geht es jedoch nicht nur um die Legalisierung gleichgeschlechtlicher Ehen, sondern auch um die Verbreitung von Leihmutterschaft, den Zugang zu künstlicher Befruchtung für lesbische Paare, andere unterstützende Fortpflanzungstechnologien.

LGBT zwingt ihre »Werte« der Gesellschaft aggressiv auf. Einige sprechen bereits von *familifobia*[795], »Familienphobie«. Der Schutz des Rechts von Kindern auf Vater und Mutter und nicht auf »Elternteil Nummer eins« und »Elternteil Nummer zwei«[a] wird zu einem Akt der Zivilcourage.

Praktisch widersetzt sich niemand aktiv dem oben genannten. Das werden wir auch nicht tun. Es ist möglich, dass ein Mann sich von einem Mann angezogen fühlt und eine Frau von einer Frau, und das zu kriminalisieren ist mies. Es ist möglich, dass sich eine Person als Mann oder als Frau abhängig von der Jahreszeit fühlt. Es ist möglich, dass die Geschlechtsumwandlung eine Manifestation der absoluten Freiheit ist. Es gibt keine Ironie in meinen Worten. Einfach alles, was oben aufgelistet ist, entspricht einer bestimmten ideologischen Lehre – dem Liberalismus. Wenn wir auf die Freiheit des Individuums setzen, kommen wir logischerweise zu *childfree*, *gender mainstreaming* und niedrigen Geburtenraten.

Wenn der höchste Wert die Interessen des Individuums sind und nicht die Interessen der Gesellschaft, des Volkes, der Nation, dann ist für den Men-

---

a »Die liberale Regierung von Staatspräsident Emmanuel Macron setzte durch, dass sich die Eltern auf Schulformularen statt unter den Worten »père« und »mère« (Vater und Mutter) als »parent 1« und »parent 2« (Elternteil 1 und 2) eintragen sollen… Die Neuregelung führte zu einem großen Aufschrei unter Homo-Hassern«, schrieb im Februar 2019 schwul-lesbisches Portal »Queer.de« (*https://www.queer.de/detail.php?article_id=33019#kommentare*).

schen unwichtig, was nach seinem Tod geschehen wird. Es ist ihm egal, ob (und wie) die Gesellschaft, das Volk, überleben wird. »Nach uns die Sintflut« – das ist über sie gesagt. Denn es ist ebenso möglich, dass hinter der schönen Idee, die Welt nicht mit immer neuen Menschen zu belasten, ein primitiver Egozentrismus steckt, ein Unwille, aus irgendeinem Grund, der mich nicht persönlich angeht, sich anzustrengen. Vielleicht ist die »Verantwortung für das Schicksal der Kinder« nur vorgetäuscht, leere Worte, und der eigentliche Grund ist der Hedonismus, das Leben zum eigenen Vergnügen.

Das heißt, dass der Grund der demografischen Krise, die die Alte Welt heute erlebt, in erster Linie die ideologische Krise ist, die Ausbreitung der liberalistischen Ideologie mit ihren Dogmen.

Moderne Nationalisten stellen die Interessen der Nation über die Interessen der Menschen. Daher ist es ihnen nicht egal, ob die Nation aussterben oder weiter existieren wird. Daher setzen sie sich für solche sexuellen Beziehungen ein, durch die Kinder geboren und nicht nur von anderen geborene adoptiert werden.

Die Verschlagenheit der liberalistischen Lehren liegt in der Tatsache, dass es keine »Überbevölkerung des Planeten« als solche gibt. Wie gesagt, die Alte Welt stirbt aus. In den »weißen« Ländern, in denen das Bevölkerungswachstum positiv ist, wird dieses »Positive« oft in Promille, das heißt in Zehntel Prozent gemessen. Von einer Explosion der Bevölkerung ist in anderen Teilen der Welt zu hören.

Aber liberalistische Doktrinen führen zu einem (noch größeren!) Rückgang der Geburtenrate ausgerechnet in den Ländern der demografischen Krise und verstärken damit diese Misere! In Afrika oder Asien ist *childfree* kein Modetrend und wird es wahrscheinlich auch nie werden. Das heißt, hinter den schönen Phrasen, objektive Krisenphänomene »mindern« zu wollen, verschärfen die Liberalisten den globalen demografischen Missstand, indem sie das natürliche Potenzial der Industrieländer reduzieren und zur interkontinentalen demografischen Schieflage beitragen. Der Druck des Südens auf den Norden nimmt durch eine solche Schieflage nur zu.

Das heißt, der wahre Grund für den Niedergang der abendländischen Zivilisation ist die Erosion der ideomoralen Fundamente der Familie.

Europa und die gesamte liberalistische westliche Welt brüsten sich oft mit ihren christlichen Wurzeln. Nicht nur Christen, egal welcher Konfession, sondern auch Atheisten leben in der Alten Welt im System der moralischen und somit auch der ideologischen Koordinaten, die in der Bibel festgehalten werden. Die gegenwärtige Verdrängung aller anderen Ideologien durch den Liberalismus führt dazu, dass christliche Werte in die Mülltonne der Sozialgeschichte geworfen werden.

Worin bestehen sie?

Die wichtigsten Thesen, die die Menschheit seit Jahrtausenden verinnerlichte, sind folgende: Die Familie ist eine äußerst zerbrechliche Kreatur, die leicht zu zerstören ist; Elternschaft ist die Grundlage der Existenz der Gesellschaft, der Menschheit als solcher, und daher ist die Rolle der Familie, der Eltern, die freiwillig materielle und geistige Verantwortung für die Geburt und die Erziehung neuer Generationen übernehmen, von unschätzbarem Wert.

Da diese Thesen ständige Unterstützung und stündlichen Schutz benötigen, wurden sie im Christentum in religiösen Vorschriften, in Kirchengesetzen festgeschrieben. Ihre Verletzung war nicht nur eine Sünde, wofür man nach dem Tode mit Höllenqualen zu bezahlen hat, sondern auch eine Verletzung der öffentlichen Moral, und dafür musste man nicht irgendwann einmal, sondern sofort, zu Lebzeiten, leiden.

Natürlich waren diese Bestimmungen nicht liberal, sie schützten nicht die Freiheit eines Menschen, sondern die Grundlage des Überlebens der Menschheit – nicht ausgeschlossen, zum Nachteil einer Person oder Personen. Der Schutz der traditionellen Familie vor dem Zerfall (in den Tagen des militanten Liberalismus ist es leider notwendig, »traditionellen« zu schreiben) ist zum A und O der religiösen Ethik geworden, weil nur die Familie der Unterbau einer Nation und eines Staates sein kann.

Alle Weltreligionen waren aus den oben genannten Gründen entschiedene Verfechter der Stärke der Ehe, gegen Unzucht, verurteilten das, was wir Perversionen nennen, – bzw. heißen eigentlich Perversionen so, weil sie von den natürlichen Normen abweichen. Biologisch und sozial haben sexuelle Beziehungen nur ein Ziel – die Geburt eines Kindes, die Fortführung der Menschheit. Daher betrachtet die Bibel »Samenverschwendung«[a] als Sünde.

---

a Manche akribische Gelehrten bestehen darauf, dass in der Bibel nicht Selbstbefriedigung, sondern ein unterbrochener Geschlechtsverkehr, sogenannter *coitus interruptus*, beschrieben wurde (1. Mose, 38: 1-10). Anhand des Textes kann man nicht eindeutig feststellen, onanierte der biblische Onan (von seinem Namen kam der Begriff) in Anwesenheit einer gewissen Tamar oder unterbrach er »nur« den Geschlechtsverkehr. Sicher ist, und das ist für uns entscheidend, dass seine Ejakulation außerhalb der Vagina erfolgte – er wollte Tamar keine Kinder schenken. Das missfiel dem Gott, und er »ließ ihn sterben«.

Kenner der Heiligen Schrift behaupten manchmal, dass das Buch kein direktes Onanierverbot enthält. Eine solche Frage ist arglistig aufgeworfen. Weil es in der Bibel nicht nur Buchstaben (Text), sondern auch Geist (Kontext) gibt. Die »buchstäbliche« Bibel verbietet nicht, sagen andere, auch Heroin zu spritzen oder Haschisch zu rauchen, verbietet direkt auch keinen Geschlechtsverkehr mit Tieren. Beim Verbot sündiger Leidenschaften ist die Bibel nicht verpflichtet, sie alle aufzulisten. Wie geht man beispielsweise mit dem Einsatz moderner Drogen um – LSD, »Crystal«, Amphetaminen, Methamphetaminen usw., die es vor 2000 Jahren gar nicht gab?

Natürlich sind im Buch der Bücher nicht alle Möglichkeiten, sexuelle Befriedigung zu erlangen, aufgeführt – die Nekrophilie[a] fehlt beispielsweise. Aber, wie wir uns erinnern, wurden Sodom und Gomorrah wegen »nicht traditioneller sexuellen Präferenzen« ihrer Bürger zerstört. Im ersten Brief des Apostels Paulus an die Korinther lesen wir: »Wißt ihr denn nicht, dass Ungerechte das Reich Gottes nicht erben werden? Täuscht euch nicht! Weder Unzüchtige noch Götzendiener, weder Ehebrecher noch Lustknaben, noch Knabenschänder, noch Diebe, noch Habgierige, keine Trinker, keine Lästerer, keine Räuber werden das Reich Gottes erben« (1. Korinth. 6: 9-10).[b] Wie wir sehen, werden hier Masturbierende und Homosexuelle in einer nicht sehr anständigen Gesellschaft erwähnt.

Selbstbefriedigung gilt als große Sünde auch im Judentum. Eines der grundlegenden Verbote des Judentums ist das Verbot des Ausgusses von Samen außerhalb der Vagina. Im Buddhismus kann Masturbation die Seele nicht ins Nirvana führen. Onanisten (wenn sie entdeckt werden) werden aus der buddhistischen Religionsgemeinschaft ausgeschlossen, sie gelten als Abtrünnige. Die in Sex-Fragen sehr offenen Hindus (in ihren Tempeln sind Zeichnungen von Männern und Frauen beim Sex nicht ungewöhnlich), sind der Auffassung, dass Masturbation zu moralischem und psychischem Verfall und zur Geburt eines schlechten Nachwuchses führt.

Die christliche Kirche – und in dieser Hinsicht sind die Vorschriften der

---

a Eine sexuelle Vorliebe zu Leichen.

b Es gibt mehrere deutsche Übersetzungen der Bibel, aber auch eine unendliche Zahl fremdsprachiger. Daher gibt es auch bei der Aufzählung der Sünder hier verschiedene Varianten. Zu den im Text angeführten kommen noch (aus verschiedenen Quellen): »wer ... homosexuell verkehrt«, »Weichlinge«, »Hurer und die Abgöttischen«, »Bilderdiener«, »Männerschänder«, (engl.) »abusers of themselves with men« (»Täter mit Männern«), (russ.) »малакии и мужеложники« (Onanisten und Homosexuelle).

Orthodoxie, des Katholizismus und des Protestantismus fast identisch – verurteilt den Homosexualismus nicht nur als unnatürliche sexuelle Befriedigung, sondern auch, weil von einem solchen Sex keine Steigerung der Geburtenrate erwartet werden kann.

Das heißt, vom Geist der Heiligen Schrift ausgehend, steht die Religion eindeutig auf der Seite der traditionellen Familie, und wenn es sich um Sex handelt, dann müssen Männer und Frauen Nachwuchs bekommen: »Jeder soll seine Frau haben und jede soll ihren Mann haben« (1. Korinther, 7: 2).

Man muss nicht unbedingt diese Ansicht teilen, man kann das als rückständig betrachten, aber der Bibel »Erlaubnis« für alles oben Genannte zu unterstellen (nach dem Prinzip: alles, was nicht verboten ist, ist erlaubt), bedeutet, das heilige Buch auf die Rolle des Strafgesetzbuches zu reduzieren.

Bei einem hohen Maß an Religiosität wurden die Vorschriften der Kirche direkt auf das gesellschaftliche Leben übertragen. Aufgrund der religiösen Ethik haben viele Länder der Welt seinerzeit Gesetze gegen den Missbrauch von Minderjährigen oder gegen Homosexualität erlassen.

Als Bedingung der Fortpflanzung unterstützen Religionen die traditionelle Ehe. Eheschließung war für die Kirche schon immer so wichtig, dass die Trauung im Christentum zu den sieben kirchlichen Sakramenten gehört, durch die die Gläubigen, wie sie denken, die rettende Kraft Gottes bekommen. In dieser Hinsicht ist die Trauung gleichwertig mit der Taufe oder der Beichte. Der Vollzieher des Sakraments ist nicht der Priester, sondern Gott selbst, der es nur mit den Händen des Klerus vollbringt.

Das heißt, das Christentum zieht alle ihm zur Verfügung stehenden Register, um die Institution der Ehe mit zu bestärken.

Aus demselben Grund – um die Familie als Grundlage für das Fortbestehen des Volkes zu erhalten – versucht das Christentum, Scheidungsbarrieren so hoch wie möglich zu setzen: »Den Verheirateten gebiete nicht ich, sondern der Herr: Die Frau soll sich vom Mann nicht trennen… und der Mann darf die Frau nicht verstoßen« (1. Korinther 7: 10-11).

Nicht nur das Christentum steht der Scheidung äußerst negativ gegenüber (der Katholizismus kennt so etwas überhaupt nicht), sondern auch alle anderen Weltreligionen.

Im Judentum ist eine Scheidung möglich, wird jedoch nicht begrüßt.

Die Scharia im Islam versucht, die Ehepartner zu versöhnen und die Angelegenheit nicht zur Scheidung zu bringen; bei einer Scheidung auf Initiative der Ehefrau muss sie alles zurückgeben, was ihr bei der Hochzeit geschenkt wurde. Weil das Volk nur dann überleben konnte, wenn es ständig erneuert

wurde – seit Jahrtausenden brannte das auf der Ebene des Instinkts in das soziale Gedächtnis ein.
Die Liberalisierung des öffentlichen Lebens in der westlichen Welt führte überall zu einer Schwächung religiöser, rechtlicher und wirtschaftlicher Hindernisse für eine Scheidung und alsdann zu ihrem hohen Niveau. Die meisten der Scheidungswilligen sind leider noch dazu im gebärfähigen Alter.[796]
Änderungen in der Einstellung zur Scheidung lassen sich am Beispiel Russlands verdeutlichen, das im letzten Jahrhundert zahlreiche soziale Umbrüche erlebte und von den Vereinten Nationen (2013) als das Land mit der weltweit höchsten Scheidungsrate ausgemacht wurde.[797]
Vor der Oktoberrevolution von 1917 war für die Scheidung der Orthodoxen die Erlaubnis der Heiligen Synode erforderlich – des höchsten kirchlichen Organs. Es gab mehrere Gründe für eine Scheidung – aber welche! Dies waren: erwiesener Ehebruch (und nicht nur ein Verdacht), Vielweiberei oder »Vielmännerei«, das Vorliegen einer vorehelichen Krankheit, die die Ehe verhindert, eine längere, mehr als fünf Jahre, Abwesenheit eines der Ehegatten, eine Verurteilung wegen eines Verbrechens oder der Wunsch, Mönch zu werden. Nach der Scheidung durfte der Geschiedene nicht mehr heiraten. Die Ergebnisse waren auch entsprechend: 1897 wurde unter 1000 Männern nur einer geschieden (0,1%) und unter Frauen 0,2%.[798] Insgesamt wurden in Russland 1890 nur 942 Ehen geschieden.[799]
Nach der Oktoberrevolution mit einem neuen Blick auf die Rolle der Ehe, der Emanzipation von Frauen und mit revolutionären Parolen über die Abschaffung der Familie als bürgerliches Relikt, wurde es möglich, sich sofort scheiden zu lassen, auf Antrag eines der Ehepartner. Anschließend wurde diese Praxis revidiert: Es wurde nur durch das Gericht geschieden, die Ehegatten mussten dies in der Zeitung bekannt geben. In den 60er Jahren des 20. Jahrhunderts wurde dieser Ansatz nochmals vereinfacht. Die Zeitungen schrieben, dass die Popularität einer eingetragenen Ehe sinkt, die Institution der Familie sich erschöpft hat und das Sowjetmenschen nichts Schreckliches in der Scheidung sehen.
Dies führte logischerweise (neben anderen Faktoren) zu einem stetigen Anstieg der Scheidungszahlen (im Jahr 2000 wurden von 10 geschlossenen Ehen 8 geschieden)[800], zu Abtreibungen (Mitte der 60er Jahren des vorigen Jahrhunderts wurde 5,6 Mio. Mal jährlich abgetrieben, in den 1970er und 1980er Jahren gab es mehr als 4,5 Mio. Abtreibungen pro Jahr,[801] doppelt so viel wie die Anzahl der geborenen Kinder, 2000 gab es im Land 169 Abtrei-

bungen zu 100 Geburten[802]) und zu einem Rückgang der Geburtenrate ein halbes Jahrhundert lang von 1950 bis 2000. Seit Anfang der 80er Jahre, 30 Jahre lang in Folge war das natürliche Bevölkerungswachstum des Landes negativ. Erst seit 2013 ist in den Statistiken ein leichter Anstieg der Bevölkerung (von mehreren Zehntausenden) zu verzeichnen, das nicht auf Immigration zurückgeht.[803] 2016 wurden in Russland jedoch nur 1,9 Millionen Kinder geboren, im Jahr 1939 waren es mehr als 4,3 Millionen.[804]

Einige Bemerkungen zum Schluss.

Erstens: Die angeführten Überlegungen erheben keinen Anspruch auf Vollständigkeit.

Zweitens: Eheschließung und Scheidung haben eine Vielzahl von Gründen, die wir hier keineswegs zu analysieren planten.

Drittens: Wir rufen nicht dazu auf, den alten religiösen Geboten aufs Wort zu glauben, noch weniger wollen wir sie mit der Algebra der modernen Wissenschaft überprüfen. Religiöse Regelungen sind und sollten nicht das A und O der säkularen (d. h. unter vollständiger Trennung von Kirche und Staat) Gesellschaft sein.

Viertens: Wir sind weit von dem Gedanken entfernt, dass nach jedem Geschlechtsverkehr ein Kind geboren werden sollte, wir haben ja nicht den Verstand verloren.

Das oben Dargelegte sollte jedoch die Schlussfolgerung bestärken: Die Geschichte der Menschheit, insbesondere die in der religiösen Literatur beschriebene und in den religiösen Gesetzen kodifizierte, beweist die Bedeutung der Familie für die Fortdauer der Menschheit. Keine andere Form sexueller Beziehungen, egal wie begehrt, beliebt oder modern sie auch ist, wird Nachkommen (in der benötigten Dimension) geben. Für die Existenz und Stärkung der Nation sind daher der Schutz und die Unterstützung (ohne Diskriminierung anderer gesetzlich zulässiger Formen des sexuellen Zusammenlebens) der traditionellen Familie äußerst wichtig. Eine Nation, die dies nicht tut, wird früher oder später verenden.

Indem moderner Nationalismus die traditionelle Familie schützt, bewahrt er die Nation vor dem Aussterben.

Der Kult des Einzelnen und die liberalistische Diktatur

Eine grundlegend wichtige Wandlung in der Nachkriegsepoche ist die Etablierung und Konsolidierung des Liberalismus als eine der Säulen ideologischer Ordnung. Hierbei spielte der Krieg eine Rolle: Nach Nationalismus und Faschismus schwang das Pendel in die andere Richtung – bis zum Anschlag.

Das Wort »Liberalismus« kommt vom lateinischen *liberalis* – frei. Grundlage des Wirtschaftsliberalismus ist die Idee, dass der freie Markt ohne Eingreifen des Staates Angebot und Nachfrage ausbalanciert und die Smith'sche »unsichtbare Hand« alles selbst regelt. Der politische Liberalismus fügte eine weitere These hinzu: Jeder weiß selbst, was für ihn am besten ist, und die Regierung hat hier keinem Ratschläge zu erteilen. Die Grundlage der liberalen Ideologie ist das Konzept des Primats der Persönlichkeitsrechte und -freiheiten über alles andere – über die Gesellschaft und den Staat.

Kurz, Liberalismus ist die in unerreichbare Höhe gehobene Rolle einer Persönlichkeit, eines Menschen, eines Individuums und die auf ein Minimum reduzierte Rolle des Staates in allen Bereichen des öffentlichen Lebens. In einem idealen liberalen Staat sind Bildung, Medizin und Straßenverkehr kostenpflichtig, die Medien sind unabhängig und die Wissenschaft entwickelt sich dort, wo sie Gewinne generiert. Ein Liberaler ist einverstanden, dass ein Mann eine Frau und eine Frau ein Mann sein können, oder beide etwas Sächliches, wenn diese Menschen sich als solche betrachten. Für einen Liberalen ist es egal, mit welcher Spritze man sich Drogen fixt, wie viele Bürger mit Säuferwahnsinn zu kämpfen haben und in welchem Alter der echte Sex beginnt. Da jeder selbst für die Behandlung (Drogenabhängigkeit oder Alkoholismus...) aufkommt, was soll das den Staat tangieren, wer sich wie sein Leben verkürzt? Wirst du im Palast oder unter der Brücke sterben: Der freie Wille steht über allem.

Ohne allzu viel zu theoretisieren führen wir das Beispiel eines liberalen Ansatzes von der litauischen Gesundheitsministerin Rimantė Šalaševičiūtė an. Da Litauen kein Wohlfahrtsstaat ist, wird dort der Palliativpflege nicht genügend Aufmerksamkeit geschenkt, deshalb bot sie den Bürgern, die unter Schmerzen leiden, Selbstmord an.[805]

Das ist Liberalismus pur: Der Staat ist weder für deine Gesundheit, noch für deine Schmerzen, noch für deinen Tod verantwortlich.
Der Liberalismus drängt sich der Gesellschaft nicht als Ideologie auf – selbst in diesem Bereich scheint er beiseite zu treten und zu sagen: »Lass jeden denken und tun, wie er es für richtig hält.«
Der autoritäre Staat, egal ob nationalistisch oder sozialistisch, ist im Gegenteil für die Entwicklung der Nation, für soziale Gerechtigkeit, für gleiche Chancen auf Bildung, Gesundheit und Leben. Er macht Bildung und Medizin kostenfrei, versucht beständig über Vorteile von Sportunterricht und gesundem Lebensstil aufzuklären, subventioniert aus dem Haushalt die Grundlagenforschung und vergisst nicht die ideologische Gehirnwäsche, damit die Bürger wissen, welchem (hellen) Ziel sie alle entgegenstreben.
Daher ist Liberalismus die politische und wirtschaftliche Antithese des Nationalismus, der Gemeinschaftliches, Kollektives für wichtiger als Individuelles hält und der zur Erreichung gesellschaftlich wichtiger Ziele bereit ist, die individuellen Freiheiten einzuschränken, diese Freiheiten dem vom Nationalismus definierten und angestrebten Gemeinwohl unterzuordnen.
Folgendes gebe ich zu bedenken: Nationalismus steht auch für Freiheit, aber dies ist weniger die Freiheit eines Individuums, sondern mehr einer bestimmten Gemeinschaft: des Volkes, der Gesellschaft, der Nation. Das heißt, die Trennlinie zwischen Liberalismus einerseits und Nationalismus andererseits verläuft nicht in Bezug auf die Freiheit als solche, sondern auf den Kampf um die Freiheit verschiedener Subjekte: Bei einen ist das eine Person, bei anderen ist das eine Nation. Daher ist der Liberalismus die Ideologie des Individualismus; das heißt das A und O der Gesellschaft ist, wie oben beschrieben, das Individuum, dessen Interessen und Rechte.
Der Liberalismus brachte das »Ich« statt des nationalistischen (und kommunistischen) »Wir« (als kollektivistische Ideologie) an erste Stelle, schuf in der europäischen Mentalität einen Kult des Einzelnen, den »Rundum-Individualismus«.
Dabei stellen einige Autoren fest, dass die Liberalen eine Person als Abstraktion, als reines »Individuum«, als »absolute Kategorie« verstehen, die in keiner Weise durch Geschichte, soziale Bindungen oder Religion mit ihrem Heimatland verflochten ist. Sie setzen sie somit einem politischen Bürger entgegen, einem Menschen aus Fleisch und Blut, der unter bestimmten ethno-sozialen Bedingungen aufgewachsen ist und zum Produkt dieser Bedingungen wurde. Der Unterschied ist – langfristig gesehen – grundlegend:

Ein Individuum ohne Nabelschnur zu seiner Heimat kann seinem Nachwuchs keine sozialen Wurzeln geben und er wird – wie seine Eltern – zum Mankurt[a] . Daher verschwindet, wird einfach nicht geboren, wird nicht von Generation zu Generation weitergegeben das, was den Hauptwert des Nationalismus ausmacht – die Liebe zum eigenen Volk, zu einer Nation. Für den Liberalismus ist dies die Hauptvoraussetzung der Ideologie, eben darauf ist er gerichtet, das macht sein Wesen und sein Hauptziel aus.

Was für eine hohe Summe auch immer an »Individuen« – also an Menschen ohne Geschichte, ohne Traditionen, ohne gemeinsames Schicksal – zusammenkommt, sie wird nur eine Summe von Individuen bleiben. Sie wird nie zu einer Nation.

Die schöne »freiheitliche« liberale Idee ist allerdings ein großer Irrtum, mehr noch, eine große Lüge. Liberalistische Gleichheit der Möglichkeiten mündet nicht in Chancengleichheit; alle sind gleich, aber es gab und es gibt immer, laut Orwell, diejenigen, die *gleicher* sind. Tatsächliche Gerechtigkeit kann nicht erreicht werden: Der Starke knechtet den Schwachen, indem er ihn ins Nachtasyl schickt; Monopolisten schlucken wirtschaftliche Kleinfi-

---

a Das Wort stammt aus dem Roman des kirgisischen Schriftstellers Tschingis Aitmatows »Der Tag zieht den Jahrhundertweg«. Aitmatow selbst erzählte, er hätte es dem kirgisischen Epos »Manas« entliehen.

Wenn das wilde asiatische Reitervolk Gefangene machte, stülpte es ihnen die Haut eines frisch geschlachteten Kamels über den Schädel. In der Sonne schrumpfte die Haut und presste das Hirn zusammen. Das Opfer wurde wahnsinnig und willenlos. Der »Mankurt«, halb Tier, halb Mensch, diente als Sklave. »Ein Mankurt wußte nicht, wer er war, woher er stammte, er kannte seinen Namen nicht, erinnerte sich nicht an die Kindheit und nicht an Vater und Mutter – kurz, ein Mankurt begriff sich selbst nicht als menschliches Wesen. Um das Bewußtsein seines eigenen Ichs gebracht, besaß der Mankurt vom wirtschaftlichen Standpunkt eine ganze Reihe Vorzüge. Er war faktisch nichts anderes als eine stumme Kreatur und daher absolut ergeben und ungefährlich. Nie kam ihm der Gedanke an Flucht. Was könnte einen Sklavenhalter mehr schrecken als ein Sklavenaufstand? Das Schlimmste für jeden Sklavenhalter ist die Rebellion des Sklaven. Jeder Sklave ist ein potentieller Rebell. Der Mankurt war die einzige Ausnahme seiner Art – ihm fehlte jeglicher Antrieb für Meuterei oder Widersetzlichkeit. Solche Leidenschaften kannte er nicht. Daher war es unnötig, ihn zu beaufsichtigen, Wachen zu unterhalten oder gar ihn geheimer Vorhaben zu verdächtigen. Gleich einem Hund gehorchte der Mankurt nur seinem Herrn... All sein Streben galt lediglich der Befriedigung des Leibes. Darin erschöpften sich seine Sorgen.« (Aus: *Aitmatow, Tschingis: Der Tag zieht den Jahrhundertweg, Volk und Welt, Berlin, 1982*).

sche, und in die Parlamente werden nicht die besten, sondern oft nur die reichsten und durchtriebensten Bürger gewählt, die den Menschen vor den Wahlen schamlos »goldene Berge« versprechen.
Kurzum: Wenn Sie die Freiheit eines Diebes, Ihnen Ihre Brieftasche wegzunehmen, einschränken möchten, dann sind Sie nicht mehr liberal. Den logischen Widerspruch: Die Freiheit eines Individuums ist zwangsläufig durch die Freiheit eines anderen eingeschränkt und kann daher nicht absolut sein – versuchen die »echten« Liberalen gar nicht zu bemerken, sie scheuen ihn wie der Teufel das Weihwasser.
Die liberale Wirtschaftstheorie ist auch nicht sehr überzeugend – in liberalistischen Volkswirtschaften folgten auf Rezessionen Wirtschaftskrisen, bald darauf Konjunkturflauten.
Vor diesem Hintergrund entstanden Studien von John Maynard Keynes (1883-1946), einem britischen Ökonom, Politiker und Mathematiker, die später in ihrer Gesamtheit als Keynesianismus bekannt wurden. Keynes war der Überzeugung, dass man die Wirtschaft nicht ohne Weiteres in die »liberale« Freiheit entlassen dürfe, und dass in Krisenzeiten der Staat der Wirtschaft mit einer zusätzlichen Nachfrage durch Konjunkturprogramme (auf Kosten der Haushaltsausgaben) aus einer kritischen Situation heraushelfen müsse.
Da der Liberalismus, wie er ist, die Gesellschaft nicht zufrieden stellen konnte, wurde das Wort *Demokratie* bemüht. Das in den meisten entwickelten kapitalistischen Ländern vorherrschende Sozialsystem, das System, das diese Länder durchaus nicht liberal, sondern oft mit Gewalt der ganzen Welt überstülpen wollen, wird *liberale Demokratie* genannt.
Wir erinnern uns, Demokratie (Δημοκρατία, die Macht des Volkes) ist ein Wort griechischen Ursprungs, und dieses politische System war in den griechischen Stadt-Staaten, insbesondere in Athen, verankert. Nebenbei, als *demos* wurden diejenigen Bürger bezeichnet, die an der Lenkung der Gesellschaft beteiligt waren, und jene Bürger (es gab dort natürlich auch Nicht-Bürger), die nicht daran teilnahmen, nannte man *idiotes* (ώδιώτης), von denen das Wort *Idiot* stammt. (Daraus ergibt sich die nützliche Schlussfolgerung, dass die Demokratie von der Beteiligung der Menschen an der Selbstverwaltung der Gesellschaft lebt; derjenige, der sich daran nicht beteiligen will, ist »selber dumm«, weil er die Herrscher erhalten wird, die er nicht wollte. Aber dies nur am Rande).
Die griechische Demokratie beruhte auf drei Prinzipien – Gleichheit vor dem Gesetz, gleiches Recht auf staatliche Funktionen, Redefreiheit. Dort

war die Demokratie direkt: Jeder Athener stimmte selbst bei einer Entscheidung ab, wie das Volk leben sollte, und bedurfte keiner »Vertreter-Abgeordneten« für sich.

Die moderne Herrschaftsmethode ist völlig anders: Reste der direkten Demokratie sind vielleicht nur in der Schweiz erhalten. Nun werden Menschen überzeugt, dass das gemeine Volk sich prinzipiell nicht selbst verwalten kann, weil es schlecht informiert (warum, wer informiert?) und deshalb dumm ist (warum eigentlich?).

Natürlich bezeichnen »liberale Demokraten« das Volk nicht als dumm. Daher sind korrekte »liberal-demokratische« Formulierungen überall ungefähr die folgenden: »Komplexe Probleme des öffentlichen Lebens erfordern Expertenwissen, das die Bürger nicht besitzen.«

Das Volk braucht also professionelle Politiker, die diese harte Arbeit leisten. Aber um das Volk nicht zu beleidigen (oder um es einfach in die Irre zu führen), wird auch dieses politische System »Demokratie« genannt, nur durch das scheinbar unbedeutende Wörtchen »repräsentative« ergänzt.

Indirekte, mittelbare »Demokratie« kastriert tatsächlich die ursprüngliche Idee, ersetzt den Volkswillen durch ein System von Mittelsmännern, die mithilfe von Manipulationen (wie dieses System *en détail* funktioniert, werden wir später ausführlich besprechen) die Macht an sich reißen, sie usurpieren. Ein solches politisches System kann einen anderen Namen führen – zum Beispiel Partokratie oder Parteityrannei -, aber es kann nicht als Demokratie bezeichnet werden.

Parteityrannei ist ein schlechtes Wort. Tyrannei muss bekämpft werden. Daher wird das emotional positiv gefärbte Wort *Demokratie* verwendet. Für ein politisches System, das keine Demokratie ist, ist dies nur Demagogie. Das »demokratische Vokabular« ist nur ein Element des Austauschs von Begriffen und der Manipulation der öffentlichen Meinung, auf die die herrschende Klasse zurückgreift.

Ein weiterer Widerspruch sollte beachtet werden. Demokratie (die Athener oder die, die uns stattdessen aufgetischt wurde...) besteht darin, dass sie der Mehrheit einen Vorteil verschafft. Was auch immer die Wünsche der einzelnen Bürger sind, sie müssen sich dem Willen des Kollektivs beugen. Das heißt, Demokratie beruht auf der Überlegenheit des kollektiven Interesses über das persönliche, private. Wie kann man dann den Ausdruck »liberale Demokratie« verstehen, wenn ein Wort individualistisch und das andere kollektivistisch ist? Wie ein Oxymoron: *heißer Schnee* oder *trockenes Wasser*?

Daraus ergibt sich die Schlussfolgerung: Ein Liberaler kann kein Demokrat sein (er wird die Verletzung seiner Freiheiten durch irgendein »Demos« nicht tolerieren), und ein Demokrat kann nicht liberal sein, weil er den Willen der Mehrheit über die Wünsche der Minderheit stellt.

Für das fehlerfreie Funktionieren einer »liberalen Demokratie« wurde für »Demos« und »Idiotes« eine »theoretische Grundlage« entwickelt, die das verteidigt, was sie verteidigen muss – die Unantastbarkeit, die »Gottgegebenheit« (»jede Macht von Gott«) der Macht der herrschenden politischen Klasse. Natürlich redet man über den »Willen des Volkes oder seine Mehrheit«, über die Rechenschaftspflicht der Machthaber, über die unabhängigen Wahlen und die Abberufung von Abgeordneten, über das Regieren der Minderheit »im Auftrag des Volkes«, über den Souverän, der das Volk ist, über die Unabhängigkeit (Gewaltenteilung) der Legislative, Exekutive und Judikative.

Parallel zur »Theorie« wurde jedoch eine flexible Praxis entwickelt, die »theoretische Prinzipien« links liegen lässt, um den maximalen Ausschluss des Volkes aus dem Entscheidungsprozess zu sichern.

Das nennt man Politik.

Die »liberalen Demokraten« nutzten jede Gelegenheit, alle Probleme praktisch ohne Beteiligung des Volkes zu lösen, um ideologisch, politisch, aber auch auf gesetzgeberischer Ebene ihr eigenes politisches System zu behüten.

Es ist eigentlich klar: Der Staat sollte so sein, wie die Bürger ihn sehen wollen, und nicht umgekehrt. Das heißt, wenn die Mehrheit der Bürger beschließt, den Rechtsverkehr lieber auf den Linksverkehr umzustellen, sollte der Staat dies tun.

Im Straßenverkehr ist dies vorstellbar.

Die Frage des sozialen und politischen Systems an sich ist etwas ganz anderes. Dieses System erklärten »liberale Demokraten« in den meisten Ländern als »unveränderbar«, für die Ewigkeit. Die Parteien, die dies ändern wollen würden, können verboten werden, und den Bürgern werden möglicherweise die Bürgerrechte aberkannt, selbst wenn diese Parteien eine Mehrheit im Parlament gewönnen, und Bürger, die aus der »liberalen Demokratie« hinaus wollten, in der Mehrheit wären.

In Deutschland sind beispielsweise Änderungen des Grundgesetzes mit zwei Dritteln des Parlaments möglich, aber nur, wenn sie die Grundlagen »der freiheitlich-demokratischen Grundordnung« nicht berühren. Wer sich dem Liberalismus und einer entmannten »Demokratie« widersetzt, wer in dieses Heiligtum eingreift, mit dessen Hilfe die politische Klasse die Gesellschaft beherrscht, kann ungestraft getötet werden (nach den Buchstaben des Grundgesetzes, Absatz 20: »Gegen jeden, der es unternimmt, diese Ordnung zu beseitigen, haben alle Deutschen das Recht zum Widerstand«). Das heißt, wie auch in autoritären Staaten, sind »liberal-demokratische« Gesetze überhaupt nicht liberal und überhaupt nicht demokratisch.

Genau wie die autoritären Regime toleriert »liberale Demokratie« keine anderen für sie gefährlichen Doktrinen neben ihrer eigenen Ideologie, sie toleriert keine Andersdenkende. Diese »bedrohliche« Lehren können ja die Köpfe der Massen erobern, und dann besteht die Gefahr, das Wichtigste zu verlieren, das die herrschende Klasse hat – die Macht.

Wenn liberale Gesetze angeblich Meinungsfreiheit garantieren, erlaubt uns die liberale parteipolitische und ideologische Praxis mit Hilfe der Parteipresse und der elektronischen Medien, den Andersdenkenden zu hetzen oder dem Dissidenten die Ausübung seines Berufes zu verbieten. Befürworter der »liberalen Demokratie« halten gesetzliche Beschränkungen der Information über die Ideologien, die diesem Regime nicht gewogen sind, für legitim. Kritik ist möglich, aber nur im Rahmen des bestehenden Systems. Verstöße gegen die »Ordnung« sind strafbar. Die Befürworter der »liberalen Demokratie« gehen von der Prämisse aus, dass dies die beste Ordnung der Welt ist. Daher sollte jeder, der sie nicht annimmt, bestraft werden.

Die gleiche Gesinnung pflegen auch die asiatischen und afrikanischen Despoten, die von der »Gottgegebenheit« des bestehenden Systems schwafeln. Jeder Zweifler ist ein Feind.

Die proklamierte »liberale Demokratie« ist also nicht liberal, das heißt nicht tolerant, nicht geduldig gegenüber anderen Ansichten, berücksichtigt nicht die Interessen aller, auch ideologischer Minderheiten.

Auch die derzeitige »gelebte Demokratie«hat mit der erklärten »Macht des Volkes« nichts am Hut. In der ganzen »liberal-demokratischen« Politik taucht ständig die abstoßende Fratze der Macht des großen Geldes auf.

Eine Reihe von begrifflichen Unterschiebungen ermöglichen es, uns Partokratie, Oligarchokratie und Plutokratie unter dem Etikett »Demokratie« unterzujubeln.

Um welche Art von Substitutionen handelt es sich?

Das gemeinsame Interesse der Hauptparteien der modernen »liberal-demokratischen« Gesellschaft besteht darin, die Ordnung zu bewahren, in der sie uneingeschränkt herrschen können. Die Parteien konkurrieren nicht wirklich miteinander, sondern ergänzen sich, indem sie eine politische Rhetorik entwickeln, die die breite Masse der Wähler zufriedenstellt und sie zwin-

gen kann, ihre Stimmen für diese Parteien abzugeben. Alle Gesetze, die das Funktionieren des Systems bestimmen, werden von diesem System angenommen und dienen nur dazu, es zu bewahren. Unabhängig davon, welche Partei eine Stimmenmehrheit erhält, bleibt das Ergebnis gleich. Denn in der »liberalen Demokratie« mit der formellen Präsenz mehrerer Parteien gibt es praktisch ein Einparteiensystem, eine Art »Parteienkartell«.
In den 80er Jahren des vorigen Jahrhunderts hatte der Generalsekretär des ZK der KPdSU, Michail Gorbatschow, dies verstanden. Nachdem unter dem Druck der Massen die »führende Rolle« der Kommunisten in der UdSSR aus der Verfassung gestrichen worden war, finanzierte die KPdSU die Gründung mehrerer Taschenparteien selbst – alles musste »demokratisch«, »mehrparteilich« aussehen, tatsächlich wollten die Kommunisten jedoch auch in der Zukunft die Gesellschaft allein steuern.[806]
In der freien Wirtschaft gibt es spezielle Anti-Monopolbehörden, um die Bildung von Kartellen zu verhindern. Niemand spricht sich aber gegen die Schaffung politischer Kartelle aus, weil die Kartell-Parteien nicht daran interessiert sind, dass jemand in ihre politischen Spiele mit den Wählern eingreift.
Das Ziel eines Kartells (egal ob eines wirtschaftlichen oder politischen, es ist immer eine Einigung über die Rahmenbedingungen, um das Volk über'n Tisch zu ziehen) ist die Schaffung eines Monopols. In einem politischen Kartell ist dies ein Machtmonopol. Gleichzeitig behalten Mitglieder des politischen Kartells – politische Parteien – ihre organisatorische, finanzielle und rhetorische Unabhängigkeit. Ein politisches Kartell (wie auch ein wirtschaftliches Kartell) zerstört praktisch die Wettbewerbsmechanismen in seinem Tätigkeitsbereich, gewährleistet die Übertragung der Macht nur von einem Kartellmitglied auf ein anderes und fungiert als Einheitsfront gegen jene politischen Kräfte, die nicht zum Kartell gehören.
Die heutigen politischen Systeme in den meisten sogenannten »demokratischen« Ländern weisen eher auf die Dominanz der politischen Klasse als auf die des Volkes hin.
Wir führen die Hauptargumente an.
Der normale Bürger hat die Möglichkeit zu wählen, hat aber keine Chance, gewählt zu werden. Um ein Abgeordnetenmandat zu bekommen, muss man entweder Geld für den Wahlkampf haben oder sich auf schwere Ochsentour begeben, auf der man die frei denkenden Anwärter los wird und nur loyale und gehorsame behält. Die überwiegende Mehrheit der Abgeordneten sind Mitglieder verschiedener Parteien und folgt nicht in der Theorie, sondern

in der Praxis dem Diktat der Partei- und der Fraktionsführung und nicht den Wünschen der Wähler. Das heißt, die Abgeordneten sind nicht frei, Entscheidungen zu treffen, für sie gilt die sogenannte »Fraktionsdisziplin«. Wenn sie nach ihrem Gewissen stimmen (wie in Verfassungen und Wahlgesetzen gefordert), drängen Partei und Fraktion sie wie räudige Hunde aus den Parlamenten raus[a].[807] Da niemand ein »Hund« sein will, darf in den gesetzgebenden Körperschaften nicht auf die freien Willenbekundungen gewartet werden. Deshalb arbeiten Abgeordnete in Parlamenten für sich selbst und für die Partei – und nicht für das Volk.

Wenn wir von »eigenen Interessen« sprechen, meinen wir nicht nur die reine Bestechung von Abgeordneten, die überall in den Ländern der »schwachen Demokratie« (praktisch in allen postsowjetischen und postsozialistischen Ländern) vorhanden ist, sondern auch den während einer politischen Karriere und nach deren Beendigung erworbenen materiellen Wohlstand in den Ländern der »stabilen Demokratie«, d. h. in entwickelten kapitalistischen Ländern.

Die Politiker haben aufgehört, Volksvertreter zu sein, sie sind zu »Profis« geworden, die in ihrer Jugend eine politische Laufbahn wählen, um in den reifen Jahren das Maximum auf der Karriereleiter zu erreichen (je eher man Gefreiter wird, desto eher wird man auch Major) und um sich selbst und ihre Familien von politischen Dividenden zu ernähren. Politik ist keine Berufung mehr, sondern ein Handwerk. Da Politiker (ein beispielloser Umstand, den es in allen mir bekannten Parlamenten gibt) ihre Löhne, Zulagen und Pensionen selbst festlegen, ist ihre finanzielle Versorgung – ungeachtet ihrer ständigen Klagen über geringe Einkünfte – nicht schlecht.

Da die meisten ihre politische Karriere, wie bereits gesagt, in jungen Jahren beginnen (und nur das macht Sinn), entscheiden Politiker über das Schick-

---

a Hier nur ein Beispiel aus der TAZ: »An den Namen Sigrid Skarpelis-Sperk dürften sich nur noch altgediente Parlamentskorrespondenten erinnern. Bekannt wurde die Volkswirtin einst als parteiinterne Kritikerin von Gerhard Schröders Agenda 2010. Als eine von sechs Abgeordneten der rot-grünen Koalition enthielt Skarpelis-Sperk sich im Oktober 2003 bei der Abstimmung zur Hartz-IV-Gesetzgebung. »Die SPD-Führung kann nicht erwarten, dass die Leute ihre Meinungen und Überzeugungen vergessen«, sagte sie damals. Bei den Genossen stieß das Veto naturgemäß auf wenig Gegenliebe. Die baden-württembergische SPD-Chefin Ute Vogt rief die Abweichler auf, die Fraktion zu verlassen. Skarpelis-Sperk kandidierte aufgrund der Differenzen mit ihrer Partei nicht erneut für den Bundestag. Sie hatte sich der sogenannten Fraktionsdisziplin widersetzt.« (*http://www.taz.de/!5422630/*)

sal eines Landes ohne Lebens- oder Berufserfahrung. Das heißt, das Leben kennen sie nicht, aber es gibt auch grundsätzlich kein Fachgebiet, außer der Organisation von Wahlen, wo sie Ahnung haben. Da die Abgeordneten weder über besondere Kenntnisse noch über besondere Erfahrungen verfügen, gelten sie automatisch als Experten für alle sozialen Probleme und gehen ohne sichtbare Schwierigkeiten von einer Kommission zur anderen, Minister wechseln locker Ministerien. Um nur ein typisches Beispiel anzuführen: Die Ärztin Ursula von der Leyen (Jg. 1958, Vater Ministerpräsident von Niedersachsen) leitete zuerst das Bundesministerium für Familie, Rentner, Frauen und Jugend, dann wurde sie Ministerin für Arbeit und Soziales, übernahm anschließend den Posten der Verteidigungsministerin, um letztendlich EU-Kommissionspräsidentin zu werden.

Der Mangel an Professionalität der Parlamente und Regierungen wird durch die profunden Kenntnisse der Lobbygruppen, die um staatliche Eliten kreisen, »ausgeglichen«. Da die professionelle Differenz sehr groß ist, werden die meisten Gesetze von solchen Lobbygruppen und Institutionen (für Steuergelder) entweder erarbeitet, oder den nicht uneigennützigen Profi-Gruppen zum Begutachten und zur Korrektur geschickt. Daher überrascht es nicht, dass diese Gesetze die Realität häufig nicht im Interesse der Gesellschaft, sondern im Interesse der Konzerne regeln.

Außerdem korrumpieren Lobbyisten Abgeordnete direkt – mit »kleinen Geschenken« und mit Aussichten auf einen gut dotierten Posten im Konzern nach dem Ende der Polittätigkeit, ja sie korrumpieren ganze Parteien und ihre Anführer durch »Sponsoring« von Wahlkampagnen. Selbst die Amerikaner, die die Freiheit als Heiligtum verehren, sind inzwischen nicht sicher, ob ihre Regierung wirklich, wie Abraham Lincoln es wünschte, »die Regierung des Volkes, durch das Volk und für das Volk« (*government of the people, by the people, and for the people*) ist.

Professionelle Politiker haben inzwischen einen eigenen Jargon, eine eigene Sprache, die nur für sie und einen kleinen Kreis von Initiierten verständlich ist. Das ist das Argot, Sondersprache, früher der französischen Gauner, Bettler, Karten-Betrüger, und heute auch in der Bedeutung von Gruppensprache der Banker und Politiker – also eine Kommunikationsmöglichkeit, öffentlich, doch für Außenstehende nicht verständlich, zu sprechen. Damit wird das Fußvolk zusätzlich von der Entscheidungsebene abgeschnitten.

Politiker leben nicht für die Politik, sondern von der Politik. Der Entschluss, Politiker zu werden, sollte vorgeblich von einem reinen und unverfälschten Wunsch einer Person ausgehen, etwas für ihr Land, für die Gesellschaft, zu tun. Viele gehen aber aus Geld- und Karrieregründen in die Politik, die ideale moralische Komponente ist bei ihnen nur in Wahlreden enthalten.[a] Deshalb brauchen die angehenden Politiker, sagt Politikwissenschaftler Werner Patzelt, »die Bereitschaft, nur politisch Korrektes zu sagen und tabulastige Themen auszusparen.«[808]

In der Praxis besetzen die Abgeordneten auch zahlreiche Posten als Lobbyisten großer Konzerne, Vorsitzende und Aufsichtsräte. Dort erhalten sie Gehälter, die sogar beträchtliche Abgeordnetenbezüge bei weitem übertreffen, weshalb es irrelevant wird zu hinterfragen, wessen Interessen von solchen Abgeordneten mehr gewürdigt werden: die des Volkes oder des Konzerns. Abgeordnete werden auch durch sogenannte »Vorträge« und »Lesungen« verdorben, für die sie oft Zehntausende von Euro oder Dollar in ein oder zwei Stunden erhalten.[809]

Da das parlamentarische Mandat ein Passierschein nicht nur in die politische Elite des Landes, sondern auch in den sorglosen Wohlstand ist, sind die Abgeordneten nicht der (rechtlosen) Gesellschaft (wie es in einer echten Demokratie sein sollte), sondern den einzelnen Personen treu ergeben, die entscheiden, ob sie in die nächste Parteiliste aufgenommen werden oder nicht. Denn in jedem »liberal-demokratischen« Land gibt es – parallel zum verfassungsrechtlichen – ein Schattensystem der Macht, der Parteifinanzie-

---

a Nette Umschreibung des Spannungsfeldes zwischen gutem Geld und eigenen Überzeugungen liefert *Spiegel*: »Mein Berufswunsch ist Politiker. Ich möchte in diesem Job Karriere machen, dauerhaft beschäftigt sein und bald in Positionen kommen, in denen man gut verdient.

Diesen Absatz klammern keine Anführungszeichen, er ist kein Zitat. Denn so was sagt niemand. Dabei ist der Job als Politiker doch attraktiv. Er bietet Einfluss, Abwechslung, ein erkleckliches Einkommen. Und dass das Volk Massenentlassungen bei seinen Politikern vornimmt, ist erst mal nicht zu erwarten.

Trotzdem wirkt es anrüchig, wenn ein junger Mensch von seiner zukünftigen politischen Karriere spricht. Die Wählerschaft wünscht sich Überzeugungstäter, die dafür brennen, das Land zum Besseren zu verändern. Beim Wort 'Berufspolitiker' dagegen denken viele an Technokraten, an phantasielose Verwalter und an Figuren, die alles tun, um nur ihr bezahltes Mandat nicht zu verlieren.« (*https://www.spiegel.de/karriere/politik-als-beruf-karriere-in-der-partei-a-920910.html)*

Frage: Ist das nicht urdemokratisch, sich einen »Überzeugungstäter« als Volksrepräsentanten zu wünschen? Warum wohl haben Bürger so ein unschmeichelhaftes Bild von Berufspolitikern?

Und am Ende der Politiker-Karriere? Eine Zwischenüberschrift in diesem *Spiegel*-Artikel lautet: »...und danach zu Gazprom«. Ohne Fragezeichen.

rung und der Parteienvereinbarungen, die den Mafia-Beziehungen unverhohlen ähneln. Die Loyalität gegenüber dem Parteichef, dem »Paten« (oder der »Patin«) ist für Politiker viel wichtiger als alle Versprechen, die sie den Wählern machten.

Nach ihrer Wahl achten wenige Parlamentarier auf die Wähler, und die gewählten Oberhäupter verhalten sich nicht wie Diener des Volkes, sondern wie »gewählte Autokraten«.[810]

Wahlergebnisse gelten in vielen Ländern als legitim, auch wenn weniger als die Hälfte der Wähler an der Abstimmung teilnehmen. Die Parteien sind daher objektiv nicht daran interessiert, so viele wie möglich enttäuschte und gleichgültige Bürger in die Wahllokale zu bringen – trotz aller gegenteiligen Zusicherungen. Von welchem »Mehrheitswillen« reden wir?

In den Parlamenten herrscht Unverantwortlichkeit (dies wird als »kollektive Verantwortung« bezeichnet): Die Abgeordneten sind nicht für die negativen politischen oder finanziellen Konsequenzen angenommener Gesetze verantwortlich. Für ein gestohlenes Brötchen werden normale Bürger strafrechtlich verfolgt. Verschwendete Staatsmillionen, die Tatsache, dass sich das Land jahre- und jahrzehntelang in einer Sackgasse bewegte, verantwortet in der Regel niemand.

Politische Parteien verwässern bewusst die Verantwortung für ihre Entscheidungen. Daher werden im Parlament Kommissionen gebildet, in denen die Mehrheit der regierenden Partei oder Koalition und die Minderheit der Opposition angehören. Bei kontroversen Themen werden die aus Regierungs- und Oppositionsparteien bestehenden Vermittlungskommissionen eingesetzt. Ein Wähler, der absolut keinen Einblick in die Kämpfe auf dieser Ebene der »Demokratie« bekommt, kann so keiner bestimmten Partei die Verantwortung für ein bestimmtes (schlechtes) Gesetz zuordnen.

Ein Nachteil der repräsentativen Demokratie besteht ebenfalls darin, dass normale Bürger keinen Einfluss auf die verfassungsmäßige Ordnung des Landes haben, aber die politische Klasse im Rahmen ihrer eigenen Gesetze arbeitet, d. h. sie kann nach Belieben die Spielregeln ändern.

Die politische Klasse nimmt nicht nur die Gesetze an, die sie braucht, sondern sorgt auch für deren Interpretation und Anwendung durch das System der Ernennung von Richtern, Ministern sowie eines riesigen Stabes von Staatsdienern, die durch ihre Handlungen und Satzungen bestimmen, wie das Gesetz in der Praxis angewendet wird. Dem Namen nach sollten diese Beamten dem Staat dienen, tatsächlich dienen sie aber nur Parteien, da sie von Parteien auf diese Ämter gesetzt wurden.

Aus dem System der Vergabe lukrativer Posten durch die Parteien resultiert auch die Finanzierung von Parteien: Zuerst werden Parteifunktionäre zu Oberhäuptern von Staatsunternehmen ernannt, und dann sponsern diese Unternehmen Parteien, die sie in diese sich hoch rentierenden Positionen gebracht haben. So entsteht ein *perpetuum mobile* der Parteifinanzierung.

Die Grundsätze des Liberalismus in rechtlicher Hinsicht bestehen in der Vormachtstellung des Rechts über den Willen der Beamten, die Gleichheit aller Bürger vor dem Gesetz – unabhängig von ihrem Wohlstand, ihrem sozialen Status oder ihrem Einfluss. All das klingt nach einem netten, herzensguten, aber weit von der Realität entfernten Märchen.

Vor vielen Jahren sprach ich mit einem bekannten deutschen Verleger, der erzählte, dass er einen Prozess gegen das deutsche (öffentlich-rechtliche) Fernsehen verloren hatte: »Danach habe ich deren ziemlich teure Anwälte engagiert, hab aber anschließend immer gewonnen.« »Das heißt, das Geld gewinnt?«, fragte ich, ein frischer Bürger der »liberalen Demokratie«, ungläubig. »Nein«, antwortete er mir, »im Prozess gewinnen die besten Anwälte.« Er machte eine Pause: »Aber die besten Anwälte kosten auch mehr.«

Zu sagen, dass in den »liberaldemokratischen« Ländern nicht die Menschen, sondern die politischen Parteien regieren, heißt, nicht die ganze Wahrheit zu sagen. Schließlich haben einfache Mitglieder selbst der »Mainstream«-Parteien keinen Einfluss. Aus der politischen Klasse bildet sich die politische Elite heraus, eine seit Jahrzehnten unveränderbare kleine Gruppe von Menschen, die kollegial Probleme ausdiskutieren, geschlossen in ihrem gemeinsamen Interesse nach Lösungen suchen und auch kameradschaftlich die Macht von einer Hand in die andere übertragen. Die Zusammensetzung der politischen Elite ändert sich nicht durch formellen »Machtwechsel«, sie ist es, die wie bisher den Staat regiert.

Der ungeteilten Macht eines politischen Kartells dient auch die so genannte »Sperrklausel« für Parlamente, die in einigen Ländern bei drei, fünf, sieben oder sogar zehn Prozent liegen. Diese Barrieren sind antidemokratisch. Neu geschaffene Parteien, die noch nie an der Macht waren und niemals Zugang zu einem praktisch bodenlosen Staatshaushalt hatten, werden durch diese Hürden vom politischen Wettbewerb ausgeschlossen – sie stören das Kartell und müssen wegbleiben.

Bei den sogenannten personalisierten Verhältniswahlen mit Parteilisten können die Wähler die Aufstellung der Kandidaten nicht beeinflussen: Wer dort vorn steht, wer im »sicheren Teil« und wer der Letzte ist, wird von den Parteigremien oder sogar persönlich von Parteivorsitzenden entschieden

(in Ländern, in denen Parteien lediglich »Aktiengesellschaften« sind, wird die Liste immer vom »Eigentümer« der Partei erstellt). Es ist schwierig, einen Abgeordneten abzuberufen, aber selbst wenn dies geschieht, wird ein neuer Funktionär seinen Platz einnehmen – wieder von der Partei, nicht von den Wählern gesetzt.
Die Pflicht, den Bürgern die Weisheit des parteipolitischen Regierungsmechanismus zu erklären, wird den Medien und dem in vielen Ländern existierenden (und bei den Kommunisten in der Sowjetunion abgekupferten?) politischen Bildungssystem anvertraut.
Natürlich spielen auch in der »liberalen Demokratie« die Massen-(Propaganda)-Medien die Rolle eines politischen Korrektivs, hauptsächlich propagieren sie aber die »Alternativlosigkeit« des liberal-demokratischen Systems, der Macht der Mainstream-Parteien, der politischen Klasse. Sie finden und kritisieren zwar ab und an den sprichwörtlichen »Splitter« im politischen Auge, bemerken und behandeln aber keine »Balken« – weder systemische Probleme noch große ideologische, politische und wirtschaftliche Missstände. Für die Medien sind diese Themen entweder ihr Propagandaauftrag oder sie werden im Rahmen der »politischen Korrektheit« tabuisiert. Wie kann man sich hier nicht an den unsterblichen Jewgenij Schwarz und seinen »Nackten König« erinnern:
»Sein Benehmen ist überhaupt ungebührlich. Er streichelt Eure Hand!«, sagt die **Erste Hofdame** über einen frechen Schweinehirt.
Prinzessin: Was ist daran ungebührlich? Ja, wenn er mir das Bein streichelte...
Erste Hofdame: Ich flehe Euch an, schweigt. In Eurer Unschuld seid Ihr imstande, die schrecklichsten Dinge zu sagen!«[811]
Die »liberal-demokratischen« Medien – in Furcht, die politische Jungfräulichkeit des Wählers zu verletzen – schweigen auch über systemische Probleme, sonst könnten »schrecklichste Dinge« gesagt werden. Sie schweigen jedoch nicht wegen ihrer eigenen »Unschuld«, sondern in Anbetracht ihrer ideologischen, politischen, finanziellen und organisatorischen Beziehungen zur politischen Klasse. Die Rolle des Chefzensors übernehmen in der Regel Chefredakteure, die von den mit Zuckerbrot und Peitsche dressierten journalistischen Teams unterstützt werden. Und die »Alpha-Journalisten« in den Redaktionen sind oft so eng mit einflussreichen externen politischen Akteuren verbandelt, dass für abweichende Meinung keine Tinte im Fass bleibt.[812]
Im Laufe der Zeit, nach Jahren redaktioneller Arbeit, bildet sich eine Sche-

re in den Köpfen selbst der couragiertesten Journalisten, die die Gedanken und Passagen wegschneidet, die »ohnehin nicht gedruckt werden, warum die Mühe?«.[813] Der mediale »Mainstream« muss solche »Inhalte« transportieren, die in den Köpfen der Empfänger nicht den leisesten Zweifel an der »Alternativlosigkeit« der bestehenden Ordnung hervorrufen. Worüber die Medien nicht schreiben, existiert einfach nicht. So verbreiten sie die sogenannten »normativen Vorstellungen« darüber, was eine Person in einem bestimmten Fall zu denken hat.

Die Medien schreiben der Gesellschaft eine »Agenda« zu Themen vor, die die Bürger diskutieren »müssen«. Bereits in der Phase der thematischen Auswahl der Nachrichten werden Meldungen weggelassen, die nicht in die Fernseh- oder Rundfunkmitteilungen, in die Zeitungen und Zeitschriften gelangen dürfen. In vielen Medienkonzernen und in den öffentlich-rechtlichen Anstalten zahlreicher europäischer Länder gibt es Listen mit den von oben gegebenen »wichtigsten Themen für die Berichterstattung«, die der erste Schritt zur Informationszensur sind.

Genauso wählen Journalisten auch Interview-Partner (das sind die ideologischen »Trendsetter«) oder die Prototypen für ihre Artikel und Reportagen. Diejenigen, die laut Journalisten »kein Podium bekommen dürfen« (Dissidenten, Andersdenkende...), kommen nicht in die Medien und werden keine Möglichkeit erhalten, ihre Gedanken öffentlichkeitswirksam zu artikulieren. So entsteht ein Kluft zwischen öffentlicher und veröffentlichter Meinung. Journalisten verwandeln sich von einem »Informanten« in einen ideologisierten »liberal-demokratischen« Kämpfer, in einen Propagandisten.

Dies liegt auch daran, dass »öffentlich-rechtliches« Fernsehen und Radio von Parteifunktionären kontrolliert wird[814], die dorthin geschickt sind, um die »Parteilinie« in der Berichterstattung durchzusetzen, und private Medien eng mit den Parteien (in Deutschland besitzt z. B. die Sozialdemokratische Partei – über Beteiligungen – Dutzende von Zeitungen und Radiosender; noch mehr beeinflusst sie über ihr Redaktionsnetzwerk)[815] oder mit großem Kapital verbunden sind.

Die Presse hat jedoch eine soziale Funktion, nicht nur zu informieren, sondern auch – im Interesse der gesamten Gesellschaft – die politische Maschinerie zu kontrollieren. Die gleichen »Gegengewichte« sollten unabhängige Gerichte, unabhängige Rechnungshöfe, unabhängige Emissionsbanken und eine unabhängige Wissenschaft sein. In einer »liberal-demokratischen« Gesellschaft wurde jedoch alles unternommen, um eine solche Kontrolle zu

verhindern. Die Mitarbeiter dieser Anstalten sind in der Praxis abhängig von der politischen Klasse durch ihre Ernennung oder durch ihre Existenzsicherung – zum Beispiel Wissenschaftler, die sich jahrzehntelang von Befristung zu Befristung hangeln. Soziologische und politikwissenschaftliche Institutionen sind auch von Parteigeld abhängig: Ein Laden, der »falsche Ergebnisse« liefert, erhält keine Aufträge mehr. Daher hat jede mächtige politische Partei eigene Hof-Demoskopen und Hof-Politikwissenschaftler.
Das heißt das schöne Bild von Gewichten und Gegengewichten, das einst die großen Liberalen John Locke (1632-1704) und Charles Montesquieu gezeichnet hatten, weist ein Manko auf: Heute liegen alle Gewichte und Gegengewichte in einer Waagschale.
So prägen die Medien unser Weltbild – sie inszenieren die Realität. Die wichtigste Aufgabe der ideologischen Maschinerie und der Medien als ihres wichtigen Bestandteils ist es, Konformisten zu formen, die keine kritischen Fragen stellen, geschweige denn mit diesen Fragen auf die Straße gehen.
Die Gehirnwäsche wird auch durch Parteistiftungen betrieben, die in vielen Ländern größtenteils aus dem Staatshaushalt finanziert werden.
Die oberflächliche, profane politische Debatte ruft bei den Bürgern Abscheu gegen Medien und andere politische Akteure hervor, verursacht Unzufriedenheit mit dem gesellschaftlichen Prozess, Politikverdrossenheit, führt zu einer niedrigen Wahlbeteiligung, zum Misstrauen gegenüber den Mainstream-Parteien, bringt kritische Meinungen über das System hervor, die die Bürger mit der Familie hauptsächlich in der Küche oder mit Freunden beim Bier am »Stammtisch« diskutieren.
Deshalb warnte einer der deutschen Präsidenten, Richard von Weizsäcker (1920-2015), dass die »machtversessene« und »machtvergessene« politische Klasse sich den Staat zur Beute gemacht hätte.[816]
Wir haben natürlich nicht vergessen, warum wir eine kritische Wertung der »liberalen Demokratie« brauchten: Hier wurde unter dem Deckmantel der Volksherrschaft die Diktatur der »politischen Elite« errichtet, und unter dem Zeichen der »Freiheit« platzierte das System der totalen manipulativen Kontrolle der Bürger überall seine Tentakel.
Wenn die alten autoritären Staaten offen sagten, der Mensch sei des Menschen Wolf, dann verbirgt die gegenwärtige »liberale Demokratie« das Gleiche hinter den Wörtern »freier Markt« und »freier Wettbewerb«. Die verkündete Meinungsfreiheit führte zu Mediendiktatur und »Fernsehdemokratie«. Dissidententum ist verboten, Papierversprechungen der Meinungsfreiheit garantieren keine Strafverfolgung. Warfen früher Diktatoren

Andersdenkende in Gefängnisse, Irrenhäuser und Konzentrationslager, werden sie heute ihrer Arbeit beraubt, der Möglichkeit zur Selbstverwirklichung und wenn nicht in den Hungerstod, dann zu einem erbärmlichen Dasein getrieben. Zeitungen, Fernsehen, Radio und Verlage sind für sie geschlossen. Einzelne, nicht politisch korrekte Publikationen werden vom gesamten gut ausgebildeten Medien- und Politikrudel verrissen und Autoren einer Verleumdung und Hetzjagd ausgesetzt.

Einer der Opfer einer solchen Verfolgung wurde beispielsweise der amerikanische Molekularbiologe James Watson (geb. 1928). Watson ist nicht nur Wissenschaftler, er ist in der Biologie eine legendäre Persönlichkeit. Im Alter von 25 Jahren entdeckte er zusammen mit Francis Crick (1916-2004) die Struktur des DNA-Makromoleküls, der sogenannten *Doppelhelix*, die in einem lebenden Organismus die Übertragung genetischer Informationen von Generation zu Generation ermöglicht. Für diese entscheidende Entdeckung in der Geschichte der Biologie erhielt er 1962 den Nobelpreis.

Das heißt, jemand wie Watson versteht doch nicht wenig von Genetik.

Und ausgerechnet dieser Watson merkte während der Präsentation seines Buches in Harvard (2007) an, dass die Sozialpolitik der Industrieländer in Afrika zum Scheitern verurteilt ist. Er erklärte den Grund: Zivilisierte Länder gehen davon aus, dass Neger, wie er dem üblichen Sprachgebrauch folgend sagte, sich in ihren intellektuellen Fähigkeiten nicht von Weißen unterscheiden, aber »alle Experimente zeigen, dass dies nicht wirklich so ist«. Nach Ansicht des Wissenschaftlers ist der Wunsch, alle Menschen als gleich zu betrachten, natürlich, aber »Menschen, die mit schwarzen Mitarbeitern zu tun hatten, wissen, dass dies nicht stimmt«. Und er sagte voraus, dass in den kommenden Jahrzehnten eine genetische Bestätigung der unterschiedlichen Intelligenz von Schwarz und Weiß gefunden werden wird.[817]

Was ist das: ein Durchbruch des Genie-Biologen in Bezug auf unser Wissen über den menschlichen Körper oder primitiver Rassismus? Und was passiert, wenn die für die unterschiedliche Intelligenz verantwortlichen Gene tatsächlich gefunden werden?

Eine politkorrekte Gesellschaft wollte nicht auf die wissenschaftliche Wahrheit warten. Der Wissenschaftler wurde sofort für Jahrhunderte der Sklaverei und für die Gaskammern verantwortlich gemacht, man verbot ihm nicht nur die Präsentation des Buches, sondern auch wissenschaftliche Vorträge, entließ ihn als Kanzler des Labors (*Cold Spring Harbor Laboratory*), in dem er seit 1948 gearbeitet hatte, und als Aufsichtsrat verschiedener Unternehmen. Organisationen, die die Rechte der Schwarzen verteidigen, drohten ihm mit Strafverfolgung – bis Watson Buße tat und schriftlich erklärte, dass er missverstanden worden wäre, er das Problem wohl nur »theoretisch« betrachtet hätte.

Die Reue war ihm aber von der »liberalen« Gesellschaft aufgezwungen worden. Sein Gewissen ließ ihn nicht in Ruhe. 2019 wiederholte der widerspenstige Nobelpreisträger seine alten Äußerungen: Er sagte, dass Schwarze wegen ihrer Gene weniger intelligent seien als Weiße.[818] Daraufhin teilte *Cold Spring Harbor Laboratory* mit, dass dem Forscher auch die Titel des emeritierten Kanzlers, des Ehrentreuhänders und des emeritierten Professors aberkannt worden seien.[a]

Es ist uns egal, ob James Watson Rassist ist oder nicht. Uns interessiert nicht einmal, ob es wahr ist, was er verteidigt (es ist klar, dass Dutzende von Wissenschaftlern sofort erklärten, und die Medien verbreiteten diese Ansicht, dass es keinen angeborenen intellektuellen Unterschied zwischen Schwarz und Weiß gibt)[b]. Es ist für uns nur wichtig festzustellen, dass eine liberalistische politkorrekte Gesellschaft die Wahrheit nicht wissen will. Wenn die Wahrheit einem politkorrekten Weltbild widerspricht, umso schlimmer für die Wahrheit!

Politische Korrektheit stellt die Frage folgendermaßen: Wenn sich herausstellte, dass Schwarze wirklich nicht so schlau wären wie Weiße, ist es vielleicht besser, dass wir das einfach nicht wissen? Man sollte nicht nach etwas suchen, was die Grundlagen einer falschen »Demokratie« untergraben könnte. Fast wie in der Bibel: Wer da nicht sucht, der nicht findet. Denn man darf keinen genetischen Beweis für die Überlegenheit einer Rasse in die Hände von »Rassisten« geben. Deswegen (und darüber haben wir oben gesprochen) sind Rassenstudien in vielen Ländern einfach gesetzlich verboten: Wenn man Augen verschließt und Ohren verstopft, können wir davon ausgehen, dass die Welt so ist, wie sie uns die »Liberalen« malen.

---

a Der gescholtene Watson trifft auch auf Wissenschaftler, die nicht blind alles verteidigen, was er sagt, aber seine Thesen einem durchaus gründlichen wissenschaftlichen Check unterziehen. So einen aufschlussreichen Artikel auf Deutsch findet man beispielsweise unter: *https://de.richarddawkins.net/articles/watson-und-die-glockenkurve*

b Es ist bekannt, und wir haben darüber geschrieben, dass es einen rassischen genetischen Unterschied gibt. Daher wirken manche Medikamente (z. B. Codein, einige Antidepressiva, Antipsychotika und Antitumormittel wie Tamoxifen) auf Weiße anders als auf Afrikaner oder Asiaten. Natürlich ist dies alles kein Grund für Rassendiskriminierung, was zweifellos ein widerliches Phänomen ist.

Das heißt, nachdem wir alte autoritäre Regime beseitigten, sind wir in einem anderen autoritären Regime angelangt, das seinen Autoritarismus gekonnt tarnt. Die gegenwärtige »liberale Demokratie« hält genau so die Nationen an einer kurzen Leine von politischen Prozessen fern, wie die herrschende Klasse in Athen ihre »Idiotes« hielt.

Heute gibt es nur einen Unterschied zwischen dem Alten und dem Neuen: Anders als in den alten kollektivistischen autoritären Regimen (nicht nur in Europa, sondern auch in Afrika – lesen wir *Das Grüne Buch* von Muammar Gaddafi, untersuchen wir das politische Erbe von Gamal Abdel Nasser, der iranischen Revolutionäre, von Saddam Hussein etc.) will die liberalistische Demokratie die Gesellschaft »atomisieren«, sie will einen Menschen der »neuen liberal-demokratischen Zukunft« formen – einen auf seine privaten Interessen konzentrierten, von seinen Wurzeln, vom Volk abgeschnittenen, einen globalisierten und auf gar keinen Fall mit dem Land verbundenen, in dem er aufwuchs.

Wenn dies aber alles stimmt, dann ist die »liberale Demokratie«, die seit über einem halben Jahrhundert mit siegreichen Schritten den Planeten erobert hat, daran interessiert, Tradition, Familie, Patriotisches und Nationales auszurotten. Im Nationalismus sieht sie ihren gefährlichsten Feind und bemüht sich daher, ihn zu diffamieren, zum Schweigen zu bringen, ihn zu zerstören.

Ende des 19. und zumindest bis zur Mitte des 20. Jahrhunderts war der »kollektivistische« – nationalistische und sozialistische – Diskurs maßgebend. Nationalismus und Sozialismus waren weit verbreitete Ideologien. Wenn vor dem Zweiten Weltkrieg der Nationalismus im Kampf gegen den Liberalismus führte, so begann der Liberalismus nach dem Krieg den Nationalismus deutlich niederzuringen. Er besiegte alle ideologischen Systeme, die die Vorrangigkeit des Kollektivistischen (staatlichen, nationalen, allgemein gesellschaftlichen) gegenüber dem Einzelnen postulierten. Daher hat sich aus der vorherrschenden Ideologie heraus der Nationalismus in einen Paria gewandelt, der die Angriffe abwehren muss. Erst in den letzten 10 bis 15 Jahren beginnt sich das Spiel auszugleichen (aber immer noch bei absoluter Überlegenheit der liberalistischen Kräfte). Der moderne Nationalismus, der zur Zeit in einer schwächeren ideologisch-organisatorischen Lage ist, muss seine Positionen beschützen, sich verteidigen.

Ist manipulative Demokratie besser als Autokratie?

Das soziale Bewusstsein zu manipulieren ist ein kompliziertes, teures und lästiges Geschäft. Autokraten brauchen keine Manipulation der Gesellschaft, ihres Volkes – weil sie Autokraten sind. Ein Befehl, und die Sache ist erledigt.

Die nationalistischen und sozialistischen Bewegungen des frühen 20. Jahrhunderts strebten nach autoritärer Herrschaft, mit einer Partei an der Macht, die festlegte, was für die Menschen das Beste sei, und die das Volk in die gesetzte »helle Zukunft« führte, ohne es zu fragen, ob es dies wolle. Die beiden autoritären Modelle – exemplarisch das national-sozialistische in Deutschland und das kommunistische in der Sowjetunion – unterschieden sich hinsichtlich der Regierungsmethoden nur unwesentlich. Da wie dort gab es eine Regierungspartei, Presse und Radio wurden Teil des Propagandaapparats der Partei, die Parlamente wurden entweder praktisch zerstört (in Deutschland ab dem 23. März 1933 nach dem *Ermächtigungsgesetz*) oder gleichgeschaltet und dienten nur als demokratische Tarnung (UdSSR), die wichtigsten Entscheidungen wurden eigenmächtig getroffen, unabhängig davon, ob das Staatsoberhaupt »Führer« oder Generalsekretär des Zentralkomitees der KPdSU hieß. Er und die Parteielite (und nicht die gesamte Parteimasse) bestimmten die Ziele, die Bewegungsrichtung und die Methoden, um sie zu erreichen. Andere Meinungen wurden verboten, Unzufriedene gingen in Gefängnisse. Konzentrationslager für Andersdenkende (nicht wegen eines Vergehens, sondern wegen ihrer Ansichten) entstanden zuerst in Sowjetrussland und erst später, lange vor dem Krieg, im national-sozialistischen Deutschland.

Die Bändigung der Bevölkerung wurde in autoritären Regimen hauptsächlich auf zwei Wegen erreicht: einerseits durch ideologische Indoktrinierung (kommunistische in Russland und national-sozialistische in Deutschland), die der gewaltige Propagandaapparat den Massen aufstülpte, und durch Terror gegen Dissidenten. Terror wurde in diesen Ländern in den Rang staatlicher Politik erhoben.

Im nachrevolutionären Russland wurde dies, wie Lenin im August 1918 schrieb, der rote »gnadenlose Massenterror gegen Kulaken, Popen und Weißgardisten« (diese mussten vernichtet werden) und »zwielichtige Elemente (also, Unschuldige – V. T.) sind in ein Konzentrationslager ... einzusperren«.[819]

Nach dem Zweiten Weltkrieg gelangten in die Lager »anti-sowjetische Elemente«, d. h. Vertreter der systemischen Opposition – »Trotzkisten, Rechte, Menschewiken, Sozialisten-Revolutionäre, Anarchisten, Nationalisten, Weißemigranten und Mitglieder anderer anti-sowjetischer Organisationen und Gruppen«[820].

In Deutschland wurde unmittelbar nach Hitlers Machtergreifung 1933 das erste Konzentrationslager für »politische« (Kommunisten und Sozialdemokraten) in Dachau bei München gebaut. Seit 1936 gibt es Sachsenhausen, seit 1937 – Buchenwald.

Für die Kontrolle der Untertanen brauchten Herrscher Armee und Geld. Viele Soldaten und viel Geld. Manchmal reichte sowohl das erste als auch das zweite nicht, dann gab es Revolutionen.

Nach dem Zweiten Weltkrieg waren die Probleme des Regierens nicht verschwunden. Die »liberalen Demokratien« waren – gemäß ihrer eigenen Ideologie – gezwungen, nicht nur eine Reihe politische Parteien zuzulassen, sondern auch (teilweise systemisch) oppositionelle. Daher brauchte es neue Methoden zur Zügelung der Völker. »Liberale Demokratien« des Westens konnten sich blutige »Säuberungen« unter politischen Gegnern nicht leisten. Gewalt gegen Andersdenkende trat in den Hintergrund (obwohl nicht vollständig – siehe Abschnitt *»Zum Beispiel USA«* zum Kampf der USA gegen die Abspaltungsbestrebungen der Schwarzen), in den Vordergrund rückten manipulative Methoden.

Die Machthaber erkannten, dass Überwachung und Steuerung von Gedanken, die Gehirnkontrolle viel billiger und effizienter als physische oder ökonomische Einwirkung sind.

Das Thema ist natürlich nicht ganz neu. Immer haben Gebieter versucht, ihre Untertanen zu beeinflussen. Die Gedanken des »Plebs« in die richtige Richtung zu lenken, war eine der Methoden des Machterhalts. So war zum Beispiel die Kirche beteiligt, in der man predigte, dass »alle Macht von Gott ist«, und ein Gläubiger hatte unter Androhung von Todsünde und ewiger Qual in der Hölle nicht das Recht, seine Hand gegen die Herrscher zu erheben.

Bekanntlich war Hitlers Propagandaminister Joseph Goebbels ein gewaltiger Manipulator. So nannte er z. B. Partisanen in den von Deutschland besetzten Ländern »Terroristen«.

Heute wird das Töten von Zivilisten in fernen Ländern – mit Hilfe von

Drohnen, ohne Ermittlungen und Gerichtsverfahren – von US-Militärs als »humanitäre Operationen« bezeichnet. Musterbeispiele der Manipulationen waren es, als US-Außenminister Colin Powell 2003 dem UN-Sicherheitsrat mit Fotos und Diagrammen das Vorhandensein von Biowaffen im Irak versicherte.[821]

1990 erklärte eine 15-jährige kuwaitische Krankenschwester dem US-Kongress, wie wütende irakische Soldateska Frühgeborene aus den Brutkästen rissen und sie auf den Boden schlugen.[822] Diese beiden Reden wurden jeweils zu einer rationalen und einer emotionalen Rechtfertigung für die beiden amerikanischen Kriege im Irak.

Nach einiger Zeit stellte sich heraus, dass beide Reden manipulative Lügen waren, und dass die sentimentale Geschichte über die ermordeten Kinder von der amerikanischen PR-Agentur *Hill & Knowlton* für 10 Millionen Dollar frei erfunden worden war. Die »Krankenschwester« entpuppte sich als Tochter des kuwaitischen Botschafters in den Vereinigten Staaten.[823]

Lüge hin oder her, aber alles ging seinen Gang: Der US-Kongress und der UN-Sicherheitsrat stimmten für militärische Operationen.

Die Hauptakteure der Manipulationen sind die Medien. Fachleute wissen das, für Nichtspezialisten sei es gesagt, dass Zeitungen, Zeitschriften, Fernseh- und Radiosender, ihre Internetportale in allen Ländern ausnahmslos Manipulationsmethoden verwenden – eher bewusst als unbewusst -, um ihre Redakteure, Eigentümer und politischen Klassen zufrieden zu stellen.

»Lasst mich die Medien kontrollieren und ich verwandele jede Nation in eine Herde Schweine«[824], ein Satz, der Joseph Goebbels zugeschrieben wird, und den die modernen »ideologischen Kämpfer« sich zu eigen gemacht haben. Hier einige der häufig praktizierten Methoden: ständiges Einhämmern bestimmter Thesen; künstliche Verfälschung der Realität; Übermittlung von widersprüchlichen, ungenauen oder offensichtlich einseitigen Informationen; Verschweigen einer Information (unvollständige Beleuchtung von Ereignissen ermöglicht, eine verzerrte Sicht auf die Abläufe zu schaffen, den Rezipienten in eine bestimmte Richtung zu lenken und ihm keine Möglichkeit zu geben, bewusst eine Entscheidung zu treffen); Übertragung einer einzigen Tatsache auf das System; Verbreitung von Gerüchten, Vermutungen (ein Ausländer wurde 2015 in Dresden getötet[825], manche waren gleich »zu 99,9 Prozent sicher, dass er von Rechtsradikalen ermordet wurde«[826], die Antifa demonstrierte[827], einige Tage später stellte sich heraus, dass der Mörder ein Ausländer, der Mitbewohner des Ermordeten war[828]), Interpretationen (Kommentare!), offensichtliche Lügen, die auf den ersten Seiten erscheinen (eine Entschuldigung kommt, wenn sie erscheint, auf einer hinteren Seite); das Verschweigen einiger Fakten und das Hervortun anderer; Fragmentierung von Prozessen, Herauslösen aus dem Kontext, damit der Rezipient kein vollständiges und vollwertiges Bild aufbauen kann; Mystifizierung, Erfindung von »Ereignissen«; Totalität der Nachrichtenquelle (über Krieg wird nur von einer Seite der Front berichtet); Vermischen von Informationen und Kommentaren in einem Text; die Aktivierung von Stereotypen (Nationalismus ist *a priori* schlecht); den Leser einschüchtern (entweder mehr Geld für Klimaschutz ausgeben, oder wir werden langsam alle in den Wasserfluten – oder wegen der Dürre! – sterben) – alles aufzuzählen sprengte den Rahmen.

Medienpropaganda wird einerseits durch organisatorische Maßnahmen, die zur Kastration der Demokratie führen, ergänzt (Sperrklausel, Parteienfinanzierung aus dem Haushalt, Schaffung mehrerer systemnaher Parteien – des politischen Kartells, die nur zum Schein Wahlkämpfe führen; Unterordnung der Medien unter die Interessen der politischen Klasse durch das Eigentumssystem, durch die perfide Praxis der Finanzierung der politischen und soziologischen Wissenschaften; die Erziehung und Bildung etc. dienen einem Zweck – dem Erhalt der Macht), was den herrschenden Eliten einen wesentlichen Vorteil verschafft und der systemischen Opposition den Zugang zur Macht versperrt. Andererseits sind es politische Technologien, die auf den bewährten Rezepten der sogenannten *publik relation* basieren und den neuesten Methoden der psychologischen Manipulation der »Masse«.

Mit dem Übergang in die Ära der Informationstechnologien haben sich neue, bisher unbekannte Manipulationsmöglichkeiten ergeben. Fachleute für Manipulationstechniken nehmen in zahlreichen Regierungen feste Positionen ein.

Bereits in den 60er Jahren des vorigen Jahrhunderts verfasste der schon erwähnte Zbigniew Brzezinski für die britische Zeitschrift *Encounter*, die heimlich von der CIA finanziert wurde[829], den Artikel *America in the Technetronic Age. New Questions of Our Time*[830]. Darin schrieb er: »Die Informationsrevolution ... wird den Charakter der institutionalisierten kollektiven Bildung verändern. Dieselbe Technik kann dazu dienen, eine nahezu vollständige politische Überwachung (*surveillance*) jedes Bürgers durchzuführen.« An derselben Stelle prognostizierte er, dass politische Akteure moderne Kommunikationsmethoden und »biochemische Mittel der menschlichen Kontrolle« einsetzen werden, um »Emotionen zu manipulieren und den Geist zu steuern«, darunter auch den von Menschenmassen aus großer Entfernung.

Das heißt, der grobe physische Zwang autoritärer Staaten wurde in den »liberalen Demokratien«durch subtile Methoden des psychologischen und – die Zeit wird kommen – des pharmakologischen Zwangs ersetzt.

Viele Menschen verstehen die *publik relation* oder einfach PR als die Versuche von Beratern, das Image ihres Kunden (gegen Geld) aufzupolieren. Für die Demokratie ist dies an sich schon eine Fälschung: Unter dem Deckmantel Schweizer Schokolade wird versucht, uns eine überlagerte harte Brezel unterzujubeln. PR bedeutet jedoch kommunikative Wirkung nicht nur auf einer bewussten, sondern auch auf einer unterbewussten Ebene.

PR definiert sich selbst als Mittel zur Steuerung der öffentlichen Meinung. Daher gibt es in der PR spezielle Technologien, die in Lehrbüchern beschrieben sind – Informationssteuerung, Eventsteuerung, Substitution von Entscheidungen, Verschleierung von Plänen, Verschiebungen der Verantwortlichkeit, falsche Fährte, Erstellen von Klischees usw. All das basiert auf Halbwahrheiten, auf Halblügen und bisweilen auch auf durchgängigen Lügen, die sich glaubwürdige Kleider anlegen.

Nach dem Prinzip »Sieger werden nicht bestraft«[a] empfinden politische Berater keinen Ekel, weder beim Übergießen eines Konkurrenten mit Dreck, noch beim suspekten informativen Einfluss auf die Wähler – der zum Sieg führen soll. Zum Arsenal der sogenannten Spin-Doktoren (vom engl. *spin* – »verdrehen«), wie Polittechnologen genannt werden, gehört auch die sogenannte »Milton-Modellierung« (des menschlichen Verhaltens), die auf den Einfluss des Gehirns auf den Subcortex abzielt. Die Methode besteht darin, bei der Kommunikation eine Botschaft so »zu verwischen«, dass der Empfänger seinen eigenen Inhalt in die fremden Worte legt und den Kommunikator als gleichgesinnte Person wahrnimmt. Diese Modellierung wurde nach dem berühmten amerikanischen Hypnotiseur benannt.

Die sich zu Beginn des 20. Jahrhunderts konstituierende PR wuchs sich aus zu einer riesigen, die öffentliche Meinung beeinflussenden Maschine. Schritt für Schritt dehnte sich ihr Einfluss von Seifenproduzenten und Tabakkonzernen[b] auch auf Politiker aus.

---

a Der Satz »Победителей не судят« wird der russischen Zarin Katharina II. zugeschrieben.

b PR-Vater *Edward Bernays* (1891-1995), begann mit der Marktförderung von »*Lucky Strike*«; da Bernays der Neffe des Psychoanalytikers Sigmund Freud

Publik relation begann, Politiker wie Seife oder Tampons zu »vermarkten«.
Das heißt, PR betrachtet eine Person nicht als Bürger, nicht als Souverän, sondern als Objekt, das in die richtige Richtung gelenkt werden muss. Diese manipulativen Techniken haben nichts mit umfassendem Informieren des Wählers zu tun, um ihn in die Lage zu versetzen, diese oder jene Entscheidung treffen zu können. Der PR-Slogan »Wir wissen, was Sie brauchen!« unterscheidet sich im Wesentlichen nicht von autoritären Regierungsprogrammen.
Einer der großen Analytiker der liberalistischen Manipulation ist der amerikanische Wissenschaftler Noam Chomsky. Er ist emeritierter Professor für Linguistik des weltberühmten *Massachusetts Institute of Technology (MIT)* und selbst weltbekannt. Der renommierte *Arts and Humanities Index* führte ihn unter den zehn meistzitierten Autoren aller Zeiten, und zwar in dieser Reihenfolge: Marx, Lenin, Shakespeare, Aristoteles, die Bibel, Platon, Freud, Chomsky, Hegel und Cicero.[831] Das ist mehr als achtens- und bewundernswert, und der *New York Times* konnte es nicht schwer gefallen sein, ihn »*the most important intellectual alive today*«[832], den wichtigsten lebenden Intellektuellen, zu nennen.
Und dieser Intellektuelle unterzog sich der Mühe, die verborgenen Mechanismen der modernen »liberal-demokratischen« Gesellschaft aufzudecken. In seinem Buch *Media control*[833] analysierte er die liberalistische Theorie eines gewissen Walter Lippmann:
»Ebenso beeindruckt von diesen Erfolgen (der staatlichen Propaganda – V. T.) waren liberal-demokratische Theoretiker und führende Persönlichkeiten der Medien wie etwa Walter Lippmann, der Doyen der amerikanischen Journalisten ... und *ein großer Theoretiker der liberalen Demokratie*[834] (! Kursiv von mir – V. T.) ... Er meinte, dass eine von ihm so genannte 'Revolution in der Kunst der Demokratie' dazu führen könnte, 'Konsens herzustellen' *(manufacturing consent)*, d. h. mittels der neuen Propagandatechniken die Öffentlichkeit auf Ereignisse einzustimmen, die sie eigentlich ablehnt. Er hielt dies für eine gute, ja sogar notwendige Idee, weil, wie er sagte, 'das Interesse des Gemeinwesens sich der öffentlichen Meinung völlig entzieht' und nur von einer 'spezialisierten Klasse ... verantwortlicher Männer', die über das notwendige Wissen verfügen, begriffen und in Angriff genommen werden kann.

---

war, benutzte er seine Ideen zur Veränderung des menschlichen Verhaltens, indem er nicht nur auf den Verstand, sondern auch auf das Unterbewusstsein einwirkte.

Seiner Theorie zufolge kann lediglich eine kleine Elite – die Gemeinschaft der Intellektuellen ... das Interesse der Allgemeinheit adäquat in die Tat umsetzen. Das ist eine sehr alte und zugleich typisch leninistische Sichtweise, die hervorragend mit Lenins Konzept einer revolutionären Avantgarde harmoniert. Diese Avantgarde ist, so Lenin, dazu befugt, aufgrund einer allgemeinen Revolution die Staatsmacht zu übernehmen, um die Bevölkerung dann einer Zukunft entgegen zu führen, die außerhalb der begrifflichen Reichweite der dumpfen Massen liegt. Insofern gehen liberal-demokratische Theorie und Marxismus-Leninismus von gemeinsamen ideologischen Voraussetzungen aus.«

Das ist für uns wichtig: Chomsky, die linke amerikanische Koryphäe, kommt zu dem Schluss, dass der liberalistische Vordenker (Lippmann) genauso wie die Bolschewiken, die beide die Masse für einen Dreck halten – die Führung jeweils der »Avantgarde des Proletariats« (der kommunistischen Partei) oder einer dünnen Schicht der »spezialisierten Klasse ... verantwortlicher Männer« übergeben möchten. Dabei redet Lenin von »Diktatur des Proletariats« und Lippmann von der »liberalen Demokratie«! Aber in beiden Fällen haben wir es mit der »dummen Herde« und den »aufgeklärten Hirten« zu tun.

Wir lesen Chomsky aber weiter, der genau das beschreibt: »Lippmann unterfütterte diese Anschauungen mit einer ziemlich ausgefeilten Demokratie-Theorie. Eine gut funktionierende Demokratie bestehe, so meint er, aus zwei unterschiedlichen Klassen von Bürgern. Zur einen Klasse gehören diejenigen, die aktiv mit den Angelegenheiten der Allgemeinheit betraut sind, d. h. analysieren, Entscheidungen treffen und ausführen und in den politischen, wirtschaftlichen und ideologischen Systemen die Dinge ins Rollen bringen. Diese Klasse von Spezialisten umfasst allerdings nur einen kleinen Prozentsatz der Gesamtbevölkerung. Der Rest gehört zu 'den anderen', den Handlungsobjekten der Spezialisten. Sie machen, so Lippmann, die »verwirrte Herde« aus, vor deren 'Getrampel und Gelärm' wir, die Spezialisten, uns schützen müssen. Beide Klassen haben in der funktionierenden Demokratie eine festumrissene Funktion. Die Spezialisten und Planer kümmern sich um das Interesse der Allgemeinheit, während die 'verwirrte Herde' die Rolle von Zuschauern spielt, hin und wieder jedoch einem Mitglied der Spezialistenklasse Gewicht verleihen darf, indem sie ihm die politische Führung zuspricht. Denn schließlich leben Hüter und Herde in einer Demokratie und nicht in einem totalitären Staat. Deshalb gibt es Wahlen, nach denen die Herde jedoch wieder in die Zuschauerrolle zurückfällt und an den Planungs- und Entscheidungsvorgängen nicht weiter beteiligt ist.

Hinter dieser Theorie steckt eine Logik und sogar ein zwingendes Moralprinzip. Es besagt, dass die Masse der Bevölkerung zu dumm ist, um größere Zusammenhänge zu begreifen. Wenn sie den Versuch unternimmt, sich an der Regelung ihrer eigenen Angelegenheiten zu beteiligen, stört sie lediglich den reibungslosen Ablauf. Darum wäre es unmoralisch und unverantwortlich, dergleichen von ihr zu verlangen. Wir müssen die Herde zähmen, damit sie nicht alles zertrampelt. Ihr die Beteiligung an Entscheidungsprozessen zuzugestehen, wäre ebenso unklug wie ein dreijähriges Kind allein über die Straße laufen zu lassen, weil es mit dieser Freiheit sich selbst und andere gefährden könnte.«

Und damit die Herde nichts zertrampelt, gibt es »liberale« Methoden, diese Herde zu knebeln.

»Die Bürger demokratischer Gesellschaften sollten Kurse für geistige Selbstverteidigung besuchen«, schrieb Noam Chomsky, »um sich gegen Manipulation und Kontrolle wehren zu können«.[835]

Der Informierte ist bereits bewaffnet.

Da eine der Voraussetzungen für die Anwendung manipulativer Methoden gerade darin besteht, dass der Mensch nicht einmal Vermutungen über deren Existenz anstellt und fest davon überzeugt ist, dass er bewusst und frei die richtige Entscheidung trifft, ist die politische Klasse nicht daran interessiert, Wissen über diese Techniken zu verbreiten. Gerade deshalb möchten wir uns mit ihnen etwas ausführlicher beschäftigen. Darüber hinaus ist die Technologie der geistigen Versklavung eine interessante Sache, jeder Bürger hat das Recht zu wissen, wie man ihn hintergeht.

Vor einigen Jahren schrieben zwei Amerikaner, Richard Thaler[a] und Cass Sunstein, ein Buch mit dem Titel »*Nudge*«[836], was zu Deutsch etwa »leichter Stups« heißt. Thaler ist als Verhaltenstheoretiker bekannt und arbeitete lange Zeit mit dem Psychologen Daniel Kahneman zusammen, der den Nobelpreis erhielt, weil er die Methoden der Psychologie in der Wirtschaft einsetzte.

---

a Richard Thaler erhielt 2017 den Wirtschafts-Nobelpreis für seine Nudging-Theorie. Die Königlich-Schwedische Akademie begründete die Entscheidung so: »Seine empirischen Befunde und theoretischen Einsichten waren maßgeblich für die Schaffung des neuen und schnell wachsenden Gebiets der Verhaltensökonomie, die einen tiefgehenden Einfluss auf viele Bereiche der wirtschaftlichen Forschung *und Politik* (Kursiv von mir – V. T.) gehabt hat« (*http://www.manager-magazin.de/politik/weltwirtschaft/nobelpreis-fuer-wirtschaftswissenschaften-2017-a-1172054.html*).

Was kann die Psychologie in der Wirtschaft entfachen?
Es ist kein Geheimnis, dass ein Mensch impulsiv ist und nicht immer rational handelt. Es ist auch kein Geheimnis, dass eine Person nicht nur durch ihr Gehirn, rational, sondern auch durch den Subcortex des Gehirns auf einer unbewussten Ebene beeinflusst werden kann. Kahneman schlug vor, die Psychologie nicht nur für die Analyse des Kaufverhaltens zu nutzen, sondern auch um die Menschen zu der einen oder anderen wirtschaftlichen Entscheidung zu animieren.
In vielen Angelegenheiten hat jeder von uns keine endgültige definitive Meinung. Einerseits ist das gut, andererseits schlecht. Fast immer können wir auf unterschiedliche Weise zu einer bestimmten Lösung gedrängt werden.
Das einfachste Beispiel für »Nudge« ist das Folgende: Im Internet können Sie eine der drei Lösungen wählen – sie sind alle ungefähr gleich, aber nur ungefähr. Was soll man nehmen? Um den Käufer zu einer für den Verkäufer gewinnbringenden Lösung zu drängen, steht ein Häkchen bereits in einem der Felder – mühe dich nicht ab, sagt es, dies ist deine beste Entscheidung. Und wir drücken halbautomatisch die Eingabetaste.
Ich merke es bei mir. »Wünschen Sie eine Reiseversicherung?«, fragt mich beim Kauf eines Flugtickets mein Computer, wo »Ja« bereits angekreuzt steht. Ich habe schon eine permanente Reiseversicherung für die ganze Familie und brauche keine weitere. Dennoch muss ich mich anstrengen, um ein Häkchen bei »Nein« zu setzen.
Damit bin ich nicht allein. Psychologen haben festgestellt, dass ein solcher »Hinweis« (ohne einen offensichtlichen Druck auf den Käufer) den Verkäufern Millionengewinne bringt. Sie können einen Menschen dirigieren.
Um diese Annahme zu bestätigen, wurde ein einfaches Experiment durchgeführt. Man setzte drei Personengruppen vor den Computer und bot ihnen an, eine von drei verschiedenen Optionen zu wählen. Eine Option wurde zuvor von den Entwicklern ausgewählt (»stillschweigende Einwilligung«), und das entsprechende Kästchen enthielt bereits ein Häkchen. Wie der schlaue Leser bereits vermutet, wurde in der ersten Gruppe ein Häkchen in das erste Feld gesetzt, in der zweiten Gruppe – in das zweite, in der dritten – in das dritte. Was kam heraus? Unabhängig davon, was unter eins, zwei und drei stand, wählte die Mehrheit jeder Gruppe »freiwillig« die Option, die von den Experimentatoren im Voraus markiert worden war.
Noch ein Beispiel.
Wegen meines Berufes abonniere ich einige Zeitungen und Zeitschriften. Manche sind besser, andere schlechter. Im Laufe der Zeit fällt mir ein, dass

eine der Publikationen gekündigt werden muss, um Zeit und Geld zu sparen. Dann vergesse ich, es rechtzeitig zu erledigen – und bekomme den mir lästigen Titel ein weiteres Jahr.

Denn psychologisch gut geschulte Verlage boten mir eine »automatische Verlängerung« des Abonnements an – und ich (freiwillig, bei Sinnen) unterschrieb. Die Situation wäre völlig anders, wenn das Abonnement nach einem Jahr unwiderruflich endete und der Herausgeber mich dann an die Verlängerung des Abonnements erinnern müsste, die ich ablehnen könnte. Lässt man mir die Wahlfreiheit? Ja, natürlich. Es ist aber auch offensichtlich, dass der Verlag mich manipuliert hat und mich mit einem kleinen »Schubs« dazu angeregt hat, eine für mich ungünstige Lösung abzunicken.

Jemand denkt für mich. Jemand gibt vor zu wissen, was besser für mich ist. Und für Sie. Haben Sie darüber nachgedacht, warum in Supermärkten an günstigen Plätzen, in den Regalen auf Augenhöhe, teurere Waren liegen? Um preiswertere zu finden, müssen Sie sich bücken oder Ihren Kopf heben. Warum wird Ihre Geldanlage bei der Bank automatisch verlängert, wenn das Geld nicht rechtzeitig abgehoben wird? Es ist nicht schwierig, den Kopf zu senken und das Geld rechtzeitig runter zu nehmen, aber lästig. Darauf wird gebaut: Thaler und Sunstein raten (den Manipulatoren), zwischen Zielperson und der »falschen« Entscheidung eine kleine Schwelle einzurichten, so dass die »falsche« Entscheidung immer mit gewissen Unbequemlichkeiten und Hemmnissen verbunden ist. So führen sie uns zur »richtigen« Wahl.

Psychologen sprechen dabei nicht von Manipulation des menschlichen Verhaltens, sondern nur von einer »Wahlarchitektur«: Ein intelligenter Architekt baut ein solches Labyrinth, das den Konsumenten nur zu dem vom Architekten gewünschten Ergebnis führt.

»Die Annahme, dass die überwältigende Mehrheit der Menschen in den meisten Fällen eine Entscheidung trifft, die ihren Interessen am besten entspricht oder ihnen zumindest mehr entspricht als eine von jemand anderem getroffene Entscheidung, ist *a priori* falsch«, schreiben Thaler und Sunstein. D. h. *nudging* ist eine Beeinflussung der menschlichen Denkprozesse und ihrer Veränderung. Es ist eine solche Einwirkung auf das Unterbewusstsein eines Menschen, dass er (scheinbar frei und bewusst) das tut, was er nicht tun wollte.

Thaler und Sunstein sind kluge Leute. In ihrem Buch geben sie selbst zu, dass der Versuch des Staates, anstelle der Bürger zu entscheiden, nichts Gutes bringen wird. Aber, der Staat dürfe auch nicht wegsehen, überzeugen sie uns. In einer Situation, in der ein Kind ein heißes Bügeleisen anfassen möchte, zieht jede Mutter, egal wie libertär sie ist, die Hand des Kindes weg. So sehen sie den Staat: wie eine fürsorgliche Mutter, die den infantilen Bürgern die richtige Entscheidung vorschlägt. Ihr System der staatlichen »Anstupse« nennen sie »liberalen Paternalismus«. »Paternalismus«, weil der Vater (lat. *pater*) sagt, wie man richtig zu leben hat. Paternalistisch waren die Sklaverei, Monarchien, Sozialismus und Nationalsozialismus, die ihre Untertanen belehrten: Denkt nicht nach, arbeitet, alles ist bereits zu deinem eigenen Wohl entschieden.

Nudging in einem Topf mit Sklaverei und Nationalsozialismus? Kategorisch »Nein«!

Daher haben Autoren zum Paternalismus das Wort »liberal« hinzugefügt, angeblich, weil man frei wählen könnte.

Dies ist natürlich eine arglistige Täuschung. Weil der Mensch nur hypothetisch ein Wahlrecht hat. Wenn die psychologische Verhaltensänderung keine Ergebnisse hervorbrächte, würde sie niemand anwenden. Einem Bürger verbleiben nicht mehr Wahlrechte als einem Patienten in einer Hypnosesitzung.

Nach und nach werden wir in den geschulten Händen anderer zu Affen. Das Positive dabei: Wir fühlen uns nicht wie Affen. Darüber hinaus werden wir weiterhin davon überzeugt, dass wir das Volk sind, wir sind der Souverän, der Träger der höchsten Staatsmacht.

Ich wollte dieses Beispiel nicht anführen, aber es ist zu bezeichnend! »*Nudging*« ist keine Erfindung amerikanischer Autoren, sondern eine Entdeckung. Die Entdeckung des Alten.

Unter Hitler wurden alle Reichstagswahlen (es waren drei: November 1933, 1936 und 1938) »alternativlos« abgehalten – nur die Liste der NSDAP stand zur Wahl. Auf den Wahlzetteln von 1933 und 1936 gab es nur ein Kästchen »dafür« und es gab überhaupt kein Kästchen »dagegen«. Derjenige, der dagegen war (*nudging*!), musste seinen Willen aufschreiben. Bei den Wahlen von 1938 gab es – demokratisch! – bereits zwei Kästchen: ein großes »dafür« und daneben ein deutlich kleineres (*nudging*!) – »dagegen«. 1933 wurden 92% der Stimmen und 1936 wie 1938 fast 99% der Stimmen für die Partei Hitlers abgegeben. Offenbar spielten auch die »Kästchen« bei diesen Ergebnissen eine Rolle.

All das wäre heute nicht so beängstigend, wenn nicht bereits Experten für psychologische Verhaltensmodellierung in den Administrationen des US-Präsidenten und des britischen Premierministers arbeiteten. *Nudging* ist dort bereits alltäglich geworden. 2015 wurden drei Fachleute – mit »hervorragenden psychologischen, soziologischen, anthropologischen, verhaltensökonomischen bzw. verhaltenswissenschaftlichen Kenntnissen«[837] – für das Amt der deutschen Bundeskanzlerin gesucht. »Merkel will Psycho-Trainer anheuern«, schrieb die Bild-Zeitung im März desselben Jahres.[838] Man muss verstehen: Diese Psycho-Trainer sind nicht für sie. Sie sind für uns.

Natürlich wird versucht, den Plebs davon zu überzeugen, dass die Methoden der psychologischen Manipulation nur zum Nutzen der begriffsstutzigen Bürger selbst verwendet werden. 30 Experten für Verhaltensmodellierung arbeiteten für Obama – sie sollten angeblich falsche Ernährung und Übergewicht der Amerikaner bekämpfen. Aus irgendeinem Grund nahm Sunstein aber auch am Wahlkampf von Barack Obama teil und war 2009-2012 Direktor des Amtes für Information und Regulierung (*Office of Information and Regulatory Affairs*) im Weißen Haus.

Der Republikaner Trump scheint in dieser Hinsicht ein guter Jünger des Demokraten Obama zu sein. Ihm wird vorgeworfen, »der Demokratie (in den USA selbst – V. T.) durch »Psy Ops« – Operationen der psychologischen Kriegsführung – zu schaden«. Sogar der US-Kongress untersuchte »Psycho-Tricks« in Trumps Wahlkampf.[839] Allerdings: *Quod licet Jovi, non licet bovi*, also: Was dem Jupiter, Obama, erlaubt ist, ist dem Ochsen, Trump, nicht erlaubt.

In Großbritannien will man angeblich auf diese Weise nur die Zustimmung der Menschen erhalten, ihre Organe für die Transplantation im Falle ihres Todes zu verwenden.

In Deutschland machte Justizminister Heiko Maas persönlich Werbung für *Nudging*: »Mit einem kleinen Stups in die richtige Richtung lässt sich manchmal mehr für Verbraucherinnen und Verbraucher erreichen als mit mehr staatlichem Zwang und Verboten.«[840]

Aber warum kann man Menschen nicht in Ruhe lassen? Warum gibt man ihnen nicht die Freiheit, selbst die, mit ihrem Geld und ihrer Gesundheit dumm umzugehen. Wo bleibt der gepriesene Liberalismus, der uns viel Freiheit und wenig Staat versprach? Wer hat gesagt, dass die Entscheidung des Staates die einzig richtige ist?

Aber die noch wichtigere Frage lautet: Wer sagt, dass die Menschen nur in wirtschaftlichen, nicht in sozialen oder politischen Angelegenheiten »angestupst« werden? Warum kann der Staat seine Bürger nicht so lange manipulieren, bis er daraus eine schlaffe Biomasse bekommt? Bis er uns vorschreibt, was wir denken, wie wir uns verhalten und wie wir die Welt wahrnehmen sollen?

All das war früher: primitive oder kreative PR, Politberater und Spin-Doktoren. Jetzt steht alles auf einer wissenschaftlichen psychologisch-psychiatrischen Grundlage. Im 21. Jh. wird der Kampf offensichtlich nicht nur um (traditionelle) Ressourcen, sondern auch um die Beeinflussung der Menschen geführt, denn wer einen solchen Einfluss hat, wird auch über Ressourcen disponieren.

In den Vereinigten Staaten berichtete eine Gruppe von Wissenschaftlern unter der Leitung von Professor Bradley Greger (*University of Utah*) im September 2010, dass Gehirnsignale erstmals in Sprache umgewandelt worden seien.[841]

Das Experiment wurde an einem Epilepsie-Kranken durchgeführt. Dem Patienten implantierte man in der Region des Sprachzentrums des Gehirns 16 Elektroden. Dann nahmen die Wissenschaftler elektromagnetische Signale auf, die vom Gehirn in dem Moment ausgestrahlt wurden, als der Patient 10 Wörter aussprach. Auf diese Weise wurde die Verbindung zwischen Worten und Gehirnsignalen hergestellt. Dann durfte der Patient nicht reden, sondern nur denken. Der Apparat, der für das Experiment entwickelt worden war, fing Impulse ein, verwandelte sie in Worte und baute sogar Sätze daraus. Nachdem solche Signale eingefangen worden waren, konnte man also verstehen, was z. B. eine gelähmte Person, die nicht sprechen kann, sagen will. Natürlich muss man vorher für eine große Gruppe von Wörtern ein Signalsprache-Wörterbuch erstellen. Dies ist jedoch eine Frage der Zeit und der Technik. Grundsätzlich war die Technologie geboren, die Gedanken eines anderen zu lesen.

Wenn solche Ergebnisse von »zivilen« Wissenschaftlern erzielt wurden und sie offen darüber informiert haben, bedeutet dies, denke ich, dass solche Entwicklungen seit langem in, durch den militärisch-industriellen Komplex und spezielle Diensten gut finanzierten, geschlossenen Forschungseinrichtungen durchgeführt werden und viel weiter gegangen sind. Zumindest war dies bei fast allen »bahnbrechenden« Technologien der Fall – in der Kernphysik, Virologie, Computertechnologie...

Wenn Gedanken durch Impulse gelesen werden können, können sie auch durch elektromagnetische Strahlung VON AUSSEN gesteuert werden. Die Rätsel des Gehirns sind gigantisch, die Möglichkeiten der Wissenschaft auch, daher kann eine solche Entwicklung nicht ausgeschlossen werden. Den Feind zu »hypnotisieren«, ihn zu zwingen, das zu tun, was man braucht, ist eine durchaus attraktive Idee einer neuen Waffe.

Die militärischen Programme eines solchen Einflusses (glauben wir) exis-

tieren jedoch immer noch nur in der Theorie, die »zivilen« arbeiten aber bereits effektiv! Der Hauptunterschied besteht darin, dass die »Waffe« potentiell auf den Feind gerichtet ist und die Manipulationsprogramme einer liberalistischen Gesellschaft – auf ihre eigenen Bürger.
Eines von ihnen sind die *Overton-Fenster*, eine Gehirnwäsche-Technik, die Rezipienten schrittweise von »Undenkbarem« über die »Humanisierung« zum »Akzeptablen«, »Sinnvollen« und letztlich zum politischen Umsetzen führt.[a]
Einer der Anhänger von Overton-Ideen, Präsident des *Mackinac Public Policy Center*, Joseph Lehman, ist der Überzeugung, dass ausgerechnet mit Hilfe der in den »Fenstern« beschriebenen Technologien die Öffentlichkeit in den Vereinigten Staaten von den Vorteilen der »Prohibition«, der allgemeinen Krankenversicherung, der Notwendigkeit des Kriegs im Irak überzeugt wurde.
Weitere Themen, die sich derzeit in verschiedenen Stadien der »Fenster«-Bewegung befinden, sind offensichtlich die Unterstützung einer »vernünftigen und zweckdienlichen« Migration vom Süden in die Länder des Nordens, die Schaffung einer multikulturellen Gesellschaft, die Umweltfolgen der Schiefergasproduktion durch Fracking, »Ehe für alle«, die Adoption von Kindern durch Homosexuelle, Pädophilie, Kindereuthanasie, Inzest... Letzteres – zum Beispiel in Deutschland.[b] In Norwegen hat die Vertreterin der Linken Sozialistischen Partei, zwischen 2012 und 2013 Ministerin für Kinder, Gleichstellung und Inklusion, Inga Marte Thorkildsen (geb. 1976), zugegeben, dass Inzest und Pädophilie im Land weit verbreitet sind. Daher ist es notwendig, den Unterricht in einem solchen Fach in der Grundschule

---

a Die Technik selbst wird hier beschrieben: *http://de.wikimannia.org/Overton-Fenster*. Hineinschauen lohnt sich.

b Hier sind wir bereits, wenn man die Überschriften der einflussreichen deutschen Medien liest, in der Phase der *Humanisierung der Gesetzesbrecher*: »Inzest: Die verbotene Liebe von Patrick und Susan« (Welt, *https://www.welt.de/politik/article1796817/Die-verbotene-Liebe-von-Patrick-und-Susan.html*); »Inzest: Das sagt eine Betroffene über die Liebe zu ihrem Halbbruder« (Augsburger Allgemeine, *https://www.augsburger-allgemeine.de/politik/Inzest-Das-sagt-eine-Betroffene-ueber-die-Liebe-zu-ihrem-Halbbruder-id31600382.html*); »Inzest-Verbot: Wie Deutschland Geschwisterliebe bestraft« (Stern, *https://www.stern.de/panorama/stern-crime/inzest-verbot-wie-deutschland-geschwisterliebe-bestraft-3062326.html*); »Inzest-Urteil: Inzest ist in vielen Ländern nicht strafbar« (Focus, *https://www.focus.de/panorama/welt/tid-9231/inzest-urteil_aid_265018.html*).

einzuführen, angeblich, um Kinder aufzuklären, wie heimtückisch Erwachsene sein können...[842]

Fassen wir zusammen und wie oft bei einer Zusammenschau können wir auf Wiederholung einiger grundlegender Thesen nicht verzichten.

Staatsmodelle der Vergangenheit waren oft paternalistisch, die Regierung übernahm die Lösung aller politischen und vieler Alltagsprobleme. Weise Potentaten beherrschten dumme Völker. Der Weg zum Glück eines jeden wurde vom Parteitag gewählt. Derjenige, der dieses Glück nicht wollte, wurde mit Gewalt dorthin geschleppt oder siechte im Gefängnis. Der Mensch wurde durch eine geschenkte »Beglückung« vergewaltigt. Weil die paternalistischen Staaten gleichzeitig autoritär waren: Der Paternalismus war, wie gesagt, charakteristisch für Sklaverei, monarchistische, absolutistische, sozialistische und faschistische Staaten.

Jetzt dominiert in der Wirtschaft der Markt; der Markt gibt uns Freiheit, auf dem Markt entscheidet jeder für sich selbst. Die Marktwirtschaft wird zur Grundlage des Liberalismus als sozio-politische Ideologie, die wiederum die soziale und wirtschaftliche Ordnung, das politische System, bestimmt.

Als Neoliberalismus wird so eine Marktwirtschaft bezeichnet, die die Rolle des Staates auf ein Minimum reduziert. Der Eckpfeiler des Liberalismus ist die Unantastbarkeit der Menschenrechte und Freiheiten. Menschliche Freiheiten, zusammen mit Menschenrechten, sagen Liberalisten, stellen den höchsten Wert dar. Sie behaupten, dass der Staat auf gar keinen Fall vorhaben dürfte, jemanden vor irgendetwas zu schützen: Unabhängig von den Fehlern, die wir machen, kann kein Beamter unsere Bedürfnisse und Lebensumstände besser einschätzen als wir selbst. Wir können frei entscheiden, was wir mit unserer Gesundheit, unserem Geld, unserem Leben und unseren inneren Organen nach dem Tod tun.

Doch die in der gegenwärtigen post-industriellen Gesellschaft praktizierte Manipulation des Verhaltens der Bürger, von denen wir einige oben angeführt haben, die Anwendung psychologischer Einflussmethoden auf unsere Entscheidungen, der Wunsch, nicht nur im Voraus unsere Präferenzen herauszubekommen, sondern uns zu bestimmten Handlungen zu drängen, multipliziert mit den Möglichkeiten der Informationsgesellschaft, die bei Bedarf fast alle Lebensgeheimnisse eines jeden offenlegen kann – negieren die liberalen Parolen und zeigen mit aller Klarheit, dass diese Gesellschaft wieder aktiv zur totalitären Kontrolle und Manipulierung der Menschen, zur »Autokratie mit einem demokratischen Schleier« zurückgekehrt ist – auf einer neuen Einflussebene.

Ja, anstelle von Gewalt und Geld leuchteten andere Arten von Einfluss auf, neue Werkzeuge, aber der Kern blieb gleich: Die Macht beschränkt nach wie vor die Freiheit des Bürgers, unterjocht ihn.
Der Liberalismus kritisiert zu Recht Kommunismus und Faschismus insbesondere für die Tatsache, dass diese Ideologien eines der Ziele darin sahen, »den neuen Menschen« einer kommunistischen oder nationalsozialistischen Zukunft zu erziehen. Das heißt, aus ideologischen Gründen, ob man will oder nicht, ob einverstanden oder nicht, dich, dein Verhalten, deine Denkweise müssen gebrochen werden. Immerhin können die Vorstellungen vom »neuen Menschen« variieren. Ganz zu schweigen von der Tatsache, dass sie sich als falsch herausstellen oder (wie es geschehen ist) nicht der physischen und geistigen Natur des Menschen entsprechen.
Die Natur wurde im Namen der Ideologie gebrochen.
Der Liberalismus stellt sich nicht offen die Aufgabe, einen »neuen Menschen« zu formen. Mit all seiner Praxis tut er dies jedoch, indem er Menschen dazu zwingt, gemäß den vom Liberalismus proklamierten »Werten« zu handeln und zu leben.
Der liberalistische Staat, der schwört, die Freiheit in allem verteidigen zu wollen, ist tatsächlich ein Staat des organisatorischen und psychologischen Diktats. Und das politische Regime, das wir gewöhnlich als »repräsentative Demokratie« bezeichnen, die auf dem gleichen Einfluss aller Bürger auf den Ausgang des politischen Prozesses beruhen sollte, ist bestenfalls eine manipulative Demokratie, bei der ein Teil der Gesellschaft (politische Klasse) einen anderen Teil manipuliert, oder im schlimmsten Fall bedeutet das die Tyrannei einer mickrigen Gruppe über das ganze Volk.
Zu wahrer Demokratie gehört bekanntlich die Übertragung des Volkswillens von unten nach oben, wobei die »da oben« nur die Diener des Volkes sind. In liberalistischen »Demokratien« schickt die »Spitze« ihren Willen nach unten, zu den »ausführenden Personen«, zum Volk, das – theoretisch – der Souverän im Staate ist. 2019 veröffentlichte das bekannte US-amerikanische Meinungsforschungsinstitut *Pew Research* seine Studie zur Demokratieakzeptanz. In sechs europäischen Staaten zeigte sich eine Mehrheit unzufrieden darüber, wie die Demokratie funktioniert: in Frankreich 51%, in Ungarn – 53%, in Großbritannien – 55%, in Italien – 70%, in Spanien – 81%, in Griechenland – 84%. In Deutschland waren es 43% – das ist ein Anstieg um 17% im Vergleich zum Vorjahr.[843]
Wir merken: Die Menschen beklagen nicht die Demokratie an sich, sondern ihr »Funktionieren«.

Daher überrascht es nicht, dass David Halpern, Chefanalyst der Strategieabteilung in der Regierung von Tony Blair und Leiter des britischen Nudging-Programms, sich als »strategischer Berater der britischen Regierung in Glücksangelegenheiten« vorstellte.
Ich erinnere mich an eine Univorlesung eines berühmten ukrainischen Neurologieprofessors über das Glück. »Glück?«, hatte er uns Studenten rhetorisch gefragt, »Glück ist die maximale Reizung des Zentrums für das Angenehme im Gehirn. Dies kann mit Chemikalien, elektromagnetischen Wellen oder elektrischem Strom erreicht werden.«

Wie man ideologische Bewegungen ausspielt

In jeder Gesellschaft, auch in einer totalitären, gibt es Menschen, die mit der »Parteilinie«, den Launen des Diktators oder dem sogenannten »Mainstream«, d. h. der dominierenden Ideologie, nicht einverstanden sind.
Dieser »Mainstream« befindet sich – in einer etwas primitiven, veralteten, aber anschaulichen Interpretation – immer im Zentrum, in der Mitte. Dissidenten kritisieren »Mainstream« immer von »links« und von »rechts«.[a] Selbst in Diktaturen mangelt es manchen an Freiheit, während andere die Muttern noch enger anziehen wollen.
»Mainstream« versucht diese »irregulären Bürger« (unter Stalin wurden sie »linke und rechte Abweichler«, Trotzkisten, Volksfeinde und Spione der kapitalistischen Staaten genannt) zu bekämpfen. In Diktaturen geschieht dies mit Hilfe von Gewalt: Gesetze, die auf den »Mainstream« zugeschnitten sind, Miliz, Polizei, Gendarmerie, Geheimdienste. Der gesamte sogenannte Staatsapparat der Gewalt existiert ja nicht primär, um die Rechte der Bürger zu schützen, wie uns eingetrichtert wird, sondern um der herrschenden Klasse ihren unendlichen Verbleib an der Macht zu sichern.
Als wirtschaftlich ineffiziente Systeme verschwinden Diktaturen allmählich von der politischen Weltkarte. »Demokraten« – hauptsächlich die USA und ihre europäischen Satelliten – kämpfen gegen die »letzten Diktatoren« in

a Ich nehme die Wörter »links« und »rechts« in Anführungszeichen, weil diese Unterteilung vor langer Zeit hinfällig geworden ist, und hier brauche ich sie nur zur Vereinfachung der Darstellung.

Europa, Asien, Afrika und Südamerika. Natürlich ist »Demokratie« nur ein Vorwand – tatsächlich ist es ein Kampf um Einflusssphären und Ressourcen. Wir würden gar nicht erfahren, dass im Irak, in Libyen oder in Venezuela Diktatoren herrschen, wenn in diesen Ländern keine riesigen Öl- und Gasvorkommen vorhanden wären. Dort, wo ein solcher Einfluss bereits besteht, schämen sich weder die Vereinigten Staaten noch ein vereinigtes Europa, den Marionetten mit diktatorischen oder zumindest autoritären Allüren (zum Beispiel in Afghanistan) die Macht zu übergeben, oder jahrzehntelang Despoten zu ertragen (zum Beispiel in Saudi-Arabien, in Katar und in den Vereinigten Arabischen Emiraten).

Im Laufe der Zeit werden Diktaturen durch liberale Regime ersetzt – als vor allem wirtschaftlich effizientere. Der Einsatz von Schlagstöcken, Tränengas, Schusswaffen, Wasserwerfern, gepanzerten Fahrzeugen, um Demonstrationen auseinander zu jagen und Gerichtsprozesse gegen Dissidenten verursachen immer größere öffentliche Unzufriedenheit.

Aber einmal an der Macht, muss man diese Macht halten, das »Pack« zu Gehorsam zwingen. Daher rückte die Ideologie an die Stelle von Gewalt, verstärkt durch die Psychologie. Der riesige ideologische Apparat der herrschenden Klasse (Forschungsinstitute, politische Stiftungen und Parteien, Bildung und Erziehung, Zeitungen, Radio, Fernsehen, Kino, Theater...) mit Unterstützung des großen Kapitals überzeugt die Bürger, dass es nicht dienlich sei, sich gegen die Regierung aufzulehnen, sie tue doch alles für ihre Bevölkerung.

Diejenigen, die die Machthaber kritisierten, würden dem Land schaden, arbeiteten für den Feind (der immer zur Hand ist), würden wirtschaftliche Schwierigkeiten schaffen, und wenn wir eines Tages schlechter lebten, dann sei es gerade wegen solcher Meckerer. Forderungen nach Anhebung der Löhne, Sorge um die Natur (aus Sicht der Globalisten-Kapitalisten ungerechtfertigte Investitionen!) stoßen sofort auf Androhung, die Produktion in ein anderes Land zu verlagern und die Arbeitnehmer im Heimatland zu entlassen. Während der Debatten über den Militärhaushalt gibt es immer, wie Pilze nach dem Regen, Berichte über unzureichende Ausrüstung der Armee (die uns nicht mehr schützen kann), und das Fernsehen sendet von früh bis spät Clips mit Manövern eines möglichen Gegners.

Die größte Bedrohung für die herrschende politische Klasse sind die legalen politischen Parteien, die sich nicht für kosmetische Veränderungen aussprechen (dies ist der Tätigkeitsbereich der zentristischen Parteien, auf deren Schultern der Mainstream steht), sondern für grundlegende. Als

grundlegend gelten heute in Europa Veränderungen, die die Rolle des oligarchischen Kapitals im politischen und öffentlichen Leben einschränken oder die Unabhängigkeit in der Innen- und Außenpolitik, das heißt, die Souveränität des Landes herstellen. Unnötig zu erwähnen, dass wir bei der absoluten Mehrheit der Länder der westlichen Hemisphäre von der Abhängigkeit von den Vereinigten Staaten von Amerika reden.
Parallel zu den legalen politischen Parteien gibt es oft auch Randgruppen, »extremistische Bewegungen«, die gleiche – radikale – Veränderungen anstreben, aber andere – nicht immer gewaltfreie – Kampfmethoden bevorzugen.
Unsere Frage lautet: Warum sind diese radikalen Bewegungen (äußerlich mächtigere, mit Molotow-Cocktails, Gewehren, Sprengstoff – und viel Testosteron) für das Establishment weniger gefährlich als legale Parteien?
Tatsache ist, dass eine radikale Bewegung, die auf revolutionäre Weise an die Macht kommen will, garantiert die volle Härte des Polizeiapparates und, falls erforderlich, der Armee sowie ausländischer Satelliten spüren wird. Das »revolutionäre« Szenario in der modernen Welt ist nur mit Unterstützung – offen oder geheim – der USA und der NATO- und EU-Länder möglich. Eine Reihe von »Farbrevolutionen« ist der Beleg dafür. In allen Ländern der »Farbrevolutionen« wurden die den USA illoyalen Regime durch gehorsamere ausgetauscht – mit stillschweigender Zustimmung oder ideologischer, politischer und finanzieller Unterstützung der USA (wir sind nicht so naiv, um nicht zu verstehen, dass in solchen Fällen Geld nicht über offizielle Konten des US-Außenministeriums geht, sondern über getürkte Strukturen...).
Daraus geht klar hervor: In keinem sogenannten »liberal-demokratischen« Land werden Revolutionen unterstützt, im Gegenteil, sie werden von einer mächtigen Dampfwalze an Gewaltmaßnahmen zermalmt.
Daher ist der einzige Weg an die Macht der parlamentarische, legale, auf dem die politischen Parteien stehen.
Der Kampf jeder »zentristischen« Regierung mit den »linken« und »rechten« Parteien setzt nicht eine einzige Minute aus, die gesamte Innen- und Außenpolitik des Staates ist ihm untergeordnet. Da jedoch die alten Methoden eines solchen Kampfes (siehe oben – Wasserwerfer und Gefängnisse...) in der Gesellschaft auf Ablehnung stoßen, werden im 21. Jh. raffiniertere, subtilere, verfeinerte Methoden verwendet. Das heißt, das Ziel, die Macht um jeden Preis aufrechtzuerhalten, bleibt seit Jahrhunderten unverändert, die Methoden dieser Beibehaltung haben aber dramatische Metamorphosen erfahren.

Eine dieser Herangehensweisen (aber nicht die erste und nicht die letzte) ist die Instrumentalisierung der ideologischen Bewegungen.
Bevor wir zu eigentlichen Manipulationen übergehen, lohnt es, den grundlegenden Unterschied in den Positionen des »Mainstreams« und der radikalen (also derjenigen, die nicht A durch B ersetzen möchten, sondern sich systemische, grundlegende Änderungen wünschen) Parteien sowie die persönliche Wesensart, die Prägung der Anhänger von »Mainstream« und radikalen Bewegungen zumindest kurz zu diskutieren.
Die Mitglieder der zentristischen Parteien können Idealisten sein, sie können aber auch Realisten sein, Anpassungskünstler, die ein komfortables und gewinnbringendes Pöstchen im Staatsapparat erhalten wollen, wenn die Partei an die Macht kommt (und wenn sie zum Mainstream gehört, wird das eines Tages passieren).
Diejenigen, die die Zielstellung der radikalen Partei (die am äußersten Rand des politischen Spektrums steht, wir verwechseln aber den Radikalismus nicht mit Gewalt…) teilen, sind ausschließlich Idealisten (nicht im philosophischen, sondern im alltäglichen Sinne des Wortes), weil sie (praktisch) keine Chance haben, an die Macht zu kommen, weil die gesamte ideologische und politische Maschine des Staates gegen sie arbeitet. Deshalb kämpfen sie nicht für ein warmes Plätzchen und persönliches Wohlergehen, sondern für eine hohe Idee.
Im Kampf hoffen sie auf eine Revolution, die man auch mit einer Minderheit in Gang setzen kann. Der Ausspruch: »Idealisten konzipieren Revolutionen, Romantiker setzen sie um, und Schurken stehlen ihre Früchte«[a] passt auf sie. Warum Pragmatiker (gleich Schurken) immer die Früchte der Revolutionen nutzen, ist eine andere Geschichte.
Idealisten sind Menschen mit besonderer Mentalität und besonderem Charakter. Sie neigen dazu, die Personen und Phänomene zu überschätzen, glauben an die Güte, Ehrlichkeit und den Anstand der Menschen, die ihnen nahe stehen, und versuchen, alle ihre Handlungen mit würdigen, zumindest unschuldigen Impulsen zu erklären. Bei Idealisten haben die Interessen der Gesellschaft immer Vorrang vor privaten; geistige Interessen stehen über materiellen. Idealisten glauben an den Triumph der höheren Prinzipien der sittlichen und geistigen Ordnung und vernachlässigen daher bewusst die wirklichen Lebensbedingungen. Sie haben sich hehren Idealen verschrie-

a Dieser Spruch wird dem schottischen Essayist und Historiker Thomas Carlyle (1795-1881) zugeschrieben.

ben und lassen sich in ihrem täglichen Leben von ihnen leiten. Sie sind Träumer.

Der russische Autor Alexander Kruglow verglich in seinem ausführlichen Aufsatz Idealisten mit Realisten.[844] Nach Ansicht des Autors leben die Realisten von »wie es ist« (»es hat sich so ergeben«, »es wurde nicht von uns erfunden«, »es ist so üblich« usw.) und Idealisten von »wie es sein sollte«. Der Idealist ist das Gegenteil des Spießbürgers. Die Fixierung eines Idealisten auf »wie es sein sollte« ist so natürlich, dass er nur mit großer Willensanstrengung eine engstirnige Sicht der Dinge und die entsprechende Psychologie erfassen kann. Der Idealist versteht den Biedermann aufrichtig nicht. Er ist überzeugt, dass alle Menschen um ihn herum Idealisten sind, die historische Entwicklung idealistisch ist und wer nicht so ist, ist ein Wilder oder ein Verbrecher.

Die Norm menschlichen Verhaltens für einen Idealisten ist ein Ideal. Daher zieht der Idealist dem, was ist (gewöhnlich, traditionell, das Schlechtere), das vor, was sein wird (er glaubt, das Bessere). Daher ist der gegenwärtige Stand der Dinge für einen Idealisten nicht die ultimative Wahrheit und kann für ihn kein Gesetz sein. Im menschlichen »Ich« liegen die Interessen des Idealisten außerhalb seines persönlichen Vorteils. Menschen, die bereit sind, das Leben für eine Idee zu opfern, lehnen die Sachwerte grundsätzlich ab. Weil sie nach dem Verlust des Lebens keine Werte nutzen können werden. Für etwas Materielles machen die Idealisten keinen Finger krumm. Unter den Idealisten gibt es nicht wenige Don Quichottes, die nach angelesenen oder erfundenen Vorstellungen von der Wirklichkeit leben und die Realität nicht angemessen wahrnehmen. Sie stechen hervor durch den Edelmut, einen hohen »ritterlichen« Kodex. Sie werden eher von positiven Impulsen geleitet als von nichtigen ominösen Leidenschaften.

Unter den Idealisten gibt es viele jugendliche Menschen, weil Menschen ausgerechnet in jungen Jahren (das ist bekannt) häufiger Idealisten sind. Daher bemühen sich viele in ihrer Jugend, »die Welt umzugestalten«, um sie besser zu machen. Im Laufe der Zeit »reifen« einige Idealisten, passen sich an das soziale Umfeld und an das Leben »wie es ist« an. Einige bleiben aber »Nicht-Erwachsene« und glauben weiterhin »an die Wahrheit«, wie Kruglow schreibt, »diese Ableitung der Kindermärchen«, und bemühen sich, dies »wie es sein sollte« zu erreichen.

Eine aufrichtige Orientierung an einer (subjektiven) »Wahrheit«, daran, »wie es sein sollte«, setzt eine Orientierung an der »ratio«, an den eigenen Kopf, voraus. Dies bedeutet, dass der »Idealist« immer alles selbst einschätzt

und alles mit seinem Verstand überprüft. Schließlich kann die Wahrheit nicht als Order von oben nach unten geleitet werden, sie ist kein Produkt der Macht. Sie ist die Basis für den geistigen Zustand des Idealisten.
Wenn er irgendwann einmal überhaupt nicht mit der Realität warm werden kann, ist aus Sicht des »Realisten« ein solches Verhalten nur »unvernünftig«, »aberwitzig«. So zu leben bedeutet ja, »gegen den Wind zu spucken«. Und das ist es nicht wert.
Da »wie es sein sollte« nur ein Traum ist, der nicht von der Lebenspraxis bestätigt wurde, fehlen einem »Idealisten« oft Beweise und Argumente, um eine idealisierte Zukunft zu begründen. Daher ist ein Idealist in manchen Fällen geneigt, sich nicht nur auf die Vernunft zu verlassen, sondern weitgehend auf den Glauben, da der Glaube auch keinen Nachweis der Existenz des Allmächtigen erfordert. Ein solcher Glaube ist für Idealisten charakteristisch: Er nimmt einen Schluck Wasser zum trockenen Brotkanten und glaubt an die unmittelbar bevorstehende Prosperität oder den Kommunismus auf der ganzen Welt. Für Idealisten ist ihr Ideal ein Heiligtum; dieses Gefühl in seiner Stärke und seinem Einfluss auf das menschliche Bewusstsein entspricht dem religiösen.
Es ist praktisch unmöglich, dem »Idealisten« die Irrtümer seiner Urteile zu beweisen (wenn er nach Jahren harten Nachdenkens nicht selbst zu einem Positionswechsel kommt...), deshalb gibt es unter ihnen nicht wenige Fanatiker, die ihre Fehler eifrig verteidigen.
Ein solches psychologisches Porträt eines Idealisten eignet sich am besten für die beiden Gruppen von politischen Himmelstürmern und Weltverbesserern (nennen wir sie der Einfachheit halber weiter »rechte« und »linke«, von denen jede an ihre eigene Fantasiewahrheit glaubt), um sie aufeinander zu hetzen. Denn für die neoliberale Gesellschaft sind die extremen Bewegungen – sowohl »linke« als auch »rechte«, aber beide kollektivistische – gleich gefährlich.
Da die Ideale der »Linken« und der »Rechten« unterschiedlich sind und sie sie mit allen Mitteln erreichen wollen, kommt es zu natürlichen Reibungen zwischen ihnen. Manipulatoren verschärfen, verabsolutieren diese Gegensätze. Sie behaupten, beide Lager können nichts Gemeinsames haben, da dies eben niemals sein kann.
Die vorurteilsfreie vergleichende Analyse der Programmthesen von »Rechten« und »Linken« ruft bei den Liberalisten Zähneknirschen hervor, da eine solche Analyse merkwürdige Dinge hervorbringt: In Wirklichkeit weisen die politischen Ansichten dieser Gruppen viel Gemeinsames auf. Sowohl

diese als auch jene sind gegen den Imperialismus, gegen die Oligarchie, für soziale Gerechtigkeit, für die Bekämpfung der Armut, für die Interessen eher armer Menschen, gegen Ausbeutung, gegen die Macht des Kapitals, gegen liberalistische »Werte«, gegen den Globalismus, gegen die Monopoldiktatur und den US-Wunsch, globale Geschicke zu lenken...[a]

Die Manipulatoren verschweigen eine solche Vereinbarkeit von Positionen und heben die Meinungsverschiedenheiten hervor. Der Idealismus neigt leider dazu, die Ansichten zu »wie es sein sollte« zu generalisieren. Man nimmt »Grau« nicht einmal wahr, wenn man an »Schwarz« glaubt. Der Unterschied zwischen (gemäßigten) »Linken« und (gemäßigten) »Rechten« ist in der Realität der Unterschied zwischen »Hellgrau« und »Dunkelgrau«. Die Aufgabe der Hetzer besteht genau darin, beide Lager davon zu überzeugen, dass dies ein Unterschied wie zwischen Weiß und Schwarz ist. »Mainstream« behauptet, dass diese beiden Weltanschauungen antagonistisch sind, und deshalb geht ein Idealist auf die Barrikaden, um für sein Ideal einem »Andersgläubigen«, das heißt einem anderen Idealisten, den Kopf einzuschlagen.

Den Manipulatoren nützt auch die Tatsache, dass unter den Idealisten, wie schon gesagt, eine beträchtliche Anzahl junger Menschen sind: Übermütig und waghalsig gehen sie leicht über die gesetzlich erlaubte Grenze hinaus, ihr Testosteron schwappt über den Rand...

Vereinfachend förderlich werden im politischen Manipulationsprozess diesen Bewegungen »Etikette« zugeordnet: Einige werden *Faschos* und *Neonazis*, andere *Antifaschisten* genannt. Daher scheint es natürlich zu sein, dass sie sich wie Materie und Antimaterie gegenseitig vernichten müssen. »Mainstream«, der immer rechtzeitig Öl in das Feuer der Feindseligkeit gießt, bleibt in der Rolle des lachenden Dritten. Indem er diese politischen Bewegungen gegeneinander aufstachelt, neutralisiert er sie mit ihren eigenen Händen und bekommt Zeit, Geld und Kraft frei für die weitere eigene ungestörte Machtausübung.

---

a Manch einer meint, dass es mit der US-amerikanischen globalen Hegemonie längst vorbei sei. Dem ist nicht so. Vor allem möchten die Amis selber diesen Status nicht aufgeben – so wie der Autor des Artikels »American Hegemony Is Here to Stay« in *The National Interest* (11. 06. 2015) Salvatore Babones: »Die US-Hegemonie ist jetzt so fest wie noch nie und wird es noch lange bleiben.« (*https://nationalinterest.org/feature/american-hegemony-here-stay-13089*)

Politische Korrektheit und »Gedankenverbrechen«

Der russische Neurophysiologe und einer der Gründer der Dissidentenbewegung in der UdSSR, der langjährige GULAG-Gefangene und Zwangspatient in sowjetischen psychiatrischen Anstalten, der Autor des *Psychiatrie-Handbuches für Andersdenkende*[845], der unter Breschnew aus der UdSSR ausgebürgerte Wladimir Bukowskij erzählte einmal diese Geschichte: »Zum ersten Mal stieß ich auf die politische Korrektheit 1983 oder 1984. Ich ging in mein Labor, und zwei Mädchen kamen mir entgegen die Treppe herunter. Ich hielt die Tür für sie auf. Sie sahen mich mit Verachtung an und sagten: 'Männliches chauvinistisches Schwein' (*male chauvinistic pig* – V.*T*.). Ich habe nichts verstanden und war sehr verwundert. Ich erzählte das meinen Kollegen, sie fingen an zu lachen: 'Ja, sie sind aus der *University of Berkeley*. Von dort kommen alle linken radikalen Bewegungen. Das ist eine neue Mode – Feministinnen; sie sagen, wenn wir Männer eine Frau wie eine Frau behandeln, demütigen wir sie damit.' Feministinnen lehren, dass 'Frau' ein soziales Konzept sei. Wenn Männer mit Frauen wie mit Männern umgingen, würden Frauen zu Männern: unser Benehmen ihnen gegenüber macht aus ihnen Frauen, Frauen sind Opfer männlicher Stereotype.

Dieses in Berkeley geborene Konzept verbreitete sich außerordentlich schnell auf der ganzen Welt. 1984 haben wir darüber gelacht – nach 10 Jahren hat es die ganze Welt erobert. Alle Universitäten haben Lehrstühle für Gender-Studien eröffnet. Für mich hat sich an den Beziehungen zwischen den Geschlechtern über eine Million Jahre nichts geändert, aber diese Pseudowissenschaften über männliche Sünden haben sich schrecklich vermehrt: Wir betrachten Frauen falsch und wir behandeln sie falsch.

Und es begann der reine Orwell: Es sei unmöglich, eine Frau als 'Miss' [*´mɪs*] oder 'Mrs.' [*´mɪsiz*] anzureden, weil dies die Definition einer Frau nach ihrem Familienstand sei. Unmöglich für die englische Sprache 'Ms.' [*´mɪz*] wird eingeführt... Sie kommen ständig mit neuen Wörtern, und wenn du nicht wie befohlen sprichst, bist du ein 'männliches chauvinistisches Schwein'.«

Bukowskij fügt hinzu, dass dies für ihn nicht sehr schockierend gewesen ist: »Ich habe mich an die Gesellschaft von Verrückten in sowjetischen Klapsmühlen gewöhnt...«[847]

Was ist »politische Korrektheit«?

Ihre mit bloßem Auge sichtbare Aufgabe kann man so definieren: Wie gestaltet man die Sprache auf eine Weise neu, dass sie niemanden beleidigt. Der Neger ist kein Neger mehr, sondern ein Afroamerikaner, ein behinderter Mensch ist kein behinderter Mensch, statt dessen eine Person mit besonderen Bedürfnissen, ein Cretin ist eine Person mit einer alternativen Logik. Wer will, wem es bitter nötig erscheint, kann sich natürlich ein wenig anstrengen und auf diese Weise kommunizieren. Warum nicht?

Aber die politische Korrektheit einer liberalen Gesellschaft ist nicht nur eine Art von Sprache, sondern stellt auch neue Anforderungen an das menschliche Verhalten, das Menschen einer anderen Rasse, Religion, Kultur, Sexualität und dergleichen vor Angriffen schützen soll. In diesem Fall werden nicht nur unwürdige Handlungen verurteilt, sondern alles, was möglicherweise als Beleidigung wahrgenommen werden kann. Dies passt genau in die liberalistische Ideologie der Verabsolutierung der privaten Rechte des Einzelnen.

Die »theoretische« Grundlage der »politischen Korrektheit« ist die einfache wie eins plus eins These, dass tief in der Vergangenheit gesunde gutaussehende weiße Männer (wahrscheinlich unmittelbar nach dem Matriarchat der Amazonen) die volle Macht übernahmen und alles um sie herum versklavten – andere Rassen, Frauen, Tiere. Sich als »Nabel der Erde« betrachtend, festigten diese Männer ihre Dominanz in einem Zeichensystem, insbesondere in der Sprache. Gott ist bei ihnen männlich, und die Prostituierte weiblich.

Um Gerechtigkeit herzustellen (und die politische Korrektheit versteht sich als Träger der Gerechtigkeit), ist es notwendig, diese Diktatur des gesunden, gutaussehenden weißen Mannes zu brechen und ihn mit ... – Antonyme kann jeder selbst einfügen – gleichzusetzen. Daher entstand ein solcher Neologismus wie »Schwesterlichkeit« statt »Brüderlichkeit«; Transsexuelle, so stellt sich heraus, »ändern ihr Geschlecht nicht«, sondern »korrigieren« es lediglich; um Andersgläubige nicht zu beleidigen, wünschen Christen einander nicht mehr »Frohe Weihnachten!« (engl. *Merry Christmas!*), sondern nur gesichtslose *Happy Holidays*, also »Frohe Feiertage«. Haustiere werden jetzt *animal companions* genannt – ein Tier-Freund, Begleiter, Kompagnon. Das heißt, wir sind alle Tiere, man darf einige Tiere (*homo sapiens*) nicht über andere stellen!

In einer politisch korrekten Gesellschaft gibt es keine weißen, schwarzen, schmaläugigen, rothäutigen (armer Karl May!), gelben, blonden, lockigen, dicklippigen und einfach dicken – alle sind gleich. Keine Kranken, keine Krüppel, keine Buddhisten und keine Christen. Es gibt keine Schönen und Hässlichen, weil die ästhetischen Kriterien, die Männer der Gesellschaft auferlegten, abgeschafft werden müssen. Ein Mann, der einen schönen weiblichen Körper bewundert, ist eine moralische Missgeburt. Die ganze Lyrik mit Lobpreisungen an die weibliche Schönheit gehört auf eine Mülldeponie. Daher sollten Frauen nicht versuchen, diesen ästhetischen Idealen zu entsprechen – zur Hölle mit Maniküre, Augenbrauenzupfen, Lippenstift und Diät! Männer sollten jede Vogelscheuche lieben, der man unterwegs begegnet. Wenn einer von ihnen noch wählt, ist er ein »Lookist« (*Lookism*, ein neuer Begriff politischer Korrektheit, vom Englischen *look*, Aussehen), das heißt, einer, der auf das Äußere achtet, und das ist ein großes Verbrechen! Was soll ein Schönheitswettbewerb, wenn Schönheit von sexistischen Männern erfunden wurde? Wie kann man feststellen, wer schöner ist? Wenn es keine ästhetischen Kriterien gibt, ist alles, was existiert, schön. Und wenn dem so ist, gibt es keine Kunst, denn jeder kann alles als Kunstwerk bezeichnen – Exkremente (auf Leinwänden und als »Installationen«) sind bereits in angesehenen Galerien zu bewundern.

Die politische Korrektheit hat sich in der schöngeistigen Literatur breit gemacht. Für Rezensionen sind nicht die literarischen Qualitäten des Werks von Belang, nicht das Talent des Autors, sondern nur seine Persönlichkeit (gut, wenn das Werk von einer Frau geschrieben wurde, besser einer dunkelhäutigen, unheilbar kranken Homosexuellen etc. pp.). Die Wahl der Charaktere eines Romans oder Films geschieht nach dem gleichen Muster. Bei der Oscar-Verleihung wird penibel Wert auf den Anteil an Schwarzen und Frauen unter Preisträgern gelegt.[847]

Politische Korrektheit war eine Zeit lang ein Thema für Humoristen. Es erschien ihnen lächerlich, dass es jemandem einfiel, die literarischen Klassiker, die traditionell »Neger« schreiben, umzuformulieren (»Tom Sawyer«, »Pippi Langstrumpf«…) und auch einen anderen nicht-männlichen Namen für Gott zu erfinden. Denn praktisch entspricht das gesamte kulturelle Erbe der Menschheit nicht den politisch korrekten Normen – hat jemand wirklich vor, es auf eine skurrile Art und Weise zu »erneuern«? Lächerlich.

Der Engländer James Finn Garner parodierte 1994 »politkorrekt« klassische Märchen[848], es ist ziemlich lustig geworden. Comedians übten sich bei der Erstellung neuer Definitionen, um bekannte Begriffe zu beschreiben, es erschienen »politkorrekte« Wörterbücher:

Das Monster – »Besitzer eines alternativen Äußeren«,

Der Dieb – »Mann mit alternativer Einkommensquelle«, »Kämpfer gegen Konsum«,
Glatzköpfiger – »vom Haar Befreiter«,
Debil – »alternativ begabt«,
Onanist – »eine Person mit manueller sexueller Orientierung«,
Dummkopf – »Vertreter einer intellektuellen Mehrheit«...
Manchmal führt die politische Korrektheit zu wilden Situationen: In Toronto (Kanada) wurde der Polizei aus Gründen der »political correctness« die Angabe der Hautfarbe der Verdächtigen verboten.[849] Damit war es unmöglich, einen Weißen von einem Schwarzhäutigen zu unterscheiden, das bewährte *Racial Profiling* war hinfällig und der Täter schwerer zu finden. Aber wen interessiert das?!
Nach Angaben britischer Journalisten meiden die meisten Briten die Themen der ethnischen Kriminalität, seit ihnen Vorstellungen von politischer Korrektheit auferlegt wurden. Dies führt dazu, dass sie bei »ethnokultureller« Gewalt (»Der Koran verbietet nicht, eine Frau zu schlagen«) einfach die Augen verschließen.[850] Journalisten beschreiben Fälle, in denen die Polizei organisierte ethnische Banden aus Angst, als Rassisten beschuldigt zu werden, nicht verfolgt. Die größte Medien-Bekanntheit erlangte die Stadt Rotherham. 1400 Mädchen wurden dort von pakistanischen Banden missbraucht. Die örtliche Regierung vertuschte dies »politisch korrekt« jahrelang.[851]
Der von uns erwähnte Bukowskij machte auf die schöngeistige Literatur aufmerksam: »Shakespeare könnte in unserer Zeit nicht leben. Die Hälfte seiner Stücke würde nicht mehr inszeniert. »Der Kaufmann von Venedig« – Antisemitismus, »Othello« – Rassismus, »Die Zähmung der Widerspenstigen« – Sexismus... Eine Lehrerin in London weigerte sich, Kinder in »Romeo und Julia» zu führen, und bezeichnete die Aufführung als »abstoßendes heterosexuelles Spektakel«.[852]
Für einige in Europa mag das alles lächerlich erscheinen. In den USA lacht und weint man bereits.

Laut USA-Kennern, kann man für ein falsches Wort hochkant aus der Arbeit fliegen, Tausende von Dollar für moralische Schäden zahlen und in den Köpfen von Verwandten und Kollegen für immer als sexistisch, rassistisch und homophob gelten. Wie Schriftstellerin Tatjana Tolstaja über ein Gedicht von Wladimir Wysozkij[a] schreibt: »Das Folgende gilt (in den USA – V.

---

a Schauspieler und Dichter, eine Kultfigur in Russland.

T.) als ein sexueller Zwang, für den man eine Gefängnisstrafe bekommt:

Küss mich,
Dann küsse ich dich,
Dann küssen wir uns!» [a]

Sie macht auch auf ein spezifisch englischsprachiges Problem aufmerksam: »Die Menschheit ist auf Englisch *mankind*. Warum nicht *womankind*? Sehen Sie! Und sogar das Wort *woman* ist eine Ableitung vom Wort *man*, dagegen kann man und muss man ankämpfen.«[853]

Da wir schon bei der scharfzüngigen Tatjana Tolstaja sind, kann ich mir hier eine Geschichte nicht verkneifen, wie sie gegen die amerikanische politische Korrektheit erfolgreich (!) rang: »In meinem Artikel für ein amerikanisches Magazin zitierte ich einmal Puschkins[b] Zeile: *'Потомок негров безобразный'* ('hässlicher Negernachkomme'). Der Redakteur rief mich an: 'Haben Sie Ihren Verstand verloren? Ich kann diese Worte nicht veröffentlichen.' – 'Aber Puschkin hat das über sich selbst gesagt'. – 'Das kann nicht sein.' – 'Doch.' – Schweigen. – 'Entfernen Sie die Zeile.' - 'Nein.' – 'Dann lassen Sie uns Ihren Artikel unter einem anderen Namen drucken.' – 'Dann ziehe ich meinen Artikel ganz zurück und drucke ihn woanders, mit Bezugnahme auf Ihre Zensur.' – 'Das ist unmöglich. Hören Sie, ist euer Puschkin ein Rassist?' – 'Unser Puschkin ist ein Äthiopier.'[c] – Langes Schweigen. - 'Hören Sie, ohne diese Zeile wird Ihr Artikel nur besser. Glauben Sie mir, dem alten Redakteur.' – Ein langes Gezeter meinerseits, dass ich das seit siebzig Jahren höre... Zetern hilft nicht. Dann ändere ich die Taktik und sage kalt, bösartig, abgehackt: 'Also. Ihr, Weißen, habt nicht nur dreihundert Jahre lang Schwarze als Sklaven gehalten. Nun stopft ihr auch dem einzigen russischen schwarzen Dichter, der in der Unfreiheit zwischen den Birken des totalitären Regimes vegetierte, den Mund. Das ist Rassismus pur. Das ist Rassentrennung. General Lee[d] hat sich ergeben, und Sie – nicht.

---

a Russisch: »Поцелуй меня, / Потом я тебя, / Потом вместе мы / Поцелуемся!«

b Alexander Puschkin (1799-1837) – russischer Nationaldichter, Begründer der modernen russischen Literatur.

c Mütterlicherseits war Puschkins Urgroßvater Abraham Hannibal ursprünglich ein afrikanischer Sklave.

d Robert Edward Lee (1807-1870) war der erfolgreichste General des konföderierten Heeres während des Amerikanischen Bürgerkrieges (1861–1865). Konföderierte aus den Südstaaten gelten bis heute als Anhänger der Sklaverei.

Sind wir etwa in Alabama[a]?'
Puschkin wurde gedruckt.«[854]
Mit der Zeit verschärfte sich das Problem: Die Liberalen nutzen nicht nur selbst eine neue Sprache (Orwell nannte es *newspeech,* Neusprech), sondern zwangen auch andere, politisch korrekt zu sprechen und sich zu benehmen. Wenn man für eine Frau einen Platz in der Straßenbahn freimacht, ist man ein Chauvinist, hat man sie schief angesehen – ein Sexist (bei Berührung – eine Freiheitsstrafe!), wenn man »Neger« sagt, ist man ein Rassist, unvorsichtig mit dem Wort »Jude« umgeht – ein Antisemit, nennt man jemanden mit einem im Duden ohne jegliche linguistische Einschränkung geführten Wort »Homosexueller«, ist man homophob. Eine öffentliche Person wird von der Presse beargwöhnt oder verfolgt und sie ist bald nicht mehr länger in einer anständigen »liberalen« Gesellschaft erwünscht.
Je weiter, desto schlimmer. Für Aussagen derer, die sich der »politischen Korrektheit« nicht beugen wollen, wurde die Benennung – *hate speech*, Hassrede, geprägt. Das Feld solcher Ausdrücke ist ziemlich weit gefasst. Dabei geht es nicht nur um Rasse, ethnische Herkunft, Geschlecht, Religion oder Weltanschauung, Behinderung, Alter, sexuelle Identität, wie im Gesetz steht[855], sondern auch um Staatsbürgerschaft, Beruf, Aussehen, weil, wie in einer Anleitung der Antidiskriminierungsstelle nachzulesen, »wir wissen, dass nicht alle Formen der Diskriminierung durch das Gesetz miteinbezogen sind«[856]. Also, Menschen werden aus mehr Diskriminierungsgründen verfolgt (juristisch, moralisch, durch »private« Schlägertrupps...), als sie im Gesetzestext aufgezählt sind! Das haben wir auch schon mal gehabt: in der 30er Jahren unter Stalin in der Sowjetunion, als die Staatsanwälte die Gesetze gegen »Volksfeinde« »erweitert«, nicht nach dem Buchstaben, sondern »nach dem Geiste«, auslegten. Erleben wir ein *déjà-vu*?
Mit *hate speech* werden auch ungehorsame Menschen eingeschüchtert, die sogenannte Ethnophaulismen verwenden. Das ist wenn Deutsche *Piefkes* oder *Krauts* genannt werden, Tschechen *Böhm*', Oberösterreicher *Mostschädel*, Salzburger *Stierwascher,* ein Russe *Iwan* oder *Moskal* (von *Moskau*) heißt und ein Pole – *Polák*, *Tommy* für Engländer, *Paddy* für Iren und *Yankee* für Amerikaner gilt.
Der Fall ist nicht auf moralischen Druck beschränkt. *Hate speech* wurde

---

a Bundesstaat Alabama im Süden der USA war lange von der Sklavenhaltung geprägt, Rassentrennung dauerte dort bis in die 1970er Jahre. Tolstaja nutzte das Wort als Synonym für den alltäglichen Rassismus.

zum festen Bestandteil der Strafgesetzbücher. In mehreren Ländern der »westlichen Demokratie« kann man für eine »Hassrede« mehrere Jahre im Gefängnis verbringen. Witze zu diesen Themen werden nicht länger als Witze betrachtet, und die Dauer der Freiheitsstrafe ist nicht mehr lustig.

Gefährlich ist dabei oft die »Dehnbarkeit« der Gesetze. Der britische Comedian Rowan Atkinson (»Mr. Bean«), der die Gefahren eines solchen britischen Gesetzes über *»insulting words«*, beleidigende Worte, erkannte, startete sogar eine Kampagne für eine Gesetzesänderung. Er kritisierte die »neue Intoleranz« und sagte, dass dies eine »abschreckende Wirkung auf freie Meinungsäußerung und freien Protest« habe: »Das eindeutige Problem des Verbots von Beleidigungen besteht darin, dass zu viele Dinge als solche interpretiert werden können. Kritik, Spott, Sarkasmus, die lediglich einen alternativen Standpunkt zu orthodoxen Ansichten einnehmen, können als Beleidigung interpretiert werden.«[857]

Das heißt, der Liberalismus, auf dessen Banner angeblich in großen Lettern »Freiheit!« steht, führte nicht nur eine bisher beispiellose (nicht nur durch das Gesetz, sondern auch durch öffentliche Moral) Zensur ein, sondern sucht auch für das Wort (Orwell sprach von *thoughtcrime*, Gedankenverbrechen), den Menschen in den Bau zu stecken! Mit politischer Korrektheit wurden nicht nur politische Mantras der Liberalisten durchgestrichen, sondern ebenfalls das in Verfassungen und Gesetzen niedergeschriebene Recht auf freie Rede – eines der grundlegenden Menschenrechte.

Im Westen ist eine literarische Gendarmerie zugange, die Kinderbücher politisch korrekt umschreibt und das Wort »Neger« entfernt. »Onkel Toms Hütte« und »Pippi Langstrumpf« wurden bereits verschandelt. Pippi hat kein Recht mehr, ihren Vater »Negerkönig« zu nennen, wie sie es immer getan hat, jetzt nennt sie ihn »Südseekönig«, und man spricht im Taka-Tuka-Land nicht mehr die »Negersprache«, sondern die Taka-Tuka-Sprache. Diejenigen, die versuchen, das alte Buch zu konsumieren, werden angezeigt. So hatte in Schweden eine Kindergartengruppe (!) in einer Bibliothek Pippi als Hörspiel gehört. Und weil das die alte Version mit »Negerkönig« war, hat jemand die Polizei wegen rassistischer Indoktrination von Kindern gerufen.[858] »Zehn Negerlein« von Agatha Christie wurden in Deutschland in »Und dann gab's keines mehr« umbenannt. Den Comics »Tim und Struppi im Kongo« wurden Rassismus und kolonialistische Tendenzen vorgeworfen.[859] Das klassische deutsche Kinderbuch »Struwwelpeter« sollte als rassistisch[860] verboten werden. Das kanadische Medienkontrollgremium hat die Ausstrahlung des Liedes *Money for Nothing* von den *Dire Straits*, das

1985 mit einem Grammy ausgezeichnet wurde, untersagt, weil darin das Wort *Faggot* (Schwuchtel) vorkommt. Erklärung: »Faggot ist ein Wort, das früher zwar manchmal hingenommen wurde, heutzutage aber inakzeptabel ist«.[861] In der Schusslinie steht auch bereits der (zumindest in den USA) rehabilitierte »äthiopische Russe« Alexander Puschkin – für sein Poem »Zigeuner«. Alle Zigeuner sollten politisch korrekt »Sinti und Roma« genannt werden. Dies wird jedoch wahrscheinlich nicht in den Reim passen, und eine tiefgreifende Bearbeitung durch den Autor ist aus nachvollziehbaren Gründen unmöglich. Darüber hinaus sagen einige rumänische Zigeuner, dass sie weder zu Sinti noch zu Roma gehören und fordern, sich Zigeuner zu nennen. Das berichtete *Die Welt*[862] unter der Überschrift: »Wir sind Zigeuner, und das Wort ist gut«.[a]

Die Heilige Schrift wurde bereits umgeschrieben. Vor nicht allzu langer Zeit erschien die »Bibel in gerechter Sprache«[863] – Dutzende Theologen und Philologen arbeiteten mehrere Jahre daran. Gott ist dort manchmal »der Lebendige«, manchmal »die Herrin«, »die Lebendige«, manchmal »der/die Ewige«, oder »ErSie«, was nicht selten zu »religionsgeschichtlichen Absurditäten«[864] führt. Jesus ist kein Sohn (!) Gottes mehr, sondern DAS Kind. Es ist die Rede von »Jüngerinnen und Jüngern« und von »Pharisäerinnen und Pharisäern« und so weiter.

Die Leiterin für *Gender Studies* und Sprachanalyse am Zentrum für transdisziplinäre Geschlechterstudien an der Humboldt-Universität Berlin[b], Antje Hornscheidt, will nicht als »Professor« und nicht als »Professorin«, sondern geschlechtsneutral als *Professx* (in Plural *Professxs)* bezeichnet werden. Diese Option sei für Männer, Frauen und Transgender geeignet. Dementsprechend steht sie für die Wörter *Wissenschaftlx*, *Studierx*, *Fußgängx* und *welchx* anstelle von »welcher«, »welche« und »welches«. An der TU Braunschweig gibt es bereits einen 15-seitigen »Leitfaden (oder »Leitfadin«? :) für geschlechtergerechtes Formulieren«...

Ein Autor schrieb einmal: »Politische Korrektheit ist ein schüchterner Name

---

a Die Wienerin Christine Nöstlinger, die mit über 100 Büchern eine der bekanntesten Kinder- und Jugendbuchautorinnen im deutschsprachigen Raum ist, schreibt in der »Zeit«: »Eben habe ich mit meiner Tochter, die in Antwerpen lebt, telefoniert. Sie hat mir erzählt, dass sich in Antwerpen neuerdings viele junge selbstbewusste Schwarze stolz erhobenen Hauptes Neger nennen. Keine Ahnung, wie und wo ich das jetzt einordnen soll.« *(https://www.zeit.de/2013/05/Kinderbuecher-Sprache-Political-Correctness-Christine-Noestlinger/seite-2)*

b Bis zum 1. Dezember 2016.

für Zensur«. Das Umschreiben der »falschen« Texte mit der Sprache der politischen Korrektheit erinnert jedoch nicht nur an die Zensur, sondern auch an die Nazis, die 1933 die »falschen« Bücher verbrannten. Diesen beiden, scheinbar so unterschiedlichen Prozessen, ist gemeinsam, dass sowohl im ersten als auch im zweiten Fall eine dritte Kraft, die sich für unfehlbar hält, für die gesamte Gesellschaft entscheidet, was das Recht hat zu existieren und was zerstört werden muss. 1933 wurde nur das gedruckte Wort zerstört, jetzt werden das gedruckte, das gesprochene und das gedachte Wort ausgerottet.

So auch auf der von Frau Hornscheidt betreuten Webseite[a]. Dort wurden Studenten aufgefordert, die Vorlesungen der »Sexisten« und »Rassisten« »kollektiv zu stören«, »kaugummis auf stühle von sexistischen mackertypen zu kleben«, sowie Seiten aus den »politisch unkorrekten« Büchern zu reißen.

Dann ist es wirklich besser, sie einfach gleich zu verbrennen, warum sollte man sich denn mit einzelnen Seiten abschinden…

Es scheint nur, dass der grundsätzlich undemokratische Liberalismus die allgemeine Gleichheit befürwortet. Bei genauem Hinsehen fällt auf, dass er einige Gruppen (Menschen, Tiere, Pflanzen...) beschützt, während er andere stigmatisieren, erniedrigen, zerfleddern lässt.

So verbietet die politische Korrektheit (und das Gesetz), die Gefühle der Gläubigen zu beleidigen. Gleichzeitig verteidigt sie die Rechte von Homosexuellen. Wir haben über die Haltung der Kirchen zur Homosexualität geschrieben. In vielen Glaubensrichtungen werden solche sexuellen Praktiken als Sünde betrachtet. Auf der Theorie des Liberalismus basierend, könnte man sich vorstellen, dass beide Minderheiten tolerant nebeneinander koexistieren und bei ihrer Meinung bleiben. Die Praxis des Liberalismus ist jedoch anders.

Im Mai 2010 verhaftete die britische Polizei den Baptistenprediger Dale McAlpine, weil er Homosexualität als Sünde bezeichnet hatte[865]. Laut *Daily Telegraph* verteilte McAlpine auf der Straße Flugblätter mit den zehn Geboten Christi, als eine Frau auf ihn zukam und anfing, Glaubensfragen mit

---

a Nach vielerlei Trubel hat Frau Hornscheidt ihren Namen aus dem Impressum der Seite *https://www.xartsplitta.net/impressum/* entfernt. Die Inhalte wurden auch etwas »gelichtet«. Die ursprünglichen Texte siehe exemplarisch unter: *https://www.facebook.com/notes/deutsche-sprachwelt/zerst%C3%B6ren-beschmieren-mundtot-machen-vorschl%C3%A4ge-von-prof-dr-lann-hornscheidt-zur/10152895305641617/*

ihm zu diskutieren. Als der Prediger Sünden durchnahm, erinnerte er an Homosexualität. Sobald verabschiedete sich die Frau, ein Polizist kam sofort und sagte, er habe eine Beschwerde wegen homophober Äußerungen erhalten. Der Prediger wurde zur Polizeistation gebracht, wo ihm der Inhalt seiner Taschen, sein Mobiltelefon und seine Schuhe konfisziert, Fingerabdrücke abgenommen, die Augennetzhaut gescannt und ein DNA-Test durchführt wurden.

Einen Monat vorher wurde im schottischen Glasgow der US-amerikanische Straßenprediger Shawn Holes mit einer Geldstrafe von 1.000 Pfund wegen *hate speech* belegt. Seine Hassrede gegen Homosexuelle war durch »religiöse Vorurteile« motiviert. Er musste eine Nacht in einer Gefängniszelle verbringen...[866]

Na gut. Wie man sagt, *dura lex, sed lex*, das Gesetz ist hart, aber es ist das Gesetz.

Der für seine homosexuellen Vorlieben bekannte britische Sänger Elton John sagt im selben Augenblick jedoch ganz offen in einem Interview mit der Zeitung *The Guardian*, dass alle Religionen verboten werden sollten (*I would ban religion completely*), und nennt die Gläubigen »hasserfüllte Lemminge« (*hateful lemmings*).[867] Trotzdem bleibt er – ohne jeglichen Tadel der politisch korrekten Gesellschaft und des Gesetzes – in Freiheit.

Das heißt, von den Gläubigen fordert das Gesetz politische Korrektheit in Bezug auf Schwule und ruft sie gleichzeitig auf, »tolerant« gegenüber den weniger toleranten Aussagen von Schwulen über Religion zu sein.

Die »liberale Gesellschaft« fordert einerseits, dass muslimische Frauen den Hijab tragen[868] – und verletzt die Rechte von Frauen, andererseits verbieten wir das Tragen[869] – und verletzen die Rechte von Muslimen.

Zum einen führen die USA bei der Einstellung von Schwarzen, Angehörigen anderer Minderheiten und Frauen politisch korrekte Quoten ein, andererseits fordern sie (Gleichheit bedeutet Gleichheit in allem!), Menschen nicht nach Hautfarbe zu unterscheiden (*color blindness*).

Einerseits darf man einer Frau keinen glühenden Blick zuwerfen (weil er als unzüchtig, verrucht und lüstern ausgelegt werden kann), andererseits ist es verboten, die Tür für sie zu halten oder ihren Koffer im Auto zu verstauen (weil der Mann damit durchtrieben andeutet, dass sie damit allein nicht fertig wird).

Die Bigotterie, das Messen mit zweierlei Maß sind hier offensichtlich.

Politische Korrektheit verteidigt Homosexualität, Bisexualität, Transsexualität, kämpft aber aus unbekannten Gründen immer noch nicht für Polygamie (»Wer hat gesagt, dass man nur eine Frau lieben muss? Vielweiberei ist in vielen asiatischen Ländern traditionell – sind sie schlimmer als Europäer?«), Zoophilie (»Dies ist ein natürliches, historisch bestätigtes Phänomen, Sexszenen mit Tieren sind in alten Büchern beschrieben und in Bildern festgehalten«), Pädophilie (»Warum ist es einen Tag nach der Volljährigkeit erlaubt, aber einen Tag vor der Volljährigkeit nicht? Wer legt Altersgrenzen für den Sex fest? Haben Sie nicht gehört, dass bei verschiedenen Völkern Frauen im verschiedenen Alter reif werden?«).

Bekanntlich ist eine gespaltene Persönlichkeit, in der ein Mensch glaubt, gleichlaufend auf verschiedene Weise zu existieren – im unterschiedlichen Alter, unterschiedlichen Geschlechts, unterschiedlichen Nationalitäten, unterschiedlichen Weltanschauungen (also als Willi Müller und Julius Caesar) – eine schwere psychische Erkrankung. So ist auch die liberalistische »gespaltene Persönlichkeit« anscheinend kein einfacherer Geistesschaden.

2012 breitete sich das sogenannte »West-Nil-Fieber« in Griechenland aus. Die Träger des Virus sind Moskitos. Bei dieser Gelegenheit twitterte die griechische Sportlerin Paraskevi Papachristou scherzhaft so etwas wie: Es gibt so viele Afrikaner in Griechenland, dass Moskitos nicht auf anderes (griechisches) Essen umsteigen müssen. Für diesen Satz wurde die Athletin zwei Tage vor der Eröffnung der Spiele in London aus der Olympiamannschaft des Landes verwiesen.[870] Politische Korrektheit für Afrikaner obsiegte über die Toleranz gegenüber der Aussage einer 23-jährigen Athletin (Papachristou selbst bezeichnete die Bemerkung als »unglücklich und geschmacklos«). Die bekannte russische Journalistin Julia Latynina kommentierte diesen Fall: »Der Witz ist grenzwertig, aber es ist reiner Faschismus, das Leben eines Menschen, der sich seit Jahren auf diesen Wettbewerb vorbereitet hat, zu zerstören. Das Ministerium der Liebe (Orwell! – V. T.) bestraft das Gedankenvergehen.«[871]

Theoretisch ist die Toleranz – die Pflicht, die Kultur, die Ansichten, Überzeugungen, das Verhalten, die sexuellen Vorlieben, die Religion, die Fehler eines anderen Menschen geduldig zu behandeln – eine wunderbare Sache. Das einzige Manko ist, dass praktisch alle Bälle in ein Tor fliegen.

Politische Korrektheit und Toleranz dürften, so scheint es, nicht die Gleichheit der Bürger vor dem Gesetz betreffen. Die Praxis der heutigen angelsächsischen Welt beweist jedoch, dass es immer schwieriger wird, einen Vertreter dieser oder jener »geschützten« Minderheit rechtskonform zu behandeln – die gesamte »politisch korrekte« liberal-tolerante Gemeinschaft wird ihn blind verteidigen, ohne sich um exakte Tatabläufe zu scheren. Die Ideologie der politischen Korrektheit bietet auch in der Justizpraxis einen Bonus für Minderheiten. Verbrechen der Angehörigen der ethnischen Minderheiten werden oft als »logisches« Ergebnis ihrer miserablen Existenz, des schlechten Einflusses der Eltern und auch der kolonialen Vergangenheit betrachtet. Für einen Araber, der einen Deutschen geschlagen hat, ist die Bestrafung oftmals geringer (Körperverletzung) als für einen Deutschen, der einen Araber geprügelt hat (Körperverletzung aus niederen Beweggründen).

Für diese Praxis gab es ernst zu nehmende Versuche, auch rechtliche Grundlagen zu schaffen. 2000 brachte das Land Brandenburg beim Bundesrat eine Gesetzesvorlage »zur verbesserten Bekämpfung extremistischer Gewalttaten und anderer extremistischer strafbarer Handlungen« ein, die eine deutliche Erhöhung des Strafrahmens für Straftaten der Rechtsextremisten und einen eigenständigen Haftgrund vorsah. Unter diesen Straftaten ging es auch um Körperverletzung, aber aus eben »niederen Beweggründen«.

Also sollten die blauen Flecke auf weißer und die auf schwarzer Haut im Rechtsstaat Deutschland verschieden bewertet werden.

Als Verfechter der höheren Strafen für Menschen allein für ihre Gesinnung trat der damalige Justizminister des Bundeslandes Prof. Dr. Kurt Schelter[a] ein. Hier die Rechtsanschauung des Professors im Wortlaut: »Die Landesregierung Brandenburgs ist der Auffassung, dass Straftaten, die mit einer

---

a Kurt Schelter wäre mehrmals beinahe selbst ein Fall für die Justiz geworden: »Auf Schelters Geheiß hatte dessen Büroleiter eine Amtsrichterin unter Druck gesetzt, sich an einem Wochenende mit dem Fall eines inhaftierten Pleitiers zu befassen – der von einem Parteifreund anwaltlich vertreten wurde«, schrieb 2002 die »Berliner Zeitung«. »Der daraufhin von den Richtervertretungen erhobene Vorwurf, der noch neue Justizminister habe die richterliche Unabhängigkeit verletzt, hätte Schelter schon damals fast das Amt gekostet.« Parteifreunde haben ihn noch gehalten (*https://www.berliner-zeitung.de/kurt-schelter-hat-immer-gewusst-wie-man-gekonnt-auftritt---wie-man-als-minister-souveraen-zuruecktritt--weiss-er-nicht-so-gut-eine-frage-des-stils-16644686*).

2002 musste der Minister – nach einer Immobilienaffäre – dann selber den Posten räumen, wurde aber strafrechtlich nicht verfolgt. Bis er 2012 doch wegen Betrugs, Steuerhinterziehung (ein Gesamtschaden von 151.702 Euro) und einer falschen eidesstattlichen Erklärung verurteilt wurde – zu 18 Monaten auf Bewährung. »Der Angeklagte hat vorsätzlich gehandelt«, sagte die Vorsitzende Richterin (*https://www.welt.de/politik/deutschland/article106309629/Ex-Justizminister-zu-Bewaehrungsstrafe-verurteilt.html*).

Worauf die recht milde Strafe für den ehemaligen Justizminister zurückzuführen ist, kann sich jeder selber denken...

solchen Menschen verachtenden Motivation begangen werden,.. härter bestraft werden müssen als Taten, die diese besonderen Merkmale nicht aufweisen. Dies muss der Gesetzgeber klarstellen. Wir dürfen es nicht allein den Gerichten aufladen... Ausgehend vom Grundtatbestand der Körperverletzung soll eine neue Vorschrift § 224a StGB regeln, dass mit Freiheitsstrafe von einem bis zu zehn Jahren zu bestrafen ist, wer eine Körperverletzung aus Hass gegen Teile der Bevölkerung oder gegen eine nationale, rassische, religiöse oder durch ihr Volkstum bestimmte Gruppe oder sonst aus niedrigen Beweggründen begeht.«[872]

Schwarzer Rassismus existiert für politisch korrekte Liberalisten bekanntlich nicht.

Es wurde auch festgestellt, dass die ungeschriebenen Regeln der politischen Korrektheit für gesetzestreue Bürger zwingend sind, während die Minderheiten selbst, geschützt durch die politische Korrektheit, sehr zögerlich »tolerieren«.

Homosexuelle und Lesben, Bi- und Transsexuelle führen öffentlich ihren Lebensstil wie der große Zampano vor, propagieren ihn aktiv, indem sie Schwulenparaden und Schwulenfestivals abhalten. Jeder Versuch aber, eine Ablehnung solcher sexuellen Neigungen zu artikulieren («Macht ihr, was ihr wollt, zieht mich aber nicht dorthin, das mag ich nicht.«) oder die soziale Bedeutung der traditionellen Familie (Kinder) anzusprechen, erregt einen aktiven uneinsichtigen Protest, Väter und Mütter mit eigenem Standpunkt werden als Homophobe und Faschisten angebrüllt.

Danach haben diese familienfreundlichen Menschen keine Zeit mehr für ideologische Auseinandersetzungen – sie müssen sich erstmal von dieser dreckigen Diffamierung reinwaschen.

Einige Minderheiten »fördern aggressiv ausschließlich ihre Rechte und Interessen, erweitern ihren eigenen Einflussbereich, indem sie die legitimen Interessen anderer, weniger hartnäckiger Bevölkerungsgruppen unterdrücken«, schrieb der 2014 in Deutschland verstorbene oppositionelle armenische Politiker Wahan Howhannisjan. »Sie sind es, die heute die Regeln der politischen Korrektheit diktieren – zuerst der nachsichtig lächelnden, dann der verwirrten und schließlich der einfach bis zum Zustand der moralischen Lähmung eingeschüchterten Mehrheit.«[873]

Das heißt, es gibt hier keine Gleichheit, nicht mal im Ansatz: Einige Minderheiten werden als Opfer dargestellt, andere – als Aggressoren. Und der Apparat der moralischen Unterdrückung gilt nur für Menschen, die (von wem?) »Aggressoren« genannt werden.

Dieses »von wem?« ist äußerst wichtig: Schließlich ist es diese unbekannte Person, die die Menschen in »reine« und »unreine« unterteilt.
Ich denke, es ist nicht nötig, die These zu beweisen, dass es einen direkten Zusammenhang zwischen Denken und Sprache gibt. Jeden Gedanken formalisieren wir in einem Wort. Außerhalb der Sprache vermitteln auch Mimik oder Gestik Gedanken. Aber sie können in ihrer Fähigkeit, die Absichten und Gefühle einer Person auszudrücken, nicht mit der Sprache verglichen werden. Die Sprache liefert den Gedanken ihre reale Existenz. Ohne Sprache bleiben Gedanken für andere Menschen unzugänglich.
Wissenschaftler gehen davon aus, dass Denken und Sprechen ein untrennbares Ganzes ist, beide Komponenten können nicht ohne einander existieren und zur beiderseitigen Entwicklung beitragen.
Die Logik gibt vor: Zunächst gibt es einen Gedanken, der durch Sprache eine Form bekommt.
Aber wie alles in der Psychologie, ist die Wechselbeziehung zwischen dem einen und dem anderen komplexer. Wie Lew Tolstoi schrieb: »Das Verhältnis von Wort und Gedanke ... ist ein verwickelter, geheimnisvoller und delikater Prozess der Seele.«[874] Der berühmte russische Psychologe Lew Wygotsky (1896-1934), dessen Arbeit »Denken und Sprechen« (1934) zu einem Meilenstein in der Psycholinguistik wurde, argumentierte anhand eines umfangreichen experimentellen Materials, dass Sprechen eine Basis für das Denken in Form struktureller Beziehungen und Arten der Aufteilung seiner Elemente, Formen und Strukturen der Sprachmuster schaffe.
Um diese Schlussfolgerung zu bestätigen, wird bisweilen folgendes Beispiel angeführt: In der Sprache des afrikanischen Stammes Ewe, der im Süden von Ghana, Togo und Benin lebt, gibt es kein Verb für das Gehen als solches. Es gibt jedoch mehr als 30 Verben, die Arten des Gehens kennzeichnen – schnelles, zögerliches Gehen, Nachziehen der Füße, kleine Schritte, Springen und ähnliches. Daraus ergibt sich die naheliegende Schlussfolgerung, dass es im Denken keinen Begriff gibt, der nur den Vorgang des Gehens vermittelt.
Einer der Begründer der deutschen klassischen Philosophie, Georg Wilhelm Friedrich Hegel, sah das Wort als *Dasein* an, belebt vom Denken. Dieses *Dasein*, d. h. das Wort, glaubte er, ist für unsere Gedanken absolut notwendig. Sein Beispiel: »Ohne Worte denken zu wollen, wie Mesmer einmal versucht hat (Franz Anton Mesmer, 1734-1815, Arzt und Heilpraktiker – V. T.), erscheint daher als Unvernunft, die jenen Mann, seiner Versicherung nach, beinahe zum Wahnsinn geführt hätte«.[875]

Das heißt, Denken hat keinen universellen Charakter, sondern hängt von der Sprache ab, in der Gedanken eine Form annehmen. Wenn es also kein Wort in der Sprache gibt, dann existiert dieser Begriff auch nicht im Denken. Nicht nur das Denken beeinflusst die Sprache, sondern auch die Sprache das Denken.

Der Philosoph Peter Sloterdijk schreibt über die systemischen Konsequenzen für eine durch »political correctness« vergewaltigte Gesellschaft: »Wir haben uns unter dem Deckmantel der Redefreiheit und der unbehinderten Meinungsäußerung in einem System der Unterwürfigkeit, der organisierten sprachlichen und gedanklichen Feigheit eingerichtet, das praktisch das ganze soziale Feld von oben bis unten paralysiert.«[876]

Daher ist politische Korrektheit, die der Gesellschaft auferlegt wird, nicht wirklich ein lächerliches Unding von ideologisch Schizophrenen, sondern ein gefährlicher Eingriff in die Freiheit, ein Versuch, die Sprache zu kontrollieren, um unser Denken zu ändern, unsere Gedanken zu lenken, abweichende Meinungen auszurotten. Daher befinden wir uns – statt der von den Liberalisten versprochenen »Freiheit für alle und jeden« – in einer Diktatur, die nicht kriminelle Angelegenheiten (damit beschäftigt sich überall das Gesetz), nicht ein illegales Wort (eine solche Verfolgung gibt es unter Tyrannenherrschaft), sondern unpassende Gedanken ahndet (die in der liberalistischen Gesellschaft vom Gesetz und von der Moral bestraft werden). Dies ist wirklich ein neues Wort in Recht, Philosophie und Ethik. Dieses Maß an Kontrolle eines Bürgers hat die Geschichte noch nicht gekannt. Die politische Polizei steigt auf eine qualitativ neue Ebene der Gedankenpolizei. Die modernen technischen Überwachungsmöglichkeiten haben wir auch beiläufig erwähnt.

Haben wir das vom »freiheitsliebenden« Liberalismus erwartet?

Die Zeit des Liberalismus ist zu einer Zeit des Tabus, einer Zeit der Verbote, einer Zeit der geistigen Sklaverei verkommen.

Lassen Sie uns noch einmal George Orwell das Wort erteilen, von dessen Genie jede Zeile der Kritik an der politischen Korrektheit durchdrungen ist. In dem Kapitel »Kleine Grammatik« in seinem Dystopie-Roman »1984« schrieb er prophetisch: »Das Neusprech (von den Ideologen von *Engsoz* – dem englischen Sozialismus – kreierte neue Sprache anstelle der üblichen alten – V. T.) war... zur Deckung der ideologischen Bedürfnisse des *Engsoz* erfunden worden. Sie hatte nicht nur den Zweck, ein Ausdrucksmittel für die Weltanschauung und geistige Haltung zu sein, die den Anhängern des *Engsoz* allein angemessen war, sondern darüber hinaus jede Art anderen

Denkens auszuschalten. Wenn das Neusprech erst ein für allemal angenommen und die Altsprache vergessen worden war (etwa im Jahre 2050), sollte sich ein unorthodoxer – d. h. ein von den Grundsätzen des *Engsoz* abweichender Gedanke – buchstäblich nicht mehr denken lassen.«[877]

Was Orwell vom Sozialismus erwartet hatte, erblühte unter dem Liberalismus in voller Blüte.

Es ist bezeichnend, dass Anhänger politischer Korrektheit keine Diskussionen darüber führen wollen. Diese Ideologie ist in der Gesellschaft bereits so tief verwurzelt, dass das Thema selbst als »nicht diskussionswürdig« eingestuft wird. Wenn Sie eine andere Meinung haben und debattieren möchten – diskutieren Sie vor dem Spiegel. Warum noch einmal beweisen, dass die Erde rund ist? Man polemisiert nicht mit Ihnen, sondern hebt die Arme mit dem Ruf »Herr, erbarme dich!..«

Dies ist ein moralischer Knebel. Jeder, der gegen dieses Verbot verstößt, läuft Gefahr, in die erbarmungslose Obstruktion der politischen Klasse und ihrer Medienhandlanger zu geraten.

In jedem Land sind die Tabuthemen unterschiedlich, aber in allen »liberaldemokratischen« Staaten gibt es einen »Kern«, auf dem ein moralisches Verbot, etwas zu sagen, basiert. Dies sind Perversionen des »praktischen Liberalismus«, Mängel der »modernen Demokratie« sowie systemische Ursachen des ersten und des zweiten. In den westeuropäischen Ländern sind es heute auch die Probleme der verlorenen Souveränität sowie eine Reihe von Problemen, die mit der »Entfremdung« großer europäischer Regionen durch unkontrollierte Migration zusammenhängen.

Daher gefällt die in den Tiefen der linken Strömungen geborene Idee der politischen Korrektheit den liberalistischen Machthabern. Denn mit Hilfe des »Neusprechs« ist es möglich, sowohl andere Meinungen in eine Sackgasse zu treiben, als auch die politischen Methoden der »liberalen Demokratie« zu rechtfertigen. Die »liberale Demokratie« verwendet selbst »Neusprech«, um den Eindruck negativer Phänomene zu unterdrücken, die wie ein Muttermal dem Wesen des Liberalismus innewohnen.

Es gibt mehrere politische und wirtschaftliche Komplexe, die deutlich den Wunsch der heutigen Machthaber zeigen, die »scharfen Kanten« ihrer eigenen Politik mit Hilfe des Sprachbetrugs zu umgehen. So heißt die Staatsverschuldung »Umstrukturierung des Kreditportfolios«; die Verringerung des Sozialschutzes, wodurch die Menschen in soziales Unheil gedrängt werden, nennt man »Sozialreformen«; die Armen werden »Einkommensschwache« genannt; Abtreibung heißt »vorzeitiger Schwangerschaftsabbruch« oder

»Geburtenkontrolle«; hochgiftige Pestizide werden »Pflanzenschutzmittel« genannt, und das Gift darin ist nur ein »Wirkstoff«; Bewältigung der Folgen von Umweltkatastrophen – »Dekontaminierung«; Atommülldeponie ist heute ein »Recyclingpark«. Es wurden mehrere politisch korrekte Ausdrücke für den Krieg geschaffen (manchmal fühlt der Redner physisch die Qual der Kreativität!): Mord an Zivilisten – »Kollateralschäden«, Waffen, die besonders viele Menschen töten – »intelligente Systeme« (daher können »intelligente« Streubomben nicht länger als von der Weltgemeinschaft geächtete »Streubomben« bezeichnet werden), Aggression – »präventive Verteidigung«, Folter – »umstrittene Befragungsmethoden«, »Waterboarding«, das keine sichtbaren Spuren hinterlässt und daher schwer nachweisbar ist – »saubere Befragungsmethoden«, tödliche Waffen – »letale Kampfmittel«, Krieg – »bewaffneter Konflikt«.

Das Totschweigen bestimmter Themen oder die Verwendung von trügerischen Euphemismen haben rechtliche, sozialpsychologische und politische Konsequenzen. Rechtlich wird die – durch die Verfassung fast aller Länder garantierte und als Grundlage aller anderen politischen Rechte und Freiheiten dienende – Informationsfreiheit entmannt. Das Verbot, bestimmte Thesen zu artikulieren, ist sozialpsychologisch ein Verbot, in eine bestimmte Richtung zu denken, was grundsätzlich den Denkprozess behindert. Einige Experten (zum Beispiel der italienische Jurist und Philosoph, der in Cambridge, Harvard und Princeton lehrte, Danilo Zolo) glauben, dass die bekannte »schweigende Mehrheit« gerade aus der Tatsache hervorgeht, dass die Menschen durch politisch korrekte Verbote »präventiv« erstickt wurden. Seiner Meinung nach, sind solche Menschen »wie die Sklaven und Barbaren in der Demokratie der (griechischen – V. T.) Polis, *aneu logou*[a], bar jeder Fähigkeit zu sprechen und zu kommunizieren.«[878]

Laut dem deutschen Rechtsprofessor Hans Herbert von Arnim behindert die Tabuisierung bestimmter Themen die Entwicklung des politischen Systems und trägt zur »Sklerotisierung seiner Handlungs- und Reformfähigkeit«[879] bei. Wenn diese oder jene Fragestellung unerwünscht ist, kann man das Problem nicht eingehend analysieren, die richtigen Schlussfolgerungen ziehen und Wege aufzeigen, um es zu lösen.

Da das Monopol bekanntlich mangels Wettbewerb verfault, verrottet auch das politische System, in dem wettbewerbsfähige (andere) Gedanken nicht zum Ausdruck gebracht werden.

---

a Lat.: ohne Verstand, ohne Worte.

* * *

Aus dieser Erörterung einiger sozialer Prozesse, die von der Mitte des zwanzigsten Jahrhunderts bis heute stattfanden, können wir mindestens eine Schlussfolgerung ziehen: Auch unter dem Druck anderer Ideologien (die unter bestimmten historischen Bedingungen an Stärke gewonnen haben) verschwand der Nationalismus nicht von der ideologischen Weltkarte, verliert aber gegenüber dem Liberalismus in seiner Ausbreitung und seinem Einfluss auf die Menschen erheblich. Der Liberalismus greift, wie es sich für eine herrschende ideologische Doktrin gehört, den Nationalismus aggressiv an, indem er nicht nur versucht, sich alle ideologischen Territorien zu unterwerfen, sondern auch den Nationalismus als solchen zu zerstören.

Um nicht endgültig zu sterben und um die Positionen von einst zurückzugewinnen, geht der Nationalismus zum Gegenangriff über. Aber er führt diesen Kampf (mittelfristig) von defensiven Positionen aus.

Einen weiteren Teil des globalen sozialen Wandels, der nicht mit Defensivität zusammenhängt, analysieren wir im nächsten Teil des Buches.

Zerstörung von verstaubten Grundfesten

Vor hundert Jahren war der Nationalismus Teil zahlreicher ideologischer Lehren, einschließlich des Nationalsozialismus. Zum großen Teil geschah dies, weil er als rassistischer, chauvinistischer, antisemitischer und sexistischer Nationalismus entstand und sich entwickelte. Wir haben oben ausführlich erklärt, warum.

Seitdem ist viel Wasser den Berg hinabgeflossen, hat den scheinbar unerschütterlichen Unterbau gründlich unterhöhlt und dann eines Tages zerstört. Der moderne Nationalismus hat dem schnellen Fluss der Zeit nicht nur einige Grundsteine geopfert, ohne die Verbindung zu den Leitgedanken des »alten« Nationalismus zu zerreißen. Er hat sich auch viel Mühe gegeben, damit nicht einmal die Erwähnung seiner »alten Sünden« die Gegenwart überschattet.

Was ist im Laufe des Jahrhunderts passiert?

Von George Washington bis Denzel Washington

Als der Nationalismus als politische Lehre geboren wurde, waren die meisten afrikanischen Länder Kolonien europäischer Metropolen. Diese Länder wurden von weißen Emissären der Imperien regiert. Es herrschte die feste Überzeugung, dass die Eingeborenen komplexe Verwaltungsaufgaben nicht bewältigen können. Auf Plantagen arbeiten, schwere Drecksarbeit leisten – ja. Aber nicht Manager sein, nicht führen. Natürlich wurden einige Schwarzafrikaner zu Vertrauten der Weißen – dies beschränkte sich jedoch darauf, eben solche Sklaven zu beobachten, wie sie selbst einmal welche gewesen waren. Ein vertrauter Schwarzer kontrollierte schwarze Arbeiter, bestrafte sie wegen Fehlverhaltens oder Ungehorsams. Das umsichtige schwarze Mädchen befehligte schwarze Diener in einem weißen Haushalt. Einfache, klare Aufgaben.

Daraus folgte logisch Rassismus, das Verständnis der Überlegenheit der weißen Rasse über die schwarze: Wie bereits erwähnt, die Vorstellung, dass Schwarze nicht die gleiche geistige Kreativität wie Weiße haben können, war Ende des 19. Jahrhunderts das Axiom der Existenz der weißen Gesellschaft. Daher wurde der Kolonialismus nicht als eine Form der imperialistischen Ausbeutung betrachtet, sondern als die Verpflichtung Weißer, die Schwarzen zu lenken, als eine schwierige, aber notwendige, ja belastende Aufgabe. Die Situation änderte sich nach dem Zweiten Weltkrieg. In den Ländern des arabischen Westens, den sogenannten Großen Maghreb – Tunesien, Algerien, Marokko, Libyen, Mauretanien und Westsahara – verstärkten sich die nationalen Befreiungsbewegungen.

So wurde Anfang der 50er Jahre das unabhängige Libyen aus den ehemaligen italienischen Kolonien gebildet. Ihr Anführer, Muammar Gaddafi, der 1969 nach dem Militärputsch an die Macht kam, nahm Kurs auf sozialistische Reformen, führte direkte nationale Selbstverwaltung ein und verstaatlichte die Ölindustrie, ausländische Banken und Unternehmen. Der Mindestlohn wurde angehoben, das Privateigentum an Immobilien begrenzt, freie Bildung und medizinische Versorgung wurden eingeführt und einen erheblichen Teil des Innen- und Außenhandels übernahm der Staat. Das Ende der Libyschen Jamahiriya (übersetzt – Demokratie) und das von Muammar Gaddafi ist bekannt: Im Zuge der Unruhen im Jahr 2011 wurde Gaddafi getötet, das Land ist praktisch zerfallen und befindet sich in der Hand verschiedener bewaffneter, darunter auch islamistischer, Gruppierungen.

In Algerien machten europäische Kolonisten 11% der Bevölkerung aus und besetzten Schlüsselpositionen in Wirtschaft und Politik. Algerien galt als Teil des französischen Staatsgebiets, weshalb die europäischen Siedler nicht einmal den Gedanken an die Unabhängigkeit des Landes zuließen. 1949 wurde jedoch die Algerische national-patriotische Bewegung gegründet, 1954 begann ein bewaffneter Aufstand gegen die Kolonisatoren. In dem blutigen Krieg verloren die Algerier bis 1960 etwa 250.000 Menschen. Die Idee, die Rechte aller algerischen Bürger unabhängig von Rasse oder ethnischer Zugehörigkeit anzugleichen – als Ausweg aus dem blutigen Massaker -, ging auf den französischen Präsidenten Charles de Gaulle zurück. 1962 wurde Algerien endgültig unabhängig.

Im französischen Protektorat Tunesien brachte man 1950 Vorschläge aufs Tapet, Reformen durchzuführen, um die interne Autonomie zu erweitern und den Verwaltungsapparat zu arabisieren. Nur unter Druck der tunesischen nationalen Befreiungsarmee musste Frankreich zunächst die Autonomie und dann auch die vollständige Unabhängigkeit (1956) des Landes

akzeptieren. 1959 verabschiedete man eine Verfassung, führte ein Mehrparteiensystem, das Stimmrecht für Frauen und weltliche Gerichte ein. Die Vielweiberei wurde abgeschafft. Ohne französischen Einfluss wurde Tunesien zu einem hoch computerisierten Land mit gut gebildeten Leuten, das Facharbeiter, Ärzte, Ingenieure und Lehrer in arabische und afrikanische Länder schickte. Tunesiens langjähriger Präsident Zine al-Abidine Ben Ali wurde während des *Arabischen Frühlings* im Januar 2011 gestürzt und ein Jahr später während der sogenannten *Jasminrevolution* in Abwesenheit zu lebenslanger Haft verurteilt.
Der marokkanische Sultan stellte Herrn de Gaulle die Frage nach Unabhängigkeit und Gleichheit in den Beziehungen zwischen Marokko und Frankreich. Aber Frankreich ging nicht darauf ein, bis es im ganzen Land zu mächtigen Demonstrationen, totalem Terror und Sabotage kam. Marokko erlangte 1957 die Souveränität.
Ähnliche Prozesse fanden im sogenannten Tropischen und Südlichen Afrika statt, wo sich französische, britische, belgische und spanische Kolonien befanden. Die französischen Kolonien südlich der Sahara waren arm an Bodenschätzen, also nicht besonders wertvoll, weshalb Paris ihrer Unabhängigkeit freiwillig zustimmte. Auf dem Territorium der ehemaligen Kolonien wurden 1958 elf autonome Quasi-Staaten gegründet (nur Guinea erlangte die volle Unabhängigkeit), die Teil der französischen Gemeinschaft wurden. Jedes der Mitgliedsländer der Gemeinschaft erhielt weitreichende Befugnisse in der Innenpolitik. Paris behielt seine Zuständigkeit für Verteidigung, Außenpolitik, Finanzen und die Produktion strategischer Rohstoffe.
Schon zwei Jahre später musste Frankreich den restlichen afrikanischen Besitzungen allerdings volle Unabhängigkeit gewähren – Mauretanien, Mali, Tschad, Niger, Senegal, Elfenbeinküste, Obervolta, Dahomey, Zentralafrikanische Republik, Gabun und Kongo (Brazzaville), Madagaskar und Togo sowie dem französischen Ostkamerun. In den 70er Jahren wurden die Komoren und Dschibuti souverän.
Die erste Unabhängigkeit unter den britischen Kolonien erlangte die Goldküste (engl. *Gold Coast*), die zusammen mit dem damals Britisch-Togoland im Jahr 1957 die Republik Ghana ausrief.
Im an Mineralien reichen Nigeria, das London als das wertvollste seiner afrikanischen Schätze ansah, waren die Briten sehr vorsichtig. 1954 führte das Land eine föderative Selbstverwaltung ein, und 1960 wurde die Macht auf Vertreter der lokalen Bevölkerung übertragen. Nigeria blieb ein Mitglied des britischen Commonwealth. In den Jahren 1963-1966 erlangten Sierra

Leone, Uganda, Gambia, Tanganjika und Sansibar, Sambia und Botswana die Unabhängigkeit.

Für die Unabhängigkeit Kenias von London kämpften die *Union des afrikanischen Kenias* und die Untergrundorganisation *Mau Mau*, die die Entchristianisierung Afrikas und die Rückgabe von Ländereien, die den Ausländern – Weißen, Arabern und Indern – gehörten, an die Afrikaner befürworteten. Während des Befreiungskampfes wurden im Land mehr als 10.000 Menschen getötet. Die Unabhängigkeit kam 1963.

1962 erlangten die ehemaligen belgischen Kolonien Ruanda und Burundi die Unabhängigkeit. Nach blutigem Stammeskrieg folgten ihnen 1965 die belgische Kolonie Kongo (Leopoldville) und 1968 – die spanischen Kolonien Fernando Po und Rio Muni, die zusammen das Äquatorialguinea gründeten.

Der letzte europäische Staat, der noch in den frühen 70er Jahren afrikanische Kolonien behalten hatte, war Portugal. Das Land führte eine aktive Kolonisationspolitik durch und siedelte allein in der Nachkriegszeit 400 000 Menschen von Europa in ihre afrikanischen Besitztümer um. Die erste nationale Befreiungsbewegung in den portugiesischen Kolonien war die *Volksbefreiungsbewegung Angolas* (MPLA). 1961 wurde die Volksunion Angolas gegründet, auf deren Grundlage ein Jahr später die pro-chinesische *Volksfront für die Befreiung Angolas* (FNLA) entstand. 1966 koppelte sich aus der FNLA im Zuge der ideologischen Auseinandersetzungen eine Gruppe von Jonas Savimbi ab, die eine pro-westliche Volksunion für die volle Unabhängigkeit Angolas (UNITA) schuf.

In Mosambik kämpfte die marxistische Befreiungsfront (FRELIMO) seit 1964 gegen die portugiesische Herrschaft.

Trotz des aktiven Partisanenkampfes der patriotischen Unabhängigkeitsbewegungen wurde die Macht in den portugiesischen Kolonien jedoch erst nach dem Sturz des diktatorischen Regime von Marcello Caetano im Zuge der *Nelkenrevolution* 1974 an Vertreter der lokalen Bevölkerung übertragen. Danach erkannte Portugal die Unabhängigkeit von Guinea-Bissau, in dem die Partisanen bereits die Kontrolle über den größten Teil des Landes besaßen, und ein Jahr später – von Angola, Mosambik, Kap Verde, die Inseln Sao Tome und Principe an.

Die letzte afrikanische Kolonie, die unabhängig wurde, war Namibia, das bis 1966 Südwestafrika hieß. Seit 1960 war eine *Organisation der Volkes Südwestafrikas* (SWAPO) im Untergrund in Namibia aktiv, die einen Partisanenkrieg gegen die südafrikanischen Kolonisatoren führte. 1988 musste

die Republik Südafrika ihre Truppen aus Namibia abziehen. 1990 erklärte Namibia seine Unabhängigkeit.
So oder so gewannen Dutzende der hier erwähnten und nicht erwähnten afrikanischen Länder ihre Souveränität, praktisch ganz Afrika wurde unabhängig. Die »Schwarzen» besiegten die »Weißen« und begannen, in ihren eigenen Ländern zu walten.
All das gab einen entscheidenden Anstoß für ein kritisches Umdenken in den rassistischen Ansichten.
Einer der weiteren Gründe dafür war die Vertiefung des historischen Wissens der Europäer. Tatsache ist, dass sich die Menschheit in verschiedenen Teilen des Planeten ungleichmäßig entwickelt. Wir haben bereits gesagt, dass einige Länder sich auch heute noch – nach europäischen Maßstäben – im Mittelalter befinden. Das war schon immer so. Zivilisationen wurden geboren, entfalteten sich, blühten auf, verfielen dann und starben.
Europäer, Forscher vom 16. bis zum 19. Jh. haben oft nicht an die Genese der Völker gedacht. Sie nahmen die eine oder andere Ethnie, eine oder andere Rasse so wahr, wie sie sie in dem Moment, im Hier und Jetzt, gesehen haben. Wenn sich eine bestimmte Ethnie auf einem Niveau unterhalb der europäischen Entwicklung befand, zogen sie Schlüsse auf deren geistige Unterentwicklung. Sie meinten logisch zu folgern, dass Vertreter dieser Rasse oder Ethnie nicht zu beneidende geistige Fähigkeiten besäßen. Dies wiederum unterstützte die Vorstellung von der Ungleichheit der Ethnien und Rassen und bestätigte die Richtigkeit chauvinistischer und rassistischer Ansichten.
Das 20. Jh. mit seinen Möglichkeiten, mehr zu reisen und tiefer zu forschen, begründete die These über die ungleichmäßige Entwicklung und nicht über die Ungleichheit von Rassen und Ethnien.
Hier sind einige bekannte Beispiele des zeitversetzten Reifeprozesses. So entstand die chinesische Zivilisation in der Zeit des mittleren Neolithikums (5.-3. Jahrtausend v. Chr.). Schon damals beschäftigten sich Chinesen mit dem Anbau von Getreide und mit Viehzucht. In den 4.-3. Jahrhunderten v. Chr. besaßen sie die fortschrittlichsten Gießereitechnologien, spätestens im 5. Jh. v. Chr. wussten sie, wie man Gusseisen und anschließend Koks für die Stahlerzeugung herstellt. Sie erfanden Schwarzpulver, Papier (etwa im 2. Jh. v. Chr.), den Buchdruck (7. Jh. n. Chr.) und die beweglichen Lettern dazu (11. Jh. n. Chr.), den Kompass (im 1. Jh. n. Chr. haben die Chinesen bereits seine Funktionsweise beschrieben; er wurde wahrscheinlich viel früher erfunden und verwendet), Drillmaschine und Pflug (ca. 500 v. Chr.);

Gabeln waren hier im 3. Jahrtausend v. Chr. bekannt, und Seide – sogar Tausend Jahre zuvor. Im 2. Jh. v. Chr. heilten sie Menschen mit Akupunktur. Im 7. Jh. n. Chr. zahlten Chinesen bereits mit Papiergeld, im 13. Jh. wurde dieses Geld mit Gold und Silber aus der Staatskasse gedeckt. Ebenfalls im 13. Jh. benutzten sie in den Kriegen Pulverbomben in einer Stahlhülle mit enormer Zerstörungskraft. Noch vor unserer Zeit lernten die Menschen im Reich der Mitte, wie man Erdgas fördert. Der große chinesische Philosoph Konfuzius beschrieb das sehr anspruchsvolle chinesische Spiel Go bereits im 5. Jh. v. Chr.

Die Chinesen entdeckten Zucker im Urin von Diabetikern im 7. Jh.; die Europäer erst eintausend Jahre später, im 17. Jh. Seit dem 7. Jh. n. Chr. stellten die Chinesen Porzellan her und nutzten Toilettenpapier. Zur gleichen Zeit wurden in China der große Kanal zwischen dem Yangtze und dem Gelben Fluss erbaut, prächtige Paläste hochgezogen, die vor eintausend Jahren fertiggestellte Große chinesische Mauer wurde wiederaufgebaut.

Erst im späten 19. bis zum frühen 20. Jh. begann der Niedergang dieser Kultur.

Eine ähnliche Entwicklung ist in Indien zu beobachten. Im 4. Jahrtausend v. Chr. wussten die Inder bereits, wie man Baumwolle spinnt und webt. Sie waren große Künstler in der Verarbeitung von Ton und Gold, schufen ein ausgeklügeltes Wasserversorgungs- und Abwassersystem. Sie waren zu dieser Zeit in der Mathematik, Astronomie, Heilkunst und Sprachwissenschaft unübertroffen. Sie kannten die Zahl »Pi« und arbeiteten ein Dezimalsystem aus. Es gibt eine These, dass nicht die Araber, sondern die Inder die »arabischen Zahlen« erfunden haben, die die Welt heute verwendet (hier spielt es keine Rolle – Indien oder die arabische Halbinsel; die Hauptthese: nicht in Europa). Die mathematischen Begriffe Sinus und Wurzel sind ebenfalls indischer Herkunft. Das älteste literarische Denkmal der Geschichte sind die indischen Veden, die im 2. Jahrtausend v. Chr. gedichtet wurden, »Mahabharata« und »Ramayana« etwas später – im 1. Jahrtausend v. u. Z. Indische Ärzte verwendeten für ihre Operationen rund 120 chirurgische Instrumente. Das Wissen über die Chemie ermöglichte ihnen die Herstellung von Säuren, Farben, Arznei, Zement usw.

Auch die Entwicklung der Zivilisationen auf dem afrikanischen Kontinent ist interessant. Die erste europäische Universität (Bologna) existiert seit dem Ende des 11. Jhs., die erste afrikanische Universität, Al-Karaouin (Stadt Fez im heutigen Marokko) aber gab es zwei Jahrhunderte früher (859). Neben dem Islam (die Universität ist natürlich in die Moschee eingegliedert)

studierte man dort Grammatik, Rhetorik, Logik, Medizin, Mathematik, Astronomie, Chemie, Geschichte, Geographie und Musik.
Ähnliche Beispiele könnten endlos angeführt werden. Hier noch ein Name: Der persische Wissenschaftler (Ende 10. – Anfang des 11. Jhs. n. Chr.) Ibn Sīnā (in Europa ist er als Avicenna bekannt) war nicht nur einer der prominentesten Ärzte seiner Zeit, sondern auch ein Chemiker, Astronom, Mechaniker, Philosoph, Psychologe, Schriftsteller und Musiker, der Hunderte von wissenschaftlichen Abhandlungen hinterließ, in einigen Bereichen enzyklopädischen Umfangs. Die ältesten Werke ägyptischer Mathematiker stammen aus dem 2. Jahrtausend v. Chr.
Wir wissen gut, dass St. Petersburg in Russland poetisch als »Nördliches Palmyra« bezeichnet wird, aber manche wissen nicht, dass das echte Palmyra, dem ähnlich zu sein die zweite russische Hauptstadt für eine Ehre hielt, einst im heutigen Syrien blühte.[a] Jetzt liegt neben den Ruinen der dereinst wunderschönen Stadt ein kleines syrisches Dorf.
Blüte und Niedergang. Geburt, Jugend, Stärke, Aufstieg, Höhepunkt und dann Alter, Tod – so ist der Lebenszyklus, der sich überall in der historischen (und sozialen...) Entwicklung wiederholt, mit dem einzigen Unterschied, dass er an verschiedenen Orten in verschiedenen historischen Epochen vorkommt.
Im 1. Jahrtausend v. Chr., lange vor den Azteken und Inkas, entwickelten sich in Amerika die landwirtschaftlichen Kulturen *Chavin*, *Paracas*, *Nazca*, *Mochika*, *Tiahuanaco*. Sie bauten Kartoffeln und Mais an, bewässerten die Felder künstlich, sie hielten Haustiere, waren mit den Feinheiten der Gießerei vertraut, sie kannten Gold, Silber und Platin, bauten ihre Tempel aus Granit, sie schufen wunderbare Keramiken und originelle Malerei – die Grundlage für die weitere Entwicklung der amerikanischen Kultur, die die europäischen Eroberer im Mittelalter zerstörten. Ein europäischer militärischer Sieg über die amerikanischen Ureinwohner kann jedoch nicht als zivilisatorische Überlegenheit betrachtet werden – in der Regel besiegt ein Wilder mit einer Keule einen Professor mit einem Zwicker auf der Nase.
In Afrika fand man Hinweise auf eine noch frühere Entwicklung. Geburt, Aufblühen und Verfall von Zivilisationen geschahen dort, während auf anderen Kontinenten nur wilde Tiere herumliefen. Es war Afrika, das dem Planeten Erde den Menschen als solchen gab: *homo erectus*, der aufgerichtete Mensch, kommt von dort. Die Dauer eines solchen Zivilisationssprungs

---

a Die Zerstörung Palmyras durch die Islamisten hat uns daran erinnert.

vom Tier zum Menschen beträgt anderthalb bis zwei Millionen Jahre. In Afrika fand eine weitere zivilisatorische Revolution statt, ohne die es nicht den Menschen gäbe, wie wir ihn kennen: Afrikaner beherrschten das Feuer. Dies war ein Wendepunkt in der sozialen Evolution des Menschen. Die ersten Hinweise auf die Verwendung von Feuer durch Menschen fanden sich nicht in der Nähe von Paris oder Rom, sondern im heutigen Kenia, in Äthiopien, in Sambia – in Ostafrika und auch im Süden des Kontinents. Die schöne Sage, wie Prometheus den olympischen Göttern das Feuer entführte, hat also einen wesentlichen Makel – »Prometheus« stammte aus Afrika.

Auch Oswald Spengler schreibt über die »asynchrone« Entwicklung von Zivilisationen, die das Auf und Ab des menschlichen Geistes in verschiedenen historischen Abständen erklären. In *Untergang des Abendlandes*[880] vergleicht er völlig unterschiedliche Zeiträume, in denen »identische« Epochen in verschiedenen Kulturen existierten. Der »Frühling« der indischen Kultur beginnt, laut Spengler, im 15. Jh. v. Chr., für die antike Welt vier Jahrhunderte später, für die arabische Kultur seit der Geburt Christi, also den »Nulljahren« und für die westeuropäische Kultur – seit den 900er Jahren n. Chr. Solche »identischen« Kulturepochen für diese Zivilisationen findet er in der vedischen Mythologie, im olympischen Mythos, im frühen Christentum bzw. im deutschen Katholizismus. Nach dem zivilisatorischen »Frühling« glaubt Spengler, kommen »Sommer«, »Herbst« und »Winter«. Daher ist der »Verfall Europas«, so der Autor, ein natürlicher Prozess, die Annäherung der Zivilisation an ihr Alter, das sie nicht überleben wird.

Wir brauchen all diese Fakten nur, um eine sehr transparente These zu belegen: Alle Menschen auf der Erde stammen aus einer »Quelle«, diese Quelle hat »afrikanische Wurzeln«, daher sollte sich keine Rasse oder Nation des »Elitären«, »Auserwähltseins«, der »Auserlesenheit« etc. pp. rühmen. Subjektiv kann sich jeder für bedeutsamer halten, jedoch existieren keine objektiven Voraussetzungen für die »Überlegenheit«, »Exklusivität« oder den »Vorrang« eines Volkes. Es gibt nur eine »zeitliche Asynchronität« in der Entwicklung verschiedener Ethnien: Diejenigen, die von jemandem für »unterentwickelt« gehalten werden (Deutsche kreierten in Zeiten der Aufklärung den delikaten Begriff *Naturvolk* für sie, das wohl ein nicht allzu sehr durch zivilisatorische Errungenschaften belastetes Volk meinte; sich selbst nannten sie *Kulturvolk*), sind entweder gerade auf dem Weg zum Höhepunkt ihrer sozio-kulturellen Entwicklung oder haben diesen Gipfel bereits vor langer Zeit (vielleicht vor einer Million Jahren) überschritten.

Die meisten der oben genannten Tatsachen wurden lange vor der zweiten Hälfte des 20. Jh. bekannt, aber seit dieser Zeit, wie man so schön sagt, »eroberten sie die Massen« und änderten die Einstellung gegenüber Angehörigen anderer Rassen, anderer Ethnien und demolierten das Grundgestein rassistischer oder chauvinistischer Ansichten (ohne es endgültig zu zerstören).

Natürlich wären Rassismus und Chauvinismus, die in den stillen Kämmerchen von Denkern geboren wurden, nicht das geworden, was sie sind, hätten sie nicht auf der Alltagsebene die Köpfe der Menschen gewonnen. Von hundert hat nur einer vielleicht Gobineau-Bücher gelesen, und 99 andere sind einfach überzeugt, dass ein Afrikaner, »der erst gestern von der Palme heruntergekommen ist«, *a priori* nicht so schlau sein kann, wie sie selber.

Auch dieser Alltagsdiskurs hat sich in der zweiten Hälfte des 20. Jahrhunderts radikal geändert. Wenn noch im Zweiten Weltkrieg selbst in der amerikanischen Armee schwarze Soldaten als Menschen zweiter Klasse galten[881] (wir sprachen bereits von rassistischen amerikanischen Gesetzen), änderte sich, auch unter dem Einfluss des Kampfes der Neger für ihre Bürgerrechte in den 1960er und 1970er Jahren, die Haltung gegenüber Schwarzen nicht nur in den USA, sondern auch in anderen Teilen der Welt. Es kommen schwarze Politiker, schwarze Wissenschaftler, schwarze Musiker, schwarze Schauspieler, schwarze Millionäre (die allein durch ihre Existenz jeden Weißen mit der Frage aufstören: »Wenn du so schlau bist, warum bist du dann so arm?«), schwarze TV-Stars, schwarze Schriftsteller, schwarze Anwälte – und schwarze Präsidenten.

Nicht nur im schwarzen Afrika, sondern auch in den ehemals weißen USA. Man ließ sozusagen einen langen Weg vom Sklavenhalter George Washington zu Filmstar Denzel Washington[a] und Barack Obama hinter sich. In Lateinamerika werden nicht unbedingt Nachkommen weißer Eroberer zu

---

a Eine interessante Geschichte erzählt diesbezüglich Wikipedia: »Von seinem Vater erbte George Washington Land und zehn Sklaven. Während seines Lebens wuchs ihre Anzahl auf zwischenzeitlich 390 (! – V. T.) an. Testamentarisch verfügte Washington, dass alle seine Sklaven nach seinem Tode freizulassen seien... Dies galt aber nicht für Oney Judge, seine bekannteste Sklavin, die 1796 entflohen war... Sie gehörte rechtlich nicht ihm, sondern seiner Frau Martha und konnte daher von ihm nicht freigelassen werden. Viele freigelassene Sklaven nahmen den Nachnamen *Washington* an. Ihn tragen in den USA derzeit über 160.000 Menschen, 90% von ihnen Afroamerikaner. Daher gilt dieser Nachname als »schwärzester Name« überhaupt.« (*https://de.wikipedia.org/wiki/George_Washington#Sklavenhaltung*)

Präsidenten und Premierministern, sondern Vertreter indigener Ethnien, die früher von Europäern unterdrückt wurden: Nicolás Maduro, Evo Morales...
Die Zeit nach dem Zweiten Weltkrieg – bis in die Gegenwart – streicht den Rassismus aus der modernen nationalistischen Weltanschauung.

»Durchkreuzen dieser Erbschaft...«

Der Zweite Weltkrieg hat auch mit vielen bisherigen Vorurteilen den Juden gegenüber und mit dem Antisemitismus gebrochen. Millionen von Juden, die bei Massenerschießungen und in Konzentrationslagern starben, ließen tief über den Sinngehalt, den Ursprung und die Folgen des Antisemitismus nachdenken. Die Vernichtung der Juden durch die Nazis (die überwältigende Mehrheit der Historiker nennt die Zahl von 6 Millionen Menschen) wurde als Völkermord, als Holocaust, die Shoah bezeichnet.
Im grausigen Zweiten Weltkrieg sind Menschen vieler Nationen umgekommen. Obwohl es immer noch wissenschaftliche Diskussionen über militärische Verluste gibt, ist die Größenordnung der Zahlen bekannt. Man kann mehr oder weniger gesichert vom Verlust von 27 Millionen Sowjetbürgern im Krieg sprechen. Die Zahl erfasst sowohl Opfer an den Fronten als auch zivile Opfer und Menschen, die während des Krieges aus der UdSSR (freiwillig oder nicht) ausgewandert waren und nach ihrem Ende nicht zurückkehrten. Die Verluste Deutschlands betragen – die veröffentlichten Zahlen differieren erheblich – nicht unter 7 Millionen Menschen.
Juden starben nicht nur in Konzentrationslagern, sondern beispielsweise auch auf der Seite der sowjetischen Armee an der Front. Nach Angaben von Michail Filimoschin, der mit viel statistischem Material arbeitete[882], gab es ungefähr 150 000 gefallene Juden. Derselben Quelle nach starben an der Front rund 5,8 Millionen Russen und 1,4 Millionen Ukrainer.
Alle diese Zahlen sind Schätzungen. In den Berichten über die Verluste, die der sowjetischen Militärführung vorgelegt wurden, war die Nationalität der Gefallenen nicht angegeben. Dies ist daher ein ungefährer Verlust in Übereinstimmung mit den Koeffizienten der Anzahl von Menschen bestimmter Nationalitäten in der Armee, wenn zumindest theoretisch davon ausgegangen werden soll, dass die nationale Vertretung in der Armee an der Front

und im tiefen Hinterland ABSOLUT proportional war. Daher ist es nicht möglich, die Anzahl der Toten nach ihrer Volkszugehörigkeit aufzuschlüsseln.
Die Historiker streiten immer noch, und geben auch immer noch unterschiedliche Zahlen an, was zum Beispiel die Verluste der Sowjetarmee anbelangt. So kommt Boris Sokolow[883] bei den Gesamtopfern der UdSSR in den Jahren 1939 bis 1945 auf 43,4 Millionen und bei der Gesamtzahl der Todesopfer allein in den Reihen der sowjetischen Streitkräfte von 1941 bis 1945 – auf 26,4 Millionen Menschen.
Die ultimative Wahrheit werden wir hier wahrscheinlich niemals finden.
In der Geschichte der Menschheit gab es Völkermorde, und nicht weniger brutale, denkt man zum Beispiel an die Vernichtung der amerikanischen Indianer. Der amerikanische Historiker David Stannard (geb. 1941) und einige andere schreiben vom »euro-amerikanischen Genozidkrieg«, vom »amerikanischen Holocaust«[884]. Ein anderer Wissenschaftler, Professor an der University of Hawaii, Rudolph Rummel (1932-2014), schätzt die Opfer für die gesamte Kolonialisierungszeit auf 13 Millionen Indianer.[885] Er fügte hinzu: »Wenn diese Zahlen auch nur entfernt die realen widerspiegeln, dann kann die Eroberung Amerikas als einer der blutigsten und längsten Völkermorde der Weltgeschichte gelten.« Einige Forscher schätzen, dass die Gesamtzahl der Indianer in Süd- und Nordamerika, die von Europäern getötet oder durch die von Europäern eingeschleppten Infektionen wie Pocken, Masern, Typhus, Diphtherie und Influenza starben, 100 Millionen beträgt.[886]
Manche Historiker haben den Mut, den »Entdecker Amerikas« Christoph Columbus nicht einen Held, sondern »Schlächter« zu nennen.[887] Klar, dass die meisten nordamerikanischen Wissenschaftler den Begriff *Völkermord* in Bezug auf die Ureinwohner Amerikas nicht verwenden, sie bevorzugen das Wort *Entvölkerung*.
Aber offiziell als Völkermord anerkannt wurde zum Beispiel die Vernichtung von Christen (Armeniern, pontischen Griechen, Assyrern) im Osmanischen Reich zwischen 1915 und 1923; die Vernichtung von Juden und Zigeunern in Deutschland und in den besetzten Gebieten während des Zweiten Weltkriegs; das Morden des kroatischen Regimes Pavelics in den Reihen der Serben zur selben Zeit und später die Ermordung von Kambodschanern durch Rote Khmers.
Beim Holocaust geht es nicht nur um die Anzahl der getöteten Juden. Zum ersten Mal in der Geschichte – so ist die herrschende Meinung – wurden

die Menschen a) gemäß einem vom Staat entwickelten Plan und b) durch industrielle Methoden, beispielsweise in Gaskammern von Konzentrationslagern, vernichtet.

Der Vollständigkeit wegen muss ich hier eine Bemerkung einfügen. Nicht umsonst schrieb ich von der »herrschenden« Meinung, da einige Forscher den Holocaust in Frage stellen. Das heißt, sie bestreiten nicht die Tatsache der Verfolgung und Vernichtung der Juden, sondern die systemische Natur dieser Verfolgung im Rahmen des staatlichen Plans und die industriellen Vernichtungsmethoden. Einige von ihnen behaupten, dass die Zahl von 6 Millionen falsch sei, insbesondere weil die Statistiken zu diesem Thema unvollständig oder überhaupt nicht vorhanden sind. Sie führen zahlreiche Fakten an, auf die ihre Kritiker mit überzeugenden Argumenten antworten. Diese absolute Minderheit wird *Revisionisten* genannt, weil sie versuchen, unwiderlegbare und für alle absolut sichere Dinge zu hinterfragen. Sie werden als *Relativisten* beschimpft, weil sie die Bedeutung des Holocaust herabmindern wollen. Sie werden in den Ländern kriminalisiert, in denen Gesetze zur Bestrafung wegen »Leugnung des Völkermords an den Juden« angenommen wurden; einige von ihnen verbrachten recht lange Haftstrafen, gaben jedoch ihre Sicht des Problems und ihre Überzeugungen nicht auf.

Aber für unsere Narration ist das nicht wichtig. Wesentlich ist nur, dass sich nach dem Zweiten Weltkrieg die Meinung über den Nationalsozialismus als politisches Monster, der bewusst Millionen Juden systematisch vernichtete, im öffentlichen Bewusstsein verfestigt hat. Daher herrschte die Überzeugung vor, dass sowohl staatlicher als auch alltäglicher Antisemitismus (was nur Juden und nicht alle andere semitischen Völker – Araber, Assyrer, Drusen, Aramäer, Malteser impliziert) – eine Art Faschismus ist und zur Vernichtung der Menschen führt. Die Vokabel *Antisemit* wurde zum Fluchwort.

Daher lehnen moderne nationalistische Bewegungen nicht nur den Antisemitismus als solchen ab, sondern auch die antisemitische Rhetorik. Der Zweite Weltkrieg führte zur Erkenntnis, dass das Thema jedweder Überlegenheit der Nation, des Chauvinismus, von der Tagesordnung gestrichen werden muss.

Eine vielsagende Bestätigung dieser These wird in dem Buch »Die Haltung der OUN gegenüber den Juden«[888] des ukrainischen Forschers Wolodymyr Wjatrowitsch präsentiert. Ukrainern wird oft ziemlich pauschal vorgeworfen, latente Antisemiten zu sein. Aus diesem Grund ist gerade ein ukrainisches Beispiel durchaus repräsentativ.

Tatsache ist, dass die 1929 in Polen gegründete Organisation ukrainischer Nationalisten (OUN) eine diskriminierende antisemitische Politik betrieb. Im Mai 1941 bereitete die Führung der OUN umfangreiche Weisungen »Der Kampf und die Aktivitäten der OUN während des Krieges« auf dem Gebiet der Sowjetukraine vor, der kurz vor seinem Beginn stand. In diesen Instruktionen waren neben den allgemeinen Aufrufen zum Kampf gegen die »Moskau[a]-jüdischen Kommunisten« auch Direktiven enthalten, den Juden als möglichen Saboteuren besondere Aufmerksamkeit zu schenken. »Juden isolieren, aus der Regierung entfernen, um Sabotage zu vermeiden, vor allem aber Russen und Polen. Wenn es enormen Bedarf gibt, zum Beispiel im Wirtschaftsapparat, dann den Juden belassen, ihm als Aufsicht unbedingt unseren Milizionär zur Seite stellen und ihn für das geringste Vergehen eliminieren.« An anderer Stelle heißt es: »In Zeiten des Chaos und der Verwirrung kann man es sich leisten, unerwünschte polnische, moskowitische und jüdische Führungskräfte, insbesondere Anhänger des bolschewistisch-moskowitischen Imperialismus, zu liquidieren.«
Jahre des Krieges vergehen, Hitlers Armee zieht sich zurück, die Welt erlebt eine ungeheure Vielzahl von Opfern des deutschen Faschismus, unter anderem der Juden. Unter diesen Bedingungen diskutieren ukrainische Intellektuelle, die mit der OUN in Verbindung stehen, das Programm ihrer nationalistischen Organisation.
Es wird von niemand anderem als Dmytro Donzow, dem vielleicht größten Theoretiker des ukrainischen Nationalismus, dem Autor des berühmten Werks »Nationalismus«[889] (1926), angegriffen: »Das Programm gibt keine Antwort auf ukrainische historische Traditionen – weder soziale noch nationale noch politische. Und nicht nur die Traditionen der Kosaken, sondern auch die jüngsten Traditionen der Rebellenbewegung in den Jahren 1917-1921 mit ihrer Fremdenfeindlichkeit gegen Vagabunden aus dem Norden[b], ihrem Antisemitismus, ihrer Religiosität und ihrem Beistand des Privateigentums.« Seiner Meinung nach sollte ein echtes nationalistisches Programm darauf hinweisen, dass »die Mentalität und Politik des Weltjudentums für die ukrainische Nation und ihre Staatlichkeit schädlich sind. Der Kampf gegen das Judentum liegt im Interesse und in den Traditionen der ukrainischen Nation.«

---

a Im üblichen Sprachgebrauch der ukrainischen Nationalisten hießen Russen *Moskals, Moskowiten.*

b Gemeint sind Russen.

Ihm widerspricht der Vertreter der jüngeren Generation, ein Mitglied des Zentralrats der OUN, Oberst der Ukrainischen Aufständischen Armee (UPA) Jossyp Posytschanjuk. Er hat vielleicht weniger literarische und wissenschaftliche Erfahrungen als sein berühmter Gegner, aber er hat genug Lebenserfahrung. Zusammen mit Jaroslaw Stezko proklamierte er am 30. Juni 1941 in Lemberg eine unabhängige Ukraine. Im September desselben Jahres wurde er von der Gestapo verhaftet und nach Auschwitz gebracht. Dann Flucht aus dem Kerker und Beitritt in die UPA.
So schreibt dieser Posytschanjuk, damals Chef des Informationsbüros der Nationalisten, in einem Brief an Donzow: »Nach deutscher Praxis scheint es schwierig (wenn nicht sinnlos), diese Karte heute zu spielen. [...] Darüber hinaus gibt es für die Ukraine heute kein jüdisches Problem. [...] Was den Anführern der Untergrundrebellen zu Gesicht stand, die außer Fremdenfeindlichkeit und Antisemitismus nichts kannten, nichts mehr taten und nichts mehr tun konnten, weil es jenseits ihrer Ideologie und politischen und organisatorischen Fähigkeiten lag, passt nicht zu uns – der Generation, die eine größere Aufgabe hat als die dürftige Xenophobie. Gehen Sie also nicht von der Hauptstraße ab auf antisemitische und fremdenfeindliche Umwege, denn Hitler hat sich dort mit dem ganzen Reich die Beine gebrochen. Wir können noch mehr über Fremdenfeindlichkeit sagen. Für uns sollte der Feind nicht durch die Rasse bestimmt werden, sondern durch den Grad der Feindseligkeit gegenüber unserer Idee und die Aktivität seiner Handlungen gegen uns.«
Zu Donzows Bemerkung über die Bedeutung des Kampfes gegen das »Weltjudentum«, antwortet Posytschanjuk: »Das ist die alte morsche Hitler'sche Drehorgel. Man muss heute ein politisches Kleinkind sein, um nicht zu verstehen, dass wir trotz aller Traditionen in der jüdischen Frage den Antisemitismus aus verschiedenen Gründen um jeden Preis loswerden müssen. Und vor allem auch, um selbst einen kaum wahrnehmbaren Schatten des Hitlerismus zu beseitigen. Unser eigenes Volk würde diejenigen, die diesen Weg beschritten, kreuzigen oder verjagen. Nicht weil das Volk mit den Juden sympathisiert. Sondern weil das Volk von den Weltträgern jenes Antisemitismus – den Hitler-Horden – eine noch größere Tragödie als die Juden erlebt hat, und jede solche »Politik« für die Fortsetzung des bereits Gesehenen und seine Träger für Hitler-Agenten gehalten werden.«
Der Verfasser gibt auch eine allgemeine Einschätzung des Antisemitismus: »Was den Antisemitismus im Allgemeinen angeht, muss ich sagen, dass Hitler die ganze Welt von ihm geheilt zu haben scheint, obwohl die Welt nicht

geheilt werden wollte. Um seine wirkliche Idee, seine aggressive Politik zu verbergen, nutzte Hitler Antisemitismus als Deckung – 'die Befreiung der Welt aus den jüdischen Klauen'. Diese Idee wurde der Welt so präsentiert, als wäre sie eine reale Idee des Hitlerismus. Ihr Zweck war es, die Welt zu täuschen, ihre Wachsamkeit einzuschläfern, sie sogar für Hilfe zu mobilisieren und dazu beizutragen, dieser Welt anstelle von problematischen 'Klauen' konkrete faschistische Handschellen anzulegen. Die Deutschen haben viele mit diesem Köder gefangen. Bis die blutige Ernüchterung kam. Heute ist diese Hitler-Karte gestochen und zerschlagen. Und jetzt wird derjenige ein Dummkopf sein und ein Unglücklicher, der mit solchen Ideen beispielsweise in die Ostukraine vorstoßen würde [...]. Das Programm sollte keinen Antisemitismus und keinerlei Phobie beinhalten. Das Programm sollte die Rechte der nationalen Minderheiten anerkennen und sogar die Vorteile für diejenigen hervorheben, die im Kampf für den Ukrainischen Staat mitarbeiten und sich opfern würden.«

Natürlich gibt es eine große Distanz zwischen einer theoretischen Briefdebatte zweier Gelehrter und dem seit Jahrhunderten tief verwurzelten ukrainischen Alltags-Antisemitismus. Ich möchte jedoch nicht nur auf den Wechsel vom bekennenden Antisemitismus zu einem kritischen Blick auf ihn aufmerksam machen, sondern auch auf das beträchtliche Argumentationsarsenal der neuen Generation von Nationalisten: Für viele ist dies keine heuchlerische Ablehnung, sondern eine neue tiefe Überzeugung.

Neben dem nationalistischen »Vorkriegs-Antisemitismus« weist der moderne Nationalismus auch viele andere – einst angesagte, – aber durch die Geschichte kompromittierte nationalistische Dogmen als ideologische Belastungen zurück.

Ein kanadischer Forscher des ukrainischen Nationalismus (wir setzen dieses Beispiel fort), Professor an der *University of Alberta*, der ethnische Ukrainer John-Paul Himka (geb. 1949), der sich auf historische Erfahrungen stützt, schaut voraus. Seiner Ansicht nach waren sowohl die OUN als auch die UPA »antidemokratisch, antisemitisch, fremdenfeindlich und beide hatten Sympathie für die italienischen Faschisten und die deutschen Nationalsozialisten.« Aber die Zeit vergeht, soziopolitische Bedingungen ändern sich, und mit ihnen ändern sich Weltanschauung und ideologische Imperative. Deshalb schreibt er: »Natürlich war die OUN die einflussreichste Kraft in der ukrainischen Überseediaspora. Natürlich haben viele von uns und ich selbst unter den älteren Verwandten Mitglieder oder Unterstützer der OUN. Aber ist es nicht an der Zeit, hinter dieses Erbe einen Schlussstrich zu ziehen? Ist es nicht an der Zeit zu verstehen, dass diese Generation eine schlechte Wahl getroffen hat? Sollten wir weiterhin das verteidigen, was nicht zu rechtfertigen ist?«.[890]

Moderne nationalistische Bewegungen in Europa haben diesen Schritt bereits getan.

Also, der einheimische europäische Antisemitismus verschwindet, nach Europa kommt aber ein neuer – mit den Migranten. Die Broschüre des Verfassungsschutzes (2019) »Antisemitismus im Islamismus«[891] stellt fest, »dass antisemitische Ereignisse mit islamistischem Hintergrund in Deutschland keine Seltenheit sind. Allein für den Zeitraum von Januar bis Dezember 2017 wurden mehr als 100 Vorkommnisse registriert, deren Spannbreite [...] bis hin zu verbalen und körperlichen Attacken gegen Einzelpersonen reicht.« Die Sicherheitsbehörde ist der Auffassung, dass es sich hier wahrscheinlich lediglich um die »Spitze des Eisbergs« handelt.

Wie würden wir uns wundern, wenn wir den ganzen Eisberg sähen.

Die Behörde hält in der Broschüre den Islamismus für gefährlicher als Rechtsextremismus und Linksextremismus, wenn es um Antisemitismus geht: »Ausgeprägter sind antisemitische Auffassungen jedoch im Islamismus, in dem sich religiöse, territoriale und/oder politische Motive zu einem antisemitischen Weltbild verbinden. Das 'Feindbild Judentum' bildet einen zentralen Pfeiler, auf den sich die Argumentationen aller islamistischen Gruppierungen stützen. Eine solche Erkenntnis gewinnt insbesondere vor dem Hintergrund des zwischen den Jahren 2014 und 2017 erfolgten Zuzugs von mehr als 1.000.000 Muslimen in die Bundesrepublik Deutschland an Bedeutung. Sehr viele dieser Menschen stammen aus Ländern, in denen antisemitische Einstellungen seit Jahrzehnten so alltäglich sind, dass schon Kinder ganz selbstverständlich damit aufwachsen.«

»Einstellungen« bleiben aber nicht im Kopf, diese »Einstellungen« gehen auf die Straße – so vor dem Brandenburger Tor im Dezember 2017, als »auf Plakaten die vollständige Auslöschung des Staates Israel gefordert« und als »guter Anfang« die israelische Fahne verbrannt wurde.

Die Innenpolitik Israels, seine Auseinandersetzung mit der »Palästina-Frage« sind mehr als fraglich. Hier geht es um etwas ganz anderes: Mit der Massenmigration wird Europa zur Austragungsbühne der Differenzen. Dabei spielt »zugewanderter« Antisemitismus eine zentrale Rolle, weil »ideologische Radikalisierung« von Migranten und »die Aufstachelung zu Hass und Gewalt durch antisemitisches Gedankengut den Nährboden für gewalttätige Eskalationen bilden.«

Ehrlich gesagt, das ist keine große Überraschung für die, die zwei und zwei zusammen zählen können.

Vom Willen zum Plan

Ende des 19. bis Anfang des 20. Jahrhunderts ist das dominierende philosophische Konzept, die vorherrschende Weltanschauung in der europäischen Gesellschaft der Idealismus, der das Primat des Ideellen und die sekundäre Natur der Materie postuliert. Anhänger des Idealismus waren auch die damaligen »Herren des Geistes« (heute würde man sagen »Trendsetter«) der intellektuellen Elite – Fichte, Nietzsche, Spengler, Schopenhauer, die wir oben als Theoretiker des Nationalismus erwähnt haben.
Daher überrascht es nicht, dass in das Fundament des Nationalismus idealistische Vorstellungen von den Triebkräften des Seins gelegt wurden.
Idealisten im Nationalismus glauben, dass es nicht die Rationalität ist, die einen Menschen antreibt, dass nicht das »Gift der hypertrophierten Vernunft« zum Sieg führt, sondern nur Wille und Glaube, Affekt und Leidenschaft. Sie sind überzeugt, dass man die Rolle der Wirtschaft (des Materiellen) nicht überschätzen dürfte, auch nicht mit der konkreten Situation, der Verteilung der Kräfte und den Gesetzen der sozialen Entwicklung rechnen sollte, sondern dass man den Willen des Einzelnen zur Faust ballen, mit dem Willen Tausender multiplizieren und auf die Barrikaden für eine bessere Zukunft gehen muss. Die Kraft der Begeisterung, Rücksichtslosigkeit, des Fanatismus, der Impulse, Träume, hohen »unerreichbaren« Ziele, Motivationslosigkeit und Tapferkeit stellten die Nationalisten dem »kalten Verstand« gegenüber, von dem sie keinen Höhenflug erwarteten. Hier Hegel: »Es ist nichts Großes ohne Leidenschaft vollbracht worden, noch kann es ohne solche vollbracht werden«.[892]
Für den philosophischen Trend, der den menschlichen Willen zur Hauptrolle in der Entwicklung von Natur und Gesellschaft bestimmt hatte, kreierte man ein neues Wort »Voluntarismus« (vom lat. *voluntas* – der Wille). Sie sind davon überzeugt, dass das, was Immanuel Kant *das Ding an sich* nannte, tatsächlich »Wille« genannt werden sollte. Intelligenz ist laut Schopenhauer nur ein Instrument des Willens.[893]
Es war Mode, die Rolle des Individuums in der Geschichte zu diskutie-

ren – darüber, wie eine Person negativen Umständen entgegenwirken und die ganze Welt verändern kann. Natürlich nicht die Rolle eines gewöhnlichen Menschen – was bedeutet schon das Sandkorn in der Wüste? – sondern mächtiger Persönlichkeiten wie Alexander der Große, Martin Luther, Bolivar oder Napoleon.

Zur Bestätigung der »Richtigkeit« des Idealismus führt ein ukrainischer Autor sogar »jüngste Entdeckungen» auf dem Gebiet der Atomphysik an: »Die Physik hat längst bewiesen, dass Materie aus Atomen besteht. Die jüngsten Experimente haben gezeigt, dass ein Atom aus Elektronen besteht – immateriellen Klumpen der Energie, wahrscheinlich elektrischen. Das kleinste Element, in das die Materie zerlegt werden kann, ist ein Elektron, nicht ein materielles, sondern ein energetisches Element. Dies bedeutet, dass Materie, die aus Elektronen besteht, in ihrem Wesen Energie ist... Die idealistische Metaphysik des Voluntarismus betrachtet diese Energie als die einzige wirkliche Realität. Diese Energie, die in der Bewegung von Elektronen blind und irrational ist, manifestiert sich in uns als spontaner, sowie als blinder und irrationaler Wille – als Wille zum Leben, zur Macht, zur Expansion. Unser bewusster, rationalisierter Wille ist nur ein Teil des kosmischen irrationalen Willens. Eine Nation ist eine Gruppe, die durch das Verlangen nach einem Ziel Menschen organisch zusammenschweißt. Aus metaphysischer Sicht ist dieses Verlangen ein separater Zweig des kosmischen Willens, der Wille der Gattung, der auf der Negation des Willens anderer Gattungen beruht«.[894]

»Nationaler Fanatismus« gilt als Waffe starker Nationen, die Großes leisten. Dieser Fanatismus ist irrational, er kann nicht berührt oder von allen Seiten inspiziert werden. Er ist eine Sphinx, »blinde Dynamik«, das Feuer der Seele, Instinkt, Besessenheit. Schopenhauer schreibt über den Willen als die Natur selbst, als eine unverständliche Eigenschaft. Der Wille manifestiert sich in verschiedenen Formen, wie dem »Willen zum Leben« (bei Schopenhauer), dem »Willen zur Macht« (bei Nietzsche) oder der »Ruhmsucht« (bei Hobbes).

Irrationaler Wille steht in den Werken von Nationalisten im direkten Zusammenhang mit dem Risikogenuss, der Suche nach Gefahren, dem Adrenalin, dem Glück, das Unbekannte zu erreichen, dem Roulette, bei dem es ums Leben geht. Die Ableitung des irrationalen Willens ist Heldentum. Entweder zwingt der Held die Umgebung dazu, sich seinem Willen zu unterwerfen, oder er geht zugrunde, indem er die Herrschaft des Willens anderer nicht anerkennt. Der Held interessiert sich nicht einmal für das Ergebnis seiner Handlungen, sondern für die Handlung selbst als Prozess.

»Das Glück liegt nicht in der Beute, sondern in der Erbeutung«, schlussfolgert der nationalistische Theoretiker Dmytro Donzow.[895]
»Denn, glaubt es mir«, schreibt Friedrich Nietzsche im Buch »Die fröhliche Wissenschaft« (1882), »das Geheimnis, um die größte Fruchtbarkeit und den größten Genuß vom Dasein einzuernten, heißt: *gefährlich leben!* Baut eure Städte an den Vesuv! Schickt eure Schiffe in unerforschte Meere! Lebt im Kriege mit euresgleichen und mit euch selber! Seid Räuber und Eroberer, solange ihr nicht Herrscher und Besitzer sein könnt, ihr Erkennenden!«.[896]
Aus dem Willen zum Leben und dem Willen zur Herrschaft folgt nicht nur die Notwendigkeit von Krieg, Eroberung und Expansion, sondern auch der Aufbau einer nationalistischen Bewegung auf den Prinzipien einer religiösen Gemeinschaft, die nach den Gesetzen des kirchlichen Dogmas lebt. Dies ist eine Weltanschauung mit einer starken emotionalen Färbung, mit unerschütterlichem, absolutem Glauben und daher einer aktiven Ablehnung aller, die solche Ansichten nicht teilen.
Da der Wille irrational ist, kann er nicht Gegenstand wissenschaftlicher Diskussionen sein. Wenn das Rationale abgelehnt wird, wird sein Platz immer von mystischer Intuition, dem Glauben – oft (immer) blinden – besetzt. Wenn dies der Fall ist, kann das Wort des Anführers nicht auf die Waage des Rationalen gelegt werden. Es sollte nicht »verstanden«, sondern nur »gefühlt«, als ultimative Wahrheit wahrgenommen werden, als ein Befehl, den es auszuführen gilt. Daher wird der Sieg auf der Seite desjenigen sein, der glaubt und nicht überlegt oder sogar zweifelt.
Die alten Nationalisten waren zuversichtlich, dass nur die Nationen und Rassen herrschen können, die eine großartige Idee haben und die, gestützt auf ihren Willen, fanatisch auf ihre Verwirklichung hinstreben.
Das 20. Jh. hinterfragt diese nationalistischen Postulate ernsthaft. Der Nationalismus wird weniger dogmatisch. Der metaphysische, mystische, spirituelle, übernatürliche alte klassische Nationalismus weicht dem natürlichen, materialistischen. Es verschwindet die Affektivität des Handelns, der moderne Nationalismus schwebt nicht »in den Wolken«, sondern steht fest auf dem Boden der Tatsachen und versucht, alle seine Ziele und Wege »mit Algebra« zu überprüfen.
Eine Schwächung im Nationalismus des Irrationalen, des Voluntaristischen und die Zunahme des Rationalen zu beweisen, ist schwierig. Der Vorrang des Willens im Nationalismus war transzendental, das heißt, er kann nicht erklärt oder bewiesen werden, daher würde jeder Versuch etwas zu belegen, *per definitionem* zu einer Absurdität führen. Es ist ebenso schwierig, wie

mit Hilfe der Logik zu beweisen, dass es keinen Gott gibt, für Menschen, die treu daran glauben. Glaube ist deshalb Glaube, weil er auf Gefühlen beruht, nicht auf Fakten und Vernunft. Er erkennt etwas als Wahrheit ohne Bestätigung, aus reiner Überzeugung, die eine Person hat. Der klassische Nationalismus versteht den Willen als treibende Kraft der Umgestaltung der Welt, als integralen Bestandteil des menschlichen Geistes. Der Glaube ist das Gegenteil von Wissen und Verstand, und jeder Versuch, eines durch das andere herzuleiten, eines durch das andere zu beweisen, wird keine Ergebnisse bringen.

Bertrand Russell (1872-1970), ein britischer Mathematiker und Philosoph, schrieb in seiner Arbeit »Wird der religiöse Glaube unsere Probleme heilen?«: »Wir reden nicht über Glauben, wenn es darum geht, dass zwei und zwei vier ergeben oder dass die Erde rund ist. Wir sprechen von Glauben nur, wenn wir Beweise durch Emotionen ersetzen wollen.«[897]

Man kann sich nicht auf den Verstand stützen, wenn man über Glauben spricht.

Wir versuchen es trotzdem, obwohl aufgrund der Weite des Themas unsere Überlegungen womöglich Versuchen ähneln werden, eine filigrane Plastik mit einer schweren Axt zu bearbeiten – die Hauptmerkmale werden erfasst, aber Details und Feinheiten kommen etwas zu kurz…

Die wichtigste Wasserscheide des nationalen Diskurses vor und nach dem Krieg ist m. E. die Frage nach dem Wert einer Person, der Rolle des Einzelnen und der Gesellschaft. Dies ist ein grundlegender Streit, denn Nationalismus (und Kommunismus) ist bekanntlich eine kollektivistische Ideologie, für die Wehwehchen des Einzelnen hat sie nicht viel übrig. Einer für alle und alle für einen, Kameradschaft, Brüderlichkeit – könnte es etwas Besseres geben?

Natürlich gibt es in der Geschichte der Menschheit nicht nur den römischen stoischen Philosophen Sěněca (4 v. Chr.-65 n. Chr.), der in den »Moralischen Briefen an Lucilius« (*Ad Lucilium epistolarum moralium quae supersunt)* schrieb: »Merke: Wir waren geboren, um zusammen zu leben. Und unsere Gemeinschaft ist wie ein Gewölbe, das nur deshalb hält, weil die Steine einander nicht fallen lassen«,[898] – oder den russischen kommunistischen Dichter-Kollektivist Wladimir Majakowski, der fragte:

Was ist der Einzelne?
Wen geht er an?
Sein Stimmchen ist dünn
wie der Pfiff einer Maus.

Wer hört ihn?
Vielleicht hört die Frau ihren Mann,
zwar
nicht auf dem Markt,
doch vielleicht zu Haus,

und von seinem Recht überzeugt, verherrlichte er die Partei, die aus Millionen von »Einzelnen« bestand, und argumentierte:

Allein ist man töricht,
allein ist man Nichts;
allein
und wär man
von Bärenstärke -
hebt man
keinen Balken
mittlern Gewichts,
geschweige ein Haus
– fünf Stockwerke.[899]

Lange vor dem 20. Jh. gab es unter den Denkern diejenigen, die nicht das Kollektiv, sondern die Persönlichkeit vorzogen, den Menschen über das Kollektiv, über das Volk, über die Gesellschaft, über den Staat stellten.

Man sollte allenfalls René Descartes (1596-1650) nennen, einen französischen Mathematiker, Physiker und Philosophen, der gegenüber Zeitgenossen den etwas seltsamen Gedanken äußerte, dass die Welt möglicherweise trügerisch ist. Der Glaube an die Existenz der physischen Welt basiert ja auf unserer Sinneswahrnehmung, wir wissen aber nicht, ob sie uns nicht täuscht. Wir sehen nur etwas, hören etwas, berühren etwas, aber ob dieses »etwas« wirklich existiert, können wir nicht sagen. Unsere Gefühle können uns in die Irre führen – wir können eine Fiktion, Einbildung sehen, *fata morgana*, es gibt »Phantomschmerz« usw. Das Einzige, dessen ein denkender Mensch sicher sein kann, ist, dass er selbst existiert. Durch seinen berühmten Aphorismus *cogito, ergo sum* – »ich denke, also bin ich« – lenkte er den Fokus der damaligen philosophischen Kontemplation, Betrachtung, vom Universum auf den Menschen.

In vieler Hinsicht stimmte einer der größten Philosophen der Aufklärung, der Schriftsteller und Historiker Voltaire nicht mit Descartes überein. Aber auch er sprach sich für die Freiheit des Menschen aus, gegen seine Versklavung durch verschiedene Institutionen. Aus der Grundidee der individuellen Freiheit, die er das natürliche und unveräußerliche Menschenrecht nennt, kritisiert er die Kirche (aber nicht Gott als den Schöpfer des Universums). Deshalb fordert er *Écrasez l'infâme!*, »Zermalmt das Niederträchtige!« und sieht, wie: Als Erstes muss der Kirche das Eigentum genommen werden!

Jean-Jacques Rousseau (1712-1778) kam auch zu dem Schluss (*Les Confessions*, 1767), dass es auf der Welt keine zwei gleichen Personen gibt. Jeder Mensch ist einzigartig, individuell, laut Rousseau, von der Natur in eine Form »gegossen« und diese Form hat die Natur gleich darauf »zerstört«. Das heißt, einen gleichen zweiten wird es nie geben: »Ich bin nicht wie einer von denen geschaffen, die ich gesehen habe, ich wage sogar zu glauben, daß ich nicht wie einer der Lebenden gebildet bin. Wenn ich nicht besser bin, so bin ich wenigstens anders.«[900]

Diese Gedanken werden von dem Begründer der klassischen deutschen Philosophie Immanuel Kant weiterentwickelt. Er ruft auf: »Handle so, daß du die Menschheit sowohl in deiner Person, als in der Person eines jeden andern jederzeit zugleich als Zweck, niemals bloß als Mittel brauchest.«[901]

Erwähnenswert ist sicherlich Søren Kierkegaard (1813-1855), dänischer Philosoph, Theologe und Schriftsteller, der als Begründer des Existenzialismus gilt (in der Literatur dank Sartre und Camus bekannt). Er drängte, nicht nach Hegel'scher objektiver Wahrheit zu suchen, sondern dem Menschen Aufmerksamkeit zu schenken. Nach seinen Vorstellungen unterscheidet sich ein Mensch von einem Tier nicht dadurch, dass er einen Verstand hat, sondern darin, dass er eine einzigartige Person ist. Tiere leben in einer Herde und sind sich als Teil der Herde dessen bewusst. Solange der Mensch in der Herde lebt, ist er ein Tier. Ein Mensch wird zu einer Person, wenn er beginnt, sich als Individuum wahrzunehmen. Der Mensch kann laut Kierkegaard kein Teil der Gesellschaft sein, denn wo eine Gesellschaft ist, gibt es keine Person – und umgekehrt. Der Hauptwiderspruch ist nach Ansicht des Philosophen ein Widerspruch zwischen Gesellschaft, Kollektiv einerseits und dem Einzelnen andererseits: Sie können nicht als Ganzes existieren. In der Gesellschaft wird eine Person (jetzt nach Majakowski) zum »Nichts«, sie verliert ihre Identität. Ein Mensch zu werden, sich selbst zu verwirklichen bedeutet, sich aus der Gesellschaft zu befreien, individuelle Merkmale zu erwerben.

Persönlichkeit ist primär, Gesellschaft sekundär.

Daher mag Kierkegaard seine zeitgenössische Gesellschaft, die die Menschen ihrer Individualität beraubt, nicht. Er nimmt die Kirche, die über dem Menschen steht, aktiv nicht an und verachtet auch die Demokratie, die alle Menschen gleichstellt. In seinen »Tagebüchern« schreibt er: »Von allen Tyranneien« ist die Tyrannei der Gleichheit »die gefährlichste«. Vor allem der Kommunismus führt zur Tyrannei der Gleichheit.[902] Alles, was »aus der Gesellschaft« kommt, kommt vom Teufel. Eine Person wird nicht nur durch Demokratie und Kommunismus ihrer Persönlichkeit beraubt, sondern auch durch die öffentliche Kultur, Philosophie und Wissenschaft, die nach »objektiver« Wahrheit suchen. Warum aber danach suchen, wenn die Welt nur vom Standpunkt einer konkreten, subjektiven Person erklärt werden kann? Wahrheit ist individuell. Die Gesellschaft macht Menschen zu »dressierten Affen«.[903]

Der russische Schriftsteller Fjodor Dostojewski brachte sein großartiges, feines, beeindruckendes Erzählen von der menschlichen Persönlichkeit in all ihren unendlichen Höhen und abgründigen Tiefen auf ein noch nicht dagewesenes Niveau. Mit seiner Haltung gegenüber dem »nationalen Boden« als Grundlage der sozialen und spirituellen Entwicklung (»Die russische Gesellschaft muss sich mit dem Volksboden vereinen und das nationale Element in sich aufnehmen«[904]) schlug er die Brücke zur späteren nationalen Suche der Westeuropäer.

Von Kierkegaard und Dostojewski übernahm der russische Philosoph Nikolai Berdjajew (1874-1948) den Staffelstab. Er glaubte, dass die Gesellschaft einen Menschen zum Konformisten macht, indem sie ihn zwingt, sich an die Erfordernisse des Staates, der Nation, anzupassen. Wer sich nicht anpassen will, wer keine Werte dieser Gesellschaft akzeptiert, stürzt sich in einen Konflikt mit ihr. Jede freie kreative Person (und eine Person ist nur dann eine Person, wenn sie frei und kreativ ist), wiederholte er nach Kierkegaard, ist asozial, weil sie nicht zur Gesellschaft gehört, sondern zum »Kosmos«: »Eine Persönlichkeit wird nicht für einen einzigen Moment Teil eines Organismus, eines hierarchischen Ganzen... Die ganze Welt ist nichts im Vergleich zur menschlichen Persönlichkeit, mit ihrem einzigartigen Menschengesicht, mit ihrem einzigartigen Schicksal«[905], schrieb er 1939 in seiner Arbeit »Über Sklaverei und Freiheit des Menschen«.

Einen Lidschlag vor Beginn des Zweiten Weltkriegs verurteilte Berdjajew den Staat als von Natur aus kriegslüstern: »Krieg ist das Schicksal« des Staates. Da der Staat national ist, glaubt er, dass »die Souveränität des Staates, Nationalismus, Kapitalismus, der Güter der Militärindustrie schafft, unweigerlich zu Kriegen führen«.[906]

»Krieg und alles, was damit verbunden ist, ist nicht nur die äußerste, extremste Form von Gewalt, sondern auch die äußerste, extremste Form des Anti-Personalismus, der Leugnung der Persönlichkeit«, stellte Berdjajew fest. – »Durch die Zustimmung zu einem Krieg hört eine Person auf, eine Person zu sein, und betrachtet andere nicht mehr als Persönlichkeiten. Eine Armee ist ein bestimmter hierarchischer Organismus, in dem sich jeder als Teil des Ganzen fühlt, sich dem Ganzen anschließt und einen bestimmten Platz einnimmt. Dies versetzt den Menschen in eine ganz besondere Atmosphäre, in der Sklaverei und Gewalt organisch erlebt werden und sogar süß sein können. Dies ist eine besondere Versuchung, eine besondere Verführung der Sklaverei durch den Krieg, der sich über das menschliche Element erhebt. Der Krieg und die Armee können die Persönlichkeit nicht nicht als ein Mittel betrachten, als untergeordneten Teil eines unmenschlichen Ganzen... Die menschlichen Massen können nur durch Paralyse ihres Bewusstseins, mithilfe eines Systems von Hypnose, psychischer und physischer, oder indem sie trunken gemacht werden und durch Terror, der immer während eines Krieges betrieben wird, zum Krieg gezwungen werden«.[907]

Nach Millionen und Abermillionen Opfern, zu denen Kriege führten, bedeuteten solche Worte nicht nur Mahnung vor neuen militärischen Vorbereitungen, sondern zugleich Ode an die Persönlichkeit, an jeden Einzelnen mit Vor- und Nachnamen. Nicht unter dem Einfluss jahrhundertealter philosophischer Errungenschaften, sondern unter dem der Erinnerungen an die in blutigen Schlachten Getöteten, Ermordeten und Massakrierten, wird das evangelikale Verständnis des Menschen als gottähnliches Wesen wiederbelebt. Die Hand gegen eine Person zu erheben bedeutet, die Hand gegen Gott zu erheben.

Der zweite Weltkrieg wurde zum Schock für die Menschheit. Alles, was mit dem Angriffskrieg oder der Vorbereitung darauf zu tun hatte, bewertete man nun als Verbrechen. Diese Formulierungen wurden in die Strafgesetzbücher vieler Staaten aufgenommen. Aggressiven Krieg sowie Appelle dazu verurteilte die UNO. Nach Hitler war den Nationen nicht mehr nach theoretischen Debatten um »Lebensraum« zumute.

Die Romantik des Krieges verschwindet, weil diese Romantik mit Mord verbunden ist – rücksichtslosem, oftmals sinnlosem und grundlosem. Nicht ein einzelner Held, sondern eine gesichtslose »Masse« entscheidet über das Schicksal der Schlachten – um ohne Namen, ohne Ort des Todes, ohne Begräbnis und Grab in der Erde verscharrt zu werden. Bei Nietzsche gibt es die Idee von »reinem Heldentum«, Heldentum ohne Ziel, »Heldentum an sich«.[908] Ist das etwa sinnvoll?, fragte sich die Nachkriegsgesellschaft.

Führt diese hohe Großtat des Augenblicks vielleicht zu einem banalen Gang ins Nichtsein – und erlischt im nächsten Moment? Bedeutet dieser »Untergang« nicht auch gleichzeitig »Vergessenheit«?
Zusammen mit der »Kriegspoesie« verblassen Wille und Glaube. Affekt, Aufregung, Leidenschaft weichen Berechnungen. Die sakramentale Phrase der Generäle »Nicht an Soldaten sparen! Die Frauen gebären neue!«, mit der zu allen Zeiten Menschen in den sicheren Tod geschickt wurden, wandelte sich zu einer Invektive für die Militärführer und zur Frage: Wie soll man weiter leben? Schließlich stirbt mit jedem Toten – mit jedem! – die ganze Welt.
Der Krieg hat gezeigt, dass es keine »Helden« und »Schlachtvieh« gibt, dass jeder Verlust unbezahlbar ist, dass jeder Mensch in eine einzigartige Form »gegossen« ist und diese Form nun »zerstört« ist. Daher ist jeder Verlust ein Verlust für mich persönlich. Denn wie hatte der englische Dichter und Prediger John Donne (1572–1631) geschrieben: »Sende niemals Boten aus, um zu erfahren, für wen die Glocke läutet – sie läutet für dich!«.[a]
Sowohl Gläubige als auch Atheisten lernen verstehen, dass das Töten und Vergießen von Blut »sündig« ist – unabhängig vom hohen oder niederen Zweck dieser Handlungen.
Als Folge entsteht die Subjektivität der Geschichte. Wenn der Feind eine gesichtslose Masse, ein Objekt ist, macht es das Kämpfen leichter. Wenn aber einer die Waffe auf einen Menschen, einen Bäcker oder einen Schlosser richtet – mit den gleichen schwieligen Händen, mit Frau und Kindern, mit einer alten Mutter, die weinen wird, wenn die grausame Nachricht zu ihr gelangt, dann wird der Krieg zum Morden und der Soldat wird zum Mörder. Kann jeder das ertragen? Das historische Gesicht, die historische Rolle bekamen nicht nur die »großen, herausragenden, brillanten Menschen«, sondern auch die kleinen, die durchschnittlichen.
Was sich geändert hat, ist nicht der Wert des menschlichen Lebens (er war immer derselbe), sondern die Vorstellung davon. Das universelle Recht auf Leben ward bewusst. Die Meinung des Einzelnen über die Zweckmäßigkeit oder Unzweckmäßigkeit des Opfers selbst, das einer bringen kann, setzte sich gegen den Wunsch der Masse durch, gedankenlos für eine Idee zu sterben. Vielleicht muss man für die Idee nicht sterben, sondern kämpfen?
Die Gesellschaft, die soziale Moral beginnen den Wert des menschli-

---

a Diese Worte sind besser bekannt als das Epigraph von Ernest Hemingways Roman »Wem die Stunde schlägt« (*For Whom the Bell Tolls*).

chen Lebens anzuerkennen, diese Tatsache wird in Gesetzen verankert. Veränderungen im Bewusstsein und in der Gesellschaft zugunsten des Humanismus lassen sich im Prozess der Verabschiedung der Menschheit von der Todesstrafe eindeutig nachvollziehen.

Wir gehen hier nicht auf die noch fortdauernde Kontroverse darüber ein. Die Gegner und Unterstützer haben hierzu viele Argumente, und es ist nicht unsere Aufgabe, sie zu bewerten. Es geht nur um die Änderung der Haltung großer gesellschaftlicher Massive zum »bürokratisch legitimierten Mord« als solchen. Wenn Bestrafung des Mörders Tausende von Jahren lang als Gerechtigkeit galt und sich gegen die Todesstrafe nur einzelne Kirchenführer, Philosophen und Politiker aussprachen, liefen Guillotinen, Äxte, Schlaufen, Gewehre und Kanonen der Henker auf Hochtouren, so denkt die Menschheit nach dem Zweiten Weltkrieg über das Recht des Staates, jemanden des Lebens zu berauben, nach.

Folgendes ist beachtenswert: Als in Russland nach einem erneuten Staatsstreich (1741) zugunsten von Elisabeth »die Schergen des alten Regimes» vor Gericht gestellt wurden (ein solches Verfahren – nach der Machtergreifung als erstes politische Gegner zu exekutieren – existiert überall auf der Welt), wurde ein gewisser Graf Ostermann, wie der Historiker Sergei Solowjow (1820–1879) in seiner mehrbändigen »Geschichte Russlands seit der Antike«[909] schreibt, »zum einfachen Tode« verurteilt, obwohl Fürst Dolgorukij verlangte, dass er lebendig gerädert werden müsste. Feldmarschall Münnich sollte gevierteilt, und Graf Golowkin, Graf Löwenwolde, Baron Mengden und Staatsrat Temirjasjew sollten geköpft werden. Das heißt, es gab nicht nur eine Hinrichtung, sondern eine Abstufung der Hinrichtungen: Das Vierteln wurde als schrecklicher angesehen als das Rädern, und das Abschlagen des Kopfes war »eine einfache« Ermordung, ganz zu schweigen von einem so leichten Tod, wie das Hängen, Ertrinken oder das »ehrenvolle«, in den Augen einiger Soldaten, Erschießen. Auch an der Tagesordnung waren: zu pfählen, in Öl zu kochen, den Fälschern den Hals mit glühendem Blei zu füllen, lebendig zu verbrennen oder bis zur Brust in die Erde zu vergraben – man starb in einigen Tagen vor Durst, Hunger und Erschöpfung. Um sich den Geisteszustand der damaligen Menschen vorzustellen, lohnt es sich, an das *Prozedere* einiger – der vom Hörensagen allseits bekannten – Hinrichtungen zu erinnern.

In England wurde Thomas More (1478-1535), der brillante Denker und Autor der weltberühmten *Utopia*, zum Vierteilen verurteilt. Das Urteil lautete: »Er soll ... durch die City von London nach Tyburn geschleift, dort aufgehängt werden, bis er halbtot ist, dann abgeschnitten, solange er noch lebendig, seine Geschlechtsteile abgeschnitten, sein Bauch aufgeschlitzt, seine Gedärme ausgerissen und verbrannt werden. Dann soll man ihn vierteilen und auf jedem der vier Tore der City einen der vier Teile, den Kopf aber auf der Londoner Brücke aufstecken.«[910]

Dies geschah jedoch nicht: Der Monarch ließ Gnade walten und erlaubte »nur« Mores Kopf abzuhacken (der nichtsdestoweniger auf der Brücke ausgestellt wurde). Von den bekannten Opfern des Vierteilens kennen wir den in Warschau Ende des 16. Jahrhunderts zerfleischten ukrainischen Kosakenführer Severyn Nalyvajko und den in Moskau 1671 zu Tode gefolterten russischen Aufständischen Stepan Rasin. Das letzte Urteil des Vierteilens, das durch Hängen ersetzt wurde, war 1826 in Russland über fünf *Dekabristen* verhängt worden.

Das Rädern wurde seit den Tagen des antiken Roms praktiziert und existierte in Westeuropa bis zur Mitte des 19. Jahrhunderts. Der Rechtsprofessor Alexander Kistjakowskij (1833-1885) beschrieb in seinem Magisterwerk »Studie über die Todesstrafe« (1867) das Rädern in Russland folgendermaßen: »St.-Andrei-Kreuz[a], bestehend aus zwei Baumstämmen, wurde waagerecht an ein Schafott gebunden... An diesem Kreuz war der Verbrecher so gestreckt, dass sein Gesicht dem Himmel zugewandt war; jedes Gliedmaß lag auf einem der Zweige des Kreuzes und war an jedem Ort jedes Gelenks an das Kreuz gebunden. Dann schlug der Henker, bewaffnet mit einem eisernen viereckigen Brecheisen, auf die Knochen zwischen den Gelenken... Auf diese Weise brach man die Knochen jedes Gliedes an zwei Stellen. Die Operation endete mit zwei oder drei Schlägen auf den Bauch und mit dem Brechen des Rückgrats. Der Delinquent wurde nun so auf ein waagerecht gesetztes Rad gelegt, dass die Fersen mit dem Hinterkopf zusammenkamen und man ihn in dieser Position sterben ließ.«[911]

Natürlich waren die Menschen aufgerufen den Hinrichtungen beizuwohnen; auf solche Einladungen reagierten sie stets freudig. So auch am Vortag der Hinrichtung der »blaublütigen Verbrecher«, die der Elisabeth nicht gehorchen wollten. Die Herolde forderten die Petersburger auf, sich die Vollstreckung der Urteile anzusehen. Die Regie der Aktion glich einer Shakespeare-Inszenierung: Dem Ostermann wurde das Urteil vorgelesen, sein Kopf auf das Schafott gelegt, ein Henker hielt sein Haar, während der andere eine Axt aus dem Sack zog. Und erst dann bekam der Sekretär ein

---

a Ein schräges Kreuz, ähnlich dem Buchstaben X.

weiteres Blatt Papier und las ein Dekret vor, in dem der Rebell von der Kaiserin begnadigt und seine Todesstrafe durch Exil in Sibirien ersetzt wurde. Dasselbe wurde bei den anderen wiederholt, aber die Anspannung für das Publikum war natürlich nicht wie vorher, die Katharsis vorbei.
Bemerkenswert: Nach der Verkündung der Begnadigung waren die Menschen mit einer solchen Entwicklung der Ereignisse unzufrieden (die Einladung galt für die Hinrichtung, gezeigt bekam man eine Begnadigung), forderten, das begonnene Geschäft »zum logischen Ende zu bringen« und versuchten Selbstjustiz auszuüben. Solowjow: »Als die Leute sahen, dass sie mit der gestrigen Ankündigung betrogen wurden, und dass niemandem der Kopf abgehauen wurde, gab es einen Tumult, den die Soldaten beruhigen mussten.«[912]
Für die überwältigende Mehrheit war der raue Anblick offensichtlich nur eine Vergeltung für das, was der Verbrecher getan hatte. Auge um Auge, Zahn um Zahn – das war die Moral und das war das Verständnis.
Nach den Weltkriegen – 10 Millionen Tote im Ersten und 55 Millionen im Zweiten – schien eine solche Fragestellung nicht mehr die einzig richtige zu sein. Obwohl es, wie bereits erwähnt, auch früher Gegner der Todesstrafe gab, verstärkte sich die Ablehnung der »legalen Tötung« just in der zweiten Hälfte des 20. Jahrhunderts. Die Europäische Menschenrechtskonvention, *amnesty international*, die Europäische Union und die Vereinten Nationen forderten zu verschiedenen Zeitpunkten und in verschiedenen Dokumenten auf, die Todesstrafe zu verbieten oder zumindest die Vollstreckung zu unterlassen.
Wenn vor einem halben Jahrhundert – historisch gesehen »gestern«! – die Todesstrafe in den Strafgesetzbüchern fast aller Länder der Erde stand, ist sie heute in 102 Ländern der Welt abgeschafft, in sechs Ländern bleibt sie nur für den Kriegsfall, in 34 Ländern gilt ein Moratorium für Todesstrafe, und nur 56 Staaten halten an einer solchen Sanktion fest.
Ich wiederhole: Wir konstatieren nur die *Welttendenz*, wir versuchen zumindest annähernd *den Zeitpunkt der Verstärkung der Gegenbewegung* und die *Gründe* für eine radikale Veränderung des Weltbildes der Völker oder zumindest ihrer Eliten zu finden.
Das 20. Jh. ließ auch in der »idealistischen« Physik keinen Stein auf dem anderen. Die Wissenschaft hat bewiesen, dass Elektronen natürlich materiell sind und nicht nur eine elektrische Ladung, Energie, sondern auch sogenannte Ruhemasse haben. Daher können jegliche »immaterielle Energieklumpen« nicht in Frage kommen.

Klassischer »Wille«, »Spontaneität«, »Impuls«, »Geist« sind dem prosaischeren, aber nicht weniger wichtigen Plan, Organisation und materiellen Voraussetzungen gewichen.

Der Nationalismus musste sich auch ändern, weil dessen Theorie oft nicht mit seiner Praxis übereinstimmte. Sobald er zu einer Staatsideologie wird, läuft er Gefahr, die Hemmungen in Form einer kritischen Opposition und einer nicht weniger kritischen Presse zu verlieren. Absolute Herrschaft (wirtschaftlich oder politisch) führt zu einer Überschätzung der Fähigkeiten (»Wir können alles!«), zur Verschmelzung der ideologischen Spitze mit dem Staatsapparat (»Wir tun eins«), zum Fehlen alternativer Ideen über die Ursachen bestimmter sozialer Phänomene (»Nur wir haben recht«), über die Art und Weise, wie man positive Tendenzen nutzt und negative überwindet, zu Zügellosigkeit (»Die Nation wird uns vergeben!«).

Es ist schwierig, dem etwas entgegenzusetzen: Hat derjenige das Recht auf freie Meinungsäußerung, der die Ansichten der Nation nicht teilt, der an der Rolle der Nation zweifelt, wenn diese Meinung nicht den Erwartungen der nationalen Mehrheit entspricht? Andererseits ein unkontrollierter Staatsnationalismus kann zu einem Monster ausarten, dem alles erlaubt ist, für das es keine gesetzlichen Grenzen gibt, wenn Verbrechen im Namen der Nation begangen und mit demselben Namen gerechtfertigt werden.

Daher verwendet der moderne Nationalismus, dessen Sprossen in der Entwicklung der nationalistischen Bewegungen vorwiegend europäischer Länder zu beobachten sind, die Zügel, die die moderne Gesellschaft bietet. Dazu gehören in erster Linie Meinungsvielfalt, politischer Pluralismus, Wettbewerb im politischen Umfeld. Dies folgt nicht nur aus den sogenannten »demokratischen Traditionen« der letzten Jahrzehnte, sondern auch aus der Tatsache, dass jedes Monopol, insbesondere ein Machtmonopol, zu Stagnation und Verfall führt.

Und ein fauler Nationalismus ist nicht besser als eine faule Demokratie oder ein fauler Sozialismus.

Daher versucht der moderne Nationalismus täglich und jede Minute die Nation von der Richtigkeit des gewählten Pfades zu überzeugen. Denn wenn die nationale Regierung der nationalen Idee verpflichtet ist, dann braucht eine solche nationalistische Partei den Verlust der Mehrheit nicht zu befürchten.

Führerprinzip, Führerkult

Wenn die Politik des Staates oder der Partei darauf abzielt, einer Person als unbestrittenen Führer zu huldigen, spricht man von *leaderism*[a], *Führerprinzip*. Die Strukturen in einer solchen Organisation sind streng zentralisiert, alle Untergebenen sind dem Führer persönlich verpflichtet. Das Wort des Führers ist das Gesetz. Gehorsam sollte rückhaltlos sein. Um den Führer gibt es eine Gruppe ihm nahestehender, eingeweihter Personen: »Dies ist eine Gruppe, die für die 'unbewusste' Masse verschwommene Idee ausformuliert, sie dieser Masse zugänglich macht und schließlich das 'Volk' mobilisiert, für diese Idee zu kämpfen«[913], schrieb Dmytro Donzow.
In den »alten« nationalistischen Parteien wurde dieses Postulat nicht einmal diskutiert, es war ein Dogma. Ein solcher Ansatz wurde insbesondere als richtig angesehen, weil die Psychologie der Masse bestätigt, dass die Anordnung zur Durchführung einfach und kategorisch sein sollte.
Aber nicht nur deshalb. Auf die Möglichkeit, das Volk demokratisch-eigenmächtig zu regieren (im Unterschied zur Monarchie, wo das Regieren eigenmächtig, aber nicht demokratisch ist) – als weitaus nicht die schlechteste Regierungsform –, hat der deutsche Soziologe Max Weber (1864-1920) hingewiesen.
Weber ist kein einfacher Soziologe, Rechtswissenschaftler und Ökonom. Weber ist ein Klassiker, ein Guru der Soziologie und der Kulturwissenschaft. In der Wirtschaftssoziologie wird er neben Karl Marx gestellt. Er hat Weltruf, Wissenschaftler verschiedener Schulen und Lager beziehen sich auf seine Werke, und Soziologiestudenten zitieren eifrigst daraus. Weber beschreibt in seinem Buch »Wirtschaft und Gesellschaft«[914] (1922) ausführlich die sogenannte »plebiszitäre Führerdemokratie«. Das heißt – und das ist im Moment die interessanteste These für uns – Autoritarismus kann erfolgreich mit Demokratie kombiniert werden.
Wer soll, laut Weber, der Anführer sein?

---

a M. E. ein nicht sehr gelungenes Klischee vom russ. *вождизм*, von *вождь* – zu Deutsch *Führer*. In einigen (englischsprachigen) Texten wird, mangels besserer Alternative, direkt das Wort *vozhdism* benutzt (siehe exemplarisch: *Christian Schmidt-Häuer, Gorbachev. The path to power, I. B. Tauris, 1986*).

Die Hauptsache: Er muss Charisma haben, muss der Sprecher des Volkswillens sein, und dieser Wille legitimiert seine lange Herrschaft. In dem Kapitel »Die drei reinen Typen der legitimen Herrschaft« führt er die »charismatische« an, die »auf der außergewöhnlichen Hingabe an die Heiligkeit oder die Heldenkraft oder die Vorbildlichkeit einer Person und der durch sie offenbarten oder geschaffenen Ordnungen (charismatische Herrschaft)«[915] ruht.

Viele moderne Autoren, die allein durch das Wort *Führer* verängstigt sind, versuchen, die Bedeutung von Webers Thesen über die »Führerdemokratie« herunterzuspielen, indem sie darauf hinweisen, dass er eine solche Regierungsmethode vorschlug, weil er von der »Massen«-Demokratie der Weimarer Republik enttäuscht war. Es gibt keinen Grund, es zu verbergen: In derselben Arbeit dekonstruiert Weber das uns bekannte »demokratische« Modell. Er beweist unwiderlegbar, dass diese »Demokratie« dumm, verrottet, bürokratisch und korrupt ist, und sich die politischen Parteien Mühe geben, sie noch dümmer, noch verrotteter, noch bürokratischer und noch korrupter zu machen.

Im Gegensatz zu den Massen, die den Staat regieren wollen, aber dazu weder fähig noch begabt sind, erscheint ein Führer auf der politischen Bühne (Weber beschreibt den Weg der Wahl eines solchen Führers aus der Masse), der nicht nur mit Wissen und mit einem Ziel ausgestattet ist, sondern auch mit dem Willen, dieses Ziel zu erreichen. Wenn ein solcher Führer, kraft des Vertrauens des Volkes in seine Persönlichkeit regiert, seine Machtbefugnisse von Zeit zu Zeit durch ein (wir ergänzen – nicht gefälschtes) Volksvotum legitimiert (die Demokratie ist plebiszitär!), dann sollte eine solche »charismatische Regierung« als legitim und, wie die Erfahrung zeigt, sehr effektiv betrachtet werden.

Apropos Erfahrung. Weber hat die »Führerdemokratie« nicht erfunden, sie ist nicht die Frucht seiner launenhaften Phantasie. Sie existierte vor ihm, er fasste nur die Erfahrung einer solchen Regierungsform zusammen und gab ihr einen Namen. Als Beweis dafür, dass eine solche Staatsform seit der Antike existierte, führt er Beispiele der Politiker der Antike (unter ihnen der Vater der athenischen Demokratie Solon) und der modernen Revolutionen an: Gracchus in Rom, Perikles in Griechenland, die *Capitani del popolo* in italienischen Städten, die *demokratische Diktatur* (lasst uns das mit Bedacht lesen: Heute ist das einfach eine unmögliche Kombination von Begriffen!) in Zürich, der Diktatur von Cromwell und dem Anführer der französischen Revolution Robespierre, Napoleon Bonaparte…

D. h. das nationalistische Prinzip des *Leaderismus* hat recht starke theoretische Grundlagen. Einige nationalistische Parteien geben zu, dass sie sich bis jetzt für ein solches Prinzip aussprechen.

Aber sie geben es auf – und zwar nicht aus inhaltlichen, sondern aus formalen Gründen.

Welchen?

Ich bin der festen Überzeugung, dass die Nationalisten am meisten unter sich selbst leiden. Und eines der Laster, das nationalistischen Bewegungen in vielen Ländern der Welt innewohnt, ist der seltsame, wenn nicht sogar der selbstzerstörerische nationalistische Sprachgebrauch. Niemand bezweifelt die Tatsache, dass im politischen Vokabular fast keine neutralen Worte mehr vorhanden sind. Jedes Wort ist irgendwie gefärbt, Philologen und Soziologen sagen – konnotiert. *Spion* – negativ, *Kundschafter* – positiv, *Demokratie, Freiheit* sind gut, ihr Fehlen – schlecht. Zur gleichen Zeit bedeuten *Spion* und *Kundschafter* dasselbe. Was alles im Namen von *Demokratie* und *Freiheit* getan worden ist, daran sollte man nicht einmal im Entferntesten denken.

Viele europäische nationalistische Parteien haben programmatische Vorstellungen vom nationalistischen Staatssystem. Manchmal spricht man dort[a] nicht von einer national-konservativen Partei, die im Rahmen der existierenden parlamentarischen Demokratie eine Mehrheit im Land gewinnen will, sondern von einem »Orden«, der an der Spitze des Staates stehen will.[b]

Es ist absolut klar, dass im 21. Jh. kein einziger »Orden« an der Spitze eines mehr oder weniger zivilisierten Staates stehen kann, und wenn doch, dann nicht für lange Zeit. Wenn dieser »Orden«, der in seiner Struktur mehr oder weniger einer politischen Partei ähnelt, mit Hilfe von Waffen oder politischen Attentaten an die Macht kommen will, dann hat ein solcher »Orden« keine Chance auf lange Herrschaft und der Staat auf die Entwicklung

---

a Exemplarisch Partei »Großrussland« (*http://velikoross.org/*).

b Die Idee der politischen Partei als (quasi-religiöser) Orden gehört eher den Kommunisten. So schrieb Josef Stalin bereits 1921 (*О политической стратегии и тактике русских коммунистов. Набросок плана брошюры*) über »Die Kommunistische Partei als eine Art Schwertritterorden im Sowjetstaat, die die Organe des letzteren lenkt und ihre Aktivitäten inspiriert«. (*https://petroleks.ru/stalin/5-16.php*)

Umgekehrt verfolgten und verfolgen manche katholische Orden (z. B. Jesuiten) nicht nur religiöse, sondern auch politische Ziele, obwohl sie nie eine politische Partei waren. Diesbezüglich siehe auch: *http://eurasian-movement.ru/archives/19028*

friedlicher und freundschaftlicher Beziehungen zu seinen Nachbarn. Ihn erwarten Obstruktion, Sanktionen und politischer Druck. Ist es das, was ein Nationalist für sein Land und sein Volk als internationales Umfeld will? Es sei daran erinnert, dass sogar das faschistische Regime in Italien, die Nationalsozialisten in Deutschland infolge demokratischer Wahlen an die Macht gekommen sind.

Gleichzeitig haben alle diese »Orden«, wie ich bereits sagte, die Struktur gewöhnlicher politischer Parteien. Es gibt den Parteichef, die Parteiführung, regionale Struktureinheiten, die von maßgeblichen Parteimitgliedern angeführt werden.

Die »politische Partei«, die noch dazu für den »demokratischen Weg zur Macht« steht, ist ein positiv konnotierter Begriff. »Orden« oder »militanter Orden« – negativ. Warum will man sowohl beim eigenen Volke als auch bei der Weltgemeinschaft negative Emotionen hervorrufen? Was nützt es der Partei, die sich selbst als »Orden« bezeichnet? Was will sie erreichen, indem sie die diskreditierten Ausdrücke aus dem Mittelalter ins 21. Jh. schleppt? Wenn einer solchen Partei mittelalterliche Romantik wichtiger ist als die politische Macht im Land, können sie sich natürlich auch weiterhin so nennen.

Gleiches gilt auch für den Parteivorsitzenden, den die Nationalisten (und Kommunisten übrigens auch) Führer und Lehrer (oder beides gleichzeitig – »des Weltproletariats«) zu nennen pflegen und darauf hinweisen, dass er auf Lebenszeit gewählt werden sollte und nur »vor Gott und seinem eigenen Gewissen« rechenschaftspflichtig ist. Jeder weiß, dass *Führerkult* eines der Merkmale des Faschismus und des Nationalsozialismus ist.[a] Weber spricht von der »Führerdemokratie« nur, weil er zwei Jahre vor der Machtübernahme durch Duce in Italien und 13 Jahre vor Hitlers Führerschaft in Deutschland starb.[b] Für Weber ist das Wort *Führer* neutral, nach Hitler ist das ein Fluch. Jemanden jetzt »Führer« zu nennen, bedeutet, jemanden zu beleidigen. Nationalsozialismus, Faschismus und alles, was mit diesen Bewegungen verbunden ist, haben sich für die Ewigkeit diskreditiert. Warum soll eine moderne nationalistische Partei das Vokabular (und damit auch

---

a In den kommunistischen Gesellschaften (Stalin, Mao, Pol Pot, Ceaușescu, Kim Il-sung…) sowie in den arabischen und afrikanischen Diktaturen hieß (heißt) dieses Phänomen *Personenkult*.

b Sein Werk »Wirtschaft und Gesellschaft« wurde posthum von seiner Frau veröffentlicht.

Image) eines Aggressors annehmen, auf dessen Gewissen Krieg und das Blut Millionen von Opfern lastet?

Jede »demokratische« Partei hat aber einen Führer. Er kann de Gaulle in Frankreich, Thatcher in Großbritannien, Erdogan in der Türkei, Trump in Amerika, Putin in Russland, Merkel in Deutschland, Mandela in Südafrika, Nehru in Indien, Kekkonen in Finnland und Suharto in Indonesien heißen, um nicht Stalin, Kim Il-sung oder Enver Hoxha zu nennen. Seit der zweiten Hälfte des 20. Jahrhunderts ist es mehr als 100 nationalen Führern gelungen, länger als 18 Jahre an der Macht zu bleiben. Nicht alle von ihnen waren Diktatoren, ein bedeutender Teil lenkte »demokratische« Länder. Aber auch in demokratischen Ländern gab und gibt es Dutzende von manipulativen Möglichkeiten, die Wahl zu eigenen Gunsten zu beeinflussen (wir sind darauf, so weit wie möglich, oben eingegangen). Und diese Menschen führten Staaten und Regierungen »demokratisch« und »legitim«, ohne sich mit Reminiszenzen aus der fernen und traurigen Vergangenheit zu belasten.

Einmal an der Macht sind diese Staatsdiener weit davon entfernt, ihre manchmal schicksalhaften Aktionen auf demokratische Weise mit dem von ihnen regierten Volk, aber auch nicht einmal mit ihrem engsten Parteiumfeld abzustimmen. Das heißt, der Autoritarismus war (ist) für diese Führer genau so kennzeichnend wie das Wiederkäuen für eine Kuh. Viele von ihnen duldeten neben sich keine politischen Konkurrenten und setzten ihnen persönlich loyale Zeitgenossen auf Schlüsselpositionen – ohne jedoch sich selbst als »Führer/in» oder »Duce« zu bezeichnen.

Das heißt, die Frage ist nicht, ob die nationalistischen Parteien demokratisch oder undemokratisch sind (sie sind im Grundsatz demokratisch, weil sie den Willen der Mehrheit der Nation umsetzen), sondern was für eine Reputation, welchen Ruf sie in der Gesellschaft haben. Nationalistische Bewegungen täten auch weiterhin gut daran, wenn sie entschlossen alles ablehnen würden, was ihre Mitbürger abschreckt. Rhetorik, die nach einem Konzentrationslager stinkt, gehört nicht zum modernen Nationalismus.

Souveränität und Kulturimperialismus

Obwohl angenommen wird, dass seit dem Zusammenbruch der Sowjetunion die Zeit der Imperien vorüber wäre, werden immer mehr regionale

Verbände vor unseren Augen geschlossen, in denen ein Land die Hauptrolle spielt – die Metropole, und der Rest eine Reihe von kolonialen Eigenschaften aufweist, wie etwa verlorene Souveränität. Natürlich wird dies mit der Globalisierung, den Synergien, dem Vereinen der Anstrengungen nach dem Motto »Gemeinsam sind wir stark« usw. erklärt. Bei näherer Betrachtung wird jedoch klar, dass solche Synergien auch durch bilaterale Kooperation erreicht werden könnten, ohne dass den Nationen die nationale Unabhängigkeit genommen wird. Wir sind oben dem Beispiel des europäischen Imperiums mit all seinen problematischen, insbesondere wirtschaftlichen, Folgen bereits nachgegangen.

Im Abschnitt über den Zusammenbruch von Imperien sprachen wir auch über eine Art von »Magnetismus« einer bestimmten Nation, der als nichtmilitärische und nichtökonomische Kraft dazu beiträgt, dass kolonisierte Völker gehorsam bleiben. Manche Nationen sind so sympathisch, ihre Stärke ist so attraktiv, alles ist bei ihnen so wundervoll – dass man sich gern an sie anlehnen möchte, um so zu leben, wie sie leben.

Betrachten wir nun etwas genauer, was diesen angeblich »irrationalen« Magnetismus ausmacht und woher er kommt.

Es gibt nichts Irrationales, nichts Außerweltliches an diesem Magnetismus. Es ist nur so, dass eine Nation alle möglichen Anstrengungen unternimmt – ideologische, kulturelle, wirtschaftliche, organisatorische -, um attraktiv auszusehen. Sie modelliert ihr Image – genau so wie das Image des »weltweit besten« Getränks *Coca-Cola* geformt wird.

Wir sind (fast) davon überzeugt, dass der Coca-Cola-Slogan *Open Happiness!* (in Deutschland heißt das »Mach dir Freude auf!«) uns glücklich macht. Coca-Cola erzeugt positive Emotionen in uns und vermittelt den Eindruck, zu einer anderen, besseren Welt zu gehören. Nur wenige Leute denken darüber nach, dass das Getränk hauptsächlich aus Zucker besteht und nicht zur Freude, sondern zu Fettleibigkeit, Diabetes und Durchblutungsstörungen beiträgt. Den Konzern schert das nicht, er schiebt seine Schuld den anderen in die Schuhe: Man muss sich mehr bewegen und – weiter Coca-Cola trinken! Um die Kalorien eines Flascheninhalts zu verbrennen, muss man sich viel bewegen. Zwei Drittel der Amerikaner bewegen sich offensichtlich wenig und sind übergewichtig, 36% leiden an Fettleibigkeit.[916] Um Fettleibigkeit und ihre Folgen zu bekämpfen, geben die Amerikaner jährlich 200 Milliarden Dollar aus.[917]

Aber man kann sich auch ohne Coca-Cola bewegen! Was hat das Getränk damit zu tun? Und hat Coca-Cola dieses Problem nicht selbst verursacht?

Die US-amerikanische Organisation für Verbraucherschutz (*Center for Science in the Public Interest, CSPI*) hat einen Trickfilm darüber gedreht, was geschähe, wenn Eisbären in gleichen Mengen Coca-Cola trinken würden wie Menschen. Als Folge davon erkrankten die Bären an Diabetes, und ihre Pfoten mussten amputiert werden. Seit März 2013 darf aus medizinischen Gründen in New York Coca-Cola nicht mehr in XXL-, sondern höchstens in 16-Unzen-Bechern verkauft werden – das sind 473 Milliliter.[918]
Und das ist ein gesundes Produkt?
Darüber hinaus hat der Bundesstaat Kalifornien den Farbstoff 4-Methylimidazol (4-MEI), der den Anblick der Coca-Cola erfreuen soll, auf die Liste der möglichen Karzinogene gesetzt. Wenn der Gehalt an 4-MEI 30 Mikrogramm pro Dose von 335 Milliliter überschreitet, sollte dies auf dem Etikett vermerkt werden. Coca-Cola will das nicht tun. Daher sind in Kalifornien – und nur dort! – in diesem Produkt nur vier Mikrogramm 4-MEI pro Flasche. In Großbritannien, Kanada, den Vereinigten Arabischen Emiraten, Mexiko sind es 145 bis 160 Mikrogramm, in Kenia 170 und in Brasilien 267.[919]
Wir beginnen zu verstehen (in Westeuropa sinkt der Konsum von Coca-Cola), dass zwischen Image und Produkt eine große Lücke klafft. Aber wie lange haben wir sie nicht bemerkt, wie lange haben wir für das braune Getränk unsere letzten Cents ausgegeben, die sich für die Produzenten in Dutzende von Milliarden verwandelten.
Wir machen uns natürlich keinen Kopf, ob dieser Farbstoff Krebs verursacht oder ob allein Coca-Cola für die Fettleibigkeit der Amerikaner verantwortlich ist. Uns geht es ja nicht einmal um Coca-Cola. Wir haben als Beispiel die erstbeliebige bekannte Marke genommen und gezeigt, dass ihre Imagemerkmale nichts mit chemischen und medizinischen Eigenschaften zu tun haben. Dieses Image ist nicht vom Himmel gefallen. Dies ist das Ergebnis von mehr als 3,3 Milliarden Dollar, die Coca-Cola jährlich für Werbung und Marketing ausgibt.[920]
Das Image eines Landes wird auf ähnliche Weise aufgebaut. Zuerst wird die Nation zum Träger bestimmter positiver Eigenschaften (Werte) erklärt, dann wird ihr Leumund (Image) in der ganzen Welt verbreitet.
Dies nennt man Kulturimperialismus.
Es gibt einige Merkmale des kulturellen Imperialismus. Erstens ist dies ein aggressiver Transfer kultureller Stereotype auf einen anderen ethnosozialen Boden. Man könnte fragen, wenn diese Stereotype nicht schlecht sind oder vielleicht sogar gut, was ist dann daran falsch, sie zu übernehmen?

Das stimmt, wenn wir davon ausgehen, dass überall auf der Erde die gleichen Menschen leben, eine Nation, eine Rasse. Dann passt zu ihnen allen eine Kultur, gleiche Werte.
Aber wir sind verschieden. Einige schreiben mit der rechten Hand, andere mit der linken, einige schreiben von rechts nach links, andere umgekehrt und noch andere von oben nach unten. Viele Stereotype sind unbewusste Dinge. In Deutschland wird Kaffee verkauft, der »Onko« heißt. Er hat nichts mit Onkologie und Krebs zu tun, aber ich kaufe ihn nicht. Ich habe nicht geprüft, aber bin mir ziemlich sicher, dass es weder in der Ukraine noch in Russland einen Kaffee mit einem solchen Namen gibt – aus naheliegenden Gründen.
Für Werbe- und Marketingabteilungen internationaler Konzerne ist dies immer ein großes Problem – ein Produkt auf einem ausländischen Markt zu platzieren. Sie fürchten, dass sie dank ihrer Werbung ohne Kenntnis der örtlichen Stereotype in einer Pfütze landen. Natürlich sollte man keinen Schlussverkauf in islamischen Ländern im Ramadan und am Samstag in Israel organisieren.
Stereotype sind bestimmte Vorstellungen von »gut« und »schlecht«, an die sich jeder seit seiner Kindheit gewöhnt hat. Jeder, der sich im Ausland befindet, sollte die kulturellen Stereotype der Gastgeber-Nation kennen. Fremde kulturelle Klischees, die mir in meinem eigenen Land auferlegt werden, können jedoch nur Ablehnung hervorrufen. Zuhause möchte ich »in einer Komfortzone« sein.
Zweitens ist Kulturimperialismus der Zwang aller Völker zu einem einzigen kulturellen Modell, dem besten und universellen. Vergiss dein eigenes, es ist minderwertig. Nur das Eingeführte kann kulturellen Wert besitzen. Was einem (Volk) gefällt, muss allen gefallen.
Die übergestülpten kulturellen Werte sind oft Klischees und werden kopiert. Ein typisches Beispiel ist die sogenannte »Macdonaldisierung« der Kultur. Dieses Konzept bezieht sich nur indirekt auf das Netzwerk von Snack-Bars. Wir reden über die Vorgaben in der Kleidung (Mode!), gastronomische Vorlieben und die Natur der Unterhaltung, die vor unseren Augen immer universeller werden. Eine neue Kulturwelt entsteht nicht als eine vielfältige Anzahl nationaler Kulturen einschließlich Konsumkulturen, sondern als eine lokale Kultur, die sich über den gesamten Planeten ausbreitet.
Kultur »aus dem Zentrum (des Weltalls?)« bringt ihre eigene Bildung, ihre Theorien, ihre Inhalte, ihre Ästhetik, ihre Bücher, Comics, Filme, Fernsehsendungen, Musik, ihren Lebensstil in das jeweilige beherrschte Gebiet.

Daher verschmäht diese eine Kultur – eine hohe oder nicht ist egal – andere Kulturen, verachtet sie. Eine neue Kultur besetzt keine leere Nische. Sie ersetzt das Traditionelle, implantiert aggressiv das Neue, ohne wirklich zu schauen, ob die Menschen diese »Neuheiten« annehmen oder nicht. Sie will dominieren, so wie es sich für ein Imperium auch in anderen öffentlichen Bereichen gehört. Einer der Erforscher dieses Phänomens, der amerikanische Soziologe Herbert I. Schiller (1919-2000), nannte es eine Art der medien- und konsumgestützten Gehirnwäsche.[921]
Natürlich wird derjenige, der die Kultur beherrscht, die Wissenschaft, insbesondere die Geschichte, dominieren. Ausgerechnet er wird das »Interpretationsmonopol« haben, an das wir uns früher erinnerten. Mit einem solchen Monopol kann man z. B. Mythen erschaffen. Beispielsweise verbreiteten sich in Indien lange Zeit und beharrlich Legenden über die zivilisatorische Rolle der Briten, obwohl klar ist, dass die indische Kultur älter und zumindest nicht ärmer als die britische ist. Bis jetzt bemerkt man auch in Mexiko die »Verbeugung« der herrschenden Eliten vor den zivilisatorischen »Leistungen« der spanischen Eroberer, die alte indigene Kulturen zerstörten und einheimische Stämme ausrotteten.
Das Umschreiben der Geschichte betrifft nicht nur einzelne Ereignisse und Fakten. Viele nicht-europäische Wissenschaftler leiden unter dem sogenannten »Eurozentrismus« aller historischen Erkenntnisse, die aus der eurozentrischen Sicht alles erklären, was geschieht.
So widerspricht der indische Professor an der *University of Chicago*, Autor des Buches *Provincializing Europe*, Dipesh Chakrabarty (geb. 1948), der Tatsache, dass Europa in der Geschichtsschreibung den Maßstab vorgibt, und indische, kenianische, chinesische historische Erkenntnisse zu minderwertigen Variationen, »die allenfalls peripheres Wissen zu akkumulieren verstehen«[922], degradiert werden. »Europa zu provinzialisieren« bedeutet für ihn, »das hyperreale Europa aus dem Zentrum der historischen Vorstellungen zu verdrängen« und ihm seine Vorstellungen über die Vergangenheit zurückzugeben, »so wie auf dem indischen Markt eine verdächtige Münze dem Eigentümer zurückgegeben wird«.[923]
Drittens schafft die kulturelle Expansion einer Nation ein positives Bild des Eroberers und erleichtert es ihm, Propaganda zu betreiben, um seine politischen, insbesondere geopolitischen, Ziele zu erreichen. Darüber hinaus sollte man nicht davon ausgehen, dass der kulturelle Imperialismus eine Art noble intellektuelle Arbeit ist. Manchmal sind die Rezepte primitiv, wie wir schon bemerkten: Wenn einem Menschen ständig gesagt wird, er sei ein

Schwein, dann wird er bald grunzen. »Die Errungenschaft von Horkheimer und Adorno[a]«, ist der Ideologe der US-Konservativen in der Republikanischen Partei Patrick Buchanan (geb. 1938) überzeugt, »war die These, dass der Weg zur kulturellen Hegemonie über psychologische Behandlung (Konditionierung, Dressur, im englischen Text – *conditioning*) und nicht über philosophische Argumente führt.«[924]

Viertens erfolgt die kulturelle Expansion in der Regel unter der Parole eines formal gleichwertigen kulturellen Austauschs: Ich gebe dir meine, du gibst mir deine. Das ist ein nicht besonders kniffeliger, aber effektiver Schwindel: Natürlich hat derjenige, der über mehr Ressourcen verfügt, mehr Möglichkeiten, den Partner unter Druck zu setzen. Der Austausch zwischen Hollywood und der nepalesischen Filmindustrie, zwischen der *BBC* und der *Pakistan Broadcasting Corporation* war nie und wird nie gleichberechtigt und adäquat. Der betrügerische »Austausch« wird zu einer Einbahnstraße, zur Eroberung der kulturellen Märkte. Ein wesentlicher Bestandteil des Kulturimperialismus ist daher der sogenannte »elektronische Kolonialismus«.

Fünftens: Politische Ziele sind fast immer wirtschaftlichen Zielen untergeordnet – entweder dem Verkauf von Gütern, insbesondere »kulturellen«, oder dem Wunsch nach Ressourcen. Wenn man »A« sagt, muss man »B« sagen: Es hat keinen Sinn, kulturelle Expansion nur auf ein Land auszudehnen. Wenn bereits bewährte Werkzeuge und Methoden vorhanden sind, neigt die imperiale Kultur dazu, sich global auszubreiten.

Der Begriff des Kulturimperialismus (als Bestandteil des Imperialismus im Allgemeinen) ist extrem breit. Einige Wissenschaftler beweisen, dass es sich dabei auch um eine wirtschaftliche Expansion, beispielsweise den Internationalen Währungsfonds, handelt, der die lokalen Währungen schwächt, die Sozialausgaben einschränkt, auf Privatisierung beharrt, den Kapital- und Güterverkehr liberalisiert, das Einfrieren von Gehältern, die Freigabe von Preisen, die Einführung von Patent- und Lizenzverboten vorschreibt. Er macht damit nicht nur die politische und wirtschaftliche Selbstverwaltung zunichte, sondern zerstört auch die soziokulturellen Strukturen im Land, die zuvor in Form von lokaler Selbstorganisation, nachbarschaftlicher Hilfe, der Herstellung relativ preiswerter Kopien von Medikamenten (Generika), der Verwendung ihres eigenen Saatguts usw. existierten. In einer Kulturkolonie erwächst daraus eine Psychologie der Abhängigkeit und Minder-

---

a Max Horkheimer und Theodor Adorno – die Philosophen der sogenannten Frankfurter Schule.

wertigkeit, die, wie viele meinen, nur durch Nachahmung der imperialen Kultur überwunden werden kann. Aber niemand hat es bis jetzt geschafft, die imperiale Nation auf diesem Wege einzuholen…

Wie wir wissen, überschwemmte die amerikanische Massenkultur nach dem Zweiten Weltkrieg Westeuropa. Es war die Freude über die Befreiung vom Nationalsozialismus, die die alliierten Armeen in die westlichen Länder brachten. In dem verknöcherten Europa wehte nach der faschistischen Diktatur ein frischer amerikanischer Wind. Westeuropa begann amerikanische Sachen zu tragen, amerikanische Musik zu hören, amerikanischen Kaugummi zu kauen, und manche Frauen hielten es für ein Glück, einen amerikanischen »Boyfriend« zu haben.

Über den nationalen Traditionen Deutschlands lag der Schatten des Hitlerismus und in vielen anderen europäischen Ländern der Schatten der Kollaborateure Hitlers. Westeuropa gab den Gewinnern gerne seine kulturelle Souveränität. Und als die »amerikanische Krankheit« langsam verging, als die westeuropäischen Länder begannen, zu ihren Wurzeln zurückzukehren, um ihre ethnokulturellen Werte, ihre nationale Identität zu schützen (die Franzosen führen beispielsweise einen kompromisslosen Kampf gegen das sogenannte *franglais,* der Dominanz des englischsprachigen Vokabulars in der französischen Sprache), standen sie der Tatsache gegenüber, dass zu diesem Zeitpunkt die Souveränität, sowohl die militärische als auch politische, weitgehend verloren gegangen war.

Die amerikanische (insgesamt westliche) kulturelle Expansion, *soft power*, spielte auch beim Zusammenbruch der Sowjetunion eine Rolle. Die Attraktivität der amerikanischen Kultur, der amerikanischen Lebensweise, schufen in der UdSSR eine bedeutende Menge in der Bevölkerung, die nicht nach kommunistischen Dogmen leben wollte. Jeans, Rock-Schallplatten (die damals heimlich verkauft wurden), harte Währung, für die im Unterschied zum »hölzernen« Rubel alles gekauft werden konnte – all das wurde für viele attraktiv und säte Zweifel am kommunistischen Weg, erschütterte gleichzeitig die einst festen Überzeugungen aller anderen.

Der amerikanische Politikwissenschaftler Joseph S. Nye Jr., (geb. 1937) schrieb treffend in seinem Buch *Soft Power*: »Die durch den sowjetischen Staat gesteuerte Propaganda und Kulturprogramme konnten mit dem Einfluss der amerikanischen kommerziellen Popkultur in ihrer Flexibilität und Attraktivität nicht mithalten. Lange vor dem Fall der Berliner Mauer 1989 waren die 'Löcher' darin bereits vom westlichen Fernsehen und von westlichen Filmen gebohrt. Hämmer und Bulldozer hätten nicht funktioniert

– ohne jahrelange Ausstrahlung der Bilder der westlichen Popkultur, die die Mauer untergruben, bevor sie zusammenbrach.«[925]

Der Kulturimperialismus der USA versteckt sich nicht. Zu seinen aufrichtigen Propagandisten wurden Zbigniew Brzezinski und David Rothkopf (geb. 1955), Professor an der *Columbia University*, die darauf bestanden, dass Kultur die wichtigste amerikanische Exportware bleiben sollte – nicht im monetären Sinne dieser Worte. Sie forderten, dass so wie einst Großbritannien die Ozeane beherrschte, das heutige Amerika – für die Verwirklichung ihren eigenen nationalen Interessen – den Äther dominieren sollte. Und das aus einem »guten Grund«: »Die USA sollten nicht zögern, ihre Werte zu propagieren – von allen Völkern in der Geschichte der Welt sind die Amerikaner die gerechtesten und tolerantesten, ihr Modell ist das beste für die Zukunft,« schrieb überhaupt nicht ironisch David Rothkopf.[926]

Zuvor hatten diejenigen die Macht, die genug Geld besaßen. Heutzutage ändern sich die Paradigmen etwas: Der Besitz von Medien wird zum Kapital hinzugefügt. Daher machen politisch aktive Unternehmen (und Oligarchen) nicht bei Werken, Fabriken und Minen halt, sondern übernehmen die Medien. Denn Zeitungen und Fernsehsender exportieren nicht nur Nachrichten, sondern auch ihre Philosophie, ihr Weltbild.

Natürlich gehen wir davon aus, dass Kultur nicht unpolitisch ist. Politische Eliten dominieren die Kultur. Darüber hinaus versuchen sie, Kultur zu nutzen, um ihre politischen Ziele zu erreichen. Dies ist sowohl auf den indirekten politischen Einfluss als auch auf die Herstellung des einen oder anderen »kulturellen« (in der Tat aber politisch propagandistischen) Produkts auf direkte Order der politischen Klasse zurückzuführen. Dank *Wikileaks* wurde 2015 zum Beispiel bekannt, dass das US-Außenministerium die Produktion von Hollywood direkt für ihre eigenen Zwecke nutzt.[927]

Die Finanzierung von Hunderten von Kinofilmen und etwa 1000 TV-Produktionen durch das Pentagon ist seit langem bekannt.[928] Hier nur eine kleine Liste jener Streifen, für die das Pentagon Drehbücher las und bearbeitete (bis das Bild der Behörde stimmte), Geld für die Produktion gab oder die Pforten der Kaserne öffnete, Panzer, Hubschrauber, Flugzeugträger und Soldaten für die Macher der Filmpropaganda bereitstellte: *The Green Berets* (1968, der amerikanische Präsident Lyndon Johnson war bestens mit dem Inhalt des Films vertraut, das Militär investierte große Beträge in den Film und beteiligte sich an der Fertigstellung der endgültigen Fassung), *Heroes* (1977), *Hair* (1977), *Top Gun* (1985), *Hamburger Hill* (1987, dessen Regisseur ehrlich zugegeben hat, dass man ohne das Pentagon den Film nicht hätte drehen können), *Gardens Of Stone* (1987), *Flight Of The Intruder* (1989), *True Lies* (1994), *Executive Decision* (1995), *The Tuskegee Airmen* (1995), *Airforce One* (1996), *Rules Of Engagement* (2000, hier wurde gezeigt, dass internationale Gesetze für Amerikaner, wenn sie aus edlen Gründen töten – und sie töten immer aus solchem Grund – nicht gelten...), *Men Of Honor* (2000), *We Were Soldiers* (2001), *Band Of Brothers* (2001), *Black Hawk Down* (2001), *Behind Enemy Lines* (2001), *Pearl Harbor* (2001), *Windtalkers* (2002), *The Sum Of All Fears* (2002), *Saving Jessica Lynch* (2003) , *Tears Of The Sun* (2003), *Antwone Fisher* (2003)…

Natürlich ist die politische Klasse daran interessiert, dass solche Filme weltweit einen regen Absatz haben. Der Verleih kann mit effektiver Werbung angekurbelt werden und Werbung selbst – mit Nominierungen und Preisen bei verschiedenen Wettbewerben und Festspielen. Der nicht gerade als Geniestreich bekannte *Antwone Fisher* wurde 2003 beispielsweise für ein Dutzend solcher Preise nominiert. Die hörige Deutsche Film- und Medienbewertung FBW verlieh dem Film das Prädikat *wertvoll.*[929]

Nach Waffenexport steht in den USA der Export von »Waren« der Freizeitindustrie an zweiter Stelle. Das sind Filme, Fernsehserien, Computerspiele, Musik-CDs mit Liedern über amerikanische Helden, Bücher, die das benötigte Image Amerikas in die Welt transportieren. Auch die Unterhaltungsabteilung des Pentagon (*U.S. Military Assistance in Producing Motion Pictures, Television Shows, Music Videos*) freut sich über die Möglichkeit, Milliarden von Menschen zu erreichen. Kino- und Fernsehfilme sind ja nicht weniger wichtig für die Beeinflussung der öffentlichen Meinung als Nachrichtensendungen.

Man kann aber fragen: Was ist schlecht an einem solchen Imperialismus? (Fast) niemand kommt mit einer Waffe, (fast) niemand tötet (fast) nie jemanden. Alles einvernehmlich, alles »aus Liebe«. Kritiker des »Kulturimperialismus« werfen ein ernsthaftes Argument in die Diskussion: Niemand zwingt dem Konsumenten die Massenkultur auf, der Konsument selbst fordert eine solche Massenkultur für sein Geld, fordert, sagen wir grob, den amerikanischen *chewing gum*.

Eine solche Nachfrage existiert tatsächlich. Aber sie entstand nicht aus dem Nichts, sondern wurde von derselben Massenkultur initiiert. Dies sind bekannte Gesetze der Marktwerbung: Je mehr Waren zum Käufer vordringen, desto wahrscheinlicher ist es, dass der Käufer dieses Produkt kauft. Darauf sind sogenannte »Promotions« aufgebaut: kostenlose Verteilung von »Käseprobehäppchen«. Der Käufer sieht nur den Käse, die Mausefalle, wo dieser

Käse steckt, nicht. Massenkultur wird deshalb »Massen-« genannt, weil sie nicht für Intellektuelle und Ästhetiker gedacht ist, sondern für ein breites und nicht immer anspruchsvolles Publikum. Und man muss Hollywood nicht lehren, spannende Plots auszudenken.

Oft dringt die imperialistische Kultur nicht in die Kultur der Kolonie ein, sondern wird von der nationalen Kolonialelite eingeladen. Für diese fremde Kultur werden alle Entwicklungsbedingungen geschaffen – zum Nachteil einer nationalen Kultur. Dies kann durch die Tatsache erklärt werden, dass nicht jede nationale Elite nationale Bedürfnisse versteht. Oft opfert sie ihre Kultur (Politik und Wirtschaft) den Fremdherrschern für einen eigenen Platz am Trog, der gelegentlich von den Eindringlingen auf Kosten der Ausbeutung lokaler Ressourcen und der lokalen Bevölkerung gefüllt wird.

Die Vereinigten Staaten spielen zweifellos die erste Geige in der Politik des »Kulturimperialismus«. Aber diese »Geige« ist nicht die einzige. Wladimir Lenin, der Anführer der russischen Revolution, hatte die Bedeutung des kulturellen Imperialismus gut verstanden, als er 1922 sagte, dass »für uns von allen Künsten die Filmkunst die wichtigste ist«[930]. Gemeint waren nicht ästhetische Werte, sondern politischer Einfluss auf die Massen. Das heutige Russland beginnt derzeit auch die Bedeutung der kulturellen Expansion zu verstehen und versucht auf diesem Gebiet, dem Leader des Rennens Paroli zu bieten.

Daher bedroht der kulturelle Imperialismus, der bestimmte gleichartige Werte in fremden Kulturräumen verbreitet, die traditionelle Kultur, wodurch die kulturelle Vielfalt der Menschheit verwässert und unifiziert wird. Es nivelliert ursprüngliche kulturelle Traditionen und ersetzt sie durch billige Dutzendware. Dies führt zum Verlust der nationalen, ethnischen Identität, zum Verlust des Interesses an dem Nationalen an sich. Der Mensch verliert seinen einzigartigen Lebensraum, bricht seine eigenen kulturellen Stereotype und ersetzt sie durch neue Prinzipien, deren Hauptmerkmale – wenn man die amerikanisch-europäische Kulturexpansion nimmt – Unterhaltsamkeit, Kommerzialisierung, Oberflächlichkeit, Hedonismus, Priorität des Materiellen über das Geistige, Konsumdenken, der Wunsch »hier und heute« zu leben, sind.

Die wesentlich größere – nationale – Bedrohung einer fremden Kultur liegt in der Tatsache, dass kulturell kolonialisierte Völker ihr nationales kulturelles Gedächtnis, ihre Traditionen, Mythen, Archetypen und Symbole, ihre nationalen Werte, ethischen Positionen, ihre Identität verlieren.

Die aktive kulturelle Kolonisierung der Völker ist ein Phänomen der neuen

Zeit. Der moderne Nationalismus ist angehalten, diese Entwicklung zu berücksichtigen und entsprechend darauf zu reagieren. Wenn sich eine Kultur als überlegen und besser als andere betrachtet, dann handelt es sich um einen »kulturellen Chauvinismus«, gegen den nationalistische Bewegungen das Recht und die Pflicht haben anzukämpfen.

Kulturelle Expansion, kulturellen Imperialismus gab es auch vor Hunderten von Jahren. Die Christianisierung Amerikas und Afrikas war im Grunde genommen ein solcher kultureller Imperialismus. Früher jedoch kam die »Kultur« zusammen mit bewaffneten Eroberern und ihren Propagandisten in die eroberten Gebiete. Die Anwesenheit bewaffneter Formationen ist jetzt nicht mehr notwendig – in Zeiten von Kino, Radio, Fernsehen, Internet wird fremde Kultur den Menschen ohne Waffen aufgezwungen. Der französische Psychiater und Schriftsteller Frantz Fanon (1925-1961), der den Begriff des »Kulturimperialismus« in wissenschaftlichen Umlauf brachte[931], nannte ihn »blutloser Genozid«.

Aber ganz ohne Gewalt geht es auch hier nicht. Keine Nation leugnet aus freien Stücken ihre Traditionen, ihre Kultur. Denn Kultur ist das bestimmende Merkmal einer Nation. Gibt es keine urwüchsige Kultur – gibt es auch keine urwüchsige Nation. Der Zwang ist heute ideologisch, politisch und psychologisch. Dies ist etwas Neues, das im 20. Jahrhundert aufgetaucht ist und sich im 21. rapide entwickelt. Wenn also früher vor den nationalen Befreiungsbewegungen die Aufgabe stand, hauptsächlich mit militärischer, wirtschaftlicher und organisatorischer Macht gegen die imperialistischen Kräfte zu kämpfen, ist jetzt der Widerstand gegen die kulturelle Kolonialisierung in den Vordergrund getreten. Ohne die Ideologie der Metropole zu besiegen, wird das kolonisierte Volk auch auf anderen Gebieten keine Chance haben, sich zu emanzipieren.

Werte statt Rechte

Eine der grundlegenden Veränderungen, die sich in einer liberalisierten Gesellschaft seit der Mitte der 40-er Jahre des 20. Jahrhunderts zu vollziehen begann, war der Rückgang der Rolle der Rechte und Freiheiten. Gleichzeitig begann die Stärkung der Rolle der sogenannten »Werte«.

Wir wissen, was »das Recht« ist: Rechte sind in Dokumenten und Gesetzen klar definiert. Recht kann vor Gericht erstritten werden. Bei Verletzung des Rechts kann man im Gefängnis landen.

Es gibt das Recht auf Leben und die Würde des Einzelnen, das Recht auf freie Meinungsäußerung und den Zugang zu alternativen Informationsquellen, Gleichheit vor dem Gesetz, das Recht auf persönliche Geheimnisse, das Recht auf freie Arbeit, auf Bildung, das Recht auf Versammlungsfreiheit usw. Die revolutionäre französische Republik proklamierte 1789, unmittelbar nach der Einnahme der Bastille, eine Erklärung zu den Menschen- und Bürgerrechten. Im Jahr 1948 verabschiedeten die Vereinten Nationen die Charta der politischen Grundrechte des Menschen und ergänzten sie 1966 durch soziale Rechte – auf Arbeit, angemessene Ernährung, Kleidung, Unterkunft. Also: Rechte, Rechte, Rechte.

Wichtige Anmerkung: Das Gesetz berücksichtigt nicht, welche Weltanschauung eine Person hat. Wenn sich jemand für Jesus Christus hält, die Menschen aber gleichzeitig nicht dazu zwingt, ihm die Füße zu küssen, dann ist diese Person für das Gesetz so rein wie ein überzeugter Atheist. Sie haben dieselben Rechte und Freiheiten.

All das sind Rechte, die in Gesetzen verankert sind. Das Gesetz ist ausformuliert, das Gesetz muss befolgt werden. In einem Staat muss jemand die Umsetzung der Gesetze überwachen. »Nimm das Recht weg – was ist dann ein Staat noch anderes als eine große Räuberbande«, hat der heilige Augustinus einmal gesagt[932].

In der modernen liberalistischen Gesellschaft wurden die Rechte sukzessiv durch »Werte«, vor allem »europäische«, ersetzt. Politiker und Philosophen schwören auf »Werte«, die wir aus irgendeinem Grund auch noch schützen müssen. Das Wort »Werte« ist in Mode gekommen, es wird in festliche Reden eingefügt, es hört sich gut an.

Der deutsche Politiker Karsten Voigt verstieg sich zu der Behauptung, dass »der demokratische Staat auf Werten beruht«[933], wobei er offensichtlich vergessen hat, dass dies im Grundgesetz des Landes Menschen- und Bürgerrechte sind. Es steht dort kein Wort über Werte.

Wozu diese mickrige Kontroverse?

Der Kern liegt darin, dass »Wert« im Gegensatz zu Recht eher körperlos, ephemer ist. Das Recht ist real, der »Wert« ist imaginär. Zumal ein »Wert« kaum definiert werden könnte.

Wir fühlen uns den Werten verpflichtet, denn diese Werte verkörpern »das Gute«, hören wir überall, und sie sind nützlich für die Menschheit. Aber der Sinngehalt und Stellenwert des Begriffs »das Gute« sind in der Philosophie

noch nicht geklärt, einfacher: Wir wissen nicht, was »das Gute« ist. Einer der bekannten Begründer der Ethik, der Engländer George Edward Moore (1873-1958), schrieb in seinem Hauptwerk *Principia Ethica*[934] (1903): »Wenn sie mich fragen 'Was *das Gute* ist?', dann ist meine Antwort: *Das Gute* ist *das Gute* und das ist das Ende der ganzen Geschichte».[a] Er glaubte, dass »das Gute« ein einfacher Begriff ist, wie »gelb«, und einfachen Begriffen kann man keine Definition geben.
Was passiert, wenn verschiedene Menschen verschiedene Meinungen über denselben »Wert« haben? Zum Beispiel mögen Europäer den europäischen Wert, aber Lateinamerikaner oder Eskimos sind davon nicht begeistert – was tun? Das heißt, die Frage ist: Existieren diese Werte unabhängig von Menschen, sind sie »unteilbar und universell«? Herrscht in der Welt eine einheitliche Moral oder erfolgt die Beurteilung von Werten in den konkreten Köpfen der Menschen und – gibt es so viele ethische Vorstellungen, so viele Werte wie es Menschen gibt? Sind sie subjektiv oder objektiv?
Alles verschwommen.
Woher kommt diese Aversion der heutigen Eliten gegen in Jahrhunderten erprobte Rechte und Freiheiten und dieses Verlangen nach »Werten«, die kaum fassbar sind? Wer braucht wofür einen solchen Austausch, wer profitiert davon?
Der Paradigmenwechsel geht offenbar auf die Nachkriegszeit und das Nürnberger Tribunal über NS-Täter zurück. Dort stand die Gerechtigkeit vor einer schwierigen Frage: Wie sollen die Menschen für Verbrechen verurteilt werden, wenn sie nicht gegen die Gesetze des Staates verstoßen haben? Die Verbrechen waren offensichtlich. Aber nach welchem Gesetz sollten die Nazis zur Rechenschaft gezogen werden? Nach dem amerikanischen?
Gerade damals wurde der Gedanke geboren, dass man Verbrecher nicht nach konkreten Paragrafen, sondern nach »allgemeinen Rechtsgrundsätzen ... aller zivilisierten Staaten« und nach »im Entstehen begriffenen Rechtsnormen«[936] (das heißt, von den Siegermächten – in ehrenwerter Absicht! – eigens für Nürnberg geschaffenen Straftatbeständen[b], die sie dann auch selbst im Prozess anwendeten – ein Gruß an Montesquieus demokratische

a *If I am asked, What is good? my answer is that good is good, and that is the end of the matter*[935]

b Vom Londoner Statut eingeführte Strafnormen »Verbrechen gegen den Frieden« und »Verbrechen gegen die Menschlichkeit« waren vorher, wie es heißt, »im Völkerrecht nicht kodifiziert«, sprich – die gab es nicht.

Gewaltentrennung!) verurteilen muss. Eine solche Vorgehensweise kritisierte 1947 selbst der vor den Nazis nach Amerika geflohene jüdischstämmige Rechtsphilosoph Hans Kelsen, der 1947 das Londoner Statut, sozusagen, »das Strafgesetzbuch« der Alliierten, ein *Privilegium odiosum* der Siegermächte[937] nannte.

Ein Novum waren in Nürnberg auch die allgemeingültigen, »überpositiven (naturrechtlichen) Werte«[938], die dem Prozess seine Legitimation verschaffen sollten.

Zum ersten Mal lieferten Werte die Grundlage für rechtliche Sanktionen.

Wie der deutsche Professor für Strafrecht und Rechtsphilosophie Reinhard Merkel passend schrieb: »Richtig war die Bestrafung der Täter; falsch war die Konstruktion, die man ihr unterschob«.[939]

Diese wackelige Konstruktion versuchte man wenigstens rhetorisch zu stützen. Man sprach von den neu geschaffenen Rechtsnormen nicht als situativem Behelf, sondern als von einer konstanten Messlatte, die an alle zukünftigen Verbrecher angelegt werde. »Denn wir dürfen niemals vergessen, daß nach dem gleichen Maß, mit dem wir die Angeklagten heute messen, auch wir morgen von der Geschichte gemessen werden«, sagte ziemlich pathetisch der amerikanische Hauptankläger Robert Jackson. »Diesen Angeklagten einen vergifteten Becher reichen, bedeutet, ihn an unsere eigenen Lippen zu bringen.«[940]

50 Jahre später, angesichts dutzendfacher, vor allem US-amerikanischer, Interventionen und keiner einzigen zur Rechenschaft Ziehung der Verbrecher, bemerkte Reinhard Merkel nüchtern: »Es gehört wenig Scharfblick zu der Einsicht, daß diese Hoffnung gescheitert ist.«[941]

Die liberalistische herrschende Klasse hat an Werten sofort Geschmack gefunden. Das gedieh so weit, dass es im Vertrag über die Europäische Union (das sog. Lissabonner Abkommen) nicht um das Recht auf Menschenwürde, Freiheit, Gleichheit, Rechtsstaatlichkeit geht, sondern nur um das »Achten« dieser »Werte«[942]. Umso mehr (und hier hat sich die liberalistische Gesellschaft allmählich zu einem wissenschaftlichen Konsens entwickelt), weil die »Objektivität und Universalität« globaler Werte nicht irgendwie bewiesen werden musste, da sie angeblich von der von Gott geschaffenen Natur herrühren und daher ihre Realität dieselbe ist wie für einen Physiker die Schwerkraft.

Wir wissen bereits: *Das Gute* ist *das Gute*.

Die Frage nach der »Universalität« von Normen ist komplex. Zumal die Ethik eine ungenaue Wissenschaft ist. In ihr können die Ansichten einer

Gruppe von Menschen (Wissenschaftlern) den Ansichten einer anderen nicht kleineren Gruppe von Gelehrten grundsätzlich widersprechen. Wer kann unparteiisch entscheiden, welche konkurrierenden Ansichten richtig und welche falsch sind?

Die ethischen Ansichten des 19. oder 18. Jahrhunderts sind ja nicht weniger legitim als die des 21. Jahrhunderts. Denn in diesem Jahrhundert haben wir auch keine vollkommene Ethik, wie es vor zwei oder drei Jahrhunderten war. Und die starken Nationen des 21. Jahrhunderts sind genau so selbstsüchtig wie zuvor und nicht weniger kompromittiert. Je stärker jede Nation ist, desto mehr handelt sie nach den Regeln, die weder zur Ethik des Christentums noch zur Ethik der Aufklärung passen.

Wer kann vollumfänglich versichern, dass der Schutz einiger Werte – europäischer oder afrikanischer – zweifellos eine gute Sache ist? Niemand hat dazu eine weltweite Umfrage oder ein globales Referendum durchgeführt. Diese Werte werden nicht von Gott gegeben. Sie sind nicht das Endergebnis menschlichen Fortschritts. Sie sind vorläufig, temporär, vorübergehend und entsprechen den Bedürfnissen, Interessen und Idealen einer bestimmten einflussreichen Gruppe von Menschen, aber keineswegs den Bedürfnissen und Wünschen aller.

Wir beginnen diese Diskussion nicht. Für uns ist es wichtig festzuhalten, dass anstelle der von der Gesellschaft formulierten und verabschiedeten Gesetze *a priori* »gute« Werte angekommen sind, die nicht beschrieben werden können, und außerdem kann niemand sagen, warum sie »gut« sind.

Wir sollten die einfachere, zweckmäßigere Frage beantworten: Warum war es notwendig, Rechte durch »Werte» zu ersetzen?

Die Antwort ist auch einfach: Die Unschärfe des Definitionsrahmens gibt der herrschenden Elite enorme Möglichkeiten, die Gesellschaft zu manipulieren. Um so mehr, da hohe Werte uns ermutigen, sie überall umzusetzen, denn der moralische Imperativ ist die Verbreitung des »Guten« und der Kampf gegen das »Böse«.

Aufmerksame Beobachter haben bemerkt, dass je mehr Werte wir auf den Schild schreiben, desto weniger Rechte haben wir – es gibt keine Ausnahmen, dies ist ein globaler Trend.[a] Anstelle der erklärten Pressefreiheit haben wir eine Monopolisierung der Medien bekommen, die Meinung des

---

a Es gibt bei dem unten beschriebenen Zustand von Land zu Land gewisse Differenzen. Wir reden hier über eine allgemeingültige unerfreuliche Tendenz – zu weniger Rechten und Freiheiten.

Journalisten ist der Meinung des Inhabers des Konzerns untergeordnet; das Ausmaß der Selbstzensur von Journalisten ist hoch.
Die Versammlungsfreiheit halten Staaten nur in bestimmten Grenzen ein. Schlagworte, die die Zweckmäßigkeit des Systems in Frage stellen, sind nicht erlaubt, was das Recht auf eigene Position, eigene Gesinnung – egal, wie sie sind – einschränkt. Meinungsfreiheit, von der Rosa Luxemburg (1871-1919) träumte (»Freiheit nur für die Anhänger der Regierung, nur für Mitglieder einer Partei – mögen sie noch so zahlreich sein – ist keine Freiheit. Freiheit ist immer Freiheit des anders Denkenden«[943]) bleibt immer noch nur ein frommer Wunsch. Systemische Opposition wird von der herrschenden Klasse erbarmungslos unterdrückt.
Das durch liberale Verfassungen garantierte Briefgeheimnis (darunter auch der elektronischen Korrespondenz) wurde durch geheime staatliche Lesesysteme an den Rand der Absurdität gebracht. Die Hauptrolle in der Tatsache, dass die Privatsphäre eines Bürgers vor einem Computer nicht geschützt ist, spielen staatliche Geheimdienste, die zu allgegenwärtigen Monstern geworden sind. Telefongespräche werden in einer nie zuvor gesehenen Größenordnung abgehört.
Demokratie, Volksmacht werden durch die verschnittene und leicht zu lenkende »repräsentative Demokratie« und die Herrschaft der Parteien ersetzt, die nur eine Verschleierung der Plutokratie ist. Die selbstherrlichen Eliten haben Angst vor dem Volkswillen wie der Teufel vorm Weihwasser.
Das höchste Recht der Menschen, in Frieden zu leben (oder einfach zu leben), wich der »alternativlosen« militärischen Durchsetzung der »westlichen Werte«, insbesondere der »politischen Grundwerte«. Politik, Medien, Sozialwissenschaften, Industrie sind an der Vorbereitung und Durchführung von Angriffskriegen beteiligt.
Das heißt, die Grundrechte, deren Einhaltung man vor Gericht einklagen könnte, werden allmählich verdrängt, ihre Rolle wird geschwächt, sie verschwinden. Ihr Platz wird von »Werten« besetzt, die keinerlei konkrete Definition haben, ganz zu schweigen von ihrer rechtlichen Bedeutung.
Die herrschenden Eliten, die aktiv »Werte«, d. h. ihre eigenen Wertvorstellungen, propagieren, zwingen die Bürger, sie anzunehmen, machen sie zu einer »Religion«. Die Grundlage der Rechtsstaatlichkeit ist jedoch die Meinungsfreiheit, die Freiheit der weltanschaulichen Präferenzen, und der Staat (so sind zumindest liberale Postulate) hat nicht das Recht, in diesen Bereich einzugreifen und den Bürgern Prioritäten aufzuerlegen.
Warum braucht man dann oben solch »harte ideologische Arbeit«?

Wenn »harte« Rechte durch vage Werte ersetzt werden, ist es viel einfacher, die Wirkung von Gesetzen zu schwächen. Wenn man Werte zur Glaubensfrage macht, kann man leicht jeden, der diese Werte nicht teilt, als Abtrünnigen, Aussätzigen oder als Verbrecher bezeichnen. Dafür braucht man kein Gericht. Alles, was benötigt wird, ist eine »öffentliche Meinung«, die sich leicht durch ideologische Medienmaschinerie herstellen lässt. In der öffentlichen Wahrnehmung werden Werte wichtiger als Gesetze. Derjenige, der gegen das Gesetz verstößt, wird mit dem Zeigefinger getadelt, wegen missachteter »Werte« werden Kriege angefangen.

Der gesellschaftliche Paradigmenwechsel führte zur Kriminalisierung des öffentlichen Bewusstseins, ja seiner »Mafiasierung«. Wie in der (italienischen) Mafia begann in den Beziehungen der Mitglieder der Gesellschaft ein »Ehrenwort« mehr als das Gesetz zu wiegen. Der Ehrenkodex, ein ungeschriebenes Gebot, egal, welche Täter ihn erschaffen haben, wird über das geschriebene Gesetz gestellt.

Das kriminelle Bewusstsein schafft eine kriminelle Gesellschaft, es trägt zur Explosion krimineller Energie bei. Nicht nur kriminelles Geld, sondern auch kriminelle Ethik spielen eine zunehmende Rolle. Infolgedessen steigen Niveau und Volumen der Schattenwirtschaft, zu der auch das kriminelle Gewerbe gehört. Lag in einem respektablen Deutschland das Volumen der Schattenwirtschaft 1975 nicht einmal bei 6% des Bruttoinlandprodukts (BIP)[944], so liegt es 2018 bei stolzen 10%[945], in Spanien und Portugal bei mehr als 16%, in Italien reicht es an die 20%, in Griechenland – weit darüber[946], in Rumänien – fast 27%[947], in Bulgarien – mehr als ein Drittel des BIP.[948]

Wenn man die Werte teilt, darf man das Gesetz verschmähen.

Das Ersetzen von Rechten durch »Werte« erleichtert auch die ideologischen »Rechtfertigungen« für die Bürger, weshalb die herrschenden Eliten in gleichen Situationen diametral entgegengesetzte politische Positionen einnehmen.

Der westliche Mainstream kämpft in China für die Rechte der Uiguren, aber nicht für die Rechte der Kurden im NATO-Mitglied Türkei oder der Palästinenser in Israel. Man ruft die Tibeter auf, sich gegen die Unterdrückung der Chinesen aufzulehnen. Der Kampf um die Autonomie der Katalanen in Spanien, Flamen in Belgien, Korsen in Frankreich interessiert uns jedoch weniger und die nationalen Minderheiten in Marokko interessieren uns überhaupt nicht, da der marokkanische König ein Freund des Westens ist. Wir können dieses Thema an Dutzenden von Beispielen weiter entrollen, aber die Message ist bereits klar: In jenen Ländern, denen gegenüber der Westen nicht gewogen ist, treten wir für die Menschenrechte ein, um das verhasste Regime zu stürzen, dort unterstützen wir nationale Bewegungen.

Dort aber, wo unsere »lieben Freunde« an der Macht sind, werden genau die gleichen nationalen Befreiungsbewegungen zu »Separatisten« und »Terroristen«. Eine bedeutende (wenn nicht entscheidende) Rolle bei der Auswahl der einen oder anderen politischen und moralischen Haltung dem Land gegenüber spielt das Vorhandensein von Bodenschätzen, nicht schlecht sind Erdöl und Erdgas; in letzter Zeit sind jedoch auch Vorkommen von Seltenmetallerden bedeutsam geworden.

Eine solche Heuchelei, die nicht auf internationalem Recht, sondern auf »Werten« beruht, ist schon seit langem für niemanden eine Neuigkeit, sie ist eine Konstante der Weltpolitik, wir werden sie als gegeben betrachten.

«Werte«, unter anderen mit dem Mogel-Synonym »Prinzipien« bezeichnet, erleichtern auch die Führung aggressiver Kriege. Wenn internationale Gesetze sie unzweideutig verbieten, dann kann man, gestützt auf Werte, beispielsweise Jugoslawien aus hohen »humanitären« Intentionen zerbomben. So kastrieren die »Werte« das Völkerrecht, dessen Schaffung die Menschheit große Mühen und viel Blut gekostet hat.

Viele Wissenschaftler waren der Meinung (wir haben es wiederholt erwähnt), dass das Recht der Starken ein biologisches Gesetz ist. Nach dem Zweiten Weltkrieg kam der Gedanke auf, dass aus dem Recht der Starken der Nationalsozialismus und der Faschismus geboren wurden. Da der Mensch eine denkende Kreatur ist, muss er (und die Nationen und Staaten mit ihm zusammen) auf dieses »Recht» verzichten und es auf den Müllhaufen der Geschichte werfen. An seine Stelle tritt die Stärke des Rechts. Das heißt, nicht derjenige bekommt das Recht, der stärker ist, sondern der, auf dessen Seite das Gesetz steht.

Und jetzt ersetzen wir das Wort »Gesetz« durch das Wort »Wert«: nicht der Stärkere hat Recht, sondern derjenige, auf dessen Seite (ephemere) »Werte« stehen. Ein solcher Ansatz erlaubt jede Ungerechtigkeit und jeden Zwang, die Werte zu »respektieren«.

Da »amerikanische Interessen überall auf der Welt« sind, hebt die Herrschaft der Werte anstelle von Gesetzen die »Schwelle des Krieges« auf und ermöglicht den Einsatz von Waffen ohne Rücksicht. Zumal die Vereinigten Staaten ihre »Verantwortung« für den Planeten nie verborgen haben.

Daher betrachten sie es als ihre »Pflicht«, darauf Ordnung herzustellen.[a] Demgemäß verbirgt sich hinter dem Feigenblatt des schönen Satzes über »die Macht des Rechts« nach wie vor das Recht der Starken. Dies wird durch die zahlreichen jüngsten Kriege der Starken gegen die Schwachen bestätigt – unter dem Motto des Kampfes um »humanitäre Werte« (es ist nicht einfach für die Amerikaner, sie als »europäische« zu bezeichnen). Um heute einen Krieg vom Zaun zu brechen, genügt es zu sagen, dass ein bestimmtes Regime bestimmte »Werte« nicht teilt (Jugoslawien 1999, Afghanistan 2001). Indem man jemanden zu einem »autoritären Herrscher«, einem »Verbrecher« oder, schlimmer noch, zu einem »Diktator« erklärt, braucht der Angreifer für einen Krieg keine Sanktion des UN-Sicherheitsrates. Mit so einem Regime verhandelt man ja gewiss nicht, das bringt man ohne Aufhebens zur Strecke.

Die Vereinigten Staaten wollten weder mit den Taliban noch mit Gaddafi oder mit Hussein reden, als sie die zahlreichen Kriege begannen. Solche Ansätze heben nur die respektvolle Haltung der Vereinigten Staaten hervor, zum Beispiel gegenüber den Königen von Saudi-Arabien oder von Bahrain und anderen Scheichs, die nachweislich Terroristen finanzieren[949] und Protestbewegungen gelegentlich im Blut ertränken[950]. Sie teilen jedoch mit den USA gleiche (westliche) »Werte«.

Auf diese Weise führte die liberalistische Demokratie mit den ihr heiligen

---

a Manchmal klingen die Aussagen amerikanischer Präsidenten wie der Plan des Herrn selbst: »In künftigen Tagen ... sehen wir freudig einer Welt entgegen, die gegründet ist auf vier wesentliche Freiheiten des Menschen. Die erste dieser Freiheiten ist die der Rede und des Ausdrucks – überall auf der Welt. Die zweite dieser Freiheiten ist die jeder Person, Gott auf ihre Weise zu verehren – überall auf der Welt. Die dritte dieser Freiheiten ist die Freiheit von Not… – überall auf der Welt. Die vierte Freiheit aber ist die von Furcht... – überall auf der Welt.« (Franklin D. Roosevelt, am 6. Januar 1941. Im Netz: *https://www.roosevelt.nl/fdr-four-freedoms-speech-1941*). Unter einem solchen Programm kann man nicht nur einen Krieg anfangen. Präsident Obama legte 2013 eins drauf und erklärte, warum die Amerikaner zu einem Weltgendarmen geworden sind (oder, wie die Amerikaner zu sagen pflegen, »einem globalen Anführer mit einer heiligen Zivilisierungsmission«): »Ich glaube an die Einzigartigkeit Amerikas – teils, weil wir durch das Opfern von Blut und Ressourcen die Bereitschaft gezeigt haben, nicht nur für unsere eigenen Interessen, sondern für die Interessen aller einzustehen.« (*https://www.washingtonpost.com/politics/transcript-president-obamas-speech-at-the-un-general-assembly/2013/09/24/64d5b386-2522-11e3-ad0d-b7c8d2a594b9_story.html?utm_term=.66c514b6f596*)

»Freiheiten» nicht nur zum »Gleichdenk« (nach Orwell) der Bürger in den eigenen Ländern, sondern säuberte auch den globalen öffentlichen Raum von Dissens (die wirtschaftlichen Interessen der Aggressoren haben wir im Hinterkopf). Das ist verständlich: Keine Religion, und insbesondere nicht die »Religion der Werte«, toleriert neben sich diejenigen, die andere Götter verehren.

Lockvogel »Zivilgesellschaft«

Der Hauptvorwurf der Liberalisten gegen den Nationalismus ist sein vermeintliches Streben nach Totalitarismus, nach nationalistischer Diktatur. Wir haben den grundlegenden demokratischen Charakter des Nationalismus bereits dargelegt: Wenn eine Partei oder Bewegung Ziele setzt und Wege aufzeigt, um sie zu erreichen, die die Nation befürwortet (d. h. die Gesetze des Landes werden auf der Grundlage eines gemeinsamen Willens formuliert), dann entspricht dies unseren demokratischen Vorstellungen. Die Bürger werden solche Gesetze gerne einhalten (zumindest respektieren), weil sie vom Volk selbst und nicht vom Tyrannen verfasst sind.

Hier sollten wir uns daran erinnern, dass das Konzept des »gemeinsamen Willens«, *volonté generale*, von Jean-Jacques Rousseau[951] stammt, der der Ansicht war, dass auf »gemeinsamem Willen« beruhenden Gesetze mit den politischen Interessen des Staates harmonieren, und die Bürger wirklich frei sein werden, weil sie den Gesetzen gehorchten, die sie selbst angenommen hätten. Die egoistischen Interessen des Einzelnen (die oft den Interessen der Gesellschaft widersprächen) müssten dem Willen aller untergeordnet werden.

Bei der These von der Universalität des gemeinsamen Willens konnte Rousseau jedoch nicht ahnen, dass es in der Praxis immer eine Gruppe von Menschen geben wird, die das Recht, den »kollektiven Willen« zu formulieren, monopolisieren und im Namen der Nation sprechen könnte. Was die Gesellschaft will und was nicht, ist ja gut möglich in einem engen Kreis einander sympathischer Menschen zu entscheiden – ohne kostspielige und langwierige Beratungen mit einem unberechenbaren Volk.

Diese Gefahr ist nicht theoretisch, sondern real.

Um die Risiken des Totalitarismus zu minimieren, sagt man uns, wird die

Zivilgesellschaft benötigt. Sie wird verhindern, dass eine Gruppe machtgeiler Menschen diese Macht usurpiert. Da nach der Meinung des amerikanischen Aufklärers Thomas Paine (1736-1809) »der Staat das Übel« und »die Zivilgesellschaft das Gute« ist[952], brauchen wir keinen (starken) Staat (den Gewaltapparat), sagen Liberalisten, auch keine Anarchie, keine Kirche als verbindendes Element. Wir brauchen einen festen Zusammenschluss der Bürger (niemand hat je gesagt, auf welcher Grundlage), die den Staat kontrollieren, staatliche Mechanismen regulieren, Bürger schützen, öffentliche Interessen fördern werden.

Der Gedanke ist auch nicht neu. In der Vergangenheit war das die Antwort auf die absolute Monarchie. Hobbes und Locke, Montesquieu und Hegel diskutierten das Verhältnis zwischen Staat und Zivilgesellschaft. Die Idee der öffentlichen Kontrolle des Staates schien einigen von ihnen produktiv zu sein. Nun wurde diese Idee wiederbelebt, sie wird aktiv umgesetzt.

Aber ist alles, was theoretisch so hübsch aussieht, genauso schön in der Praxis?

Wenn wir von einer »Zivilgesellschaft« sprechen, meinen wir das Modell einer neuen, nichtstaatlichen Gesellschaftsform. Wir verstehen darunter eine strukturierte Gesellschaft der vom Staat unabhängigen Menschen, die mit dem Staat nicht zusammenarbeiten, sondern ihn kontrollieren. Wir möchten, dass diese Menschen Bürger im höchsten Sinne des Wortes sind, sich uneigennützig und selbstlos für die Gesellschaft einsetzen, ohne um politische Macht zu ringen (denn dann ist es keine hohe Zivilgesellschaft, sondern ein niederer politischer Kampf). Wir wünschten uns, dass es Menschen mit hoher Moral sind, wirtschaftlich und politisch unabhängig, die Thomas Hobbes als »Vereinigung von Individuen«[953] mit den höchsten menschlichen Qualitäten bezeichnete. Wir wünschten, dass einfache Menschen, die sich auf ihr Verständnis sozialer Prozesse, auf ihre Lebensweisheit stützen, den Politikern ihre eigene Sichtweise von Problemen und Lösungen bieten. Wir wünschten, dass solche Gesellschaften, die das ganze Land abdecken, sich selbst organisieren und sich selbst regulieren.

Die Zivilgesellschaft sollte ein Spiegel für Politiker sein, ein Instrument wirklich demokratischer Selbstverwaltung.

Wir wünschten uns auch, dass der Einfluss der Zivilgesellschaft der Wirkung von Staat, Wirtschaft und Justiz entspräche, denn wenn die Geltung dieser drei Monster prävalieren würde, dann beeinflussten sie die »Zivilgesellschaft« in ihrem eigenen Interesse. Nur eine gleichwertige Stärke der Partner kann zu einem positiven Ergebnis führen.

Das waren die theoretischen Erwartungen dieser Gemeinschaft bewusster Bürger.
In der Praxis erhielten wir eine Reihe großer und kleiner, schwach miteinander verbundener Initiativen, die einander oft feindlich gesinnt sind, die sporadisch, unsystematisch und vor allem oft erfolglos versuchen, die Aufmerksamkeit des Staates auf bestimmte Schwierigkeiten (nicht unbedingt Probleme) zu lenken. Diese Vereine, Gesellschaften und Assoziationen sind in verschiedenen Lebensbereichen tätig. Und da es in jeder dieser Sparten nur wenige solche Nichtregierungsorganisationen (NGOs) gibt, wird jede von ihnen zu einem Monopolisten in ihrem Bereich, der selbst wettbewerbsrechtlicher Korrekturen bedarf. Wie die Kritiker der modernen Version der »Zivilgesellschaft« richtig fragen: Wer kontrolliert die Kontrolleure? Wenn aber zwei oder mehr ähnliche Organisationen nebeneinander existieren, dann benehmen sich die NGOs wie die Spinnen im Glas: Es herrscht ein stetiger und kompromissloser Kampf um eine Monopolstellung auf dem Markt, da die Monopolisten das größte finanzielle Stück vom (staatlichen oder privaten) Kuchen erhalten.
Wir gerieten in eine Situation, in der der Staat den »zivilgesellschaftlichen Organisationen« die Erlaubnis auf ihre Existenz erteilt oder nicht, sie finanziell unterstützt oder nicht, Steuervergünstigungen gewährt oder nicht. Es ist albern, über die Gleichheit der Akteure zu reden. Der moderne deutsche Philosoph Jürgen Habermas (geb. 1929) glaubt deshalb nicht ohne Grund, dass NGOs zu schwach sind, »um Entscheidungsprozesse im politischen System umzusteuern«[954].
Gleichzeitig ist zu beachten, dass der Staat, wenn er zivilgesellschaftliche Organisationen finanziert, überhaupt nicht daran interessiert ist, wirklich unabhängige Kontrolleure für sich selbst zu schaffen. Er hält die »Zivilgesellschaft« in einer amorphen, mosaikartigen, fragmentierten und wirtschaftlich beklagenswerten Lage, um die Möglichkeit nicht aus der Hand zu geben, auf sie Einfluss zu nehmen, damit sie nicht zu einer realen Kraft wird.
Wir haben miterlebt, wie mächtige Schichten von Vereinen, Gemeinschaften und Bündnissen zu einer *Businesscommunity* wurden, wenn die Arbeit für eine *Non-Profit-Organisation* hundertmal mehr Geld einbringt, als ein Dreher an der Maschine verdient (dessen Interessen angeblich die NGOs schützen).
In der Praxis wird die Macht in solchen Organisationen von erfahrenen Funktionären (die oft ihre Erfahrungen in den politischen Parteien holen)

erobert, und der Wechsel eines solchen Funktionärs durch einen anderen artet von einem geringfügigen Verwaltungsakt in einen Staatsstreich aus. Macht, Einfluss und Geld, was Funktionäre der NGOs besitzen, zwingen sie auf Gedeih und Verderb um ihren »Platz in der Sonne« zu kämpfen.
Die Zellen der »Zivilgesellschaft« des modernen Schlages sind zu aktiven Lobbyisten geworden, und sie setzen sich meistens nicht für öffentliche, sondern für Unternehmensbelange ein. Ausgerechnet die schwachen Bevölkerungsschichten, die schlecht organisiert sind, haben keine eigene Lobby. Und es ist naiv zu hoffen, dass die Atom- oder Öl-Lobby die Entwicklung alternativer Energiequellen unterstützt.
Wir stellen fest, dass die Organisationen der »Zivilgesellschaft« instrumentalisiert werden. Nicht die pflichtbewussten Charaktere arbeiten dort, sondern oft genug Spießbürger oder – noch schlimmer – Marionetten in den Händen anderer. Daher überrascht es uns nicht, dass es unter den Sponsoren von Umweltorganisationen Konzerne gibt, die die Umwelt gerade zerstören.[955] Nichtregierungsorganisationen haben beträchtliche Kosten für ihre Aktionen, für die Bezahlungen von Personal, sie haben oft Millionenumsätze. Viel von ihnen sind aber sehr zurückhaltend bei der Angabe von Finanzierungsquellen.[956] Diese »Bescheidenheit« hat ihren Grund: Wenn man den Namen der Sponsoren kennt, kann die Gesellschaft leichter verstehen, warum NGOs für eine Sache erbittert kämpfen und einer anderen überhaupt keine Beachtung schenken.
Dabei geht es natürlich nicht um Vereine von Kammermusikliebhabern oder Vogelbeobachtern. NGOs greifen aktiv in politische Prozesse ein, beeinflussen sie und geben ihre Meinung als die Meinung der gesamten Gesellschaft aus. Es wäre töricht, solche Strukturen nicht für den ideologischen Kampf zu nutzen.
Daher sind Nichtregierungsorganisationen stark von politischen Akteuren beeinflusst (von Stiftungen, nicht gerade selbstlosen Mäzenen usw., vor allem aber vom Staat, der die Vereinsfunktionäre korrumpieren möchte). Andererseits suchen sie selbst jemanden, der für bestimmte Leistungen ihre Hand mit Zuschüssen vergoldet. Die Ergebnisse der Arbeit hängen daher von der Zielsetzung des »Projekts« und der Großzügigkeit des Sponsors ab. Die Finanzierung aus sogenannten »externen Quellen« schafft die Möglichkeit, die Aktivitäten der »Non-Profit-Organisation« in die nützliche Richtung zu lenken. Und die Richtung wird nicht von der Organisation selbst, sondern vom Sponsor, vom Auftraggeber bestimmt. In der Geschichte hat es kaum einen einzigen »Finanzier« gegeben, der während seiner Geldga-

ben nicht seinen persönlichen Vorteil verfolgen würde.[a] Wenn der Verein oder das Bündnis die Launen des Sponsors nicht mehr erfüllen, wird die Finanzierung eingestellt und dieses Element der »Zivilgesellschaft« wird unrühmlich aufhören zu existieren. Unabhängigkeit, Souveränität, die die Basis der Zivilgesellschaft bilden, kann man in modernen NGOs auch am helllichten Tage kaum finden.

Wir wollten doch aber eine Gesellschaft schaffen, die nicht mit einem Hut herumgeht und die sich nicht mit Leib und Seele an die Geldgeber verkaufen lässt.

Wie recht hatte Locke, als er schrieb, dass die Zivilgesellschaft eine politische Gesellschaft ist, in der der Staat seine eigenen Interessen verfolgt.[957] Und was für welche!

In den letzten Jahrzehnten merken wir, dass die »Zivilgesellschaft« zu einem globalen Phänomen geworden ist. Es gibt in der Welt mehrere internationale NGO-Konzerne, die keine sozialisierte Meinung fördern (wer fragt das Volk überhaupt?), sondern die Meinung ihrer Führung und derer, die hinter ihnen stehen.

»Die hinter ihnen stehen« ist nicht der schönen Worte wegen gesagt.

Die objektive Globalisierung der Wirtschaft und des öffentlichen Lebens, die Entwicklung von Internettechnologien und sozialen Netzwerken, die Bildung einer »globalen Gesellschaft« nötigten diejenigen, die wissen, wie man die Fäden zieht, sich für die Einflussmöglichkeiten der »Zivilgesellschaft« auf die internationale Politik zu interessieren, sie für politische Transformationen (die bescheiden »soziale« heißen) zu nutzen. Dabei geht es nicht nur um das Netzwerk als solches, also um die Möglichkeit, Menschen in verschiedenen Regionen miteinander zu verbinden, Informationen auszutauschen, sondern auch um ihnen Psychologie und das Verhalten des »Rudels« beizubringen, aus ihnen »Straßenpack« zu bilden, sie zu manipulieren. Globale »Anbieter« (dem Heimatland ergeben) haben bereits gelernt, wie dies brillant funktioniert.

Das heißt, die Globalisierung hat die »Zivilgesellschaft« nicht auf eine neue Ebene gehoben, sie nicht gefestigt, sondern nur die politischen Einfluss-

---

a Es gibt Studien, die belegen, dass selbst »uneigennütziges« Sponsoring von medizinischen oder anderen humanitären Projekten darauf abzielt, ein Unternehmen oder eine Person als Philanthrop darzustellen: Die Werbung, die Medien für einen solchen Sponsor machen, ist viel effektiver als wenn der Sponsor Werbeflächen oder Werbezeiten kaufen müsste. (Siehe exemplarisch: *https://www.zeit.de/1999/04/199904.kaiser_.xml*)

möglichkeiten der globalen politischen Akteure außerhalb ihres eigenen Staates erweitert. Bisher wurde Propaganda (Radio, Fernsehen) für diesen Bearbeitung verwendet, und wenn dies nicht genug war, dann auch die Armee.

Nun ist der netzwerkbasierte ideologische Einfluss in den Vordergrund gerückt – nicht der Inhalt hat sich geändert, sondern nur das kommunikative Instrument. Wenn ehedem »Radiokrieg« existierte – mit immer größeren Sendern und immer leistungsfähigeren Störsendern, – wird nun täglich das Motto »jeden (Handybesitzer!) erreichen« gelebt. So wird die Bevölkerung des »globalen Dorfes« durch bekannte und ausgereifte Manipulationsmethoden auf die Erfüllung der von Manipulatoren gestellten Aufgaben gelenkt.

Die sogenannten »Farbrevolutionen« des »arabischen – und nicht nur arabischen – Frühlings« werden nicht ohne Grund auch *Twitter-Revolutionen* genannt. Die in all den Ländern vorhandene latente Unzufriedenheit mit der bestehenden Macht wurde mit Hilfe manipulativer Botschaften bis zum Siedepunkt aufgeheizt. Darauf folgte eine Explosion. Die Ergebnisse der Explosion sind ebenfalls bekannt: Der ägyptische Präsident wurde durch einen Militärputsch gestürzt, der Gewinner war nicht die »Zivilgesellschaft«, sondern die Diktatur der »Muslimbruderschaft«. Die »Zivilgesellschaft«, die sich nach den »Twitter-Revolutionen« in Libyen und im Irak etablierten, lässt sich anhand der Anzahl der dort abgeschnittenen Köpfe, sowie der Getöteten und Verwundeten einschätzen, ganz zu schweigen von den zerstörten historischen Monumenten.

Das heißt, die akademische Idee der antiquierten Denker ist nicht nur an der Praxis des realen Lebens zerschellt, wie bisweilen, laut Wladimir Majakowskij, das Boot der Liebe am Alltag zerbricht. Der in eine glänzende Hülle verpackte Lockvogel »Zivilgesellschaft« wurde erneut für offenkundige wirtschaftliche und politische Ziele benutzt.

Lassen Sie uns klar sagen: Wir haben in diesem Buch mehr als einmal das Recht einer Nation auf eigene Interessen verteidigt. Alle Nationen haben solche Interessen (müssen sie haben). Die Tatsache, dass eine Nation sich bemüht, diese Ziele zu erreichen, ist absolut verständlich und legitim. Die Nation wählt auch zielführende Wege und Methoden. Da die Interessen der eigenen Nation über den Interessen anderer Nationen stehen sollten (bei einigen Nationen ist es auch so), mögen alle unsere Ausführungen, insbesondere über die Organisatoren der »Farbrevolutionen«, nicht als eine Invektive, als scharfe Kritik an ihnen aufgefasst werden.

Unsere Ziele in diesem Textabschnitt waren andere. Erstens: Die Methoden der Nutzung der »Zivilgesellschaft« für Ziele, von denen die in die Konfrontation involvierte »Gesellschaft« nicht einmal etwas ahnt, sachlich aufzuzeigen. Und zweitens: Anhand von Beispielen zu beweisen, dass die vom Liberalismus als »Eckpfeiler eines demokratischen Staates« angepriesene »Zivilgesellschaft« zum – wer hätte das gedacht! – Instrument der Beibehaltung der totalitären, d. h. der in alle Poren der Gesellschaft eindringenden, Macht ist.
Wie immer versteckt sich auch hier hinter einem nächstfolgenden Deckmantel die hässliche Visage der liberalistischen Diktatur.

Das Verständnis der »Nation« wird ein anderes

In dem Buchteil »Es wird Zeit für Nationalismus« sind wir der Frage nach Ursprung und Arten von Nationen detailliert nachgegangen. Wir hoben hervor, dass es ethnische Nationen gibt, das meint diejenigen, in denen sich die nationale Gemeinschaft seit Tausenden von Jahren ohne fremde ethnische Einflüsse (oder mit unbedeutenden Einflüssen) herausbildete. Dazu gehören beispielsweise die Albaner, Armenier, Ungarn oder die Japaner.
Der zweite Typus sind politische (vertragliche) Nationen, in denen (durch mündliche oder schriftliche Vereinbarung) verschiedene ethnische Gruppen vereint sind, die während ihres Zusammenlebens so sehr zusammengewachsen sind, dass sie sich begründet als eine Nation bezeichnen. Wir haben Beispiele aus der Schweiz, Australien und den USA angeführt und gleichzeitig eine gewisse Relativität der Bezeichnung »Nation« festgestellt, da der rassische und ethnische Unterschied (durch Vermischen) erst im Laufe der Jahrtausende verschwindet.
Geläufige Beispiele, die eine Vorstellung von der Dauer der nationbildenden Prozesse geben, sind: Die Basken, die mindestens fünfzehnhundert Jahre lang (einige sprechen von viertausend Jahren) in der spanischen Nation unassimiliert blieben, ebenso wie die Katalanen, deren Vorfahren vom ersten Jahrtausend v. Chr. an im heutigen Spanien lebten. Sie leben nebeneinander, aber nicht zusammen, deshalb nennen sie sich heute nicht Spanier, sondern eben Katalanen und Basken. Ethnische Identität geht ja nicht über Nacht verloren, auch mit Erlangen der fremden Staatsbürgerschaft nicht.

Diese grobe Kategorisierung von Nationen in zwei Arten war notwendig, um das Problem zu beschreiben und um überhaupt das Wort »Nation« zu verwenden. Wenn wir konsequent sein wollen, müssen wir davon ausgehen, dass die Bildung einer Nation ein endloser Prozess ist. Die Entwicklung einer Nation endet nie, weil die Durchdringung von Stammesmitgliedern, die auf demselben Territorium lebten und verwandte Sprachen hatten, aus denen die Nation vorgegangen ist, sowie der Prozess der Entstehung gemeinsamer Traditionen und des gemeinsamen historischen Gedächtnisses niemals abgeschlossen sein wird. Daher gibt es nicht zwei, sondern wahrscheinlich zweihundert Typen von Nationen auf der Welt, denn jede Nation befindet sich auf ihrer eigenen nationalen Entfaltungsstufe.
Genau genommen wäre es also angebracht, über JEDE Nation nur bedingt zu sprechen, weil man in jeder Nation die einmal mehr, einmal weniger fortgeschrittene Phase der Verinnerlichung des gemeinsamen nationalen Bewusstseins berücksichtigen sollte. Um das Problem zu veranschaulichen (und gleichzeitig zu simplifizieren), kann man sagen, dass eine Gemeinschaft zu 99% eine Nation ist und die andere zu 70% oder zu 50%.
Nach allem, was wir bereits wissen, können wir daraus schließen, dass monokonfessionelle ethno-dominante Nationen, zum Beispiel Polen, einen hohen Prozentsatz »nationaler Züge« aufweisen.
Politische Nationen können dagegen nur mit Mühe als Nationen bezeichnet werden. In einer solchen Gemeinschaft kann ein hoher Patriotismus dominieren, möglich, dass sie eine gemeinsame nationale Idee vereint (ein gutes Beispiel sind die USA und der »amerikanische Traum«), aber objektiv vorhandene rassische, ethnische und religiöse Abgründe zwischen den Bevölkerungsgruppen erlauben es nicht, von einem hohen Grad der Vollendung der Nationbildung zu sprechen. Es gibt Analysten, die Amerikaner im Allgemeinen nicht als eine Nation betrachten, sondern realitätsnah »zwei Amerikas«[958] (weiß und schwarz[959], oder politisch korrekt *African-Americans* und *European-Americans*) oder sogar drei (plus lateinamerikanische Einwanderer) sehen.
In den USA eine gemeinsame Mentalität für die Briten, Schotten, Ukrainer, Iren, Franzosen, Dänen, Deutschen, Schweden, Juden, Italiener, Spanier, Polen, Portugiesen, Chinesen, Japaner, Inder, Lateinamerikaner und Afrikaner (die ebenfalls aus verschiedenen Ländern kommen und verschiedene Sprachen sprechen), für die indigenen Völker, Indianer, zu schaffen, einen gemeinsamen Nenner für 260 allein christliche religiöse Konfessionen zu finden – muss man zugeben, ist kein einfaches Unterfangen.

Natürlich kann sich einmal eine solche Nation bilden – aber man muss sich mindestens genauso lange gedulden wie bei den Basken oder vielleicht sogar noch länger, wenn man die Existenz nicht nur einer ethnischen, sondern auch einer tieferen rassischen Wasserscheide berücksichtigt. Die letzten (2014/2015) großen Unruhen in den Vereinigten Staaten (in Ferguson, Baltimore und an anderen Orten), die nicht sozialer (Arme gegen die Macht), sondern rassisch-sozialer Natur (arme Schwarze – die arm sind, weil sie schwarz sind – gegen die weiße Macht) stärken die Nation sicher nicht. Der Prozess der Selbstidentifizierung des farbigen Teils der Bevölkerung ist im Land auf dem Vormarsch – aber nicht als Amerikaner, sondern als »farbige Amerikaner«. Die Langzeitprognose (machen Sie keine Vorhersagen, und Sie werden nie beim Wort genommen!) ist eindeutig negativ.

Aus dem Beispiel der Vereinigten Staaten folgt die Schlussfolgerung, die wir brauchen: Manchmal nennen wir ein Volk eine Nation, das den Titel einer Nation nicht verdient. Diese Schlussfolgerung ist nicht wertend, sie hat nichts mit den Vereinigten Staaten als solchen zu tun (sie bauen seit über 200 Jahren fleißig eine Nation auf, aber sie hatten noch nicht genug Zeit...). Wir stellen nur fest, dass uns scheinbar klare und verlässliche Kriterien zur Bestimmung einer Nation aus den Händen geglitten sind.

Das Dilemma »eine Nation – keine Nation« erinnert an die philosophische Frage nach einem Sandhaufen. Sie kennen sie: Zu einem Sandkorn fügen wir ein weiteres hinzu – ist das schon ein Haufen? Nein, sagen alle, zwei Sandkörner – das ist noch kein Haufen. Wir legen ein drittes, viertes, fünftes dazu... Es gibt keine eindeutige Grenze: Warum bilden 27 Sandkörner schon ein Haufen und 26 noch nicht? Wenn jemand sagt, er wäre auch mit 26 einverstanden, nehmen wir ein Korn weg: Wie ist es mit 25?..

Die Frage wird daher als philosophisch bezeichnet, weil sie keine Antwort hat.

Wo fängt die Nation an? Wie viel »Prozent« des Weges der Nationenbildung müssen durchlaufen werden, um zu sagen: Gestern war es noch keine Nation, und heute ist es schon eine?

Die Globalisierungsprozesse der letzten Jahrzehnte haben das Problem nicht gemildert. Heute bewegen sich in einem Monat mehr Menschen von einer Ecke des Planeten in eine andere als in zehn Jahren der Großen Völkerwanderung. Schnelle Strömung über große Entfernungen lösten die langsame »Brownsche Bewegung« mit einer kleinen Amplitude (als ein Umzug nur einhundert Kilometer weg – selbst innerhalb eines Landes – das Ereignis fürs Leben bedeutete) ab.

Nicht nur das Lebenstempo hat zugenommen, die Transportgeschwindigkeit wird immens. Innerhalb zweier Tage kann man heute um den Globus fliegen. Auf einen anderen Kontinent in den Urlaub – kein Problem, mit einer Geschwindigkeit von 900 Stundenkilometern. Früher haben sich die Reichen für eine Heilwasserkur sechs Monate lang Zeit genommen – einen Monat mit der Kutsche hin, einen Monat zurück, aber man wollte ja auch irgendwann mal das Wasser trinken…

Globale Wirtschaftsakteure verschieben mit einer Handbewegung Tausende ihrer Manager von Land zu Land. Junge Leute gehen zum Studieren ins Ausland – und kehren oft nicht nach Hause zurück. Die politische Asylsuche und die Armutsmigration haben wir bereits ausführlich diskutiert. Viele von diesen Menschen bleiben im Ausland, lernen Sprachen, werden dort Steuerzahler und integrieren sich nach und nach in die Nation, werden Teil davon.

Das heißt, es gibt praktisch keine »ethnisch reinen« Länder auf der Welt. Der Prozentsatz der »Beimischungen« variiert, aber 100% gibt es nirgendwo.[960]

Ein gutes Beispiel ist Japan, ein Land, das nur ungern seine Grenzen für Ausländer öffnet, ein Land, in dem die Nation ein hohes Maß an Homogenität aufweist[961] und in dem statistischen Angaben zufolge 98,1%[962] der ethnischen Japaner auf den Inseln leben. Natürlich überrascht uns nicht, dass auch dort genetisch viel gemischt ist – Wissenschaftler fanden bei den »reinen« Japanern die Gene von Koreanern, Tungusen, Chinesen, von Ethnien aus dem Altai-Gebirge, Polynesiern und Protomongolen.[963]

All dies ist eine Folge der demografischen Einflüsse über Tausende von Jahren, und der Japaner, dessen polynesische oder altaiische Gene vor tausend Jahren nach Japan gebracht wurden, weiß einfach nicht, warum er nur zu 95% »Japaner« ist. Schließlich haben morphologische, kulturelle, soziale, mentale usw. Merkmale die Genetik seit tausend Jahren überlagert, darüber haben wir im Abschnitt »Woher kamen die Nationen?« ausführlicher gesprochen.

Aber trotz der Tatsache, dass die Einwanderung nach Japan sich im Promille-Bereich hält, gibt es im Land mehr als zwei Millionen relativ »frische« Ausländer.[964] Dies sind hauptsächlich Koreaner, Chinesen, Filipinos, Peruaner, Nordamerikaner (unbekannter ethnischer Herkunft), Briten, Indonesier, Thais, Afrikaner (hier gibt es auch unzählige Stämme).

Frage: Gehören sie zur japanischen Nation? Ein erfahrener Leser wird antworten: Alles hängt von der Assimilation jedes Menschen in die japanische

Nation und die japanische Gesellschaft ab. Wir halten Sprachkenntnisse für das absolute Minimum – uns interessiert, wie weit jedem bewusst ist, dass er Japaner koreanischer, chinesischer oder mongolischer Herkunft ist. Das heißt, ein Teil der Neuankömmlinge betrachtet sich offensichtlich als Japaner, der andere Teil nicht.

Was bestimmt das Gefühl einer solchen Identität? Wahrscheinlich die Dauer des Aufenthalts im Land, aber auch die »geistigen Bemühungen« eines Jeden, Teil der ethno-dominanten Nation zu werden. Es ist auch offensichtlich, dass es unmöglich ist, den Zeitpunkt dieses qualitativen Übergangs zu bestimmen, aber sicher ist, dass er nicht mit dem Tag der Erlangung der japanischen Staatsbürgerschaft und des Passes zusammenfällt. Man kann also behaupten, dass in jedem Land ein bestimmter Teil der Menschen lebt, die dessen Bürger sind, sich jedoch psychisch und mental dieser Nation nicht zugehörig fühlen.

Wir kehren zu den Schlussfolgerungen zurück, die wir bereits früher gezogen haben: zwischen Staatsbürgerschaft und Nationalität besteht ein großer Unterschied.

Beiläufig bietet es sich wahrscheinlich an, den »quantitativen Faktor« für den erfolgreichen oder weniger erfolgreichen »Beitritt« einer Person in eine Nation zu erwähnen. Niemand wird bestreiten, dass es für einen einzelnen Migranten nicht leicht ist, in einer fremden Umgebung zu überleben. Einkaufen zu gehen wird zu einem unüberwindlichen Problem. Ganz zu schweigen von Arzt- oder Behördenbesuchen, einen Antrag zu stellen oder eine Steuererklärung abzugeben. Das heißt, es ist schwieriger für den Einzelnen zu überleben als zu zweit, zu fünft oder in einer noch größeren Gemeinschaft. In einer wenn auch noch so kleinen ethnischen Gruppe (um so mehr in den großen...) verschwindet sofort das dringende Bedürfnis, eine Fremdsprache zu lernen. Im Fall der Fälle kann man sich ja an einen Landsmann wenden, um Hilfe zu bekommen.

Es ist aber auch offensichtlich, dass ein Migrant als »Einzelkämpfer« stärker gezwungen ist, sich schneller in eine neue Gesellschaft zu integrieren und mit viel Kopf- und Körperarbeit einen würdigen Platz in dieser Gesellschaft zu suchen. Es ist auch offensichtlich, dass in einer monoethnischen Umgebung ein Fremder sich schneller als Teil einer neuen Nation fühlen wird – mit der er gemeinsame Schwierigkeiten überwindet, bei der er Zuflucht sucht.

Ganz anders verlaufen die Integrations- und Assimilationsprozesse, die Annäherung eines Fremden an eine ethno-dominante Nation, wenn er Mitglied einer ausländischen ethnischen Gruppe ist. Dann verschwindet das objektive Verlangen bei ihm (subjektiv kann er dies wünschen, aber der Wunsch wird nicht durch Lebenszwang gestützt...), die Sprache zu lernen, die täglichen Normen des Verhaltens, die Sitten, die Traditionen und die Moral einer ihm fremden ethno-dominanten Nation zu beherzigen.

Er muss nicht aufmerksam auf eine andere Religion schauen (»Um hier schnell heimisch zu werden, sollte ich vielleicht zum lokalen Glauben konvertieren?«) – er hat doch die Möglichkeit, seine religiöse Bedürfnisse in seiner eigenen ethnischen Gruppe zu stillen. Darüber hinaus errichtet die »alte« Religionsgemeinschaft hohe Barrieren (bis zur Todesstrafe beim Islam) für den möglichen Wechsel zu einer anderen Religion. Er muss keine Gesetze des neuen Landes erlernen, weil innerhalb seiner eigenen ethnischen Gruppe die Gesetze des Landes, aus dem diese ethnische Gruppe stammt, gelten (sie leben kompakt und zählen manchmal von Zehntausenden bis zu Hunderttausenden Landsleuten, siehe Rotterdam).

Das heißt, der Annäherungsprozess eines Fremden an eine Nation erfolgt schneller, wenn er keine verwandte ethnische Umgebung hat. Es genügt ein Landsmann in der Nähe – und schon wird die Hauptkommunikation für mehrere Tage, Monate und Jahre in ihrer Muttersprache geführt, da sich kein Mensch in einer Fremdsprache (der beide noch dazu nicht mächtig sind...) verständigen wird, wenn er weiß, dass er mit einem Landsmann spricht.

Also, zwei sprechen untereinander in ihrer Muttersprache, drei feiern bereits Feiertage nach ihren Riten, sieben öffnen ihre Kirche. Eintausend können mit ihrer eigenen Sprache, ihrer Kirche und ihrer sozialen Infrastruktur eine Parallelgesellschaft schaffen – wir haben zuvor gezeigt, wie solche Parallelgesellschaften aussehen. Wo eine große Anzahl von Landsleuten auf demselben Territorium lebt, wird immer eine Parallelgesellschaft entstehen, weil sie das Leben viel einfacher macht, im Alltag hilft (was verständlich ist: Kenntnisse der Sprache, der Traditionen anderer Menschen kommen nicht über Nacht, aber irgendwie muss man ja leben, daher erfolgt die Kommunikation in der Muttersprache und »wir lernen die Sprache der dominierenden Ethnie irgendwann mal, später...«).

Je kleiner die ethnische Gruppe ist, desto schneller geht die Assimilation. In der großen Gruppe laufen die Prozesse langsamer ab. Wenn eine solche Gruppe eine »Parallelgesellschaft« schafft, sind umgekehrte Prozesse möglich, wenn Mitglieder, die bereits in eine ethno-dominante Gesellschaft integriert sind, diese Bindung kappen und sich mit der »Gesellschaft« ihrer ethnischen Minderheit verbandeln, stolz auf ihre »alte« Ethnie sind und aktive Mitglieder von Religionsgemeinschaften werden (z. B. Türken der vierten Generation in Deutschland[965], Selbstidentifikation von Afroamerikanern als Afrikaner usw.).

Momentan spricht der liberalistische Westen zustimmend über Integration und kritisch über Assimilation. Kurz gesagt, soziale Integration ist ein Prozess, um soziale Bindungen zwischen Individuen oder Gruppen herzustellen, während diese Personen und Gruppen eigenständige Einheiten bleiben (für eine ethnische Gruppe bedeutet dies, dass sie ihre ethnischen Merkmale beibehalten). Assimilation bedeutet im Gegenteil, dass diese Personen oder (ethnische) Gruppen die ihnen eigenen Merkmale verlieren und sie durch fremde, erworbene ersetzen, um sich schließlich in der fremden Ethnie aufzulösen.

Integration und Assimilation sind an sich weder gut noch schlecht, nur der Standpunkt ist wichtig, oder eher die Interessen, die die eine oder andere ethnische Gruppe verfolgt. Befindet sich eine Ethnie in einer von Fremden dominierten Umgebung, dann kann die Aufgabe einer solchen ethnischen Gruppe die Integration und nicht die Assimilation sein: Die ethnische Gruppe will eigenverantwortlich bleiben, kulturell, geistig und historisch ein unabhängiger und eigentümlicher Teil der (großen fremden) Gesellschaft sein.

Wenn wir aber den Standpunkt einer ethno-dominanten (man sagt auch »titularen«) Nation einnehmen, muss sie, wenn sie die Gefahren ethnischer Brüche kennt, sicherstellen, dass sich die fremde Ethnie allmählich in der dominanten Nation auflöst – nur dann kann die Gesellschaft auf einen dauerhaften nationalen Frieden hoffen. Und da die Assimilationsprozesse Jahrhunderte und mehr dauern (Basken!), muss die vorherrschende Ethnie Engelsgeduld haben und eine Integrationspolitik verfolgen, die die akuten Probleme des Zusammenlebens bannt. Eine der Hauptrichtungen einer solchen Politik sollte aus den oben genannten Gründen die Aufgabe sein, die Bildung von Parallelgesellschaften zu verhindern, die für eine ethno-dominante Nation langfristig (z. B. bei exorbitanten Geburtenrate der Ankömmlinge) zum Todesurteil werden können. Das Ziel einer ethno-dominanten Nation in Bezug auf ethnische Minderheiten muss also im Endeffekt die Assimilation sein, die Auflösung kleiner ethnischer Gesellschaften in einer zahlenmäßig stärkeren Gemeinschaft.

Das 20. Jh. war nicht nur durch die Intensivierung einzelner Migrationen und gewaltiger Migrationsströme geprägt, sondern auch durch die Tatsache, dass einst die einzig mögliche ethnische, genetische Vorstellung von einer Nation einer differenzierteren Vision weicht. Seit Hunderten von Jahren schließen sich einer ethnischen Nation fremde Elemente an, die mit der Zeit untrennbar von der ethnischen Nation werden.

Gleichzeitig gibt es in vielen Gesellschaften Menschen in unterschiedlichen Entfernungen vom Kern der Nation. Die Mehrheit von ihnen nähert sich der Nation an, manche entfernen sich weiter vom Kern, noch andere lehnen eine ethno-dominante Nation ab. Daher stellt sich die Frage: Wo ist der Punkt, in dem ein Migrant Mitglied der Nation wird? Es ist mehr als verständlich, dass es keine klare Grenze (wie viele Sandkörner machen einen Haufen aus?) gibt.

Die Frage nach der Notwendigkeit einer solchen Unterscheidung ist in Gesellschaften jedoch sehr akut, da ein viel wichtigeres Problem als die formale Staatsbürgerschaft untrennbar damit verbunden ist – das Problem der Loyalität der Bürger gegenüber der Nation. Schließlich sollte jeder Staat nicht nur Bürger, sondern ihm gegenüber loyale Bürger haben. Und die Nationalisten fügen zur Staatstreue auch die Forderung nach Liebe zur Nation hinzu – dies ist aber nicht jedermanns Sache.

Vielleicht ist ein solches Kriterium die perfekte Kenntnis der Sprache?

Der ukrainische Forscher Serhij Kwit gibt eine interessante Bemerkung zu Dmytro Donzow[966] (an dessen Nationalismus ist ja unmöglich zu zweifeln): »Es ist interessant, dass niemand anders als die Sozialisten Donzow seine angeblich russische Herkunft vorwarfen. Wolodymyr Lewynskyj fügt, zusammen mit den Beschuldigungen des Faschismus, hinzu: ‚Ursprünglich scheint Donzow Moskal[a] zu sein. Diese Annahme beruht auf der Tatsache, dass ich während des Krieges seinen Bruder kennen lernen musste, und er hielt sich für Moskal (wenn ein Bruder Moskal ist, dann sollte es der andere auch sein – V. T.). Er sprach moskowitisch, auf Ukrainisch konnte er gar nichts (Sprache – V. T.). Seine Einstellung zum Ukrainetum war sehr negativ‘ (Mentalität – V. T.).

...Die Unterlagen der Zaren-Gendarmenabteilung bestätigen, dass Dmytro Donzow Russisch ohne den »kleinrussischen«[b] Akzent sprach (d. h. er war ein echter Russe – V. T.), und sein Äußeres erlaubte es nicht, in ihm einen »echten« Ukrainer (Gene – V. T.) zu sehen.

---

a Moskal – in der alten Ukraine abschätzige Bezeichnung für Russen. In letzter Zeit wurde das Wort aktiviert.

b Kleinrussland – so hieß in Zaren-Russland die Ukraine.

Donzow selbst hatte auf das Problem eine andere Sicht. Recht habe nicht derjenige, der einen »reineren« Ursprung habe, sondern derjenige, der der Wahrheit näher sei. ‚Sprache ist nicht das Wichtigste. Für mich waren die Generäle der ukrainischen Armee russischen oder deutschen Ursprungs, die nicht einmal gelernt hatten Ukrainisch zu sprechen, größere Patrioten als sie für die ukrainische Sache kämpften, als Jurij Kozjubynskyj oder Dmytro Manujilskyj, die, obwohl von der Abstammung her Ukrainer, Kyjiw zusammen mit Murawjows[a] Banden zerstörten'.«

Also nicht die Sprache, nicht die Verwandten, nicht das Aussehen und nicht einmal die Gene, sondern der Patriotismus und die Liebe zum Volk, die Bereitschaft, für die nationale Sache sein Leben zu opfern, bestimmen laut Donzow die Zugehörigkeit zur Nation.

Etwa zur gleichen Zeit wie für Donzow war die Frage der Zugehörigkeit zu einer Nation auch für den amerikanischen Präsidenten Theodore Roosevelt (1858-1919) äußerst wichtig. »Zuerst«, sagt er, »sollten wir darauf bestehen, dass, wenn ein Immigrant in gutem Glauben hierhin kommt und Amerikaner wird und sich assimiliert, dann soll er genau so behandelt werden, genau gleich wie jeder andere auch, weil es empörend ist, solch einen Menschen wegen seiner Religion oder seines Geburtsorts oder seiner Herkunft zu diskriminieren. Aber diese Aussage bezieht sich auf den Menschen, der in jeder Hinsicht ein Amerikaner geworden ist und nichts anderes als ein Amerikaner... (Äußerst wichtig: die »parallele« Loyalität zu einer anderen Nation, einem anderen Landes, die doppelte oder dreifache Staatsbürgerschaft sind für den amerikanischen Präsidenten nicht akzeptabel! – V. T.). Es darf hier keine geteilte Loyalität (engl. *no divided allegiance*) geben. Jeder Mensch, der sagt, er sei Amerikaner und gleichzeitig jemand anderes, ist ganz und gar kein Amerikaner. Wir haben nur Platz für eine Flagge, die amerikanische Flagge... Wir haben nur Platz für eine Sprache hier, und das ist die englische Sprache... Wir haben nur Platz für eine einzige Loyalität, und das ist die Loyalität zum amerikanischen Volk«[967].

Diese Worte eines der Schöpfer der politischen amerikanischen Nation hat in Zeiten der Globalisierung der Gesellschaft eine fundamentale Bedeutung auch für die ethno-dominanten Nationen. Nicht der Wuchs der Nase, nicht die Krausheit der Haare, nicht die Wangenknochen und der Schnitt der Au-

---

a Jurij Kozjubynskyj, Dmytro Manujilskyj und Mychajlo Murawjow – Bolschewiken, die 1918 gegen die damalige Ukrainische Volksrepublik kämpften und Kyjiw eroberten.

gen bestimmen die Zugehörigkeit einer Person zu einer Nation, sondern nur die unteilbare Loyalität ihr gegenüber. Ein Mensch sollte nicht nur physisch »ankommen«, sondern hinter sich alle Brücken verbrennen, die ihn mit der Vergangenheit verbunden haben. Der Prozess ist nicht einfach, er ist schmerzhaft, er bringt Wunden bei, ein Leben für deren Schließung könnte nicht ausreichen – und oft reicht es auch nicht.

Aber wie lässt sich diese Loyalität messen? Ist das Treue oder nur eine Show? Bedeutet die erklärte Loyalität, dass sich die Nation hundertprozentig auf ihr Mitglied verlassen kann? Schließlich sagt das Evangelium nicht ohne Grund: »Hütet euch vor den falschen Propheten; sie kommen zu euch wie harmlose Schafe, in Wirklichkeit aber sind sie reißende Wölfe« (Matth. 7,15). Früher bedeutete in einer (relativ) monoethnischen Nation die ethnische, genetische Zugehörigkeit zu einer Nation eine gewisse Bürgschaft für diese Loyalität. Für eine multiethnische Nation, wie sie heute fast alle sind, eignet sich eine solche Garantie nicht mehr.

Ja, das Fehlerrisiko bleibt. Vielleicht sind die Worte »an ihren Früchten werdet ihr sie erkennen« (Matth. 7,16) wirklich weise?

Schlussbemerkungen

Der letzte Punkt (oder das letzte Fragezeichen) scheint gesetzt zu sein, die Masse der aufgeworfenen Probleme bleibt enorm. So sollte es sein: Den Nationalismus als einen lebendigen Organismus zu untersuchen, bedarf es langer Forschung und zahlreicher Forscher.

Zum Schluss erlaube ich mir noch ein paar Worte zu verschiedenen, nur leicht miteinander zusammenhängenden Themen. Der Autor ist der Herr des Textes, er kann es sich leisten.

Die letzten Jahre haben deutlich gezeigt, dass ein friedliches Leben in einer »multikulturellen Internationale« nur von kurzer Dauer ist und unzählige Probleme aufwirft. Die Nationen erklären immer lauter, dass sie die einmal verlorene Souveränität zurückerlangen wollen.

Liberalistische Machthaber kontern gewieft mit einem »völkerrechtlich nicht bindenden« (Emoji: Lachen!) Migrationspakt.

Zu Emoji: Eine Analyse dazu von *Bayernkurier* ist da etwas skeptisch. Hier sind einige gekürzte Stellen: »Dieser Globale Pakt stellt einen rechtlich nicht bindenden Kooperationsrahmen dar.« So steht es in der Präambel des »Globalen Paktes für eine sichere, geordnete und reguläre Migration«... Doch gar so einfach ist es nicht mit der Unverbindlichkeit... 47 Mal heißt es in der deutschen Übersetzung des 32-seitigen Dokuments »Wir verpflichten uns«. 42 Mal steht darin das Nomen »Verpflichtung«. Ungezählte »wir werden« und »wir müssen« nicht gerechnet.

Darum ist eines zumindest nicht ganz abwegig: Wer diesen Globalen Pakt einmal unterschrieben hat, der wird sich auf Dauer den vielen nicht verpflichtenden Verpflichtungen vermutlich nur schwer entziehen können. Zumal er sich am Schluss noch mehrfach verpflichtet hat, den Globalen Pakt »zu erfüllen« und »umzusetzen« und seine Umsetzung »in konkrete Taten« zu überprüfen.

Ebenfalls in der Präambel erkennen die Unterzeichner des Paktes an, dass Migration pauschal »eine Quelle des Wohlstands, der Innovation und der nachhaltigen Entwicklung darstellt«. Ist das wirklich immer der Fall, ganz ohne negative Seiten? »Dieser Globale Pakt soll förderliche Bedingungen schaffen, die es allen Migranten ermöglichen, unsere Gesellschaften durch

ihre menschlichen, wirtschaftlichen und sozialen Fähigkeiten zu bereichern…« (UN-Migrationspakt, Präambel, Absatz 12)...
Für diesen UN-Pakt gibt es keine »illegale« Migration. Das Wort »illegal« taucht in 54 Absätzen und hunderten Unterabsätzen über Migration nicht einmal auf. Es gibt nur »reguläre« und gelegentlich »irreguläre« Migration… Schon in der Präambel verschwimmen die Unterschiede zwischen regulärer und irregulärer Migration. Migranten, »die ihre Staatsangehörigkeit oder rechtliche Identität nicht nachweisen können«, sind nicht etwa irreguläre oder gar illegale Migranten, sondern nur »Migranten« oder »Neuankömmlinge«...
Die Pakt-Unterzeichner sollen für sichere Grenzübertritte sorgen. Sie sollen Möglichkeiten schaffen, die den Migranten »schnellere, sicherere und kostengünstigere Rücküberweisungen« von Geldern in ihre Herkunftsländer erlauben. Und die Aufnahmeländer sollen das nicht durch exzessive »Maßnahmen zur Bekämpfung von illegalen Finanzströmen und Geldwäsche … behindern«. Was dann allerdings nicht nur den Migranten hilft, sondern auch den Regierungen in den Herkunftsländern – und den Schleppern und Schleusern...
Alle sollen in den Ankunftsländern grundsätzlich Zugang zu Grundsicherung haben, auch solche »Migranten, die ihre Staatsangehörigkeit oder rechtliche Identität nicht nachweisen können«. Da die Grundsicherung hierzulande und in anderen europäischen Staaten meist das Durchschnitts-Einkommen in den Herkunftsländern deutlich überschreitet, dürfte damit auch generell ein Anreiz zur Auswanderung geschaffen werden...
Und nicht für nur sie, sondern auch für ihre Familien – da nicht festgelegt wird, wer zur Familie gehören soll – was zu unbekannten Größenordnungen beim Nachzug führen kann. Der Pakt verpflichtet nämlich dazu, »für Migranten auf allen Qualifikationsniveaus« die Familienzusammenführung zu erleichtern, um ihnen »die Verwirklichung eines Rechts auf ein Familienleben« zu ermöglichen… Und auch die Frage, wie mit minderjährigen Ehepartnern umgegangen werden soll, spart der Plan aus...
Es folgt die Verpflichtung, »den gegenseitigen Respekt für die Kultur, die Traditionen und die Gebräuche der Zielgesellschaft und der Migranten zu fördern« ebenso wie die »Akzeptanz von Vielfalt«. Auch wird gefordert, dass »die Leistungserbringer im Gesundheitswesen in kultureller Sensibilität geschult werden«. Was bedeutet: Auch die Aufnahmegesellschaften sollen sich anpassen...
Das Recht der freien Meinungsäußerung soll zwar ebenso wie die Presse-

freiheit geschützt bleiben. Aber kräftig steuern sollen die Unterzeichner die öffentliche Meinung schon. Denn sie verpflichten sich, »einen offenen und auf nachweisbaren Fakten beruhenden öffentlichen Diskurs zu fördern, der zu einer realistischeren, humaneren und konstruktiveren Wahrnehmung von Migration und Migranten führt.« Realismus und Humanismus aber, dies war in den letzten Jahren vielfach zu beobachten, sind nicht leicht unter einen Hut zu bringen...

Die *Bild*-Zeitung (schreibt) nicht ganz zu Unrecht: »Manche Formulierungen des Paktes klingen nämlich so, als dürfe man die Schattenseiten von Migration nicht beleuchten, sondern müsse alles ganz wunderbar finden. Immer und überall«...

In Ziel 2 über die Bekämpfung von Fluchtursachen wird in 13 Absätzen die wichtigste Fluchtursache aber gar nicht genannt: Afrikas dramatische Bevölkerungsexplosion. Zahlen und Fakten, was das etwa für Europa in der Realität bedeutet, finden sich im jüngsten Bericht des Weltwirtschaftsforums über Afrikas Wettbewerbsfähigkeit. »Zwischen 2015 und 2035«, heißt es darin, »wird Afrikas Bevölkerung um schätzungsweise 450 Millionen Personen im arbeitsfähigen Alter wachsen. Bei gegenwärtigen Trends werden aber nur etwa 100 Millionen von ihnen in stabile Arbeitsverhältnisse kommen.« Bleiben 350 Millionen junge Afrikaner ohne Arbeitsplatz. Viele von ihnen werden nach Norden ziehen und sich auf den Pakt berufen.«[968]

Der Pakt sollte geordnete Migration nicht ankurbeln, sondern nur »gestalten«. Warum aber souveräne Staaten diese Migration überhaupt dulden müssen, wird geflissentlich übergangen. »Alle UNO-Nationen« (natürlich nicht die Nationen, sondern ihre liberalistischen Herrscher) sind vom Pakt begeistert, hieß es, nur (die unberechenbaren?) USA boykottierten ihn. Und auch die auf ihr Wohl bedachten Länder Österreich, Ungarn, Tschechien, Polen, Israel, Australien, Slowakei, Bulgarien und Lettland (Stand Dezember 2018) sind offiziell ausgestiegen. Belgien, Schweiz, Italien, Estland diskutieren darüber. In den Niederlanden, in Slowenien, Kroatien, Japan und Dänemark gab es Bedenken[969] – also fast die halbe EU bekam Kopfschmerzen, ansonsten Harmonie und Sonnenschein!

Insgesamt haben 29 UNO-Mitglieder (und was für welche!) diesen Pakt nicht angenommen[970].

Bezüglich dieses Paktes gab es einen großen medialen Kampf um das Wort »Förderung«. Renommierte deutsche Medien schrieben und sendeten unisono: Der Pakt fördert die Migration nicht! »Dieser Pakt fördert Migration nicht« (*Zeit*)[971], »Der Migrationspakt fördert keineswegs Migration«

(*Welt*)[972], »Soll der Pakt Migration fördern? Nein, aus dem Dokument lässt sich kein neuer Anreiz für Menschen ableiten, ihre Heimat zu verlassen und woanders eine Zukunft zu suchen« (*ZDF*)[973], »Im Fokus hat der Pakt die Gestaltung von Migration, nicht ihre Förderung« (*Süddeutsche Zeitung*)[974]. Die Übereinstimmung ähnelte verdächtig dem Chor der Halunken, die »Haltet den Dieb!« schreien.

Und in der Tat: Ein halbes Jahr zuvor, im Mai 2018, wurde in demselben Marrakesch, wo auch der Migrationspakt angenommen wurde, das Dokument mit dem Namen *Marrakesh Political Declaration* von Vertretern 28 afrikanischer und 27 europäischer Staaten unterschrieben, in dem es heißt, eine der Aufgaben sei: »Förderung (im Original engl. *promote*) der regelmäßigen Migration und Mobilität, insbesondere von jungen Menschen und Frauen, zwischen Europa und Nord-, West- und Zentralafrika«.[975]

Vermutlich sind hier nicht die Migranten aus Hannover in die Zentralafrikanische Republik gemeint – aber wie raffiniert formuliert: nicht »aus Afrika nach Europa«, sondern »zwischen«!

Ein Geheimtipp von mir für die Medien: Die Deklaration ist auch »völkerrechtlich nicht bindend«.

Es werden Größenordnungen abgesteckt, damit wir uns an diese langsam gewöhnen. 2008 behaupten Brüsseler Ökonomen vom statistischen Amt der EU, Eurostat, dass die EU-Staaten bis 2050 etwa 56 Millionen Arbeitsmigranten »brauchen« würden, um den »demografischen Rückgang« aufgrund rückläufiger Geburtenraten und steigender Sterberaten auszugleichen. Und um Nägel mit Köpfen zu machen, wurde das von EU-Steuerzahlern finanzierte »Jobcenter« in Mali eröffnet.[976]

Dann reichten die 56 000 000 »Fachkräfte« nicht aus. EU-Migrationskommissar Dimitris Avramopoulos stellte im Dezember 2015 vor dem EU-Ausschuss der Regionen fest: »Europa vergreist« (d. h. vor allem, dass die demografische Politik in den Mitgliedsstaaten nicht stimmt!), deshalb werden »in den nächsten zwei Jahrzehnten mehr als 70 Millionen Migranten nötig sein.« Wie der »Konsens« selbst in der EU darüber aussieht, verriet der Kommissar ebenfalls: »Nur acht von 28 sind bereit, die getroffenen *Entscheidungen* (! – V. T.) auch umzusetzen.«[977]

Allen Warnungen zum Trotz zieht die liberalistische Karawane unbeirrt weiter.

Im Migrationspakt geht es aber nicht um Flüchtlinge. Für diese hat die UNO einen speziellen *Globalen Pakt für Flüchtlinge*[a] im Dezember 2018

---

a Engl. *Global Compact on Refugees.*

geräuschlos verabschiedet.[978] Sie müssen nicht unbedingt »unsere Gesellschaften durch ihre menschlichen, wirtschaftlichen und sozialen Fähigkeiten bereichern« (*UN-Migrationspakt, Präambel*).

Entstammte der alte Nationalismus dem Kampf um die Bildung der Nationen, so entsteht der moderne Nationalismus als Antwort auf einen frontalen Angriff der liberalistischen »Eliten« auf die Nation als solche.

* * *

Der Druck im demografischen Kessel Afrika nimmt zu. Um eine Explosion zu verhindern, wurde das Ventil geöffnet – die Migration nach Europa. Das Ventil ist schwach: Sogar wenn die EU 70 Millionen Migranten aufnimmt, werden sie die Lage kaum abmildern helfen, da es beim Bevölkerungswachstum in Afrika um Hunderte von Millionen geht.

Den Grad der »Solidarität« der EU-Mitglieder zeigt die Konfrontation über die Verteilung von Migranten nach Quoten im Verhältnis zur Bevölkerung der Länder und ihrer Wirtschaftskraft. Tschechische Republik, die Slowakei, Ungarn, Polen,[979] Estland, Litauen, Lettland, Luxemburg, Malta, Portugal[980] lehnen eine solche Verteilung ab, versprechen die Abschaffung von »Schengen« und die Einführung der Grenzkontrollen. Denn wenn es darum ging, dass Länder nicht nur (Subventionen der EU) nehmen, sondern auch (für die Unterhaltung von Migranten) ausgeben sollten, dann blieb von »europäischen Werten« (Humanismus) und von europäischer Solidarität nicht viel übrig – jeder wurde (plötzlich?) sich selbst der Nächste. In Ungarn traten sofort »technische Probleme« auf, Dänemark kürzte, um Migranten abzuschrecken, um die Hälfte die Sozialhilfe[981], Österreich schob Flüchtlinge einfach zurück nach Slowenien ab[982], und der ehemalige französische Präsident Nicolas Sarkozy verglich die Quotenverteilung mit einem Rohrbruch, bei dem der Klempner (die EU), anstatt die Leitung zu reparieren, eine gleichmäßige Verteilung des Wassers in der ganzen Wohnung will.[983] Frankreich, die Schweiz und Österreich haben die Grenzen zu Italien einfach geschlossen – gegen Migranten.

Die EU betrachtet Menschenschmuggler, die Migranten aus Afrika und Asien nach Europa (und in Europa selbst – aus einem armen zu einem reichen Europa) transportieren, als eine der Hauptursachen für Migration. Die wahren Gründe liegen woanders, aber auch Schmuggler sind ein wichtiges Glied in der Kette. Ohne sie gäbe es wirklich keinen so gewaltigen Migrantenstrom. Das vereinte Europa hat beschlossen, dem Menschenhandel ein Ende zu setzen – »im Zweifel mit Waffengewalt«[984].

Warum daraus nichts wird, ist seit langem auch jedem klar: Der Umsatz aus illegaler Migration, der die Taschen krimineller Banden füllt, übersteigt bereits den Umsatz aus dem Drogenhandel, das ist ein Milliardengeschäft. Die Weltgemeinschaft bekämpft Drogen seit mehreren Jahrhunderten – es gibt allein Dutzende internationale »Kampforganisationen«. Das Ergebnis ist bekannt. Drogensyndikate steigern ihre Umsätze. Warum sollte das Ergebnis bei der Bekämpfung der illegalen Migration anders sein? Weil der Anführer des »Krieges« diesmal die EU und nicht die Vereinigten Staaten ist?
Die Aussetzung der EU-Mission »Sophia« im Frühjahr 2019, die den Auftrag hatte, Menschenhandelsnetze im Mittelmeer vor der tunesischen und libyschen Küste zu bekämpfen, ist eine weitere Bestätigung dafür.

* * *

Nationalismus ist historisch gesehen eine relativ neue Idee. Früher gab es keinen Nationalismus. In der Bibel fand die »Schaffung verschiedener Sprachen, die Sprachverwirrung« beim Bau des Turms von Babel statt, jedoch nicht nach den Willen der »Baumeister«, sondern nach dem Willen des Gottes Jahwe. Danach wurden die Erbauer (als Völker mit verschiedenen Sprachen, die einander nicht mehr verstanden) über die ganze Erde zerstreut.
Nicht selten stammte der Herrscher im Land von einer Ethnie und seine Untertanen von einer anderen ab. Ein Lehrbuchbeispiel ist die Einladung der Wikinger, die Rus zu regieren. In China dominierten lange Zeit die Dynastien der Mongolen und der Mandschu. Im mittelalterlichen Europa wurden die Stämme und Völker durch die katholische Kirche so wie die Völker Zentralasiens durch den Islam zusammengehalten. Die gemeinsame Sprache der Aufklärung war Latein.
Früher gab es keinen Nationalismus aus einem gewichtigen Grund: Es gab zuvor keine Nationen. Mit dem Aufkommen der Nationen, als den Menschen ihre Selbstidentität bewusst wurde, entstand auch der Nationalismus.[a] Nationalismus als solcher hat nichts mit Verachtung anderer Nationen, mit

a Die Nation ist ein sowohl biologischer als auch kulturhistorischer Terminus. Die Rasse ist reine Biologie, daher werden Rassen bereits im Alten Testament, in der Legende von Noah und seinen Söhnen, erwähnt. Es wurde geglaubt, dass Asiaten von Sem abstammen, Afrikaner – von Ham, Europäer – von Jafet.

Chauvinismus, zu tun. Aber die Geschichte beweist, dass es vom Nationalismus bis zum Chauvinismus, zur Missachtung anderer Nationen nur ein kleiner Schritt ist. Daher ist es auch ein kleiner Schritt in die entgegengesetzte Richtung.

Der alte Nationalismus, ich nenne ihn *Höhlen-* oder *Dinosaurier-Nationalismus*, wies charakteristische Merkmale des Chauvinismus auf, der moderne Nationalismus kehrt zu seinen Wurzeln zurück. Diese Rückkehr geschah aus vielen Gründen, insbesondere weil die Menschheit von den zig Millionen Opfern des Zweiten Weltkriegs schockiert war und die Anstifter dieses Krieges die chauvinistischen Ideologien waren.

Ebenso entfernt der moderne Nationalismus die anderen Plagen seiner Vergangenheit. Er erklärt offen, dass nationale Intoleranz, Antisemitismus, nationale Überlegenheit und Gewalt als Mittel zur Aufrechterhaltung der »Rassenreinheit« nichts mit der Verteidigung nationaler Interessen zu tun haben.

Die Auseinandersetzung zwischen dem Alten und dem Neuen in der französischen *Front National*[a] ist bezeichnend. Ihr Gründer Jean-Marie Le Pen wurde für seine antisemitischen Äußerungen aus der Partei ausgeschlossen und als Ehrenvorsitzender abgesetzt.[985] Dabei verstand die Partei, dass eine solch harte Behandlung einer charismatischen *NF*- Figur für sie zu politischen Verlusten führen kann.

Das Verständnis, dass die Verluste immer noch kleiner als der Nutzen sind, hat gewonnen.

Mit einer so schweren historischen Last wird es immer schwieriger, sich in der modernen mobilen Welt zu bewegen.

Liberalisten präsentieren die Abkehr der Nationalisten von den alten Dogmen als Taktik »für die Öffentlichkeit«. Wir haben mehr als einmal gezeigt, dass Rassismus, Chauvinismus und Antisemitismus dem Nationalismus nicht *per se* immanent, sondern nur eine »historische Verrenkung« sind, eine Anomalie. Der ukrainische Forscher Jaroslaw Swatko spricht das Offensichtliche aus: »Ich behaupte nicht, dass man aus Nationalismus als Ideologie keine Maschine machen kann, die Menschen nach ethnischen Merkmalen töten lässt. Es ist möglich, und die Geschichte kennt genug solche Beispiele. Aber die Geschichte des Christentums kennt das Beispiel der Bartholomäusnacht, und dies ist kein Grund, das Christentum unter kriminellen Ideologien einzuordnen. Das Christentum verinnerlichte diese

---

a Heute heißt die Partei *Rassemblement National.*

Lektion und hat sich von dieser Perversität gereinigt. So ist es auch mit dem Nationalismus.«[986]

Weil wir Nationalismus wie jede andere ideologische Doktrin historisch betrachten. Die Gesellschaft verändert sich, die historischen Bedingungen ändern sich, auch die Ideologie muss sich ändern. Wer einen solchen Prozess leugnet, findet sich plötzlich im Mittelalter wieder.

Das Problem des historischen Fortkommens und der historischen Evolution der Lehren ist komplizierter, als es auf den ersten Blick erscheinen mag. Weil alle ideologischen Strömungen, und Nationalisten insbesondere, sehen wollen, zu welchen Traditionen sie stehen, auf welchem historischen Pfaden sie sich befinden, wer ihre Vorgänger waren. Sie wollen stolz auf ihre Vergangenheit, auf ihre Helden sein. Wenn Traditionen gebrochen sind, wenn die Geschichte blutig ist und es einfach keine Helden gibt, dann ist die Zukunft einer solchen Bewegung zweifelhaft.

Glücklicherweise gibt es in der Geschichte des Nationalismus viele Heldentaten, auf die jede Nation, jedes Volk, stolz sein kann.

Aber man kann die von den Chauvinisten geschriebenen Seiten, die ganze Generationen entwürdigen, nicht aus dem Geschichtsbuch herausreißen. Man kann die abstoßendsten Beispiele anführen – europäische, asiatische, afrikanische, amerikanische, australische, aber von welcher Seite sollte man beginnen? Dies ist genau der Fall, wo »der den ersten Stein werfen sollte, wer ohne Sünde ist« (Joh. 8,7).

Wenn dem so ist, dann sind die Fragen angebracht:

Sollten die Nationalisten vieler Länder ihre GESAMTE Geschichte verteidigen, sollten sie ihre heutige Politik auf der Grundlage alter Weltanschauungsprinzipien aufbauen?

Ist dieser »Wechsel der Wegweiser« ein Verrat am historischen Gedächtnis oder eine Hommage an eine neue Zeit?

Bedeutet das uneingeschränkte Einhalten der Dogmata Traditionstreue oder bodentiefe Verbeugung vor nicht existenten Göttern, bei denen manche Menschen sich die Stirn zerschlagen?

Jede Bewegung, jeder Anhänger des Nationalismus beantwortet diese Fragen selbst. Man muss sie jedoch stellen, um den eigenen Platz in den heutigen gesellschaftspolitischen Prozessen zu finden.

* * *

Der moderne Nationalismus ist eine kollektivistische Idee und daher eine demokratische. Sie entspricht den Interessen der Nation und damit der Mehrheit des Volkes. Versuche, den demokratischen Charakter des modernen Nationalismus in Zweifel zu ziehen, sind bösartige Absicht ideologischer Gegner. Dabei kritisieren die Nationalisten des Öfteren die »gelebte Demokratie«, die vor allem von Manipulationen, Klüngel, Seilschaften und großem Geld lebt.

Wir haben an die rechtliche Kollision zwischen dem Prinzip der territorialen Integrität einerseits und dem Recht der Nationen auf Selbstbestimmung andererseits erinnert, das die klügsten Köpfe nicht lösen können. Wir haben darüber geschrieben, wann Integration der Assimilation vorzuziehen ist und wann ganz umgekehrt. Wenn sich der Standpunkt ändert, ändert sich auch das Ergebnis, der Wert und der Nutzen ändern sich und das angestrebte Ziel ändert sich. Man kann daher sagen, dass es in der Welt nicht etwas *a priori* Gutes oder *a priori* Schlechtes gibt, es gibt keine absolute unerschütterliche Wahrheit. Dies ist keine Doppelzüngigkeit, das ist die Weisheit des Lebens, dies ist eine akzeptierte politische Praxis, deren Nichtbeachtung zu schmerzhaften Niederlagen führen kann.

Einst meinte Thomas von Aquin (ca. 1225-1274), dass es nicht nur eine, sondern viele Wahrheiten[987] gibt, und das hat niemanden davon abgehalten, ihn *princeps philosophorum*, »Prinz der Philosophen«, zu nennen.

Die Wahrheit ist das, was der Nation nutzt. Wahrheit ist das, was das beste Ergebnis bringt. Jedes Problem muss vom Standpunkt der Interessen der Nation betrachtet werden.

***

Mit der Aktivierung nationalistischer Bewegungen in vielen Ländern der Welt steht ein weiteres Thema auf der Tagesordnung: die internationale Zusammenarbeit dieser Bewegungen. Was früher als »Internationale« (Erste, Zweite, Dritte ...) bezeichnet wurde, ist heute für Nationalisten äußerst wichtig. Die »Nationalistische Internationale« hört sich seltsam an, ist aber kein Oxymoron. Nationale Bewegungen und Parteien stehen vor ähnlichen Problemen und Aufgaben – organisatorischen, finanziellen, politischen, ideologischen -, so dass es nur vernünftig wäre, nicht jedes nationale Fahrrad selbst zu erfinden, sondern Erfahrungen mit Gleichgesinnten auszutauschen oder sie zu leihen.

Alle kommunistisch-sozialistischen »Internationalen« fielen aber einst auseinander, wurden geschlossen und aufgelöst. Und obwohl Karl Marx sagte, dass »die Vereinigung der Arbeiterklasse der verschiedenen Länder internationale Kriege schließlich unmöglich machen müssen«[988], waren die Ursache des Zusammenbruchs in der Regel die Kriege: Es war den Kommunisten und Sozialisten einer der Kriegsparteien nicht klar, wie sie mit den Kommunisten und Sozialisten des Feindes zusammenarbeiten können. Und obwohl das Ziel für alle die »kommunistische Weltevolution« war und obwohl sie alle auf Marx und Engels schworen, gewannen die nationalen Interessen die Oberhand, und die kommunistischen Überzeugungen verschwanden für die Zeit der Feldzüge, Schießereien und des Bluts irgendwo spurlos.

Die »Internationalen« haben jedoch für die (linke) Bewegung sowohl bei der Entwicklung der Theorie als auch bei der täglichen Parteiarbeit viele nützliche Dinge getan.

Nationalisten sollten nicht versuchen, unter der Schirmherrschaft der CIA ein supranationales Büro zu schaffen (wie die *Komintern* einst unter der Schirmherrschaft des sowjetischen NKWD stand), aber regelmäßige Treffen sowohl von Funktionären als auch Experten können die weltweite Verbreitung der nationalen Bewegungen stärken (und sie zweifellos verstärken).

* * *

Jetzt ist der Nationalismus auf dem Vormarsch, aber er macht immer noch schwere Zeiten durch. Er existiert und entwickelt sich in einem aktiv feindlichen ideologischen Umfeld, und der Gegner kennt keine ethischen Grenzen in seinem Wunsch, die Ideologie der Wahrung der Interessen der Nation völlig zu zerschlagen. Aber das sollte niemanden verärgern: Nationalismus ist natürlich, liberalistische »Demokratie« ist ein künstlicher Bastard.

Früher oder später wird die Natur gewinnen.

Quellen

1 Spiegel, »...wenn man ständig die Nazikeule schwingt«, Nr. 12, 2018, im Netz: https://www.spiegel.de/spiegel/ruediger-safranski-es-gibt-keine-pflicht-zur-fremdenfreundlichkeit-a-1198496.html

2 Samuel P. Huntington, The Clash of Civilizations and the Remaking of World Order, Simon & Schuster, New York, 1996 (dt. Kampf der Kulturen. Die Neugestaltung der Weltpolitik im 21. Jahrhundert, Europa Verlag, München/ Wien, 1996).

3 https://www.bild.de/politik/inland/politik-ausland/rackete-im-bild-interview-wir-muessen-klima-fluechtlinge-aufnehmen-63280720.bild.html

4 https://www.focus.de/wissen/unaufhaltsamer-motor-fuer-migration-weltbank-warnt-vor-mehr-als-140-millionen-klimafluechtlingen-bis-2050_id_8637247.html

5 https://www.spiegel.de/politik/deutschland/claudia-roth-gegen-alexander-dobrindt-eine-richtige-sauerei-a-1220503.html

6 https://jyllands-posten.dk/debat/leder/ECE11495719/B%C3%A5dflygtningene-drukner-for-%C3%B8jnene-af-os.-Men-det-er-nemt-at-moralisere/

7 https://www.spiegel.de/wissenschaft/mensch/uno-zahlen-2050-werden-9-7-milliarden-auf-der-erde-leben-a-1272874.html

8 https://www.spiegel.de/politik/ausland/katalonien-90-prozent-stimmten-bei-referendum-fuer-unabhaengigkeit-von-spanien-a-1170872.html

9 https://www.spiegel.de/politik/ausland/wahl-in-spanien-der-schluessel-zur-macht-a-1264964.html

10 https://de.wikipedia.org/wiki/Spanische_Parlamentswahlen_2019#Regionale_Teilnahme

11 https://www.deutschlandfunk.de/schottische-unabhaengigkeit-es-ist-noch-nicht-vorbei.795.de.html?dram:article_id=429756

12 https://www.zeit.de/politik/ausland/2019-05/parlamentswahl-belgien-wahlergebnis-n-va-staerkste-kraft

13 https://www.bild.de/politik/ausland/politik-ausland/europawahl-belgien-ergebnis-der-wahl-zum-eu-parlament-im-detail-61821190.bild.html

14 https://rp-online.de/politik/ausland/separatisten-in-suedtirol-los-von-rom_aid-33919079

15 https://www.youtube.com/watch?v=1lvHVx2TICE

16 https://www.tagesschau.de/ausland/neukaledonien-referendum-107.html

17 http://www.europarl.europa.eu/elections2014-results/de/country-results-dk-2014.html
18 https://europawahlergebnis.eu/nationale-ergebnisse/danemark/2019-2024/
19 https://www.welt.de/politik/ausland/article194839059/Wahl-in-Daenemark-Sozialdemokraten-vorn-Rechtspopulisten-stuerzen-ab.html
20 https://www.handelsblatt.com/politik/international/parlamentswahlen-am-mittwoch-strenge-asylpolitik-ist-richtig-fuer-daenemark-sozialdemokraten-punkten-mit-rechtsruck/24415104.html
21 https://www.zeit.de/politik/ausland/2019-03/estland-parlamentswahl-reformpartei-liberal-opposition-wahlsieger-teilergebnis
22 https://www.sueddeutsche.de/politik/estland-regierung-rechtspopulisten-1.4426036
23 https://www.sueddeutsche.de/politik/finnland-parlamentswahl-prognose-1.4410276
24 https://europawahlergebnis.eu/nationale-ergebnisse/finnland/2019-2024/
25 http://www.spiegel.de/politik/ausland/a-1226787.html
26 https://www.welt.de/politik/ausland/article194248087/Europawahl-2019-Greta-Effekt-ausgerechnet-in-Schweden-verpufft.html
27 https://www.bmi.gv.at/412/Nationalratswahlen/Nationalratswahl_2017/start.aspx
28 http://www.spiegel.de/politik/ausland/oesterreich-alle-ergebnisse-der-nationalratswahl-2017-a-1172061.html
29 https://www.zeit.de/politik/ausland/2018-03/italien-wahl-fuenf-sterne-bewegung-populisten-wahlentscheidung
30 https://www.zeit.de/politik/ausland/2016-12/italien-referendum-verfassungsreform-populismus-fuenf-sterne-bewegung
31 https://www.n-tv.de/politik/Ergebnisse-der-Parlamentswahl-in-Italien-article20325842.html
32 https://www.sueddeutsche.de/politik/rechtspopulismus-europawahl-lega-afd-1.4401092
33 https://www.merkur.de/politik/europawahl-2019-italien-salvini-partei-feiert-historischen-sieg-freude-bei-berlusconi-zr-12317581.html
34 https://www.tagesschau.de/ausland/europawahl-italien-101.html
35 https://www.tagesschau.de/wirtschaft/italien-wahl-finanzen-101.html
36 https://de.statista.com/statistik/daten/studie/479481/umfrage/ergebnis-der-parlamentswahl-in-polen/
37 http://www.europarl.europa.eu/elections2014-results/de/country-results-pl-2014.html
38 https://www.merkur.de/politik/ungarn-polen-europawahl-ergebnis-orban-und-fidesz-feiern-wohl-haushohen-sieg-zr-12302452.html
39 https://www.jungewelt.de/artikel/350077.wahlen-frankreich-rechtsruck-

zur-eu-wahl.html
40 https://www.merkur.de/politik/europawahl-2019-in-frankreich-le-pen-feiert-sieg-und-demuetigt-macron-gleich-doppelt-zr-12317913.html
41 http://volby.statistics.sk/nrsr/nrsr2016/sk/data02.html
42 https://cafebabel.com/de/article/parlamentswahlen-in-der-slowakei-der-unerwartete-konter-von-rechts-aussen-5ae00ad1f723b35a145e6cc1/
43 https://www.kas.de/web/slowakei/laenderberichte/detail/-/content/wahl-ergebnis-mischt-parteiensystem-in-der-slowakei-auf
44 https://cafebabel.com/de/, a. a. O.
45 https://www.bundeswahlleiter.de/europawahlen/2014/ergebnisse/bund-99.html
46 https://www.spiegel.de/politik/deutschland/europawahl-2019-alle-ergebnisse-aus-deutschland-im-ueberblick-a-1267860.html
47 https://europawahlergebnis.eu/
48 https://www.bild.de/politik/ausland/politik-ausland/europawahl-gross-britannien-erdrutsch-sieg-fuer-brexit-partei-62207070.bild.html
49 https://www.derstandard.de/story/2000103848500/britische-eu-wahl-befeuert-den-chaos-brexit
50 https://www.spiegel.de/politik/ausland/europawahl-brexit-partei-holt-mehr-stimmen-als-tories-und-labour-zusammen-a-1269416.html
51 https://www.shz.de/deutschland-welt/politik/ungarn-endgueltige-ergebnisse-der-parlamentswahl-vorgelegt-id19584776.html
52 https://www.welt.de/politik/ausland/article141731863/Juncker-droht-Ungarn-mit-Rauswurf-aus-der-EU.html
53 http://www.spiegel.de/politik/ausland/evp-suspendiert-fidesz-partei-von-victor-orban-a-1258870.html
54 http://www.spiegel.de/politik/ausland/mccains-attacke-auf-orban-ungarn-bestellt-us-gesandten-ein-a-1006424.html
55 https://www.merkur.de/politik/ungarn-polen-europawahl-ergebnis-orban-und-fidesz-feiern-wohl-haushohen-sieg-zr-12302452.html
56 Siehe exemplarisch: https://www.spiegel.de/wirtschaft/soziales/euro-beitritt-griechenlands-ex-finanzminister-christodoulakis-ueber-bilanz-tricks-a-923492.html; https://www.bild.de/politik/wirtschaft/griechenland-krise/so-raeumt-rot-gruen-den-griechen-den-weg-zum-euro-frei-14490052.bild.html; https://www.bild.de/politik/2010/griechenland-krise/geheimakte-wie-die-griechen-in-den-euro-kamen-14462666.bild.html
57 https://de.statista.com/statistik/daten/studie/167459/umfrage/staatsverschuldung-von-griechenland/
58 https://www.faz.net/aktuell/wirtschaft/eurokrise/griechenland/wie-viel-schulden-griechenland-schon-erlassen-wurden-ein-offener-und-ein-verdeckter-schuldenschnitt-13391476.html
59 Ebenda.

60 Ebenda.
61 https://de.statista.com/statistik/daten/studie/167459/umfrage/staatsverschuldung-von-griechenland/
62 https://www.spiegel.de/politik/ausland/griechenland-die-lehren-aus-dem-wahlsieg-von-kyriakos-mitsotakis-a-1276243.html
63 https://www.t-online.de/nachrichten/ausland/eu/id_62741150/angela-merkel-hitler-vergleiche-zaehlen-zur-meinungsfreiheit.html
64 https://www.welt.de/politik/ausland/article13532791/Italienische-Zeitung-zeigt-Merkel-mit-Hitler-Bart.html
65 https://www.tagesspiegel.de/meinung/nazi-stereotype-in-der-euro-krise-hitler-vergleich-hilft-bei-der-krisenbewaeltigung/8004620.html
66 https://www.welt.de/politik/ausland/article13554379/Das-vierte-Reich-Deutschland-erobert-Europa.html
67 https://www.spiegel.de/politik/ausland/portugal-protest-gegen-den-besuch-von-merkel-a-866796.html
68 http://www.spiegel.de/politik/ausland/umfrage-griechenland-mehrheit-der-deutschen-fuer-grexit-a-1023298.html
69 https://www.faz.net/aktuell/wirtschaft/wirtschaftspolitik/die-griechen-und-der-euro-ein-austritt-waere-langfristig-besser-1938381.html
70 https://vz.ru/news/2014/10/24/712269.html
71 Z. B. die Bulle *Sublimis Deus* (in der Kurzfassung als *Veritas ipsa* bekannt) des Papstes Paul III.
72 http://www.demoscope.ru/weekly/2010/0415/analit08.php
73 Лев Гумилёв, Этногенез и биосфера Земли, Издательство ЛГУ, Ленинград, 1989.
74 Zit. nach: Владислав Галецкий, Феномен демографической глобализации, http://www.archipelag.ru/authors/galecky/?library=1403.
75 United Nations, DESA / Population Division. World Population Prospects 2017, Rate of Natural Population Increase. In: https://population.un.org/wpp/Download/Standard/Population/
76 https://www.faz.net/aktuell/gesellschaft/menschen/un-2050-leben-zehn-milliarden-menschen-auf-der-welt-15070994.html
77 https://www.zeit.de/1994/34/hoffnung-der-zyniker/seite-2
78 Zit. nach: http://www.demoscope.ru/weekly/2010/0415/analit08.php
79 Jürgen Bähr, Christoph Jentsch, Wolfgang Kuls, Bevölkerungsgeographie, de Gruyter, Berlin-New York, 1992.
80 https://de.statista.com/statistik/daten/studie/19326/umfrage/gesamtbevoelkerung-in-indien/
81 https://www.google.com/search?client=firefox-b&q=china+fertilit%C3%A4tsrate
82 https://www.nzz.ch/international/chinas-frauen-sollen-geburtsmaschinen-werden-ld.1413121

83 https://meta.tagesschau.de/id/132165/zwei-kind-politik-der-baby-boom-in-china-bleibt-aus

84 Ebenda.

85 The Long View. How will the global economic order change by 2050? https://www.pwc.com/gx/en/world-2050/assets/pwc-the-world-in-2050-full-report-feb-2017.pdf

86 https://www.dsw.org/wp-content/uploads/2017/06/UN-Weltbev%C3%B6lkerungsprojektionen_2017_Highlights.pdf

87 https://www.dsw.org/wp-content/uploads/2018/06/Weltbevo%CC%88lkerung_final.pdf

88 Gesetze des räumlichen Wachstums des Staates – in: Friedrich Ratzel, Erde und das Leben, 2 Bde., Leipzig, Wien 1902.

89 https://www.unric.org/html/german/mdg/millenniumerklaerung.pdf

90 http://webarchive.loc.gov/all/20090114142644/http://www.wfp.org/german/?ModuleID=127&Key=560

91 https://www.umweltbundesamt.de/service/termine/welternaehrungs-tag-2013

92 https://www.aerzteblatt.de/nachrichten/59479/Inzidenzen-von-HIV-Malaria-und-Tuberkulose-fallen

93 http://www.fao.org/state-of-food-security-nutrition/en/

94 https://crp-infotec.de/entwicklungspolitik-welthungertag/

95 https://www.welthungerhilfe.de/hunger/

96 https://www1.wfp.org/zero-hunger

97 https://www.demografie-portal.de/SharedDocs/Informieren/DE/Zahlen-Fakten/Beitragszahler_Altersrentner.html

98 Siehe exemplarisch: Uwe Brandenburg, Jörg-Peter Domschke, Die Zukunft sieht alt aus: Herausforderungen des demografischen Wandels für das Personalmanagement, Gabler, Wiesbaden, 2007; Heinz Schuler, Yvonne Görlich, Kreativität: Ursachen, Messung, Förderung und Umsetzung in Innovation. Hogrefe, Göttingen, 2007.

99 Eric F. Rietzschel, Hannes Zacher, Workplace Creativity, Innovation, and Age, in: Encyclopedia of Geropsychology, Springer Science+Business Media, Singapore, 2015.

100 https://tass.ru/info/691935

101 http://www.spiegel.de/politik/ausland/usa-zahl-der-illegalen-einwanderer-laut-studie-stark-gesunken-a-1240823.html

102 https://kurier.at/politik/ausland/zahl-der-illegalen-einwanderer-in-den-usa-bleibt-laut-einer-studie-stabil/222.288.138

103 http://www.hwwi.org/uploads/tx_wilpubdb/HWWI_Update_02.09.pdf

104 Siehe exemplarisch: https://www.zeit.de/gesellschaft/zeitgeschehen/2013-05/schweden-gesellschaft; https://www.tagesspiegel.de/politik/unruhen-in-stockholm-warum-es-zum-grossen-wutausbruch-kam/8277984.html; https://

www.sueddeutsche.de/panorama/schweden-unruhen-in-stockholmer-problem-vierteln-1.1677825
105 Karl Marx, Friedrich Engels, Werke, Band 23, Das Kapital, Bd. I, Dietz Verlag, Berlin, 1968.
106 Siehe exemplarisch: https://www.welt.de/politik/deutschland/article137120778/Crystal-Meth-zum-Spottpreis-vom-Asia-Markt.html; https://www.welt.de/regionales/muenchen/article113297776/Tschechien-und-Bayern-kaempfen-gegen-Crystal-Meth.html; https://www.deutschlandfunk.de/giftkuche-und-ameisenhandel-warum-chrystal-meth-schwer-zu.media.ba4711bf82f1a09ea4271020fdf0c8d4.txt 107 https://www.welt.de/politik/deutschland/article7250644/Autodiebstaehle-stiegen-mit-der-Grenzoeffnung.html
108 https://www.sz-online.de/sachsen/weniger-autodiebstaehle-in-sachsen-3891291.html?ShowAllComments=true
109 http://www.spiegel.de/spiegel/print/d-84430190.html
110 https://www.handelsblatt.com/auto/nachrichten/autoklau-hochburgen-wo-autodiebe-besonders-gerne-zugreifen/10879132.html?ticket=ST-974222-MlFLOga6S1AWNPlypnUS-ap1
111 https://noe.orf.at/news/stories/2910498/; https://www.sueddeutsche.de/muenchen/prozess-beutezug-mit-schweissbrenner-1.3265713?logout=true
112 http://www.spiegel.de/spiegel/print/d-13491896.html; https://www.berliner-kurier.de/berlin/polizei-und-justiz/balkan-mafia-sie-bringen-den-krieg-nach-berlin-31506466
113 Siehe dazu Polizeiliche Kriminalstatistiken (PKS) der BKA. Hier exemplarisch aus dem Jahr 2011: https://www.bka.de/SharedDocs/Downloads/DE/Publikationen/PolizeilicheKriminalstatistik/pksJahrbuecherBis2011/pks2011.html?nn=52408
114 Siehe exemplarisch: https://www.mz-web.de/mitteldeutschland/buergerwehren-in-ostsachsen-wenn-buerger-nachts-auf-streife-gehen-1571496; https://www.lr-online.de/lausitz/guben/ortsvorsteher-fordert-buergerwehr-fuer-griessen-gegen-grenzkriminalitaet_aid-6816813; https://www.focus.de/regional/sachsen/kriminalitaet-buergerwehren-patrouillieren-in-ostsachsen_id_4745579.html
115 http://www.spiegel.de/wirtschaft/soziales/uno-studie-organisierte-kriminalitaet-macht-2-billionen-dollar-im-jahr-a-829329.html
116 Mehr zu Schlepper-Preisen siehe unter: http://www.spiegel.de/politik/ausland/schlepper-und-ihr-mieses-geschaeft-mit-fluechtlingen-a-1050444.html; https://kurier.at/politik/ausland/schlepper-wie-viel-kostet-die-illegale-migration-nach-europa/269.572.990; http://www.faz.net/aktuell/politik/fluechtlingskrise/studie-vom-iab-rund-7000-euro-kostet-die-einfache-flucht-14536901.html;
117 https://www.spiegel.de/panorama/justiz/leipzig-grosseinsatz-gegen-scheinehen-in-mehreren-bundeslaendern-a-1276632.html
118 Tomáš Sedláček, Die Ökonomie von Gut und Böse, Carl Hanser Verlag, München, 2012.

119 https://www.infoplease.com/japanese-relocation-centers

120 https://www.sgvtribune.com/2017/02/18/it-wasnt-just-japanese-americans-germans-and-italians-were-impacted-by-wwii-executive-order-9066-too/

121 https://www.dsw.org/5-fragen-5-antworten-zu-weiblicher-genitalverstuemmelung/

122 http://www.spiegel.de/panorama/justiz/genitalverstuemmelung-terre-des-femmes-58-000-frauen-in-deutschland-betroffen-a-1158475.html

123 https://www.hr-rose.de/spanien/portal/morisken-vertreibung-der-mauren-aus-spanien.php

124 http://www.faz.net/aktuell/politik/csu-parteitag-die-neue-sprache-angela-merkels-1193517.html

125 https://www.presseportal.de/pm/9377/548451

126 https://www.handelsblatt.com/politik/deutschland/horst-seehofer-multikulti-ist-tot/3563806.html?ticket=ST-518337-nVwDpbeMutnnuUdPBT1W-ap1

127 https://www.sueddeutsche.de/bayern/kleine-parteitage-von-csu-und-spd-multikulti-ist-eine-brutstaette-von-kriminalitaet-1.325637

128 Samuel P. Huntington, Kampf der Kulturen... a. a. O.

129 https://www.euractiv.de/section/globales-europa/news/auch-cameron-erklart-multikulti-fur-gescheitert/

130 http://www.faz.net/aktuell/politik/europaeische-union/nicolas-sarkozy-auf-identitaetssuche-1611666.html

131 https://www.suedwind-magazin.at/standortvorteil-multikultur

132 http://iep-berlin.de/wp-content/uploads/2014/08/Tagungsbeitrag-von-Herrn-Professor-Dr.-Sabathil.pdf

133 Hier und weiter wird zitiert aus dem Buch: Graf Leo Tolstoi, Patriotismus und Christentum, Deutsch von Adele Berger, Verlag Hugo Steinitz, Berlin, 1894.

134 Boswell, James, Hibbert, Christopher, ed., The Life of Samuel Johnson, Penguin Classics, New York, 1986.

135 Samuel Johnson, A Dictionary of the English Languge, Band 3, London, 1818. Patriot. Im Netz unter: https://books.google.de/books?id=VcI_AQAAMAAJ&pg=PP794&lpg=PP794&dq=Johnson++One+whose+ruling+passion+is+the+love+of+his+country&source=bl&ots=rlDXzHV6lA&sig=Txbvgyi3GUEdKmw1ipuJj6omEJM&hl=de&sa=X&ved=2ahUKEwiy-Pjh09jeAhUG2aQKHQUKAJgQ6AEwBXoECAgQAQ#v=onepage&q=Johnson%20%20One%20whose%20ruling%20passion%20is%20the%20love%20of%20his%20country&f=false

136 http://www.samueljohnson.com/thepatriot.html

137 James Boswell, The Life of Samuel Johnson, The Modern Library, New York, 1952. Im Netz: http://www.limpidsoft.com/small/lifejohnson.pdf

138 http://www.pravoslavie.ru/news/051103144055.htm

139 Н. М. Карамзин, О любви к отечеству и народной гордости, In: Н. М. Карамзин, Избранные статьи и письма, Современник, Москва, 1982.

140 Ebenda.
141 Василий Розанов, Опавшие листья, Азбука, СПб, 2008.
142 Тарас Шевченко, Зібрання творів у 6 т., Київ, 2003, т. 1: Поезія 1837-1847.
143 UN-Generalversammlung, Dokument A/RES/2625 vom 24. Oktober 1970.
144 https://www.stuttgarter-nachrichten.de/inhalt.fatma-aydemir-eure-heimat-ist-unser-albtraum.bb0fa795-c2d3-43af-bec2-18bdd9396f7f.html
145 Michael Walzer, Gibt es einen gerechten Krieg?, Klett-Cotta, Stuttgart, 1988 (engl. Just and Unjust Wars, 1977).
146 Лауреаты Нобелевской премии. Энциклопедия. Пер. с англ., Прогресс, Москва,1992. Im Netz: http://n-t.ru/nl/mr/tutu.htm
147 Rabindranath Tagore, Nationalismus. Ins Deutsche übertragen von Helene Meyer-Franck, Verlag Kurt Wolff, München, 1921.
148 Ifeoha Azikiwe, AFRICA: Conflict Resolution And International Diplomacy, AuthorHouse, 2009.
149 https://www.spiegel.de/politik/ausland/schottland-regierungschefin-fordert-neues-unabhaengigkeitsreferendum-bis-2021-a-1264233.html
150 https://www.euskoguide.com/de/ueber-das-baskenland/geschichte-baskenland.html
151 https://www.sueddeutsche.de/politik/baskische-separatistenorganisation-eta-gibt-ihre-aufloesung-bekannt-1.3965002
152 https://web.archive.org/web/20160928024449/http://www.euskadielecciones.eus/resultados/indexambito?pAmbito=00000&pModoVisualizacion=1
153 https://www.faz.net/aktuell/politik/ausland/separatisten-in-katalonien-freie-radikale-15276338-p2.html
154 https://rp-online.de/politik/ausland/wahlen-in-spanien-2018-rechtsextreme-partei-zieht-in-andalusien-ins-regionalparlament-ein_aid-34891819
155 Лев Гумилёв, Passionarium. Теория пассионарности и этногенеза, АСТ, Москва, 2016.
156 Shlomo Sand, Die Erfindung des Jüdischen Volkes. Israels Gründungsmythos auf dem Prüfstand, Propyläen Ullstein, Berlin, 2010.
157 Hannes Stein, Teilen alle Juden wirklich ein bestimmtes Gen?, Die Welt, 31.08.2010.
158 Andrea Seibel, Hajo Schumacher, Joachim Fahrun, »Ich bin kein Rassist«, Welt am Sonntag, Berlin, 29. 08. 2010.
159 Dr. Leo Pinsker, Autoemanzipation! Mahnruf an seine Stammesgenossen von einem russischen Juden, Brünn, 1903.
160 Theodor Herzl, Der Judenstaat: Versuch einer modernen Lösung der Judenfrage, Breitenstein, Leipzig/Wien, 1896.
161 Siehe exemplarisch: Феликс Кандель, Земля под ногами. Из истории заселения и освоения Эрец Исраэль, Ассоциация Тарбут, Иерусалим, 1999.

162 Zit. nach: Феликс Кандель, Земля под ногами. Из истории заселения и освоения Эрец Исраэль. Ассоциация Тарбут, Иерусалим, 1999. Siehe auch: The Story Of My Struggles. The memoirs of Arminius Vambery, professor of oriental languages in the university of Budapest. Volume II, New York e. p. Button and company, 31, West Twenty-Third Street, 1904.
163 Владимир Жаботинский, Сидя на полу…, Еврейская жизнь, Nr. 6, Санкт-Петербург, 1904.
164 Hier und weitere, wenn nicht Anderes vermerkt ist: Neima Barzel, Angelika Timm, Israel and Germany, 1945–1956: Developments of the Attitude of Israeli Society and State to Germany, Following the Holocaust, 1990. Zit. nach: Йехиам Вайц (Yehiam Weiz, Prof. der Universität Haifa), Германские репарации Израилю – к истории вопроса, unter: www.megapolis.org/igorp/Epstein_RE-KA/radio6-7.doc und: http://www.geotar.com/israpart/stat/reparaz.htm
165 Яков Басин, Соглашение о трансфере, http://jewishfreedom.org/page230.html
166 Bundesministerium der Finanzen, – Referat V B 4, Leistungen der öffentlichen Hand auf dem Gebiet der Wiedergutmachung, Stand: 31. Dezember 2017. Unter: https://www.bundesfinanzministerium.de/Content/DE/Standardartikel/Themen/Oeffentliche_Finanzen/Vermoegensrecht_und_Entschaedigungen/Kriegsfolgen_Wiedergutmachung/2016-12-31-leistungen-oeffentlichen-hand-wiedergutmachung.pdf?__blob=publicationFile&v=4
167 Golda Meir, Mein Leben, Hoffmann und Campe, 1975.
168 Colin Powell leaked emails: Israel has ‚200 nukes all pointed at Iran', former US secretary of state says, Independent, 16. 09. 2016.
169 Yoni Hirsch and Israel Hayom Staff, Carter says Israel has stockpile of over 300 nuclear bombs, Israel Hayom, 14. 04. 2014.
170 Brower, Kenneth S., A Propensity for Conflict: Potential Scenarios and Outcomes of War in the Middle East, Jane's Intelligence Review, Special Report, Nr. 14, (February 1997), 14 – 15.
171 Evelyn Hecht-Galinski, Das elfte Gebot: Israel darf alles. Klartexte über Antisemitismus und Israel-Kritik, Palmyra Verlag, 2012.
172 Max Nordau, Was bedeutet das Turnen für uns Juden?, Die Welt, Zentralorgan der Zionistischen Bewegung, Berlin, 1902.
173 http://eleven.co.il/jews-in-world/sport/12585/
174 Theodor Herzl, AltNeuLand. Ein utopischer Roman, Hermann Seemann Nachfolger, Leipzig, 1902.
175 Hier und weiter zit. nach: Theodor Herzls Tagebücher, 1895-1904, drei Bände, Jüdischer Verlag, Berlin, 1923. Im Netz: https://archive.org/stream/theodorherzlsta00herzgoog/theodorherzlsta00herzgoog_djvu.txt
176 Max Nordau, Reden und Schriften zum Zionismus, herausgegeben von Karin Tebben, de Gruyter, Oldenbourg, 2018.
177 Ebenda.

178 Владислав Галецкий, Феномен демографической глобализации... a. a. O.
179 Siehe: Innes Hammond, Die Konquistadoren, Hallwag Verlag, Stuttgart, 1970.
180 In 12 Generationen sind wir Deutschen ausgestorben, Bild, 14. 03. 2006, https://www.bild.de/news/2006/baby-schock-deutsche-aussterben-212126.bild.html
181 Thilo Sarrazin, Deutschland schafft sich ab. Wie wir unser Land aufs Spiel setzen, DVA, 2010.
182 Michael Trauthig, Interview mit Kardinal Meisner: »Große Reformen wird es kaum geben«, Stuttgarter-Zeitung.de, 20. Mai 2013, https://www.stuttgarter-zeitung.de/inhalt.interview-mit-kardinal-meisner-grosse-reformen-wird-es-kaum-geben.b3071016-c448-411a-8481-d406fc4fed9d.html
183 In einem Gastbeitrag für »Zeit«-Beilage »Christ & Welt« im Juni 2011. Zit. nach: https://www.pro-medienmagazin.de/gesellschaft/gesellschaft/2011/06/30/meisner-abtreibung-ist-der-taegliche-beschwiegene-super-gau/
184 Kardinal Meisner vergleicht Abtreibungen mit Verbrechen Hitlers, 07.01.2005, http://www.faz.net/aktuell/gesellschaft/vergleich-kardinal-meisner-vergleicht-abtreibungen-mit-verbrechen-hitlers-1211518.html
185 »Ich bleibe in Köln«, Kirche | Köln, 08.05.2013, http://www.katholisch.de/aktuelles/aktuelle-artikel/ich-bleibe-in-koln
186 Panorama – Meisner ein ‚Hassprediger'?, Spiegel, Nr. 44, 2007.
187 Lebenserwartung in Deutschland steigt weiter an, Zeit online, 26. März 2018, https://www.zeit.de/wissen/gesundheit/2018-03/statistisches-bundesamt-lebenserwartung-deutschland-anstieg
188 Statistisches Bundesamt, https://www.destatis.de/DE/PresseService/Presse/Pressemitteilungen/2017/06/PD17_197_12411.html;jsessionid=1F5D9C8649B1DA68D78443C9EC8A46BD.InternetLive1
189 https://www.destatis.de/DE/Publikationen/Thematisch/Bevoelkerung/VorausberechnungBevoelkerung/BevoelkerungDeutschland2060Presse5124204159004.pdf?__blob=publicationFile
190 https://www.bpb.de/nachschlagen/zahlen-und-fakten/soziale-situation-in-deutschland/61541/altersstruktur
191 Geburten in Deutschland, https://www.destatis.de/DE/Publikationen/Thematisch/Bevoelkerung/Bevoelkerungsbewegung/BroschuereGeburtenDeutschland0120007079004.pdf?__blob=publicationFile
192 https://www.n-tv.de/wissen/Deutschland-ist-Altersheim-der-EU-article5110216.html
193 Rentenversicherung in Zahlen 2017, https://www.deutsche-rentenversicherung.de/cae/servlet/contentblob/238692/publicationFile/61815/01_rv_in_zahlen_2013.pdf
194 Vorsorgende Finanzpolitik für ein alterndes Deutschland, Bundesmi-

nisterium der Finanzen, http://www.bundesfinanzministerium.de/Content/DE/Downloads/Broschueren_Bestellservice/2016-12-13-vorsorgende-finanzpolitik.pdf?__blob=publicationFile&v=5
195 Martin Werding, Demographischer Wandel und öffentliche Finanzen. Langfrist-Projektionen 2014 – 2060 unter besonderer Berücksichtigung des Rentenpakets der Bundesregierung, Sachverständigenrat zur Begutachtung der gesamtwirtschaftlichen Entwicklung, November 2014.
196 Die Häufigkeit von Demenzerkrankungen, Deutsche Alzheimer-Gesellschaft e.V., https://www.deutsche-alzheimer.de/fileadmin/alz/pdf/factsheets/infoblatt1_haeufigkeit_demenzerkrankungen_dalzg.pdf
197 Statistisches Bundesamt, https://www-genesis.destatis.de/genesis/online;jsessionid=BF7241110D7A32E0961DF073944C5145.tomcat_GO_2_3?operation=previous&levelindex=2&levelid=1531834691181&step=2
198 https://www.tagesspiegel.de/politik/keine-hueftgelenke-fuer-die-ganz-alten/436080.html
199 https://www.bild.de/politik/inland/daniel-bahr/wird-senioren-bald-nicht-mehr-jede-op-bezahlt-23952560.bild.html
200 http://www.kath.net/news/20542
201 https://www.spiegel.de/wissenschaft/mensch/gesundheitskosten-schlanke-nichtraucher-kommen-den-staat-teurer-als-dicke-und-raucher-a-533257.html
202 Ebenda.
203 https://ec.europa.eu/eurostat/documents/2995521/7700903/3-20102016-BP-DE.pdf/70d4d04a-f24b-47dc-b69d-e3a677774480
204 https://www.welt.de/gesundheit/article181498488/Uebergewicht-WHO-Studie-Deutsche-Maenner-werden-immer-dicker.html
205 statista, https://de.statista.com/statistik/daten/studie/28347/umfrage/zuwanderung-nach-deutschland/
206 Statistisches Bundesamt, https://www.destatis.de/DE/Publikationen/Thematisch/Bevoelkerung/MigrationIntegration/Migrationshintergrund2010220167004.pdf?__blob=publicationFile
207 Chaloff, J., Lemaitre, G., Managing highly-skilled labour migration: a comparative analysis of migration policies and challenges in OECD countries, OECD Social, Employment and Migration Working Papers No. 79, 2009.
208 Thilo Sarrazin, Deutschland schafft sich ab... a. a. O.
209 https://www.deutschlandinzahlen.de/?470
210 Geburtenrate: In Deutschland werden so viele Kinder geboren wie vor 20 Jahren, Zeit Online, 28. März 2018, https://www.zeit.de/gesellschaft/zeitgeschehen/2018-03/geburtenrate-deutschland-anstieg-statistisches-bundesamt
211 Statistisches Bundesamt, https://www.destatis.de/DE/ZahlenFakten/GesellschaftStaat/Bevoelkerung/MigrationIntegration/Migrationshintergrund/Tabellen/MigrationshintergrundAlter.html
212 Illegale Schleusung, illegale Migration – wachsender Druck auf Europa,

Bundesnachrichtendienst, http://www.bnd.bund.de/DE/Themen/Lagebeitraege/Migration/Migration_node.html

213 Dita Vogel, Kurzdossier: Umfang und Entwicklung der Zahl der Papierlosen in Deutschland, Fachbereich 12. Arbeitsbereich Interkulturelle Bildung. AbIB-Arbeitspapier, 2/2016.

214 Anzahl der illegalen Grenzübertritte in die Europäische Union durch Flüchtlinge nach Fluchtrouten von 2007 bis 2017, statista, https://de.statista.com/statistik/daten/studie/479629/umfrage/illegale-grenzuebertritte-in-die-eu-durch-fluechtlinge/

215 Illegale Schleusung, illegale Migration... a. a. O.

216 http://dip21.bundestag.de/dip21/btd/19/083/1908342.pdf

217 https://www.tagesschau.de/inland/bundeshaushalt-127.html

218 BASF AG (Hrsg.), Langzeitstudie über Rechtschreib- und elementare Rechenkenntnisse bei Ausbildungsplatzbewerbern, Ludwigshafen, 2008.

219 Heinz Buschkowsky, Neukölln ist überall, Ullstein, 2012.

220 https://www.mopo.de/hamburg/schuljahresstatistik-jeder-zweite-grundschueler-in-hamburg-hat-migrationshintergrund-32031060

221 https://www.welt.de/politik/deutschland/article170324917/Sprachschwierigkeiten-schlimmste-soziale-Verhaeltnisse.html

222 https://www.focus.de/familie/schule/carl-anton-henschel-schule-in-kassel-gemobbt-und-sogar-verletzt-yara-war-in-ihrer-klasse-das-einzige-kind-das-deutsch-spricht_id_9978489.html

223 https://www.sueddeutsche.de/politik/migranten-in-deutschland-tuerken-am-wenigsten-integriert-1.476047

224 https://www3.arbeitsagentur.de/web/wcm/idc/groups/public/documents/webdatei/mdaw/mtaw/~edisp/l6019022dstbai398619.pdf?_ba.sid=L6019022DSTBAI398622

225 https://www.morgenpost.de/politik/article210904509/Altersdurchschnitt-in-Deutschland-sinkt-durch-Migranten.html

226 https://www.duden.de/rechtschreibung/Dissimilation

227 Das Doppelleben der Deutschen. Die OETTINGER Deutschland-Studie, 2012. https://www.presseportal.de/pm/14527/2332112

228 https://jungefreiheit.de/politik/deutschland/2018/immer-mehr-berliner-grundschueler-sprechen-zu-hause-nicht-deutsch/

229 https://www.waz.de/staedte/gladbeck/in-gladbeck-sprechen-immer-mehr-erstklaessler-kein-deutsch-id211056053.html

230 https://rp-online.de/nrw/staedte/krefeld/immer-weniger-kinder-reden-zu-hause-deutsch_aid-17681471

231 https://www.welt.de/debatte/kommentare/article167899516/Wenn-Deutschlernen-als-Zeitverschwendung-erscheint.html

232 http://www.uni-kassel.de/fb6/person/glasauer/migration/Literatur/LUFT-Dynamik%20der%20Desintegration.pdf. Siehe auch: https://www.spiegel.

de/spiegel/ruediger-safranski-es-gibt-keine-pflicht-zur-fremdenfreundlichkeit-a-1198496.html
233 Siehe exemplarisch: https://www.ndr.de/nachrichten/niedersachsen/Kriminalitaet-Schwerer-Kampf-gegen-Familienclans,familienclans101.html; https://www.ndr.de/nachrichten/niedersachsen/Kriminelle-Familien-Clans-Rechtsstaat-in-Gefahr,clankriminalitaet100.html; https://www.welt.de/regionales/nrw/article143833364/Das-gefaehrliche-Unwissen-ueber-libanesische-Clans.html; https://www.welt.de/politik/deutschland/article154174175/Berlins-Unterwelt-ist-verloren-an-die-arabischen-Clans.html; http://www.faz.net/aktuell/gesellschaft/kriminalitaet/arabische-kriminelle-in-deutschland-das-regeln-wir-unter-uns-14979.html; https://www.zdf.de/nachrichten/heute/bundeskriminalamt-hat-kriminelle-araber-clans-im-visier-100.html.
234 https://www.berliner-kurier.de/berlin/polizei-und-justiz/arabische-clans-geschaeftsmodell-raeuberhoehle-30992084
235 Exemplarisch siehe: https://www.focus.de/familie/schule/wachschutz-verhindert-schulueberfaelle-berliner-schulen_id_2183030.html; https://www.tagesspiegel.de/berlin/gewalt-an-berliner-schulen-schoeneberger-grundschule-engagiert-wachschutz/21019494.html; https://www.tz.de/muenchen/stadt/muenchen-ort29098/staedtische-kliniken-wachpersonal-in-notaufnahmen-9709778.html
236 Islam und Schule. Handreichung für Lehrerinnen und Lehrer an Berliner Schulen. Senatsverwaltung für Bildung, Wissenschaft und Forschung, Berlin. https://www.tagesspiegel.de/downloads/1935352/3/.pdf
237 Exemplarisch siehe: https://www.welt.de/vermischtes/article152247182/Schulkantinen-verzichten-zunehmend-auf-Schweinefleisch.html; Gernot Knödler, Religiös korrekter Speiseplan, Halal in der Schulkantine. TAZ, 30.01.2013; https://www.focus.de/politik/deutschland/vom-speiseplan-verbannt-immer-mehr-deutsche-kitas-verzichten-auf-schweinefleisch-aus-zwei-gruenden_id_5284651.html
238 https://www.welt.de/politik/deutschland/article153076521/Jeder-dritte-Haeftling-ist-Auslaender.html
239 Klaus Brandt, Miguel Sanches und Christian Unger, Deutsch wird in vielen Gefängnissen zur Fremdsprache, Berliner Morgenpost, 25. 04. 2018.
240 Özlem Topçu und Heinrich Wefing, »Da helfe ich gerne beim Kofferpacken«, Die Zeit, Nr. 39, 20. 09. 2012.
241 https://www.huffingtonpost.de/entry/muslime-haft_de_5a2a8c24e4b073789f6910f2
242 Steve Hawkes, Muslim prisoners sue over contaminated halal pies, The Telegraph, 29. 09. 2013, sowie: https://www.bbc.co.uk/news/uk-21302925; https://www.mirror.co.uk/news/uk-news/pork-found-in-halal-meat-served-1569911
243 Richard Kerbaj, Tim Shipman, Islamists in UK jails extort infidel tax from fellow prisoners, The Sunday Times, 1. 11. 2015.
244 https://www.focus.de/familie/schule/spd-und-gruene-sauer-cdu-

ignoriert-abmachung-riesen-krach-um-islamunterricht-in-sachsen-anhalt_id_10351939.html

245 https://de.statista.com/statistik/daten/studie/201622/umfrage/religionszugehoerigkeit-der-deutschen-nach-bundeslaendern/

246 Ebenda.

247 https://www.muslimisch-in-ostdeutschland.de/regionale-informationen/muslim_innen-in-ostdeutschland/

248 https://www.derwesten.de/staedte/hagen/anwohner-klagen-neue-nachbarn-werfen-muell-aus-dem-fenster-id11188816.html

249 Özlem Gezer, Paradies Neukölln, Spiegel, Nr 14, 2012; sowie: https://www.bz-berlin.de/artikel-archiv/ein-roma-dorf-zieht-nach-berlin

250 2. Roma-Statusbericht. Entwicklung der Zuzüge von EU-Unionsbürgern aus Südosteuropa, Bezirksamt Neukölln von Berlin, Abteilung Bildung, Schule, Kultur und Sport, April 2012.

251 Exemplarisch siehe: https://www.welt.de/vermischtes/weltgeschehen/article8511023/Meute-attackiert-Polizisten-in-Berlin.html; http://www.wz.de/home/panorama/250-personen-wollen-festgenommenen-aus-polizeigewahrsam-befreien-1.2462330; http://www.badische-zeitung.de/freiburg/maenner-greifen-polizisten-an-um-festgenommenen-freund-zu-befreien–134983622.html; https://www.bz-berlin.de/berlin/pankow/polizisten-nehmen-jugendlichen-fest-und-werden-von-personengruppe-attackiert; https://www.presseportal.de/blaulicht/pm/10374/1162629.

252 https://m.focus.de/panorama/welt/beamte-von-hunderten-menschen-bedroht-wuetender-tobender-mob-kreist-polizei-ein-die-wehrt-sich-mit-schlagstoecken_id_10598388.html

253 https://rp-online.de/nrw/staedte/duisburg/in-duisburg-bedraengen-250-menschen-polizisten-wegen-falschparker_aid-19446319

254 https://www.zeit.de/2018/33/clans-deutschland-kriminalitaet-mitglieder

255 https://amp.focus.de/politik/deutschland/lagebild-zur-clan-kriminalitaet-in-nrw-mehr-als-14-000-straftaten-in-nur-drei-jahren_id_10714131.html?__twitter_impression=true

256 Heike Manssen, Gefährliche Familienbande, Leipziger Volkszeitung, 17. Januar 2019.

257 https://amp.focus.de/politik/deutschland/lagebild-zur-clan-kriminalitaet-in-nrw... a. a. O.

258 https://www.sueddeutsche.de/panorama/nrw-hochzeitskorso-autobahn-blockade-polizei-flyer-1.4474164

259 https://www.nwzonline.de/panorama/duesseldorf-bremen-nordwesten-polizei-gegen-korsos-und-schuesse-flyer-soll-hochzeitsfeiernde-in-nrw-zuegeln_a_50,4,3912211336.html

260 https://www.hessenschau.de/politik/wiesbaden-bekommt-hessens-erste-waffenverbotszone,waffenverbotszone-wiesbaden-100.html

261 Siehe exemplarisch: https://rp-online.de/nrw/panorama/waffenverbotszonen-an-hauptbahnhoefen-in-nrw_aid-35823171; https://www.lvz.de/Leipzig/Lokales/Ab-heute-gilt-in-Leipzig-Sachsens-erste-Waffenverbotszone

262 https://www.destatis.de/DE/ZahlenFakten/GesellschaftStaat/Bevoelkerung/MigrationIntegration/Migrationshintergrund/Tabellen/MigrationshintergrundLaender.html

263 https://rp-online.de/nrw/staedte/duisburg/so-oft-werden-polizisten-im-einsatz-opfer-von-gewalt_aid-16431047

264 Ebenda.

265 https://rp-online.de/nrw/panorama/dueren-polizeigewerkschaft-fordert-volle-haerte-des-gesetzes_aid-17704631

266 Exemplarisch siehe: https://www.nwzonline.de/friesland/blaulicht/bewaehrung-nach-besonders-schwerem-raub_a_31,3,707658622.html; https://www.suedkurier.de/region/kreis-konstanz/singen/Bewaehrung-und-Sozialstunden-18-Jaehriger-Singener-wegen-raeuberischer-Erpressung-verurteilt;art372458,9204738.

267 https://jungefreiheit.de/politik/deutschland/2018/knapp-700-000-abgelehnte-asylbewerber-in-deutschland/

268 Zit. nach: https://www.baptisten.de/fileadmin/befg/media/dokumente/Empfehlung-des-Prasidiums-zur-Rentnerpartnerschaft-Kirchen-Ehe.pdf

269 Polizeiliche Kriminalstatistik. Nichtdeutsche Tatverdächtige nach Alter und Geschlecht. Mehrfachverdächtige. https://www.bka.de/DE/AktuelleInformationen/StatistikenLagebilder/PolizeilicheKriminalstatistik/PKS2017/BKATabellen/bkaTabellenTatverdaechtige.html?nn=96600#Start

270 Polizeiliche Kriminalstatistik Berlin 2017, https://www.berlin.de/polizei/verschiedenes/polizeiliche-kriminalstatistik/

271 Ebenda.

272 Ebenda.

273 Ebenda.

274 Ebenda.

275 http://www.lvz.de/Leipzig/Polizeiticker/Polizeiticker-Leipzig/Kinderbande-terrorisiert-Geschaeftsleute-in-Leipzig-mehr-als-80-Straftaten-in-diesem-Jahr

276 Polizeiliche Kriminalstatistik. Nichtdeutsche Tatverdächtige nach Alter und Geschlecht... a.a. O.

277 http://wahlergebnis.duisburg.de/Europawahl2019/05112000/html5/Europawahl_41_Wahlbezirk_Stimmbezirk_1001.html

278 http://wahlergebnis.duisburg.de/Europawahl2019/05112000/html5/Europawahl_41_Wahlbezirk_Stimmbezirk_0602.html

279 https://www.afdbundestag.de/gauland-in-duisburg-zeigt-sich-wohin-die-reise-geht/

280 https://www.nzz.ch/international/in-deutschen-staedten-geht-die-mehrheitsgesellschaft-zu-ende-ld.1492568

281 https://www.hartziv.org/news/20171103-neue-hartz-iv-erhoehung-

kommt-2018.html
282 https://www.sueddeutsche.de/news/karriere/arbeitsmarkt-steuer-zahlerbundhartz-iv-bringt-oft-mehr-geld-als-arbeit-dpa.urn-newsml-dpa-com-20090101-180319-99-547555.
283 Siehe exemplarisch: http://www.spiegel.de/sptv/extra/a-178794.html; http://www.spiegel.de/panorama/sozialhilfe-betrueger-ergaunerten-4-5-millionen-euro-a-219075.html
284 Marcel Sarman, Schattenwirtschaft in Deutschland, Diplomica Verlag GmbH, 2003.
285 https://www.zeit.de/wirtschaft/2017-08/sozialbericht-sozialausgaben-andrea-nahles
286 Siehe exemplarisch: https://rp-online.de/nrw/staedte/duesseldorf/prozesse-dieter-wegen-beamten-allergie-vor-gericht_aid-15642941; https://www.express.de/duesseldorf/er-will-zum-438--mal-klagen-prozesse-dieter---mein-groesster--wunsch--zurueck--in-den-knast--3137658
287 https://www.express.de/duesseldorf/er-will-zum-438--mal-klagen-prozesse-dieter---mein-groesster--wunsch--zurueck--in-den-knast--3137658#
288 http://www.politikundunterricht.de/1_2_07/demografie.pdf.
289 https://www.zeit.de/2010/45/Erinnern-NS-Zeit-Jugendliche
290 http://www.faz.net/aktuell/politik/inland/nuklearwaffen-bleiben-in-deutschland-15431986.html
291 http://www.atlantico.fr/decryptage/question-racisme-anti-blanc-est-elle-vraiment-extreme-droite-tarik-yildiz-gilles-william-golnadel-494332.html
292 Siehe exemplarisch: Assoziation Antideutscher Kommunisten (Hrsg.): Antideutscher Katechismus. ça ira, Freiburg, 2003.
293 https://www.tagesstimme.com/2018/05/11/twitter-linke-politikerin-verspottet-deutsche-bombenopfer/
294 https://twitter.com/SarahRambatz, 12. Mai 2018.
295 https://www.stern.de/politik/deutschland/sarah-rambatz--linke-tritt-nach--antideutschem--posting-zurueck-7610444.html
296 https://www.zeit.de/gesellschaft/zeitgeschehen/2014-11/deutsche-identitaet-umfrage
297 https://www.zeit.de/gesellschaft/zeitgeschehen/2016-08/mikrozensus-migrationshintergrund-erhebung-diskriminierung-statistik/seite-2
298 Siehe exemplarisch: Mathew D. Rose, Korrupt?: Wie unsere Politiker und Parteien sich bereichern – und uns verkaufen, Heyne Verlag, München, 2011.
299 https://www.handelsblatt.com/politik/konjunktur/oekonomie/nachrichten/urban-legends-die-maer-vom-steuerdschungel/5664240.html
300 https://www.handelsblatt.com/politik/deutschland/bundesrechnungshof-finanzbeamte-scheitern-am-deutschen-steuerrecht/6080512.html?ticket=ST-593955-OO3jyOnT9DMlqODfwsXV-ap3
301 https://www.buhl.de/steuernsparen/steuererklaerungen-ab-2017-emp-

fehlung-zur-belegvorlage/

302 Buschkowsky Heinz, Neukölln ist überall... a. a. O.

303 Erik Snel, Jenseits der Beschwichtigungen: Lokale Integrationspolitik in Rotterdam, in: Frank Gesemann, Roland Roth (Hrsg.) Lokale Integrationspolitik in der Einwanderungsgesellschaft: Migration und Integration als Herausforderung von Kommunen, VS Verlag für Sozialwissenschaften, Wiesbaden, 2009. (https://repub.eur.nl/pub/18350/Snel,%20Jenseits.pdf)

304 https://www.citypopulation.de/php/netherlands-admin_d.php?adm2id=0599

305 Erik Snel, Jenseits der Beschwichtigungen: Lokale Integrationspolitik in Rotterdam, in: Frank Gesemann, Roland Roth (Hrsg.) Lokale Integrationspolitik in der Einwanderungsgesellschaft: Migration und Integration als Herausforderung von Kommunen, VS Verlag für Sozialwissenschaften, Wiesbaden, 2009. (https://repub.eur.nl/pub/18350/Snel,%20Jenseits.pdf)

306 https://www.welt.de/vermischtes/weltgeschehen/article11701308/Groesste-Moschee-Westeuropas-eroeffnet.html

307 Ian Bickerton, Marina Zapf, Niederlande verschärfen Ausländerpolitik, Financial Times Deutschland, 5. 11. 2004.

308 https://www.focus.de/politik/deutschland/migration-analyse-hollands-multikulti-traum-platzte-viel-frueher_aid_563626.html

309 https://www.stern.de/politik/ausland/volksverhetzung-islam-feind-wilders-vor-gericht-3331436.html

310 http://www.spiegel.de/spiegel/print/d-67682719.html

311 Jan Kanter, Dshihad in Amsterdam, Die Welt, 9. 11. 2004. (Im Internet war die entsprechende Seite http://www.welt.de/data/2004/11/09/357814.html im August 2018 nicht abrufbar).

312 https://www.zeit.de/politik/ausland/2018-04/denk-partei-deutschland-niederlande-migranten-demokratie-diversitaet/komplettansicht

313 https://www.welt.de/politik/ausland/article193925831/Niederlande-Minister-tritt-wegen-Streit-ueber-Asyl-Kriminalitaet-zurueck.html

314 https://www.bt.dk/krimi/danskere-udsaettes-for-indbruds-hetz-i-vollsmose

315 Ebenda.

316 https://www.dr.dk/nyheder/indland/saadan-er-chikanen-sket

317 https://www.denoffentlige.dk/fire-nye-omraader-udpeget-her-er-ghetto-listen

318 Siehe exemplarisch: https://www.ndr.de/nachrichten/schleswig-holstein/Daenemark-entscheidet-Noch-schaerfere-Kontrollen,grenzkontrollen224.html, https://www.nordschleswiger.dk/de/daenemark-politik/daenemark-will-grenzkontrollen-weitere-sechs-monate-verlaengern

319 https://www.zeit.de/politik/deutschland/2015-02/islam-daenemark-muslime-daenische-volkspartei/seite-2

320 https://www.bt.dk/danmark/skraemmende-tal-om-indvandrere-paa-kontanthjaelp-vi-har-bare-fuldstaendig-opgivet
321 https://ekstrabladet.dk/nationen/integrationschef-flygtninge-ser-arbejde-som-en-straf/5766077
322 http://www.danielpipes.org/450/something-rotten-in-denmark
323 Siehe exemplarisch: http://www.spiegel.de/politik/ausland/daenemark-was-tun-mit-den-hasspredigern-a-1080984.html
324 https://de.statista.com/statistik/daten/studie/312152/umfrage/anzahl-der-muslime-in-oesterreich/
325 https://kurier.at/chronik/oesterreich/oesterreich-waechst-8-77-millionen-einwohner-zu-jahresbeginn/245.457.766
326 https://www.ipsos.com/fr-fr/france-2013-les-nouvelles-fractures; Siehe exemplarisch auch: https://www.francetvinfo.fr/france/sondage-70-des-francais-jugent-qu-il-y-a-trop-d-etrangers_211091.html; http://www.lepoint.fr/societe/70-des-francais-pensent-qu-il-y-a-trop-d-etrangers-en-france-24-01-2013-1619933_23.php
327 https://www.lemonde.fr/politique/article/2013/01/24/les-crispations-alarmantes-de-la-societe-francaise_1821655_823448.html
328 Abdennour Bidar, Offener Brief an die muslimische Welt, Les Éditions du Crieur Public, Hamburg, 2016; https://www.deutschlandfunkkultur.de/plaedoyer-fuer-die-bruederlichkeit-der-philosoph-abdennour.1013.de.html?dram:article_id=367543
329 Tarik Yildiz, Le racisme anti-blanc. Ne pas en parler: un déni de réalité; Les Editions du Puits de Roulle, Nîmes, 2010.
330 https://www.nytimes.com/2016/04/08/world/europe/belgium-brussels-islam-radicalization.html?mabReward=CTM&_r=2
331 https://www.wochenblick.at/muslim-partei-will-belgien-zur-islamischen-demokratie-umbauen/
332 https://www.welt.de/politik/ausland/article137350760/Belgische-Dschihadisten-zu-Haftstrafen-verurteilt.html
333 https://www.vorname.com/news_mohammend_beliebter_vorname_england.html
334 http://www.faz.net/aktuell/gesellschaft/europa-mohamed-ist-der-beliebteste-jungenname-in-bruessel-1143681.html
335 http://www.spiegel.de/politik/ausland/terror-in-belgien-dschihadisten-hochburg-in-europa-a-1013369.html
336 https://de.statista.com/statistik/daten/studie/527478/umfrage/religionen-in-belgien/
337 http://www.pewforum.org/2017/11/29/europas-wachsende-muslimische-bevolkerung/; auch in: https://www.welt.de/politik/deutschland/article171103437/In-einem-Szenario-verdoppelt-sich-die-Zahl-der-Muslime-bis-2050.html
338 http://www.un.org/en/development/desa/population/publications/

ageing/replacement-migration.shtml
339 https://de.statista.com/statistik/daten/studie/166810/umfrage/anteil-der-usa-am-globalen-bruttoinlandsprodukt-bip/
340 https://de.statista.com/statistik/daten/studie/156673/umfrage/laender-mit-den-groessten-goldreserven/
341 Loïc Wacquant, Bestrafen der Armen: Zur neoliberalen Regierung der sozialen Unsicherheit, Verlag Barbara Budrich, Opladen-Berlin-Toronto, 2013. Zit. nach: https://www.huffingtonpost.com/2012/09/06/california-prisons-colleges_n_1863101.html. Siehe auch: Winners and Losers: Corrections and Higher Education in California; non-partisan public policy group California Common Sense.
342 https://de.statista.com/statistik/daten/studie/3212/umfrage/laender-mit-den-meisten-gefangenen-im-jahr-2007/
343 https://www.cia.gov/library/publications/the-world-factbook/rankorder/2206rank.html
344 https://www.nwzonline.de/panorama/jeder-fuenfte-us-amerikaner-kann-nicht-richtig-lesen_a_18,0,493661042.html
345 https://www.worldatlas.com/articles/the-highest-literacy-rates-in-the-world.html
346 https://www.cia.gov/library/publications/the-world-factbook/rankorder/2102rank.html
347 National Bridge Inventory Database Search – 2016, nationalbridges.com; https://www.artba.org/2018/01/29/54000-american-bridges-structurally-deficient-analysis-new-federal-data-shows/
348 https://www.handelsblatt.com/politik/international/amerikanische-infrastruktur-rost-n-roll-seite-2/2961458-2.html?ticket=ST-3398833-pYcbNeYSPv-t6idhgOhab-ap4
349 http://www.manager-magazin.de/politik/weltwirtschaft/a-848000-2.html
350 Fareed Zakaria, Thorsten Schmidt, Der Aufstieg der Anderen: Das postamerikaniscshe Zeitalter, Siedler, München, 2009.
351 Zitat aus dem russischen Dichter A. Puschkin.
352 Act to Prohibit the Carrying on the Slave Trade from the United States to any Foreign Place or Country.
353 http://www.asetbooks.com/US/Nationhood/RNA/RepublicofNewAfrika.html
354 http://www.aarclibrary.org/publib/church/reports/book3/pdf/ChurchB3_9_CHAOS.pdf
355 Ward Churchill, Jim Vander Wall: The COINTELPRO Papers: Documents from the FBI‘s Secret Wars Against Dissent in the United States, South End Press, Cambridge, 1990.
356 https://archive.org/stream/finalreportofsel01unit/finalreportofsel01unit_djvu.txt

357 https://www.senate.gov/senators/EthnicDiversityintheSenate.htm, https://de.statista.com/statistik/daten/studie/166858/umfrage/ethnien-in-den-usa/
358 https://www.sueddeutsche.de/politik/demografische-entwicklung-amerikas-neue-mehrheit-1.1359866
359 https://cis.org/sites/default/files/2017-09/camarota-fertility.pdf
360 https://www.washingtonpost.com/news/wonk/wp/2018/02/06/trump-immigration-plan-could-keep-whites-in-u-s-majority-for-up-to-five-more-years/?noredirect=on&utm_term=.2f5046af1960
361 https://www.americanprogress.org/issues/democracy/reports/2015/02/24/107261/states-of-change/; https://www.welt.de/politik/ausland/article138058186/Das-Ende-des-weissen-Amerikas.html
362 Steve Phillips, Brown Is the New White: How the Demographic Revolution Has Created a New American Majority, New Press, New York, 2016.
363 https://web.de/magazine/politik/millionen-menschen-droht-abschiebung-lage-illegalen-einwanderer-usa-32184874
364 https://www.berliner-zeitung.de/politik/usa-unter-trump-wer-in-zukunft-amerikas-mehrheit-ist-28223428
365 https://www.welt.de/politik/ausland/article138058186/Das-Ende-des-weissen-Amerikas.html
366 Niccolò Machiavelli, Der Fürst, Verlag Nikol, Hamburg, 2009.
367 Hier und weiter alle Bibelzitate aus: Die Heilige Schrift. Familienbibel. Einheitsübersetzung. St.Benno-Verlag, Leipzig, 1983.
368 Thomas Hobbes, The Elements of Law, Natural and Politic, Adamant Media Corporation, Chestnut Hill, 2005.
369 Adam Smith, Untersuchung über Wesen und Ursachen des Reichtums der Völker, Mohr Siebeck, Tübingen, 2012.
370 Richard Dawkins, Das egoistische Gen, Rowohlt Taschenbuch, Reinbek, 1996.
371 John Stuart Mill, Utilitarianism, Oxford University Press, New York, 1998.
372 http://www.faz.net/aktuell/wirtschaft/wirtschaftswissen/oekonomische-experimente-das-gehirn-entscheidet-anders-1489010.html
373 https://www.welt.de/wirtschaft/webwelt/article118099520/Datenvolumen-verdoppelt-sich-alle-zwei-Jahre.html
374 http://www.spiegel.de/netzwelt/web/in-santa-cruz-sagen-computer-verbrechen-voraus-a-899422.html
375 https://www.wissenschaft.de/allgemein/faehrten-auf-facebook/
376 Frans de Waal, Frans Lanting, Bonobo: The Forgotten Ape, University of California Press, Oakland, 1998.
377 Sigmund Freud, Massenpsychologie und Ich-Analyse, Nikol Verlag, Hamburg, 2010.
378 Тарас Шевченко, І мертвим, і живим, і ненарожденним землякам

моїм в Украйні і не в Украйні моє дружнеє посланіє, in: Шевченко Т. Г., Повне зібрання творів: у 12 т., Київ: Наукова думка, 2001, т. 1.
379 Маяковский В. В., Послушайте! // in: Полное собрание сочинений: в 13 т. / Москва: Гос. изд-во худож. лит., 1955–1961, т. 1.
380 https://www.topagrar.com/news/Home-top-News-Etwa-43-Milliarden-Euro-fuer-die-Landwirte-im-EU-Haushalt-2017-3880066.html
381 Zbigniew Brzezinski, Die einzige Weltmacht: Amerikas Strategie der Vorherrschaft, S. Fischer, Frankfurt/Main, 2004.
382 https://www.britannica.com/topic/Smoot-Hawley-Tariff-Act; http://www.faz.net/aktuell/wirtschaft/ttip-und-freihandel/protektionismus-fuenf-gruende-fuers-abschotten-14668606.html; https://www.welt.de/wirtschaft/plus174467522/Einfuhrzoelle-1930-Europa-gegen-Amerika.html
383 http://www.rosbalt.ru/world/2011/11/11/911448.html
384 https://articlekz.com/article/19854
385 https://vz.ru/economy/2011/9/27/525778.html
386 https://delo.ua/econonomyandpoliticsinukraine/ukraina-mozhet-povy-sit-poshliny-na-350-vidov-tovarov-185703/
387 https://www.unian.net/health/country/765776-ukraina-s-20-marta-zap-retila-import-brazilskoy-svininyi.html
388 http://www.rosbalt.ru/world/2012/07/18/1011700.html
389 http://www.statistica.md/pageview.php?l=ru&idc=327
390 http://www.vedomosti.md/news/kak-moldova-stala-chlenom-vto-i-pochemu-ne-poluchila-ot-etog
391 http://www.d-kvadrat.ru/dk/promo/8399.html
392 http://library.fes.de/pdf-files/akademie/online/50345.pdf
393 Siehe exemplarisch: https://www.brandeins.de/magazine/brand-eins-wirtschaftsmagazin/2003/beziehungen/die-flamme-brennt-der-krieg-ums-oel-geht-weiter
394 http://www.spiegel.de/politik/ausland/geheimpapiere-briten-wollten-irakische-oelfelder-schon-vor-dem-krieg-aufteilen-a-757888.html
395 http://www.faz.net/aktuell/politik/ausland/militaerausgaben-auf-hoechs-tem-wert-seit-1990-15561649.html
396 https://www.n-tv.de/politik/Die-Bush-Rede-in-Auszuegen-article136486.html
397 https://www.netacad.com/
398 Winfried Wolf, Fusionsfieber oder: Das große Fressen, PapyRossa Verlag, Köln, 2000.
399 https://www.globaljustice.org.uk//sites/default/files/files/resources/corporations_vs_governments_final.pdf
400 https://www.mdr.de/nachrichten/wirtschaft/zahl-der-milliardaere-waechst-rasant-100.html
401 Siehe exemplarisch: Joseph Stiglitz, Die Schatten der Globalisierung,

Goldmann, München, 2004; Joseph Stiglitz, Die Chancen der Globalisierung, Siedler, München, 2006.

402 Zbigniew Brzezinski, Die einzige Weltmacht... a. a. O.

403 12. Oktober 1999.

404 https://monthlyreview.org/2002/06/01/social-justice-and-globalization-are-they-compatible/; siehe auch: Serge Latouche, D'autres mondes sont possibles, pas une autre mondialisation, Revue du MAUSS, La Découverte, Nr. 20, 2002.

405 Samuel P. Huntington, The Clash of Civilizations? Foreign Affairs, 72:3 (Summer 1993).

406 http://old.russ.ru/politics/20021125-mcbr-pr.html; Siehe auch: Макбрайд У., Глобализация и межкультурный диалог, Вопросы философии, Nr. 1, 2003.

407 https://www.zeit.de/politik/deutschland/2012-09/mohammed-video-islamisten-drohung-deutschland

408 https://www.welt.de/politik/ausland/article109435307/Kopfgeld-Minister-jagt-den-Mohammed-Filmemacher.html

409 Engels, Friedrich, Der Ursprung der Familie, des Privateigentums und des Staats. in: Karl Marx/Friedrich Engels – Werke. Band 21, Dietz Verlag, Berlin, 1975.

410 Ebenda.

411 Ebenda.

412 https://www.welt.de/politik/deutschland/article7222075/Tuerken-sind-die-Sorgenkinder-der-Integration.html; https://www.welt.de/politik/article3088721/Warum-Tuerken-bei-der-Integration-nicht-mitspielen.html

413 https://whc.unesco.org/en/list/119

414 https://www.tagesspiegel.de/wissen/afghanistan-die-bunten-buddhas-von-bamiyan/3929032.html

415 https://www.tagesspiegel.de/politik/buddha-in-not-taliban-schiessen-mit-granaten-auf-antike-statuen/207636.html; https://diepresse.com/home/politik/aussenpolitik/341487/Islamisten-zerstoerten-BuddhaStatue-in-Pakistan

416 https://www.lejournalinternational.fr/Gated-communities-the-American-dream-behind-walls_a1344.html

417 https://www.newsweek.com/2018/03/30/school-segregation-america-today-bad-1960-855256.html

418 Johann Gottfried Herder, Ideen zur Philosophie der Geschichte der Menschheit, Holzinger, Berlin, 2013.

419 https://www.businesslocationcenter.de/de/A/ii/2/popupseite0.html

420 Siehe dazu: https://www.statistik-berlin-brandenburg.de/publikationen/aufsaetze/2012/HZ_201203-05.pdf

421 Siehe exemplarisch: https://www.focus.de/panorama/reportage/reportage-das-hochsicherheits-paradies_aid_190534.html; https://www.stern.de/politik/ausland/kriminalitaet-in-suedafrika---weisse-farmer-im--feindesland--7617322.

html
422 https://de.blastingnews.com/panorama/2017/04/weisse-sollen-lebendig-begraben-werden-schwarzer-rassismus-in-sudafrika-001626983.html
423 https://de.statista.com/statistik/daten/studie/156671/umfrage/morde-in-suedafrika-seit-april-2003/
424 https://www.daserste.de/information/politik-weltgeschehen/weltspiegel/sendung/swr/2013/suedafrika-vergewaltigung-100.html
425 https://www.zeit.de/kultur/2017-01/jacob-zuma-teflon-praesident-sued-afrika-frauen-einfluss-10nach8
426 https://de.statista.com/statistik/daten/studie/156675/umfrage/sexual-straftaten-in-suedafrika-seit-april-2003/
427 http://www.spiegel.de/panorama/gesellschaft/missbrauch-in-suedafrika-alle-zehn-minuten-eine-vergewaltigung-a-632612.html
428 https://derstandard.at/2000040686016/SuedafrikaDie-HIV-Situation-ist-katastrophal
429 https://welt.sebaworld.de/bevoelkerung/aids-tote.php
430 http://www.strassenkinderreport.de/index.php?goto=207&user_name=
431 http://www.spiegel.de/panorama/gesellschaft/missbrauch-in-suedafrika-alle-zehn-minuten-eine-vergewaltigung-a-632612.html
432 https://www.aerztezeitung.de/medizin/krankheiten/infektionskrankheiten/aids/article/629197/fast-jede-dritte-schwangere-suedafrika-hiv-infiziert.html
433 https://issafrica.org/crimehub/; https://www.unodc.org/documents/gsh/pdfs/2014_GLOBAL_HOMICIDE_BOOK_web.pdf; https://www.focus.de/politik/ausland/suedafrika-weltmeister-des-verbrechens_aid_157594.html; https://www.kapstadt.de/reise/infos/kriminalitaet/kriminalitaetsstatistik
434 Willie Clack, The Extent of Livestock Theft in South Africa, University of South Africa, January 2013, in: https://www.researchgate.net/publication/285371222_The_Extent_of_Livestock_Theft_in_South_Africa; sowie: www.ann7.com/stock-theft-of-the-rise-in-sa/; https://www.pressreader.com/south-africa/sunday-times/20180902/281852939444437; https://www.farmersweekly.co.za/opinion/by-invitation/stock-theft-threatens-growth-sas-goat-value-chain/
435 http://www.rpo.co.za/wp-content/uploads/2016/04/Bunei_Stock-theft-in-Africa_20170925.pdf
436 http://hdr.undp.org/sites/default/files/reports/222/hdr_1993_en_complete_nostats.pdf
437 http://hdr.undp.org/en/2018-update
438 Siehe exemplarisch: Dan Roodt, The Scourge of the ANC, PRAAG, 2005.
439 Siehe exemplarisch: https://www.nzz.ch/article84QFK-1.397748
440 http://www.un.org/depts/german/internatrecht/roemstat1.html
441 2018. Siehe: https://de.statista.com/statistik/daten/studie/254735/umfrage/arbeitslosenquote-in-suedafrika/
442 https://lenta.ru/news/2005/08/01/zimbabwe/

443 https://www.theatlantic.com/magazine/archive/2003/12/how-to-kill-a-country/302845/
444 https://www.cia.gov/library/publications/the-world-factbook/geos/zi.html
445 https://www.economist.com/middle-east-and-africa/2009/03/05/whose-land
446 https://lenta.ru/news/2005/08/01/zimbabwe/
447 https://www.stern.de/politik/ausland/inflation-in-simbabwe-im-land-der-armen-millionaere-3855160.html
448 https://www.welt.de/wall-street-journal/article113279014/Simbabwe-hat-nur-noch-217-Dollar-in-der-Staatskasse.html
449 Siehe exemplarisch: http://www.smolne.de/html/body_zimbabwe.html; http://blog.care.de/hoffnung-muss-sein/
450 https://www.welt.de/wall-street-journal/article113279014/Simbabwe-hat-nur-noch-217-Dollar-in-der-Staatskasse.html
451 https://www.laenderdaten.de/wirtschaft/arbeitslosenquote.aspx
452 https://www.cia.gov/library/publications/the-world-factbook/geos/zi.html
453 http://www.taz.de/!5485748/
454 https://de.actualitix.com/land/zaf/republik-sudafrika-getreide-import.php
455 http://www.suedafrikatour.de/regionen/gauteng/johannesburg/randburg_und_sandton.htm
456 https://www.zeit.de/2012/07/DOS-Farmermorde/seite-6
457 https://www.luzernerzeitung.ch/international/weisse-arbeiter-fuhlen-sich-diskriminiert-ld.1050606; http://www.faz.net/aktuell/wirtschaft/wirtschaftspolitik/suedafrika-schwarze-buerger-werden-gezielt-bevorzugt-12910444.html
458 https://www.journalistenwatch.com/2018/02/28/landumverteilung-suedafrika-will-weisse-farmer-enteignen/
459 http://palm.newsru.com/background/15aug2005/sharonsplan.html
460 http://mfa.gov.il/MFA/AboutIsrael/Maps/Pages/Israels%20Disengagement%20Plan-%202005.aspx
461 http://www.hagalil.com/archiv/2004/09/sharon.htm
462 Leslie Susser, Gaza: The Doomed Experiment, The Jerusalem Report, 19. September 2005.
463 http://www.israelheute.com/Nachrichten/Artikel/tabid/179/nid/25584/Default.aspx?hp=more_news
464 https://www.thecanadianencyclopedia.ca/en/article/aboriginal-people-demography
465 Siehe exemplarisch: https://www.zeit.de/2011/43/50-Jahre-Migration-Einleitung/komplettansicht
466 Keilinschriftliche Bibliothek, herausgegeben von Eberhard Schrader, Ber-

lin 1889. B. 1. S. 91. (https://books.google.de/books?id=nTQJAwAAQBAJ&pg=PA91&lpg=PA91&dq=Assyrien+Ich+schnitt+den+Gefangenen+die+H%C3%A4nde+ab&source=bl&ots=s-JXdPbWOQ&sig=wUUZ4ZMtrM0mO1KEAq0SxvT8Ba8&hl=de&sa=X&ved=2ahUKEwiwybbp8bDeAhWPqIsKHe6kC6kQ6AEwAnoECAUQAQ#v=onepage&q=Assyrien%20Ich%20schnitt%20den%20Gefangenen%20die%20H%C3%A4nde%20ab&f=false)

467 http://scibook.net/drevnego-vostoka-istoriya/nazidaniya-assiriyskoy-istorii-27556.html

468 http://www.ulrich-menzel.de/odw/1793.html

469 Zbigniew Brzezinski, Die einzige Weltmacht...

470 John Ikenberry, Creating Liberal Order. The Origins and Persistence of the Postwar Western Settlement, Philadelphia, University of Pennsylvania, 1995. Zit. nach: Zbigniew Brzezinski, Die einzige Weltmacht...

471 Leipziger Volkszeitung, Nr. 54, 5. März 2019.

472 Siehe exemplarisch: https://www.zeit.de/2010/24/Griechenland-EG-Beitritt; https://www1.wdr.de/stichtag/stichtag8326.html;

473 Siehe exemplarisch: https://www.bild.de/politik/wirtschaft/griechenland-krise/so-raeumt-rot-gruen-den-griechen-den-weg-zum-euro-frei-14490052.bild.html; https://www.stern.de/noch-fragen/eu-eintritt-von-griechenland-1000754271.html; https://www.stern.de/politik/deutschland/griechenlands-euro-beitritt-eu-kommission-raeumte-versagen-schon-2004-ein-3100008.html

474 Siehe exemplarisch: http://www.manager-magazin.de/politik/artikel/a-817292.html; https://www.welt.de/politik/ausland/article144178920/Eine-Welle-von-Deutschenhass-rollt-durch-Europa.html

475 Zit. nach: Нерсесянц В.С. История политических и правовых учений, Москва, 1998.

476 Siehe exemplarisch: http://www.faz.net/aktuell/wirtschaft/eurokrise/die-fuenf-phasen-des-schlamassels-eine-kurze-geschichte-der-euro-krise-11115128.html

477 https://www.sueddeutsche.de/politik/europaeische-union-sechs-mythen-ueber-die-eu-und-was-wirklich-dran-ist-1.1950690-2

478 Siehe exemplarisch: https://www.bild.de/geld/mein-geld/gehalt-und-steuern/wie-verdient-man-10000-euro-in-bruessel-52802312.bild.html; https://www.focus.de/finanzen/news/arbeitsmarkt/tid-31063/automatische-befoerderungen-zuschlaege-entschaedigungen-3500-euro-nettogehalt-fuer-newcomer-eu-beamte-fuerchten-um-ihre-privilegien-zuschlaege-ohne-ende-so-viel-verdienen-die-eu-beamten_aid_982762.html

479 Diese und ähnliche gravierende Beispiele der Geldverschwendung sind in den Jahresberichten des Europäischen Rechnungshofes »Über die Ausführung des Haushaltsplans« der EU festgehalten. Zu finden unter: https://www.eca.europa.eu/de/Pages/ecadefault.aspx

480 https://www.polish-online.com/polen/wirtschaft/eu-begeisterung.php;

https://www.express.co.uk/news/world/935620/Poland-EU-exit-Polexit-will-Poland-leave-European-Union

481 Jacques Chirac, Chaque pas doit être un but, NiL Éditions, 2009.

482 https://eur-lex.europa.eu/legal-content/DE/TXT/?uri=CELEX%3A31988R1677

483 https://www.stern.de/wirtschaft/news/eu-richtlinien-das-comeback-der-krummen-gurke-3738466.html

484 http://www.lmk-saar.de/fachbeitraege/090624190429.pdf

485 http://www.fao.org/news/story/en/item/74192/icode/

486 https://www.wwf.de/fileadmin/fm-wwf/Publikationen-PDF/WWF_Studie_Das_grosse_Wegschmeissen.pdf

487 https://www.sueddeutsche.de/wirtschaft/verfahren-gegen-mehrere-unternehmen-das-kartoffel-kartell-1.1670092

488 Saving Water: From Field to Fork – Curbing Losses and Wastage in the Food Chain. SIWI Policy Brief. SIWI, 2008. In:https://www.researchgate.net/publication/281395974_Saving_water_From_field_to_fork_Curbing_losses_and_wastage_in_the_food_chain_Draft_for_CDS_May_2008_SIWI_Paper_13

489 https://start-green.net/aktuelles/nachrichten/lebensmittelverschwendung-wird-zum-umweltproblem/

490 https://www.sueddeutsche.de/wirtschaft/verfahren-gegen-mehrere-unternehmen-das-kartoffel-kartell-1.1670092

491 https://www.berlin-institut.org/fileadmin/user_upload/Studien/Kurzfassung_Europa_d_sicher.pdf

492 https://www.americandream.de/rentenversicherung-in-den-usa-06-03/

493 https://sozialversicherung-kompetent.de/rentenversicherung/zahlen-werte/796-beitragssatz-rentenversicherung-2018.html

494 https://de.statista.com/statistik/daten/studie/154798/umfrage/deutsche-staatsverschuldung-seit-2003/

495 https://www.smava.de/eurozone-schulden-uhr/

496 http://www.spiegel.de/spiegel/print/d-89571123.html

497 https://www.wiwo.de/politik/europa/defizitzahlen-eu-staaten-kaempfen-mit-dem-schuldenberg/8962336.html

498 Eurostat: https://www.google.com/search?client=firefox-b&biw=1280&bih=607&ei=dsflW9P0DoHHrgSrqIZo&q=italien+staatsverschuldung+in+prozent+des+bip&oq=griechenland+staatsverschuldung+in+prozent+des+bip&gs_l=psy-ab.1.3.0i71k1l8.0.0.0.93020.0.0.0.0.0.0.0.0..0.0....0...1..64.psy-ab..0.0.0....0.5IP74gF5KPQ

499 Eurostat: https://www.google.com/search?client=firefox-b&q=griechenland+staatsverschuldung+in+prozent+des+bip&stick=H4sIAAAAAAAAAOPgUeLQz9U3MDYtrNSyzk620s_JT04syczP0y8uAdLFJZnJiTnxRanpQCGr9Pyy1K-K83NS8kviU1KSS-ILUomQQJz2lAAAYvSwMSQAAAA&sa=X&ved=2ahUKEwi9u_aj7cfeAhWGo4sKHdQRBAYQtx8wEnoECAMQJA&biw=1280&bih=607

500 https://de.statista.com/statistik/daten/studie/163692/umfrage/staatsverschuldung-in-der-eu-in-prozent-des-bruttoinlandsprodukts/

501 https://www.tagesschau.de/wirtschaft/ezbstaatsanleihen100.html

502 https://www.dw.com/de/ezb-anleiheprogramm-l%C3%A4uft-bis-m%C3%A4rz/a-19533306

503 https://www.bundesfinanzministerium.de/Content/DE/Standardartikel/Themen/Europa/Stabilisierung_des_Euro/Finanzhilfemechanismen/EU_Finanzstabilisierungsfazilitaet_EFSF/2012-05-21-europaeische-finanzstabilisierungsfazilitaet-efsf.html

504 https://archiv.bundesregierung.de/archiv-de/was-sind-esm-efsm-und-efsf--407620

505 https://www.wallstreet-online.de/nachricht/10940166-china-begruesst-us-entscheidung-manipulieren-wechselkurs/all

506 https://de.statista.com/statistik/daten/studie/38388/umfrage/entwicklung-des-hoechststeuersatzes-in-schweden/

507 https://www.anwalt.de/rechtstipps/aenderungen-in-der-bulgarischen-steuergesetzgebung_055716.html

508 R. N. Coudenhove-Kalergi, Praktischer Idealismus, Adel – Technik – Pazifismus, Paneuropa-Verlag, Wien – Leipzig, 1925.

509 Siehe exemplarisch: Hans-Werner Sinn, Der schwarze Juni, Verlag Herder, Freiburg, 2016; http://www.manager-magazin.de/finanzen/artikel/deutschland-hat-durch-den-euro-nachteile-a-1021698.html; https://www.theeuropean.de/wilhelm-hankel/4482-vorteile-von-griechenlands-euro-austritt; https://diepresse.com/home/wirtschaft/international/622287/Mein-Beileid_Krugman-bedauert-Estlands-EuroBeitritt

510 https://rp-online.de/politik/ausland/polen-will-euro-in-naeherer-zukunft-nicht_aid-17990587; https://de.sputniknews.com/wirtschaft/20171214318700718-euro-zone-staaten-beitritt/; https://www.sueddeutsche.de/wirtschaft/ungarn-orban-lehnt-euro-einfuehrung-fuer-sein-land-ab-1.1492950

511 http://www.stefan-niggemeier.de/blog/13910/luegen-wie-nicht-gedruckt/

512 http://www.spiegel.de/wirtschaft/soziales/bank-of-cyprus-zwangsabgabe-auf-47-5-prozent-erhoeht-a-913773.html

513 http://www.spiegel.de/wirtschaft/warum-der-zugriff-auf-zyprische-bankkonten-legal-ist-a-889957.html

514 Siehe exemplarisch: https://deutsche-wirtschafts-nachrichten.de/2018/07/13/eu-gericht-glaeubiger-beteiligung-bei-zypern-banken-rechtens/; http://www.manager-magazin.de/politik/europa/eugh-urteil-kein-schadenersatz-fuer-zyperns-sparer-a-1113224.html

515 https://www.youtube.com/watch?v=TH498vnvR5U

516 https://www.wiwo.de/geldpolitik-zerfaellt-die-euro-zone-wie-die-udssr/5939254.html

517 https://www.lemonde.fr/idees/article/2011/11/09/l-europe-finira-t-elle-comme-l-union-sovietique_1601120_3232.html
518 George Friedman, Die nächsten hundert Jahre. Die Weltordnung der Zukunft, Campus, Frankfurt-New York, 2009.
519 https://deutsche-wirtschafts-nachrichten.de/2012/12/28/van-rompuy-britische-sturheit-kann-zum-zerfall-der-eu-fuehren/
520 https://www.opensocietyfoundations.org/voices/george-soros-future-europe-and-russia-open-societies
521 https://www.focus.de/politik/ausland/europa-schlummert-in-vergessenheit-us-investor-soros-vergleicht-eu-mit-untergang-der-sowjetunion-und-warnt-vor-albtraum_id_10315090.html
522 https://www.wiwo.de/politik/europa/portraet-wie-sich-george-soros-als-euro-retter-inszeniert/7751122.html
523 Dr. Heinrich Graf Coudenhove, Das Wesen des Antisemitismus, S. Calvary und Co., Berlin, 1901.
524 Lorenz Jäger, Die Worte des Meisters, Frankfurter Allgemeine Zeitung, 02. Juli 2008. Im Netz: http://www.faz.net/aktuell/feuilleton/freimaurer-in-frankreich-die-worte-des-meisters-1666007.html
525 http://www.bpb.de/internationales/europa/frankreich/177783/freimaurer
526 http://freimaurer.org/freimaurerei/was-ist-freimaurerei/
527 http://www.freimaurerloge-pirmasens.de/index.php/was-ist-freimaurerei.html
528 https://freimaurer-wiki.de/index.php/Philip_Militz
529 http://www.wfg-gk.de/verschwoerung48g.html
530 https://freimaurer-wiki.de/index.php/Freimaurerhetze_heute#Zitate
531 Ernst Freymann / Paul Köthner, Auf den Pfaden der internationalen Freimaurerei. Beiträge zur Geschichte der Gegenwart. Auf Grund ausländischer Logen- und Presseberichte bearbeitet von Br. Ernst Freymann. [d. i.: Paul Köthner], Wittingen, Hann., Tannenbergbund, 1931. Im Netz: https://digital.staatsbibliothek-berlin.de/werkansicht?PPN=PPN820791636&PHYSID=PHYS_0093&DMDID=DMDLOG_0001
532 Oswald Marbach, Agenda B. Ritual and Material für Beförderungs- und Unterrichtslogen im Gesellengrade, Leipzig, Bruno Zachel, 1874. Im Netz: https://babel.hathitrust.org/cgi/pt?id=coo.31924030271476;view=1up;seq=34
533 https://www.theeuropean.de/klaus-kott/33-dr-klaus-kott-im-gespraech-2
534 Oswald Marbach, a.a.O.
535 Oswald Marbach, a.a.O.
536 Im »Mecklenburgischen Logenblatt«, später erschienen als Buch.
537 Siehe auch: Congrès maçonnique international du centenaire 1789-1889 [Texte imprimé] : tenu les 16 et 17 Juillet 1889 à Paris : compte rendu des séances du congrès et discours prononcés dans cette assemblée / Grand Orient de France, suprême Conseil pour la France et les possessions françaises.

538 Freymann / Köthner, a.a.O. Siehe auch: Markus Osterrieder, Welt im Umbruch, Stuttgart, 2014, S. 402.
539 https://freimaurer-wiki.de/index.php/Fronten-Initiative_Fonjallaz_Teil_3
540 Freymann/Köthner, a.a.O.
541 Kölnische Volkszeitung, 8. 10. 1917, zit. nach: Freymann/Köthner… Im Netz: https://digital.staatsbibliothek-berlin.de/werkansicht?PPN=PPN820791636&PHYSID=PHYS_0161&DMDID=DMDLOG_0001
542 Friedrich Wichtl, Weltfreimaurerei, Weltrevolution, Weltrepublik, J. F. Lehmanns, München, 1919. Im Netz: https://archive.org/details/Wichtl-Friedrich-Weltfreimaurerei-Weltrevolution-Weltrepublik/page/n164
543 Friedrich Wichtl, a.a.O.
544 Eugen Lennhoff, Oskar Posner, Dieter A. Binder, Internationales Freimaurerlexikon, Herbig, 7. überarbeitete und aktualisierte Nachauflage, 2011
545 Eugen Lennhoff, Oskar Posner, Dieter A. Binder, a.a.O.
546 Ernst Freymann, Mecklenburgisches Logenblatt, Band 47, 1918/19, Nr. 24. Rostock, 20. Juli 1919, S. 196-197.
547 Hermann Gruber. Mazzini, Freimaurerei und Weltrevolution. Eine Studie zum 30. Jahrestage der Einnahme Roms und zur Jahrhundertwende allen Freunden der öffentlichen Ordnung gewidmet. Nationale Verlagsanst. vorm. Manz, Regensburg, 1901.
548 https://www.grosslogehumanitas.at/freimaurerei-grundsaetze-und-ziele/
549 Ebenda.
550 http://www.faz.net/aktuell/feuilleton/geisteswissenschaften/revolution-der-jungtuerken-laizismus-1678200.html
551 Eugen Lennhoff, Oskar Posner, Dieter A. Binder, a.a.O.
552 Gotthold Ephraim Lessing, Ernst und Falk – Gespräche für Freimaurer, Hamburg, 1981. Im Netz: http://www.literatur-salon.net/salon/lessing_ernstufalk.pdf
553 Tillmann Bendikowski, Der deutsche Glaubenskrieg: Martin Luther, der Papst und die Folgen, C. Bertelsmann, München, 2016.
554 Leon de Poncins, Hinter den Kulissen der Revolution. Band 1. Das Freimaurertum, Schlieffen-Verlag, Berlin, 1929.
555 Robert A. Minder, Freimaurer Politiker Lexikon, Innsbruck, 2004.
556 Lorenz Jäger, ebenda.
557 https://www.huffingtonpost.de/2016/11/22/deutscher-freimauerer-packt-aus_n_13149410.html
558 https://www.theeuropean.de/klaus-kott/33-dr-klaus-kott-im-gespraech-2
559 https://brudertreue.ch/fm-revolutionen/
560 Tom Goeller, Freimaurer – Aufklärung eines Mythos, bebra, Berlin, 2006.
561 http://statehistory.ru/1977/Zapret-masonskikh-lozh-Nikolaem-I-na-materialakh-Glavnogo-upravleniya-pocht/
562 Павел Милюков. Воспоминания, Вагриус, Москва, 2001.

563 Нина Берберова, Люди и ложи. Русские масоны XX столетия. Im Netz: http://rus-sky.com/history/library/berberova.htm#_Toc60582296
564 Freymann/Köthner, a.a.O. Im Netz: https://digital.staatsbibliothek-berlin.de/werkansicht?PPN=PPN820794260&PHYSID=PHYS_0189&DMDID=DMDLOG_0001
565 Siehe exemplarisch: Giordano Gamberini, Mille volti di massoni, Erasmo, 1975.
566 https://archive.org/details/Wichtl-Friedrich-Weltfreimaurerei-Weltrevolution-Weltrepublik/
567 Oswald Marbach, a. a. O.
568 Oliver Janich, Die Vereinigten Staaten von Europa. Geheimdokumente enthüllen: Die dunklen Pläne der Elite. FinanzBuch-Verlag, München, 2013.
569 https://www.textlog.de/6566.html
570 https://freimaurer-wiki.de/index.php/Karl_Christian_Friedrich_Krause
571 http://www.tabularasa-jena.de/artikel/artikel_586/; siehe auch: Reinhard Horn, Der Einfluß freimaurerischer Ideen auf Krauses »Urbild der Menschheit«, in: K. Chr. F. Krause (1781-1832), Studien zu seiner Philosophie und zum Krausismo, herausg. v. K.-M. Kodalle, Hamburg, 1985.
572 Franz Josef Razen, Maurerischer Blüthenkranz aus den Archiven teutscher Logen, Mannheim, 1822-1830.
573 Eugen Lennhoff, Oskar Posner, Dieter A. Binder, a. a. O.
574 http://www.regelschule-eisenberg.de/karl-christian-friedrich-krause/
575 Die Hand zum Bunde, Der Spiegel, 25/1950. Im Netz: http://www.spiegel.de/spiegel/print/d-44448361.html
576 Gotthold Ephraim Lessing, a. a. O.
577 Нина Берберова, Люди и ложи...
578 Johann Friederichs, Wohin stolpert Europa?: Stillstand, Abwicklung, Rettung? Kindle Edition, Books on Demand, 2015.
579 Richard Coudenhove-Kalergi, Ein Leben für Europa, Kiepenheuer und Witsch, Köln, 1966.
580 https://www.konrad-adenauer.de/dokumente/reden/1946-03-06-rede-zum-programm-der-cdu-im-nwdr
581 https://www.churchill-in-zurich.ch/site/assets/files/1807/rede_winston_churchill_deutsch.pdf
582 https://www.margaretthatcher.org/archive/Bruges.asp
583 Frankfurter Rundschau, 28. Oktober 1992.
584 https://www.zeit.de/politik/deutschland/2011-08/leyen-politische-union-europa
585 https://www.abendblatt.de/politik/article110767639/Merkel-wirbt-fuer-Vereinigte-Staaten-von-Europa.html
586 https://www.welt.de/politik/ausland/article144204035/Hollande-fordert-die-EU-Regierung.html

587 https://diepresse.com/home/politik/innenpolitik/4939292/Van-der-Bellen-will-Vereinigte-Staaten-von-Europa

588 https://www.zeit.de/politik/ausland/2018-11/emmanuel-macron-volkstrauertag-eu-reform-bundestag

589 Walter Göhring. Richard Coudenhove-Kalergi: Ein Leben für Paneuropa, Kremayr & Scheriau, 2016.

590 Alfred H. Fried, Pan-Amerika: Entwicklung, Umfang und Bedeutung der zwischenstaatlichen Organisation in Amerika (1810-1916). Maritima, London-Berlin-New-York, 1910.

591 Richard Nicolaus Coudenhove-Kalergi. Ein Leben für Europa...

592 Richard Nicolaus Coudenhove-Kalergi. Ein Leben für Europa...

593 https://www.karlspreis.de/de/preistraeger/richard-nikolaus-graf-coudenhove-kalergi-1950/vita

594 Friedrich Hayek, Wege zur Knechtschaft, Olzog, München, 2011.

595 Hugo Ball, Zur Kritik der deutschen Intelligenz, Suhrkamp, Frankfurt am Main, 1991.

596 Wolfgang Michalka [Hrsg.], Deutsche Geschichte 1933 – 1945: Dokumente zur Innen- und Außenpolitik, Fischer-Taschenbuch, Frankfurt am Main, 1999.

597 https://eleven.co.il/zionism/precursors-emergence/10674/

598 http://texts.news/politicheskih-pravovyih-istoriya/sverhchelovek-sverhnarod-47658.html

599 Ахад Гаам, На распутье, в трех томах, 1902-1904 г. Zit. nach: Еврейская энциклопедия Брокгауза и Ефрона, https://ru.wikisource.org/wiki/%D0%95%D0%AD%D0%91%D0%95/%D0%90%D1%85%D0%B0%D0%B4-%D0%93%D0%B0%D0%B0%D0%BC

600 https://www.welt.de/print-welt/article423170/Risiko-Deutschland-Joschka-Fischer-in-Bedraengnis.html

601 http://www.spiegel.de/spiegel/print/d-13507379.html

602 https://www.zeit.de/2016/30/stefanie-von-berg-beleidigung-prozess

603 Oliver Decker, Johannes Kiess und Elmar Brähler, Die stabilisierte Mitte – Rechtsextreme Einstellung in Deutschland 2014, http://www.qucosa.de/fileadmin/data/qucosa/documents/14490/Mitte_Leipzig_Internet.pdf

604 https://m.focus.de/politik/deutschland/debatte-nach-g20-ausschreitungen-verteilung-der-foerdermittel-zeigt-wie-wenig-der-bund-gegen-linksmilitanz-tut_id_7351231.html

605 Bundesministerium des Inneren, Angaben zu politisch motivierten Kriminalität, Straftaten nach Deliktsbereichen 2016 und 2017. https://www.bmi.bund.de/SharedDocs/downloads/DE/veroeffentlichungen/2018/pmk-2017-deliktsbereiche.pdf;jsessionid=A6AE2240844CD7313623E5B3FAED7DE9.2_cid364?__blob=publicationFile&v=3

606 http://zakon.rada.gov.ua/laws/show/317-19

607 https://www.waz.de/region/rhein-und-ruhr/sabotage-akt-gegen-bahn-in-nrw-strecke-wieder-freigegeben-id215409937.html
608 https://www.destatis.de/DE/Publikationen/StatistischesJahrbuch/StatistischesJahrbuch2018.pdf?__blob=publicationFile
609 https://www.destatis.de/DE/Publikationen/Thematisch/Bevoelkerung/MigrationIntegration/AuslaendBevoelkerung2010200177004.pdf?__blob=publicationFile
610 https://www.destatis.de/DE/ZahlenFakten/GesellschaftStaat/Rechtspflege/Tabellen/AuslaendischeVerurteilte.html;jsessionid=71AEE59419A1DFDFADD65A4152D72E22.InternetLive1
611 https://www.destatis.de/DE/Publikationen/StatistischesJahrbuch/StatistischesJahrbuch2018.pdf?__blob=publicationFile
612 https://www.destatis.de/DE/ZahlenFakten/GesellschaftStaat/Rechtspflege/Tabellen/AuslaendischeVerurteilte.html;jsessionid=71AEE59419A1DFDFADD65A4152D72E22.InternetLive1
613 https://ihr-sicheres.haus/wie-kriminell-sind-auslaender
614 https://www.marx21.de/sind-auslaender-krimineller-als-deutsche/
615 https://orange.handelsblatt.com/artikel/46536
616 https://rp-online.de/politik/deutschland/interview-sind-auslaender-krimineller_aid-17978523
617 https://www.landeszeitung.de/blog/lokales/2059102-kriminelle-auslaender
618 https://www.fluter.de/steigt-durch-auslaender-die-kriminalitaet-in-deutschland
619 https://www.destatis.de/DE/ZahlenFakten/GesellschaftStaat/Bevoelkerung/MigrationIntegration/MigrationIntegration.html
620 https://www.bka.de/SharedDocs/Downloads/DE/Publikationen/JahresberichteUndLagebilder/KriminalitaetImKontextVonZuwanderung/KriminalitaetImKontextVonZuwanderung_2018.html?nn=62336
621 https://www.sueddeutsche.de/politik/hintergrund-warum-das-npd-verbotsverfahren-scheiterte-1.827456
622 https://www.handelsblatt.com/politik/deutschland/verfassungsschutz-mehr-als-130-v-maenner-in-der-npd/5946034.html?ticket=ST-296665-hfRCRG-1faHBqze9MrbXq-ap1
623 http://www.hagalil.com/archiv/2005/07/1969.htm
624 https://scepsis.net/authors/id_152_full.html
625 Im Namen des Lebens. Ein Porträt im Gespräch mit Hans Jürgen Schultz, in: Erich Fromm, Über die Liebe zum Leben, Rundfunksendungen. Hier zitiert aus: http://www.irwish.de/PDF/Fromm/Fromm-Ueber_die_Liebe_zum_Leben.pdf
626 Originaltitel: The Anatomy of Human Destructiveness. Deutsch: Erich Fromm, Anatomie der menschlichen Destruktivität, Stuttgart, DVA, 1974. Zitate

in dem Kapitel nach: http://www.irwish.de/PDF/Fromm/Fromm-Anatomie_der_menschlichen_Destruktivitaet.pdf
627 http://www.spiegel.de/politik/ausland/suedafrika-usa-streichen-mandela-von-ihrer-terrorliste-a-563474.html
628 Jay Robert Nash, Terrorism in the 20th Century, M. Evans, New York, 1998.
629 Thurston Clarke, By Blood and Fire. The Attack on the King David Hotel. Hutchinson, London, 1981.
630 Original unter: https://archive.org/details/AlbertEinsteinLetterToTheNewYorkTimes.December41948; zit. nach: http://www.soziale-opposition.de/einstein-arendt/
631 http://www.etzel.org.il/english/people/hakim.htm
632 http://www.etzel.org.il/english/people/betzuri.htm
633 Життя і діяльність Степана Бандери: документи і матеріали / Редактор і упорядник Микола Посівнич. – Тернопіль, Астон, 2008; Святослав Липовецький. Червоно-чорне: 100 бандерівських оповідок. Піраміда, Львів, 2009.
634 https://ukranews.com/ua/news/506336-roman-shukhevych-kazav-druzhyni-shho-ideyu-lyubyt-bilshe-nizh-ii-ta-syna-arkhiv-sbu
635 Michael Billig, Banal Nationalism. SAGE Publications Ltd, London, 1995.
636 https://ukraine-nachrichten.de/europ%C3%A4isches-parlament-fordert-aberkennung-titels-held-ukraine-stepan-bandera_2234
637 https://zn.ua/POLITICS/pavel_zalevski_esli_ukraina_dumaet_o_chlenstve_v_evrosoyuze,_ona_dolzhna_peresmotret_rol_bandery_v_i.html
638 П. П. Заварзин, Работа тайной полиции. В кн.: »Охранка«. Воспоминания руководителей политического сыска, Москва, НЛО, 2004. Im Netz: https://coollib.net/b/232394/read#t19
639 Mahatma Gandhi, Mein Leben, Suhrkamp, Berlin, 1983.
640 George Orwell, Reflections on Gandhi, in: Schooting an Elefant and other Essays, Penguin books, 2009. Im Netz: http://arvindguptatoys.com/arvindgupta/gandhi-orwell.pdf
641 Fischer Louis, Gandhi and Stalin – Two Signs at the Worlds Crossroads, Harper & Row Publishers, Inc., 1947.
642 Gene Sharp, Von der Diktatur zur Demokratie: Ein Leitfaden für die Befreiung, C. H. Beck, München, 2014.
643 Наталья Лопатинская. Интервью с Аудрюсом Буткявичюсом, »Обзор«, №27 (182), июль 2000 г.
644 Der »Machiavelli der Gewaltlosigkeit«, Neues Deutschland, 07. Dezember 2012.
645 https://medforth.wordpress.com/2011/07/31/scharia-in-waltham-forest-islamische-extremisten-erklaren-die-erste-scharia-zone-in-grosbritannien-die-beunruhigenden-sozialen-und-moralischen-auswirkungen/

646 https://www.t-online.de/leben/reisen/reisetipps/id_81628614/schulpflicht-umgehen-fuer-den-urlaub-zu-schwaenzen-ist-teuer-.html
647 Paul Julius Möbius, Ueber die Anlage zur Mathematik, Johann Ambrosius Barth, Leipzig, 1900.
648 Paul Julius Möbius, Über den physiologischen Schwachsinn des Weibes, Bechtermünz, Augsburg, 2000.
649 Voltaire, Essai sur les mœurs et l'esprit des nations – Essay über die Gebräuche und den Geist der Nationen, 1756.
650 Montesquieu, De L'esprit des Loix – Vom Geist der Gesetze, 1748.
651 Friedrich Carl von Moser, Von dem deutschen Nationalgeist. Nachdruck der Ausgabe von 1766, Notos Verlag, Athen, 1976.
652 Johann Gottfried Herder, Theoretische Schriften, Ideen zur Philosophie der Geschichte der Menschheit, Zweiter Teil, Neuntes Buch, Kapitel 4. Die Regierungen sind festgestellte Ordnungen, in: Werke in 10 Bänden, Herausgegeben von Martin Bollacher. Deutscher Klassiker Verlag, Frankfurt, 1989.
653 Sturm und Drang. Weltanschauliche und ästhetische Schriften. Herausgegeben von Peter Müller, Band 1–2, Berlin und Weimar, Aufbau, 1978.
654 Aus den *Ideen zur Philosophie der Geschichte der Menschheit*, in: Familien-Bibliothek der deutschen Klassiker. Eine Anthologie in hundert Bänden, Fragmentarische Anthologie aus Herder, Band 32, Hildburghausen und Amsterdam, 1843.
655 Johann Gottfried Herder, Sämtliche Werke zur Philosophie und Geschichte. Vierter Teil, Ideen zur Geschichte der Menschheit, Zweiter Teil, Band 3, Wien, 1813.
656 Ernst Moritz Arndt, Des Deutschen Vaterland (gekürzt). In: Werke. Auswahl in zwölf Teilen, Bd. 1: Gedichte. Herausgegeben von August Leffson. Berlin u. a., 1912.
657 Heinrich von Kleist, Sämtliche Werke und Briefe in vier Bänden, Bd. 1. München u. a., 1982.
658 Johann Gottlieb Fichte, Reden an die deutsche Nation, Philosophische Bibliothek, Meiner, Hamburg, 2008.
659 Ebenda.
660 Charles Darwin, On the Origin of Species by Means of Natural Selection, or the Preservation of Favoured Races in the Struggle for Life, John Murray, London, 1859.
661 T. R. Malthus, An Essay on the Principle of Population, J. Johnson, London, 1798.
662 Charles Darwin, The descent of man, and selection in relation to sex, John Murray, London, 1879.
663 Siehe exemplarisch: Marquise de Sade, Die Philosophie im Boudoir, oder Die lasterhaften Lehrmeister, Anaconda, Köln, 2010.
664 Houston Chamberlain, Die Grundlagen des neunzehnten Jahrhunderts,

Nachdruck der Ausgabe von 1899, Hansebooks, Norderstedt, 2016.
665 Walter Bagehot, The English Constitution, Chapman and Hall, London, 1867.
666 Walter Bagehot, Physics and politics. Thoughts on the application of the principles of »natural selection« and »inheritance« to political society, Cosimo Classics, New York, 2007.
667 Ebenda.
668 Albert Eberhard Friedrich Schäffle, Bau und Leben des Sozialen Körpers, Verlag und Antiquariat Gruber, 1998.
669 Albert Eberhard Friedrich Schäffle, Die Aussichtslosigkeit der Sozialdemokratie: Drei Briefe an einen Staatsmann, Hansebooks, 2017.
670 Arthur Schopenhauer, Die Welt als Wille und Vorstellung, Herausgegeben von Oliver Hallich und Matthias Koßler, de Gruyter, Berlin, 2014.
671 Siehe exemplarisch: Genealogie der Moral und Jenseits von Gut und Böse. In: Friedrich Nietzsche, Gesammelte Werke, Gondrom, Bindlach, 2005.
672 Siehe: Friedrich Nietzsche, Also sprach Zarathustra. In: Friedrich Nietzsche, Gesammelte Werke, Gondrom, Bindlach, 2005.
673 Ernst Jünger, Sämtliche Werke, in 22 Bänden, Klett-Cotta, 2015.
674 Ernst Jünger, Die totale Mobilmachung, 1930, in: Sämtliche Werke, Band 9: Essays I: Betrachtungen zur Zeit, Klett-Cotta, 1978 -1983.
675 Siehe: Lutz Hagestedt, Ambivalenz des Ruhmes, Ernst Jüngers Autorschaft im Zeichen des Goethepreises, in: Ernst Jünger. Politik, Mythos, Kunst. Herausgegeben von Lutz Hagestedt, de Gruyter, Berlin-New York, 2004.
676 Friedrich Georg Jünger, Der Aufmarsch des Nationalismus, Der Aufmarsch, Leipzig, 1926.
677 Siehe exemplarisch: Hans-Ulrich Wehler, Deutsche Gesellschaftsgeschichte, 5 Bände, Beck, München, 1987–2008.
678 Hier und weiter: Die Vorsokratiker, Herausgegeben von M. Laura Gemelli Marciano, in 3 Bänden, Band 3, griechisch / deutsch, Artemis und Winkler Verlag, Mannheim, 2007 – 2010.
679 Platon, Der Staat, Reclams Universal-Bibliothek 8205, Philipp Reclam Jun., 2012.
680 Ebenda.
681 Aristoteles, Politik, Akademie Verlag, Berlin, 2011.
682 Siehe exemplarisch: Paul de Lagarde, Deutsche Schriften, Lüder Horstmann, Göttingen, 1903.
683 Julius Langbehn, Rembrandt als Erzieher, Tredition, Hamburg, 2012.
684 Moeller van den Bruck, Das dritte Reich, Hanseatische Verlagsgesellschaft, 1931.
685 Oswald Spengler, Der Untergang des Abendlandes, Patmos Verlag, Albatros Verlag, Düsseldorf, 2007.
686 Oswald Spengler, Jahre der Entscheidung, Tredition, Hamburg, 2012.

687 Immanuel Kant, Physische Geographie. In: Immanuel Kant's sämmtliche Werke, Bände 5-6, Leopold Voss, Leipzig, 1839.
688 Immanuel Kant, Beobachtungen über das Gefühl des Schönen und Erhabenen, Werke in sechs Bänden, Band 1, Könemann, Köln, 1995.
689 https://gutenberg.spiegel.de/buch/vorlesungen-uber-die-philosophie-der-geschichte-1657/2
690 https://www.friedrich-schiller-archiv.de/historische-schriften/was-heisst-und-zu-welchem-ende-studiert-man-universalgeschichte/
691 Arthur Gobineau, Ludwig Schemann (Übers.), Versuch über die Ungleichheit der Menschenrassen, Fr. Frommanns Verlag, 1902-1903.
692 Houston Stewart Chamberlain, Die Grundlagen... a. a. O
693 Ludwig Woltmann, Politische Anthropologie. Eine Untersuchung über den Einfluss der Descendenztheorie auf die Lehre von der politischen Entwicklung der Völker, Thüringische Verlagsanstalt, Eisenach, 1903.
694 Patrick von zur Mühlen, Rassenideologien: Geschichte und Hintergründe. Verlag J. H. W. Dietz Nachf., Bonn, 1977.
695 G. Vacher de Lapouge, Der Arier und seine Bedeutung für die Gemeinschaft. Freier Kursus in Staatskunde, gehalten an der Universität Montpellier 1889-1890, Frankfurt am Main, Moritz Diesterweg, 1939. Zit. hier nach: Жорж Ваше де Лапуж. Ариец и его социальная роль, Originaltitel: L'Aryen: Son Role Social, Издательство: Кучково поле, Медиа-группа, 2014.
696 G. Vacher de Lapouge, De l'Inégalité Parmi les Hommes, Revue d'Anthropologie, Nr. 3, 1888.
697 Zit. nach: Владимир Авдеев, Антропосоциология Жоржа Ваше де Лапужа, http://ruskolan.com/avdeev/lap.htm, vergl: Jean Boissel, Paul Valéry et Georges Vacher de Lapouge à Montpellier (1888 – 1893) in: Cahiers, Paul Valéry, VI, Paris, Gallimard, 1980.
698 Vergl: Gustav Ratzenhofer, Die sociologische Erkenntnis. Positive Philosophie des socialen Lebens, F. A. Brockhaus, Leipzig, 1898. und: Ratzenhofer, Gustav, Der positive Monismus und das einheitliche Princip aller Erscheinungen, F. A. Brockhaus, Leipzig, 1899.
699 Madison Grant, Der Untergang der großen Rasse. Die Rassen als Grundlage der Geschichte Europas. J. F. Lehmanns Verlag, München, 1925.
700 Timothy W. Ryback, Hitlers Bücher. Seine Bibliothek, sein Denken. Fackelträger, Köln, 2010.
701 Dieter Just, Zu den philosophischen Fundamenten der Hitler-Barbarei, Kapitel 21. Ein amerikanischer Rassist, Waiblingen, 2011.
702 Hitler, Mein Kampf, Eine kritische Edition. Band II, Institut für Zeitgeschichte München – Berlin, 2016, S. 1117.
703 Ebenda.
704 Ebenda, S. 1116.
705 Friedrich Ratzel, Erdenmacht und Völkerschicksal, Alfred Kröner Verlag,

1940. Neu: Tredition classics, Hamburg, 2012. Im Netz: http://gutenberg.spiegel.de/buch/erdenmacht-und-volkerschicksal-4974

706 Friedrich Ratzel, Politische Geographie. R. Oldenbourg, München und Leipzig, 1897.

707 Friedrich Ratzel, Der Lebensraum. Eine biogeographische Studie. Tübingen, Verlag der H. Laupp'schen Buchhandlung, 1901. Siehe auch: Friedrich Ratzel, Der Lebensraum. Darmstadt, Wissenschaftliche Buchgesellschaft, 1966, unveränd. reprograf. Nachdr.

708 Friedrich Ratzel, Politische Geographie… a. a. O.

709 Friedrich Ratzel, Erdenmacht und Völkerschicksal... a. a. O.

710 Friedrich Ratzel, Erdenmacht und Völkerschicksal... a. a. O.

711 Friedrich Ratzel, Erdenmacht und Völkerschicksal... a. a. O.

712 Siehe: Friedrich Ratzel, Politische Geographie... a. a. O.

713 Friedrich Ratzel, Erdenmacht und Völkerschicksal... a. a. O.

714 Friedrich Ratzel, Erdenmacht und Völkerschicksal... a. a. O.

715 Friedrich Ratzel, Erdenmacht und Völkerschicksal... a. a. O.

716 Wolfgang Wippermann: Der ‚Deutsche Drang nach Osten'. Ideologie und Wirklichkeit eines politischen Schlagwortes. Wissenschaftliche Buchgesellschaft, Darmstadt, 1981.

717 [Ernst Hasse], Großdeutschland und Mitteleuropa um das Jahr 1950, 1895.

718 [Ernst Hasse], ebenda.

719 http://deutsche.in.ua/cms/about/historical_ref.html

720 https://www.zeit.de/2002/25/200225_a-treitschke_xml

721 Paul de Lagarde, Schriften für Deutschland, Kröner, Leipzig, 1933. Im Netz: http://gutenberg.spiegel.de/buch/schriften-fur-deutschland-8907/7

722 Friedrich Naumann, National-Sozialer Katechismus. Erklärung der Grundlinien des National-Sozialen Vereins, Buchverlag der »Zeit« Bouffet und Kundt, Berlin, 1897.

723 Götz Aly, Die Leiche im Keller der FDP, Frankfurter Rundschau, 24. 01. 2011. Im Netz: http://www.fr.de/politik/meinung/kolumne-zur-friedrich-naumann-stiftung-die-leiche-im-keller-der-fdp-a-955292

724 Josef Ludwig Reimer, Grundzuege deutscher Wiedergeburt! Ein auf wissenschaftlicher Basis ruhendes neudeutsches Lebensprogramm für die Gebiete der Rassenpflege, Staats- und Sozialpolitik, Religion und Kultur, Thüringische Verlagsanstalt, Eisenach, 1906.

725 Tomáš Garrigue Masaryk: Das neue Europa. Der slawische Standpunkt. Volk und Welt, Berlin, 1991.

726 Ludwig Gumplowicz, Sociologie und Politik. Leipzig, Duncker & Humblot, 1892.

727 Ludwig Gumplowicz, Der Rassenkampf. Sociologische Untersuchungen. Verlag der Wagner'schen Univ.-Buchhandlung, Innsbruck, 1883. Im Netz: https://

ia600307.us.archive.org/26/items/bub_gb_bvEoAAAAYAAJ/bub_gb_bvEoAAAA-YAAJ.pdf

728 http://www.spiegel.de/spiegel/print/d-45317933.html

729 Ebenda.

730 Christine Beil u.a., Der Erste Weltkrieg. Rowohlt Taschenbuch, Reinbeck, 2006.

731 Francis Galton, Hereditary genius. An Inquiry into its Laws and Consequences. Macmillan and Co., London, 1869.

732 Ernst Haeckel, Natürliche Schöpfungsgeschichte: gemeinverständliche, wissenschaftliche Vorträge über die Entwicklungslehre im Allgemeinen und diejenige von Darwin, Goethe und Lamarck im Besonderen, über die Anwendung derselben auf den Ursprung des Menschen und anderen damit zusammenhängenden Grundfragen der Naturwissenschaft, Verlag Reimer, Berlin, 1870.

733 Der utopische Staat: Thomas Morus, Utopia. Tommaso Campanella, Sonnenstaat. Francis Bacon, Neu-Atlantis. rororo, Reinbek, 1960.

734 Adolf Jost, Das Recht auf den Tod. Dietrich, Göttingen, 1895. Im Netz: https://archive.org/details/bub_gb_bLUhAQAAMAAJ

735 Karl Binding und Alfred Hoche, Die Freigabe der Vernichtung lebensunwerten Lebens. Ihr Maß und ihre Form. Meiner, Leipzig, 1920.

736 Karl Binding und Alfred Hoche, Die Freigabe… Ebenda.

737 John Maynard Keynes, Opening remarks: The Galton Lecture. In: Eugenics Review, Nr. 1, 1946.

738 https://www.sardinienforum.de/threads/sardinien-einer-der-europ%C3%A4ischen-hotspots-der-thalass%C3%A4mie-mittelmeeran%C3%A4mie.12006/

739 Siehe exemplarisch: https://www.klein-schmeink.de/data/user/PDF-Dokumente/Argumente_f%C3%Bcr_PID-Verbot.pdf; http://www.humanistische-union.de/publikationen/mitteilungen/hefte/nummer/nummer_detail/back/mitteilungen-213/article/es-gibt-kein-recht-auf-ein-gesundes-kind-ein-plaedoyer-gegen-die-freigabe-der-praeimplantationsdia/

740 https://www.kinderwunsch-in-berlin.de/wissenswertes-ueber-samenspender.htm

741 https://www.deutschlandfunk.de/neue-genetische-tests-fuer-kuenftige-eltern.1148.de.html?dram:article_id=366349

742 https://dk-de.cryosinternational.com/spendersamen/wie-sie-einen-samenspender-auswaehlen

743 https://www.faz.net/aktuell/gesellschaft/familie/samenspende-schoen-dich-kennenzulernen-2-12092343.html

744 https://www.vip.de/cms/samenspender-nach-celebrity-look-a-like-aussuchen-2025843.html

745 Siehe exemplarisch: David Nirenberg, Anti-Judaismus. Eine andere Geschichte des westlichen Denkens. C. H. Beck, München, 2015.

746 Michael Brushtein, Anti-Semitism as a Law of Nature: A Book for Jews But Not Only, Createspace Independent Publishing Platform, United States, 2015.
747 https://www.welt.de/kultur/history/article108335884/Die-grossen-Aufklaerer-waren-oft-Judenhasser.html
748 Martin Luther, Von den Juden und ihren Lügen, Herausg. von Karl-Heinz Büchner, Bernd P. Kammermeier, Reinhold Schlotz und Robert Zwilling, alibri, Aschaffenburg, 2016. Zit nach: https://archive.org/stream/VonDenJudenUndIhrenLuegen/LutherMartin-VonDenJudenUndIhrenLuegen154318S._djvu.txt
749 Johannes Calvin, Ad quaestiones et obiecta Iudaei cuiusdam (Zu den Fragen und Einwürfen irgendeines Juden, ca. 1563), in: Calvin, Studienausgabe, Bd. 4: Reformatorische Klärungen, hrsg. von E. Busch, M. Freudenberg, A. Heron, Chr. Link, P. Opitz, E. Saxer, H. Scholl, Neukirchen-Vluyn, 2002. Zit. nach: http://truesonsofabraham.com/Calvin_Response.pdf
750 Johann Andreas Eisenmenger, Entdecktes Judenthum oder Gründlicher und wahrhaffter Bericht, welchergestalt die verstockte Juden die hochheilige Drey-Einigkeit, Gott Vater, Sohn und Heil. Geist erschrecklicher Weise lästern und verunehren, die Heil. Mutter Christi verschmähen, das Neue Testament, die Evangelisten und Aposteln, die Christliche Religion spöttisch durchziehen, und die gantze Christenheit auff das äusserste verachten und verfluchen: dabei noch viel andere, bißhero unter den Christen entweder gar nicht oder nur zum Theil bekannt gewesene Dinge ...; alles aus ihren eigenen und zwar sehr vielen mit grosser Mühe und unverdrossenem Fleiß durchlesenen Büchern mit Ausziehung der hebräischen Worte und derer treuen Ubersetzung in die Teutsche Sprach kräfftiglich erwiesen und in zweyen Theilen verfasset, deren jeder seine behörige, allemal von einer gewissen Materie außführlich handelnde Capitel enthält; allen Christen zur treuhertzigen Nachricht verfertiget und mit vollkommenen Registern versehen. – Königsberg, 1711, 2 Bde. Im Netz: http://www.digitale-bibliothek-mv.de/viewer/image/PPN607481293/5/#topDocAnchor
751 Siehe exemplarisch: Jüdisches Lexikon: ein enzyklopädisches Handbuch des jüdischen Wissens in vier Bänden, Judischer Verlag, Berlin, 1927-1930; https://www.jewiki.net/wiki/Johann_Andreas_Eisenmenger
752 Siehe exemplarisch: Jacob Katz, From Prejudice to Destruction. Anti-Semitism, 1700-1933, Harvard University Press, Cambridge/Mass. 1980.
753 Alexander Patschovsky, Der »Talmudjude«. Vom mittelalterlichen Ursprung eines neuzeitlichen Themas, in: Alfred Haverkamp und Franz-Josef Ziwes (Hgg.): Juden in der christlichen Umwelt während des späten Mittelalters , Zeitschrift für Historische Forschung, Beiheft 13, Berlin, 1992. Im Netz: http://webdoc.sub.gwdg.de/ebook/p/2001/patschovsky/www.uni-konstanz.de/fuf/philo/geschichte/patschovsky/aufsaetze/inhalt/xvii/hauptteil_xvii.html
754 Saul Ascher, Eisenmenger der Zweite: Nebst einem vorangesetzten Sendschreiben an den Herrn Professor Fichte in Jena. Hartmann, Berlin, 1794.
755 Johann Gottlieb Fichte, Beitrag zur Berichtigung der Urtheile des Pu-

blicums über die französische Revolution. Erster Theil: Zur Beurtheilung ihrer Rechtmässigkeit. CreateSpace Independent Publishing Platform, Edition Holzinger, Berliner Ausgabe, 2014.

756 Josef Rattner, Richard Wagner im Lichte der Tiefenpsychologie oder Bagwan in Bayreuth. In: Jahrbuch für Verstehende Tiefenpsychologie und Kulturanalyse, Band 4, Berlin, 1984.

757 Richard Wagner, Das Judenthum in der Musik, Verlagsbuchhandlung von J. J. Weber, Leipzig, 1869.

758 König Ludwig II. und Richard Wagner, Briefwechsel, bearb. v. Otto Strobel, Braunsche Hofbuchdruckerei, Karlsruhe, 1936, Bd. III.

759 http://www.lechasseurabstrait.com/revue/IMG/pdf/Voltaire_-_Dictionnaire_philosophique.pdf

760 Ф. М. Достоевский, Дневник писателя. В 2 т., Книжный Клуб 36.6, Москва, 2011.

761 Karl Marx/ Friedrich Engels – Werke. (Karl) Dietz Verlag, Berlin. Band 1. Berlin/DDR. 1976.

762 Siehe exemplarisch: Henry Ford, The International Jew. The world's foremost problem. The Dearborn publishing Co., Dearborn, Mich., November, 1920, 1. Band.

763 Bolshevism and Judaism, 13 November 1918, U.S. State Department Decimal File, 861.00/5399. Siehe auch: Antony C. Sutton, Wall Street and the Bolshevik Revolution: The Remarkable True Story of the American Capitalists Who Financed the Russian Communists. Arlington House, New York, 1974.

764 Volker Ullrich, Adolf Hitler, S. Fischer, Frankfurt am Main, 2013.

765 https://www.faz.net/aktuell/wissen/die-bevoelkerungsexplosion-wird-schwaerzer-bis-12-3-milliarden-menschen-13161136.html

766 https://www.fluechtlingsrat-thr.de/themen/basiswissen/welche-sozialen-leistungen-erhalten-fluechtlinge

767 http://reporterreisen.com/apropos-kosovo/dreimal-deutschland-und-zurueck.html

768 https://amp.welt.de/politik/deutschland/article188920461/Jeder-dritte-Abgeschobene-reist-wieder-nach-Deutschland-ein.html?__twitter_impression=true

769 https://www.voanews.com/a/a-13-2006-02-24-voa16/328917.html

770 «If people don't want to support and accept and adopt and teach Australian values then, they should clear off». http://www.abc.net.au/news/newsitems/200508/s1445181.htm

771 https://www.deutschlandfunk.de/fluechtlingspolitik-in-australien-1-000-nadelstiche-gegen.886.de.html?dram:article_id=389981

772 Zit. nach: https://www.independent.co.uk/news/uk/politics/theresa-may-immigration-policies-speech-conference-2015-tory-conservative-party-views-a7209931.html

773 https://www.sueddeutsche.de/politik/menschenschmuggel-befluegelte-branche-1.2886917
774 http://www.spiegel.de/politik/ausland/fluechtlinge-schmuggler-werben-mit-neuen-angeboten-a-1085476.html
775 https://www.faz.net/aktuell/wirtschaft/fluechtlinge-das-geschaeft-mit-dem-menschenschmuggel-13139403-p2.html
776 https://www.sueddeutsche.de/politik/menschenschmuggel-befluegelte-branche-1.2886917
777 http://www.spiegel.de/politik/ausland/kunst-im-eu-gebaeude-grossungarn-teppich-provoziert-bruessel-a-739569.html
778 Georg Jellinek, Allgemeine Staatslehre (Recht des modernen Staates), Verlag O. Häring, Berlin, 1905. Im Netz: https://archive.org/details/allgemeinestaat00jellgoog/page/n22
779 https://www.lr-online.de/nachrichten/brandenburg/das-war-noch-nicht-die-heisszeit_aid-32813463
780 https://www.footprintnetwork.org/content/images/uploads/EOD14german.pdf
781 https://sciencev2.orf.at/stories/1676630/index.html
782 Siehe exemplarisch: https://www.welt.de/politik/ausland/article173003895/Chinas-Plan-zur-Eroberung-der-Arktis.html; https://deutsch.rt.com/asien/64373-polar-seidenstrasse-china-enthullt-riesige-plane-zur-polar-region/
783 Siehe exemplarisch: http://www.philos.lv/Citu_raksti/Arabskaja.html
784 https://www.tagesschau.de/ausland/island-103.html
785 IPCC, Climate Change 2014: Impacts, Adaptions and Vulnerability. Cambridge und New York, 2014.
786 Schleussner, C.-F., Donges, J.F., Donner, R.V., Schellnhuber, H.J. (2016): Armed-conflict risks enhanced by climate-related disasters in ethnically fractionalized countries. Proceedings of the National Academy of Sciences (Early Edition, EE). [DOI: 10.1073/pnas.1601611113] im Netz: https://www.pnas.org/content/113/33/9216
787 https://www.blaetter.de/archiv/jahrgaenge/2015/dezember/klima-und-krieg#_ftn1
788 Corinne Maier, No Kid: 40 Gründe, keine Kinder zu haben. Rowohlt Taschenbuch Verlag, Reinbeck, 2008.
789 Die heilige Schrift... a. a. O.
790 Verena Brunschweiger, Kinderfrei statt kinderlos, Büchner, Marburg, 2019.
791 http://www.taz.de/!1182350/
792 https://philomag.de/heterosexualitaet-ist-ein-fantasiebild/
793 https://www.lemonde.fr/societe/article/2013/03/24/quelques-debordements-lors-de-la-manif-pour-tous_1853439_3224.html
794 Siehe exemplarisch: https://www.lepoint.fr/societe/photos-de-manif-

truquees-le-doute-demeure-24-04-2013-1659580_23.php; https://www.europe1.fr/societe/Manif-pour-tous-ce-flou-c-est-louche-532846

795 https://www.abc.es/sociedad/20140202/abci-marcha-familia-201402021658.html

796 https://de.statista.com/statistik/daten/studie/229/umfrage/anteil-der-ehescheidungen-nach-ehejahren/

797 https://unstats.un.org/unsd/demographic-social/products/dyb/documents/dyb2017/table25.pdf

798 https://psy.wikireading.ru/88638

799 http://www.demoscope.ru/weekly/2006/0261/analit02.php

800 http://www.gks.ru/free_doc/new_site/rosstat/smi/prez_love0707.pdf

801 http://www.demoscope.ru/weekly/2007/0279/tema01.php

802 http://www.gks.ru/bgd/regl/B09_16/IssWWW.exe/Stg/04-11.htm

803 https://www.hse.ru/pubs/share/direct/document/143852733

804 https://vawilon.ru/statistika-rozhdaemosti/

805 https://www.delfi.lt/sveikata/sveikatos-naujienos/naujoji-ministre-kelia-nepatogia-ideja.d?id=65382836#ixzz3KkVDXwfT

806 Siehe exemplarisch: Viktor Timtschenko, »Ich erwecke Russland mit Blut« – Wladimir Wolfowitsch Shirinowski, Aufbau, Berlin, 1994.

807 Siehe exemplarisch: https://www.juraforum.de/lexikon/fraktionszwang

808 https://www.spiegel.de/karriere/politik-als-beruf-karriere-in-der-partei-a-920910.html

809 https://www.abgeordnetenwatch.de/blog/2015-03-19/vortragshonorare-was-unternehmen-fur-einen-mdb-zahlen

810 Siehe exemplarisch: https://www.faz.net/aktuell/wirtschaft/wirtschaftspolitik/fehler-von-angela-merkel-euro-krise-energiewende-fluechtlingskrise-15076075.html

811 Jewgeni Schwarz, Märchenkomödien, Der nackte König. Aus dem Russischen, Übersetzung von Günter Jäniche, Hansjörg Utzerath und Martin Wiebel, Reclam jun., Leipzig, 1972.

812 Siehe exemplarisch: Uwe Krüger, Meinungsmacht. Der Einfluss von Eliten auf Leitmedien und Alpha-Journalisten – eine kritische Netzwerkanalyse, Herbert von Halem Verlag, Köln, 2013.

813 Siehe exemplarisch: Edward S. Herman, Noam Chomsky, Manufacturing Consent, Pantheon Books, New York, 2002.

814 https://www.faz.net/aktuell/feuilleton/debatten/was-oeffentlich-rechtliche-sender-und-politik-verbindet-14033898.html

815 Siehe exemplarisch: https://www.zeit.de/online/2008/11/parteien-medien-reffken/seite-3 oder https://www.achgut.com/artikel/neues_von_der_medienmacht_der_spd

816 https://www.deutschlandfunkkultur.de/der-mahner.1352.de.html?dram:article_id=197200

817 http://www.spiegel.de/wissenschaft/mensch/rassistische-aeusserungen-labor-suspendiert-nobelpreistraeger-watson-a-512455.html
818 http://www.spiegel.de/wissenschaft/medizin/james-watson-nobelpreist-raeger-verliert-titel-wegen-rassismus-a-1247977.html
819 В. И. Ленин, Полное собрание сочинений, том 50, с. 143-144.
820 Приказ МВД СССР, МГБ СССР и Генерального Прокурора СССР во исполнение постановления Совета Министров СССР от 21 февраля 1948 года. ГАРФ. Ф. 9401. Оп. 12. Д. 318. Лл. 2–5. Im Netz: https://www.alexandery-akovlev.org/fond/issues-doc/1009135
821 Siehe exemplarisch: https://www.deutschlandfunk.de/auf-luegen-ge-baut.871.de.html?dram:article_id=236062
822 Siehe exemplarisch: https://www.tagesspiegel.de/gesellschaft/geschichte/die-kuwaitische-krankenschwester-1990/1215136.html
823 Siehe exemplarisch: https://www.sueddeutsche.de/politik/pr-agentur-hill-amp-knowlton-schmutzige-sprechblasen-1.179920
824 Zit. nach: И. Б. Орлова, Социология исторического знания, Москва, Юрайт, 2019, deutsch: http://www.free21.org/eine-finte-von-der-merkel/
825 http://www.spiegel.de/panorama/justiz/dresden-toter-asylbewerber-aus-eritrea-wurde-getoetet-a-1012943.html
826 https://www.berliner-zeitung.de/politik/der-fall-khaled-idris-bahray-in-dresden-die-suche-zwischen-beschuldigungen-und-beschimpfungen-1236080
827 http://antifa-nordost.org/1903/im-gedenken-khaled-idris-bahray-er-mordet-dresden/; https://www.neustadt-ticker.de/34826/aktuell/mahnwache-fuer-khaled-idris-bahray
828 https://www.welt.de/politik/deutschland/article136668637/Mitbewoh-ner-soll-Asylbewerber-erstochen-haben.html
829 https://www.deutschlandfunk.de/frances-stonor-saunders-wer-die-zeche-zahlt-der-cia-und-die.730.de.html?dram:article_id=101548
830 America in the Technetronic Age. New Questions of Our Time, 1968. Die Thesen wurden später in dem Buch Between Two Ages: America‘s Role in the Technetronic Era, Viking, New York, 1970, vervollständigt.
831 http://news.mit.edu/1992/citation-0415
832 https://www.nytimes.com/1979/02/25/archives/the-chomsky-problem-chomsky.html
833 Noam Chomsky, Media control. Wie die Medien uns manipulieren, Europa Verlag, Hamburg – Wien, 2003.
834 Walter Lippmann, Public Opinion, Harcourt, Brace and Company, New York, 1922. Deutsch: Walter Lippmann, Die öffentliche Meinung: Wie sie entsteht und manipuliert wird, Westend, 2018.
835 Noam Chomsky, Media control... a. a. O.
836 Richard H. Thaler, Cass R. Sunstein: Nudge: Improving Decisions about Health, Wealth, and Happiness, Yale University Press, New Haven, CT, 2008.

837 http://www.taz.de/!5018451/
838 https://www.welt.de/wirtschaft/article138326984/Merkel-will-die-Deutschen-durch-Nudging-erziehen.html
839 https://www.sueddeutsche.de/digital/vorwurf-der-propaganda-us-kongress-untersucht-psycho-tricks-in-trumps-wahlkampf-1.3705546
840 https://www.tagesspiegel.de/wirtschaft/justizminister-heiko-maas-nudging-ist-ein-stups-in-die-richtige-richtung/11502522.html
841 https://archive.unews.utah.edu/news_releases/the-brain-speaks/; https://www.telegraph.co.uk/news/science/science-news/7987821/Mind-reading-machine-can-convert-thoughts-into-speech.html
842 https://www.nrk.no/vestfold/vil-sette-incest-pa-timeplanen-1.11048804
843 https://www.welt.de/politik/ausland/article192685135/Pew-Studie-Unzufriedenheit-ueber-Demokratie-am-staerksten-in-Deutschland-gewachsen.html
844 http://alkruglov.narod.ru/realist.html
845 Буковский В., Глузман С., Пособие по психиатрии для инакомыслящих, Самиздат. Im Netz: http://antology.igrunov.ru/authors/bukovsky/psychiatr.html
846 http://newsland.com/user/4296748307/content/politkorrektnost-khuzhe-leninizma/3979197
847 Siehe exemplarisch: https://www.welt.de/vermischtes/article174163153/MeToo-Debatte-Werden-die-90-Oscars-endlich-fair-und-politisch-korrekt.html; https://www.welt.de/kultur/kino/article174135734/90-Oscar-Verleihung-Diesmal-bloss-keine-Fehler-machen.html; https://katholisches.info/2015/02/24/oscarverleihung-2015-politisch-korrekte-obama-filme-statt-american-sniper-und-ida/
848 James Finn Garner, Politically Correct Bedtime Stories. Modern Tales for our Life and Times, Macmillan Publishers, 1994.
849 https://www.cbc.ca/news/canada/toronto/carding-ontario-police-government-ban-1.3918134
850 http://www.omct.org/files/2004/07/2409/eng_2003_10_unitedkingdom.pdf
851 https://www.faz.net/aktuell/politik/missbrauch-in-rotherham-stadt-des-schweigens-13434501.html
852 http://newsland.com/user/4296748307/content/politkorrektnost-khuzhe-leninizma/3979197
853 Татьяна Толстая, Не кысь, Политическая корректность, Эксмо, Москва, 2007.
854 Татьяна Толстая… Ebenda.
855 Allgemeines Gleichbehandlungsgesetz (AGG), https://www.gesetze-im-internet.de/agg/BJNR189710006.html
856 http://www.adg-esslingen.de/antidiskriminierungsstelle/
857 https://www.telegraph.co.uk/news/uknews/law-and-order/9616750/Rowan-Atkinson-we-must-be-allowed-to-insult-each-other.html

858 https://www.thueringer-allgemeine.de/web/zgt/leben/detail/-/specific/Zu-rassistisch-Mann-verstaendigt-Polizei-wegen-Pippi-Langstrumpf-CD-583387669
859 https://www.fachportal-paedagogik.de/literatur/vollanzeige.html?FId=466605#vollanzeige
860 Susan Arndt, Die 101 wichtigsten Fragen – Rassismus, C. H. Beck, München, 2012.
861 https://www.queer.de/detail.php?article_id=13503
862 https://www.welt.de/kultur/history/article13811031/Wir-sind-Zigeuner-und-das-Wort-ist-gut.html
863 https://www.bibel-in-gerechter-sprache.de/die-bibel/bigs-online/
864 http://www.nbc-pfalz.de/pdf/hermeneutik/gross-bibel-in-gerechter-sprache.pdf
865 https://www.telegraph.co.uk/news/religion/7668448/Christian-preacher-arrested-for-saying-homosexuality-is-a-sin.html
866 https://www.scotsman.com/news/preacher-is-fined-for-homophobia-1-1365514
867 https://www.theguardian.com/music/2006/nov/12/popandrock9
868 https://de.qantara.de/inhalt/grossbritannien-das-recht-auf-den-schleier-schutzen
869 https://hpd.de/artikel/schleier-verstoesst-gegen-menschenrecht-16106
870 http://www.spiegel.de/panorama/rassismus-auf-twitter-griechische-sportlerin-bei-olympia-gesperrt-a-846396.html
871 http://ej.ru/?a=note_print&id=12165
872 https://www.bundesrat.de/SharedDocs/downloads/DE/plenarprotokolle/2000/Plenarprotokoll-754.pdf?__blob=publicationFile&v=2
873 https://inosmi.ru/world/20131112/214701682.html
874 Толстой Л. Н., Ясно-полянская школа за ноябрь и декабрь месяцы. In: Полное собрание сочинений. Том 8. Педагогические статьи 1860–1863 гг. Im Netz: https://knigogid.ru/books/590972-yasno-polyanskaya-shkola-za-noyabr-i-dekabr-mesyacy/toread/page-9
875 G. W. F. Hegel, Enzyklopädie der philosophischen Wissenschaften im Grundrisse – Dritter Teil – Die Philosophie des Geistes, in: Werke, Bd. 10, Suhrkamp, Frankfurt/Main, 1970.
876 Zit. nach: Christoph Braunschweig, Das deutsche Narrenschiff, FBV, München, 2015.
877 George Orwell, Neunzehnhundertvierundachtzig, Diana Verlag, Zürich, 1973.
878 Danilo Zolo, Die demokratische Fürstenherrschaft. Für eine realistische Theorie der Politik, Steidl, Göttingen, 1997.
879 Hans Herbert von Arnim, Das System. Die Machenschaften der Macht, Droemer, München, 2001.

880 Oswald Spengler, Der Untergang des Abendlandes: Umrisse einer Morphologie der Weltgeschichte, Anaconda, Köln, 2017.
881 https://www.sueddeutsche.de/politik/schwarze-us-soldaten-im-zweiten-weltkrieg-apartheid-in-uniform-1.2302949
882 http://ecsocman.hse.ru/data/909/989/1219/1999_n4_p92-101doc.pdf
883 Борис Соколов, Как подсчитать потери во Второй мировой войне, https://www.litmir.me/br/?b=101465&p=1
884 David E. Stannard, American Holocaust: The Conquest of the New World, Oxford University Press, Oxford, 1993.
885 Rudolph J. Rummel, Democide: Nazi Genocide and Mass Murder, Transaction Publishers, New Jersey, 1992.
886 Ward Churchill, A Little Matter Of Genocide: Holocaust And Denial In The Americas 1492 To The Present. City Lights Books, San Francisco, 1998.
887 https://www.focus.de/wissen/mensch/geschichte/aus-der-sicht-der-indianer-amerika-wurde-nicht-entdeckt-was-ab-1492-stattfand-war-eine-invasion_id_10356498.html
888 Володимир В'ятрович, Ставлення ОУН до євреїв (1920–1950 pp.), Український визвольний рух: наук. зб. 7, Львів, 2006. Im Netz: http://dspace.nbuv.gov.ua/bitstream/handle/123456789/67194/06-Vyatrovych.pdf?sequence=1
889 Дмитро Донцов, Націоналізм, Місіонер, Жовква, 1926.
890 Siehe: Листування між Зеноном Когутом та Іваном Химкою, Критика, ч. 3-4, 2010. Im Netz: http://osvita.khpg.org/index.php?id=1285671892
891 https://www.verfassungsschutz.de/embed/broschuere-2019-03-antisemitismus-im-islamismus.pdf
892 G. W. F. Hegel, Enzyklopädie der philosophischen... a. a. O.
893 Arthur Schopenhauer, Die Welt als Wille und Vorstellung, Hofenberg, Berlin, 2016.
894 Степан Ленкавский, Фільософічні підстави »Націоналізму« Донцова, 1927. Im Netz unter: http://ukrcenter.com.
895 Дмитро Донцов, Націоналізм... a. a. O.
896 Friedrich Nietzsche, Werke in drei Bänden, Band 2, Hanser, München, 1954.
897 Will Religious Faith Cure Our Troubles? In: Bertrand Russell, Human Society in Ethics and Politics, Simon and Schuster, New York, 1955. Im Netz: https://www.skeptic.ca/Russell_Religious_Faith.htm
898 Otto Apelt: Lucius Annaeus Seneca. Philosophische Schriften. 4 Bände, Meiner, Leipzig, 1923–1924. Zit. nach: http://psylib.org.ua/books/senek03/index.htm
899 Wladimir Majakowski, Wladimir Iljitsch Lenin, Poem, Nachdichtung Hugo Huppert, Volk und Welt, Berlin, 1970.
900 Jean-Jacques Rousseau, Die Bekenntnisse. Die Träumereien des einsamen Spaziergängers, übers. von Alfred Semerau und Dietrich Leube, Winkler Verlag,

München, 1978.
901 Immanuel Kant, Grundlegung zur Metaphysik der Sitten, hrsg. v. T. Valentiner, Reclam, Stuttgart, 2004.
902 Søren Kierkegaard, Die Tagebücher, in 5 Bänden, Eugen Diederichs, Düsseldorf, 1962.
903 Deutsche Søren Kierkegaard Edition, Band 1, Gruyter, Berlin-New York, 2005.
904 Ф. М. Достоевский, Дневник. Статьи. Записные книжки. В 3-х томах. 1845 – 1875 гг. Захаров, Москва, 2005.
905 Н. А. Бердяев, О рабстве и свободе человека. Опыт персоналистической метафизики, YMCA-Press, Париж, 1939.
906 Н. А. Бердяев, О рабстве и свободе человека... Ebenda.
907 Н. А. Бердяев, О рабстве и свободе человека... Ebenda.
908 Siehe: Н. А. Бердяев, О рабстве и свободе человека... Ebenda.
909 С. М. Соловьёв, История России с древнейших времён: в 6 кн., Товарищество »Общественная польза«, Спб, 1851–1879.
910 Thomas Stapleton, The life and illustrious martyrdom of Sir Thomas More, E E Reynolds: London, Burns & Oates, 1966.
911 А. Ф. Кистяковский, Исследование о смертной казни, Автограф, Тула, 2000.
912 С. М. Соловьёв, История России... а. а. О.
913 Дмитро Донцов, Націоналізм... а. а. О.
914 Max Weber, Wirtschaft und Gesellschaft, Voltmedia, Paderborn, 2006.
915 Max Weber, Wirtschaft und Gesellschaft... a. a. O.
916 https://www.ifb-adipositas.de/adipositas/entwicklungen
917 https://www.welt.de/gesundheit/article9655471/Dicke-US-Amerikaner-verursachen-Milliarden-Kosten.html
918 https://www.welt.de/gesundheit/article114335146/New-York-verbietet-Cola-und-Co-in-XXL-Bechern.html
919 Siehe exemplarisch: https://www.focus.de/gesundheit/ernaehrung/tid-26691/umstrittener-zusatzstoff-4-mei-farbstoff-anteil-in-coca-cola-variiert-je-nach-land_aid_789244.html
920 https://www.welt.de/wall-street-journal/article126929405/Coca-Cola-setzt-auf-Mega-Marketingkampagne.html
921 Herbert Schiller, Communication and Cultural Domination, M. E. Sharpe, Inc., Underlining, New York, 1976.
922 Ivo Ritzer, Europa provinzialisieren. Epistemologische Herausforderungen einer Kulturtheorie des World Cinema. https://www.google.com/url?sa=t&rct=j&q=&esrc=s&source=web&cd=16&cad=rja&uact=8&ved=2ahUKEwjLjZye_qHhAhUQMuwKHT_-CCg4ChAWMAV6BAgFEAI&url=https%3A%2F%2Fwww.springer.com%2Fcda%2Fcontent%2Fdocument%2Fcda_downloaddocument%2F9783658126841-c2.pdf%3FSGWID%3D0-0-45-1585897-

p179922969&usg=AOvVaw3ApRwCtrb_dNJwEbfZikiR
923 Dipesh Chakrabarty, Provincializing Europe: Postcolonial Thought and Historical Difference, Princeton University Press, Princeton, 2007.
924 Patrick J. Buchanan, The Death of the West: How Dying Populations and Immigrant Invasions Imperil Our Country and Civilization, Thomas Dunne Books, St. Martin's Griffin, New York, 2002.
925 Joseph S. Nye Jr., Soft Power: The Means To Success In World Politics, PublicAffairs, New York, 2005.
926 http://www.spiegel.de/spiegel/print/d-8777161.html
927 https://www.hollywoodreporter.com/news/sony-hack-wikileaks-publishes-more-789263
928 https://www.zerohedge.com/news/2017-07-05/documents-expose-how-hollywood-promotes-war-behalf-pentago-cia-nsa
929 https://www.fbw-filmbewertung.com/film/the_antwone_fisher_story
930 Болтянский Г. М., Ленин и кино, Москва, 1925.
931 Frantz Fanon, Die Verdammten dieser Erde, Suhrkamp, Frankfurt / Berlin, 2008.
932 https://www.bundestag.de/parlament/geschichte/gastredner/benedict/rede-250244
933 Karsten D. Voigt, Werte und Religion, Berliner Zeitung, 12. 04. 2005. In Netz: https://www.berliner-zeitung.de/werte-und-religion-15720794
934 George E. Moore, Principia Ethica, Philipp Reclam, Ditzingen, 1996.
935 Ebenda.
936 Andreas von Arnauld, Völkerrecht, C. F. Müller, Heidelberg, 2012.
937 Hans Kelsen, Will the Judgment in the Nuremberg Trial Constitute a Precedent in International Law? The International Law Quarterly, Vol. 1, No. 2, Cambridge University Press, 1947.
938 Andreas von Arnauld, Völkerrecht, C. F. Müller, Heidelberg, 2012.
939 https://www.zeit.de/1995/47/Die_Barbarei_vor_dem_Welt-Gericht/komplettansicht
940 http://www.zeno.org/Geschichte/M/Der+N%C3%BCrnberger+Proze%C3%9F/Hauptverhandlungen/Zweiter+Tag.+Mittwoch,+21.+November+1945/Vormittagssitzung
941 https://www.zeit.de/1995/47/Die_Barbarei_vor_dem_Welt-Gericht/komplettansicht
942 http://europedirect-lueneburg.eu/images/PDF/lissabon.pdf
943 Rosa Luxemburg, Die Russische Revolution, Hrsg. Paul Levi, Gesellschaft und Erziehung G.m.b.H., 1922.
944 https://www.researchgate.net/profile/Friedrich_Schneider/publication/4875880_Zunehmende_Schattenwirtschaft_in_Deutschland_Eine_wirtschafts-_und_staatspolitische_Herausforderung/links/56991a6708aeeea9859459f6/Zunehmende-Schattenwirtschaft-in-Deutsch-

land-Eine-wirtschafts-und-staatspolitische-Herausforderung.pdf
945 https://de.statista.com/statistik/daten/studie/20063/umfrage/entwicklung-des-umfangs-der-schattenwirtschaft-seit-1995/
946 http://www.iaw.edu/tl_files/dokumente/IAW_JKU_Schattenwirtschaft_Studie_2018_Methodik_und_Berechnungen.pdf

947 https://www.kleinezeitung.at/wirtschaft/5575501/Schattenwirtschaft_Niemand-pfuscht-in-der-EU-so-wenig-wie-die
948 http://bnr.bg/de/post/100930251/iwf-konstatiert-hohen-anteil-der-schattenwirtschaft-in-bulgarien
949 Siehe exemplarisch: http://www.spiegel.de/politik/ausland/katar-saudi-arabien-und-der-terror-a-1150959.html
950 Siehe exemplarisch: http://www.spiegel.de/politik/ausland/aufstand-in-bahrain-verbieten-verhaften-vertuschen-a-757289.html
951 Jean-Jacques Rousseau, Der Gesellschaftsvertrag: Oder Prinzipien des Staatsrechts, marix, ein Imprint von Verlagshaus Römerweg, 2008.
952 Thomas Paine, Rights of Man: Answer to Mr. Burke's Attack on the French Revolution. Dover Publications, New York, 1977.
953 Thomas Hobbes, Leviathan, Reclam, Ditzingen, 1986.
954 Jürgen Habermas, Faktizität und Geltung: Beiträge zur Diskurstheorie des Rechts und des demokratischen Rechtsstaats, Suhrkamp, Frankfurt, 1992.
955 Siehe exemplarisch: https://www.zeit.de/1989/33/natuerliche-imagepflege
956 Siehe exemplarisch: http://www.taz.de/!5078788/
957 John Locke, Über die Regierung, Philipp Reclam, Stuttgart, 1974.
958 Dedrick Muhammad, 40 Years Later: The Unrealized American Dream, Institute for Policy Studies, Washington, DC, 2008.
959 Siehe exemplarisch: https://www.zeit.de/wirtschaft/2014-08/schwarze-usa-soziale-ungleichheit
960 https://www.laenderdaten.de/bevoelkerung/ethnien.aspx
961 David Chiavacci, Japans neue Immigrationspolitik: Ostasiatisches Umfeld, ideelle Diversität und institutionelle Fragmentierung, VS Verlag für Sozialwissenschaften, 2011.
962 https://www.cia.gov/llibrary/publications/the-world-factbook/geos/ja.html
963 Siehe exemplarisch: Mark James Hudson, Ruins of Identity: Ethnogenesis in the Japanese Islands, University of Hawaii Press, Honolulu, 1999.
964 https://www.migrationpolicy.org/article/its-population-ages-japan-quietly-turns-immigration
965 Siehe exemplarisch: https://www.tagesschau.de/inland/deutschtuerken-101.html; https://daserste.ndr.de/panorama/archiv/2018/Deutschtuerken-Fremd-in-der-Heimat,unseretuerken122.html
966 Квіт С. М., Дмитро Донцов. Ідеологічний портрет, Київський уні-

версистет, Київ, 2000.
967 http://edition.cnn.com/2006/US/03/27/quote.roosevelt/
968 https://www.bayernkurier.de/ausland/35479-ein-nicht-ganz-unbedenklicher-pakt/
969 https://www.welt.de/politik/ausland/article184300122/UN-Migrationspakt-Diese-Laender-sind-ausgestiegen-und-diese-zweifeln.html
970 https://www.welt.de/politik/ausland/article185265650/UN-Migrationspakt-164-Laender-stimmen-Dokument-in-Marrakesch-zu.html
971 https://www.zeit.de/politik/ausland/2018-11/un-migrationspakt-vereinte-nationen-migration-louise-arbour
972 https://www.welt.de/politik/ausland/article184477522/UN-Beauftragte-Arbour-Der-Migrationspakt-foerdert-keineswegs-Migration.html
973 https://www.zdf.de/nachrichten/heute/was-ist-der-migrationspakt-der-un-100.html
974 https://www.sueddeutsche.de/politik/migration-fluechtlinge-afd-1.4200722
975 https://ec.europa.eu/home-affairs/sites/homeaffairs/files/20180503_declaration-and-action-plan-marrakesh_en.pdf
976 https://www.express.co.uk/news/uk/65628/Secret-plot-to-let-50million-African-workers-into-EU
977 https://www.sn.at/politik/weltpolitik/eu-kommissar-brauchen-ueber-70-mio-migranten-in-20-jahren-1917877
978 https://www.unhcr.org/dach/at/was-wir-tun/globaler-pakt
979 https://www.faz.net/aktuell/wirtschaft/durch-europa-gehen-zwei-risse-15343060.html
980 https://www.welt.de/politik/ausland/article177733806/Neue-EU-Migrationsstatistik-Die-meisten-Asylsuchenden-kommen-nach-Deutschland.html
981 https://www.zeit.de/politik/ausland/2015-09/daenemark-asylrecht-gesetz-fluechtlinge-thomas-gammeltoft
982 https://www.zeit.de/politik/ausland/2015-09/daenemark-asylrecht-gesetz-fluechtlinge-thomas-gammeltoft
983 http://www.spiegel.de/politik/ausland/nicolas-sarkozy-vergleicht-fluechtlingsproblem-mit-rohrbruch-a-1039680.html
984 https://www.deutschlandfunk.de/kampf-gegen-libysche-schlepper-im-zweifel-mit-waffengewalt.1773.de.html?dram:article_id=391240; https://www.zeit.de/2017/30/eu-libyen-menschenschmuggel-bekaempfung; https://www.euractiv.de/section/entwicklungspolitik/opinion/der-bewaffnete-kampf-der-eu-gegen-die-schlepperkriminalitat/
985 https://www.zeit.de/politik/ausland/2018-03/front-national-marine-le-pen-amt-parteiausschluss
986 http://press.politiko.ua/blogpost78856
987 Siehe exemplarisch: Bénézet Bujo, Moralautonomie und Normenfindung

bei Thomas von Aquin, Ferdinand Schöningh, Paderborn, 1979.
988 Aufzeichnung einer Rede von K. Marx über die Stellung der Internationalen Arbeiterassoziation zum Kongreß der Friedens- und Freiheitsliga. In: Marx / Engels: Werke, Bd. 16, Karl Dietz Verlag, Berlin, 2018.